中国眼镜年鉴

CHINA GLASSES YEARBOOK

2023

《中国眼镜年鉴》编委会　编

江苏大学出版社
JIANGSU UNIVERSITY PRESS
镇　江

图书在版编目(CIP)数据

中国眼镜年鉴. 2023 /《中国眼镜年鉴》编委会编
. -- 镇江 ：江苏大学出版社，2023.12
ISBN 978-7-5684-2050-1

Ⅰ. ①中… Ⅱ. ①中… Ⅲ. ①眼镜—产业发展—中国
—2023—年鉴 Ⅳ. ①F426.89

中国国家版本馆 CIP 数据核字(2023)第 203592 号

中国眼镜年鉴.2023
Zhongguo Yanjing Nianjian. 2023

编　　者/《中国眼镜年鉴》编委会
责任编辑/常　钰
出版发行/江苏大学出版社
地　　址/江苏省镇江市京口区学府路 301 号(邮编：212013)
电　　话/0511-84446464(传真)
网　　址/http://press.ujs.edu.cn
排　　版/镇江市江东印刷有限责任公司
印　　刷/扬州皓宇图文印刷有限公司
开　　本/889 mm×1 194 mm　1/16
印　　张/30.75
字　　数/1034 千字
版　　次/2023 年 12 月第 1 版
印　　次/2023 年 12 月第 1 次印刷
书　　号/ISBN 978-7-5684-2050-1
定　　价/658.00 元

主办单位

江苏省丹阳市史志办公室

承办单位

江苏鉴志眼镜服务有限公司

协办单位

国家眼镜产品质量检验检测中心

丹阳市眼镜市场发展有限公司

江苏省丹阳市眼镜商会

理事单位

（排名不分先后）

江苏省丹阳经济技术开发区

万新光学集团有限公司

新天鸿光学有限公司

浙江盈昌眼镜实业有限公司

浙江毛源昌眼镜有限公司

海昌隐形眼镜有限公司

深圳万新眼镜有限公司

东方光学有限公司

江苏亚太光学有限公司

江苏优立光学眼镜有限公司

江苏视悦光学科技有限公司

江苏宇洲光学有限公司

江苏工大金凯高端装备制造有限公司

丹阳市司徒镇人民政府

明月镜片股份有限公司

江苏奥天光学有限公司

吴良材眼镜（丹阳店）

江苏格林视通光学有限公司

鸿晨光学有限公司

江苏淘镜有限公司

江苏康美达光学有限公司

江苏视博光学眼镜有限公司

汇鼎光学有限公司

江苏唯尊光学眼镜有限公司

江苏俊视光学有限公司

特别支持单位

（排名不分先后）

丹阳市公安局
丹阳市自然资源和规划局
丹阳市住房和城乡建设局
丹阳市人力资源和社会保障局
国家税务总局丹阳市税务局
丹阳市城市管理局
丹阳市供电公司
丹阳市烟草专卖局
丹阳市消防救援大队
丹阳市城市管理行政执法大队
中国移动江苏镇江分公司
中国电信丹阳分公司
中国联通丹阳市分公司
中国石化江苏镇江石油分公司
中国铁塔镇江市分公司
江苏有线丹阳分公司
丹阳市中医院
丹阳市第三人民医院
丹阳市妇幼保健院
丹阳市市场服务有限公司
丹阳市珥陵镇人民政府
丹阳市延陵镇人民政府
丹阳市云阳街道城北村委会
丹阳市延陵镇九里村委会
丹阳市曲阿街道车站居委员
丹阳市陵口镇折柳村委会
江苏省丹阳市食品有限公司
丹阳市水利局新桥水利站
丹阳市吕叔湘中学
镇江吕城高级中学
丹阳市华南实验初级中学
丹阳市实验小学
丹阳市实验学校
丹阳市吴塘实验学校
丹阳市匡亚明小学
中国工商银行丹阳市支行
中国农业银行丹阳市支行
中国建设银行丹阳市支行
中国银行丹阳支行
交通银行丹阳支行
中信银行丹阳支行
华夏银行丹阳支行
兴业银行丹阳支行
中国农业发展银行丹阳市支行
中国光大银行丹阳市分行
中国邮政储蓄银行丹阳市支行
江苏银行丹阳支行
江苏紫金农商银行丹阳支行
江苏江南农商银行丹阳支行
南京证券丹阳凤凰路营业部
华泰证券丹阳凤凰路营业部
江苏沃得机电集团有限公司
光大环保能源丹阳有限公司
丹阳鹏鹞污水处理有限公司
江苏联江高新材料有限公司
江苏雅俊眼镜有限公司
丹阳市信歌光学眼镜科技有限公司
江苏俊视光学有限公司
江苏视科新材料股份有限公司

支持单位

（排名不分先后）

丹阳市建设工程招投标办公室
丹阳市曲阿街道大泊社区居委会
丹阳市曲阿街道镇北村委会
丹阳市曲阿街道永安社区居委会
丹阳市教师进修学校
丹阳市司徒中学
丹阳市埤城中心小学
丹阳水务集团有限公司
丹阳市江西商会
丹阳中鑫华海清洁能源有限公司
丹阳市睛盾医疗器械有限公司
鼎合远传技术（丹阳）有限公司
丹阳兰卫医学检验有限公司
江苏丹毛纺织股份有限公司
丹阳市曲阿街道城市管理分局
丹阳市曲阿街道河阳村委会
丹阳市曲阿街道晓星村村委会
丹阳市丹北镇滨江村村委会
丹阳市正则初级中学
丹阳市丹北实验小学
丹阳市人才流动服务中心
中国邮政集团丹阳市分公司
丹阳市维尼光学有限公司
丹阳市恒泰电炉有限公司
丹阳市宏鑫光学眼镜有限公司
丹阳市龙腾光学科技有限公司
丹阳市安信审图咨询中心
镇江市一新眼镜有限公司

记录成长　定格辉煌

——《中国眼镜年鉴》卷首语

眼镜，是人们观察世界万物的一扇窗。中国眼镜产业，是世界眼镜产业的一道靓丽风景。

随着中西方贸易的发展，自明朝中叶起，我国出现了现代意义上的眼镜制造业。此后近六百年间，我国眼镜产业在历史的轨迹中跌宕前行。20世纪80年代，改革开放忽如一夜春风来，让眼镜产业绽放出万树梨花。眼镜生产的组织形式更加多样，眼镜产品的功能更加多元，眼镜消费的覆盖人群更加广泛，中国眼镜产业的外延和内涵得到了前所未有的发展。

目前，我国已经成为名副其实的眼镜制造大国。镜片、镜架、配件等眼镜生产成套设备的产能、产量、产值，均在世界眼镜产业中占据重要位置。眼镜生产、商贸、服务的集聚集约化水平不断提高，形成了驰名中外的生产园区、专业市场和专业展会。部分眼镜头部企业、知名品牌已在世界眼镜产业细分领域的群雄逐鹿中领先身位、抢占先机。中国制造走出国门、走向世界的奋进历程在这里得到了凝练和诠释。

大河滔滔，奔流向前。产业进步，永不停滞。中国眼镜产业要在发展的潮涌中进一步奋楫中流，扬帆前行。进一步加大研发投入，要制造更要创造，在材料、工艺、产品功能、制造装备等方面持续创新；进一步加大品牌投入，要做优产品更要做优品牌，不断增强品牌文化、品牌运营、渠道掌控和消费者滋养等综合竞争力；进一步加大智能化投入，要质造更要智造，将智能设计、机器换人、智能配镜等人工智能技术深度融入产业发展；进一步加大跨区域联动，要竞争更要合作，在国家民族层面上吹响产业发展集结号，同心同向，合力扩展中国眼镜产业的世界版图，推动中国眼镜产业向价值链高端攀升。

成长的历程需要记录，发展的辉煌需要定格。承载着这份责任与使命，《中国眼镜年鉴》应运而生！

本书由江苏省丹阳市史志办公室主持编纂，江苏鉴志眼镜服务有限公司承办。

丹阳是业内公认的“中国眼镜之乡”“世界镜片之都”。编纂出版《中国眼镜年鉴》意在借助文化赋能，推动眼镜产业在更高的起点上高质量发展。本书的宗旨是，忠实记录中国眼镜产业的发展与成长、进步与辉煌、经验与案例，成为反映眼镜产业和眼镜文化发展的重要载体。

本书内容主要包括以下五大板块：

·记载产业最新的发展动态和创新成果；

·介绍地方眼镜产业和眼镜企业发展的成功经验；

·宣传业内人士创新创业的鲜活事迹；

·登载国家、地方政府、行业管理部门发布的相关法规和政策办法；

·记录行业年度内发生的大事要事。

《中国眼镜年鉴》是国内眼镜行业的首部年度综合性鉴志类出版物。我们希望它能成为全方位展示行业年度发展的百科全书，成为行业内外朋友研究借鉴和决策参考的系统性资料。同时，我们期望通过本书的出版发行，向社会传递我国眼镜行业的时代精神与价值导向，激发眼镜行业创新发展的精气神和正能量。

朋友们，让我们志存高远，携手结缘，共同追寻中国眼镜产业更加美好的诗与远方！

编　者

编者说明

一、《中国眼镜年鉴》由江苏省丹阳市史志办公室主办，江苏鉴志眼镜服务有限公司承办，国家眼镜产品质量检验检测中心、丹阳市眼镜市场发展有限公司、江苏省丹阳市眼镜商会协办。创办机构组织眼镜产业、方志年鉴等方面的专业人士，从企业、行业单位搜集资料，进行认真专业的整理编辑，按程序报送审核通过，正式出版发行。本年鉴每年一鉴。

二、《中国眼镜年鉴》遵循为企业服务、为产业发展服务的宗旨，力求为读者提供全面系统、客观真实、准确权威、新鲜实用的专业信息资料，致力于成为反映年度眼镜产业发展全貌的百科全书，助力中国眼镜产业由大到强，科学发展。

三、本年鉴设大事记，特载，政策篇，生产篇，贸易篇，品牌·营销·资本运作篇，眼视光篇，科技创新篇，载体·平台·机构篇，眼镜文化·交流篇，风云榜，统计分析篇及图片资料等类目。

四、本年鉴采用分类编纂法，全书分类目、分目和条目 3 个层次。条目为记叙实体，其标题均用黑体字并加“【】”。《中国眼镜年鉴．2023》设 12 个类目、61 个分目及 1100 多个条目。本书为首鉴，少量内容和数据涉及既往，便于读者比较和参阅。

五、本年鉴所用文稿、图片、表格等资料由各企业、单位提供，单位负责人审阅，事实与数据均经过核实。统计数据以统计部门提供为主，部分由行业或主管部门提供，因统计口径不同，或有差别。

六、本年鉴卷首设中文目录。组织机构及单位名称第一次出现用全称，此后采用习惯简称。所有信息均可通过目录、书眉等检索。

七、本年鉴标点、数字、计量单位使用国家标准，少量一次文献或特例保留习惯用法。

八、本书涉及的版权问题，尽力在出版前处理。若有处理不周，存有版权疑问的，请与本书编辑部联系处理。联系人：潘先生，联系电话：0511—86960083。

目　录

大事纪

1 月

1 日起，由全国眼镜光学分技术委员会归口的《眼镜架通用要求和试验方法》（GB/T 14214—2019）国家标准正式实施。

4 日，国家卫生健康委员会（以下简称国家卫健委）印发《“十四五”全国眼健康规划（2021—2025 年）》，力争到“十四五”末，眼科医师总数超过 5 万名，持续推进中国眼健康事业高质量发展。

5 日—6 日，受中国轻工业联合会委托，中国眼镜协会组织成立专家小组一行 5 人对厦门市“中国太阳镜生产基地”称号进行实地复评。经评审，专家组一致认为，厦门市太阳眼镜产业基本符合中国轻工业联合会《中国轻工业特色区域和产业集群共建管理办法（修订版）》的要求，同意向中国轻工业联合会推荐，继续授予厦门市“中国太阳镜生产基地·厦门”称号。

2 月

8 日，国家市场监督管理总局（以下简称国家市场监管总局）通报 2021 年眼镜产品质量国家监督抽查情况，抽查了 702 家企业生产的 702 批次产品，涉及老视成镜、太阳镜、眼镜镜片、眼镜架等 4 种眼镜产品，检验发现 45 批次产品不合格，不合格发现率为 6.4%。

10 日，教育部办公厅、国家卫生健康委办公厅、国家市场监管总局办公厅发布《关于进一步规范校园视力检测与近视防控相关服务工作的通知》，通知要求，严禁无资质机构入校开展视力检测、严厉打击虚假违法营销宣传行为、严控近视防控产品和服务质量、严格视力监测数据安全管理以及严格视力检测与相关服务督导检查。

25 日，第三届亚欧眼视光科技国际会议（AE-OSC 2022）在上海富悦大酒店隆重召开。本次会议主要围绕“科技·健康·绿色·高质量发展”的主题，力求在一定深度上探讨眼视光领域的研究动态，全面展示当前该领域的新观念、新进展、新技术、新成果。

3 月

3 日，国家药品监督管理局（以下简称国家药监局）眼科疾病医疗器械和药物临床研究与评价重点实验室在中国眼谷揭牌落地，这也是国家药监局公布的第二批重点实验室中浙江省唯一入围的重点实验室。

4 日、5 日，全国政协十三届五次会议和十三届全国人大五次会议分别在北京开幕，两会代表毕宏生、何伟、倪闽景等为中国眼健康事业发展建言献策。

22 日，何氏眼科登陆深交所创业板上市，成为继爱尔眼科之后 A 股第二家眼科医院。截至 3 月 22 日收盘，何氏眼科报 49.50 元，涨幅 16.47%，成交额 9.79 亿元，换手率 65.02%，总市值 60.17 亿元。

24 日—25 日，全国光学和光子学标准化技术委员会眼镜光学分技术委员会线上召开 3 项国家标准制修订讨论会，参会委员和专家对标准（讨论稿）进行了认真、仔细地讨论，提出了十余条修改意见，并达成一致意见。

4 月

2 日，国家卫健委、健康中国行动推进委员会办公室印发《健康中国行动 2022 年工作要点》，其中提到加强儿童眼保健、儿童青少年预防近视健康教育等工作。中国眼镜协会希望各位业内人士多关注、多了解，为青少年眼健康贡献一份力量。

3 月 31 日至 4 月 3 日，2022 美国东部光学展在纽约贾维茨会展中心举办，这是自 2019 年以来在纽约市举办的第一场眼镜展览会，汇聚来自美国和全球各地的视力护理行业成员。展会吸引了来自全球的 360 多家参展公司。中国眼镜协会组织 1 家企业参加了展览会，展出面积为 18 平方米。

8 日，天猫健康联合上海市眼镜行业协会，以及行业品牌商家，共同发布了《天猫首个隐形眼镜选购 & 配戴指南》，为有疑惑的消费者提供了全面的解答。消费者只要在淘宝 APP 搜索“隐形眼镜小讲堂”即可进入了解。

30 日，时隔两年，在热情和乐观的气氛中，第 50 届意大利米兰国际光学眼镜展览会（MIDO）在米兰 Rio Feira 展馆盛大开幕。展览会从 4 月 30 日到 5 月 2 日，来自 45 个国家、5 个展馆和 8 个展区的 660 多家参展商参展。其中，50 余家中国参展商克服重重困难，重返国际展会舞台。意大利地处欧洲中心地带，是中国产品进入欧洲和世界各国的主要桥梁之一，为中国的生产企业和进出口公司提供了一个进入国际市场的优质平台。

5 月

1 日起，新修订的《中华人民共和国职业教育法》开始施行。新修订的《中华人民共和国职业教育法》内容从五章四十条完善至八章六十九条，由现行法的 3400 余字修改为 1 万余字，内容更加充实，包含明确职业教育是与普通教育具有同等重要地位的教育类型，明确国家鼓励发展多种层次和形式的职业教育，着力提升职业教育认可度，建立健全职业教育体系，深化产教融合、校企合作，完善职业教育保障制度和措施等内容。

13 日—15 日，备受瞩目的德国慕尼黑国际光学眼镜展（OPTI2022）在慕尼黑展览中心举行。展会吸引了来自 25 个国家和地区的 368 家展商 580 个品牌参展，来自 71 个国家和地区的 13000 多名观众亲临展会现场参观。19 家中国参展商在展会现场闪亮登场，展示特色产品与实用案例。

16 日，工业和信息化部（以下简称工信部）公布第三批建议支持的国家级专精特新“小巨人”企业公示名单，眼镜行业宁波法里奥光学科技发展有限公司入选。

31 日，Moody 联合第一财经商业数据中心（CBNData）、天猫健康发布中国首个彩瞳行业指南《2022 中国彩瞳行业指南》（以下简称《指南》）。《指南》通过对彩瞳消费市场、消费人群和彩瞳相关指标进行分析，从健康性和舒适度两大重要标准出发，为彩瞳佩戴人群提供专业、科学、有效的选配、使用及护理指南，推动彩瞳行业的健康发展。

6 月

6 日，《深圳市培育发展现代时尚产业集群行动计划（2022—2025 年）》发布，其中提出要围绕眼镜打造产业链上下游中小企业品牌联合体，提升区域品牌影响力。

6 日，第 27 个全国“爱眼日”，2022 年全国爱眼日的主题是“关注普遍眼健康，共筑‘睛’彩大健康”。中国眼镜协会理事长杜同和出席“6·6”全国爱眼日公益直播活动并致辞。目前，中国近视患者已超 6 亿，近视已经成为国民健康重要问题，防控任务艰巨。其中，青少年近视问题尤为突出。

8 日，工业和信息化部、人力资源和社会保障部、生态环境部、商务部、国家市场监管总局联合发布《关于推动轻工业高质量发展的指导意见》（工信部联消费〔2022〕68 号），眼镜产业被列为升级创新产品制造工程。

6 月，中国眼镜协会角膜接触镜专委会联合海昌隐形眼镜、第一财经、天猫医药健康共同发布《2022 新生代隐形眼镜消费指南蓝皮书》（以下简称《蓝皮书》）。《蓝皮书》建立在 6000 余份问卷基础上，调查涵盖各年龄层、各城市的消费者，对消费者更安全地选择、佩戴、保养隐形眼镜产品具有指导意义，也有助于行业了解新生代的隐形眼镜消费。

7 月

5 日，成都普瑞眼科股份有限公司（简称普瑞眼科，股票代码 301239）正式在深交所 A 股创业板上市，发行股价为 33.65 元每股，当日开盘股价上涨 48%。

5 日—6 日，中国眼镜协会质量标准专业委员会和国家眼镜玻璃搪瓷制品质量检验检测中心以线上方式召开了 3 项团体标准审定会。

10 日，央视《焦点访谈》以《明亮“视”界 科学呵护》聚焦中国儿童青少年近视防控问题。近些年，中国儿童青少年近视呈现出高发、低龄化趋势，严重影响孩子们的身心健康，引发了社会高度关注。在各部门和全社会的共同努力下，中国儿童青少年近视防控工作稳步推进，成效良好。

10 日，“中国儿童青少年近视防控大数据白皮书发布会暨屈光发育档案普及计划”在成都举办。

15 日，全国视光职业教育教学指导委员会成立大会暨 2022 年 CODE 暑期师资培训开幕式以线上方式召开。中国轻工业联合会副会长、中国眼镜协会理事长杜同和，天津职业大学校长郑清春出席并致辞，教育部职成司职业院校发展处处长任占营出席并作指导讲话。

22 日—24 日，2022 视觉健康创新发展国际论坛（Vision China 2022）于厦门国家会议中心举行。2022 全国视光学大会、第 8 届中国近视大会、第 5 届全国眼视光联盟大会、中国老年医学学会眼科分会 2022 学术年会、2022 全国视觉健康新技术新产品展览会同期举办。

8 月

8 日，上海市眼镜协会发布《上海市眼镜质量包用期规定》。规定明确，售出定配眼镜、装成眼镜、镜架在规定包用期内一律实行“三包”。

8 日，2022“三品”全国行·中国（重庆）眼镜产业高质量发展峰会在重庆奉节举行。会上，重庆市奉节县对外公布了产业发展规划。据了解，奉节目前已聚集了 80 多家眼镜企业，涵盖眼镜原材料、配件、模具、镜架表面处理等全要素完整产业链条，2022 年眼镜产业的产值预计突破 20 亿元。

12 日，粤港眼镜业界洽谈交易会于深圳横岗君逸酒店举行，此次洽谈会由香港中华眼镜制造厂商会主办，汇集了来自粤港两地的 300 多名眼镜业厂商代表。

13 日，中国（丹阳）国际眼镜城展览馆对外开放，成为丹阳又一个网红打卡地。丹阳市坚持把文旅融合发展作为推动眼镜产业转型升级的重要方向，集休闲娱乐、餐饮住宿、商务办公、影视表演等于一体的丹阳国际眼镜城，每年吸引 30 万人次到此“配镜一日游”。

17 日，教育部印发《关于开展第 5 个近视防控宣传教育月活动的通知》，部署各地教育行政部门、中小学校和幼儿园在 2022 年 9 月开展以“全社会都要行动起来，共同呵护好孩子的眼睛，让他们拥有一个光明的未来”为主题的近视防控宣传教育月活动。

9 月

1 日起，在全国范围内组织开展为期 3 个月的规范装饰性彩色隐形眼镜生产经营行为专项行动。8 月 30 日，国家药监局发布了《关于开展规范装饰性彩色隐形眼镜生产经营行为专项整治行动的通知》。本次专项行动的工作目标是以严厉打击生产经营未经注册的装饰性彩色隐形眼镜、网络违法违规销售、无医疗器械生产经营资质、超范围经营等行为为重点，严肃查处相关案件，惩处违法分子，曝光典型案例，消除质量安全风险隐患，建立健全机制，形成规范有序的市场秩序。

5 日，由中华全国工商联合会（简称全国工商联）和国家市场监管总局（国家标委会）共同举办的“2022 民营经济标准创新大会暨民营经济标准创新周活动”在南京召开。会上，丹阳市眼镜商会发布的团体标准《非球面树脂镜片》（T/DYGA 002—2019），被授予 2022 年全国工商联商会团体标准“领先者”荣誉称号。

14 日，第四届中国（温州）眼镜工贸峰会在浙江温州成功举办，峰会吸引了全国各大眼镜产区近 800 位行业精英参会。来自温州、深圳、广州、丹阳等国内眼镜产区的 80 家企业参加新品展示，展品涉及成镜、配件、材料、设备等。一年一届的中国眼镜工贸峰会已成为国内眼镜产业交流、学习、合作的重要商贸平台。

16 日，由中国眼镜协会组织的全国眼视光标准化技术委员会及其分标委会成立大会暨第一届一次全会在京召开。受新冠疫情影响，会议以现场会议结合视频会议方式召开。

10 月

10 日，中国眼镜协会印发通知，发布《定制太阳镜和太阳镜片》和《蓝光防护成镜和镜片》2 项团体标准。

10 日，中国眼镜协会发出《关于下达 2022 年第一批团体标准制修订项目计划的通知》。通知指出，《微结构眼镜镜片基本要求和试验方法》等 2 项团体标准立项信息进行公示期间未收到反对意见。根据《中国眼镜协会团体标准管理办法（试行）》有关规定，将上述 2 项团体标准列入《2022 年第一批团体标准制定计划》，在计划下达后 12 个月内完成。

10 月底，为迎接“双 11”网购大促活动，占地 1.5 万平方米的阿里巴巴菜鸟国际跨境项目在合肥综合保税区开仓试运营。菜鸟合肥保税仓试运营期间，预计跨境电商单量可达 10 万单，计划正式开仓运营一年内跨境电商单量达到 300 万单，累计成交金额 6 亿元，力求打造成全国大型隐形眼镜中转基地。

11 月

3 日，第二十届中国（温州）国际眼镜展暨第三届中国（瓯海）眼镜小镇采购节在温州国际会展中心正式开幕。约 300 家眼镜企业参展，进行成果展示，相互探讨技术升级、行业热点、寻找往来商机。

7 日，A 股眼科类上市公司又添新军，华夏眼科医院集团股份有限公司（简称华夏眼科，证券代码 301267）在深圳证券交易所创业板挂牌上市，迎来企业发展的高光时刻。上市首日，华夏眼科大涨 37. 78%，总市值近 400 亿元。

12 日，中华医学会眼科学分会 2022 年全国眼视光学术会议以线上直播的形式成功召开，各路中华医学会眼科学分会眼视光学组专家带来了一场场精彩的学术盛宴，吸引了近万人次观摩学习。

14 日，备受瞩目的浙江台州临海杜桥眼镜城开始试营业。杜桥眼镜城依托全国闻名的杜桥眼镜生产基地和庞大的眼镜经营群体，以打造全球太阳镜批发中心、全国眼镜贸易中心、全国眼镜电子商务中心、眼镜文化旅游展示中心为目标。

24 日，2022 厦门国际眼镜业展览会在福建厦门国际会展中心顺利举办，展会为期 3 天，逾 800 个知名眼镜品牌“镜”彩亮相，呈现了一场眼镜全产业链的行业盛宴。

12 月

4 日，第四届“武汉大学附属爱尔眼科医院东湖论坛——儿童眼病暨视光高峰论坛”在武汉召开。40 余位眼科顶级专家云集，共商儿童眼病与青少年视力防控大计。

10 日，由上海市社会医疗机构协会主办，光正眼科（股票代码 002524）承办的“第五届全国眼科浦江论坛”在上海新视界东区眼科医院举办。作为国内眼科上市企业，光正眼科在本次会议中提出以商业方式推动解决目前眼疾治疗资源严重不足的问题。

15 日，深圳市龙岗区印发《龙岗区关于促进眼镜产业高质量发展若干措施》和《龙岗区工业和信息化产业发展专项资金关于支持眼镜产业发展实施细则》，进一步促进龙岗眼镜产业提质增效、高质量发展。

29 日，中国眼镜协会采用线上线下结合的形式，召开九届三次理事会、九届四次常务理事会，线下会场设在北京维景国际酒店。中国轻工业联合会副会长、中国眼镜协会理事长杜同和出席会议并作理事会工作报告。

特　载

2022 年中国眼镜行业十件大事

2022 年，是举步维艰又全力以赴的一年！这一年，“灰犀牛”与“黑天鹅”的影子交替闪现；这一年，危险和机遇接踵而至，失望与希望共生共存……

中国眼镜协会与《中国眼镜科技杂志》共同盘点，推出“2022 年中国眼镜行业十件大事”，通过回顾梳理过去一年行业的热点、重点事件，展示眼视光行业砥砺前行、踔厉奋发、激扬澎湃的 2022！

1. 国家卫健委印发“十四五”眼健康规划，聚焦“一老一少”眼健康

2022 年 1 月 4 日，国家卫生健康委发布了《“十四五”全国眼健康规划（2021—2025 年）》（以下简称《规划》），持续推进“十四五”期间中国眼健康事业高质量发展。《规划》指出，要重点关注儿童、老年患者，并强调眼健康发展要从以治病为中心向以健康为中心转变，构建“筛查—诊断—治疗—随访”的连续型诊疗全生命期服务体系。《规划》对近视防控、老视的重视，以及防治结合、节点前移的全生命周期服务理念，与近年来眼视光行业的发展重心高度契合。凭借先发优势和庞大的终端覆盖数量，眼视光行业将成为“健康中国”行动中不可忽视的中坚力量。

2. 全国眼视光标准化技术委员会正式成立，开启行业标准化建设新篇章

2022 年 6 月 3 日，国家标准化管理委员会发布《国家标准化管理委员会关于轻工领域标准化技术组织体系优化结果的公告》，全国眼视光标准化技术委员会（SAC/TC596）获批成立。全国眼视光标准化技术委员会的成立，对于进一步完善中国眼视光领域标准体系，规范国内眼视光技术、服务和产品市场，加强国际交流与合作，推动中国眼视光行业高质量发展具有重要意义。

3. 全国视光职业教育教学指导委员会成立，助力行业教育科学发展迈上新台阶

2022 年 7 月 15 日，全国视光职业教育教学指导委员会（简称视光行指委）宣告成立。视光行指委的成立在一定层面上适应了职业教育对于产教融合的迫切需求，将在职业教育的改革中激发行业的内驱力，凝聚职教发展的合力，提升职业教育支撑行业的效力，深入推进产教融合，加快眼视光职业教育的发展。

4. 行业科技创新持续发力，专精特新优势企业引领作用日益凸显

2022 年，江苏视科荣获第二十三届中国专利优秀奖，宁波法里奥入围第三批国家级重点“小巨人”，江苏视科、浙江伟星获中国轻工联技术发明二等奖，宁波明星“自动验光仪”入选工信部《升级和创新消费品指南（轻工 第九批）》……这些创新能力强、专注细分市场、成长性好的优秀企业，以科技创新为引擎带领企业快速发展。在国家相关政策的有效激励以及科技研发力度加码的基础上，眼视光行业各类创新成果不断涌现，通过产品的迭代升级，实现了行业的科技创新和产品力的整体提升。

5. 顺应新消费趋势，眼镜企业多向发力，品牌影响力稳步增强

2022 年，眼镜行业不断顺应新消费趋势，无论是供应商还是零售商，纷纷加大品牌建设力度，高效触达消费者；或通过跨界融新、明星代言塑造品牌形象等方式，提升口碑与认知；或借势而为，拓展合作领域，助力品牌建设迈入新阶段。从对流量的追逐转变为品牌力的长期输出，运用社交媒体推广、跨界合作等新的营销手段，持续传递情感价值与沟通，多角度与消费者建立有效连接，实现品牌价值驱动长效增长。

6. 行业“专家库”汇集高端智慧，服务社会、服务行业专业水平进一步提升

为了更好地整合行业资源，充分发挥眼视光行业各领域专家的专业特长，提高协会服务行业、服务社会的专业能力，2022 年，中国眼镜协会组建“中国眼镜行业专家库”，首批入选专家 39 人。

中国眼镜协会将不断加大对专家库的支持，组织专家有序参与面向社会和行业的相关活动、项目，为眼视光行业高质量发展把脉问诊、建言献策，提供重要的智力支持。

7. 资源整合优势互补实现“1+1>2”，眼视光企业迈入融合发展新时代

2022 年，何氏眼科、普瑞眼科、华厦眼科相继获批上市；优能与乐普医疗、爱博医疗与加美光学等融资整合……越来越多的眼视光企业在原有消费属性的基础上，逐渐渗透医疗属性，并获得资本青睐。资本的涌入在加快眼视光行业转型发展，助推眼健康事业繁荣兴盛的同时，不可避免地加剧行业市场竞争。更多的企业在借助资本力量实现创新之余，不断打磨自身专业能力，发展核心价值，凭借过硬的产品和服务赢得市场。

8. 验光员更名为“验光师”，行业专业技术人才培养迎来新阶段

2022 年 9 月，人社部发布《中华人民共和国职业分类大典（2022 年版）》。其中，“眼镜验光员”更名为“眼镜验光师”，同时增加“眼镜架制作工”新职业。这对增强眼视光行业从业人员的职业认同和社会认同，促进就业创业，引领职业教育培训改革，疏通行业人才晋升通道的“堵点”，源源不断接续培养行业急需的专业技术人才具有重要意义。

9. 温州、厦门区域眼镜展会成功举办，丰富行业展示贸易平台

2022 年 11 月，在地方政府、主办单位和参展企业的共同努力下，两个具有区域特色的眼镜展会——第二十届温州国际眼镜展和第二届厦门国际眼镜展克服重重困难，相继成功举办。温州展和厦门展，填补了新冠疫情期间中国眼镜专业展会的空白，在差异定位、优势互补的思路下，丰富了国内眼镜市场在特殊时期相对匮乏的新品展示和商贸洽谈渠道。

10. 组合发力树立行业形象，爱眼护眼科普及公益活动深入人心

为践行“健康中国”战略，全国第 27 个爱眼日期间，围绕“关注普遍眼健康，共筑‘睛’彩大健康”这一主题，中国眼镜协会、各地方协（商）会、行业企业积极开展视觉健康的科普宣传教育，举办了多种形式的科普活动，受到社会的广泛认可。面对疫情灾情，众多眼视光企业和企业家不吝援手，雪中送炭。无论是科普宣传，还是公益行动，行业企业与从业者都始终坚守一线，成为强有力推动国民视觉健康、行业进步和社会发展的一支重要力量。

全面贯彻落实党的二十大精神　持续推进世界轻工强国建设

中国轻工业联合会党委书记、会长　张崇和

党的二十大吹响了中华民族伟大复兴的奋进号角，开启了全面建设社会主义现代化强国的新征程。习近平总书记深情地指出，要“坚持以人民为中心的发展思想”，“不断把人民对美好生活的向往变为现实”。轻工业作为国民经济的重要组成部分，要以习近平新时代中国特色社会主义思想为指导，牢记初心使命，踔厉奋发有为，全面贯彻党的二十大战略部署，用十年左右时间建成世界轻工强国，为实现人民美好生活向往，为全面建成社会主义现代化强国贡献轻工力量。

一、深刻理解习近平新时代中国特色社会主义思想对构建轻工业新发展格局的重大意义

习近平新时代中国特色社会主义思想是中国当代的马克思主义，是指引中华民族伟大复兴的理论灯塔，是中国轻工业破解发展难题、增强发展动力、厚植发展优势、构建高质量发展新格局的科学行动指南。

（一）指明了轻工业发展方向。习近平新时代

中国特色社会主义思想明确的“进入新发展阶段是我国经济发展的历史方位”，为轻工业指明了发展方向。当前，中华民族伟大复兴战略全局和世界百年未有之大变局相互交织、相互激荡。习近平总书记指出：“正确认识党和人民事业所处的历史方位和发展阶段，是我们党明确阶段性中心任务、制定路线方针政策的根本依据，也是我们党领导革命、建设、改革不断取得胜利的重要经验。”进入新发展阶段，轻工业迎来历史性的战略机遇。我国轻工业走过了从“有没有”到“好不好”的历史，现在正在向“强不强”奋进，这是轻工业新的历史方位。

（二）指明了轻工业责任使命。习近平新时代中国特色社会主义思想明确的“坚持以人民为中心的发展思想是我国经济发展的根本立场”，为轻工业指明了责任使命。人民立场是中国共产党的根本政治立场，是马克思主义政党区别于其他政党的显著标志。习近平总书记指出：“人民对美好生活的向往，就是我们的奋斗目标。”轻工业是重要的消费品产业，产品涵盖吃、穿、住、用、行、玩、乐、教等多个民生领域，提供高品质的消费产品，满足人民美好生活的需要，就是轻工业的责任使命。

（三）指明了轻工业奋斗目标。习近平新时代中国特色社会主义思想明确的“大力发展制造业和实体经济是我国经济发展的主要着力点”，为轻工业指明了奋斗目标。习近平总书记指出，“制造业是国家经济命脉所系”，“要坚定不移把制造业和实体经济做强做优做大”，“加快建设制造强国”。轻工业经济总量占全国工业的五分之一，是国民经济行稳致远的重要力量。中国轻工业联合会结合发展实际，根据国家2035年建成现代化强国的宏伟目标，提出用十年左右时间，建成世界轻工强国。这个宏大理想，就是新时期轻工业的奋斗目标。

（四）指明了轻工业前进路径。习近平新时代中国特色社会主义思想明确的“推动高质量发展是我国经济发展的鲜明主题”，为轻工业指明了前进路径。当前我国经济已由高速增长阶段转向高质量发展阶段，习近平总书记指出：“要坚定不移推动高质量发展，扭住深化供给侧结构性改革这条主线，把制造业高质量发展放到更加突出的位置，加快构建市场竞争力强、可持续的现代产业体系。”轻工业认真贯彻国家战略部署，探索出以科技创新、标准质量、绿色低碳、数字转型、“三品”行动、产业集群、市场建设、技能人才为发展重点的前进路径。

（五）指明了轻工业发展方略。习近平新时代中国特色社会主义思想明确的“坚持正确工作策略和方法是做好经济工作的方法论”，为轻工业指明了发展方略。实现经济持续健康发展，不仅要有正确思想和政策，而且要有正确工作策略和方法。习近平总书记指出：“正确的战略需要正确的策略来落实。策略是在战略指导下为战略服务的。”中国轻工业联合会加强顶层设计，组织行业制定了《轻工业“十四五”高质量发展指导意见》及轻工业、轻工装备、食品工业“十四五”技术进步指导意见。坚持目标导向和问题导向，坚持系统观念，加强顶层谋划，注重机制建设，强化工作落实，就是推动轻工业发展的策略方法。

二、坚决贯彻落实习近平新时代中国特色社会主义思想，全方位推进轻工业高质量发展

中国轻工业联合会以习近平新时代中国特色社会主义思想为指导，深刻认识和把握“三新一高”战略要求，结合行业发展实际，以八大举措推动轻工业高质量发展，目前取得显著成效。

（一）贯彻科技自强思想，建设创新轻工。习近平总书记指出：“坚持面向世界科技前沿、面向经济主战场、面向国家重大需求、面向人民生命健康，加快实现高水平科技自立自强。”轻工业着眼补行业短板和追踪全球产业趋势，研究未来15年轻工业30个重点科技方向的100项关键技术，组织院士专家及骨干企业协同攻关。中国轻工业联合会每年组织科技成果鉴定200项，评选中国轻工业科技奖励项目200项。到“十四五”末，轻工业重点实验室、轻工业工程技术研究中心将分别达到150家，全方位建成科技创新平台体系。轻工业坚决贯彻习近平总书记高水平科技自强自立重要思想，努力建设“创新轻工”。

（二）贯彻标准化战略思想，建设品质轻工。习近平总书记指出：“标准决定质量，只有高标准才有高质量。”轻工业加强技术基础能力建设，用

好标准质量举措，推进行业强基固本。中国轻工业联合会发挥标准化工作委员会作用，编制《“十四五”轻工行业标准体系建设方案》，做好标准体系优化工作，加快标准研制进度，每年制修订国标、行标、军标、计量技术规范300项，高水平团体标准40项，表彰100家企业标准“领跑者”；同时加快质量分等分级标准制定和检测认证，持续开展质量竞赛活动，推动生产制造质量提升；促进标准、检测、认证一体化服务，以新时代先进性标准推动建设“品质轻工”。

（三）贯彻“双碳”战略思想，建设绿色轻工。习近平总书记指出：“实现碳达峰碳中和，是立足新发展阶段、贯彻新发展理念、构建新发展格局、推动高质量发展的内在要求，是党中央统筹国内国际两个大局作出的重大战略决策。”轻工业积极推动行业绿色低碳发展，“十四五”期间，将在造纸、塑料、家电等重点行业制定绿色工厂、绿色设计产品等标准200项以上，力争到“十四五”末，轻工业绿色工厂总量达到1000家，绿色设计产品总量达到2000个，轻工业绿色产品占全国比重达到40%；鼓励可降解塑料开发和应用，严禁轻工产品过度包装；做好废旧家电、电池等产品的回收利用；制定轻工业“双碳”达标行动方案，积极建设“绿色轻工”。

（四）贯彻数字经济思想，建设智慧轻工。习近平总书记指出：“把握数字经济发展趋势和规律，推动我国数字经济健康发展。”轻工业贯彻国家数字化战略，持续推动“两化”贯标，提升智能制造水平。宣传数字化转型应用场景示范案例，表彰轻工业信息化先进单位和领军人物。加大轻工产品追溯标准制定及平台建设，推动酒、盐、糖、肉、乳品产品的质量安全追溯。支持企业电商平台发展，搭建工业互联网公共服务平台，为中小企业转型提供低成本、简便快捷的数字化服务。组织企业跨界融合，推动智能家居产业快速发展。全面推进数字转型，努力建设“智慧轻工”。

（五）贯彻扩大内需思想，建设时尚轻工。习近平总书记指出：“要坚持以供给侧结构性改革为主线，坚持深化改革开放，牢牢把握扩大内需这个战略基点。”轻工业积极落实国家扩大消费的战略部署，加快实施“数字三品”行动方案，推动轻工产品创新发展。中国轻工业联合会接受工信部委托，评荐发布《升级与创新消费品指南》，每年新培育升级与创新消费品100个，到“十四五”末总量将达到1000个。加强工业和文创设计，发展时尚消费品产业，推动建设时尚消费产业之都；推广数字化特色定制，满足个性化消费需求；加大适老创新产品的研发生产。宣传优势品牌企业，推动工业文化与实体经济相互赋能，建设以消费升级为导向的“时尚轻工”。

（六）贯彻区域协调思想，建设特色轻工。习近平总书记指出：“要根据各地区的条件，走合理分工、优化发展的路子，落实主体功能区战略，完善空间治理，形成优势互补、高质量发展的区域经济布局。”轻工业科学布局产业集群，加强规划引导和资源对接，将产业集群建设成为区域生产中心、研发中心、标准中心、检测中心、物流中心和信息中心；支持食品和工艺美术行业发展，助力乡村振兴；开展“332”专项工程，即推动30个规模300亿元以上的产业集群，率先向先进制造业集群迈进，形成超两万亿元规模的产业集群第一方阵；到“十四五”末培育10个世界级产业集群。发挥行业协会纽带作用，搭建东中西部产业对接服务平台。全方位支持发展优势互补的“特色轻工”。

（七）贯彻统一市场思想，建设放心轻工。习近平总书记指出：“构建新发展格局，迫切需要加快建设高效规范、公平竞争、充分开放的全国统一大市场，建立全国统一的市场制度规则，促进商品要素资源在更大范围内畅通流动。”轻工业加强知识产权保护，维护公平竞争秩序，推动统一大市场建设。中国轻工联推荐500家企业参加商务部、工信部组织的“双品节”电商活动；支持工信部消费品工业“三品”战略示范城市评选工作；聚焦冰雪运动消费、智慧家居生活、适老创新产品等消费热点，抓住国际消费中心城市建设、全面区域合作伙伴关系协定（RCEP）生效等机遇，推动构建“双循环”新发展格局；举办全国工艺美术博览会，支持办好40多个行业国际展会；支持开展消费安全专项活动。多措并举努力建设“放心轻工”。

（八）贯彻人才强国思想，建设技能轻工。习近平总书记指出：“要深入实施新时代人才强国战略，全方位培养、引进、用好人才，加快建设世界重要人才中心和创新高地。”轻工业贯彻人才强国战略，大力弘扬工匠精神、劳模精神，组织评选第八届“中国工艺美术大师”，培育推荐一批大师传承创新基地；与中华全国总工会开展轻工“大国工匠”推荐学习活动，推动培育一批轻工业“工匠学院”；会同人社部、中华全国总工会，举办“全国工业设计职业技能大赛”及行业技能大赛，推荐优秀选手参评“五一”劳动奖章；完善轻工行业职业技能标准体系，大力推广网络营销师、消费规划师、碳排放管理员等新职业，每年培训轻工职业技能人才10万名。技能改变命运，大赛成就人生，轻工业3500万劳动者，其中技能人才超1000万，高技能人才超300万。轻工业大力培育各层级优秀人才，全面建设支撑创新发展的“技能轻工”。

三、全面贯彻落实党的二十大战略部署，持续推进世界轻工强国建设

党的二十大是全党全国各族人民迈上全面建设社会主义现代化国家新征程、向第二个百年奋斗目标进军的关键时刻召开的具有里程碑意义的重要会议。会议全面部署了以中国式现代化全面推进中华民族伟大复兴的战略举措。坚持以习近平新时代中国特色社会主义思想为指导，是贯彻落实党的二十大精神的核心要义。中国轻工业联合会将持续学习和实践，勇担责任使命，建设“让党放心”行业组织，带领全行业向轻工强国目标迈进，为实现人民美好生活向往和中华民族伟大复兴作出积极贡献。

（一）持续建设让党放心的行业组织。党的二十大报告指出，要“增强党组织政治功能和组织功能”、“理顺行业协会、学会、商会党建工作管理体制”。中国轻工业联合会坚决拥护“两个确立”、增强“四个意识”、坚定“四个自信”、做到“两个维护”，以习近平总书记对行业组织系列重要指示为行动指南，坚持党建引领，坚定不移打造“凝心聚力、自强不息、政府信赖、企业满意、令人倾羡”的中国轻工业联合会，建设一个“让党放心，胸怀轻工，服务大局，民主自治，奉献强国”的理事会，通过“定岗、定人、定指标，比能、比较、比贡献”，推进中国轻工业联合会职业化队伍建设和中国轻工业强国建设。从讲政治的高度做好行业工作，不断提升构建新发展格局的政治能力、战略眼光和专业能力，积极服务行业、助力国家治理、防范重大风险，推动轻工业高质量发展。

（二）持续构筑高质量发展的保障体系。实现轻工强国梦想，是一项重大而系统的工程，需要做好顶层规划和统筹协调。要以习近平新时代中国特色社会主义思想为指导，精准对标国家战略指向和轻工强国目标，按照党的二十大提出的“坚持把发展经济的着力点放在实体经济上”，加快建设制造强国、质量强国、数字中国的要求，构筑建设轻工强国的战略支撑体系。一是构筑国家引领、协会支持、产业协同的科技创新体系；二是构筑标准、计量、检测认证的技术基础支撑体系；三是构筑稳定安全的产业链、供应链生态体系；四是构筑优势互补、区域互助的产业集群体系；五是构筑职业技能人才及工匠大师高技能人才共同发展的多层级人才队伍体系；六是构筑发挥桥梁纽带作用的行业组织服务体系。持续构筑六大战略体系，为轻工业高质量发展提供战略保障。

（三）持续培育奋勇争先的企业队伍。建设世界轻工强国，离不开轻工企业的强力支撑。在伟大新时代建功立业，谱写建设轻工强国的辉煌篇章，需要一支奋勇争先的轻工企业队伍。党的二十大报告指出，要“完善中国特色现代企业制度，弘扬企业家精神，加快建设世界一流企业”。轻工业要大力弘扬企业家精神、劳模精神、工匠精神，支持优势骨干企业以高水平科技、先进性标准、低碳化目标、数字化转型、“三品”行动、区域化协同、优质化服务、高素质人才领航轻工业高质量发展；推动轻工中小企业专精特新发展，每年推动培育150家轻工专精特新“小巨人”企业，力争到“十四五”末，轻工业“小巨人”企业增加到1000家。要形成领航企业、单项冠军企业、“小巨人”企业及专精特新企业奋勇争先、协同发展的企业队伍，为实现轻工强国提供力量保障。

（四）持续供给美好生活需要的消费精品。建设世界轻工强国，根本目的是实现人民对美好生活的向往。党的二十大报告指出，“江山就是人民，人民就是江山”，“必须坚持在发展中保障和

改善民生，鼓励共同奋斗创造美好生活，不断实现人民对美好生活的向往”。经过多年发展，我国轻工产品能够较好满足人民生活需求，但仍存在高端产品供给不足、国际知名品牌较少等问题。中国轻工业要以习近平新时代中国特色社会主义思想为指导，担负起满足人民美好生活需要、实现人民美好生活向往的光荣使命。要组织全行业技术攻关，加强核心技术、先进工艺、关键材料与产业技术基础建设，增加升级创新产品，提升质量水平，强化品牌培育，推广新型商业模式，推动轻工产品创新化、个性化、品牌化、时尚化发展，持续供给美好生活需要的消费精品。

欣逢中华民族伟大复兴的新时代！轻工人不忘初心使命，坚定不移听党话，矢志不渝跟党走！轻工人将深刻感悟习近平总书记“想人民之所想，行人民之所嘱”的人民情怀，把人民对美好生活的向往，作为我们的奋斗目标！中国轻工业将持续以习近平新时代中国特色社会主义思想为指引，全面落实党的二十大宏伟战略部署，通过十年踔厉奋发，建成世界轻工强国，在中华民族伟大复兴新征程上，谱写出“人民轻工”的辉煌篇章！

凝心聚力，笃行创新，持续推进眼镜行业高质量发展

——杜同和在中国眼镜协会九届三次理事会、九届四次常务理事会上的报告

2022 年 12 月 29 日，中国眼镜协会采用线上线下结合的形式，召开九届三次理事会、九届四次常务理事会，线下会场设在北京维景国际酒店。中国轻工业联合会副会长、中国眼镜协会理事长杜同和出席会议并作主题为“凝心聚力，笃行创新，持续推进眼镜行业高质量发展”的理事会工作报告。北京、河北地区部分常务理事、理事代表现场参会，协会职业副理事长兼秘书长戴维平及常务理事、理事、监事线上参会。会议由江波副理事长主持。

杜同和在报告中指出，2022 年，世界百年未有之大变局加速演进，世纪疫情影响深远，国际环境严峻复杂，我国发展面临新的战略机遇和挑战。我国眼镜行业在国内外大环境下，整体呈现恢复性增长态势，为国家稳增长、稳外贸、稳就业作出了积极贡献。根据国家统计局数据，经历了二季度的修复期后，三季度成镜产量的恢复势头有所减缓，1—10 月规模以上企业的成镜产量比上年同期下降 7. 37%；盈利水平继续改善，1—10 月眼镜行业规模以上生产企业的营业收入比上年同期增长 2. 85%，利润总额比上年同期增加 25. 71%，营业收入利润率为 8. 45%，高于制造业 2. 2 个百分点。另据海关总署网站数据测算，外需有回暖迹象。2022 年 1—10 月眼镜产品出口约 60. 89 亿美元，比上年同期增长 14. 93 %，进口 13. 13 亿美元，比上年同期下降 6. 35%。

杜同和从九个方面总结了协会一年来的工作。他表示，一年来协会以习近平新时代中国特色社会主义思想为指导，认真贯彻落实党中央、国务院一系列有关推动经济高质量的重大决策部署，以党建为统领，加强自身建设，完善工作机制，围绕协会职能定位，在加强分析研判，主动服务行业发展；整合行业资源，提升专业化服务能力；加强标准体系建设，提高行业发展保障能力；积极应对疫情，优化展会服务；多渠道搭建平台，提升协会影响力；注重人才培养，夯实产业发展根基；创新工作方式，扎实推进会员服务等方面开展了大量工作并取得一定成效，推动了行业的科技创新，加快高质量标准体系建设，加强了协会自身建设。他指出，2022 年全行业发展保持了稳中有进，但在行业发展中我们还面临不少困难，核心技术“卡脖子”问题依然突出，企业自主创新活力不足，绿色转型发展任重道远。

杜同和强调，2023 年是全面贯彻落实党的二十大精神的开局之年，当前和今后一个时期，我国发展仍处于重要的战略机遇期，经济长期向好

的基本面没有改变，加快建设制造强国的目标没有改变，创新引领、消费升级的趋势没有改变，中国眼镜总产量占世界总产量70%的格局没有改变，不断快速增长的视光矫正和爱眼护眼需求没有改变。我们要全面贯彻落实党的二十大精神和中央经济工作会议精神，完整、准确、全面落实新发展理念，围绕构建行业高质量发展新格局，坚持稳中求进的工作总基调，推动眼镜产业持续向好，作出积极贡献。2023 年要从以下十个方面做好重点工作。

（一）深入会员企业和产区调研，了解需求、反映诉求，切实发挥桥梁纽带作用。围绕智能制造、“三品”战略、绿色生产、安全生产等经济热点、政策热点和行业热点，开展专题调研，为政府部门相关决策提供依据，争取得到更多方面支持。充分利用行业内外专家资源，加强对国家相关产业政策的解读和分析，助力企业转型升级和行业科学发展。

（二）以“质量强企、品质兴业”专项活动促进全行业质量建设。为争取实现党的二十大提出的质量强国目标，进一步加强行业质量自律，联合主要产区工信、市场监管等部门，对眼镜生产企业提升产品质量进行全面督导、帮扶，切实推动国产眼镜产品质量的整体提升。

（三）搭平台、树典范，提升眼镜企业创新能力。通过会议、论坛等形式，引导企业发展智能制造、高端制造、绿色制造，增加高端产品供给，打造智慧供应链，促进服务升级，推动行业协同创新。继续做好中国专利奖、专精特新“小巨人”、制造业单项冠军、中国轻工联科学技术奖、老年用品产品推广目录、升级和创新消费品指南等国家级荣誉的推荐工作。

（四）持续构建支撑行业高质量发展的标准体系。加快制订和完善行业急需的各类行标、团标，探索绿色生产的推进机制和标准要求，组织“标准领跑者经验交流会”等活动，引导具备条件的企业对标国际先进标准，扩大标准领先企业第一方阵。

（五）大力推动行业技能人才、创新型人才队伍建设。充分发挥好全国视光行指委的作用，推进视光职业教育的内涵建设，突出产学研用特色，促进技能人才培养质量的全面提升。继续做好眼镜验光师、定配工的职业能力评价工作，通过多种形式探索配镜师的行业普及和社会认可。充分发挥职业技能竞赛对职业培训的引领示范作用，提升专业技能人员业务水平，完善全国验光与配镜职业技能竞赛机制，创新办赛模式，克服不利因素，全力推进大赛尽快落地实施。

（六）推进展览贸易平台的稳步快速复苏。策划筹备好中国国际眼镜业展览会，创新培育展会生态圈，提升国内外影响力。审时度势组织服务好国内企业参与外展，打造中国眼镜整体形象，增强中国眼镜产品的国际竞争力，巩固国际市场份额。

（七）加强党建引领，深化党建与业务融合。协会党支部通过提高政治站位、强化使命担当、加强“三力”建设，将新发展理念贯穿到行业高质量发展的各项工作部署中，在行业内培育、推荐一批党建促发展的先进典型。

（八）公益活动与社会热点结合，塑造行业公益品牌。围绕青少年近视防控、老龄化国家战略等，通过与社会主流公益组织合作，整合相关资源，组织有意愿的会员企业，为增添人民福祉积极奉献爱心，履行社会责任，提升社会形象，构建更加健康持久的新型政企、社企关系。

（九）加大对行业、企业、企业家、品牌的宣传。一是推进《中国眼镜科技杂志》建设创新型媒体服务生态，聚焦并满足行业和企业的多元化需求；二是加强主流媒体对行业的宣传报道，主动传播中国眼镜优秀企业、企业家的正能量，讲好中国眼镜故事；三是提高视光科普宣传的覆盖和声量，为行业夯实消费信任、社会信任基础。

（十）持续完善协会自身建设，提高整体服务效能。不断扩展服务会员的途径和平台，充分利用会员服务系统加强有针对性的特色服务；通过调研、培训等多种形式，全面提升协会工作人员的政策水平、专业能力、服务意识，打造有热情、信得过、做得成的高素质工作团队。

会议审议并原则上通过了《中国眼镜协会 2021 年度财务工作报告》《第六十二批申请入会单位名单》。单志华监事长作《中国眼镜协会监事会 2022 年工作情况通报》。孙环宝副理事长介绍近三年中国眼镜协会团体标准建设情况和行业标准工作动态。2019 年至今，协会共发布团体标准 5 项，待发布 1 项，在研 2 项，拟立项 2 项。

会议邀请工信部原中小企业司副司长、中国中小商业企业协会特邀副会长王建翔，对促进中小企业专精特新发展政策进行详细解读，助推行业企业高质量发展。

"十四五"全国眼健康规划（2021—2025 年）

眼健康是国民健康的重要组成部分，涉及全年龄段人群全生命期。包括盲在内的视觉损伤严重影响人民群众身心健康和生活质量，加重家庭和社会负担，是涉及民生福祉的公共卫生问题和社会问题。为持续推进"十四五"期间我国眼健康事业高质量发展，进一步提高人民群众眼健康水平，制定本规划。

一、规划背景

党中央、国务院高度重视眼健康工作。自上世纪 80 年代，国家层面连续出台防盲治盲和眼健康有关规划、政策，强化顶层设计，明确任务目标，提出具体措施，持续完善眼健康管理体系、技术指导体系和医疗服务体系。聚焦沙眼、白内障、儿童青少年近视等眼病防治和低视力康复，着力提升人民群众眼健康水平。

"十三五"时期，各地将儿童青少年近视防控纳入政府绩效考核，形成"政府主导、部门配合、专家指导、学校教育、家庭关注"的良好氛围，眼科医疗卫生事业快速发展。眼科服务能力持续提升，白内障复明手术在县域普遍开展。眼科医务人员队伍不断完善，眼科医师数量增加至 4.7 万名。医务人员积极参与眼健康科普宣教。人民群众爱眼护眼意识明显提升。"十三五"末，我国盲的年龄标化患病率已低于全球平均水平。世界卫生组织正式认证，我国消除了致盲性沙眼这一公共卫生问题。我国百万人口白内障手术率（简称 CSR）超过 3000，较"十二五"末翻一番。

但是，我国仍是世界上盲和视觉损伤患者最多的国家之一。我国主要致盲性眼病由传染性眼病转变为以白内障、近视性视网膜病变、青光眼、角膜病、糖尿病视网膜病变等为主的眼病。随着经济社会发展及人口老龄化进程加剧，人民群众对眼健康有了更高需求。我国眼科优质医疗资源总量相对不足、分布不均衡的问题依然存在，基层眼健康服务能力仍需加强，眼健康工作任务依然艰巨。

二、指导思想和基本原则

（一）指导思想。以习近平新时代中国特色社会主义思想为指导，全面贯彻党的十九大和十九届历次全会精神，以人民健康为中心，以推动高质量发展为主题，以满足人民群众多层次多样化的眼健康需求为出发点和落脚点，落实健康中国战略部署，进一步构建优质高效的眼健康服务体系，努力为人民群众提供覆盖全生命期的眼健康服务。

（二）基本原则。

1. 坚持统筹规划，资源整合。坚持眼健康工作服务于人民健康。坚持政府主导、多部门协作、全社会参与的眼病防治工作模式。根据人民群众眼病就医需求、眼病疾病谱、人口分布情况，科学制定区域眼健康规划，明确工作目标和任务分工，因地制宜、分类指导，统筹区域内医疗资源，保证具体工作措施取得实效。

2. 坚持提质增效，高质量发展。坚持新发展理念，以提高眼健康服务质量和水平作为核心任务，推动眼健康管理体系、技术指导体系和医疗服务体系高质量发展，加快优质医疗资源扩容和区域均衡布局，持续改善眼健康服务的公平性和可及性。

3. 坚持预防为主、防治结合。重视眼病前期因素干预，注重医防协同、急慢分治，推动眼健康事业发展从以治病为中心向以人民健康为中心转变。加强眼健康科普宣传教育，强化每个人是自己眼健康第一责任人，推动形成人人参与、人人尽责、人人共享氛围。

4. 聚焦重点人群、重点眼病。关注儿童青少年、老年人两个重点人群，聚焦近视等屈光不正、白内障、眼底病、青光眼、角膜盲等重点眼病，推广眼病防治适宜技术与诊疗模式，提高重点人群眼健康水平。

三、主要目标

“十四五”时期，着力加强眼科医疗服务体系建设、能力建设、人才队伍建设，持续完善眼科医疗质量控制体系，推动眼科优质医疗资源扩容并下延。有效推进儿童青少年近视防控和科学矫治工作，进一步提升白内障复明能力，逐步提高基层医疗卫生机构对糖尿病视网膜病变等眼底疾病的筛查能力，推动角膜捐献事业有序发展。

到 2025 年，力争实现以下目标：

1. 0~6 岁儿童每年眼保健和视力检查覆盖率达到 90%以上，儿童青少年眼健康整体水平不断提升。

2. 有效屈光不正矫正覆盖率（简称 eREC，见附件）不断提高，高度近视导致的视觉损伤人数逐步减少。

3. 全国 CSR 达到 3500 以上，有效白内障手术覆盖率（简称 eCSC，见附件）不断提高。

四、推动眼科医疗服务体系高质量发展

（一）加强眼科医疗服务体系建设。

1. 加强综合医院眼科和眼科专科医院建设。根据患者就医需求和医疗资源布局等，将眼科医疗服务体系建设纳入“十四五”区域医疗机构设置规划等统筹建设，推动眼科相关优质医疗资源扩容并下延。逐步建立完善国家—区域—省—市—县五级眼科医疗服务体系，优化医疗资源布局。强化二级以上综合医院眼科设置与建设，补齐眼科及其支撑学科短板。每个地级市至少 1 家二级以上综合医院独立设置眼科。鼓励有条件的县级综合医院独立设置眼科并提供门诊服务。

2. 建设眼科医学高地。按照国家医学中心和国家区域医疗中心建设规划要求，统筹建设眼科专业国家医学中心和国家区域医疗中心，打造国家和区域眼科医学高地。发挥各中心的技术引领和辐射带动作用，提升眼科整体服务能力，逐步缩小区域间、城乡间眼科医疗服务能力差异，减少患者跨区域就医。

3. 构建眼科医疗服务网络。构建适合我国国情的眼健康服务网络，提供全面、公平、可及的眼健康服务。鼓励实力强的眼科专科医院和综合医院眼科牵头建设专科联盟，整合专科医疗资源，带动提升眼科整体服务能力。推动城市医疗集团和县域医共体建设，充分吸纳眼科医疗资源参与，建立眼科医疗资源与区域内其他医疗资源分工协作机制，完善城市和县域两个眼健康工作网络。加强远程医疗协作网建设，利用信息化手段推动眼科优质医疗资源向基层延伸。

（二）加强眼科医疗服务能力建设。

1. 提升眼科医疗服务能力。按照《“十四五”国家临床专科能力建设规划》，从国家、省、市（县）级层面支持眼科临床重点专科建设，完善相关眼科亚专科体系，进一步提升眼科临床专科服务能力。同时，重点关注儿童、老年患者，重点提升近视科学矫治、白内障复明手术、常见眼病筛查等能力。加强病理等支撑学科建设，提升眼病理诊断能力。

2. 提升眼科医疗服务效率。构建“急慢分开”模式。完善眼科日间手术相关工作制度和工作流程，在做好白内障、屈光不正等患者日间手术基础上，逐步扩大病种范围，持续提升日间手术占择期手术的比例。力争“十四五”末，三级眼科专科医院日间手术占择期手术的比例达到 60%。加强眼科与康复机构、基层医疗机构协作，完善双向诊转机制，将术后康复期以及诊断明确、病情稳定的慢性眼病患者转向基层随诊。推动眼科门诊、日间手术服务实施预约诊疗制度，利用信息化技术不断优化医疗服务模式和流程，进一步提升医疗服务效率，有效改善患者就医体验。

3. 加强基层服务能力建设。按照社区医院基本标准，鼓励有条件的社区医院逐步提供眼科医疗服务。依托城市医疗集团、县域医共体，引导眼病防治适宜医疗技术向基层延伸，推动有效视力筛查、眼底筛查技术等在基层应用，落实眼病

防治措施。完善双向转诊和上下联动机制，为眼病患者提供合理诊疗和上转服务。

4. 强化落实防治结合要求。加强医疗机构与疾病预防控制机构、妇幼保健机构、康复机构协作，开展跨机构、跨学科合作，建立眼科疾病医疗、预防、康复相结合工作机制，为患者提供筛查—诊断—治疗—随访连续型诊疗服务。加强儿童青少年近视防控、0～6岁儿童眼保健和低视力康复工作，推动完善医防融合模式。促进中医眼科与现代眼科新技术、新方法有机结合，发挥中医眼科在眼病防治中的独特作用。

（三）加强眼科专业人才队伍建设。

1. 优化眼科专业技术人员队伍。强化眼科医务人员培养与培训，形成稳定、合理的眼科专业人才梯队。“十四五”末，力争眼科医师总数超过5万名，每10万人口拥有眼科医师数超过3.6名。加强眼科学科带头人、骨干医师引进与培养，重点培育高层次复合型眼科医学人才，形成一批高水平领军人才和创新团队，推动眼科医师队伍高质量发展。

2. 加强眼科住院医师规范化培训。以培养临床诊疗能力为核心，深入推进住院医师规范化培训，使临床医师具有良好职业道德、扎实医学理论知识和临床技能，规范化开展眼科疾病诊疗工作。进一步完善眼科医师规范化培训与职称晋升的衔接机制。

3. 加强继续医学教育培训。充分发挥国家级、省级防盲技术指导组、眼科专业学协会技术优势，对眼病防治管理人员和专业技术人员开展培训。组建高质量师资队伍，通过线上线下等开展不同形式继续教育，提升眼科医师临床技术能力与水平。

（四）加强眼科医疗质量管理。

1. 规范临床诊疗行为。强化眼科医师依法执业意识，严格落实医疗质量安全核心制度，保障医疗质量与安全。进一步完善眼科相关诊疗规范、临床路径与诊疗指南等技术文件，加强眼科药物、临床诊疗技术应用等管理，规范眼科医师临床诊疗行为。

2. 加强眼科医疗质量管理与控制体系建设。以各级质控中心建设为核心，完善眼科专业医疗质量控制组织体系。以眼科重点病种和关键技术为主线，完善眼科疾病质量控制指标体系。以提升眼科医疗质量水平和技术能力为目标，强化质控指标应用，加强医疗质量安全数据收集、分析和反馈，开展质量改进工作。

五、加强重点人群重点眼病防治

（一）提升近视防控和矫治水平。

1. 推进儿童青少年近视防控。全面落实《综合防控儿童青少年近视实施方案》《儿童青少年近视防控适宜技术指南》等要求。制修订近视防控相关标准，形成儿童青少年视力健康标准体系。强化0～6岁儿童眼保健和视力检查服务。推进儿童青少年近视及危险因素监测与干预，通过全国学生常见病和健康影响因素监测系统开展近视专项监测，力争“十四五”期间实现全国县（区）近视监测100%全覆盖，动态掌握全国儿童青少年近视率及危险因素变化情况。逐步扩大中小学生视力筛查人群，加强视力监测网络建设，针对性开展专家进校园行动、中小学生健康月活动等干预措施。

2. 推动近视科学矫治。指导医疗机构落实《近视防治指南》等要求，科学开展验光等检查，强化高度近视患者早期预警和干预，提升近视早期诊断、早期控制能力，减少因高度近视而导致的视觉损伤。指导医疗机构规范开展近视矫治服务，制定完善角膜塑形镜等临床应用规范，加强近视相关手术操作监管，持续提升eREC。

（二）提升白内障复明水平。推动落实乡村振兴战略，扎实推进“千县工程”，深化三级医院对口帮扶县医院，持续开展光明工程、光明行等活动，推动白内障复明手术技术下沉，提升县医院白内障复明手术能力。“十四五”末，达到县级医院综合服务能力推荐标准的县医院中，90%以上开展白内障复明手术，全国CSR达到3500以上（“十三五”末CSR未达到3000的省份力争每年增长5%）。指导医疗机构规范开展白内障复明手术，推动小切口白内障囊外摘除术或超声乳化白内障摘除术临床应用，强化手术质量管理，建立健全术后随访制度，提高eCSC。

（三）提高眼底病、青光眼等眼病的早诊早治能力。推动青光眼，以及糖尿病视网膜病变、近视性视网膜病变、黄斑变性、视网膜血管阻塞、高血压眼底病变等眼底病的早发现、早诊断、早治疗，制定重点疾病诊疗规范，完善慢性眼病患者管理模式，降低疾病负担和致盲率。持续推进眼科相关医联体建设，推动眼底照相筛查技术逐步覆盖基层医疗卫生机构，探索建立“基层检查、上级诊断”服务模式，提升眼底病、青光眼等眼病诊治能力。落实糖尿病视网膜病变等眼科疾病分级诊疗服务技术方案，推动落实“千县工程”，建设县级综合医院慢病管理中心，稳步推进家庭医生签约服务工作，构建眼病慢病管理体系。

（四）提高角膜盲救治能力。依托现有医疗资源，合理规划、规范建设眼库。落实《眼库管理规范》《眼库操作技术指南》要求，规范供体角膜获取、处理、保存和使用，保证供体角膜可溯源。强化角膜移植技术临床应用管理，实施角膜移植全流程质量控制。建立符合中国国情的角膜捐献模式，加大宣传力度，鼓励社会参与，倡导角膜捐献，扩大角膜供体来源。重视人才队伍建设和相关技术培训，提高角膜移植水平，实现角膜移植技术全国所有省份100%全覆盖。

（五）提升其他眼病的防治水平。监测沙眼患病情况，巩固消除致盲性沙眼成果。加强新生儿眼病，特别是早产儿视网膜病变筛查与治疗，规范早产儿救治，降低早产儿视网膜病变发病率和致盲率。进一步提升斜弱视、眼表疾病、眼眶病、眼外伤等眼病治疗水平。加强遗传性眼病诊疗服务。

六、搭建眼健康服务支撑平台

（一）强化0~6岁儿童眼健康服务平台建设。结合国家基本公共卫生服务，实施0~6岁儿童眼保健和视力检查，确保检查覆盖率达到90%以上。落实《0~6岁儿童眼保健及视力检查服务规范（试行）》，发挥基层医疗卫生机构、妇幼保健机构和综合医院眼科的联动作用，构建上下分工、各有侧重、密切合作的儿童眼保健服务网络，早期筛查儿童常见眼病并矫治视力不良。推进儿童青少年视力健康电子档案建立工作，及时更新屈光发育健康数据，并随儿童青少年入学实时转移。

（二）强化低视力诊疗康复平台建设。持续提升三级综合医院眼科和眼科专科医院低视力门诊设置率。鼓励有条件的三级综合医院眼科和眼科专科医院开展视功能评估、康复需求评估、制定并实施康复计划等低视力康复工作。完善眼科医疗机构与低视力康复机构转诊机制，畅通双向转诊通道。强化低视力康复人才队伍建设，加强低视力康复技术规范化培训，提升眼科医务人员低视力康复能力。

（三）强化眼健康信息化平台建设。积极推动“互联网+”医疗服务模式在眼科领域的应用，利用互联网诊疗、远程医疗等信息化技术，提升眼科医疗服务可及性。推进大数据、人工智能、5G等新兴技术与眼科服务深度融合，开展人工智能在眼病预防、诊断和随访等应用，提升眼病早期筛查能力。建立眼科病例数据库，加强眼科病例数据收集、统计分析，为临床科学研究提供数据支撑。

（四）强化眼健康科普宣传平台建设。建立完善公益性眼健康科普知识库和科普宣传平台。发挥眼科专业人员技术优势，利用新型主流媒体加强眼健康宣教，增强公众眼病防治意识，营造良好社会氛围。以“关注普遍的眼健康”为主线，以全国爱眼日、世界视觉日等时间节点为重点，加强眼健康科普宣传。指导眼科医疗机构在寒暑假等儿童青少年就诊高峰期，组织开展眼科疾病义诊、科普教育等公益活动。

（五）强化眼健康科学研究平台建设。坚持技术创新的发展思路，加强临床诊疗技术创新及应用研究，推动研究成果转移转化与推广应用。发挥国家眼科临床研究中心及其协同研究网络的作用，开展临床、公共卫生、卫生经济等协同研究。加强对重点眼病开展流行病学研究，监测我国主要致盲性眼病的患病率、发病率、疾病谱变化情况，掌握我国眼病及其社会经济负担情况。

七、组织实施

（一）加强组织领导。各级卫生健康行政部门要高度重视眼健康和防盲治盲工作，强化落实责任，将其作为健康中国建设的重点工作统筹推进。加强与残联、教育、民政、财政等部门沟通协调，形成政策合力。重视各级防盲技术指导组建设与评估，保障工作取得实效。

（二）落实目标责任。各省级卫生健康行政部门要依据本规划，结合本地区实际，在2022年

3月底前制订区域工作规划，形成时间表和路线图，明确分工，落实责任。有条件的地方可开展眼健康专项工作，以点带面，推动眼健康工作发展。

（三）加强监测评估。各省级卫生健康行政部门要制定本地区“十四五”时期眼健康事业发展监测评估方案，做好规划实施情况动态监测和评估工作。定期监测评估工作进展，及时发现问题并研究解决。国家卫生健康委将适时对各省级卫生健康行政部门贯彻落实规划情况进行评估并予以通报。

（四）强化宣传引导。各级卫生健康行政部门要重视眼健康相关宣传工作，加强人员政策培训。要充分发挥媒体作用，提高社会认可度和支持度，为落实各项政策措施营造良好社会氛围。

附件　指标释义

一、有效屈光不正矫正覆盖率（eREC）

定义：接受过屈光不正矫正（如框架眼镜、隐形眼镜或屈光手术）并获得高质量效果的人数占需要屈光不正矫正的人数的比例。考虑到近视力损害对生活质量和生产力的影响，在eREC的全球监测中，远视力有效屈光不正矫正覆盖率和近视力有效屈光不正矫正覆盖率均需纳入。

远视力有效屈光不正矫正覆盖率的推荐计算方法：［（$a+b$）/（$a+b+c+d$）］×100。a为因远视力损害而戴框架眼镜或隐形眼镜，视力较好眼的UCVA<6/12且PVA≥6/12（满足眼健康服务需要）；b为有屈光手术史且视力较好眼的UCVA≥6/12（满足眼健康服务需要）；c为因远视力损害而戴框架眼镜或隐形眼镜或者有屈光手术史，视力较好眼的UCVA<6/12且PVA<6/12，但可以通过小孔镜或者屈光矫正改善至≥6/12（未完全满足眼健康服务需要）；d为未进行视力矫正，视力较好眼的UCVA<6/12，并且可以通过小孔镜或者屈光矫正改善至≥6/12（未满足眼健康服务需要）。

近视力有效屈光不正矫正覆盖率的推荐计算方法：［a/（$a+b+c$）］×100。a为因近视力损害而戴框架眼镜，视力较好眼40 cm处的UCVA<N6，且视力较好眼的PVA≥N6（满足眼健康服务需要）；b为因近视力损害而戴框架眼镜，至少一只眼的远距离BCVA≥6/12，且视力较好眼的PVA<N6（未完全满足眼健康服务需要）；c为有未矫正的近视力损害，至少一只眼的远距离BCVA≥6/12，且视力较好眼的UCVA<N6（未满足眼健康服务需要）。

备注：UCVA为未矫正视力，戴眼镜者（框架眼镜或隐形眼镜）测量其裸眼视力。PVA为日常生活视力，戴眼镜者（框架眼镜或隐形眼镜）测量其戴镜视力。BCVA为通过小孔镜或验光测量获得的最佳矫正视力。在计算近视力eREC时，为了排除其他原因导致的近视力损害，只纳入远距离BCVA≥6/12的个体。

二、有效白内障手术覆盖率（eCSC）

定义：50岁及以上人群中接受过白内障手术且术后远距离视力良好的人数占需要白内障手术的人数的比例。

推荐计算方法：［（$a+b$）/（$c+d+e$）］×100。a为单侧白内障手术，术眼PVA≥6/12，对侧眼BCVA<6/12，且对侧眼视力损害或盲的主要原因是白内障；b为双侧白内障手术，至少一只眼睛术后PVA≥6/12；c为单侧白内障手术（不管术眼视力如何），对侧眼BCVA<6/12，且对侧眼视力损害或盲的主要原因是白内障；d为双侧白内障手术（不管术眼视力如何）；e为BCVA<6/12，且双眼视力损害或盲的主要原因是白内障。

备注：以上测量均为远距离视力。PVA为日常生活视力，戴眼镜者（框架眼镜或隐形眼镜）测量其戴镜视力。BCVA为通过小孔镜或验光测量获得的最佳矫正视力。

国家卫生健康委2022年1月4日发布

眼镜制配计量监督管理办法
（2022版）

2003年10月15日，国家质量监督检验检疫总局令第54号公布，根据2018年3月6日国家质量监督检验检疫总局令第196号第一次修订，根据2020年10月23日国家市场监督管理总局令第31号第二次修订，根据2022年9月29日国家市场监督管理总局令第61号第三次修订。

第一条 为加强对眼镜制配的计量监督管理，规范眼镜制配的计量行为，保护消费者的身体健康和人身安全，根据《中华人民共和国计量法》和国务院赋予国家市场监督管理总局的职责，制定本办法。

第二条 在中华人民共和国境内从事眼镜制配计量活动和相关的计量监督管理，必须遵守本办法。

本办法所称眼镜制配是指单位或者个人从事眼镜镜片、角膜接触镜、成品眼镜的生产、销售以及配镜验光、定配眼镜、角膜接触镜配戴等经营活动。

本办法所称成品眼镜包括装成眼镜、太阳镜等。

本办法所称配镜验光是指使用验光设备等计量检测仪器对消费者眼睛的屈光状态进行测量、分析并出具相关数据的活动。

第三条 国家市场监督管理总局对全国眼镜制配计量工作实施统一监督管理。

县级以上地方市场监督管理部门对本行政区域内的眼镜制配计量工作实施监督管理。

第四条 眼镜制配者应当遵守以下规定：

（一）遵守计量法律、法规和规章，制定眼镜制配的计量管理及保护消费者权益的制度，完善计量保证体系，依法接受市场监督管理部门的计量监督。

（二）配备经计量业务知识培训合格的专（兼）职计量管理和专业技术人员，负责眼镜制配的计量工作。

（三）使用属于强制检定的计量器具必须按照规定登记造册，报当地县级市场监督管理部门备案，并向其指定的计量检定机构申请周期检定。当地不能检定的，向上一级市场监督管理部门指定的计量检定机构申请周期检定。

（四）不得使用未经检定、超过检定周期或者经检定不合格的计量器具。

（五）不得违反规定使用非法定计量单位。

（六）申请计量器具检定，应当按照价格主管部门核准的项目和收费标准交纳费用。

第五条 眼镜镜片、角膜接触镜和成品眼镜生产者除遵守本办法第四条规定外，还应当遵守以下规定：

（一）配备与生产相适应的顶焦度、透过率和厚度等计量检测设备。

（二）保证出具的眼镜产品计量数据准确可靠。

第六条 眼镜镜片、角膜接触镜、成品眼镜销售者以及从事配镜验光、定配眼镜、角膜接触镜配戴的经营者除遵守本办法第四条规定外，还应当遵守以下规定：

（一）建立完善的进出货物计量检测验收制度。

（二）配备与销售、经营业务相适应的验光、瞳距、顶焦度、透过率、厚度等计量检测设备。

（三）从事角膜接触镜配戴的经营者还应当配备与经营业务相适应的眼科计量检测设备。

（四）保证出具的眼镜产品计量数据准确可靠。

第七条 各级市场监督管理部门在进行计量监督管理时应当遵守以下规定：

（一）宣传计量法律、法规和规章，督促眼镜制配者遵守计量法律、法规和有关规定，做好眼镜制配的计量监督管理工作。

（二）对眼镜制配中使用的计量器具和相关计量活动进行计量监督管理，查处计量违法行为。

（三）引导眼镜制配者完善计量保证体系。

（四）受理计量投诉，调解计量纠纷，组织仲裁检定。

第八条 计量检定机构和计量检定人员进行计量检定时，应当遵守以下规定：

（一）按照计量检定规程完成检定，出具检定证书。

（二）不得使用未经考核合格或者超过有效期的计量标准开展计量检定工作。

（三）不得指派不具备计量检定能力的人员从事计量检定工作。

（四）不得擅自调整检定周期。

（五）不得伪造数据。

（六）不得超过标准收费。

第九条 眼镜制配者违反本办法第四条有关规定，应当按照下列规定进行处罚：

（一）属于强制检定范围的计量器具，未按照规定申请检定和属于非强制检定范围的计量器具未自行定期检定或者送其他计量检定机构定期检定的，以及经检定不合格继续使用的，责令其停止使用，可并处 1000 元以下的罚款。

（二）使用非法定计量单位的，责令改正。

第十条 眼镜镜片、角膜接触镜、成品眼镜生产者违反本办法第五条有关规定，应当按照以下规定进行处罚：

（一）违反本办法第五条第（一）项规定的，责令改正，可以并处 1000 元以上 10000 元以下罚款。

（二）违反本办法第五条第（二）项规定，责令改正，给消费者造成损失的，责令赔偿损失，可以并处 2000 元以下罚款。

第十一条 从事眼镜镜片、角膜接触镜、成品眼镜销售以及从事配镜验光、定配眼镜、角膜接触镜配戴经营者违反本办法第六条有关规定，应当按照以下规定进行处罚：

（一）违反本办法第六条第（一）项规定的，责令改正。

（二）违反本办法第六条第（二）项规定的，责令改正，可以并处 1000 元以上 10000 元以下罚款。

（三）违反本办法第六条第（三）项规定的，责令改正，可以并处 2000 元以下罚款。

（四）违反本办法第六条第（四）项规定的，责令改正，给消费者造成损失的，责令赔偿损失，没收全部违法所得，可以并处 2000 元以下罚款。

第十二条 眼镜制配者违反本办法规定，拒不提供眼镜制配账目，使违法所得难以计算的，可根据违法行为的情节轻重处以最高不超过 30000 元的罚款。

第十三条 从事眼镜制配计量监督管理的国家工作人员滥用职权、玩忽职守、徇私舞弊的，给予行政处分；构成犯罪的，依法追究刑事责任。

第十四条 从事眼镜制配计量器具检定的计量检定机构和计量检定人员有违反计量法律、法规和本办法规定的，按照计量法律法规的有关规定进行处罚。

第十五条 本办法规定的行政处罚，由县级以上地方市场监督管理部门决定。

县级以上地方市场监督管理部门按照本办法实施行政处罚，必须遵守国家市场监督管理总局关于行政案件办理程序的有关规定。

第十六条 行政相对人对行政处罚不服的，可以依法申请行政复议或者提起行政诉讼。

第十七条 本办法下列用语的含义是指：

（一）眼镜制配者是指从事眼镜镜片、角膜接触镜、成品眼镜的生产、销售以及配镜验光、定配眼镜、角膜接触镜配戴等经营活动的单位或者个人。是本办法所称生产者、销售者以及经营者的统称。

（二）生产者是指从事眼镜镜片、角膜接触镜和成品眼镜生产活动的单位或者个人。

（三）销售者是指从事眼镜镜片、角膜接触镜、成品眼镜销售活动的单位或者个人。

（四）经营者是指从事配镜验光、定配眼镜、角膜接触镜配戴经营活动的单位或者个人。

第十八条 本办法由国家市场监督管理总局负责解释。

第十九条 本办法自 2003 年 12 月 1 日起施行。

眼镜镜片产品质量国家监督抽查实施细则（2022年版）

2022年6月29日，国家市场监管总局网站发布公告称，依照《产品质量监督抽查管理暂行办法》（市场监管总局令第18号），市场监管总局组织编制了童车等76种产品质量国家监督抽查实施细则（附后），现予以发布。各地在开展监督抽查工作时可参照执行。旧版同种产品质量国家监督抽查实施细则同时废止。其中，眼镜镜片产品质量国家监督抽查实施细则（2022年版）如下：

1. 抽样方法

以随机抽样的方式在被抽样生产者、销售者的待销产品中抽取。

随机数一般可使用随机数表等方法产生。

矫正镜片产品每批次抽样数量16片，其中8片作为检验样品，8片作为备用样品。

矫正镜片（玻璃镜片/车房片）产品每批次抽样数量6片，其中3片作为检验样品，3片作为备用样品。

太阳镜片产品每批次抽样数量8片，其中4片作为检验样品，4片作为备用样品。

2. 检验依据

表1 矫正镜片（单光和多焦点树脂镜片）

序号	检验项目		检验方法
1	镜片顶焦度	球镜顶焦度偏差（主子午面一）	GB 10810. 1—2005
2		球镜顶焦度偏差（主子午面二）	GB 10810. 1—2005
3		柱镜顶焦度偏差	GB 10810. 1—2005
4	柱镜轴位方向偏差		GB 10810. 1—2005
5	光学中心和棱镜度	水平棱镜偏差	GB 10810. 1—2005
6		垂直棱镜偏差	GB 10810. 1—2005
7	材料和表面的质量		GB 10810. 1—2005
8	附加顶焦度偏差		GB 10810. 1—2005
9	镜片尺寸	有效尺寸偏差	GB 10810. 1—2005
10		使用尺寸偏差	GB 10810. 1—2005
11	基准点厚度		GB 10810. 1—2005
12	厚度偏差		GB 10810. 1—2005
13	镜片表面（凸面）耐磨要求		GB 10810. 5—2012
14	折射率		QB/T 2506—2017
15	阿贝数		QB/T 2506—2017
16	光透射比		GB 10810. 3—2006
17	变色状态下光透射比		GB 10810. 3—2006
18	光致变色响应值		GB 10810. 3—2006
19	太阳紫外A波段透射比		GB 10810. 3—2006
20	太阳紫外B波段透射比		GB 10810. 3—2006

续表

序号	检验项目	检验方法
21	明示透射比（紫外吸收比）	GB 10810. 3—2006
22	明示透射比（截止波长）	GB 10810. 3—2006
23	蓝光性能	GB 10810. 3—2006
24	耐光辐照	QB/T 2506—2017
25	阻燃性	QB/T 2506—2017
26	抗冲击性能	QB/T 2506—2017

表 2　矫正镜片（渐变焦树脂镜片）

序号	检验项目		检验方法
1	镜片顶焦度	球镜顶焦度偏差（主子午面一）	GB 10810. 2—2006
2		球镜顶焦度偏差（主子午面二）	GB 10810. 2—2006
3		柱镜顶焦度偏差	GB 10810. 2—2006
4	柱镜轴位方向偏差		GB 10810. 2—2006
5	光学中心和棱镜度	水平棱镜偏差	GB 10810. 2—2006
6		垂直棱镜偏差	GB 10810. 2—2006
7	表面质量和内在疵病		GB 10810. 2—2006
8	附加顶焦度偏差		GB 10810. 2—2006
9	镜片尺寸	有效尺寸偏差	GB 10810. 2—2006
10		使用尺寸偏差	GB 10810. 2—2006
11	基准点厚度		GB 10810. 2—2006
12	厚度偏差		GB 10810. 2—2006
13	镜片表面（凸面）耐磨要求		GB 10810. 5—2012
14	折射率		QB/T 2506—2017
15	阿贝数		QB/T 2506—2017
16	光透射比		GB 10810. 3—2006
17	变色状态下光透射比		GB 10810. 3—2006
18	光致变色响应值		GB 10810. 3—2006
19	太阳紫外 A 波段透射比		GB 10810. 3—2006
20	太阳紫外 B 波段透射比		GB 10810. 3—2006
21	明示透射比（紫外吸收比）		GB 10810. 3—2006
22	明示透射比（截止波长）		GB 10810. 3—2006
23	蓝光性能		GB 10810. 3—2006
24	耐光辐照		QB/T 2506—2017
25	阻燃性		QB/T 2506—2017
26	抗冲击性能		QB/T 2506—2017

表 3　矫正镜片（单光和多焦点玻璃镜片/车房片）

序号	检验项目		检验方法
1	镜片顶焦度	球镜顶焦度偏差（主子午面一）	GB 10810. 1—2005
2		球镜顶焦度偏差（主子午面二）	GB 10810. 1—2005
3		柱镜顶焦度偏差	GB 10810. 1—2005
4	柱镜轴位方向偏差		GB 10810. 1—2005
5	光学中心和棱镜度	水平棱镜偏差	GB 10810. 1—2005
6		垂直棱镜偏差	GB 10810. 1—2005
7	材料和表面的质量		GB 10810. 1—2005
8	厚度偏差		GB 10810. 1—2005
9	镜片尺寸	有效尺寸偏差	GB 10810. 1—2005
10		使用尺寸偏差	GB 10810. 1—2005
11	光透射比		GB 10810. 3—2006
12	太阳紫外 A 波段透射比		GB 10810. 3—2006
13	太阳紫外 B 波段透射比		GB 10810. 3—2006
14	附加顶焦度偏差		GB 10810. 1—2005

表 4　矫正镜片（渐变焦玻璃镜片/车房片）

序号	检验项目		检验方法
1	镜片顶焦度	球镜顶焦度偏差（主子午面一）	GB 10810. 2—2006
2		球镜顶焦度偏差（主子午面二）	GB 10810. 2—2006
3		柱镜顶焦度偏差	GB 10810. 2—2006
4	柱镜轴位方向偏差		GB 10810. 2—2006
5	光学中心和棱镜度	水平棱镜偏差	GB 10810. 2—2006
6		垂直棱镜偏差	GB 10810. 2—2006
7	表面质量和内在疵病		GB 10810. 2—2006
8	厚度偏差		GB 10810. 2—2006
9	镜片尺寸	有效尺寸偏差	GB 10810. 2—2006
10		使用尺寸偏差	GB 10810. 2—2006
11	光透射比		GB 10810. 3—2006
12	太阳紫外 A 波段透射比		GB 10810. 3—2006
13	太阳紫外 B 波段透射比		GB 10810. 3—2006
14	附加顶焦度偏差		GB 10810. 2—2006

表 5　太阳镜片

序号	检验项目	检验方法
1	镜片的材料和表面质量	GB/T 39552. 2—2020
2	光透射比	GB/T 39552. 2—2020

续表

序号	检验项目	检验方法
3	太阳紫外 A 波段透射比	GB/T 39552. 2—2020
4	太阳紫外 B 波段透射比	GB/T 39552. 2—2020
5	透射比的均匀性	GB/T 39552. 2—2020
6	行路与驾驶用太阳镜	GB/T 39552. 2—2020
7	散射光	GB/T 39552. 2—2020
8	光致变色镜片	GB/T 39552. 2—2020
9	偏振镜片与偏振太阳镜	GB/T 39552. 2—2020
10	紫外吸收率	GB/T 39552. 2—2020
11	紫外截止波长	GB/T 39552. 2—2020
12	球镜度	GB/T 39552. 2—2020
13	散光度	GB/T 39552. 2—2020
14	棱镜度	GB/T 39552. 2—2020
15	耐光辐照	GB/T 39552. 2—2020
16	抗冲击性能	GB/T 39552. 2—2020
17	阻燃性	GB/T 39552. 2—2020
18	耐磨性能	GB/T 39552. 2—2020

执行企业标准、团体标准、地方标准的产品，检验项目参照上述内容执行。

凡是注日期的文件，其随后所有的修改单（不包括勘误的内容）或修订版不适用于本细则。凡是不注日期的文件，其最新版本适用于本细则。

3. 判定规则

3. 1　依据标准

GB 10810. 1—2005 眼镜镜片 第 1 部分：单光和多焦点镜片

GB 10810. 2—2006 眼镜镜片 第 2 部分：渐变焦镜片

GB 10810. 3—2006 眼镜镜片及相关眼镜产品 第 3 部分：透射比规范及测量方法

GB 10810. 5—2012 眼镜镜片 第 5 部分：镜片表面耐磨要求

QB/T 2506—2017 眼镜镜片 光学树脂镜片

GB 39552. 1—2020 太阳镜和太阳镜片 第 1 部分：通用要求

现行有效的企业标准、团体标准、地方标准及产品明示质量要求

3. 2　判定原则

经检验，检验项目全部合格，判定为被抽查产品所检项目未发现不合格；检验项目中任一项或一项以上不合格，判定为被抽查产品不合格。

若被检产品明示的质量要求高于本细则中检验项目依据的标准要求时，应按被检产品明示的质量要求判定。

若被检产品明示的质量要求低于本细则中检验项目依据的强制性标准要求时，应按照强制性标准要求判定。

若被检产品明示的质量要求低于或包含本细则中检验项目依据的推荐性标准要求时，应以被检产品明示的质量要求判定。

若被检产品明示的质量要求缺少本细则中检验项目依据的强制性标准要求时，应按照强制性标准要求判定。

若被检产品明示的质量要求缺少本细则中检验项目依据的推荐性标准要求时，该项目不参与判定。

4. 附则

本细则代替《市场监管总局关于发布 131 种

产品质量国家监督抽查实施细则的公告》（2020 年第 36 号）中的《眼镜镜片产品质量国家监督抽查实施细则》。

深圳市龙岗区关于促进眼镜产业高质量发展若干措施

为全面落实《深圳市培育发展现代时尚产业集群行动计划（2022—2025 年）》的文件精神，加快发展龙岗区时尚产业集群，进一步促进眼镜产业提质增效、高质量发展，龙岗区坚持“政府引导，市场主导；创新引领，科技赋能；鼓励竞争，注重激励”的政策制定原则，坚持眼镜产业“保制造，强品牌，促升级”的发展方向，特制定如下措施。

一、扶持企业做大做强

（一）推动眼镜企业上规模。以接近“规上”、“限上”企业规模的工业、限额以上服务业或商业企业为重点培养对象，加强对培养对象的入库培育、指导服务和动态运行监测工作。对首次“入库”并于次年实现产值（销售额、营业收入）正增长的，给予 10 万元的一次性奖励。（区工业和信息化局）

（二）支持新增在库眼镜企业稳定发展。搭建合作平台，推动新上规模企业与本地头部企业加强协作配套，促进其产品、技术融入大企业生产链和供应链。建立存量企业退库预警机制，加强临退企业经营情况监测分析，全力帮助企业纾困解难，最大程度减少退库数量。（区工业和信息化局）

（三）鼓励规上（限上）眼镜企业发展壮大。实施眼镜企业扩产增效扶持计划，对规上工业企业和限上商业企业上一年度产值（营业收入、销售额）增速达到规定标准的，按增速比例给予不超过 100 万元奖励。（区工业和信息化局）

（四）鼓励眼镜企业评定“专精特新”资质。获评省专精特新企业，给予最高 20 万元的一次性奖励；获评国家专精特新“小巨人”企业，给予最高 50 万元的一次性奖励；获得国家专精特新重点“小巨人”企业，给予最高 200 万元的一次性奖励；获得国家单项冠军产品称号的，给予最高 100 万元奖励，获得国家制造业单项冠军示范企业的，给予最高 200 万元的一次性奖励。（区投资推广和企业服务中心）

（五）鼓励眼镜制造企业加大投入提升质量。支持眼镜制造企业加大技术改造力度，积极引进高端制造设备进行生产线改造，提升制造工艺智能化水平和产品品质，企业上一年度技术改造投资额 100 万元（含）以上的，按照实际投资额的 20%进行资助，最高 500 万元。（区工业和信息化局）

二、夯实产业基础建设

（六）推动设立眼镜创新载体。推动设立眼镜高端工艺材料先进研究院，建立眼镜数字化转型赋能分中心，打造融合制造、设计与品牌于一体的公共服务平台，对上述眼镜创新载体给予一定比例补贴。（区工业和信息化局）

（七）推动设立眼镜工业设计研究院和眼镜检测认证中心。进一步强化深圳眼镜设计师人才队伍建设，提升眼镜产业设计研发能力，健全行业工业设计研发创新发展支撑体系。经认定为国家和市级工业设计研究院的，按照获得深圳市实际扶持额的 25%给予奖励，一次性分别给予最高 750 万元和 500 万元。鼓励在龙岗区内设立眼镜检测公共认证中心，对于在龙岗区提供眼镜行业检测认证技术服务且上一年度营业收入增速达到 20%的规模以上服务业企业，按企业上一年度营业收入增量的 1%给予奖励，最高 200 万元。（区工业和信息化局）

三、强化产业空间保障

（八）拓展眼镜产业发展空间。在打造眼镜产业科技园，通过集中建设优质产业空间试点，为眼镜行业企业提供可租、可售的优质产业空间，稳定眼镜制造企业的发展预期，引入重点眼镜企业和优质眼镜项目，打造围绕眼镜设计、研发、生产、销售、服务、检测于一体的优质空间载体，形成眼镜产业集聚效应。（区工业和信息化局、园山街道、龙岗区产业投资服务集团有限公司、龙岗特区建工产业空间发展有限公司）

（九）支持时尚街区改造建设。对标国际一流时尚街区，在横岗街道高标准建设眼镜时尚化街区，将其建设成为以眼镜为主题的时尚消费商圈，通过时尚消费带动龙岗区眼镜产业的发展。对升级改造和市场运营（经营）培育予以一定比例的补贴。（区工业和信息化局、区文化广电旅游体育局、横岗街道）

（十）支持企业在眼镜产业空间购置租赁经营用房。适用于在龙岗区没有自有办公用房，计划在横岗眼镜时尚街区或眼镜产业科技园购买或租赁用房的规模（限额）以上眼镜企业。对于在上述产业空间购买用房的总部企业或上市企业，按照购置成交价 5%分 3 年给予最高 100 万元的补贴；对于在上述产业空间租赁用房的总部企业或上市企业，自租赁当年计算，在本措施有效期内连续 3 年按其当年租金给予 30%租金补贴，每家企业每年补贴金额不超过 30 万元；对于在上述产业空间租赁用房的，且在 3 年内达到规上（限上）的企业，自租赁当年计算，在本措施有效期内连续 3 年按其当年租金给予 20%租金补贴，每家企业每年补贴额不超过 10 万元。（区工业和信息化局、区文化广电旅游体育局、横岗街道、园山街道）

四、加大人才引进培育力度

（十一）鼓励眼镜设计人才集聚。将眼镜企业列进全区优秀人才重点行业企业遴选计划，经区工业和信息化局遴选的重点眼镜企业，眼镜企业人才按规定在人才住房和补贴方面享受相应的待遇。（区工业和信息化局）

（十二）促进眼镜行业高技能人才成长。大力开展眼镜行业技能人才评定，举办各种形式的职业技能竞赛和岗位练兵活动，支持企业自主开展技能人才评价；每年遴选 10 名“龙岗眼镜工匠”，每人每年可享受 1 万元补贴，本若干措施有效期内补贴最长不超过 3 年。（区人力资源局、区工业和信息化局）

五、支持眼镜企业开展创新应用

（十三）鼓励眼镜企业开展“时尚+”创新应用。鼓励企业建立自有品牌，加强设计中的原创成分，在眼镜产品中注入本土原创元素。鼓励区内眼镜企业与国内外知名品牌 IP 推出联名品牌，与时尚大咖、知名品牌和知名设计师合作，提升品牌知名度。鼓励已有独立品牌的时尚企业到龙岗区设立眼镜公司打造独立眼镜品牌，鼓励已有独立品牌的时尚企业与龙岗区眼镜企业跨界合作打造眼镜品牌。通过推动眼镜产业与其他时尚领域实现跨界合作，有效提升产品附加值，增强产品内在的品质和竞争力。按不超过项目实际总投入的 20%予以资助，单个项目资助金额最高 100 万元。（区工业和信息化局）

（十四）鼓励眼镜企业开展“科技+”创新应用。利用龙岗区电子信息产业优势，围绕眼镜研发设计、生产制造、品牌营销、供应链管理等关键领域和环节，发展材料与设计协同创新、智能制造、大规模个性化定制、柔性快反供应链、智慧零售、产业互联网等新业态，构建数据驱动型的产业生态体系。按不超过项目实际总投入的 20%予以资助，单个项目资助金额最高 100 万元。（区工业和信息化局）

（十五）鼓励企业建立线上线下融合的多元销售渠道。鼓励企业以搭建自有商城、与电商平台合作、利用社交网络等方式，构建以消费者需求为核心的线上销售模式，围绕创建高端体验店、高级定制店、跨界融合店等方向，建立高端化个性化的线下销售模式，推动线上线下融合的项目。按不超过项目实际总投入的 20%予以资助，单个项目资助金额最高 100 万元。（区工业和信息化局）

六、支持产品市场推广和品牌建设

（十六）支持眼镜企业质量品牌提升。支持企业制造业产品（服务）质量或品牌管理体系建设发挥“强基础、管长远”作用。其中，企业质量管理体系项目包括但不限于企业质量发展规划、先进质量管理制度与标准导入、质量技术标准与工具研发和创新、非强制性质量认证与配套检测验证、专业化质量检测软硬件设施建设、质量管理数据库和人才队伍建设等项目。企业品牌管理体系项目包括但不限于企业以质量为基础的品牌发展战略规划、品牌设计与诊断评价、品牌宣传策划与制作发布、品牌线下连锁与线上网店等营销渠道建设、品牌管理与维护，以及品牌数据库和专业化团队建设等项目。按不超过项目实际总投入的20%予以资助，单个项目资助金额最高100万元。（区工业和信息化局）

（十七）支持眼镜跨境电商企业经营。支持龙岗眼镜跨境电商企业在龙岗跨境电商监管平台申报进出口额，申报年度进出口额达到一定金额以上的，对其申报的进出口额按比例给予奖励，单家企业奖励1年最高100万元。（区工业和信息化局）

（十八）支持眼镜个体工商户进驻市场集聚区。鼓励龙岗区眼镜个体工商户与龙岗区市场采购贸易方式试点运营方签约进驻市场集聚区开展眼镜进出口贸易，对于年度市场采购贸易出口额达60万美元及以上的个体工商户，对其进驻费用予以50%的一次性资金支持，每个个体工商户支持金额最高1500元。（区工业和信息化局）

（十九）支持眼镜企业参展。鼓励龙岗区眼镜企业参加大型综合性展会、专业展会、境外展会。对规上（限上）眼镜行业企业的参展费用给予全额扶持，对已获得深圳市参展费用扶持的眼镜行业企业，按企业实际发生展位费与市级扶持的差额给予扶持。（区工业和信息化局）

（二十）支持举办眼镜重大活动。支持区内企事业单位、社会组织等举办市级以上眼镜大赛、展览和论坛等重大活动。对经市级部门认定的眼镜大赛、展览和论坛等重大活动，按照获得市级资助的20%给予配套补贴，每场活动最高不超过100万元。对经区级部门认定的眼镜大赛、展览和论坛等重大活动，按照承办机构实际投入的50%给予补贴，不超过200万元。（区工业和信息化局）

七、附则

（二十一）各责任单位应根据本措施制定相应落实措施和操作规程，明确资助奖励的条件、标准和程序。

（二十二）本措施与龙岗区区级层面其他同类优惠措施不得重复享受。

（二十三）本措施自2022年12月25日起施行，有效期3年。执行期如遇国家、省、市有关规定调整的，本措施可进行相应调整。

鹰潭市关于加快推进眼镜产业集聚集群发展实施方案

为深入贯彻省政府及市委、市政府关于注重龙头带动形成眼镜产业链集聚集群发展工作要求，做大做强产业规模，加快产业创新升级，推动眼镜产业基础高级化、产业链现代化，特制定如下实施方案。

一、发展现状和面临形势

余江眼镜既是传统产业，也是富民产业、朝阳产业。早在上世纪90年代初，鹰潭眼镜市场就已成为全国四大眼镜市场之一。余江中童镇在200多年前的清朝嘉庆年间，就出现了眼镜加工作坊和销售协帮组织，“一副担子满天飞，走遍广东走辽西”是流传在当地的顺口溜。改革开放后，只有38万人口的余江，就有五六万人在国内外从事眼镜销售工作，足迹遍布全国各地以及60多个国家和地区，国内零售门店逾万家，国外贸易网点300多个，辐射2000多个城市，销售额达170多亿元。余江人用一根扁担挑出了一个眼镜大产业。

目前，园区集聚眼镜企业200余家（香港上市公司2家），其中，成品眼镜生产企业69家，眼镜原材料和配件企业46家，镜片生产企业8家，配套小微企业70余家。已呈现出产业规模较大、产业聚集度高、生产配套较完善的显著特征。2020年眼镜产业实现主营业务收入43.93亿元，同比增长10.82%；其中规上企业28家，主营业务收入29.6亿元，产业工人1.5万余人。全年成镜产量约为1.8亿副，约占全国成镜产量的21%。

当前，我市眼镜产业发展面临内外两方面倒逼态势。一是从自身发展看，鹰潭眼镜企业自主品牌培育和自主营销渠道拓展的活力不足，企业研发设计、营销推广等方面的高端人才缺乏，转型升级相对滞后。二是从全国范围看，深圳、厦门、温州、丹阳等地的眼镜产业虽起步较晚，但发展势头迅猛，给我市的眼镜产业发展带来巨大的竞争压力。

随着消费观念转变和消费能力提升，眼镜产业已逐渐发展成为时尚产业，市场空间广阔。我市将抓住这一契机，依托现有良好产业基础和生产制造优势，顺势而为，超前谋划，合理布局，加快推动眼镜产业发展，积极抢占产业发展制高点。

二、总体要求

（一）总体思路。

以习近平新时代中国特色社会主义思想为指导，全面贯彻党的十九大和十九届二中、三中、四中、五中全会精神，立足新发展阶段，贯彻新发展理念，构建新发展格局，坚持以科技创新驱动为核心，以龙头带动、产业链集聚集群发展为主线，以壮大产业规模、健全产业链为出发点和落脚点，遵循规划科学、政策激励、项目突破、市场运作、上下联动、管理规范的原则，打造龙头带动、特色鲜明、链条完备、创新驱动、结构优化、效益突出的产业集群，全面提升眼镜产业发展水平。

（二）主要目标。

紧紧围绕“百年眼镜，百亿产业”的目标，充分发挥龙头企业的带动作用，力争在3年内集聚全产业链企业300家以上（2021年底230家，2022年底260家，2023年底300家以上），工业营业收入达到100亿元（2021年底达到50亿元，2022年达到60亿元，2023年达到100亿元），出口额达到1亿美元以上（2021年6000万美元，2022年7000万美元，2023年1亿美元以上），成镜产量达到全国总产量的30%。进一步扩大眼镜销售市场，力争眼镜销售总额达到240亿元（2021年底达到136亿元，2022年底达到180亿元，2023年底达到240亿元）。全力打造设计、研发、制造、营销、文化、检测“六位一体”的现代化产业链，通过3-5年的努力，重点培育3个国家级自主品牌和2个上市公司，着力打响“鹰潭眼镜”品牌，形成品牌影响力大、营销渠道完整、设计研发高端、时尚创意领先的优势产业，将鹰潭打造成名副其实的“中国眼镜之都”。

三、重点任务

（一）紧盯行业龙头，强化产业集聚集群。

1. 做大龙头企业。积极引导社会资本、技术、人才等要素资源向眼镜产业集聚，支持眼镜龙头企业做大做强。力促新引进龙头企业早落地、早开工、早投产。进一步壮大现有龙头企业的产能规模，推动龙头企业扩产扩能，对年收入上1亿元、2亿元、5亿元的眼镜企业，分别给予2万元、5万元、10万元的企业上台阶奖励。（牵头单位：余江区政府；责任单位：市工信局）

2. 强化产业链招商。坚持招大引强，根据“一事一议”原则对有集聚效应的龙头企业给予优惠政策。围绕龙头企业，积极开展配套企业招商，对产业关联度高、带动作用强的企业，在厂房租金等方面给减免优惠，力争引进眼镜及相关配套企业100家以上（2021年底完成新引进32家，2022年底完成新引进66家，2023年底完成新引进100家）。坚持延链补链，突出隐形眼镜、光学镜片和眼视光设备制造项目招商，补齐眼镜产业发展短板，对填补产业空白的企业采取优惠政策一事一议。（牵头单位：余江区政府；责任单位：市商务局、工信局）

3. 强化企业培育。对首次纳入规模以上的眼镜企业，由市、区两级财政各奖励3万元，其中政策申报当年兑现50%，企业正常经营一年后且未退规，第二年兑现剩余50%奖励资金。首次入规企业当年新增增值税、企业所得税地方留存部分按《鹰潭市人民政府办公室关于印发鹰潭市培育壮大领航企业促进工业高质量发展若干政策措施的通知》（鹰府办发〔2021〕6号）执行。（牵头单位：余江区政府；责任单位：市工信局、市统

计局、市财政局）

4. 深耕细分市场。对首次获得省级制造业单项冠军的眼镜企业给予10万元奖励；对首次获得国家专精特新“小巨人”、制造业单项冠军，或经国家级行业组织公示认定为行业领域前十强的眼镜企业给予20万元奖励。2023年底前力争1家获得国家专精特新“小巨人”、1家全国制造业单项冠军、2家国家级行业组织公示认定为行业领域前十强、5家进入省级制造业单项冠军。（牵头单位：市工信局；责任单位：市财政局）

5. 扩大企业融资。加快与基金管理机构的合作，促进优质资本、项目、技术和人才向眼镜产业集聚，优化融资担保政策，推动眼镜龙头企业通过资本市场扩大融资规模，落实好眼镜企业上市挂牌、股权转让、兼并重组等相关政策，推动眼镜龙头企业上市。（牵头单位：市政府金融办；责任单位：余江区政府、市工信局、市工控公司）

（二）优化公共服务，推动产业转型升级。

6. 打造眼镜产业科创平台。加快组建鹰潭眼镜产业技术研究院，2022年8月底前打造眼镜产品研发平台；2022年底前打造眼镜材料研发平台。（牵头单位：余江区政府；责任单位：市工信局、市科技局）

7. 打造眼镜产业商务服务平台。依托眼镜产业链电商平台，2022年3月底前打造眼镜市场拓展平台。2022年6月底前设立鹰潭眼镜产业招商服务中心，为眼镜企业提供一站式服务。2022年底打造眼镜品牌推广平台。（牵头单位：余江区政府；责任单位：市商务局、市市场监管局）

8. 创建国家级眼镜产品检验检测中心。力争2023年底前创建国家级眼镜产品检验检测中心，为全国眼镜制造企业提供产品检验检测服务，推行质量管理体系、环境管理体系等认证，支持企业应用先进质量管理方法，树立鹰潭眼镜良好的质量形象，增强鹰潭眼镜在国际、国内市场的竞争力。（牵头单位：余江区政府；责任单位：市市场监管局、市工信局）

（三）实施品牌战略，擦亮鹰潭眼镜名片。

9. 大力推进眼镜品牌建设。进一步推动鹰潭制造向鹰潭品牌转变，对取得国家知名品牌、中国驰名商标、江西省名牌产品的分别给予30万元、30万元、10万元的奖励。鼓励眼镜企业抢占国际市场，开展国际市场自主品牌建设，推进外贸企业马德里国际商标注册，对申请注册的眼镜企业给予3万元的奖励。（牵头单位：余江区政府；责任单位：市市场监管局）

10. 大力宣传“鹰潭眼镜”品牌。力争2023年3月底前完成鹰潭眼镜集体商标注册，形成特色鲜明的区域品牌文化，对获得“鹰潭眼镜”集体商标的给予奖励10万元。推动品牌走出鹰潭、走向全国，拓展内销市场。鼓励企业通过邀请名人明星代言、境内外投放广告等方式加大鹰潭眼镜的品牌宣传，经审核后，按其投入额（最低500万元）给予直接广告费10%的一次性补助，单个企业最高不超过100万元。（牵头单位：余江区政府；责任单位：市市场监管局）

11. 大力支持企业抱团参展。鼓励鹰潭眼镜企业抱团参加各类境内外展会，以“鹰潭眼镜馆”的形式，统一形象标识，宣传“鹰潭眼镜”品牌。对企业参加列入省重点展会计划中的展会，每个标准展位给予不超过40%，最高1.5万元的摊位费补助。参展人员费（每家企业每个展会最高支持2人）一类展会的参展人员费用给予实际费用的70%，不超过2万元支持；二类展会的参展人员费用给予实际发生费用的50%，不超过1.5万元支持；展品运输费（必须为组展公司统一运输，不含回运费，自行运输展品不予支持）给予不超过0.5万元支持。（实际支持费用会根据每年省里文件进行调整）（牵头单位：余江区政府；责任单位：市商务局）

（四）鼓励创新升级，提升产业竞争水平。

12. 鼓励企业提升智能制造水平。鼓励眼镜企业积极引进高端制造设备，对眼镜生产企业列入市领航培育企业库期间，生产设备（需符合低碳或智能要求）投资额在500万元（含）以上的技术改造项目，由企业注册地财政按其生产设备实际投资额给予阶梯式补助。其中，生产设备投资额1000万元内的按10%给予补助，超出1000万元部分，按15%给予补助，最高补助金额不超过500万元。（责任单位：余江区政府）

13. 鼓励企业技术研发。对取得相关专利技术、从事VR（虚拟现实）和AR（增强现实）及其相关产品研发、生产的各类企业，除享受相关优惠扶持政策外，对其新增税收地方留成部分进

行全额奖励，期限为三年。（责任单位：余江区政府）

14. 鼓励企业和个人开展自主创新和跨界创新。对获得国内发明专利授权的，每件奖励5000元；对认定为国家知识产权示范企业的，一次性奖励10万元；对认定为国家知识产权优势企业的，一次性奖励2万元。（责任单位：市市场监管局）

15. 鼓励企业与高校开展校企联动创新。鼓励企业创建创新平台。对新认定为国家级企业技术中心、技术创新示范企业和省级企业技术中心、工程研究中心的工业企业，市财政予以50万元、20万元奖励。鼓励企业与科研院所、高等学校、公共科创服务机构开展创新合作，对符合市工业创新券政策扶持范围的项目，可按照《鹰潭市工业创新券实施暂行办法》申请创新券扶持。（牵头单位：市科技局；责任单位：市工信局、市发改委）

16. 培育科技型企业梯次。积极培育一批眼镜行业内拥有知识产权和核心技术的高新技术企业，对认定的高新技术企业，给予一次性研发经费资助3万元奖励。积极培育打造眼镜行业的瞪羚、独角兽企业，对于认定的瞪羚、独角兽企业给予相应的奖励。（责任单位：市科技局）

17. 鼓励企业参与标准制定。对当年完成主持（参与）起草或修订国际、国家、行业、省地方、团体标准的领航企业，按现有的标准化奖励办法上浮30%给予奖励；对当年通过PCT途径向国外申请并获得国际发明专利（发达国家）授权的领航企业，按现有《鹰潭市知识产权奖励办法》上浮30%给予奖励。同一企业所获奖励金额不超过100万元。（责任单位：市市场监管局）

（五）狠抓平台建设，夯实产业发展基础。

18. 加快平台建设。2022年底前启动眼镜产业园五期建设，建设标准厂房30万平方米，配套10万平方米员工宿舍，可容纳企业60余家，容纳员工7000余人。（责任单位：余江区政府）

19. 完善配套功能和服务体系。一是2022年9月前建成邻里中心并投入使用，完善园区的商业、服务业配套。二是2022年3月前完成眼镜园一期提升改造工程，对园区公共设施进行升级改造，提升人居环境。三是2022年9月前完成园区医疗教育配套，解决企业员工就医、子女就学问题。（牵头单位：余江区政府；责任单位：市教育局）

（六）强化人才支撑，保障产业发展后劲。

20. 强化人才队伍建设。贯彻实施人才战略，以企业家、高管、研发设计人才和高技能技师、电商人才为培养重点，加强眼镜行业人才队伍建设。建立眼镜企业家、高管培训机制。充分发挥眼镜制造业协会的功能，通过举办研修班、组织学习考察等多种形式，提升领导能力、经营能力和决策分析能力等。（牵头单位：余江区政府；责任单位：市工信局、市人社局）

21. 鼓励引进行业高端人才和团队。对企业引进刚性硕士学位以上的眼镜行业专业化人才，经认定后，给予博士每月4000元、硕士每月2000元的薪酬补贴，资助期限2年。（责任单位：余江区政府）

22. 加快高水平职业技师培养。依托我市高职院校开设眼视光专业，对现有的应用工程学校眼视光专业，鼓励扩大办学规模，提升软硬件水平，为眼镜链集聚集群发展提供稳定的人才储备。鼓励有资质的机构开展视光学类集中性职业技能培训活动，经审核通过的，岗前培训按照500元/人的标准给予就业创业培训补贴，技能培训按照初级（五级）1200元/人、中级（四级）1500元/人、高级（三级）2000元/人、技师（二级）4000元/人、高级技师（一级）5000元/人的标准给予企业职业培训补贴。（牵头单位：余江区政府；责任单位：市人社局、市教育局）

23. 鼓励帮助企业招工。鼓励各乡镇街道、劳务中介、职业学校等帮助眼镜企业招聘员工，介绍新员工与眼镜企业签订一年以上劳动合同且工作满3个月的，给予招工补贴1000元/人；满6个月以上的，补贴1500元/人。（责任单位：余江区政府）

（七）拓宽外销渠道，做大外贸出口总额。

24. 加大跨境电商培育力度。加快跨境电商公共配套设施建设，打造眼镜跨境电商园，实现集中办公资源共享，配套建设数字化展厅、产品展示厅、研发设计中心、众创空间、物流基地等公共设施，对项目公共配套设施运营管理费等给予补助。（牵头单位：余江区政府；责任单位：市商务局、市工信局）

25. 鼓励企业自营出口。鼓励和支持自营出口企业积极开展对外贸易，充分发挥自营出口企业优势，当地政府积极支持具备条件的企业设立全资进出口公司，并制定相应的外贸转型升级专项资金奖励办法。（牵头单位：余江区政府；责任单位：余江区政府）

26. 支持贸易企业整合资源。鼓励能充分整合园区优质眼镜资源帮助园区眼镜企业拓展国内、国际市场销售眼镜产品的贸易公司在园区下单，对在园区下单并形成有效产值的贸易企业按实际产值给予1%的奖励，每家贸易公司奖励最高不超过10万元。（牵头单位：余江区政府；责任单位：市商务局）

（八）繁荣销售市场，打造时尚眼镜之都。

27. 推动线上线下融合。支持眼镜电商公共服务平台发展，2021年和2022年市区两级每年共给予300万元资金扶持。鼓励企业入驻国内外知名大型互联网销售平台，鼓励企业充分整合园区优质眼镜资源，利用各类B2B、B2C电子商务平台帮助园区眼镜企业拓展国内、国际市场销售眼镜产品的代运营、代销售服务公司拓宽销售渠道。举办“鹰潭眼镜电商节”，争取头部资源对鹰潭眼镜的流量引导。（牵头单位：余江区政府；责任单位：市商务局、市工信局）

28. 打造眼镜集散中心。引进国内外知名品牌总代理、总经销入驻，将鹰潭国际眼镜城打造成集零售和批发于一体的世界品牌眼镜集散中心。充分发挥4A级旅游景区的优势，打造眼镜工业旅游路线，对世界眼镜博物馆、青少年眼视光科普基地进行提升，充实眼镜内涵，提升鹰潭眼镜影响力。（责任单位：余江区政府）

29. 培育时尚消费理念。通过举办眼镜产业创意设计大赛、时尚眼镜研讨会等方式，引导消费者将眼镜消费观念从功能性消费到时尚单品消费转变。支持建设时尚眼镜体验中心，提供时尚设计、高端定制等个性化服务，建立个性化数据库，提供免费验光、眼部检查、护眼知识等服务，打造时尚消费链。（责任单位：余江区政府）

30. 推动创办鹰潭国际眼镜展。与中国眼镜协会对接，创办全国性的鹰潭国际眼镜展，将鹰潭国际眼镜展打造成全国性有影响力的展会，提升“鹰潭眼镜”的品牌知名度和影响力。（牵头单位：余江区政府；责任单位：市商务局）

四、保障措施

（一）强化组织领导。进一步完善市眼镜产业链链长制，成立鹰潭市加快眼镜产业链集聚集群发展专项工作组，由分管副市长为组长，市政府分管副秘书长、余江区领导为副组长，余江区政府、市发改委、市工信局、市商务局、市财政局、市科技局、市市场监管局、市教育局、市人社局、市金融办、市工控公司等为成员单位。充分调动各方积极性，形成工作合力，共同推进鹰潭眼镜产业链集聚集群发展。

（二）强化协同推进。市眼镜产业链链长制办公室要发挥综合协调作用，进一步健全工作机制，建立定期工作会议和重点工作调度机制，及时协调解决工作推进中存在的问题，定期通报工作进展情况，狠抓各项目标任务落实。加强市直单位间、市直单位与余江区政府间的沟通协作，各成员单位要切实履行自身职责，保障工作顺利推进。

（三）强化要素保障。我市加快推进眼镜产业集聚集群发展的奖励政策如与省、市出台的其他政策重叠的，按照不重复享受、就高不就低原则执行，积极引导资金、项目、技术、人才、土地等要素资源向眼镜产业集聚。建立眼镜产业链重大项目库，切实保障重大项目用地指标。加强资金保障，鼓励金融机构按照市场化原则，优化融资担保政策，加大对眼镜企业的金融支持。余江区政府要加大投入，安排眼镜产业发展专项资金，强化政策落实，确保政策及时兑现到位。市直相关部门、余江区政府要加强与省相关厅局、国家部委的沟通衔接，在政策上争取更多支持。

（四）强化绩效考核。将眼镜产业发展情况纳入余江区政府工业高质量发展考核重要内容。具体办法另行制定。

2021年11月19日发布

2023

CHINA GLASSES YEARBOOK

一

政策篇

（一）中国眼镜行业标准制定

【全国眼视光标准化技术委员会正式成立】 为落实《国家标准化发展纲要》，完善专业标准化技术组织体系，国家标准化管理委员会决定对轻工领域标准化技术组织进行体系优化。其中，为建立和推动眼视光标准技术体系建设，经2022年6月3日国家标准化管理委员会公告（2022年第10号），全国眼视光标准化技术委员会（SAC/TC596）正式成立。标委会由34位委员组成，中国眼镜协会职业副理事长兼秘书长戴维平任主任委员，秘书处由中国眼镜协会承担，中国轻工业联合会（以下简称中轻联）负责日常管理和业务指导。

全国眼视光标准化技术委员会主要负责眼视光领域的管理、术语、产品和仪器设备、检验方法及服务等领域国家标准制修订工作。下设2个分技术委员会，包括眼科光学分技术委员会（SAC/TC596/SC1）和眼视光服务分技术委员会（SAC/TC596/SC2）。撤销全国光学和光子学标准化技术委员会眼镜光学分技术委员会（SAC/TC103/SC3）、全国服务标准化技术委员会眼镜验配服务分技术委员会（SAC/TC264/SC4），其所负责领域国家标准由全国眼视光标准化技术委员会归口管理。

全国眼视光标准化技术委员会的成立，对于进一步完善眼视光领域标准体系，开展急需的国家和国际标准制修订，规范国内眼视光技术、服务和产品市场，加强国际交流和合作，推动我国眼视光行业高质量发展具有重要意义。

【国家标准化委联合印发《关于促进团体标准规范优质发展的意见》】 为贯彻落实《国家标准化发展纲要》，规范团体标准化工作，促进团体标准优质发展，2022年1月25日，国家标准化管理委员会等十七部门联合印发《关于促进团体标准规范优质发展的意见》。该文件指出，近年来，我国团体标准发展迅速，政策体系初步建立，制定团体标准的社会团体踊跃开展团体标准化工作，有力推动了新产品、新业态、新模式发展，促进了高质量产品和服务供给。但团体标准发展处于初级阶段，其发展还不平衡、不充分，存在标准定位不准、水平不高、管理不规范等问题，需要加强规范和引导。

该文件提出了10条意见：（1）提升团体标准组织标准化工作能力；（2）建立以需求为导向的团体标准制定模式；（3）拓宽团体标准推广应用渠道；（4）开展团体标准化良好行为评价；（5）实施团体标准培优计划；（6）促进团体标准化开放合作；（7）完善团体标准发展激励政策；（8）增强团体标准组织合规性意识；（9）加强社会监督和政府监管；（10）完善保障措施。

【厦门制定两项眼镜行业国家级认证规则】 为推动眼镜行业高质量发展，向消费者推介优质的眼镜产品和服务，福建省厦门市质检院联合北京中轻联认证中心、国家眼镜质检中心，牵头制定了《GK96视觉健康产品（眼镜）认证实施规则》《RZB84视觉健康产品（眼镜）认证技术规范》。该认证规则已于2022年6月1日发布、实施，开启了在全国范围内开展眼镜高端品质认证、提高产品品质美誉度的大门。

眼镜制造是厦门的特色产业，中高端太阳镜的生产几乎占据全球的半壁江山，厦门市被中国轻工业联合会、中国眼镜协会联合授予“中国太阳眼镜生产基地”称号。目前，学生近视逐渐呈现高发、低龄化趋势，如何选择好的眼镜产品成为社会共同关心的问题。

此次认证规则的制定依据现有国标、行标，从产品品质、健康安全、高端性能三方面着手开展先进性指标的研究确立，其中健康安全指标3项，包括镜架镍析出、总铅、邻苯二甲酸酯；高端性能指标16项，包括高折射率、高清晰度、超硬耐磨性、紫外线防护功能、蓝光防护功能等，其指标全部优于国家行业标准要求，着力体现又好又新的产品性能。下一步，厦门市质检院将进一步为各眼镜企业提供更加优质的认证技术服务，着力打造眼镜领域的高端品质认证，提高眼镜行业品牌知名度，为产业转型升级赋能助力。

【三项国家标准制修订线上讨论会召开】 全国光学和光子学标准化技术委员会眼镜光学分技术委员会（以下简称眼镜光学分标委会）于2022年3月24—25日线上召开3项国家标准制修订讨论会。出席本次线上会议的领导和专家有中国眼镜协会副理事长兼秘书长、眼镜光学分标委会主任委员戴维平，中国眼镜协会驻会副理事长江波，中国眼镜协会副秘书长康颖，眼镜光学分标委会副主任委员蒋伟忠，全国眼镜标准化中心主任孙环宝，国家眼镜玻璃搪瓷制品质量检验检测中心常务副主任叶佳意，以及分标委会委员和全国各地的企业专家代表60余人。

戴维平主任委员介绍了2021年协会主要工作内容和成绩，通报了2021年眼镜行业整体经济运行情况。下阶段，眼镜协会的工作重点也将放到眼镜行业标准体系的建设中来。国家眼镜玻璃搪瓷制品质量检验检测中心黄鸿亮、张欣和李雅静分别代表《眼视光产品 元件安全技术规范》、《眼视光产品 成品眼镜安全技术规范》和《光致变色眼镜镜片》起草工作组就3项国家标准制修订自2021年年会以来的工作情况，包括征求意见的汇总和处理等。参会委员和专家对标准（讨论稿）进行了认真、仔细的讨论，提出了多条修改意见。

叶佳意常务副主任对会议进行了总结，对3项国家标准下阶段工作安排作了详细部署，代表眼镜光学分标委会感谢各位委员和专家们不辞辛苦，全力以赴完成3个国家标准的讨论工作，也感谢相关企业对标准化工作的大力支持。

【眼镜行业三项团体标准线上会议召开】 2022年7月5—6日，中国眼镜协会质量标准专业委员会和国家眼镜玻璃搪瓷制品质量检验检测中心在线上召开T/COOA 6—××××《配镜师职业规范》团体标准讨论会、T/COOA 4—××××《定制太阳镜和太阳镜片》和T/COOA 5—××××《蓝光防护成镜和镜片》团体标准审定会。中国眼镜协会副理事长兼秘书长戴维平、副理事长江波、副秘书长康颖、中国眼镜协会质量标准专业委员会主任委员孙环宝、中国眼镜协会名誉副理事长齐备，以及全国各地的委员和专家代表出席线上会议。

戴维平代表中国眼镜协会感谢各位委员和专家对眼镜标准化工作的支持，向与会专家代表介绍了协会近期的主要工作，重点介绍了协会刚刚召开的九届三次常务理事会的情况，包括行业近期经营和发展状况、分支机构调整、全国眼视光标准化技术委员会及分标委会成立情况、中国国际眼镜业展览会苏州展情况，同时展望了中国眼镜行业下半年的工作重点。

7月5日，会议对《配镜师职业规范》团体标准讨论稿进行了讨论，就标准提出了十余条修改意见。我国目前约有40万行业人员从事配镜师工作，从业人员的技能水平参差不齐。随着眼健康服务质量的不断提升和服务范围的扩大，现有从业人员已远远不能满足行业的需求，配镜师人才短缺成为制约企业发展的瓶颈之一。

《配镜师职业规范》标准，将进一步明确配镜师的定义和执业范围，以及配镜师所应掌握的职业技能和业务知识水平，确定职业人员的培训要求和考核标准，提高配镜师职业队伍的水平，为眼视光行业提供更多高素质专业人才，让眼视光行业更好服务“健康中国”战略。

7月6日，会议对《蓝光防护成品眼镜和镜片》和《定制太阳镜和太阳镜片》标准进行了审定。标准起草小组就两项团体标准的立项、制定思路、标准文本编写过程进行了介绍，专家对本次审定的两项团体标准做了认真的审定，提出的意见全部予以采纳。以上标准审查结论为一致通过。

【全国眼视光标委会及其分标委会成立大会暨一届一次全会召开】 2022年9月16日，由中国眼镜协会组织的全国眼视光标准化技术委员会（以下简称全国眼视光标委会）及其分标委会成立大会暨一届一次全会在京召开。受新冠疫情影响，会议以现场会议结合视频会议方式召开。中国轻工业联合会党委常委、副会长刘江毅，国家市场监督管理总局标准技术管理司一级巡视员国焕新、食品消费品处处长马胜男，工业和信息化部科技司标准处处长甘小斌，中国轻工业联合会质量标准部副主任刘晶晶，中国眼镜协会副理事长兼秘书长、全国眼视光标委会主任委员戴维平，中国眼镜协会副理事长、全国眼视光标委会眼科光学分技术委员会主任委员江波出席会议。会议由江波主持。

刘江毅在讲话中指出，中国轻工业联合会高

度重视标准化工作，将“标准质量”作为推动轻工业高质量发展的八大举措之一，成立中国轻工联标准化工作委员会，权威、统一、高效地推进国标、行标、军标、团标“四位一体”建设。眼镜业是轻工传统行业，是重要的民生产业和健康产业，中国轻工联张崇和会长多次组织会长办公会议专题研究审议眼视光标准化技术组织体系优化工作。新成立的全国眼视光标委会，完善了眼视光标准化技术组织体系。他对新一届全国眼视光标委会提出了五点希望：一是认真贯彻落实《国家标准化发展纲要》，做好标准化工作顶层设计，为推行标准现代化，建设“标准强国”做好技术支撑；二是加强轻工标准化组织建设，秘书处要发挥行业组织的优势，为高质量、高时效开展标准化工作提供组织保障；三是推动科技成果标准转化，要把标准作为促进科技成果转化的桥梁和纽带，建立科技成果转化为技术标准的服务机制，构建科学权威、运行高效的标准验证支撑体系，持续提升标准供给的质量和水平；四是提升标准国际化水平，要继续紧密跟踪国外先进标准，做好评估转化，为眼视光行业迎接全球新一轮科技革命和产业变革做好技术支撑；五是做好标准化人才培养，打造一支懂业务、懂技术、懂规则复合型标准化人才队伍，夯实标准化工作根基。

国焕新在致辞中全面分析了当前标准化工作面临的新形势和新要求，希望全国眼视光标委会按照《全国专业标准化技术委员会管理办法》做好相关工作，并提出五点工作建议：一是深入贯彻落实《国家标准化发展纲要》，做标准化工作的先行者。二是提升产业标准化水平。全国眼视光标委会要强化责任，贯彻落实国务院关于推动重点领域主要消费品质量标准与国际接轨、健全消费品质量标准体系，建立健全质量分级制度等工作要求，注意加强儿童近视防控方面的核心标准建设。三是紧扣眼视光产业发展和产品创新需要，综合运用各类标准，形成科学的眼视光标准体系。四是加快推进与国际标准接轨，结合我国眼视光产业发展，借鉴其他领域标准化工作经验，努力探索眼视光标准体系框架、共性模式。五是提高标准编制质量和标准实施效率，立足主职主业，加强标委会日常管理。甘小斌在致辞中表示，标准是经济活动和社会发展的技术支撑，没有先进标准就没有产业竞争力，眼视光行业不仅涉及人的健康安全，也涉及视力的保护，是重要的健康产业。工信部始终将标准作为“四管一加强”的重要抓手，全国眼视光标委会也要做好标准化工作对眼视光行业的引领作用。对此，他提出几点工作建议：一要落实好《国家标准化发展纲要》、“三品战略”等系列行动方案和举措，将其作为标准化工作的重要任务；二要完善眼视光产品强制性标准体系，保证产品质量，守住市场底线；三要利用“三位一体”的平台，统筹好国标、行标、团标，提升产业发展水平；四要统筹推进国际标准和国内标准，服务“双循环”的构建，推动国际标准和好的产品走出去；五要加强标委会组织建设，标准工作要做到“公平、公正、科学、高效”，通过建好眼视光标准体系，为眼视光产业发展提供强大的技术支撑。

马胜男宣读全国眼视光标准化技术委员会（SAC/TC596）及全国眼视光标准化技术委员会眼科光学分技术委员会（SAC/TC596/SC1）、全国眼视光标准化技术委员会眼视光服务分技术委员会（SAC/TC596/SC2）成立文件。随后，与会领导为全国眼视光标委会及其分标委会的在京委员颁发证书。

会议审议阶段，戴维平详细介绍了全国眼视光标委会自 2019 年筹建以来的具体情况。会议通过了《全国眼视光标准化技术委员会章程》《全国眼视光标准化技术委员会秘书处工作细则》《全国眼视光标准化技术委员会第一届工作规划》以及《全国眼视光标准化技术委员会眼科光学分技术委员会章程》《全国眼视光标准化技术委员会眼科光学分技术委员会秘书处工作细则》和《全国眼视光标准化技术委员会眼视光服务分技术委员会章程》《全国眼视光标准化技术委员会眼视光服务分技术委员会秘书处工作细则》。

新成立的全国眼视光标委会及其眼科光学分标委、眼视光服务分标委，将在国标委、工信部的领导下，在中国轻工业联合会的指导下，聚焦人民福祉和健康，汇集行业精英智慧，整合行业优势资源，激发行业发展潜能，为眼视光标准化工作在推动行业高质量发展方面不断作出新的贡献。

【《眼镜制配计量监督管理办法》（2022 修订版）正式发布】2022 年 9 月 29 日，国家市场监督管理总局令第 61 号《国家市场监督管理总局关于修改和废止部分部门规章的决定》发布，对《眼镜制配计量监督管理办法》等 13 件部门规章的部分条款予以修改，最新版《眼镜制配计量监督管理办法》正式发布，自 2022 年 11 月 1 日起施行。《眼镜制配计量监督管理办法》详见本书“特载”。

【《定制太阳镜和太阳镜片》《蓝光防护成镜和镜片》团体标准正式发布】2022 年 10 月 10 日，中国眼镜协会印发通知，发布《定制太阳镜和太阳镜片》和《蓝光防护成镜和镜片》2 项团体标准的通知。

【《太阳镜和太阳镜片》等 6 项国家标准已正式实施】由全国眼镜光学分技术委员会（TC 103/SC 3）归口的 6 项国家标准已经正式发布，已于 2021 年 12 月 1 日起正式实施。

2021 年 12 月 1 日正式实施的 6 项国家标准

序号	标准编号	标准名称	发布日期	实施日期
1	GB 39552. 1—2020	太阳镜和太阳镜片 第 1 部分：通用要求	2020-11-17	2021-12-01
2	GB/T 39552. 2—2020	太阳镜和太阳镜片 第 2 部分：试验方法	2020-12-14	2021-12-01
3	GB/T 40177—2021	光学和光学仪器 眼科学 分度盘刻度	2021-05-21	2021-12-01
4	GB/T 40178—2021	眼科光学 模板	2021-05-21	2021-12-01
5	GB/T 38010. 2—2021	眼镜架和太阳镜电子目录与识别 第 2 部分：商业信息	2021-05-21	2021-12-01
6	GB/T 38010. 3—2021	眼镜架和太阳镜电子目录与识别 第 3 部分：技术信息	2021-05-21	2021-12-01

其中 GB 39552. 1—2020《太阳镜和太阳镜片 第 1 部分：通用要求》为强制性国家标准，替代 QB 2457—1999《太阳镜》。

《太阳镜和太阳镜片》系列国家标准将替代行业标准 QB 2457—1999《太阳镜》。其中，GB 39552. 1—2020《太阳镜和太阳镜片 第 1 部分：通用要求》是国内首个规定太阳镜产品健康安全方面的强制性国家标准，使用重新起草法修改采用 ISO 12312-1：2013《眼面部防护—太阳镜和相关产品—第 1 部分：通用太阳镜》，规定了光学特性、光透射比性能、耐光辐照、阻燃性、包覆层性能、镍析出等一系列重要的安全健康要求。

新标准和 QB 2457—1999《太阳镜》行业标准的技术差异：一是增加了太阳镜镜片尺寸；二是增加了太阳镜架性能要求，包括耐疲劳强度、鼻梁变形和镜片夹持力、阻燃性，镍析出；三是调整了镜架包覆层性能、镜片抗冲击强度要求等。

《太阳镜和太阳镜片》系列国家标准发布实施，有助于促进太阳镜产业生产和流通领域健康发展，提升国内太阳镜产品质量，引导消费者正确购买及使用太阳镜产品具有重要现实意义，同时也推动《太阳镜和太阳镜片》系列国家标准与国际标准接轨、扩大太阳镜产品的持续竞争力，增加产品的附加值，提升我国太阳镜产品在国际市场的话语权。

GB/T 40178—2021《眼科光学 模板》等推荐性国家标准为首次新发布标准。

【《眼镜架通用要求和试验方法》于 2022 年 1 月 1 日起正式实施】由全国眼镜光学分技术委员会（TC103/SC3）归口的 1 项推荐性国家标准已经正式发布，于 2022 年 1 月 1 日起正式实施。

GB/T 14214—2019《眼镜架 通用要求和试验方法》推荐性国家标准将替代原推荐性国家标准 GB/T 14214—2003《眼镜架 通用要求和试验方法》，新标准修改采用 ISO 12870：2016《眼科光学 眼镜架 基本要求和试验方法》，规定了眼镜架的技术要求、试验样品的选择、样品预处理及要求、试验、检查及判定、试验方法和标志。

新标准与 2003 版标准相比，主要有如下技术差异：删除了机械稳定性中的抗拉性能，将“镀层结合力”修改为“包覆层结合力”，增加了除金属材料外的其他材料的试验方法，修改了抗汗腐蚀试验条件，增加了镍析出要求及相应的试验方法，增加了耐光辐照要求和相应的试验方法。

眼镜架是眼镜产品的重要元件之一，我国又是世界上最大的眼镜生产国和出口国，本次新国标修改采用了最新的国际标准。一方面促进中国国家标准与国际标准同步，方便生产企业的生产，对眼镜产品的进出口贸易具有积极的意义。另一方面，修订后的标准不仅解决了原有标准龄老化的问题，并提升了部分技术指标，对保障消费者视力健康具有一定作用，同时进一步完善了眼镜光学的标准化体系。

全国眼镜光学标准化分技术委员会将继续积极向眼镜行业传递最新的国内和国际眼镜标准化信息，负责国内外眼镜行业的国家标准的解释、传递、宣传和培训工作。一如既往地为眼镜行业提供优质的标准化服务。

【江苏省地方标准《视光学检查规范》发布实施】 2022年1月28日，由江苏省眼镜光学标准化技术委员会归口上报的全国第一个省级地方标准《视光学检查规范》（标准号DB32/T 4202—2022），由主管部门江苏省市场监督管理局正式发布，2022年2月28日起在江苏省范围内正式实施。

【T/COOA 1—2020《儿童眼镜架》入选工信部2021团体标准应用示范项目】 中国眼镜协会发布的T/COOA 1—2020《儿童眼镜架》团体标准入选“工信部2021团体标准应用示范项目”，示范项目经过工信部认定，具有技术水平较高、应用效果较好的特点，对促进质量品牌提升、推动产业高质量发展具有较强引领作用。

T/COOA 1—2020《儿童眼镜架》团体标准于2021年1月1日起实施，该团体标准的实施贯彻落实了习近平总书记关于关注儿童青少年视力健康的指示精神，弥补了儿童眼镜领域的标准缺失，为儿童眼镜质量体系奠定基础。

2019年国家标准化管理委员会、民政部发布《团体标准管理规定》，鼓励社会团体制定高于推荐性标准相关技术要求的团体标准；鼓励制定具有国际领先水平的团体标准。中国眼镜协会将按照标准化工作总体安排，以行业“科技、健康、绿色、时尚”的高质量发展为目标，继续推进团体标准工作，不断完善眼镜行业标准体系，制定一批能满足市场和创新需求团体标准，提高行业标准的先进性、适用性、广泛性和代表性。

儿童眼镜架质量的优劣涉及广大儿童学生的视力矫正与健康。儿童、青少年尚处于生长发育阶段，头围参数与成人差异显著，因此儿童眼镜架的产品质量需要符合儿童的头部解剖学结构，需要符合儿童青少年这一特殊人群的具体使用情况来选择材料和功能以及综合考虑儿童的使用习惯。

《儿童眼镜架》适用于金属、塑料、硅胶等材料制成的全框架或半框架。主要技术指标：结构与外观质量、尺寸、高温尺寸稳定性、机械稳定性（鼻梁变形、镜片夹持力、耐疲劳）、包覆层性能（抗汗腐蚀、包覆层结合力）、阻燃性、镍析出量、质量等。

《儿童眼镜架》与GB/T 14214—2019相比的先进性指标：儿童眼镜架中高温尺寸稳定性、抗拉性能、耐疲劳性能高于成人眼镜架要求；眼镜架款式、眼镜架重量、镍释放、包覆层结合力在本标准中是首次提出。出于安全考虑，多数儿童眼镜架设计为不含铰链结构，本标准明确了这种特殊结构的镜腿长度及耐疲劳性能试验方法，而成人眼镜架标准未涉及。

【“十四五”全国眼健康规划：建立五级眼科医疗服务体系】 2022年1月4日，国家卫健委印发《“十四五”全国眼健康规划（2021—2025年）》。规划指出，建立完善国家—区域—省—市—县五级眼科医疗服务体系，优化医疗资源布局。强化二级以上综合医院眼科设置与建设，补齐眼科及其支撑学科短板。每个地级市至少1家二级以上综合医院独立设置眼科。鼓励有条件的县级综合医院独立设置眼科并提供门诊服务。

根据规划，“十四五”期间，我国将进一步构建优质高效的眼健康服务体系，努力为人民群众提供覆盖全生命期的眼健康服务。按照“三坚持、两重点”的基本原则，即坚持统筹规划资源整合、坚持提质增效高质量发展、坚持预防为主防治结合、聚焦重点人群和重点眼病。

【新版国家职业分类大典增加“眼镜架制作工”职业】 国家职业分类大典已于2022年9月完成修订工作。与2015年版大典相比，新版大典净增了158个新职业，总职业数达到1639个。

本次修订，眼镜行业共有两个亮点，一是“眼镜验光员”更名为“眼镜验光师”；二是增加了“眼镜架制作工”这一新职业。根据国家职业分类大典所示，眼镜架制作工是指操作眼镜架制作设备，制作、加工镜框、镜腿，装配铰链、鼻托及腿套，并组装成眼镜架的人员。本职业主要工作任务包括：1. 识读眼镜架和配件结构图，准备制作眼镜架和配件的设备、模具和加工材料；2. 制订眼镜架和配件加工工艺及要求；3. 操作焊接设备，将金属镜圈、鼻梁、托叶支架、锁紧块、铰链等配件焊接成半成品金属镜架；4. 操作开料机、板材加工机、板材镜腿插针机、钉铰机、拼料机、面弯机等设备，将板材材料加工成半成品非金属镜架；5. 使用抛光机、研磨机等设备，进行半成品镜框表面抛光处理；6. 使用喷涂、装饰等设备，进行镜架和配件喷涂、装饰颜色处理；7. 使用工具，将半成品镜架和配件组装成成品镜架并进行整形处理。新版大典首次标识了 97 个数字职业。

【湖北省眼镜协会出台眼镜定配团体标准】 2022 年 4 月 17 日，湖北省眼镜行业协会联合武汉市标准化研究院组织制定《验光配镜技术服务规范》，对定制配制眼镜的各项指标进行了标准化规范。

该标准是全国首个定配眼镜团体标准，在原有相对零散或一般性规定的基础上，利用数字化手段，对验光配镜门店的人员资质、设施设备、配镜用材、验配流程、质量监控及亮牌服务等进行更系统、更明确、更优化、更严格的规定。

该行业协会还组织制定了《定配眼镜投诉服务规范》团体标准，及时有效解决消费者投诉问题。湖北省眼镜行业协会启动“制标、达标、优标、亮标”为主要内容的全行业提升行动，共认定团体标准示范店 30 家，有效提升眼镜行业规范化程度，推动实现“优标优质优价”。

【上海发布眼镜质量包用期规定】 2022 年 8 月 8 日，上海市眼镜协会发布《上海眼镜质量包用期规定》。该规定适用于全上海市眼镜行业。规定明确，售出定配眼镜、装成眼镜、镜架在规定包用期内一律实行“三包”；在包用期内，应免费修复、校配和整理；在包用期内，如发现质量问题，应免费修复或重配；在包用期内，如发现质量问题，不能修复的可以调换。包用期限规定，眼镜片 14 天内损裂（指由于镜片边缘形态不合理，加工装配镜片过紧造成碎裂；镜片边缘崩边）；镀膜镜片半年内脱膜（指镀膜镜片材料附着力欠佳而造成膜层分离现象）；眼镜架（价格在 600 元以下，含 600 元）3 个月内螺丝滑牙、脱焊、镀层质量；镜架（价格在 600 元以上、1000 元以下含 1000 元）半年内螺丝滑牙、脱焊、镀层质量；眼镜架（价格在 1000 元以上）一年内螺丝滑牙、脱焊、镀层质量。以下情况不属于包用期范围：因顾客跌撞、接触化学品、自行拆坏等人为造成损坏的；由于经受高温而引起的镜片龟裂；在不良使用环境下造成的眼镜损伤；眼镜片划伤。

【丹阳市眼镜商会获“全国工商联商会团体标准‘领先者’”称号】 2022 年 9 月 5 日，全国工商联和国家市场监管总局（国家标委会）共同举办的“2022 民营经济标准创新大会暨民营经济标准创新周活动”在南京召开。大会同时也是全国工商联和国家市场监管总局举办的 2022 民营经济标准创新周江苏专场活动，旨在贯彻《国家标准化发展纲要》，落实全国民营经济领域标准化工作推进会精神，聚焦民营经济领域标准化创新，引导和服务民营企业转型升级迈向高质量发展，实现更大作为。

会上，丹阳市眼镜商会发布的团体标准 T/DYGA 0002—2019《非球面树脂镜片》，被授予 2022 年全国工商联商会团体标准“领先者”荣誉称号。

2019 年初，丹阳市眼镜商会开始制定《非球面树脂镜片》团体标准。

2019 年 12 月 20 日，在江苏省眼镜光学标准化技术委员会年度工作会议上，对《非球面树脂镜片》团体标准进行了审评。

2020 年 8 月 18 日，丹阳市眼镜商会五届二次理事会暨《非球面树脂镜片》团体标准发布会上，《非球面树脂镜片》团体标准正式启动。

2020 年 10 月，丹阳市眼镜商会发布的《非球面镜片团体标准》被江苏省市场监督管理局评为“江苏省优秀团体标准”。

2022 年 9 月 5 日，在北京举办的 2022 民营经济标准创新大会暨民营经济标准创新周开幕式上，全国工商联发布了 2022 年商会团体标准“领先者”名单共 15 个项目。江苏省两项团体标准项目——苏州市光电产业商会的《高强高导铜合金线标准》、丹阳市眼镜商会的《非球面树脂镜片标准》，从 93 个商（协）会申报的 232 项团体标准项目中脱颖而出，光荣上榜。

【江苏万新光学承担的标准化试点项目通过验收】 2022年9月，江苏省市场监管局组织标准化专家组到丹阳，对江苏万新光学有限公司承担的“耐高温防护镜片前沿新材料战略性新兴标准化试点”省级项目进行验收，通过听取汇报、审查资料、当面质询等方式，对试点建设情况进行全面考核评估，最终通过验收。

试点单位江苏万新光学有限公司建立了科技创新与标准研制、产业化协同推进机制，构建了较为完整、先进的标准化管理体系。

江苏万新光学参与制定并发布了8项国家标准、1项行业标准和3项团体标准。通过标准体系的实施，企业提升了新产品研发制造能力和标准化管理水平，节约了生产成本，提高了产品质量和市场竞争力，取得了显著的经济效益、社会效益和生态效益。

【中国眼镜协会下达2022年第一批团体标准制修订项目计划】 2022年10月10日，中国眼镜协会发出《关于下达2022年第一批团体标准制修订项目计划的通知》〔中镜协字（2022）32号〕。通知指出，《微结构眼镜镜片基本要求和试验方法》等2项团体标准立项信息已于2022年9月1—15日在全国团体标准信息平台和中国眼镜协会官网进行公示，公示期间未收到反对意见。根据《中国眼镜协会团体标准管理办法（试行）》有关规定，上述2项团体标准列入《2022年第一批团体标准制定计划》。列入计划的项目，在计划下达后12个月内完成。标准主要起草单位按照相关要求，抓紧落实和实施项目计划，在标准制定过程中加强与有关方面的协调，广泛听取意见，保证标准质量，按时完成团体标准制定工作任务。

（二）政策措施、规章制度、发展规划

【《眼镜行业“十四五”高质量发展指导意见》发布】 “十四五”时期是我国全面建成小康社会之后，乘势而上开启全面建设社会主义现代化国家新征程、向第二个百年奋斗目标进军的第一个五年，也是眼镜行业立足新发展阶段、贯彻新发展理念、构建新发展格局，加快建设世界眼镜强国的关键五年。中国眼镜协会根据《国民经济和社会发展第十四个五年规划和二〇三五年远景目标纲要》《轻工业“十四五”高质量发展指导意见》，牵头编制了《眼镜行业“十四五”高质量发展指导意见》（以下简称《指导意见》）。

中国眼镜协会表示，眼镜行业是典型的民生产业、高科技产业、劳动密集型产业、时尚产业、生产性服务业和健康服务业，必须在新的起点上明确行业在经济社会发展中的新定位，《指导意见》的编制，旨在进一步推进行业“科技、健康、绿色、时尚”的高质量发展，解决民生多层次视觉健康、时尚消费需求。

《指导意见》指出，“十三五”期间，我国眼镜行业发展的协调性和可持续性不断增强，基本实现《眼镜行业“十三五”规划》目标，整体迈上了一个新的台阶。

“十三五”期间，我国眼镜行业经济运行稳中向好，行业结构不断优化，创新能力持续增强，集群优势综合体现，质量标准成效显著，国际竞争能力提升，人才建设不断加强，我国眼镜大国地位稳步提升。

数据显示，我国眼镜架、眼镜片和眼镜零配件的生产加工总量均占世界比重70%以上，稳居世界第一位。“十三五”期间，眼镜制造规模以上企业主营业务收入年均增长率为2.08%，到2020年规上企业375家，主营业务收入351.88亿元。眼镜产品（不含仪器设备）出口总额年均增长1.83%，进口总额年均增长5.92%，到2020年出口总额53.85亿美元，进口13.14亿美元，进出口保持了稳中有进态势。为国家稳增长、稳外贸、稳就业作出了重要的贡献，稳固了世界眼镜生产大国、消费大国、出口大国地位，发展优势持续强化。

尽管“十三五”以来，我国眼镜行业发展取得良好成绩，但也存在一些困扰行业发展和需要持续关注的问题。

企业自主创新能力不足，高、精智能制造装备存在短板，行业内仍存在部分关键技术有待突破，视光人才教育、职业技能和技术水平评价体系仍需完善，行业人才瓶颈问题需要加快解决，传统验配与现代视光技术应用融合尚需加快步伐，营销方式有待创新，青少年近视防控知识和民众视力健康知识宣传普及不够，优质视力矫正产品研发使用需加快推进，知识产权保护力度有待加强，企业自律意识还需不断提高。

《指导意见》指出，“十四五”时期，眼镜行业面临着更加深刻复杂的内外部发展环境，但仍处于重要的战略机遇期，具有很大发展潜力。从需求结构、新动能成长看，眼镜行业“进”的势头明显，市场从基本需求消费向服务性、个性化消费升级，消费模式的转型升级为眼镜行业发展拓展了新的领域和广阔的空间。我国人均眼镜产品的消费量同发达国家相比存在较大差距，不同群体、地域对眼镜产品的刚性和升级换代的需求成为拉动行业经济发展新的增长动力。构建以国内大循环为主体、国内国际双循环相互促进的新发展格局，为“十四五”时期我国经济发展提供持续动力。眼镜行业将向形态更高级、分工更优化、结构更合理阶段演化。机遇和挑战并存，行业扎实推动高质量发展任重道远。

因此，《指导意见》强调，眼镜行业必须全面贯彻党的基本理论、基本路线、基本方略，立足我国发展的历史方位和节点，抓住新一轮科技与产业革命的战略机遇，坚定不移贯彻创新、协调、绿色、开放、共享的新发展理念，坚持稳中求进工作总基调，以推动高质量发展为主题，以深化供给侧结构性改革为主线，以改革创新为根本动力，以满足人民日益增长的美好生活需要为根本目的，统筹发展和安全，加快建设现代化经济体系，构建以国内大循环为主体、国内国际双循环相互促进的新发展格局。按照国家“十四五”经济发展战略总体要求，坚持创新驱动，坚持调整优化，坚持统筹协调，坚持国际化发展，以科技创新、“三品战略”、产业集群建设等为抓手，进一步提升眼镜行业可持续发展能力，努力提高全民视力健康水平，推动我国由眼镜大国向眼镜强国不断迈进。

《指导意见》也为“十四五”眼镜行业高质量发展定下了目标：保持行业发展稳中加固；结构调整取得明显成效；自主创新能力明显增强；标准体系建设进一步健全；产业布局进一步完善和优化；绿色企业建设达到新水平；推进品牌战略取得新进展；国际合作竞争新优势明显提升。

科技、健康、绿色、时尚将成为眼镜行业“十四五”高质量发展的关键词。中国眼镜协会表示，“十四五”期间，眼镜行业将实施创新驱动发展战略，以科技创新为引领，着力增强行业自主创新能力；深化实施“三品”战略，着力推进供给侧结构性改革，努力提高眼镜健康服务业能力和水平；加快产业转型升级，坚持建设眼镜强国目标为引领，按照工业化、信息化、智能化时代建设模式和战略要求，从战略上全面调整和优化行业经济结构；进一步优化产业布局，促进区域协调发展；推进质量和标准体系建设，根据眼镜光学领域的国家和行业标准现状以及国际标准的发展趋势，逐步完善眼镜标准品牌培育管理体系；加强人才队伍建设，为实现眼镜制造强国提供坚实人才保障；搭建各类平台，推进国际交流合作和全球影响力，加强对国际、国内展览平台的研判和支持力度，努力打造符合行业发展趋势的贸易、技术、信息平台；加强行业文化和社会责任建设，加强眼镜产业历史及文化研究，挖掘产业独特的文化属性。

近年来，我国儿童青少年近视呈现高发、低龄化趋势，严重影响孩子们的身心健康，因此做好儿童青少年近视防控工作，已成为实施健康中国战略重要一步。《指导意见》指出，儿童青少年近视防控也将成为眼镜行业“十四五”发展的一项重要任务，行业将严格执行国家关于青少年验配标准，积极开展青少年视力筛查，发挥眼健康状况哨点作用。在新技术、新设备自主研发过程中，眼镜行业将优先进行与儿童、青少年近视相关的学术和防控技术研究，开发具备自主知识产权的高功效近视控制方案和在镜片、框架眼镜等产品上的应用。在中高端产品原材料自主研发中，青少年近视管控品类也将是极为重要的品类。同时将制定儿童用眼镜系列国家标准《儿童眼镜视力矫正眼镜》《儿童眼镜太阳镜》和《儿童眼镜眼镜架》。

“十四五”的大幕已然开启，中国眼镜协会表示，协会将为行业高质量发展提供保障，协会将推动改善企业营商环境，推动落实国家对中小企业扶持政策，加大现代信息技术运用，强化重点产区地区政府的政策扶持力度，增强行业发展动能，进一步依法强化行业协会服务协调功能。

协会还将健全政府与行业、企业间的互联互通和交流反馈机制，在制定或实施涉及行业发展的政策、法规、规划、标准、科技项目过程中充分听取行业协会意见，行业协会及时向政府有关部门反映行业和企业诉求。鼓励搭建行业战略研究、科技创新等公共服务平台。进一步健全会员大会、理事会、监事会和秘书处工作制度。不断加强协会自身建设，完善内部各项管理，强化工作规范，加强财务管理。进一步规范行业协会各项活动，引导企业加强行业自律和诚信体系建设，积极履行社会责任，不断提升职业化能力和水平。

【眼镜产业被列为升级创新产品制造工程】 2022 年 6 月 8 日，工业和信息化部、人力资源社会保障部、生态环境部、商务部、市场监管总局联合发布《关于推动轻工业高质量发展的指导意见》（工信部联消费〔2022〕68 号）（以下简称《意见》），眼镜产业被列为升级创新产品制造工程。《意见》强调，轻工业是我国国民经济的传统优势产业、重要民生产业，在国际上具有较强竞争力。党的十八大以来，轻工业“三品”战略成效显著，创新能力明显增强，在满足消费、稳定出口、扩大就业等方面发挥重要作用，但仍面临中高端产品供给不足、国际知名品牌不多、产业链现代化水平不高等问题。《意见》包括 7 个部分：一、总体要求；二、强化科技创新战略支撑；三、构建高质量的供给体系；四、提升产业链现代化水平；五、深入推进绿色低碳转型；六、优化协调发展的产业生态；七、加大组织保障实施力度。其中，眼镜产业的有害光防护、光敏感防护、抗疲劳、青少年近视管控、成人渐进等多功能镜片产品，列入构建高质量的供给体系中升级创新产品制造工程战略。

【张崇和强调支持眼镜等行业补短板上水平】 2022 年 6 月 17 日，工信部等五部门联合发布《关于推动轻工业高质量发展的指导意见》（以下简称《指导意见》）。中国轻工业联合会会长张崇和在接受央广中国之声、央视财经、中国证券报等中央媒体集体书面采访时，详细解读政策内涵，强化宣传落实。

党的十八大以来，轻工业落实党中央、国务院决策部署，为国家稳增长、稳外贸、稳就业作出了积极的贡献，稳固了世界轻工生产大国、消费大国、出口大国地位。“十三五”期间，轻工行业主营业务收入年均增长 4.36%，实现利润年均增长 6.65%，主营业务收入总量位居全国工业前列。2021 年，全国轻工业规上企业实现营业收入 22.4 万亿元，增长 14.4%；实现利润 1.4 万亿元，增长 7.4%；轻工全行业出口突破 9000 亿美元，增长 30%。轻工业以占全国工业 13.4% 的资产，实现了 16.2% 的利润和 17.5% 的营业收入，为轻工行业高质量发展筑牢了根基。进入新时代，轻工业贯彻党中央“三新一高”战略部署，把握国家战略指向，构筑产业支撑体系，通过建设科技轻工、品质轻工、绿色轻工、智慧轻工，全面推动轻工业向更高水平迈进，为建设现代化强国贡献轻工力量。

《指导意见》的出台，为全面推进我国轻工业高质量发展提出了一份目标任务明确、操作性强、逻辑清晰的纲领性文件，对加快现代轻工产业体系建设，实现我国轻工业由大到强的跨越具有重要指导意义。贯彻落实《指导意见》是轻工全行业的重要任务，中国轻工联将从以下 5 个方面抓好有关工作。一是宣传贯彻政策。中国轻工联要充分发挥统筹协调作用，在全行业开展《指导意见》的宣传工作，研究制定有针对性和可操作性的实施方案，加大工作督促力度，加强落实效果跟踪。各行业协会要明确目标任务，出台落实措施，组织带动行业企业扎实推进。全行业要统一思想，提高认识，形成齐抓共管、协同推进的良好局面。二是分解量化目标。中国轻工联、行业协会要将前期各自编制的行业发展指导意见与《指导意见》对标对表，细化《指导意见》各项发展目标和任务，分解到轻工业发展的各维度、各领域、各方向、各项目中，形成数据指标，为落实《指导意见》提供可量化、可操作、可追溯的实施方案。三是落实重点任务。以创新驱动作为行业发展的战略基点，加快现代产业体系发展，加强轻工产业链供应链建设，优化产业生态和区域结构调整，推动双循环发展格局的形成。用好科技创新、标准质量、绿色低碳、数字转型、“三品”行动、产业集群、市场建设、技能人才等举措，确保《指导意见》提出的六大板块23项重点任务、5项专项工程取得实效。四是强化分类引导。根据行业发展实际和各自特点，分类引导轻工各行业明确目标任务。支持家电、自行车、缝制机械、酿酒等12个行业强科技、迈高端，发挥引领示范作用。支持造纸、陶瓷、日用玻璃、照明电器、电池等21个行业调结构、促升级，增强行业竞争实力。支持钟表、眼镜、香料香精、化妆品等10个行业补短板、上水平，缩小与世界先进的差距。五是发挥机制优势。坚持党建引领，加强自身建设，增强行业服务能力，提升干部队伍职业化水平。带领行业协会规范开展业务活动，加大轻工业科技创新平台、中小企业公共服务示范平台建设力度。加强经济运行监测分析，充分发挥政府与企业间的桥梁纽带作用，及时反映行业诉求和政策建议。

当前，受新冠疫情散发、国际局势影响，我国经济发展面临需求收缩、供给冲击、预期转弱三重压力，工业经济稳增长挑战加大。为推动轻工业稳健发展，中国轻工联认真贯彻国家战略部署，先后制定“高质量发展行动计划50条”和“十四五”行业发展系列规划指导文件，提出工作目标和具体举措，推进产业升级和高质量发展。一是发挥科技创新驱动作用。加强科技创新平台建设，到“十四五”末，轻工业重点实验室、轻工业工程技术研究中心分别达到150家；每年完成科技成果鉴定200项以上，评选轻工业科技奖励项目200项；每年认定10家中小企业公共服务示范平台和轻工业设计中心。二是加强技术基础能力建设。编制发布《“十四五”轻工行业标准体系建设方案》，每年制修订国标、行标、军标、计量技术规范300项，高水平团体标准40项；表彰100家企业标准“领跑者”，切实推动行业技术标准能力建设。三是推动轻工绿色低碳发展。“十四五”期间，在造纸、塑料、家电等重点行业制定绿色工厂、绿色设计产品等行标、团标200项以上；到“十四五”末，轻工行业绿色工厂总量达到1000家，绿色设计产品总量达到2000个，轻工业绿色产品占全国比重达到40%。四是赋能产业集群数字转型。开展“332”专项工程，即推动30个规模300亿元以上的产业集群率先向先进制造业集群迈进，形成超两万亿元规模的产业集群第一方阵；到“十四五”末，培育10个世界级产业集群，着力提升集群数字化水平。五是实施数字“三品”行动方案。利用数字化手段推动轻工消费品增品种、提品质、创品牌，完成工信部委托《升级与创新消费品指南》评荐发布工作，每年新增升级与创新消费品100个，到“十四五”末，发布数量达到1000个。六是支持专精特新企业发展。鼓励中小企业创新发展，汇聚优质服务资源向专精特新企业集聚，促进中小企业在稳链保供中发挥积极作用。力争每年培育“小巨人”企业100家以上，到“十四五”末，轻工“小巨人”企业总量超过500家。七是贯彻落实技能强国战略。弘扬工匠精神、劳模精神，组织开展“中国工艺美术大师”评选、“大国工匠”推荐学习、轻工业“工匠学院”评定、“全国轻工行业先进集体、劳动模范和先进工作者”评选表彰，举办“全国工业设计职业技能大赛”等工作；完善轻工行业职业技能标准体系，每年培训轻工职业技能人才10万名。

【践行新时代“轻工强国”国家战略】 2022年7月12日，新华网刊登题为《践行新时代国家战略 实现轻工业强国梦想》的文章，详细阐述了包含眼镜产业在内的轻工业“868方略”，即“贯彻国家八大战略、构建六大战略体系、用好八大推进举措”，文章在行业内引发强烈反响。

包含眼镜产业在内的轻工业是满足人民美好生活需要的主力军。中国轻工业联合会踏实践行国家战略部署，努力筑牢高质量发展根基，积极构建行业新发展格局，谋划用10年左右时间，实现轻工业强国梦想，为把我国建成社会主义现代化强国贡献轻工力量。

【新时代“轻工强国”国家战略的重点指向】 深刻领悟和准确把握新时代发展要求及国家战略部署，是行业高质量发展的重要前提。

扩大消费战略指向。轻工业是重要的消费品产业，产品涵盖吃、穿、住、用、行、玩、乐、教等多个民生领域。提供高品质的消费产品，既是满足人民美好生活的需要，也是推动经济发展的重要举措。

市场建设战略指向。轻工产品主要满足巨大

的国内市场需求，同时具有较强的国际市场竞争优势，轻工业年出口额近万亿美元，占到全国出口总额的27%。轻工业涉及面广，既接续第一产业，也承启第三产业；既有作为消费主体的国内市场，也有不断增长的国际市场；既有传统有形市场，也有新兴网络市场。轻工业在建设公平、开放、高效市场方面，具有广阔的提升空间。

科技自强战略指向。轻工业近年来科技研发投入比重不断提高，特别是轻工业科技百强企业研发投入占营业收入比重达到2.8%。但行业“短板”和“卡脖子”现象还很突出，家电芯片、乳品菌种、大型纸机、高速灌装装备等进口依赖度大。

数字经济战略指向。轻工业主动应用信息技术推动行业数字化转型。但轻工业中小企业多，大多数企业缺乏数字化人才及资金，急需成熟案例示范引领，及公共服务平台支撑。轻工业数字化转型工作使命重大、空间广阔。

标准质量战略指向。目前受国家标准化委员会委托，中国轻工业联合会管理轻工领域50个标准化委员会、86个分技术标委会，委员人数超5000人，年修制定国标、行标、军标、团标500余项，有力保障了轻工业生产秩序和产品质量。但随着社会发展和消费升级，智慧家居、适老产品等一大批跨界新领域的标准又亟待研究制定。

乡村振兴战略指向。研究表明，轻工业50%的行业、70%的产值和农业资源息息相关。大力推动方便食品、肉制品、乳品、罐头、酿酒、制糖、焙烤食品，及造纸、家具、皮革、木藤棕草编制和工艺美术品等行业发展，是促进“三农”建设、增加农民收入的重要抓手。

绿色低碳战略指向。轻工业从产业源头抓起，组织编制近百项轻工业绿色设计产品、绿色工厂、绿色产业园区的行业标准、团体标准；研究发展绿色低碳技术，倡导循环经济和绿色生活方式，培育了300多家绿色工厂和1000多个绿色产品。

人才强国战略指向。轻工规上企业就业人数2000多万，占全国工业就业人数29%，带动相关就业人数超8000万人。除了科技人才、技能工人，轻工业还有“中国工艺美术大师”、“轻工大国工匠”等一批特殊的高技能人才，是我国产业和文化传承的宝贵财富。大力弘扬劳模精神、劳动精神、工匠精神，全方位建设一支高素质人才队伍，是轻工业的重大举措。

【新时代“轻工强国”国家战略的战略体系】 中国轻工业联合会制定了《轻工业“十四五”高质量发展指导意见》，提出用10年左右的时间，建成世界轻工强国的宏伟目标。

科技协同创新体系。构建包括优势企业、轻工业重点实验室、轻工业工程技术研究中心及高校院所统筹协同的创新体系。企业是科技创新的主战场，海尔、美的、格力等一批骨干企业重视科技创新，研发投入巨大，有力地支撑了企业的科技进步。但行业缺乏统筹协同，企业及机构多是各自为战，尚未形成攻关重大关键技术的国家队。

技术基础支撑体系。当前轻工业标委会及委员数量占到全国十分之一，轻工重点消费品国际采标率达到95%，未来要加强前瞻性研究和布局，加强科技成果向标准的转化，做好产品质量分级工作；要提升标准领域的国际话语权，用先进标准为轻工业出口保驾护航；应用数字技术提升产业技术基础，支持轻工业高质量发展。

行业生态协调体系。在行业方面，轻工业“十四五”高质量发展指导意见提出，家电、家具、自行车、缝制机械等12个行业要示范引领发展；食品、塑料、造纸、陶瓷等21个行业要调结构促升级，追赶国际先进水平；钟表、眼镜、化妆品等10个行业要补板短上水平，缩小国际差距。

区域优势互助体系。轻工业板块经济特征明显。经国家九部委批准，中国轻工业联合会开展特色产业集群授名和建设工作，经过20多年的发展实践，已形成290个特色产业集群，成为推动地方经济增长的重要抓手。在建设轻工强国的新征程上，要进一步加大产业集群的工作力度，因地制宜，分类指导，形成优势互补的轻工业区域发展支撑体系；要在家电、食品等优势产业中率先培育10个左右的具有世界级竞争优势的产业集群，同时推动现有产业集群提档升级。

高级人才梯级体系。建设轻工强国的宏伟大业，需要一大批有理想、有能力的高素质梯级人才队伍。但当前人才数量与质量远不能满足轻工业高质量发展需求，需要多方共同加强高级人才特别是大师工匠级人才和中高级技能人才培养。

要用好国家职业技能大赛机制，选拔优秀人才；积极响应国家人才评价机制改革要求，大力开展行业自主评价。

行业组织服务体系。作为联系政府和企业的桥梁纽带，行业协会是国家治理体系的重要组成，是行业高质量发展的推动力量。特别是由国家部委改制而来的、目前由国务院国资委直管的行业联合会，仍然具有行业党建管理、经济运行分析、科技成果鉴定、标准业务管理、报刊管理及行业先进表彰等一定的行政化职能，在反映行业诉求、提出政策建议、接受政府委托事务方面有不可替代的重要作用。

【新时代“轻工强国”国家战略的推进举措】 轻工业认真贯彻国家战略部署，积极探索新时代轻工业发展举措。中轻联结合工作实际，总结梳理出科技创新、标准质量、“三品”行动、产业集群等推动行业高质量发展的六大举措。随着国家对数字经济和建设全国统一大市场的重视与推进，中轻联进一步提出通过八大举措，推进轻工业高质量发展和轻工强国建设。

科技创新推进举措。加快协同创新体系建设进程，着眼行业发展短板和全球产业前瞻趋势，研究未来15年我国轻工重点行业30个科技攻关重要方向和100余项关键工程科技问题，协调轻工全行业科技资源，组织院士专家及骨干企业等领衔攻关。加大轻工业科技创新平台建设力度，到“十四五”末，轻工业重点实验室、轻工业工程技术研究中心分别达到150家，构建轻工领域网格状科技创新体系。每年完成科技成果鉴定200项；评选中国轻工业科技奖励项目200项。

标准质量推进举措。加强技术基础能力建设，用好标准质量举措，推进行业强基固本。编制发布《“十四五”轻工行业标准体系建设方案》，发挥中轻联标准化工作委员会的作用，做好标准体系优化与标委会调整换届工作，加快标准研制进度，每年制修订国标、行标、军标、计量技术规范300项，高水平团体标准40项；遴选100家企业标准“领跑者”。加快质量分等分级标准制定和检测认证；持续开展质量信得过班组和质量管理小组竞赛活动，推动生产制造质量提升。

绿色低碳推进举措。推动轻工业绿色低碳发展。“十四五”期间，在造纸、塑料、家电等重点行业制定绿色工厂、绿色设计产品等行标、团标200项以上；到“十四五”末，轻工行业绿色工厂总量达到1000家，绿色设计产品总量达到2000个，轻工业绿色产品占全国比重达到40%。建立健全塑料污染治理的长效机制，鼓励可降解塑料开发和应用；防止轻工产品过度包装；做好废旧家电、电池等产品的回收利用。

数字转型推进举措。贯彻国家数字化战略，持续推动两化贯标，提升智能制造水平。宣传数字化转型应用场景示范案例，表彰轻工业信息化先进单位和领军人物。加大轻工产品追溯标准制定及平台建设，推动酒、盐、糖、肉、乳制品等质量安全追溯。支持企业电商平台发展，搭建工业互联网公共服务平台，为中小企业转型提供低成本、简便、快捷的数字化服务。组织企业跨界融合，推动智能家居产业快速发展，全面建设“智慧轻工”。

“三品”行动推进举措。积极落实扩大消费战略部署，加快实施“数字三品”行动方案，推动轻工产品创新发展。接受工信部委托，每年评荐轻工业升级与创新消费品100个。加强工业和文创设计，发展时尚消费品产业，推动上海建设“国际时尚消费产业之都”；推动数字化特色定制，满足个性化消费需求；加大智慧家居、适老创新产品的研发生产。加强骨干企业品牌形象宣传，持续做好品牌授权工作，创造推动工业文化与实体经济相互赋能，推动“三品行动”取得更大成效。

产业集群推进举措。科学布局产业集群，加强规划引导和资源对接，将产业集群建设成为区域生产中心、研发中心、标准中心、检测中心、物流中心和信息中心；开展服务“乡村振兴”专项行动，在涉农大食品领域再认定一批特色产业集群；赋能产业集群数字化转型，开展“332”专项工程，即推动30个规模300亿元以上的产业集群率先向先进制造业集群迈进，形成超两万亿元规模的产业集群第一方阵。学习国际先进经验，到“十四五”末培育10个世界级产业集群；发挥行业协会纽带作用，搭建东中西部产业对接服务平台，推动形成优势互补的区域经济体系。

市场建设推进举措。贯彻市场建设国家战略，加强知识产权保护，维护公平竞争秩序，推动全国统一大市场建设。聚焦冰雪运动消费、智慧家居生活、适老创新产品等消费热点，及国际消费中心城市建设、全面区域合作伙伴关系协定（RCEP）生效等机遇，推动轻工业国内外市场发展。

技能人才推进举措。大力弘扬工匠精神、劳模精神，组织评选第八届“中国工艺美术大师”，召开中国工艺美术大师工作委员会座谈会；与中华全国总工会合作开展轻工“大国工匠”推荐学习活动，评定一批轻工业“工匠学院”；与人社部共同开展“全国轻工行业先进集体、劳动模范和先进工作者”评选表彰工作。会同人社部、中华全国总工会，举办“全国工业设计职业技能大赛”及二类技能大赛，推荐优秀选手参评“五一”劳动奖章；完善轻工行业职业技能标准体系，大力推动网络营销师、企业合规师、消费规划师、碳排放管理员等新职业需求。

【“十四五”眼健康规划发布】 2022 年 1 月 14 日，国家卫健委发布的《“十四五”全国眼健康规划（2021—2025 年）》提出，到 2025 年力争实现 0~6 岁儿童每年眼保健和视力检查覆盖率达 90%以上，儿童青少年眼健康整体水平不断提升。

规划明确，我国逐步建立完善国家—区域—省—市—县五级眼科医疗服务体系，强化二级以上综合医院眼科设置与建设，补齐眼科及其支撑学科短板。每个地级市至少 1 家二级以上综合医院独立设置眼科。鼓励有条件的县级综合医院独立设置眼科并提供门诊服务。同时，统筹建设眼科专业国家医学中心和国家区域医疗中心，打造国家和区域眼科医学高地。

规划提出，力争到“十四五”末，三级眼科专科医院日间手术占择期手术的比例达到 60%；将术后康复期以及诊断明确、病情稳定的慢性眼病患者转向基层随诊，鼓励有条件的社区医院逐步提供眼科医疗服务；眼科医师总数超过 5 万名，每 10 万人口拥有眼科医师数超过 3.6 名；重点培育高层次复合型眼科医学人才，形成一批高水平领军人才和创新团队。

“十四五”期间，力争实现全国县（区）近视监测 100%全覆盖，动态掌握全国儿童青少年近视率及危险因素变化情况；“十四五”末，达到县级医院综合服务能力推荐标准的县医院中，90%以上开展白内障复明手术；建立符合中国国情的角膜捐献模式，实现角膜移植技术全国所有省份 100%全覆盖。

【丹阳市解读《树脂镜片行业环境保护规范化管理指南》】 2022 年 8 月 11 日，丹阳市眼镜商会召开五届四次理事会暨《树脂镜片行业环境保护规范化管理指南》（以下简称《管理指南》）第四版征求意见稿解读会议。出席会议的有丹阳市人大常委会主任、市眼镜产业链链长赵立群，丹阳市委统战部副部长、市工商联党组书记赵锦昌，市工商联副主席杜雅琴，丹阳市眼镜商会会长汤龙保等，相关政府部门及商会 80 余家理事单位派代表参加。会议首先由专家对《管理指南》进行详细讲解。大家在听取专家的讲解后提出意见和建议，会后再进行修改。

在随后进行的五届四次理事会上，审议通过了丹阳市眼镜商会 2022 年上半年工作报告及下一步工作计划。会议通过了两项工作提议：经理事会投票表决，通过了 2022 年上半年新增的 8 家会员单位以及 2 家退会会员单位；通过商会关于普通会员会费减免一年的提议。

汤龙保作会议总结发言。他重点强调企业应进一步提升企业环境保护治理水平、增强纳税意识、加强产品质量管理，内外并重，稳定预期，突破困境。希望大家能持续保持良好的状态，让眼镜行业在高质量发展道路上蒸蒸日上！

【国家卫健委：加强眼视光专业人才队伍建设】 2022 年 8 月 23 日，国家卫健委答复政协第十三届全国委员会第五次会议《关于提高基层眼视光医学诊疗水平、建立社区化近视防控服务网的提案》。国家卫健委介绍，自 2019 年起，联合教育部、体育总局等部门每年对各省级人民政府开展综合防控儿童青少年近视工作评议考核，总结经验、查摆问题、督促整改。对所有地市持续开展学生近视监测与干预，组织近视防控相关标准和指南制修订工作，发布了《近视防治指南》《儿童青少年近视防控适宜技术指南》及更新版《儿童青少年学习用品近视防控卫生要求》等。

教育部门一直高度重视眼视光学教育体系建设，积极推动高等院校加强眼视光学相关专业人才培养工作，眼视光专业人员队伍建设规模加大。2021 年，全国高等医学院校共开设眼视光学专业点 39 个，招生人数 1568 人，本科眼视光医学专业点 28 个，招生人数 1379 人。

（三）中国眼镜生产基地建设

【江苏省丹阳市眼镜产业概况】 眼镜是江苏省丹阳市的支柱产业之一，也是丹阳市最靓丽的城市名片。全市现有相关工贸企业1600多家，其中眼镜生产企业600余家，相关配套的贸易企业及商家1000多家，行业从业人员超5万人。经过50多年的发展，全市有76家企业通过ISO国际质量认证，拥有注册商标8900多个，中国驰名商标7个、省市著名商标36个。镜架年产量1亿多副，镜片年产量4亿多副，是世界最大的镜片生产基地、亚洲最大的眼镜产品集散地、中国眼镜生产基地和国家外贸转型升级基地。据统计，2022年丹阳眼镜制造业销售收入122.3亿元，同比增长8.66%；完成税收7.07亿元，同比增长3.8%。

丹阳拥有全国最大的眼镜批发市场“中国眼镜城”和“中国·丹阳国际眼镜城”，拥有万新光学集团、“国产品牌镜片第一股”明月镜片股份有限公司、海昌隐形眼镜有限公司、眼镜网络销售专业化公司江苏淘镜有限公司等行业龙头企业，以及国家级专业检测机构“国家眼镜产品质量监督检验中心”、“精通眼镜技术创新服务中心”等服务平台。半个世纪的峥嵘岁月，丹阳眼镜行业赢得了诸多殊荣：2005年，经中国轻工业联合会、中国眼镜协会共同组织审核认定，获得“中国眼镜生产基地”荣誉称号，2014年、2020年连续复审通过；2008年9月，中国轻工业联合会、中国眼镜协会共同组织审核，获得“中国眼镜出口基地”荣誉称号；2009年，江苏省工商局审核批准，获得“眼镜产业集群品牌培育基地”荣誉称号；2014年4月21日，“丹阳眼镜”第9类集体商标通过国家工商行政管理总局商标局的审核注册成功；2017年3月20日，“丹阳眼镜”第44类集体商标通过国家工商行政管理总局商标局的审核注册成功；2017年12月，经江苏省名牌战略推进委员会审核批准，丹阳市眼镜商会获批“丹阳眼镜·江苏区域名牌”；同日，商务部公示，丹阳眼镜产业基地被认定为“国家外贸转型升级基地”；2017年至2020年丹阳眼镜商会连续四年被全国工商联认定为全国“四好”商会；2021年9月被中轻联授予“轻工业先进产业集群”；2021年11月“丹阳眼镜跨境电商产业园”被认定为“2021年度江苏省跨境电子商务产业园”。丹阳眼镜产业优势主要体现在以下几个方面：

1. 产业链条衔接完整。丹阳眼镜专业协作配套健全，分工精细，由眼镜原材料、配件、镜架制造及电镀、镜片生产及加硬镀膜、眼镜机械、镜盒、包装等企业组成了较为完整的产业链条。眼镜市场内有批发也有验配门店，产品出厂直接上市交易，大大降低了经营成本。丹阳眼镜生产企业主要集中于司徒镇和开发区，聚集效应明显，信息交换快捷，产品周期缩短，行业自律严格，产业升级迅速。

2. 质量兴业意识浓厚。丹阳眼镜业已有76家企业通过了ISO国际质量体系认证。部分企业生产设备和管理已达到国际先进水平，并自行建立了产品质量检测与研发中心。2006年，国家眼镜产品质量监督检验中心在丹阳设立，使丹阳获得了眼镜国际标准参与制定权，确立了丹阳眼镜业在全国行业中的重要地位。

3. 科技人才优势凸显。丹阳已成为全国最大的集眼镜研发、生产、市场销售于一体的综合性基地之一。现有各类眼镜科研机构15家、专业技术人员2000多人，其中具有中高级职称的科技人员达130多人。自主研发了CR-39树脂镜片、高档全钛镜架等产品，为丹阳眼镜业赢得了荣誉和市场。丹阳眼镜企业求贤若渴，高薪聘请和引进专业技术和管理营销人才，与多家科研院所建立技术合作关系。

4. 工贸联动富有特色。眼镜产业的快速发展，为丹阳眼镜专业市场的建设提供了有利条件，专业市场的成长也助推了眼镜产业的崛起。丹阳的眼镜市场至今已历经三代变迁：第一代市场始于1986年，建立了全国最早专于眼镜交易的“华阳”“云阳”两大市场；第二代市场是2003年由浙江椒光集团投资兴建的中国丹阳眼镜城；第三代市场——中国·丹阳国际眼镜城于2014年5月开业。交易大厦建筑面积约10万平方米，集交易验配、研发设计、商务办公、配套服务等于一体，汇聚了眼镜行业众多知名品牌和商户，是国内最具影响力的眼镜专业交易市场之一。

在日新月异的大数据时代，丹阳眼镜行业正努力通过开辟互联网创新发展新通道，探索工业化与信息化融合发展新模式，深入实施品牌化发展新战略，推动行业由规模效益型向品牌效益型转变，整合具有全球竞争性价值的产业链，推动眼镜产业从区域化向国际化迈进，实现制造业与服务业双轮驱动比翼双飞，全面形成丹阳眼镜产业的新优势。

【浙江省温州市眼镜产业概况】 浙江省温州市是我国重要的眼镜产业基地之一。历经50多年发展，已形成一套集研发、设计、生产、销售于一体的健全产业体系，具有突出的行业优势和竞争活力，先后获得“中国眼镜生产基地”“国家级眼镜质量提升示范区”等“国字号”金字招牌。

温州眼镜产业从简单粗放小作坊生产方式起步，一度以“性价比高”畅销市场。后经加工、“贴牌”等方式，逐步提高生产水平和产品质量。近几年来，温州眼镜产业实施“强链”“补链”战略，先后制定发布《温州市眼镜产业改造提升工作方案》《温州市“中国眼镜基地”向“世界眼镜之都”跨越发展行动方案》等政策措施，推动产业转型升级，夯实产业高质量发展的根基。通过增加研发投入，提高科技含量，增强市场竞争能力。2018年，温州获得“国家级眼镜质量提升示范区”称号。通过引资和扩能，促进产业集聚，实现了上游原材料生产、中游镜片镜架生产、下游眼镜销售贸易与服务配套产业齐全的产业链体系。

销售历来是“温商”的强项。多年来，温州为中国眼镜行业的市场开拓作出了巨大贡献，培养并输出了一大批销售和营销人才，他们当中的很大部分成为我国眼镜产业的企业家和领军人物。温州不断推进眼镜贸易转型升级，已连续举办20届温州国际眼镜展览会，该展会是国内同类城市中首个获得UFI认证的国际性品牌展览会。温州眼镜电商产业园集聚了一批眼镜电商企业和平台，销售占比超过温州眼镜销售的40%。强大的营销能力，不仅促进温州眼镜产品“走出去”，也带动中国眼镜国际贸易发展进步。2022年，温州眼镜产品出口总值历史性突破100亿元大关。

【浙江省台州市眼镜产业概况】 浙江省台州市是我国眼镜产业重点集聚区之一。从20世纪70年代起，经过50多年的发展，台州眼镜在实干拼搏中书写荣光。目前，台州眼镜产业主要集中在临海、玉环、椒江三地，产品涵盖眼镜（包括太阳镜、老花镜）、光学镜架、镜片、配件、表面处理及眼镜制造装备等6大产品体系上万个品种。2022年，全市拥有眼镜生产及相关企业1800多家，规模以上企业46家，实现产值123亿元。

临海以太阳镜为特色，是中国太阳镜生产基地和中国眼镜出口基地。其中杜桥镇是全国闻名的“眼镜之乡”，拥有近千家眼镜生产企业和千余个销售经营户，从业人员近6万人。年工业产值40亿元，是全国最大的眼镜生产基地之一，共有注册品牌400多个，拥有盈昌、帕莎、浪特梦、凯茜路、中港等知名品牌。中国杜桥眼镜城是国内知名的眼镜产品交易市场。

玉环以眼镜零配件为特色，有“全球眼镜配件之都”的美称。零配件品种齐全，总产量占全国的65%，是中国眼镜零配件生产基地。玉环眼镜产业园聚集了一批眼镜制造企业，其中世界五大配件企业玉环占两家，世界顶级眼镜品牌配件免检制造企业玉环占两家。玉环现有眼镜配件制造企业近400家，从业人员约2.3万人，2022年实现产值近23亿元。

椒江以眼镜架为特色，镜架生产历史悠久。6个产业区块及眼镜小微企业创新园、眼镜电商创新园聚集了近百家眼镜生产厂商。同时，椒江努力把江北眼镜科创园打造成一个集研发设计、品牌运营、信息交流、人才培训和配套服务于一体的眼镜时尚综合体，通过共享、共兴、共荣，加快推进眼镜产业的转型升级、数字化发展和所在地的共同富裕。

【福建省厦门市眼镜产业概况】 厦门拥有良好的眼镜产业基础，有一批生产太阳镜、光学镜架、镜片、老视镜、制造设备等产品的制造企业，形成了从材料、零配件、电镀、成镜、包装到批发零售的完整产业链，拥有众多影响力较高的品牌。

20 世纪 90 年代初，台湾一批优秀眼镜生产企业及配套厂商移师厦门，厦门眼镜产业不断成长发展，逐渐形成了自己的特色，生产规模和技术水平跻身中国乃至世界较高水平之列。

厦门眼镜行业积极打造自主品牌，提升产品的档次和附加值。经过 30 多年的发展，已在国际国内享有较高知名度。其中中国太阳镜前五大品牌基本都在厦门。“暴龙”“海伦凯勒”“派丽蒙”等厦门眼镜品牌已然成为国内的流行风向标，在国际上的影响力也越来越大。“夕阳红”是国内老花镜第一品牌，拥有众多忠实客户。保圣偏光太阳镜是中国南（北）极考察队独家太阳镜专用产品。经过持续不断的创新研发，厦门太阳镜已具备核心技术优势，产品质量名列全国前茅，具有突出的竞争能力。众多国际顶级品牌和国内著名品牌也在厦门代工生产。诚益、华茂、富华、万成等企业都是太阳镜外贸大厂。厦门市眼镜协会统计数据显示，全市拥有眼镜生产企业 120 余家，品牌商贸、眼镜电商企业超 50 家。2022 年眼镜产业总产值达 110 亿元，相比 5 年前几乎翻倍。其中年产值超 10 亿元的企业有 2 家，超 5 亿元企业有 3 家，超亿企业有 20 多家。产自厦门的中高端太阳镜产品已占有国内八成以上市场，占据中国为海外代工生产眼镜的一半以上份额。厦门因此被中轻联和中国眼镜协会授予“中国太阳镜生产基地”荣誉称号。

【广东省深圳市眼镜产业概况】 作为全国五大眼镜产业基地之一，经过近 40 年的发展，深圳眼镜行业已呈现出产业规模较大、产业集聚度高、生产配套完善、产品质量过硬的显著特征。眼镜相关产业配套完善，光学眼镜、太阳镜等产品门类齐全，框架、镜片、配件、电镀、机械、模具等配套应有尽有。“横岗眼镜”产业已成为深圳市龙岗区的传统优势产业，凭借高端的定位、过硬的产品质量，在全国乃至世界眼镜行业都具有较高的知名度。数据显示，龙岗眼镜产业年产量达 1.25 亿副，年产值超 100 亿元，其中出口占比超过 80%。

“横岗眼镜”起步于 20 世纪 80 年代。香港商人林贤生在 168 工业区开办横岗史上第一家眼镜厂——横岗光学厂。此后，高华、高雅、雅骏等香港眼镜企业开始在原大横岗投资建设眼镜加工厂，以生产镜架为主，带动一批眼镜产业链上下游企业发展。横岗现已成为集生产、贸易、研发、展销、设计和时尚于一体的眼镜生产基地。“横岗眼镜”以香港为口岸，行销世界 120 多个国家和地区，销售额一度占欧洲市场 70% 的份额，成为全球知名品牌眼镜的最大生产基地，被誉为“眼镜王国”。2005 年到 2010 年间最高峰时，横岗有眼镜生产企业近 1000 家，约有 10 万工人专业从事眼镜制造。

深圳龙岗眼镜产业，从胶板料、镜架、配件生产以及自动化设备生产、智能眼镜开发等上下游企业之间密切合作、相互配套，形成了独特的发展优势。“横岗眼镜”和“深圳制造”一样成为创新与高质量的代名词。

龙岗区横岗街道和园山街道，聚集了全国 90% 的高端眼镜设计师，设计从业人员超 200 人，自主创业 35 人、专业设计师工作室 20 家。由本土设计师直接带动的年产值约 10 亿元人民币，深圳眼镜设计师设计产品在国内行业水平最高，人均产值最高。

2015 年，龙岗区在国家工商行政管理总局成功注册“横岗眼镜”集体商标。龙岗区还成功打造“全国时尚眼镜产业知名品牌示范区”“全国产业集群区域品牌建设（眼镜产业）试点地区”“中国眼镜出口基地”，被商务部认定为“国家外贸转型升级基地”。龙岗区每年都组织眼镜企业参加北京、上海、香港、米兰、巴黎等国内外大型眼镜展会，集中展示“横岗眼镜”的品牌形象。自 2017 年起，连续 6 年举办“国际眼镜设计师大赛”和“十大时尚眼镜品牌”评选活动，每届大赛都与龙岗区高层次人才招引活动对接，积极引进专业设计人才。

【江西省鹰潭市眼镜产业概况】 江西省鹰潭市余江区是我国著名的眼镜之乡，眼镜产业被列为江西省级重点工业产业集群。现有眼镜生产企业 260 余家，其中生产成品眼镜企业 69 家，眼镜配件企业 36 家，镜片企业 8 家，眼镜电镀企业 14 家，配套小微企业 100 余家，产业工人 1.6 万余人，产品远销欧洲、美国等地。2022 年，全市眼镜产业实现主营业务收入 70 多亿元，全年成镜产量 1.8 亿多副。鹰潭国际眼镜城是目前全国较大的眼镜批发综合体之一，以眼镜批发零售为核心，眼镜文化旅游功能为补充，已入驻开业的商家、贸易公司200余家，汇聚了国内80%的知名品牌。

余江区委、区政府将眼镜产业作为“朝阳产业”“富民产业”，放在优先发展的位置，全力打造全国重点眼镜生产基地和区域贸易集散中心，形成了集原材料、配件、镜片、电镀、成品眼镜，以及设备制造等行业紧密协作配套的特色产业集群，成为全国五大眼镜产业基地之一。

余江区近年来加大招商引资力度，吸引沿海地区一批眼镜行业龙头企业投资发展。规模位居同行业前列的眼镜原材料生产企业亨得利金属材料有限公司和金余塑胶板有限公司，知名眼镜连锁电镀企业志成电镀有限公司，占中国隐形眼镜40%销售网络的江西亨得利眼镜有限公司，国内老花镜领军品牌“夕阳红”等龙头企业，在鹰潭（余江）眼镜产业园落户。

龙头企业促进了产业链的形成，而科研创新让产业链更有韧性。余江区致力于把技术革新、科研创新融入产业链体系，在模具、镜片、镜架、雕花、鼻托、拉丝、脚套、镜布、包装等眼镜生产的各个环节进行技术提升。在镜架制造上，巩固发展现有镜架研发制造水平，不断完善全框、半框、无框、混合架等品种，增强镜架的时尚性。在镜片制造上，加快开发研制新型树脂镜片、隐形眼镜等主流产品，在重点发展光学眼镜、太阳镜的同时，大力引进、开发多焦点远视镜及钓鱼镜、潜水镜等专用眼镜。为促进行业技术发展，余江区还重点引进一批包括眼镜专用新型电镀设备、焊接设备、镜片制造及镀膜设备在内的涉及各环节的尖端设备，并成立眼镜研发设计中心和眼镜产品检测中心，加大与高校及科研机构的技术合作，不断提升眼镜产业的能级和韧性。

【重庆市奉节县眼镜产业概况】 重庆市奉节县从2015年开始发展眼镜产业。目前，原材料、配件、模具、镜架表面处理等环节实现本土化全覆盖，已成功创建“重庆市特色产业（眼镜）示范基地”。2022年，奉节县眼镜产业产值超15亿元。奉节建有全市最大规模的眼镜展示中心，并加快推进眼镜配套门市、小微创业园和35.1万平方米标准厂房建设，努力促进眼镜企业入园孵化，全力将奉节打造成西部最大的眼镜产业基地。

近年来，先后出台《奉节县眼镜产业高质量发展规划》《加快奉节眼镜产业高质量发展的十二条意见》等政策文件，从搬迁补助、仓储物流、科技创新等12个方面为入驻企业提供支持。明确眼镜制造、眼健康和智能眼镜三大重点发展方向，将从产业配套体系、创新能力、品牌建设、要素保障等方面入手，打造集设计、研发、制造、展销、文化、检测为一体的眼镜全产业链。

奉节着力推动产业升级。一方面，深入实施“三品”战略，推动眼镜产业“增品种、提品质、创品牌”，注册了致广大、三峡眼镜、三峡视界、夔州眼镜4个区域商标，一些企业取得了国内ISO9001和FDA、CE等欧美地区的质量管理体系认证。另一方面，加强创新能力建设，搭建校企合作平台，提高眼镜产业研发设计能力，开发了蓝牙眼镜、新型防护面罩、多功能护目镜等高新技术产品，推动传统眼镜产业转型升级。

奉节通过自主研发、产学研合作等模式，开展关键核心技术攻关，依托重庆（奉节）眼镜产品检测中心，积极参与眼镜行业标准的制定修订，逐步提升行业话语权。奉节眼镜企业与阿里巴巴、京东、亚马逊、抖音直播等线上平台开展合作推广，积极拓展国内市场，同时利用RCEP协定开拓国际市场，产品可以通过中欧班列和西部陆海新通道远销欧洲和东南亚市场，2022年出口眼镜产品超过3000万副。

【复评授予“中国太阳镜生产基地·厦门”称号】 2022年2月28日，中轻联发出（中轻联综合〔2022〕44号）文，继续授予福建省厦门市“中国太阳镜生产基地·厦门”称号。根据中轻联《中国轻工业特色区域和产业集群共建管理办法（修订版）》的要求，中轻联委托中国眼镜协会组织专家组对厦门市进行了实地复评。经中轻联会长办公会审定，同意继续授予厦门市“中国太阳镜生产基地·厦门”称号，自发文之日起，有效期4年。

中国眼镜协会希望厦门市继续扶持眼镜产业发展，优化产业布局，拓宽发展空间，做强产业集群，不断提升专业化生产、服务和协作配套能力，推动产业转型升级；注重创新发展，鼓励企业加大研发和设计投入，推广智能制造技术应用，持续提升眼镜产品的科技含量和附加值，打造新竞争优势；进一步加强标准、检测、认证等公共服务平台建设，为产业升级和高质量发展提供基础保障；加大自主品牌培育力度。完善品牌建设环境，积极参与国际竞争，引领时尚潮流，不断提升市场影响力，为区域经济发展，为我国眼镜行业发展作出更大贡献。

【丹阳市出台“能级工资”激励措施推动眼镜行业发展】 2022年6月21日上午，丹阳市总工会召开推进企业“能级工资”发布会。发布会上，市总工会提出从“保护职工权益、守护企业效益、维护行业发展”这三个方面出发，打造工资集体协商的2.0版，在全市眼镜行业里率先推出既体现“多劳者多得”，又突出“技高者多得”的企业“能级工资”创新和改革办法，实现职工在技能提升中提高收入，企业在技术创新上提高收益；丹阳市眼镜商会和鸿晨光学负责人介绍了“能级工资”改革和创新对促进眼镜行业健康发展带来的积极变化。《工人日报》《新华日报》《江苏工人报》《镇江日报》《京江晚报》以及丹阳发布、丹阳市融媒体中心等媒体单位，对此进行了报道。

【眼镜行业探索建立职业技能等级制度和多元化评价机制】 2022年10月7日，中共中央办公厅、国务院办公厅印发《关于加强新时代高技能人才队伍建设的意见》，提出建立技能人才职业技能等级制度和多元化评价机制。

拓宽技能人才职业发展通道，建立健全技能人才职业技能等级制度。对设有高级技师的职业（工种），可在其上增设特级技师和首席技师技术职务（岗位），在初级工之下补设学徒工，形成由学徒工、初级工、中级工、高级工、技师、高级技师、特级技师、首席技师构成的“八级工”职业技能等级（岗位）序列。

鼓励符合条件的专业技术人员按有关规定申请参加相应职业（工种）的职业技能评价。支持各地面向符合条件的技能人才招聘事业单位工作人员，重视从技能人才中培养选拔党政干部。

建立职业资格、职业技能等级与相应职称、学历的双向比照认定制度，推进学历教育学习成果、非学历教育学习成果、职业技能等级学分转换互认，建立国家资历框架。

健全职业标准体系和评价制度。健全符合我国国情的现代职业分类体系，完善新职业信息发布制度。完善由国家职业标准、行业企业评价规范、专项职业能力考核规范等构成的多层次、相互衔接的职业标准体系。探索开展技能人员职业标准国际互通、证书国际互认工作，各地可建立境外技能人员职业资格认可清单制度。

健全以职业资格评价、职业技能等级认定和专项职业能力考核等为主要内容的技能人才评价机制。完善以职业能力为导向、以工作业绩为重点，注重工匠精神培育和职业道德养成的技能人才评价体系，推动职业技能评价与终身职业技能培训制度相适应，与使用、待遇相衔接。

深化职业资格制度改革，完善职业资格目录，实行动态调整。围绕新业态、新技术和劳务品牌、地方特色产业、非物质文化遗产传承项目等，加大专项职业能力考核项目开发力度。

推行职业技能等级认定。支持符合条件的企业自主确定技能人才评价职业（工种）范围，自主设置岗位等级，自主开发制定岗位规范，自主运用评价方式开展技能人才职业技能等级评价；企业对新招录或未定级职工，可根据其日常表现、工作业绩，结合职业标准和企业岗位规范要求，直接认定相应的职业技能等级。

打破学历、资历、年龄、比例等限制，对技能高超、业绩突出的一线职工，可直接认定高级工以上职业技能等级。对解决重大工艺技术难题和重大质量问题、技术创新成果获得省部级以上奖项、“师带徒”业绩突出的高技能人才，可破格晋升职业技能等级。

推进“学历证书+若干职业技能证书”制度实施。强化技能人才评价规范管理，加大对社会培训评价组织的征集遴选力度，优化遴选条件，构建政府监管、机构自律、社会监督的质量监督体系，保障评价认定结果的科学性、公平性和权威性。

完善职业技能竞赛体系。广泛深入开展职业技能竞赛，完善以世界技能大赛为引领、全国职业技能大赛为龙头、全国行业和地方各级职业技能竞赛以及专项赛为主体、企业和院校职业技能比赛为基础的中国特色职业技能竞赛体系。

依托现有资源，加强世界技能大赛综合训练中心、研究（研修）中心、集训基地等平台建设，推动世界技能大赛成果转化。

定期举办全国职业技能大赛，推动省、市、

县开展综合性竞赛活动。鼓励行业开展特色竞赛活动，举办乡村振兴职业技能大赛。举办世界职业院校技能大赛、全国职业院校技能大赛等职业学校技能竞赛。

健全竞赛管理制度，推行“赛展演会”结合的办赛模式，建立政府、企业和社会多方参与的竞赛投入保障机制，加强竞赛专兼职队伍建设，提高竞赛科学化、规范化、专业化水平。完善并落实竞赛获奖选手表彰奖励、升学、职业技能等级晋升等政策。鼓励企业对竞赛获奖选手建立与岗位使用及薪酬待遇挂钩的长效激励机制。

【龙岗区制定促进眼镜产业发展政策】 2022 年 12 月 15 日，广东省深圳市《龙岗区关于促进眼镜产业高质量发展若干措施》（以下简称龙岗眼镜 20 条）正式出台发布，对企业扶持、基础建设、空间保障、人才培养、企业创新、品牌推广等 6 个方面出台 20 条具体措施，为眼镜产业发展提供政策支撑。同时配套出台的还有《深圳市龙岗区工业和信息化产业发展专项资金关于支持眼镜产业发展实施细则》确保“龙岗眼镜 20 条”高效落地实施。这是深圳首套眼镜产业高质量发展政策体系。

2022 年 6 月 6 日，《深圳市培育发展现代时尚产业集群行动计划（2022—2025 年）》发布，其中提出要围绕眼镜打造产业链上下游中小企业品牌联合体，提升区域品牌影响力。龙岗眼镜产业集聚区是全市四大时尚产业集聚区之一，在发展眼镜时尚制造方面具有绝对优势。目前，全区拥有 800 多家眼镜制造业企业，占全市的 88.6%；全区眼镜产业年产值超过 150 亿元，中高端眼镜年产量超 1.25 亿副，全国 90% 的高端眼镜设计师集中在龙岗。

当前，龙岗区正积极承接全市“20+8”产业集群，全力加快发展时尚产业集群落地。此次“龙岗眼镜 20 条”锚定“保制造，强品牌，促升级”的产业发展方向，从扶持企业做大做强、夯实产业基础建设、强化产业空间保障、加大人才引进培育力度、支持眼镜企业开展创新应用、支持产品市场推广和品牌建设等 6 个方面推出 20 条具体措施，以“真金白银”的实在举措积极引导眼镜行业向创意文化和时尚设计产业转型，推动眼镜产业高端化、智能化、绿色化改造，为全区眼镜产业高质量发展提供全面支撑。

在支持企业做大做强方面，龙岗区将推动眼镜企业上规模，支持新增在库眼镜企业稳定发展，鼓励规上（限上）眼镜企业发展壮大，鼓励眼镜企业评定“专精特新”资质，鼓励眼镜制造企业加大投入提升质量。比如，龙岗区支持眼镜制造企业加大技术改造力度，积极引进高端制造设备进行生产线改造，提升制造工艺智能化水平和产品品质，企业上一年度技术改造投资额 100 万元（含）以上的，按照实际投资额的 20% 进行资助，给予最高资助 500 万元。

在夯实产业基础建设方面，龙岗区将推动设立眼镜创新载体，设立眼镜工业设计研究院和眼镜检测认证中心。其中，经认定为国家和市级工业设计研究院的企业机构，按照获得深圳市实际扶持额的 25% 给予奖励，一次性分别给予最高 750 万元和 500 万元。

在强化产业空间保障方面，龙岗区将拓展眼镜产业发展空间，支持时尚街区改造建设，支持企业在眼镜产业空间购置租赁经营用房。其中，将在园山街道打造眼镜产业科技园，并对标国际一流时尚街区，在横岗街道高标准建设眼镜时尚化街区。

在加大人才引进培育力度方面，龙岗区将鼓励眼镜设计人才集聚，促进眼镜行业高技能人才成长。其中，每年遴选 10 名“龙岗眼镜工匠”，每人每年可享受 1 万元补贴。

在支持眼镜企业开展创新应用方面，将鼓励眼镜企业开展“时尚+”创新应用及“科技+”创新应用，并鼓励企业建立线上线下融合的多元销售渠道。

在支持产品市场推广和品牌建设方面，龙岗区将支持眼镜企业质量品牌提升、眼镜跨境电商企业经营、眼镜个体工商户进驻市场集聚区、眼镜企业参展、举办眼镜重大活动等。

【龙岗眼镜企业为“龙岗眼镜 20 条”点赞】 2022 年 12 月 15 日，深圳市龙岗区人民政府发布“龙岗眼镜 20 条”后，在辖区高端眼镜制造、销售企业引起反响。多家企业表示，龙岗区在全市率先出台眼镜产业扶持政策，为企业发展增添动力，让企业更加有信心扎根龙岗，在从传统走向高端、智能、时尚的道路上迈出坚定步伐。

普莱斯（Pulais）眼镜认为，该公司在龙岗发展有20多年，企业在行业内率先推进“互联网+眼镜”的销售新模式，普莱斯稳居电商平台眼镜品类前列。“龙岗眼镜20条”政策的出台，不但给普莱斯眼镜增强了今后的发展信心，更为深圳龙岗的眼镜企业增强了信心！特别是“龙岗眼镜20条”中关于“企业加大技术改造力度，最多可补助500万元”的政策，必将激发企业发展动力，推动企业加大技改投入，加快技术改造，促进企业加快发展。

LOHO眼镜是全国时尚眼镜的头部品牌，同时它也是龙岗本土眼镜生产企业。LOHO眼镜在其全国600多家门店中，款式上新的周期不到20天。而传统的检测认证方式，由于其运输距离远、认证时间长，既延长了款式上新时间，又增加了企业的成本，企业无法及时满足消费市场周期变短的需求。虽然LOHO眼镜对设计研发制造环节有很高的要求，但仅凭企业自身难以解决眼镜检测用时问题。

LOHO眼镜认为，“龙岗眼镜20条”中关于“鼓励在龙岗区内设立眼镜检测公共认证中心，对于在龙岗区提供眼镜行业检测认证技术服务”这一条将为龙岗眼镜制造业带来巨大利好。过去，企业生产的眼镜要送到广州具有资质的检测中心进行检测。现在只要在本地就可进行检测，为企业节约了时间成本和运输成本。今后，企业可以更有效地加快产品更新。

2023

CHINA
GLASSES
YEARBOOK

二

生产篇

（一）镜　片

【概述】 镜片是采用玻璃或树脂等光学材料制作而成的具有一个或多个曲面的透明材料。按照材质分类，镜片类型可以分为树脂镜片、玻璃镜片和水晶镜片等。眼镜的核心功能主要体现在镜片上。镜片是一种融合了数学、光学、有机化学、表面及结构物理、机械加工、医学等学科的产品，对于矫正视力、调节进入眼睛的光量、保护眼睛安全等方面具有至关重要的作用，是眼镜功能属性的核心载体。

镜片的分类

按材料分				按功能分							按曲面分	
					防护类镜片							
水晶镜片	玻璃镜片	树脂镜片	PC镜片	日常通用镜片	防蓝光镜片	太阳镜片	偏光镜片	智能变色镜片	运动镜片	渐进多焦点镜片	球面镜片	非球面镜片

【镜片材料演变历程】 镜片经历了水晶、玻璃、树脂等材料的演变。眼镜产生于13世纪中叶的欧洲，当时的镜片大多以石英、水晶或较为洁净的琥珀等天然介质为材料。很快，玻璃的出现替代了天然介质，但玻璃镜片仍有沉重、易碎等缺点。20世纪60—80年代，石油提取物制成的树脂材料取代了玻璃，成为现代镜片最常用的材料。

树脂镜片亦经历了数次升级换代。最早的树脂镜片是美国PPG公司研制的ADC（碳酸烯丙基二甘醇酯）材料，即CR-39，但ADC镜片的折射率仅1.50。20世纪60—80年代，陆续出现1.56折射率的DAP镜片、亚克力镜片、1.59折射率的PC镜片材料等。但在镜片折射率升高的同时，色散现象变得严重，这也成为当时镜片材料发展的一大难题。经过多年探索，20世纪80年代末期，三井化学成功研发出MR系列镜片材料，兼备高折射率、高阿贝数、高抗冲击性等优异性能。

镜片材料演变历程

年份	材质	折射率	年份	材质	折射率
1940	玻璃	1.52	1980	亚克力	1.60
1950	ADC	1.50	1987	MR-8TM	1.60
1960	DAP	1.56	1991	MR-7/10TM	1.67
1970	PC	1.59	2000	MR-174TM	1.74

【镜片行业发展步入低速增长成熟期】 国内近视屈光手术普及率低，眼镜依旧是近视患者的首选。屈光手术起源于20世纪80年代的美国，于1997年引入我国，利用手术手段改变角膜前表面形态以矫正屈光不正。目前，主流的屈光不正手术治疗手段（如准分子激光手术、半飞秒手术、全飞秒手术、晶体植入手术）基本可以满足各类近视患者的需求。目前，国内对近视手术的认知度低，通过手术改善屈光不正的患者较少，主要系消费者对于屈光手术副作用以及安全性存在较大担忧，因而多持观望态度。根据世卫组织数据，2020年中国近视患者人数超过6亿人，而屈光手术量仅为217万例，渗透率不足1%。在国内尚未开展大规模屈光手术教育的背景下，眼镜仍然是中国近视患者的首选，屈光手术对眼镜需求冲击较弱。

中游镜片生产环节更易打造竞争壁垒。镜片行业产业链主要由上游原材料、辅料及设备供应商，中游镜片生产商，下游经销商和零售商组成，其中零售商包括连锁眼镜零售商、眼镜零售门店、电商平台、民营眼科医院以及综合医院附属的配镜中心等。从上游原材料供应端来看，作为当前市场主流的树脂镜片，其基片的生产需要经过聚合以及固化两个关键步骤，核心技术大多被日本、韩国、德国等国家垄断，中国镜片生产商进口依赖度较高，议价能力较弱。从中游镜片生产端来看，镜片生产过程涉及几何学、光学、有机化学、物理学、机械加工等众多学科领域，生产环节众多、工艺复杂，对于生产商的资金实力、技术实力要求较高，头部企业更易形成竞争壁垒。从下游产品销售端来看，连锁眼镜零售商和眼镜零售门店为主要的销售渠道，高昂的店面租金以及专业验光师门槛制约着镜片生产商向下游扩张。

中国眼镜行业市场规模庞大，目前已经进入成熟期。根据欧睿国际（Euromonitor）的统计数据，销额口径方面，2014—2021 年中国眼镜行业市场规模由 651 亿元增长至 900 亿元，年化复合增速为 4.75%，行业已进入成熟期。

眼镜行业集中度较低。从销额口径来看，2021 年中国眼镜行业 CR6（指该行业前 n 家企业的行业集中度）不足 30%，国际品牌依视路、蔡司凭借高质高价产品占据主导地位；从销量口径来看，2020 年中国眼镜行业 CR4 亦不足 30%，行业集中度较低，明月镜片以 11% 的市占率排名第一。生产端，眼镜行业集中度较为分散。中国未将眼镜产品纳入医疗器械管制体系，行业准入门槛相对较低。国内镜片生产企业数量众多但规模普遍较小，根据天眼查专业版数据，我国有超 5800 家眼镜生产相关制造企业，多数生产商主要为其他品牌商提供 OEM/ODM 服务，由此导致眼镜行业在生产端较为分散，竞争激烈。

眼镜更换频率显著提高。随着消费者对“眼镜片也具有保质期”的认知不断深入，眼镜使用周期缩短、更换频率显著提高。根据明月镜片招股说明书数据，中国眼镜片人均购买量稳步增长，从 2014 年的 7.75 副/百人增加至 2020 年的 9.89 副/百人。

从产品单价角度，镜片的功能性需求带动人均支出增长。人均可支配收入的持续增长叠加人们对眼健康的不断重视，眼镜消费从最初的视力矫正需求逐渐向防蓝光、低色散等功能性需求转变。镜片的功能性属性赋予其更高价值，由此带动中国眼镜片人均支出额稳步增长。

消费者对眼镜和镜片的核心需求为视力矫正和防蓝光等有害光

对眼镜的核心需求	样本占比（%）	对镜片的核心需求	样本占比（%）
改善视力，让自己看得更清楚	87.7	抵御或降低电子设备产生的蓝光、紫外线等有害光的伤害	56.7
防止电脑、手机、PAD 等电子产品刺激眼睛	56.1	近视管理，延缓儿童及青少年近视度数增长	54.5
避免阳光、紫外线刺激眼睛	44.7	在长期办公、学习时，缓解视觉疲劳	47.5
为实现搭配服装或脸型、衬托气氛等美观需求	32.2	耐磨度高，不容易留下划痕，防油污效果好	44.0
治疗眼光异常引起的斜视、头痛等疾病	18.1	透光率高，视物清晰度高	38.3
		镜片轻薄	30.0
		多焦点渐进镜片，使中老年人佩戴老花镜观察远近物体更方便	15.4
		镜片颜色亮丽美观	13.3

【镜片行业未来大有可为】 中国儿童青少年近视问题严峻。电子产品普及叠加繁重的课业负担和网课教学增加，居家抗疫减少了户外活动和放松眼睛的时间，致使中国儿童青少年近视率偏高，且呈现低龄化特征。根据卫健委数据，2020 年中国儿童青少年总体近视率高达 52.7%，其中

小学生 35.6%、初中生 71.1%、高中生 80.5%，儿童青少年视力问题十分严峻。

政策利好有望推动近视防控市场发展。教育部在 2018 年《综合防控儿童青少年近视实施方案》（征求意见稿）中明确界定2023 年以及2030 年青少年近视率的防控目标：2018—2023 年，近视率每年下降 0.5 个百分点以上；截至 2030 年，6 岁儿童近视率控制在 3%左右，小学生近视率下降到 38%以下，初中生近视率下降到 60%以下，高中生近视率下降到 70%以下，并将儿童青少年近视防控工作、总体近视率和体质健康状况纳入政府绩效考核指标。2022 年 5 月，教育部印发《全国儿童青少年近视防控试点县（市、区）经验做法推广清单》，梳理总结了 142 个试点县（市、区）的经验做法，为各地进一步推进儿童青少年近视防控工作提供参考借鉴。在国家政策推动下，青少年近视防控市场迎来重大发展机遇。

由于高度近视更容易引起眼底疾病，而近视又是一种不可逆的过程，因而对近视儿童进行干预，控制其近视度数进一步增长显得更为重要。目前市面上主流的、有效性已得到临床认可的三种近视防控手段为：

0.01%低浓度阿托品：常见的散瞳药，也是目前唯一经循证医学验证能控制近视发展的药物，它能增厚脉络膜和巩膜，抑制眼轴的增长。一般而言，浓度越高的阿托品防控效果越好，但副作用也越大、停用后反弹越严重。预计未来随着阿托品的获批流通上市，渗透率有望继续提升。阿托品可与 OK 镜或离焦镜配合使用，防控效果好于单独使用其中一种手段。

OK 镜（角膜塑形镜）：一种不用手术进行物理矫治近视的方法，夜晚戴镜压平角膜进行塑形，第二天无须佩戴眼镜即可恢复裸眼视力。OK 镜属于第三类医疗器械，验配难度高且只能在医疗渠道销售，叠加高昂的使用成本，预计未来渗透率大幅提升较难。

离焦镜：镜片通过特殊处理的一种框架眼镜。目前行业内分成两种技术路线，一代产品使用周边离焦技术，防控率较低（30%左右）；二代产品使用多点离焦技术，防控率显著提升至 60%左右。一代产品由于生产门槛较低且无专利壁垒，国内各大小品牌几乎都有相应的产品，零售价格从数百至上千元不等，低端产品接近单光镜片售价，对消费者来说试错的综合成本较低，预计未来渗透率有望继续提升。

三种主流近视防控手段对比表

防控产品	适用年龄	优点	缺点	价格带	更换周期	代表产品
0.01 % 低浓度阿托品	4~8 岁	使用方便	畏光等副作用；停用后度数会反弹；院内制剂	年均成本约 3600 元	每日使用	兴齐眼科阿托品滴眼液
OK 镜（角膜塑形镜）	8 岁以上，600 度以内	防控效果好	佩戴、护理繁琐；镜片易碎；接触式佩戴，有感染风险	8000 元以上	1.5 年	爱尔眼科、CRT、亨泰、欧几里得
离焦镜	4~18 岁	价格友好；佩戴方便；屈光度范围大	相比前两种防控手段，框架眼镜的佩戴方式降低使用过程中的便利性	800~5000 元	0.5~1 年	蔡司成长乐、依视路星趣控、豪雅新乐学、明月轻松控

近视防控镜片行业预计，未来几年保持 30%~40%的增速。根据国家统计局数据，2021 年中国离焦镜的适龄青少年总人数约为 2.3 亿人，按照50%的近视率估算，潜在消费人数高达 1 亿人，对应百亿级的市场规模（出厂端）。据测算，2021 年离焦镜市场规模约 22 亿元（出厂端），渗透率不足 4%（不足 500 万副），预计在 2026 年渗透率将达 14%，对应的市场规模为 84 亿元。

离焦镜的主要参与者为头部品牌。目前，离焦镜的主要品牌包括外资的依视路、蔡司、豪雅，及国产的明月、伟星，上述品牌占据绝大部分市场份额。一代技术周边离焦镜片的代表产品是蔡司的成长乐，尽管上市时间较长，但由于产品防控率不高及缺乏相应的市场教育，近 20 年间销量增长缓慢；2021 年，明月推出一代产品“轻松控”。二代技术多点离焦镜片的代表产品是豪雅的新乐学及依视路的星趣控，豪雅新乐学一经推出便受到市场欢迎，明月亦在 2021 年底推出二代产品“轻松控 Pro”。

【眼镜镜片行业产业链剖析】 眼镜镜片行业产业链上游主要为原材料供应商和设备供应商，原材料供应商主要包括天然材料（水晶）供应商、无机材料（玻璃）供应商和有机材料（树脂、PC）供应商，当前，树脂材料是最常用的镜片材料；中游主要为镜片生产厂商；下游主要由代理商、经销商和镜片零售商组成，其中零售商包括连锁眼镜零售商、眼镜零售门店、电商平台、民营眼科医院以及综合医院附属的配镜中心等。

眼镜镜片行业产业链结构

上游	中游	下游
原材料供应商 天然材料：水晶 无机材料：玻璃 有机材料：树脂、PC	镜片生产商	眼镜零售商
		民营眼科医院
		综合医院
设备供应商		测试配镜中心

上游供应商主要向中游生产商提供树脂、玻璃、塑料及模具、光学添加剂等镜片生产原料和生产设备，此外还向下游零售商提供验配设备。上游企业主要有视科新材、PPG 集团等。

中游的镜片生产厂商除了加工生产镜片成品和定制的车房片外，还要承担材料、膜层、工艺技术、光学性能等方面的研发设计工作，并为下游销售渠道提供销售折扣、专业设备、加工、售后、销售员及视光师专业培训等支持。眼镜镜片行业主要公司有依视路（中国）、卡尔蔡司光学（中国）、万新光学、明月镜片、豪雅（上海）、康耐特、新天鸿光学、凯米光学（嘉兴）、优立光学、鸿晨集团、汇鼎光学、尼康眼镜（北京）等。

下游零售商直接面对终端消费者，需要在门店配置专业设备和专业视光人员，为消费者提供验光、配镜、镜片镜架装配、试戴体验等专业服务。下游企业主要有宝岛眼镜、博士眼镜、部分眼科医院等。

【树脂材料是目前中国眼镜镜片行业最常用的镜片材料】 镜片行业主要经历了水晶镜片、玻璃镜片和树脂镜片三大发展阶段。树脂材料是目前最常用的镜片材料。从整个镜片行业发展历程来看，镜片行业的发展史是一个不断寻求“更轻、更薄、更清晰、更安全”的过程。

中国眼镜镜片行业发展历程

镜片分类	优势	缺点
天然水晶镜片	坚硬、不易磨损、不易潮湿、热膨胀系数低、较为稳定	材质稀少导致造价高、打磨成镜难度高、镜片较沉重、透光率等光学性能较差、会出现多折射现象
光学玻璃镜片	耐热性强、硬度高不易划伤、阿贝数较高、色散现象轻、清晰度高	硬度高因此打磨加工难度高、镜片质量较重、容易破碎因此安全性低、不易染色
光学树脂镜片	质量轻、不易碎、抗冲击性强、安全性好、受热不易变形、较为稳定、着色性强、透光性强、易加工	硬度较低、易被划伤

【中国眼镜镜片行业已形成四大产业集群】 目前，我国已经形成以江苏丹阳、福建厦门、广东深圳、浙江温州及台州等为主要生产基地的产业集群。从主要代表企业看，江苏丹阳拥有众多代表性眼镜镜片生产企业，包括万新光学集团有限公司、明月镜片股份有限公司、江苏优立光学眼镜有限公司、江苏鸿晨集团有限公司、江苏汇鼎光学眼镜有限公司、新天鸿光学有限公司等。

浙江温州眼镜生产基地主要集中在瓯海、瑞安、鹿城三地，已形成完善的产业链，以外贸出口为特色。2022年温州眼镜出口达101.88亿元，首次突破百亿关口。浙江台州眼镜产业主要集中在临海、玉环、椒江三地，产品涵盖眼镜（包括太阳镜、老花镜）、光学架、镜片、配件、表面处理及眼镜制造装备等六大产品体系上万个品种。福建厦门眼镜产业在国内享有较高知名度，太阳镜前五大品牌基本都在厦门。“暴龙”“海伦凯勒”“派丽蒙”等厦门眼镜品牌已然成为国内的流行风向标，在国际上的影响力也越来越大。“夕阳红”老花镜是国内第一品牌，保圣偏光太阳镜成为中国南（北）极考察队独家太阳镜专用产品。厦门太阳镜产业具备核心技术优势，其产品质量也在全国出名，具有突出的竞争力。很多国外品牌和国内其他品牌代工基本都选择在厦门。在出口的太阳镜产品中厦门生产占到很大一部分。厦门比较出名的工厂诚益、华茂、富华、万成等台企都是做出口太阳镜的大厂。广东深圳眼镜行业呈现产业规模较大、产业集聚度高、生产配套完善的显著特征。眼镜相关产业配套完善，光学眼镜、太阳镜等产品门类齐全，框架、镜片、配件、电镀、机械、模具等配套应有尽有。“横岗眼镜”产业已成为深圳龙岗的传统优势产业，凭借高端的定位、过硬的产品质量，在全国乃至世界眼镜行业都具有较高的知名度。江苏丹阳的企业数量及产量最高，被冠以中国“眼镜之都”的称号，丹阳拥有眼镜原料、配件、镜架制造、镜片制造、眼镜机械、印刷包装等全套完整产业链，镜片年产量约占全国产量的75%、世界镜片产量的近50%。

【中国镜片企业市场竞争集中度较高】 依据艾瑞咨询（iResearch）公布的2019年中国眼镜镜片市场销售额、销售量份额情况，从销售额、销售量两个方面对眼镜镜片行业竞争梯队进行划分。具体来看，我国眼镜镜片行业企业可划分为3个竞争梯队，其中，依视路（中国）、卡尔蔡司（中国）位居销售额竞争第一梯队，万新光学、明月镜片、鸿晨光学位居销售量竞争第一梯队。

从销售额来看，依视路是全球最大的视光企业，在中国镜片市场同样稳占首位，销售额市场份额达22.4%；其次为卡尔蔡司，在中国镜片市场份额达15.1%；万新光学及明月镜片是我国较为突出的镜片生产厂商，销售额占比分别为8.2%和6.6%。整体来看，在我国眼镜镜片行业市场上，国际厂商占据较大优势，国内本土厂商仍存在较大差距。

从销量来看，我国眼镜镜片行业市场销量竞争格局与销售额竞争格局存在较大差异，国内本土镜片厂商销量整体高于国际厂商在中国市场的销量，主要原因可能是国内外厂商战略规划有所不同，国际厂商主要凭借高品质、高单价的镜片产品布局市场，而国内厂商价格较低，主要依靠销量赢得市场。具体来看，2019年，万新光学销量占比达13.3%，位居第一；其次为明月镜片，销量占比达11.7%。

中国眼镜镜片行业市场份额情况

销售额份额		销售量份额	
厂商名称	占比（%）	厂商名称	占比（%）
依视路（中国）	22.40	万新光学	13.30
卡尔蔡司（中国）	15.10	明月镜片	11.70
万新光学	8.20	鸿晨光学	10.30
明月镜片	6.60	优立光学	7.90
豪雅（上海）	5.20	汇鼎光学	7.30
新天鸿光学	4.50	新天鸿光学	6.90
鸿晨光学	4.00	依视路（中国）	4.30
尼康眼镜（北京）	3.70	凯米光学（嘉兴）	3.10
汇鼎光学	3.40	卡尔蔡司（中国）	1.80
凯米光学（嘉兴）	3.20	豪雅（上海）	1.30

注：1）此处的眼镜镜片销售额是指镜片生产商（不含其关联企业）在国内市场获得的销售额，不包括出口至国外及中国港澳台地区的镜片销售额。2）此为2019年数据。

从市场集中度看，国内眼镜镜片的行业销售额集中度较高，销售额前十企业的销售额占行业总销售额的比重接近八成。相较于销售额，国内眼镜镜片市场在销售量上的分布更为分散。

【中国眼镜镜片行业增长潜力较大】 2020年9月到12月，国家开展近视专项调查，覆盖全国8604所学校，共筛查247.7万名学生。调查结果显示，2020年，我国儿童青少年总体近视率为52.7%，较2019年上升2.5个百分点，较2018年下降0.9个百分点；其中6岁儿童为14.3%，小学生为35.6%，初中生为71.1%，高中生为80.5%。而世卫组织发布的研究报告显示，我国近视人群已达6亿，青少年近视率居世界首位。随着近视人数越来越多，我国眼镜镜片市场规模将越来越大。

未来几年，在购买需求延后释放以及消费升级依旧延续的双重影响下，镜片市场规模有望迅速反弹到新冠疫情前水平并保持中高速增长态势，艾瑞咨询预计，2023年国内镜片零售市场规模将达到363亿元。根据平均增长率测算，2026年，我国镜片行业市场规模约达457亿元。

【镜片材料的演变发展】 按照材质分类，镜片类型可以分为树脂镜片、玻璃镜片和水晶镜片等。镜片行业主要经历了水晶镜片、玻璃镜片和树脂镜片三大发展阶段，树脂材料是目前最常用的镜片材料。

（1）水晶镜片　水晶镜片所需原料水晶的主要成分为二氧化硅（SiO_2），折射率和密度略高于光学玻璃。受材质稀少以及打磨成镜难度高等因素影响，水晶镜片价格较为昂贵。水晶镜片具有坚硬、不易磨损、不易潮湿、热膨胀系数低等优良特性。水晶镜片的主要缺点有：硬度很高，磨制非常困难；密度很大，镜片很重；水晶的晶体特性使之对光线有双折射作用，视物会出现重影；天然水晶来源少，且多数质地不纯，常有斑瑕、斑纹等，色度也很不均匀，常带各种颜色，使透光率降低。因此，水晶镜片的光学性能远不如光学玻璃优良。随着时代的发展，水晶镜片已逐渐被玻璃镜片或树脂镜片替代。

（2）玻璃镜片　玻璃眼镜最早出现于1289年的意大利。普通玻璃镜片主要成分为二氧化硅（SiO_2）、钠钛硅酸盐，透光率在90%至92%之间。玻璃镜片的优点是阿贝数高，一般可以达到59左右。阿贝数即色散系数，阿贝数越高，色散现象越轻，看事物越清晰。玻璃镜片的缺点是非常厚重、易碎且不安全。在玻璃中添加氧化钛等化合物，可以有效提高镜片的折射率，能使玻璃镜片更薄、更轻，适于制作高光度的镜片。

（3）树脂镜片　树脂材料是目前最常用的镜片材料。树脂镜片是由高分子有机化合物经模压浇铸成型或注塑成型制成。按其材料不同，常用的树脂镜片可以分为热固型树脂材料和热塑型树脂材料。热固型树脂材料具有加热后硬化的性质，受热不易变形。

目前，市场上的大部分镜片都采用这种材料制作，主要代表为美国PPG公司研发的CR-39树脂、日本三井研发的MR树脂和韩国KOC研发的KR树脂等。热塑型树脂材料具有加热后软化的特性，适合热塑和注塑，这种材料在50~120°C是可塑的，在50°C以下是固态，主要包括亚克力镜片和PC镜片等。

【树脂镜片行业技术水平及技术特点】 树脂镜片具有质轻、不易破碎、安全性高的优点，其密度约为玻璃镜片的一半，抗冲击性比玻璃高10倍，安全性好；具有较好的化学稳定性和透光性；有极佳的着色性，可以被染成各种颜色；吸收紫外线强、容易加工等。树脂镜片也有缺点，如硬度低、易划伤、耐热性能差。然而，经过加硬、加膜等表面处理后的树脂镜片，其性能较为优异。

树脂镜片材料经历了不断的升级换代。1.50折射率的ADC镜片材料特点为：折射率和阿贝数等光学性能几乎与玻璃一致，但是其重量更轻、安全性较玻璃镜片更高，因此迅速取代了玻璃镜片。随着人们对镜片美观、轻薄的需求越来越高，在20世纪七八十年代，陆续出现了1.56折射率的DAP镜片、亚克力镜片和1.59折射率的PC镜片材料等。但是受限于物理规律，在镜片折射率升高的同时，色散现象变得严重，这也成为当时镜片材料发展的一大难题。经过多年的研究开发，20世纪80年代末期，三井化学成功研发出MR系列镜片材料，具有高折射率、高阿贝数、低比重、高抗冲击性能等优点。此类镜片按折射率主要分为三类：1.60折射率的MR-8，兼具高折射率、高阿贝数（成像效果更好），且具有更好的加工性能，适合做无框、半框等眼镜，不易破碎，更安全；1.67 折射率的 MR-7、MR-10，分别具有染色性好和加工性好的特点，可以做近视太阳镜、定制镜片等；1.74 折射率的 MR-174 是目前最薄的镜片材料之一，用于超薄镜片。从整个镜片行业发展历程来看，镜片行业的发展史是一个不断寻求“更轻、更薄、更清晰、更安全”的过程。

树脂镜片制造业是一个技术创新推动型行业，树脂单体、光学添加剂（如光敏剂）、关键生产设备（如镀膜机）等涉及材料、光学、自动控制等领域的高新技术，创新技术难度大。近年来，随着消费者对镜片品质、佩戴体验的要求越来越高，以及科学技术的发展和人们对镜片材料研究的不断深入，树脂镜片研发不断取得突破，不同类型和不同折射率的镜片材料相继出现。但是，由于我国树脂镜片行业发展进程要慢于美国、欧洲等发达国家和地区，因此前沿性的技术基本被国外厂商所控制，国内企业掌握着大规模工业化生产的工艺技术。近年来，少数企业开始涉足树脂单体材料相关原料的研发和生产。目前，已有部分国内厂商开始供应合成树脂单体需要的核心主料。

树脂镜片的生产不同于电子产品装配行业，生产环节多，工艺复杂，涉及几何学、光学、有机化学、表面物理、结构物理、机械加工等众多学科领域，其技术具有综合性的特点。同时，由于树脂镜片目前难以实现完全自动化连续生产，多个生产环节需要人工控制，其技术具有经验性的特点。另外，由于生产环节多，各个环节技术要求不同，控制人员不同，因而其技术具有分散性的特点。树脂镜片生产工艺技术的综合性、经验性和分散性特点，使得企业一方面难以获得整套技术，另一方面也不容易造成技术流失。

【明月非球面镜片市场份额大增】 对非球面镜片，消费者已不再陌生。如今走进眼镜店配眼镜，非球面镜片可谓占据了半壁江山。从第一次听到“非球面镜片”这个词，到如今越来越多的消费者主动要求配非球面镜片，非球面镜片依靠着修正影像、解决视界歪曲、更轻更薄更平等特性，获得了非常多的赞许和较好的口碑。

我国人口近视发生率已经达到世界平均水平的 1.5 倍，仅光学镜片每年就售出 1.3 亿副。明月镜片的非球面镜片每年售出 2000 万副，占据市场份额的 15.3%。

明月镜片不仅在非球面镜片中独树一帜，而且旗下众多的系列围绕非球面镜片做出了进一步的创新，推出了 1.71 非球面镜片。在明月视光中心，验配师会仔细与佩戴者或家长进行沟通，并对视力、屈光等 10 多项数据进行精准采集，再由从业多年的大师级技术专家亲自加工制作。其中，明月车房镜片更是采用德国 LOH-V75 全自动车房设备以及 OPTOTECH、施耐德 Free Form（自由曲面加工）等设备，满足客户对车房镜片的各种需求，精度高，加工时间短，并以“非常 6+1”的主题车房服务满足消费者的需求。

坚持着“注重与消费者沟通，在贴合消费者需求的情况下不断创新”这一经营理念，明月镜片多年以来不断推陈出新，并在细分消费者属性后有针对性地研发和生产产品。明月镜片的超韧、防蓝光、PMC、全季变色、近视太阳镜、七彩等系列，都在非球面镜片基础上进一步变革，从材质上进行双重突破。超韧系列 5.5 倍超耐磨超抗压镜片、PMC 高透光性材质等全为明月镜片专利工艺，功能上也将非球面镜片结合了防蓝光、防辐射等特性，完全满足了现代消费者对于镜片的需求。这条以消费者为核心的发展之路，使得明月镜片无论在同行还是消费者中，都获得了良好的口碑。

如今，随着越来越多的消费者选择非球面镜片，镜片行业显然已步入非球面时代。不难想象，明月镜片也将继续占据非球面镜片市场的大量份额。并且，随着明月镜片的不断努力和进步，定能带给消费者更多更高性价比的产品，明月镜片必将在众多竞争者中脱颖而出，成为消费者信赖品牌。

【疫情冲击下丹阳市眼镜行业产业面临的生产困难】 2022 年 4 月，丹阳市眼镜商会对开发区、司徒等眼镜产区进行了调研。调研显示，2022 年二季度以来，受新冠疫情影响，丹阳市眼镜行业面临原材料供应难、物流受限、订单缩水、因疫情突变导致人员区域流动困难和用工成本增加等问题，企业希望有关部门能根据实际情况及时调整相关措施，全力支持眼镜行业和企业克服困难、恢复发展，持续优化营商环境，努力用最小的代价实现最大的防控效果。

高达 93%的受访企业表示，疫情对其生产经营活动产生了不同程度的不良影响，主要体现在原材料等供应链供给跟不上、生产进度拖延、订单执行延后等，短期停工冲击尚可控，成本上升令人担忧。

一是原料成本持续上涨、生产物资短缺。镜片工厂普遍反映，除高端基片、加硬、镀膜等原材料主要依赖日本、韩国进口，上海海关受阻，出现部分原材料品种物资短缺、拖延生产进度、面临停产等情况外，原材料价格不断上涨（30%左右），眼镜企业将继续承压，疫情导致全行业的业务萎缩了 20%~40%。不少生产企业的原材料库存只够维持一周，面临停工停产的困境。

万新光学相关负责人表示，生产物资紧张，有些物资只够使用不到一周，企业面临停产。自 2022 年 3 月上海疫情暴发以来，公司的进口货物受阻，已经严重影响了公司的正常生产计划。天润、黄金屋相关负责人表示，受疫情影响，国际物流和国内物流运输都不畅通，从 3 月中旬以后就没有进口原料进来，国内原材料（上海）也有很多进不来，有些材料的库存只够用一周。再这样持续下去，4 月底前原材料进不来，就会因原材料短缺而停工停产。

二是进出口货物海关受阻。从国际港口来看，随着上海疫情防控的升级，出现国际物流不畅等现象，所有进出口的货物目前都无法从上海港进出。疫情前到港的货物，清关放行后，无法从上海送出来；疫情发生后，大部分进入上海的航班和船次延迟或者取消，进口原材料无法发货进入上海。万新外贸部负责人表示，外销发运困难已导致部分客户订单转到印度、越南（依视路、豪雅等在印度、越南的工厂规模较大）等海外工厂。

三是国际快递不畅。DHL、UPS、FedEx 基本处于停运状态，恢复正常的时间不确定。经过申请有国际快递可以发货，但是每天有限重，不足以满足发货需求，且时效不能保障。海运影响大部分的发货，导致库存积压及客户缺货。上海港不能进仓，而发宁波港当地需要 24 小时内核酸检测结果，经常出现由于出报告时间较长和排队送货超过 24 小时，需要反复做核酸的情况，因此货运公司不愿意送货。而宁波于 4 月 9 日发出关闭 15 个高速公路收费站出口的通知，更是让运输雪上加霜。受俄乌军事冲突影响，欧洲铁路运输基本不能发货。空运货物可以发货，但是需要从南京、郑州等地发出，运输成本上升。

对国内物流而言，疫情升级对公路运输，尤其是陆地物流端和仓库的影响不容忽视。由于目前丹阳周边城市全部有疫情，根据管控要求，本市以外车辆进入丹阳送货都很困难，需要企业每天申请办理通行证；进入车辆有限，等待时间也很长；只可暂时解决一些周边低风险城市的来货；以前 2~3 天的运输时间，现在要 7~10 天。

受疫情影响，国际物流和国内物流运输都不畅通，这使得工厂原料进不来，生产出来的产品也运不出去，实体企业的物资流转效率明显下降，直接影响到工厂的开机，部分地区甚至出现停工停产的情况。

【疫情冲击下丹阳眼镜产业摆脱困境的几点对策】 2022 年 4 月，丹阳市眼镜商会在相关调研报告中对在疫情冲击下丹阳眼镜产业如何摆脱困境给出了几点对策建议。一是尽快恢复正常物流运输。由于各地疫情发展不平衡，为做到抗击疫情和复工生产两不误，要尽快建立生产制造与交通物流企业联系人制度，评估疫情、指导运输和生产、解决大件运输过程中的各种问题，提前做好物流保障，确保工期不因疫情而过度延误。一些地方“一刀切”的封城封路举措导致跨省物流瘫痪，企业的原材料进货和产品出库都处于停滞状态，如果物流持续不能恢复，产业链面临断裂风险。各地采取“通行证”管理制度时，要将大件运输纳入，并明确具体消毒和防疫措施，公安、交通、卫生管理部门现场监管时，对已经采取消毒和防疫措施并取得大件运输超限证的大件车辆货物，应确保畅通无阻，不得以任何理由扣押车货。二是加大政策宣导力度。通过设置政策专栏、“互联网+”等方式，积极传导政府有关惠企政策，畅通惠企政策信息渠道，确保企业及时享受到政策红利，并建立企业诉求的快速响应机制，及时修订完善相关政策，形成政策制定、推广落地、修订完善闭环。

由于疫情还在继续，丹阳眼镜行业的整体生产周期将继续延长，很多事情难以给出确定的意见。但越是逆境，越要发展。对于眼镜行业，疫情期间考验的是企业的资源调度能力和应急组织能力；疫情过后考验的是企业的自救速度和持续运营能力，各地、各企业都在同时间赛跑。眼镜商会将进一步关注眼镜行业的动态，送请有关部门，洞察企业目前面临的燃眉之急，全力保障眼镜行业以更快的速度恢复运营，保证生产秩序的正常运转。

【明月镜片上半年顶住疫情压力业绩超预期高增长】 2022年8月18日，明月镜片（股票代码301101）发布2022年半年度报告。报告显示，2022年上半年明月镜片净利润为5780.5万元，归属于上市公司股东的净利润同比增长超53%。虽然二季度国内多地受疫情频发多发影响较大，上游原料成本也出现较大幅度的上升，对行业造成很大冲击，但受益于近视管理镜片"轻松控"系列产品的热销和公司及时对战略节奏做出柔性调整，明月镜片上半年依然实现了快速增长，在疫情下表现出了十足的韧性，继续保持稳定高质量发展。

作为一家具有社会责任感的企业，明月镜片积极响应国家号召，聚集各方顶级资源，在青少年近视管理镜片领域持续发力，用心呵护更多中国孩子的视觉健康。公司在2021年下半年推出了两代专为中国孩子设计的近视管理镜片"轻松控"和"轻松控Pro"。2022年上半年，近视管理镜片又新增6个SKU，折射率覆盖1.60、1.67及1.71，同时包含了具备防蓝光功能的版本。截至2022年6月30日，前述产品家族成员达到8个，是全行业近视管理产品线最齐全的品牌。

明月镜片正在从一个制造型企业，蜕变成品牌加科技双轮驱动的新型企业。明月镜片品牌崛起之路的探索和实践，激励更多的眼镜企业走高质量可持续发展之路。

【江苏旭志光学眼镜年产2000万副树脂镜片扩建项目开工】 2022年2月14日上午，作为2022年丹阳市产业项目集中开工活动的一部分，司徒镇举行江苏旭志光学眼镜有限公司年产2000万副树脂镜片生产线扩建项目开工仪式。丹阳市副市长李培博赴现场指导，司徒镇党政领导、相关部门负责人及旭志光学眼镜有限公司相关负责人参加。

江苏旭志光学眼镜有限公司成立于2006年5月，专业从事光学树脂镜片产品的研发、生产与销售，具备从基片生产到加硬、镀膜等全套流水线生产能力，并在抗疲劳镜片、三棱镜、白内障等特殊定制镜片方面取得了突破性进展。该项目总投资1.166亿元，占地面积17亩（约11333平方米），新建厂房35000平方米。项目以树脂单体、引发剂为主要原料，采用超纯水系统、固化炉、全自动树脂镜片清洗机、加硬机、真空镀膜机、全自动包装机等先进生产设备，扩建树脂镜片生产线。项目建成后，预计年产能力为2000万副，新增年销售收入6800万元，纳税300万元。

【日本三井化学推出镜片单体材料新产品MR-160DG】 为满足顾客和消费者的多样化需求，同时为解决社会课题提供最优方案，构建环境友好型社会，三井化学在1.60折射率段推出了新产品MR-160DG镜片单体材料，既保留了MR原有的光学特性，同时兼具轻薄、不易开裂、安全、持久美观、视野清晰等出色的性能，产品于2022年4月1日在日本上市销售。

MR-160DG已得到了一般社团法人日本有机资源协会的标志认证。三井化学成为全球首次获得专业机构认定的高折射率1.60眼镜镜片材料的销售资格的企业。

【全球最大眼镜制造商（依视路陆逊梯卡）一季度营收飙升】 2022年4月，全球最大眼镜制造商EssilorLuxottica（依视路陆逊梯卡）发布财报称，集团第一季度的综合收入总额为56.07亿欧元，按当前汇率计算，比2021年第一季度同比增长38.1%（按固定汇率计算为33.1%）。

其中，北美地区收入为25.65亿欧元，以不变汇率计算，比2021年第一季度增长了7.8%；中东和非洲地区收入约20.54亿欧元，以不变汇率计算，比2021年第一季度增长了18%；尽管中国内地和香港因为疫情重新进行封锁管控、澳大利亚遭遇大洪水，同时新一波的新冠病毒在1月袭击印度，但是亚太地区收入与2021年第一季度相比，依然增长了3.1%（以不变汇率计算），约6.85亿欧元；拉丁美洲地区收入约3.02亿欧元，以不变汇率计算，比2021年第一季度增长了21.2%，出现强劲反弹。由于专业解决方案的使用，巴西和墨西哥等主要国家呈现两位数增长。旗下品牌Sunglass Hut在整个拉丁美洲地区表现强劲，同店销售额增长均在40%以上。

【厦门市海沧区艾普光学科技园奠基】 2022年5月8日，艾普光学科技园项目奠基仪式在厦门海沧湖头路项目建设基地隆重举行。艾普光学科技园位于海沧区，总占地面积约1.3万平方米，总建筑面积4万余平方米。该园以健康、环保、节能、科技、时尚为设计理念，目标建设成为一个智能化、数字化的科技产业园。预计项目总投资金额达2亿元，规划6条生产线，分别生产传统的太阳镜片和儿童青少年近视延缓镜片。建成后生产规模可达年产3000万副镜片，产值逾3亿元，年各项税收超千万元，解决500人就业。

海沧区台商投资区管委会副主任章春杰、海沧区有关部门领导，及参与艾普光学科技园设计、监理和施工等单位的企业领导，以及相关公司领导参加了艾普光学科技园项目奠基仪式。

【蔡司国内首次购地自建项目在苏州工业园区启动】 2022年10月18日，蔡司光学在苏州工业园区奠基启动“凤栖”工程建设。蔡司光学是全球光学及光电技术领军者，这是该公司首次在国内购地自建项目，标志着蔡司在中国本土化进程的进一步深化与扩展。“凤栖”工程建成后，蔡司（苏州）将成为蔡司在中国更高规格的研发与制造的重要据点，为其工业质量、研究显微镜、手术显微镜、眼科设备等多业务部门提供本地化研发和生产服务，从而更好地落实蔡司“立足中国，辐射全球”的战略定位，为全球市场带来更加优质的创新解决方案。

蔡司在苏州投资“凤栖”工程，体现其不断推进本土化进程的坚定信念。新工程落成后，将有助于蔡司利用苏州深厚的制造业、人才及产业链优势，加速与合作伙伴的联合创新，在长三角地区打造更具韧性、更可持续的产业生态圈。未来，蔡司将继续加大对中国市场的投资，进一步深化本土化创新战略，助力中国制造升级和大健康产业的高质量发展。

【万新光学入选江苏省信用管理示范企业】 2022年11月16日，江苏省发改委公布了全省信用管理示范企业名单，经各设区市信用办推荐、信用审查、信用服务机构实地评价和省发改委主任办公会审议等程序，共认定2022年江苏省信用管理示范企业43家，镇江市2家企业入选，万新光学集团有限公司榜上有名。

万新光学成立于1973年，是国内历史最悠久的镜片生产领军企业，也是最早实现国际化的民族眼镜企业。作为亚洲最大的树脂镜片生产基地之一，万新光学镜片产量全球领先，产品覆盖全球7大洲、40多个国家和地区。万新光学多年以来在提升质量信用、加强体系管理和履行社会责任方面狠下苦功，扎实提升企业信用质效。

构建以客户信用风险控制为重点的现代企业信用制度，是企业增强发展动能和提升市场竞争力的关键一环，也是丹阳产业强市的基础性工程。丹阳市继续抓牢抓实信用示范创建工作，着力提升企业诚信水平，为经济社会发展行稳致远筑牢良好的信用底板。

【丹阳司徒组织树脂镜片企业现场观摩标准化危废仓库管理】 为落实危险废物管理工作要求，强化树脂镜片企业危险废物规范化管理工作，进一步落实企业主体责任。2022年4月21日，司徒镇组织全镇树脂镜片企业到江苏视悦光学有限公司现场观摩危废仓库，学习标准化危废仓库建设相关要求。60多位企业代表参观了江苏视悦光学有限公司危险废物贮存仓库，学习关于危废仓库建设、危废标识牌设置、危废贮存规范、转运流程及台账登记要求等危废管理制度和经验。

丹阳生态环境局为前来参观的企业详细讲解了危废规范化管理要求：一是企业要全面识别产生的危险废物，含有或沾染毒性危险废物的废弃包装物必须作为危险废物处理处置，严禁非法委托回收行为。二是委托的危险废物处置、综合利用单位必须具有危险废物经营许可证，并有相应的危险废物许可经营类别。三是要规范化建立专门的危险废物贮存场所，规范设置标志、标识、标签，并张贴二维码。四是产废单位必须全过程使用“江苏省危险废物全生命周期系统”。

【江苏点进光学实行品牌细分化渠道多元化服务专业化】 截至2022年11月底，江苏点进光学眼镜有限公司销售额比2021年同期增长25%。虽然受疫情影响，内销与2022年持平，但由于下半年抢到了北美的外贸订单，公司全年业绩依然可保持较高增长。12月12日，江苏点进光学眼镜有限公司表示，9月初来自巴西的120万副渐进片订单，将一直持续到2023年3月份。

点进光学成立于2010年。自创立之初，该公司就把产品方向定为功能性镜片。以儿童青少年近视矫正为切入点，从各个年龄段近视患者的实际需求出发，短短几年时间，公司生产的青少年近视舒缓镜片、抗疲劳镜片、周边离焦镜片等三大拳头产品，便通过零售与代理两大渠道交出了亮眼的业绩单。

点进光学的愿景是成为中国功能性镜片领先品牌。过去几年，点进光学针对一老一少人群，通过自主研发，相继推出了读书乐周边离焦镜片、咏春时代功夫变焦自由曲面内渐进镜片、咏春时代功夫美薄双面复合美薄镜片、蓝康清底防蓝光镜片等创新产品，拥有多项自主创新实用新型专利和发明专利。点进光学焕新升级的核心在于强化自身的创新能力，公司每年的研发投入都在300万元以上。

近两年，眼健康需求旺盛，眼科赛道迎来了高速发展的黄金期。儿童青少年近视管理市场有望成为超级蓝海。点进光学计划携手温州医科大学附属眼视光医院，启动双品牌战略，打造“点进+优美视”全新品牌，针对青少年近视问题的各个阶段，比如预防近视、假性近视、已近视等展开新一轮合作；同时，将斜弱视、盲色弱技术和创新应用于产品研发和临床实践，满足儿童青少年各个年龄阶段的视光问题需求。作为功能性镜片解决方案服务商，点进光学从不满足于仅为客户提供优质的产品，同时也在不断升级包括培训、销售、运营、品牌、公益在内的全方位服务体系。

【江苏汇鼎光学双引擎驱动加速发展】 2022年四季度临近尾声，位于丹阳市司徒眼镜工业园的汇鼎光学生产线上一片忙碌，一尘不染、温控精准的生产车间内，工人正仔细对镜片成品进行检验。同时，针对产品转型需求，企业刚刚建设完成的个性化定制产品生产线也已投入使用，极大地提高了镜片产能。江苏汇鼎光学眼镜有限公司预计2022年销售额近3亿元，利税达1000多万元。与2021年相比，稳中有升。

从最初的镜片整合供应商到建立自己的生产线，从传统的镜片制造企业转变为眼健康服务机构整体方案服务商，从传统产品阵容到品牌形象升级、建立生产车间、完善终端服务体系，汇鼎光学用5年时间，通过精准定位符合自身发展的赛道，紧扣行业细分领域进行产品创新，在激烈的视光学市场竞争中逆流而上，老花镜、防蓝光镜片国内销量名列前茅。

在2022年厦门国际眼镜业展览会上，汇鼎星推出的幕系列双面自由环曲面镜片，获得了众多客商的好评与喝彩。根据人眼的视物特征，公司采用光线追踪技术和最小失真技术的光学设计原理，可以大幅提升人眼可视清晰视野范围。除了能最大程度地减少人眼最为敏感的斜向像差，还能有效消除镜片周边畸变现象，确保镜片的光学性能从中心到周边都能达到影院级的最优视觉体验。

近年来，眼镜行业历经多次变革，消费者的配镜需求从看得见、看得清转向看得舒适和健康；终端门店从卖眼镜、配眼镜转向精准验配与眼健康服务。行业的变革，必然带来企业的变革。基于此，汇鼎光学做出了从传统镜片制造企业向眼健康服务机构整体方案服务商的角色转变的决定，通过一站式培训体系，结合尖端验测设备，搭建起眼健康管理中心，提供从镜片、老花镜到干眼解决方案，再到青少年近视管理镜片、眼健康验配设备的一条龙服务。

这得益于“镜片+高端设备”双引擎驱动与“品牌营销+研发”两翼齐飞的战略，汇鼎光学在众多眼镜企业中突出重围，成功跻身国内镜片供应商的第一梯队。

【树脂镜片三大豪门蔡司、依视路、豪雅发展路径】 （1）蔡司：1846年，具有远见卓识的卡尔·蔡司先生在德国创建了后来大名鼎鼎的卡尔蔡司光学有限公司。说卡尔·蔡司先生有远见卓识，是因为他始终不渝地抱定科技为先的宗旨，在蔡司公司草创之初他就三顾茅庐，诚邀著名的玻璃制造商修特先生和科学家阿贝博士加盟公司的高层管理。阿贝博士的伟大发现——镜片色散现象——直到今天都还让我们受益匪浅。不言而喻，阿贝博士的加盟无疑为蔡司公司的发展插上了腾飞的翅膀。

在蔡司、修特、阿贝三位创办人的专业背景和经营理念指导下，蔡司公司坚持以光学理论为指导、以科技领先为宗旨、以生产最佳质量的镜片满足消费者需要为目标，在19世纪末便成为全球知名企业。到了20世纪，蔡司公司更是发展成为世界性高新技术产业的先锋，在航天、医疗、光学、检测、激光等领域皆位居领先地位。今日，蔡司的光学部门在德国阿伦（Aalen）设有最先进的镜片制造工厂，是全球最大的零订单和物流中心之一，该中心每日收到的镜片订单超过4万片。

（2）依视路：依视路是由法国两家光学公司依视（Essel）和视路（Sillor）于1972年合并而成的光学集团。依视与视路的历史则可以追溯到150年前。

1849年，三位雄心勃勃的眼镜制造商在法国巴黎的东郊成立了一家名为兄弟合作社的企业。不久，兄弟合作社通过入会与兼并发展成为一家颇具规模的眼镜生产联合会。到1964年，联合会正式定名为依视光学公司。其间，依视光学公司曾推出无框、半框镜架和双光、渐进多焦点镜片等多项革命性的产品。而视路的创始人Georges Lissac于1938年在巴黎开了一家眼镜店。这家眼镜店不同凡响地首创了镜架挑选、验光、割边和装配一条龙服务，不久还引进了当时较为先进的验光仪器，从而一改过去顾客试戴眼镜舒适就成的落后方式。此举使Lissac的眼镜店很快便扩张为法国工业协会SIL，尤其是在1959年，Lissac向全球推出轻巧不碎的树脂镜片后，他的企业发展速度如高速快车。1969年，Lissac的企业重组并更名为视路。1972年，依视与视路强强联手，依视路集团展开了它的全球发展与推广攻势。

1996年，依视路进入中国上海。上海依视路成立之初，便给自己定下了“让客户认识依视路，了解依视路”的大目标，并誓言要将这一国际知名光学品牌全面推向中国镜片市场。5年之后，依视路实现了这一目标。从1996年到今天，上海依视路仅销售公司部分就拥有150余人，在北京、广州均成立了分公司和加工车房，年生产树脂镜片达1000万片，产品遍及全国20多个省市。

（3）豪雅：HOYA（豪雅）集团在1941年创建于日本东京。豪雅株式会社创建之初，是一家生产特种光学玻璃的工厂。时光荏苒，豪雅依托自身光电技术潜力与成功的资本化营运，不断进行多次技术革新与高新技术产品开发，已发展成为具有电子光学、视力保护、水晶制造三大部门的多元化集团企业。

豪雅是一个多元化的集团公司，其中脱颖而出的视力保护部属公司的中坚。1958年，视力保护部开始制造眼镜用玻璃镜片，1965年开始树脂镜片的生产，继而又于1967年开发成功渐进多焦点镜片。豪雅视力保护部的产品制造工艺、技术指标均采用统一的日本HOYA标准，特别是1.71高折射率树脂材料、高清晰镀膜、渐进镜片三维复合设计等的开发均处于世界领先地位。现在，HOYA生产的眼镜片、隐形眼镜、人工晶体、高级镜架及验光、加工器械被广泛接受，获得普遍好评。豪雅眼镜片的品质和性能不仅在日本市场高居首位，在全世界高级树脂镜片领域也属前列。在以德国、英国为中心的欧洲市场，豪雅眼镜片也占有极高的市场份额。

豪雅致力于建立全球市场网络以扩大国际性经营范围的同时，亦在38个国家和地区设有90个办事处和36个车间（工厂）。1995年，豪雅进入中国，投资2500万美元建立了年产优质树脂镜片逾千万片的豪雅（广州）光学镜片有限公司。

（二）镜　架

【概述】 镜架是眼镜的重要组成部分，主要起到支撑眼镜片的作用，外观漂亮的眼镜架还可起到美观的作用。一副眼镜架通常由镜圈、鼻托、桩头和镜脚等主要部分构成，除上述部件外，还有脚套、托叶螺丝、铰链螺丝等。

眼镜架按材质，主要分为金属、塑料或树脂等；按样式，可以分为全框、半框、无框等类型。其中，用于眼镜架的金属材料要求具有一定的硬度、柔软性、弹性、耐磨性、耐腐蚀性，且重量轻、色泽好，目前有铜合金、镍合金和贵金属三大类；一般用来制造眼镜架的非金属材料主要采用合成树脂为原材料，分为热塑性和热固性树脂两大类；用于制作眼镜架的天然材料有玳瑁、特殊木材和动物头角等，一般木质眼镜架和牛角架很少见，常见的是玳瑁眼镜架。

【眼镜架上游产业】 眼镜架上游主要原材料

为塑料、钛合金和硅胶，而上游原材料的产量变动会对眼镜架行业的发展产生直接的影响。

（1）塑料。塑料制品是采用塑料为主要原料，经挤塑、注塑、吹塑、压延、层压等工艺制成的生活、工业等用品的统称。塑料制品具有成本低、可塑性强等优点，在国民经济中应用广泛。经过多年的发展，目前我国已建立起一个门类齐全、独立完整的塑料制造体系，在国民经济领域发挥着重要作用。

观研报告网发布的《中国眼镜架行业现状深度分析与未来投资研究报告（2022—2029 年）》显示，近年来我国塑料制品产量波动较大。具体来看，从 2013 年到 2016 年逐年增长，在 2017 年开始下滑，到 2018 年中国塑料制品产量下降至 6042.1 万吨，同比下降 19.6%；2019 年大幅度回升，产量达到 8184.2 万吨，同比增长 35.45%；2020 年又再次下降到 7603.2 万吨，同比下降 7.1%；到 2021 年，我国塑料制品产量 8004 万吨，同比增长 5.9%。但整体来看，2013—2021 年我国塑料制品产量呈现增长态势。

（2）钛合金。钛合金指的是钛与其他金属制成的合金金属。钛是 20 世纪 50 年代发展起来的一种重要的结构金属。近年在航空航天等领域升级换代需求的拉动下，我国钛材产量处于平稳上升的态势。数据显示，2021 年我国钛材产量为 13.6 万吨，同比增长 40.21%。

（3）硅胶。硅胶别名硅酸凝胶，是一种高活性吸附材料，属非晶态物质。一般来说，硅胶按性质及组分可分为无机硅胶和有机硅胶两大类。其中，无机硅胶根据孔径的大小分为大孔硅胶、粗孔硅胶、B 型硅胶和细孔硅胶；有机硅胶是一种有机化合物，主要分为硅橡胶、硅树脂、硅油和硅烷偶联剂四大类。

近年来，我国硅胶产量处于平稳上升的态势。数据显示，2021 年我国硅胶产量为 130 万吨，同比增长 10.17%。

【眼镜架中游产业】 眼镜架属于眼镜产业。有数据显示，我国眼镜行业市场规模由 2014 年的 651 亿元增长至 2019 年 900 亿元，年化复合增速为 4.75%，行业已进入成熟期。

随着眼镜使用需求不断增大，眼镜架的市场需求也随之增长，从而推动我国眼镜架行业市场规模不断增长。有数据显示，我国眼镜架市场规模从 2014 年的 200.7 亿元上涨到 2020 年的 294.8 亿元，同比 2019 年上涨 4.69%。预计随着近视人数的上涨，未来我国眼镜架行业市场规模会进一步扩大。

眼镜架产量逐年上涨。有数据显示，2020 年我国眼镜架产量为 9.05 亿副，比 2019 年增长 7.35%。

进出口方面，我国是世界上眼镜制造大国，眼镜架相关产品主要用于出口。有数据显示，2022 年上半年，我国眼镜架出口量为 1.9 亿副，进口量仅仅为 0.05 亿副。由此也可说明，我国眼镜架市场供给是充足的，可以完全满足国内需求。

【眼镜架下游产业】 近年，随着中国教育水平的提高和科技的发展，我国国民用眼程度逐年提高，导致近视率和近视人数逐年上升，人们对眼镜的需求也随之上涨，由此带动了眼镜架需求。根据最新的全国人口统计数据，截至 2022 年初，我国总人口数量已经达到 14.4 亿，其中近视患者人口已近 7 亿，接近人口数量的 50%。而 5 岁以上人口的近视患病率超过 50%。

【2022 年眼镜架市场现状】 眼镜主要由镜片及镜架组成，用以改善视力、保护眼睛或作装饰用途，可矫正包括近视、远视、散光、老视或斜视等多种视力问题。随着社会经济的发展及消费观念的升级，人们对产品的多样化、个性化需求日益显现，对眼镜产品的需求由视力保健的单一功能性层面逐步上升至人文、美学等立体消费层面，眼镜产品的色彩、款式及功能等不断增加，产品种类日益繁多，为眼镜行业的发展带来新的契机。

眼镜进出口市场稳定发展。我国既是全球最主要的眼镜产品生产国，也是重要的消费国。近年来，在政府支持外贸型经济发展、国际产业转移、国产品牌影响力日益增大及产品开发设计水平提高等因素的影响下，我国眼镜产业进出口市场呈现稳定发展态势，并以眼镜产品出口为主。我国眼镜产品出口额由 2016 年的 50.07 亿美元增长至 2021 年的 66.66 亿美元，年均复合增长率为 5.9%。中商产业研究院预测，2022 年我国眼镜市场出口额达 64.27 亿美元，进口额达 17.04 亿美元。

2016—2022 年中国眼镜产品进出口额预测趋势　　单位：亿美元

年份	2016	2017	2018	2019	2020	2021	2022
出口额	50.07	53.57	54.51	56.06	53.74	66.66	64.27
进口额	10.48	12.24	12.34	13.66	12.91	17.50	17.04

【眼镜架市场发展前景】 居民购买力提高及消费观念升级驱动眼镜市场发展。近年来，随着我国宏观经济持续稳定增长，我国居民收入水平有了大幅提高，生活水平明显改善，居民购买力得到显著提升，人们对非生活必需品和高端消费品消费需求的增加，推动了眼镜市场的发展。收入水平的提高促使消费观念升级，居民消费逐步由功能型向享受型转变，在保证产品质量与功能的前提下，消费者更注重品牌体验，时尚化、个性化的消费需求不断涌现。眼镜作为展现时尚潮流元素的重要载体，消费者对眼镜的色彩、图纹、材质的个性化和多样化需求日益凸显，健康消费、体验式消费和时尚消费逐步成为消费者新的追求。

国际产业转移推动镜架材料市场的发展。随着国内生产制造能力的提升及西方劳动力成本的不断提高，我国凭借市场、人力成本、资源及政策优势，吸引了 Luxottica（陆逊梯卡）、Safilo（霞飞诺）等国际一线眼镜制造商在我国设厂投产。目前，我国已成为全球主要的眼镜生产基地和出口基地，同时也是主要的眼镜消费国，其中深圳已成为全球知名的中高档品牌眼镜的主要生产基地。国际产业转移为我国眼镜产业的发展提供了新的发展机遇，有利于我国形成完善的眼镜产业配套体系，促进眼镜制造集聚区的形成，刺激了我国镜架材料等配套产品市场需求的增加，对推动镜架材料市场的发展起到积极作用。

产品设计风格日新月异推动眼镜板材市场的发展。当前，除视力矫正功能外，眼镜的装饰功能日益受到消费者的重视，产品个性化、时尚化、多元化的需求日益凸显，眼镜已成为展现个人时尚追求和品位的重要载体。随着新工艺、新技术的不断应用，玳瑁、仿木、牛仔布、混搭等多种设计风格的镜架产品不断涌现，同一风格的产品亦有多种表现形式，备受市场青睐，如近年来混搭风格持续升温，表现为板材架和金属架的搭配、板材间的拼接，以及板材与装饰品的搭配，采用雕刻、镶嵌等工艺实现板材与图案的结合，多种风格使板材成为镜架市场的主要材质，推动包含醋酸纤维素板材在内的眼镜板材市场的进一步发展。

下游应用领域的扩大为本行业开辟了新的发展空间。醋酸纤维素板材以易着色、手感好、易加工和抛光等特点成为眼镜镜架制造的重要原材料之一。随着制造工艺的进步，醋酸纤维素板材凭借其优异的材料性能和时尚美观的图纹，可拓展至时尚饰品、高端工艺品等领域，为本行业开辟了新的发展空间。

【镜架生产基地重庆奉节举办“中国（重庆）眼镜产业高质量发展大会”】 2022 年 8 月 8 日，2022“三品”全国行・中国（重庆）眼镜产业高质量发展大会于重庆市奉节县举行。会上，奉节县与温州黎东眼镜、深圳新众意眼镜等 26 家企业签订投资协议，总投资 23.5 亿元，预计年产值 10 亿元，新增就业岗位 2500 余个，助力奉节打造西部最大眼镜产业基地。

中国眼镜协会常务副理事长江波在致辞中表示，近年来，奉节县全力抢抓机遇，致力打造 50 亿级眼镜产业集群，不断加大招商引资和企业培育力度，出台了《加快奉节眼镜产业高质量发展的十二条意见》等优惠政策，形成集眼镜研发设计、生产制造、产品展示、贸易销售于一体的眼镜全产业链条，成功创建重庆市眼镜产业示范基地，眼镜产业集聚集群效应日益凸显。中国眼镜协会将结合自身优势，整合资源，打造平台，助推奉节眼镜产业高质量发展。

工信部消费品工业司一级巡视员张晓峰在视频致辞中表示，眼镜产业作为轻工业的组成部分，与人们的日常消费息息相关。奉节县把眼镜制造作为推动县域经济发展的特色产业，产业规模逐步扩大，集聚的态势正在形成。希望奉节县进一步加强科技创新，提高供给水平，落实增品种、提品质、创品牌的“三品”战略，以产业链的补链、延链、强链为导向，持续优化营商环境，培育发展服务型制造新业态、新模式，不断增强产业的发展后劲。希望各眼镜企业以本次大会为契机，加强交流合作，激发积极性、创造性，为消费者提供更多新品、精品和名品。

现场，重庆市经济信息委为奉节县“重庆市眼镜产业示范基地”授牌，市招商投资促进局为奉节县“市县协同招商示范基地”授牌。市招商投资促进局与奉节县签订推动市县协同联动招商合作协议，重庆汽车摩托车行业协会、陆海新通道运营重庆有限公司与奉节县签订战略合作协议。

奉节将狠抓规划引领、政策支持、基础配套和产业环境，坚定信心、主动作为，不断扩大生态容量、加强科技创新、强化人才培养、深挖市场潜力，推动奉节眼镜产业迈向高质量发展阶段，形成从原材料、配件、模具、镜架表面处理到眼健康产品的全产业链发展格局。产业集群式发展激发了企业的创新活力，使奉节眼镜产业的核心竞争力明显增强。仅2020年以来，奉节新增投产眼镜企业就达28家，累计实现产值31.7亿元，大部分企业都以出口亚洲和欧洲市场为主。

目前，奉节当地已有82家眼镜企业，涉及眼镜原材料、配件、模具、镜架表面处理等全产业链条，2021年眼镜产业产值14.6亿元。

【浙江镜架企业目奢克公司落户重庆奉节】《重庆日报》2022年8月25日消息：近年来，我国眼镜行业发展迅速。数据显示，我国眼镜产量已占到世界总产量的70%，规模以上企业超过420家，是名副其实的眼镜生产大国。当前，全国主要有台州、温州、厦门等五大眼镜生产基地，但均分布在东部及沿海地区。江浙一带是中国眼镜的主产区，全国一半以上眼镜企业聚集于此。眼镜行业属于劳动密集型产业，一副镜架就包括400多道工序。然而，随着城市增量土地逐渐减少，用地、用工成本不断攀升，江浙一带眼镜生产企业的发展面临诸多瓶颈。

地处三峡库区腹地的重庆市奉节县，在三峡移民搬迁后曾面临产业空虚的难题。为寻求绿色转型发展，近年来，该县将目光投向了用工需求大、物流成本较低的眼镜产业，在奉节生态工业园区周围规划建设眼镜小镇，并制定了厂房三年免租、两年租金减半等相关优惠政策，吸引并有效承接东部及沿海地区的产业转移，使园区成为旅游人群集散地和眼镜销售集散地，建成集研发、生产、销售、展示体验、贸易结算于一体的完整产业链条，打造富有区域特色的现代服务业高地。

总部位于浙江温州的目奢克公司，是一家集设计、加工于一体的眼镜企业，产品主要销往欧美市场。该公司在全国多个省市进行考察，但一直没有找到理想的投资办厂地。到奉节考察后决定在此落户，与当地政府签订了投资协议，并推进相关建设和设备引进及安装工作。目前这条生产线的年设计产能为50万副，满产后用工量400人左右。项目自2022年6月正式投产以来，公司借助产业链的集群优势，已累计生产镜架15万余副，销售金额突破200万元，实现产销两旺。

【镜架供应链改造开始推进“互联网+眼镜”】2022年8月29日，明月眼镜集团旗下的M2R镜架众筹直供平台——镜连网正式上线。

镜连网当日在上海明捷万丽酒店举行“互联网+眼镜”发布会，邀请全国各省市零售门店的代表共同见证镜连网利用互联网实现镜架行业的供应链改造。

传统镜架供应链式微。眼镜产业供应链极其复杂——从原材料到生产、到品牌商、到代理商，再到连锁零售店，最后才能到消费者手中，生产销售中间环节多，造成了眼镜行业镜架品类少、低毛利、货价贵、款式陈旧、库存积压等各种问题。

镜连网M2R镜架众筹直供平台旨在改造镜架供应链系统，采用M2R模式（Manufacturers to Retailers生产商与零售商）即工厂直接卖到门店，完全集成包括材料采购、设计、产品开发、生产、配送和库存管理在内的一系列环节。通过M2R模式，可以把传统眼镜产业中的品牌商、代理商等诸多中间环节去除，缩短工厂到门店的距离，实现低价格、高品质、优服务。

镜连网联合2万家门店，超5000万副镜架需求，工厂直接卖给门店，没有中间商赚差价。零售商采购价=工厂出厂价，互联网模式去掉所有无效投入，竭尽全力降低成本，款式海量选择（明月自有设计团队/客户提供样品/跨界设计研发），专为中国人脸型设计，保证畅销。只与一流大厂合作，关键环节舍得花钱；与国际大牌采用一致的品控体系。努力实现镜架销售价格低、产品好、服务好。

此次，镜连网正式推出与知名色彩品牌——PANTONE 合作的系列新品眼镜。有“色彩圣经”美誉的 PANTONE，是权威的色彩体系，是国际公认的色彩标准语言。发布会上，镜连网请到 8 位国际模特以走秀的形式，发布与 PANTONE 合作的新品。这是他们向眼镜行业的各位同仁交的第一份作业，也是他们在改造传统镜架供应链的路上迈出的意义深远的第一步。

【镜架原材料醋酸纤维素板材政策分析】 醋酸纤维素板材，主要应用于眼镜镜架的制造，是眼镜产业链中重要的基础材料。目前，国家尚未针对醋酸纤维素板材等眼镜材料行业制定专属的行业政策，但眼镜产业作为我国轻工业的重要组成部分，受到国家产业政策的支持和鼓励，推动了眼镜产业链上下游行业的共同发展。其中，《轻工业发展规划（2016—2020 年）》指出，推动眼镜工业向高品质、轻质化和时尚化方向发展。加快光学性能优化、材料轻质化、表面增强、抗损自洁等核心技术研发和应用。重点发展以矫正视力为主，适合不同年龄群体需求，具有护眼、保健、时尚、智能等多种功能的产品；提高生产过程的自动化、智能化水平；实施精品制造，以基础条件较好，具有一定品牌知名度和国际竞争力的企业为主体，实施精品制造工程。在皮革、工艺美术、五金制品、日用陶瓷、自行车、钟表、日用玻璃、眼镜等行业推出一批科技含量高、附加值高、设计精美、制作精细、性能优越的精品；推动塑料制品工业向功能化、轻量化、生态化、微型化方向发展；大力发展超小型、超高精度、超高速、智能控制的塑料高端加工设备，加大对塑料加工设备精密化、智能化改造，加快高精度塑料检测设备及仪器研发与应用。

【醋酸纤维素材料在眼镜行业应用情况分析】 根据 2022 年下游眼镜市场情况，眼镜生产厂商采用的镜架材料主要为醋酸纤维素、硝酸纤维素、环氧树脂、尼龙等塑料材料，以及铜合金、镍合金、镍铜合金、钛合金等金属材料，其中硝酸纤维素材料因易受酸性物质侵蚀、易燃、易褪色、易老化发黄变脆的缺点，已很少被采用；环氧树脂材料因镜架成型后伸缩幅度有限，使用量相对较低；尼龙材料因手感质地硬、易断裂、吸湿性大、尺寸稳定性较差，主要用于部分装饰性眼镜的制造。与其他镜架材料相比，醋酸纤维素材料具有易着色、易加工抛光、手感好、加工性能好、抗老化、不易燃烧、耐腐蚀性强的特点，其原料（醋酸纤维素胶粒）来源于棉花或木材纤维，较其他塑料和金属材料具有更好的亲肤性能。与金属材料相比，醋酸纤维素材料拥有更多的色彩和图纹变换，能够更好地融入时尚潮流元素。因此，醋酸纤维素材料已成为眼镜生产厂商广泛采用的镜架材料之一。

【醋酸纤维镜架板材行业内主要企业情况】 醋酸纤维镜架板材行业内主要企业情况具体如下：

华意胶板（深圳）有限公司——公司成立于 1995 年，位于广东省深圳市，是意大利 Mazzucchelli1849 集团与香港捷成集团及日本 Daicel craft 有限公司的合资公司，是国内主要的醋酸纤维胶板生产商之一，产品主要用于制造眼镜架。

中山德利塑胶挤压有限公司——公司成立于 2002 年，位于广东省中山市，主要产品包括醋酸纤维素制板、醋酸纤维素粒、聚碳酸酯制板、机器设备等，是全球著名时尚品牌的主要供应商之一。

温州金余塑胶板有限公司——公司成立于 2003 年，位于浙江省温州市，是我国主要的醋酸纤维素板料厂家之一，致力于为客户提供时尚色彩组合、创新结构的新产品，产品广泛用于醋酸纤维眼镜镜架和艺术品制造。

浙江金亮塑料胶板有限公司——公司成立于 2004 年，总部位于浙江省温州市，在国内有深圳、丹阳、厦门、江西办事处，产品广泛应用于眼镜行业。

温州雅格胶板股份有限公司——公司成立于 2005 年，位于浙江省温州市，是一家专业从事醋酸纤维素眼镜胶板生产与销售的企业。公司于 2014 年 12 月在新三板挂牌，股票代码为 831748。

【中国眼镜零配件生产基地浙江玉环发展历程】 全球十大眼镜配件厂中，玉环占近半壁江山；世界五大配件企业中，玉环占两家；世界顶级眼镜品牌配件免检制造企业中，玉环占两家。

玉环市的眼镜零配件产业始于 20 世纪 70 年代。1978 年 12 月，玉环县大麦屿福山桥头村村民苏阿明获悉，江苏眼镜厂有批眼镜铰链加工业务，即与谢李根、高克胡每人出资500元，接下第一单加工业务。随后组织11个股东每人出资100元，再加上部分借款，共投入2800元购买生产设备，聘请了一位江苏籍技术人员，创办了福山五金厂等11家全县第一批眼镜配件加工企业，奠定了玉环眼镜配件的产业基础。

一直以来，玉环眼镜配件主要为深圳、厦门眼镜企业生产中高档零配件，涌现了一大批优秀的眼镜零配件企业，其中康华眼镜是全球眼镜行业的配件巨头，华强眼镜则是世界配件企业中的单项冠军——非标眼镜配件王者。

2020年12月28日，中轻联与中国眼镜协会联合发文，继续授予浙江省玉环市“中国眼镜零配件生产基地·玉环”的称号。根据《中国轻工业特色区域和产业集群共建管理办法（修订版）》和《关于授予中国眼镜行业特色区域荣誉称号的行业规范》的要求，2020年9月23—25日，以中轻联办公室副主任郭强为组长的专家评审组一行5人，对“中国眼镜零配件生产基地”玉环进行实地复评。

专家评审组经过实地复评，一致认为，玉环市眼镜零配件产业集群特色鲜明，产业地位稳固；龙头企业示范引领，自主创新能力增强；推进“机器换人”，促进产业升级发展；政府扶持保障有力，发展环境优越。专家组认为，玉环市眼镜零配件产业已形成较为完整的产业体系，在产业规模、市场占有率、产业链配套、产业种类、公共服务平台建设、社会影响力等方面符合复评条件要求，同意向中轻联推荐，建议中轻联和中国眼镜协会继续授予玉环市“中国眼镜零配件生产基地·玉环”称号。

【全球眼镜行业配件巨头浙江康华】 康华创建于1978年，经过40多年的发展，已成为国内眼镜配件制造行业中的龙头企业之一，是中国眼镜协会副理事长单位。

康华专心致力于研发生产各类弹簧、铰链、镜腿、插针和鼻梁等眼镜配件产品，选材考究、做工精细、款式新颖，品种繁多，畅销国内外，受到国内外顾客的一致好评。

作为眼镜配件生产龙头企业之一，公司不断引进先进生产工艺和自动化设备，提升产品品质，在眼镜配件制造领域取得快速、稳健的发展。在质量管理方面，公司大力推进全面质量管理工作，积极探索现代化管理模式，依靠科技谋求发展，依据标准规范生产，依赖质量促进经营，依托品牌拓展市场。在品牌战略推进方面，公司以高品质的产品、服务质量为前提，以积极向上的企业文化为动力支撑，在品牌建设的路上一路前行，得到社会各界一致认可。

本着“以人为本、追求卓越”的管理理念，康华成立了玉环市康华教育基金会，通过了市政府质量奖评审、QES管理体系认证，康华始终坚持“一切为了顾客满意”的管理方针和“追求品质、环保、安全无缺点”的管理目标，着力规范生产全过程，确保产品质量始终处于受控状态。康华拥有先进的自动化设备和科学严密的检测手段，信息化快速发展，先后引进SAP、西门子PLM、泛微OA和HR系统等先进管理软件，构建了康华云计算平台，有力地提升了康华的信息化管理水平。康华先后荣获浙江省重合同守信用先进单位、台州市文明单位、台州市名牌产品、台州市两化融合示范企业、玉环市百强企业和纳税大户等荣誉称号。

【温州蓝道集团成为眼镜包装领域全球巨头】 蓝道集团成立于1994年，是一家面向全球、专注经营眼镜包装及眼镜产业链的制造商和供应商，总部位于温州。经过20余年的发展，已成为以温州总部为研发、制造、销售核心，浙江、广东、江苏、河北为制造基地，意大利、中国香港等国家和地区为境外营销中心的跨区域、相关产业链完整的大型民营企业集团。集团集研发、制造及市场营销于一体，拥有印刷厂、箱包厂、硬盒厂、精品厂、展示架及注塑厂等六家制造分厂，生产基地使用面积达4万多平方米，下属温州远华、温州蓝道、浙江蓝图、深圳蓝劲、河北蓝驰、无锡欧亿特等6家全资子公司，产品涵盖眼镜全产业链。目前，集团公司的眼镜包装类产品销售占全球同行业市场份额的第一位。

蓝道从做眼镜标签起家，到后来做眼镜包装，以自主品牌享誉海外，建立了完善的质量管理体系，同时不断对企业进行优化组合，2005年成立了研发中心、管理中心及营销中心等四大职能机构，同时引进了一批具有国际教育及工作背景的职业经理人。目前，蓝道已成为陆逊梯卡集团在国内最大的眼镜包装供应商，同时还拿下了眼镜包装细分领域全球最大的市场份额。

【温州瑞安马屿镇加快完善眼镜全产业链】 2022 年 6 月，聚焦眼镜产业的设计工作坊活动走进马屿，让企业的产品设计难题迎刃而解。作为 2022 年“市长杯”中国（温州）工业设计大赛的配套专项活动，设计工作坊的作品将全部投稿至 2022“市长杯”中国（温州）工业设计大赛，入围设计成果将制作成品、进行知识产权转让、投入市场。

此次设计工作坊活动对接了 3 家眼镜企业。在了解企业需求后，来自浙江工贸职业技术学院、浙江安防职业技术学院等院校的 15 名学生设计师，以保护眼健康重预防、智能“镜”显时尚、“镜”享国潮文化为主题，分组设计儿童近视智能防控眼镜、立体声智能蓝牙眼镜、国潮文化创意眼镜，并在瑞安市华图眼镜设计有限公司进行集中创作。

马屿镇将研究出台一系列眼镜企业扶持政策，吸引、扶持更多的眼镜设计、生产、销售企业和人才到马屿来，补链强链延链，掀起马屿眼镜发展新高潮。

【迈卡蒂（MYKITA）镜架率先完全转向可持续醋酸纤维】 从 2022 年 4 月 11 日开始，领先的独立眼镜品牌迈卡蒂（MYKITA）独家采购由伊士曼（Eastman）创新的分子回收技术生产的可持续醋酸酯再生产品。

MYKITA 和 Eastman 联手加速眼镜行业向可持续材料的过渡。该决定是双方在持续减少对环境影响的持续战略中的一个重要里程碑。

【深圳柏琪眼镜产品通过“眼镜行业深圳标准认证”】 2022 年 4 月，经深圳市计量质量检测研究院（即深圳检测院 SMQ）检测认证，依据《深圳标准认证实施规则》，通过“产品抽样检验+初始工厂检查+获证后监督”一系列严谨认证模式检验权威认证，深圳市眼镜行业协会常务副会长企业深圳市柏琪眼镜制造有限公司的柏琪钛架、柏琪 KF 儿童架、威戈太阳镜，均符合深圳标准先进性评价产品标准，获得深圳标准认证证书。

这是柏琪眼镜继 2015—2020 年获广东省采用国际标准产品认可证书以来，再获产品标准认证殊荣。这一殊荣的获得，肯定了柏琪眼镜 20 余年以来一直坚守“匠心造好镜，呵护您眼睛”的产品制造标准与客户服务目标。

【迈创眼镜（Marchon）宣布与全球特种材料公司伊士曼再续合作】 2022 年 4 月，全球最大的光学眼镜和太阳眼镜制造商及分销商之一迈创眼镜（Marchon）宣布与全球特种材料公司伊士曼再续合作。迈创成为首家在全球范围内广泛生产并销售由伊士曼推出的 Tritan Renew 共聚聚酯材料制成的镜框和有色镜片的企业，并应用于旗下众多涵盖时尚、休闲和运动风格的知名眼镜品牌。

2023 年起，迈创将开始采用伊士曼的 Tritan Renew 共聚聚酯材料生产太阳眼镜、光学镜框和有色镜片，进一步履行社会责任，加强眼镜行业内的可持续实践。

【横岗眼镜提出“一人四镜”时尚新定义】 在深圳 LOHO 眼镜的配色室内，品牌设计总监黄进明正在和同事讨论，为最新的眼镜款式挑选搭配最流行的颜色。这家成立仅 11 年的企业，如今已成为国内知名的时尚眼镜品牌之一。他们把超过 700 家门店开进了北京、上海、广州、深圳、南京、重庆、成都、长沙等城市的核心商业综合体。

配色室一旁的产品展示墙上，摆放着百余种时下眼镜市场上最“潮”的款式，一副副眼镜颜色出挑、型材各异、风格多样，琳琅满目。“我们对眼镜时尚的定义提出了‘一人四镜’。”LOHO 眼镜联合创始人陈敏说，随着消费者对于眼镜的消费向审美性需求转变，一副眼镜已经从功能性的配件转变为表现个性时尚的配饰。“眼镜要跟衣服鞋子一样，根据不同场景、不同着装，搭配不同的款式。”陈敏表达着 LOHO 品牌对于时尚的态度。

如今，在全国 LOHO 眼镜的门店，上新的周期不到 20 天。这样的时尚理念也考验着品牌的设计能力以及市场嗅觉。据悉，自成立之初，LOHO 眼镜坚持建立自己的设计团队。一方面，研发更适合亚洲人脸型的眼镜，让眼镜佩戴更加舒适；另一方面，设计团队定期到首尔、东京、米兰等地参加各类时尚发布会，对接世界最新鲜的时尚元素。

更为关键的是，他们以科技串联起前端销售和后端生产，自主研发多个系统，能够迅速捕捉市场需求，并实时反馈到设计和加工制作环节，做出相应准确的调整。

【镜架生产走上工业 4.0 自动智能化加工之路】 2022 年 11 月 11 日“双十一”当天，仅 10 分钟，LOHO 眼镜线上渠道的客流量便瞬间达到峰值，成交额同比增长超 2 倍，实体店客流量同比增长 120%。线上线下全渠道总成交量同比 2021 年增长超 120%。

LOHO 眼镜的设计研发及供应链中心是一栋橘色厂房，坐落在深圳市园山街道大康社区的文体广场旁，每日从这里“智造”的眼镜时尚单品源源不断地发往全国。

基于横岗眼镜强大的产业链基础，LOHO 眼镜决定在这里落户。三层的厂房，自上而下由设计研发、型材仓库和智能生产线组成，由此也形成了完整的“智造链”。LOHO 眼镜采用 DTC（供应链直达消费者）的模式，去掉中间环节，让工厂制造直接对接消费终端，全国各地的消费者基本次日就可拿到购买的眼镜。庞大的订单量需要强大的生产制造及供应链来支撑。LOHO 早在多年前就已开始布局智能制造，引进多台全球领先的工业 4.0 自动智能化加工设备，同时搭载了自主研发的软件系统。LOHO 眼镜智能生产线上流动着来自全国各地门店消费者不同的配镜需求，个性化的数据此时变成了条形码，经过机器扫描后读取数据，机器自动运作打磨出相应的镜片。智能化设备可实现 8 个镜片同时生产，每日产能可达 4000 副眼镜，生产时间仅为传统生产时间的十分之一。

多年专注于品牌建设，品牌的背后需要完善的产业链和新制造的支撑。曾有其他地市登门开出优厚的条件招引 LOHO 落户。但 LOHO 最终还是决定坚守在深圳，不仅仅因为这里有产业基础，更因为这里是时尚前沿。

（三）隐形眼镜

【概述】 隐形眼镜也叫角膜接触镜，是一种戴在眼球角膜上，用以矫正视力或保护眼睛的镜片。它不仅从外观上和方便性方面给近视、远视、散光等屈光不正患者带来了很大的改善，在控制青少年近视、散光发展，治疗特殊的眼病等方面也发挥了特殊的功效。根据材质可分为软性隐形眼镜和硬性隐形眼镜；根据使用周期可分为日抛型、周抛型、月抛型、季抛型、半年抛型和年抛型。

隐形眼镜的主要分类

隐形眼镜分类	按材质分类	软性隐形眼镜
		硬性隐形眼镜
	按使用周期分类	日抛型
		周抛型
		月抛型
		季抛型
		半年抛型
		年抛型

【隐形眼镜产业链状况】 隐形眼镜行业产业链上游为原材料环节，主要为硅水凝胶和水合聚合物；中游为生产供应环节，具有足够化学研发能力的隐形眼镜制造商可以购买化学原料，再依照配方自行调配、进行制造，而不具备化学研发能力则需购买已经调配完成的原料进行制造；下游为销售环节，主要包括各类线上及线下销售渠道，最终到达终端消费者。

隐形眼镜产业链

<table>
<tr><th>上游</th><th>中游</th><th>下游</th></tr>
<tr><td rowspan="6">硅水凝胶
水合聚合物
……</td><td rowspan="6">软性隐形眼镜
硬性隐形眼镜</td><td>经销商</td></tr>
<tr><td>医院</td></tr>
<tr><td>眼镜店</td></tr>
<tr><td>药店</td></tr>
<tr><td>电商平台</td></tr>
<tr><td>……</td></tr>
</table>

【隐形眼镜全球市场规模分析】 随着近年来全球隐形眼镜需求的持续增长，行业市场规模也随之不断扩张。2020 年受新冠肺炎疫情影响，行业规模有所下滑。资料显示，2021 年全球隐形眼镜行业市场规模达 90 亿美元，同比增长 12.5%。

2017—2021 年全球隐形眼镜行业市场规模情况

年份	2017	2018	2019	2020	2021
市场规模（亿美元）	75	85	90	80	90
增速（%）	/	13.3	5.9	11.1	12.5

【隐形眼镜国内市场规模分析】 随着近年来我国科技的快速发展及人们用眼时长的不断增加，我国近视人群规模不断增长，为我国护眼产品带来了庞大的需求市场。此外，人们在满足于隐形眼镜的基本视力矫正的作用同时，也逐渐重视舒适、便捷和美观等需求，使得我国隐形眼镜市场规模迅速增长。资料显示，2021 年我国隐形眼镜行业市场规模达 115.6 亿元，同比增长 17.36%。预计到 2022 年市场规模增长至 135.9 亿元。

2019—2022 年中国隐形眼镜行业市场规模情况

年份	2019	2020	2021	2022
市场规模（亿元）	83.9	98.5	115.6	135.9
增速（%）	/	17.4	17.36	17.56

【隐形眼镜全球市场结构情况】 从材料结构方面来看，2021 年全球隐形眼镜市场中，硅胶水凝胶材质的隐形眼镜占比最高，达 69%，混合镜占比为 20%，硬性透氧镜占比为 7%。

从设计类型方面来看，2021 年全球隐形眼镜市场中，球面接触镜占比达 50%，复面接触镜占比达 29%，多焦点接触镜占比达 18%，而彩色接触镜由于全球隐形眼镜最大的市场——美国对于彩色眼镜的验光选配必须在医院眼科医生的监督下进行，使得其市场销售受到较大限制，2021 年占比仅为 3%。

【隐形眼镜未来发展趋势】 隐形眼镜作为风险类别较高的第三类医疗器械，在需求端、供给端、渠道端均呈现出从医疗用品到消费品化，从消费品化到快消品化的趋势。在佩戴隐形眼镜时，人眼泪液中的成分、分泌物、外部环境中的杂质或者异物都会无可避免地附着在镜片上形成沉淀物，不仅影响佩戴舒适性，而且影响眼睛健康。而日抛型产品是一次性消费品，具有更安全卫生、更方便携带、减少并发眼病等优势，越来越受到年轻消费者的青睐。此外，随着近年来“颜值经济”的兴起，使得彩色隐形眼镜这一兼具美化和矫正视力效果的产品需求快速增长。随着未来我国隐形眼镜国产品牌替代进口品牌进程的不断加快，以及彩色隐形眼镜和短周期抛产品的普及率不断提升，我国隐形眼镜市场整体规模将随之快速增长。

【不规则角膜与隐形眼镜验配成为 2022 年全球专业镜片研讨会亮点】 由《隐形眼镜频谱》

(*Contact Lens Spectrum*)主办的2022年全球专业镜片研讨会(Global Specialty Lens Symposium, GSLS)于1月19日至22日在拉斯维加斯的Bally's举行。论坛讨论了与专业镜片教育相关的最新临床教育主题。在新冠疫情大流行的背景下,来自全球的600多人参加了2022年GSLS。

2022年的继续教育(Continuing Education, CE)内容包括3个研讨会、8个全体会议和19个讲座,重点是近视控制、巩膜镜、不规则角膜治疗、干眼症、多焦点隐形眼镜和专业镜片实践。此外,还有100多份壁报,几篇突出前沿研究的论文发言,以及近40场赞助演讲,让与会者了解到行业提供的新的专业镜片设计、技术和服务。

【彩色隐形眼镜行业发展潜力巨大】 无处不在的屏幕大大增加了大众接触智能产品及受到蓝光照射的机会,眼科疾病的发生率呈现快速上升态势,2019年国内眼科医院诊疗人数达到3433万人,达到历史新高。因此,以"基础性视力矫正+功能性定位"的镜片成为未来镜片产品发展的方向,对许多术后康复患者而言,像角膜塑形镜这样的矫正型产品成为刚需。除此以外,带有装饰功能的彩色隐形眼镜也受到消费者的青睐,彩色隐形眼镜一般分为3层,即两层透明的角膜接触片将一层花色夹在中间。由于彩色隐形眼镜与彩妆产品具备强关联性又无品牌利益冲突,且具有极强的视觉冲击力,很适合在直播和短视频形态下展现并传播,近年来特别受到年轻女性的欢迎。

彩色隐形眼镜的供应链主要集中在韩国和中国台湾地区,大陆的供应链体系还不算成熟。国内部分隐形眼镜/彩色隐形眼镜生产商已经在吸收改进国外的技术和设计理念,吸取国际先进的镜片材料研发和自动化生产的经验,以及柔性生产、花色创新、配合度、舒适度,甚至产能上,都有非常明显的迭代和进展。

从全球近视人数来看,根据世卫组织预测,2030年,全球近视人数约达33.61亿人,其中高度近视人数约达5.16亿人。整体来看,全球眼镜产品潜在需求较为旺盛。

【国家药监局批准233个彩色隐形眼镜产品上市】 彩色隐形眼镜属于《医疗器械监督管理条例》规定的具有较高风险、需要采取特别措施严格控制管理以保证其安全有效的第三类医疗器械。截至2022年8月31日,国家药监局已批准233个彩色隐形眼镜产品上市。

【国内隐形眼镜市场持续增长】 近年来,隐形眼镜的市场规模逐年增加,根据全球数据显示,2020年我国隐形眼镜销售额达到106.7亿元,同比上涨1.14%,受到新冠疫情的影响,增速有所下滑。到了2021年,我国隐形眼镜的市场规模增速恢复到了10.68%,达到118.1亿元人民币,反映出市场潜力巨大。

目前,国内隐形眼镜是一个正在爆发的增量市场,相比亚洲其他国家(地区),我国隐形眼镜使用的渗透率仍处于较低水平,隐形眼镜佩戴率会随着经济水平的提高而提高。对于国内隐形眼镜/彩色隐形眼镜生产商而言,应该积极学习改进国外的技术和设计理念,吸取国际先进的镜片材料和自动化的生产经验,争取在柔性生产、花色创新、配合度、舒适度等方面,都能有非常明显的迭代和进展。

【海昌隐形眼镜创新驱动逆势腾飞】 近年来,位于江苏省丹阳市司徒镇的海昌隐形眼镜有限公司保持销售额年均递增20%。

2021年,海昌依靠自主创新和品牌战略,不断做大做强,销售额超16亿元,同比增长23%;总税收达1.8亿元(含上海公司纳税额),纳税总量、亩均纳税位列全市第八;外贸出口285万元。海昌依托自身的"韧性"、抗风险能力,蹚出了一条发展新路,实现了在疫情下的逆势飞扬。

海昌正在对年产2.1亿片隐形眼镜自动化生产线技改车间设备进行安装、调试。20条流水线全部投产后,2022年公司的产能达到5亿片。创新是一场持久战,要求企业付出恒心和长期的努力。海昌从成立开始就将"市场"融入"研发"当中,确保海昌产品的研发紧贴客户、紧贴市场。为了更好地带动"产销研",海昌会根据销售部门的市场调研情报进行分析,预判市场的紧俏商品,结合自身的实际情况选择性研发与生产,使其在市场之中赢得一片天地。海昌精准地预判短周抛的彩色隐形眼镜将在年轻群体中流行起来这一流行趋势,大力研发生产彩色隐形眼镜。2021年,公司彩色隐形眼镜的生产线增加了十几条,彩瞳的新品研发实验室每天可出10种款式。彩瞳消费作为海昌颜值经济的一部分,是当下的热门市场。

相关数据显示，疫情下，佩戴口罩后整体妆容中唯一展示在外的眼妆成了重中之重，眼部彩妆用品销量涨幅达 30%～40%；相比口红 20%的复购率，彩瞳的复购率更高达 30%～50%，成为时下必备单品。

《国民视觉健康报告》中指出，截至 2020 年，我国的近视人口预估已达 7 亿，随着监管制度的不断完善，多样化的销售渠道触达了更多的潜在消费者。在此之下，彩瞳市场的渗透率正在稳步提升，但相较于欧美日韩市场，仍有 5 倍的发展空间。在市场上升期，彩瞳要如何吸引更多的消费者？对此，海昌的答案是“无感佩戴”，将消费者“一网打尽”。海昌镜片水润、高清晰、采用先进的边缘过渡设计和非球面设计，使镜片更吻合生理需求，更好贴合眼球，连初戴者也能很快适应，真正达到零触感佩戴的舒适感觉。而海昌彩片采用色彩分子立体包覆技术，色彩分子自然融合于镜片中，不直接接触角膜，舒适安心且分子立体，质感透明，经光线折射色彩表现生动且透氧。公司于 2005 年、2012 年先后成立了东南—海昌/海伦生物材料工程技术研究中心、江苏省研究生工作站，自主研发出的“软性亲水接触镜”等系列产品成为国家火炬计划项目，共拥有国家专利 40 项。2021 年，公司投入超 6000 万元用于产品研发。

海昌坚持在抓好技术创新的同时，着力管理创新。在引进有管理能力的技术人才的同时，努力优化车间智能化建设管理，实现了管理和技术两个轮子同时创新。海昌将继续扩大生产，争取实现销售和利润稳步增长，让企业未来产品产量、产值及市场占有率继续居全国同行业首位。继续深入对隐形眼镜及其护理用液的研究，开发新产品、新技术，在已有基础上加大步伐迈入国际市场，争取早日进入世界隐形眼镜行业五强。

【美瞳销售额达 200 亿成颜值赛道黑马】 在近几年不断发展的“眼镜经济”中，有一个分支越来越受瞩目，那就是“美瞳经济”，美瞳与我们熟悉的隐形眼镜类似，不过与隐形眼镜不同的是，美瞳不仅有正常眼镜的功能性，还有比较强的彩妆属性。因为美瞳颜色丰富，戴在眼睛上可以改变眼睛瞳孔的颜色，还能帮助放大眼睛，作用非常多，所以非常受年轻人欢迎。

2020 年我国美瞳市场销售额达到了 200 亿左右，近 5 年的复合年均增长足足有 41%，预计到 2025 年，我国美瞳行业市场规模将达到 500 亿元左右。虽然与日本、欧美等相比，美瞳在我国的渗透率只有 7.5%，远远不如其他国家，但是这也证明美瞳经济在我国的发展潜力。

我国已经有 1500 余家企业从事美瞳相关产品，其中有多家国产美瞳品牌成功获得融资，像国货品牌 moody 就成功地完成了 B 轮和 B+轮投资，总价值约在 3.8 亿元，而同为国货美瞳品牌的 4iNLOOK 也成功完成总价值约 4 亿的融资，未来相当可期。

过去，我国民众更多地使用的是国外的美瞳产品，但是随着国内经济的发展，以及消费者思想观念的转变，购买美瞳时也从优先考虑品牌、名气变成了优先考虑产品性价比，物美价廉的国货美瞳也因此得到了发展。美瞳毕竟是需要放进眼睛里面佩戴的，所以对其卫生程度和安全系数的要求非常高。美瞳已被国家《医疗器械监督管理条例》列为监管对象，同时也是风险级别最高的第三类医疗器械。

但是，在庞大的美瞳市场面前，还是有不少不良厂商选择铤而走险，存在销售假冒伪劣、粗制滥造的美瞳产品的现象。消费者长时间佩戴这种违规美瞳，会对自己的眼睛造成很大的负担，甚至会引发失明。

消费者在购买美瞳时，不仅要考虑性价比，还要对其卫生程度多一点关心。正规生产的美瞳，其包装上都有相应的产品注册证号和许可证编号，而且可以在国家药品监督管理局网站上查到，而假冒伪劣产品是查不到的。消费者可以根据这个方法来确定自己的美瞳是否是正规的。

作为备受年轻人追捧的行业，“美瞳经济”的发展潜力是非常大的，而且在资本的不断投入后，产品进一步迈向品牌化、规范化，美瞳产品质量将得到有效提升。

【我国隐形眼镜市场规模超百亿功能性产品仍存缺口】 在我国，隐形眼镜是一个正在爆发的增量市场。但相比其他发达国家，我国隐形眼镜的渗透率处于较低水平，发展潜力巨大。爱尔康视力保健业务部品牌市场部认为，中国消费者的需求越来越多元化，对隐形眼镜的选择也有更强的自主性。

我国隐形眼镜市场虽然已经发展多年，但是整体上还处于刚兴起的阶段。发达国家隐形眼镜的渗透率高达20%~30%，而我国的渗透率在3%~8%，与国外相比还存在较大差距。

同时，国内外隐形眼镜在功能方面也有差距。国外30%的镜片具有散光功能，抗老花镜片也有涉猎，但在国内，功能性的隐形眼镜产品占市场比重非常低，存在市场缺位，未来有很大的发展空间。随着消费电子产品的使用频率越来越高，近视的发生年龄不断下降。国家卫健委相关数据显示，我国高中生近视率接近80%，6岁以下儿童近视率达到14.5%。生活水平的提高让消费者在选购眼镜时更注重眼睛的健康和保护，越来越趋向选购更高品质的眼镜产品，据统计，2021年我国眼镜产品零售额达到1084.3亿元。

与传统的框架眼镜相比，隐形眼镜更加美观且方便舒适，成为越来越多“近视一族”的选择。2020年中国隐形眼镜零售额约106.7亿元，较上一年增长1.14%。其中，即日抛弃式隐形眼镜增长最快，零售额同比增长约13.5%。隐形眼镜约占整个眼镜产品的10.7%。

我国隐形眼镜市场尚处于初步发展阶段。截至2021年，我国经营范围含隐形眼镜、彩色隐形眼镜的企业已超过10万家，仅电商大省浙江的企业数量就超过4万家。但目前市面上的隐形眼镜质量不一，且国内外企业在相关技术上依然存在差距。

隐形眼镜的透氧率决定了氧气能够到达眼角膜的概率，硅水凝胶的透氧率是水凝胶材质的6~8倍，更适合较长时间佩戴，因此属于更加先进的技术。但是目前硅水凝胶除了爱尔康、博士伦、强生、库博、美若康、海昌以外，基本上没有其他品牌能够生产。而国内贴标的仿品，成本价才2~8元不等，佩戴体验很难得到保障。

未来，具有高含水、高透氧、防UV、易佩戴等功能特性的隐形眼镜将成为发展趋势。随着大家的消费能力逐步提升，对健康重视程度的提高，市场正逐渐转向日抛，但市面上还有很大一部分是年抛、半年抛、季抛的长周期产品，我国市场也在这样的转型过程中。

【OPPO公布AR隐形眼镜专利】 2022年4月19日，OPPO广东移动通信有限公司“穿戴式电子设备”专利公布。摘要显示，设备包括隐形眼镜、显示装置，显示装置设置于隐形眼镜的一侧，用于显示信息；其中，显示装置包括第一显示区和第二显示区，第一显示区的透光率大于第二显示区的透光率，可以提高显示装置的显示效果，提高AR功能。

【尤赫控股成为杭州亚运会官方隐形眼镜产品及服务供应商】 2022年4月23日，YOUHOO（尤赫）正式成为杭州2022年亚运会官方眼镜产品及服务供应商发布会在杭州举办。尤赫自有研发实验室，推出专为运动人群研发的硅水凝胶透明隐形眼镜，其“高光”系列运动隐形眼镜在此次亚运会作为纪念款发售，体现了尤赫注重个性、展示自己的高光时刻的企业文化。

发布会上，尤赫和I Do基金会共同宣布，秉承杭州亚运会精神，开展“梦想护航，明眸计划”公益行动。关注和帮扶贫困特殊儿童视力健康，为孩子开启保护视力、爱护双眼的防控方式，让近视不再成为梦想的阻碍！

【2022美瞳隐形眼镜市场需求趋势】 在我国市场中，角膜塑形镜作为矫正儿童及青少年近视率的重要措施，应用需求较高。除此之外，由于日抛型隐形眼镜具有卫生、舒适和便捷等优势，在国内备受青睐。随着角膜塑形镜推广，我国隐形眼镜市场需求攀升，市场规模也呈现增长趋势，在2021年达到116亿元，预计到2025年将达到222亿元。

【康视丽隐形眼镜生产基地项目“五一”不停工】 2022年5月1日，甘肃康视丽隐形眼镜有限公司生产基地项目建设现场，节日期间，为保证项目工程质量及进度，广大建设者放弃节日休息，奋战在工程建设第一线，用最饱满的状态投入到施工生产中，以时不我待的敬业精神，确保整个项目顺利推进。

甘肃康视丽隐形眼镜生产基地建设项目位于甘肃白银市银西生态产业园，占地233亩（约15.5万平方米），预计总投资10亿元以上。项目建成后将对白银市高科技企业的发展起到推动作用，成为白银市地方企业名片。

甘肃康视丽科技集团有限公司总经理唐钰喜介绍说，目前项目建设已完成建筑面积16000平方米，预计 2022 年 8 月底，6、8 号楼可以投入使用。

项目是经济发展的“火车头”和“压舱石”。甘肃康视丽隐形眼镜有限公司生产基地项目建成后，将成为世界最大的隐形眼镜生产基地，预计新增就业岗位 2000 个以上、年营业收入 10 亿元以上、年上缴税额 1 亿元以上，将为全市高科技企业的发展起到引领和推动作用。

【鱼跃医疗收购乐润隐形眼镜公司持股 100%】 2022 年 5 月 7 日，江苏乐润隐形眼镜有限公司发生工商变更，原股东江苏宏艺园林建设工程有限公司、丹阳新通球光学眼镜有限公司退出，新增股东鱼跃医疗（股票代码 002223），持股 100%，鱼跃医疗进军眼科器械。

乐润隐形眼镜成立于 2017 年 7 月 11 日，法定代表人为赵帅，注册资本为 1000 万元，经营范围包含眼镜及配件、辅料、眼镜用护理液、保存液、清洗液，以及医疗器械的批发、零售等。

【迈得医疗成立全资子公司介入隐形眼镜领域】 2022 年 5 月 18 日，迈得医疗发布公告，为优化业务布局，进一步提高市场竞争力，公司根据未来发展战略规划，在做好自身主营业务的基础上，充分利用在智能装备方面及产业化工艺方面的独特优势，决定介入隐形眼镜制造领域，拟以自有资金出资 1000 万元设立全资子公司迈得顺。

拟设立的全资子公司名称为浙江迈得顺医疗有限公司（暂定名，具体以相关部门最终核准登记为准），注册地址为浙江省台州市玉环市沙门镇滨港工业城天佑路 3 号，经营许可项目包括：第三类医疗器械生产、第三类医疗器械经营、眼镜制造等。

【溶于泪液的硅纳米针隐形眼镜面世】 2022 年 7 月 19 日，美国普渡大学、密歇根大学与韩国汉阳大学、弘益大学和台湾金乌工科大学的研究人员携手开发出一种内嵌纳米针的隐形眼镜，其可溶于泪液，未来或有望用于治疗人类眼部疾病。相关研究刊发于最新一期《科学进展》杂志。

目前向眼睛输送药物的方法包括直接将药物应用于外眼或注射进眼部，但这两种方法都不是最佳方案。应用于外眼的药物不能进入眼睛内部；注射药物会让患者很痛苦，而且经常导致炎症。鉴于此，在最新研究中，科学家们给出了治疗眼部疾病的新方案——内嵌纳米针的隐形眼镜。这种眼镜经过了特殊设计，用基质封装纳米针，基质在眼睛内溶解后，纳米针降解，药物就能作用于眼睛。科研人员已经在兔子眼睛上进行了试验，效果明显。这种隐形眼镜仍需要进一步测试。

【爱尔康轻澈日抛隐形眼镜新品上市】 2022 年 7 月 29 日，全球眼科保健领域引领者爱尔康旗下产品轻澈日抛隐形眼镜在中国上市。同日，爱尔康在广州“YCC！天宜”举办以“尽情玩、尽兴看”为主题的上市快闪活动暨媒体体验会。轻澈日抛具备高含水、高透氧、防 UV、易佩戴的特性，为用户带来更舒适的使用体验和更长效的水润感受，助力年轻人在当今快节奏的城市生活中获得更优的视觉质量。轻澈™ 日抛是第一款应用爱尔康专利创新技术 SMARTSURFACE™ 智润™ 科技的隐形眼镜产品，为需要长时间佩戴的消费者提供长效水润和上佳的视觉体验。

【LOHO 集团宣布与优你康战略合作隐形眼镜创新材料及花色研究】 2022 年 9 月初，乐聚（LOHO）集团正式宣布：旗下隐形美瞳品牌 MILLEAGE（觅丽季）与国内领先的隐形眼镜工业 4.0 工厂——福建优你康正式确立全面战略合作关系，携手开启数字化时代下隐形眼镜的创新材料及花色研究新篇章。

双方将成立“联合开发实验室”，旨在探索通过尖端材料创新，共同研发国内隐形眼镜的新材料，不断提升隐形眼镜的品质和佩戴舒适度，立足材料与技术的创新，关爱消费者视觉健康。

【J & J Vision（强生）推出专门设计的隐形眼镜】 2022 年 6 月，强生视觉宣布，它开发的 Acuvue Oasys Max 1-Day 隐形眼镜已经在美国、加拿大和欧洲获得了监管部门的批准，于 2022 年秋天上市。

Acuvue Oasys Max 1-Day 由 Senofilcon A 硅水凝胶制成，含水量为 38%，含有内部润湿剂聚乙烯吡咯烷酮（polyvinylpyrrolidone）。这款隐形眼镜有球形和多焦版本，适用于长时间使用屏幕的人群。

强生 2021 年还与日本制造商 Menicon（目立康）合作开发了一种专为儿童设计的隐形眼镜，旨在减缓儿童近视的发展，使用多焦点透镜，抑制度数增长。

【大仕城光学美瞳柔性智造供应链获坚果资本千万级融资】 2022年10月10日，一站式美瞳供应链解决方案提供商深圳大仕城光学有限公司（以下简称大仕城），获得坚果资本的千万级A2轮融资。本轮融资将主要用于4个方面：新厂扩建、美瞳“云工厂”搭建、产线升级与产品研发。

大仕城是中韩合资的美瞳供应链企业，其主要业务可以被简单看作两个部分，其一是整合全球产能，通过数字化的供应链布局，实现全流程合规的柔性生产；其二是通过渠道布局，向品牌方赋能，实现制造+品牌的双向驱动。截至目前，“大仕城”及其体系工厂月产能突破1000万片，长期合作客户有博士伦、O-lens、Candy Magic等全球一流品牌。

深圳大仕城光学已获批美国食品药品管理局（FDA）颁布的认证。FDA作为全球最具权威和高标准的医疗器械认证体系，对产品出货标准、产品质量、材料性能等要求更高。在FDA认证产品出口至美国等其他FDA认可国，大仕城可以更全面地从生产资质→销售出口→产品清关→产品上市→销售售后等环节做到全链条合规，让整个交易链条都可被追溯，使品牌方销售更无忧、消费者购买更放心。

团队方面，创始人李珈仪有丰富的彩瞳生产制造、资质认证经验，拥有全球化的产业整合能力，此外，她还对品牌打造和用户需要有着深刻的认知和洞察，曾深度参与孵化线上彩瞳品牌，年销售额超过2500万元；联合创始人金双浩作为韩国彩瞳行业的领军人物，拥有23年彩瞳生产制造经验，先后创立G&G隐形眼镜公司、DUEBA、MAXLOOK等彩瞳工厂，为大仕城的全球化发展打下了坚实的基础。

【迈得医疗进行隐形眼镜试验线开发】 2022年12月13日，迈得医疗（股票代码688310）在投资者互动平台表示，公司隐形眼镜业务的规划是进行隐形眼镜试验线开发，将根据试验线样品验证情况，确定后续量产投资规模和进度，为各隐形眼镜品牌商提供研发、制造与服务等，即为隐形眼镜品牌商提供CDMO代加工业务，尚未形成销售收入。公司组建了隐形眼镜制程开发团队（包含开发、光学、材料学、化学、模具、体系法规等）负责相关的材料配方、制程工艺、光学等方面的研究，设备团队负责隐形眼镜试验线的开发。隐形眼镜试验线在上述两个团队的协作下，已经完成试验线研制工作，试验线已经能产出样品，目前处于样品做相关检验、验证阶段（如全性能、萃取、生物检验等）。

【海昌隐形眼镜有限公司荣获2022年镇江市市长质量奖】 2022年12月14日，2022年镇江市市长质量奖评选结果出炉，共有三家企业获奖，海昌隐形眼镜有限公司名列榜单！

镇江市市长质量奖是镇江市政府设立的质量管理最高荣誉，主要授予全市具有独立法人资格，实施卓越绩效经营管理模式，有广泛社会知名度与影响力，在行业内处于领先地位，取得显著质量、经济和社会效益的生产型或服务型企业或组织，以及提供公共服务的非政府机构。

（四）太阳镜

【概述】 太阳镜按用途一般可分为遮阳镜、浅色太阳镜和特殊用途太阳镜三类。

遮阳镜，顾名思义是作遮阳之用。人在阳光下通常要靠调节瞳孔大小来调节光通量，当光线强度超过人眼调节能力，就会对人眼造成伤害。所以在户外活动场所，特别是在夏天，许多人都用遮阳镜来遮挡阳光，以减轻眼睛调节造成的疲劳或强光刺激造成的伤害。

浅色太阳镜对太阳光的阻挡作用不如遮阳镜，但其色彩丰富，适合与各类服饰搭配使用，有很强的装饰作用。浅色太阳镜由于色彩丰富、款式多样，受到了年轻一族的青睐，时尚女性对其更是宠爱有加。

特殊用途太阳镜具有很强的遮挡太阳光的功能，常用于海滩、滑雪、爬山、高尔夫等太阳光较强烈的野外，其抗紫外线性能等指标有较高的要求。

【太阳镜镜片种类】 太阳镜镜片的种类大致分为抗反光防护镜片、彩色镜片、涂色镜片、偏光镜片和变色镜片等5种。

抗反光防护镜片：是在表面涂上一层薄薄的氟化镁，以防止强光反射，让人看东西更加清晰且不受强光干扰。要检测太阳眼镜是否真采用了抗反光防护镜片，可将眼镜对准光源，若看到紫色或绿色的反光，表示镜片上确实涂有防反射的保护膜。

彩色镜片：也称作“染色镜片”，就是在镜片制作过程中，加上一些化学物质，让镜片呈现色彩，用以吸收特定波长的光线。这是太阳眼镜最常使用的镜片类型。

涂色镜片：这种镜片呈现的效果与彩色镜片相同，仅制成的方式不同，它是将颜色涂在镜片表面。最为大家熟知的就是“渐层式的涂色镜片”，颜色是上面最深，然后往下渐浅。一般有度数的太阳眼镜多是以涂色方式处理镜片。

偏光镜片：为了过滤太阳照在水面、陆地或雪地上的平等方向的刺眼光线，在镜片上加入垂直向的特殊涂料，就称为偏光镜片。最适合户外运动（如海上活动、滑雪或钓鱼）时使用。

变色镜片：也有人称为“感光镜片”。在镜片上加入卤化银等化学物质，让原本透明无色的镜片，遇上强光照射就会变成有色镜片，用于防护，适合于室内室外同时使用。

此外，太阳镜镜片中还有太阳镜夹片和夜晚驾驶镜片。

太阳镜夹片是专为近视人群设计的偏光太阳镜，可有效防眩光、防紫外线。特别适合在驾驶、钓鱼等户外运动时使用。采用偏光镜片技术，视像解析力大幅提升。消除99%的反射光和散射光，使视野更清晰柔顺。镜片特别加膜强化处理，耐磨损、耐刮、抗冲击。

夜晚驾驶镜片要求能阻挡对方汽车80%以上的强光，同时主镜片透光率必须超过75%，观察道路不受影响。夜间佩戴一副好的驾驶夜视镜，开车族不但可以看清行车路面，而且可以有效减弱对方汽车大灯射来的刺眼强光眩光及其他有害光线，在挡强光的同时可以正常看清路面，从而保证行车安全。

【太阳镜片外观分类】 太阳镜按外观颜色可分为灰色、茶色、绿色、蓝灰、水银、黄色、浅色、墨绿、蓝色等种类。

灰色镜片：灰色镜片对任何色谱都能均衡吸收，因此观看景物只会变暗，但不会有明显色差，展现真实自然感觉，属于中性色系。

茶色镜片：滤除大量蓝光，可以改善视觉对比度和清晰度，在空气污染严重或者多雾情况下佩戴效果较好。一般能挡住平滑光亮表面的反射光线，戴眼镜者仍可看清细微部分，是驾驶员的理想选择。

绿色镜片：在吸收光线的同时，最大限度地增加到达眼睛的绿色光，有令人凉爽舒适的感觉，适合眼睛容易疲劳的人使用。

蓝灰镜片：与灰色镜片相似，同属于中性镜片，但颜色更深，可见光吸收率更高。

水银镜片：镜片表面采用高密度的镜面镀膜。这样的镜片可更多地吸收反射可见光，适合户外运动人士。

黄色镜片：严格地说，此类镜片不属于太阳镜片，因为其几乎不减少可见光，但在多雾和黄昏时刻，黄色镜片可以提高对比度，提供更准确的视像，所以又称为夜视镜。部分年轻人佩戴黄色镜片“太阳镜”作为装饰使用。

浅蓝色、浅粉红色等镜片：同样是装饰性多于实用性的镜片。

墨绿色镜片：带来清凉感觉，但透光度及清晰度较低，适合晒太阳时佩戴，驾驶时不宜戴。

蓝色镜片：海边沙滩游玩可戴蓝色太阳镜片，蓝色能有效滤去海水及天空反射的浅蓝色。驾驶时应避免使用蓝色镜片，因为它会使我们分辨不清交通信号灯的颜色。

【72.2%的消费者关注太阳眼镜的质量】 太阳眼镜，是一种为防止太阳光强烈刺激造成对人眼伤害的视力保健用品。随着人们物质生活水平的提高，太阳眼镜又可作为美容或体现个人风格的特殊饰品。

艾媒咨询（iiMedia Research）数据显示，在2021年中国白领群体购买太阳眼镜考虑因素中，72.2%的消费者关注太阳眼镜的质量，57.6%的消费者关注太阳眼镜的款式，51.7%的消费者关注太阳眼镜的价格，49.7%的消费者关注太阳眼镜是否符合流行趋势，42.7%的消费者关注太阳眼镜的品牌。

【疫情下台州太阳镜企业寻求逆势突围】 炎炎夏日，过于热情的阳光让人难以忍受，外出时戴一副太阳镜成了很多人的选择。

作为全国主要的眼镜生产基地之一，台州产的太阳镜占据不少市场份额。然而，受新冠疫情影响，这几年太阳镜产业遭到了冲击。与此同时，整个眼镜行业也在应对市场竞争加大等难题。为了破解行业发展困境，企业从直播拓销路、提升产品质量、打响自主品牌等方面入手，转型升级求发展。

销量下滑，企业转型做起光学产品。每年3月至4月，是太阳镜生产销售旺季。与往年相比，2022年太阳镜销量下滑一半。临海杜桥是全国太阳镜生产基地之一。临海市眼镜行业协会秘书长陈兆水介绍，多家会员企业反映，2022年太阳镜销量同比下降20%以上。太阳镜销售大幅下跌，主要与疫情有关。疫情下，旅游市场受到冲击，消费者对太阳镜需求大幅减弱，眼镜销售也受到影响，外销货发不出去，采购商进不来。内销方面，做外销为主的深圳、厦门等地的眼镜企业也做起内销，挤占内销市场。

疫情仅是影响太阳镜销售下滑的一个因素。早在2019年，杜桥眼镜行业厂商就反映，大众对太阳镜消费需求逐渐减少，太阳镜销量出现下滑。因此，将生产重心从太阳镜转移到光学产品上的企业越来越多，如今，杜桥专注太阳镜生产的眼镜企业不到20%，许多企业都转型了，有不少是以生产光学产品为主，以生产太阳镜为辅。毕竟光学产品需求还在。有一家专门做太阳镜生产的龙头企业，曾打造了知名本土太阳镜品牌，如今也做起高端的光学产品。

主动出击，企业“八仙过海”拓市场。太阳镜遭遇销售难，一定程度上也是整个台州眼镜行业的缩影。这些年，全国多地新增眼镜生产基地，要来分市场一杯羹。市场竞争叠加疫情，台州市眼镜生产销售难度增加。

对此，台州市眼镜企业及时调整，主动出击，纷纷迈出转型升级的步子。台州市大光明光学股份有限公司通过半自动化生产，实现省时省力的同时，还确保了生产精确性，提升产品质量。同时，投资几十万元购入现代化检测设备，进一步保证产品品质。部分80后、90后的“眼镜二代”接班后，都开始涉足电商直播卖货。目前，椒江区约有百分之二三十的眼镜企业在做电商直播，企业苦练“内功”，政府部门、行业协会也来促进眼镜行业健康发展。椒江打造前所眼镜小微企业创业园，让眼镜生产更加规范化；在临海，一个全新的中国·杜桥眼镜城的开业，有利于吸引更多的国内外采购商。椒江区眼镜行业协会、临海市眼镜行业协会、玉环市眼镜行业协会计划共同成立台州眼镜商会，从而集中力量对整个眼镜产业进行统筹规划，以打响“台州眼镜”的品牌。

【青岛力山与优能生产基地一期项目启动】 2022年4月初，青岛力山与优能生产基地一期项目启动仪式在山东青岛市城阳区顺利举行。青岛力山眼睛护理产品有限公司有关领导，以及优能生产基地有关负责人出席了启动仪式，共同见证了这一时刻。

启动仪式开始，青岛力山眼睛护理产品有限公司总经理宿兴华致辞，优能生产基地负责人路犇犇也介绍了本公司的具体情况。他们都希望在时代赋予的新机遇下，通过合作出现1+1>2的效果。青岛力山应时发展壮大，为中国眼健康行业注入新的活力。该基地一期项目的启动，显示出青岛力山进一步加速企业战略规划落地的步伐，将全面推进青岛力山高质量创新发展。与此同时，优能生产基地将全面布局，对标高质量管理体系标准，进一步加强对生产制造各个环节的精益求精、严格把控，不懈努力，为企业导入更多高端产品夯实基础，为市场及广大消费者带来更可靠、有效、多元化的眼健康产品。

【运动眼镜发展现状】 运动眼镜品类兴起于20世纪70年代，而我国的运动眼镜产业从本世纪初才开始起步。从2000年到2010年，运动意识在我国国民中迎来井喷式的发展，跑步和骑行成为健康与品质生活的代名词。我国运动眼镜年销售也从2000年初的20万副左右，迅速跃升到了百万副。由于户外运动需求多样化，运动眼镜的技术要点涉及防紫外线、防炫光、防偏光、动态视野、边缘畸变、安全防护、轻便程度、佩戴舒适度等多方面，加工难度大、单位成本高。运动眼镜的新品开发分为材料研发、设计、开模打样和生产等环节。相对于传统的光学眼镜和普通太阳镜，运动眼镜仍然有一定的技术门槛，特别是目前我国运动眼镜缺乏设计研发人才，国产品牌在研发的关键环节中还有所欠缺。同时，我国的户外运动人口绝对数量不够大、比例低，而且非专业的运动人口对眼部防护的意识还不强，来自泛运动场景的需求还不多。中国的“大户外”仍然处于早期，还有潜力可挖，特别是在冬奥热潮的带动下，国民的户外运动热情高涨，我国的运动眼镜行业还有较大的增长空间。

【运动眼镜发展难点】 相对于传统眼镜，运动眼镜采用PC材料镜片、TR-90材料镜架的比例更高；在膜层上，运动眼镜对于防偏光和防眩光膜层有更高的性能要求。更重要的问题在于设计。在传统光学眼镜和普通太阳镜设计领域，国产品牌通过模仿、改良，以及发掘国潮、传统文化等要素，创造出了属于自己的特色，获得了部分消费者的认可。但运动眼镜可不只是外观设计这么简单，更重要的是人体工程学设计，镜架需要贴合面部，在激烈运动中不松动，也不压迫鼻梁、耳朵；镜片需要提供稳定、出色的光学性能，根据应用场景的不同提供宽阔的横向或纵向视野。目前，我国缺乏运动眼镜设计人才，很多工厂只能使用国外的模具进行生产，根据欧美人面部特征设计的镜架，国人使用起来效果并不好，而要进行亚洲化、中国化的模具改良，又会牵一发而动全身地引起性能的变化。归根到底，研发能力的不足源于资金、人才的投入不够，基本盘太小。另外，在中国运动眼镜的使用场景比较狭窄，多是资深户外玩家圈子的刚性需求，来自泛运动场景的需求还不多。需要领导重视、上下同心、各方联动，努力推动运动眼镜的研发、生产，共同引导、培育运动眼镜消费市场，加快推进运动眼镜行业的快速增长。

【中国运动眼镜未来可期】 举世瞩目的2022北京冬奥会已经闭幕，运动员们的精彩表现成为全球关注的热点，近年来我国冰雪运动和冰雪产业取得的发展成果有目共睹。在冬奥会的成功带动下，运动眼镜迎来了一波新热度，以滑雪镜为代表的运动眼镜出镜率极高，其涉及项目广、技术含量高，辨识度也在一众运动产品中名列前茅。细心的观众在赛场上难觅中国运动眼镜品牌的身影，这个话题值得探讨。

国产运动眼镜发展坎坷。运动眼镜品类兴起于20世纪70年代，当今最具代表性的头部品牌Oakley（欧克利）正是当时的开创者。在国际范围内，运动眼镜已经是一个成熟的细分市场，根据调查机构大视野研究有限公司（Grand View Research）的一份报告显示，2020年全球运动眼镜（包括滑雪镜、户外旅行用眼镜和水上运动眼镜）的市场规模为91.5亿美元（约合585亿人民币），预计2025年将达114.1亿美元（约合730亿人民币）。而我国的运动眼镜产业从本世纪初才开始起步，薄弱的群众运动基础，空白的研发与加工能力，共同造成了早期我国运动眼镜产业起步晚、基础差、上限低的落后局面。

2000年左右，随着我国“世界工厂”名号的逐渐响亮，一大批国际眼镜品牌开始将供应链和生产基地转移到国内。如同很多产业发展初期源于代工和配套，从无到有、从弱到强的发展历程一样，在为国际运动眼镜品牌代工的过程中，中国运动眼镜产业逐渐生长，并诞生了自主品牌，2000年我国运动眼镜销售量迅速跃升过百万副。2000年到2010年，国民对体育运动的参与度明显提高，跑步和骑行被视作是健康与品质生活的代名词，但这10年间，运动眼镜产品销量却止步不前。根据前瞻产业研究院的数据显示，2016年，我国运动眼镜行业营收的增速从两年前的32.39%骤降至个位数，消费者的购买意愿大幅度下降。究其原因，一方面是大众消费对于专业跑鞋、运动服、运动眼镜的接受程度不够高，整个运动眼镜市场以低端消费为主，以代工中高档国际品牌产品起家的供应链不可避免地滑向了价格战与“山寨”一端，200元左右的平均出厂价很快在一轮又一轮的价格战中跌到了几十元，致使大部分国产运动眼镜走“运动风Logo+流线型造型”的低端路线，且不具备各项运动所需的功能与性能。另一方面，国内眼镜企业缺乏相关专业知识。国内生产运动眼镜的企业对于眼镜生产轻车熟路，但在运动眼镜这一细分领域缺乏相关专业知识，未对用户需求做深入调研，使得大部分产品的消费者体验感不佳。目前，我国运动眼镜生产企业主要集中在东莞、深圳和厦门等地，在代工与研发、模仿与创新之间蜿蜒前行。

国内企业探索不辍，初见曙光。国民眼部防

护的意识还相对滞后，对运动眼镜相关知识的了解也不够，运动眼镜在中国的使用场景比较狭窄，仅用于运动领域，来自日常休闲及其他泛运动领域的需求有待开发，国民消费意愿不强。运动眼镜除了外观设计，更重要的是人体工程学设计，镜架需要贴合面部，在激烈运动中不松动也不压迫鼻梁、耳朵。镜片方面，不仅需要具备稳定、出色的光学性能，还需根据不同的应用场景提供宽阔的横向或纵向视野。运动眼镜设计研发需要具备一定的技术门槛，加工难度大，投入成本高，相关人才又缺乏，很多企业只能使用国外的模具进行生产，按照欧美人面部特征设计的镜架，并不适合国人使用。近10年来，我国国产运动眼镜年销量均未超过2010年100万副的销售纪录。

随着我国眼镜企业的发展，不断提升产品品质和打造品牌影响力已成为行业主流。运动眼镜作为很多知名品牌的重要品类和产品系列，与各类运动项目和相关机构开展深度合作也如火如荼：明月镜片自主研发、足以对抗高寒环境的近视太阳镜片Pro系列作为中国登山队队员护目装备，为珠峰登顶保驾护航；凭借自身强有力的视光支持，隐形眼镜品牌博士伦选择跨界冰雪运动，在2022年冬奥会来临期间联合密苑云顶乐园举办“奥澈16小时冰雪挑战赛”，将“16小时持久水润”和“超舒适的运动装备”的概念，率先在雪圈中进行深度传播；来自中国首创国际眼镜设计师团队设计的“DonniEYE”，其雪极地设计、冰雪设计等运动眼镜采用平衡光谱，有效提升视觉敏感度和对比度，令视野更远更清晰。而作为国内运动眼镜市场的先行者，高特眼镜广泛赞助国内外各项专业赛事，并多次伴随选手登顶珠峰，在专业运动人士及户外爱好者中收获了相当高的认知度，为推动时尚、健康户外运动作出了重大贡献。

积极拥抱趋势，中国运动眼镜强起来。虽然我国运动眼镜产业面临很多问题，但过去20年户外运动市场的稳步成长所积累的用户资源，加上疫情后户外运动休闲消费市场的爆发，给这个品类的未来构建了一个坚实的发展基础。2020年，Oakley在中国大陆市场销售额约1000万美元，而同年日本市场的这一数字却是1.3亿美元。根据2021年京东“双十一”体育装备销售数据显示，运动眼镜订单量同比增长270%，其中滑雪镜更是同比增长300%。户外运动市场渗透率提高的大趋势不会变，运动眼镜行业还有较大增长空间，运动眼镜零售市场必将朝着品牌化、规范化、集团化方向发展。我们要做好基础工作，迎接未来。

深挖需求，专注研究，不断研发创新。随着全民健康的深化和体育运动的普及，单个运动项目的细分场景将产生更多不同的市场需求。眼镜企业应以用户思维深挖需求，遵循市场规律，加强产品技术研究，开展创新、增加品种、提升品质，以小场景撬动大市场。继续搭建各种平台，汇聚国内外专家学者和产业精英，分享行业前沿趋势，交流互鉴，为企业获取最新资讯提供服务。

严把质量，提升服务，促进消费升级。运动眼镜企业在严把产品质量关的同时，要提升产品和服务品质，重构消费者的消费体验，用质量抢占运动眼镜市场，用品牌升级带领消费升级。加快眼镜行业发展急需标准的研究，发挥团体标准引领作用，用标准优化产品质量，用标准化提升服务水平，助力运动眼镜的快速有序发展。

加强科普，提高消费者对运动眼镜的认知水平。拓宽传播渠道，加大对运动眼镜等产品的佩戴、功能、使用场景等相关知识的科普和宣传，提升消费者对不同类型运动眼镜的认知，帮助消费者树立健康、安全、舒适的运动眼镜选配意识，引导消费者从基本满足式消费，向时尚、品质、智能、功能等升级类消费需要转变，树立科学的消费观，使运动眼镜更好地服务于消费者的时尚健康生活。

（五）产业集聚区

【中国（丹阳）眼镜产业园企业冲刺开门红】 2022年2月上旬，丹阳眼镜产业园多家眼镜企业春节后相继复工复产，以只争朝夕的工作状态投入到新一年的生产中，确保首季“开门红”。

江苏汇鼎光学眼镜有限公司是眼镜产业园内一家专业从事眼镜及配件的生产、加工，光学仪器设备销售、维修的企业。董事长焦飞宏介绍，2 月 8 日是企业节后正式复工第一天，生产车间设备全速运转，工人们全部到岗到位，有条不紊地投入到生产工作中。2022 年行业回暖，客户订单增多，目前在手订单已经排到了 3 月底，与 2021 年同期相比有较大幅度提升，说明消费者对消费的信心正在复苏。为实现 2022 年的增长目标，公司计划投资 3000 万元用于新产品的研发。

江苏乐诚光学眼镜有限公司生产车间内，机器轰鸣、一片繁忙，从基片装配、填充、固化，到镜片加硬、镀膜，100 多名工人分布在流水线的各个岗位，开足马力生产。目前，公司一季度订单已经排满，部分订单已经排到了下半年。由于订单较急，公司员工坚守岗位，加班加点抢进度，奋战新年“开门红”。就目前的产品订单和生产形势来看，预计 2022 年能够实现 50% 的增长。乐诚光学是一家集镜片研发、生产、加工、销售于一体的现代化独资企业。多年来，乐诚光学坚持以质量求生存的原则，技术工艺不断创新，管理体系日臻完善，产品远销欧洲、美洲、非洲、东南亚等地区，深受客户青睐。然而近年来不断增长的订单，为公司的产能和规模带来了巨大的压力。目前一天能够生产 1.5 万副镜片，然而要完成 2022 年的目标任务，需要达到一天 3 万副镜片的产能。

【丹阳眼镜行业抓源头环保推动绿色发展】 进入 21 世纪以来，环保与可持续发展逐渐深切地影响了我们的生活。我国承诺 2030 年实现碳达峰。对于更加传统的眼镜行业来说，既要不断创新，呵护视力健康、满足市场需求，帮助人们看得清晰、看得美好；又要最大幅度降低对自然生态环境的影响，降低对资源的消耗；还要遵循商业道德、经营规范、法律法规，推动绿色发展。

丹阳眼镜产业一方面抓源头。从产品设计、用户体验的全生命周期充分考虑资源的循环利用，将高新技术、可持续材料、时尚风格、周到服务有机融合。国产镜架品牌施洛华使用纯天然蓖麻籽提取物作为主材料生产镜架，既环保又健康，其废弃后材料还可自行降解；温州森瑟光学研发出可降解环保镜架的生产工艺，通过添加生物基材料与塑胶钛熔融混合的方式，改善了镜架制作原材料的物理性能，使眼镜架的镜框、镜腿以及铰链接部分在稳定性、强度和韧度等方面性能都得到优化。另一方面抓环保。从绿色清洗、绿色包装入手，无论是保护盒、擦拭布，还是说明书、卡纸，各个方面都兼顾新型材料、新型美观与新型方案、安全环保，满足消费者需求，让可持续发展和循环经济理念贯穿眼镜产业发展的全过程。丹阳市眼镜行业在镜片生产企业推进二氯甲烷替代工作，以减少污水排放对于环境的危害，已实现全市 66 家树脂镜片生产企业二氯甲烷零排放，45 家企业安装了污水处理设施，处理后的废水统一接入污水处理厂进行再处理。

【丹阳多家眼镜企业获 2022 年度丹阳市级智能制造示范车间提名】 根据《关于申报 2022 年丹阳市智能制造示范车间的通知》（丹经发工〔2022〕350 号），丹阳市经济发展局组织专家，对申报 2022 年度丹阳市级智能制造示范车间企业进行了核查，并提出了拟认定车间名单，予以公示。其中，眼镜企业包括江苏格林视通有限公司、易佰得（丹阳）光学有限公司、江苏汇鼎光学眼镜有限公司、五彩司徕柏光学科技（江苏）有限公司等。

【万新光学荣获“全国和谐劳动关系创建示范企业”荣誉称号】 2022 年 9 月 16 日，人力资源社会保障部、中华全国总工会等联合发布了《关于命名全国和谐劳动关系创建示范企业与工业园区的决定》，丹阳市江苏万新光学有限公司上榜，成为镇江市唯一获“全国和谐劳动关系创建示范企业”荣誉称号的企业。

万新光学始终坚持“以人为本”的经营理念，以维护职工合法权益为中心，以提高员工生活水平为目的，以促进企业增效增收为宗旨，积极开展和谐劳动关系企业创建活动，在全面保障职工权益、促进企业与职工共建共赢等方面取得积极成效，实现了劳动关系和谐与企业持续健康发展。

近年来，丹阳市广泛深入开展创建劳动关系和谐企业活动，取得了显著成效。下一步，丹阳市将继续深化创建活动，着力丰富创建内容，创新工作思路和方法举措，积极总结推广成功经验和模式，充分发挥全国和谐劳动关系创建示范企业的示范引领作用，持续规范企业用工行为，促进全市劳动关系和谐稳定，助推丹阳市经济高质量发展。

【万新光学集团荣获“2021年丹阳市优秀纳税企业”称号】 虎年开年喜讯！万新光学集团荣获“2021年丹阳市优秀纳税企业二等奖”！纳税总额达到6930万元，位列丹阳地区眼镜片行业第一名！

2022年2月10日，丹阳市政府召开优秀纳税企业2022年新春表彰会，市领导班子与各优秀纳税企业负责人齐聚一堂，同饮清茶、共叙情谊，话发展、献诤言。表彰会上，万新光学集团荣获“2021年丹阳市优秀纳税企业二等奖”称号。

2021年，万新光学集团在董事长汤龙保和总裁汤峰的带领下，紧紧围绕市委、市政府的总体部署，在新冠疫情常态化的大环境下迎难而上，勇攀高峰，在努力提高自身经济效益的同时，始终遵循“诚信经营、依法纳税”的原则，认真履行纳税义务，连续多年获得丹阳市优秀纳税企业一、二等奖，在丹阳镜片行业中排名领先。2021年万新光学集团纳税总量在丹阳市工业企业纳税总量排名中位列第十三。

纳税总额不断上升的背后，与万新产品销量的攀升密不可分，万新的产品受到了越来越多消费者的青睐与支持，这是万新日复一日坚持的成果。49年来，万新光学集团在生产制造、产品研发、科研技术等方面不断创新，追求卓越，旗下万新眼镜片连续多年全国销量领先！在国内镜片销量市场份额上，万新眼镜片以15.1%的份额稳居第一，继续领跑。

荣誉的取得，是对万新2021年工作的肯定，也是万新光学坚守诚信立身，回馈社会的表现。2022年，万新光学集团坚守初心、砥砺前行，严格遵守党和国家的各项政策和要求，依法生产、依法经营、依法纳税。

全力以赴争荣光，笃行不怠向未来。万新光学集团会不断探索企业的创新发展，用实际行动助力丹阳经济的高质量发展，为丹阳市全面建设现代化“智造名城、运河明珠”增添新动能。

【丹阳多家眼镜企业凭实力登上2021年丹阳纳税大户名单】 2022年2月10日下午，在丹阳市优秀纳税企业2022年新春表彰会现场，市长王成明宣读了《关于表彰2021年全市优秀纳税企业的决定》，其中，海昌隐形眼镜集团、万新光学集团、美乐集团、明月镜片集团、江苏汇鼎光学眼镜有限公司、江苏新天鸿光学有限公司进入全市工业企业纳税前五十强行列；江苏优立光学眼镜有限公司、江苏新视客光电科技有限公司、江苏奥天光学有限公司获纳税优秀奖。现场为2021年全市优秀纳税企业颁奖；与会人员还一同观看了专题片《破浪笃行启新局》。

“在这个春回大地、春意盎然的美好时节，我们再一次如约相聚优秀纳税企业表彰会，就是要向过去一年坚守在转型升级第一线的企业家致敬，就是要为过去一年奔跑在创新驱动最前沿的企业家喝彩，就是要号召全市上下全力以赴争荣光，笃行不怠向未来。”正如市委副书记赵志强在主持表彰会时所言，丹阳的发展成绩离不开企业家的付出奉献，丹阳的更大荣光需要企业家支持助推。

【2022年10家眼镜企业进入丹阳市纳税排行榜】 2023年1月29日，丹阳市委市政府召开发展大会，表彰先进，树立典型，进一步鼓励和支持我市企业做大做强，为“产业强市”建设作出新的更大贡献。2022年全市优秀纳税企业、优质效能服务单位及机关部门高质量发展综合考核第一等次（优秀奖）、银行业金融机构综合考核一等奖等获奖单位和代表先后登台领奖。

丹阳市眼镜行业10家企业被评为优秀纳税企业，分别是：

特等奖（2022年纳税总量2.5亿元以上的企业；2022年纳税总量1.2亿元以上且亩均纳税位居前10名的工业企业）：

纳税总量1.2亿元以上，且亩均进入前10强的企业：海昌隐形眼镜集团。

二等奖（2022年纳税总量6000万元以上的企业；2022年纳税总量3500万元以上且亩均纳税位居前10名的工业企业）：

1. 纳税总量6000万元以上的企业：万新光学集团、美乐集团（视悦光学、黄金屋光学）。

2. 纳税总量3500万元以上，且亩均进入前10强的企业：易佰得（丹阳）光学有限公司。

三等奖（2022年纳税总量3500万元以上的企业；2022年纳税总量2000万元以上且亩均纳税位居前10名的工业企业）：

1. 纳税总量3500万元以上的企业：江苏淘镜有限公司、明月镜片股份有限公司。

2. 纳税总量2000万元以上，且亩均进入前10强的企业：新天鸿光学有限公司。

优秀奖（2022年纳税总量1000万元以上的企业）：

江苏汇鼎光学眼镜有限公司、江苏优立光学眼镜有限公司、江苏新视客光电科技有限公司。

【浙江瓯海眼镜行业吹响新年“冲锋号”】 2022年1月12日，浙江温州瓯海经济开发区、瓯海区眼镜行业协会在眼镜小镇召开瓯海眼镜行业一季度“开门红”动员会议，吹响了瓯海眼镜行业新年的“冲锋号”。瓯海经济开发区党委书记许建宇、党委委员倪志坚，温州市眼镜商会会长林加乾，瓯海区眼镜行业协会会长周爱松、协会党委书记林建平及瓯海区眼镜行业规上企业参加会议，会议由瓯海眼镜小镇负责人潘妙迁主持。

【台州眼镜产业形成鲜明特色】 2022年3月16日《台州日报》发表文章介绍，台州眼镜产业的特色，一是产业配套力强。电镀、镜片、脚套、铜材……台州本地的眼镜产业链非常完善，加上周边的黄岩模具和玉环、路桥等地的五金配件，拥有雄厚的产业配套能力。二是产业工人丰富。由于产业的吸聚，台州至少吸聚了近10万人来做眼镜，再加上本地人和众多在外销售人员，培育了大量产业工人。三是产品开发力强。“由于产业链完整，国外一副眼镜从设计到开发生产，需几个月或半年，在杜桥一星期就能完成。”临海市安久眼镜有限公司总经理王细凡说，从打版到定型，到批量生产，杜桥人15天就可交货，而国外最少也需两个月。

台州眼镜产业要做大做强，具备天然的优势。不仅仅杜桥、前所的成镜生产能力，玉环的配件就具有世界级的品质和全球性的强大竞争力。全球十大眼镜配件厂，玉环占近半壁江山；世界五大配件企业玉环占两家；世界顶级眼镜品牌配件免检制造企业玉环占两家。

玉环眼镜配件主要为深圳、厦门眼镜企业生产中高档零配件，涌现了一大批优秀的眼镜零配件企业，其中康华眼镜是全球眼镜行业的配件巨头，华强眼镜则是世界配件企业中的单项冠军——非标眼镜配件王者。

【台州杜桥眼镜产业注重打造性价比优势】 杜桥眼镜从低端太阳镜起步，逐年发展，品质和档次日益提升，如今产品涵盖高、中、低端各类太阳镜、光学镜、老花镜等。目前，光学镜、老花镜两者合计约占杜桥眼镜产品的60%，太阳镜约占40%。光学架包含了塑钢、TR-90、半钛、纯钛等各种材质，老花镜包含了塑胶、金属等材质，太阳镜包含了PC、醋酸、板材等各类材质。2021年开始，杜桥市场上开始出现纯钛产品，出厂价达到50~100元。杜桥还产有更高端的眼镜，如盈昌个别眼镜类别出厂价高达400元以上，直逼国际上最高端、最前沿的眼镜名牌产品。总体而言，与别的产区比较，杜桥眼镜产品具有巨大的性价比优势。

杜桥目前拥有大汾眼镜工业园，占地约250亩（约16. 7万平方米），有眼镜制造企业100余家；大汾半洋小微园170亩（约11.3万平方米），有眼镜制造企业60多家；汾西工艺品小区，占地约300亩（约20万平方米），有眼镜制造企业100余家；其余分布在5个办事处、村等，有眼镜制造企业近1000家。杜桥经过四十余年的发展，拥有了完备的眼镜产业链，为眼镜行业整体发展提供了极大的便利。目前，杜桥有镜片企业50多家，像正大光学、天河眼镜、伟星光学、金利玛、英舒光学、盛盈等就是其中的佼佼者；有配件企业50~60家；有电镀企业6家；有模具制造企业10多家，公清模具是其中较有代表性的企业。

杜桥眼镜企业以中小企业居多，老板往往亲力亲为，企业机制灵活，加上产业链齐全，多方面要素集聚，使得杜桥眼镜企业表现出打样快、出货快的优势。别的产区打样要1个月，杜桥只要15~25天；别的产区出货要3个月，杜桥只要2个月。机制灵活、效率高、速度快，是杜桥眼镜企业鲜明的特点之一。

【台州杜桥眼镜创业园入驻企业超130家】 2022年3月20日，临海发布消息，杜桥眼镜创业园项目位于杜桥镇南工业城，是台州市重点工程，自2021年4月正式交付以来，已有130多家企业正式入驻。春节后，创业园里一片欣欣向荣的景象，各大企业正全力赶制订单，争创开门红。杜桥眼镜创业园总用地面积201856平方米，总建筑面积约56万平方米，项目由15幢生产性厂房、4幢高层宿舍、配套设施用房和2栋办公用房楼组成。目前，园区已有130多家企业入驻，84家企业正式投产，园区正按照多元化、专业化、规范化的要求，将创业园打造成为产业特色鲜明、布局合理、集聚水平较高、服务功能完善的创新创业平台，力争成为小微企业园的模范先锋。

【温州打造500亿级眼镜产业集群】 2022年6月16日，《温州日报》报道温州眼镜产业集群发展动态。作为中国第一个眼镜生产基地，温州眼镜曾经占据中国眼镜制造业的“半壁江山”，以优越的性价比享誉国际市场。时过境迁，这种曾经依靠低成本、低附加值的发展模式在新常态下弊端凸显，特别受全球经济和民间借贷危机影响，整个行业遭受重创并经历了一轮行业洗牌。

大浪淘沙下的温州眼镜企业从未停止探索产业转型升级的步伐，经过几年的探索，温州眼镜正在全力重塑竞争优势。温州市眼镜商会会长、温州市蓝道工业发展有限公司董事长林加乾认为，随着眼镜制造分工越发细化和制造的专业化，近几年本土化优势越来越强，特别是在制造工艺、产品全系列方面，都有了竞争力。尽管如此，不少眼镜企业主坦言改造升级中面临最严峻的问题就是创新智造不足、缺少自主品牌等。

痛处着手，创上发力。这几年，发力于中高端的产业转型升级组合拳在有着“中国主要眼镜制造基地”的瓯海区全面展开，通过“两化”融合、“机器换人”、“品牌塑造”等举措，眼镜企业加快转型升级步伐。顶层设计同实践突破，政企共同发力，这是一场企业与政府砥砺同行的产业深度提升之战！企业设备升级需要资金，瓯海区对设备购置、技术转让、软件购置费等总投资额在100万元以上的“机器换人”项目，按照项目实际投资额给予6%至20%的补助。另外，每年向规上眼镜企业发放不少于5万元的科技创新券，用于产品检测、设备租用、创新设计、购买标准服务等。以温州通达光学公司为例，其三年累计投入3000多万元“机器换人”，员工减少25%，劳动生产率提高29%。总体而言，通过“机器换人”，瓯海眼镜产业劳动生产率同比提升了17.78%。在研发方面，仅2017年该区规上眼镜企业研发经费投入近6800万元，行业专利授权量达154件。

高质量发展离不开优越的营商环境。瓯海区斥资50亿元打造“眼镜小镇”，同时出台相关政策，内容涵盖人才培育、研发设计、品牌培育、质量提升、企业培育、产业基金、企业上市、跨境电商、生产空间和机构保障等多个方面；为缓解土地瓶颈制约，满足眼镜企业扩大生产之需，瓯海开建高新技术眼镜产业园；企业转型需要引进和培养人才，政策对引进各类人才进行补贴……随着政策红利的不断释放，传统眼镜产业在改造、创新、品牌营销的道路上渐入佳境。

瓯海区获批创建全国唯一的国家级眼镜产品质量提升示范区和省级出口眼镜产品质量安全示范区，形成集研发、设计、生产、销售于一体的完整产业链，眼镜规上企业连续三年销售产值增长20%以上。

瓯海区因势利导，由财政出钱支持自主品牌企业抱团参加意大利米兰、德国慕尼黑等国际性眼镜展。2011年，瓯海成功入选省区域名牌，在全国打响了“温州眼镜”区域品牌。温州眼镜行业约90%的产品销往欧美等地100多个国家和地区，成为世界十大眼镜品牌的主要供货地区。未来，瓯海眼镜行业要打造“中国眼镜之都”，把眼镜产业打造成500亿甚至是千亿元产值产业。

【台州椒江区眼镜集群化发展趋势凸显】 眼镜行业是椒江创业富民、带动就业的支柱产业，也是椒江的传统民生赋能产业。椒江区眼镜企业生产的眼镜品类齐全，太阳镜、老花镜、光学架及各类配件实现全覆盖；销售渠道广阔，从本地的眼镜批发市场到义乌国际商贸城、从浙江眼镜城到北京眼镜城、从内销到外贸、从传统销售到线上销售，椒江眼镜人的身影几乎无处不在。由于经营理念的限制等历史原因，一直处在分散生产经营状态。低小散的现状没有得到根本的改善。

2020年初，北京台州商会副会长赵先满以8100万元竞拍下45亩（3万平方米）土地，投资4个多亿开始建设江北数字眼镜科创园。椒江眼镜行业协会着手以此为平台推进眼镜行业数字化跨越发展，吹响了椒江眼镜数字化、现代化发展的“集结号”。随后，在成都、郑州、武汉、丹阳、杜桥等地办企业、搞销售的眼镜行业乡贤纷纷回乡，合力推进椒江眼镜行业发展。江北眼镜科创园现已引进有创新能力、有科研能力、有潜力的17家眼镜企业入驻，可以带动4000人就业。

17家眼镜企业入驻后，实现了眼镜优质企业密切合作、抱团发展、互助共赢，打造全新眼镜企业家交流平台和发展联盟。椒江努力把江北眼镜科创园打造成一个集研发设计、品牌运营、信息交流、人才培训和配套服务于一体的眼镜时尚综合体，通过共享、共兴、共荣，加快推进眼镜产业的转型升级、数字发展和所在地的共同富裕。

与此同时，眼镜企业高度重视对知识产权的应用和新产品的开发，通过国家发明专利、实用新型专利、省级著名知名商标，为企业发展注入了新的活力；通过高科技实现高质量发展，借助“机器换人”的现代化自动化装备更新生产设备，让微电脑智能技术普遍应用于眼镜生产线，实现产业智能化。在提升椒江眼镜的品牌知名度、美誉度，促成椒江眼镜向健康产业快速推进的同时，进行环保技术改造、工艺流程优化、消防安全整治，全面打造客户放心、员工放心、消费者放心的放心工厂和放心园区，实现抱团发展。

椒江眼镜集群化发展趋势凸显，已经形成六联、陶家、横蒋、小微创业园及建设、杨司等六大眼镜产业区块，眼镜电商发展如火如荼，椒江眼镜进入新的发展机遇期，向着更科技、更时尚、更高端的品牌战略跨越。

【杜桥眼镜产业步入二次腾飞“快车道”】 浙江省台州市临海市杜桥镇素有“眼镜王国”的美誉。眼镜产业是该镇最大的特色产业，从业人员超过全镇人口的五分之一。近年来，该镇以小城市培育为契机，坚持“一城一园”双轮驱动，以国家五星级标准加速建设中国·杜桥眼镜城，对标数字化、专业化先进制造园区建设运营小微眼镜创业园，推动眼镜产业从粗放型、低端型向集约型、高附加值发展，全力打造高质量发展助推共同富裕的示范产业，眼镜产业步入二次腾飞“快车道”。

【厦门占据国内中高端太阳镜超八成市场】 小眼镜，大商机。厦门眼镜产业年产值已超百亿，中高端太阳镜八成来自厦门。厦门市眼镜协会人士表示，厦门拥有良好的眼镜产业基础，已形成涵盖太阳镜、光学镜架、镜片、老视镜、生产设备的眼镜制造行业，形成了从材料、零件、电镀、成镜、包装到批发零售等完整的产业链，拥有众多影响力较高的品牌。

20 世纪 90 年代初，台湾一批优秀眼镜生产企业及配套厂移师厦门，厦门眼镜产业慢慢有了基础，并逐渐形成完整的产业链，生产规模和技术水平跻身中国乃至世界较高水平之列。

厦门市眼镜协会会长黄法调认为：“经过 30 多年的发展，厦门眼镜产业已经有相当的‘江湖地位’，国内太阳镜前五大品牌基本都在厦门。”“暴龙”“海伦凯勒”“派丽蒙”等厦门眼镜品牌已然成为国内的流行风向标，在国际上的影响力也越来越高。

【龙岗眼镜与时俱进搭上时尚“快车”】 互联网零售，让眼镜这一传统产业焕发新生。深圳市普莱斯科技有限公司总经理康自成 2010 年创立普莱斯（Pulais）眼镜品牌，该公司也成为龙岗第一家深耕互联网品牌的本土眼镜企业。借助互联网零售的东风，经过十余年的发展，如今普莱斯稳居电商平台眼镜品类前列。

品牌和渠道是龙岗眼镜产业从低附加值迈向高附加值的关键要素。而品牌建设是一个持续的过程，企业既要用品质来赢得市场认可，还要源源不断地广告投入，普莱斯每年投入广告费高达 3000 万元，占营收的 25%。

普莱斯打造自主品牌的探索，也是龙岗眼镜产业近年来追求高质量发展的一个缩影。随着国内外形势的不断变化，也得益于龙岗营商环境的不断优化，全区眼镜企业在不断探索和发展的过程中，涌现出了一批新模式新业态，为产业转型升级创造了新的机遇。

以雅视光学为代表的制造业龙头，从“三来一补”加工企业，发展为拥有高技术含量、多个自主品牌的现代多元化经营的眼镜龙头企业。

以新视代眼科为代表的创新型企业，积极向时尚、健康等领域扩张，带动产业从“制造”向“品牌”，再向“服务”、向“提供解决方案”持续升级。

龙岗区凭借较完整的制造业链条，还吸引了乐活集团等商贸业龙头和新零售时尚眼镜品牌落户，改变了辖区眼镜产业以往主要集中于外销的渠道依赖。此外，日益强大的设计师团队也为产业向价值链更高端攀升提供了新动能。

根据《深圳建设时尚之城三年行动计划（2022—2025）》，龙岗区将全力打造全市时尚产业制造基地，而眼镜产业作为龙岗区四大时尚支柱产业之一，也将迎来高质量发展的大好机遇。

龙岗区将积极引导眼镜行业向创意文化和时尚设计产业转型，推动眼镜产业高端化、绿色化、智能化改善，不断提高产业质量效益和核心竞争力。

龙岗正在酝酿出台“眼镜产业高质量发展二十条”，并高标准打造“一园两区”，即龙岗区眼镜科技产业园、横岗眼镜时尚街区和大康眼镜产业集聚区，进一步巩固拓展眼镜企业发展空间。龙岗区每年将拿出真金白银培育企业做强做大，夯实产业基础，强化产业空间保障，引进培育人才，鼓励新业态发展以及市场品牌推广，以有效扭转眼镜制造业产能萎缩、制造业企业外迁的势头。同时促进时尚产业转型升级，培育眼镜新业态成长，提升时尚产业自主创新能力，支持企业做强做优自主品牌。

眼镜设计不仅仅是一种工业化的产物，更是一种艺术和生活方式上的转变提升，眼镜设计改变了我们看待世界的目光。当我们不再沉溺于所见，世界的目光迎面而来。龙岗眼镜产业的未来必将搭上深圳现代时尚产业高质量发展的“快车”，在不远的将来有望迎来“破茧成蝶”。

【深圳市建立起完整眼镜配镜供应链】 深圳是全国五大眼镜产业基地之一，经过近40年的发展，眼镜行业已成为深圳的传统优势行业，形成了产业规模大、产品质量高端、产业集聚度高、生产配套完善的显著优势。数据显示，深圳眼镜产业年产量达1.25亿副，年产值100多亿元，出口总值比例占80%以上，占全国中高端眼镜产量50%以上。

供应链配套完善，半小时完成关键零件调配。深圳眼镜企业主要集中于龙岗区横岗及园山街道，现有企业800余家，主要以加工生产中高档镜架及太阳镜、光学眼镜的企业为主，行业目前纳统规上工业企业十余家。

经过40年发展，深圳眼镜产业已形成产业链紧密，胶板料生产、镜架生产、眼镜配件生产、自动化设备生产、智能眼镜开发等上下游企业之间合作密切、互通有无、关联度高的现象。在深圳，只需半个小时，龙岗眼镜企业就能解决眼镜配套螺丝缺失等一些关键零件调配问题，已形成产业完备成熟的上下游供应链体系。目前，龙岗眼镜发展瞄准产品工艺精准度，产品质量正往品质高端化发展，而完善成熟的供应链配套是产业得以保持高质量发展的关键。

工艺成熟，制作工艺三十年经验沉淀。小眼镜，大工艺。合格的眼镜应该达到接口平整、缝隙贴合、镜腿镜框两边弧度一致，而这一切都需要人手进行手工操作。作为深圳传统劳动密集型产业之一，眼镜行业每年提供10万余个就业岗位，就业年龄结构跨越中青年阶层。深圳的眼镜产业发展已有40年历史。深圳市眼镜行业协会秘书长蔡斌表示，深圳具备成熟的眼镜生产制作工艺，这是眼镜行业成为深圳的传统优势行业的原因之一。

深圳眼镜企业的员工既有入行不久的“新学徒”，也有二三十年经验的“老师傅”，这是深圳眼镜产业发展保持较大优势的关键之一。同时，还有专业团队深耕行业。有的企业的工程技术总监有超30年的眼镜开发、制造工作经验。企业内各个部门主管人员也有多年的眼镜生产管理经验。如深圳市慧明眼镜有限公司在12年前创建慧明实验室，可对眼镜进行UV老化测试、烟雾测试、人工汗液测试等专业测试，测试设备已达到国际化的监测标准要求，可满足国内外所有高端眼镜的可靠性测试，目前已成为行业内设备较为完善、监测最为规范的实验室。

【深圳龙岗崛起成为全球眼镜生产基地】 根据全国工商登记显示，龙岗区有眼镜企业1000多家，全国排名第一；眼镜制造业企业582家，全国排名第四（前三名分别是丹阳、临海、瓯海）；注册资本1000万元以上的企业数量在全国排名第三（排名第一的是丹阳）。深圳龙岗区眼镜企业的镜架生产、胶板料生产、眼镜配件生产、自动化设备生产、智能眼镜开发等上下游企业之间合作密切、互通有无、关联度高，产业链完整，形成了眼镜独特的发展优势。同时，横岗眼镜、深圳制造也成为高质量的代名词。

作为全国五大眼镜产业基地之一，经过近40年发展，“横岗眼镜”产业已成为深圳龙岗的传统优势产业，凭借高端的定位、过硬的产品质量，在全国乃至世界眼镜行业都具有较高的知名度。

“横岗眼镜”起步于20世纪80年代。香港商人林贤生在168工业区开办了横岗史上第一家眼镜厂——横岗光学厂。此后，高华、高雅、雅骏等香港龙头眼镜企业开始在原大横岗（2016 年 12 月，原横岗街道分设为横岗街道、园山街道）投资建设眼镜加工厂，以生产镜框镜架为主，同时带动一大批眼镜产业链上下游企业快速发展，逐步形成产业集群。

“横岗眼镜”以香港为口岸，行销世界 120 多个国家和地区，销售额曾一度占欧洲市场 70% 的份额，成为全球知名品牌眼镜的最大生产基地，被誉为“眼镜王国”，成为龙岗制造的一张闪亮名片。

经过近 40 年的发展，如今，以“横岗眼镜”为代表的龙岗区眼镜产业已经形成产品质量好、产业规模大、集聚程度高、生产配套完善的显著优势。而且，龙岗眼镜与全国眼镜主要产地相比仍占有一定优势。全国 90% 的高端眼镜设计师集中在龙岗区的横岗、园山街道，设计从业人员超 200 人，自主创业 35 人、专业设计师工作室 20 家。由本土设计师直接带动的年产值约 5. 2 亿元人民币，同比全国其他眼镜产区，深圳眼镜设计师设计产品行业水平最高，人均产值最高。

【数字化新技术促使我国“眼镜经济”发展】 随着数字经济的发展，人们的生活方式也随之发生较大的转变，无论是通信还是工作，都因数字化发生了改变。以工作为例，数字化的新技术创造了相当数量的新岗位，而且新技术的使用也需要新的人才。有关数据显示，2020 年我国数字化衍生就业数量高达 3684 万个，同比增加了 24. 4%。可以说，数字化在一定程度上缓解了就业竞争压力。

工作岗位的转变，只是数字经济发展的缩影之一。实际上，日常生活中的方方面面都存在数字化，随着数字化程度的加深，一些新的经济形式被带动发展，“眼镜经济”就是其中的一员。

对于很多年轻人来说，数字化就像一把双刃剑，一方面给我们的生活带来便利，让我们的日常工作娱乐变得更加多样化，增加了生活的趣味性，另一方面则是长时间的盯着手机或电脑屏幕，很容易让眼睛受到伤害，出现近视、散光等病理现象。

根据相关数据显示，我国目前大约有 7 亿人存在近视的现象，高中和大学的近视率高达 90% 左右，所以很多人为了保护视力，都会去配一副眼镜。值得一提的是，眼镜除了有保护眼睛、矫正视力的作用外，还能起到修饰美观的作用，装饰性很强。随着人们生活水平的提高，对眼镜品质的追求也渐渐增加，“眼镜经济”越发火热。

有关机构资料显示，我国眼镜市场规模的增长速度非常快，预计在 2023 年，眼镜市场规模将突破 1000 亿元，或将达到 1004. 67 亿元，五年间的年均复合增长率预计将达到 3. 81%。随着我国眼镜产品人均支出额的提高，市场规模也将不断扩大。

【深圳眼镜产业上下游企业之间合作密切】 深圳眼镜产业集聚程度高，镜架生产、胶板料生产、眼镜配件生产、自动化设备生产、智能眼镜开发等上下游企业之间合作密切、互通有无、关联度高，形成了深圳眼镜得天独厚的发展优势。

如深圳艾卡尔力博眼镜有限公司就有 300 多家合作商。该公司代工了 30 多个全球二线品牌，并开发了 3 个自主品牌。在生产过程中，若是缺少配件，在其他地方是大难题，但在深圳，得益于上下游公司的集聚效应，半小时便可以搞定。

作为全国五大眼镜产业基地之一，深圳眼镜起步于 20 世纪 80 年代，企业主要集中于龙岗区横岗及园山街道。当时，高华、高雅等香港龙头眼镜企业开始在深圳龙岗投资建设眼镜加工厂，以生产镜框、镜架为主，同时带动一大批眼镜产业链上下游企业快速发展，逐步形成产业集群。现有企业 800 余家，行业目前纳统规上工业企业十余家。

【深圳龙岗眼镜生产走时尚+科技之路】 深圳市雅视司徕柏光学科技（深圳）有限公司推出的一款智能眼镜，搭载了华为鸿蒙系统，功能强大、外形时尚，集炫酷科技和舒适佩戴于一体，备受市场关注。未来人们戴上的能智慧播报、能口袋充电的智能眼镜，很可能就是“深圳龙岗造”！

与雅视司徕柏光学一样，越来越多的龙岗传统眼镜工业企业朝智能化、数字化方向发力。龙岗传统产业的集群优势也愈发明显，全区时尚产业规模以上工业企业共 279 家，总产值超 300 亿元，转型升级步伐加速。

作为“中国工业第一区”，龙岗区近年来按照要建设现代化产业体系，推动制造业高端化、智能化、绿色化发展的要求，推动战略性新兴产业融合集群发展，在加速新旧动能转换、推动传统制造业向高端时尚产业转型升级方面初见成效。

“横岗眼镜+智能”走出转型新路。龙岗工业实力雄厚，时尚产业在其中占有重要一席，珠宝、家具、服装、眼镜、皮具、钟表、乐器、化妆品……产品形态丰富。近年来，龙岗区积极整合优势资源推动产业调整升级，促进时尚产业制造能力和制造工艺进一步提升，为全区工业经济持续健康发展提供了强有力的支撑。

以“横岗眼镜”为例，20世纪80年代，香港龙头眼镜企业进入龙岗投资建厂，带动一大批眼镜产业链上下游企业快速发展，逐步形成深圳产业集群。经过40余年发展，横岗眼镜实现了从“眼镜厂”到“眼镜城”，再到创建“全国时尚眼镜产业知名品牌示范区”“中国眼镜出口基地”的华丽转身。

深圳市龙岗区不断优化营商环境，鼓励眼镜企业大胆探索，加快发展，眼镜行业涌现出了一批新模式新业态，为产业转型升级创造了新的机遇。雅视司徕柏光学公司联合华为共同开发打造智能眼镜，可实现开放式聆听、智慧播报、健康关怀、指挥操控等功能，能够有效满足消费者的各种生活场景；维酷光电公司将液晶膜明暗无级调光技术，与智能墨镜相结合，打造出“0.1秒变光黑科技”墨镜；必爱智能生命科技有限公司自主研发增益脑功能的智能眼镜，结合生物智能和人工智能，可实现心脑慢检测，让消费者随时随地观测、调节自己的心、脑、眼健康；集美新材料公司走绿色发展之路，专注于醋酸纤维素胶板等眼镜板材研发；以横岗新视代眼科为代表的创新型企业，则积极向时尚、健康等领域扩张，带动产业持续升级。

“传统制造+科技”实现跨界融合发展。龙岗区作为制造业大区，拥有较完整的产业链和供应链，为传统产业转型升级提供了巨大优势。龙岗的时尚产业企业既在产业内跨界融合，也与科技相结合，特别是充分利用龙岗电子信息产业优势，实现从产品设计、制造到市场推广的全链条数字化转型。

龙岗区正规划布局重点服务业多条赛道，在软件服务、工业互联网、现代物流、跨境电商、全屋智能、数字创意等多个领域搭建公共服务平台、打造重点项目。时尚产业企业也在积极利用这些平台，快速融入现代服务业各个领域，实现融合发展，找到新的增长点。龙岗区还计划出台相关政策鼓励时尚领域跨界合作，让眼镜、服装、珠宝、家具企业和品牌形成良性互动。此外，面对多元化、小众化的消费市场，龙岗区从政策层面支持区内制造业企业与国内知名品牌、公众人物、著名设计师跨界合作，把文化审美与时尚产品有机融合，文化消费嵌入各类时尚消费环节。

【深圳龙岗眼镜“工业上云”提高核心竞争力】 为进一步擦亮“龙岗眼镜”招牌，2022年上半年龙岗酝酿出台“眼镜产业二十条”政策，拿出真金白银培育企业做强做大，持续夯实产业基础。横岗眼镜时尚街区、园山（大康）眼镜产业集聚区、龙岗区眼镜科技产业园的建设已提上日程。政策助力，旨在推动眼镜产业高端化、智能化、绿色化改造，不断提高产业质量效益和核心竞争力。

龙岗区2020年启动为期5年的工业企业智能制造转型计划及中小企业上云计划，借助华为工业互联网核心技术和解决方案，助力区内企业数字化转型。同时，通过政府集中采购，政策补贴，大大降低了企业数字化转型成本。截至2022年，全区共有22家时尚企业参与到龙岗区工业互联网计划，涵盖珠宝、家具、服装和眼镜四大支柱产业。通过“上云”，这些传统产业的企业的管理效率、财务管理、订单处理、产品良率等数据有了明显提升。该区规划到2025年建成粤港澳大湾区具有辐射力的时尚产业高端制造基地，其间政策的助力必不可少，企业的努力更是至关重要。

【深圳眼镜优化高端制造迈向全球】 眼镜结构看似简单，实则复杂。一个镜框，其生产制造包含了开模、零件制作、成型、素材、装饰、装配等6大项、150余项细化流程，非常强调工匠精神和精益求精。深圳眼镜企业擅长高端眼镜架加工，生产的制作胶架、金架、钛架等高档眼镜架近九成远销海外。由于出口国外的产品验收标准相较国内而言更为严格，深圳也因此培养出一批高质量的眼镜制造企业。比如慧明眼镜有限公司，其产品都是按照国外的标准要求执行，其中60%出口国外。依托眼镜产业链上下游的快速发展所形成的产业集群，以及完善的产业体系，深圳还聚集大量的眼镜行业技术工人，其中不乏在行业深耕多年、经验技术丰富的工艺专家。目前，横岗、园山两个街道有高端眼镜设计师从业人员约200人、自主创业35人、专业设计师工作室20家。由本土设计师直接带动的年产值约5.2亿元。同比全国其他眼镜产区，深圳眼镜设计师设计产品行业水平最高，人均产值最高。

做低端不占优势，高端、品牌化才是深圳眼镜产业的出路。许多企业很早就意识到“品牌效应”“高端产品”的重要性，在发展初期就开始谋求转型，走上独立设计、创新之路。

【温州瑞安眼镜企业疫情形势下用新产品谋新机】 20世纪60年代，瑞安马屿人王瑞政研发制作了温州第一副老花镜，在他的引领下，越来越多的马屿人参与到眼镜产业中。经过50多年的努力发展，马屿集聚了瑞安市90%以上的眼镜企业，享有“中国眼镜之乡”的美誉，成为当代中国眼镜制造销售的发源地之一。

近十几年来，瑞安市眼镜产业逐步从销售转向制造，形成了从原材料生产到产品研发、配件加工、表面处理、成品包装和市场销售等较为完整的产业链。一些企业更是通过打造自主品牌、加大设计和研发力度等提升产品附加值，为传统企业发展闯出了一条新路。

面对2022年国内国外新冠疫情形势依然严峻的情况，眼镜行业的生产、销售受到很大影响，发展陷入困境的新形势，瑞安眼镜企业紧紧抓住新机遇，及时调整发展策略，加快生产适销对路的新产品。

如法依笛眼镜针对疫情形势严峻期间，学校停止线下授课，改为上网课，学生长时间盯着电子屏幕，近视率增加这一痛点和难点，充分发挥眼镜定制这一优势，利用原有生产线，更新设计方向和材料。于2020年上半年开始与中科海威合作，共同研发儿童防近视的功能性眼镜。目前，该产品处于试戴试用阶段。儿童在佩戴该公司防近视眼镜后，如果出现不良的用眼习惯，眼镜架会以振动来提醒，同时还会把坐姿、光线、用眼时间等数据信息发送到父母的手机里，从而达到预防儿童近视的效果。法依迪眼镜还积极在中国眼谷博览交易中心和VISION CHINA2022大会布展，推广功能性眼镜理念。

在疫情之下的瑞安市，很多眼镜企业都和法依笛眼镜一样，充分利用自身优势，转型升级，比如生产护目镜等市场刚需产品，给企业带来了一定的缓冲时间。企业在疫情常态化的趋势下，开展自我改革创新，适应时代发展潮流。既要巩固外贸生产，又要拓展内贸市场，要做到“内外兼修”，提升应对重大事件的能力。

瑞安的眼镜必须撕掉产品“中低端”的标签，不能再走同质化、打价格战的老路子，否则只会“两败俱伤”。

【瑞安眼镜产业集群发展锻造地方“金名片”】 当前，眼镜呈现出由时尚装饰品向智能型眼镜转变的趋势，这既是眼镜产业面临的挑战，也是创新发展的机遇。

作为瑞安传统产业，眼镜行业一直以来因员工技术水平不高、企业品牌意识不强、设备技术不足等诸多因素制约发展，企业技术含量低，高端品牌少，主要以低价位的竞争手段参与市场。

新冠疫情对眼镜行业的重创，也引发了眼镜企业的关注和思考。瑞安眼镜业积极用好电商的力量，开拓国内市场。目前，瑞安不少眼镜制造企业已出现转机，企业在稳住订单的同时，积极开拓国内市场，打出自主品牌。

瑞安市结合眼镜产业发展现状，加大对眼镜产业的科学发展规划，加快推进眼镜产业优化升级，全面提升创新能力、智能制造、绿色发展的水平。建成了占地面积达14公顷的马屿镇时代创业园，涵盖了眼镜制造、眼镜配件、镜片、眼镜机械、眼镜电镀、眼镜批发等行业，初步形成了太阳镜、老花镜、眼镜架、眼镜片、眼镜机械等产品系列。特色园区的建设推动了眼镜产业集群布局、集约发展，入驻企业亦加大了新材料开发和关键生产工艺技术提升，全方位提升眼镜产业的品牌内涵和市场竞争力。

生产小小一副眼镜，并非难事，但锻造成地方产业“金名片”、在疫情中实现产业突围、继续擦亮“中国眼镜之乡”的品牌却不易。瑞安眼镜产业只要换一副“眼镜”，就将改变世界的“目光”。眼镜企业要正视眼前的“痛点”和“难点”，结合国家战略和企业自身实际，进行转型升级，生产符合市场需求的产品，提升产品的科技含量。

瑞安眼镜企业在市场浪潮中经过长期锻炼，市场适应性强，眼镜产品又属于刚需消费品，市场潜力大。要在危机面前坚定信心、积极应对，转危为机，努力开拓发展新路。

【疫情之下电商护目镜撑起台州杜桥眼镜一片天】 2022年5月12日眼镜基地发布消息，很多杜桥眼镜人在义乌、广州、杜桥等地开有商铺，往年线下生意是不错的，但2022年新冠疫情的影响较为严重，整体眼镜消费总量下降。因为隔离时间长，“外国人进不来、国内人出不去”，很多老客户谈业务都从线下转到线上，杜桥眼镜电商生意呈现上升的趋势。

临海市眼镜电商协会会长陶永才介绍，多年来，政府扶持力度大，杜桥电商发展很快。2015年开始，电商销售额达到2000万元，经过2015、2016、2017年的发展，电商最多时候达到将近1000家，2018年最高峰时临海眼镜电商网上交易额增长了37.7%，阿里的网上交易额达120亿元。但2019年有所下降，其原因是其他网络的分流、物流成本的上升、一些大的电商企业外迁等带来了一些影响。即便如此，目前杜桥电商总数依然有400~500家、淘宝村11个，2021年综合销售额达到43亿元，可以说杜桥目前是国内眼镜电商的最大聚集地。这也是杜桥眼镜一个很大的亮点。

2022年防疫眼镜（如护目镜）的崛起是杜桥另一个闪光点。护目镜主要材质为注塑、塑胶，这是杜桥眼镜擅长的领域。2022年疫情蔓延，很多企业上马护目镜项目且产量不小，据了解，3月中旬至4月杜桥护目镜厂家暴增至200多家。目前，杜桥拥有注塑机不少于2000台，护目镜一天产能可达到200万~300万副，这为杜桥眼镜业整体发展贡献了很大一块业绩。

【温州瓯海抓好眼镜产业强链补链】 2022年9月，浙江省温州市瓯海区专题研究产业链培育发展和打造眼镜产业改造提升2.0版工作，强调要围绕“四化三链”基本路径，力促瓯海眼镜产业发展新跨越。报告提出，要围绕加快生产智能化、品牌化、时尚化和营销模式数字化，从补链、强链、延链入手，创新举措、狠抓落实，推进眼镜产业再升级。在生产端方面，要聚焦创新综合体提升眼镜制造工业互联网平台，加大对智能技改的政策倾斜与投入，加强对新材料应用和新产品开发的政策引领，千方百计解决好土地供应问题，做好产业“增量”文章。在品牌化方面，要注重品牌化运营，开设“瓯海眼镜”直营店，建立瓯海眼镜知识产权国家快维中心。在配套方面，要研究布局眼镜小镇视光中心、现货中心、仓储基地、停车场等，做强跨境电商。要做强做大眼镜行业、眼镜企业，全力推动重点企业上市工作，推进企业集团化上台阶，加大补链强链企业、龙头企业的招引力度。要加强眼镜行业和眼镜小镇的运营能力，增强协会聚合力，实现小镇运营规范化专业化，常态化做好人才招引和招工招聘。瓯海要固长板，把镜架“蛋糕”做大，把品牌树起来、商标做起来、美誉度知名度打出去。要补短板，想方设法招引镜片领军企业，不断完善产业链、提升核心竞争力。要进一步聚焦强链补链，进一步挖掘发展空间，进一步强化品牌培育。

世界眼镜看中国，中国眼镜看瓯海。眼镜产业是瓯海区的特色支柱产业，历经40余年的发展已形成一套集研发、设计、生产、销售于一体的健全产业体系，具有突出的行业优势和竞争活力，先后获得“中国眼镜生产基地”“国家级眼镜质量提升示范区”等“国字号”金字招牌。“瓯海眼镜”集体商标于2019年正式通过审核获准注册，这也是浙江省眼镜行业首个冠县级以上行政区划地名的集体商标。

产业兴则城市兴，产业强则经济强。瓯海区大力扶持眼镜产业，精心谋划、用心打造了中国（瓯海）眼镜小镇，聚力“强链补链”，撬动全区眼镜产业高质量发展。在“强链”方面，瓯海以产业集聚助力“链”上发力。2018年，瓯海选定眼镜企业较为集聚的娄桥工业园，打造了中国（瓯海）眼镜小镇，实现了上游原材料生产、中游镜片镜架生产、下游眼镜流通与服务配套产业齐全的一整套产业链体系，持续放大产业集聚效应。

在“补链”工作中，瓯海从辖区内外贸眼镜企业着手，针对合作方式多是贴牌和代加工、赚的都是“血汗钱”的状况，积极谋划，引导企业从“微笑曲线”两端找利润，即在设计和销售上做文章。温州冠豪眼镜有限公司已经拥有实用新型专利28项、外观专利43项、发明专利3项，共74项专利。这些专利，不仅让冠豪眼镜走在了市场前列，更保证企业有稳定的利润。

瓯海还在品牌化、信息化、智能化、人才、完善产业链等方面引导企业创新升级。以推进眼镜产业“机器换人”为例，瓯海区出台《以亿元以上企业“机器换人”全覆盖为重点推进智能制造示范项目建设的实施意见》，对企业“智能制造”项目建设在政策上给予真金白银的扶持。“‘机器换人’后的生产周期从原来的60天减少到12天压缩了80%，人力成本节省了25%，劳动生产率提高了29%。”瓯海一眼镜企业负责人说。

而在全力推动经济转型升级的过程中，瓯海以“链长制”为抓手，谋划实施一批重大强链补链项目，力求做到产业在“链”上开花结果。瓯海区政协主席、区眼镜产业链“链长”金衍光说：“我们要进一步强化品牌培育，打造瓯海区域品牌，加大推广宣传，把品牌树起来、商标做起来、美誉度知名度打出去。”

瓯海区将积极遴选链主、链群企业，全面加强园区运营、招商工作，强化多渠道促销引流，进一步提升眼镜制造业竞争优势，紧抓由危转机的关键时间点，加紧部署打造瓯海眼镜产业发展的升级版。

【深圳制造成为全球高端眼镜品质担当】 深圳眼镜企业擅长高端眼镜架加工，制作的胶架、金架、钛架等高档眼镜架近九成远销海外。全球50%的顶级眼镜品牌，都诞生于深圳这座“眼镜王国”，其中不乏路易威登（LV）、阿玛尼（Armani）、古驰（Gucci）等世界知名高端品牌。

顶级的工艺、过硬的品质，不仅赢得了国内众多一线品牌眼镜客户的喜爱，而且还赢得了全球顶级品牌眼镜的信赖。经过近40年的发展，深圳眼镜已经形成完备的产业链。在深圳，无论做什么样的眼镜，都可以找到一条龙的配套服务。深圳眼镜产业链紧密，镜架生产、胶板料生产、眼镜配件生产、自动化设备生产、智能眼镜开发等上下游企业之间合作密切、互通有无、关联度非常高。

眼镜结构看似简单，实则复杂。一个镜框，其生产制造包含了开模、零件制作、成型、素材、装饰、装配等6大项、上百道细化流程，不仅非常强调精益求精，技术含量也并不缺乏。

龙岗区有眼镜行业相关企业1000多家。其中眼镜制造业企业578家，产业不仅集中，而且专业化程度非常高。比如，集美新材料科技股份有限公专注于醋酸纤维素胶板等眼镜板材研发，是全球多家知名眼镜品牌指定的胶板材料供应商；环宇精密眼镜专供眼镜精密配件，占据全球细分市场六成的份额。

除了在硬实力上拥有强大的制造产业链外，目前全国90%的高端眼镜设计师都集中在深圳龙岗，设计从业人员超200人，专业设计工作室超20家。因此，深圳眼镜设计能力超群。在深圳眼镜制造商眼中，眼镜不仅是功能产品，也是装饰品。优秀设计师是深圳眼镜可以生产国际大品牌产品的底蕴，是不可或缺的精备之师。

【温州欧海眼镜企业“黑科技”“新产品”频现】 在2022中国（温州）国际眼镜展上，近1000平方米的“瓯海眼镜品牌区”展示的瓯海眼镜企业各种“黑科技”“新产品”让观展者大饱眼福。一百多款首发首秀新品闪耀登场，诸多前沿眼镜产品重磅亮相。

以“手工作坊”起家的瓯海眼镜，经“贴牌代工”壮大。经过近半个世纪的发展，产业逐步提炼出自身鲜明的特色，瓯海也成为享誉全国的眼镜产地。2018年，瓯海选定眼镜企业较为集聚的娄桥工业园，精心谋划、用心打造中国（瓯海）眼镜小镇，已逐步形成集研发、设计、生产、销售为一体的产业链集群，并持续放大产业集聚效应。截至2022年11月，全区眼镜上下游企业数（即生产+销售）从2018年的500余家增长至1034家，行业总产值从约100亿元增长至约150亿元。

为助力以传统制造为主的瓯海眼镜加速转型，瓯海聚焦当地智能眼镜行业共性技术短板，联合西安交通大学、西南交通大学、河北工程大学等高校教授团队，成立瓯海区中视新科人工智能产业技术研究院，推进瓯海智能眼镜关键核心技术攻关，快速提升智能眼镜研发和设计能力。大专院校、科研院所主要提供技术方案及对接研发成果，为科技赋能，让企业在创新升级的同时节省研发投入，降低成本。

建立园区，有利于提升眼镜产品质量、推进品牌建设、优化产业结构、提高产业竞争力和国际化水平。近年来，瓯海区持续扩大产业主体和规模、搭建多元化产业平台、积极提升品牌影响力，优化产业发展环境，眼镜跨境电商产业集群效应凸显。从2018年的0.99亿元到2019年的3.5亿元，2020年的22亿元再到2022年前10个月的29.1亿元，位于眼镜小镇内的中国（瓯海）眼镜跨境电商园入驻企业的年销售额实现了爆发式增长，成为浙南闽北最具影响力的电商园之一。前端订单获取、品牌建设、降低物流成本、拓展直播业务……依托全维度服务，园区现有入驻企业75家，已成功孵化思路、恋上、香蕉、吉米橙（Jimmy Orange）等19个自主品牌，开设国内国际电商平台百余家店铺，培育3家省级科技型企业，并发布10个浙江省新产品计划项目。园区还以校企合作、开展培训等方式做好“引才”“育才”文章，实现各类人才集聚。

打造中的瓯海眼镜云小镇，搭建瓯海眼镜产业带互联网数字化平台、产业的数据化引擎和数字化大脑。在国内外电商平台和社交媒体上推出并销售瓯海眼镜品牌、宣传瓯海品牌，并通过打造全球眼镜配镜中心，建立跨境电商TIKTOK直播服务基地等方式，加速瓯海眼镜小镇企业整体数字化，抱团出海。

【鹰潭眼镜从无到有的蝶变之路】 2022年4月20日，《江西日报》视线版头条以《从无到有由弱变强是如何实现的——鹰潭眼镜迈向百亿级产业的蝶变之路》为题，聚焦敢闯敢干的鹰潭人沐浴着改革开放的东风，纷纷远赴他乡经销眼镜，创造了“哪里有眼镜店，哪里就有鹰潭人”的传奇，本土眼镜生产企业从无到有，眼镜产业迈向百亿级，鹰潭也成为全国五大眼镜产业基地之一。

经过10多年的发展，鹰潭眼镜制造业从无到有、从少到多迅速集聚。产业园建园初期只有十几家眼镜制造企业，而且大多是低端产品或者只是做眼镜的装配。如今，该市已有眼镜生产企业260余家，其中香港上市公司2家，生产成品眼镜企业69家，生产眼镜配件及配套企业36家，生产镜片企业8家，眼镜电镀企业14家，配套小微企业100余家，产业工人1.6万余人，产品远销欧洲、美国等地。鹰潭眼镜产业被列入省级重点工业产业集群。2021年，该市眼镜产业实现主营业务收入70亿元，全年成镜产量约为1.8亿副。鹰潭成为与广东深圳、浙江温州、江苏丹阳、福建厦门并列的全国五大眼镜产业基地之一。

一根扁担挑出一个闻名海内外的“眼镜之乡”，这是鹰潭眼镜的过往传奇，也是无数鹰潭眼镜从业者的奋斗故事。早在清朝嘉庆年间就有余江人手提肩挑，走南闯北销售眼镜，并创办了最早的眼镜帮会。20世纪90年代初，鹰潭眼镜市场就已成为全国四大眼镜市场之一，有6万鹰潭人在国内外从事眼镜销售，足迹遍布全国各地及60多个国家和地区，国内零售门店1万余家，年销售额达百亿元。

如何将“眼镜之乡”独特的销售优势转化为眼镜制造的动能，通过发展本土眼镜制造业带动鹰潭经济发展？进入新世纪后，鹰潭市大力发展眼镜制造业，在余江县（今余江区）中童镇规划了鹰潭（余江）眼镜产业园，总规划面积18平方公里，让“眼镜之乡”更加名副其实。为做大做强眼镜制造业，鹰潭始终从战略高度将眼镜产业作为“朝阳产业”“富民产业”放在优先发展位置，在政策上倾斜，在资金上扶持，在服务上用心用情。为补齐眼镜产业链，打通企业上下游的痛点、难点，政府紧紧围绕浙江、广东等沿海地区的眼镜龙头企业开展精准招商、以商招商，成效显著。香港上市公司雅视集团、眼镜原材料生产龙头企业亨得利、国内老视镜领军品牌“夕阳红”等纷纷落户鹰潭。

鹰潭眼镜产业不仅要做大，更要做强。2021年11月，鹰潭市委、市政府审时度势，提出用两年的时间，聚集产业链企业300家以上，实现工业营收100亿元。同时聚焦眼镜制造业转型升级，有针对性地提出了眼镜产业集约转型发展思路。为实现转型升级，把鹰潭眼镜产业做大做强，鹰潭市使出了“三化”招数。

产业形态方面，向集群化发展。目前，鹰潭眼镜产业已初步形成了集研发、设计、生产、销售于一体的产业链。但是，在隐形眼镜、光学镜片和眼视光设备制造等方面仍存在短板。该市为补齐产业链短板，积极开展配套企业招商，对产业关联度高、带动作用强的企业，在厂房租金等方面给予减免优惠。同时，对填补产业链空白的企业采取一事一议的优惠政策。在完善眼镜产业链方面，鹰潭国际眼镜城颇具代表性，它很好地诠释了产业集群所带来的优势。在这里，生产企业可以买到各种零配件，消费者也可以体验到一站式购物的便捷。该市场为眼镜制造提供完善的供应链，商贸流通领域的成品批发和零售，各类镜架、镜片、配件材料、眼镜专用设施器材等应有尽有。这里是中国目前最大的眼镜批发综合体之一，以眼镜批发零售为核心，眼镜文化旅游功能为补充，现已入驻并开业的商家、贸易公司达200余家，汇聚了80%的国内知名品牌。

制造方式方面，向智能化转变。为推动眼镜产业创新升级，提升产品竞争水平，鹰潭市积极鼓励企业引进高端制造设备，对眼镜生产企业列入市领航培育企业库期间，生产设备（须符合低碳或智能要求）投资额在500万元（含）以上的技术改造项目，由企业注册地财政按其生产设备实际投资额给予阶梯式补助。同时，出台政策引导企业向智能穿戴设备制造方面发展。对从事VR及其相关产品研发、生产的各类企业，除享受相关优惠扶持政策外，对其新增税收地方留成部分进行全额奖励，期限为三年。

为进一步深化眼镜产业的智能化，该市积极培育科技型企业梯次。通过培育一批拥有知识产权和核心技术的高新技术企业，不断增强鹰潭眼镜产业的核心竞争力。目前，眼镜园区内有万成光学、亨得利金属等14家企业成功申报高新技术企业；华清眼镜、领秀眼镜等6家省“专精特新”中小企业。

销售模式方面，向电商化转变。在鹰潭国际眼镜城的江西共享镜品出口贸易有限公司，各类近视镜、老视镜、太阳镜分门别类摆放在各大柜台中。在二楼，该公司总经理汪强正通过阿里巴巴国际网站平台与墨西哥客户熟练地沟通眼镜的品类及工艺。由于受新冠疫情影响，企业产品的销售受到一些影响。在政府的积极引导下，公司入驻了眼镜综合电商公共服务平台，拓宽了销售渠道，稳定了供应链。

该市依托鹰潭（余江）眼镜产业园区众多生产企业和庞大的眼镜销售队伍的资源优势，在2021年7月搭建了眼镜综合电商公共服务平台，引导园区企业“触网”。计划用三年的时间，引导至少100家眼镜生产企业或眼镜电商企业通过网络销售眼镜产品，网络销售规模增至10亿元。2021年7月上线以来，就已在跨境电商平台上推广园区20余家企业，上线产品千余件，总交易额达6000多万元。

【鹰潭眼镜业筑梦二十载】 2022年4月12日，“眼镜基地”网络平台介绍江西鹰潭眼镜产业发展状况。鹰潭眼镜业主要集中于鹰潭（余江）眼镜产业园区。自2002年起开始兴建，现已建设4期，总面积近5平方公里。园区建设带动了鹰潭眼镜制造业扩张，园区已拥有各类眼镜企业200多家，产业工人近万人。

园区先后引进台湾著名眼镜贸易商华德光学（江西）有限公司、温州眼镜行业原材料龙头企业亨得利金属材料股份有限公司、国内胶板业龙头企业金余塑胶板有限公司、中国著名老视镜品牌“夕阳红”所属企业万成光学科技有限公司、深圳港资企业华清眼镜及香港雅视集团、晶威眼镜等眼镜行业众多知名企业。

二期以10万平方米标准厂房为载体打造的余江粤港眼镜工业园，快奇眼镜、威东光学、联利泰眼镜、众创利设备等20余家粤港沪企业入驻。三期扩园至15万平方米标准厂房，已入驻钱源眼镜、中奥塑胶、嘉崎镜片、科强镜片、揽胜光学、胜邦眼镜、佳艺配件等20余家企业。四期用地300余亩（20余万平方米），采取政府投资建设标准厂房和企业购地自建厂房相结合方式，建设厂房25万平方米。第五期园区900亩（60万平方米）土地建设，正在规划中。

在产业配套方面，有胶板供应企业金余、中奥、怡利等，眼镜机械设备企业众创力等，配件配套企业爱尔华、佳艺、奇钛、三益眼镜等。电镀园区占地4万多平方米，现已入驻千色科技、志成电镀、和聚丰电镀、昌隆电镀等多家企业。出现了一批产品设计、制造技术、管理流程、贸易等方面的服务型企业。此外，园区内建设了占地300多亩（20余万平方米）的臻汇工业园（雅视工业园）和占地100多亩（6万多平方米）的韩国GENTLE MONSTER时尚眼镜产业园。总体而言，鹰潭眼镜业成镜生产、镜片供应、配件配套、材料供应、眼镜电镀以及设备制造等产业链日渐完善，已经形成了集材料供应、产品研发、加工制造、文旅展示、商品贸易于一体的特色产业集群，鹰潭已成为全国具有重要影响力的眼镜生产基地之一。

【大爱成科技公司荣获“重庆五一劳动奖状”】 2022年4月28日，2022年庆祝“五一”

国际劳动节暨重庆五一劳动奖和重庆市工人先锋号表彰大会隆重举行。重庆大爱成科技（集团）股份有限公司荣获重庆市总工会颁发的“重庆五一劳动奖状”。受到表彰，这是大爱成科技集团全体员工的殊荣，也是重庆市眼镜行业的光荣。

2022年度的“重庆五一劳动奖状”，只授予了重庆市金融财贸轻工纺织行业中的三家企业，大爱成科技集团是唯一一家眼视光民营企业获奖者，为重庆市眼镜行业树立了榜样。该公司能够获此殊荣，充分体现了重庆市政府对该企业劳动创造价值、劳动创造美好的认可。

【河北新河发展眼镜产业助推经济发展】 近年来，河北省邢台市新河县大力培育眼镜产业龙头企业，积极引导眼镜盒产品做精做专，在产品质地上，由过去单一的纸贴料膜发展到现在的透苯原色料、真皮等；在产品款式上，由原来的几种发展到现在的百余种；在产品功能上，从单一的眼镜盒发展到礼品盒、首饰盒、工艺盒等，产品设计更具人性化、国际化。新河县还专门建立眼镜盒工业区，已有20多家规模企业在此安家落户，初步形成了眼镜盒产业集群，吸引了一大批国内外客商纷纷前来洽谈业务。

新河县眼镜、眼镜盒制造企业有170多家，产品远销日本、韩国、俄罗斯、意大利等国，年产值达19.5亿元。

新河眼镜盒协会组织带领眼镜盒企业积极向外拓展，定期参加北京、上海、广州、温州等地的专业博览会。通过产品的新颖设计和款式多样化，收获了来自一百多个国家和地区的采购商及国内外贸公司的订单。新河眼镜盒年产约6亿只，销售额占据国内市场的70%，出口占据了30%的市场份额，远销东南亚、俄罗斯、日韩及南美等国家和地区。

小产品做成大企业，2008年由河北省新河县质量技术监督局制定的我国首个眼镜盒产品质量企业标准——《眼镜盒标准》通过专家组审定后已在该局备案，并在当地10家眼镜盒生产企业实施。

随着新河县国家电子商务综合示范项目落地，即将在眼镜盒领域也拥有共同的商标。借着互联网的东风，乘着电商这艘大船，新河县眼镜盒行业必将转型升级、开拓创新、整合资源，优化产业结构，在眼镜盒行业打造属于自己的“新河模式”，在未来发展的路上点亮扬帆起航、乘势而上的明灯。

新河县人口不足18万，却有1万多人从事眼镜盒产业，每年生产眼镜盒6亿多只，国内市场占有率60%以上，产品出口美国、德国、日本等20多个国家和地区，国际市场占有率40%。规模扩大，产业链条不断完善，经过40多年发展，新河眼镜盒生产企业达400多家，既有蓝驰、鑫梦达、顺驰、浩源等生产规模大、工艺先进、拥有外贸进出口权的龙头企业，也有众多中小型企业和手工作坊式企业，与眼镜盒生产相关的纸箱、铁板、合页、弹簧、模具、物流等企业也蓬勃发展，产业链体不断完善。

2023

CHINA
GLASSES
YEARBOOK

三

贸易篇

（一）眼镜市场

【丹阳眼镜城综合体正式开工】 2021年12月25日，“视界之窗·丹阳之光”丹阳眼镜城项目开工仪式在“眼镜之乡”江苏省丹阳市举行。丹阳眼镜城项目总用地约1700亩（约133万平方米），计划总投资80亿元。重点规划建设包括少儿视光中心、标准化验配示范点、星级酒店、眼科医院、视光科技会馆、视光主题商街在内的10大项目，致力于将丹阳眼镜小镇建设成为全周期体验、全域化旅游、全方位升级的国际眼镜创新创业基地和丹阳城市品质提升的新地标。

【上海红星眼镜总店焕新回归】 2022年1月19日，上海红星眼镜淮海总店焕新回归，以全新的面貌和特色，延续百年初心。据悉，该店设有功能与设计眼镜中心，提供全球知名眼镜品牌产品；个性化定制中心，在精确验光的基础上，结合一键三维面部扫描以及夜间视力优化的黑科技，为顾客量身定制专属镜片；小修小配专柜，秉承红星眼镜的特色服务，新增眼镜周边特色产品；家庭验光室，通过德式3D验光系统，让父母与孩子共同体验视力服务。

【丹阳眼镜城部署节前重点工作】 为确保市场各项工作有序开展，2022年1月26日上午，开发区党工委领导石文辉组织召开眼镜城节前重点工作部署会，眼镜城市场管理办各部门负责人参加会议。

会议强调，一要做好安全生产工作，对市场内广告牌、用水用电、防冻防爆、消防设施等重点部位安全隐患进行全面排查，严守安全底线，确保春节期间市场安全形势稳定；二是要做好疫情防控工作，从严落实上级各项防控措施，进市场务必戴口罩、测体温、扫健康码，用心守好市场疫情防控“大门”；三要做好值班值守工作，落实24小时值班制度，确保手机畅通，及时掌握工作动态，做好紧急信息报送等工作；四要做好廉洁自律工作，严格落实好中央八项规定精神，严明政治纪律和规矩，确保廉洁过春节。

【深圳横岗眼镜市场四大卖场聚集】 在深圳，除了水贝的珠宝、南油的服装、华强北的手机，还建有一个年总产值高达上百亿元的特色市场——横岗眼镜城。

横岗眼镜城起步于20世纪90年代，那时香港正在将眼镜产业向北转移，深圳在深化改革、扩大开放的过程中紧紧抓住这一历史性机遇，因势利导，顺势而为，建设眼镜生产基地，吸引海内外客商落户横岗眼镜城。

横岗拥有眼镜企业495家，年产眼镜量超过1.25亿副，年销售额136亿元，横岗的眼镜从业人员约10万人。横岗也是全球最大的中高档眼镜生产基地，出口总值超百亿元，占据全球高端镜架80%的市场。作为中国五大眼镜生产基地之一，这里也是许多连锁品牌眼镜的加工厂，从工厂走向柜台，一副成本几十元的眼镜，往往能卖出上千元的价格。

横岗眼镜城有4个大型的眼镜卖场，分别是横岗、嘉宝、新马、中焕。横岗眼镜城不只做批发，也是一个大型的零售市场，几乎每一家店都可以进行验光、配镜服务，个人去配镜的价格也非常实惠。

横岗的4个大型眼镜卖场分布较为集中，间隔几百米左右。如代表性较强的横岗眼镜城与嘉宝国际眼镜城。从横岗地铁口出来便是嘉宝国际眼镜城，嘉宝的一楼有很多连锁店，装修普遍都比较新，眼镜价格也相对更高。二楼主要是批发与低价零售，眼镜加工作坊与门店紧邻，配镜仅需40分钟。

【北京大明眼镜与目后眼镜联手打造“大明潮宫”主题空间】 2022年2月22日，大明眼镜与华系品牌始创者——目后眼镜，联名打造以眼镜为主题的新国潮网红打卡点“大明潮宫”，在众多宾朋的见证下，于大明眼镜王府井旗舰店正式拉开帷幕。

中国眼镜协会副理事长江波、北京眼镜行业协会秘书长洪秋芳、北京大明眼镜股份有限公司总经理王瑞强、上海新族眼镜有限公司董事长孙光义、北京大明眼镜股份有限公司技术总监张宏仑，共同为大明眼镜与目后眼镜联合打造的“大明潮宫”剪彩。

“大明潮宫”正在用全新的方式去探索中国的潮流新生活，让国潮眼镜文化“活”起来，更高级、更现代、更有趣地呈现给当代潮流的新国人。

【重庆市渝中区领导走访千叶眼镜】 2022年5月24日，重庆市渝中区委书记赵世庆，副书记张远洪，区委常委、副区长邓光怀，副区长梁栋，带领区有关部门领导走访千叶眼镜。深入了解企业发展现状及需求，现场协调需要解决的事项，助力企业更好更快发展！千叶眼镜连锁股份公司成立于1992年，是以专业验光配镜为主的大型眼镜零售连锁企业，始终以专业的技术为消费者的视觉健康保驾护航，目前在全国众多城市设有门店，受到消费者广泛好评。

【鹰潭国际眼镜城举行2022年眼镜新品夏季订货会】 2022年8月9日，2022年眼镜新品夏季订货会在鹰潭国际眼镜城举行，来自周边地区各级订货商千余人参加订货会。这次2022夏季订货会，是鹰潭国际眼镜城管委会落实市委市政府、区委区政府做大做强眼镜产业决策部署，继续贯彻落实原来的扶持政策，按照每年在国际眼镜城举办两次眼镜订货会的要求，在8月9日、10日举办订货会。由于受新冠疫情影响，这次订货会来的客商人数略有下降，但是总体的交易额与2021年基本持平，达到5000万元左右。

订货会上，各品牌展出的新品柜台，展示各自具有代表性的产品。本土企业“大光明眼镜”展厅吸引了大众的目光，BOSS、海伦凯勒、帕兰德、李维斯等众多名牌眼镜排列整齐，优雅的灯光照射，品牌特色展示一览无余，德兴温视堂眼视光中心成为这次订货会的“大客户”。

近年来，余江区立足产业集群优势和特色，打造中国眼镜产业之都，做好主导产业和配套链条延伸；逐步建成为一个集科研、加工、贸易、观光、旅游、展览于一体的特色产业集聚区；基地建有世界上展览面积最大、反映眼镜历史文化最全的世界眼镜博物馆，依托国家4A级旅游景区打造了鹰潭眼镜小镇。

【丹阳眼镜城展览馆开馆】 丹阳眼镜城展览馆于2022年8月13日正式对外开放。展览馆建筑面积3550平方米，高度22.1米。走进馆内，挑高充足，展馆共有两层，配有会展多功能厅、书屋等。展览馆为丹阳眼镜的展示、宣传、交易、体验和文化交流提供了一个新的场所。

【丹阳眼镜城双十一市场火爆】 对于眼镜店从业者而言，做电商是很难的。配镜需要装配加工，每单都需要单独生产，所以大部分消费者都会先选择线下眼镜店。然而，2022年10月31日，双十一开售后的4小时，奥杰眼镜的京东网店的销量同比增长已近40%。

奥杰眼镜店位于丹阳眼镜城。丹阳是江苏省的一个县级市，被称为“中国眼镜之都”，是世界最大的镜片生产基地、亚洲最大的眼镜产品集散地。

据丹阳眼镜协会的数据，在丹阳，每年会生产出1亿多副镜架，约占全国的三分之一；镜片的年产量达到4亿多副，约占全国的75%、全球市场的40%左右。目前，丹阳从事眼镜产业及相关配套的工贸企业已经有1600多家，其中眼镜生产企业600余家，相关配套的贸易企业及商家1000多家，行业从业人员近5万人。

这两年的疫情对丹阳产业带造成了不小的冲击，眼镜的销售本身依赖于线下，但疫情期间，线下客流减少，丹阳眼镜城的一些商家面临经营困难，供应链流通不畅，导致原材料成本上涨、快递成本上涨。快递发不出之后导致店铺销售额降低，利润进而变低。

2021年，部分丹阳商家还没有开网店。据统计，丹阳市有网络销售渠道的商家为60%左右，仍然有大量的商家没有使用电商销售渠道。2022年双十一，丹阳眼镜城里不少商家忙着打包发货，这和往年的冷清场景完全不同，这得益于产业带商家的“上网”。2022年京东招募了驻地服务商，驻扎到丹阳产业带，促进了大量店铺“上网”，这些新上网的商家都第一次加入了双十一的电商促销活动。

对于商家而言，开网店不是最难的，没有销量才是难题。新的电商商家百世芬店，努力深刻剖析自我，深入分析市场，明晰前期店铺定位需要，例如用户是男是女、年龄分布如何、平时有什么爱好、经常购买产品的价格带在什么位置，做到切准客户需求，找准市场定位。在此基础上，打好运营组合拳，既要有数据分析的专员，还要有活动运营操盘手、广告投手以及能抓住消费者审美的店长等。

通过观看分析竞品的数据，找到店铺内流失关键词与竞争对手的成交关键词，对店铺商品关键词修改，通过竞争对手的主图、详情页图的变化而改变自己店铺的形象，不断提升店铺的点击率、减少跳失率。

奥杰眼镜通过京东人群画像，以及结合奥杰的优势，将店铺从做全品类的眼镜店调整为商务男光学眼镜店，瞄准对价格轻微敏感且看重省事，注重镜架与镜片质量的25～40岁男士用户，再根据店铺的消费画像相应调整商品结构，对目标人群重点推出两款爆品，并搭配了免邮试用的营销工具，进行精准营销，提升了120%的用户浏览量。

多数产业带商家存在规模小而分散、以白牌为主、原创力不足、同质化竞争严重等特点。随着市场白热化，单纯地拼低价更是导致商家们普遍盈利困难，产业带商家也在面临“内卷”。产业带商家只将生意阵地转移至线上渠道并不够，还需要有策略、抓手等要素。

对于京东而言，双十一的存量竞争下，产业带的商家也是重要增量。京东在双十一启动发布会上公布了“百大产业带扶持计划”，宣布将向全国267个产业带招募新商家，并出台免费代入驻、费用减免、商家培训等扶持举措，帮助更多中小微商家在京东开店并实现增长。这个双十一，京东将通过进一步提升首页短视频、优质商家店铺等占比，让中小店铺流量提升。9月，奥杰的月均电商商品交易总额（GMV）同比增长10倍以上，其中一款眼镜的单款销售额超过500万元。奥杰2022年的备货比较充足，镜架和镜片备货量都在几十万副左右。奥杰会加大推广力度，并通过上新品等活动来吸引顾客，从而增加访客数量。

【蔡司光学推出首本《渐进眼镜验配实战手册》】 2022年1月17日，由蔡司光学组织编撰的《渐进眼镜验配实战手册》正式面世。该手册由中国眼镜科技杂志社出版，凝聚了蔡司光学团队多年来在渐进眼镜验配、销售、加工、质检、售后处理和培训方面的经验总结，汲取了行业一线精英的实战经验，具有重要的实战指导意义。

该手册图文并茂、讲解翔实，从全国实战案例中精心筛选，从多维度剖析配问诊单、验光处方、检查单等，收录了行业论文的精华观点，以丰富的内容和权威的数据为一线店员赋能。

【台州杜桥眼镜城开始营业】 2022年11月14日，浙江台州临海杜桥眼镜城开始试营业。杜桥眼镜城是由新疆东宝集团、盈昌集团等四位投资人倾力打造的“浙商回归项目”。以国内最先进的第六代专业市场为范本，依托杜桥领先全国的眼镜生产基地和庞大的眼镜经营群体，以打造全球太阳镜批发中心、全国眼镜贸易中心、全国眼镜电子商务中心、眼镜文化旅游展示中心为目标。

杜桥眼镜城，新市场、大规模，足够先进规范，足够创意新潮，是杜桥乃至台州的又一新晋爆款打卡地。在这个四层建筑里，一、二层的市场南北通透，东西连廊，四面来客。三、四层为特色精品主题酒店（暂未开放）及超现代化办公区域等，顶层为空中花园多功能停车区域。

杜桥眼镜城涵盖了国内外知名品牌眼镜名店：大光明、毛源昌、精功眼镜……囊括国际名品高奢眼镜及国内一线眼镜品牌：古驰、巴宝莉、暴龙、亓那、海昌、海伦凯勒……通过精湛配镜手艺与产品相融合，打造国际高定、轻奢优品、都市雅集、潮享乐玩等配镜风格板块，满足不同需求的各类人群。同时，还设置了六大主题业态的景观，精心构建多功能4A级眼镜景区，全面推动杜桥眼镜行业的发展进步。眼镜城内眼镜品牌配色夺目新潮，各类视光仪器精确无误，视觉和触觉都得到了极大的满足，给人以沉浸式的新式眼镜体验。

【深圳横岗集结六大商贸型眼镜城打造特色街区实现品牌突围】 2022年以来，横岗街道联合龙岗区文化广电旅游体育局着力打造横岗时尚眼镜街区（小镇）。该项目以分布在龙岗大道两侧的六大眼镜城为主体，目标在全长2公里的龙岗大道路段，形成集眼镜接单、设计、研发、加工、体验、品牌运营、销售一条龙的综合平台。

横岗街道地处东西龙岗交会点，是深圳“东进”的咽喉和龙岗的“腰杆”。作为龙岗重要的中部“脊梁”，横岗街道着力从品牌、产业、交通三方面入手，全力打造特色街区，努力擦亮“横岗眼镜”老牌名片，布局“一南一北”培育新兴产业引擎，加速构建交通路网畅通发展动脉，加快实现经济高质量发展棋局。

横岗的六大商贸型眼镜城，验光、培训等配套服务业一应俱全，见证了“横岗眼镜”品牌发展的历史。1983年，香港商人林贤生在168工业区开办横岗史上第一家眼镜厂——横岗光学厂。此后，高华、高雅、雅骏等香港龙头眼镜企业开始在深圳，主要集中于原横岗街道（2016年12月，原横岗街道分设为横岗街道、园山街道）投资建设眼镜加工厂，以生产镜框镜架为主，同时带动一大批眼镜产业链上下游企业快速发展，逐步形成产业集群。“横岗眼镜”以香港为口岸，行销世界120多个国家和地区，销售额曾一度占欧洲市场70%的份额，成为全球知名品牌眼镜的最大生产基地之一，被誉为“眼镜王国”，成为横岗的最大名片。2015年，“横岗眼镜”集体商标在国家工商行政管理总局注册成功。“横岗眼镜”开始作为一个地方品牌为大众所熟知。横岗街道23.1平方公里的土地上，“横岗眼镜”集眼镜行业设计、研发、生产、销售于一体，产业链十分完整。

龙岗区委七届二次全会报告提出，推动横岗、园山眼镜产业整体谋划、联动发展，打造“一站式”时尚眼镜小镇。同时，积极推进眼镜产业加速凝聚。横岗街道加快整合辖区内眼镜商户资源，在横岗商会下设立“横岗眼镜商业联盟”，汇聚力量，凝聚共识，共谋眼镜产业发展新路。

【北京老字号大明眼镜变身新国潮】 2022年10月12日，是北京大明眼镜公司85周年店庆日，该店创建于1937年10月12日，是著名的中华老字号，是国内开业最早的几大名店之一，素以专业验光配镜和承接高难光度的眼镜制作而闻名。10月，北京大明眼镜与清华大学、清华经管学院、中国工商管理案例中心签署了《案例内容确认书》，标志着“大明眼镜：守正创新，老字号变身新国潮”的营销案例将应用于清华大学等高校案例教学中，这对“大明眼镜”老字号品牌的传承和创新具有灯塔性的意义。自1937年成立以来，北京大明眼镜公司面对市场的激烈竞争和快速迭代，始终坚持品牌传承与责任担当，在发展中不断展现老字号企业不屈不挠的强大韧性，稳步前行，紧跟时代步伐。

近年来，北京大明眼镜关注市场变化，主动转变企业发展战略，探索开展一系列营销活动，迅速融入新形势下的行业市场和消费者群体之中。深度发掘和充实老字号品牌内涵，综合运用新媒体平台，打造“双微”和抖音官方账号，为品牌传播层层赋能；努力满足当下年轻人喜好，为传统服务和产品增添时尚元素，设置“大明潮宫”国潮打卡点、提供明星代言产品及打卡活动，丰富品牌特色，增强社会影响力；创立“大明”自有品牌、丰富国际一线品牌；首创精准验光项目，与卡尔蔡司联合研发大明专属镜片——精验版镜片，完美匹配精准个性化验光项目。与目后眼镜联名打造“明·潮”系列联名款镜架，挖掘中国传统艺术元素，引领年轻人消费时尚，弘扬传统文化自信。从“大明潮宫”到“明·潮”联名款眼镜，大明眼镜与目后眼镜深度合作，推动大明眼镜从老字号向新国潮转变。

【北京大明眼镜发布《老视管理白皮书》】 北京大明眼镜发布的《老视管理白皮书》（以下简称《白皮书》），总结了北京大明眼镜国家级技能大师工作室多年来的研究及工作经验，书中针对老视人群的视觉问题，给予了完善的解决方案。《白皮书》发布后，大明眼镜仍在进一步总结和探索解决老视问题的方式方法。

身体健康一直是国人高度关注的热点问题，但大部分人并未给予视觉健康以足够的重视。近几年在有关部门出台一系列措施及专业人士的大力呼吁下，人们对儿童青少年的视力健康问题关注度越来越高，但同时也不能忽视成年人的视力健康。现代社会生活中，35岁以上人群面临的视觉问题主要为视疲劳及老视。相关数据统计显示，中国35岁以上人口中有视疲劳及老视问题人群占比约56.9%。除了视疲劳和老视以外，成年人常见眼病还有干眼症、飞蚊症、青光眼、老年性白内障、眼底病变等。以上的这些眼健康问题事关人民的幸福生活质量，视力健康也成为影响人们正常生活、工作和学习的关键因素之一，因此中壮年、中老年人群的眼健康问题成为关注的重点。大明眼镜通过以下几个方面的工作，将老视管理逐步付诸实践。

注重传承与发展，建立科学验光体系。大明眼镜的验光师们充分发扬大明眼镜验光精准、擅长解决疑难光度验光的传统特色优势，多年来经过集体研究、经验总结，形成了一套完善的科学验光体系和流程。大明眼镜认为，验光是一项体系化的科学技术，科学验光体系不仅是检查光线入射眼球后的聚集情况，还需检查相关联问题并给予恰当的解决方案，以使人眼的视力、视觉满足个体日常活动。科学验光体系涵盖医学、视光学、营养学、物理光学、材料学等学科，是一门专业性强、涵盖学科范围广泛的交叉科学技术，单纯以医学或光学为单一主体来概括、定义验光都是不够全面的，将各项相关学科集合于一体、多方综合考虑和判断的科学验光体系，才能赋予人眼最佳健康生理状态。

验光精准在大明，视觉安康有保证。北京大明眼镜发扬品牌传统特色优势，建立科学验光体系，更将其进一步发展，通过国家级技能大师工作室专门设计的视觉检查项目和流程，运用专门定制的设备，针对视觉敏感度高、对矫正视力有高精度需求的消费者群体，进行低于 0.25D 的高精准度验光，形成了具有大明特色的“精准个性化验光”服务。科学、专业地向顾客综合介绍青少年近视防控、视疲劳以及老视的各项解决方案，并根据顾客自身实际情况给出最合理的方案建议，在提高消费者视力质量方面发挥着重要作用。在科学验光体系当中，大明眼镜的验光师们会向顾客宣教爱眼护眼常识，帮助顾客建立重视眼睛健康、爱护眼睛的意识，内容除了科学用眼、护眼常识以外，还包括生活作息、均衡营养以及用眼环境、光照度等。

筛查端口前移，关爱老视群体。在关注视力状况的同时，视觉健康和常见眼病也需要消费者提高认识并给予高度关注。除屈光不正以外，一些发生在视觉系统，包括眼球及与其相关联组织的有关疾病，例如斜弱视，视网膜病变、脱落，白内障，糖尿病，色盲，干眼症，夜盲症，结膜炎，甚至针眼、雪盲症、霰粒肿、青光眼、飞蚊症等，都会影响视力，导致生活质量降低，甚至会影响眼睛健康。因此，大明眼镜的验光师们会掌握一定的相关眼病知识，运用验光室内配套的眼健康筛查仪、视觉质量分析仪、裂隙灯、生物测量仪、眼底相机等检查设备，在验光的同时做相关眼病的初期筛查工作。在屈光检查、视功能检查的基础上，将验光工作的范围扩大至眼健康检查、眼病筛查，赋予科学验光体系更丰富的内容。

验光结束后，检查出患有视疲劳或老视的顾客，都会得到验光师制定的适合自己的专属配镜解决方案。而一旦在验光中检查或判断顾客疑似存在某种疾病，验光师也能提出有效的解决方案，不会简单地一推了之。2021 年底，北京大明眼镜与北京协和医院眼科建立项目合作，双方充分利用各自优势，国家级验光技师工作室队伍与北京协和医院一流的眼科专家团队共同开展眼病筛查，实现了端口前移、为顾客就近提供眼健康筛查、提高全社会对视疲劳及老视管理的关注和认知等行动。在北京大明眼镜各连锁门店，将陆续提供远程 AI 辅助诊断服务并开通协和医院眼科就诊绿色通道，可以为大明眼镜的顾客就近进行眼健康检查。通过大明眼镜的科学验光体系检查，一旦发现或判断疑似存在某种眼病，验光师将立刻启动与协和医院眼科联网的远程 AI 辅助诊断，做进一步的识别和判断。如需就医诊疗，顾客在北京大明眼镜店内按照流程操作即可线上挂号，通过大明眼镜与协和医院共同建立的绿色通道，顾客可直达协和医院眼科门诊就医诊疗。既丰富了大明眼镜科学验光体系的内涵和服务价值，也方便了大众就医，还提高了大众对于眼健康的思想意识，更通过筛查端口前移大大提高了医疗资源的利用效率。

组织专属产品，体验特色服务。解决视疲劳及老视问题，简单有效的方法是针对失去的部分调节力给予补偿，即通过验光确定所需补偿的屈光度，再利用光学镜片（多种类型）给予视力矫正，以恢复看近舒适清晰的视力。北京大明眼镜联合多家知名镜片品牌，选择光学品质优良的产品，开发、定制大明眼镜专属镜片，如与蔡司光学联合推出大明眼镜专属“智锐精验版”镜片，与万新光学联合推出大明眼镜专属“酷龄大都市”渐进镜片。在框架眼镜之外，大明眼镜还引进了渐进多焦点隐形眼镜，给具备佩戴隐形眼镜条件，又不习惯戴框架眼镜的顾客一个解决老视困扰的新选择。丰富的商品线，满足了不同顾客的个性化需求。

【北京大光明眼镜联合依视路星控师计划启动】 2022 年 7 月，大光明眼镜联合依视路对各大加盟商进行专业培训。活动现场，ESA推出了规范化的青少年近视防控标准。Essilor Stellest Academy，简称ESA，是专为儿童近视防控镜片验配提供的专门培训课程。

大光明眼镜联合依视路推出的星控师计划，深入解析了“儿童青少年屈光发育特点及验光注意事项”、“近视防控常见误区”等问题，通过讲解实操的方式让所有加盟商更加全面地提升自身的专业技能。本次活动，不仅向大家介绍了专业的知识与现状，也让大家对星趣控儿童防控镜片有了更深的了解。

【温州瓯海眼镜小镇举办眼镜采购节】 2022年11月3—5日，第二十届中国（温州）国际眼镜展暨第三届中国（瓯海）眼镜小镇采购节成功举办。展会上，每一副眼镜都经得起灯光、镜头和顾客眼光的考验。在眼镜发明之前，镜片从未承载过如此重要的功能，不只帮助人们获得清晰的世界，还有矫正视力、防止辐射、美观装饰等作用。

约300家眼镜企业参展第二十届中国（温州）国际眼镜展，在温州国际会展中心进行成果展示、相互探讨技术升级、行业热点、寻找商机往来。20多个瓯海知名眼镜品牌企业来到现场，驻扎瓯海眼镜行业协会打造的展区，其中有10月底评选出的瓯海眼镜“十大新秀”品牌。它们最新产品和海量款式的首次展会亮相，展现了企业注重对品牌的建设，体现了新品牌的成熟与发展。

同期举行的中国十大互联网眼镜品牌“时尚新品发布秀”时尚秀上，模特们佩戴瓯海眼镜相继亮相，依次展示品牌最新单品，吸引观展商驻足欣赏。温州冠豪眼镜有限公司的展示模特身穿公主裙，戴着眼镜，充满阳光活力，眼镜变为聚光灯下的展示品。直播灯下，百店齐播。中国（瓯海）眼镜小镇采购节上的百店齐播活动与眼镜展同步开启。为眼镜小镇配套的文化产业园内，数十家商户将直播场地搬到了专门搭建的展位，同步开启直播。2018年，瓯海眼镜跨境电商园积极拓展直播业务，成立温州（瓯海）眼镜直播基地，为瓯海眼镜产业带来“触网直播”的时机。2月启动招商，5月企业正式入驻，现已引导120多家企业进驻抖音等线上直播平台，培养、输送500余人从事眼镜直播销售。园区网红主播库的建立，为眼镜小镇带来内容制造、直播技术、主播达人等直播产业链人才，引导更多网红进行直播带货。

聚焦数字化产业转型，瓯海眼镜跨境电商园发挥聚力作用，举办中国（瓯海）眼镜小镇网红直播节、建立跨境直播基地，拿下首个TikTok温州服务商资质……一场场活动的举办，助力园区企业家们开拓社交媒体流量蓝海，给企业带来信心，让订单更加丰富。这次采购节，瓯海眼镜跨境电商园旗下企业温州恋上科技有限公司与TikTok争取来了流量加持，凡是带上“瓯海眼镜采购节”“Buy glasses from Ouhai China”等标签的，后台都会推送流量给直播企业。直播活动中，还有电商园区内的TikTok项目邀请到的外籍主播，凡是有直播业务需要的外贸企业，都可以为他们输送跨境直播人才。

位于眼镜小镇集光路的M’S眼镜品牌店主打年轻时尚的太阳镜款式，企业摸索直播正好一年，已经小有成绩。M’S眼镜品牌店在2022年3月的一场直播，销量做到了20万元，后续旺季的销售额稳定在每场5万~10万元。M’S眼镜品牌店认为，现在主要是处于维稳状态，为旺季做准备。直播带货是一个发展趋势，有很好的发展前景。众多眼镜企业及品牌集聚在一起直播，形成聚力合力的效果。以对外统一的形象宣传瓯海眼镜，推动行业和眼镜小镇发展，瓯海眼镜不仅有较高的制造水平，而且有更多的国际一线二线品牌。

【天猫健康联合上海眼镜行业协会发布首个隐形眼镜选购配戴指南】 2022年4月8日，天猫健康联合上海市眼镜行业协会，以及行业品牌商家，共同发布了《天猫隐形眼镜选购&配戴指南》（以下简称《指南》），向消费者全面解答隐形眼镜的挑选和佩戴知识。消费者只要在淘宝APP搜索“隐形眼镜小讲堂”，即可进入了解。页面上不仅详细讲述了隐形眼镜的分类、挑选、佩戴方法、日常护理和常见误区等专业知识，同时还有库博、安视优、博士伦、海昌、moody、可啦啦、视客、美若康、爱谢、百秀多个品牌在内的官方正品隐形眼镜。可见，天猫健康已成为众多隐形眼镜品牌商家的首选平台，并且从“隐形眼镜”的线上渠道转变成了“专业服务”平台，不断延伸线上服务内涵与外延，促进消费者科学选购以及行业良性发展。

眼神加戏，颜值加分。我国近视人群基数大，特别是“彩瞳妆容化”趋势之下，隐形眼镜需求也与日俱增。据天猫健康此前发布的《天猫隐形眼镜行业人群洞察白皮书》显示，2021年上半年隐形眼镜销售额同比增速达60%，彩色隐形眼镜销售额同比增速达83%。但是对消费者来说，正确挑选、安全佩戴隐形眼镜还是存在一些问题，天猫平台消费者调研显示，不会戴、不敢戴、不会买是目前消费者的三大困惑，隐形眼镜专业知识亟待普及。

《指南》建议，选购隐形眼镜按透氧量、含水量、佩戴周期、颜色、直径、基弧及品牌七大原则进行选购。比如在透氧量上，如果长期佩戴低透氧量的镜片，容易造成角膜缺氧、水肿；在含水量上，并不是含量越高的隐形眼镜越好，选择镜片时还要同时看其应用的保水保湿技术，不然反而会加重眼睛的干涩等问题。

《指南》提示，消费者日常应注意“三不三要”原则。“三不”指隐形眼镜不能较长时间直接暴露在空气中；不能用自来水冲洗浸泡镜片；不能和他人共享同一副隐形眼镜。“三要”指除日抛外的隐形眼镜，佩戴前浸泡8小时以上；护理液需要每天更换；镜片到了抛弃周期，一定要及时丢弃。据悉，隐形眼镜属于国家三类医疗器械，必须拥有“械”字号证件才可售卖。消费者可通过其包装盒、产品说明书、详情页，或国家食品药品监督管理局官网，来查询每一款隐形眼镜的注册证情况。日常购买时，选择知名品牌、正规平台渠道更有保障。“把专业科学的内容通过浅显易懂的知识和方式传递给消费者，对隐形眼镜整体市场发展起到积极的推动。”上海市眼镜行业协会秘书长胡东芳表示，以往隐形眼镜专业内容的教育更偏重业内，较少面向消费者广泛推广。未来希望有更多行业人士参与，促进消费者正确选购和佩戴。

本次属于天猫健康行业首次尝试，《指南》联合了公立三甲医院权威专家团，以及上海眼镜行业协会共同审阅发布，从专业内容入手，引导消费者正确选购和佩戴隐形眼镜的购买方式。一方面通过天猫健康的专业角度，帮助消费者筛选出安全、好用的健康产品；另一方面，与权威专家共同把最专业的健康知识带给消费者，帮助消费者选到最适合自己的健康好物。

【开云眼镜携手博士眼镜举办限时快闪店】 2022年7月初，开云眼镜×博士眼镜“多元视界”限时快闪店登陆时尚潮流地标——深圳万象天地时光广场，携手纽约著名插画师Ben Wiseman，以目之所见，探寻内心“视”界，共同开启一场时尚配饰与专业配镜的魅力之旅，为消费者带来多元时尚灵感。

此次“多元视界”限时快闪蕴含全球眼镜行业创意新力量，是开云眼镜×博士眼镜2022年联合打造的品牌大作，为关注眼镜时尚的所有消费者及潮人们不断获得灵感和启发，探索眼镜时尚及专业配镜领域的更多可能。未来，开云眼镜与博士眼镜将持续创造更多超越经典的创意新篇章。

【新零售下新兵LOHO眼镜的“加速度”扩张】 LOHO眼镜是国内首家新零售时尚眼镜品牌，首创M2C模式，为消费者提供更高性价比的产品，目前，已在全国布局数百家品牌门店，覆盖一百多个城市的核心商区，年销售数百万副眼镜，是中国眼镜行业的领先者与变革者。

LOHO眼镜2012年于深圳创立，隶属于香港乐活集团，是国内首家新零售眼镜品牌。LOHO创始团队原本是做家电行业，结合经济学上的微笑曲线，一边做消费端，一边做资源端；LOHO以M2C的模式提供更高性价比的产品，为消费者提供更高性价比、款式丰富、快速创新、时尚潮流的眼镜新体验，推动眼镜配饰化的时尚理念在中国的普及和发展。

随着近年来的发展，LOHO品牌如今已被大众逐步了解和接受。LOHO从2017年开始开店，到2018年大规模扩张，目前在全国已有数百家门店，涵盖了北京、上海、广州、深圳等188个城市。LOHO年销售400万副眼镜，现有会员300万人。2018年9月，LOHO获得近1亿的C轮融资。LOHO现有3个品牌，一是LOHO主力眼镜；二是延伸到美瞳领域的LENS STYLE，该品牌在上海和北京分别有一个旗舰店；三是在旗舰店延伸了一个VA配饰品牌。LOHO集团主要着眼于新产品、新零售，2022年以来更是呈现出快速发展的态势，除了1月、2月因为年假休息原因开店速度比较慢，3月以后，每个月新开店以30~50家的速度递增。

【新零售下的眼镜要基于新的人群】 新零售

给眼镜销售带来了新环境、新体验、新用户。这几年，LOHO 发展得比较快的一个重要原因，就是把目标客户放在 18~35 岁的消费群体。

通过数据分析近年来消费者结构的变化可以发现，从年龄的结构看，我国的人群结构变化很大，80 后有 2.28 亿人，90 后有 1.74 亿人，00 后有 1.47 亿人。LOHO 眼镜的消费人群是很年轻的，主要针对的群体是 80 后、90 后、00 后；超过 40 岁的，未来在功能性眼镜的品类里面应该会有很大的份额，但在目前 LOHO 的会员里面，这个群体占的比例却不是很多；LOHO 更多的消费群体是 18 岁到 30 岁的人群。80 后、90 后、00 后是未来消费的主力。

更具个性化。通过这几年商业品牌的更替，人们发现很多品牌从快时尚到潮牌的兴起，是很多 90 后甚至 95 后、00 后的更具个性化的体现。

更会花。数据分析表明，80 后、90 后、00 后，特别是 90 后和 00 后更会花，现在 90 后、00 后具有的使用信贷超前消费理念，跟 60 后、70 后和 85 后之前的消费群体比，发生了很大的变化。

更识货。从商城购买服饰就可以看出，95 后、00 后的群体无须与服务员沟通，通过手机端的时尚消费软件 APP，他们就能迅速捕捉到什么样的服饰搭配适合自己，然后去商场直接消费，不需要门店的导购员介绍。因此，95 后、00 后的群体更识货。

新零售下的眼镜，其中一个重要议题是消费群体，应该看到未来的主要消费群体是 80 后、90 后、00 后，“比较有个性、更愿意花钱、更识货”，他们身上的消费特征对眼镜行业影响很大。所以 LOHO 在制造眼镜时，宁愿价格贵一点，也要把品质做得更好。

【新零售下的眼镜在不同场景有不同的需求】 新零售下，新场景带来不同的需求。LOHO 的目标是一人四镜（人均拥有四副眼镜），不同的场景存在不同的需求，从而促进消费者的消费。

面对 90 后、00 后消费群体的主力生活课程，如果还是用适应 60 后、70 后消费者的终端呈现方式，没有好的营销手法，即使产品做得再好，也可能卖不出去。新一代的眼镜，要讲究新的场景。一是更棒的体验。更棒的体验，是基于一种交流、基于一种社交。LOHO 要在终端让客户达到一个更棒的体验，这是新场景里的一个诉求。这个更棒的体验里面，其中一项是感受变光，如到某个店里去，验光师给客户用感受变光方式验，验的过程中会告诉你，哪边有主力眼，对配镜有什么影响，解释得非常清楚，这样给人的感觉就是非常棒的体验。所以在新场景里面，要塑造一个更棒的体验，体验基于互动、基于社交。二是要有更多的维度。眼镜不单有光学的功能，LOHO 还将眼镜配饰化。对于 80 后、90 后或 00 后来说，更多的可能是配饰的功能，特别是年轻人眼睛没有出现很多功能性障碍的时候，他可能对配饰的要求会更高。LOHO 的终端对配饰的强调是比较充足的，会给消费者创造一种场景，如“你要戴棱光眼镜”、“我要上新啦”等等。LOHO 就是通过这样的方式去打造新场景、新眼镜。

【新零售下的眼镜产品要融入新时尚】 LOHO 公司内部有一个从 2013 年到 2018 年的数据，是过滤后的对消费者消费周期天数的统计。2014 年，发现一个老客户第一次到 LOHO 购买再到第二次购买的周期是 426 天；2017 年的时候，这个数据缩短到了 236 天；到了 2018 年，变成了 74 天。这位 LOHO 的铁杆粉丝的消费数据告诉我们，眼镜更换的周期，在新的人群里面是越来越快了。过去我们说的新三年旧三年缝缝补补又三年，对新的消费人群来说，是不存在的。从终端里面发现，有很多朋友一个人就有好几副眼镜。从新的周期来看，新的眼镜带有新的时尚元素。从终端数据来看，LOHO 奇形怪状的款式卖得特别好，如多边形的眼镜，虽然别的店里可能方方正正的，卖得比较好，这是因为与 LOHO 的顾客定位有一定的区别。

为了跟上时尚潮流，2019 年 LOHO 在东京、巴黎、米兰分别设立了三个时尚工作室，希望能够更快地捕捉到时尚元素融入产品中。2021 年 LOHO 还做了一个动作，把供应链工厂搬到了龙岗，这样对市场的反应会加快。在新零售下，第一是新的人群对眼镜有不同的需求，第二是要有新的场景去匹配，第三是眼镜产品要融入更多的时尚元素，满足不同角度的需求。LOHO 作为比较年轻的品牌，消费群体越来越年轻，更多的是运用互联网做裂变式传播。

【眼镜零售行业面临机遇与挑战】 随着我国各项政策逐步落地显效和疫情常态化防控有效执行，我国经济持续稳定恢复，2021年全年社会消费品零售总额440823亿元，同比增长12.5%，全国居民人均可支配收入35128亿元，同比增长9.1%，居民收入与经济增长基本同步，居民消费结构进一步改善，全国居民人均消费支出同比增长13.6%。

随着疫情防控形势的好转，居民消费需求稳步释放，消费支出保持恢复性反弹态势，消费市场规模稳步扩大。宏观经济稳定增长，消费需求持续释放，为视觉健康行业的发展奠定了良好基础。我国现有近视人口数量大，近年来视力矫正需求呈持续增长趋势，儿童青少年近视率居高，近视高发、低龄化情形仍然严峻。

根据国家卫健委数据监测显示，2020年全国各地6岁儿童近视率超过9%，最高达到19.1%。在高度近视方面，近10%的近视学生为高度近视，且占比随着年级的增高不断增长，其中，幼儿园中6岁儿童中有1.5%为高度近视，高中阶段则达到了17.6%。此外，人口结构老龄化将带来与年龄相关的近视力缺陷的中老年人增多。根据国家统计局数据，截至2021年末，我国人口老龄化程度继续加深，60岁及以上人口为26736万人，占18.9%。其中，65岁及以上人口为20056万人，占14.2%，相比2020年，60岁及以上和65岁及以上人口分别增加329万人和992万人。由此可以预见，年龄相关的近视力缺陷带来的近视力矫正需求将持续增长。随着生活方式和用眼环境的改变，尤其在常态化疫情防控形势下，线上课堂、线上办公等方式的趋势化，电子产品的使用频率和时长提升更加剧了用眼负荷，视力健康问题进一步凸显。视力矫正需求的持续增长，让行业市场发展空间具有较大增长潜力。

【眼镜市场需求呈多元化趋势】 当前，消费者对眼镜产品的需求呈多元化趋势，购买量和消费频次将进一步增长。随着生活水平的提高，人们对视觉健康的重视程度提升，对视力保护意识不断加强。

佩戴眼镜不再仅仅是为了矫正视力让自己“看得清”，而增加了防蓝光、缓解视觉疲劳等新的消费需求，以及在不同生活场景下（比如开车、运动等）佩戴不同眼镜，让自己不仅“看得清晰”，而且“看得更加持久、舒适”。

从消费者结构来看，年轻消费群体正在成为主流，他们的消费偏好更加时尚化、个性化，由此带来的“眼镜饰品化”“彩色隐形眼镜美妆化”趋势愈加明显，将进一步刺激消费需求，整个眼镜零售行业的市场规模将继续快速增长。

2021年，全国网上零售额130884亿元，同比增长14.1%，伴随新零售消费的快速发展，部分大型眼镜零售企业已经构建了相对完善的线上线下一体化销售体系。相对于传统的线下眼镜门店销售方式，线上眼镜零售具备展示产品面广、覆盖销售面宽的优点，尤其可以涵盖到尚无实体店布局的区域。

同时，线上眼镜零售还具备能够给消费者提供便利的购物方式，也能够给企业降低如租金等运营成本等优势，打造线上销售渠道越来越受到眼镜零售企业的重视。眼镜零售过程中所包含的验光、配镜、售镜及售后服务环节的不同属性，使得眼镜零售行业具有“半医半商”的性质，一方面为消费者提供产品信息咨询、销售产品，具有商业服务的性质。另一方面，为消费者提供验光配镜等视光专业的服务与指导，具有一定的医疗服务性质。对于眼镜零售行业来说，验光配镜及售后服务等环节的服务还无法完全通过线上方式来实现，这部分的服务需要消费者到线下实体门店进行亲自体验。眼镜零售线上与线下的各自特点对眼镜零售企业的全渠道营销能力提出了更高的要求。

近年来，政府、学校、医院等各方不断探索近视防控工作和视力健康管理体制机制，该工作是一项系统工程，需要全社会共同参与，群策群力，作为与视觉健康相关度高的眼镜零售企业应该充分发挥自身优势参与其中。眼镜零售企业具有门店分布广、供应链整合能力强、专业服务全方位等优势。

医疗机构则具备专业的诊疗人员、设备及技术等优势，在未来的近视防控领域，眼镜零售企业与医疗机构可以加强合作和互补，将企业在供应链、配镜及档案跟踪服务等方面的优势与医疗机构在专业规范诊疗的优势结合，共同探索和创新综合视光服务发展新模式。

【视觉健康上升到战略高度给眼镜零售提出更高要求】 目前，我国儿童青少年近视率不断攀升、近视低龄化问题仍然突出，儿童青少年近视问题已经成为我国面临的重要社会问题，国家相继出台了一些方针政策，以控制并降低儿童青少年近视的发生和发展，改善我国儿童青少年视觉健康状况。

2018 年 8 月 30 日，经国务院同意，教育部、国家卫生健康委员会、国家体育总局、财政部、人力资源和社会保障部、国家市场监督管理总局、国家新闻出版署、国家广播电视总局联合印发《综合防控儿童青少年近视实施方案》（以下简称《实施方案》）。

该方案提出了新时代防控儿童青少年近视的阶段性目标，明确将《实施方案》作为政府任期内直至 2030 年我国儿童青少年近视防控工作和视力健康管理的重要政策依据。

2019 年 3 月 26 日，为贯彻落实《实施方案》的有关要求，国家卫生健康委、中央网信办、教育部、国家市场监管总局、国家中医药局、国家药品监督管理局等 6 部门联合印发了《关于进一步规范儿童青少年近视矫正工作切实加强监管的通知》，针对在目前医疗技术条件下近视不能治愈的情形，切实加强市场监管，进一步规范儿童青少年近视矫正工作，维护儿童青少年健康权益。

2021 年 3 月 13 日，国家“十四五”规划纲要提出提升未成年人关爱服务水平，有效控制儿童近视。2021 年 6 月 17 日，国家卫生健康委办公厅印发了《0~6 岁儿童眼保健操及视力检查服务规范（试行）》，进一步规范、控制和减少儿童视力检查服务和不良发展。

随着国家层面相关政策的相继出台，将儿童青少年近视防控和国民视觉健康问题上升到战略高度，引起全社会的重视和共同参与，给眼镜零售行业带来机遇与挑战，为作为行业参与者的眼镜零售企业带来更多的发展机会。

同时，行业将在政策的引导下，进一步向着规范化、专业化方向发展，也给身在行业中的眼镜零售企业提出更高的要求。眼镜零售企业将不断创新和完善眼镜零售业务模式和服务内容，以谋求更好的发展。

【上海市公示 2022 年“眼镜制配行业诚信计量示范单位”名单】 2022 年 9 月 26 日，上海市眼镜行业协会、上海市计量协会联合发文公示 2022 年“上海市眼镜制配行业诚信计量示范单位”名单。

为贯彻落实市政府要求，推动眼镜行业诚信计量体系建设，受上海市市场监督管理局委托，上海市眼镜行业协会、上海市计量协会于 2022 年在全市开展了“第五批上海市眼镜制配行业诚信计量示范单位创建”活动。在单位自愿申报基础上，9 月 1 日至 9 月 7 日，专家组对参评“上海市眼镜制配行业诚信计量示范单位创建”活动的 20 家眼镜门店进行了评估检查。本着“公开、公平、公正”的原则，经材料初审、现场评估考核和综合评价，20 家门店符合上海市眼镜制配行业诚信计量示范创建评审要求，予以公示。

【北京眼镜城专业批发市场】 北京眼镜城坐落于北京东三环中路，南与著名的潘家园古玩城相毗邻，北距国贸 2 公里，其前身是北京眼镜厂，城内有商户 500 余家，从业人员 3000 余人，占地面积 19000 多平方米，使用面积 42000 多平方米，为中国最早的眼镜专业批发市场，主要以眼镜类的批发，及相关产品的零售为主。

北京眼镜城是原北京眼镜厂改制后，在原址上新建的主营眼镜批发的集合市场，又称为国际眼镜大厦，大厦共有 11 层，1~4 层主要以批发为主，但随着市场需求的变化，现大都可以零售，也可以配眼镜；大厦从 5 层以上为办公楼，但其中也不乏验光配镜的商家，高至第 10 层、第 11 层都能进行验光配镜。

近年来，为了适应社会需求，城内商户开始大量转型验光配镜服务。所以说，北京眼镜城是最为集中并具备验光配镜资质的配镜胜地。

北京眼镜城交通便利，价格合理，可选择的眼镜款式也非常多。随着北京眼镜城的零售和售后服务的完善及发展，越来越多的人来到眼镜城，这里已经成为北京的一个亮点。

北京市疫情防控“新十条”实施以来，北京市全力推动企业复工复产，实现“应开尽开”。2022 年 12 月 26 日，眼镜城商铺大部分已经开业，客流逐渐增多，很快就可以恢复到正常水平。

【深圳嘉宝眼镜城十年磨一剑】 在深圳地铁三号线的横岗站外，静静地伫立着嘉宝国际眼镜城。自 2012 年 4 月这座眼镜城诞生起，这里书写了横岗眼镜过去的辉煌，也见证着横岗眼镜行业当下的探索和尝试。

随着市场的不断发展和逐步规范，价值规律充分发挥其调节作用，眼镜行业的暴利时代已成为过去，利润趋于平稳。因为消费者更换频率低，配一副几百块的眼镜可以戴一两年，加上市场竞争激烈，所以除去产品本身成本和运营费用，商家就没有什么利润了。虽然利润下降，且又面对疫情防控考验，但嘉宝国际眼镜城的商户仍然充满信心，市场内依旧人气旺盛，年均客流量至少有 10%~20%的增加，横岗眼镜和嘉宝眼镜城的未来依然有着光明的前景。深圳有近 2000 万人口，除了戴近视眼镜，人们未来还有可能需要买老花镜或者太阳眼镜。虽然时代在变，但市场空间依然庞大。只要眼镜人始终坚持扎根本业、做好口碑，横岗眼镜这张名片就一定能在未来继续流传下去。2000 年到 2010 年间，是横岗眼镜制造业发展的巅峰时期。最高峰的时候大概有 10 万工人从事眼镜制造。据不完全统计，当时工商注册的生产厂家有 360 多家，但是在这个产业链里，计算上没注册的加工厂，起码有 800~1000 家。

创办嘉宝国际眼镜城，是横岗眼镜制造业发展的巅峰时期。嘉宝国际眼镜城入驻之前，眼镜城大楼曾归属于南城百货。嘉宝国际眼镜城共分为两期开发完成。眼镜城第一期于 2012 年 4 月 29 日开业，第二期在 2015 年年底正式营业。建筑总面积约为 12000 平方米，是目前世界上单层面积较大的眼镜商贸城。

嘉宝国际眼镜城未来将以发展眼镜时尚街区引客商、聚人气，吸引更多的消费者汇聚。20 年之间，横岗眼镜迎来了自己的起步与辉煌，也骤然面对新时代下的重重压力与挑战。

加快建设、发展、壮大产业园，可有效遏止眼镜行业本土制造企业的流失，努力为深圳留下一批扎根本土、坚守本业的制造企业。实现做一个眼镜产业园，留一批做专做精的眼镜制造企业。要继续做强“横岗眼镜”这块金字招牌，还需要一条完整产业链的存在。通过建设横岗眼镜总部大厦，整合好横岗眼镜行业资源，留住设计、研发，以及企业的总部，横岗眼镜未来可期。

【LOHO 获深圳优秀品牌】 2022 年 11 月 12 日，由深圳市商务局指导，深圳市零售商业行业协会、深圳市智慧零售协会、深圳市连锁经营协会主办的“2022 深圳购物季之深圳手信节”在深圳中心书城正式拉开帷幕。LOHO 眼镜作为深圳代表性品类品牌被邀请到场，与消费者一起穿越时空，开启探索式的创意体验之旅。

LOHO 眼镜，作为国内首家新零售时尚眼镜的深圳本土品牌，一直采用新零售全渠道运营，用科技赋能商业，并首创时尚眼镜行业的智慧门店，在本次“深圳手信节”开幕仪式上被授予“深圳 2022 时尚全球行—优秀深圳品牌”的荣誉称号。

【探寻线下眼镜门店的破局之路】 对眼镜零售行业而言，电商时代的实质是此前“渠道为王”思路在线上的延伸，带来了渠道的内卷而非总量的增长。过去的线上增量不过是弥补了线下流量的损失，并没有真正的增量。线上生意热闹，线下眼镜店却相对惨淡。为了促成生意，他们不得不以低价来吸引顾客。

实体眼镜店必须解决用户触达和会员服务两方面的问题，努力赢得消费者的信赖，逐步建立和扩大自己的微信客户流量池。一是解决用户触达的问题。通过公众号和短信的引流，朋友圈、企业微信、客户群、群直播等全场景的内容触达和商品单纯的价格战不能产生良性循环，实体眼镜店如果能充分发挥其服务优势，主动深入社区、学校、机关等地，宣传用眼、配镜知识，提前锁定潜在客户群，不失为拓展客源的好办法。二是解决会员服务的问题。现在几乎所有的企业，不论规模大小，都会使用 ERP 系统（企业资源管理系统）来进行企业管理。眼镜门店也是一样的，要想门店运营能够有数据支持，作为数据分析的基础，ERP 系统必须要有。不管是单个眼镜店，还是连锁的品牌眼镜店，引入 ERP 系统正是用来强化门店渠道管理。专业化和数字化，将会是实体眼镜店零售行业的新出路，也是为新一轮的数字化改革打下基础。实体眼镜店还应从提高验光师、配镜师等工作人员的专业化水平，提供一对一精致服务方面下功夫，并与眼科医院实现品牌联营，可开拓更多市场。目前，眼镜店的验光设备跟眼科医院的是相同的，眼镜店的验光师也是具有专业资质的验光师，甚至有不少眼科医院的验光师就是从眼镜店出去的。要通过专业验光师团队的培养，以及系列设备的引进，培养品牌专业性的用户认知；同时，打通门店与各线上平台的商品、支付和会员，逐步建立起会员运营的体系。

实体眼镜店要完善消费者的数字化信息，提高售后服务和回购的能力，逐步从售卖具有功能属性的产品向消费者提供视觉健康服务转型，走融合发展之路。

【“无界 X 麦德龙配镜中心”正式亮相】 2021 年 12 月 10 日，无界眼镜 MaxLess“无界 X 麦德龙配镜中心”在麦德龙上海普陀商场店正式亮相。开幕仪式前，视光行业大咖们分享了视光领域的新观念、新进展、新理念，深度探讨视光行业的发展和未来。麦德龙中国区副总裁等嘉宾现场体验验光服务，国家一级验光师讲解服务流程，感受无界服务。

麦德龙中国区副总裁文宇斌、采购中心非食品总经理王宁博、无界眼镜创始人汪晨骐、无界联合创始人汪晨骥、法国依视路光学总经理白梅、日本夏蒙集团总经理吉田、颖通集团尚视佳总经理张怡出席了本次开幕仪式，共同出席的还有无界供应链总经理董崴廉、无界市场营销部总经理陈琪。多位行业领导为“无界 X 麦德龙配镜中心”共同剪彩。

无界眼镜是一家新生代眼镜品牌集合店，在上海、北京、杭州、宁波、南京、长沙、西安、成都、苏州、合肥、丹阳等全国多个城市设立门店，为消费者提供持续满意的专业配镜服务。

（二）国内贸易

【国泰君安预计国内眼镜市场将达千亿规模】 2022 年 2 月 17 日，国泰君安发布研究报告称，国内人口基数庞大，不同年龄阶段有不同的潜在视力问题，对眼镜、镜片产品的功能性需求日益增加。报告认为，随着我国近视人口不断增长、消费者对功能性镜片以及视光矫正的需求力度持续增加、眼镜更换频次增加等，镜片消费需求亦不断增长，预计中国眼镜镜片市场规模到 2025 年有望突破 400 亿元。

中国近视人群基数庞大催生千亿市场规模，龙头制造商份额较高但零售商较分散；蔡司、依视路、豪雅为全球三大巨头，国内明月、万新等正加速崛起；政策力度增强、技术升级推动近视防控发展提速，防控镜片或是最优细分赛道；多方角逐近视防控镜片市场，技术与性价比催化品牌心智建立，受益明月镜片、博士眼镜等。

【我国眼镜市场专业化数字化成新趋势】 随着国内近视人群越来越多，我国眼镜市场规模也越来越大。有数据显示，我国眼镜市场规模从 2014 年的 645 亿元，快速增长到 2022 年的 833 亿元。据专家推测，预计到 2023 年，我国眼镜市场将突破 1000 亿元。眼镜行业爆发式增长的同时，消费需求也越来越多元化、个性化。

据世卫组织发布的研究报告显示，我国近视人群已达 6 亿，青少年近视率居世界首位。除了实用，人们配眼镜也越来越注重它的外观。例如，消费者越来越倾向于购买多种镜架以用于不同场合，这也给眼镜行业带来了新的机遇。某知名眼镜品牌资深总监杨光表示，现在消费者会在商务谈判、日常休闲、外出旅行等不同场合选择不同的眼镜，眼镜本身被赋予了更多的用途。不同的场景对应不同风格的眼镜，眼镜也兼具了配饰的功能。

传统眼镜可能在材料上或者是框形上都相对较为传统，但是随着现在整个行业的发展和设计能力的提升，国产眼镜在这方面其实已经领先全球，所以现在商家会基于不同的场景向消费者推荐“一人多镜”。这样方便消费者能够在不同场合选择不同的眼镜，更好地展现形象，或者是帮助其在不同场景里形成更好的使用习惯。《2021—2026 年中国眼镜行业发展前景战略及投资风险预测分析报告》指出，随着国内近视群体规模的扩大，下游眼镜片需求将呈现出增长趋势。到 2023 年，国内眼镜片行业市场规模即可超过 350 亿元，到 2025 年底，有望接近甚至突破 400 亿元。

从总体市场规模来看，整体上呈现出增长的

趋势，国内眼镜片行业市场规模由2017年的269亿元，增长到2020年年底的281亿元。随着国内疫情得到控制，国内眼镜片行业市场规模开始从短暂的低谷中复苏。2021年全年国内眼镜片行业市场规模增长率在10%以上。从国内眼镜片行业市场规模未来发展预测来看，随着前端材料成本的上涨，眼镜片的价格也随之水涨船高。需求的增加和价格的上涨，为未来国内眼镜片行业市场规模的进一步增长提供了支撑。

数据显示，我国共有约120万家眼镜相关企业。消费者下单购买眼镜之前有很强的体验需求，因此目前的销售终端还是以线下流通零售渠道为主。随着线上平台和线下商业中心的不断发展，眼镜批发市场和眼镜城这样的传统业态已经发生改变，在杨光看来，电商成为厂家卖眼镜新渠道的同时，开设的线下眼镜品牌专卖店品牌力会更强。

当前，30~35岁及以上的消费者，多数会去传统的眼镜店配镜。而商场和社区购物中心里面的以品牌为主的零售眼镜专卖店里，基本上是年轻人群体为主。线上，也就是电商这部分，各个年龄段的消费群体都有，因为它主要是体现一个便捷性。从国内眼镜片行业自身发展情况和外部发展环境来看，已经出现眼镜片定制化趋势。随着消费者的消费升级，传统的标准化眼镜片产品难以匹配消费者的个性化需求。因此，眼镜片的生产模式正在由传统的菜单化生产模式转向经由科学验光、视力测试后的半定制或者完全定制模式。

眼镜店内的“选镜顾问”或者“配镜师”，通过专业的视力测试，同时结合消费者的用眼习惯和用眼场景，为消费者推荐适合的眼镜和镜片。在此基础上，眼镜片行业的“专业化”和“数字化”势在必行。作为直接面对消费者的窗口，零售端积累了用户在验光及其他检查过程中留存的大量数据，具备建立用户眼部健康大数据平台的数据条件。可以使用户在零售端得到更优质、更全面的专业服务，推动眼镜零售端及整个眼镜产业的数字化转型。根据眼镜行业的数字化发展现状，通过会员系统，为顾客建立电子验光档案，根据其验光和眼部健康状况，通过仪器设备进行筛查，向其推荐适合的镜片产品。另外，可以根据他对镜框的喜好、自身风格，向其推荐不同的产品。

【疫情影响下总体近视率小幅上升】 近年来，我国儿童青少年近视率居高不下、不断攀升，近视低龄化、重度化日益严重。新冠疫情发生以来，随着全国大中小学大规模线上教育教学活动的展开，网课时长上升，我国儿童青少年近视率小幅上升。

新冠疫情发生以来，全国大中小学开展大规模线上教育教学，不可避免地增加了广大儿童青少年在电子屏幕前的时间。教育部对9个省（区、市）小学、初中、高中学生在疫情期间的视力变化调研结果显示，2020年上半年，被调查学生视力不良发生率从59.2%上升到70.6%，其中小学生视力不良率为61.6%，上升15%；初中生视力不良率为80.3%，上升8.4%；高中生视力不良率为89.3%，上升3.2%。

电子产品使用时间越长，发生近视的可能性越大。据调查，疫情之前，学生上网课大多是参加校外培训机构学习。疫情期间，80%的学生每天都上网课，每天网课时间超过2.5小时的占47.9%。调查结果显示，每天上网课1小时，近视检出率是45.8%；每天上网课1~2.5小时，近视检出率是49.3%；每天上网课2.5~4小时，近视检出率是62.4%；每天上网课超过4小时，近视检出率是76.7%。

虽然儿童青少年总体近视率上升，但预期防控目标基本实现。据教育部联合卫生健康委开展的全国儿童青少年近视情况调查结果显示，2018年全国儿童青少年总体近视率为53.6%，15个省份近视率高于全国平均水平，24个省份近视率超过50%。2019年全国儿童青少年总体近视率为50.2%，较2018年下降了3.4个百分点，29个省份2019年近视率较2018年有不同程度下降，26个省份完成了规定的近视率每年下降0.5或1个百分点的目标。受疫情影响，2020年全国儿童青少年总体近视率较2019年有小幅上升，但与2018年相比仍有下降，基本实现预期防控目标。

各地加强儿童青少年近视防控工作，部分省市取得积极进展。2018年8月30日，教育部等八部门联合印发《综合防控儿童青少年近视实施方案》（以下简称《实施方案》），切实加强新时代儿童青少年近视防控工作。《实施方案》印发以来，全国各地按照预防为主、防控结合的原则，加强组织领导、科学统筹谋划、强化责任担当、创新工作方法、精准施策发力，稳步推进综合防控儿童青少年近视工作取得积极进展。以山东省为例，从学龄前开始建立包括眼生物学参数的完整眼健康档案，监测远视储备值情况，全省建立3~5个市级青少年近视防控示范市，25~30个近视防控示范县（区），120所近视防控试点学校，实现示范市、县（区）、学校内学生的视觉筛查率100%、建档率为100%、近视预警率100%。2019年，山东省近视率较2018年下降3.03%。

2021年4月底，教育部等十五部门联合印发《儿童青少年近视防控光明行动工作方案（2021—2025年）》，共同实施8个专项行动防控儿童青少年近视，工作方案提出，力争到2025年每年持续降低儿童青少年近视率，有效提升儿童青少年视力健康水平。8个专项行动包括引导学生自觉爱眼护眼、减轻学生学业负担、强化户外活动和体育锻炼、科学规范使用电子产品、落实视力健康监测、改善学生视觉环境、提升专业指导和矫正质量、加强视力健康教育等。

【2022年上半年眼镜行业发展韧性和潜力巨大】 2022年6月22日，中国眼镜协会九届三次常务理事会以线上会议方式召开。会议指出，2022年上半年行业经济运行先升后降，全年承压较大，但行业发展韧性和潜力巨大。

国家统计局数据显示，2022年1—3月全国眼镜成镜产量2.01亿副；全国眼镜制造业规模以上企业446家，累计完成主营业务收入101.1亿元，累计完成利润总额7.1亿元，均较同期略有上升。另据海关总署数据，1—3月我国眼镜产品累计进口额4.13亿美元，眼镜产品累计出口额17.24亿美元，均较同期增长约20%。协会相关负责人表示，自2022年4月以来，我国眼镜行业面临的内外部挑战增多，中国眼镜协会和各地行业组织、企业等积极行动，落实党中央决策部署，多措统筹，力争将不利影响降到最低。虽然眼镜行业目前面临各种困难和压力，但国内经济长期向好的基本面没有改变，我国眼镜行业发展韧性和潜力巨大。中国眼镜协会将全力服务于会员企业，为行业发展不断增添活力和动能，推动行业高质量发展。

会议还对协会开展的“2022年一季度眼镜行业生产经营状况调研”情况进行了通报。本次参与调研的会员企业共计184家，以中小微企业为主。

【国内市场受疫情影响订单下滑明显】 2022年受疫情防控因素影响，人员流动锐减，线下消费端低迷，企业去库存压力较大，品牌新款的下单已基本暂停。现货、电商多渠道拓展，部分企业稳中增长。如兰博光学公司的现货销售额约占总业绩的三分之二，主要通过线上销售，也因此这几年疫情对公司的影响并不大。兰博比较重视线上推广，客户一般通过产品图直接下单，大大节省了中间的确认时间。现货业务约占三成的森瑟光学，2022年国内外市场的动荡对公司没有造成较大影响，依靠前期建立好的稳定供应链、客户和销售渠道，以及在产业中处于“橄榄中部”的位置，森瑟这几年都在稳步向上发展。此外，森瑟近年还布局跨境电商线上渠道，搭建了自己的网站，通过国外社媒为网站引流，并通过参加海外专业眼镜展、促销活动等方式加大产品曝光度和公司知名度，顺利走出了属于自己的一条产品“出海”之路。注重研发、拥有13项发明专利而领先行业的八达光学，2022年基本与2021年持平，略有增长。以承接外贸订单为主的浩宇眼镜，在坚持自身特色并发挥优势的同时，灵活经营，2022年上半年还实现了25%的增长。

面对经济下滑、订单不足的现状，眼镜企业必须适应新形势，及时调整，积极应对，取长补短，内抓科学管理，创新产品，外抓渠道拓展，市场销售，努力走创新发展之路。

【中国眼镜B2B采购节暨眼视光创新论坛于线上召开】 2022年6月28—29日，由中国眼镜协会指导，中国眼镜科技杂志社联合卯尚科技（杭州）有限公司主办的2022中国眼镜B2B采购节暨眼视光创新论坛于线上召开。本次活动分为“眼视光创新论坛”、“2022年度眼视光‘最美空间展’大赛”及“B2B采购节”三大板块，旨在赋能眼视光行业的品牌价值，助力企业解锁创新密码，不断创造新模式、培育新业态、营造新场景、开拓新市场。

历时两天的活动，受到了业界的广泛关注和

热议，既联动了眼视光行业上下游企业，充分促进行业企业沟通交流，更对推动眼镜企业转型升级、行业实现高质量发展具有积极意义。

中国眼镜协会副理事长、全国眼视光标准化委员会眼科光学分支技术委员会主任委员江波应邀线上出席并代表中国眼镜协会向论坛的顺利召开表示祝贺。她指出，创新交流和采购模式不仅契合当下疫情时期的实际需求，也有利于行业探索和拓展新的传播渠道和方式。行业人办行业事，众人拾柴火焰高，希望各位业界同仁能携手同行，为行业的进步和提升贡献力量。

【博士眼镜线下零售渠道离焦镜片销售额占镜片销售额约12%】 2022年7月5日，博士眼镜在互动平台表示，目前，在公司线下零售渠道，离焦镜片的销售额占到镜片销售额的12%左右。公司的视光中心是与医院合作的，在视光中心渠道的离焦镜片销售占比会比非视光中心渠道高一些。到医院做眼镜验配的青少年居多，青少年选择离焦镜片的概率比较大，目前离焦镜片在公司部分视光中心渠道的销售额占镜片的比例最高能达到50%左右。

【温州瓯海眼镜企业开展云上展销】 2022年7月14日上午，一场热火朝天的线上采购在温州德纳云会展有限公司的会议室里展开。作为瓯海眼镜行业协会产业链党建联盟的成员单位，德纳公司牵线瓯海20多家眼镜企业与海外客商线上对话，把一场多流程的会展搬到了网上。

瓯海集聚了500多家眼镜制造企业，也是中国（温州）国际眼镜展会的常年举办地。2022年初，由于疫情和国际形势影响，眼镜企业国际订单明显减少。解决企业生产经营中碰到的产业链上下游联动难、发展难等问题，产业链党建联盟发挥“政府、企业、行业协会”三方联动作用，一场线上展会的策划应运而生。在瓯海区商务局、温州市贸促会的扶持下，企业与瓯海眼镜行业协会搭建云会展平台，组织联系了世界各地的客商并举办专场会展，通知一经发出，眼镜供应商踊跃报名。

不仅畅通销售渠道，而且还提供产业链集群服务。温州长汇国际贸易公司专做眼镜外贸，一连参加了3场线上展会，负责人涂大伟感慨，公司根据2022年形势调整客商订单的产品，针对海外客商需求选品外销，达成不少意向订单。通过此类线上展会，累计有100多家瓯海眼镜企业、60多家海外采购商建立联系，直接促成眼镜订单近3000万元。瓯海眼镜行业协会产业链党建联盟发挥联盟组织优势和协调联动作用，吸纳包括贸易企业、眼镜生产制造企业、商协会等，打通全产业链服务，并筹划“代参展”新模式拓展海外市场。

【山东英翔眼镜亮相第六届中华老字号（山东）博览会】 为弘扬中华传统文化，推进老字号企业创新发展，以“国潮国货　品质生活”为主题的第六届中华老字号（山东）博览会于2022年8月19—21日在山东国际会展中心开幕。全国25个省市的619家企业携万余款产品亮相泉城。

1934年，实业救国的浪潮席卷中华大地，“英翔眼镜坊”在北平应运而生。凭借精湛的技艺和良好的信誉，掌舵人张见勤声名鹊起，“英翔眼镜坊”也广为流传。近年来，英翔眼镜着力发展非遗技艺，打造手工眼镜制作技艺，积极开发老字号文创产品，完美契合了本届中华老字号（山东）博览会的主题“国潮国货　品质生活”。在“老国货新国潮”盛行的当下，拥有浓厚历史文化底蕴的英翔眼镜正迸发出新的活力。2017年1月“英翔”获“德州市知名商标”，2018年9月“英翔”被德州商务局认定为“德州老字号”，2019年1月“英翔”品牌被山东省商务厅认定为“山东老字号”。2020年4月，英翔手工眼镜制作技艺被列入德州市非物质文化遗产，同年，英翔眼镜被山东省品促会评定为“山东省高端服务品牌培育企业”。在老字号企业云集的展会上，英翔眼镜展位人气汇集。

【合肥市新站区力求打造全国大型隐形眼镜中转基地】 2022年10月底，为迎接“双十一”网购大促活动，占地1.5万平方米的阿里巴巴菜鸟国际跨境项目在合肥综合保税区开仓试运营。菜鸟合肥保税仓试运营期间，预计跨境电商单量可达10万单，并计划正式开仓运营一年内跨境电商单量达到300万单，累计成交金额6亿元，力求打造全国大型隐形眼镜中转基地。菜鸟网络作为合肥新站区2022年引进的跨境电商头部企业，在合肥综合保税区设立菜鸟保税仓、中心仓，利用先进的互联网技术，“链”起电商企业、物流仓储、供应链服务商等较为完整的产业链，降低企业物流成本，提高物流时效，可实现最快当日下单、次日送达，服务范围将覆盖华东及周边地区。下一步，合肥综合保税区将积极支持跨境电商提质增量，助力落地龙头企业，形成特色跨境电商产业聚集区，同时将有力推进区内跨境电商产业链生态，形成集平台、仓储、物流、供应链、跨境产品展示交易、孵化培育于一体的多功能复合型跨境电商产业基地。

【2022 年外资企业持续看好中国市场】 2022 年 10 月 27 日，中国贸促会发布《2022 年第三季度中国外资营商环境调研报告》。报告显示，外资企业持续看好中国市场，对中国营商环境和宏观经济政策总体评价良好。调研中，近九成外资企业对获取经营场所、市场准入和纳税评价“较满意”以上，近九成外资企业对保产业链供应链稳定政策、《鼓励外商投资产业目录》实施情况、积极的财政政策和减税降费政策满意度较高。具体来看，95.33% 的外资企业对获取经营场所评价“较满意”以上，89.94% 对市场准入评价“较满意”以上，88.71% 对纳税评价“较满意”以上。外资企业对市场准入、促进市场竞争、获取经营场所和获取金融服务的满意度评价，分别比第二季度增加 1.99、1.84、1.52 和 1.43 个百分点。“报告显示，中国已经成为诸多外资企业全球业务发展的动力与引擎，绝大多数外资企业看好在华长期发展前景。”中国贸促会新闻发言人、中国国际商会秘书长孙晓在 27 日举行的新闻发布会上说。三季度，中国市场对外资依然保持较强吸引力，国内社会环境稳定、经济潜力巨大、市场空间广阔、产业配套完整、政策优惠持续，全球诸多主要投资机构纷纷对中国投下“信任票”，近八成外资企业维持了现有生产业务规模，吸引外资规模持续增长。调研显示，长三角和珠三角地区是吸引外商投资的主要区域。“从外资企业在中国的投资金额、投资结构和对经济建设的参与程度可以看出，中国的营商环境具有强大的吸引力。”孙晓说。据介绍，目前，外资企业对中国营商环境的政策建议主要体现在完善常态化疫情防控政策、提升政策制定科学性完备性、打造高效能服务型政府等方面。

（三）进出口贸易

【上半年欧美市场外贸订单缩水较大】 温州某头部眼镜制造企业自第二季度以来已减员近 20%，主要是欧美订单减少引起。延续两年的新冠疫情，加上年初突发的俄乌战争，对全球经济市场造成了相当大的冲击，增发的货币使得美英等国通胀高企。一家大头市场在美国的重点眼镜企业透露，公司客户反映 2022 年一季度美国市场以去库存为主，普通消费者的购物态度变得更谨慎，对价格也更敏感。消费市场的低迷放大到采购端和制造端后，企业拿到的订单量有较大幅下降。

为应对 2021 年因饱和订单带来的交期压力，温州眼镜企业开春复工后纷纷招兵买马，提升产能，准备 2022 年大干一场。没想到，进入 3 月后，外贸订单突呈收缩势态，同时国内眼镜需求也出现下滑，温州眼镜制造业渐陷困境。温州市眼镜商会通过 2022 年 3 月开展的行业调研，6 月的企业走访而获得的行业信息整理成文，供行业同仁参考。对以出口为主的温州眼镜业，外贸数据基本能反映行业情况。

5 月初，阔别两年之久的 MIDO 展于米兰顺利落幕，紧随其后的德国慕尼黑展圆满结束。下半年的东京展、Silmo 展等都在火热招商中，海外实体展正在相继复苏，即使受防疫政策所困，企业也在尝试通过“代参展”的方式积极投入市场开拓。国内，温州眼镜云上展“眼镜在线”在 5、6 月期间开设了多场热门国别的专场活动；温州展、厦门展也陆续重新启动。行业商贸往来正在逐步恢复。

【美通社发布全球眼镜市场前景研究报告】 2022 年 3 月，美通社发布了全球行业分析公司（GIA）关于眼镜市场前景的最新研究报告《眼镜——全球市场轨迹和分析》。该报告对后疫情时代全球市场面临的重大机遇和挑战提出了新观点。

在疫情背景下，预计 2022 年全球眼镜市场为 1496 亿美元，以 5%的复合年增长率增长推算，预计到 2026 年将达到修正后的 1869 亿美元。镜片市场预计复合年增长率为 4.8%，将达到 769 亿美元。在对新冠疫情及其引发的经济危机的商业影响进行彻底分析后，框架眼镜下一个 7 年期间的增长率修正为 5.8%的复合年增长率。处方眼镜镜片和镜框是作为一个整体购买的，随着处方的变化，镜片的更换频率增加，镜片产品在整个眼镜市场的销量和价值销售额中所占的份额也越来越大。

据估计，到 2022 年，美国的眼镜市场规模达到 418 亿美元。中国作为世界第二大经济体，预计到 2026 年市场规模将达到 202 亿美元。其他值得注意的地理市场包括日本和加拿大，预计分别增长 3.8%和 4.4%。在欧洲，德国预计将以 4.3%的复合年增长率增长。北美和西欧是相对成熟的眼镜市场，因为消费者对眼镜的认知度很高，市场以处方为导向，太阳镜的购买量也较高。

北美消费者对带有防紫外线、防眩光和防刮擦涂层镜片的高档、时尚的品牌眼镜框和太阳镜表现出高度偏爱。欧洲在全球眼镜销售额方面的较高贡献在于其对高端产品的消费较高，消费者的品牌认知度较高。Safilo 和 Luxottica 等行业领先企业的强势存在，也为欧洲眼镜市场带来了良好的前景。亚太地区的增长由中国和印度等新兴经济体引领，这些国家人口密度高，眼镜普及率也在不断提高。

到 2026 年太阳镜市场将达到 501 亿美元。虽然偏光太阳镜约占太阳眼镜总出货量的五分之一，但平光太阳镜是发展最快的新兴产品之一。消费者也在从传统的非偏光太阳镜转向更昂贵的偏光太阳镜。

在全球太阳镜市场，美国、加拿大、日本、中国和欧洲将推动该市场 4%的复合年增长率，合计规模为 316 亿美元，到 2026 年，预计将达到 419 亿美元。中国仍将是这一区域市场集群中增长最快的国家之一。以澳大利亚、印度和韩国等国家为首，亚太地区的市场预计到 2026 年将达到 58 亿美元，而拉丁美洲在此期间将以 5%的复合年增长率增长。

【温州贸促会为意大利米兰国际眼镜展参展企业提供线上指导】 2022 年 3 月，2022 年意大利米兰国际眼镜展开展在即，为了更好帮助企业正确申办、使用 ATA 单证册，温州市贸促会通过电子邮件、QQ 群向温州眼镜企业介绍意大利海关通关最新要求及 ATA 单证册网上申办系统操作流程，并安排专人在线一对一回复企业咨询。

温州市贸促会提醒，对于申办 ATA 单证册前已确定报关代表的情况下，在网上申办系统填制时，“授权报关代表栏”应填写该报关代表的全名及护照号；如不能明确，则“授权报关代表栏”填写“Any Authorized Representatives”，通关时额外准备授权委托书递交意大利海关备查。

【温州市 2021 年度眼镜出口再创新高】 2021 年，温州市眼镜产品出口同比增长 30.15%，创历史新高。数据显示，2021 年温州眼镜产品出口人民币值共 84.13 亿元，比上年增长 30.15%；出口美元值 13.02 亿美元，比上年增长 39.53%。行业整体呈现恢复性增长态势，出口总额超越疫情前水平。

主要出口市场中，欧美市场的份额占据出口总额的七成，其中美国 31.23 亿元，同比增长 49.4%，在所有市场中增幅最大；欧盟 27 国 25.35 亿元，比上年增长 25.75%；“一带一路”国家 12.07 亿元，比上年增长 28.38%。

温州市眼镜行业一直以生产制造和外贸出口为主，且国外消费市场更为理性、成熟的特点，在跨境电商领域具备产品适销、外贸能力强、了解消费客户等先天优势，能更快地在跨境电商领域取得成效，使得温州市眼镜跨境电商呈现爆发式增长。未来，温州市眼镜行业将以开拓国内市场、挖掘跨境电商市场为主，双重发力、并驾齐驱，争取更快实现跨越式新发展。

【巴西对无框镜作出反倾销复审终裁】 2022 年 1 月 31 日，巴西经济部外贸委员会管理执行委员会（GECEX）发布 2022 年第 294 号决议，对原产于中国和墨西哥的无框镜作出第一次反倾销日落复审终裁，决定继续对上述国家的涉案产品征收为期 5 年的反倾销税，税额与巴西外贸委员会发布的 2016 年第 10 号公告原审终裁税额相同，即中国涉案产品为 388.73~415.32 美元/吨，墨西哥涉案产品为 395.47~427.43 美元/吨。涉案产品的南共市税号为 7009.91.00。决议自发布之日起生效。

2015 年 3 月 23 日，巴西对原产于中国和墨西哥的无框镜进行反倾销立案调查。2016年2月19日，巴西外贸委员会发布2016年第10号公告，对原产于中国和墨西哥的无框镜作出反倾销肯定性终裁。2021年2月19日，巴西外贸秘书处于《联邦政府公报》发布2021年第8号公告，对原产于中国和墨西哥的无框镜启动第一次反倾销日落复审立案调查。

【温州眼镜企业2021年订单爆满，但增产不增效】 受新冠疫情影响造成较大收缩的全球眼镜市场，在2021年出现较大反弹，市场对眼镜产品需求猛增。同时，由于海外疫情的反复造成当地制造企业无法生产，订单涌向国内。尤其是2021年下半年，温州眼镜制造企业大都订单爆满，劳动力紧缺，为交期发愁。

海关出口数据显示，2021年温州眼镜产品出口额和增速均创历史新高。全国眼镜产品出口也是猛增，2021年出口总值为430.61亿元，同比增长24%。2022年1—5月全国眼镜产品出口193亿元，同比增长22.7%；其中温州出口41.02亿元，同比增长34.64%。

3月上旬，温州市眼镜商会开展了《温州市眼镜行业2022年开春行业形势分析》（以下简称《分析》）的调研，共有42家规上或外贸百强企业参与调研，其中占比73%的企业表示其2021年的全年产值增长了10%及以上，但是也有约70%的企业反映所获利润与2020年相比零增长甚至下降许多。受原材料价格持续攀升、劳动力成本上涨、外汇下降等因素影响，行业整体面临增产不增效问题。

温州宁星贸易有限公司负责人表示，企业自3月以来订单量有较明显下滑，他预计整个市场可能收缩近半，好多国际客户存在库存高企的问题，而第三季度的订单是否会出现好转将取决于客户库存的消化情况。该负责人认为6—8月很关键，若订单无起色，2022年行业会有较大下滑。温州市黎东眼镜有限公司董事长吴建敏认为，目前行业面临的形势可能比2020年疫情全球流行初期还要严重，不单是中小企业面临订单不足问题，部分重点企业也出现裁员，采取8小时工作制或周末双休等措施应对。据悉部分企业供应链的外协单位也要单急切，甚至愿意降价以求缩短付款周期，说明供应链企业的资金链已开始绷紧。

【MIDO官网发布2021年意大利眼镜产业情况】 2022年5月，MIDO官网发布，2021年意大利眼镜产值达到41.7亿欧元，同比增长35%，与2019年相比增长了4.5%。目前意大利国内共有848家眼镜企业，同比下降1.4%。

在意大利，镜架、太阳镜和镜片占据行业总产量的90%，2021年这三大类产品的出口量同比增长39.2%，较2019年增长3.4%，出口总额约40多亿欧元。此外，原材料采购、交货时间等问题已经开始影响进口，2021年意大利眼镜进口额为11亿欧元，与2019年相比下降了4.5%。

【ANFAO（意大利光学产品制造商协会）发布第一季度数据】 2022年第一季度的数据在2022年ANFAO（意大利光学产品制造商协会）会议上公布，这是在更广泛的经济背景下评估眼镜行业的重要机会。除了ANFAO总裁乔瓦尼·维塔洛尼之外，代表公众发言的还有米兰比可卡大学工业经济学副教授，同时也是意大利工业总联合会（Confindustria）能源转型高级顾问的Massimo Beccarello和Studio Fieschi的Nicola Moro，他就新的可持续性认证项目以及欧洲当前能源危机的影响及其对眼镜行业的影响分享了观点。

意大利的眼镜行业在2022年第一季度表现良好，尤其是在出口方面，ANFAO 1月至3月的数据显示，与2019年同期相比增长了32.3%，比2021年增长了35.3%。该行业在2021年以“正面”收盘，将其提升至新冠疫情之前的水平。由于其强大的国际亲和力，眼镜是去年成功应对大流行的行业之一。2021年，意大利眼镜产量达到41.7亿欧元，比2020年增长35%，而出口额比上一年增长39.9%，略高于40亿欧元。

【温州眼镜在线携手北美渠道商Spreetail助镜企跨境业务发展】 2022年7月14日上午，由WOF温州国际眼镜展组委会联合温州市瓯海区眼镜行业协会携手Spreetail（北美亚马逊五大卖家之一）举办的“布局多元渠道、拓展北美市场”Spreetail介绍暨采购说明会在温州德纳云会展举行，会议采用在线视频会议的方式进行。

温州市瓯海区眼镜行业协会秘书长林步春、德纳展览董事长潘伟、WOF温州国际眼镜展总经理苏苗守、Spreetail中国区商务开发经理Roger、温州杰鸿进出口、温州长汇国际、厦门诚益光学、台州佰益贸易等20多家眼镜企业代表及媒体代表参加了此次会议。

【亮亮视野AR字幕眼镜亮相2022中国国际服务贸易交易会】 2022年8月31日—9月5日，以“服务合作促发展，绿色创新迎未来”为主题的“2022中国国际服务贸易交易会”在北京国家会议中心、首钢园迎接全球伙伴和参展观众。作为全球唯一涵盖服务贸易12大领域的综合性服务贸易交易盛会，本届服贸会规模再升级，汇聚全球71个国家和国际组织，超1400家企业参展。

亮亮视野基于自身的AR硬科技实力，携全球技术领先的双目透明显示AR字幕眼镜、工业AR眼镜等产品参展服贸会。在国家会议中心的服贸会银行业独家全球合作伙伴中国银行展台和首钢园中国联通展台，亮亮视野向全球展示AR技术在助力无障碍沟通方面的最新科技成果，彰显了中国AR科技公司的技术实力、场景落地能力和社会责任。

服贸会中，首次展出的全球首款双目一体透明显示的亮亮视野AR字幕眼镜，吸引了来自各部委、省市、央国企巡展领导和广大观众的高度关注，得到了社会各界一致认可，纷纷为该款产品竖起“大拇指”。这款由亮亮视野自主研发、具备完整知识产权和专利保护的AR字幕眼镜即将全球发布，它能够实时地将日常对话声音转译成文字，并通过AR显示方案呈现在眼前，帮助听力受损人群、中老年听力下降人群和有跨国交流需求的人士切实解决日常沟通中的需求。这是中国高新技术企业技术实力和人文关怀的全新展现。展会期间，超过千余人次与会领导、嘉宾、观众纷纷询问上市时间并希望能够在第一时间购买该产品。

【深圳眼镜凭借高端定位畅销海外】 经过近40年发展，深圳眼镜凭借高端的定位、过硬的产品质量，在全国乃至世界眼镜行业都具有较高的知名度。深圳眼镜产业年产量超1.25亿副，年产值100多亿元，出口总值比例占80%以上。如深圳市慧明眼镜有限公司的小巧儿童镜架眼镜，拥有榫卯专利结构、镜片坐标定焦，还可调节腿长，深受国外消费者的喜爱。在东南亚、澳大利亚、中东等地区售价超过2000元人民币，在国内售价在700~800元。这款镜架由慧明眼镜旗下自主品牌“李白”设计研发。该公司集研发、生产、销售于一体，不仅是许多国际顶级眼镜集团的供应商，也是“中国眼镜出口基地”深圳横岗众多企业中的代表性企业之一。深圳眼镜企业擅长高端眼镜架加工，制作胶架、金架、钛架等高档眼镜架近九成远销海外。全球50%的顶级眼镜品牌，都诞生于深圳这个“眼镜王国”，其中不乏路易威登（LV）、阿玛尼（Armani）、古驰（Gucci）等世界知名高端品牌。

【温州瑞安眼镜产品2022年上半年受疫情影响出口受阻】 眼镜行业是深受新冠疫情影响的细分行业之一。疫情下，瑞安的眼镜产业面临订单锐减、出口受阻、库存增加等诸多问题。对此，瑞安眼镜企业积极采取措施，在稳订单的同时，想方设法拓宽销售渠道、全力提升产品质量，化危为机，借疫情大考促进企业转型升级。眼镜产业是瑞安支柱产业之一，时尚轻工中重要的一类。目前，瑞安市有近200家眼镜企业，聚集了1万多名从业人员，2021年总产值超25亿元。

2022年上半年，产品出口受阻外贸订单量减少。如位于马屿镇工业园区的浙江方氏眼镜制造有限公司（以下简称方氏眼镜）是一家集眼镜设计、研发、制造、分销和零售于一体的现代化企业。该公司外贸订单占80%，大部分出口欧美国家，受上海疫情影响，货物无法在上海港出货，订单锐减，4月份的订单为零。外贸产品卖不出去，企业库存压力明显增加。公司的产品主要是眼镜镜架和太阳镜。2022年2月，方氏眼镜开始在淘宝、京东等电商平台直播带货，以内销的方式去库存。力求尽快把内销市场做大，减少产品库存。由于订单减少，方氏眼镜的生产速度有所放缓，生产工人数也缩减了不少。生产最忙的时候，该公司有500多位工人，现减少至只有400位。企业生产时长也缩短了，以前每月休息2天，现在每星期休息1天。

在马屿，受疫情影响导致产量下滑、订单减少的眼镜企业不只方氏眼镜一家。浙江法依笛眼镜有限公司，2022年3月中旬至4月的产能比去年同期下降了近50%，还有10万多副外贸太阳镜积压在仓库，正通过网络直播努力去库存。

外贸是瑞安眼镜行业的主要销售渠道。疫情常态化的形势之下，很多外向型企业措手不及。来自海外市场的订单因疫情被迫取消或延迟，给瑞安眼镜企业带来巨大的压力。

【温州瓯海眼镜产业内优外强“玩”转数字化新外贸】 对于很多传统外贸企业来说，做好跨境电商绝不是一日之功。吉米橙贸易温州有限公司是最早入驻瓯海眼镜跨境电商园的贸易公司之一，其产品通过电商远销美国、欧洲、日本，特别是抓住疫情期间国外线上购物暴发的机遇，业绩迅速增长。

吉米橙贸易温州有限公司（以下简称吉米橙）通过对需求端快速反应、产品端快速迭代、物流端空运与时间赛跑，抓住传统外贸产品迭代慢的痛点，得以迅速成长。该公司对收集到的电商客户实时反馈，比如适配性、舒适度等，及时调整材质、结构，用 1 周时间生产，2 周时间跨境运输，1 个月左右产品就实现迭代。和代工不一样，电商可以全权掌控产品，做到“我的产品我做主”，并且拥有自主定价权。眼镜电商园区内市场信息多、传得快，让吉米橙形成了有别于传统外贸的“快速反应”模式。

类似“吉米橙”这样快速成长的企业在电商园还有不少，其背后除了瓯海完备的眼镜产业链外，还有园区综合配套服务的支撑。

园区通过整合国内外物流供应链，优化园区及周边企业集中下单，以超低折扣拿到物流单价，为园区电商企业降低物流成本。比如国内的物流，从原先的全国通票 8 元/单，降到 2.2~3.2 元/单，某入园企业一天可以节省近 6000 元，一个月节省 17 万元，一年可以节省 204 万元成本。2021 年，园区企业总共节省 1000 余万元的国内外物流费用。另外，园区还能够为企业提供清关、结算、退税、互联网对接服务。

如今，园区的集聚效应开始凸显，越来越多类似“吉米橙”的企业入驻瓯海眼镜跨境电商园，园区同时也在积极主动招引产业龙头、重点眼镜企业，持续引导眼镜产业主体集聚。

【隐形眼镜近年进口情况】 由于目前国内硅水凝胶隐形眼镜生产厂家极少，因此我国隐形眼镜主要以进口为主。随着我国隐形眼镜需求的不断增加，隐形眼镜进口量也随之不断增长。资料显示，2021 年我国隐形眼镜进口量达 14.31 亿片，同比增长 55.2%；进口金额为 5.81 亿美元，同比增长 48.6%。

从进口分布来看，2021 年我国隐形眼镜进口金额中，占比前三的地区分别为中国台湾、爱尔兰和韩国，占比分别为 43.72%、19.24%和 12.55%。

2021 年中国隐形眼镜片进口金额地区分布情况

进口国家（地区）	占比（%）	进口国家（地区）	占比（%）
中国台湾	43.72	日本	5.31
爱尔兰	19.24	马来西亚	4.54
韩国	12.55	其他	14.64

【隐形眼镜出口情况】 相较于进口规模，我国隐形眼镜出口规模较小，近年来整体处于波动增长的态势。资料显示，2021 年我国隐形眼镜出口量为 0.5 亿片，同比增长 85.2%；出口金额为 731 万美元，同比增长 6.9%。

从出口分布来看，2021 年我国隐形眼镜出口金额中，占比前三的地区分别为伊拉克、马来西亚和中国香港，占比分别为 32.47%、10.59%和 7.60%。

2021 年中国隐形眼镜出口金额地区分布情况

出口国家（地区）	占比（%）	出口国家（地区）	占比（%）
伊拉克	32.47	新加坡	3.88
马来西亚	10.59	科威特	3.75
中国香港	7.60	尼日利亚	2.72
阿联酋	5.22	其他	33.77

【新业态新模式为深圳眼镜产业带来国际贸易竞争新机遇】 近年来，依托浓厚的创新氛围、较完整的制造业链条，以及扎实的生产实力，深圳眼镜企业在不断探索和发展过程中，涌现出了一批新模式新业态，为产业转型升级、参与国际竞争创造了新的机遇。如深圳市柏琪眼镜制造有限公司经过多年积累，形成了完善的全程质量控制体系，先后在香港、北京等地设立销售公司，并发展出“柏琪”“金玉良品”“雅曼尼”等多个自有品牌。以新视代眼科为代表的创新型企业，积极向时尚、健康等领域扩张，带动产业从“制造”向“品牌”，再向“服务”、向“提供解决方案”持续升级。

深圳眼镜注重借助互联网技术，推动产业的智能化和自动化升级，并依托自身在产业、工艺、品质上的优势，通过发展自主品牌参与国际竞争。近年来，深圳高度重视眼镜等时尚产业的出海发展，提出要鼓励企业拓展国际市场、引入国际时尚资源、搭建国际化推介平台，成为全球重要的新兴时尚产业高地、国际时尚消费中心城市、国际会展之都，建成具有国际竞争力和市场影响力的现代时尚产业集群。深圳市将参展、办展，作为眼镜品牌走出去，参与国际交流与竞争的重要途径。近年来，从米兰到巴黎，从东京到大邱，越来越多的深圳品牌，出现在国际知名眼镜展会上。

深圳市龙岗区政府《龙岗区关于促进眼镜产业高质量发展若干措施》提出，眼镜跨境电商企业年度进出口额超过1000万美元，可按比例给予不超过100万元的奖励；鼓励眼镜企业参加大型综合性展会、专业展会、境外展会；对经市级部门认定的眼镜大赛、展览和论坛等重大活动，最高可获得100万元的资金补贴。在深圳市、龙岗区政府的大力支持下，行业协会计划2023年办一场高规格的专业展会，希望背靠深圳眼镜强大的制造实力，吸引国内外企业参与，进而带动品牌提升，提高深圳眼镜在国际合作中的话语权。

【瓯海眼镜行业携手Spreetail拓展北美市场】 2022年7月14日上午，由WOF温州国际眼镜展组委会联合温州市瓯海区眼镜行业协会携手Spreetail（北美亚马逊五大卖家之一）举办的“布局多元渠道、拓展北美市场”Spreetail介绍暨采购说明会在温州德纳云会展举行，会议采用在线视频会议的方式进行。

温州市瓯海区眼镜行业协会秘书长林步春、德纳展览董事长潘伟、WOF温州国际眼镜展总经理苏苗守、Spreetail中国区商务开发经理Roger、温州杰鸿进出口、温州长汇国际、厦门诚益光学、台州佰益贸易等20多家眼镜企业代表及媒体代表参加了此次会议。

会议上Spreetail中国区商务开发经理Roger，给参会人员分享Spreetail发展内容、业务领域的政策、趋势以及服务方向。Spreetail承诺：及时处理所有客户服务问题和退货，以提供24×7小时端到端的优质服务。将服务做到极致，让品牌更有影响力。Spreetail专注于加速品牌化发展和多元销售渠道以争夺未来的电子商务客户。无论市场如何变化，自Spreetail成立以来始终坚持的做法是：线上积极整合大型电商平台资源，拥有更多的客户群体；打造高效的物流供应链，提供24×7小时的优质服务；利用公益活动以及轻松办公环境提高品牌认知与品牌黏性。Spreetail现场一一解答了相关问题，视频会议现场还进行了热烈的讨论。

WOF作为国内行业对外贸易重要平台，还将继续通过“眼镜在线”（noteoptics. com）及第三方机构，围绕客户需求，针对需求进行组织资源对接活动，为企业客户开拓新市场、新渠道贡献力量。

【通关便捷化助“横岗眼镜”走向全球】 2022年5月，海关总署出台十条措施，促进外贸保稳提质，其中提到，要支持中小微企业开展市场采购贸易，简化优化市场采购贸易小额小批量监管适用条件，扩大小额小批量出口检验检疫自动审单、快速签发电子底账的范围，促进市场采购贸易健康发展。市场采购贸易方式是指在经认定的市场集聚区采购商品，单票报关单的货值最高限额为15万美元，由符合条件的经营者在采购地海关办理出口通关手续的贸易方式，具备申报简便、通关速度快、允许多个主体收汇等优势，可以很好地满足小单化、小批量和多批次的外贸需求，实实在在解决小微企业和个体工商户难以通过一般贸易方式出口的难题。

市场采购贸易极大地方便了小微企业，不仅通关手续简单，结汇还能当天到账，大大缓解了小微企业的资金压力。5 月 16 日，立天眼镜股份有限公司（以下简称立天眼镜）成功通过市场采购贸易将该公司生产的一批眼镜顺利出口韩国，这是该公司通过市场采购贸易出口的第一单。像立天眼镜这样的小微企业，横岗眼镜城约有 300 多家。眼镜城管委会以及眼镜企业认为，市场采购贸易简直就像是为横岗眼镜城中小微企业量身定制一样，全球 60%的眼镜都是来自横岗眼镜城，出口涉及 120 多个国家和地区。市场采购贸易大大降低了他们的经营成本。

深圳海关持续助力外贸企业发展，全力支持深圳中小微企业通过市场采购贸易出口，通过市场采购贸易不断挖掘中小微企业外贸出口潜力。截至目前，通过深圳市场采购贸易共计出口 2.41 亿元，备案企业 415 家。深圳海关将继续推动市场采购贸易规范发展，支持和培育本土特色优势产品出口，打通“本土特色产业+市场采购”供应链，助力深圳中小微企业更好融入“双循环”，促进外贸保稳提质。

【从米兰 MIDO 眼镜展看全球眼镜 2022 年下半年消费市场】 逆流而上的眼镜市场，如何迎接 2022 的下半年消费市场？在多个“黑天鹅”事件的作用下，全球消费市场面临着严峻的挑战，但眼镜市场却表现出了较强的风险抵抗力和复苏势头，并通过不断的升级演变主动迎接未来机遇。这一点可以从米兰 MIDO 眼镜展会中大胆张扬、运动休闲的春季系列得到体现，通过经营与供应链层面的步步整合夯实，眼镜集团高管们也对未来的发展前景充满信心。

2022 年 5 月 2 日，为期三天的米兰 MIDO 眼镜展会落下帷幕。本次展会吸引了 22000 名参展者，这一数字是 2019 年线下展览参展人数的三分之一，而参与本届展会的 660 家参展商数量，只有 2019 年的一半。

尽管参展商及买家数量规模骤减，相比以往 2 月下旬或 3 月初的举办期，多名集团的高管也坦言，展期的推迟使不少买家莅临展会时销售活动已经结束，因此销售额不可避免地面临降低。但即便如此，他们依旧看重回归线下展会后与买家建立联系的重要性。

米兰 MIDO 眼镜展会。在过去一年时间里，从 LVMH（路易威登）到 Kering（开云）等各大奢侈品集团及旗下品牌对于眼镜业务的投入、供应链的整合夯实，以及全球眼镜市场连续几年的增长势头，都为其在全球严峻局势下迅速复苏奠定了扎实基础。

更加大胆张扬、运动休闲的眼镜趋势，一方面为眼镜这一细分品类赋予了更加广阔的创作空间；另一方面从消费端看，也为日益扩大的消费群体带来了更加多元化的选择和场景需求。

以意大利为例，在 2021 年眼镜出口量就实现了 42.7%的涨幅达到 29 亿欧元，这一数字相比 2019 年增长了 0.4%。相比以往更加大胆张扬、运动休闲的眼镜趋势，以及珠宝太阳镜和超大号镜框等个性化设计，本次展会一定程度上体现出了相应的乐观心态，并且对于眼镜这一细分品类而言，便为其赋予了更加广阔的创作空间，另一方面，也为日益扩大的消费群体带来了更加多元化的选择和场景需求。

更加大胆张扬的眼镜趋势。从 Moschino（莫斯奇诺）的粉色心形镜框、Jimmy Choo 的珍珠镜框，到 Philipp Plein 饰有水钻徽标的镜腿，越来越多的太阳镜拥有了更加吸引眼球的夸张外观。

眼镜制造及分销商 DeRigo 推出了一个自有品牌 Yalea，专门提供多种颜色和图案的方形款式。

Salvatore Ferragamo（菲拉格慕）和 Max Mara（麦克斯·马勒）等以往倾向于较为柔和风格的品牌，则采用了粗大的醋酸纤维框和超大号尺寸，相比之下 Victoria Beckham（维多利亚·贝克汉姆）精致的超大号眼镜则略显低调。随着眼镜制造商蔡司商业经营版图和制造技术的进一步开拓升级，Marchon（迈创）和 Polaroid（宝丽来）将其偏光镜片应用于户外眼镜框，更多男性眼镜也开始趋向于运动休闲和以性能为导向的风格。

以 Pop、Cool 为品牌特色的意大利新锐眼镜公司 Italia Independent，在 CR7 系列眼镜的镜框中部分细节使用了橡胶材质，在品牌主线产品中，Italia Independent 选择采用天鹅绒材质制作镜架，并伴有诸多猫眼形状镜片、西瓜红和淡蓝色等全新配色，体现了 Lapo Elkann 的花花公子风格。

Italia Independent 的目标是打造并重新塑造这个品牌，注入更多新鲜、充满活力的当代元素，让 Italia Independent 重现辉煌。

本次米兰 MIDO 眼镜展会上除了产品端更加活

跃的风格趋势，各大参展商还向 WWD 阐述了过去一年或近一季度以来的增长。面对新冠疫情、俄乌冲突、通货膨胀等严峻的全球局势，各大集团也依然通过商业模式和供应链层面的进一步整合、夯实，使眼镜市场呈现出显著的弹性和持续上扬的扩张势头。

【ANFAO 报告称意大利眼镜 2022 年出口强劲但对 2023 年表示担忧】 ANFAO（意大利光学产品制造商协会）近期指出，2022 年 1—8 月意大利眼镜出口额比 2021 年同期增长 22.4%，总值为 32.31 亿欧元，这大大超过了 2019 年至今的行业表现。同 2021 年相比，意大利对欧洲国家的出口增长了 50.8%，对美国增长了 35%，据 ANFAO 报道，对亚洲的出口增长了 12.6%。

2022 年 1—8 月意大利眼镜出口情况

合计	光学架	太阳架
金额 32.31 亿欧元	金额 9.05 亿欧元	金额 22.60 亿欧元
同比+22.4%	同比+9%	同比+22.6%

与此同时，ANFAO 对 2023 年的整体经济前景表示担忧。该组织指出，随着新型冠状病毒肺炎大流行的逐渐减弱和限制的放松，全球的预期往往更加积极，但现实是 2022 年初出现的问题变得更加严重。这种情况受到日益迅速的变化、政治和媒体两极分化、供应链问题、通货膨胀、债务和地缘政治冲突的严重影响。

【Marcolin 集团 2022 年前 9 个月实现净销售额增长 21%】 截至 2022 年 9 月 30 日，Marcolin（玛考林）集团 2022 年前 9 个月的净销售额为 4.097 亿欧元，较 2021 年同期增长 21.0%，从而证实了 2022 年上半年的积极表现。仅 2022 年第三季度，集团净销售额为 1.261 亿欧元，同比增长 24.3%。与 2021 年同期相比，所有地理区域（按当前汇率计算）的销售额都有所增长，尤其是 EMEA（欧洲、中东、非洲三地区）增长 22.2%、美洲增长 19.6%，合计占净销售额的 90% 以上；亚洲净销售额呈正增长 21.5%，成为集团业务增长的潜力区域。调整后的税息折旧及摊销前利润（EBITDA）总数为 5050 万欧元，而截至 2021 年 9 月 30 日的报告为 4200 万欧元。调整后的 EBITDA 利润率的趋势同样呈积极状态，占净销售额的 12.3%。这些结果的实现得益于品牌和分销方面的出色销售组合，以及生产和分销效率的不断提高。

【国际眼镜市场如何突破困境逆流而上】 意大利眼镜制造商协会 ANFAO 提供的数据显示，由疫情引起的居家办公所导致的消费者视力下降，也在一定程度上使光学眼镜从中受益，相比 2020 年，光学镜架就实现了 48.5% 的出口量增长。如经营眼镜设计、生产及全球分销的眼镜品牌 Marchon，该公司受光学眼镜市场强劲复苏的推动，尤其是在美国和西欧，人们对视力保健的需求在疫情期间显著增加。其 2021 年的销售增长幅度是公司历史上表现最好的一年。

2021 年以及 2022 年第一季度，欧洲、拉丁美洲和中东地区眼镜市场充满活力，Safilo 集团的销售增幅明显，业绩显著增长。尽管疫情的传播、俄乌战争、以及通货膨胀仍然给整体行业带来很大挑战，但 Safilo 集团相信眼镜市场的弹性、集团战略的有效性，在接下来的整个 2022 年维持整体销售业绩和利润率的增长。尽管包括 Marchon 和 Marcolin 在内的公司也已经暂停了在俄罗斯的业务，但由于几大集团对俄罗斯和乌克兰市场的占有率并不大，因此便在一定程度上规避了由俄乌冲突带来的相关经济影响。

意大利眼镜制造商 Marcolin 认为，由于俄罗斯市场仅占该公司营业额的 2%，但公司依然希望俄乌冲突能够尽快解决，各国之间的商业关系尽快恢复，当前全球市场并不稳定，必须高度重视，积极应对，科学调整，控制并提高整个供应链效率，化解和规避各种不确定性因素，不断减轻商业压力。同时，还要努力增加库存原材料的有效性。该公司面对严峻的疫情形势和复杂多变的国际环境，顺时应势，趁势而为，加强自身业务能力、自身运营能力，注重在产品和库存上进行关键投资，实现了产品的加速生产、正常交付，有效地为客户提供一系列服务。正是由于打造坚实的“意大利制造”供应链，以及在管理和技术能力方面的关键投资，才使公司2021年业绩比2020年增长了34%达到4.556亿欧元，调整后的利息、税项、折旧和摊销前利润占净销售额的11%。

Marcolin虽未参加本次MIDO展会，但也将品牌目标确定为保持在一个非常紧凑、具备战略性的核心位置，未来计划主要以欧洲市场为主，更加以D2C模式为经营核心。

眼镜制造及分销商DeRigo表示，整个行业的供应链问题对于市场前景的影响是不容忽视的，而集团可以通过提高效率来减少影响。虽然物流延误和成本上升削弱了盈利能力，但事实证明该行业依旧是具有弹性的。在2021年，总部位于意大利隆加罗内的DeRigo销售额为4.216亿欧元，相比2020年增长了21.9%，公司表示这主要得益于美洲地区的强劲表现。

【国际眼镜市场竞争局势日趋白热化】 过去几年时间里，传统眼镜制造商和零售商所面临的侵蚀，尤以LVMH、开云集团两大奢侈品集团最为典型——或通过收购、或是自有平台开发，正试图一步步将集团旗下品牌眼镜产品的制造及分销授权从传统眼镜集团处收归已有、不断壮大自身的高端眼镜品牌组合和经营自主权。

2021年12月，LVMH宣布与意大利眼镜制造商Marcolin达成协议，收购双方于2017年共同创立并持有的眼镜制造合资企业Thélios 49%的股份。交易完成后，LVMH实现了对Thélios 100%的控股。

截至目前，Thélios已陆续接手了LVMH旗下Celine、Loewe、Stella McCartney、Kenzo、Berluti、Givenchy、Fendi、Dior等众多品牌眼镜系列产品的生产和分销。值得注意的是，最新一个加入Thélios、同属LVMH旗下奢侈品牌的是Givenchy（纪梵希），在此之前Givenchy的眼镜系列是由眼镜巨头Safilo Group负责生产和分销，在加入Thélios前Dior也刚刚结束了与Safilo Group长达23年的生产分销合作。在与Thélios建立独家合作伙伴关系前，Fendi的合作对象也分别为Safilo Group和Marchon。单独看LVMH的一系列操作，奢侈品集团对传统眼镜巨头的“侵蚀效应”就已经显而易见。

成立于2014年的开云眼镜，目前也已经将旗下一系列奢侈品牌的眼镜授权收归已有。早在2017年3月，开云集团还同历峰集团为开发、制造及在全球分销Cartier等其他一些历峰旗下品牌的眼镜产品达成合作协议。

截至目前，开云眼镜共拥有Gucci、Cartier、Saint Laurent、Bottega Veneta、Balenciaga、Chloé、Alexander McQueen、Montblanc、Brioni、Dunhill、Boucheron、Pomellato、Alaïa、McQ等开云和历峰旗下奢侈品牌，以及德国运动品牌Puma的眼镜授权。

除了两大奢侈品集团，还有来自以Akoni Group为例的新兴眼镜企业的侵蚀。成立于2019年底的Akoni Group已经手握Balmain、Valentino两张“王牌”。而Valentino在与Akoni Group签订合作协议前5年的合作对象一直是眼镜制造及销售跨国集团陆逊梯卡，而与Valentino同属卡塔尔王室投资公司Mayhoola旗下的法国奢侈品牌Balmain，则是成立至今未满三周年的Akoni Group的第一家奢侈品牌客户。

在高端眼镜领域的竞争局势中，奢侈品集团或新锐企业与传统零售商或制造商并不是绝对的强弱对立关系。就如Max Mara在2020年6月宣布提前结束与Safilo Group生产授权协议终止日期后，选择的则是意大利眼镜制造零售集团Marcolin，开启了长达5年的设计、生产、全球经销授权协议。

不论是奢侈品集团还是传统制造商零售商，或新兴企业，面对当下充满不确定性的全球局势，及其对供应链、市场环境、消费习惯等方方面面的影响，如何各取所长、在差异化经营中不断寻找新增长点，才能共同为眼镜市场、为自身带来更长期的新增长空间，是业内思考和探索的重要问题。

【国际眼镜巨头功能、服务扩展呈现更多可能性】 尽管此前曾面临着客户的流失、和连续两年的亏损，但随着Safilo Group在2021年以及2022年上半年业绩的显著提升，证明传统眼镜巨头的业务转型和定向发力等自救举措也正在生效。截至6月30日的6个月，Safilo Group收入总计5.709亿欧元，与2021年上半年的5.107亿欧元相比增长11.8%。在前不久与分析师举行的电话会议上，首席执行官Angelo Trocchia表示2022年仍有望实现10亿欧元销售额，高于2024年商业计划中所设定的目标。

在此前公布的2020—2024年商业计划中，Safilo Group曾指出一系列目标—平衡授权品牌和自有品牌业务占比，达到各自占50%；将太阳镜业务的销售目标调整为55%，剩下的45%交给光学眼镜业务，同时集团将尽快开展高效的数字化转型。过去一段时间，Safilo除了迎来包括Missoni、Levi´s、Isabel Marant、Ports、Under Armour以及Chiara Ferragni个人品牌等在内的合作伙伴外，受到过去两年消费者对户外运动热情激增的带动，Safilo Group旗下Smith品牌护目镜和头盔业务猛增，被集团首席执行官Angelo Trocchia称为“是我们投资组合中最大的品牌”。

Safilo Group旗下Smith品牌护目镜和头盔业务猛增。对于在2017年完成集团合并的EssilorLuxottica来说，则选择兼顾自身生产制造及专业光学优势之余，同时通过与科技企业的合作，增进自身智能眼镜方向的先入优势。

2022年8月5日，大中华区首家搭载依视路视光中心的亮视点（LensCrafters）门店在北京金源新燕莎Mall焕新开业，这是亮视点和依视路的母公司——EssilorLuxottica集团在该地区的最新重要布局。依视路陆逊梯卡大中华区和亮视点的合作是整合双方在镜片、镜架、光学仪器领域专业优势，强化推广专业视力健康服务，打造中国特色视光中心的愿景。在眼视光服务社区化的趋势下，视光中心的建设与推广有望推动眼科分级诊疗，通过高效覆盖的网络和专业眼健康服务惠及更多人群，助力《“十四五”全国眼健康规划》落地。

2021年9月，EssilorLuxottica还通过Ray-Ban（雷朋）与Facebook（脸谱网）合作，发布了智能眼镜Ray-Ban Stories，这款眼镜被认为是未来Facebook真正AR眼镜的试验品。EssilorLuxottica将通过与Facebook的合作，让智能可穿戴技术扩展应用到集团旗下其他20个合作品牌。

EssilorLuxottica通过Ray-Ban与Facebook的合作发布了智能眼镜Ray-Ban Stories。除了与不同品牌合作，公司产品研发团队还结合多年积累的顾客及其自身需求，创建自有眼镜品牌，以此作为赢得增量市场的有效方式。同时，坚持“以客为本”，注重顾客体验。为此，溥仪眼镜特别推出了Blissful Bloom主题项目和专门为前线团队和验光师提供培训的“溥仪精英学院”。

此外，作为拥有着强大分销网络、连接销售终端与广大消费群体的眼镜零售商，要当好“品牌顾问”，及时回馈和适应市场以及顾客的需求。顾客是多元化的，包括企业家、明星、专业人士、时尚爱好者、眼镜收集者等等，这些对眼镜有高要求的顾客的意见和建议，很大程度上可以代表市场的意见和建议，要与他们加强沟通及合作。在设计产品时，品牌也要倾听顾客的声音，了解顾客的喜好，比如推出Asian fit（亚洲款式），迎合亚洲人的脸型。这也为眼镜零售商的功能、服务扩展计划增添了一种可能性。

市场增长、巨头鼎立、破旧立新。承载着功能性、美学表现力，甚至收藏价值的眼镜品类，将继续保持稳定的增长势头。但设计创新与市场扩张，必须始终建立在工艺精密性、光学技术专业性、美学完善性和集团经营体系等完善连贯的产业基础上，才能拓展市场，赢得顾客的青睐。目前，传统眼镜巨头、奢侈品集团和年轻入局者之间多足鼎立的产业格局，使得竞争日趋白热化，眼镜企业必须加强在竞争中相互学习、相互合作，取长补短，才能共同发展、共同提高。

【印度最大眼镜零售商Lenskart 2022财年收入增长66%】 2022年11月，印度最大眼镜零售商Lenskart公布了其财务状况，其2022财年的综合运营收入增长66%至150.2亿卢比（折合人民币约13亿元），而2021年为90.5亿卢比。尽管其综合收入有所增加，但这家由软银支持的公司也报告了2022财年亏损10.2亿卢比。

【中东眼镜零售商Eyewa 2年内开设门店50家】 中东地区最大眼镜电商平台之一的Eyewa在海湾合作委员会（即海湾阿拉伯国家合作委员会，是海湾地区最主要的政治经济组织）开设了第50家门店，在迪拜的阿联酋购物中心开设了阿联酋的第10家门店。

这家本土初创公司于2020年12月在沙特阿拉伯达兰购物中心开设了第一家门店，进入实体零售领域后，实施了一项高速扩张计划。随着迪拜阿联酋购物中心新旗舰店的开业，Eyewa仅在过去12个月内就实现了超过300%的零售足迹增长。

【2022年度温州眼镜出口分析】 据海关数据，

2022年温州眼镜出口达101.88亿元，这是温州眼镜出口首次突破百亿关口，并刷新纪录；同比增幅也达21%，延续了2021年的高增长势头。以外贸为主的温州眼镜业交出了一份亮眼的成绩单。

2022年出口高位增长，欧美市场仍是主力。回顾过去三年，2020年突如其来的新冠疫情打断了全球生产节奏，世界经济整体下行，随着各国为应对防疫采取的多轮调整性政策，企业订单生产状况起伏不定，而温州眼镜在经历了2020年初的短暂停摆、全年出口额同比负增长后，调整状态、奋力拼搏，在之后两年高歌猛进，不仅很快恢复到疫前产能，同时连创新高，更于2022年跨过百亿出口大关。2022年，温州眼镜产品对欧洲市场（欧盟+英国）出口约为37亿元，对美国出口为32亿多元，两者相加约占全部出口额的68%。欧美仍是温州眼镜出口的主力市场，欧美眼镜品牌商、连锁店及大电商已成为温州眼镜业主导客户。2022年，相较于对欧洲市场出口同比增长27%的优秀表现，温州眼镜对美出口却现增长乏力，全年增幅仅3.98%，出口提振效果远不及欧洲市场。温州眼镜出口欧洲相较美国，产品单价较高，经济下行对中高端眼镜市场冲击似要弱些。

除欧洲市场外，温州眼镜对东盟市场出口同比增幅高达144%，出口总额居历年之最，对“一带一路”国家的出口增速同样喜人，全年出口总额增长约55%。新兴市场虽然份额较小，但如此高增速当引起行业的重视，或能成为企业增长的突破口。

2022年下半年增长趋缓，2023年形势不容乐观。2022年温州眼镜出口高增长中呈现前高后低的势态，上半年平均增长超30%，7月开始有所滑落降至百分之二十几，8月以来就只有百分之十几的增长，至12月份甚至出现负增长，后续增长乏力，令人喜中带忧。

眼镜企业普遍认为，2022年温州眼镜出口能实现高增长，主要是前一年全球市场向好需求激增和订单延后惯性所致，尤其是下半年海外订单爆发，一度让工厂出现劳力紧缺。2022年始，疫情叠加俄乌冲突等影响让欧美陷入经济通胀、消费收缩的困境，温州眼镜业的海外订单也逐月下滑，至年末部分企业出现订单不足。相当一部分眼镜工厂2022年末早放假，春节假后迟开工，也反映出整个行业订单不是很足。

这一情况，在温州眼镜对美出口上表现尤为突出，2022年6月始，就呈现逐月下降态势，且同比均为负值，8月同比降幅曾达18.16%。地缘冲突、通货膨胀、物流拥堵等因素导致美国消费市场日趋疲软，供大于求。据美国财经网站CNBC于2022年12月公布的数据显示，2022年美国下给中国制造业的订单锐减了40%。而此前的过量采购，也导致像Wal-Mart、Target这样的美国零售巨头整年只能消库存、砍新单。这将使主销美国市场的镜企承受很大的压力。

防疫放开竞争加剧，温州镜企开春出海抢订单。2023年2月2日，兔年新春未完，170多家温州镜企包机赶赴意大利参加阔别三年之久的米兰国际光学眼镜展。此次参展的温州镜企是在未知防疫何时开放的情况下，决定“冒险”参展才预订展位的。而温州展团也在2023MIDO上取得了令人满意的订单，用这种“拼抢”的姿态跑出2023年国际贸易赛道的第一棒。

过去三年，因疫情防控，跨境商贸交流受阻，但对已掌握重要客户资源的企业来说也形成了某种保护屏障。随着防疫政策放开，三年“保护期”结束，行业新一轮竞争已开启，对市场变化高度敏感的温州眼镜人，自然不会放过每一个快速出击奋起拼搏的机会，不管未来环境如何，必能从容应对。

（四）电子商务

【国内眼镜电商发展如火如荼】 伴随着互联网技术的快速发展，跨境电商这一新兴业态崭露头角，经历了十几年稳步发展，跨境电商在近年来呈现出爆发式的增长。一方面，面对严峻的国际贸易形势，许多以外贸为主的眼镜企业，开始寻求新的出口渠道；另一方面，由于我国电商行业的迅速发展，国内眼镜电商之争如火如荼。特别是新冠疫情暴发以来，跨境电商迎来了新的发展契机，在线购物的需求迎来了井喷，电商的渗透率快速提升。温州、丹阳、深圳等地抓住这一机遇，提前布局眼镜跨境电商产业，充分利用成熟的ODM和OEM供应链，科学制定战略路径，梳理确定产品定位，大胆采用B2B或B2C模式以及平台或独立站模式，积极向境外企业和消费者销售产品，促进眼镜跨境贸易的快速增长。

【京东联合LOHO眼镜集团率先开启“线上配镜服务”】 2022年3月，随着京东推出首个“线上配镜服务”解决方案，消费者打开京东APP搜索“配镜服务”，即可一次性建立验光视力档案，后期支持随时同步更新视力数据，大幅提升配镜效率。快时尚眼镜品牌LOHO眼镜集团已率先联手京东上线这项服务。

已有验光数据的消费者，进入京东“线上配镜服务”专区页面填写，即可生成个人专属的验光视力档案。贴心的是，视力档案不仅保存个人资料，还可支持多角色建档，家人与孩子的视力档案都能一站保存。日后需要配镜时，点击京东用户账户设置，进入“我的档案”，即可随时调取个人及家庭成员的视力档案，免去反复前往机构验光的奔波，可谓一劳永逸。作为首批支持京东“线上配镜服务”的品牌，LOHO时尚眼镜品牌凭借独树一帜的个性化风格和潮流特质深受广大年轻人喜爱。该品牌同步联动全国160多个城市核心商圈的门店，打通线下验光体验、线上下单加工配送，消费者进入京东LOHO眼镜生活官方旗舰店，即可一站式配制心仪款式。与此同时，针对眼镜镜片加工后一单难退的消费痛点，京东联合LOHO集团旗下新锐品牌UOO！优睛，重磅推出了“在线配镜30天无理由退换货”服务。消费者通过京东验光视力档案下单，收货后如果觉得眼镜款式不好看、佩戴不舒服或者度数不适应，可在30天内任意退换。

【2022速卖通“MALL计划”沙龙私享会温州站举办】 为抓住疫情下全球电商机遇，帮助优秀企业提升品牌附加值，让更多优质企业走出国门，温州市眼镜电商行业协会联合市眼镜商会青年委员会和中国瓯海眼镜跨境电商园特邀阿里巴巴全球速卖通官方运营团队，针对温州眼镜跨境电商企业举办了“ALIEXPRESS MALL计划”主题沙龙私享会，共同探讨中国品牌出海之路，深度扶持优质品牌出海，卖向全球。

2022年5月18日下午2点，速卖通“MALL计划”私享会在中国瓯海眼镜跨境电商园举办，本次私享会由温州市眼镜电商行业协会、温州市眼镜商会青委会、中国瓯海眼镜跨境电商园、速卖通官方联合举办。

【眼镜圈平台主体企业获2022年度南京市“瞪羚企业”称号】 2022年8月2日，“2022年南京市独角兽、瞪羚企业发布会”在南京隆重举行，大会正式发布《2022年南京市独角兽、瞪羚企业发展白皮书》，并公布2022年度南京市独角兽、培育独角兽和瞪羚企业名单。眼镜圈B2B平台以其产业互联的模式、优异的行业创新实力和惊人的业务发展速度，经专家团评估，其所属主体企业镜界网络科技（南京）有限公司成功荣登“2022年度南京市瞪羚企业榜单”。

【央视新闻报道丹阳眼镜跨境电商产业园】 2022年8月10日央视新闻报道：跨境电商新动向，132个跨境电商综合试验区基本覆盖全国。其中丹阳眼镜跨境电商产业园坐落于丹阳市司徒镇北二环路78号，总占地面积3600平方米，共设立16个办公区，6个公共直播间，1间200多平方米的公共培训教室，1间公共会议室。所有公共区域均可为入驻企业开放使用，也可为外部资源培训开放，于2021年正式投入使用。2021年11月，丹阳眼镜跨境电商产业园被认定为省级跨境电商产业园。

随着经济全球化发展，跨境电商作为新业态、新模式是我国外贸发展的有生力量，也是国际贸易发展的重要趋势，国家不断出台新的扶持政策大力发展跨境贸易，丹阳眼镜跨境电商近两年呈现出蓬勃发展的态势，产业园除了具备完备的产业体系，还引进了物流、知识产权等多家第三方服务企业，为跨境电商企业提供全方位的辅助服务。此外，产业园还通过开展线上线下多种模式的培训，为跨境电商发展提供“智力”支持。

目前，丹阳眼镜（跨境）电商产业园仍在继续招商中，欢迎更多优秀的电商企业加入，共同助力丹阳电商发展新高度！

【Nreal AR眼镜天猫单日销售额破1200万元

创AR眼镜品类新高】 2022年8月27日，消费级AR眼镜品牌Nreal旗下的两款产品Nreal Air和Nreal X正式在天猫平台开售，截至27日24点，销售额突破1200万元，创天猫平台XR品类（VR/AR）单日销量历史记录，且单日销量/销售额超天猫平台过去60天AR/智能眼镜品类总和，创造了国内AR眼镜品类的新历史。同时，这也延续了Nreal在英、美、日、韩等国家畅销的优异表现。

两款眼镜在中国的热销，无疑为中国XR市场带来信心。Nreal创始人兼CEO徐驰预测，到2030年全球会有10亿部AR眼镜戴在大家头上，Nreal此次取得的销售成绩，似乎预示着消费级AR市场爆发的拐点将至。

Nreal此前在海外就备受热捧，Nreal X在海外一经面世，迅速赢得用户、行业以及媒体的认可，加速消费级AR眼镜在全球商业化的步伐。此次，Nreal在中国市场首发，其中，Nreal X是一款面向全球开发者、先锋创作者和科技尝鲜者的全功能AR眼镜，在3D显示、3D空间感知和3D交互技术树立了新的标杆体验：Nreal X拥有六度全真AR空间，用突破以往视野的环形无限空间桌面，为用户带来独家AR内容和虚实结合的惊喜。Nreal Air则是Nreal全新打造的一款轻量级AR眼镜，搭载自主研发的“惊鸿锐影”光学引擎2.0显示架构和最新一代的Sony Micro OLED屏幕，拥有业界标杆级的空间视网膜级显示。

两款眼镜均支持超大英寸空中投屏和AR空间巨幕，Nreal Air配备130英寸空中投屏和201英寸AR锐彩天幕，Nreal X更可享AR空间模式下6米距离220英寸巨幕，两款产品均支持与手机、平板、笔记本、掌机、游戏主机等多种设备的连接，可在其中畅享Nreal与海内外开发者、生态合作伙伴打造的AR游戏、AR影视、AR运动等应用，全方位开启全场景AR生活。

中国是Nreal的大本营，此前在海外的经验，让Nreal有更充足的准备，为中国用户带来更成熟的产品。今后，中国的公司有机会去引领甚至定义AR行业发展，因为中国在供应链、人才、市场规模和政策扶持上都有优势，这个公司当然也有可能是Nreal。

【无界眼镜正式入驻盒马X会员店】 2022年4月29日，无界眼镜MaxLess在盒马X会员（上海高青路店）成功启动“无界眼镜×盒睛睛”开幕仪式，“无界眼镜×盒睛睛”于全国7家盒马X会员店同时亮相。

依视路集团和无界眼镜深度交流后达成更深层合作意向，将在“无界眼镜×盒睛睛”（上海高青路店）成立青少年视光中心，为会员提供更深度的眼健康服务，一起为中国视光行业作出贡献。

“盒睛睛”将为X会员店会员提供免费验光、眼镜清洗、调整以及维修服务，同时售卖潮牌眼镜。

“盒睛睛”是继盒马里、盒小马、盒马mini等“盒字号”之后，盒品牌推出的又一新品牌。盒马总裁侯毅表示，盒马X会员店与盒马鲜生互补协同，满足会员用户的全生活场景的品质需求。同时，盒马X会员店正逐月增加新商品，目前已超3000个品类。

相关数据显示，2022年2月上海浦东新区盒马X会员店客单价接近1000元，这距离该店开业仅4个月。该店已在2021年年底前实现盈利。盒马X会员店逐月增加新商品，到现在已超3000个SKU（库存进出计量的基本单元）。从品类上，盒马X会员店将从生鲜品类，向代表生活品质的非食品品类进军。

2022年盒马大力发展X会员店，计划新开10家盒马X会员店，北京首家在2022年6月开业。

【京东眼镜为丹阳眼镜产业纾困“618”成交额同比增长超3倍】 累计下单金额超3793亿元，新品销售件数占比同比增长超20%！截至6月18日23：59，2022“京东618”再创新高，京东与合作伙伴共同撑起千行百业重振经济、恢复增长的信心。

首次亮相“京东618”的京东新百货，不仅通过线上线下的优质商品、最优价格和贴心服务，给消费者带来更好的体验，而且也通过有责任的供应链，助力合作品牌实现确定性增长，并为产业带中小商家纾困，守护烟火温暖。其中，京东新百货奢品32个品牌成交额同比增长超300%，京东新百货钟表眼镜业务超50个品牌成交额同比超100%。受疫情环境影响，丹阳眼镜城的部分商家面临经营困难，供应链流通不畅，导致原材料、快递成本上涨，进而导致店铺销售额和利润下滑。

京东全渠道的销售模式带来了销量和客户量的双增长。通过线上流量的补给，为用户提供了配镜验光的解决方案，为线下门店带来了更多精准的用户；通过引导消费者购买线上验光优惠券，降低配镜成本，减轻消费者的购买压力。此外，京东还在资费减免、运营能力提升、物流金融保险等方面给予产业带中小商家一系列政策扶持，“618”期间，来自丹阳眼镜产业带的200个中小商家实现逆势增长，成交额同比增长超3倍。

【中国（瓯海）跨境电商园靠眼镜产业增长54.37%】 集群发展，拓展海外市场，跨境电商产业园发挥贸易转型推动作用。2022年9月公布的《2022年浙江省省级跨境电子商务产业园名单》，温州共有3家园区入选，其中，聚焦眼镜产业的中国（瓯海）跨境电商园仅2022年上半年，销售规模便达13.9967亿元，同比增长54.37%。

中国（瓯海）跨境电商园一期总体规划2.1万平方米，现已入驻美国Sunglasses、中科海微（温州）科技有限公司等70多家眼镜行业上下游优秀企业。园区2021年入驻企业销售额已达到21.38亿元，实现爆发式增长。

中国（瓯海）跨境电商园与亚马逊、速卖通、天猫、京东、唯品会等平台合作，联合各地眼镜商会打造全国最大眼镜现货供应链，为跨境电商企业提供各类配套服务。园区现已举办139场平台对接和培训活动，为本地培育输送5000余名跨境电商人才，助力园区企业优化经营管理、提升品牌效应。

助力小眼镜“漂洋过海”，结合直播产业发展，园区抢抓MCN产业机遇，率先建立跨境直播基地，还拿下首个TikTok温州服务商资质，助力企业开拓海外用户规模最大的社交媒体流量蓝海。瓯海眼镜跨境电商有望通过巨量流量红利，迎来新的增长极，园区还将打造TikTok温州服务中心，建立网红主播库，助力园区企业开展跨境直播电商业务。

着重产业链的整体提升，近年来，瓯海区针对瓯海眼镜特色产业，制定眼镜产业扶持政策，打造中国（瓯海）眼镜小镇、中国（瓯海）眼镜跨境电商园区、眼镜品牌街区、眼镜小微园、眼镜综合服务体等集眼镜展示体验、跨境电商、生产制造、配套服务于一体的眼镜产业带，集聚眼镜产业链企业500余家，形成覆盖生产、设计、销售、配套服务于一体的眼镜全产业链综合园区。通过招商推介，当地还招引丹阳、深圳、厦门、台州的200多家供货工厂，形成全国最大的眼镜现货供应链，服务全国眼镜销售企业。

多渠道让瓯海眼镜“走出去”，瓯海区还聚焦眼镜产业打造垂直型云会展平台以及眼镜在线平台，通过线下展会资源整合向线上拓展，集成国内眼镜产业供应链资源通过平台对接海内外采购资源，实现中小企业从原材料到成品通过单一平台进行询盘、促成交易上线企业近3400家。

省级跨境电商综合服务平台——国贸“麒麟计划”项目，落地瓯海区跨境电商综合服务园、麒麟云跨境电商综合服务平台等，在孵化、开店、结关等跨境环节给予服务指导。电商园还成立了共享的跨境直播间，招募一批优质外籍主播，培育50余人从事眼镜直播销售，建立园区网红主播库，通过“线下园区+线上平台”，全力开展眼镜跨境直播服务，推动眼镜行业抢占全球零售市场。瓯海全区网店数超2000家，70多家传统小微企业发展跨境电商，招引了全国跨境电商龙头企业，年跨境出口量接近20亿元、面积超10万平方米的跨境产业园在积极推进中。

【数字化转型及电子商务促进眼镜行业发展】 2022年，半医半商的眼镜零售复合业务受到较大冲击，这就给眼镜行业的数字化转型、电子商务提供了新机遇，推动眼镜生产及销售重新洞察客户需求，重构企业组织架构，创新企业文化，从卖眼镜产品的价值定位迈向为消费者提供眼视光健康解决方案的价值定位。如宝岛眼镜在转型过程中注重“围绕用户的服务”，将数字化闭环的核心关注点由卖产品转移到卖服务。从售前、成交和售后多个环节提供服务支持，并重点加强对验光师、销售、店长等营运人员的激励，让员工利用数字化更好地联系、运营、服务客户，使企业持续增加后续增值服务的额外收入。

近年来，眼镜产品的线上销售发展迅速，对部分线下销售造成了较大冲击。然而对于视力矫正和功能性镜片而言，验光、调校、加工与试戴服务必须由线下实体门店提供，因此线上销售带来的冲击并不明显。眼镜零售端作为直接面对消费者的窗口，在数据化时代的背景下，具备建立用户眼部健康大数据平台的数据条件。一方面能够向上连接生产端，以用户对镜片的核心需求、佩戴习惯、更换周期等数据为依据，指导上游厂商的研发、设计、生产、供货等行为；另一方面可以连接医疗、制药乃至大数据、人工智能企业，引入新技术、拓展新业务，使用户在零售端得到更优质、更全面的专业服务，推动眼镜零售端及整个眼镜产业的数字化转型。随着消费者的消费升级，单一产品的提供已无法满足消费者，专业性和整体性成为眼视光服务的重点。眼镜店的工作人员常被定义为“配镜师”或“选镜顾问”，他们需要综合考虑屈光度、瞳距等各种参数，同时结合消费者对于镜片功能的需求和定位，为消费者提供专业的眼镜。在此基础上，整个行业专业化必不可少。

与此同时，新科技的发展也逐渐渗透入眼镜零售与服务中。如宝岛眼镜正利用人工智能技术，传达会员的消费习惯、视光档案、眼健康等数据到一线销售人员的手上，而这一智能技术不仅提升了销售效率，也提高了消费体验。眼镜行业如要转型升级，数字化和专业化势在必行。

【亚马逊专家进瓯海眼镜企业解眼镜电商运营困惑】 移动互联网时代，电商运营已经成为新时代营销的一种新模式，电商经济已被更多人重视，瓯海眼镜企业同样重视电商平台的运营。当流量有时变得比质量更重要的时候，部分电商感到有些迷茫，并且惊讶成本越来越高，赚不到钱了。为了帮助电商解决运营困惑，瓯海眼镜协会联合瓯海麒麟阁，邀请亚马逊大客户运营经理 Doris，于 2022 年 8 月 18 日第一站走进了亨达光学，为企业答疑解惑。参加活动的企业营销人员纷纷表示收获良多、受益匪浅。

【瓯海眼镜在疫情下大力发展跨境电商】 2022 年 8 月初，中国（瓯海）眼镜跨境电商园拿下 TikTok 温州服务商资质。园区电商企业将搭载这一全球用户规模最大的社交媒体，拥抱巨量流量红利，有望迎来新的增长极。

中国（瓯海）眼镜跨境电商园是温州市唯一的眼镜类专业园区，坐落在瓯海总部经济园区内，面积约 21000 平方米。2018 年 2 月园区启动招商，现有国内国际电商平台网店 109 家，其中包括多家跨国公司。2022 年，该园区被列入省跨境电商产业集群高质量发展项目。园区为各企业提供品牌管理理念、优质产业资源、培训和电商平台等多方面的支持，引领眼镜行业走向品牌化、国际化。集聚后的瓯海眼镜，在供应链、物流等配套上都更有话语权。

近年来，瓯海眼镜生产基地的产业规模与档次不断提高，已成为温州制造的典型代表之一。目前，全区共有眼镜企业 500 多家，从业人员 6 万人，形成集研发、设计、生产、销售于一体的完整产业链，先后荣获“中国眼镜生产基地”“国家外贸转型升级专业型示范基地”等称号。集群内有中国驰名商标 1 枚，省、市名牌商标 24 个，2021 年又新增省级以上眼镜品牌 1 个，市、区级品牌 8 个。眼镜已成为瓯海的“城市名片”和金字招牌。现园区已集中了来自瓯海、丹阳、深圳、厦门、台州的 200 多家眼镜现货工厂为入驻企业提供产品选择，打造了全国最大的眼镜现货供应链，同时实现库存优化，大大减少电商企业的库存成本。2021 年，现货供应链共带动电商销售额 1.4 亿元。

【瓯海眼镜跨境电商园抢抓机遇开拓社交媒体】 2022 年 11 月 10 日，在瓯海眼镜跨境电商园展区内，2 名非洲留学生首次利用 TikTok 软件向全球客户展示瓯海的眼镜产品，直播 3 小时收获十万多的点赞数量。面对跨境电商的迅猛发展势头，园区旗下企业温州恋上科技有限公司申请拿下 TikTok 温州服务商资质。

TikTok 是抖音国际版，自推出以来下载量已超过 35 亿次，成为全球除游戏外下载次数最多的 APP，覆盖全球 150 多个国家和地区，全球月活跃用户峰值破 12 亿。这意味着，每天地球上有超过 10 亿人，通过手机打开这款来自中国的短视频应用软件。巨大的流量红利意味着无限的商机，该怎么变现？

企业入驻 TikTok 的模式和抖音一样，通过短视频、直播、广告等渠道引流，温州目前头部企业基本还没有入驻 TikTok，可以说这是一片流量蓝海，面向全球更多群体，有望成为跨境电商企业新的增长点，真正实现一店卖全球。制造工厂没有电商基因，恋上科技会帮助他们打通各个环节。

一些嗅觉敏锐的企业抢先行动。专注传统电商的温州东田贸易有限公司目前已经开始布局 Tik-

Tok 做跨境电商，温州东田已经了解各种规则，密切关注 TikTok 带货在各区的普及率。服务商的落地对企业帮助非常大，给企业介绍了各种细节，还有实操的各种技巧。电商园还成立了共享的跨境直播间，招募一批优质外籍主播，培育 50 余人从事眼镜直播销售，建立园区网红主播库，通过“线下园区+线上平台”，全力开展眼镜跨境直播服务，推动眼镜行业抢占全球零售市场。

【电商公服中心助力丹阳跨境眼镜电商“井喷”】 为了给丹阳跨境眼镜电商给予“保姆式”服务，丹阳市电子商务公共服务中心专门引进了多家第三方公司，有负责知识产权方面的基业常青公司，有提供一站式数字化营销服务的常亮数字集团，也有旗下签约 200 多名主播的星悦网络有限公司等。

据丹阳市商务局介绍，2022 年 1—10 月，丹阳眼镜制造业销售收入 109.87 亿元，同比增长 10.44%；丹阳眼镜进出口总值 5.88 亿美元，其中出口总值 5.55 亿美元，同比增长 23.9%，增量部分的 90%靠电商实现。

【鹰潭眼镜电商节消费活力足】 “赣品网上行”第一届鹰潭眼镜电商节暨 2022 年眼镜新品品鉴会，于 2021 年 12 月 28 日在鹰潭国际眼镜城内火热举行。线上 20 家企业参加直播，观看人数达 1219 万余人次，销售金额达 336.62 万元，线下参展企业 200 余家，采购商 800 余家，交易额超过 4000 万元。

“赣品网上行”第一届鹰潭眼镜电商节是“2022 鹰潭迎春消费季”系列活动的一个缩影。本届电商节旨在更好地发挥电子商务平台在助推优质商品产销对接中的积极作用，把更多的鹰潭眼镜与新媒体、新电商高效对接，让眼镜搭上“电商+直播”这一快车，培育一批网红品牌，推动眼镜产业从工业化向数字化转型，进一步提升鹰潭眼镜的影响力与知名度。

活动以“赣品网上行·镜响遏行云”为主题，实行线下特色产品展销和线上直播相结合，利用商业新业态、新模式，全方位、多角度展示鹰潭眼镜，变精准流量为销货订单，让鹰潭眼镜“火”起来、订单“多”起来、商气“热”起来。

为助力消费季系列活动的开展，鹰潭市计划安排资金 200 万元，举办促消费活动 298 场次。以“迎春消费·乐购鹰潭”为主题，贯穿元旦、春节、元宵等重要消费节日，围绕“迎春购好物、迎春品美食、迎春逛夜市、迎春看展会、迎春网络购”五大方面开展新春主题促消费活动，做到以节兴市、以节兴商、以节聚势。

【博士眼镜认为目前线上零售尚未对实体店眼镜零售业态造成实质性冲击】 博士眼镜公司通过对眼镜市场销售形势的深入调查及科学分析后认为，由于眼镜产品部分零售环节如验光配镜、售后服务等需要实体店的支撑，且实体店能带给消费者更好的配戴舒适度与视物准确度等个性化体验，目前线上零售尚未对以实体店为特征的传统眼镜零售业态造成实质性冲击。为打造线上线下一体化发展的销售模式，博士眼镜公司积极拓展电子商务业务，将线下服务、体验的优势与线上客流、信息流相融合，以实行网络化全渠道布局，在线上经营业务在专业团队的运营下，实现了较好的发展态势。目前，博士公司仍会以在眼镜零售行业积累的经验和资源，继续专注于主营业务的发展，同时积极探索眼镜数字化营销服务模式。公司也会一直关注行业相关发展动态，积极探索新的发展机会。

【何氏眼科斥资 2600 万元抢滩跨境电商业务】 2022 年 9 月 15 日，何氏眼科公告，公司拟使用超募资金 2600 万元向全资子公司海南博鳌何氏眼科医院有限公司增资，用于实施海南何氏睛彩商贸有限公司跨境电商项目。

据公告透露，海南何氏睛彩商贸有限公司跨境电商项目（以下简称何氏跨境电商项目）是集团进行拓展运营的全新项目，项目预算总投资 2600 万元，建设期 6 个月，项目将以自营平台（微信小程序+APP）为主要运营中心，逐渐拓展到其他支持跨境电商，具有药品、保健品及功能性食品销售资质的电商平台中；还将链接打通何氏眼科在线互联网医院，并通过线下实体医院进行品牌展示实现平台的推广。

何氏眼科在项目可行性分析中提出了 4 点项目实施的必要性，分别是拓展公司业务版图、加强用户服务能力的需求；抢占中国大健康市场、蓬勃发展特色医疗健康管理制高点的需求；发挥集团优势资源能力、升级互联网创新能力的需求；全球化产业发展运营的基础与需要。

何氏眼科预估，项目正常运营后，正常年份可实现营业收入约为 1.2 亿元（含税），净利润 3011.77 万元。同时，公司也提示项目在运营、市场、物流、纠纷、库存、政策 6 个方面存在的不确定性风险。

何氏眼科将依托集团 20 多年来的成熟运营经验与行业领先知名度、市场占有率等基础条件，立足全球最大的自贸港——海南自贸港的优惠政策，建立与发展跨境电商业务，努力以更低价格、更优惠的税收政策，为用户提供更优质、更实惠的全球化健康精品，让用户足不出户享受全球健康资源。更借助此举，与更多国际知名大健康品牌建立合作，发挥中国品牌的国际影响力。

何氏眼科成立于 2009 年，2022 年 3 月在深交所创业板上市，公司主营业务为面向眼病患者提供眼科专科诊疗服务和视光服务，是一家集医教研于一体，采用三级眼健康医疗服务模式，致力于全生命周期眼健康管理的集团型连锁医疗机构。

【丹阳眼镜电商产业集聚区上榜第二批江苏省县域电商产业集聚区名单】 2022 年 12 月 29 日，江苏省商务厅公布了第二批江苏省县域电商产业集聚区名单，新增 13 家单位为江苏省县域电商产业集聚区。

为贯彻落实商务部等 17 部门《关于加强县域商业体系建设促进农村消费的意见》精神，推动县域特色产业集群与电商深度融合发展，促进县域特色产业转型升级，江苏省商务厅于 2022 年 11 月组织开展第二批省级县域电商产业集聚区建设申报工作，按照自愿择优和公平、公正、公开的原则，经县市申报、设区市初审推荐、省商务厅组织专家评审、网上公示等程序，确定镇江丹阳市县域电商产业集聚区等 13 个单位为第二批江苏省县域电商产业集聚区。

【京东新百货 2022 年迎来 180 家丹阳眼镜产业商家入驻】 2022 年 10 月 31 日晚 8 点，京东 2022 年“11・11”全球热爱季全面开启，海量好货集结、多重优惠福利让消费热潮持续升温。

丹阳眼镜产业带是我国重要的世界级眼镜生产基地，拥有眼镜产业及相关配套的工贸企业 1600 多家，年生产能力超 1 亿副，在世界眼镜行业内具有举足轻重的地位。近两年，线下门店的客流量减少，丹阳眼镜产业带的很多商家转向拓展线上渠道。2022 年，京东新百货迎来丹阳眼镜产业带 180 家新商家入驻。

丹阳眼镜产业是京东新百货重点合作的产业带之一，聚焦其拓展线上销售渠道、提升店铺运营能力等不同发展阶段的需求，京东新百货通过资费减免、增长培训、线上流量扶持及全渠道销售等一系列举措，帮助丹阳眼镜产业商家在京东实现实实在在的增长。

2022 年，京东不仅通过实在的价格、实在的商品和实在的服务，让消费者收获了实实在在的幸福，而且也带动合作品牌和产业带商家获得实实在在的增长，打造了实体经济高质量发展的重要增量场。整体增长下，京东新百货钟表眼镜品类也迎来爆发，超 300 个腕表眼镜品牌成交额同比增长超 2 倍，超 200 家丹阳眼镜产业商家整体成交额同比增长超 2 倍，创造了新的纪录。

（五）综　合

【丹阳市眼镜产业疫情冲击下面临的贸易困难】 2022 年一季度，在疫情冲击下，国际快递上海、浙江、江苏和安徽地区的进出口快件服务全部处于暂停状态，眼镜跨境电商从深圳、郑州口岸操作进口货物，但成本居高；国内约占 5 成的城市快递停止，造成了订单大量缩水，传统店商基本处于维护店面的更新状态。主要原因有以下几点。

一是因疫情突发导致人员区域流动减少和用人成本增加。春节是眼镜行业旺季，招聘工作难以展开，通过线上（视频、电话）等面试的效果直接决策具有很大的风险性，从而导致企业用人成本增加。以销售为主的业务员在出差过程中不确定因素增多，有的区域说不定会变成中度、重度管控区，随时有被隔离的风险。企业不能拜访客户也不能进行促销活动，导致回款大打折扣。

二是政府疫情应对政策更新过快，企业解读反馈能力跟不上节奏。虽然政府一直在各种平台宣传利好政策，但企业解读反馈跟不上政策调整。

三是市场订单缩水。对外销企业来说，大部分未受到太大的影响，但一些企业受发货受阻及原材料短缺等影响，外销订单已转移至其他国家。如果运输等问题解决不了，估计到第二季度销量就会有很大的影响。对内销及品牌公司来说，受疫情影响，下游零售店的订单量明显减少，同季度相比销售下降在20%~50%。

江苏鸿晨、优立镜片相比2021年一季度销售下降50%左右；疫情出差受阻，销售人员不能出差，新客户开发受阻。施洛华镜架回款只能完成70%，销售同往年一季度相比下降50%，品牌、批发、贸易都有所影响。企业只能在不可克服的大环境困境下，分析思考公司的核心竞争和未来的发展方向。受国内疫情影响，眼镜店的人流量受阻且不能做活动促销等，经营困难；销售人员不能出差，导致一季度订单下降20%左右。金叶眼镜公司受疫情管控影响，内销门店镜架饱和，销售滞缓。

【依视路陆逊梯卡集团2022年中期业绩及举措】 2022年7月29日，EssilorLuxottica（依视路陆逊梯卡）集团发布2022年第二季度及上半年（截至6月30日）财务报告，上半年集团收入达119.94亿欧元（约合人民币827亿），同比增长36.8%，净利润15.48亿欧元；第二季度总收入达63.87亿欧元，同比增长35.7%。

虽然北美、欧洲、中东和非洲等地区的宏观经济状况整体不佳，以及中国大陆防疫政策的影响，集团2022年第二季度仍实现了良好的收入表现，在全球所有地区的业绩表现积极，上半年营业利润率大幅增长，其中，Ray-Ban和Oakley品牌均实现双位数的增长。

在中国大陆地区，虽然受二季度疫情防控政策影响，专业解决方案仅实现个位数增长，但依视路陆逊梯卡集团在中国大陆地区，6月以来光学镜片迎来了强劲增长，尤其是受近视管理品类引领。

7月5日，“同心创视，时代双焦”库博光学MiSight软性亲水接触镜中国大陆地区线上发布会成功举办。在多名国内外知名眼科、眼视光专家共同见证下，库博光学携手MiSight大陆地区独家合作伙伴依视路陆逊梯卡正式推出MiSight软性亲水接触镜。作为目前首款也是唯一一款被美国食品药品监督管理局（FDA）批准、用于初始佩戴年龄8~12岁儿童延缓近视进展的软性接触镜，MiSight已于2021年获得国家药品监督管理局（NMPA）正式批准。在大陆地区的全面上市将提供全新的近视管理产品选择，满足更多中国儿童青少年近视患者的不同需求，进一步助力儿童青少年近视管理。

7月21-24日，2022视觉健康创新发展国际论坛（Vision China 2022）期间，依视路陆逊梯卡首次以整合后的依视路陆逊梯卡联合公司身份参展，以“全境界·共未来”为主题，依视路陆逊梯卡立足使命、携手生态、打造全案，举办了多场大咖云集的学术研讨会议，呼吁关注以“一老一少”为重点的全生命周期视力健康管理，助力实现“十四五”眼健康规划目标。

面对中国严峻的近视防控形势，依视路陆逊梯卡致力于提供近视管理整体解决方案，延缓儿童近视进展的同时也满足孩子们不同生活场景的差异化需求。依视路陆逊梯卡推出2022年升级版角膜塑形镜CRT5.0，该产品拥有更小的光学设计，塑形后会产生更小的治疗区，近视矫正起效速度更快，与近视管理密切相关的塑形旁中央区更陡峭，为患者个性化验配提供了一个新的选择。此外，还带来了7月全国最新上市的库博光学MiSight软性亲水接触镜。其拥有同心双焦设计，形成近视化离焦，以期延缓患者眼轴长变化，可满足儿童青少年近视矫正与近视管理两大需求。这是目前首款也是唯一一款被美国食品药品监督管理局（FDA）批准、用于初始佩戴年龄8~12岁儿童延缓近视进展的软性接触镜。

依视路陆逊梯卡集团推出近视管理整体解决方案中的重要产品——采用周边离焦设计的依视路星趣控镜片和搭载了全球领先点扩散近视控制技术的尼康控优点镜片，后者已在北美14个地区得到了有效的临床效果验证，并即将在国内五大眼科进行临床试验。

全球老龄化是21世纪最重要的社会趋势之一。中国老年人口数量在快速增加，截至2020年末，我国65岁及以上人口约有1.91亿人，占总人口的

13.5%。人口老龄化不可避免地带来视功能衰退问题的激增，从而影响老年人的健康水平和工作生活质量。另一方面，大量65岁以上人群仍是活跃在经济社会的一支重要力量。关爱老年人的眼健康、提供相关眼睛和视觉问题有效管理尤为重要。为此，依视路陆逊梯卡积极响应中华医学会眼科学分会眼视光学组编写的《年龄相关视功能和眼健康管理白皮书》，积极推进行业合作伙伴转型升级。8月5日，大中华区首家搭载依视路视光中心的亮视点（LensCrafters）门店在北京金源新燕莎Mall焕新开业。这是亮视点和依视路的母公司——依视路陆逊梯卡集团在该地区的最新重要布局，以更好地满足中国消费者的眼健康需求。得益于依视路陆逊梯卡集团对于旗下视光专业技术和零售渠道资源的高效整合，焕新升级的亮视点门店旨在进一步满足中国消费者对于专业眼健康服务和打造个人风格的个性化需求，树立视力保健及消费者体验的行业新标杆。这不仅是集团发展战略的一部分，也与集团长期致力于服务中国消费者的承诺相一致。

在依视路视光中心的支持下，亮视点金源新燕莎Mall门店引入了配镜参数测量系统、综合检眼仪、眼底照相机、眼科光学生物测量仪、数码裂隙灯等多款专业验光与眼检设备，可提升验光配镜的精度和效率。门店还提供包括可延缓青少年近视发展的星趣控镜片、万里路渐进镜片、依视路抗疲劳镜片、钻晶膜岩镜片等多款依视路经典产品系列。消费者在享受亮视点资深验光师“5步验光、2重呵护、与专家0距离”的Clarifye520定制化眼健康服务后，可根据自身眼健康需求和生活工作习惯选择有针对性的解决方案。

【视力问题人口持续增加，眼镜市场具有较大潜力】 不同年龄人群面临不同视力问题的威胁，多功能、多品类的眼镜需求呈上升趋势。信息化时代下电子产品在生活中全方位的渗透使得近视低龄化问题突显，同时随着人口结构老龄化的不断加深与年龄相关的中老年人视力缺陷持续增加，视力问题人口基数呈逐步扩大趋势。与此同时，针对不同的视力问题衍生出了多种功能性的镜片需求，在整体受众规模较为庞大的背景下，我国的眼镜市场具有较大发展潜力。

儿童青少年高近视率和近视防控需求共同支撑眼镜行业发展。国家卫健委数据显示，我国儿童青少年整体近视率偏高，且呈现低龄化发展趋势。近三年来我国儿童青少年近视过半，课后作业时间和持续近距离用眼时间过长、不科学使用电子产品等不良用眼行为是重要影响因素。一方面，居高不下的近视率增加了对眼镜镜片的需求；另一方面，青少年视力问题愈发受到政府部门及社会各界重视，《眼镜行业“十四五”高质量发展指导意见》明确提出儿童青少年近视防控将成为眼镜行业“十四五”期间发展的一项重要任务，有效推动了近视防控相关功能性镜片的需求。

消费者对眼镜的消费需求较为刚性，2020年受新冠疫情影响，眼镜产品市场规模仅轻微下滑。据《2021年中国眼镜镜片行业白皮书》，2024年国内眼镜产品零售市场规模有望突破1000亿元。从2020年眼镜市场产品构成情况来看，镜片与光学镜架是眼镜市场的核心产品，市场规模占比分别为38%与36%。

【眼镜行业产业链成熟，上中下游边界清晰】 眼镜行业产业链主要由上游的原材料和设备供应商，中游的镜片、镜架生产厂商，下游的代理商、经销商和零售商组成，其中零售商包括连锁眼镜零售商、眼镜零售门店、电商平台、民营眼科医院以及综合医院附属的配镜中心等。

零售商直接面对终端消费者，把握产品的主导权。线下门店需要配置专业设备和专业视光人员，为消费者提供验光、配镜、镜片镜架装配、试戴体验等专业服务。通常消费者对相关镜片、镜框的具体用途了解不深，需要门店营业人员来提供相应的处方解读、选镜顾问、镜片订制、镜框矫形以及护眼知识科普等服务工作。

消费者对产品适配度要求高，线下体验必不可少。眼镜零售行业属于专业性很强的定制化服务行业，消费者对光学误差容忍度极低。眼镜零售过程中所包含的验光、配镜、售镜及售后服务环节的不同属性，使得眼镜零售行业具有“半医半商”性质。一方面为消费者提供产品信息咨询、销售产品，具有商业服务的性质；另一方面为消费者提供验光配镜等视光专业的服务与指导，有一定的医疗服务性质。目前，眼镜零售行业的验光配镜及售后服务等环节还无法完全通过线上方式来实现。把握疫情下的机遇，深化线下网络销售布局，是明智的选择。

【眼镜行业服务专业性需求增高】 眼镜视光行业具有较高的服务属性，渠道端占据主要产业链主要价值。眼镜视光行业具有专业化、个性化程度高的特点，兼具时尚属性。不同材质、功能、设计的镜架、镜片等对应着不同的使用场景和人群，且不同消费者的光学情况也不同，镜片与镜架组合在一起也需要相应的适配性，因此，不同消费者在选择镜架和镜片的组合上需要考虑其个人眼健康状况、使用场景和镜架与镜片组合的适配性。

相比其他标准化程度较高的商品而言，眼镜视光行业的服务属性较大，渠道端占据着眼镜视光行业主要的价值链，因此渠道端的毛利率也较高，而行业上游除了少部分核心材料和少部分产品处于垄断竞争格局外，大部分环节竞争都较为充分。消费者对验配服务专业性愈发重视，配镜渠道逐渐转向眼科医院、诊所及配镜中心。目前，虽然消费者的主要购镜渠道仍然是眼镜零售店，但是越来越多的消费者对于在医院眼科、眼科诊所或视光中心配镜的选择已大于普通眼镜零售店，反映出消费者对于验配服务专业性重视程度逐渐提高。

视光市场整体维持较高增速，角膜塑形镜广受青少年视力矫正者的青睐。国内视光市场发展迅速，由 2015 年的 90 亿元增长至 2019 年 228. 2 亿元，据华夏眼科招股书，2025 年国内视光市场规模有望达到 500. 3 亿元。在视光市场中，角膜塑形镜（OK 镜）作为一种新型的非手术可逆视力矫正方式，能够有效缓解近视发展，广受青少年视光矫正市场的青睐。

【宁波明星自动验光仪入选《升级和创新消费品指南》】 2022 年 8 月 20 日，工业和信息化部消费品工业司公示《升级和创新消费品指南（轻工第九批）》，共 58 款产品入选升级消费品建议名单、68 款产品入选创新消费品建议名单。由中国眼镜协会申报的宁波明星科技发展有限公司“天乐自动验光仪（ARK-910）”产品入选升级消费品建议名单。

近年来，国家积极推动消费品工业增品种、提品质、创品牌的“三品”战略，引领消费品工业高质量发展，此次入选的产品也是眼镜行业践行“三品”战略的成果展现。

视光相关企业要继续加强科技创新，不断提升产品质量，丰富产品种类，提高品牌影响力，生产出更多更好的升级和创新产品，满足人民日益增长的视光矫正和爱眼护眼需求。

【明月镜片 2022 年三季报净利润超越 2021 全年 同比增长超 70%】 2022 年 10 月 26 日，明月镜片（股票代码 301101）发布 2022 年三季度报告。报告显示，2022 年第三季度归属于上市公司股东的净利润 3499 万元，同比增长 70. 47%；前三季度公司净利润为 9570 万元，同比增长近 60%，已超越 2021 年全年利润。

虽然 8 月、9 月全国疫情形势严峻——点多、面广、频发，对线下消费冲击大，海外局势动荡导致上游原料成本持续上升，但明月的近视管理镜片“轻松控”系列产品仍然热销，且常规产品销量稳步提升，使其在前三季度实现了强劲增长，盈利能力进一步增强，在复杂的局势之下交出了亮眼的答卷。

上半年，在原料供应紧张、运输受限、价格大幅上涨的情况下，明月镜片稳住原料价格，减少生产经营影响。疫情期间，面对暂时出现困难的小微企业和个体工商户，主动帮助客户和其他合作伙伴保证物流畅通，快速、有效地解决了发货困难等一系列问题。

未来，明月镜片表示，将持续推动价值回归，永久性退出价格战，并将价值回归的收益毫不犹豫地投入到为客户全面赋能、品牌建设、产品研发、保障品质等有利于全行业长远发展的关键点上。

【在深圳创业开一家眼镜店可申报创业补贴 45 万元】 眼镜行业是深圳的传统优势行业，已纳入深圳时尚产业。作为全国五大眼镜产业基地之一，深圳的眼镜企业主要集中在龙岗区横岗及园山街道，现有企业 800 余家，年产量超 1. 25 亿副，出口总值占 80%以上，占全国中高端眼镜产量 50%以上。

作为时尚产业，介入眼镜这个行业从业者多。为促进眼镜商户创业，深圳制定政策规定，创业者开一家眼镜店，业主可以申请最高 45 万元的创业补贴。

深圳创业补贴是由“4 个补贴+1 个扶持”组

成。45万元创业补贴，包含了初创补贴、社保补贴、场租补贴和就业补贴。外加1个贴息扶持，贴息扶持最高可达300万元，是扶持政策中最高的。

深圳创业补贴对象：深圳户口、毕业五年内大学生、毕业五年内留学生、港澳台同胞。符合条件的都可以申请。满足的条件越多，可以申请到的补贴资金就越多。

【“护眼”成为2022年高增长概念】 2022年12月28日发布的《魔镜2022年度消费新潜力白皮书》将“护眼”列为2022年度高增长概念。魔镜市场统计数据显示，在2022年度，护眼产品在淘宝天猫的销售额达16.67亿元，同比增长82.8%；在抖音的销售额达5.30亿元。

2022年，护眼市场的商家和商品数量均有一定增长，同时CR5销售额占比出现下降，侧面反映出各品牌开始布局护眼市场，市场竞争逐渐激烈。根据魔镜市场监测，该品类自2020年2月开始稳步增长，2022年迎来爆发，结合过去一年护眼产品的增长态势，预测其还会继续维持增长趋势，但增速会回归正常，预计2023年销售额约为25亿元。

四

品牌营销资本运作篇

（一）品　牌

【品牌出海成为深圳眼镜发展必然趋势】 长期以来，深圳眼镜大多以“代工”和“贴牌”的方式“出海”。近年来，特别是进入2022年以来，不少企业开始尝试探索自主品牌的“出海”之路。

深圳市普莱斯科技有限公司认为，国际知名品牌眼镜大多在深圳制造，产品出口后价格往往能翻几十上百倍。由此，企业萌发了创建自主品牌的想法。普莱斯科技自2010年成立以来，一直坚持发展自主品牌，已成为集自主设计、研发、生产、销售、服务于一体的眼镜高新技术企业。目前，普莱斯主要以跨境电商的方式“出海”。做国内电商十余年的经验，让普莱斯在两三年的时间里，基本在跨境电商平台站住了脚跟。普莱斯自主品牌的“出海”探索，是深圳眼镜近年来追求高质量发展的一个缩影。近年来，深圳涌现出一批优秀的本土眼镜品牌，如思柏、莱克斯、贞观瑾制等，正加速向产业链价值链中高端迈进。

品牌“出海”需要真金白银的投入，而效益并非立竿见影。普莱斯每年都会把收入的25%投入到海内外广告中，费用高达3000万元，这对于体量本身不大的眼镜企业来说，是一笔巨大的投入。想要做到品牌“出海”，需要企业、资本和政府三方面共同的努力。企业自身要用品质来赢得市场认可，也希望政策方面有更多的扶持。

【国际眼镜品牌研究疫情对中国零售的影响】 针对中国市场，意大利眼镜制造商Marcolin的首席执行官Fabrizio Curci提及，早在2014年，Marcolin就与中国眼镜制造商Ginko Group建立合资公司，以扩大其在中国的业务。

2020年，公司又完成了对这一合资公司的收购，Fabrizio Curci表示直接运营的模式使Marcolin从中受益。对于2022年9月以来疫情对品牌零售的影响，Marchon表示，该公司正在保持密切关注，并在亚洲各国设立了相应团队与供应商及时保持联系，以确保品牌的市场知名度，并对未来的市场反弹做好准备。不难看出，眼镜这一细分品类尽管在商品迭代性以及所能带来的业绩回报上都不如成衣手袋，但正是这样一个客单价较低、利润率和复购率更高的特殊品类，即使面对疫情及全球局势的侵扰，某种意义上反倒更加具备“耐受性”，并且有望成为消费者补偿性消费的首选。此外随着社交隔离的取消，潜在的旅游出行与保护视力需求，也为其带来了更多客观存在的增长空间。接下来，尽管眼镜市场是否能成为时尚奢侈品消费中的中流砥柱尚难下定论，但更高比例的增长幅度、更值得期待的增长趋势却不容忽视，甚至有望以“流量品类”的角色、成为品牌或集团扩大自身影响力和商业版图的敲门砖。

【明月镜片正式签约成为中国航天事业合作伙伴】 2022年8月16日，“中国镜片第一股”明月镜片与中国航天基金会在北京签署合作协议，正式成为中国航天事业合作伙伴。未来，双方将围绕航天科技与眼健康领域的互促互进以及共助中国航天事业展开深度合作。

明月镜片与中国航天结缘神舟十二号发射。2021年神舟十二号载人飞船发射，明月镜片为发射提供了全程直播的视觉保障。整个任务中，无论户外工作人员还是室内总控人员大都佩戴了明月镜片的眼镜，圆满完成发射任务，明月镜片与中国航天也因此结缘。明月镜片见证了中国航天的历史时刻，产品品质也得到认可。凭借这一“上九天、揽明月”的航天合作，明月镜片荣登中国百大品牌榜单。要成为中国航天事业合作伙伴，需要经过严格的筛选，对于企业的地位、品质、发展路径，都需要与中国航天高度契合。如果神舟十二号的发射只是一个契机，那么，真正让明月镜片与中国航天携手的深层原因还是双方在精神理念上的高度一致。正如中国航天基金会理事长吴志坚所说：“明月镜片20年只专注做镜片，自主创新追求一流的精神以及励志呵护国民视觉健康的使命，与中国航天精神高度契合。”

自立创新，明月镜片与中国航天精神高度契合。作为国内领先的镜片品牌，明月镜片自创立以来，就始终坚守自主自立、科技创新的道路。

会上，明月镜片董事长谢公晚也回顾了明月镜片的发展之路。20 年前，明月镜片初创之时，曾面临着原材料短缺，严重依赖国外进口的局面。为了实现原材料自给，明月镜片与日本三井、韩国 KOC 合作建立了全球领先的镜片原料研发生产中心，成为全球为数不多实现原料自给的镜片企业，并成功推出了包括 KR 树脂、PMC 超亮、1.71、超韧在内的多款行业领先的树脂镜片材料，并将研发成果惠及全行业。除了原材料，明月镜片生产也同样面临着光学技术的挑战与核心技术“卡脖子”的现状。明月镜片积极应对挑战，先后联合中国工程院庄松林院士团队、中国科学院长春光机所等科研机构，实现技术攻坚与创新突破，形成自主核心竞争力，实现一次次跨越。与此同时，明月镜片也积极参与品牌化建设，向大众科普镜片，构建软实力。积极支持中国科考事业，为 2020 年登顶珠峰测量、“奋斗者”号万米深潜，2021 年神舟十二号载人飞船发射，2022“巅峰使命”珠峰科考，提供了优质的视觉保障。“过去，明月镜片赢得了渠道、市场与资本的认可，如今，明月镜片得到了中国航天基金会的认可，正是因为双方理念的高度契合，相信，未来我们会成为中国航天事业最有力的伙伴。”谢公晚表示。

畅想未来，全方位合作开启科技筑梦新篇章。2022 年，是明月镜片成立二十周年，也是中国载人航天工程的而立之年。对于双方而言都是意义非凡的一年。仪式上，双方领导互赠礼物，并对未来合作达成共识。明月镜片与中国航天基金会将互相携手、深度合作、共建创新的未来。后续，双方将合力推动一系列举措，包括共建光学科技研究院，展开密切的技术研发合作，以航天标准升级镜片品质，为国人提供更优质的镜片；开展多维的文化传播、科普活动以及跨界合作，共同助力中国“航天梦”的实现。

【万新发布全新授权牌】 2021 年 12 月 8 日，作为全国销量领先的镜片品牌（艾瑞咨询《2021 年中国眼镜镜片行业白皮书》）万新眼镜发布消息，合作客户已覆盖全国 34 个省市地区，门店数量超 35000 家。为了便于全国门店建立消费者信任，更好地促成销售，万新眼镜于 5 月起发放全新授权牌，在形象上高端大气，在内容上有品牌地位与官方授权信息，现已进入各大门店。

【鸿晨集团实力铸就好品牌】 经过多年发展，至 2022 年 4 月，鸿晨集团已形成了完整产品线，研发生产 1.49 树脂片、圆顶双光、平顶双光、光学 1.523、白超 1.70、非球面无底变色、1.56、1.60、1.67、1.74 等系列高品质树脂镜片以及各种规格的渐近多焦点镜片和高难度车房片，满足不同的使用人群及需求。同时还形成了功能齐全的产品链条，在防蓝光方面，鸿晨非球面防蓝光超韧树脂镜片具有超韧抗冲击性能，不易破碎更安全，比较适合运动人士；防蓝光 360 环焦防控镜片有效延缓眼轴增长，控制近视发展，主要面向青少年群体；“鸿晨健康镜片”全线加载“鸿晨抗菌洁净膜”，可以有效降低杀灭依附在镜片表面的细菌病毒。经 SGS 和韩国 KOTITI 等权威机构检测，“鸿晨健康镜片”有效率高达 99.9%……作为一家集开发、生产和销售为一体的国内大型镜片生产企业，鸿晨集团销售网络已经遍及全国三十多个省市，以及欧美和东南亚等地区，全系产品已经通过国家 QS 强制认证、ISO9000 国际质量管理体系认证、欧盟 CE 认证、国际环境认证、国际职业健康认证等国内国际权威认证。

【海昌隐形眼镜坚持“品牌兴企”战略】 2022 年 3 月，海昌再次提出“品牌兴企”战略。品牌是重要的无形资产，是企业的核心竞争力，而“以自主创新的制高点抢占市场”是海昌的发展战略。海昌自成立以来一直坚持“品牌兴企”战略，立足科技创新，全面加大自主创新力度，大力推行“大自主、大协同、大发展”战略，走上一条“从逆境中崛起，在发展中创新”的自主发展新路。海昌是集研发、生产、销售、物流配送为一体的世界第六大隐形眼镜及护理液专业生产企业，经过多年高速成长壮大，海昌以国内市场约 40%的占有率牢牢占据了行业内的龙头位置。公司旗下的“海昌”“海俪恩”等品牌已成为国内甚至海外都家喻户晓的隐形眼镜品牌，2010 年—2021 年，公司品牌系列产品产量、产值及市场占有率连续位于全国同行业中首位。目前，海昌共有中国大陆注册商标 1000 多件，境外注册商标 80 多件，商标注册量在江苏省排在前五位，并拥有海昌驰名商标。

【共创·未来 2022 春夏 VOSS 眼镜全国巡展】 2022 年 2 月初，北欧 VOSS（沃斯）眼镜中国主题巡展在沈阳拉开序幕，紧接着辗转全国途经杭州、重庆、成都、青岛、合肥、昆明、长沙、厦门等地。

通过本次“共创·未来”全国主题巡展，北京焦点视觉再一次成功获得了每一位莅临现场的客户对新系列产品的高度认可。未来，北京焦点视觉贸易有限公司会一如既往地为客户提供更优质的产品和服务，在思维的创新与碰撞之中，开创更多无限可能。

【阿玛尼发布首个儿童眼镜系列】 阿玛尼（Emporio Armani）的首个儿童眼镜系列采用了朝气蓬勃的绚丽色彩和赏心悦目的几何设计，共有两款太阳眼镜和四款光学眼镜，其中男童款和女童款各三款，用以搭配 2022 年春夏季 6~12 岁年龄段的时装和配饰系列产品。这些品质卓越且风格独特的产品旨在展现活泼又有趣的生活方式，不但质地轻盈、佩戴舒适，还可提供 100%的紫外线防护。其镜架由聚酰胺制成，且其中 50%以上（基于国际标准 ASTM D-6866 核定的使用可再生资源生产的材料所占的百分比）材质为生物基材料，外包装则采用再生聚酯纤维等环保材料制成，这些充分体现了品牌对可持续发展的承诺。

这些采用绚丽多彩的配色、对比鲜明的细节以及标志性的徽标打造的眼镜产品于 2022 年 3 月发售。

【瑞士萧邦深圳鉴赏月在亚洲眼镜开幕】 2022 年 4 月 23 日，瑞士高端腕表珠宝品牌 Chopard（萧邦）戛纳全球限量款鉴赏月在亚洲眼镜三家门店隆重开启。

萧邦自 2016 年起每年推出戛纳限量款女士太阳镜向电影节致敬。以高端珠宝的设计为灵感，采用珍贵材质及百年传承工艺打造别致的眼镜系列。现场全新推出高端钛架及奢华镀金系列眼镜，独有的款式、精湛的工艺、非凡的质感给现场来宾带来视觉盛宴。活动现场展示了戛纳电影节 70 周年限量纪念款，蝶形镜框设计彰显女性的妩媚优雅，23k 镀金工艺及手工镶嵌水晶，璀璨而华丽。

【迈儿康趁暑期旺季全面开展技术培训】 2022 年暑期，迈儿康上市一周年之际，正值暑期配镜高峰，各大眼科医院及诊所掀起配镜热潮。2021 年 6 月 18 日，新一代 OK 镜产品 myOK 迈儿康上市。

应行业及市场需求，上海亨泰视觉科技有限公司（以下简称上海亨泰）培训技术团队奔赴全国各地，在北京、上海、昆明、湖南等地大型眼科医院开展验配指导及培训活动，帮助验配医师精进验配流程，提高患者配镜适配度及效果。此次全国性的落地培训活动，不仅有利于验配医师熟练验配 myOK 迈儿康、精进 myOK 迈儿康的验配流程，更利于上海亨泰视觉逐步完善培训体系，加速布局全国青少年近视防控市场。虽然进驻中国市场只有短短一年，但是迈儿康无论是市场占有率还是市场布局都成绩斐然。在北京一家医院，myOK 迈儿康的验配率占该院 OK 镜整体验配率的 60%~70%。问及原因，在不同的目标降幅及角膜形态下，与传统球面 4 段弧设计 OK 镜相比，myOK 迈儿康的设计在中心泪膜厚度都可维持在一个稳定的高度。相较于传统 VST 球面设计，myOK 设计在不同的度数下都能提供 50%较高的离焦量。患者配镜等待时间短、降度数快，近视管控效果显著，吸粉无数。在北京某医院验配的近 500 例 myOK 迈儿康近视验配者中，仅一名患者矫正效果未达预期，其余的验配者，无论是控制效果还是塑形后的视觉质量都达到了理想的配镜预期。

【JINS 儿童眼镜新品开启夏日轻盈计划】 2022 年的夏日酷暑难耐，但再热的天也阻挡不了小朋友们玩耍的步伐。时尚眼镜 JINS 睛姿在盛夏推出新品儿童眼镜 Airframe 系列，糖果的色彩、轻盈的材质，让孩子的夏天元气十足。源自日本的眼镜品牌 JINS 睛姿，一直以来都很关注消费者的需求，洞察儿童的真正需要，设计出符合儿童脸型尺寸的儿童眼镜，让眼镜真正适合儿童佩戴。

JINS 睛姿的新品儿童眼镜，细节全新升级，镜腿处的横纹细节，起到防滑的作用，提升孩子佩戴的稳定性。TR 材质的镜腿加嵌入式橡胶，让孩子佩戴更为舒适。冰激凌色调，充满夏日童趣。搭配趣味卡通 T 恤，轻盈快乐的童年就这样来了，不易变形且不夹头部的弓形弹性橡胶设计，舒适又好看。蓝色款的儿童眼镜，就像是夏日的蓝色海洋，让人心生向往。JINS 睛姿在儿童眼镜的设计中，注入清新自在的蓝色，搭配适合儿童人体工程学的弓形弹性橡胶设计，还有横纹防滑镜腿，让孩子可以自在奔跑。

【意大利菲拉格慕呈献全新环保材质彩色太阳眼镜系列】 Salvatore Ferragamo（菲拉格慕）全新彩色太阳眼镜系列以七种霓虹色彩瞩目亮相，闪耀活力四射的个性风范，全新中性设计，搭配超大矩形彩色透明镜框，令人重回1980，彰显张扬酷飒又俏皮的个性潮流配饰风格，而亮粉色、绿色、浅蓝色和黄色等妙意色彩同时亦致敬品牌标志性彩虹鞋。Salvatore Ferragamo特别于2022年世界地球日当天推出此太阳眼镜系列新作并非偶然。全新彩色太阳眼镜系列不仅选用赏心悦目的丰富色彩，镜框更是选用植物基复合材质制作而成，而镜片部分的植物基材质则取材于农业活动中产生的废弃材及废料，体现了品牌对推动可持续发展作出的承诺。

Ferragamo全新彩色太阳眼镜系列正式登陆Ferragamo全球精品店及品牌官方网站（ferragamo.com）。此外，该系列于5月在意大利品牌授权渠道销售，9月推广至全球其他地区。

【施华洛世奇推出全新CONSTELLA眼镜】 施华洛世奇全新Curiosa眼镜的设计将珠宝世界的时尚、前卫美学焕变成灵感红丝线，在几何造型与创新仿水晶细节中张扬。太阳镜创意大胆，巧用复杂珠宝工艺，将施华洛世奇仿水晶以密镶或大胆点缀在镜架上，辅以耀目的色彩和迷人的形状，打造亮丽别致的时尚范。这款太阳眼镜将星座和夜空中的星座串灵感引入其中，成就备受瞩目的设计。仿水晶点缀在出人意料的位置，与超大金属镜框的时尚线廊形成鲜明对比，而镀金金属镜腿上的爪式镶嵌，则突出了明亮式切割仿水晶的风韵。

【帕莎眼镜20周年全新升级品牌LOGO】 2022年5月，帕莎眼镜为庆祝20周年，以“寻光之境”为主题，回顾20年成长之路，并发布了全新品牌LOGO和周年限定款眼镜。品牌还携手品牌代言人，一起讲述坚持与热爱的故事。

帕莎眼镜于2002年在中国创立。20年来，品牌一直携初心向前，挥洒无限热爱，历经磨砺与沉淀，在变革中前进创新。值此周年之际，帕莎眼镜秉承当代、简约、时髦以及在细节上有辨识度的设计初衷，对品牌LOGO进行全新升级。

此次LOGO升级换新，也意味着帕莎眼镜以20周年为崭新起点，未来将以全新姿态进入新的发展阶段，在寻光的路上秉持“与热爱共生”理念继续突破蜕变！

【德国收藏级别眼镜品牌ic！berlin】 ic！berlin于1996年由Ralph Anderl成立，并以“so strong but still so light”为品牌精神，采用与手术刀相同的薄型医疗级不锈钢作为镜框材料，并采用“无螺丝三叉式镜脚”，使镜框从头到尾一体成型，不易断裂，十分耐用。

2022年5月，该品牌在国内强势推出。无螺丝三叉式镜脚，拆卸安装极其简便。加上简约大气的设计，使得该品牌创立2年后便夺得了眼镜设计界的最高荣誉德国Silmo眼镜设计大奖，此后更多次荣获全球眼镜大奖。如今风靡全球50多个国家，拥戴者无数，其中不乏达官显贵、明星大咖。ic！berlin到底有什么魅力，能让这么多名人趋之若鹜？巨轻，巨薄，无感佩。ic！berlin薄纸钢的材质，使镜架重量仅为16克，大概就是3.5张A4纸的重量，然后配好镜片不足20克，完全感觉不到戴了一副眼镜在脸上。ic！berlin无螺丝三叉式镜脚，最大的特点是受到压力时会自动分离，避免了镜架的扭曲变形。全世界都知道德国的钢有名，而ic！berlin特选0.5毫米厚不锈钢弹簧钢金属板作为镜架材质，因此不易变形，又极具柔韧性。

【库博光学MiSight举办中国大陆地区上市会】 2022年7月5日，库博光学携手大陆地区独家经销伙伴依视路陆逊梯卡集团共同举办的库博光学MiSight日抛软性亲水接触镜中国大陆地区上市会圆满落幕。本次上市会标志着我国儿童青少年近视管理工具中又多了一种验配简单、使用方便的方案。库博光学MiSight软性亲水接触镜的上市开启了近视管理领域的全新篇章，未来库博光学与依视路陆逊梯卡集团将继续携手，同心共创，推动中国儿童青少年近视管理迈向新未来！

作为近视管理领域的全新选择，此次库博光学MiSight中国大陆地区上市会由“同心新征程、创新新科技、时代新选择、双焦新未来”4个篇章展开，精彩不断，亮点纷呈。会议也受到了来自国内外的众多知名眼科、眼视光专家的高度关注与大力支持。

【意大利黄金鹅呈献太阳眼镜系列】 2022年，黄金鹅（Golden Goose）瞩目呈献全新太阳眼镜系列，独特创意注入复古灵感，重温摩登印象，包裹着昔日回忆与未来想象。至臻配饰，以捕捉周遭心动景色。为视野加上 Golden 心动滤镜。

太阳眼镜系列涵盖多样设计与配色，共推出五款系列，三款为醋酸纤维材质，两款为金属材质。

【欧几里德深度定制案例分享会】 2022 年 9 月 21 日，欧几里德公司携手北京、天津地区的眼视光专家学者，以线上线下结合的方式为大家呈现了“京津共话，‘睛’彩纷呈——欧几里德深度定制案例分享会”，聚焦角膜塑形镜验配前沿，结合临床案例，有例可鉴，分享交流，共同推进角膜塑形镜深度定制的临床应用，提高近视管理的有效性和安全性。随着近视防控工作的不断推进，角膜塑形镜行业的新理念、新技术、新设计、新工艺也不断涌现。2021 年欧几里德提出并倡导角膜塑形镜深度定制的理念，同年爱眸瑞 Advance 匠心高定系列重装上市，以最大程度满足临床医生和视光师对个性化处方的追求，更好地匹配患者的个体差异。这一年多以来，我们见证了欧几里德坚持以学术作为主导，开展多项深度定制学术会议，持续推广深度定制验配理念，分享深度定制典型案例的决心和行动。

【法国竞争监管机构对 Essilor 处以 8100 万欧元的罚款】 法国竞争监管机构 2022 年 11 月 8 日表示，已对眼镜制造商依视路国际（Essilor International）处以 8100 万欧元（8127 万美元）的罚款，原因是 11 年期间存在歧视性商业行为。法国竞争管理局表示，依视路的行为旨在阻碍矫正镜片在线销售的发展。此外，雷朋眼镜的制造商 EssilorLuxottica 也被罚款 1500 万欧元。

【依视路重磅品牌荟萃首次亮相厦门国际眼镜业展览会】 在 2022 年 11 月 24 日开幕的 2022 年厦门国际眼镜业展览会上，依视路陆逊梯卡首次以集团形象亮相这一业内盛会，展示了旗下依视路、全视线、雷朋、欧克利等多个全球知名镜片和眼镜品牌，并推动近视管理方案升级和视光社区化发展。依视路陆逊梯卡由依视路和陆逊梯卡两家企业于 2018 年合并成立，是镜片、镜架和太阳镜设计、制造和分销领域的全球领导者。此次厦门眼镜展是依视路陆逊梯卡首次以合并后的集团身份参加的国内行业展会。在面积达 300 平方米的“睛”彩展台内，依视路陆逊梯卡围绕不同年龄段人群的生活场景和戴镜需求，展示了覆盖全生命周期的综合型视光解决方案，其中包括儿童青少年近视管理区、以光敏感和有害光防护为核心的成人光管理区，以及以视疲劳和老视为核心的成人视机能区。集团旗下包括依视路、全视线、雷朋、欧克利等在内的品牌矩阵为参观者打造出 360 度沉浸式视光体验。通过视光与时尚的有机碰撞，依视路陆逊梯卡集团旨在将消费者视力保健需求、生活场景和时尚偏好相融合，引领眼镜行业的时尚升级，树立眼镜行业新标杆。

【全球知名眼镜制造企业夏蒙眼镜加强在亚洲的业务】 2022 年 11 月 24 日，日本著名眼镜品牌 CHARMANT（夏蒙），宣布将加强在亚洲的销售。夏蒙将从其区域分销商手中收购新加坡、马来西亚和印度尼西亚的光学分销业务，并在韩国设立新的区域销售子公司 CHARMANT Korea Co.，Ltd。到目前为止，夏蒙一直通过这 4 个国家的分销商销售其产品。此次收购的目标是通过新的全资本地销售子公司来进一步扩大在亚洲地区的销售。

【明月镜片发布两款离焦镜新品】 2022 年 11 月 25 日，明月镜片与四川大学华西医院在成都联合举办 2022 年近视防控临床应用研讨会。会上，华西医院刘陇黔教授团队首度公布《配戴多点正向离焦型镜片延缓儿童近视有效性的随机、平行、对照临床研究六个月报告》。报告表明，轻松控 Pro 近视管理效果显著。对比 3 个月数据，最新一期数据呈现，轻松控 Pro 减缓近视度数增长有效率达 68%，延缓眼轴增长达 56%，近视管理效果明显。

会上，明月镜片两款新品发布轻松控 KV 全新亮相：D71TF 和 D71TFL。至此，轻松控 Pro 折射率从 1.60 到 1.71，成为产品更齐全的青少年近视管理镜片，可满足不同孩子的配镜需求。为了更好地推广轻松控系列产品，提升家长对孩子近视防控的重视。会上，明月镜片品牌与市场中心总监廖鹏也重磅发布了代言人刘昊然拍摄的全新轻松控 KV。

明月镜片轻松控系列自上市以来，就受到渠道伙伴与消费者的认可，持续热销。如今，6 个月临床数据进一步证实了轻松控 Pro 可有效控制近视度数增长。“这样的结果其实也让我们看到了明月轻松控镜片在未来近视控制领域所具备的潜力”，华西医院杨必教授对此表示高度肯定。

【日本眼镜零售商 Aigan 退出中国】 2022 年 11 月 28 日，运营眼镜专卖店的日本眼镜品牌 Aigan（爱眼）公司宣布，关闭在华业务。将解散在中国运营直营店等当地子公司，退出中国市场。中国国内持续的疫情防控政策迫使该品牌计划从中国撤出业务，以希扭转利润衰退的局面。这家眼镜零售商在中国的业务自 2015 年以来已连续七年亏损。Aigan 总部位于大阪，成立于 1961 年，经营眼镜专卖连锁店，提供眼镜、助听器、太阳镜和其他相关产品。截至 3 月，该公司拥有 223 家门店和两家合并子公司。Aigan 于 1994 年进入中国，在北京和天津开设了 6 家门店，包括加盟店。

【华伦天奴与 Akoni Group 签署眼镜授权协议】 2021 年 12 月 7 日，华伦天奴（Valentino）宣布与瑞士奢侈品眼镜制造商 Akoni Group 签署了一项独家眼镜授权协议，自 2022 年 7 月起生效。据悉，作为协议的一部分，将由 Akoni Group 负责华伦天奴眼镜的设计、制造和全球分销。Akoni Group 将“无缝过渡”，立即全面接手 Valentino 的眼镜设计、制造和全球分销业务。双方合作的第一款新产品将在 2022 年 7 月（协议生效的第一个月）立即发布。

成立于 2019 年底的 Akoni 还是一家“创业公司”，第一家奢侈品牌客户就是 Valentino“同门”——同属于卡塔尔王室投资公司 Mayhoola 旗下的法国奢侈品牌 Balmain（巴尔曼）。在 Akoni 的官网和 Instagram、领英等社交媒体账号上，都能在非常醒目的位置看到这样一句口号：Welcome to the Evolution，毫不掩饰其成为奢侈品眼镜行业变革者的野心。

Akoni 的眼镜由日本历史最悠久、最好的工厂之一负责生产。很多材料都是日本生产合作方专门为 Akoni 定制，且供 Akoni 独家使用。Rosario Toscano 称，Akoni 日本制造的眼镜，就如瑞士手表一般——使用优质材料，产量有限，结合了传统且尖端的生产技术，时间和劳动成本耗费巨大。例如与 Balmain 合作的首个系列中的 Wonder Boy，共计由 777 个部件组成。品牌的镜框，通常使用钛或棉基醋酸纤维素（cellulose acetate），鼻托则使用轻质陶瓷。

Rosario Toscano 表示，世界上大部分的眼镜，无论是在欧洲、美国，还是其他地方设计，都是在中国量产。公司不计工本、国际化的商业模式的优势在于，能精挑细选出全球最好的材料。这就是为什么总部设立在瑞士，这里的质朴美、高精准的工艺、高效的物流备受尊崇，加上 Jeff Solorio 和 John Juniper 两位传奇设计师及日本的工厂，确保了 Akoni 的产品具有不可比拟之美和可供长久使用的高品质 。

【Chloé 推出环球旅游零售眼镜特别版】 2022 年 12 月 7 日，Chloé（蔻依）推出了 2022 年春夏全新环球旅游零售眼镜特别版，超大方形的太阳镜框，一侧镜腿挂有标志性 Chloé“C”字形坠饰。作为旅游零售渠道的独家产品，还将加入第二坠饰——饰有彩色珐琅细节的热气球，象征 Chloé 的自由精神。

时尚前卫的金属半框镜架，哈瓦那色珐琅的轮廓从前框一直延伸至镜腿。灰色渐变镜片完善了该款式的美学。这些特别款 Chloé 太阳眼镜于 2021 年 11 月下旬至 2022 年 6 月在全球指定精选旅游零售门店发售。部分 CDFG 和 DFS 门店将推出定制的店内数字体验，以进一步加强顾客与这款特别产品的互动。

【上海亨泰贝视得全新“离焦矩阵”产品系列上市】 2022 年末，上海亨泰贝视得全新“离焦矩阵”产品系列准备就绪，2023 年 1 月 1 日正式上市。贝视得全视护—1 对 1 精准定制、贝视得 PRO—高度数近视专用、贝视得贝视护—点状离焦优选系列，升级优化离焦布局，全方位满足多场景下儿童青少年患者的不同需求。

上海亨泰高度关注中国儿童青少年视力问题，致力于为儿童青少年提供在复杂多变的用眼环境下，更精准的近视管理方案。上海亨泰旗下功能大镜片品牌——贝视得成立近 5 年以来，始终坚持“1 对 1 精细化场景细分技术定制”，深入剖析中国儿童青少年近视成因与环境变量，针对逐年增长的高度近视患者，给予更精细化的近视管理解决方案。通过中国台湾亨泰光学近视管控大数据的研究和分析，贝视得针对高度数、眼轴增长较快、3C 产品使用超长的近视儿童，针对性推出贝视得 PRO 多区高离焦镜片。贝视得 PRO，将“视轴”和“视网膜”对应点的眼底效率与离焦量准确匹配，以高度数的眼轴长度匹配相应的眼底斜率，来设定高度数专用的离焦量。

贝视得500离焦，可以提供给高度数人群更强的离焦刺激，更高的离焦量，在视网膜前产生的像差更大，抑制眼轴生长的反作用力更强。为一线视光医生提供更多维度的近视管理解决方案。

【世纪康泰新品亮相第二十六次全国眼科学术大会】 2022年12月15日，世纪康泰携重磅新品临床数据和全新视光产品，亮相中华医学会第二十六次全国眼科学术大会，举办了“康泰心·启航季”专场卫星会，吸引了来自全国的眼科同道云端相聚，共赏精彩内容，在线观看人数高达5000多人。

本次卫星会由天津医科大学眼科医院李筱荣院长主持。李院长介绍了参与卫星会的各位专家学者，并对每个议题作出了精彩的点评总结，特别对世纪康泰的未来发展寄予了厚望，希望企业以更多更好的中国创新技术和产品造福患者。

天津世纪康泰生物医学工程有限公司总经理裴秀娟女士，在大会开场致辞中分享了世纪康泰在此次大会期间发布的疏水人工晶状体临床试验数据和“美视季”视光新品等重磅消息。在学术分享环节，天津医科大学眼科医院赵少贞副院长详细介绍了世纪康泰疏水非球面人工晶状体多中心临床试验的结果，试验数据结果鼓舞人心，达到了同类一流产品水平。同时，这一新品独特的材料和非球面光学设计展示了该产品显著的优势，将会给患者带来更优异的视觉效果和安全性。天津市眼科医院视光中心李丽华主任系统介绍了青少年眼球发育和近视进展的成因，从理论研究到临床实践，回顾了近视管理技术和产品的发展，重点解析了“美视季”新品——多元微透镜离焦镜片的设计和优势，通过费马螺旋微透镜阵列（F. S. M. A.）专利技术，提供了更强的离焦效果和更舒适的扫视感受。

【2022天瞳角膜塑形镜全国上市会成功举行】 2022年12月18日，2022天瞳角膜塑形镜全国上市会在上海顺利落下帷幕，标志着天瞳TTOS系列的正式上市。早在2013年，天瞳依托于国内知名眼科医院进行临床研究，历经8年反复打磨、持续精进，终于在2022年6月，浙江天瞳医疗器械有限公司的“TTOS角膜塑形用硬性透气接触镜”顺利获批国家药品监督管理局三类医疗器械注册证（国械注准20223160792）。

本次上市会邀请了温州医科大学附属眼视光医院的吕帆教授，复旦大学附属眼耳鼻喉科医院的周行涛教授，中山大学中山眼科中心曾骏文教授，天津市眼科医院视光中心李丽华教授，天津医科大学眼科医院魏瑞华教授以及北京大学人民医院李岩教授出席并致辞。各位专家不仅提到了国家对于近视防控的重视，以及角膜塑形镜在近视防控领域中“排头兵”角色，更对天瞳角膜塑形镜的上市给予祝福！

现场邀请了王禄宁女士、周行涛教授一起为上海市“追光少年”少儿近视防控专项基金揭牌。公益、医疗、企业三方共同协作，承担社会责任，为每个孩子拥有明亮而美好的世界献出一份力。会上，温州医科大学附属眼视光医院毛欣杰教授讲述了角膜塑形镜个性化设计的大趋势；复旦大学附属眼耳鼻喉科医院周佳奇教授讲述了离焦在近视防控中的应用；北京大学人民医院眼视光中心王凯教授讲述了控制治疗光学区的重要性；中山大学中山眼科中心杨晓教授讲述了精准BC调整在近视防控中的作用；天津市眼科医院视光中心张姝贤主任讲述了角膜塑形镜的规范化流程与高效验配技巧。角膜塑形镜的迭代，拓宽了角膜塑形镜的适配人群，满足更多患者的需求，结合更简便的验配方法，实现更理想的视觉质量和近视控制效果。

【深圳柏琪由产品制造走向品牌打造】 深圳，作为国内高端眼镜框的主产地，长期以来以为国际眼镜品牌代工为主。近年来，部分企业在积极探索由单纯的产品制造向品牌打造的华丽转身，逐步累积了自身的核心竞争优势和品牌影响力。

陈炳谦1993年进入眼镜行业，多年的品牌代理经历，让他坚定了扎根眼镜行业、创立自有品牌的决心和信心。创业30年至今，柏琪已发展出“柏琪”“金玉良品”“GEO”等多个自有品牌。陈炳谦认为，品牌打造是一条曲折且漫长的道路，只有品牌，没有品质，无法持续。

要打造品牌，企业必须明确定位并加强研发能力。首先要明确方向。自身定位是用户型的企业，聚焦于提升产品价值和用户体验；其次是加强研发能力，公司2021年成立研发设计院。以用户为本，解决用户痛点，满足用户体验，提出了“戴得稳，才不累”的产品理念。现已独立开发了从儿童青少年到成年佩戴的9条系列产品线，完成了眼镜消费者多级年龄层段的产品布局。公司的愿景是做消费者体验最好的眼镜框架。

要打造品牌，企业必须构建自身的核心竞争力和优势。柏琪公司与全国超过2000家眼科医院、诊所和超过300家商业连锁企业建立了合作关系。优质产品要触达大众，而建立一套完整的业务营销体系去服务各级经销商尤为重要。眼镜产品在最终被用户佩戴之前，各级经销商对产品优点、卖点的了解情况，会直接影响用户的购买体验。公司有直达经销商的直营体系，配合全套产品形象、产品培训、产品信息传递体系，为成为“用户型企业”打下坚实基础。公司还通过自媒体矩阵和经销商体系，向用户输出专业知识和时尚趋势、选择方法等，帮助用户更有效、更正确地选择有价值和良好体验的产品。

要打造品牌，必须设计时尚的眼镜。眼镜作为视光患者的必备品和普通用户的装饰品，在解决了消费者看得清的初始需求之后，已步入时尚追求。而创意、跨界、科技的加持也赋予了眼镜更多的魅力。不时尚的眼镜，是戴不住的眼镜。深圳眼镜企业正在不同细分市场寻找突破点。柏琪研发设计院在眼镜用户细分市场层面精耕细作，从不同用户的不同需求点出发，不断推出有良好用户体验和适应生活场景的高附加值创意产品。

要打造品牌，必须使眼镜与可穿戴设备跨界融合。“智能穿戴+眼镜”，是一种资源的整合。有效的跨界合作，实现优势互补，能更快、更准地服务消费群体。2022年下半年，公司联合相关医疗机构研发的科技结合产品也将推出，这些产品基于业务面监测、儿童青少年用眼数据收集，可以提示纠正不良用眼习惯。“可穿戴+眼镜+医疗”是值得期待的产品新路向。

要打造品牌，最关键的是转变思维方式。深圳企业多年来专注于高品质眼镜生产，形成了重制造轻品牌的现状。其实，专精于制造，做成眼镜行业专精代工的服务品牌，例如电子行业的“富士康”，也不失为一条光明之路；同时也可结合自身优势，打造服务消费者的商品品牌。两类发展方向都是大有可为的。但品牌打造是一条曲折且漫长的道路，企业本身应具有核心竞争力，只有品牌，没有品质，无法持续，品牌和品质应该要两手抓。更主要的，经营者要转变思维方式和发展方式。在创建眼镜框架自主品牌的道路上勇于实践，大胆创新。

要打造品牌，必须打造区域集群效应。深圳眼镜企业在未来要从以代工为主，向兼顾品牌开发的两条腿走路模式发展。在由纯制造转向品牌打造的过程中，从思考如何满足订单客户提质降本的需求，转向不断提升终端用户体验。只有不断满足人民群众对美好生活的需要，品牌才能被市场认可。此外，深圳作为一个高端眼镜生产基地，需要有产业园区让企业安心发展，更需要有高品位的展览会，主场作战，协助服务品牌和产品品牌取得更多份额，形成品牌效应。建立产业园区和开办展览会是目前的行业心声，需要企业的努力和政府层面的引导支持。

【众多明星纷纷代言眼镜品牌】 当今社会，人们对于娱乐圈的关注越来越高，明星的社会影响力越来越大，几乎在生活的各个空间里都可以看到跟明星有关的内容，最常见的便是各种各样的明星代言广告。眼镜不仅是大众的扮酷良品，也是各路明星提升时尚度的必备利器。明星无论是在工作还是私下场合常会佩戴眼镜，明星的气质对于眼镜的诠释可谓是十分到位。于是，眼镜品牌找明星代言是顺理成章的事，已经在行业蔚然成风。目前眼镜品牌的代言人主要有：

暴龙品牌代言人杨幂、王俊凯、王鹤棣
菲拉格慕眼镜全球品牌代言人欧阳娜娜
海俪恩品牌代言人时代少年团
海伦凯勒品牌代言人王一博
浪特梦眼镜品牌代言人许凯
雷朋大中华区品牌代言人刘雨昕
陌森眼镜品牌代言人肖战、迪丽热巴
帕森品牌代言人宋祖儿
帕莎眼镜品牌代言人王源
派丽蒙品牌代言人杨洋
亓那眼镜品牌代言人赵露思
施洛华眼镜全球品牌代言人华晨宇

找明星代言眼镜品牌，无非是借助明星的人气，博得消费者的眼球，提高关注，获取更直接的效应。

促进销量。充满时尚力、能驾驭品牌，或者在某些方面和品牌理念相通的明星固然是合适的代言人，但一个好的代言人最重要的还是带货能力。以陌森眼镜为例，品牌方在官宣肖战为代言人的 1 个小时内，多个产品售罄，销售额突破 1700 万元，抵过上年一整年的销量，成绩喜人。

彰显实力。请得起明星代言人的品牌在外界看来是有实力的表现。请明星代言需要一定费用，且这个费用一般不低，品牌方既然会出这个钱做这件事，那么实力一定是相对更大的，招商加盟起来更加容易。再者，明星依靠自身的影响力，会带动品牌的存在感和知名度，再加上有明星做背书，消费者默认有了保障，会更加信服，进而产生购买行为。

时尚象征。眼镜对于近视、弱视等有视力障碍的人群来说是必备品，也是时尚界不可缺少的潮流品。以近视眼镜为例，很多人对于眼镜有抵制情绪，觉得厚重的眼镜遮住了美貌，但一款时尚、有型的眼镜，只会是加分项。因佩戴眼镜“出圈”的明星不在少数，明星的良好表现力可以引领眼镜的时尚潮流。

【鸿晨镜片签约知名女星李冰冰】 由于“踩雷”劣迹艺人，镜片商鸿晨集团也成为市场关注的焦点之一。2022 年 2 月 28 日上午，鸿晨集团在官微官宣了公司新代言人，系知名女星李冰冰。鸿晨集团官网显示，公司由创始人张加文在 1985 年创立，经过近 40 年发展，公司在镜片市场具有一定的竞争力，是集研发、生产和销售于一体的全球化优质镜片供应商，公司业务遍及 50 多个国家和地区。此前，鸿晨集团曾于 2021 年 3 月不慎签约劣迹艺人，不过签约仅 9 个月，艺人就曝出丑闻。

【香奈儿 2022 眼镜系列广告大片发布】 香奈儿 2022 眼镜系列广告大片围绕品牌经典隽永的象征符号展开。由 Karim Sadli 掌镜，为模特 Rianne Van Rompaey、Blesnya Minher 与潘浩文拍摄极致简约的黑白肖像。6 幅纯净利落的影像作品，除背景、面容与镜框的线条外，不加一丝赘饰，同时玩味对比，让系列作品的设计成为瞩目焦点：太阳眼镜或光学眼镜，经典或复古，方形、矩形或飞行员镜框，每种款式都完美贴合脸部轮廓。

本季广告大片呈现了标志性的皮串链，以及带有品牌象征符号的坠饰，化为轻盈、可拆卸的珠宝链条，仿佛一条山茶花、珍珠、小爱心与“CHANEL”字母串成的长项链，装点着潘浩文佩戴的醋酯纤维大号方框太阳眼镜，以及 Rianne Van Rompaey 佩戴的金属蝴蝶形框光学眼镜。精美的细节为系列作品增添魅力，令其成为名副其实的时尚配饰。

【艾觅眼镜 AIRO MIRO 携全新品牌形象代言人张碧晨开启璀璨新篇章】 用专业拓展体验边界，用实力创造多元可能，携手共行，秉持 AIRO MIRO“闪耀真我”的品牌理念，一同探寻女性之魅力、生命之闪耀。崇尚都市美学的轻奢眼镜品牌 AIRO MIRO 艾觅眼镜正式官宣歌手、唱作人张碧晨为品牌代言人，将一同携手开启璀璨新旅程。

AIRO MIRO 艾觅眼镜用专业拓展体验边界，用实力创造多元可能。以珠宝灵感与彩妆思维，以人体工程学与技术革新。专业铸造舒适奢美的镜架，结合东西方的智慧。更美一点，更轻盈一点，更舒适一点，带来好看又舒适的时代美学体验。摒弃固有设计思维，重构想象，从创新时尚、精密工艺、舒适结构和轻奢美学多维灵感中创作出 EYEBLING、AIR LINE、RAIN BOW 三个系列，满足不同佩戴需求，演绎时代美学，展现女性自信优雅、多面闪耀的无尽光芒。AIRO MIRO 主张“致匠心，镜真我”。

张碧晨从《中国好声音》一路走来，不断成长、不断突破、不断发光，拒绝标签，用实力重塑每一面惊喜，不被框架束缚，不被质疑捆绑，用时间证明，用歌声回应，从容无惧地直面世界，正契合 AIRO MIRO 果敢无畏、自信闪耀的品牌精神，让“闪耀你的美”不断升华。

自内而外的闪光是张碧晨与 AIRO MIRO 的交织点，此次携手，不仅是代言人与品牌之间的相互表达，更是相互融合、共同演绎果敢闪耀的女性魅力，一同开启璀璨新篇章。

【乒乓球世界冠军王皓成为米顿眼镜品牌代言人】 2022 年 9 月 13 日，米顿眼镜正式官宣品牌代言人——乒乓球世界冠军王皓，这是米顿眼镜诞生 20 年以来首次官宣代言人。此次签约世界冠军，不仅为米顿眼镜注入一股强劲力量，传递米顿眼镜追求冠军品质的工匠精神，更是米顿眼镜升级转型战略路上的又一次全新突破。

唯有冠军品质，方可与世界冠军相遇！米顿眼镜创立于2002年，是国内较早专注设计并研发商务钛架的企业，始终致力于高品质镜架的设计研发与销售，专注探寻钛架眼镜的创新发展。王皓先后夺得3次乒乓球世界杯男单冠军、荣获18个世界冠军。王皓专注、传承、创新的精神与米顿眼镜沉淀20年，专注钛架领域，不断创新为消费者提供更安全、更舒适、更美观的高品质产品的价值观不谋而合。

米顿眼镜表示，匠心，是一种精雕细琢、巧夺天工的精神，更是重于微末细节的态度。米顿眼镜20载时间做利刃，匠心研磨产品，以人性化考量每一处工艺和细节，以国货实力征服市场。

【登喜路携手杨洋演绎眼镜大片】 登喜路（Dunhill）携手全球品牌代言人杨洋演绎2022年亚洲眼镜广告大片。全球品牌代言人杨洋在广告中佩戴2022春夏眼镜系列的全新太阳眼镜和光学眼镜，极具其当代审美与优雅气质。大片展示了品牌对现代风格的低调诠释。

杨洋在广告中佩戴两款由日本制造的眼镜，一副饰有定制Lock系列铰链的亮面黑色醋酸纤维方形太阳眼镜，以及一副点缀经典机刻花纹图案的铣削钛金属长方形光学眼镜。全新2022春夏眼镜系列登陆指定品牌精品店和眼镜专柜，开云眼镜天猫官方旗舰店同步发售。

【上海市黄浦区举行“质量成就品牌 品牌引领发展”主题活动】 2022年8月23日下午，在上海市黄浦区市场监督管理局的指导下，上海市眼镜行业协会联合吴良材眼镜和蔡司光学，以“质量成就品牌·品牌引领发展”为主题的黄浦区政府开放月活动在吴良材眼镜总店举办。活动现场，通过眼镜知识的科普讲座、提供专业技术服务、精准测量设备的体验等系列眼健康主题活动，消费者体验了一场全方位的“视健康之旅”。

【AR眼镜品牌Nreal正式进军中国市场】 2022年8月23日，Nreal在国内召开了首场AR眼镜发布会，正式推出了Nreal X和Nreal Air两款AR智能眼镜，为国内AR市场掀起了一股旋风。

本次发布两款新品也是一次展示自身研发能力的机会。据了解，Nreal打造了自研的双目空间成像系统“惊鸿锐影”光学引擎，眼镜采用的自研多传感器融合的SLAM（同时定位与地图构建）技术，能够实时、高精度计算眼镜在三维空间中的6自由度运动。此外，Nreal还推出了远/近场组合的交互方案：远场，首创“手机虚拟射线”，实现选取、拖拽、放大；近场则采用基于手势追踪识别算法。

在具体产品方面，Nreal X是一款全功能AR眼镜，整机重量106克，官方声称其在精度和稳定性方面比拟高成本企业级AR头显。此前，Nreal X已经在海外发布，并且同多个国家的十几个一线运营商建立了商业化合作关系。而Nreal Air则是Nreal新推出的一款AR眼镜，配备130英寸空中投屏和201英寸AR锐彩天幕，并支持与手机、平板、笔记本、掌机、游戏主机等多种设备的连接。

Nreal表示，电脑、手机推动了信息技术的发展，但同时也将我们与数字信息的交互局限于二维屏幕。下一代计算平台的使命是推动移动互联网到空间互联网的升维，让数字化信息和现实世界深度融合，回归人类世界原生的三维空间体验。Nreal认为，它的方向将是AR眼镜。

【moody携手星创视界扎实布局线下实现长期健康发展】 2022年9月5日，彩瞳行业头部品牌moody（母公司：未目科技）在上海举办“moody X星创视界（宝岛眼镜）彩瞳情绪空间站”发布会暨启动仪式，宣布moody进驻星创视界旗下宝岛眼镜门店，品牌将全面展开“线上+线下”全渠道长期布局，双方将在产品多元化、服务专业化等方面开展深度合作，实现高潜力新品牌与专业龙头渠道之间的优势互补、资源共享，引领消费者更科学、规范地佩戴彩瞳，促进行业健康发展。

moody与星创视界宣布达成长期战略合作，全面赋能双方在产品研发、线下场景、专业服务等方面的生态合作，为彩瞳佩戴人群提供眼部健康检查、抛期与材质适配、验配参数确认等服务，践行彩瞳行业健康高标准，为行业发展树立标杆，推动行业高质量健康发展。现场，星创视界董事长王智民致辞，moody创始人兼CEO慈然、星创视界营运长刘冀忠等出席启动仪式。

深耕线下，开拓长期发展新版图。星创视界（宝岛眼镜）自1997年创立至今，遍布全国近100多座城市，拥有近1100家门店。作为中国眼视光领域的老牌龙头企业，多年来星创视界坚持深耕专业的眼视光服务，致力于为消费者提供全方位视健康服务与解决方案。拥有近1600名专职验光师和完备的眼健康筛查设备。星创视界2013年成立独立的产品测试中心，用国际标准从光学、机械、物料和化学特性等方面全面确保视光产品的安全和品质，其专业的眼视光服务能根据顾客的眼部状况、用眼情况、所处年龄阶段，提供专业化视健康筛查及适合的产品。

强强联合，引领行业健康高质量发展。助推彩瞳行业健康发展需联合多方力量，此次moody与星创视界的强强联手是moody将前沿学术知识、临床经验和优质产品贯穿融合，借助星创视界深耕多年的全方位视健康专业服务，打通消费者科学佩戴彩瞳的一站式服务，大力推动行业健康高标准的践行。

moody于2019年在上海成立，成立之初便与亚洲领先的全自动化世界级工厂达成深度战略合作协议，打造行业技术壁垒。自主研发新一代的产线技术引入半导体行业的全自动化生产模式，升级6道AOI自动光学检测，保障镜片一致性与稳定性，并成立水聚合材料实验室与moody X中国眼谷角膜接触镜技术创新研究院，深耕材质技术迭代与光学设计研究。强大的供应链背景、技术壁垒与研发实力，让moody深受消费者喜爱，仅三年时间稳坐彩瞳头部品牌，也成为首个进驻宝岛眼镜的新锐彩瞳品牌。

此次moody与星创视界的合作，是moody在线下渠道的深度拓展与扎实布局，也是建立品牌竞争壁垒的长期发展战略。同时moody也借助线下与消费者链接的丰富场景，与星创视界一同扩大品牌影响力。

【Thélios成为威尼斯国际电影节官方眼镜赞助商】 世界奢侈品领导者LVMH集团旗下的专业眼镜公司，Thélios（特丽奥思）宣布与威尼斯双年展（La Biennale di Venezia）展开为期三年的合作，并由2022年开始成为威尼斯国际电影节官方眼镜赞助商。Marchon Eyewear与Paul Smith签署眼镜产品独家许可协议，Marchon Eyewear Inc.与英国独立设计公司Paul Smith宣布签署长期独家全球许可协议。根据新的合作协议，从2023年1月起，Marchon将主导该品牌眼镜产品系列的设计、制造及全球分销。此次合作的重点包括位于著名威尼斯怡东酒店（Hotel Excelsior）的Thélios Suite，套房内设有陈列室，展示Thélios旗下品牌2022秋冬系列设计。除此以外，Thélios Suite被选为特定电影及其他公关活动宣传的地点，并为客人提供款待体验。

【白敬亭演绎万宝龙眼镜2022秋冬系列】 主演青春电影《谁的青春不迷茫》以及电影《魔法触恋》《无二之旅》的青年演员白敬亭签约万宝龙眼镜，演绎万宝龙眼镜2022秋冬系列。经典大方框适配百搭造型，完美打造气质日常。经典大班系列，灵感源自万宝龙殿堂级书写工具，将经典钢笔造型融入镜腿设计，续写独具辨识度的悠久品牌文化。

【时尚眼镜JINS推出腮红美颜镜片】 源自日本的眼镜品牌JINS睛姿的腮红美颜镜片，采用薄型非球面镜片，佩戴起来非常的舒适，并且镜片的UV阻挡率高达99%。在室外的时候，能有效阻挡紫外线，能够防水防反射，是一款实用且时尚的腮红美颜镜片，可谓是“漂亮的实力派”。

时尚眼镜JINS睛姿本次推出的这款新品腮红美颜镜片，在镜片的下半部分，加入淡淡的粉色或橘粉色，呈现出类似腮红的效果。即使没有化妆，也能美美地出街。JINS睛姿的这款新品镜片对于不想每天都化妆的人来说，是一款戴上就像化了腮红，不化妆也好看的眼镜。

【以科技塑造美好生活——蔡司光学连续五年参加进博会】 2022年11月5日—10日，第五届中国国际进口博览会在上海举行。作为全球领先的光学和光电行业的开拓者——蔡司连续第五年参加进博会，并以“以科技　塑未来”为主题，全面展示了来自半导体制造技术、工业质量与研究、医疗技术与光学消费品市场四大业务领域的一系列创新产品与解决方案。作为蔡司旗下的重要业务构成，专注于视光领域的蔡司光学以别出心裁的设计，邀请观众在现场开启了一段全生命周期眼健康之旅。

科技呵护健康，助力健康中国。在“科技呵护健康”展区，蔡司带来ARTEVO 800蔡司数字导航手术显微镜，ARTEVO 800是全球首款3D导航数字化眼科显微镜，其整合了近年来眼科显微手术的前沿科技，能够在缩短手术时间的同时大幅度提高手术精确度、改善术者舒适度并优化全手术流程，最终提升患者术后预期。在健康领域，蔡司带来了一系列包括手术显微镜、未来医疗等在内的创新产品和医疗解决方案。

科技助力变革，赋能产业升级。蔡司致力于通过创新的本土化战略来快速响应政策，提升国产显微成像产业转化能力，提供符合本土市场特色的产品，助力中国科研创新高质量发展。在"科技助力变革"展区，蔡司展示了中国显微镜事业部专门推出的创新业务模式——"蔡司+"项目的最新成果。该创新业务模式以蔡司先进的显微镜为核心，通过联合中国本地合作伙伴集成人工智能应用和辅助诊断软件，打造专注细分领域的解决方案，包括宫颈细胞学辅助诊断系统、数字病理成像系统、多模态结构光照明超分辨智能系统 Multi-SIM 等创新产品等都在此一一呈现。

科技改善生活，激发创新活力。在"科技改善生活"展区，蔡司展出与中国创新研发力量精诚合作的成果——蔡司小乐圆镜片。采用 C. A. R. E 专利技术的蔡司小乐圆镜片，开启了青少年近视管理新纪元。此外，蔡司还展示了其全生命周期近视防控整体解决方案，以及蔡司三焦点人工晶体、验光配镜解决方案等。

进取争先百余载，博览创新更峥嵘。自 2018 年蔡司首次参展进博会以来，在进博会的平台上感受到了中国客户对高科技解决方案和高品质产品的迫切需求，进博会的溢出效应给蔡司提供了广阔的发展空间。

未来，蔡司将继续以光学科技产业为基，以创新驱动业务增长为任，进一步深化对华长期承诺，与合作伙伴开展全方位合作，以更丰富的本土创新成果制胜全球，持续助力中国各行业高质量发展。

【瓯海眼镜以"智造"激活传统眼镜产业抢占行业制高点】 东越之地的千年古韵让瓯海处处浸润着浓郁的人文气息，而改革潮起中的一副小小眼镜，让瓯海走出国门，"瞻视"天下。经过近半个世纪的发展，瓯海眼镜产业逐步提炼出自身鲜明的特色，成为享誉全国的眼镜产地。"中国眼镜生产基地""国家外贸转型升级眼镜专业示范基地"……一项项国字号荣誉的背后，是瓯海眼镜行业多年来苦练内功、外拓市场的不懈努力。

万物互联时代来临，瓯海眼镜正以"智造"抢占行业制高点，探索产业共富路，驶向新蓝海。把握新风向，以"智造"激活传统眼镜产业。中国（瓯海）眼镜小镇是瓯海精心谋划、用心打造的眼镜产业发展主阵地。面对复杂多变的市场环境，近年来，瓯海经开区全力"招大谋强"，通过基金招商、产业链招商等多种途径，积极引入和培育一批符合产业发展导向的大企业大项目，让众多的中小企业搭乘"智造"的"顺风车"转型升级，为产业发展强筋健骨。

戴上警用 AR 智能眼镜，可以自动识别犯罪嫌疑人和嫌疑车辆信息；戴上儿童智能防近视蓝光眼镜，能够根据看书、看电视、看电脑等不同模式调节用眼距离、时间、姿势、环境光强；戴上 Wi-Fi 拍摄智能眼镜，就能以第一视角拍摄滑雪等极限运动画面……中科海微让这些充满未来感的智慧生活场景走出科幻电影成为现实。6 月，中科海微专注智能穿戴研发应用入驻眼镜小镇，为瓯海传统眼镜产业插上数字化翅膀。中科海微选择这里，主要是看中瓯海眼镜制造业的产业链优势。公司的技术团队来自中国科学院计算技术研究所，可以在智能穿戴领域为温州眼镜生产企业实现技术赋能。对于很多实力有限又渴望智能转型的温州眼镜制造企业，中科海微提供的技术产品是"白菜价"。他们的制造基础加上中科海微的核心技术，这是一种双赢。

眼镜小镇已有 300 多家优秀眼镜企业、75 家相关研发机构、24 个顶尖人才团队陆续入驻。在中科海微的积极探索下，眼镜小镇建成全国首条 3D 打印眼镜生产线，创成国内首个"面部数据分析"中心，攻克了包括视光学材料、眼镜片疏水膜镀膜工艺、聚醚醚酮 3D 打印技术在内的 17 项行业"卡脖子"问题。

瓯海区眼镜行业协会表示，若能把握住智能眼镜发展趋势，瓯海智能眼镜生产规模预计可达到百亿以上。

【茂昌、吴良材、红星眼镜系列商标获"上海好商标"】 根据上海市商标品牌协会《上海好商标评定管理办法》，2021 年 11 月 16 日，经上海市商标品牌协会上海好商标评审委员会评审会议通过，在会员中认定"茂昌""吴良材""红星眼镜"等 78 件商标为"上海好商标"，有效期自 2022 年 1 月 1 日起至 2024 年 12 月 31 日止。

【霞飞诺 & 茂昌眼镜联袂呈现 BOSS 2022 秋

冬眼镜鉴赏会】 2022年10月18日，全球知名眼镜集团霞飞诺集团和百联集团旗下上海三联公司中国知名眼镜品牌茂昌眼镜携手，在上海联袂呈现BOSS 2022秋冬眼镜鉴赏会，特邀品牌亚太区代言人、著名华语影视男演员及企业家吴尊先生倾情出席。吴尊身着BOSS驼色夹克搭配白色帽衫，搭配专为亚洲脸型设计的BOSS 1479/F眼镜，以一身时尚典雅的造型，尽情诠释秋日绅士型格时尚，表达出品牌焕新的年轻化、时尚化转变。

霞飞诺集团2004年进入中国市场，就与茂昌眼镜逐步开启了合作，在市场上的强强联合，取得了骄人的成绩。霞飞诺集团于1934年在意大利的威尼托地区成立，是享誉全球的高级眼镜行业翘楚，尤其在光学镜框、太阳镜、运动眼镜、护目镜及头盔的设计、制造和分销方面处于世界领先地位。茂昌眼镜创始于1923年，历一个世纪经久不衰，不仅将传统技艺发扬光大，同时不断升级专业领域新技术、新工艺，其验配专业技术水平始终处于同业前列。作为百联旗下上海三联公司的知名老字号品牌，以强大的专业验光人才与镜片技术推陈出新为核心竞争力，为消费者提供专业完善的验光和配镜服务。此次霞飞诺集团和茂昌眼镜联袂呈现2022秋冬新品发布会，将会进一步深化双方持续合作关系。

【奢侈品牌眼镜加速拓展中国市场】 根据意大利媒体MFFashion报道，奢侈品行业研究者Filippo Bianchi和Ludovica Dodero表示，尽管全球眼镜行业在新冠疫情暴发后陷入衰退，但该行业预计会在2021年和2022年以7%~8%的速度恢复增长，“增速将在2026年稳定在5%~6%左右”。这两位分析师均来自全球管理咨询公司波士顿咨询集团（BCG），分别为该公司的董事总经理兼合伙人和副董事兼合伙人。根据波士顿咨询数据，包括镜框和镜片在内的全球眼镜行业当前的市场规模约为1000亿欧元，其中光学眼镜为主要品类，占整体市场份额的82%，其余18%为太阳镜品类。

眼镜行业也跟时尚和奢侈品类似，在新冠疫情之后出现了下滑局面。根据该报道数据，2020年眼镜行业各品类的平均销售额下跌了14%，而太阳镜品类则下滑了19%。不过，眼镜行业也表现出更大的弹性。全球主要眼镜巨头在2021年上半年的销售数据反映了这一点。2021年8月，意大利眼镜巨头霞飞诺集团（Safilo Group）发布2021半年报，在前6个月，霞飞诺实现营收同比增长52.2%，较2019年同期也增长了3%。霞飞诺是多个时尚和奢侈品牌的眼镜授权制造商和零售商。霞飞诺目前已经结束了与Dior、Max Mara和Fendi的授权合作，但又新增或续约了Levi’s、David Beckham、Ports和Under Armour的合作，在约的还有Tommy Hilfiger、Kate Spade和Jimmy Choo。霞飞诺表示，美国和中国市场，以及在线市场的强劲表现是业绩恢复增长的主要原因。

法国开云集团旗下眼镜公司Kering Eyewear在2021年上半年也实现同比增长61.8%。开云眼镜部门负责开云旗下古驰（Gucci）、圣罗兰（YSL）、葆蝶家（Bottega Veneta）等奢侈品牌的眼镜生产和经营业务。2021年7月，开云眼镜还宣布全资收购丹麦高端眼镜品牌Lindberg，以巩固其在高端眼镜市场的地位。

根据市场研究公司Global Market Insights数据，在全球眼镜行业中，高端奢侈眼镜市场占比不容小觑。预计到2025年，该垂直眼镜领域的市场规模将超过520亿美元。这也因此推动奢侈品牌将产品品类积极拓展至眼镜类目。

除了收购Lindberg，开云眼镜还与时装品牌Chloé达成合作伙伴。而法国奢侈品牌Balmain也与瑞士眼镜品牌Akoni合作推出最新眼镜系列，LVMH集团旗下高档箱包品牌RIMOWA也推出眼镜系列。

如今，内地市场是十分重要的高端眼镜市场，增速领先的同时，内地市场消费者还呈现年轻化趋势。Lindberg表示，该品牌在中国市场的平均年龄要比其他国家消费者的平均年龄小10岁。

Lindberg全球首席商务官Nikolaj Schnoor透露，2021年前4个月，内地市场已经成为Lindberg品牌全球最大市场。目前，Lindberg已经陆续在上海和成都开设品牌直营专卖店。与此同时，Lindberg在全国45个城市还有300多个经销商。Lindberg方面表示，接下来考虑在北京、深圳、广州、杭州等开设品牌专卖店。

【近期奢侈品眼镜品牌策略各显神通】 奢侈品品牌在眼镜领域打的算盘，以开云眼镜为例，早在2014年，开云集团就宣布创建Kering Eyewear开云眼镜，不断整合旗下奢侈品牌眼镜业务，将包括 Yves Saint Laurent、Alexander McQueen、Stella McCartney 以及 Gucci 等在内的眼镜业务收回。2022 年以来，市场格局发生了新的变化。

LVMH 与意大利眼镜制造商 Marcolin 成立了合资企业 Thélios，并将 Dior 的授权收回，自 2021 年开始自行设计生产眼镜。依视路陆逊梯卡则自有或代理了包括香奈儿（Chanel）、宝格丽（Bulgari）等在内的奢侈品眼镜品牌的设计、生产及分销权。但从开云集团和 LVMH 近年来的举措中可以看到，这些奢侈品品牌已经不再满足只赚取特许权使用费，而是逐步收回自身眼镜业务控制权，以获取更高的盈利。实际上，无论是将自身眼镜业务外包给厂商，还是收回自己手中，奢侈品眼镜的高额盈利绝对首屈一指。

奢侈品眼镜在中国的溢价极高。根据当下的奢侈品眼镜格局来看，拿到消费者手中的所谓奢侈品眼镜，很有可能就来自中国本土工厂。以此前电商在线的报道为例，在温州眼镜小镇，眼镜代工厂可以接触到来自世界高端品牌的订单。出厂价或许在 20~50 元不等，但品牌售价可飙升至 2000~5000 元，也无怪乎会有奢侈品品牌不惜赔付违约金也要拿回自家眼镜业务的生产经营权，毕竟相较于特许经营费，直营暴涨百倍的利润可能更符合其要求。当然，想要在所谓时尚单品中分一杯羹的不只是奢侈品品牌，更有一众较其稍显平价、亲民的品牌。对于这些品牌而言，墨镜才是主战场。一到夏天，铺天盖地的墨镜广告充斥着各大平台。按照一般话术，太阳镜男女皆备、老少皆宜。不但护眼，更是时尚标签。打开“小红书”，以墨镜或太阳镜作为关键词，可以看到数不清的笔记。细分话题标签，可以看到一众品牌：帕森、帕莎、暴龙、陌森、蕉下、Dior 等。这些品牌主打年轻人的生意，相较于所谓实用功能，更执着于渲染自身、修饰脸型、凹造型、穿搭必备等修饰功能。

品牌中借助明星代言“出圈”的也不少。以暴龙眼镜为例，自宣布王俊凯作为品牌代言人以来，挂着“王俊凯同款”标签的太阳镜屡屡占据推荐 C 位。这些品牌的太阳镜较之主打奢侈品属性的眼镜而言，更为低价。在已经被年轻人占据 76.9%市场消费总额的太阳镜市场更易受欢迎。

隐形眼镜、VR 眼镜……小众市场亦有门道。撇开上述更为常见、广阔的两大赛道，眼镜的玩法还有很多。首先就是兼具装饰及视力矫正功能的隐形眼镜。较之传统框镜，隐形眼镜的饰品属性似乎更为强烈。但实际上，其医疗器械所属级别较之框镜更高。资料显示，隐形眼镜属于眼科矫治和防护器具一级产品大类，其相关护理产品属于第三类医疗器械，可以算作日常生活中能够直接接触到的级别最高的医疗器械。也正因如此，隐形眼镜生产商需要具备相关注册证才能进行生产。很多品牌受限于自身资质，会选择代加工的形式。目前，整个隐形眼镜行业自主生产商以国际四大厂，即强生、博士伦、视康、爱尔康为首，而国内厂商仍处于发展阶段。兴业证券数据显示，目前，我国隐形眼镜市场上的大部分品牌并无自主生产能力，非自产品牌超过七成。同时，代生产工厂以中国台湾厂商为主，国内厂商占比极低。同时，将隐形眼镜分为无色透明镜和彩瞳来看，前者呈现出市场竞争格局头部品牌占比较为稳定的态势，而后者屡屡出现爆款，品牌迭代速度快的特征。实际上，无度数彩瞳的爆款逻辑可与口红相提并论，无数细小颜色的变化，足以让消费者产生购买欲。

尽管隐形眼镜受资质影响，入局具有一定门槛，但由于其兼具装饰及矫正视力两大功能，同时日抛、季抛这类短周期的消费习惯已伴随着卫生意识的提高深入人心，较之可佩戴几年的框镜而言，复购率更高。以上优势使得入局的品牌仍处于较为激烈的态势。

【深圳地铁三号线宣传“横岗眼镜”】 “华强北买电子，水贝买珠宝，大芬买油画，横岗买眼镜。”时至今日，眼镜成为横岗一张响亮的名片。但在深圳嘉宝国际眼镜城董事长骆玉喜的回忆中，横岗眼镜的名气并非与生俱来。这张名片的形成离不开眼镜从业者的用心打造。在横岗，嘉宝国际眼镜城是投放广告宣传横岗眼镜的先行者之一。横岗眼镜最初是自然聚集，而它的“出圈”离不开广告效应。横岗眼镜以前是自然形成的，但其实很多深圳人并不知道横岗眼镜。嘉宝开业是开横岗眼镜广告先河。

从 2012 年到现在，嘉宝眼镜城一直坚持每一年都做广告。2022 年，嘉宝眼镜城继续在地铁三号线做品牌推广宣传，三号线贯穿整个横岗，在这条线路上投放的地铁广告较多，其他的地铁线路也有部分。而在信息媒介更加复杂，受众群体阅读习惯普遍多样化的融媒体时代，骆玉喜洞察局势，请博主来到眼镜城写了很多探店体验笔记。从报纸广告、明星表演到博主探店，变化的是形式，而不变的是在追求服务质量的基础上，继续做好品牌建设与推广。

【老凤祥跨界进军眼镜专业市场】 老凤祥拓展新品类、跨界进军眼镜市场。2022 年 11 月 11 日，由上海老凤祥眼镜有限公司首次主办的“老凤祥眼镜专业渠道发布会”举办。老凤祥将黄金珠宝首饰工艺跨界融入 K 金眼镜的设计与工艺，建立起在中国珠宝眼镜细分领域上独特的竞争力。老凤祥是创始于 1848 年的百年黄金珠宝品牌，集研发、设计、生产与销售于一体，拥有完整的产业链、多元化的产品线，拥有覆盖专业厂、研究所和遍布全国各地的 5000 多家销售网点。2022 年还首次入围“全球高档和奢侈品牌价值 50 强”，排名 28 位，是大中华地区珠宝首饰行业唯一入选的中国品牌。

K 金眼镜由于跨界黄金饰品和眼镜两个领域，因此在眼镜工艺的制作上也别有讲究。十年来，老凤祥眼镜持续引进从事眼镜行业的专家型人才，将老凤祥专业的珠宝工艺与眼镜科技相结合。老凤祥在 20 世纪 30 年代设计制作的“金丝边”眼镜曾风靡一时，如今老凤祥正用创新手法为金丝边眼镜注入新的工艺追求和文化内涵。作为中国珠宝首饰龙头企业，老凤祥早在 2012 年成立了控股子公司——上海老凤祥眼镜有限公司，这是国内目前唯一跨界到眼镜行业的珠宝企业。上海老凤祥眼镜公司总经理李继国介绍，中国眼镜市场的奢侈眼镜品牌绝大多数都是国外品牌，缺少民族品牌，但是高端消费者的需求依旧旺盛。老凤祥眼镜公司不断探索，沉淀十年，跨界进军眼镜专业市场，用国潮珠宝眼镜补充国内高端眼镜市场空缺，把眼镜从功能性放大到装饰性，通过 18K 金珠宝眼镜实现装饰性、实用性和艺术性的融合。

【明月镜片官宣品牌代言人刘昊然引领消费新风尚】 2022 年 10 月 10 日，明月镜片正式官宣刘昊然成为品牌代言人。一个是中国镜片领导品牌，通过科技创新引领了镜片行业的发展；一个是新生代实力演员，凭借高票房作品赢得了观众的认可。此次双方携手，将面向年轻一代，塑造明月品牌新形象，升级镜片消费新主张，合力“用心呵护视觉健康”。

明月镜片牵手新生代青年演员。刘昊然一直专注于演员的身份，用心打磨演技、不断突破自我。他所主演的《四海》《唐人街探案》等多部作品，不仅得到业界认可也收获了观众喜爱，使其成为首位 95 后百亿票房影人。“专注与突破”的态度，在刘昊然与明月镜片的身上形成了共鸣。明月镜片创立 20 年，也只专心做镜片一件事。为了打破国外的技术垄断，多年来，明月镜片坚持自主研发、科技创新，掌握了 100 多项专利，自研生产的 1.71、KR 超韧、PMC 超亮、双重防蓝光等产品，突破了行业技术壁垒，升级了国产镜片品质。凭借硬核产品，明月镜片已经成为消费者心目中的国货镜片首选，也赢得了行业内外的尊重，先后为珠峰登顶、神舟十二号发射、奋斗者号万米海试等国家级项目提供视觉保障。

明月镜片首尝年轻化“玩法”即破圈。如今，明月镜片牵手刘昊然，也是品牌在高势能发展下，积极拥抱市场潮流，与年轻一代同频共振，开启品牌升级新征程的重要一步。10 月 10 日是刘昊然的生日，明月镜片选择当天官宣更别具意义。以此为节点，明月镜片线上线下联动粉丝，一同为代言人庆生。线上，明月镜片投放了微博开屏广告、朋友圈广告，微博热搜“#刘昊然明月镜片 半永久#”更是引起网友热议，官宣 2 小时阅读量已达 2000 万。线下，明月镜片在北京、上海、深圳等全国 15 个城市的 CBD，为代言人“空投”生日祝福，成功吸引了粉丝合影。明月镜片凭借这一年轻化的社交玩法，赢得了粉丝对品牌的关注度，也撬动了新生代消费人群。未来，明月镜片还会和代言人擦出更多精彩的火花，大众充满期待。

明月镜片与刘昊然倡导护眼新理念：从青少年近视管理开始。在官宣视频中，品牌代言人刘昊然倡导“用心呵护视觉健康”，这正是明月镜片一直保持的品牌初心。尤其近年来，我国近视人口攀升至 7 亿，位居世界第一，全国儿童青少年总体近视率更是高达 52.7%，近视防控亟须产业提供创新解决方案。在此背景下，明月镜片特别推出专为中国孩子设计的“轻松控”近视管理镜片，联合中国工程院院士针对中国孩子眼球特征，采用学术界公认有效的微透镜离焦设计，达到控制眼轴增长、延缓近视加深的作用。此次，明月镜片签约刘昊然，也是希望借品牌代言人的影响力，向青少年传递近视管理的科学理念，升级中国家长的护眼消费新理念。

【博士眼镜与设计师玩转跨界创新】 2022 年 10 月 27 日，博士眼镜×Esa Liang 跨界秀在 S/S2023 深圳时装周（欢乐海岸椰林沙滩主秀场）震撼上演。本次大秀以“再 生·共 生”为主题，从喧嚣的时尚概念及潮流艺术中溯源，回归本质，探索人与人、人与自然之间的关系。设计师以可持续时尚为出发点，解构眼镜与时装之间的共生及融合，为观众带来一场极致的眼镜时装联名大秀。

作为国内眼镜零售行业首家上市公司、专注专业配镜 29 年的博士眼镜，决定与设计师梁冰琴（Esa Liang）从创意端开始重新审视这个命题，从设计的起点出发，不只是解决服装或配饰本身的可持续问题，更是为了消化其他产业的终端“废物”。双方本着“要为可持续时尚做点什么”的初心及使命感，聚焦眼镜与时装的搭配，将废弃眼镜零件的创意重组，搭建出全新的时尚系统。

博士眼镜×Esa Liang 跨界联名作品，以中国风为设计内核，整个系列都是一次“眼镜旧物”和中国传统服装之间的碰撞，通过废弃眼镜与具有中国传统文化属性的盘扣、绣片、民族纹饰等相结合，新与旧、古与今、民族与世界，以突破传统的锐意精神，创造出新国潮。

本季秀场，博士眼镜新锐设计师团队带来了 2022 最新主题眼镜系列，优雅灵动的 ZLE 猫系列、东方写意的 ZLE 古典系列、复古典雅的 Anno Domini 乐章系列，传递出眼镜时尚的各种可能，重新构建大众对于眼镜搭配的既定认知，开启新的时尚灵感。再生当下，共生未来，品牌对“可持续时尚”的思考及探索从未停止，对眼镜与时装的时尚探索亦未停止，博士眼镜无疑是真正的积极行动者。

【隐形眼镜品牌竞争的新格局】 目前我国隐形眼镜市场较为分散，行业 CR5（业务规模前五名的公司所占的市场份额）为 36%，CR10 仅为 53%。具体来看，我国隐形眼镜市场份额占比前三的品牌分别为博士伦、海昌和 moody，占比分别为 11%、10%和 5%。

中国隐形眼镜行业品牌竞争格局分布情况

品牌	市场份额占比/%	品牌	市场份额占比/%
博士伦	11	爱尔康	4
海昌	10	强生	4
moody	5	库博	3
海俪恩	5	其他	53
可啦啦	5		

【明月镜片见证中国科考“巅峰”时刻】 就在 2021 年五四青年节，中国又完成一项科考大事件。“巅峰使命”珠峰科考 13 名队员全部成功登顶珠峰，在海拔 8830 米处架设了全球海拔最高的自动气象站，并首次利用高精度雷达测量冰雪厚度，圆满完成峰顶科考综合任务。令人鼓舞的是，中国镜片领导品牌——明月镜片也全程参与其中，用高品质镜片守护科考队员的眼部安全，免于高原极端气候威胁，助力珠峰科考登顶成功。明月镜片多次见证珠峰登顶。作为中国登山队的官方赞助商，明月曾全程守护 2020 珠峰高程测量登山队登顶珠峰，登山队在世界之巅展开鲜艳国旗的时候，登山精神再次传遍祖国大地。同年年底，中国再测珠峰。世界之巅新“身高 8848. 86”米公布！这也是无数中国力量们共同到达的世界新高度。

众所周知，高原地区紫外线尤其强烈，高防护系数的偏光太阳镜是攀登珠峰必不可少的装备，同时，随着海拔升高、气温降低，普通材质的镜片易出现破碎现象，这些都对镜片的技术含量和稳定性提出了史无前例的极限考验。参与 2020 珠峰高程测量的明月镜片千余副随行眼镜无一损坏，用可靠实力始终坚定保障着登顶任务。如同珠峰探索从不止步！明月镜片于2021年5月11日，再度护航2021中国珠峰（南坡）登山队成功登顶。

【明月镜片跨界神舟十二号发射获选年度百大品牌案例】 2022年5月10日，由新浪财经携手中国品牌创新实验室、中信出版集团联合打造的2022百大年度品牌人物榜单正式公布。本次榜单围绕“寻找品牌建设先锋人物，传递年度品牌榜样力量”的主题，从资本品牌价值、关键沟通力、美誉度、亲密度、传播度和社会责任等多个维度进行评选。其中，在明月镜片品牌与市场中心总监廖鹏及其团队的努力下，明月镜片凭借“揽明月上九天，见证神十二发射”的跨界营销赢得了专家评委的高度好评，成功上榜。作为中国镜片领导品牌，明月镜片始终秉持着荣誉感与使命感，积极深度地参与国家级大事件。在2021中国航天里程碑之年，明月镜片助力神舟十二号载人飞船发射，为发射基地提供视觉保障，成为印证国产镜片高质量保证的最高体现。

【暴龙眼镜设计理念从“享受夺目”转变成“镜显真我”】 2022年，国内知名太阳镜品牌暴龙眼镜进行公司战略调整。暴龙眼镜的设计理念从“享受夺目”转变成“镜显真我”，同时考虑在合适的时机执行多品牌战略。除了公司战略的调整，暴龙眼镜还在进行大规模招聘，从财务总监到销售职员等各个职位，为暴龙眼镜登陆资本市场做准备。

暴龙眼镜认为国内市场有待挖掘。美国拥有3亿人口，每年太阳镜的销量为1.98亿副，平均每年每3个人就会消费2副太阳镜。中国拥有13亿多人口，每年太阳镜的销量为1000万副。中国市场的消费潜力很大，有待于进一步开发。

暴龙眼镜执行的是一个品牌多个系列的模式。比如，暴龙眼镜旗下有丽人行系列、眼之魅系列、绅士派系列等。不同系列针对不同的消费人群，根据系列合理地划分消费人群。除了系列划分，暴龙眼镜还在探索品牌的开发。暴龙在做市调时发现，20岁左右的年轻人喜欢消费200元左右的太阳镜，30~40岁的中年人大概愿意消费500元以上的太阳镜，40岁以上的人对太阳镜又有另外的需求。所以，针对不同的消费者，实行多品牌战略，是暴龙眼镜正在采用的发展模式。多品牌战略，基于市场需求以及公司发展的条件。暴龙眼镜在意大利考察时发现，在意大利海滩上来来往往的行人中，100个人中有60~70个人戴太阳镜；在厦门做调查时发现，每100个人中只有5个人戴太阳镜。暴龙眼镜认为，消费者的消费习惯是需要引导的。之前大家一直认为眼镜是非必需品，随着生活水平的提高，人们对自身装饰要求的加强，太阳镜的消费市场也显现出来。

行业面临新洗牌。暴龙眼镜创立于2002年，经过多年发展，已经成为行业同等价位市场占有率第一的品牌。暴龙眼镜的品牌定位是“中国时尚太阳镜品牌”，中国越来越多追求时尚品位的人群，对生活品质有更高的要求，时尚性与高品位使暴龙眼镜与他们的需求互相契合。

2008年金融危机以来，许多眼镜品牌都缩减成本，减少新产品的开发与推广。暴龙眼镜趁此机会，推出不同系列的许多新产品，这些新品让经销商感觉“眼前一亮”，加大进货力度，一些不进暴龙产品的经销商，也开始与暴龙眼镜洽谈合作。暴龙眼镜的渠道一下子拓宽了很多，受到市场的欣赏。现在，暴龙眼镜有20多个省级代理商，覆盖全国市场。经过金融危机的考验，太阳镜行业出现“大浪淘沙”的局面。许多小品牌消失了，剩下的几家品牌都是自身实力较强的大品牌，这个行业的发展日趋完善。

【明月成为镜片行业首个双代言人品牌】 2022年10月，行业龙头明月镜片官宣了新品牌代言人刘昊然，引起业内热议：明月是要拥抱流量走年轻路线了？原品牌代言人陈道明还会续签吗？有人表示刘昊然与明月很契合，也有人怀念陈老师。11月4日，明月镜片正式发布陈道明与刘昊然同框的全新品牌KV，一锤定音！明月镜片从此开启“双代言人”时代。

国民明星打造品牌心智。从2017年开启品牌化之路起，明月镜片品牌代言人一直都是国民演员陈道明。作为家喻户晓的明星，陈道明德艺双馨，与明月的企业价值观高度契合。对于一个消费者不熟悉的镜片行业，想要打造第一品牌，正需要这样的顶级代言人。

新生代明星影响年轻群体。选择刘昊然，亦与明月镜片品牌升级的目标相一致。经历了长时间的技术沉淀，明月镜片足以代表中国镜片的先进科技。明月镜片在已有陈道明代言的基础上，重磅签约刘昊然，除了吸引更多年轻的消费者，也标志着品牌进入全新阶段，更突显自己的科技感、年轻化。一直以来，刘昊然都专注于演员身份，凭借优秀演技，成为中国首位95后百亿影人，有“唐探系列”等代表作。同时，刘昊然为人谦和，专注努力。刘昊然“专注与突破”的事业态度，与明月镜片的品牌精神产生共振。联动粉丝，开启年轻化玩法。10月10日上午，刘昊然在个人微博官宣新代言，并表示“很荣幸成为明月镜片的代言人”，激起微博粉丝热烈讨论，当天阅读量就破了8600万。

【明月镜片再度携手江苏城市频道《我爱古诗词》】 2022年1月17日，江苏电视台城市频道节目《我爱古诗词》（第三季）正式开播，再次掀起全民观看热潮，收获社会广泛好评。作为节目指定镜片品牌，明月镜片也亮相其中，携手节目推动中华文化的传承与创新，让中小学生们在感受诗词魅力之余，更加重视视力健康管理。

本季《我爱古诗词》不仅延续了前两季的精良制作，还进行了创新升级。最新一期节目，以“诗词里的二十四节气”为主题，通过现场选手的猜题闯关，嘉宾的博彩解答，让观众领略到流传的诗歌之美，以及中华文化中独特的节气感知。

作为节目指定镜片，明月镜片全程参与，助力海选活动并陪伴每期节目播出。活动现场，明月镜片为小选手们带来了“爱眼护眼小课堂”，并利用道具深度讲解明月双重防蓝光镜片和超韧镜片等产品的功能特点，让小选手们学习到护眼常识，了解了镜片的小知识。此外，明月镜片还为现场选手们提供免费验光、眼镜清洗维修等服务，以及护眼宝典漫画书、配镜代金券等礼品，受到了家长们的关注和好评。

【明月镜片在进博会上展现“智”造眼镜的中国力量】 2022年11月10日，第四届中国国际进口博览会（以下简称进博会）落下帷幕。作为此次进博会指定镜片品牌，明月镜片为保障国内外领导、嘉宾、媒体、志愿者的用眼健康，提供定制款眼镜礼盒和眼镜清洁套装。明月镜片始终以“用心呵护视觉健康”为己任，以世界领先品质保障大家的视觉健康，向国内外参会者，展现了“智”造眼镜的中国力量。

中国国际进口博览会作为世界上首个以进口为主题的国家级博览会，已经连续四年吸引了数千家国内外企业，齐聚上海，国际影响力不断提升。进博会的主题为“新时代，共享未来”，旨在让世界共享“新时代”背景下的中国发展成果，推动经济全球化朝着更加开放、包容、普惠、平衡、共赢的方向发展。

早在10月，明月镜片为进博会定制的眼镜礼盒，就已搭乘专车进入进博会。与之同行的，还有为志愿者、现场参会者、嘉宾休息室准备的眼镜清洁套装。方便参会的来宾随时随地清洁眼镜，时刻保持清晰的视觉体验，让镜片科技触手可及。基于自身产业链的完整及产品质优，明月镜片成为此次进博会的指定镜片品牌，专为进博会定制了眼镜礼盒等产品。为了呵护参会嘉宾的视觉健康，明月镜片特别定制了标有CIIE标识的偏光太阳镜。

【宝姿PORTS宣布宋轶成为中国区眼镜品牌大使】 2022年3月，宝姿（PORTS）宣布知名演员宋轶成为新任中国区眼镜品牌大使。

宋轶精心演绎了2022春夏全新眼镜广告大片，延续宝姿（PORTS）品牌经典亦不乏创新视野的美学风格。宋轶佩戴了具备包容性的多元化框型搭配太阳镜与光学镜，本季新款以独特金属镂空框线、花纹板材吊饰、珍珠设计等新锐视角诠释品牌标识。简约百搭，亦凸显前卫活力，完美体现着PORTS眼镜独树一帜的风格与精神。

【海昌触达Z世代人群】 2022年8月，海昌联手“英雄联盟”推出“英雄联盟 · 星之守护者”全系列联名款产品，一时火爆刷屏，火速占领微博、微信、抖音等多方社交平台，话题热搜不断，呈现出开屏即见的热度。海昌凭借此次联名合作将自身渗透入消费主体人群。不论是以“星眸异想”美瞳花色设计带来的英雄角色的代入感，还是联名口号“守护眼底星光”所表达的守护感，其底层逻辑都是与用户建立情感连接，唤起年轻群体的情感共振，使自己站在了热议中心。

近年来，海昌成功开启年轻化转型步调，不仅倾力打造出经典的“星眸”、国潮的“东方瞳色”、时尚的“追光”等多系列产品，更连续三年推出联名限量款，通过瞄准年轻人关注的手游、潮牌、emoji文化等流行元素，与LINE FRIENDS、愤怒的小鸟、PANCOAT等潮流文化品牌开展跨界合作，借消费场景的更迭使品牌成功置身于年轻语境。海昌与英雄联盟的跨界联手，在仿妆热潮等跨界狂欢的行为背后，其实是海昌对于年轻用户群消费偏好的精准回应与积极沟通。在完成对用户精准画像、市场细分的同时，通过渗透新青年聚集阵地来攻占用户心智，让自身品牌成功借势潮流文化完成商业价值增量，从而获得身份认同。海昌便是如此与年轻一代进行了一番“眼神交流”，与核心消费群体“玩在一起”。

背靠超强研发能力，海昌产品得以通过技术升级保持优越的产品更新速度，每年至少上市6~8个全新系列。产品迭代效率也是保证品牌本身“年轻化”的生命线，只有维持住品牌自身“骨骼血肉”的年轻态，才能撑得起以文化潮流赋能的“年轻衣装”。在一次次产品与营销的创新过程中，海昌将自己带入Z世代，从他们的立场出发，关联他们热衷的文化，成功与年轻人建立起情感连接，以年轻化的潮流玩法实现突围。

【海昌总冠名2022抖音创作者大会】 2022年9月，由海昌隐形眼镜总冠名的2022抖音创作者大会成功举办，抖音副总裁、各业务板块负责人及高热达人创作者出席活动并演讲，现场灵感碰撞，精彩纷呈。

本次总冠名以积蓄期、爆发期、渗透期为节点进行为期近一个月的热度延伸，积蓄期以高热话题搭配趣味线上互动勾连用户关注，同时通过站内活动页上线创作者视频预热打投，在线上传播全程路径主要触点实现海昌品牌形象的高频次触达，通过品牌与平台大事件的深度绑定，强势曝光；爆发期以核心事件为流量原点，打造全民线上持续参与的年度内容火爆事件，在过程中传递海昌和新青年群体玩在一起、助力创意梦想的初衷，引爆盛事，达成最大化关注及影响。

海昌深扎青年层，结合场景营造，助力圈层的情绪表达和交互，与年轻人“玩在一起”，让品牌真正走进更加注重圈层文化的Z世代、00后新消费主力群体的心里。总冠名活动相关传播形成全网曝光量20亿+，站内话题播放量累计10亿+，站外话题传播曝光量累计3800万+。全平台热搜累计收获44个，用户自来水总覆盖量8亿+。本次总冠名以积蓄期、爆发期、渗透期为节点进行为期近一个月的热度延伸，同时将年轻化的话题贯穿整个大会，海昌联合抖音官方发起“#海昌英雄联盟#”话题挑战赛贯穿全程，通过定制贴纸、定制任务等玩法，吸引用户在互动参与中充分关注并理解海昌品牌及产品差异化优势；用花式创意内容玩转二次创作，进一步突破传统纯曝光的冠名模式，实现从声量到创意内容全链路呈现。在品牌与内容的层层助推下，极具探索欲的新青年群体在潜移默化中与品牌同行，形成长效品牌印记和长尾营销效果。

海昌携手“英雄联盟”推出全系列联名款产品，叠加英雄联盟游戏人物属性及技能buff进行产品研发，高度匹配“星之守护者”的角色形象，以高颜值差异化走出美妆界的时尚风潮。这不仅触达了海昌原有的彩瞳用户，更圈粉了电竞圈层的新消费人群，成功打造出美妆圈层聊爆“星守”英雄、电竞圈大玩美瞳妆造的奇妙破次元景象，也让大众看到了海昌在产品创新上的内生能量。总冠名抖音创作者大会期间，以高热达人创作者为载体，海昌对跨界新品进行了多形式、全场景、高质量的内容“种草”，以强势曝光加持助力圈层渗透，并使圈层间形成了相得益彰的互补闭环。

海昌持续年轻化进阶的创新之路。青年文化场是海昌与年轻消费者沟通的主阵地。不仅仅是联名产品，海昌与LPL2022英雄联盟职业联赛季后赛开展了多番直播合作，还联合“Demon魔帝”“不2不叫周淑怡”等电竞玩家以“开箱”“种草”等形式持续发散联名产品热度，用电竞语言有效沟通圈层玩家，从内容到产品深度切入，让业内见证了彩瞳品类“攻入”电竞文化的走心玩法。海昌同时也在通过进驻年轻人聚集的网络社交阵地进行与消费者的情感沟通。在数字化生态环境快速更迭的趋势下，海昌品牌借由全新数字平台，以“社交+电商”的模式主动建立起与消费者的沟通渠道，持续追踪消费者不断变化的消费需求，探寻结合更多力量以助力品牌发展。

【眼镜零售商的“独家限定”背后反映出当前眼镜市场的巨变】 随着全球眼镜市场的持续扩张，来自奢侈品集团、零售商、制造商之间的竞争局势也日趋白热化。尤其是拥有强大分销网络的眼镜零售巨头，不愿甘当第三方角色，他们努力捍卫独家经销授权，以及渐成体系的独家限定系列，借着过去常见于奢侈品电商和时尚奢侈品牌之间的合作模式，眼镜零售商正透露出越来越强的排他性。

奢侈品集团、制造商、零售商等在内的眼镜巨头们充分认识到，要想实现更高的利润率和盈利空间，必须全面争夺设计、生产制造、销售为一体的综合经营权。这既是眼镜市场竞争加剧的本质原因，也是眼镜零售商在具有强大分销网络，重视分销协议中独家性后，更进一步通过与国际知名品牌推出独家限定合作系列，不断增强自身产品稀缺性和排他性，并从品牌方汲取相应的文化创意资产和客群资源的重要因素。

眼镜零售商与品牌合作的独家限定系列，多数情况下仅限于在零售商自有门店或官方网络平台出售，甚至连所合作品牌也并不享有销售权。过去，眼镜零售商 Coteria 就与诸多旗下代理品牌推出过独家限定眼镜系列，其中既包括 Thierry Lasry × Zhang Zi Lin × Coterie 的合作款太阳镜，也包括与亚洲人气偶像郑秀妍（Jessica Jung）个人品牌 Blanc & Eclare 携手发布联名限量太阳镜。

2021 年 4 月，开云眼镜在入驻潮流电商平台得物 APP 时，也曾推出 Ke-Style 限定礼盒以及得物 APP 独家限定款式。年轻化是当下国际品牌的核心策略，以年轻人喜爱的新品为切入点，与年轻人渗透更高的线上阵地达成首发合作，国际品牌探索出赢得中国年轻人市场的有效途径。

2021 年，溥仪眼镜为纪念创立 20 周年，推出 14 个品牌为溥仪眼镜创作的 20 周年限量款，包括 Chrome Hearts、Gucci，以及日本眼镜设计师品牌 EQUE. M、Ken Okuyama，丹麦眼镜设计师品牌 Lindberg，德国眼镜品牌 Maybach 等。其中与 Chrome Hearts 推出的 20 周年专属纪念款，一经上市就一售而空。Gucci 等 14 个品牌为溥仪眼镜 20 周年创作独家限量款眼镜。溥仪眼镜推出与 Off-White 联乘眼镜系列，这也是 Virgil Abloh 生前指定的合作。此外还包括与 Giorgio Armani 携手推出的光学眼镜、与 Gucci 共同推出的溥仪 Exclusive 太阳眼镜、联手丹麦高端眼镜品牌 Lindberg 再次推出的联名光学眼镜，以及与 Chrome Hearts 延续之前成功合作的新品光学眼镜款式 Bubba Ⅱ-A。除溥仪眼镜外，越来越多的品牌开始与集团旗下不同零售平台取得合作。通过与不同品牌的合作，既创造了市场或产品的稀有性，又促进关系更加紧密。

因此，零售商与品牌之间的合作，是一种共同获益的双赢之举，也正因为此，才成为高端眼镜行业愈发成气候的经营模式。作为眼镜产业链至关重要的销售终端，传统眼镜零售商不断探索自身角色的多元性和长期增长空间。随着眼镜市场的持续爆发，吸引各个终端的利益相关者，朝着全面掌握设计、生产制造、销售为一体的方向努力。因此，眼镜市场竞争加剧的局势，也是推动传统制造商、零售商等眼镜巨头不断发掘新路径、增强自身核心竞争力的动力。

【《经理人》杂志发布首届中国镜片品牌榜单】 近年来，伴随着国内眼镜市场规模的扩大，镜片市场也获得飞速发展，据艾媒咨询数据，国内眼镜镜片规模 2017 年 269 亿元，2020 年 308 亿元，预计 2024 年将达到 428 亿元。2021 年，明月镜片、康耐特光电成功上市，让投资者对镜片市场有了更为翔实的认知，然而，消费者对于国内众多镜片品牌认知度并不高，为了让消费者在购买镜片产品时有个清晰的认知，做到知根知底，《经理人》杂志全媒体从科技创新、品牌知名度、资金实力、营销能力、网络投票等多个维度对国内镜片品牌（不含国外镜片品牌）进行评分，并根据总分对各大眼镜镜片品牌进行排名，即《经理人》首届中国镜片品牌榜单。

从榜单来看，明月镜片、万新光学、康耐特、鸿晨集团等品牌排在第一梯队，总分分别为 97.2 分、95.5 分、93.5 分、90.8 分，全真光学、视科新材排在第二梯队，总分分别为 84 分、83.5 分，汇鼎光学、优立光学、韩创、伟星镜片排在第三梯队，分数分别为 75.25 分、70.5 分、62.5 分、61 分。

在《〈经理人〉杂志发布首届中国眼镜品牌榜单——博士/精功/宝岛眼镜位列第一梯队》文章中，指出众多眼镜品牌存在“重营销、轻研发”现象，而对于镜片企业而言，研发才是企业持续发展的根本。

科技创新方面（40%），万新光学、明月镜片、视科新材排在前三名，分数分别为 39 分、38 分、36.5 分，全真光学、康耐特紧随其后，以 34.5 分、33.5 分排在第四、第五名。

品牌资金、营销方面（20%），康耐特以20分排在第一名，鸿晨集团、万新光学分别以19.8分、19.5分排在第二、第三名，明月镜片、优立光学分别为以19.2分、15分排在第四、第五名。

品牌知名度方面（20%），康耐特、明月镜片以20分并列第一名，万新光学、鸿晨集团、视科新材紧随其后，分数分别为19分、18分、17分。

网络投票方面（20%），康耐特、明月镜片、鸿晨集团以20分并列第一名，全真光学、万新光学分别以19分、18分排在第四名、第五名。

工信部发布的《轻工业发展规划（2016—2020）》文件指出，要推动眼镜工业向高品质、轻质化和时尚化方向发展。加快光学性能优化、材料轻质化、表面增强、抗损自洁等核心技术研发和应用。重点发展以矫正视力为主，适合不同年龄群体需求，具有护眼、保健、时尚、智能等多种功能的产品，提高生产过程的自动化、智能化水平。镜片企业要做到这些，需要持之以恒的研发费用投入，即高度重视科技创新能力。这也是本次榜单中最重视的维度。

《经理人》杂志全媒体认为，对于镜片品牌而言最重要的莫过于持续加大科技研发投入，才可以响应市场需求，及时生产出新片，当然，适当的加大品牌宣传也是必不可少的，让C端用户知道自身品牌，才可以在众多镜片品牌中脱颖而出，更容易得到消费者青睐。

【海伦凯勒官宣王一博为其品牌代言人】 2021年12月，海伦凯勒官宣王一博成为其品牌代言人，对外传递“直视真我　放胆一‘博’”的品牌主张。代言人独具潮流主张、个性十足的人物特性与海伦凯勒的时尚定位高度吻合，这一合作也获得了远超同期同类代言的讨论热度，为经销商及零售伙伴赋能增效，成为眼镜品牌时尚化发展的典型案例。

“海伦凯勒×王一博”全面升级，从双方携手带来的多重效应可以看出，粉丝经济并不只是通过签约艺人、广告宣发单纯地吸引粉丝群体买单，而是要通过代言人，将品牌主张传递给粉丝，扩散到更大范围的当代年轻人群体中，加深与年轻一代用户的情感联系获得认同感，直至达成与更多群体的情感共鸣，从而对竞品形成“降维打击”的竞争优势。

2022年12月，时隔一年，海伦凯勒再度官宣，延续“海伦凯勒眼镜×王一博”的合作，并将王一博由品牌代言人升级为全球形象代言人。

2023年，双方将继续延续明星效应，将艺人的顶流热度与品牌的头部资源融合，通过一系列潮流、科技、有趣的线上及线下宣发活动，在目标人群中建立起近距离触达、可感知的年轻化形象，形成长期的品牌认同。

【明月镜片再度携手江苏卫视2023跨年演唱会】 国产眼镜品牌明月镜片，在2022年取得了不少成绩，既为民族企业创新留下许多印记，也为神舟飞船的多次全程直播带来清晰的视觉体验。在过去的2022年尾声，明月镜片再次携手江苏卫视跨年演唱会与大家辞旧迎新，共同感受一场科技带来的创新盛宴。

2023年，明月镜片还是延续跨年传统，和老朋友江苏卫视一起，用一场跨年演唱会陪伴大家辞旧迎新。江苏卫视将邀请谭咏麟、王俊凯、王源等众多全明星，组建超“华丽”阵容，共同为观众呈现精彩节目。除了台前星光熠熠，2023年跨年演唱会的舞台打造也充满看点。明月镜片将携陈道明与刘昊然一起“登陆”演唱会。

（二）营　销

【携程联手夏蒙眼镜发起2022首场海外直播】 2022年1月11日，携程集团在日本东京银座夏蒙门店发起了一场名为“匠心力作！日本‘轻’奢夏蒙眼镜，舒适的佩戴体验”线上直播活动，当天线上热度值突破54万，获得近10万点赞数，互动评论超过5000条。直播活动详细介绍了夏蒙的特色产品系列的特点和工艺，旨在让更多消费者深入了解夏蒙的产品特色以及关于品牌的成长故事。

1945年，夏蒙成立，专业从事眼镜架零件制造。夏蒙通过不断精进眼镜架的制造工艺，逐步发展成为全球知名的综合眼镜架制造商以及眼镜制造领域先端科技的知名品牌。2009年，夏蒙的研发团队在历经8年的努力后，成功开发出适合眼镜架的新材料——卓越钛，同时完成了使用精细激光的接合技术，使出品的眼镜架更轻便、更柔软。贴身贴合，舒适到让消费者忘记自己在佩戴眼镜，创造出“奇迹般的舒适感”。

这次携程国际性跨界在线直播合作活动，主要介绍夏蒙系列眼镜产品，包括LineArt系列、ChocoSun系列，以及AquaLiberty系列等。其中LineArt系列使用了独特的材料“卓越钛”，有着出众的柔软度，其设计符合人体工程学，彰显个性的同时也创造出非凡的舒适感。ChocoSun系列是针对女性开发的一款“无鼻痕太阳镜”，具有“轻巧易挂”，“拆下来不用担心鼻痕”等特色。Aqua Liberty系列则是“日本制造的定番标准框架”，不易脱落的同时具有防止耳痛等优点，安全又舒适。

这是携程与国际品牌的一次跨界跨国的新合作尝试，通过直播带货形式提高夏蒙商品转化，实现流量变现，帮助夏蒙完成品牌形象的输出，为夏蒙扩大市场打下坚实基础。携程期待后续能与更多品牌建立合作关系，继续发挥平台优势和创新的营销方式，实现互利共赢，将更多优质的品牌带给国内消费者。

【Gucci推出中国新年限定太阳镜】 2022年1月12日，Gucci（古驰）推出中国新年限定无框太阳眼镜，采用专属配色并搭配俏皮耳链迎接虎年的到来。

全新限定太阳眼镜采用圆形无框设计，饶有趣味的耳链细节令造型别具个性，共有两款配色：棕色镜片搭配黑色与红色耳链，以及橙色镜片搭配浅蓝色与橙色耳链。鲜明的色彩组合，尽显充满活力的节日氛围。为庆祝虎年的到来，每个耳链的两侧分别点缀“GUCCI TIGER”字样和双G互扣标识，该配件通过小孔固定在镜腿末端，方便拆卸以展现多样造型。

【Magic Leap面向医疗企业推出全新AR眼镜】 2022年1月13日，AR眼镜制造商Magic Leap宣布了其Magic Leap 2眼镜计划，于2022年年中发布第二代产品。与Magic Leap眼镜相比，第二代产品的体积更小、重量更轻，价格略贵，约为2295美元。Magic Leap列举了四家正在使用该设备的医疗保健合作伙伴，分别是：临床数据可视化公司SentiAR、神经技术公司SyncThink、诊断公司Heru和手术软件工具Brainlab。据悉，Magic Leap 2计划于2022年年中发布，与2018年首次亮相的Magic Leap眼镜相比，它体积更小、重量更轻。原微软高管Peggy Johnson表示Magic Leap看到了习惯戴眼镜行业的买家潜力，这一类别包括外科医生和制造业工人，Magic Leap还对可以使用眼镜进行训练的军事客户感兴趣。

【ic！berlin推出25周年纪念款】 2022年1月21日，知名眼镜连锁品牌眼镜88联合德国高端眼镜品牌ic！berlin与广州眼镜88天河城店共同举办“天生我‘材’不定格”25周年庆活动。ic！berlin推出25周年纪念款，粗犷的框面设计，搭配镜脚内侧25周年雕刻图腾。玄学堪舆专家黄楚淇老师、ic！berlin品牌培训总监黄雄先生、广东广播电视台文体频道主持人陈加祺、特邀品牌粉丝以及媒体朋友共赴25周年之约，共同探寻广阔的全新“视”界。

25周年庆活动现场，ic！berlin品牌培训总监黄雄先生向来宾们展示了ic！berlin 25周年特别产品。回顾品牌经典元素，从标志性的6毫米无螺丝铰链、薄纸钢金属以及德国工艺的优雅实用性特质，重新诠释了ic！berlin品牌特色。在25周年庆活动现场，眼镜88还特别设置了体验蔡司高科技验眼环节，让来宾们感受眼镜88品牌专业、细致、领先的验配全流程。眼镜88专业验光师运用智能验眼仪器，为顾客进行个性化验配服务，量身订造完美的个性化眼镜。

【“国货之光·健康视界”渧米国潮护眼品牌发布盛典成功举办】 2022年2月，以“国货之光·健康视界”为主题的TEMY渧米国潮护眼品牌全球发布盛典在四川成都隆重召开。本次盛会得到了战略合作伙伴、业界大咖、业内人士、企业家、新闻媒体和社会各界的支持。

四川林克斯国际贸易有限公司、TEMY渧米品牌创始人黄琳携品牌营销运营中心总监何琴，产品品质监管总监周夔霞，首席执行官师科，首席视觉设计总监蓝遵义，首席行政总监丁璐及华西谷科学研究院、华西药学院的眼科专家团队，各事业共同体合作代表等出席了本次盛会。

【眼镜店趋向时尚化】 2022年，眼镜行业转型升级成为大趋势。有的眼镜企业看到了国家近视防控的红利，转型初级眼保健、眼视光中心；有的眼镜企业则是看到00后、05后新生代的惊人购买力，往更加时尚小众个性的方面转型，中国眼镜行业正在悄然发生变化。2019年以来，新增眼镜企业超过23万家，占比30%。眼镜已经从耐用品变成了修饰、美化的时尚产品。过去眼镜店高价格、高利润、低销量的模式在减少，出现更多时尚网红眼镜店商业模式。随着消费者时尚需求变强，整个眼镜的消费规模也随之变大，想做时尚眼镜的商家也相应增加。

中国传统眼镜零售商正在艰难转型。A股上市的眼镜连锁企业博士眼镜在2019年上半年年报中解释称："人力成本、租金成本等经营成本不断攀升，眼镜零售企业的利润受到一定程度侵蚀。"

近年来，木九十、LOHO等快时尚眼镜企业创立并快速发展。LOHO眼镜在全国100多个城市拥有600多家直营品牌店，与2018年9月相比，LOHO眼镜的店铺数量增长约50%。另一知名快时尚眼镜品牌木九十目前已经拥有超过700家门店，其2018年营业收入约为15亿元。企业迅速发展的背后，是资本的不断助力。天眼查信息显示，2018年9月，LOHO眼镜获得来自大钲资本1亿美元的C轮融资；木九十所属的光合作用集团则早已获得来自知名视光巨头依视路集团的战略投资。截至目前，快时尚眼镜企业背后，早已站满了包括红杉资本、IDG资本、君联资本等在内的多家知名机构。

在快时尚眼镜行业，主要眼镜企业还有与木九十同属一个集团的Aojo、Jins、Zoff、Owndays等外资品牌。眼镜从过去配一副戴好久的耐用品变成了一种修饰、美化的时尚快消品。如今出现更多时尚网红眼镜店商业模式，在这类模式中，眼镜价格不高，但是设计感非常强，消费者会购买多副。随着消费者时尚需求变大，整个眼镜的消费规模也在变大。

快时尚眼镜都将目标用户锁定为有时尚需求的群体。以木九十为例，其品牌理念为"more than glasses"，主张将眼镜卖给不戴眼镜的人。LOHO公开强调"眼镜就是形象"，将眼镜配饰化。通常快时尚眼镜店铺选择在人流大的购物商场开店，吸引更多正在逛街的人群。

【京东眼镜节盛大开启】 2022年3月，京东眼镜节盛大开启，BOLON（暴龙）、Ray-Ban（雷朋）、ESSILOR（依视路）、HELEN KELLER（海伦凯勒）、PARZIN（帕森）等众多眼镜大牌组团上新。同时带来明星同款、百搭爆款等丰富选择，覆盖太阳镜、光学眼镜、蓝光眼镜、老花镜、眼镜清洁保养用品等全品类。京东还携手LOHO率先上线了"线上配镜服务"解决方案。消费者打开京东APP搜索"配镜服务"，即可一次性建立验光视力档案，后期支持随时同步更新视力数据，大幅提升配镜效率。

【罗敦司得个性化视觉方案品鉴会在大连大光明眼镜店举办】 2022年3月5—6日，罗敦司得个性化视觉方案品鉴会在大连盛视大光明眼镜奥林匹克店成功举办。品鉴会为大连广大配镜客户带来了最新科技的眼部参数测量仪罗敦司得DNEye Scanner 2以及IST4个性化参数智能终端。

此次活动为罗敦司得品牌及产品在大连市场的进一步深入推广打下了良好的基础。作为大连最知名眼镜零售品牌之一，盛视大光明眼镜活动给予了极大的帮助和热情。门店派出了最顶尖的团队全程参与活动。双方的合作无间为此次活动的成功举行奠定了坚实的基础。

【奔驰与爱思柏林三度携手首推轻薄光学镜款】 德国两大工艺巨擘三度合作，以引领未来的全新概念互相呼应。首次推出光学镜款，ic! berlin（爱思柏林）以舒适如风的轻盈薄钢演绎Mercedes-Benz（梅赛德斯奔驰）的细致优雅与AMG的狂野奔驰。爱思柏林从1998年开始便将多项眼镜设计大奖囊括手中。采用薄如纸张的金属材料制成的镜框与独一无二的三叉式专利镜架设计，使得爱思柏林的眼镜以没有螺丝、轻薄等特点著称。当受到压力时其眼镜还会自动分离，技巧性地避免了镜架的扭曲变形，镜片可自由更换，增加了方便性及多样性，如选购墨镜即可多带几框不同颜色的镜片，同一支眼镜即可表现多种风格。

2022年联乘系列中，ic! berlin以全新的设计结构呼应Mercedes-Benz的未来概念车VISION EQXX，趋近于零的史上最低风阻系数，勾勒出未来科技风格的超流线框型。

【达人视界国家专利镜片在郑州发布】 2022年

3 月 9 日，达人视界新品发布会在郑州中都饭店国际会议厅举行，现场盛况纷呈，精彩持续上演。会议现场发布了 11 款专利镜片，聚焦全新品牌发展战略。

达人视界发布的 11 项专利光学镜片产品，将利用高科技为大众的视觉提供健康保障，用专业服务社会。环焦镜是引进德国奥普特（149.980，7.24，5.07%）数控车房生产的一款青少年近视控制眼镜。采用先进自由曲面设计技术，使视野更宽广，近用和远用的完美组合给孩子们的近视控制带来新的希望。手机专用镜片通过无感变焦技术，让眼睛时刻保持变焦清晰。同时有效阻止屏幕蓝光侵害，稳定视力，对抗辐射，达到抗疲劳的护眼效果。儿童少年专用镜片是专为儿童青少年打造的一款镜片。原材料来自三井化学的 MR 系列，采用韩国组装高密度纳米组装技术，产品坚韧、安全；透光率高，视物更清晰；非球面的设计，使边缘像差大幅度降低，保证视物清晰。而弱视专用镜就是利用高透光率，可以让光线更大程度地通过，有效地提高视觉识别能力，有利于弱视儿童视力的恢复。

达人视界始终把“为了更多的孩子不近视，传播正确的眼视光知识，提供专业的眼视光服务，给顾客提供更好的眼视光解决方案”作为奋斗目标，用爱心、细心、耐心、责任心，为顾客提供专业眼视光服务，用科学、匠心、奉献、精益求精的态度专注眼视光工作。

【冠豪眼镜获“瓯海区体验消费教育基地”标牌】 2022 年 3 月 19 日，瓯海区市场监督管理局负责人调研瓯海眼镜协会副会长单位——冠豪眼镜质量教育体验中心，授予冠豪眼镜“瓯海区体验消费教育基地”称号。

SECG 品牌是冠豪眼镜主打的全球化儿童眼镜战略品牌，自品牌建立之初，便不断坚持创新与自主研发设计，与国际化设计师团队合作，致力于将品牌打造成为全球儿童眼镜专家。

【河北宁晋益明眼镜荣获国家级五星认证】 2022 年 3 月 11 日，河北省邢台市宁晋县益明眼镜公司（宁晋益明眼镜）应邀参加国家市场监管总局认研中心举办的采用质量认证手段提升儿童青少年视力健康水平经验交流会，通过了国家级儿童青少年近视防控服务五星级认证。

此次，益明眼镜通过国家级儿童青少年近视防控服务五星级认证，标志着宁晋县在防控儿童青少年近视方面走在了前列。无论对全县建立儿童青少年视力健康监测数据库，开展视力动态监测，还是开展视力筛查提升服务质量，维护全县儿童青少年视力健康都提供了有力保障。

【毛源昌眼镜成为杭州 2022 年亚运会官方指定眼镜产品及服务供应商】 2022 年 4 月，毛源昌眼镜经层层筛选成为杭州 2022 年第 19 届亚运会官方眼镜产品及服务供应商，发挥企业百年优势和社会责任，助力杭州亚运会。

毛源昌眼镜始创于 1862 年，是中国历史最悠久的眼镜品牌之一，中国首批“中华老字号”品牌。2022 年也恰逢毛源昌眼镜品牌成立 160 周年，在这具有里程碑意义的一年，能够为杭州亚运会提供支持与服务是毛源昌品牌的一次重塑与焕新，是毛源昌眼镜再一次实现专业验配优势与社会责任的深度结合，也是对行业市场展现品牌信心和实力的重要布局。

本次杭州亚运会，毛源昌眼镜将联合国内知名设计团队，打造亚运纪念款眼镜产品，以传承、绿色、创新的理念，将体育文化、历史底蕴与科技创意注入其中，为举办具有“中国特色、浙江风采、杭州韵味、精彩纷呈”的亚运盛会贡献一份力量。

【派丽蒙 30 周年纪念限定款眼镜全新上市】 2022 年 4 月，派丽蒙 30 周年纪念限定款眼镜全新上市。2022 年派丽蒙迎来品牌创立 30 周年，特别推出“30 周年纪念限定款”，将“30”数字元素，创新融入镜腿设计中，以前卫设计表达对于“30”的无限遐想，从出众质感、舒适体验方面探寻年轻一派自我与舒适的眼镜新表达。

【瓯海眼协与区市监局发布商业营销推广负面清单】 为规范浙江温州瓯海区眼镜行业商业营销活动，根据《电子商务法》《产品质量法》《反不正当竞争法》《消费者权益保护法》《广告法》《价格法》等法律规定，结合瓯海区眼镜行业商业营销活动的实际，2022 年 5 月 19 日，瓯海区市场监督管理局、瓯海区眼镜行业协会共同制定瓯海区眼镜行业商业营销推广负面清单，并在瓯海区人民政府门户网站公开发布。

今后，瓯海区市场监督管理局与瓯海区眼镜

行业协会将结合瓯海区眼镜行业营销活动的实践，不时推出新的负面清单，予以补充完善修正。

【暴龙眼镜参展2022消博会】 第二届中国国际消费品博览会（以下简称消博会）于2022年7月26—30日在海南海口举办。2022年消博会更加聚焦“高、新、优、特”消费品，将2022年消博会打造成为全球消费精品展示交易的重要平台。

与首届消博会不同，2022年消博会国内展区新设国货精品馆。国货精品馆面积6000平方米，科大讯飞、五粮液、暴龙眼镜等独立品牌及华夏风物集合展示的数百个品牌参展。其中，以卓越的设计和工艺，为消费者提供兼具美感与佩戴体验的高品质产品，暴龙眼镜（BOLON）正逐步从中国品牌发展为有影响力的国际品牌。

【快时尚眼镜零售企业的营销】 在眼镜零售快速发展的当下，快时尚眼镜零售企业与传统眼镜店模式有所不同。如上海美罗城二楼的木九十、Aojo、LOHO，3家店均只有1名店员，全程负责接待、推销及验光。而同层楼的吴良材、茂昌等传统眼镜连锁店，每家店都配有2~3名店员，店铺面积也约是木九十等店的两倍。以木九十为代表的时尚眼镜，其好处在于节省成本，店员人数减少，固定资产投资减少，人员专业程度不需要那么高，可以快速发展。但越是没有差异、服务不多的行业，竞争越是激烈，因为可以很快被模仿。

产品更新速度快是木九十、LOHO等快时尚眼镜的主要特点之一。公开资料显示，一直以来LOHO都将自己对标为“眼镜界的ZARA”，追求“快”和“时尚”。同时，其采用M2C模式，将产品直供消费者。LOHO的上新周期是20天，用户二次消费的时间只有9个月，并且这个时间还在不断缩短。但在“快”的同时，快时尚眼镜在质量方面存在隐患。2019年9月，Aojo因抽样指标不符合国家标准被中消协列为“不推荐”。大众点评、知乎等平台，一些消费者质疑木九十、LOHO等快时尚眼镜的质量。在大众点评“木九十上海龙之梦购物公园店”下方，一名用户称，配的500度的眼镜戴得头昏眼花，根本用不了。在大众点评“LOHO眼镜上海月星环球港店”下方，也有用户反映眼镜验光不准，眼镜框容易损坏，且售后体验不佳等问题。

快时尚传到中国之后，眼镜店只学到了皮毛上的“快”，并没有在供应链系统上有较大的革新或者在决策管理上有多快，更多的是以牺牲品质和产品开发的原创度来追求快。目前，除去价格中端的快时尚眼镜零售商，定位轻奢眼镜集合店的Coterie也进入了眼镜行业，除DIOR、YSL等轻奢潮流眼镜外，Coterie还推出时尚配饰、雨伞等。在老佛爷百货、上海国金中心等奢侈品品牌聚集的高端商场可以看到Coterie店铺，其无论是店面装修或是营销风格，都十分具备时尚奢侈品的气息。时尚眼镜店不仅要快，更要在品质上下大功夫。

【杭州大光明眼镜博物馆加入上城博物馆联盟】 2022年5月17日，在第46个国际博物馆日即将到来之际，杭州市上城区博物馆联盟及“风华宋韵”博物馆文创作品展在杭州海塘遗址博物馆开幕。当天，上城区博物馆联盟正式成立，首批共有15家博物馆加入，杭州大光明眼镜博物馆作为首批成员单位也参与其中。

当天，首发联盟成员单位开展了第一次联席会议。会议指出，博物馆联盟将搭建上城区域文博场馆合作平台，推进各文博场馆之间的展览共通、项目共研、教育共推，落实场馆间在教育、展示、收藏和研究等各方面的深入交流，实现上城区域内公共文化服务的联动推进。首批联盟成员单位签署了《杭州市上城区博物馆联盟共识》，未来大家将携手共进，传承好历史文化，保护好文化遗产。

【海昌隐形眼镜荣膺《第一财经》“2022年度国民新国货”大奖】 2022年10月底，《第一财经》YiMagazine第五届“未来商业秀”在上海举办，揭晓发布了“2022年新国货榜样榜单”。海昌隐形眼镜作为榜单中唯一上榜的隐形眼镜品牌，获评“年度国民新国货品牌”荣誉。

2022年已是《第一财经》YiMagazine连续第四年调研消费者对“新国货”的偏好，本次调研共有3986人次参与投票，主要围绕产品、设计、技术等维度展开，在与人们日常生活消费相关的36个品类中有30个消费者最认可的国货品牌最终脱颖而出，获得“2022年国民新国货品牌”称号。海昌隐形眼镜荣膺“隐形眼镜”品类榜首，这也是消费者对海昌多年坚守品质、持续创新的认可。

作为在1985年就将软性隐形眼镜带入国内的品牌，海昌在行业中已深耕30余年，专业、舒适成了其最精准的代名词。面对传统国民品牌时下避不开的“年轻化”命题，海昌近年也是动作频频。不仅倾力打造出经典的“星眸”、国潮的“东方瞳色”、搭载元宇宙概念的“星眸追光”等多系列产品，更连续三年推出联名限量款，通过瞄准年轻人关注的手游、潮牌、emoji文化等流行元素，与LINE FRIENDS、愤怒的小鸟、PANCOAT等潮流文化IP开展跨界合作。背靠自有工厂，海昌依靠领先技术和独家专利技术，为生产符合年轻群体消费者需求的产品提供了快速高效的技术条件。基于两大自研工厂助力，海昌求变之路愈发顺畅。如今，海昌已能够持续保持每年至少上市6~8个全新系列产品的更新速度。传统国民品牌的年轻化转型永远不会一蹴而就，相比于新生势力，同样资源倾斜下的心智转变效果或许不同，但传统品牌也有自己的相对优势和差异化竞争能力。而保持品牌常“青”常“新”的核心就是“变”。市场变得永远比市场营销更快，而让产品和研发走在市场前面，才能“以不变应万变”。让品牌在保持专业性和原有调性的前提下，走好国民品牌的年轻化转型之路。

【依视路陆逊梯卡打造首个法拉利专属眼镜系列】 2022年12月，全球领先的视力保健和眼镜制造企业依视路陆逊梯卡宣布将进一步延续和深化与法拉利公司的合作，根据协议，依视路陆逊梯卡将继续设计、生产和销售雷朋法拉利车队系列。此外，双方还将推出首批以跃马商标为特色的单一品牌眼镜系列。双方的合作最早始于2016年，此次协议将从2023年1月开始。

按照协议，依视路陆逊梯卡进一步扩大赞助范围：雷朋的标志除了会出现在一级方程式单座赛车上，还将首次出现在Competizioni GT官方车手的赛车和服装上。Competizioni GT官方车手将驾驶勒芒超级跑车参加世界耐力锦标赛，或驾驶GT3赛车参加Gran Turismo锦标赛。依视路陆逊梯卡认为，赛车和时尚的跨界融合更为眼镜设计带来了新的灵感。随着合作关系的深化，依视路陆逊梯卡希望能够给全世界更多消费者创造更多惊喜，并进一步推动法拉利在眼镜设计领域中的发展。

（三）上市与资本运作

【两家镜片生产企业同日分别在深交所、港交所上市】 2021年12月16日，两家镜片生产企业同日上市。镜片企业登陆资本市场，对于眼镜行业（特别是镜片领域）具有重要的标志性意义，必将推动眼镜行业的加快发展，促使眼镜行业在全民健康意识不断提升的当下，成为未来发展的“风口”，促进眼镜产业的升级换代。

2021年12月16日，江苏明月镜片股份有限公司在深交所上市（股票代码301101. SZ），明月镜片由此成为我国股票发行实行注册制后，深交所创业板迎来的“国产品牌镜片第一股”。

同日，国内另一家镜片知名企业上海康耐特光学科技集团股份有限公司在港交所成功挂牌上市（股票代码2276. HK）。

2021年12月15日，欧普康视（股票代码300595. SZ）公告，全资子公司欧普投资拟以自有资金6555万元以增资扩股的方式投资于江苏汇鼎光学眼镜有限公司。

明月镜片股份有限公司是国内领先的综合类眼镜镜片品牌商，拥有完备的研发、设计、生产、销售能力。主营业务涵盖树脂原料的研发、生产及销售，镜片光学结构、光学膜层及功能化镜片的研发及设计，树脂镜片大规模工业化生产及个性化定制生产，镜架设计及成镜的生产、销售，为市场提供品质稳定、品类齐全的眼视光产品。近年来，明月镜片不断提升产品研发和设计能力，与国内知名科研院所开展了广泛合作，2017年与上海理工大学庄松林院士团队合作成立镜片行业首个“院士工作站”，建立“眼镜光学工程技术研究中心”，累计承担省市各级科技计划达7项。明月镜片证券代码为301101，发行价格26.91元/股，发行市盈率为56.97倍。

【欧普康视子公司 2146.16 万元获云南嘉目 51%股权】 2022 年 2 月 6 日，欧普康视公布，公司全资子公司欧普投资拟以自有资金人民币 1304.53 万元、欧普投资控股子公司昆明视康拟以自有资金人民币 841.63 万元以增资扩股的方式投资于云南嘉目医疗器械有限公司（以下简称云南嘉目）。本次投资完成后，欧普投资持有云南嘉目 31%的股权，昆明视康持有云南嘉目 20%的股权。公告称，对标的公司进行投资是基于延伸公司区域营销网络建设，在现有子公司业务布局的基础上，统筹实现云南市场的整体化，与公司现有区域市场形成战略协同和利益共同体，进一步强化云南区域的规模优势，提升公司的市场占有率、竞争力和盈利能力。

【天明科技投资 500 万元设立全资子公司天明眼镜（杭州）有限公司】 2022 年 2 月 10 日，天明科技（股票代码 839938）发布公告，公司拟投资成立一家全资子公司，其名称为“天明眼镜（杭州）有限公司”，经营范围为一般项目：眼镜销售（不含隐形眼镜）；互联网销售（除销售需要许可的商品）；可穿戴智能设备销售（除依法须经批准的项目外，凭营业执照依法自主开展经营活动）。许可项目：第三类医疗器械经营（依法须经批准的项目，经相关部门批准后方可开展经营活动，具体经营项目以审批结果为准）。

公司于 2022 年 2 月 8 日召开第二届董事会第六次会议，审议通过了《关于投资设立全资子公司的议案》。天明科技称，本次对外投资设立全资子公司，有利于公司业务的拓展，优化公司战略布局，增强公司盈利能力和竞争力，符合公司战略和业务发展需要，对公司的长期发展具有积极意义。

【腾讯投资小米生态 AR 智能眼镜蜂巢科技持股 7.326%】 2022 年 2 月 24 日，AR 眼镜厂商北京蜂巢世纪科技有限公司发生工商变更，新增股东广西腾讯创业投资有限公司。北京蜂巢世纪科技有限公司成立于 2020 年 10 月，注册资本 200.3617 万元人民币，腾讯认缴了 14.6785 万元人民币，持股 7.326%。蜂巢科技团队拥有丰富的手机产品和智能硬件研发经验，成员包括微软、小米、华为、阿里巴巴、字节跳动等一线科技公司的核心人员。其在软硬件产品、手机技术、软件算法、结构设计、供应链管理以及市场营销等多个领域均有涉猎，且首款 AR 智能眼镜产品已进入中后期研发阶段。蜂巢将借助第一款智能眼镜产品的量产销售，进一步深化自身在 AR/VR 行业的影响力，在硬件、系统、算法、软件等方面快速迭代，提升技术和产品门槛。同时通过我们的产品性能优势、渠道优势以及小米生态链的生态优势加速产品的商业化落地，覆盖更多场景。

为应对全真互联网，腾讯公司大力建设全新的 XR 业务，目标是在行业领军人物的带领下打造世界一流的硬科技团队，争夺硬科技时代的下一张门票。所述业务重在布局全链路的 XR 生态，包括硬件端的 XR 设备、软件端的感知交互技术以及内容与行业端的内容与开发者生态。

【EssilorLuxottica 完成对美国眼镜商 Walman Optical 的收购】 2022 年 3 月 1 日，欧洲眼镜巨头 EssilorLuxottica 宣布完成对美国独立眼镜生产商 Walman Optical 的收购，后者是全美视力保健领域领先实验室的合作伙伴。本次收购最早于 2021 年 3 月首次宣布，EssilorLuxottica 将运用集团对产品服务的创新视点，为 Walman Optical 创造新的增长机会。

Walman Optical 成立于 1915 年，一直专注于为眼保健专家提供配套的服务，改善病人的护理条件。它承诺会提供 ECP（治疗青光眼）手术所需的速度、准确性和服务，让病人相信 Walman Optical 是其最好的护理选择。Walman Optical 在美国拥有一个 35 家机构组成的商业网络，包括处方镜片加工实验室以及光学仪器和其他视力保健用品中心。

【开云眼镜收购标志性美国眼镜品牌 Maui Jim】 2022 年 3 月 14 日，开云眼镜（Kering Eyewear）宣布已签署协议收购美国眼镜品牌 Maui Jim（茂宜睛）。

创立于 1987 年的 Maui Jim，是一家来自北美的自主高端眼镜品牌。Maui Jim 以其彰显“阿罗哈精神（Aloha Spirit）”的独特夏威夷传统而闻名，提供品类广泛的高品质太阳眼镜和光学镜架，远销 100 多个国家和地区。Maui Jim 秉承创新文化，设计打造出专有且专利的革命性 PolarizedPlus2 镜片技术，可防止强烈眩光和有害紫外线，同时增强眼睛对自然色彩的感知能力。

自2014年成立以来，开云眼镜构建起一种创新型业务模式，使公司在2021财年实现了超过7亿欧元的外部收益。收购Maui Jim是开云眼镜大获成功的扩张战略的一个重要里程碑。在收购Lindberg仅数月后，开云眼镜将拥有第二个自主品牌，巩固其在高端眼镜领域的地位，同时扩大产品范围，涵盖功能性到经典且时尚奢华的各种款式。其相辅相成的分销网络和产品供应将有助于通过扩展Maui Jim遍布全球的地理足迹以及获得新顾客的能力，从而扩大增长潜力，更专注于创新和功能。通过此次合并，开云眼镜将更上一层楼，全年收入将大幅突破10亿欧元大关，利润率也将进一步提升。

【谷歌收购MicroLED显示方案商Raxium加速AR眼镜开发】 2022年3月17日，谷歌已经完成收购AR显示技术厂商Raxium，交易价格未披露，或可达10亿美元。据悉，Raxium致力于开发微型发光二极管，可用于开发超高密度单片集成RGB MicroLED面板，应用场景包括AR/VR头显、微型显示屏、裸眼3D和光场显示系统等。

Raxium成立于2017年，位于美国加州弗里蒙特。其研发的显示元件允许LED像素尺寸降至亚微米级（3.5微米左右），同时也可以实现更好的亮度、更省电（WPE转换效率高）。

【国内AR智能眼镜企业杭州灵伴科技完成7亿元C轮融资】 2022年3月20日，国内AR智能眼镜企业杭州灵伴科技有限公司（以下简称Rokid）宣布，获得总额7亿元人民币的C轮融资，该公司此前已获得包括淡马锡、IDG资本、瑞士信贷、海通证券、元璟资本在内的多家顶级机构投资。

Rokid是一家专注于人机交互技术的产品平台公司，致力于AR眼镜等软硬件产品的研发及以YodaOS-XR操作系统为载体的生态构建。Rokid在2021年12月正式开售消费级AR智能眼镜Rokid Air。上市短短3个月，Rokid Air就在Kickstarter、亚马逊、天猫等国内外多个渠道稳定占领AR销售榜榜首，引发元宇宙消费全面加速的热议。

【陆逊梯卡收购意大利费登九成股份进军眼镜包装行业】 2022年4月11日，Luxottica（陆逊梯卡）宣布已经与意大利知名眼镜配饰及皮具制造商Giorgio Fedon签署协议，将收购后者90.9%的股份，收购于2022年6月完成。

该交易代表了集团的垂直整合战略又向前迈进了一步，它旨在实现整个价值链的最高质量标准，并为所有行业参与者提供优质服务。为确保最大限度地实现对产品的保护和其完整性，此次收购将依托尖端技术并致力于创新，向最终消费者提供更适合于眼镜架的包装。

此外，Luxottica还将利用公司的可持续发展战略，对公司生产的可回收、可循环的包装材料进行投资。

【普瑞眼科在深交所A股创业板上市】 2022年7月5日，成都普瑞眼科股份有限公司（以下简称普瑞眼科，股票代码301239）正式在深交所A股创业板上市，发行股价为33.65元每股，当日开盘股价上涨48%。本次上市普瑞拟募资10.99亿元用于长春、哈尔滨院区建设与信息化管理系统升级。自上海解除疫情封控，资本市场信心开始膨胀，反映在股市上，多个领域和板块龙头股持续涨停，“A股风向标”上证指数也从3000点涨回3400点，大量资金回流医疗板块上市企业。普瑞眼科成立于2006年，是一家集门诊、临床、医疗和医疗技术开发于一体的专业连锁眼科医疗机构，主营业务为向眼科疾病患者提供专业的眼科医疗服务。

眼科一直被业内认为是高毛利消费医疗的代表，爱尔眼科自2009年上市以来领跑眼科医院扩张的黄金十年，后疫情时代，眼科医疗服务市场迎来IPO潮，2021年朝聚眼科港股上市，辽宁何氏眼科2022年3月首发上市，此后成都普瑞眼科、厦门华厦眼科也紧锣密鼓IPO排队。普瑞眼科成立于2005年，主营医疗业务包括基础眼病诊疗、屈光治疗、医学视光等项目，其中屈光治疗贡献超五成营收。通过自建直营医院的经营模式，普瑞眼科在全国20个城市开有23家眼科医院与3家眼科门诊，眼科医疗服务团队超过1000人。除此之外，还拥有专业眼病研究所，为开展眼科医疗服务提供技术支持。

【阿里巴巴领投6000万美元投资增强现实眼镜制造商】 2022年3月30日，中国的AR眼镜制造商Nreal宣布完成6000万美元（约3.81亿元人民币）C+轮融资，由阿里巴巴领投。Nreal称本轮融资将用于增加研发支出，拓宽多元化应用场景，并加速市场拓展。阿里巴巴或将与Nreal开展合作，阿里巴巴已经宣布计划在2022年推出用于虚拟会议的增强现实眼镜。

在过去的12个月内，Nreal公司已累计完成2亿美元融资，投资人还包括快手、蔚来资本、云锋基金、红杉中国、高瓴等。此次投资是阿里巴巴在2016年投资作为美国最受吹捧的公司Magic Leap后，再次投资元宇宙产品。

【普瑞眼科着重布局屈光项目】 普瑞眼科成立于2006年，主要采取“直营连锁”模式，通过下属各连锁医院为眼病患者提供眼科医疗服务。通过在直辖市、省会城市等重点城市进行医院布局，进而辐射周边。普瑞眼科主要诊疗服务项目包括白内障项目、屈光项目、视光服务项目和综合眼病项目。

2021年普瑞眼科营收为17.1亿元，近三年营收保持了12%的复合增长率，营收虽然扩大，但疫情之下各种成本开支增加，使得利润增速十分缓慢。

自2018年起，屈光项目已成为普瑞眼科主营业务的第一大收入来源。普瑞眼科屈光项目收入从3.88亿元增加到8.72亿元，屈光矫正板块的创收占比也从38%上升至51%。屈光项目不仅占总营收比例高，毛利率也在逐年上升成为普瑞眼科第一大毛利来源，占总毛利的64.29%。

2019年，普瑞眼科在屈光矫正项目的营收增速超过了同期的爱尔、华厦等机构，普瑞眼科对外解释道，这归因于近年来电子设备高使用率，使得近视等屈光不正的患病率呈上升趋势。近视矫正技术和设备趋于成熟，消费者对于视力矫正和颜值消费需求增加，支付能力在增强。此外一个小插曲是，普瑞眼科创始人徐旭阳还通过个人财务投资入股眼科医疗上市公司德视佳，德视佳眼科99%的收入都来自屈光矫治，可见其对屈光赛道的看好和重视。

既有高收入，也有高支出。随着市场竞争的火热，获客成本也在不断增加，普瑞眼科较为人诟病的是其营销成本支出过高。据北京商报报道，普瑞眼科每年花费超1亿元用于广告宣传推广，但却连续3年研发费用都为0，被媒体认为“重营销而轻研发”。详细来看，近三年普瑞眼科销售成本开支在下降（18.59%），但广告宣传费用逐年递增至1.39亿元，广告推广占了销售成本的大头（54.96%）。

普瑞眼科销售费用率、广告宣传费用占销售费用的比例均远高于同行业其他眼科医院。数据显示，2020年，华厦眼科、何氏眼科、爱尔眼科的销售费用率分别为11.97%、12.73%、8.95%，广告宣传推广费占销售费用的比重分别为28.94%、35.4%、46.34%。

【眼科群雄逐鹿视光蓝海】 进入2021年以后，眼科行业迎来了高光时刻，朝聚眼科、何氏眼科、普瑞眼科接连上市，华厦眼科也在排队IPO，距A股上市只差一步之遥，眼科IPO市场竞争逐渐趋“白热化”。随着人口老龄化及青少年眼健康状况日趋严峻，我国眼科医疗服务需求持续膨胀。旺盛的需求之下，眼科医疗服务的市场规模迅速扩大，行业持续高景气。根据国家卫健委及弗若斯特沙利的数据，2019年中国眼科医疗服务市场规模达1275亿元，预计2024年市场规模预计将达到2231亿元。

2019年，占据眼科医疗服务细分市场的前三位分别是医学视光、白内障、屈光手术，占比分别达到21.3%、18.1%和16.8%。从行业发展趋势看，视光、屈光、白内障及干眼业务将是行业内主要竞争方向。尤其是视光领域，眼病患者需求已经逐步从治疗向预防转变。

2009年，我国有民营眼科专科医院184家，公立眼科专科医院58家，民营眼科专科医院占比76.03%；仅仅十年过去，我国民营眼科专科医院就增长到890家，公立眼科专科医院55家，民营眼科专科医院占比94.18%。

最先走向全国的爱尔眼科，在眼科医院这一版图上已经独占鳌头，其他几家加起来也很难赶上爱尔的体量。机会在更下沉、更轻体量的地方。随着我国“强基层”方针不断强化、分级诊疗体制、医联体制度、医师多点执业制度、诊所设置备案制的推进，以及对社会资本办医准入门槛和总量规划的放开，预计我国之后将出现大量眼科诊所和社区医院，眼科医疗机构去中心化趋势逐步突显。

【何氏眼科登陆创业板成A股第二家眼科医院】 2022年3月22日，辽宁何氏眼科医院集团股份有限公司（以下简称何氏眼科）在深交所创业板上市。

距离A股首家眼科医院爱尔眼科上市至今，

已经有十余年之久。这期间，中国眼科医院市场扩容至千亿，眼健康服务更是万亿蓝海，群雄争霸，各类眼科服务机构百花齐放，由眼科专家创办的何氏眼科正式登陆A股。在资本的进一步助推下，眼科行业迎来黄金时代。眼健康行业龙头的整体市场占比不到10%，眼健康行业发展空间足够大。何氏眼科于3月22日正式登陆创业板，成为A股市场上的第二家眼科医疗服务机构。何氏眼科在优势区域扎根甚深，可以说是发展最为稳健的眼科医院之一，此次能够先于同业获得资本市场的助力，也让投资者们更加聚焦于公司的优势所在。

医疗技术、诊疗经验业内领先，依托高质量服务奠定行业影响力。1995年，何氏眼科由留学归国眼科医学博士、全国防盲技术指导组副组长、国际眼科理事会（ICO）理事何伟及其团队创办。正是创始人作为“专家型”创业者的气质，让何氏眼科成立之初即展现了突出的专业性。

何氏眼科公司成立初期即引进白内障超声乳化技术、玻璃体切割技术、眼底激光技术，在医疗技术队伍、医疗服务能力与水平、医疗质量状况、科研与教学等方面发力。此后，又陆续引进飞秒激光辅助白内障、多焦点人工晶体、微脉冲激光治疗仪、德国蔡司Visu Max 3.0全飞秒激光系统、德国阿玛仕1050Rs千频准分子激光系统等前沿设备，不断提升诊疗技术水平。

经过二十多年发展，公司立足全人群和全生命周期两个着力点，以个性化预防、精准检查和诊疗、患者跟踪回访为手段，持续提供不同年龄段的眼科诊疗服务，为大众提供全生命周期的眼健康管理。公司在常见和复杂疑难婴幼儿眼病诊治方面拥有丰富经验，拥有从事遗传性眼病研发的实验室，在遗传性视网膜色素变性、遗传性视神经萎缩、视网膜母细胞瘤、先天性白内障等致盲眼病的基因诊断方面积累了丰富的经验。

何氏眼科还研究布局药物治疗。一方面，沈阳何氏与拜耳医药、诺华制药、爱尔康等国际知名企业合作开展多种临床试验，紧跟眼科发展前沿动态；另一方面，公司坚持中西医并重，研制出获得了发明专利的安雪颗粒、润明颗粒两种院内制剂。而目前公司研发的用于青少年近视防控的0.01%阿托品滴眼液，已取得了医疗机构制剂注册批件。

以位于沈阳市洪区黄河北大街128号的沈阳何氏眼科医院为代表，公司的综合实力直接塑造了其在当地甚至全国的影响力。据了解，沈阳何氏眼科医院已被评为“国家临床重点专科”，同时也是国家卫健委“防盲治盲培训基地”、国际眼科理事会眼科专科医师培训基地、国家药物临床试验机构。而复旦大学医院管理研究所发布的《中国医院专科声誉和综合排行榜》显示，沈阳何氏是2016—2018年连续三年东北地区眼科声誉排行榜唯一上榜的民营眼科医院。2020年，何氏眼科公司全年门诊服务达102.93万人次，视光服务达39.02万人次，在东北区域建立了领先的品牌优势。

【何氏眼科募资新开67家视光中心】 眼科医疗服务在中国拥有巨大的市场。我国已经进入了慢性视觉健康问题高发时期，包括近视、干眼、白内障等，给眼科医院的发展带来了充足动力。根据国家卫健委数据，2009年我国眼科专科医院入院人数38.56万人，门诊人次数968.83万人次，2018年分别达到210.18万人、2932.44万人次，年均复合增长率分别达20.73%、13.09%。在此推动下，我国眼科医院收入从2009年的38.71亿元增长至2019年的324.73亿元，年均复合增长率高达23.70%。其中，尤其又以近视防控市场为主要增长点。国家卫健委《2018年全国儿童青少年近视调查结果》显示，2018年全国儿童青少年总体近视率为53.6%。其中，6岁儿童为14.5%，小学生为36.0%，初中生为71.6%，高中生为81.0%。我国青少年近视率与近视人口高居世界第一，防控形势严峻。眼科医疗服务行业存在巨大的视功能训练、验光配镜等近视防控和屈光手术的市场空间。

近视防控和屈光手术市场的快速增长，为何氏眼科贡献了五成以上的收入来源。何氏眼科将进一步拓展屈光不正相关业务，拟使用2.35亿元募资投入到何氏眼科新设视光中心项目中，用于在20个城市新建67家视光中心门店，正常运行后，预计年利润总额为4401.34万元。公司有望持续提升屈光不正业务，带动其整体业绩的快速增长。同时，何氏眼科还将扩建原有的沈阳何氏眼科医院，并在北京、重庆新设眼科医院，一方面稳固核心区域，另一方面布局全国，在稳健经营中把握进取节奏。何氏眼科2021年不仅经营现金流净额达2.14亿元，账面货币资金约6.99亿元，为公司保持财务稳健提供了安全垫，并且何氏眼科优先于同业企业上市，也为其提供了先发机遇。

【AR眼镜厂商Rokid获网龙网络公司4000万美元投资】 2022年9月1日，国内AR眼镜厂商Rokid在官方微信公众号发布了一张图片，显示该公司已获得网龙网络公司4000万美元投资。此外，双方还将达成五年战略合作伙伴关系，共同开发元宇宙应用。

Rokid创立于2014年，是一家专注于人机交互技术的产品平台公司，产品涵盖AR眼镜、智能音箱，以及相应的应用与服务。自成立以来，Rokid已完成一系列融资，投资方包括淡马锡、瑞士信贷、CDIB、IDG、海通证券等。

网龙网络公司成立于1999年，是中国网络游戏、移动互联网应用行业的领军者，也是中国在线教育、企业信息化行业的领先力量。公司各项经济指标均位居国内同行业前列，跻身福布斯全球企业2000强。网龙网络公司是国家规划布局的重点软件企业、国家文化产业示范基地、国家文化出口重点企业，连续三年获评福建省文化企业十强，连续八年入选工信部发布的“中国互联网企业百强榜”。

【智能眼镜公司奇点临近完成亿元天使轮融资】 2022年9月13日，奇点临近技术（上海）有限公司（以下简称奇点临近）宣布完成亿元人民币天使轮融资，由愉悦资本领投，经纬创投、华映资本跟投，云岫资本担任独家财务顾问。

2021年12月，奇点临近成立。奇点临近作为一家以全天候智能眼镜为核心方向的科技创新企业，致力于以纵向一体化的模式，从硬件、软件、算法全链路底层技术入手，用不断创新的技术和解决方案，打造解放双手、一镜走天下的革命性智能眼镜产品。奇点临近团队长期在相关领域耕耘，技术超前、经验丰富。公司目标是其开发的产品能成为元宇宙生态的重要构建者，从而为广大用户提供前所未有的、富有魔力的全新体验。

【多家企业在眼科治疗赛道有新动作】 随着国民健康意识的显著提升，眼健康管理已成为“健康中国2030”战略的重要组成部分。在需求增加和消费升级两者驱动下，眼科诊疗市场容量不断扩大。按照机构中金公司测算，到2030年，近视防控市场规模将达约2100亿元，10年的复合增速达到13.75%。而屈光、白内障手术市场规模10年增速将分别达到21.4%、15.6%。眼科医疗市场规模开始呈现出稳定增长态势，越来越多的企业开始在这一领域加速布局。

2022年11月5日到10日，第五届中国国际进口博览会（以下简称进博会）在国家会展中心（上海）举办。卡尔蔡司（上海）管理有限公司全新产品“蔡司ARTEVO 800眼科导航手术显微镜”（以下简称蔡司ARTEVO 800）就在本届进博会正式发布。据介绍，蔡司ARTEVO 800是一款融合数字光学的眼科导航手术显微镜，目前已经获得中国国家药品监督管理局批准上市。11月6日下午，蔡司与成都普瑞眼科医院股份有限公司在进博会上成功举行合作签约仪式，双方就5台蔡司ARTEVO 800眼科导航手术显微镜达成合作。

爱尔康在本次进博会也带来了38项创新成果，其中有14款创新产品。在干眼症产品系列中除了人工泪液外，还亮相了一款物理疗法——Systane iLux MGD治疗系统。Systane iLux MGD治疗系统和强生、科医人的参展产品一样，都是针对睑板腺功能障碍的物理疗法。

本次进博会期间，爱尔眼科宣布与爱尔康、蔡司、强生眼力健等多家国际医疗品牌企业达成全新战略合作，并分别签署合作框架协议，合作伙伴们达成战略签约。

数据显示，A股市场共有14家上市公司参与布局眼科医疗业务，市值合计3551亿元。其中有11家眼科医疗企业获得券商机构高度关注。爱尔眼科、爱博医疗、欧普康视、昊海生科4家机构预测2021年、2022年、2023年净利润增速均有望超过30%。

近期还有眼科企业“挤进”了上市眼科公司赛道。11月7日，登陆资本市场首日，华厦眼科就在午盘上涨超过30%。作为一家专注于眼科专科医疗服务的民营医疗连锁集团，华厦眼科可向国内外眼科疾病患者提供各种眼科疾病的诊断、治疗等医疗服务。从短期看，疫情扰动下眼科市场虽有波动，但增长韧性仍然强劲。

【何氏眼科2022年盈利预测及估值】 何氏作

为致力于全生命周期眼健康管理的集团型连锁医疗机构，在A股市场具有相对稀缺性。何氏公司重点发展方向为：针对老龄化加剧相关眼科疾病进入发病期以及青少年近视防治形势严峻，患者需求增加并呈现多样化的趋势，大力拓展眼科医疗服务市场；加快实现辽宁省内眼科医疗全覆盖，进一步巩固和维持三级眼保健服务医疗技术、经验与品牌优势，继续扩大公司影响力，奠定公司业绩基本盘；部分新设服务机构逐步由培育期转入成熟期后，进一步提升接诊量与客单价，并逐步实现盈利；积极拓展省外眼科医疗市场，以一线城市为中心实现区域突破，凭借三级服务模式进行快速布局，在本地市场积累口碑与品牌，提高省外业务的扩张。预计公司2022—2024年分别实现营业收入11.97亿元、14.59亿元、17.98亿元，同比增长24.4%、21.9%、23.2%；实现净利润1.19亿元、1.66亿元、2.07亿元，同比增长37.9%、39.6%、24.7%；对应EPS分别为0.98元、1.37元、1.71元。以4月6日收盘价43.93元计算，何氏眼科对应2022—2024年PE分别为44.8X、32.1X、25.7X。首次覆盖给予“增持”评级。

【三井化学SDC收购镜片加工设备生产商Coburn Technologies】 2022年11月9日，三井化学株式会社旗下的全资子公司SDC Technologies, Inc.（以下简称SDC）宣布正式收购美国镜片加工设备生产商Coburn Technologies, Inc.（以下简称Coburn）。

三井化学集团将以收购Coburn为契机，融合材料和加工设备各自的优势，针对数字化、减人力、降低环境负担等社会课题提供解决方案。通过提供引领镜片革新的高性能、高质量产品和服务，三井化学的视力保健材料事业将努力为全世界人民的眼部健康与舒适作出卓越贡献。

【行业竞争加剧，四大眼科优势互现】 何氏眼科辽宁区域收入贡献超97%，眼科赛道曾被投资者视为黄金赛道。眼科赛道因需求衍生出眼科器械、眼科药物、眼科服务等三大细分不同的赛道。在这三大细分领域，眼科服务市场蛋糕最大。根据Frost & Sullivan数据，2021年，我国眼科服务市场规模已达到1595亿元，相较于2020年增长13%左右，其预计中国整体眼科医疗服务市场规模将于2024年达2231亿元，2020—2024 CAGR为11.05%。在眼科赛道的三大细分赛道中，眼科服务的市场份额占比最大，达到71%左右，其次是眼科器械，占比达17%左右。随着普瑞眼科、何氏眼科及华厦眼科相继上市获得市场资金支持，爱尔眼科还能否一直领先？未来眼科市场格局值得关注。

复制能力方面，爱尔眼科暂时绝对领先。事实上，眼科服务赛道除了“市场蛋糕”份额大之外，还呈现出“高壁垒、可复制性强”等特征而被投资者看好。眼科服务的所有业务起点来自医院及相关医生储备等，这也决定了眼科服务公司核心竞争力以及未来业务是否可复制等问题。因此，我们常常看其医院布局数量、门诊人次及手术量等指标，侧面看看其业务可复制性能力。截至2021年年末，爱尔眼科营收规模达到150.01亿元。其中，华中市场营收占比最大，近50%；其次是华东及西南等市场。从营收区域结构看，爱尔眼科业务已经在全国布局甚至已经走出了海外区域。截至2021年12月31日，爱尔眼科境内医院174家，门诊部118家。2021年其实现门诊量1019.61万人次，同比增长35.07%；手术量81.73万例，同比增长17.64%。

截至2021年年末，华厦眼科营收规模达到30.64亿元。其中，华东地区占比最大，超过70%，其次是西南、华南，收入分别为9%、8%。根据华厦眼科招股书显示，公司已在国内开设56家眼科专科医院，覆盖17个省及46个城市。2021年，华厦眼科的年门诊人次达167.14万人次，实施眼科手术的手术眼数达29.28万眼。显然，尽管华厦眼科已经在全国布局，但是其大本营还依然依赖华东市场。值得一提的是，爱尔眼科的华东市场2021年营收规模与华厦眼科相当。这或说明，华厦眼科还未完全打开全国市场，其大本营似乎在遭受市场龙头“狙击”。

普瑞眼科2021年实现营收超过17亿元，其西南区域营收占比为30%，华东市场占比为20%，西北市场收入占比为18%。截至2021年底，公司旗下共有23家眼科专科医院，单院面积2017~12956平方米。公司2021年全年门诊量达97.6万人次，全年手术量达11.6万台。以上数据或说明，尽管普瑞眼科营收及门诊量等数据落后于华厦眼科等，但是其已经在全国市场布局，且市场份额占比相对均衡，商业结构似乎较为合理健康。

2021年，何氏眼科收入为9.62亿元，其中大部分业务收入主要在辽宁省内，收入占比超97%。因此，何氏眼科业务可复制性相比以上几家公司较差，目前似乎仍困在辽宁。根据招股书信息，2020年，何氏眼科的门诊人次为102.93万人次，手术量为4.43万例。

综上可以看出，爱尔眼科、华厦眼科及普瑞眼科均已经在全国布局，其中爱尔眼科处于绝对领先地位；而何氏眼科目前业务大本营主要来自辽宁地区，其业务可复制性相比以上几家较弱。

消费属性方面，华厦眼科与何氏眼科较弱。事实上，对于基础眼科业务，其或受医保控费等需求影响。2021年8月31日，国家医保局等相关部门联合印发《深化医疗服务价格改革试点方案》（以下简称试点方案），并针对该方案发布《国家医疗保障局相关负责同志就〈深化医疗服务价格改革试点方案〉答记者问》公告。该试点方案将率先在5个城市进行试点，通过3~5年的试点探索形成可复制、可推广的医疗服务价格改革经验，到2025年深化医疗服务价格改革试点经验向全国推广。这一政策传递出了一大关键信号，即对纳入医保支付的眼科服务，其相关价格将会受监管约束。因此，在眼科赛道，像白内障、青光眼、斜视、眼底、眼表、眼眶及小儿眼病等多种常见眼科疾病的治疗属于基础眼科服务，其受医保控费压制；而屈光矫正、近视防控以及提供视光产品及服务不受医保控费影响，呈现出高消费属性。那爱尔眼科、华厦眼科、普瑞眼科及何氏眼科，哪家消费属性最高呢？换言之，哪家将会受医保支付约束呢？

爱尔眼科是国内最早开始进行业务结构战略转型的眼科公司，2021年屈光和视光业务收入占比合计约59.32%；普瑞眼科屈光业务收入占整体营收比由2019年的45%提升到了2021年的51%；何氏眼科的眼视光服务（即配镜、验光）收入占比则从2017年的25%提升至2021年的35%；而华厦眼科主要向眼科疾病患者提供各种眼科疾病的诊疗，其收入占公司整体营收的90%左右，其视光配镜类业务占比相对较小。值得一提的是，华厦眼科在监管文中提到，其受医保支付影响的收入占比在三成左右。

【麦耘AR眼镜获天使轮融资数千万预计年底上市】 2022年9月2日，AR领域新增的新锐实力企业——麦耘AR眼镜融资发布会暨媒体见面会在陕西西安成功举办，会议现场，麦耘科技与立讯精密签订了量产战略合作备忘录。麦耘AR眼镜创始人朵海云宣布，目前已获得天使轮融资数千万，并启动新一轮融资，预计在2022年年底完成。

麦耘AR眼镜瞄准高端市场，采用了分体式结构设计，将眼镜拆分成两部分，一部分类似于运动耳机的box端，将电池、芯片、主板等放到Box端，降低重量和散热。另一部分则是眼镜端，在眼镜端放光波导镜片和各种传感器。通过眼镜端和Box端的有机结合，降低眼镜端的重量和发热情况，大大提高舒适度。将整个Box端做成耳机样式戴在脖子上，提高整体的舒适度和体验感，从C端用户角度出发，全面释放AR科技魅力。麦耘AR眼镜基于安卓系统开发，在软件上适配了所有的原有安卓APP。同时对开发者开放基于系统的研发和适配的权限。这些操作，全部可以通过眼球和手势交互完成。所以，麦耘AR眼镜能够支持目前所有APP的使用，还能够做到无需手机，就能够体验高清拍摄、通信以及观看3D视频等一切娱乐项目。

据全球权威机构的统计数据分析，2021年全球智能手机出货量约为13.5亿部，同比微增5.3%，而同年全球AR增强现实产品出货量则为33万台，同比增长约13.8%。另据全球权威机构预测，2022年全球VR/AR产品出货量有望达到1910万台，同比增长预计约为67.5%，2022—2025年的平均年复合增长率有望达到59.2%。2022年全球智能可穿戴产品出货量更有望达到2.7亿台，同比增长约16.4%。手机产业链正在以每年200%的速度向XR（AR/VR/MR）方向转移。智能手机作为移动互联网时代的核心智能硬件，其增长放缓也反映出全球科技和消费电子行业从移动互联网时代向后移动时代转变的趋势。许多大厂也跃跃欲试，向AR产业布局发展。

麦耘AR研发团队从2018年开始前期调研、搭建，2021年年底正式启动麦耘AR眼镜研发项目。核心研发团队来自华为、创新工厂、中国航天、318厂、歌尔股份等，整体能力和水平处于整个行业的前沿。目前该项目研发已经进入中期阶段，预计2022年年底首部样机能与大家见面，同时开启预售渠道，至2023年6—8月量产交付，真正走进大家工作生活中。

据IDC方面预测，2020年至2024年，VR/AR终端出货量年均增速将达到86%，全球虚拟现实产业规模年均增长率将达到54%。在未来5年，AR技术普及后，AR眼镜将通过传感器，采集人体的外形、动作、表情等，并将之赋予到虚拟世界中，而虚拟世界的另一个“你”，也将在平行空间中，完成更多现实生活中的工作和任务。

【眼科上市公司2022年上半年业绩】 2022年9月15日，中国证监会官网发布《关于同意华厦眼科医院集团股份有限公司首次公开发行股票注册的批复》，华厦眼科历时近5年，最终顺利获批上市。

眼科医疗服务市场从一枝独秀发展到百舸争流。在民营眼科服务市场中，爱尔眼科仍处于绝对优势地位。2020年爱尔眼科、华厦眼科、何氏眼科、普瑞眼科、朝聚眼科（2219.HK）的年门诊量分别为755万、138万、103万、74万、65万人次，分别占民营眼科服务市场中总门诊量的19.26%、3.52%、2.63%、1.89%、1.66%。

眼科部分上市公司2022年半年报业绩

公司	营收/万元	营收同比增长率/%	归母净利润/万元	归母净利润同比增长率/%	销售毛利率/%
爱尔眼科	810739.06	10.34	129127.24	15.73	49.32
何氏眼科	468114.86	0.75	4181.20	-29.12	40.85
普瑞眼科	88968.92	5.08	5126.42	-21.54	43.88

爱尔眼科扩张历史证明，对于眼科医疗服务市场，获得资本支持是至关重要的环节。因此，对于华厦、普瑞、何氏眼科，要抢占和拓展眼科医疗服务市场，必须获得资本支持。视光门诊成本低、毛利高、最具布局性价比，企业在视光领域迅速布局，对公司今后的市场竞争格局有一定影响。

2022年上半年，爱尔眼科实现营收81.07亿元，同比增长10.34%；归母公司净利润12.91亿元，同比增长15.73%。同期，其门诊量和手术量也实现增长，分别为554.1万人次和44.49万例，同比分别增长15.67%和9.74%。

受疫情及新开医院亏损等影响，2022年刚刚上市的何氏眼科和普瑞眼科，出现业绩下滑。2022年上半年，何氏眼科营收为4.68亿元，同比增长0.75%；归母净利润为4181.20万元，同比减少29.12%。普瑞眼科营收为8.9亿元，同比增长5.08%；归母净利润为5126.42万元，同比减少21.54%。华厦眼科最新招股书（注册稿）未披露2022年上半年的财务数据，2021年华厦眼科实现营收30.64亿元，归母净利润4.55亿元。以2021年的营收规模而论，与上述3家上市公司相比，华厦眼科（30.64亿元）次于爱尔眼科（150亿元），但高于普瑞眼科（17.1亿元）和何氏眼科（9.63亿元）。

2022年上半年，爱尔眼科收购了16家眼科医院及诊所，截至2022年6月30日，爱尔眼科境内医院数量达到187家，门诊部132家。爱尔眼科还在境外布局了115家眼科中心及诊所。

2022年3月，何氏眼科登陆创业板，募集资金总额12.96亿元，其中4.94亿元用于沈阳何氏医院扩建、何氏眼科新设视光中心、北京及重庆新设医院、何氏眼科信息化建设项目。财报显示，2022年上半年，何氏眼科在辽宁省内筹备启动了院区建设项目2个，筹备启动新设和改扩建视光门诊项目5个，还在成渝地区启动了2家视光门诊建设项目。截至2022年6月30日，何氏眼科拥有3家三级眼保健服务机构，32家二级眼保健服务机构，55家初级眼保健服务机构。

2022年上半年，普瑞眼科昆明润城二院、合肥瑶海二院、南昌红谷滩二院和广州番禺普瑞眼科医院已陆续开诊。截至6月30日，普瑞眼科在全国已开设了23家连锁眼科专科医院。华厦眼科招股书显示，截至招股书签署日，华厦眼科旗下共有56家眼科专科医院，覆盖17个省及46个城市，同时公司在国内已开设20家视光中心，为屈光不正患者提供医学验光配镜服务。此次华厦眼科上市计划募资 7.8 亿元，主要用于天津华厦眼科医院项目、区域视光中心建设项目、现有医院医疗服务能力升级项目、信息化运营管理系统建设项目及补充运营资金项目。

我国眼科医疗服务行业，已经形成一超多强格局。其中，爱尔眼科依靠规模优势、资金优势、先发优势，尽享行业红利，成长为国内乃至世界范围内头部眼科医疗服务公司。普瑞眼科坚持“辐射”扩张模式，在国内省会、二线城市覆盖度高；何氏眼科、华厦眼科在其各自省内具备良好声誉，在省内拥有良好下沉市场基础，省外扩张逐步推进。

【2023 年 OK 镜市场 237 亿元欧普康视奠定龙头地位】 欧普康视科技股份有限公司（以下简称欧普康视）是一家专注于眼健康和近视防控技术与服务的高新技术企业，2000 年由留美工程博士陶悦群创办，公司注册资本 8.51 亿元，现有子孙公司 300 余家、员工总数（含子公司）2772 人。2021 年经审计合并营业收入约 12.95 亿，归母公司净利润约 5.55 亿，总资产约 29.72 亿，归母净资产约 22.16 亿，纳税约 1.85 亿。公司于 2017 年 1 月在深交所创业板挂牌上市，2020 年度中国医疗器械（含 IVD）企业排名第八名。

欧普康视的业务包括眼科及视光医疗器械（产品）与医疗服务两大板块。主营产品为角膜塑形镜等硬性接触镜（隐形眼镜）以及配套护理产品，是目前国内上市的硬性接触镜研发与生产企业，也是全球颇具规模的角膜塑形镜研发与生产企业。公司产品具有智能化、个性化等特点，已进入全国除西藏以外 30 个省市地区中的 1400 多家知名医疗机构，累计用户超过 150 万，DreamVision 和梦戴维已成为这类产品中的知名品牌。

欧普康视正通过自主研发、投资并购、产业基金等方式扩大产品与技术范围，已投资广州卫视博、汇鼎光学等 30 余家医疗健康类公司。在医疗与视光技术服务领域，康视眼科连锁机构除了合肥总院外，还在安徽蚌埠、宣城，陕西西安控股 8 家眼科医院，参股安徽郎溪、安徽宁国、安徽广德、和四川成都等 4 家眼科医院。同时，在全国范围内布局数十家眼科诊所、门诊部，200 多家眼视光中心。公司正在加大、加快在医疗服务领域的投资布局，拟形成全国性眼健康和近视防控服务网络。

2023 年，预计中国国内角膜塑形镜终端市场规模有望达到 237 亿元。

【欧洲眼镜零售巨头 Fielmann 投资 6500 万欧元扩大制造网络】 2022 年 10 月，位于德国的欧洲最大眼镜零售商之一的 Fielmann 集团，宣布将投资超过 6500 万欧元在捷克的乔穆托夫（Chomutov）新建一个高科技设施，包括眼镜生产和高度自动化的配送中心。建设正在进行中，计划于 2024 年开始运营。

Fielmann 表示，乔穆托夫是升级和扩展 Fielmann 制造和物流能力的长期投资计划的一部分，将显著改善交货时间、产品交付的可靠性和销售渠道的成本结构。这项投资不仅为 Fielmann 在欧洲的快速扩张奠定了基础，而且也是重新定义公司 2700 万客户可以预期的产品可用性、交货时间和价格的大规模计划的一部分。通过扩大企业在欧洲的制造网络，公司还降低了成本和二氧化碳排放量，增强了企业的战略独立性以及盈利能力。在制造和物流方面，Fielmann 投资超过 1 亿欧元，以维持其在欧洲的强劲增长。这家德国家族企业在捷克的乔穆托夫投资 6500 万欧元，建设了一座占地 3.7 万平方米、最先进的制造和物流设施。初步产能为 250 万副/年，长期可扩展至近 500 万副/年。完全自动化的穿梭车物流中心计划可处理多达 800 万件物品。

【开云眼镜完成对太阳镜品牌 Maui Jim 的收购】 2022 年 10 月 13 日，奢侈品集团开云旗下部门开云眼镜已完成对美国太阳眼镜品牌 Maui Jim 的收购，剩余股份预计在年底前收购。自 2022 年 10 月 1 日起，Maui Jim 正式并入开云集团，目前开云眼镜持有 Maui Jim 超 90%的股份，预计 2022 年年底完成对剩余股份的收购。开云眼镜成立于 2014 年，是奢侈品眼镜细分市场中最具影响力的参与者之一。企业从设计、开发和销售等方面，为 17 个品牌提供完整、均衡的产品组合。

总部位于美国伊利诺伊州的 Maui Jim ，以其无与伦比的“阿罗哈精神（Aloha Spirit）”、客户服务，以及获得专利的先进 PolarizedPlus2 镜片技术而闻名。所有 Maui Jim 太阳眼镜产品皆能 100% 阻挡有害紫外线并消除眩光，同时对色彩、清晰度和细节加以强化。Maui Jim 太阳眼镜凭借对眼睛和眼周肌肤的有效紫外线过滤装备荣获皮肤癌基金会（Skin Cancer Foundation）的“推荐印章（Seal of Recommendation）”。

Maui Jim 被誉为全球增长最快的高端眼镜公司之一，产品远销 100 多个国家及地区，年销售额为 3 亿~3.5 亿欧元。Maui Jim 已于 10 月 1 日起并入开云集团。2022 年上半年，开云眼镜部门销售额同比大涨 49%至 5.9 亿欧元，经营利润增长至 1.11 亿欧元。

【EssilorLuxottica 扩大制造工厂规模推进收购业务】 2022 年 7 月 28 日，EssilorLuxottica 集团发布二季度及上半年（截至 6 月 30 日）财务报告。报告显示，上半年集团收入同比增长 37%至 120 亿欧元；第二季度同比收入增长 7%至 63.9 亿欧元。

EssilorLuxottica 宣布计划在墨西哥大幅扩大其眼科镜片制造业务。该项目的第一阶段将包括 1.2 亿美元的投资和近 1000 名员工的雇佣。依视路已在墨西哥奇瓦瓦州经营了 36 年，由于需求增加，正在扩大其足迹。与其在奇瓦瓦州现有的工厂相似，新的扩建项目将是一项高科技业务，生产半成品、超高折射率镜片，这些镜片将被送往选定的 EssilorLuxottica 中心，以转化为处方镜片。该设施预计将于 2023 年第四季度投入运营。EssilorLuxottica 宣布收购以色列光学镜片创新者 Shamir（沙米尔）剩余 50%的股份，而在过去 11 年中，Essilor 已持有沙米尔 50%的股份。

【蔡司向自动对焦眼镜制造商 Morrow 投资超千万欧元】 2022 年 9 月 1 日，蔡司风投宣布，向比利时的高科技初创企业 Morrow Eyewear 投资逾 1000 万欧元。

蔡司风险投资公司认为，虽然 AR/VR 设备如今已经进入了每个人的脑海，但眼镜及其镜片的普遍电气化和功能化是一个多次被忽视的领域。Morrow 开发的解决方案是实现这一目标的关键。本次融资由德国光学巨头蔡司的风险投资子公司领投，蔡司公司众多业务当中包括一个致力于生产视力保健用传统镜片的部门。

Morrow 表示，其产品可以降低画面的失真度并为用户的日常生活提供一副舒适的眼镜，好像让用户的视力回到十年前，只需按一下按钮，用户就可以阅读最小的印刷字体。

Morrow 是一家开发和销售一种智能电子眼镜的科技公司，这种产品主要用于改善人们的视力。该公司的旗舰产品，是 Autofocals。这种眼镜主要使用 Morrow 专有的可调箔片透镜平台，通过轻触按钮在远近之间切换焦距，并提供非常高的舒适度。Morrow 公司成立于 2016 年，是从 IMEC（微电子研究中心）和总部位于比利时根特的根特大学拆分出来的公司。该公司目前拥有来自 8 个不同国家的 23 名员工。该公司已从蔡司风险投资公司、IMEC、imec. xpand、QBIC、NSV、Tokai 和佛兰德政府获得超过 2500 万欧元的投资。

蔡司投资 Morrow，目的是通过眼镜的功能化，来改善消费者的生活。双方建立合作伙伴关系，有助于 Morrow 进一步开发产品，并与现有股东一起构建电子眼镜的通用平台。

【欧普康视出资超 1 亿元参设一支医疗产业基金】 2022 年 11 月 2 日，欧普康视（股票代码 300595）发布公告，公司全资子公司欧普康视投资有限公司与其他相关方拟共同投资设立安徽善泓创业投资合伙企业（有限合伙）（拟用名，具体名称以登记机关核定为准）。其中，欧普投资拟作为有限合伙人，以自有资金出资 1.15 亿元参与出资。基金规模为 4 亿元，山蓝资本担任基金管理人。基金主要投向创新医疗器械、生物医药及医疗服务赛道的优质公司，以医疗器械细分领域作为投资重点，关注眼科及眼视光、介入器械及耗材、生物新材料、IVD 领域、微创外科及手术机器人领域的投资项目。

欧普康视科技股份有限公司是一家专注于眼健康和近视防控技术与服务的高新技术企业。公司业务包括眼科及视光医疗器械（产品）与医疗服务两大板块，主营产品为角膜塑形镜等硬性接触镜（隐形眼镜）以及配套护理产品。山蓝资本是一家专注于早期医疗健康产业投资的专业基金，关注创新医疗器械、创新生物医药、生命科技、医疗服务等高成长细分领域，投资案例有国科恒泰、海纳医药、深睿医疗、盛世泰科等。

【欧普康视出资超 3 亿元投英飞尼迪】 2022 年 11 月 2 日，欧普康视（股票代码 300595）发布，公司全资子公司欧普康视投资有限公司与英飞尼迪贰号（珠海）创业投资合伙企业等拟共同投资设立基金。欧普投资拟作为有限合伙人，以自有资金出资人民币 3.49 亿元参与出资设立基金合肥英飞欧普健康科技创业投资合伙企业（有限合伙）。基金规模为 10 亿元，英飞尼迪（珠海）创业投资管理有限公司担任基金管理人。基金投资方向以眼科领域创新材料、耗材、器械及其他创新科技为主；以眼科以外其他领域的新材料、高值耗材、器械及其他创新科技为辅。

英飞尼迪资本管理有限公司（以下简称英飞资本）是珠海龙头国企华发集团旗下股权投资平台，是一家具有“国企+以色列”特色资源的国际知名投资管理机构。目前，英飞资本管理的基金规模逾 80 亿元，在先进制造及新材料、大健康及生命科学、节能环保等领域进行了重点布局，已投项目 80 余个。近两年，已有永胜医疗、凯莱英、华体科技、联诚精密等 10 个项目成功上市。

【Marcolin 获 Tom Ford 眼镜品牌新长期许可】 2022 年 11 月 15 日，雅诗兰黛宣布已签署协议，收购全球奢侈品领导品牌 Tom Ford。该交易对整个企业的估值为 28 亿美元。雅诗兰黛为此次收购支付的金额约为 23 亿美元。随着雅诗兰黛收购 Tom Ford 品牌，眼镜制造商 Marcolin 向雅诗兰黛支付 2.3 亿美元，获得与 Tom Ford 眼镜品牌的新长期许可。

【汇鼎光学 2022 厦门国际眼镜业展览会展示新品】 2022 年 11 月 24—26 日，欧普康视旗下参股公司汇鼎光学参加了 2022 厦门国际眼镜业展览会。会上，汇鼎光学展出了国家级发明专利产品，更轻更薄更平的星幕系列双面自由环曲面镜片，以及可全自动测量单焦及多焦镜片地形图的全自动焦度计 SOLOS、包含非对称数字离焦微透镜光学技术的跑跑因子分区离焦近视管理镜片和 HD 清御系列防蓝光镜片等产品，受到参会同仁的关注和肯定。

【研发工程师解读角膜塑形镜特色设计】 2022 年 11 月 30 日，欧普康视研发工程师专家在“每周说欧普”栏目当中，解答了为什么建议 8～12 岁的青少年选择半年抛的戴镜方法。专家从镜片的特色设计层面，解答了减薄、等厚的镜片，对戴镜的影响及帮助。总结起来说就是特色镜片的减薄设计，提高了首次戴镜的舒适性和适应性，非常适合低龄青少年；同时等厚的设计，又能维持减薄以后的离焦量，有助于角膜塑形镜的近视防控。因此，特色镜片设计和半年抛一样，是欧普康视推出的少儿戴镜计划中非常重要的组成部分。

（四）企业合作

【广州锦泉眼镜与依视路陆逊梯卡联手打造锦泉视光中心】 2022 年 1 月 1 日，由广州锦泉眼镜与依视路陆逊梯卡联手打造的锦泉眼视光中心在广州越秀区开业。依视路大中华区视力保健部总裁林国樑表示：“与锦泉眼镜的合作是探索视力健康‘破圈’和近视防控生态建设的新尝试。通过联合零售合作伙伴、政府、媒体、公众等多方力量，可以为更多有需要的儿童青少年提供可行、可持续的视光公益服务。”

广州市眼镜行业商会会长、锦泉眼镜掌门人何锦泉表示，眼镜给视力障碍的人群带来清晰的视界，与依视路陆逊梯卡建立战略合作是希望双方能携手共同努力打造适合社区的儿童青少年近视防控模式，并带动整个眼镜行业为社会带来“视力健康生态”。广东作为改革开放的前沿阵地，有得天独厚的营商环境，广东眼镜企业百花齐放，零售、贸易、生产、医疗各种业态并存，打造了中国眼镜生产基地、华南地区眼镜分销中心的业态环境。未来将发挥群体智慧、撬动粤港澳三地力量，为儿童青少年近视防控设计解决方案，推动行业取得突破性进展。

【豪雅光学与国际近视研究学会（IMI）宣布达成战略合作】 2022 年 3 月 17 日，光学技术创新企业豪雅光学宣布与国际近视研究学会（IMI）建立战略合作伙伴关系，未来将在全球范围内共同推动近视应对与管理的宣传及教育工作。

此次合作关系的达成，既是为了提高全社会对于近视，尤其是对“以循证方法进行近视管理的重要性”的认识，亦是为了更好地推动对近视问题的研究，并通过协同合作完善近视管理的诊疗标准。双方将共同努力，与视光业分享相关资讯、经过验证的研究成果，以及创新解决方案，切实应对日益严重的全球近视问题。同时共同致力于近视防控及管理方面的资讯共享和教育培训工作。

【迈创眼镜与全球特种材料公司伊士曼再续合作】 2022年5月初，全球知名光学眼镜和太阳镜制造商及分销商之一迈创眼镜（Marchon）宣布与全球特种材料公司伊士曼再续合作。迈创眼镜将成为首家在全球范围内广泛生产并销售由伊士曼Tritan Renew共聚聚酯材料制成的镜架和有色镜片，并应用于旗下众多涵盖时尚、休闲和运动风格的知名眼镜品牌。

2023年起，迈创眼镜将开始采用伊士曼的Tritan Renew共聚聚酯材料生产太阳镜、光学镜架和有色镜片，进一步履行社会责任，加强眼镜行业的可持续实践。

【沃尔玛收购AR光学技术公司Memomi拓展眼镜电商业务】 2022年6月29日，沃尔玛宣布与AR光学技术公司Memomi已达成收购协议，今后将进一步推动沃尔玛以及旗下山姆会员店在光学护理和相关方面的业务进展。本次收购预计将在未来几周内完成，此举有助于提升沃尔玛眼镜品类的电商服务体验，具体交易规模暂未公布。

Memomi是一家成立于2014年的光学眼镜技术服务商，其特点是通过AR和AI技术让用户快捷“试戴”眼镜，预览效果，帮助客户更快速、更高效地选购眼镜，当然用户可以自己在手机上完成体验。2019年以来，Memomi已为沃尔玛和Sam's Optical的门店提供了数字测量，包括约2800多个沃尔玛视觉中心和550个山姆会员店，并为Sams-Club.com的光学电子商务体验提供支持。此次收购将进一步推动沃尔玛健康与保健公司的战略，即提供集成的全渠道医疗保健，利用数据和技术来改善参与度、健康公平性和结果。

【厦门摩今光学与华图设计达成战略合作】 2022年7月13日，厦门摩今光学有限公司与华图眼镜设计有限公司战略合作签约仪式在华图总部隆重举行。双方就摩今品牌眼镜研发设计事项达成战略合作。

战略合作协议的签订标志着双方的合作研究又将迈上新的台阶，必将对眼镜产品创新、品牌塑造和核心技术研发等起到重大促进作用，为摩今眼镜大规模进驻国内市场提供坚强支撑，也为双方今后开展更加广泛、深入的合作交流奠定了坚实基础。

【沃尔玛与Waldo隐形眼镜建立独家合作关系】 2022年7月26日，沃尔玛发布声明，宣布与英国隐形眼镜品牌Waldo建立独家合作关系，旨在提供经济实惠的隐形眼镜。沃尔玛也是第一家提供Waldo隐形眼镜产品的独家零售商。作为世界性的连锁巨头，沃尔玛集团在全美的沃尔玛商店拥有约3100个视觉中心，客户可以轻松地拿到适合自己的处方眼镜、太阳镜、老花镜和隐形眼镜，其中约230个视觉中心由眼镜零售商National Vision运营。

Waldo是一家英国的互联网隐形眼镜品牌，该品牌的隐形眼镜拥有极其细致的边缘，佩戴时眼球更加湿润，还提供紫外线保护功能。凭借以顾客为中心的经营理念和优秀的产品，在初创期间就吸引了众多消费者，扩张速度非常快。

【中国眼谷与爱尔眼科战略合作打造眼健康“国之重器”】 2022年7月29日，中国眼谷与爱尔眼科的战略合作签约仪式在长沙举行。当双方在协议书上共同签下浓墨重彩的一笔时，打造眼健康发展“国之重器”的“奋进曲”正响亮奏响。强强联合，书写“共赢共享”精彩华章。

中国眼谷理事长瞿佳教授、爱尔眼科医院集团董事长陈邦等领导、专家出席仪式。瞿佳教授、陈邦董事长共同签署爱尔眼科·中国眼谷战略合作协议。小眼球推动大产业，小切口催化大场景。爱尔眼科作为眼科连锁医疗集团在发展规模和实力方面毋庸置疑，中国眼谷和爱尔眼科签署合作协议，不仅意味着爱尔眼科将深入温州龙湾，与中国眼谷协同推进产业资本、品牌合作，更标志着“爱尔力量”注入中国眼谷，助力打造眼健康产业的“国之重器”。

爱尔眼科医院集团表示，爱尔眼科将进一步加强与中国眼谷的合作。今天的签约只是爱尔眼科与中国眼谷的合作开端。双方将通过优势资源整合，在投资、品牌、资源、人才、科研等方面开展全面合作，共同推动构建由政府、医疗机构、投资机构、眼健康企业等共同参与的国际一流眼健康全产业链综合体。在双方的共同努力下，必将加速眼科领域前沿科研成果的转化，孵化更多眼科及眼视光领域最顶尖的科技创新项目，加快构建世界眼科创新高地。

【中国眼谷创新基地打造眼视光产业创新服务综合体】 2022年8月，根据《“科创中国”创新基地建设实施与管理办法（试行）》（科协办函创字〔2022〕57号）、《中国科协办公厅关于推荐首批“科创中国”创新基地的通知》（科协办函创字〔2022〕60号）要求，经评审和公示，194家单位入选首批“科创中国”创新基地。获得认定的创新基地进入建设阶段，建设周期为2022年至2024年。中国眼谷是由浙江省温州市重点支持，龙湾区人民政府与温州医科大学附属眼视光医院共同建设的全球首个眼健康科创、产业综合体。立足温州国家高新技术产业开发区与自主创新示范区，依托四大国家级科创平台，对标全生命周期、万亿级眼健康产业，汇聚全球先进理念、资源，推进全链条建设发展，全面打造世界一流的科技研发、产业孵化、学术交流、高端医疗和创新人才集聚区。

中国眼谷将对标“科创中国”三年行动计划要求，面向“五个世界一流”建设目标，着力构建资源整合、供需对接的技术服务和交易平台，实现人才聚合、技术集成、服务聚力，推动技术交易规范化、市场化、国际化，培育创新、创业、创造生态，打造眼健康“科创中国”样板。截至2022年8月30日，中国眼谷累计引进注册企业155家，涵盖眼科材料、药物、器械、服务、人工智能等全领域；建立世界500强、上市企业联合研究院25家，合作金融投资机构63家，国家药监局重点实验室、国家级“科创中国”示范基地等10个国家级、省级平台陆续落地建设，3.43平方公里中国眼谷小镇成功获批浙江省特色小镇。

【moody与星创视界合作发展彩色隐形眼镜】 2022年9月5日，彩色隐形眼镜品牌moody在上海举办“moody×星创视界（宝岛眼镜）彩瞳情绪空间站”发布会暨启动仪式，宣布moody进驻星创视界旗下宝岛眼镜门店，品牌将全面展开“线上+线下”全渠道长期布局，双方将在产品多元化、服务专业化等方面开展深度合作，实现高潜力新品牌与专业龙头渠道之间的优势互补、资源共享，引领消费者更科学、规范地佩戴彩色隐形眼镜，促进行业健康发展。现场，星创视界董事长王智民致辞，moody创始人兼CEO慈然、星创视界营运长刘冀忠等出席启动仪式。

moody与星创视界宣布达成长期战略合作，全面赋能双方在产品研发、线下场景、专业服务等方面的生态合作，为彩瞳佩戴人群提供眼部健康检查、抛期与材质适配、验配参数确认等服务，践行彩瞳行业健康高标准，为行业发展树立标杆，推动行业高质量健康发展。

自1997年创立以来，星创视界（宝岛眼镜）在全国近100多座城市拥有近1100家门店。作为中国眼视光领域的老牌龙头企业，星创视界坚持深耕专业的眼视光服务，致力于为消费者提供全方位视健康服务与解决方案。公司拥有近1600名专职验光师和完备的眼健康筛查设备。

2019年，moody在上海成立。成立之初便与亚洲领先的全自动化世界级工厂达成深度战略合作，打造行业技术壁垒。自主研发新一代的产线技术引入半导体行业的全自动化生产模式，升级6道AOI自动光学检测，保障镜片一致性与稳定性。并成立水聚合材料实验室与moody X中国眼谷角膜接触镜技术创新研究院，深耕材质技术迭代与光学设计研究。强大的供应链背景、技术壁垒与研发实力，让moody深受消费者喜爱，仅三年时间稳坐彩瞳头部品牌，也成为首个进驻宝岛眼镜的新锐彩瞳品牌。

此次moody与星创视界的强强联手，是moody将前沿学术知识、临床经验、优质产品的贯穿融合，借助星创视界深耕多年的全方位视健康专业服务，打通消费者科学佩戴彩瞳的一站式服务，大力推动行业健康高标准的践行。

【爱尔眼科与湖北科技学院战略合作】 2022年9月6日，爱尔眼科与湖北科技学院战略合作签约仪式在湖北科技学院举行。本次合作为续签，既是双方对过去十年战略合作的高度认可，更意味着双方合作进入新的纵深发展阶段。未来，校企两方将进一步推进眼视光学科建设、眼视光人才培养、产教融合等领域的深化与合作，共同谱写校企合作新篇章。

按照战略合作协议，校企双方将深化共建湖

北科技学院爱尔眼视光学院（以下简称爱尔眼视光学院），并共同加强专业人才培养。爱尔眼视光学院将依据国家卫生健委对卫生专业技术资格考试的标准要求、全力推动高水平临床、教学、科研、产业协同发展。针对视光医学技术类人员岗位标准化要求，规划设立“爱尔眼视光实验班”，共同培养既符合国家相关标准的视光医学技术类人才，又具有爱尔眼科大视光特色的专业人才，为中国眼科学和视觉科学的创新发展贡献智慧与力量。

双方还将共同打造省市级教育、科研和产教融合等标杆级项目，通过资源共享和优势互补，积极开展临床医学、眼视光医学、眼视光技术及其他医工结合的科学研究与技术创新，实现原创技术成果转化及应用。爱尔眼科与湖北科技学院战略合作的继续推进，势必将形成更大合力推动爱尔眼科在加强学科建设、提升科研创新能力、引进高精尖人才等方面迈上一个新台阶。

【LOHO集团与优你康战略合作成立隐形美瞳研发实验室】 2022年9月初，LOHO集团正式宣布：旗下隐形美瞳品牌MILLEAGE（觅丽季）将与国内领先的隐形眼镜工业4.0工厂—福建优你康正式确立全面战略合作关系，携手开启数字化时代下隐形眼镜的创新材料及花色研究新篇章。双方将成立“联合开发实验室”，旨在探索通过尖端材料创新，共同研发国内隐形眼镜的新材料，不断提升隐形眼镜的品质和佩戴舒适度，立足材料与技术的创新，关爱消费者视觉健康，努力开启创新材料及花色研究新篇章。

隐形美瞳品牌MILLEAGE（觅丽季）与福建优你康成立的联合开发实验室，将致力于挖掘产品本质，通过尖端科技开发更舒适、更多元、更有趣、更具创新力的产品，以满足不同消费者对隐形美瞳的高品质追求。

【明月镜片与阿里云签约达成合作】 2022年10月26日，中国镜片领导品牌明月股份有限公司与中国最大的云计算服务商阿里云正式签约，双方将基于阿里云的数字技术在企业运营、终端营销等领域开展深入合作，共同推进明月镜片的数字化转型。明月镜片与阿里云的合作，将是利用数字化构建镜片行业新零售的重要尝试。双方将利用大数据支持产品科研，分析场景需求与产品体验，夯实已有的科研技术，也为新产品开发奠定基础。同时，将利用平台为终端提供运营工具，提高渠道流通效率和帮助做好消费者运营服务，通过数字化赋能终端营销。明月公司将与阿里云合作，搭建消费者会员运营平台，为每一个消费者做好眼睛健康的全生命周期管理与智慧化服务。

阿里云与明月镜片的合作是顺应数字时代潮流，推动眼镜行业数字化转型的重要举措。阿里云将运用自身深厚的技术积淀，赋能眼镜行业，推动镜片制造向智造升级，为消费者带来更好的产品与服务，为渠道终端带来全新的发展模式。相信此次合作会为眼镜行业的数字化转型起到很好的示范作用，为中国镜片高质量发展注入创新动力。

【依视路陆逊梯卡与三家单位签署战略合作协议】 2022年11月6日，第五届进博会上，依视路陆逊梯卡集团宣布与上海市眼病防治中心、国家眼镜玻璃搪瓷制品质量检验检测中心（以下简称玻搪所）、星创视界达成三项战略合作，将分别围绕近视防控、眼科光学质检标准、变色片和光线管理三大领域展开深入交流与合作。依视路陆逊梯卡携手国家眼部疾病临床医学中心和上海市眼病防治中心打造近视防控一体化模式；协同宝岛眼镜母公司星创视界集团 满足消费者光线防护管理需求；联合玻搪所共同推进视光技术标准化发展，持续推进视力健康生态圈扩容，助力视光行业“人货场”升级理念落地。

依视路陆逊梯卡表示，作为视力健康生态圈的倡导者和引领者，依视路陆逊梯卡多年来致力于联合政、企、医、研、媒等生态伙伴探索创新的合作模式。在近视防控形势依然严峻的当下，与国家眼部疾病临床医学中心、上海市眼病防治中心围绕临床研究、规范服务、科普触达开展的全案合作，将进一步助力近视防控解决方案的落地；在光管理方面，与星创视界推出的联名变色片将推动该品类在中国市场的普及，提升中国消费者光管理体验。行业的长足发展离不开新技术的推广与标准化，通过与玻搪所的国际交流合作希望能合力促进中国眼视光行业规范发展。未来，我们期待能够有更多伙伴加入，助推视光行业迭代升级，共同守护国人视力健康。

【宝岛眼镜与京东新百货达成全渠道战略合

作】 2022年11月上旬，京东新百货与宝岛眼镜达成全渠道战略合作，联动宝岛眼镜全国千余家线下门店打通线上下单、线下眼健康筛查到验配零售的一站式服务，加码京东眼镜全渠道服务。“双十一”期间，消费者在京东线上下单，购买镜框或O2O券，可就近前往宝岛眼镜线下门店，在专业人员的指导下，进行眼健康筛查、产品适配评估与推荐、镜片加工与定制等个性化服务，享受专业且高效的一站式服务。

京东新百货携手宝岛眼镜开启战略合作，不仅让线上配镜的消费者可以享受到线下更专业的验配服务，更将“线下验光、线上配镜”升级为“线上下单、线下体验视健康管理服务”这一全新的全渠道服务，满足了更多个性化视健康需求，全面保障并提升了消费者的视光体验。后续，双方还将基于LBS位置服务，与更多眼镜线下门店合作，为消费者展示推荐最近的门店，并携手依视路、蔡司等行业品牌三方共建镜片套餐。

此外，京东新百货还与丹阳眼镜产业带展开合作，为眼镜品类提供丰富的供应链补给。同时，百世芬眼镜专营店、普视顿眼镜旗舰店等丹阳产业带商家，在“双十一”期间为消费者带来更丰富、更高性价比的产品选择。

【星创视界与依视路陆逊梯卡全视线战略合作签约】 2022年11月6日，依视路陆逊梯卡和宝岛眼镜母公司星创视界集团就变色镜片和360°光线防护管理签署战略合作协议，在为中国消费者带来优质变色镜片使用体验的同时共同提高对光线防护管理这一品类的认知和关注。

作为依视路陆逊梯卡集团旗下高科技镜片技术，全视线（R）智能感光镜片全视线变色镜片能够随室内外场景的切换，在不同光线条件下智能感光，并进行变色防护，为使用者提供更好的视觉体验与防护，提高视觉舒适度和光线防护，阻挡超过99%的UVA、UVB射线。在三年的战略合作中，星创视界旗下镜片品牌S@P将和全视线推出S@P全视线联名产品系列，为消费者提供贴近需求、更具价格优势的产品选择。双方还将借助宝岛眼镜1100多家门店作为宣传阵地，向更多消费者科普并推广360°光线防护管理理念。这也是依视路陆逊梯卡和星创视界继2020年进博会期间签署仪器采购和战略合作之后的又一次重磅业务合作。

星创视界集团董事长王智民表示：“随着消费者紫外线防护意识的提升，兼具矫正视力和光线防护功效的变色片品类是一种方便、时尚的消费选择。借助全视线的技术优势和星创视界旗下宝岛眼镜的渠道网络，我们希望能更好地满足消费者日益增长的光线防护管理需求。”

【蔡司光学与上海三联展开合作】 2022年11月8日下午，上海交易团大型零售采购商联盟集中采购签约暨“新消费·新动能”主题论坛在国家会展中心顺利举行。

33家上海大型零售采购商联盟会员企业，分别与来自多个国家和地区的厂商及品牌商代表进行了集中签约。其中，蔡司光学和百联集团下属上海三联（集团）有限公司（以下简称上海三联）签署最新采购协议，这也是双方连续第二年在进博会上进行采购签约。

上海三联隶属于国内零售业的龙头——百联集团，旗下拥有行业领军眼镜品牌吴良材和茂昌，均为闻名遐迩的百年老字号，在眼镜业市场份额始终稳居专业前列，以专业见长，在消费者心目中拥有相当高的品牌知名度和市场认可度。

蔡司光学作为光学及光电行业的领导者，其品牌及产品象征着良好的视觉品质，蔡司致力于运用专业的光学技术提升人类的视觉品质，是将眼科专业技术与视力解决方案合为一体的镜片制造商。在健康领域，蔡司是世界领先的眼健康解决方案提供商，致力提供满足消费者的眼健康全生命周期的解决方案。

上海三联与蔡司光学持续合作，从蔡司电竞镜片的首发落地，开设战略合作门店，利用精准设备为消费者提供高质量视觉方案。双方不断通过先进科技、专业验配、丰富产品为不同消费群体打造极致体验，并持续为品牌注入新活力。双方将在2023年度持续推进合作，在消费升级的大背景下，强强联手为消费者提供高品质的视光产品和服务。

【万新光学和火眼医疗达成战略合作】 2022年11月25日，2022年厦门眼镜展圆满闭幕。当日，万新光学集团举行“看好未来　看新未来”眼镜行业发展趋势发布会，与全国参展商共襄盛会、共话合作、共谋发展。活动中，多位企业代表、行业专家上台致辞，分享行业趋势解读专业知识。下午，万新光学和火眼医疗正式签约完成，成为战略合作伙伴。

万新眼镜成立于1973年，是国内镜片生产领军企业。在技术研发与产品推广上始终站在行业前沿，为消费者提供全品类视觉解决方案，助力零售客户实现持续性业绩增长和自我造血功能，引导行业向更高端、更核心、更专业的方向发展。下属江苏万新光学有限公司、镇江万新光学眼镜有限公司、万新纸业等9个控股子公司，上海柯蓝光学眼镜有限公司、上海恒典光学眼镜有限公司、上海铭赛光学眼镜有限公司、深圳万新眼镜有限公司等集团成员单位，是国内历史悠久的眼镜生产型企业，万新产品遍布欧美近40个国家和地区。

火眼医疗拥有一支专业的维修服务团队，统一的售后服务标准，承诺在规定的时间内及时专业地解决客户售后问题。特色备用机服务，即遇需要返修的机器，火眼医疗将在24小时内寄出备用机，最大限度保障用户的正常使用不受影响。

伴随这次签约，华邃FAL系列眼轴长测量仪将出现在全国各地的万新光学眼镜合作门店内，为更多的孩子精确地推荐近视解决方案。同时，万新光学2022年推出的“易百分·孔雀”版延缓儿童近视加深镜片，采用新一代连续点阵离焦技术，延缓眼轴增长，延缓近视加深。此次合作，是万新光学与火眼医疗志同道合，携手为儿童青少年近视提供专业的青控验配解决方案的决心使然。双方本着平等、互惠、互信、互利的原则，最大限度地发挥各自资源优势，践行社会责任，推动儿童青少年配镜市场发展。

【依视路旗下星趣控和雷朋宣布启动整镜合作】 2022年11月，2022年厦门国际眼镜业展览会（以下简称厦门展）期间，星趣控和雷朋宣布启动整镜（Complete Pair）合作，将集团尖端视光技术和框架设计能力相结合，为儿童提供更符合脸型特征、佩戴习惯的一体化整镜选择，打造近视管理模范“CP”。

厦门展期间，全球领先的视力保健和眼镜制造企业依视路陆逊梯卡首次以集团形象亮相这一业内盛会。依视路陆逊梯卡展示了旗下依视路、全视线、雷朋、欧克利等多个全球知名镜片和眼镜品牌，并推动近视管理方案升级和视光社区化发展，满足中国消费者不断变化的视力健康和打造个人风格的需求。

近年来，依视路陆逊梯卡在控制近视进展的功能性镜片领域不断投入科研力量，助力应对近视这一迫在眉睫的公共卫生问题，守护中国青少年眼健康。重要成果之一便是在2020年推出搭载了集团首创H. A. L. T高非球微透镜技术的星趣控镜片，这也是本次厦门展期间的人气展品。与权威机构合作开展的最新临床试验数据显示，当每天戴镜时间超过12小时，可延缓近视加深平均达67%。

镜架的适配度对于近视控制效果十分重要，却往往被行业忽视。星趣控和雷朋整镜（Complete Pair）合作，这是依视路陆逊梯卡深耕青少年近视管理创新方案的最新探索，也是集团将依视路视光中心与旗下亮视点零售渠道强强联合后在资源整合方面的又一举措。

【施华洛世奇和依视路陆逊梯卡宣布10年许可协议】 2022年12月6日，奥地利著名国际品牌施华洛世奇（Swarovski）和欧洲眼镜制造业巨头依视路陆逊梯卡（EssilorLuxottica）宣布，双方签署了一份独家授权协议，共同设计、制造和在全球分销施华洛世奇眼镜。

施华洛世奇眼镜的设计灵感源自该品牌的珠宝系列，与其珠宝、家居装饰和配饰系列相得益彰。该协议将施华洛世奇的创意和设计与EssilorLuxottica的知识、创新和专长相结合。施华洛世奇眼镜之前与意大利眼镜制造商Marcolin合作。它的第一个太阳镜系列于2011年上市。此次协议有效期至2028年12月31日，并可自动延长5年。根据协议，第一批产品于2023年9月上市。

【意大利眼镜制造商DeRigo收购德国眼镜品牌Rodenstock】 2022年12月12日，意大利眼镜制造商DeRigo（德利高）集团宣布已签署协议，将收购德国眼镜品牌Rodenstock（罗敦司得）眼镜部门的全部所有权。该交易于2023年第二季度末完成。交易细节未披露。

DeRigo表示，此次收购是其在高端眼镜领域进一步国际扩张和增长战略计划的一部分。它旨在加强集团在中欧尤其是德国眼镜市场的分销平台。Rodenstock眼镜与DeRigo业务的整合将通过额外的资源、专业知识和在德国以及国际市场的广泛网络来加强销售网络。

此次收购，包括 Rodenstock 眼镜和 Porsche Design Eyewear（保时捷设计眼镜），它们将补充现有的 DeRigo 产品组合。DeRigo 于 2023 年 1 月 1 日开始在北美销售保时捷眼镜。

意大利眼镜制作商 DeRigo 于 1978 年成立，现如今已是设计、生产和分销高端处方镜架和太阳镜的全球领导者。由于其广泛的批发和零售网络，该集团目前在 80 多个国家开展业务，主要分布在欧洲、亚洲和美洲，通过 18 家公司和 100 多家独立分销商进行产品销售。Derigo 现拥有自有品牌 POLICE、LOZZA、Sting 等，拥有特许经营品牌 Aramis、肖邦、FILA、FURLA、GAP 等。

德国高端眼镜制造商 Rodenstock 公司成立于 1877 年，总部位于慕尼黑，在全球拥有约 4700 名员工，在超过 85 个国家及地区设有销售办事处和分销合作伙伴，并在 13 个国家及地区的 14 个地点设有生产工厂。

作为一家医疗技术公司和眼镜镜片及镜架的主要制造商，Rodenstock 代表着最高质量的德国工艺，尤其是在眼镜镜片领域，拥有一系列突破性的创新和市场领先的技术，代表着新一代个性化眼镜镜片。Rodenstock 目前从事眼镜镜片和镜架的开发、生产和销售，拥有自有品牌 Rodenstock 及授权品牌保时捷设计。

【阿玛尼集团与依视路陆逊梯卡续签 15 年协议】 2022 年 9 月，欧洲眼镜制造业巨头依视路陆逊梯卡（EssilorLuxottica）和意大利阿玛尼集团（Armani Group）宣布续签 15 年合约。

根据协议内容，EssilorLuxottica 将继续负责 Giorgio Armani、Giorgio Armani Privé、Emporio Armani、EA7 Emporio Armani 和 A | X Armani Exchange 等一系列品牌眼镜的开发、生产和全球分销。新协议于 2023 年 1 月 1 日起生效。EssilorLuxottica 与阿玛尼集团当前的协议于 2013 年 1 月 1 日起效，于 2022 年 12 月 31 日到期。

EssilorLuxottica 和阿玛尼集团的渊源可以追溯到 1988 年，当时 Luxottica 的创始人兼已故董事长 Leonardo Del Vecchio 与设计师 Giorgio Armani 合作，采用优质材料和精湛工艺打造出 Armani 品牌眼镜并将其销售至世界各地。这也被视作是引发消费者改变眼镜佩戴用途的开端——从必要的医疗设备演变为时尚配饰和个人风格的象征。

【Marcolin 与哈雷摩托扩大许可协议至 2027 年】 意大利眼镜制造商 Marcolin 和哈雷戴维森摩托车公司宣布续签他们的许可协议，继续设计、制造和全球分销哈雷摩托品牌的光学镜架和太阳镜。这一新安排将合作伙伴关系延长至 2027 年 12 月 31 日，现在包括增加专为骑行而设计的性能和防护太阳镜。

Marcolin 的所有哈雷戴维森（Harley-Davidson）品牌眼镜将继续包含关键的标志性元素，包括标志整合、摩托车灵感的细节和受哈雷戴维森影响的设计。

Marcolin 和哈雷戴维森的合作关系始于 2013 年。据悉，新的性能和防护太阳镜款式使公司能够进入一个新的全球产品领域。这种新型太阳镜将包括泡沫衬里和可拆卸垫圈，并将满足适用的 ANSI（美国国家标准化协会制定投影机光通量标准）安全特性，例如高速和高质量冲击。Marcolin 将把其在奢华和时尚眼镜方面的专业知识与满足摩托车骑手防护眼镜标准所需的严格测试相结合。

【依视路陆逊梯卡与法拉利达成跃马商标授权协议】 2022 年 12 月 26 日，全球领先的视力保健和眼镜制造企业依视路陆逊梯卡宣布将进一步延续和深化与法拉利公司的合作，双方的合作最早始于 2016 年。双方签署的多年协议于 2023 年 1 月 1 日生效。根据协议，依视路陆逊梯卡将继续设计、生产和销售雷朋法拉利车队系列。依视路陆逊梯卡与法拉利将合作推出首批以跃马商标为特色的单一品牌眼镜系列。根据协议，依视路陆逊梯卡的赞助范围进一步扩大：雷朋的标志除了会出现在一级方程式单座赛车上，还将首次出现在 Competizioni GT 官方车手的赛车和服装上。Competizioni GT 官方车手将驾驶勒芒超级跑车参加世界耐力锦标赛，或驾驶 GT3 赛车参加 Gran Turismo 锦标赛。

依视路陆逊梯卡表示，法拉利是独一无二、不可替代的。依视路陆逊梯卡和法拉利的合作从开始就充满惊喜。在雷朋和法拉利车队的首次合作中，公司看到了赛车迷对法拉利品牌的热情，赛车和时尚的跨界融合更为眼镜设计带来了新的灵感。随着合作关系的深化，依视路陆逊梯卡希望能够给全世界更多消费者创造更多惊喜，并进一步推动法拉利在眼镜设计领域中的发展。

法拉利表示，法拉利准备与依视路陆逊梯卡一起实现全新的目标：共同打造首个法拉利专属眼镜系列，并应对新赛季中可能面临的一系列挑战。基于双方共同的卓越历史和切实共享的价值观，我们希望与选择并信任我们、信任双方品牌持续发展合作的数百万粉丝和消费者一起，打造更多振奋人心的项目。

2023

CHINA
GLASSES
YEARBOOK

五

眼视光篇

（一）近视防控

【“中国儿童青少年近视防控大数据白皮书暨屈光发育档案普及计划”发布】 2022年7月10日，“中国儿童青少年近视防控大数据白皮书发布会暨屈光发育档案普及计划”在成都举办。发布会上，爱尔眼科视光研究所与中南大学爱尔眼科学院联合发布了《中国儿童青少年近视防控大数据白皮书》（以下简称《白皮书》）。《白皮书》对英国、越南和中国三国儿童青少年用眼行为与视觉环境进行对比；并对全国27个省310万名儿童青少年的抽样调查数据进行解读；最后对全国近视防控试点区成都市青羊区近3年近视防控成果进行总结。

数据表明，“中国孩子在家用眼行为更差，6岁儿童中45%已经失去远视储备，6~10岁孩子度数增长快……”《白皮书》显示，中国近视防控工作虽取得一定成效，但仍需提升全社会正确认知。所以发布会现场还启动了“屈光发育档案普及计划”，近视防控要从娃娃抓起，亟须关口前移。

据《白皮书》数据统计，2021年全国儿童青少年总体近视率为52.7%，英国儿童青少年整体近视率为36.7%，越南儿童青少年整体近视率为46.1%。基于此前爱尔眼科启动的“全球近视眼大数据多中心研究”项目，利用云夹，《白皮书》采集了中国、越南、英国三国6~9岁低年级学生的近960万条有效数据，并从阅读环境光照、用眼距离、持续近距离用眼占比及次数和高危近距离作业4个维度，对比分析了三国学生在校与在家的用眼行为与视觉环境。

阅读环境光照是影响近视发展的重要外部环境因素，《白皮书》显示，在校上课期间，中国低年级学生的采光环境较好，达到了1687lux，但中国学生晚上在家做作业时的采光环境很差（入眼光照58lux），英国较好。随着各地政府实施学校教室照明工程，学校采光环境进一步改善，但中国家庭对灯光照明的认识远远不够。三国数据对比中，在周末白天，随着“双减”政策实施，中国学生课业压力变小，户外活动多，采光较好；周末夜晚，英国家庭注重家庭灯光，采光较好，越南较差。

世界卫生组织（WHO）屈光不正防控全球专家组成员、国际近视眼研究学会（IMI）中国大使、爱尔眼科医院集团眼视光研究所副所长蓝卫忠教授解读分析，三国学生在平均用眼距离方面，“在校”和“在家”都达到了70厘米以上的标准，但周末在家平均用眼距离略低于在校期间。在连续用眼占比及次数方面，中国学生在60厘米内用眼至少连续半小时，即使是在周末，平均一天近距离用眼总时长也超过4小时。中国学生在家高危近距离作业（<30厘米）时间较长，用眼负荷重。《白皮书》对覆盖全国27个省的310万名6~16岁儿童青少年，就2020年与2021年9—12月两年间青少年近视患病率及近视矫正率进行抽样调研。

发布会上，教育部体育卫生与艺术教育司体育与卫生教育处副处长、一级调研员樊泽民演讲的主题是“四年有成　蓄势待发”，他指出，本次发布会及其研究成果是落实《“十四五”全国眼健康规划（2021—2025年）》的具体体现，对疫情常态化防控时期家庭和学校做好儿童青少年防控工作具有重要指导意义。疫情防控新常态为儿童青少年近视防控工作带来了挑战，他呼吁家校协作改善儿童青少年用眼环境与生活习惯，共同守护孩子的眼健康。

【教育部通知严禁无资质机构入校开展视力检测】 2022年2月24日，教育部官网发文，教育部、国家卫生健康委、市场监管总局联合印发《关于进一步规范校园视力检测与近视防控相关服务工作的通知》（以下简称《通知》）。

《通知》要求严禁无资质机构入校开展视力检测。各地卫生健康部门开展学生近视等常见病监测、各地教育行政部门开展学生体质健康监测，要对相关检测机构严格把关，坚决杜绝无资质的机构入校开展视力检测。学校开展学生视力监测等工作，应报当地教育主管部门批准后开展。

《通知》要求严控近视防控产品和服务质量。禁止向校园提供未获得相关资质的近视防控产品和服务。采用质量认证手段推动近视防控工作，开展教室照明和读写台灯等健康照明产品、桌椅人体工效学产品、眼视光产品、学习用品、验光配镜服务等认证，提升近视防控产品质量和视觉健康服务水平。健全政府、行业、社会等多层次认证采信机制，广泛宣传获得认证的眼视光产品和服务。

《通知》要求严格视力监测数据安全管理。监测组织部门、学校和检测机构要加强数据安全管理和个人信息保护，加强数据采集、存储、传输、处理、应用等全周期安全防护。不得私自对外泄露学生个人和视力等信息，不得与第三方共享用于商业用途，情节严重的依法依规追究相关人员责任。

《通知》要求严格视力检测与相关服务督导检查。各地教育行政部门、卫生健康部门和市场监管部门协同配合，对检测人员资质、工作流程和方法、质量控制以及近视防控产品和服务提供情况等开展专项检查和督导，严肃处理弄虚作假、敷衍塞责的机构，情节严重者依法追究有关责任人责任。

各地市场监管部门要依法从严查处使用“康复”“恢复”“降低度数”“近视治愈”“近视克星”“度数修复”等误导性表述对儿童青少年近视防控产品进行营销宣传的行为。

【国家卫生健康委推进儿童青少年近视防控工作取得成效】 2022 年 1 月，国家卫生健康委以习近平总书记关于儿童青少年近视的重要指示精神为指引，指导地方卫生健康部门发挥专业优势，科学防控、综合施策，合力推进儿童青少年近视防控取得积极成效。

一是压实各方责任。在部门分工基础上，制定国家卫生健康委儿童青少年近视防控工作要点，细化实化全年具体工作措施，全面压实委内各司局和地方责任，稳步推进各项工作措施落细落地。联合教育部、体育总局等部门开展年度各省人民政府近视防控评议考核，将考核结果通报地方政府，督促整改，压实地方主体责任。

二是全面监测干预。对全国所有地市持续开展学生近视及其影响因素监测，2021 年多地实现监测区县全覆盖。权威发布了 2020 年全国儿童青少年总体近视率（52.7%），全面动态评估不同年级学生近视率的变化趋势及影响因素，以问题为导向，分类指导各地、各校有针对性地、精准落实综合防控措施和干预行动。

三是典型示范引领。2021 年新确定了 174 个县（区）为第二批儿童青少年近视防控适宜技术试点县（区），全国试点县（区）达到 357 个，专业对口机构扩大到 14 家，进一步强化专业指导力量。在全国形成了一批综合的、具有地方特色的、可推广的近视防控典型经验试点县（区），以点带面，全面推广综合防控近视适宜技术。

四是加强标准研究。发布《儿童青少年学习用品近视防控卫生要求》《中小学生健康体检管理办法（2021 年版）》《儿童青少年近视防控适宜技术指南（更新版）》，制修订《中小学校教室采光和照明卫生标准》《儿童青少年视力健康管理技术服务指南》，为科学规范地预防和矫正近视提供技术标准。支持专业机构开展远视力储备等近视防治基础性研究及适宜技术应用研究，促进技术成果转化应用。

五是防控关口前移。印发《0~6 岁儿童眼保健及视力检查服务规范（试行）》，加强近视早期监测和预警能力。推动全国儿童眼保健和视力检查服务覆盖率达到 90%以上，依托电子健康档案完善 0~6 岁儿童视力健康电子档案，并随入学实时转移、动态管理。加强眼保健基本服务建设和技术指导，基层儿童眼保健服务能力不断提升。

六是规范视觉环境。印发《关于开展 2021 年托幼机构、校外培训机构、学校采光照明“双随机”抽检工作的通知》，开展教室（教学场所）采光照明抽检工作，促进学校改进教学卫生条件。将规范近视矫正纳入国家随机监督抽查计划，加大打击力度，依法依规严肃查处违法行为。

七是提升专业水平。成立国家儿童青少年视力健康管理专家咨询委员会，发挥近视防控国家级专家支撑作用，为儿童青少年视力健康管理工作提供咨询和指导。强化基层眼科和眼视光人才队伍建设，在中初级考试专业中增设眼视光技术专业，逐级开展基层儿童眼保健人员技术指导，推进眼科专业住院医师规范化培训。

八是全方位教育引导。发布《有阳光有未来 ·

防控近视科普常识》《专家共识：同心同力·促进儿童青少年眼健康》《寒假期间儿童青少年预防近视健康科普 20 询解》，开展“全国爱眼日”“我爱眼　我话眼”征文评选等健康教育系列活动，在《学生健康报》开设“学生健康来了”专栏，推广先进做法和经验，增强家长和孩子“健康第一责任人”意识。

下一步，国家卫生健康委将继续坚决贯彻落实党中央国务院决策部署，全力推进儿童青少年近视防控工作。一是组织实施“十四五”眼健康规划。以儿童青少年为重点人群，推动涉及全年龄段人群全生命周期眼健康事业高质量发展，提升近视矫治水平。二是全面加强监测与评估。在地市级全覆盖的基础上，力争实现县（区）学生近视监测全覆盖。联合相关部门做好近视防控年度评议考核工作，总结经验、实施干预。三是继续扩大适宜技术推广范围。加强对全国首批 183 个和第二批 174 个近视防控适宜技术试点县（区）的“一对一”专业指导，及时总结先进经验和成效。四是加强 0~6 岁儿童眼健康管理。确保 0~6 岁儿童每年眼保健和视力检查覆盖率达 90%以上，推动视力健康电子档案的逐步建立。五是加大卫生监督检查力度。部署做好 2022 年学校教室采光照明的国家随机抽查，联合相关部门切实加强监管执法，规范近视矫正服务。六是加强标准制定和基础性研究。开展儿童远视力储备调查、干预保护效果研究等基础性研究和相关标准制修订及宣传等工作。七是持续不断开展公众眼健康宣教。举办形式多样的儿童青少年预防近视宣传活动，推动学校、家庭、社会和儿童青少年共同加强近视防治，形成氛围。八是统筹推进学校卫生工作。

【教育部遴选首批全国儿童青少年近视防控基地】 2022 年 8 月，教育部办公厅印发《关于遴选 2022 年全国儿童青少年近视防控基地的通知》（以下简称《通知》），部署遴选和建设首批全国儿童青少年近视防控基地。2022 年首批遴选 30 个左右。

《通知》明确了遴选和建设基地的宗旨和目标是依托基地，总结近视防控成功经验和模式，探索创新体制机制，充分发挥专业引领优势，着力破解近视防控难题，全面提升综合防控儿童青少年近视工作水平。

《通知》明确了基地的申报条件。全国儿童青少年近视防控基地应为省级儿童青少年近视防控基地或指导中心，具备完整的组织架构、明确的工作目标、健全的工作机制、稳定的近视防控经费投入。具备实力较强的专业技术力量，积极参与并推动政府部门出台相关政策，采取科学防控措施，为儿童青少年提供优质的眼健康服务。在近视防控专业领域有创新成果、突出贡献，或者在构建儿童青少年近视综合防控科学体系方面有创新举措，经验可向全国复制推广。在近视防控相关影响因素方面建立监测系统，严格把控近视防控服务质量以及防控措施的效果评价。能广泛开展形式多样的近视防控科普宣传教育，在科普素材发布、科普队伍建设、科普阵地拓展等方面有显著成效。

《通知》明确了单位申报、省级教育行政部门推荐、答辩、公布等遴选程序。各省级教育行政部门遴选推荐 1~2 个本省域内综合防控儿童青少年近视工作方面成效突出、有较好影响力的学校、医疗卫生机构、科研院所等。对遴选认定的单位，命名为“全国儿童青少年近视防控基地”，整合资源，合作发展，打造具有影响力的全国儿童青少年近视防控基地品牌。

2021 年年底国务院印发的“十四五”教育发展规划提出，在“十四五”期间遴选和建设 100 个全国儿童青少年近视防控基地，分批逐步推进。

【6 岁儿童中 45%已失去远视储备，6~10 岁的儿童近视度数增长较快】 2022 年 7 月 10 日，爱尔眼科视光研究所与中南大学爱尔眼科学院联合发布了《中国儿童青少年近视防控大数据白皮书》。

爱尔眼科医院集团眼视光研究所指出，从近年来儿童青少年近视的情况来看，近视高发的年龄段已从 8~12 岁提前至 6~10 岁，近视眼主要受到遗传和环境的影响。同等条件下，相比父母没有近视的孩子来说，父母一方有近视，孩子出现近视的情况要高出 2.1 倍左右；父母双方近视，孩子出现近视的情况要高出 4.9 倍左右。从环境因素考虑，孩子用眼时间过长、所看物体过小、看书环境光线过明或过暗以及用眼姿势不正确，都可能诱发孩子近视。加上家长对孩子近视的认识不足，导致孩子的近视率在逐年递增。孩子刚出生的时候，眼轴只有16毫米左右，往往存在300度左右的远视。这个“远视储备”非常重要，决定着孩子未来近视的概率。随着年龄的增长，眼球增大，视力增加，远视减少，直至12岁左右转为正视眼。从出生到6岁，孩子的眼轴变化是非常快的。这个时期，家长尤其要控制孩子的近距离用眼。如果眼轴增长过快，“远视储备”会被过早透支，孩子就会近视，且以每年50度左右的频率增长，一直到18岁停止发育为止。虽近视防控已取得一定成效，但《白皮书》仍显示，6岁儿童中45%的人已失去远视储备，近视防控亟待关口前移。中国医师协会眼科医师分会第五届委员会临床视光与眼保健学组委员、爱尔眼科四川省区副总院长林江表示：“学龄前是预防近视的关键期，家长一定要抓紧时间帮助孩子养成正确的用眼习惯。”

【儿童青少年近视防控五大盲区】 2022年7月10日，中南大学爱尔眼科学院强调，近视防控一定要分为“防”和“控”这两项工作，并详细解析了近视眼防控的五大盲区。

盲区一——忽略了监测与干预：近视防控工作中不仅要做好建档筛查，更需要提早做出干预手段，例如增加户外活动时间。

盲区二——忽视了家庭的特别重要性：调查发现相较于在校，儿童在家时间更多、用眼环境更差、用眼习惯更差。因此在家庭中更需要关注用眼习惯，家长是近视防控的守门人。

盲区三——要重视眼镜验配的专业度：需要整体提升专业水平，不应只注重矫正，同样需要注重防控。

盲区四——对低浓度阿托品的作用理解片面：要根据孩子眼睛情况考虑是否可以使用，以及使用浓度。

盲区五——孩子近视后家长漠不关心或过度焦虑：家长应相信科学，配合视光师做好近视防控工作。

中南大学爱尔眼科学院提醒家长更多地关注孩子眼健康，并且注意孩子不良的用眼习惯，一旦发现孩子有眼睛相关的症状，应及时带孩子就诊检查视力，及早为孩子建立屈光发育档案，记录孩子屈光发育情况，1年至少2次，做到早发现、早干预。如果孩子已经近视，要去正规的眼科医疗机构通过科学的方法进行控制，避免发展为高度近视。

【教育部部署开展第5个近视防控宣传教育月活动】 2022年8月17日，教育部印发《关于开展第5个近视防控宣传教育月活动的通知》（以下简称《通知》），部署各地教育行政部门、中小学校和幼儿园在2022年9月开展以“全社会都要行动起来，共同呵护好孩子的眼睛，让他们拥有一个光明的未来”为主题的近视防控宣传教育月活动。

活动旨在推动各地教育行政部门、中小学校和幼儿园全面落实《综合防控儿童青少年近视实施方案》《儿童青少年近视防控光明行动工作方案（2021—2025年）》《教育部等五部门关于全面加强和改进新时代学校卫生与健康教育工作的意见》等文件要求，进一步营造近视防控宣传教育氛围，培育视力健康文化。

《通知》强调，各地教育行政部门、中小学校和幼儿园要充分发挥近视防控宣讲团作用，进一步提高宣讲工作针对性。积极开展上好开学第一堂视力健康课、召开一次主题班会、组织一次家长宣讲、开展一次校园宣传、进行一次国旗下讲话、合唱一首《光明的未来》等活动，深入开展科学用眼护眼健康宣传教育，促进学生自觉爱眼护眼。要加强近视防控培训交流，面向班主任、校医（保健老师），开展班级日常视力健康管理工作和学生用眼行为规范培训。鼓励设立班级学生视力健康委员等班级近视防控专门岗位。组织地区间、学校间近视防控经验交流，充分发挥试点试验地区和示范学校引领作用，以点带面，持续推进近视防控工作。要落实近视防控常态措施，指导学校进一步强化中小学生手机、作业、睡眠、读物、体质五项管理，改善视觉环境。要发挥家庭近视防控关键作用，强化与家长沟通协作，鼓励学校在家长委员会中明确家长代表的近视防控职责，发挥家庭教育在近视防控工作中的关键作用。充分发挥学生、家长宣讲作用，引导家长提高家庭眼保健意识，共同管理控制“视屏时间”，营造爱眼护眼的健康家庭氛围。

《通知》要求，各地教育行政部门、中小学校和幼儿园要增强针对性，高度重视、统筹推进常态化新冠肺炎疫情防控下儿童青少年近视防控，聚焦重点难点、采取有效措施。要突出丰富性，紧扣主题、因地制宜，拓宽宣传教育渠道，创新宣传教育形式，推动单一的宣传近视防控知识和技能向主动获取视力健康信息转变。要坚持公益性，严禁无资质机构入校开展视力检测，严厉打击虚假违法营销宣传行为，严禁任何单位和个人借此名义发布或者变相发布商业广告。要注重实效性，将推进近视防控宣传教育与加强新时代学校卫生与健康教育工作相结合，合力加强近视防控宣传教育工作。

【两会代表为中国眼健康事业发展建言献策】 2022年3月5日、3月4日，十三届全国人大五次会议和全国政协十三届五次会议分别在北京开幕，来自各行各业的代表委员将基层的声音带上全国两会。全国人大代表、山东中医药大学附属眼科医院院长毕宏生着重围绕加快儿童青少年近视防控"山东模式"成果和模式的推广应用等话题提出建议，通过积极建言，助力做好儿童青少年近视防控工作。

长期以来，山东省系统开展儿童青少年近视防控工作，以"查、防、控"为目标，形成了以中西医并举为特色的儿童青少年全周期近视防控的"山东模式"。在2021年公布的全国综合防控儿童青少年近视工作评议考核中，山东省以总分111.65分位列全国第一。

毕宏生认为，行之有效的儿童青少年近视防控"山东模式"，需要进行进一步的推广应用。毕宏生表示，山东中医药大学附属眼科医院牵头设立的眼科医疗联盟已经拥有118家联盟单位，同时，山东省儿童青少年视力低下防治中心及其市县级分中心也在维护儿童青少年视力健康方面发挥了重要作用。截至2022年3月，全省各地市成立了60家儿童青少年近视防控中心，科学、系统、规范开展儿童青少年近视筛查、建档、预警、防控，每个中心评选建立示范学校，开展规范化视力低下综合防治的试点工作，目前已累计辐射、服务儿童青少年1280万人。国家卫健委数据显示，2020年的我国儿童青少年总体近视率是52.7%。毕宏生指出，在社会各界的共同努力下，这个数据已经较2018年下降了0.9个百分点，是非常来之不易的。我国的近视率依然居高不下，近视防控依然面临着三大挑战：近视低龄化突出、近视度数增长过快、近视防控科普的广度和深度亟须提高。

【全国政协委员呼吁近视防控要尽早发现，尽早干预，精准防控】 在全国政协十三届五次会议上，全国政协委员、何氏眼科集团董事长何伟教授的两会个人提案中，就儿童青少年近视防控等热点问题，提出了自己的建议。

一、打造"近视防控365体系"，构建儿童青少年视力健康生态圈。借助数字技术，建立国家儿童青少年视力健康管理服务平台，实现对儿童青少年视力健康的动态监测与智能管理，实现365天×24小时的近视防控；围绕近视发展全周期，精准制定相应的预防、管理、控制、跟踪方案；全面关注儿童青少年视觉生理健康与心理健康、全面发挥多种干预措施的积极作用，包括基因检测、中医干预、环境改善等；借助数字技术，渗透儿童青少年学习、娱乐、医疗、居住全生活场景；动员全社会力量，形成家校医政四位一体的联动近视防控体系。

二、加强基层近视防控服务能力建设，打通近视防控最后一公里。通过智能设备、数字技术让创新技术下沉到社区和乡村，通过数字化技术赋能，建立社区智慧眼健康管理诊所和乡村智慧眼健康管理站，确保基层得到专业的近视防控保障。

三、开展全社会眼健康知识普及教育，提升全人群眼健康知识普及和防控意识。积极开展线上线下结合、传统媒体与新媒体结合、校医+骨干教师+家长+学生+眼科专业人才的全人群培训教育，帮助儿童青少年掌握科学用眼、护眼知识，帮助校医、骨干教师监管学生眼健康。

四、引导高校培养高质量眼健康管理专业人才。引导高校大力培养眼视光、健康管理、健康教育等眼健康管理专业人才，不断提高近视防控专业人才数智化水平，为基层医疗卫生服务机构输送高质量眼健康管理人才。

【上海市教委倪闽景建议"把近视率纳入教育质量考核指标"】 2022年3月7日，全国政协委员、上海市教委副主任倪闽景指出，青少年近视是个复杂问题，只有针对关键要素采取行动，综合施策，发动各方力量，才有可能完成儿童青少年近视防控的工作目标。对此，他在全国两会上建议：

一是要抓住近视率这个核心指标，引导社会观念转变。要把近视率作为学校和地区教育质量考核的重要指标，如果不达标，学校和区域领导要被严肃追责，每年在主流媒体公布各地区青少年视力报告和近视率，接受社会监督。

二是要加强医教结合，提高近视预防宣传和防控的科学性。教育部门和卫生健康部门加强合作，推进视力监测、眼轴长度、屈光发育档案全覆盖，及时发现和干预近视发病。

三是要抓户外活动这个核心行为。确保户外活动，实际上意味着保证了体育课时，保证了课间让孩子们走出教室，更保证了孩子们作业量和课业负担明显降低，户外活动的增加，也会促进孩子们的身心健康。

四是要系统提升学生近视防控相关软硬件环境。目前，我国基础教育学校体育场地设施不达标问题十分严重，需要开展专项建设；同时教室灯光照明不达标十分普遍，要按照国家新的教室灯光照明标准，分阶段落实教室灯光达标工程；拓展孩子们放学后在社区的运动空间，让孩子们在住宅小区里可以开展各种户外运动和游戏活动。

【“采用质量认证手段提升儿童青少年视力健康水平经验交流会”在京举办】 在 2022 年“3·15”国际消费者权益保护日前夕，由国家市场监督管理总局认证认可技术研究中心主办的“采用质量认证手段提升儿童青少年视力健康水平经验交流会”在京召开。政、产、学、研各界代表一起共同商议如何采取质量认证的手段，推动儿童青少年的近视防控工作。

交流会上，国家市场监管总局认证认可技术研究中心副书记钟玉祥指出，当前我国儿童青少年近视呈现高发、低龄化趋势。此次经验交流会，旨在落实中央和相关部委的通知要求，搭建政产学研用的交流平台，通过社会和媒体的广泛关注，引导更多企业了解并参与质量认证，更好助力近视防控国家战略的实施。

国家市场监管总局服务认证处处长安东指出，预防近视服务供给不足、供给质量良莠不齐，是制约我国近视防控国家战略顺利实现的重要现实因素。

验光配镜服务认证标准起草专家、济宁职业技术学院眼视光学院院长朱守群教授介绍了儿童青少年近视防控服务认证标准、认证实施规则（验光配镜机构）。

教育部全国儿童青少年近视防控试点区（江苏省南通市通州区）代表吴春风，介绍了江苏省南通市通州区以全国试点区创建为抓手，以科技手段赋能近视防控工作的情况。

中国关心下一代健康体育基金会副秘书长刘康苗对服务认证的推出予以肯定。他认为，在近视防控和共同富裕国家战略的推动下，政府采购和社会采购“经过认证的产品和服务”是大势所趋，服务认证的推出，为获证企业更好参与校园近视防控公益事业，实现经济效益和社会效益双丰收，提供了广阔舞台。

【教育部等部门联合发文进一步规范校园视力检测与近视防控服务工作】 2022 年 2 月，为落实教育部、国家卫生健康委、市场监管总局等八部门联合印发的《综合防控儿童青少年近视实施方案》和教育部、国家卫生健康委、市场监管总局等十五部门联合印发的《综合防控儿童青少年近视光明行动工作方案（2021—2025 年）》部署要求，教育部办公厅、国家卫生健康委办公厅、市场监管总局办公厅发布关于进一步规范校园视力检测与近视防控相关服务工作的通知。

通知强调，各地市场监管部门要依法从严查处使用“康复”“恢复”“降低度数”“近视治愈”“近视克星”“度数修复”等误导性表述对儿童青少年近视防控产品进行营销宣传的行为。

1. 严禁无资质机构入校开展视力检测。各地卫生健康部门组织开展学生近视等常见病监测、各地教育行政部门组织开展学生体质健康监测时，要对相关检测机构严格把关，坚决杜绝无资质的机构入校开展视力检测。学校组织开展学生视力监测、检测等工作，应报当地教育主管部门批准后开展。

2. 严厉打击虚假违法营销宣传行为。在目前医疗技术条件下，近视不能治愈。各地教育行政部门要会同卫生健康、市场监管部门进一步加大近视防控健康知识宣传力度。各地市场监管部门要依法从严查处使用“康复”“恢复”“降低度数”“近视治愈”“近视克星”“度数修复”等误导性表述对儿童青少年近视防控产品进行营销宣传的行为，严厉打击在中小学校、幼儿园内发布或者变相发布商业广告的行为。

3. 严控近视防控产品和服务质量。禁止向校园提供未获得相关资质的近视防控产品和相关服务，坚决避免造成学生视力健康“二次伤害”。采用质量认证手段推动近视防控工作，积极开展教室照明和读写台灯等健康照明产品、桌椅人体工效学产品、眼视光产品、学习用品、验光配镜服务等认证工作，提升近视防控相关产品质量和视觉健康服务水平。健全政府、行业、社会等多层次的认证采信机制，广泛宣传获得认证的眼视光产品和服务，为持续优化近视防控工作提供保障。

4. 严格视力监测数据安全管理。监测组织部门、学校和检测机构要加强数据安全管理和个人信息保护，加强数据采集、存储、传输、处理、应用等全周期安全防护。不得私自对外泄露学生个人和视力等信息，不得与第三方共享用于商业用途，情节严重的依法依规追究相关人员责任。

5. 严格视力检测与相关服务督导检查。各地教育行政部门、卫生健康部门和市场监管部门履行职责、协同配合，对检测人员资质、工作流程和方法、质量控制以及近视防控产品和服务提供情况等开展专项检查和督导，严肃处理弄虚作假、敷衍塞责的机构，情节严重者依法追究有关责任人责任。

【教育部印发《2022 年全国综合防控儿童青少年近视重点工作计划》】 为贯彻落实习近平总书记关于儿童青少年近视防控系列重要指示批示精神，2022 年 3 月 30 日，教育部印发《2022 年全国综合防控儿童青少年近视重点工作计划》（教体艺厅函〔2022〕14 号）（以下简称《计划》），系统谋划和扎实推进新时代儿童青少年近视防控工作，确保《综合防控儿童青少年近视实施方案》中明确的加强近视防控宣传教育、定期开展视力监测、完成年度评议考核、近视率核定等儿童青少年近视防控工作重点任务落地。

《计划》明确了全国综合防控儿童青少年近视工作联席会议机制 15 个成员单位 2022 年在发挥统筹协调作用、合力推进近视防控，推动和督促学校、医疗卫生机构、家庭、社会强化儿童青少年近视防控，印发近视防控相关政策文件，提升社会近视防控意识，增加体育锻炼和减轻学业负担，落实中小学生定期视力监测，加强评议考核和市场监管，强化机制保障等方面的重点任务 77 项。同时，《计划》还明确了教育部 15 个相关司局 2022 年在推动和督促学校强化儿童青少年近视防控，加强近视防控宣传教育，强化中小学生手机、作业、睡眠、读物、体质五项管理，加强学校体育锻炼和户外活动，规范校外培训机构、减轻校内校外学业负担，完善学校校医、医务室配备，加强近视防控专业人才培养，强化典型示范引领，强化评议考核等方面重点任务 47 项。

《计划》制定过程中征求并采纳了 15 个全国综合防控儿童青少年近视工作联席会议机制成员单位意见，明确了 15 个全国综合防控儿童青少年近视工作联席会议机制成员单位、教育部 15 个相关司局 2022 年近视防控重点任务、责任部门和完成期限。

印发《计划》是教育部作为全国综合防控儿童青少年近视工作牵头部门，继印发 2021 年全国综合防控儿童青少年近视重点工作计划后，又一次全面部署年度全国综合防控儿童青少年近视重点工作计划。

【开学季“小眼镜”增多矫正治疗要“量眼定制”】 随着开学季的到来，中小学生近视问题又备受关注。2022 年 8 月 27 日教育部公布的对 9 省份 14532 名中小学学生近视率调查结果显示，2019 年底的数据与 6 月份调研数据相比，半年近视率增加了 11.7%。其中，小学、初中和高中学生近视率分别增加了 15.2%、8.2%和 3.8%。

“新冠疫情对中小学生眼健康的影响是多方面的。”温州医科大学附属眼视光医院眼病大数据智能应用研究组首席研究员徐良德说，因网课学习增加了电子产品的使用，视疲劳加剧是引起近视率和近视程度增加的因素之一；因抗击疫情需要，中小学生长时间居家不出，近距离用眼强度增加、作息和睡眠不规律，饮食状态改变等都可能加剧近视程度；眼部自然光照射不足，也会影响眼睛正常发育。

研究表明，保持每天 2 小时、每周 14 小时以上的户外活动，可让青少年近视发生率降低 10%以上。父母不近视的孩子近视概率约为 7%；父母中有一位近视，孩子近视概率增加到 26%；父母都近视，孩子近视概率高达 45%。主要是因为太阳光的光照强度比室内光照强度高数百倍，光照越强，人体内多巴胺释放量就越多，而多巴胺能抑制近视的发生发展。高强度光照还可使瞳孔缩小、景深增加、模糊减少，也能起到一定抑制近视的作用。近视有一定的遗传性。但 2018 年国家卫健委、教育部、财政部联合开展的首次近视调查显示，我国 6～18 岁的儿童青少年近视率高达 53.6%，该数值远超过单纯因遗传因素诱发的近视情况。专家表示，近视与社会生活和用眼习惯存在更为密切的联系，家长、老师应加强引导，注意青少年增加户外活动时间、减少近距离用眼强度、避免过度使用电子产品、规范学习姿势和保持良好的睡眠饮食习惯。

【中国首个彩瞳行业指南发布】 2022 年 5 月 31 日，moody 联合 CBNData、天猫健康发布首个《2022 中国彩瞳行业指南》（以下简称《指南》）。《指南》通过对彩瞳消费市场、消费人群和彩瞳相关指标进行分析，从健康性和舒适度两大重要标准出发，为彩瞳佩戴人群提供专业、科学、有效的选配、使用及护理指南，推动彩瞳行业的健康发展。近年来，彩瞳成为年轻消费者出街、通勤的必备单品。但作为风险级别最高的三类医疗器械，如何科学选购、佩戴彩瞳成为困扰消费者的难题。

CBNData 调研数据显示，尽管有七成消费者在选购彩瞳镜片前会提前了解相关知识，但在选购彩瞳镜片前，接受专业验配和试戴的消费者不超过五成，而在购买佩戴彩瞳后，能够定期随访检查眼部状况的消费者仅超过一成，多数消费者尚未形成科学的彩瞳佩戴意识和习惯。

与此同时，受不适配彩瞳或不正确佩戴方式的影响，超七成用户在佩戴彩瞳时曾出现过眼部问题。为解决中国消费者彩瞳选配与使用难题，moody × 中国眼谷角膜接触镜研究院（即中国眼谷 & moody 角膜接触镜技术创新研究院）联合天猫健康，邀请了 41 位视光学、医学、材料学全领域的权威专家组成专家顾问团，结合大量临床实践经验和消费者洞察，计划发布行业首个《彩色角膜接触镜规范验配白皮书》，旨在以权威视角为彩瞳行业建立标准。

【中眼协角膜接触镜专委会发布《2022 新生代隐形眼镜消费指南蓝皮书》】 2022 年 6 月 3 日，中国眼镜协会角膜接触镜专委会联合海昌隐形眼镜、第一财经、天猫医药健康等多家机构共同发布了《2022 新生代隐形眼镜消费指南蓝皮书》（以下简称《蓝皮书》）。《蓝皮书》建立在 6000 余份问卷基础上，调查涵盖各年龄层、各城市的消费者，对消费者更安全地选择、佩戴、保养隐形眼镜产品具有指导意义，也有助于行业了解新生代的隐形眼镜消费。

《蓝皮书》调查显示，仅有约五分之一的人在购买隐形眼镜前会去专业机构做戴镜前检查，更多的人则只是简单参考同伴建议或看好“种草”的产品后直接购买。将近 90% 的调查对象直接省略了角膜基弧测量、检查是否有禁忌证等专业验光步骤。

《蓝皮书》建议，每个人戴哪种镜片，绝不是某一个参数决定的，需要综合多方面因素来考量，包括自身的眼部健康状况，结合自身戴镜需求、生活工作环境、经济条件等因素。佩戴隐形眼镜前做好专业检查以及戴镜后的配适评估，同时也要注意佩戴时长和镜片护理。此外，有影响力的品牌，能为产品质量提供可靠保证，隐形眼镜属于第三类医疗器械，医疗器械生产企业许可证是隐形眼镜制造商必须持有的证件，上市销售的产品则必须获得医疗器械注册证，这点尤为重要。安徽省宿州市立医院眼科医生张庆雅表示，消费者在购买隐形眼镜前要先到专业医院进行眼睛检查，由医生帮助判断是否适合佩戴隐形眼镜。更换周期越短，佩戴越健康，已成为全球医学界和视光界达成的共识。

【第三届亚欧眼视光科技国际会议在沪召开】 2022 年 2 月 25 日，为贯彻落实习近平总书记关于学生近视问题的重要指示批示精神，加强眼镜行业的学术交流，促进行业整体水平不断提高，中国（东华大学国家眼镜玻璃搪瓷制品质量检验检测中心）、法国（依视路陆逊梯卡集团）和德国（德国卡尔蔡司光学）在成功举办了两届中法德眼视光国际学术会议的基础上，继续联合举办第三届亚欧眼视光科技国际会议。本次会议的指导单位为中国眼镜协会和全国视光职业教育教学指导委员会。

第三届亚欧眼视光科技国际会议（AEOSC 2022）于 2022 年 2 月 25 日在上海富悦大酒店隆重

召开。本次会议主要围绕“科技·健康·绿色·高质量发展”的主题，力求在一定深度上探讨眼视光领域的研究动态，全面展示当前该领域的新观念、新进展、新技术、新成果。

中国眼镜协会作为本届会议的指导单位，中国轻工业联合会副会长、中国眼镜协会理事长杜同和先生代表行业主管部门致辞。中国眼镜协会将发挥行业组织的优势，聚焦世界眼镜和视光技术发展趋势，在推动行业全方位、高水平、深层次的科技交流合作与协同创新方面，提供更多的支持，发挥更大的作用。

本次会议受新冠疫情的影响，首次采用线上直播和线下举办同步进行，截至会议结束，全天累计观看量达 8.5 万人次，得到了行业众多专业人员的赞誉。

【珍视明药业签约入驻中国眼谷】 2022 年 1 月 12 日，江西珍视明药业有限公司与中国眼谷、温州市龙湾区政府签订战略协议，三方将携手在温州推进眼健康领域研发创新和产业布局，共同打造一流眼健康产业高地。珍视明创始于 1968 年，是国内眼科中药和眼部健康产品领域的头部企业。2021 年，在浙江省国资委、浙江省国贸集团和康恩贝的支持下，珍视明顺利完成股权调整并引入战略投资者，迈入发展新阶段，正积极整合国内优势眼科医疗和健康专业资源，加速眼科大健康产业生态布局。作为康恩贝“一眼相中”的重要平台，中国眼谷发展势头强劲。截至 2021 年底，累计完成科技企业注册 121 家，建立上市企业联合研究院 19 家，引入投资机构 58 家，孵化科技转化项目近 200 项，全产业链格局加快构建。

温医大眼视光医学部主任、中国眼谷理事会理事长瞿佳表示：“中国眼谷将全力支持珍视明推进眼健康新技术、新产品研发推广，积极谋划互联网智慧化眼科医疗合作新模式，推进中国眼谷产品、企业与珍视明全面合作，加速打造战略合作标志性成果。”珍视明中国眼谷研究院当天在现场揭牌成立。根据战略协议，三方还将携手推动珍视明药业温州总部、温医大珍视明眼视光眼科医院等项目在温落地建设，共同开展眼科药品、医疗器械、大健康产品等方面的研究拓展，开启发展的新纪元，为眼科医疗事业发展带来新活力。

【温州冠豪眼镜致力于保护儿童视力健康】 2022 年 7 月，温州冠豪眼镜有限公司研发的“贴耳”设计获得国际专利。该设计将应用于新款儿童太阳眼镜中，给儿童更为舒适安全的体验。2006 年，冠豪眼镜进行转型升级，从眼镜配件加工转向生产眼镜，选择制造 2 个月到 12 周岁儿童所佩戴的眼镜，在温州众多成人眼镜企业中走差异化道路，在激烈的市场竞争中创出了自己的特色之路。同年，冠豪率先推出“双层硅胶注塑工艺”，制作出舒适、安全“外柔内刚”的儿童眼镜，这一颠覆性的创新举措，改变了儿童眼镜市场的格局，填补了国内外的空白，也成为当下最常见的儿童眼镜结构。冠豪也因此一举成为儿童眼镜行业的领先者。

冠豪认为，创新是引领发展的重要动力。冠豪在其发展历程中，始终坚持不懈抓创新。2022 年，冠豪将刚获得的国际专利“贴耳”应用于即将推出的儿童太阳眼镜中。这次新产品最大的亮点是 180°环形耳挂的镜腿尾部设计，采用 360°点状排布的毛刺凸起以及与奶嘴材质相同的硅胶材质，儿童佩戴起来更防滑，也更舒适。“贴耳”是冠豪眼镜研发的一大新飞跃，也是冠豪致力于打造儿童产业友好的一次新提升。近年来，冠豪作为温州市儿童友好城市建设的试点企业，举办了上百场青少年眼健康科普教育活动，惠及上万名儿童，以实际行动打造儿童产业友好和空间友好，将“保护儿童视力健康，是我们一生的追求”这一企业使命贯穿于行动之中。

冠豪拥有实用新型专利 28 项、外观专利 43 项、发明专利 3 项，共 74 项专利，营销网络覆盖全国各省（市、自治区）1800 多家医院机构配镜部。冠豪不仅是儿童眼镜的制造者，还是儿童眼镜制造标准的制定者，2019 年冠豪主导《儿童塑料眼镜架》浙江制造标准，该标准由浙江省品牌建设联合会批准发布。SECG 品牌已注册版权，并在日本、俄罗斯、美国、印度等国家注册商标权。2021 年冠豪眼镜被评为浙江省“专精特新”企业，冠豪 SECG 品牌成为中国眼镜协会推荐的二十四大品牌，也是唯一的儿童眼镜品牌。

【玩美移动首次将虚拟眼镜试戴拓展至淘宝小程序】 2022 年 7 月 12 日，玩美移动将虚拟眼镜试戴技术通过小程序在淘宝平台呈现，助力品牌拓展线上业务，以迎合不同规模的企业布局各大电商平台的需求，为消费者打造互动且个性化的线上购物体验。

玩美移动提供的眼镜虚拟试戴小程序，采用了 AgileFace 专利追踪技术，可通过人工智能自动检测瞳距，在虚拟试戴体验中自动完成 PD（瞳距）检测，可将不同款式的眼镜与不同脸型匹配，从而确保虚拟眼镜的佩戴精确度和最优效果。该专利技术具有极高的精准率，可为所有年龄和种族群体的各种面部特征提供独特、全方位、高度个性化的眼镜虚拟试戴方案。

在“淘宝生态”使用虚拟眼镜试戴技术时，消费者可以通过品牌店铺首页广告、产品页链接、客服推送、产品页悬浮按钮、直播间悬浮按钮等方式进行跳转，从而进入眼镜虚拟试戴功能页面。消费者只需对着智能终端的镜头，AI 面部识别功能便会自动检测消费者瞳距，并将 3D 眼镜精准佩戴到面部。同时，消费者转动面部就能查看眼镜材质、设计细节、镜面反光效果；在使用小程序过程中消费者也可以通过手指拖动功能进而全方位查看眼镜各方位细节与材质，为购买提供直观的参考。消费者在尝试到自己喜欢的眼镜款式后，还可以一键加购，轻松完成购买链路。

虚拟眼镜试戴技术为广大消费者打造了身临其境的互动消费体验，也为消费者提供了个性化服务并推动线上销售转化，助力品牌洞察消费者行为，进而提高销售转化。

【基于视网膜人工智能评估的《三百万体检人群健康蓝皮书》发布】 2022 年 8 月 2 日，在北京大学中国卫生经济研究中心的指导下，爱康集团与鹰瞳 Airdoc 联合发布基于视网膜人工智能评估的《三百万体检人群健康蓝皮书》（以下简称《蓝皮书》）。《蓝皮书》不仅包括了眼底异常的人群分布情况，更是加入了心脑血管疾病、糖尿病、高血压、贫血等人工智能风险评估的验证，并且针对持续进行健康体检人群的健康状况以及结合线下健康调查的数据结果进行分析，目的在于进一步提高我国居民和企事业单位对包括眼健康在内的全身健康的重视，树立健康观念，提高慢病风险防控意识。

2022 年是爱康集团联合鹰瞳 Airdoc 第四次发布《蓝皮书》，样本人数已经突破 300 万人次。爱康集团表示，视网膜人工智能评估这项技术的普及应用也给体检服务带来了新的变化，绝大多数人来体检是为了排除癌症，眼科检查并非大家最关注的，易被忽略，特别是由于具有丰富的眼底疾病诊断经验的医师在全国也仅有 1000 位左右，因此传统体检模式很难有机会第一时间发现眼底的一些早期疾病，而引入该项技术弥补了眼科专家资源的不足，并可获取以前眼科常规检查难以获得的信息，同时，除了发现眼底本身的疾病外，还能从眼底的血管异常来判断心脑血管异常等。

本次《蓝皮书》新增了连续进行视网膜人工智能评估板块，了解连续进行视网膜人工智能评估对于及时发现疾病情况，避免不良预后的重要意义。

【中国（瓯海）眼镜小镇帮助儿童探索“眼镜的秘密”】 2022 年 8 月 10 日，来自温州各地的 30 名小记者、儿童观察员走进中国（瓯海）眼镜小镇，了解爱眼护眼小知识，参与组装儿童眼镜，在学习实践中探索“眼镜的秘密”，并从儿童的视角出发，为瓯海儿童产业友好建设建言献策。

小记者和儿童观察员来到位于中国（瓯海）眼镜小镇内的浙江省中小学质量教育社会实践基地，学习爱眼护眼小知识，参与体验组装儿童眼镜的全过程。在现场老师的指导下，孩子们在专属的“趣味生产线”上将镜框、镜腿、镜片等零部件组装成一副副彰显“童趣”的太阳眼镜。儿童友好小未来电视团的小记者认为此项活动很有意思，可以戴上自己做的眼镜感到很高兴。该基地是由温州市冠豪眼镜有限公司打造的集眼健康科普文化、眼镜小医生、眼镜制造、儿童眼镜秀等于一体的高端眼镜文化体验中心。

孩子们与冠豪眼镜有限公司对话交流，并从儿童视角出发，畅谈瓯海儿童产业友好建设。小记者们提出，能不能让小朋友通过 VR 眼镜体验近视或远视的痛苦。温州市首届儿童友好观察团成员则从眼镜佩戴体验的感受出发，希望企业改善镜框设计，让眼镜的镜框可以细致更轻，让小朋友戴起来没有压力。童言童语间，孩子们一个个关于打造儿童产业友好的想法不断涌现。

冠豪眼镜有限公司是温州市儿童友好城市建设的试点企业，多年来致力于关爱孩子的视觉健康，以实际行动打造儿童产业友好和空间友好。

【中国校园健康行动·云南省公益护眼推进会

召开】 2022年8月10日，“中国校园健康行动·云南省公益护眼推进会”在云南省昆明市佳华广场酒店成功举行。本次推进会是为进一步营造全社会共同呵护儿童青少年眼健康的良好氛围，引导云南省专业力量和社会爱心力量更好地参与到校园近视群体防控等公益护眼工作中，助力国家近视防控战略目标早日达成而举办的。推进会由中国校园健康行动领导小组办公室主办，中国关心下一代健康体育基金会提供公益支持，江苏点进光学眼镜有限公司承办。此次会议进一步营造了全社会共同呵护儿童青少年眼健康的良好氛围，旨在引导云南省专业力量和社会爱心力量更好地参与到校园近视群体防控等公益护眼工作中，助力国家近视防控战略目标早日达成。

中国关心下一代工作委员会副秘书长、中国校园健康行动领导小组副组长兼秘书长郝毅，中国关心下一代健康体育基金会理事长、中国校园健康行动领导小组办公室主任孙建新，云南省中医药学会眼科分会主委彭华，江苏点进光学眼镜有限公司董事长李锋等百余人出席了本次会议。

郝毅介绍了中国关工委及其联合教育部、国家体育总局等多部委发起中国校园健康行动的历程，并回顾了中国校园健康行动推动公益护眼工作7年多以来的主要成果，之后对本次云南省公益护眼推进会提出了若干期望，勉励大家坚定“中西结合·多方联动·特色防控”的理念，努力扩大预防近视的社会供给和公益供给，切实有效降低校园新发近视率和重度近视率。

【2022“世界视觉日”活动《眼健康资料包》发布】 2000年，为宣传保护视力的重要性，将每年10月第二个星期四设定为“世界视觉日”，呼吁关注眼健康这个全球性问题。2022年世界视觉日的主题是“love your eyes”，即“关爱你的眼睛”，活动的宗旨是为了使大家意识到眼健康的重要性。我国《“十四五”全国眼健康规划（2021—2025年）》也强调要做好眼健康科普宣传工作，在全国爱眼日、世界视觉日等重要时间点，倡导爱眼护眼，提高人们眼健康第一责任人的意识。10月30日下午，由全国防盲技术指导组、中华预防医学会公共卫生眼科学分会主办，弗雷德·霍洛基金会、眼播、布克医学协办的“2022世界视觉日”活动——《眼健康资料包》发布会在北京万达文华酒店祥云厅召开。

此次发布会的开幕仪式上，国家卫生健康委医政医管局邢若齐副局长，全国防盲技术指导组组长、中华预防医学会公共卫生眼科学分会会长王宁利教授，国际防盲协会西太区主席 Amanda Davis，国际眼健康中心主任 Matthew Burton，以及弗雷德·霍洛基金会全球公共政策及倡导总监 Brandon Ah Tong，就倡导眼健康的重要性进行讲话。

国家卫生健康委医政医管局邢若齐副局长代表国家卫生健康委医政医管局对“世界视觉日”相关活动的顺利开展表示了祝贺，并表示本次活动的举办恰逢其时，习近平总书记在党的二十大报告中再次强调“人民健康是民族昌盛和国家强盛的重要标志”，同时肯定了保护眼睛的重要性。我们要根据党的二十大要求，把保障人民健康放在优先发展的战略位置，力争推动我国眼健康事业再上一个新台阶，也为国际防盲事业提供更多的中国智慧、中国力量。

【2022年中国眼视光师杂志教育学术委员会福建省学术年会落幕】 2022年9月15—16日，“2022年中国眼视光师杂志教育学术委员会（COA）福建省学术年会”在福建厦门成功举行。本次会议围绕近视防控的方案选择、视光研究的最新发展、眼视光门诊发展模式探索、角膜塑形镜验配规范、眼科疾病基础以及临床案例分享等内容进行学术交流。

本次会议云集了福建省内外众多行业专家，邀请到全国学委会主委李岩教授，全国学委会副主委王新梅博士等多位专家学者出席，会议由李岩教授致开幕词。

会议强调，对于眼视光从业人员来讲，眼视光技术（中初级）资格考试具有重要意义。尤其是参与眼视光技术考试的人员通过率较高，这给眼科行业及从业者开了个好头，提振了大家的参考信心。会中重申《中国眼视光师》杂志创办的意义，我国视光人才管理没有归口，从业人员职称归类不明确，因此眼视光人才培养需逐步统一入学、就业考试，规范继续教育，明确视光人才管理制度。在眼视光临床实际诊疗过程中，要求从业者不断学习，需要更多的教育、管理、人才培养投入，与传播媒介一起来共同助力行业的建设与发展，在此背景下，《中国眼视光师》杂志横空出世，汇聚视光行业优质文章，为业内人士交流讨论提供平台，对现行眼视光教育进行了良好的补充，对推动眼视光学专业规范发展起到推动作用。

【《儿童青少年近视精准防控临床中心基本要求》团体标准发布】 2022 年 9 月 17 日下午，第一届中国民族卫生协会近视精准防治临床示范中心“精准防治　点亮光明”学术论坛暨《儿童青少年近视精准防控临床中心基本要求》团体标准发布会于线上成功召开。会上，中国民族卫生协会副秘书长仲凯宣布太原康明眼科医院、平遥康明眼科医院等医疗单位被评为近视精准防治临床示范中心。

当前近视防控形势严峻，但我国眼科医疗却面临着资源分布不均，城乡、区域之间发展不协调，且各级医疗机构眼科资源的质量存在巨大差异的问题。

2021 年 6 月，为加强各级、各地医疗机构在近视防治工作中的协同，提升近视防治能力，中国民族卫生协会、复旦大学附属眼耳鼻喉科医院、蔡司三方联动，共同启动了“中国民族卫生协会近视精准防治临床示范中心”项目（以下简称示范中心项目）。示范中心项目以近视精准防治临床诊疗标准为核心，联合多位眼科专家和权威机构，开展培训赋能、临床实践、临床科研等工作。

本次《儿童青少年近视精准防控临床中心基本要求》提出了完整、可执行的近视精准防控模式，从屈光筛查、眼健康检查、诊断及综合评估、干预方案选择到适配及患者教育、随访及近视进展追踪，做到有标准可依、有规范可参考，充分体现了科学防控、精准防控的基本原则，旨在帮助项目更好地开展。

发布仪式后，举行了 5 家中国民族卫生协会近视精准防治临床示范中心和 24 家中国民族卫生协会近视精准防治临床中心的线上授牌仪式。

【近视防控科学大会暨 2022 博鳌近视论坛在中国眼谷召开】 2022 年 11 月 11 日，近视防控科学大会暨 2022 博鳌近视论坛作为世界青年科学家峰会的重要分论坛，率先在中国眼谷召开。全国各地的近视防控专家线上线下汇聚一堂，聚焦近视防控，全方位、多视角地探讨眼视光领域的创新发展，交流最新学术成果，共商近视防控大计。现场参会的专家及青年学者近 300 人，线上直播观看达 3.8 万人次。温州医科大学附属眼视光医院瞿佳教授致开幕辞。

近视防控科学大会自 2017 年从海南博鳌起步，已历 6 年，始终将提高全民视觉健康，提出切实可行的近视防控共识和方案作为大会的目标。近年来，全国上下凝心聚力、多方协作、坚持不懈，全力防控近视，近视防控总体见效的基本局面已初步展现。但是我国近视人口众多，近视现状极为严峻，近视低龄化、高增长态势尚未完全压下，高度近视及病理性近视不断增多，仍然严重威胁着我们的视觉健康。党的二十大的胜利召开，为近视防控指明了继续前进的方向，党的二十大报告中强调，“人民健康是民族昌盛和国家强盛的重要标志，把保障人民健康放在优先发展的战略位置”。因此，近视防控工作还需要更加坚持不懈地持续推进，并简要阐述了我们要如何多方位、科学、精准、长效地做好儿童青少年近视综合防控。

与会的其他专家教授作了学术交流。大会开幕式上进行了三项重要发布。瞿佳教授主持发布了《近视防控　瞿佳 2022 观点》。温州医科大学附属眼视光医院吕帆教授主持发布了《老年视功能衰退评估规范》团体标准。温州医科大学附属眼视光医院姜珺教授主持发布了《近视管理白皮书（2022）》。

【2022 年全国眼视光学术会议召开】 2022 年 11 月 12 日，中华医学会眼科学分会 2022 年全国眼视光学术会议以线上直播的形式成功召开，各路中华医学会眼科学分会眼视光学组专家带来了一场场精彩的学术盛宴，吸引了近万人次观摩学习。

会议旨在积极应对新冠疫情挑战的大背景下，持续贯彻落实国家关于儿童青少年近视防控问题的重要指示批示精神，更务实、更有效地推进青少年近视防控国家战略，讨论优化国家近视防控实施方案，交流近视等眼视光学研究领域的最新成果，以促进我国该领域研究的快速发展与提高。

主要包括以下内容：1. 青少年近视防控国家战略现状与实施成效；2. 近视研究新进展；3. 近视矫治与防控临床技术新进展；4. 高度近视及其并发症的防治；5. 功能性眼病的干预与防治；

6. 眼球光学和视觉质量新进展；7. 眼视光医学与技术发展战略；8. 主动眼健康和老龄化时代视觉问题的探索；9. 眼科新技术和新进展；10. 各类眼病提升视觉质量的研究进展。

本次会议总体围绕着“十四五”眼健康的规划，关注防控近视、全生命周期的眼健康管理，聚焦我国目前近视防控的难点和焦点进行深入的思考和科学的研究，是一次非常有意义、有价值、有高度、有深度的学术大会。

【2022 中国眼谷眼视光创新创业全球挑战赛总决赛举行】 2022 年 11 月 12 日，2022 中国眼谷眼视光创新创业全球挑战赛总决赛在温州龙湾正式开赛。20 个全球项目以路演形式，砺刃争锋，激烈角逐。

蛋壳研究院发布的《2022 眼科行业研究报告》显示，自 2014 年以来，国内眼健康市场保持两位数高速增长态势。到 2021 年，眼健康市场整体规模已达 2100 亿元，并将持续成长。

2022 国际眼健康科技创新与产业发展高峰论坛暨中国眼谷眼视光创新创业全球挑战赛，由中国科学技术协会、浙江省人民政府指导，浙江省科学技术协会、温州市人民政府主办，温州市科学技术协会、中国眼谷温州眼视光国际创新中心等单位联合承办。中国眼谷理事长、温州眼视光国际创新中心主任瞿佳致辞。

这次总决赛的项目涵盖了眼用材料、眼科药物、智慧医疗、眼科器械设备与眼科大数据平台、数字疗法等前沿领域，类型丰富且新颖。参赛选手既有高校教授、研究员，也有企业领军人才、青年科学家。其中，不少项目出自牛津大学、中国科学院、北京大学等科研转化的成果。

紧张而充实的项目路演环节，12 位资深专家与眼视光行业大咖作为评委，就项目的基本情况、团队协作、市场前景等方面进行现场考问评分，最终评选产生了一等奖 2 名、二等奖 4 名、三等奖 6 名、优胜奖 8 名。

一等奖

免疫相关性眼病新作用机制药物开发

细胞培养和外泌体制备一站式解决方案

二等奖

EG-301 治疗干性黄斑病变

莫廷眼科光学生物测量仪

保罗@青光眼植入物【PAUL @ Glaucoma Implant（PGI）】

硅基金黄光护眼照明产品

三等奖

基于腺相关病毒（AAV）载体的眼科疾病的基因治疗药物开发

全自动人工智能眼科 OCTA

英国牛津“OXSIGHT 智能仿生技术”

基于生物钵及高分子材料的人工角膜在盲人复明中的临床应用

植入式眼部肌肉神经刺激器

基于眼底血管性疾病精准诊疗的医工结合创新

优胜奖

眼底 AI 辅助诊断系统

利用先进算法与光学技术纠正老年黄斑病患的视觉扭曲

火眼睛晶 VR 智能卫视仪

全民数字健康解决方案提供商

眼科大数据服务平台

视觉障碍数字疗法解决方案 2022

Vilax 人工晶体 AI 测量技术

新一代人源性重组神经生长因子滴眼液

颁奖仪式上，瞿佳教授对高水平项目和人才加入中国眼谷科创事业表示期待和祝福。特邀嘉宾骆清铭院士勉励中国眼谷继续做好高水平学术会议和创新创业结合，未来一定能发展为世界大“谷”。

【全国十省市儿童青少年眼轴调查项目（CALS 研究）启动】 2022 年 12 月 24 日，为进一步了解我国儿童青少年屈光发育特征，为制定我国儿童青少年近视防控综合策略提供重要参考，由国家眼部疾病临床医学研究中心牵头、全国十家单位共同参与的多中心前瞻性队列研究——全国十省市儿童青少年眼轴长度调查研究项目（China Axial Length Study，简称 CALS 研究）在中国眼底病大会暨第二届国际近视防治融合论坛正式启动。

儿童青少年近视问题已成为全球关注的重要公共卫生问题，在我国，近视问题尤其突出。在儿童青少年眼部参数中，眼轴长度是儿童青少年生长发育的指标，其测量不需要进行睫状肌麻痹即可便捷地得到客观精确结果，是了解儿童远视储备、客观评价屈光发育的重要指标，是预测近视发生发展和高度近视眼底病变的客观指标。然而，目前尚缺乏具有全国代表性的多中心儿童青少年眼轴生长发育相关参考值。

上海市眼病防治中心何鲜桂教授介绍了项目的开展背景、总体目标、项目设计、研究对象与样本量和参与单位。何鲜桂教授指出，屈光度和眼轴测量是我国近视防控战略目标里面的重要工作指标。CALS 研究项目拟融合临床眼科专业技术力量和公共卫生人群调查技术力量及组织网络，通过科学抽样，在全国若干区域，共计 10 个省市，开展基于散瞳验光的儿童青少年屈光发育多中心前瞻性队列研究，掌握我国儿童青少年群体屈光发育情况；同时，制定儿童青少年分年龄的屈光参数常模和近视风险预测模型，为制定我国儿童青少年近视防控综合策略提供重要参考。项目支持单位（卡尔蔡司上海管理有限公司近视防控事业部）负责人王玮女士指出，蔡司集团一直致力于儿童青少年近视防控工作，并在近视的防、控、治领域提供全方位的筛查、诊断和干预解决方案。

（二）眼科医院

【北京协和眼科努力建成世界一流学科】 2022 年 3 月 2 日，北京协和医院眼科举办眼科管理与高质量发展论坛，提出了“建成世界一流眼科”的规划目标。2021 年，北京协和医院眼科在医学教育、精细管理、党建文化等方面持续发力，科室发展再上新台阶。在保证病例组合指数（CMI）的前提下，手术量同比上涨 30%，科室门诊量和辅助检查数稳中有增，平均住院日不断下降。

会议邀请浙江大学眼科医院院长姚克教授、上海交通大学副校长范先群院士、中山大学眼科医院院长刘奕志教授、复旦大学附属眼耳鼻喉医院院长周行涛教授、温州医科大学眼视光医学部主任瞿佳教授、北京市眼科研究所所长金子兵教授、原中国协和医科大学出版社社长袁钟等多位国内眼科学界权威专家，共谋眼科管理与高质量发展大计。

协和医院眼科将采取有效措施，努力建成世界一流学科。一是教学相长，人才强科，多措并举做好教学工作，打造一支高水平、专业化的人才队伍。二是精准管理，提质增效，构建医疗管理团队、门诊管理团队、质控团队等，真正实现科室管理人人参与。三是培育青年，文化兴科。让眼科青年人担当履职，使眼科青年人在实干中不断成长。积极打造“协守光明”公众号，梳理科室百年发展历史，精心设计科室文化走廊，编著眼科人文图书和画册，开展“月度标兵”评选，营造比学赶超氛围；以职工小小家为平台，组织春游踏青，驰骋运动赛场，多次登上“健康快车”，普及眼健康知识，开展书法摄影比赛和展览，打造线上眼科春晚，把文化建设贯穿眼科临床工作的始终。协和眼科将进一步对标世界一流眼科中心，持续提供高质量的医疗服务，致力于做“有用的”科研，培养杰出人才，跻身世界一流。

【青岛眼科医院验配中心获评行业内“2022 诚信金榜品牌”】 2022 年“3・15”前夕，山东视光即青岛眼科医院验配中心受青岛电视台特邀，获评为“2022 年诚信金榜品牌”。此次“3・15 诚信金榜品牌展播活动”由青岛电视台牵头，采取主办方特邀、各有关单位报名参与、媒体跟踪报道的方式，通过多种媒体形式深入采访报道，以展现岛城大众普遍认可的优质品牌形象与价值。

中心将以此为契机，牢记“健康所系，光明相托”的使命与初心，不断砥砺奋进，继续为岛城人民群众的眼视觉健康做好守护人。

【浙大眼科医院获批“眼部疾病浙江省工程研究中心”】 2022 年 9 月，“眼部疾病浙江省工程研究中心”正式获得浙江省发展和改革委员会批准成立。这是浙江大学眼科医院扎实推进医工信结合，践行“健康中国”行动，造福广大眼病患者又一里程碑式的研发中心。工程中心由浙江大学眼科医院（浙大二院眼科中心）牵头，联合浙江大学航空航天学院、浙江大学交叉力学中心、浙江大学生物医用大分子研究所、浙江大学光电科学与工程学院、浙江大学睿医人工智能研究中心及多家具有研发创新能力的企业共同申报。一是新型眼药与生物材料及治疗体系研发，二是新型眼科植入医疗器械研发，三是眼病智能诊治系统和设备研发，四是全飞秒激光角膜屈光手术装置研发摘镜。

浙江大学眼科医院作为我国开展全飞秒近视手术最多的单位之一，将联合浙江大学光电学院、宁波飞纳激光科技等拥有雄厚科研产业实力的单位，围绕患者矫正近视、矫正散光等需求，重点攻关切削系统、手术导航系统、高精度激光三维扫描模块等诸多飞秒手术仪器的关键技术、核心部件及其配套器械，力争早日开展并通过临床试验和医疗器械产品注册。

“眼部疾病浙江省工程研究中心”将进一步深化与浙江大学相关院系医工融合，不断探索医工信结合的眼科创新模式。依托牵头和联合单位雄厚的科研创新实力和稳定的生产转化能力，推动患者获得更安全、更有效、更便捷的治疗，促进我国眼病防治的创新能力和诊疗水平稳步提高。

【湖南省政协主席李微微调研爱尔眼科】 2022 年 7 月 11 日，湖南省政协主席、党组书记李微微一行来到爱尔眼科总部开展“稳经济、惠民生、保安全”深入调研。对爱尔眼科取得的成绩，积极履行社会责任给予充分肯定，并希望爱尔继续创新发展、长远发展，不断做大、做强、做优。

在了解爱尔眼科通过“交叉补贴”，切实帮扶低收入、贫困眼疾患者群体，开展参与防盲公益，加强青少年近视防控等一系列公益举措，积极履行社会责任时，李微微主席表示赞赏，“爱尔眼科不仅要更好地满足人们的医疗服务需求，更要多多引导大家健康用眼”。李微微主席表示，各级相关部门要聚焦重点、关键点精准发力，有针对性地帮扶企业，积极为企业排忧解难，推动“助企纾困”政策措施落实落细，不断激发市场活力；各级政协将持续助推，促进企业创新发展、长远发展。

【中国医院科技量值（STEM）排行榜公布】 2022 年 8 月 4 日，由中国医学科学院主办的 2021 年度中国医学院校/中国医院科技量值（STEM）暨五年总科技量值（ASTEM）发布会在北京举行。会上发布 2021 年度中国医学院校/中国医院科技量值（STEM）暨五年总科技量值（ASTEM）。评价结果分为两部分，一是综合科技量值；二是学科科技量值，涵盖 31 个临床医学二级学科及部分三级学科。其中，2021 年中国医院科技量值（STEM）眼科学排行榜前十名的分别是：中山大学中山眼科中心、温州医科大学附属眼视光医院、首都医科大学附属北京同仁医院、复旦大学附属眼耳鼻喉科医院、浙江大学医学院附属第二医院、上海市第一人民医院、北京大学第三医院、上海交通大学医学院附属第九人民医院、北京大学人民医院和四川省人民医院。

在中国医院五年总科技量值（STEM）眼科学排行榜中，前四位分别为：中山大学中山眼科中心、温州医科大学附属眼视光医院、首都医科大学附属北京同仁医院和复旦大学附属眼耳鼻喉科医院。

在中国医学院校科技量值（STEM）排行榜中，北京协和医学院、北京大学医学部、复旦大学上海医学院位列前三。在开设眼视光医学、眼视光学相关专业的院校中，首都医科大学位列第六、南京医科大学位列第十二、温州医科大学位列第十三，广州医科大学位列第二十。

【何氏眼科承办第七届亚太远程眼科学术年会】 2022 年 9 月 3—4 日，第七届亚太远程眼科学术年会（APTOS）在沈阳以线上形式举行。眼科学术年会由亚太远程眼科学会主办、何氏眼科承办。

本次大会以“‘数’‘智’科技点亮生命之光”为主题，来自中国（含中国香港）、澳大利亚、印度、以色列等 9 个国家和地区的 54 位专家学者汇聚云端。在为期两天的专题研讨中，嘉宾们围绕数字健康解决方案、远程医疗、人工智能、大数据、远程教育等前沿科技在眼科领域的发展和应用进行了交流研讨。

大会联合主席、何氏眼科医院院长何伟在致辞中表示，通过亚太远程眼科学会连续多年的积极推动，数字技术、人工智能和远程医疗等创新科技在为所有人提供公平的、可及的、可持续的眼保健服务方面呈现出了巨大潜力。

在首场专题研讨会上，参会专家分享了在不同国家开展人工智能结合远程眼科的经验。辽宁何氏医学院公共卫生学院院长何星儒表示，第七届 APTOS 汇聚了全球眼科最前沿的医疗、科研、产业、教育行业的机构，共同研讨分享数字化眼科技术，包含计算机视觉、疾病预测模型、精准医疗、自然语言处理、混合现实、数字医疗等尖端技术的研发与应用，以及技术在不同国家的法规注册。

大会主席、亚太远程眼科学会会长何明光对眼科数字化技术的未来进行了展望。他认为，数字健康已经成为医疗保健服务的重点。当前，基于远程医疗的咨询变得比以往任何时候都要重要，数字健康的发展面临新的挑战。行业协会应该设计并发布明确的实践指南，为医务工作者或患者提供指导。

【爱尔眼科接棒第 19 届世界近视眼大会主办权】 北京时间 2022 年 9 月 7 日，第 18 届世界近视眼大会在荷兰鹿特丹圆满结束。在闭幕式上，本届大会主席 Caroline Klaver 教授正式宣布：2024 年第 19 届世界近视眼大会将移师中国，由爱尔眼科医院集团主办。

爱尔眼科成功接棒，在世界近视眼研究舞台奏响中国号角。2024 年，正值 IMC 办会第 60 周年，届时，全球近视眼专家将汇聚我国，进行思维碰撞与学术探讨，有望推出更多、更好的近视防控策略，进一步推动近视眼防控领域的科技进步和发展，也将有利于我国青少年近视眼防控国家战略的早日实现，更好地提升儿童青少年的眼健康水平。

世界近视眼大会（International Myopia Conference，IMC）堪称全球近视领域的“奥运会”，是全球权威的近视眼学术大会，至今已有 58 年历史。本次大会共吸引了来自全球 43 个国家和地区合计 761 名专家和代表参会，围绕近视眼相关领域的最新发现和成果展开深度研讨，相关主题包括近视眼的流行病学、危险因素、基因研究、动物模型、发病机制、防控策略、影像与生物测量、高度近视并发症的机制与防控等众多方面。

【中山眼科医院发布全球首个数字面罩】 2022 年 9 月 16 日，中山大学中山眼科中心召开新闻发布会，宣布研发出全球首个“数字面罩”（Digital Mask），将有助于眼科的诊断，也能反映全身的健康情况。这一创新性成果在国际医学顶级期刊 *Nature Medicine* 在线发表，引起广泛关注。

数字化转型和智能化升级是促进我国医学高质量发展的核心驱动力，也是实现“健康中国”战略目标的关键。通过数字技术与医学技术的交叉赋能，中山大学中山眼科中心建立了眼病筛诊防治的智慧医疗体系，为一系列关键临床问题提供科学有效的解决方案。

该研究团队相关负责人、中山大学中山眼科中心副主任林浩添教授介绍，“数字面罩”让匿名就医成为现实。数字面罩的技术主要是通过面部三维重建，可以在保留疾病体征的同时抹去个人身份信息，且无法进行逆向工程，从而保护了身份信息的不可识别。需要突破的一个瓶颈是，如何识别哪些特征是需要保留的诊断特征。林浩添表示，团队在对眼周生物信息进行大量学习后再进行三维重建，最终留下了可以用于诊断眼疾的重要信息。

在这项数字面罩的新技术中，团队重点测试了最常见的四种相关眼病，包括上睑下垂、眼球震颤、斜视和甲状腺相关眼眶病，涉及十多种异常行为表型，例如眼睑回缩、眼球运动亢进或不足、代偿头位等。来自中山眼科中心的 12 名专家教授，分别对使用数字面罩和未使用数字面罩的病人进行疾病诊断，结果显示诊断一致性和可比的诊断准确率。

“这四种眼病中，有一种是甲状腺相关眼眶病，以前我们需要用传统尺子去量眼球突出多少，而数字化 3D 技术可以直接诊断出来。”林浩添介绍，在数字化技术更新迭代的时代，数字医学的发展也在不断进步，数字面罩的研发解决了未来可能会出现的隐私保护难题，帮助患者更愿意去应用数字化医学。

【温医大附属眼视光医院“国考”蝉联全国眼科第一】 2022 年 9 月 30 日，2021 年度全国三级公立医院绩效考核结果重磅发布。温州医科大学附属眼视光医院（浙江省眼科医院）排名“其他专科手术组”三级公立医院绩效考核全国第四，眼科第一，连续四年获评专科医院最高等级 A，再次刷新国家监测指标得分新高，以最坚定的政治信念、最优异的成绩、最硬核的实力向祖国母亲生日献礼！

为深入贯彻落实《国务院办公厅关于加强三

级公立医院绩效考核工作的意见》，国家卫生健康委联合相关部门于2019年启动首次全国三级公立医院年度绩效考核，业界称之为“国考”，是国家卫生健康委开展的对全国三级公立医院综合能力最具权威的考核，考核结果和评价是医院高质量发展水平和成效最客观的考量。

本次“国考”，温医大附属眼视光医院在医疗质量、运营效率、持续发展、满意度评价等4个考核纬度得分均衡分布，均远超同类医院均值，且大部分指标稳定持续向好，名列前茅，直接反映出医院医疗改革和卫生健康事业高质量发展取得系列积极成效。

温医大眼视光人坚持一切以人民眼健康为中心，秉承“精进明德，守正眸远”的价值观，以“国考”为抓手，继续深化改革，在临床医疗、立德树人、科技创新、防盲治盲、医院运营与治理等方面勠力同心、开拓革新，为打造具有国际一流水平的眼视光医学体系与中国眼健康的“国之大器”而踔厉奋发，为人民大众提供全面、全程、优质的眼健康医疗服务而不懈奋斗！

【温医大眼视光与中国科学院医学所共建眼科研究中心启动】 2022年10月30日，温州医科大学附属眼视光医院与中国科学院基础医学与肿瘤研究所（以下简称中国科学院医学所）合作共建的“中科院医学所眼科研究中心”启动仪式暨眼科创新转化高峰论坛在杭州举行。

会上，举行了中国科学院医学所—温州医科大学眼视光医院眼科研究中心签约仪式和揭牌仪式。该中心将主要围绕眼病发生发展机制、视觉功能和视光学、视觉遗传和发育、眼视光医用材料、眼科靶向药物等，有重点、有目标地展开全方位研究。双方将发挥各自优势，本着共建共享、合作共赢、协同创新、共同发展的理念，围绕眼科关键瓶颈问题，以大型基础设施平台和重大科技任务攻关为抓手，构建高水平眼科创新团队，力争取得原创性重大突破，解决眼科领域实际问题。

此次温医大附属眼视光医院与中国科学院医学所签署战略合作协议，将共同推进眼视光科技发展，同时带动医疗、教育和产业全链条布局，促进高端科技成果转化与应用，建设浙江省眼健康科创高地，助力浙江省健康中国示范区建设。研究中心将以党的二十大精神为指引，聚焦国家战略需求，围绕眼科关键瓶颈问题，加快技术攻关和科研成果转化，打造浙江省高能级平台，为推动浙江省打造“重要窗口”贡献积极力量，为浙江省实施“医学高峰”计划、打造全国医学高地注入强劲动能。

启动仪式过后，眼科创新转化高峰论坛随即举行。在院士论坛上，李兰娟院士、李校堃院士、谭蔚泓院士、姚玉峰教授、瞿佳教授等5位专家先后围绕主题作主旨报告，为现场听众们带来一场“干货”十足的新知盛宴。

在下午举行的圆桌会议上，与会专家分别围绕“眼科面临的重大科学问题、挑战和机遇”“如何实现科技创新和人才培养”“如何实现成果转化”等主题分享前沿学术观点和最新研究成果。

【爱尔眼科与西北大学签署战略合作协议】 2022年11月15日，爱尔眼科与西北大学签署战略合作协议，成立西北大学附属爱尔眼科医院，携手打造区域一流眼科产学研平台和眼科医疗中心。双方将促进医学与多学科交叉融合，创新医学及相关学科人才培养机制和模式，推动医、教、研、产一体化建设，共同推动国家眼科区域医疗中心建设；加快人才培养，提升科技成果转化能力，解决高层次眼科医师及视光师人才短缺问题。不断提高服务人民生命健康和区域经济发展能力。爱尔眼科已与中南大学、武汉大学、暨南大学等十多所高校达成战略合作，打造了专业技术人才学历教育培养机制，打通了从本科到博士后的全流程人才培养孵化体系。10月20日，就有6名青年博士后在爱尔眼科博士后科研工作站进站并顺利开题。

【四川大学华西医院发布明月轻松控Pro镜片半年临床观察报告】 2022年11月25日，明月镜片与四川大学华西医院在成都联合举办了2022年近视防控临床应用研讨会。会上，华西医院刘陇黔教授团队首度公布《配戴多点正向离焦型镜片延缓儿童近视有效性的随机、平行、对照临床研究六个月报告》。报告表明，轻松控Pro近视管理效果显著。对比三个月数据，最新一期数据呈现：轻松控Pro减缓近视度数增长有效率达68%，延缓眼轴增长达56%，近视管理效果明显。

2022年初，明月镜片与四川大学华西医院刘陇黔教授团队开启了轻松控 Pro 临床随访试验。明月镜片在行业内率先以三个月、六个月为颗粒度，发布临床进度，成为临床试验更小颗粒度、全程透明、实时公开的品牌。明月轻松控 Pro 镜片设计了 1295 个“满天星”正度数微透镜，使得周边区域成像在视网膜前，形成膜前离焦，从而起到抑制眼轴增长，有效延缓近视加深的作用。而且，轻松控 Pro 的“贝壳形”非对称视像区，也可以提高佩戴舒适性，让孩子快速适应且愿意长期佩戴。

轻松控是明月镜片于 2021 年推出的青少年近视管理镜片系列。从 2022 年 1 月起，明月镜片与四川大学华西医院眼视光学系主任兼眼科副主任刘陇黔教授团队开启轻松控的临床研究。明月镜片轻松控系列自上市以来，就受到渠道伙伴与消费者的认可，持续热销。如今，六个月临床数据进一步证实了轻松控 Pro 可有效控制近视度数增长。“这样的结果其实也让我们看到了明月轻松控镜片在未来近视控制领域所具备的潜力”，华西医院杨必教授对此表示高度肯定。

【2024 世界近视眼大会将在中国召开，爱尔眼科成立大会筹备组】 2022 年 12 月 2 日，由爱尔眼科医院集团主办的 2022 橘洲视光论坛开幕式上，集团成立了“2024 年第十九届世界近视眼大会筹备组”。12 月 9 日，在第六届海丝眼视光及小儿疑难眼病高峰论坛上，“2024 年第 19 届世界近视眼大会爱尔眼科集团福建筹备组”也同步正式成立。福建筹备组顾问方一明、组长翁景宁教授，副组长金丽文主任、张俊华教授。

世界近视眼大会（International Myopia Conference，IMC）是全球最顶尖的近视眼学术大会，每两年举办一届，是针对近视眼专项研究的学术盛宴，堪称全球近视领域的“奥运会”，距今已有 58 年历史。第一届世界近视眼大会于 1964 年在美国纽约召开，多年来，其深入推动了全世界近视眼领域的研究进展。

近视现已成为影响全球的公共卫生问题，引起了学界以及世界卫生组织在内的各国政府机构的重视，越来越多的国家和机构都希望取得 IMC 的主办权，竞争角逐异常激烈。第 19 届大会共有来自中国、荷兰、澳大利亚的 3 个国家 6 家单位参与竞选。最终，经过全球近 20 个国家的 70 余名同行专家讨论与投票，中国中南大学爱尔眼科学院成功拿下 2024 年第 19 届世界近视眼大会主办权。

为保证大会各项筹备组织工作有序推进，开幕式上，爱尔眼科成立了“2024 年第 19 届世界近视眼大会筹备组”，公布了由爱尔眼科医院集团陈邦董事长、李力总裁担任总顾问，杨智宽教授担任组长的筹备委员会名单，拟定了“近视眼遗传学研究”等 12 个大会研讨主题。

【3D 导航等前沿技术开启智慧眼科诊疗新模式】 2022 年 12 月 10 日，“眼科新技术及临床应用研讨会暨第五届全国眼科浦江论坛”在上海市开幕。本次会议由上海市社会医疗机构协会主办，光正新视界眼科医院集团承办。会上，与会专家和眼科医生对有关眼科诊疗的多项新技术、新观点进行了热烈讨论。

我国是全球眼病患者最多的国家，患者基数庞大，如果不计算重叠发病，仅近视、干眼症、白内障三大眼病患者人数就已经超过 10 亿，我国未成年人近视患病率高达 54%。各类眼病发病率高，各地诊疗水平参差不齐，大量眼病患者治疗需求难以满足，庞大的眼病规模造成严重的社会眼健康问题。对此，大会予以高度关注。中国工程院院士范先群教授的《恶性肿瘤的治疗模式发展》，复旦大学附属眼耳鼻喉科医院孙兴怀教授的《青光眼滤过性手术的发展》，复旦大学附属眼耳鼻喉科医院周行涛教授的《3d 导航显微镜下的近视眼内镜 icl 手术》等议题，为全生命周期眼科诊疗技术的发展与创新贡献了新思路。

全国眼科浦江论坛已经成功开展到第五届，在业内形成了相当的影响力，多种眼科诊疗新技术、新思想在这个平台上碰撞出了绚丽的火花，转化成为眼科临床的治疗新方案，造福众多眼病患者。作为上市眼科集团的光正眼科医院表示，愿吸纳更多优质资源，为更多眼病患者带来有温度、高品质的医疗服务。

【北京协和眼视光培训云学院成立专家委员会】 2022 年 12 月 2 日，北京协和眼视光培训云学院正式成立专家委员会，聚集行业内顶尖的专家，致力于提供行业内最专业权威的职业教育培训，促进眼视光人才培育，助力国家“光明行动”。首批专家委员会成员由眼科及视光行业内的一线学者、专家、教授组成，通过北京协和医学院培训中心提供的线上学术平台，让产学研专家学者共聚一堂、共聚云端，其目的就是要让大家通过交流各专业领域的前沿进展、传播最新理论和技术信息，为优秀人才提供展示的空间和交流的舞台。北京协和眼视光培训云学院坚持严谨、博精、规范、科学的教学态度，汇集行业顶级专家共同探讨，培养视光人才。

北京协和眼视光培训云学院专家委员会由协和医学院培训中心、北京协和医院眼科陈有信教授发起并担任院长，中华医学会眼科学分会斜视与小儿眼科学组委员、北京协和医院李辉教授担任执行院长，国家眼视光工程技术研究中心主任、教育部近视防控专家宣讲团团长、温州医科大学附属眼视光医院瞿佳教授任主委，专委会委员还有四川省人民医院吴峥峥教授、复旦大学附属眼耳鼻喉科医院周行涛教授等国内外知名眼视光专家 20 名。

【第二届爱尔眼科国际论坛在海南三亚举行】 2022 年 12 月 16—18 日，第二届爱尔眼科 EVO ICL 国际论坛和首届屈光手术青年医师论坛在海南三亚举行并圆满结束。来自中国、法国、日本、西班牙等国近百位眼科专家和青年眼科医师齐聚，针对屈光领域的诊疗新技术、新进展，以知识分享、院长论坛、“晶”典案例与手术视频等丰富多彩的学术交流形式，通过线上线下与全国眼科同道共同传递“晶”彩，共同探索 EVO ICL 中低度应用、临床应用及发展之路，为广大近视患者带来了更安全、更精准、更有效的高清视界。

爱尔眼科本着精益求“晶”的理念，秉承“使所有人，无论贫穷富裕，都享有眼健康的权利”的使命，围绕“1+8+N”的战略规划，致力为每一位近视患者提供“全流程、定制化”的高品质近视矫正解决方案，不断引领屈光手术行业迈向“高清视觉　全程定制”的个性化手术新时代。

ICL 晶体植入术是通过微创切口在人体眼球内植入一种柔软、安全的人工晶体。“就像在眼睛里‘戴’上一副可以永久使用的‘隐形眼镜’。”通过这种特殊的眼镜，可以达到视力矫正的效果。由于它能矫正 50~1800 度以内的近视、600 度以内的散光，又具有可逆性的特点，且不会改变眼球组织的结构和形状，能够更大程度地保持角膜的完整性，让它成为度数偏高、角膜偏薄或者不适合做激光手术的近视患者的福音。爱尔眼科的临床应用 ICL 已超过 15 年。在全球范围内，爱尔眼科有超 300 家医院开展了 ICL 手术。从早期的 V4 晶体，到主流的 V4C 晶体，再到正在博鳌乐城爱尔眼科医院“先行先试”的 EVO+ICL（V5）晶体，爱尔眼科已累计完成各类 ICL 手术 30 多万例。据统计，全球每 6 枚 ICL 晶体，就有 1 枚是在爱尔眼科植入的。

论坛上，爱尔眼科连续 8 年荣获“全球 ICL 手术量第一医疗机构（2015—2022）”的称号。

2023
CHINA
GLASSES
YEARBOOK

六

科技
创新篇

（一）创新工艺

【眼镜行业在中国轻工联、总社理事会上获得多个奖项】 2022年8月9日，中国轻工业联合会五届二次、中华全国手工业合作总社八届二次理事会在北京友谊宾馆召开。会议以习近平新时代中国特色社会主义思想为指导，全面贯彻落实党的十九大、十九届历次全会精神，推动轻工业和集体经济高质量发展，为稳定经济大盘、保持经济运行在合理区间作贡献，以实际行动迎接党的二十大胜利召开为主题，中国轻工业联合会党委书记、会长，中华全国手工业合作总社党委书记、主任张崇和作理事会工作报告。中国轻工业联合会副会长、中国眼镜协会理事长杜同和出席会议。

会议期间，举行轻工业产业集群授牌、颁发2021年度中国轻工业联合会科技奖仪式。

其中，眼镜行业有1个产业基地被授予“（复评）特色区域”荣誉称号，有2个项目获得2021年度中国轻工业联合会科学技术发明二等奖。

眼镜行业将坚持实施创新驱动发展战略，推动体制创新、科技创新、产品创新、管理创新，加快动能转换，完善以企业为主体、市场为导向、产学研尝试融合的技术创新体系，进一步提高行业的可持续发展能力，使眼镜行业在“十四五”时期不断取得高质量发展的新成果。

【法里奥光学入围第三批国家级重点“小巨人”企业名单】 2022年5月16日，工信部公示的第三批建议支持的国家级专精特新“小巨人”企业公示名单中，眼镜行业宁波法里奥光学科技发展有限公司成功入选。

专精特新“小巨人”企业是专精特新企业中的佼佼者，是专注于细分市场、创新能力强、市场占有率高、掌握关键核心技术、质量效益优的排头兵企业。

此次公布的重点“小巨人”企业，在基础条件、产业导向、专业化程度、创新能力、经营管理、成长性等方面均达到国家重点“小巨人”的标准。入选建议支持的“小巨人”企业具有支撑产业链供应链的能力强、专业化程度高、企业创新能力优等特点。

2011年，国家有关部门首次提出“专精特新”概念。2021年，北交所成立，国家不断出台相关政策，推动中小企业走专精特新的发展道路。截至2022年4月，工信部已公布三批共计4762家国家级专精特新“小巨人”企业。

近年来，国家从政策层面多次提出建设“专精特新”中小企业，鼓励以制造业、硬科技、重创新为主的中小企业加快发展。特别是2022年，再次评选建议支持的“小巨人”企业名单，表明细分领域具备龙头优势的企业，充满机遇，大有可为。

【眼镜行业2个项目入选2021年度中国轻工联科技奖名单】 2022年1月26日—2月9日，中国轻工业联合会公示了“2021年度中国轻工业联合会科学技术奖建议获奖项目”，眼镜行业2个项目入选2021年度技术发明奖二等奖建议名单。名单如下：江苏视科新材料股份有限公司研发的“一种光致变色单体材料”以及浙江伟星光学有限公司、东华大学、上海应用技术大学、上海伟星光学有限公司研发的“3D打印树脂镜片原料开发及其产品制造技术产业化”分别获技术发明二等奖。

党的十八大以来，习近平总书记高度重视科技创新，围绕实施创新驱动发展战略、加快推进以科技创新为核心的全面创新，提出一系列新思想、新论断、新要求。

希望眼镜行业企业和技术人员抓住机遇，把科技进步与自主创新摆上更加重要的位置，积极开发应用高新技术，缩小与发达国家眼镜行业创新差距。中国眼镜协会将继续搭建各种平台，整合各方资源，在行业内营造抓发展、抓科技、重人才的浓厚氛围，形成科技创新的强大合力，努力实现由眼镜制造大国向眼镜制造强国转变。

【国家药监局眼科疾病医疗器械和药物临床研究与评价重点实验室落户中国眼谷】 2022年3月3日下午，国家药监局眼科疾病医疗器械和药物临床研究与评价重点实验室在中国眼谷揭牌落地，同日温州市生命健康产业研制创新服务共同体签约成立，浙南美谷化妆品检测中心揭牌运营，在温州市市场监督管理局与温州医科大学等多方的通力合作下，温州生命健康产业将迎来高质、高效发展的“黄金期”。这也是国家药监局公布的第二批重点实验室中浙江省唯一入围的重点实验室。

国家药监局眼科疾病医疗器械和药物临床研究与评价重点实验室由温州医科大学附属眼视光医院牵头，联合浙江省医疗器械检验研究院、中国眼谷—温州眼视光国际创新中心建立，温州医科大学眼视光医学部主任瞿佳教授任重点实验室主任。该重点实验室根据国家医疗器械监管需求，依托温医大眼视光临床优势和三大国家级平台的研发优势，围绕临床需求主体重点开展眼科疾病医疗器械与药物的研发、临床研究、上市后不良反应监测和效能评价以及真实世界研究等内容，并逐步建立开放的全方位评价系统和质量监管体系。

浙江省药监局局长徐润龙、总监董耿、一级巡视员陈智慧，温州市人民政府副市长娄绍光，温州医科大学校长李校堃，国家药监局重点实验室主任、中国眼谷理事长瞿佳教授，温州市市场监管局局长王丹等人参加了揭牌仪式。在他们的见证下，温州市食品药品检验科学研究院、中国眼谷、温州医科大学附属眼视光医院三方签订了“共建温州市药品和医疗器械研制创新服务共同体战略合作协议”。

根据合作协议，三方将本着平等互利、优势互补、资源共享、共同发展的原则，充分发挥各自优势，共同推动产、学、研一体化发展，合作打造温州市药品和医疗器械研制创新服务共同体，实现资源互补、仪器共享、技术互通、科研合作、人才培养、共同发展，有效解决药械研制与创新成果落地难、效率不高等问题，促进温州医药产业高质量发展。

【浙江眼镜综合体举办首期科研成果产业化协调会】 2022 年 4 月 14 日，为了促进项目成果更好、更快落地发展，浙江眼镜综合体举行了首期成果产业化协调会。华中科技大学温州先进制造技术研究院副院长苏天德、眼镜综合体技术创新服务团队、“近视防控眼镜”项目负责人和“军用眼镜”项目负责人参加会议协调交流。

“近视防控眼镜”项目已完成样品测试、数字化系统开发，前期检测效果良好，有望在近期实现初步量产；“军用眼镜”项目产品已实现在军警领域广泛应用，产品反响较好，现阶段要提高产品创新升级，扩大应用领域。两项目都在对接落实生产制造场地，规划高端的制造、测试产线，申报发明专利，年内将申报浙江省科技型中小企业，形成生产规模。

【森瑟光学研发出可降解环保光学镜架】 2022 年 1 月初，国家知识产权局正式受理森瑟光学“可降解环保光学镜架的生产制作工艺”这项发明申请。

眼镜架“百年不腐”难题，是眼镜行业克难攻坚的重点。温州市森瑟光学经过多年的摸索与反复实验，为眼镜生产企业提供了一种可降解环保光学镜架的加工制作工艺，通过添加生物基天然材料，与塑胶钛熔融混合的方式，改善镜架制作原材料的物理性能，从而使眼镜架的镜框、镜腿以及铰链连接部分在稳定性、强度和柔韧度等方面得到优化，满足对镜架原材料“轻巧、耐用、时尚”的要求。同时，使眼镜架能够在自然环境下实现生物降解。经过权威专业机构测试，以“森瑟光学”新工艺制作的眼镜架材质粉碎物为样本，在常温下埋入土壤，模拟自然状态土质湿度、空气流量、细菌群落的实验条件下，经过 3~4 个月的时间即可完成分解过程。

森瑟光学在国内眼镜行业中引领性的环保探索，收获了市场认可和社会赞誉。中国眼镜协会眼镜架及成镜专业委员会表示，我国眼镜架、眼镜片和眼镜零配件的生产加工总量均占世界比重70%以上，稳居世界第一位。但国内企业在可降解眼镜的研发、生产方面起步较晚，目前尚处于初期培植发育阶段。眼镜行业管理部门鼓励并积极支持眼镜生产的头部企业加大创新投入力度，引领整个行业内生产企业通过研发新材料、新设备，提升技术水平与生产工艺，推进产品升级迭代，不断推出消费者喜爱的绿色环保眼镜新品，践行低碳环保理念，推动眼镜生产行业早日实现环境友好、可持续发展的目标。

【下一代智能眼镜镜片量产技术已就位】 2022 年 8 月，致力于光学镜片 3D 打印的 Luxexcel

公司宣布，已为智能眼镜的下一步增长做好准备。Luxexcel 通过镜片专用 3D 打印设备、材料、软件以及光学领域的专业知识，为智能眼镜市场提供镜片生产解决方案。

目前，带有 VR 或 AR 功能的智能眼镜比较笨重，且无法同时满足眼镜佩戴者矫正视力的需要，亟须改进。Luxexcel 公司表示，眼镜产品制造商可以使用 Luxexcel 成熟的智能眼镜量产 3D 打印生产解决方案，改善这些现有问题。将配镜配方与智能技术相结合，制造出具有高级智能功能的嵌入智能功能镜片，并能够满足为日常眼镜佩戴者生产定制化智能眼镜片的需求，使这些佩戴者在使用智能眼镜时，不再需要另外佩戴视力矫正眼镜。

Luxexcel 所指的批量生产解决方案是基于材料喷射 3D 打印技术的解决方案，包含专有的硬件、材料和软件。3D 打印解决方案可以在塑料、玻璃等基体材料上进行 3D 打印，还可以满足客户的个性化要求。通过这一工艺，波导、全息胶片和 LCD 屏幕之类的智能设备能够在镜片制造过程中嵌入其中，成为一种集成智能功能的镜片。同时，镜片还可以根据用户的个性化镜片度数配方进行生产。由于 3D 打印技术无需模具的特点，一次打印中即可制造多种不同度数的镜片，这是实现智能镜片规模化定制生产的基础。

Luxexcel 在智能组件嵌入式 3D 打印领域申请了专利。这种组装光学部件的方法易于实现自动化，并用于大规模生产，而不会损害光学部件的生产所需的精度。借助 3D 打印技术的优势，这一技术能够快速地按需制造光学部件。无需庞大的库存，无需复杂的供应链，有更高的产品设计自由度，以及实现定制化镜片批量生产，这是 Luxexcel 3D 打印技术为光学镜片制造行业所带来的特殊意义。

【丹阳研制出国内首条变焦镜片超精密生产线】 2017 年 8 月创办江苏工大金凯高端装备有限公司，位于江苏丹阳高新技术创新园，经过数年研发攻关，2022 年研制出首条国产变焦镜片超精密生产线，破解“卡脖子”技术难题。江苏工大金凯以眼镜产业为突破口，借力超精密加工技术，迈出了助力丹阳“制造”向“智造”转型的铿锵步伐。

变焦镜片，乍一看和普通的镜片没什么区别，其实它有多个焦距，兼具近视、远视、平视多个功能区间，这是普通的近视镜片所不具备的。通俗地说，这是一种可以在近视镜和老花镜之间自然切换的渐进镜片。佩戴变焦眼镜最直观的感受是视物远近自如，不再需要人为地推拉眼镜。

变焦镜片集远视、中视和近视三种功能于一体。一副变焦镜片的价格是普通镜片的数十倍以上，但是能够生产变焦镜片的机床只有欧美等少数国家有，且价格高达数百万元人民币，一旦发生故障，只能靠国外专家维修，工时费高达每小时 70 美元。

江苏工大金凯高端装备制造有限公司从创立之初，就将首个项目瞄准变焦镜片超精密加工机床。公司生产线上 5 台外形、功能迥异的设备均由工大金凯团队自主研发，其中整条生产线上最核心、最关键的设备即变焦镜片超精密加工机床，是公司的拳头产品，凝聚了团队集体的智慧，做到了从关键核心技术受制于人到自主研发的质的突破。2017 年研制第一代机床，其中关键的主轴用的是英国的部件，供货期长达 13 个月；最初，快刀技术也被国外垄断，且不愿供货。公司研制的第一台机床产品出来后，虽然作为项目是成功的，但是作为产品是失败的。对标的国外机床是 90 秒加工一片，工大金凯需要 130 秒，且公司刚研制成功，国外机床就提高到了 60 秒加工一片。花 3 年时间研制，没有任何收入，到头来还是“跟跑者”。工大金凯并未放弃，也得到了政府的大力支持。江苏省工信厅关键核心技术项目 600 万元及省“双创计划”500 万元的奖励，镇江市“金山英才”顶格 1000 万元、丹阳市“丹凤朝阳”顶格 1000 万元的奖励，推动鼓励企业继续开展研发。

功夫不负苦心人。工大金凯经过一轮轮攻关、试验，最终研制出包括第二代变焦镜片超精密加工机床在内的整条生产线。企业从“跟跑者”变成“并跑者”，其二代机已经实现 70 秒加工一片的速度，正在研制的第三代机将达到 60 秒一片。另外，国内外光学变焦为 25 度一档，而工大金凯已经做到了 5 度一档，成为全球“领跑者”。现在，包括全球最大的视光学巨头——法国依视路在内的公司，都采购了工大金凯的超精密机床或相应设备。在工大金凯的一路追赶下，国际市场变焦镜片超精密机床已大幅降价，而美国唯一一家能够生产的公司也被迫倒闭。与此同时，工大金凯已经实现了从贴膜机、上盘机、超精密机床、抛光机和激光打标机的全套变焦镜片生产线的“交钥匙”工程。

【江苏两家眼镜企业获省级科学技术中心提名】 2022 年 8 月 12 日，江苏省工业和信息化厅公示了 2022 年江苏省省级企业技术中心拟认定名单，丹阳两家眼镜企业上榜，分别为丹阳丹耀光学股份有限公司和江苏优立光学眼镜有限公司。企业技术中心是指企业根据市场竞争需要和发展战略规划设立的技术研发与创新机构，是企业提高自主创新能力的重要载体。

【浙江瓯海以“智造”激活传统眼镜产业抢占行业制高点】 经过近半个世纪的发展，瓯海眼镜产业逐步提炼出自身鲜明的特色，成为享誉全国的眼镜产地。“中国眼镜生产基地”“国家外贸转型升级眼镜专业示范基地”……一项项国字号荣誉的背后，是瓯海眼镜行业多年来苦练内功、外拓市场的不懈努力。

把握新风向，以“智造”激活传统眼镜产业。中国（瓯海）眼镜小镇是瓯海精心谋划、用心打造的眼镜产业发展主阵地。近年来，面对复杂多变的市场环境，瓯海经济开发区全力“招大谋强”，通过基金招商、产业链招商等多种途径，积极引入和培育一批符合产业发展导向的大企业大项目，让众多的中小企业搭乘“智造”的“顺风车”转型升级，为产业发展强筋健骨。

2022 年 6 月，专注智能穿戴研发应用的中科海微入驻眼镜小镇，为瓯海传统眼镜产业插上数字化翅膀。中科海微研发生产的智能穿戴装备，让人们在现实中体验充满未来感的智慧生活场景。戴上警用 AR 智能眼镜，可以自动识别犯罪嫌疑人和嫌疑车辆信息；戴上儿童智能防近视蓝光眼镜，能够根据看书、看电视、看电脑等不同模式调节用眼距离、时间、姿势、环境光强；戴上 Wi-Fi 拍摄智能眼镜，就能以第一视角拍摄滑雪等极限运动画面。中科海微入驻眼镜小镇，主要是看中瓯海眼镜制造业的产业链优势。公司的技术团队来自中国科学院计算技术研究所，可以在智能穿戴领域为温州眼镜生产企业实现技术赋能。对于很多养不起技术团队又渴望智能转型的温州眼镜制造企业来说，中科海微提供的技术产品是“白菜价”。眼镜生产企业的制造基础加上中科海微的核心技术，这是一种双赢。至 2022 年 10 月，已有 300 多家优秀眼镜企业、75 家相关研发机构、24 个顶尖人才团队陆续入驻眼镜小镇。眼镜小镇建成全国首条 3D 打印眼镜生产线，创成国内首个“面部数据分析”中心，攻克了包括视光学材料、眼镜片疏水膜镀膜工艺、聚醚醚酮 3D 打印技术在内的 17 项行业“卡脖子”问题。

瓯海区眼镜行业协会会长、浙江通达光学有限公司董事长周爱松表示，若能把握住智能眼镜发展趋势，瓯海智能眼镜生产规模预计可达到百亿以上。

【椒江区促进眼镜企业走向高质量发展之路】 浙江省台州市椒江区眼镜行业协会自 2019 年 11 月 18 日成立以来，不断提升行业管理能力，搭建眼镜行业信息交流、市场开拓、发展共促新平台，带领行业打破传统产业“低小散”局面，通过转型升级促进眼镜企业走向高质量发展之路。目前协会共有规上企业 12 家，年产值约 3.8 亿，3 家通过企业管理创新基础规范化验收，5 家获评浙江省中小微科技型企业。三年来，椒江区眼镜行业协会立足行业现状，主动作为谋发展。通过邀请企业管理、安全生产、环保、税务、劳动、法律等方面的专家进行专题授课，切实增强企业管理者的思想意识，提升企业管理水平。三年来完成了眼镜行业第二轮、第三轮环保整治，实现企业环保精细化管理，基本完成沿海眼镜园区零污直排工程，进一步深化安全生产社会化服务，开展全域消防整治。

协会经常性组织会员企业外出考察学习，了解优秀企业的先进生产销售模式，不断更新观念，树立现代经营理念。通过争取参展补贴，鼓励并组织会员企业“走出去”，在国内外展会平台展示椒江眼镜企业的优质产品。通过设计集体商标，创建《椒江眼镜》年刊，利用协会微信公众号和各眼镜展会宣传片等方式，展示椒江眼镜的悠久历史和文化，重塑椒江眼镜新形象。

企业有难题，协会来帮忙。针对企业用地难问题，协会积极向区委区政府反映，争取支持。经过上下努力、多方协调，已建成总用地面积 45 亩（约 3 万平方米），总建筑面积 8.9 万平方米的江北眼镜科创园，2022年6月完成交付，入园企业17家。政府给予产业扶持政策，沿海眼镜园区6家企业实施零增地技改，可新增建筑面积约5万平方米，实现腾笼换鸟、增产达效。针对企业用工难问题，协会2022年初出资组织了首届椒江区眼镜行业春季人才招聘会，免费为会员企业提供场地和设施，现场提供岗位800余个，为企业用工提供精准服务。

【《先进光学与眼健康融合发展论坛》成功举办】 2022年8月3日，“中国镜片第一股”明月镜片与“中国光学摇篮”中科院长春光机所、“全国顶尖的眼健康产业创新高地”中国眼谷，在吉林长春共同组织了“先进光学与眼健康融合发展论坛”。丹阳市委副书记赵志强，明月镜片总裁谢公兴，长春光机所所长贾平，温州眼视光国际创新中心执行主任徐良德以及各方代表共同出席了本次活动。

中科院长春光机所，是新中国在光学领域建立的第一个研究所。光机所主要从事发光学、应用光学等研发生产。作为中国光学事业的摇篮，曾先后参加了“两弹一星”“载人航天工程”等多项国家重大工程项目。近年来，为实现跨学科、跨行业、跨领域的深入融合，长春光机所提出“光学+”的成果转化理念，让科研为市场提供更高效、更精密、更智能的解决方案。中科院长春光机所表示，光机所致力于推动“光+”成果转化，通过光学精密仪器为产业赋能。

中国眼谷，是温州市以眼视光为核心的生命健康产业集聚地和环大罗山科创走廊核心园区。立足温州国家高新区、自主创新示范区，依托温州医科大学附属眼视光医院眼视光学和视觉科学国家重点实验室、国家眼视光工程技术研究中心、国家眼部疾病临床医学研究中心三大国字号科技创新平台，及国家2011创新引智基地、教育部近视防控与诊治工程研究中心等10余个国家级平台建设。

明月镜片2002年成立于上海，是中国镜片领导品牌，全国销量领先，产品畅销美国、日本、意大利、新加坡等国家和地区。明月镜片汇聚全球优势资源，与日本三井、韩国KOC合作建立全球领先的镜片原料研发生产中心，是全球为数不多实现原料自给的镜片企业。明月镜片拥有行业领先的研发实力，是高新技术企业，并与著名光学专家庄松林院士及其团队合作，建立了行业示范性的院士工作站和眼镜工程技术中心。企业入选工业和信息化部认定的2017年首批绿色制造示范单位，获评绿色工厂。公司成立以来，始终坚持自主研发，持续创新，积极寻求与国内顶尖院所合作，着力在四方面下功夫。第一是光学材料和光学设计，要填补国内空白，取代国外控制。第二是要设计符合国人眼球结构的光学产品，与中国眼谷合作成立眼科光学研究院。公司希望建立中国人自己的眼球研究数据库，基于眼科机理，在眼视光科技、近视防控、功能性镜片等方面取得突破性进展。第三是光学材料，已经成功研发出PMC超亮、超韧、1.71折射率、双重防蓝光等技术领先的产品，深度研发更轻、更薄、更清晰，多功能的材料来满足消费者对不同产品的需求、第四是工艺装备，要实现高端制造的国产化以及验配设备的国产化。

此次三方的合作，将充分发挥明月镜片在镜片产业的丰富经验、中科院长春光机所在光学领域的科研优势，以及中国眼谷温州医科大学在眼科领域的领先地位，共同推动镜片行业的技术突破，引领行业的发展，为解决国民的视觉健康问题作出贡献，进一步推动民族品牌走向世界，赢得国际市场的一席之地。

【“专精特新”优势企业引领行业科技创新作用日益凸显】 2022年，江苏视科荣获第二十三届中国专利优秀奖，宁波法里奥入围第三批国家级重点“小巨人”，江苏视科、浙江伟星获中国轻工联技术发明二等奖，宁波明星“自动验光仪”入选工信部《升级和创新消费品指南（轻工 第九批）》。

“专精特新”是指具备专业化、精细化、特色化、新颖化四大优势的企业，旨在培育一批在细分行业内技术实力强、产品质量好、服务水平优、市场份额高、品牌影响大、发展前景广的中小企业。

作为引领中小企业高质量发展的排头兵，专精特新“小巨人”企业既是深刻理解用户需求的“行业专家”，也是掌握关键核心技术的“配套专家”，还是应用新技术、新工艺、新材料、新模式，不断迭代产品和服务的“创新专家”。这些创新能力强、专注细分市场、成长性好的优秀企业，以科技创新为引擎带领企业快速发展。在国家相关政策的有效激励以及科技研发力度加码的基础上，眼视光行业各类创新成果不断涌现，通过产品的迭代升级，实现行业的科技创新和产品力的整体提升。

【江苏视科新材料有限公司以专利深耕技术创新】 江苏视科新材料股份有限公司实施创新驱动发展战略，合理调整战略布局，将企业从镜片加工转型到上游原材料研发生产上来，进行高端功能性视光材料的应用开发。视科新材料迎难而上，经过反复技术攻关，通过将硫化锌、氧化硒、氧化锌等高折射率无机纳米粒子引入通用树脂基体中，与含有稠环或含硫稠环的萘乙烯等单体进行共聚复配，成功合成两种复合型高折射光学树脂，改善了国内传统滤光片生产工艺落后、透光率低的问题。一代防蓝光产品于2014年6月成功面市，实现了在防蓝光光学树脂关键核心技术方面取得重要突破，填补了国内空白，并通过产品差异化竞争，逐步打开了国内视光学企业参与国际市场竞争的新格局。2015年10月，二代纳米防蓝光产品研发成功，其蓝光危害降低率达70%以上的同时，拥有100%的紫外防护效果及93%以上的高可见光透过率，综合防护性能领先于国内外市售产品。先后获得第五届中国创新创业大赛新材料行业第三名、第四届江苏省创新创业大赛二等奖、中国轻工业联合会科技进步奖二等奖、中国先进技术转化应用大赛优胜奖等，从价值链高端环节实现了技术赶超。

2015—2020年先后获得授权发明专利30件，其中欧洲发明专利1件；形成技术集聚和自主知识产权，产品质量达到国内先进水平；完成2017年江苏省重点研发计划项目，公司先后获得江苏省科技进步奖三等奖、中国眼镜协会行业创新贡献奖、淮安市市长质量奖。公司被认定为国家高新技术企业、国家专精特新“小巨人”企业、江苏省“小巨人”企业、江苏省服务型制造示范企业等。2021年8月获江苏省首届科技创新发展奖。

【LOHO眼镜首个工业4.0超级加工中心建设完成】 2022年9月26日，LOHO眼镜成功建设完成首个工业4.0超级加工中心。通过全自动生产线，科学化36步加工流程标准设定，一进一出高效有序运作，LOHO实现每日5000副以上产能，与零售无缝衔接，从而快速发货。

工业4.0（Industry4.0），是智能化时代，也是利用信息化技术促进产业变革的时代。它要求的不仅仅是要将设备、工厂、供应商、产品和客户等紧密相连，更要深入产业链，将整个产业体系中的智能控制系统、终端系统、整个产品的脉络都连接起来，从而实现横向与纵向的更高层次集成。

LOHO眼镜，作为国内首家新零售时尚眼镜品牌，一直采用新零售全渠道运营，用科技赋能商业，首创时尚眼镜行业的智慧门店，以技术驱动业务创新发展，不断完善数字化加工，强化眼镜产品的品质工艺，颠覆时尚行业，以科技赋能的LOHO新零售运营模式。LOHO集团首个工业4.0超级加工中心建设完成，成功开启“高端智造，智赢未来”的硬科技新纪元，从而为消费者提供更优质的产品和更好的服务。

【台州临海探索眼镜喷涂“水性涂料”绿色新路】 2022年11月26日，浙江台州临海市举行生态环境保护重点工作新闻发布会，临海市探索眼镜产业绿色发展新路，眼镜喷涂行业源头替代试点取得进展。

眼镜是临海的特色产业，眼镜生产企业已逾千家，2021年总产值超60亿元，发展势头迅猛。使用油性涂料喷涂表面，容易产生的污染，也让眼镜产业遭遇发展转型的“阵痛”。

2022年3月，在台州市生态环境局临海分局的牵头下，眼镜喷涂行业VOCs（挥发性有机物）源头替代技术调研和攻关小组应运而生。临海迈出了眼镜喷涂行业从“油”到“水”变革的脚步。攻关小组一方面推动涂料企业深度研发水性涂料，提升产品品质；另一方面让研发成果不断进入试点企业进行试验磨合，改进施工技术。浙江港隆眼镜有限公司表示，使用水性涂料的眼镜不仅环保安全，而且外观光泽度、漆面涂层都很饱满，首批光学镜2021年底出口欧洲，受到了客户的一致好评。如果水性涂料提升品质、能实现大规模量产，那么价格下降的空间还会更大。再加上降低了喷涂行业的职业风险，让招工贵、招工难等问题迎刃而解，这些都是看得见的利润。如今，港隆眼镜70%的产品实现了水性涂料的替代。

为加快推进眼镜喷涂行业 VOCs 源头替代工作，台州市生态环境局临海分局立下目标，到2023 年底，将水性涂料推广覆盖至市半数以上的眼镜生产企业。许多企业主获知后担心，水性涂料饱满度不行，效果大多靠肉眼判断，缺乏标准的评价体系等。对此，台州市生态环境局临海分局集思广益，统筹谋划，制定细化水性涂料推广计划、配套资金补助等政策。临海分局在做好政策和技术等服务的基础上，着力提升监管水平，推进实施水性喷房 VOCs 车间超标报警装置试点，实现超标自动报警，同时加大环境执法力度，重点查处废气治理设施不正常运行等违法行为，倒逼行业转型升级和绿色发展。

台州市临海生态环境分局表示，计划在 2024年实现临海眼镜喷涂环节水性涂料全覆盖，当源头替代比例达 90%，眼镜产业有望移出废气重点监管行业，实现全面绿色转型，与企业携手并肩，从容应对，挺过“阵痛”，便是蓝天。

【蔡司泽锐镜片全面清晰的自由环面生产工艺】 相比传统非球面镜片的加工，蔡司泽锐首创使用了自由曲面镜片模具，采用的是工艺相对复杂的自由环面设计，能够针对单一眼睛的参数进行准确优化，并在生产中进行光学参数的调整优化，在保证清晰视野的同时，也能得到不错的边缘畸变控制能力，而且镜片依然可以十分轻薄。蔡司泽锐镜片的自由环面生产工艺，由于无法预知佩戴者的散光轴位数据和镜架佩戴参数，批量生产的现成镜片在视觉优化上存在一定的局限性。

蔡司泽锐镜片通过采用自由环面设计，把优化能力集中在镜片四分之一象限的扇形区域。通过优化该区域的自由参数数值，再镜像复制覆盖整个面形，以实现更好的镜片光学曲面。该设计革新了现成镜片的光学设计，让蔡司泽锐镜片的佩戴者拥有更加清晰、舒适的视觉体验。蔡司泽锐镜片的玻璃模具生产过程中，运用了自由成型技术，通过使用高精度的磨轮加工，再以精密抛光轮完成抛光，保证模具生产出的每一片蔡司泽锐镜片都能拥有高质量的光学表面。蔡司泽锐镜片在检测过程中，充分利用了蔡司在精密检测领域的专业设备——蔡司三坐标测量机，通过使用红宝石测针对每片模具进行扫描，以确保镜片面形设计得到准确还原。作为工业 4.0 的全新样板，每一片蔡司泽锐镜片都带有可追踪的二维码，让整个生产过程在保证充分个性化的基础上，实现可溯源追踪，并不断优化交付标准。完成生产的蔡司泽锐镜片，会再次用蔡司三坐标测量机扫描面形。通过在视觉敏锐度检测系统中验证镜片的光学面形，以检验确保每一片蔡司泽锐镜片达到设计的目标性能。

【OLIVIO & CO 眼镜荣获 2022 iF 产品设计奖】 2022 年 4 月，被誉为“设计界奥斯卡”的德国 iF 设计奖获奖名单公布，OLIVIO & CO 蓝光眼镜凭借优异美学设计及专业功能性，荣获 2022iF 产品设计奖，这是 OLIVIO & CO 连续两年获得的第 4 个 iF 奖项。

iF 产品设计奖创立于 1954 年，由德国历史最悠久的工业设计机构—汉诺威工业设计论坛（iF Industrie Forum Design）每年定期举办，已经被国际公认为当代工业设计领域中卓有声望的大奖，与红点奖（Red Dot）和 IDEA 奖并称为世界三大设计奖。

此次获奖的蓝光眼镜主打针对儿童使用电子屏幕用眼防护而设计，镜片拥有 25% 防蓝光率，有效缓解各类电子产品带来的眼部压力，92% 的高透光树脂，降低色偏更加自然。同时镜架采用 TR90 材质，加厚鼻托设计，符合亚洲人面部特征，整体佩戴感受舒适轻盈。

近两年来，OLIVIO & CO 在国际舞台上的优异表现，使品牌成功斩获 2020 红点设计奖、2021iF 设计奖、2021 Jonior Design Awards 最佳旅游产品奖等多项国际大奖，这代表着越来越多的中国优质品牌在国际上受到大众认可。

【眼视光企业向“专精特新”迈进】 我国是世界上盲和视觉损伤患者最多的国家之一。随着经济社会发展及人口老龄化进程加剧，人民群众对眼健康有了更高需求。对于眼视光领域，尤其是眼镜制造领域来说，“专精特新”中小企业专注于细分市场，具有较强的创新能力，掌握着关键的核心技术，有望解决长期以来面临的“卡脖子”难题，进一步提高人民群众眼健康水平，持续推进我国眼健康事业高质量发展。

近十年来，眼视光相较于其他行业，虽然发展迅速，但总体规模、“专精特新”发展水平仍处于相对落后的状态。但是，眼视光行业也着力向

“专精特新”迈进，涌现出一批国家级专精特新“小巨人”企业。国家关心、重视眼健康工作，有效地促进眼镜行业企业的加快发展。

以镜片行业为例，作为国内知名眼镜生产型企业，万新光学在产品创新、生产创新、社会服务以及产业升级等方面不断开拓，取得了令人瞩目的成绩，入选第二批（2020 年度）国家级专精特新“小巨人”企业名单。

近年来发展势头强劲，专注于眼科医疗器械的自主研发、生产、销售及相关服务的爱博医疗获得第二批（2020 年度）国家级专精特新“小巨人”企业认定，其主要产品覆盖视光和手术两个领域。

拥有 20 多年发展历史、长期在视光设备领域发展的宁波明星科技发展有限公司于 2021 年入选第三批专精特新“小巨人”企业名单，其领先的技术创新能力、突出的市场竞争优势、完善的管理体系获得了多方认可。

聚焦于医疗人工智能的北京鹰瞳科技发展股份有限公司则入选了第四批专精特新“小巨人”企业公示名单，截至 2021 年底，鹰瞳 Airdoc 产品服务已应用于全国 700 多家等级医院、36 家社区诊所、150 多家体检中心、1100 多家视光中心、40 多家保险机构以及 250 多家药房。

2022 年初，江苏视科新材料股份有限公司、宁波法里奥光学科技发展有限公司，亦先后获得国家级专精特新“小巨人”企业认定。据不完全统计，在各省级专精特新“小巨人”企业中，温州市爱氏光学实业有限公司、温州市远华企业有限公司、温州市冠豪眼镜有限公司、温州市八达光学有限公司 4 家温州眼镜企业顺利通过 2021 年度浙江省“专精特新”中小企业认定；吉林瑞尔康隐形眼镜有限公司在 2021 年吉林省“专精特新”中小企业认定中成功通过评审；江西华清眼镜有限公司、江西领秀眼镜有限公司获得江西省“专精特新”中小企业认定。

在国家和地方相关政策的大力扶持下，眼视光行业企业应不断聚焦主业、苦练内功、强化创新，将眼镜中国制造向眼镜中国创造转变，致力于成为具有国际竞争力的领航品牌。随着越来越多专精特新“小巨人”企业的涌现，眼视光行业企业将持续为国民眼健康贡献力量。

【厦门高新企业瑞之路眼镜科技成为全国 PC 镜片行业领军】 瑞之路（厦门）眼镜科技有限公司历经十余年发展，不断加大研发投入，深耕 PC 镜片这一细分领域，把产品创新研发作为企业发展的核心竞争力。2022 年 1 月，终于打破了 PC 镜片市场被国外厂家垄断的格局，瑞之路从一家孵化器中的初创型企业，成为中国 PC 镜片行业的领头羊，也是福建省唯一具备生产 PC 镜片能力的企业。

2008 年，瑞之路（厦门）眼镜科技有限公司成立，专门从事 PC 镜片研发、生产、销售。该公司是国家高新技术企业、福建省重点上市后备企业、中国 PC 镜片行业领军企业。

推进自主创新，荣获业内首个国家级专利奖。PC 材料在飞机和航天器上扮演着重要角色，因而 PC 镜片也被称作“太空镜片”，有抗辐射（蓝光）、防紫外线、抗氧化、打不破等特点。全世界能生产这种镜片的企业仅有 15 家，一系列自主创新技术让瑞之路拿下全国眼镜行业首个“中国专利优秀奖”，也是行业中唯一一家两度荣获该奖的企业。瑞之路想方设法增强镜片韧性，研发视物更清晰、性能更强的产品。对镜片硬度要求是达到 5 级，相当于 1 千克钢丝球一百次摩擦不能出现刮痕。

加快智能升级，人均年产镜片创新高。随着制造业的数字化转型，瑞之路正驶向生产智能化的快车道。公司拥有目前国内最先进的包装环节自动化机器，可以自动上料、测度数、打印包装。通过一系列智能化改造，瑞之路以不到百人的规模做到了 1000 多万副镜片的年产量，企业生产效率提升了 30%，节能也达到 30% 以上。

提升产品质量，推动国内普及 PC 镜片。PC 镜片在欧美眼镜市场占据主流，瑞之路产品以出口美国为主，并在美国设立了生产基地，企业出口总量近九成。PC 镜片具有装配成本较高、寿命长不利营销等特征，我国 PC 镜片普及率不到 1%。PC 镜片与树脂镜片价格相差无几，瑞之路公司积极开拓国内市场，力求以先进的高新技术、高价值专利造福于民，让百姓享有更多的用眼安全和健康。

瑞之路获发明专利 2 项，外观专利 5 项，实用新型专利 13 项。其中 2 项专利获中国专利奖优秀奖以及世界发明展览会金奖、银奖。

（二）新创产品

【InWith 推出电子软性隐形眼镜用于 VR/AR】 2022 年 1 月 11 日，InWith Corporation 在 2022 年美国拉斯维加斯消费电子展（CES 2022）上宣布成功开发出世界第一款具有增强现实功能的软性隐形眼镜。InWith 表示，这款为大众设计的软性电子隐形眼镜可能是观察未来元宇宙的最终方式，佩戴的用户可以随心所欲地从现实世界过渡到各种虚拟现实、增强现实、扩展现实的元宇宙世界。预计电路部分将被集成到软性隐形眼镜材料中，最终用于 VR/AR 和视力矫正。该公司已开发出将固体部件和电路集成到隐形眼镜中的技术并获得了专利，预计在获得美国食品和药品管理局（FDA）的突破性许可后，这款隐形眼镜将推向市场。

InWith 公司位于美国加利福尼亚州，是一家专门从事眼科和 MEMS（微电子机械系统）技术的公司。专注开发可集成于模制水凝胶材质的微型电子元件，号称可将市面上主流隐形眼镜变成支持 AR 显示的产品，曾与博士伦合作开发 AR 隐形眼镜。该公司开发的“将固体部件和电路集成到隐形眼镜中的技术”获得了专利，正与《财富》杂志排名前 50 位的公司洽谈合作，预计 2022 年获得 FDA 的突破性许可，并将这款隐形眼镜推向市场。InWith 表示，这项技术的第一个应用是移动设备的可调节视觉和与智能手机等移动设备控制相关的增强视觉。InWith 表示，软性隐形眼镜可能提供一种几乎看不见的方式来在现实世界和元宇宙之间来回移动。

【“飞行眼镜”让眼镜“飞起来”】 2021 年 12 月 1 日，在 2021 第九届深圳国际工业设计大展上，大疆创新科技有限公司展出大疆 FPV 飞行眼镜，深圳人实现让眼镜“飞起来”。

2014 年，深圳市出台专项行动方案推进眼镜产业转型升级；2020 年，深圳市出台专项扶持政策加快工业设计业发展。10 年来，深圳工业设计在政策引领下，进入高速发展的快车道，逐渐形成以政府为引导，企业为主体，园区为平台，协会为桥梁，全链条、多层次的工业设计生态体系，在引领制造业转型升级、支撑制造业跨越式发展中发挥了独特作用。

大疆创新科技有限公司是深圳的 13 家国家级工业设计中心之一。深圳大疆创新科技有限公司在政府创新政策的引领下，致力于自主品牌和原创设计能力的赋能研发，制造出具有清晰度高、延时低、图传距离远、佩戴者能获得身临其境的沉浸式飞行体验的 FPV 飞行眼镜。使 FPV 飞行眼镜作为高端配件成为无人机资深玩家的“尖儿货”。新世纪、新时代，让我国的眼镜从戴起来实现到“飞起来”的跨越。可以说，飞行眼镜已经成为当今眼镜行业的新宠。同时，飞行眼镜也将带动中国眼镜制造走上全球眼镜产业的高端。

“深圳制造”给全世界造了 30 多年眼镜架，如今“深圳创造”给全世界造了“飞行眼镜”。深圳从造眼镜到造“飞行眼镜”，深圳工业设计实现了从跟跑、并跑向领跑的过渡。

【黑素真防蓝光眼镜入驻杰猫商城】 2022 年 1 月，黑素真防蓝光眼镜正式入驻 J-Mall（杰猫）商城。J-Mall 商城，是为满足年轻人对“潮流养生”的追求，打造的集时尚、健康、品质生活于一体的全新电商商城平台。黑素真防蓝光眼镜采用 MELAGIC 科技复合材料镜片，通过渗色技术使镜片带有琥珀色，从而达到吸收短波蓝光的作用，消减蓝光更专业、效果更好，并且能阻挡 99.9% 的紫外线，室内室外皆适用。制作材料采用高科技 TR-90 记忆材料，仅重 13 克，重量比一般镜片轻 37%，轻巧且有弧度，贴合头形；镜片硬度较普通镜片提升 10 倍，透光率好，视觉清晰；亲肤硅胶套腿，不伤耳后肌肤，更加透气防过敏。并且获得中美两国双专利以及各种专业检测机构的认证。

黑素真防蓝光眼镜采用全波段防护，对不同的光线具有选择性阻隔，有效吸收光谱可达 200~2500 nm。它的综合蓝光阻隔率约 45%，有害蓝光阻隔率 98%，可有效保护视网膜。

【高科技镜片处理方法可防止眼镜起雾并实现“自清洁”】 2022 年 2 月，新加坡南洋理工大学开发出一种可以使聚碳酸酯镜片永久无雾，而且可以实现“自清洁”的处理工艺。该创新工艺在其他防雾方法中独树一帜，具有抗反射性、防雾性和自清洁性。先对镜片（或其他塑料表面）进行氧等离子处理，这样既可清洁镜片，也可提高随后沉积在上面的薄膜的附着力。

该透明薄膜由两层组成：一层由二氧化硅组成，另一层由二氧化钛组成。它们是通过脉冲激光沉积工艺放置在塑料上的。后者涉及使用激光在真空室中汽化两层材料中的每一层。当汽化的二氧化硅和二氧化钛向上升起时，它们被精细地沉积在位于真空室顶部的塑料基底上。

【强生发布全球首款且目前唯一“药物缓释”隐形眼镜】 2021 年第四届进博会上，强生全面展示了医疗器材、制药、消费品和全视业务的创新产品和解决方案，共带来了 70 款首秀产品。这次进博会，强生也为大家带来了一款中国首秀产品安视优 Theravision，它是全球范围内首款、且是目前唯一一款获得监管机构批准上市的药物缓释型隐形眼镜，代表着眼科药物创新递送技术的重要突破。

安视优 Theravision 是强生全视为帮助更多人看得更清晰、沟通更有效、生活更美好推出的又一划时代产品，已在日本、加拿大和韩国获批上市。与普通隐形眼镜不同的是，这款日抛型隐形眼镜，在矫正视力的同时还可缓释抗组胺药物酮替芬，以缓解眼睛过敏引起的瘙痒。佩戴后 15 分钟内药物快速起效，显著减少眼痒症状，且持续缓解长达 12 个小时。

强生视力健作为中国眼健康行业领导者之一，始终以创新和专业作为发展的基因，在推动长三角一体化建设中发挥着重要作用。强生公司方面表示，与浙江省政府保持着紧密且友好的合作关系，并且与位于温州的中国眼谷也达成了战略合作协议，助力中国眼健康事业的进一步发展。此外，强生视力健在杭州还设立了工厂，联动上海总部，很好地融入在国家加速推动长三角一体化的进程中。上海及长三角地区是强生探索和推动创新的前沿阵地，并将创新成果辐射到全国，乃至全球。

【前 NASA 科学家打造每日佩戴两次或可预防近视的无镜片“发光眼镜”】 造成近视新病例的大部分原因是人们在室内看电子屏幕的时间过长，到户外运动的时间太少，使得眼睛无法正常发育。为了帮助人们改变生活习惯、预防近视，一位名叫托德·布拉彻（Todd Bratcher）的设计师和一位前美国国家航空航天局（NASA）科学家联合开发了一款不需要采用强迫手段就能矫正近视的特殊眼镜。

这款眼镜只有镜框，并没有镜片。从外观上看，该眼镜采用颇具现代主义特色的圆形设计，时尚大方。从材质上看，镜框以树脂作为主要制作材料，佩戴舒适度高；外部附着一层特殊的发光颜料，能够避免因为涂料发生磕碰而容易产生划痕。从技术上看，该眼镜可发出波长约为 480nm 的光，可有效地帮助激活视网膜多巴胺，减缓眼轴增长。

使用者佩戴好该眼镜后，只需站在太阳光或者明亮的灯光下 1 分钟，就能得到持续长达 25 分钟的、有益于眼睛发育的阳光波长。此款眼镜的发明者认为，使用者每天体验两次这种阳光波长，就足以对抗近视的发生。并且，在使用该眼镜的过程中，使用者不需要进行充电、调试等任何辅助工作。

这款近视眼镜的设计仍处于专利申请的过程中，有待第三方研究机构的验证。

【高通与微软合作为 AR 眼镜开发新芯片】 2022 年 1 月 5 日，高通和微软正在合作开发一种新的定制 Snapdragon 增强现实芯片，该芯片将为微软生态系统中的未来 AR 眼镜提供动力。新的合作伙伴关系是在高通的 CES 2022 主题演讲中宣布的。

高通公司表示，正在为微软生态系统的下一代、节能、非常轻便的 AR 眼镜开发定制的增强现实 Snapdragon 芯片。高通正在将两家公司的芯片平台软件集成到该芯片平台中，Microsoft Mesh 平台和最近宣布的 Qualcomm Snapdragon Spaces XR 开发平台。Snapdragon Spaces 将完全集成到 Microsoft Mesh 中，该平台将可用于下一代轻量级眼镜。

高通与微软有过合作伙伴关系，曾合作开发定制芯片，如 Surface Pro X 的定制 SQ1 和 SQ2 处理器。2019 年，高通公司的骁龙 850 芯片已经为微软的 Holo Lens 2 头盔提供算力。近年来，高通公司增加了对 AR 和 VR 重点芯片的关注和开发，包括为 Oculus Quest 2 提供动力的骁龙 XR2。

【物理科学公司为美军开发小而轻夜视光电眼镜】 2022 年 2 月，美国国防高级研究计划局（DARPA）官员与 Physical Sciences（物理科学公司）签订了一份价值 640 万美元的合同，用于眼镜形状因子增强夜视（ENVision）项目。

物理科学公司开发的小而轻夜视镜，通过一个共用孔径将光谱范围扩展到近红外之外，包括短波、中波和长波红外光谱波段，使用户可以访问 1.5~12μm 的光谱范围。这些夜视眼镜可以将用户视场扩大到 100°左右的自然视力。

ENVision 项目将持续四年，分为两个两年期，包括两个技术领域：样品和上转换。第一个技术领域的参与者将开发眼镜形状因子增强夜视系统的样品；第二个技术领域的参与者将研究宽波段直接光子上转换。

【波加查同款 Scicon 推出 Kunken 新款骑行眼镜】 2022 年 2 月，意大利品牌 Scicon 推出了一款 Aeroshade Kunken 新款骑行眼镜。2021 赛季中，环法总冠军波加查（Tadej Pogačar）就已经在赛场上使用了该款眼镜。此款骑行眼镜拥有多种镜片和镜框颜色可供选择，包括在镜片上印有 Scicon 标志的特别版本。

新款 Kunken 眼镜配备 Flex fit™ 鼻托，可以完美地适应任何类型的脸型，它允许根据面部形状和运动员所需的贴合度进行微调整，同时也能对镜腿进行调节。Kunken 眼镜采用的 SCN-PP™ 镜片具有更高的抗冲击性能，镜片上同时还设计有通风孔来确保良好的通风效果，还能避免镜片起雾的问题。

【美国空军与 Clearview AI 合作研发人脸识别 AR 眼镜】 2022 年 2 月，美国空军研究实验室支付 Clearview 公司 49847 美元用于研究可以扫描人脸帮助保障基地安全的增强现实眼镜。

该实验室发言人 Bryan Ripple 称，这项研究为期 3 个月，目的是找出使用这种眼镜进行面部识别的“科学技术价值和可行性”。

Clearview AI 公司总部位于纽约。该公司创造了一个供执法部门使用的面部识别工具，数百个联邦机构和地方警察部门都在使用 Clearview 的技术。该公司称其软件非常适合犯罪调查，而不是监视，但他们也对其做过实时面部识别试验。2020 年 1 月，《纽约时报》的一名技术专家在该公司的应用程序中发现了代码，显示它可以与增强现实眼镜配对。当时，Clearview AI 公司的首席执行官 Hoan Ton-That 承认他们正在设计一款 AR 眼镜，但是不打算发布。

【全球首例角膜接触镜高效除蛋白设备“3N 隐形眼镜还原仪”通过 FDA 认证】 2022 年 2 月，“3N”科技自主研发的角膜接触镜护理产品——3N 隐形眼镜还原仪（3N Contact Lenses Adjunct Cleaner）已通过 FDA 510K 医疗器械认证（FDA 510K 认证为美国医疗器械标准）。

这是全球首例角膜接触镜高效除蛋白设备通过该认证，获得在美上市资格。该产品的成功获批，正式结束了自角膜接触镜问世 100 多年以来，患者一直使用无源医疗器械——隐形眼镜护理液除蛋白杀菌的历史；同时，结合全新电泳解离 Elepy 技术，3N 隐形眼镜还原仪有望将角膜接触镜护理系统带到有源时代。

【OPPO 公布可根据光线强弱调节透过率 AR 眼镜专利】 2022 年 2 月 18 日，OPPO 广东移动通信有限公司申请的“镜片、AR 眼镜和 AR 系统”专利公布。该镜片可根据外界光线强弱调节其透过率，提高 AR 眼镜的综合视觉体验，具有适应性强、调节灵敏、安全性高等优点。

【华为可满足不同头围及瞳距的人群使用的“AR 眼镜”获专利授权】 2022 年 2 月 25 日，华为技术有限公司获得“AR 眼镜”专利授权。该申请涉及智能电子设备技术领域，尤其涉及一种 AR 眼镜。该 AR 眼镜包括显示模组、调节机构、镜架，其中调节机构能将显示模组的影像调节至设定的视野范围内。通过本 AR 眼镜，可满足不同头围及瞳距的人群在佩戴时的成像效果。

【影目科技 INMO Air AR 眼镜在无锡光电信息产业发展推介会发布】 2022 年 3 月 4 日上午，江苏无锡锡山光电信息产业园先导区开园暨北方科技科创中心启用仪式在无锡锡山经济技术开发区举行。

影目科技作为珑璟光电的优秀合作商，现场推出旗下 INMO Air AR 眼镜。INMO Air 作为全新的 AR 智能眼镜产品，延续了上一代产品在 Xview

的轻薄设计之下呈现出的时尚调性，自主联合研发的光波导片实现了视野完全无遮挡和更符合人体佩戴舒适性两大方面不断创新，搭配其前卫、独特的造型设计，为消费者带来了更具科技感的使用体验。

INMO Air能够满足多种生活、运动和商务场景下的使用，实现步行/骑行AR导航、影视刷剧、摄影拍摄、消息提醒、随时提词和私享音乐等功能，进一步增强了AR眼镜的科技智能属性。

【美国FDA批准一款可治疗眼睛过敏的隐形眼镜】 2022年3月3日，强生旗下专注眼科健康的Johnson & Johnson Vision Care宣布，美国FDA已批准其一款可治疗眼睛过敏的隐形眼镜上市。新闻稿指出，这款隐形眼镜含有抗组胺药物酮替芬（ketotifen），可在眼部释放，缓解与眼睛过敏相关的症状。此类全新设计的隐形眼镜，也代表了眼科药物创新递送技术的重要突破。

获批的这一款日抛型隐形眼镜名为Acuvue Theravision，将抗组胺的常用药物酮替芬加入到制作隐形眼镜的材料中，以在佩戴过程中释放药物。在几项3期临床研究中，它取得了积极的治疗效果——在佩戴释放药物的隐形眼镜的患者中，戴上隐形眼镜3分钟后就能显著缓解眼痒，在临床和统计上均具有意义，而且这一效果可以持续12个小时。

【暴龙“至慧星”新一代青少年双效离焦镜片正式上市】 2022年3月7日，厦门雅瑞光学有限公司举行发布会，宣布历经近20年视光行业专注耕耘、多年的专利技术攻坚，暴龙（BOLON）“至慧星”新一代青少年双效离焦镜片正式上市。

多点离焦镜矫正防控近视效果显著，开启了离焦镜的新时代。角膜塑形镜、离焦镜和低浓度阿托品是青少年近视防控的主要方式。临床研究数据表明，多点离焦镜可有效抑制眼轴增长从而达到近视防控的效果。与其他防控手段相比，多点离焦镜片验配简单、护理简单、不会引起并发症、近视控制效果不易反弹。相对于其他防控方式，对于戴镜者而言，多点离焦镜片戴镜更方便、价格也较为实惠。

BOLON“至慧星”产品镜片外表面分布8圈环形多点微透镜阵列，提供+3.50~4.50连续递增的复合离焦量；同时叠加内表面周边离焦设计，在非微透镜区域也实现离焦调节效果；并且提供连续变化的散光补偿值，形成三重防护，提供更全面的近视防控方案，帮助孩子延缓近视进展，远离高度近视。

雅瑞光学表示，BOLON将与优秀的合作伙伴一起，共同开启青少年近视防控产品市场新征程。

【小米AR眼镜专利获授权：佩戴舒适度提高避免易脱落问题】 2022年3月15日，国家知识产权局公布信息，北京小米移动软件有限公司“AR眼镜”专利获授权。

该专利公开一种AR眼镜，包括镜架、波导组件、齿条和移动组件。其中，波导组件安装于镜架，波导组件包括波导和光机，波导与光机相连；波导构造为AR眼镜的左镜片和右镜片中的至少一者，波导在预设方向上可移动地设置，齿条与波导相连且沿预设方向延伸；移动组件安装于镜架，移动组件包括齿轮，齿轮与齿条啮合，齿轮用于旋转以带动波导在预设方向上移动。可根据佩戴者的瞳孔距离、脸部的宽度和脸型调整波导的位置，进而提高了佩戴舒适度，避免了易脱落的问题。

【EVO Visian植入式镜片美国获批矫正近视】 2022年3月28日，眼用植入式镜片和配套输送系统开发商STAAR Surgical Company（NASDAQ：STAA）宣布，美国FDA已批准EVO/EVO+ Visian Implantable Collamer Lens（“EVO”）用于矫正近视和散光近视。

20多年来，STAAR的植入式Collamer镜片一直在改善全球患者的视力。EVO直接植入在虹膜后面和天然晶状体前面的眼睛后房内。

STAAR Surgical一直致力于眼科手术，设计、开发、制造和销售带有配套输送系统的眼用植入式镜片。这些镜片旨在为患者提供视觉自由，减少或消除对眼镜或隐形眼镜的依赖。这些镜片都是可折叠的，外科医生可以通过一个小切口将它们插入。STAAR用于屈光手术的镜片称为Implantable Collamer镜片或“ICL”，其中包括EVO Visian ICL产品线。迄今为止，已经植入了超过100万个Visian ICL。STAAR在超过75个国家销售这些镜片。

【钉钉推新一代AR眼镜方案 联合Rokid发布AR眼镜用于智能办公】 2022年3月，钉钉与国内AR智能眼镜企业杭州灵伴科技有限公司（以下简称Rokid）达成合作，双方将探索共建XR办公、内容，行业解决方案生态。据了解，钉钉Work-Space已在Rokid Air AR智能眼镜上落地。目前，用户佩戴Rokid Air AR智能眼镜后，可以在虚拟空间中使用钉钉这些功能办公，利用三屏协作的特点，同时进行IM、会议、文档的协作，还可以利用AR眼镜的3D建模等功能接入，探索虚拟现实在远程教学、设备巡检、远程医疗等行业场景的落地。

Rokid创立于2014年，是一家专注于人机交互技术的产品平台公司，2018年即被评为国家高新技术企业。Rokid作为行业的探索者、领跑者，目前致力于AR眼镜等软硬件产品的研发及以Yod-aOS操作系统为载体的生态构建。公司通过语音识别、自然语言处理、计算机视觉、光学显示、芯片平台、硬件设计等多领域研究，将前沿的AI和AR技术与行业应用相结合，为不同垂直领域的客户提供全栈式解决方案，有效提升用户体验、助力企业增效、赋能公共安全，其AI、AR产品已在全球70余个国家和地区投入使用。

【印度Nimo Planet推出一款主打办公的光波导AR眼镜】 2022年3月，外媒The Wired报道了一款专用于办公的一体式AR眼镜Nimo，该产品号称是一台迷你计算机，可允许用户在6个虚拟屏幕上处理多项任务，而且支持键鼠操作，即使离开办公室依然可以处理工作。

Nimo的开发商为印度公司Nimo Planet。Nimo定位是一款取代笔记本电脑的随身设备，适合在旅途中处理文字、项目管理等轻量化办公任务。该产品的特点是无线一体式，可折叠，原型版重仅120克（正式版还将减少30克），搭载了电池（续航约2.5小时）、XR1计算单元、Wi-Fi和BLE模块，支持头部追踪、语音助手、镜腿触控。细节方面，Nimo AR眼镜支持双目AR显示，单目分辨率达720p，可显示50英寸虚拟屏幕，光学方案应该是阵列光波导。此外，配备Nimo OS操作系统，号称应用商店有上千款软件。

不同于市面上各种分体式AR眼镜，基于XR1芯片的Nimo眼镜直接就能使用，无须连接其他设备也能运行一些电脑软件（如Word、PowerPoint、Slack等），足够方便。值得注意的是，Nimo不支持3D AR效果，不配备相机、扬声器（可适配蓝牙耳机），这也是其做到轻量化的原因之一。

【小米新专利AR眼镜调整成像焦距适用视障人群】 2022年4月，北京小米移动软件有限公司“光机波导组件和AR眼镜”专利获国家知识产权局授权。

该光机波导组件包括支架、光机、波导件和屈光度调节组件，光机和波导件分别用于输出和传输图像光束，屈光度调节组件用于调整图像光束的成像焦距。本实用新型的光机波导组件实现了对图像光束的成像焦距的调整，方便了视力障碍人群的使用，提升了用户体验。

【OPPO防晕眼镜专利获授权】 2022年4月5日，OPPO广东移动通信有限公司等申请的“组合眼镜以及防晕眼镜”专利获得授权。

该申请实施例提供的防晕眼镜，通过设计镜片与镜架之间的滑动连接结构，依靠镜片重力实现镜片的颜色分隔线趋于与水平线重合，模拟地平线，将地平线布满整个视觉背景，起到防眩晕的目的。产品使用过程中无液体泄漏问题，具有结构简单、性能可靠的特点。

【蔡司举行环带柱镜C.A.R.E.技术应用暨小乐圆镜片专家研讨说明会】 2022年4月7日，“CARE关爱论坛”——环带柱镜C.A.R.E.技术应用暨蔡司小乐圆镜片专家研讨说明会举行。受疫情影响，此次会议采用了线上线下相结合的方式，在温州医科大学附属眼视光医院和蔡司光学广州总部分别设立了线下会场。在讨论环节中，来自全国各地的30余位眼视光领域专家积极反馈，踊跃发言，就C.A.R.E.技术及其应用的产品展开了广泛讨论，并共同在线上探讨了青少年近视管理的创新技术。

【EOE眼镜开展与瑞典品牌CAKE合作】 2022年4月上旬，EOE眼镜宣布与瑞典电动摩托车品牌CAKE的最新越野摩托车Makka Prism开展合作。CAKE诞生于对高性能车辆的热情和环保的使命，EOE Eyewear采用同样的生态理念，推出了Han和Svetsa两款新品，每款限量生产100份，该框架计划于5月底发布，可在EOE Eyewear网站上预览。所有EOE镜架中使用的醋酸纤维均由木头和棉质材料混合制成，与眼镜生产中最常用的醋酸酯相比，EOE镜架中的醋酸酯不含石油或邻苯二甲酸盐——这些被认为是有毒且不适合用于儿童产品和玩具的物质。

【佳能新款 MR 眼镜影像显示面积增至 2.5 倍】 2022 年 4 月，佳能发布消息，该公司于 6 月上旬推出支持混合现实（MR）技术的新款眼镜终端。新机型扩大了视角，影像显示面积扩大约 2.5 倍。除了生产一线、设计开发等制造业使用该设备之外，预计汽车销售一线等也会引入。

MR 全称 Mixed Reality，是将 CG（计算机图形）影像融合到现实世界中的技术，是虚拟现实技术的进一步发展。在佳能新开发了镜头等光学系统的加持下，新款 MR 眼镜把影像显示面积扩大到以往产品的约 2.5 倍的同时，重量却减轻至 359 克，实现了小型轻量化。在使用方式上，除了戴在头上的传统眼镜模式外，还设置了双手手柄，可以手持观看使用。

【声阔联手喜马拉雅布局智能眼镜新赛道】 2022 年 4 月，全球十大中国专业高端音频品牌——Soundcore（声阔）与国内领先音频分享平台喜马拉雅联手推出“喜马拉雅 | 声阔智能眼镜”，打造无感听音新体验。

智能眼镜作为承载耳机与眼镜二合一的智能设备，以强大的实用性为使用者的日常生活带来了极大便利。声阔智能眼镜，一副普通眼镜的价格，就可以获得“耳机+眼镜”二合一的体验，以创新的产品形态解决了长时间佩戴传统耳机产品带来的堵塞和束缚感，不单为用户的耳朵“减负”，还让他们享受无感听音不累耳的体验。声阔此次对智能眼镜创新布局，也是其作为专业高端音频品牌对增量市场的大胆探索。

声阔智能眼镜还采用多项独家声学黑科技，带来卓越聆听体验。全球首创单边前后双喇叭设计，声波在耳道外汇合加强，使声音更加清晰饱满；通过独家环绕算法，带来独特立体声环绕体验，让听感更加沉浸；相比其他产品采用的普通圆形发声单元，定制了长方形的发声单元，大振幅、高灵敏，声音表现更饱满，让繁忙的都市人在高强度的工作下也能享受音乐带来的无限魅力。

【英伟达与斯坦福大学合作研究厚度仅 2.5 毫米的 VR 超薄全息眼镜】 2022 年 5 月，英伟达公司发布了总共 16 篇研究论文以及多个研究项目，这些论文和项目将在 8 月 8—11 日于加拿大温哥华举行的 SIGGRAPH 2022 大会上展出，并在网上进行展示。其中，英伟达与斯坦福大学展示了一种用于 VR 的超薄全息眼镜构思，报告对英伟达的全息图进行了非常深入和详细的研究并解释它们的工作原理，以及它们可能对 VR 技术未来产生的潜在影响。

大多数 VR 用户通过佩戴笨重的头戴式显示器进入 3D 数字世界，但英伟达通过使用全息图解决了这个问题，帮助克服目镜和显示面板之间所需的必要空间问题，为访问 VR 内容创造了一个更薄的解决方案。英伟达与斯坦福大学团队构建了一个厚度只有 2.5 毫米的超薄 VR 显示器原型，这个名为 Holographic Glasses 的全息眼镜由一个光瞳复制波导、一个空间光调制器和一个几何相位透镜组成，可以以轻薄的形状参数产生全息图像。

英伟达的全息眼镜提供 22.8° 的对角视场、2.3 毫米静态和 8 毫米动态眼盒，并支持 3D 焦点提示。它们不仅体积更小，而且非常轻巧，重量仅为 2 盎司（约 56.7 克）多一点，所提出的设计甚至可以使用 2.5 毫米厚的光学堆栈提供全彩色 3D 全息图像。

另外，团队提出了一种全新的 Pupil-HOGD 梯度下降算法，以根据用户的瞳孔大小进行正确的相位计算。

【好瞳学青少年近视离焦镜片首发】 2022 年 5 月，鸿晨集团好瞳学青少年近视离焦镜片首发 。2022 年鸿晨集团持续探索视光学生态链，实现技术创新与产品落地的双突破。

针对我国学生近视呈现高发、低龄化趋势，严重影响孩子身心健康的情况，鸿晨集团响应国家号召，认真落实习近平总书记提出的“全社会都要行动起来，共同呵护好孩子的眼睛，让他们拥有一个光明未来”的要求，积极承担社会责任，根据家长及青少年迫切的近视管理需求，联合武汉科技大学共同打造青控品类新品牌——好瞳学视力管理品牌。研发出“好瞳学青少年近视离焦镜片”，旗下拥有“经典版”与“加强版”两款产品，更合理化地为青少年近视管理提供新方案、新产品。

【Miyosmart 镜片可以实现长期的近视控制效果】 2022 年 5 月 7 日，光学技术创新领域的领先企业 HOYA Vision Care 在美国科罗拉多州丹佛市举行的2022年视觉与眼科研究协会（ARVO）会议上，发布其屡获殊荣的多区正向光学离焦（D. I. M. S.）技术设计Miyosmart镜片的6年期随访临床研究结果。香港理工大学近视研究中心Carly Lam教授开展了此项研究，并发表这项历时最长的近视控制镜片研究结果。

90名亚洲儿童佩戴HOYA Vision Care的Miyosmart镜片，研究人员对他们的近视发展情况进行了6年期临床随访研究。研究结果巩固了既往的3年期随访研究。3年期随访研究是对一项2年期随机对照试验（RCT）的延续，该试验已在《英国眼科学杂志》上发表，有力证明了MiYOSMART镜片在减缓8~13周岁儿童近视进展方面的有效性。这项为期六年的长期随访研究结果证明，对于佩戴该镜片的儿童来说，Miyosmart镜片可以实现长期的近视控制效果。研究结果还证实，与2年期随机对照试验期间的初始近视发展速度或与普通人群相比，停止佩戴Miyosmart镜片的患者不会出现效果反弹。

2018年，HOYA Vision Care与香港理工大学合作开发Miyosmart镜片产品，并在当年推出，旨在解决近视这项日益增长的全球健康问题。据行业专家预测，到2050年有近50%的世界人口将受到近视影响。镜片采用D. I. M. S.技术，可置于儿童眼镜框架内或制成标准眼镜佩戴，为儿童提供清晰视力。自2018年以来，30多个国家和地区的100万患者通过佩戴Miyosmart镜片而受益。

【冠捷Envision眼镜利用AI告诉盲人用户他们在“看”什么】 2022年3月，Envision本周在CSUN辅助技术会议上宣布了其最新的眼镜产品“Envision Glasses”，它利用人工智能来口头告诉佩戴者他们正在“看”什么。这项技术旨在帮助盲人。

Envision眼镜最初在设置时与iOS/Android智能手机应用程序配对，但从那时起就独立运作（大部分情况下）。该软件在高通四核处理器上运行，在Google Glass Enterprise Edition 2的硬件中运行。每当用户需要了解他们面前的情况时，可先用手指擦拭眼镜的右臂来选择一种模式，由集成扬声器的合成语音反馈引导。一旦选择了一种模式，用户就可以双击眼镜臂来记录图像，并由系统基于人工智能的算法进行处理。根据所选模式，该眼镜可以立即阅读并说出简短的文字，如街道标志（超过60种语言）；扫描较长的文字，如书页，然后在用户方便的时候说出这些文字；或者可以进行辅助视频通话，另一个（视力正常）人通过观看眼镜中的实时反馈来口头指导用户。

这款眼镜还能大致描述佩戴者面前的场景；识别不同的颜色（对洗衣服或买衣服很有用）；或者搜索特定的人或物体，当该人或物体出现在800万像素摄像头前时，会发出提示音。

【创新运动眼镜设计助力中国体育】 在2022年11月5—10日举行的第五届进博会期间，依视路陆逊梯卡集团发布了2022年全新升级版CRT5.0角膜塑形镜。该产品采用目前唯一一款中国国家药品监督管理局批准的5.0毫米光学区技术，卓越平衡视觉质量的同时，显著提升控制近视进展的效果；它所使用的HDS镜片材料是与美国航空航天局（NASA）共同研发，具有出色的安全性，保证轻薄的同时具有“可呼吸”的特点，适合长期佩戴。CRT 5.0的专利切线设计也能更温和地让镜片着陆在角膜上，保证了佩戴的舒适性。

依视路陆逊梯卡集团致力于在保证产品安全性与舒适度的条件下不断创新，推动视觉健康与时尚、运动领域的融合。作为合作伙伴及独家赞助商，集团旗下品牌欧克利为中国国家队提供眼镜、护目镜、太阳镜、滑雪镜及滑雪头盔等运动装备，助力中国体育勇攀巅峰。欧克利拥有谱锐智镜片科技（PRIZM），通过微调视觉及优化对比度，将肉眼不易觉察的细节清晰地展示出来，以前所未见的清晰视野助力运动表现，为运动爱好者提升日常运动体验。而雷朋儿童眼镜系列将产品提升至全新水准，特殊鼻托设计专为亚洲儿童定制，适合长期舒适佩戴。

依视路陆逊梯卡集团不断探索数字创新手段，提升消费者购物体验。集团开发的智能导购Smart Shopper、镜片模拟器Lens Simulator等应用可在门店内为消费者提供更丰富的镜架选择和个性化智能推荐，并通过模拟多种眼镜的试戴场景，更好地传递产品设计理念及价值，协助消费者完成店内选购。

【博士眼镜与雷鸟创新战略合作　推动智能眼镜加速“普”及】 2022年5月16日，博士眼镜（股票代码300622）继与华为智能眼镜产品开展独家合作后，与雷鸟创新联合实验室在深圳启动，雷鸟 Air XR 智能眼镜线下首发同步举行。博士眼镜表示，双方将在人体佩戴工程学和光波导近视解决方案等多方面展开合作。

雷鸟 Air 是一款轻薄舒适的消费级 XR 眼镜，为用户打造观影、游戏、办公等场景下的高清巨幕体验。眼镜采用偏振 Birdbath 光学方案，可实现等效 4 米距离 140 英寸高清大屏的沉浸观感。除高清巨幕，雷鸟 Air 采用 Sony Micro OLED，显示色彩更绚丽，画面层次更丰富。

博士眼镜成立于 1993 年，是国内知名的眼镜零售商，是深圳最大的专业眼镜连锁店品牌，也是国内销售规模、门店数量领先的眼镜连锁零售企业之一。博士眼镜表示，雷鸟创新联合博士眼镜在人体佩戴工程学领域展开战略合作，双方将成立联合实验室，对光波导 AR 眼镜的近视解决方案进行研发攻关，探索近视镜与光波导 AR 眼镜的最佳融合方式，并在后续产品上加以应用。针对有近视的智能眼镜爱好者，博士眼镜专业配镜师团队提供光学配镜服务，携手全球知名镜片品牌蔡司光学，带来防蓝光、数码型、抗疲劳型等功能镜片。博士眼镜认为，和智能手机、电动车一样，智能眼镜作为新的消费电子产品需要充分的展示机会和空间，博士线下近 500 家直营门店有能力胜任这个角色，成为该类产品面向消费者的展示入口。

2019 年，博士眼镜就与华为建立合作关系，成为其智能眼镜产品在线下眼镜零售渠道的独家合作商，在公司部分线下门店进行华为智能眼镜销售及验配服务。2021 年，博士眼镜继续扩大合作半径，配合华为三代智能眼镜首发，在华为商城为消费者提供专业线上配镜服务。

博士眼镜利用自身线上线下一体化销售优势，成为杭州灵伴科技有限公司在眼镜零售渠道的独家合作商，为其旗下的 AR 眼镜“Rokid Air”在公司部分线下门店、官方微商城平台提供产品展示、销售及售后服务等方面的支持，创造消费者互动体验空间，提高消费者对智能眼镜的认知。

【国内首个井下光波导 AR 眼镜在国家能源集团投用】 2022 年 6 月，国家能源集团乌海能源井下光波导 AR 智能眼镜获得煤安证书，标志着国内首个井下光波导 AR 眼镜在国家能源集团乌海能源正式投用，为一线作业人员提供远程故障诊断处理、远程事故救援指挥、智能隐患排查、智能设备巡检、远程式作业指导与培训等服务。

2021 年 5 月，国家能源集团乌海能源公司启动了 5G+XR 技术在智慧矿山领域的研究与应用课题。经过联合攻关，课题成果分别在老石旦矿区和选煤厂进行井下 AR 和地面 MR 应用。特别针对井下复杂环境中如何高效使用 AR 眼镜进行专题研究，使其防水、防尘、防噪声、信号处理等方面表现良好，在井下视频数据处理、虚实结合的三维展示、实时音视频通话、在线标注分析等方面做到了低延时、高流畅度，可长时间连续使用，更符合矿用需求。同时，具有舒适灵巧，佩戴方便，可与防爆智能手机对接等特点。在远程协作方面，AR 眼镜可解放双手，实现第一视角远程交互，打破疫情、安全等时空限制，提升井上下协作效率。在智能巡检方面，该设备可实现“看向哪取证哪”的高效巡检，有效解决煤矿井下隐患隐蔽性强、人为干预多、标准掌握不统一、巡检问题处理不及时等问题。在远程应急救援指挥方面，该设备以一线人员第一视角画面及时反馈至调度指挥中心，具备调度端和现场端的双向一键报警功能，在应急情况下，可远程联动及时应对突发状况，有效解决企业分布边远、事故指挥救援不及时等问题。

【斯坦福推出 mini 型 VR 眼镜】 2022 年 8 月 12 日，斯坦福大学和英伟达的研究人员联手开发了一款看起来更像普通眼镜的 VR 头部显示器（以下简称头显）。从外观上看，两个镜片会突出两条电路带，它比目前市面上任何一款 VR 头显都要轻薄，仅 2.5 毫米、外观好像“蟹老板”。

计算机图形学顶级会议 Siggraph 2022 上有论文指出，目前“广泛的 VR 技术应用的一个主要障碍是现有 VR 显示器的体积庞大，以及因此导致的佩戴不适感”。

这款“全息眼镜”的头部显示器采用与传统 VR 设备并不相同的技术，由瞳孔复制波导、空间光调制器和几何相位透镜组成，并通过一种能根据用户的瞳孔大小进行正确相位计算的新算法，让仅 2.5 毫米厚的元器件通过光学堆栈提供全彩色 3D 全息图像。

Meta 负责 VR 研发的部门 Reality Labs 之前也

展示过一种开发中的眼镜形 VR 显示器，厚度为 9 毫米，通过折叠光学系统与偏光镜来打造全息图像，但相较而言，这款产品在形态和重量上依旧占据优势，实现了非常大的突破。它的重量只有 60 克，相比之下，目前市面上最轻的 VR 头显 Meta Quest 2 的重量为 503 克。

“全息眼镜”原型使用“煎饼镜片”，这是一个在过去几年中被提出的概念。这些“煎饼镜片”不仅可以实现更小的体积，而且据报道它们还有其他一些好处：可以提供的分辨率是无限的，这意味着用户可以提高 VR 头显的分辨率，并且它们提供了最高可达 200 度的视野角度。

这款产品目前仅在研究室里出现，而不是市场上的产品。同时，它还有一些限制，虽然它拥有比目前 VR 头显更宽广的视野（FOV）空间，但目前这款眼镜的显示器仅提供 22.8 度的视野，测试原型机则仅提供 16.1 度。

【TCL 获 VR 眼镜专利授权】 2022 年 9 月 6 日，TCL 科技（股票代码 000100）全资子公司深圳市 TCL 高新技术开发有限公司申请的“VR 眼镜及虚拟现实设备”专利获授权。

该 VR 眼镜包括：具有镜框壳体的眼镜本体；设置于镜框壳体靠近面部一侧的面罩；设置有用于调节屈光度调焦环的光机组件，光机组件部分设置在镜框壳体内，调焦环穿过镜框壳体设置且位于面罩内；面罩的底部设置有开口以裸露调焦环。该 VR 眼镜可在穿戴时通过开口调节屈光度，无须拆开面罩，操作简单。

AR/VR 产业发展持续火热，应用前景十分广阔，吸引了诸多科技巨头进入布局，TCL 科技便位列其中。

【米家首款眼镜相机开卖】 2022 年 9 月 7 日，小米米家官微宣布，于 8 月推出的首款眼镜相机正式开售，售价 2699 元，支持小爱翻译实时中英互译转文字、动植物识别等功能。这款眼镜相机在众筹阶段，仅 5 分钟，众筹金额就突破了 100 万元，不到一周时间，众筹金额超 1000 万元，成为 2022 年小米生态链产品之最。

米家眼镜相机堪称“第一视角拍摄神器”，产品配备了 5000 万像素 Quad Bayer 四合一广角摄像头，拥有 F/1.8 大光圈、5P 镜头，支持 EIS 电子防抖。同时还有一颗 800 万像素潜望式光学长焦镜头，能够实现 5 倍光学变焦和 15 倍混合变焦，还具有分体式 OIS 光学防抖功能，拍照更清晰。

这款眼镜相机，滑动右镜腿外侧就能调节变焦，下滑切换拍摄模式，单击就能拍照或录像，双指长按还能实现更多功能。其他方面，米家眼镜相机搭载高通骁龙 8 核平台，满电情况下可以使用 100 分钟，配合 APP 可以实现更多功能。米家首款眼镜相机的产品很有小米的风格，堆料方面完全不需要担心，定价也比较合理。

眼镜相机是新品类，也是米家的第一代产品，许多方面还需改进，如影像配置、透镜折射方案等。受消费者欢迎并具有实用性的，将是第二代米家眼镜相机。

【视达佳角膜塑形镜数字化定制研讨会在京举行】 2022 年 9 月 24 日，视达佳“星耀出世，共见非凡”角膜塑形数字化定制新技术研讨会在北京召开，与国内外专家共同推动全数字化定制角膜塑形镜的临床应用。

全数字化角膜塑形镜使用佩戴者本人的角膜地形图引导，使用完整的角膜地形图参数，体现个体眼镜角膜的细微差异，医生可通过极高精度的参数调整以实现精准个性化定制，达到“一眼一镜”的效果，真正实现“量体裁衣”。面对更多复杂与个性化的病例，数字化定制能够提升临床的验配能力和验配效率，满足近视防控的精细化和多样化需求。

山东中医药大学附属眼科医院院长毕宏生教授表示，我们国家是近视大国，目前正趋向于低龄化、高度数以及发病率更高的严峻发展态势。角膜塑形镜作为近视防控的有效方法之一，可以控制近视的发展，这个技术已经在逐渐成熟和普及。视达佳作为全球性的视觉健康产品制造商，长期致力于为儿童青少年提供更加优质的近视防控产品，为帮助更多的孩子有效地控制近视提供了更多的选择方案。首都医科大学附属北京同仁医院张丰菊教授表示，全数字化定制角膜塑形镜新产品系列，可以更大程度地满足医生对个性化处方的需求，同时也更好匹配患者的个体差异，千人千眼，私人定制。北京同仁医院眼科表示，将携手视达佳继续努力推动科学近视防控和屈光手术矫正等规范精准化体系建设，开展精准防控标准研讨，提升有效矫正屈光不正的覆盖率。

本次研讨会主要分为3个部分，包括立势——角膜塑形镜定制时代、行远——角膜塑形镜临床应用、践行——视达佳角膜塑形镜认证会。现场也为与会者准备了选片验配时代全流程的沉浸之旅、前沿思想的交汇碰撞和临床经验的精彩分享。此次研讨会的圆满成功，印证了近年角膜塑形术领域的蓬勃发展和角膜塑形镜全数字化定制时代的来临。

【联想集团推出Yoga智能眼镜】 2022年9月1日，联想集团在2022年柏林国际消费电子展IFA前夕，召开线上发布会，集中发布了13款全新产品，覆盖个人电脑、平板电脑、显示器等产品线。其中，Yoga智能眼镜令人瞩目，其外形类似墨镜，佩戴之后可以在视野中虚拟出一台超大电视，可以满足用户移动办公、游戏、观影等众多需求。

用户只要戴上这款形似太阳镜并且相当轻便的产品，就可与市面上绝大部分智能手机、个人电脑、平板电脑连接，在前方视野中约4米处呈现一个108寸（约3.6米）的高亮度、高对比度的私密大尺寸屏幕。无论是移动办公、视频会议，还是游戏娱乐和观赏影视作品，都可以为用户提供沉浸式的大屏体验。

联想Yoga智能眼镜使用了自由曲面透镜系统，由联想集团与其投资的创新企业耐德佳光学合作研发，最终佩戴可以在视野中约4米处提供大约108寸超大尺寸电视的视觉效果。包括显示模组和光学模块在内，联想Yoga智能眼镜实现了全部核心部件的国产化。从实际使用效果来看，Yoga智能眼镜完美地体现出了自发光显示模组的技术优点，入眼亮度高，黑色纯净不发光，对比度达到50000：1。用户佩戴Yoga智能眼镜后，可以在眼前呈现一个和高端OLED电视机视觉效果几乎完全一致的悬浮大屏幕。

与同类产品相比，Yoga智能眼镜首次使用的自由曲面透镜和定制优化的光学设计，只有从用户的视角才可以成像，从眼镜外侧完全不能窥见显示的内容，做到了真正的私密显示，同时，它还具备远高于Birdbath的光学转换效率，避免了设备功耗过高和发热问题。这样，Yoga智能眼镜就成为一个可以随身携带、完全私密、沉浸式大屏的个人显示设备。除了市面上部分不支持DP协议的智能设备之外，Yoga智能眼镜可以搭配所有主流中高端设备，在通勤、旅行、办公室等地方提供完全沉浸式的影视游戏娱乐和轻办公体验。

【SHINELENS星享乐为近视青少年提供了更优的解决方案】 2022年8月，江苏奥天光学公司“SHINELENS星享乐”青少年多点离焦近视管理镜片上市首发。

低龄化、蔓延化、重度化已成为现阶段青少年眼健康面临的重大问题。Airblue暖蓝投入两年时间，精心研发出新一代青少年多点离焦近视管理镜片“SHINELENS星享乐”，为近视青少年提供了更优的解决方案。

新一代青少年多点离焦近视管理镜片，“SHINELENS星享乐”采用全新E.L.S.T技术，在镜片表面环绕分布1068个立体正向微型透镜，提供+4.00D/+4.50D复合离焦量，形成11道星链环绕状渐变离焦区域，1068个微型透镜将成像引导到视网膜前产生诱使视网膜向前的离焦信号，从而延缓眼轴增长，有效减缓近视发展速度；超轻抗冲击PC原料与99%的抑菌设计，提供全方位安心防护，每日持续12小时佩戴可有效延缓近视发展，远离高度近视。

【Meta与雷朋合作开发新的智能眼镜】 2022年10月，Meta宣布与雷朋确认合作开发新的智能眼镜。2021年，Meta与雷朋合作开发了智能眼镜Ray-Ban Stories，该眼镜本质上是相机眼镜，用于拍摄免提的第一人称照片和视频。它们还有扬声器和麦克风，用以听音乐和打电话，但没有任何形式的显示。自2017年以来，Snapchat一直在销售类似的眼镜产品。

Meta指出，新的智能眼镜是一个与其正在开发的“真正的AR眼镜”分开的项目，这些眼镜即使有显示器，也无法在用户环境中放置虚拟物体。Meta计划在2023年推出第二代Ray-Ban Stories；2024年推出代号为Hypernova的平视显示器的非AR智能眼镜。

【LOOK眼镜公司推出新作AUREA】 LOOK-made in Italia宣布推出首款具有新文艺复兴概念的限量版胶囊系列——AUREA。

AUREA系列由Giuseppe De Riva和Augusto Valentini专为成年人设计，包含醋酸纤维制成的两款男士和两款女士框架。由Giuseppe De Riva设计的LOOK AUREA 4530女式镜框为大尺寸方形框，醋酸纤维的引入使外观呈现出“重叠”的概念，达到具有特定审美目的的色彩分层效果。由 De Riva 设计的男款 LOOK AUREA 4531 镜框，镜腿末端的不对称性散发独特个性。Augusto Valentini 设计的 MATERIKA AUREA 75360 表面则呈现出琥珀色和珠光反射，使面部充满闪烁的光芒。在 MATERIKA AUREA 75361 中，设计师运用柔和的色彩突出了框架的阳刚气质。

广州市路可光学眼镜信息咨询有限公司（以下简称 LOOK 眼镜公司）是一家集眼镜研发、设计、生产于一体并基于电子商务技术开展网络配售的专业化眼镜科技公司。“LOOK 品牌”系列眼镜产品具有较高的科技含量并充分融入了人性化的设计理念，款式新颖，风格时尚，经济实用。

【米家眼镜相机获得日本优良设计奖】 2022 年 10 月 12 日，米家眼镜相机官方宣布，此前参与众筹的米家眼镜相机获得了 2022 GOOD DESIGN 日本优良设计奖。

这款米家眼镜相机搭载了高通八核心移动平台，配备了小尺寸的索尼 Micro LED 屏幕，内置了一块 1020 毫安容量的电池，支持 10 瓦特充电，整机重量大约为 100 克，两颗摄像头分别为 5000 万像素主摄和 800 万像素长焦。这款眼镜相机，和运动相机、眼镜都存在着很明显的区别。设计人员将两颗摄像头和电池等部件设计在了两侧的镜腿上，右侧镜片的正前方还有一块非常小的显示屏幕，非常具有科技感。

【英国 Bird 眼镜推出专为儿童打造的植物生态眼镜】 2022 年 6 月，Bird 眼镜推出一款由加工过的蓖麻子为原料，名为 Birdies 的儿童镜架。

此种材料被描述为“一种比铝轻且强度足以用于车辆的天然聚合物”。框架在接受暴力扭曲测试后，依旧呈现出柔韧、轻巧的性能，因此适用于所有年龄段的孩子。Birdies 系列包含两种尺寸范围（0~4 岁和 4~11 岁）和多种颜色，如柔和的天蓝色和自然阳光黄色。镜框配有耐用硅胶带子及非常具有装饰性的纤维软袋。同时 Birdies by Bird 镜框可适配蓝光镜片及太阳镜片。

【智能眼镜成为智能穿戴产品突破口】 随着市场上智能穿戴产品的发展，智能眼镜成为各科技创新企业、眼镜生产厂家寻求科技进步的突破口。苹果、华为、小米等龙头企业早早开始了战略布局，不少品牌潜心自主研发智能眼镜，在市场上占据了一席之地。如星秀 StarShow 将近年炙手可热的可穿戴技术与蓝牙音频相结合，推出拥有专利的智能功夫镜；陌森也于 2021 年第三季度进入这一赛道，推出防水防尘，搭载 3D 环绕式立体音效、蓝牙模块、弹性 U 型铰链和 3D 触控传感器等新时代标配的智能眼镜。尤其是三井化学推出的 TouchFocus 智能眼镜有别于其他眼镜品牌泛娱乐设备，与手机协作的发展方向，TouchFocus 瞄准了中老年戴镜群体，其搭载的可切换状态的电子液晶镜片，可以根据触控切换折射率和光度，实现一副眼镜全面覆盖远、中、近视野的功能。

也有一些科技企业开展跨界合作，与眼镜生产企业进行多次智慧与时尚的实验碰撞。如华为和韩国潮牌眼镜 Gentle Monster 合作推出的 Eyewear 系列智能眼镜，备受市场追捧；2021 年 9 月，Facebook 与雷朋共同研发的智能眼镜 Ray-Ban Stories 系列正式发布，除了基础的音频功能外，这款眼镜还集成了 5MP 摄像头，可以用佩戴者视角拍摄超过 30 多段 30 秒的视频，或大约 500 张照片。我们有理由相信，智能眼镜必将在新时代的创新发展中闯出一片新天地。

【碳纤维眼镜使创新材料科技与美学设计完美结合】 随着时代的发展和社会的进步，越来越多的人认识到眼镜应该有颜值、时尚化、轻量化。为此，镜架生产厂家将碳纤维作为镜架材质迭代创新中的首选材料，以满足消费者需要的既轻盈又韧性十足时尚镜架。

碳纤维，是一种含碳量在 95% 以上的高强度、高模量纤维的新型纤维材料。通常用于汽车制造、航空航天、尖端军用战机制造等，它“外柔内刚”，有黑色黄金的美誉，它的密度低于铝合金，重量不到钢的 1/4，但强度却是铁的 20 倍。LOHO 设计师经过慎重考量及调研后认定，这是一种非常适合用来制作镜框的材料，设计图历经十余次的修改和上百次调整，制作经过 10 次手板的工艺改进，374 道细节打磨，最终 7. 87 克的镜架成品让消费惊呼：史上最轻的眼镜。相较于前三代，第四代碳纤维眼镜看起来外观更为时尚，且它的重量仅 14 克，相当于 3 张 A4 纸的重量，比市面最优质的钛合金眼镜轻 20%。此外，新款第四代碳纤维产品进一步降低了佩戴时鼻梁的负重感，镜腿的位置添加了防滑材质，与头部接触位置采用磨砂工艺，让佩戴更贴合人体，更加舒适，在镜框与镜腿连接处还给予了特别处理和衔接，以平衡配镜后镜框与镜架的重量差。

碳纤维还是一款环保材料，具有质地轻、弹性好、耐高温、耐腐蚀等优点。碳纤维材料用在眼镜“脚丝”上，可以让眼镜架的纹路很漂亮，而且环保、高档，能突出佩戴者的气质。

LOHO 自 2011 年进入内地市场之初，就赋予品类新的定义：眼镜不仅具有功能属性，更有时尚搭配属性。“佩戴 LOHO 眼镜，为颜值加分”，“不同场景应该搭配不同风格的眼镜”。所以，LOHO 产品始终坚持三大核心理念——佩戴舒适，款式潮流，定价公道。

【首个珠宝眼镜 NFT 版面世】 2022 年 6 月，由有色宝石供应商 Gemfields、时尚 NFT 网上平台 Brand New Vision（BNV）以及全球首个珠宝眼镜品牌 Francis de Lara 共同推出的一系列限量 NFT 作品，将珠宝跨越到虚拟世界变成可能。

此次推出的 NFT 系列限量 10 份，是 Eve（夏娃）眼镜的 NFT 版。眼镜的左右各盘踞着一条来自创世纪故事里的蛇。右边较大的蛇身镶嵌着 Gemfields 的祖母绿宝石，以蜷曲的姿态勾在佩戴者的耳廓，尾部吊着一颗“红苹果”犹如耳环一样。左边的蛇身较小巧，点缀着棕色钻石、粉红蓝宝石和 18K 蛋形切割黄金，可以在开放的元宇宙里兼容使用，由元宇宙中的人物穿戴。

【眼科巨头看好离焦镜“定制”】 我国青少年近视率维持在高位，人群稳定在 1 亿人左右，根据国家卫健委的全国近视专项调查，2020 年我国青少年总体近视率为 52.7%，同比增加 2.5 个百分点，其中初中生、高中生近视率分别达 71.1% 和 80.5%，近视防控需求庞大。作为新一代防控近视“神器”，“离焦镜”等产品正在市场走俏。2022 年 9 月，何氏眼科宣布引进“思问”离焦定制框架眼镜，将为广大近视儿童青少年提供更具个性化的近视防控解决方案。爱尔眼科上半年全面引进“思问”离焦定制框架眼镜，为近视儿童青少年打造一道个人专属的近视防控“闸门”。

“思问”离焦定制框架眼镜由深圳盛达同泽科技有限公司自主研发，采用 I. O. R. C 专利技术进行精准的个体化周边离焦定制，从而实现针对差异化离焦需求进行专属定制。盛达同泽表示，根据 MRT 检测结果定制的思问离焦定制眼镜的临床效果观察结果表明，“思问”眼镜对比单光框架眼镜的近视延缓效果达到 68%，对比同类研究对照组的近视延缓效果在 67%～79%；对比其他非定制镜片，“思问”离焦定制眼镜的近视延缓效果提升超过 16%，充分证明 MRT 周边离焦的检测功能对于基于离焦原理产品的重要作用。

何氏眼科表示，“思问”离焦定制框架眼镜是“继角膜塑形镜、功能性框架眼镜、离焦软镜、近视控制药物”之后，又一项近视防控黑科技落户何氏眼科。该款产品依托创新的多光谱屈光地形图（MRT）技术，针对周边离焦进行专项检测，为每个孩子描绘出专属的视网膜地形图，不仅能够提前预测近视的发生发展，还可以根据个体离焦数据定制眼镜。

爱尔眼科表示，“思问”离焦定制框架眼镜是离焦框架眼镜的“升级版”，公司同时引进了 MRT 仪器。该仪器只需 2.5 秒就能完成孩子全眼屈光度检测，并将全眼屈光值绘制成环形、区块、立体等多种图形，以不同颜色标识，直观展示其近视状态和发展趋势。之后，专业医生根据每个孩子的个体离焦状态，“量眼”定制离焦框架眼镜，使孩子在提高佩戴舒适度的同时真正做到一人一“视界”，以此对全眼各区域形成稳定的理想离焦，避免近视过矫欠矫，从而有效延缓近视的发展。

【欧普康视正研制有特色的新型减离焦框架眼镜产品】 2022 年 11 月，欧普康视在互动平台表示，减离焦框架眼镜主要在眼镜零售渠道销售，而塑形镜主要在眼科和眼视光专业渠道销售。由于公司在眼镜零售渠道资源不够，几年前推出的减离焦框架眼镜销售不佳。公司目前正在研制有特色的新型减离焦框架眼镜产品，同时在拓展眼镜零售渠道资源，完成后将推出。

【强生推出离焦软镜】 2022 年 11 月 7 日，强生全视在第五届进博会上推出全球首款硅水凝胶日抛近视防控软镜——ACUVUE AbilitiTM 1-Day。该款产品于 2019 年 6 月获得美国 FDA 创新产品认证，目前已在加拿大、新加坡和中国香港陆续上市。OK 镜、离焦软镜、特殊设计框架眼镜是当前国际及学界认定的几种儿童青少年近视防控手段。继 OK 镜集采提上日程后，竞品不断涌现，近视防控市场格局生变。

ACUVUE AbilitiTM 1-Day 采用突破性创新的Ringboost TM 非同轴焦环增强技术的光学设计，打破了传统多焦点或双焦点软镜需要在确保近视防控效果和维持清晰戴镜视力之间进行妥协的设计壁垒。无论在看远还是近距离阅读，ACUVUE AbilitiTM 1-Day 近视防控软镜都能够维持良好的视觉质量和近视防控效果。

随着现代电子产品使用频次的增多、低龄触网的普及、短视频软件导致的用眼时长增加以及睡眠不足等生活习惯的变化，我国儿童青少年用眼行为与用眼环境也发生变化，青少年近视的患病率持续上升。2021 年，我国儿童青少年近视的患病率已超60%，未来，全国至少将有9.6亿近视人口，青少年的近视防控问题已成为牵动学校、家庭和社会的重要社会议题。面对青少年近视防控这一市场，众多厂商纷纷入局。除了布局 OK 镜赛道的欧普康视、爱博医疗外，在离焦框架眼镜赛道，明月镜片、爱博医疗、爱尔眼科等国内厂商竞相布局；而在离焦软镜方面，昊海生科等厂商也有布局。目前，OK 镜的市占率大于离焦镜。离焦镜产品的出现让 OK 镜不再是唯一的防控手段，品类有了竞品，短期内市场格局影响不大，长期则可能有所变化。

ACUVUE AbilitiTM 1-Day 计划先在海南博鳌乐城国际医疗旅游先行区开展临床试验，相关审批注册工作也在积极推进中。

【依视路陆逊梯卡高效验配仪器亮相厦门眼镜展会】 2022 年 11 月 25 日，在 2022 年厦门国际眼镜业展览会上，依视路陆逊梯卡带来集团旗下多款眼健康筛查仪器，包括在第五届进博会期间首展的全自动电脑验光生物测量二合一 ARK Biometer Combo。

《“十四五”全国眼健康规划（2021—2025年）》中提出要构建优质高效的眼健康服务体系，提高全民眼健康管理意识。依视路陆逊梯卡积极提倡公众转变眼健康管理思路，从“治已病”到“防未病”，并积极探索视光服务社区化的新路径。展会期间，这台仪器可以将生物学测量、角膜曲率测量、屈光度测量结合在一起，最快可在 25 秒内测量得到 15 项双眼数据，极大提升验配和眼健康筛查效率。

依视路陆逊梯卡表示，ARK Biometer Combo 的诞生填补了国内外同类产品的市场空白，是眼健康筛查领域的又一项创新成果。高效验配仪器可以在提升消费者体验的同时，推动视光服务社区化，更好地满足中国消费者日益增长的主动眼健康需求。

【雷鸟创新发布 AR 眼镜新品】 2022 年 10 月，雷鸟创新推出其新款 AR 眼镜雷鸟 Air 1S。该产品采用 Birdbath+Micro OLED 技术方案，可提供 130 英寸高清巨幕。眼镜可覆盖观影、游戏、办公、无人机、智能座舱等多个场景。雷鸟 Air 1S 搭载新一代 Sony Micro OLED，并在业内首发超线性单元 0.5 毫米冲程，在显示、音质、ID 设计、内容生态等多维度均有提升，是首款获得 CGEC 音质证书的眼镜类产品。

这款 AR 眼镜新品，分辨率达 1920×1080，对比度大于 100000：1，色域 sRGB 108%。功能方面，雷鸟 Air 1S 与支持 DP 输出的手机、平板、电脑等设备一线直连，并可借助转接器连接 iPhone、Switch、PS、XBOX 等设备，还拓展了无人机、智能座舱等应用场景。音响方面，官方称雷鸟 Air 1S 业内首次搭载了超线性单元 0.5 毫米冲程，带来强劲的平衡感，高音通透、低音稳健。

【2022 年 AR 眼镜的局限和潜力】 2022 年，Birdbath 光学方案的成熟，Micro OLED 显示方案的商用，为消费级 AR 眼镜带来了福音。这一年，国内涌现出的诸多消费级 AR 眼镜普遍将价位定到了3000 元以下，相对于此前动辄万元的明星设备，这样的价位让 AR 眼镜在国内开始有了一定的市场空间。

目前 AR 眼镜主要分为两类，一类是单目 AR 眼镜，另外一类是双目 AR 眼镜，这两类的区别就是成像上确定为单、双目。单目 AR 眼镜与传统眼镜相差无几。因为尺寸和大小的限制，单目 AR 眼镜所呈现的画面只能固定在眼角的部位，这也导致了画面显示面积小、视场角小、分辨率低等问题。双目 AR 眼镜完美地解决了单目 AR 眼镜的痛点，它更接近于我们平时使用眼镜时候的感觉，不管是分辨率还是画面清晰度，都达到了很多行业的使用需求，比如地质勘探可以把无人机的画面直接传输到 AR 眼镜的应用中，可以让使用工程师了解当下的实际情况。但因为造价原因，双目

AR 眼镜主要针对于商家的使用需求。

2022 年第二季度，中国 AR 眼镜市场出货量达 3 万台，其中 Rokid 消费级 AR 眼镜出货量超 6000 台，雷鸟和影目出货量均在 4000 台左右。从应用方面来看，2022 年前后发布的 AR 眼镜均针对影音、办公、游戏等诸多场景进行了相应的开发，不过，真正被消费者广泛使用的，仍是消息提醒和巨幕观影两个功能。

一方面是消费功能的体验升级，另一方面是资本市场的看好。就 2022 年 AR/VR 行业融资情况来看，2022 年上半年全球 AR/VR 产业融资并购规模总额为 312.6 亿元，包括国内市场在内的整个 AR/VR 产业已经回暖。尽管如此，AR 产业，尤其消费级 AR 产业仍处于早期发展阶段。当下的 AR 眼镜，除了没有足够丰富的内容生态作为支撑外，在体积、功耗、功能上仍难以摆脱“Air”这一标签，尤其面临一体式设计难以兼顾轻薄、续航，分体式设计备受连接线困扰的局面。而针对办公、游戏场景，当下的 AR 眼镜仍需要联动上下游产业继续打磨、改进，这也是未来消费级 AR 市场爆发的一个潜在空间。

【国产 AR 眼镜的关键一战】 从国内消费级 AR 产业来看，经过 2022 年上半年一轮产品集中发布推广后，整个市场格局已经相对明朗。雷鸟、Rokid、INMO 等凭借品牌的认知度、市场销售量，成为消费级 AR 产品的最大赢家。真正的竞争刚刚开始，作为一个市场潜力远高于 VR 的前沿科技产业，在国内这一代消费级 AR 眼镜相继发布后，整个产业也开始躁动起来。

腾讯成立 XR 部门，开始做 XR；爱奇艺先后与 Nreal、雷鸟进行合作，推出定制版 AR 应用。在智能汽车领域，雷鸟创新联手理想汽车官宣双方达成合作，雷鸟 Air 作为理想 L9 官方配件上线理想商城。Nreal 宣布 Nreal Air 在 9 月初上线蔚来车商城，可以通过车载连接蔚来 ES7 汽车。车载 AR 作为消费级 AR 的一个深度定制场景，将成为新的竞争领域。

雷鸟、Rokid 等 AR 团队仍在研发更贴近真实眼镜形态的 AR/MR 眼镜样机，已在各类展会上进行多次展示，相关产品正在积极筹备。随着 Nreal Air 国行版发布，国内消费级 AR 产业格局初定。进一步拓展 AR 眼镜应用场景，打造更完备的应用生态，尽快推动 AR 眼镜走向更轻薄、更贴近真实眼镜。AR 眼镜，即将迎来国产消费级 AR 眼镜之间的关键一战。

【巨头公司抢占先机　布局“取代手机”的下一个终端】 2022 年，AR 行业竞争异常激烈，经历过大起大落的 AR 行业走到了新拐点。6 月，知名创业者罗永浩在直播间官宣了其 AR 创业公司名字“Thin Red Line”（细红线），高调宣布进入 AR 行业。AR“四小龙”（ Nreal、雷鸟创新、Rokid、影目）纷纷推出面向 C 端的消费级产品；蛰伏于海外数年的 Nreal 高调回国，回归本土市场；行业投融资热度创新高。

2021 年，我国虚拟现实行业市场规模约为 228.5 亿元，保持高速增长的趋势。预计到 2023 年，我国虚拟现实产业市场规模将突破千亿大关，到 2025 年，我国虚拟现实产业整体实力进入全球前列。甚至有人预计，AR 眼镜将替代手机，成为下一代移动终端、主计算平台，甚至元宇宙的入口。据测算，2021 年全球和国内在 AR 领域的投资分别以 374 亿美元和 181 亿美元创下历史新高。2022 年第二季度，全球 AR 头显出货量为 8.6 万台，AR 当前出货量整体仍以商家市场为主，特别是海外市场。近两年，越来越多的企业倾心尽力研发消费级 AR 设备，行业新格局已形成。AR 市场里大体存在三类企业，以微软为代表的国外科技公司，以 OPPO、小米等为代表的国内智能手机厂商，以及以 Nreal、雷鸟创新、Rokid 等为代表的国内新兴 AR 企业。国外科技公司贡献了 AR 市场商家最多的出货量，在商家市场份额中遥遥领先。国内智能手机厂商则多以探索为主，在三类企业中占据最少的市场份额。国内新兴 AR 公司中，Nreal、雷鸟创新、Rokid 三家以面向消费者为主，此三家占据了超过 80%的市场份额。

从产品定位来看，AR 玩家包含 3 个方向：主打观影、娱乐，起到手机延展功能；主打信息提示，如提供导航、翻译、提词器等，作为辅助工具；选择特定的场景与消费者人群，如房地产销售场景。

雷鸟创新认为，技术成熟后，中国公司发挥的作用可能更大一些。因为中国拥有庞大的用户人群，在场景成熟度方面，可能会跑得更快一些。

【中国市场消费级 AR 眼镜发展前景如何】 按 Strategy Analytics 的数据，Nreal 目前占据了全球消费级 AR 眼镜市场份额的大部分，但仍有许多企业积极参与全球消费级 AR 眼镜市场竞争。

2012 年，谷歌公司推出谷歌眼镜之后，Meta、苹果和微软等巨头公司依然朝 AR 眼镜方向努力研发。尤其在“元宇宙”概念兴起后，XR 行业再次得到资本的关注。从国内来看，包括 Rokid、亮亮视野、影目科技、影创科技和小米等公司纷纷涉足了该领域，但表现不一。

2022 年第二季度，Rokid、雷鸟、影目科技和 OPPO 在消费级 AR 眼镜产品上的销量分别为 6000、4000、2000 和 2000 台。而同期仅爱奇艺一家的 VR 头显出货量就达到 17000 台，相对消费级 VR 产品的总体销量，消费级 AR 仍有较大差距。

中国 AR 眼镜消费端应用上，游戏占 35%，影视直播占 32%，旅游和社交购物占 33%。消费级 AR 眼镜应用较为均衡，市场需求并不强烈。全球消费级 AR 眼镜普遍提供的是观影增强、翻译等“锦上添花”的功能，在大力宣传舒适度、技术能力和生态背后，缺少一个急需改进乃至颠覆的关键用户需求。如果不突破这个关键“瓶颈”，消费级 AR 市场很难有较大增长。

【新材质新工艺开启眼镜行业“新视窗”】 随着人民生活水平的提高，消费者对于差异化的审美需求日渐增强，跨界融合成为传统行业创新转型的着眼点与突破口。和田玉、翡翠、玛瑙、红宝石、绿松石、925 银、18K 金、紫檀木、金丝楠木等材质，不再仅仅是珠宝首饰与文玩雅器。新工艺开启眼镜与时尚珠宝、传统木器的“亲密结合”，在材质上更加高端化，工艺上更加精细化，设计出跨界新品，经过工艺创新与材质创新生产出来的眼镜，不仅充满个性，更满足了人们的视觉审美需求，为眼镜产品增添了浓厚的文化色彩，为眼镜行业与眼镜消费者开启了一扇充满新意和独特美感的“新视窗”。

跨界工艺呈现多层次美感。在第 33 届中国国际眼镜业展览会上，将贵金属与宝玉石结合，通过珠宝首饰工艺制作的眼镜产品，成为眼镜行业跨界创新的“新亮点”，吸引了不少消费者与业内人士的关注。镜架上的宝石采用珠宝首饰制作的“爪镶”工艺，工艺更加精湛，保障了宝石镶嵌的牢固性。同时，每一件含有贵金属和宝玉石元素的眼镜产品，眼镜制造商都为其配备了权威机构出具的鉴定证书，为消费者提供品质保证。珠宝眼镜的价值不仅在于材质，更在于工艺和设计理念的突破。贵金属与宝玉石并不是单纯地把产品推向高不可攀的价格区间，那是“土豪理念”。眼镜制造商通过珠宝首饰的制作工艺，为眼镜产品增色，为消费者呈现多维度、多层次的美感享受。

个性化创意带来独特专属感。近年来，消费者个性化消费的需求不断增强，追求与众不同的消费体验，也促使私人订制概念不断火爆。展会期间，工艺创新与材质创新成为眼镜行业的最新“表达式”。其中，以优质实木为主体材质制作的眼镜，不仅充满个性，更在视觉审美之上，为眼镜产品增添了浓厚的文化色彩。

【全球音频眼镜同比增长 300%】 近年来，音频眼镜发展势头强劲，处于从存量市场迈入增量市场的阶段。2021 年全球音频眼镜出货量同比增长超过 300%。

2021 年，全球音频眼镜出货量 137 万副，同比增长超过 300%，发展潜力巨大。全球音频眼镜市场正在呈现高速发展的势头，预计 2022 年 Q1 全球市场音频眼镜出货量超过 14 万副，同比增长 45%；2025 年，音频眼镜市场出货量将超过 3400 万副。

音频眼镜有望成为可穿戴设备的下一个增长点。2017 年全球 TWS 耳机出货量为 974 万对。2018 年、2019 年，TWS 耳机出货量增速为 159% 和 351%，呈现飞速发展状态。

在音频眼镜领域，除了华为已经在量产音频眼镜外，小米、OPPO 也正在积极布局这一市场。随着越来越多的厂商进入，这个市场必将越来越大。预计 2025 年音频眼镜市场规模将超过 90 亿美元，即人民币 608 亿元。音频眼镜有望成继 TWS、智能手表后的新增长点。全球市场音频眼镜前 6 的品牌分别华为、Bose、Amazon、Facebook、Razer（雷蛇）和声阔。华为占比接近 50%，几乎占了一半的市场份额。

小米、OPPO、vivo 等手机厂商正在积极布局这一市场。随着越来越多的厂商进入，这个市场必将越来越大，竞争也越来越激烈。

【库博光学 MiSight 软性亲水接触镜全面上

市】 2022年7月5日，“同心创视，时代双焦”库博光学MiSight软性亲水接触镜中国大陆地区线上发布会成功举办。在多名国内外知名眼科、眼视光专家共同见证下，库博光学携手MiSight大陆地区独家合作伙伴依视路陆逊梯卡正式推出MiSight软性亲水接触镜。全球将有30多个市场地区使用MiSight来守护儿童青少年视力健康。

库博光学是库博集团旗下子公司之一，致力于世界领先的接触镜生产。公司采用各种领先的材料及光学设计，提供全系列产品包括日抛型、两周抛及月抛型接触镜，以及高端的角膜塑形用硬性透气接触镜和巩膜镜。

作为目前首款也是唯一一款被美国食品药品监督管理局（FDA）批准、用于初始佩戴年龄8~12岁儿童延缓近视进展的软性接触镜，MiSight已于2021年获得国家药品监督管理局（NMPA）正式批准。在大陆地区的全面上市将为用户提供全新的近视管理产品选择，满足更多中国儿童青少年近视患者的不同需求，进一步助力儿童青少年近视管理。

【消费级AR眼镜爆发】 2021年，Meta几乎凭一己之力，在“元宇宙”概念的加持下，把被遗忘已久的AR眼镜行业高调带回了大众视野。随着元宇宙浪潮以汹涌之势席卷而来，无论是创业者们对AR产业坚定投入的信心，还是投资者们对AR企业发展前景的看好，AR眼镜也随之大火。现阶段，较有竞争力的AR眼镜制造商可分为三类，以小米为代表的互联网科技大厂、以雷鸟创新为首的AR初创企业以及以微软为代表的国外科技公司。2022年第三季度，国内消费级AR眼镜主要线上平台销量排名前五大品牌是Nreal、雷鸟创新、Rokid、米家、INMO影目。其中，Nreal以34.5%的市场份额占据首位，雷鸟创新以28.6%的市场份额位列第二名。

资本也青睐AR眼镜行业。消费级AR企业的融资消息一个接一个，融资金额一个比一个多，有的企业甚至接连融资两轮，一时间，资本都在涌入这个新兴行业。2022年上半年，VR/AR领域共计获得38笔融资，融资总额达36.32亿元，融资数和融资额均处于赛道前列，整个VR/AR领域的投资热度正在不断提升。AR眼镜再次变得火热的背后，其发展前景不容忽视。到2024年，VR/AR硬件设备的市场存量将从目前的5000万翻番至1亿台，AR眼镜将有望成为下一代消费者智能计算平台，并成为手机、电脑之外的个人“第三块屏”。

【EssilorLuxottica与米兰理工大学合建智能眼镜实验室】 2022年7月21日，全球眼镜制造巨头EssilorLuxottica宣布与意大利米兰理工大学合作，成立智能眼镜实验室EssilorLuxottica Smart Eyewear Lab。

EssilorLuxottica与米兰理工大学合建的智能眼镜实验室将致力于研发次世代“互联眼镜”，将数字技术与生物工程、物质物理学和AI结合。EssilorLuxottica将提供超过5000万欧元的初始投资，初期将打造100人的科研团队，项目周期将至少持续5年。

该实验室将研发的智能眼镜会配备主动联网能力、AR信息显示功能。此外，科研人员也会为眼镜硬件研发软件和应用，探索人与数字界面互动的新方式。除了内部科研外，EssilorLuxottica和米兰理工大学也将合作开展专门课程，培养可穿戴和智能眼镜领域的人才。EssilorLuxottica表示，将通过电子、光子、数据等科学研究，探索未来元宇宙相关的业务。

【小米生态链第一款智能眼镜“米家眼镜相机”开放众筹】 2022年3月，小米发布的小米生态链第一款智能眼镜类产品“米家眼镜相机”开放众筹，这款产品由小米生态链公司“蜂巢科技”研发。

“米家眼镜相机”除了拍照，还可以让用户实时看到拍摄的内容。相机左侧搭载了一颗摄像头（5000万像素广角摄像头+OIS光学防抖800万像素潜望式长焦摄像头），用户可以借此实现5倍光学变焦和15倍混合变焦。滑动右镜腿外侧就能调节变焦，下滑切换拍摄模式，单击就能拍照或录像，双指长按还能实现更多功能。用户还可以通过右眼前方一方小小的棱镜，看到百米开外的物体。屏幕采用Micro OLED显示屏+自由曲面光学棱镜的组合，像素密度达到3281 PPI，是手机屏幕的6倍以上，支持3000nit亮度，对比度达10000：1，即便是午后阳光充足的户外，也能保证清晰地看见屏幕内容。

为了让这款眼镜相机更“像”相机，这款产

品还做了一项有意思的拍照功能“时光回溯”。如果用户因为按“快门”太慢而错过美好瞬间，眼镜将会自动记录快门之前10秒钟的视频画面。为了提供更好的流媒体体验，用户在米家眼镜APP上就可以看到所拍摄的素材，并且支持一键分享到社交平台。除了拍照的功能，这款眼镜还内置了“小爱翻译”，提供实时的英汉互译，海外版本将支持6种语言以上的翻译。2022年9月，这款产品也将持续OTA，新增新的功能，如“植物园与动物园”、投屏等。

【爱尔眼科引入全球首款硅水凝胶日抛近视防控隐形眼镜】 角膜塑形镜是一种安全有效的近视控制手段，国家规定只有8岁以上、屈光度在一定范围内且符合验配条件的人才能验配。因此，对于不想佩戴框架眼镜又不满足角膜塑形镜验配条件的近视患者来说，需要一种安全舒适、适用范围广且兼顾近视控制与视力矫正的隐形眼镜。

2021年12月，海南一名12岁小女孩在博鳌乐城爱尔眼科医院佩戴了内地首例硅水凝胶日抛近视防控软镜。该软镜由爱尔眼视光研究所和强生视力健集团强强联合，在博鳌乐城爱尔眼科医院落地开展“先行先试”真实世界研究项目。该项目是爱尔眼科集团依托博鳌乐城国际医疗旅游先行区的“先行先试”政策，首次开展的眼科相关真实世界临床数据应用研究，项目的高效推进将加快国际创新眼科药械产品利用真实世界证据支持在国内进口注册上市，实现全球眼科智慧的同步与共享。

ACUVUE Abiliti TM1-Day近视防控软镜，由美国强生视力健推出，并于2019年6月获得美国FDA创新产品认证，目前已在加拿大、新加坡和中国香港陆续上市。该软镜具有近视控制与视力矫正效果兼优、专为儿童设计、佩戴更安全舒适三大创新点，受到国外诸多近视患者及家庭青睐。

【AR另一个“舞台”是工业元宇宙】 2022年5月，ALVA Systems作为工业AR应用专家，受邀参与了工业互联网产业联盟（AII）组织的第十九次工作组全会。

ALVA Systems阿依瓦（北京）技术有限公司是国内领先的人工智能（AI）研发公司，近几年专注于AR底层及应用技术的研发。为整个工业制造全流程提供价值，并最终实现工业数字化转型，多年来已为诸多用户企业提供解决方案。

作为元宇宙六大支撑技术之一，AR交互能够将数字世界与现实世界进行融合，是工业元宇宙的重要窗口。工业元宇宙推动工业互联网叠加XR、人工智能、区块链等技术，按照分布式设计、生产，以去中心化的经济运转模式向前发展和演进。

相对于其他行业，在标准化程度更高的工业制造领域，得益于工业互联网体系构建的初见成效，在AR技术应用的快速发展和渗透下，工业元宇宙已经初见雏形。谷东科技有限公司认为，作为一个新生的产品，AR眼镜必须同时拥有一定的经济价值和社会价值，并得到越来越广的应用，才能够真正地生存和发展。通过与5G技术、人工智能、物联网、云计算和各种传感器搭配后，AR眼镜就可以在工业场景中大展拳脚，解决传统工业中的培训成本高、维修周期长和巡检不可控等痛点。对于传统小微工厂，面对人工成本高、专家难招聘等问题，完全可以用价格低廉、标配的AR眼镜，来实现自身的数字化转型，实现降本增效。而伴随着“元宇宙”时代的不断临近，AR产业还有更多的问题值得关注并获得解答，镁客网将在后续活动中，继续邀请更多的行业人士，共同追寻答案。

【Nreal达成10万台AR眼镜量产，四季度出货量超7万台】 2022年12月30日，Nreal在苏州举办了第10万台Nreal Air AR眼镜下线仪式，是全球首个消费级AR眼镜突破10万台量产。2022年，随着中国、日本、美国市场的发售，Nreal的出货量在第四季度超过7万台，

此次实现10万台量产的AR眼镜是Nreal第二代产品Nreal Air，也是目前Nreal在全球市场主推的产品，其拥有业界标杆级的空间视网膜级显示，配备130英寸空中投屏和201英寸AR锐彩天幕，并支持与手机、平板电脑、笔记本电脑、掌机、游戏主机甚至智能汽车等多种设备连接，是一款随时随地、即插即用的“口袋巨幕”。为了提供更多生态内容，给用户最友好的交互体验，Nreal推出了空间交互系统，还联合了爱奇艺、中国移动咪咕、蔚来、快手等多家企业，独家开发定制了多个AR内容平台，为用户打造了日渐丰富的AR内容生态。

Nreal 先后进入中国、美国、英国、德国、日本、韩国等多个国家和市场。Nreal 的用户乐于体验并分享产品使用心得，在 Amazon、微博、B 站等平台产品体验好，使得 Nreal 在消费级 AR 眼镜品牌的全球销量位列第一，在美国、日本也双双斩获当地智能眼镜品类销售第一。未来，随着 AR 和 VR 市场规模的快速增长，消费者市场占比也将持续提升。Nreal 成为消费级 AR 眼镜市场的新生力量，将丰富和完善智能眼镜产品和用户体验，提升内容和生态兼容性，使用 AR 技术与更多应用场景做深度整合，以巩固 Nreal 在 AR 市场的行业领先地位。

【防眼镜起雾的超薄金基透明涂层面世】 2022 年 12 月，瑞士苏黎世联邦理工大学的研究人员开发出一种超薄的金基透明涂层，能够将阳光转化为热量，将其用于眼镜、汽车挡风玻璃和其他表面，能防止它们起雾。

新涂层采用了一种不同于传统的防雾方法。传统的涂层表面涂有亲水分子，这会导致冷凝水均匀分布，这就是防雾喷雾的原理。但新方法是加热了表面，从一开始就防止由湿度引起的冷凝水的形成。新涂层由单一的金纳米层组成，而且更薄、更透明、更柔韧。此外，因为它有选择地吸收红外光，所以更清晰，效果更好。

这种新涂层的特别之处在于它选择性地吸收太阳辐射。阳光中所含能量的一半存在于红外光谱中，另一半存在于可见光和紫外光谱中。涂层吸收了很大一部分红外辐射，这会导致它升温，最高可达 8℃。它只吸收可见光范围内的一小部分辐射，这就是为什么涂层是透明的。

【雷鸟 Air 1S 智能眼镜荣获“2022 年度产品奖”】 2022 年 12 月，2022 年度暨第 21 届“IT 影响中国”年度获奖名单重磅揭晓。雷鸟 Air 1S XR 眼镜创新应用的 XR 产品结合了便携、轻量化的特点以及“随身大屏解决方案”的定位，为身临其境的视听娱乐提供了全新选择，被授予影响中国 2022 年度“年度影响力产品”奖。

本次的 2022 年 IT 168 年度技术卓越奖获奖名单汇聚了多条产品线，多款产品从中脱颖而出，雷鸟 Air 1S XR 智能眼镜荣获“2022 年度产品奖”。

雷鸟 Air 1S XR 智能眼镜采用 Birdbath+Micro OLED 技术方案，可为用户打造 130 英寸高清巨幕体验。眼镜可覆盖观影、游戏、办公、无人机、智能座舱等多个场景，无论是休闲娱乐还是专业办公，都能给用户带来沉浸畅快的体验！

（三）综　合

【蔡司光学携手温医大眼视光开展 C. A. R. E. 技术合作】 2022 年 1 月 20 日，蔡司光学携手温州医科大学附属眼视光医院（以下简称温医大眼视光）在中国眼谷隆重举办“C. A. R. E.（Cylindrical Annular Refractive Element：同心环带微柱面离焦技术）技术应用启动会议”。本次会议，温医大眼视光与蔡司光学宣布该项目正式迎来应用落地阶段。8 月 16 日，蔡司光学携手温医大眼视光在中国眼谷举办了“C. A. R. E. 技术合作阶段性回顾研讨会”。2021 年初，蔡司光学与温医大眼视光共同启动了 C. A. R. E. 技术联合研发项目，并在 2022 年 5 月把搭载此项技术的产品——“蔡司小乐圆镜片”推向市场，为中国青少年带来了新的近视管理解决方案。

研讨会上，温医大眼视光团队与蔡司光学团队一起，对 C. A. R. E. 技术合作进行了阶段性回顾与研讨，并在技术合作与转化、教育培训等方面展开了充分讨论。活动现场，温州视铂眼视光培训学校代表与蔡司光学代表进行了合作教育揭牌仪式，共同见证了蔡司精英学苑教学实践基地在中国眼谷的落地。会后，蔡司光学团队参观了中国眼谷，并就与中国眼谷合作等方面展开了讨论。

【汇鼎光学成立科协】 2022 年 6 月 28 日，江苏汇鼎光学科学技术协会成立大会暨第一次会员代表大会在中国（丹阳）眼镜产业园汇鼎光学行政大楼顺利召开。江苏省丹阳市科协、丹阳市司徒镇人民政府、江苏汇鼎光学眼镜有限公司等有关单位领导及汇鼎光学的科技工作者代表出席了本次大会。

汇鼎光学科协筹备组作了协会筹备工作报告。会议通过了《汇鼎光学科技协会章程（修改草案）》、《汇鼎光学科技协会一届一次会议大会选举办法（草案）》、汇鼎光学科协第一届委员会委员名单，随后选举产生了汇鼎光学科协新一任领导班子。

【浙江康华眼镜每年将销售额的4%用于产品研发】 弹簧、铰链、插针、镜腿和鼻梁等眼镜配件产品不大，单价从几毛钱起，看上去似乎不是大生意。而在玉环，浙江康华眼镜有限公司（以下简称康华）却把不起眼的眼镜配件生意，做到了年产值亿元以上，企业整体实力跻身世界眼镜配件行业前三强。

1978年，康华创始人高克胡与人合伙创办了生产眼镜配件的工厂。此后的40多年里，康华一直专注于研发，生产各类弹簧、铰链等眼镜配件产品，并一路赶超发展，逐步成为眼镜配件制造行业国内龙头、世界前三强。

眼镜配件制造是小行业，20多年前，国内并没有专业的设备生产厂家，在综合了多方面因素后，康华决定与机械厂合作研发专用设备的改造之路，并在眼镜配件制造行业率先实现了自动化。

早在2002年，康华就开启了“机器换人”战略，成立企业设备研发部，以自动化快速换模、工序集成为理念，自主设计研发自动化设备。近年来，康华在科研创新、机器换人等方面加大投入，平均每年投入销售额的8%用于研发新设备，实施机器换人；投入销售额的4%用于产品研发专项资金，实现每年产品款式的创新。

企业还先后引进了SAP、西门子PLM、泛微OA和HR系统等先进管理软件，打通企业内部产销供信息一体化，实现上下游供应链数据分享。公司98%的业务在系统里开展，采用信息化处理手段，流程效率提高30%，计划达成率99.5%。

通过自动化机器换人、工艺革新等举措，康华在交货速度和产品质量等方面都有了长足的进步，产品成为世界顶级眼镜品牌陆逊梯卡华宏的免检产品，产品价格高出国内同类产品10%~20%。

康华的自动化程度达到了80%左右，是行业内率先完成生产自动化的企业。在保持产能稳步上升的前提下，从2008年的1500名员工精简至现在的500人，年产能超过1亿元。公司的眼镜配件产品被评为“台州市名牌产品”。

【多焦软镜验配流程形成专家共识】 2022年11月5日，多焦软镜验配流程专家共识的定稿会在上海举行，并于2023年正式发布。

近些年，多焦软镜基于光学离焦设计特点应用于儿童青少年的近视控制。在一项多中心长达6年的研究中，同心双焦软镜减少近视度数进展达59%，并且在较大年龄开始近视控制治疗的患者仍受益。由于多焦软镜的验配学习曲线短且效率高，2021年，在美国用于近视管理的接触镜品类中，多焦软镜占72%。国际近视研究所（International Myopia Institute，IMI）的近视管理白皮书和亚洲眼视光执业协会（Asia Optometric Management Academy，AOMA）的近视管理共识，以及我国《近视管理白皮书（2022）》，均将多焦软镜列为近视管理的有效手段之一。

循证医学证明，多焦软镜儿童青少年近视控制治疗成效明显，我国也开始将多焦软镜应用于临床近视控制。因此，中华医学会眼科学分会眼视光学组，在循证和临床实践的基础上，于7月22日在2022视觉健康创新发展国际论坛（Vison China 2022）之“多焦软镜专家共识研讨会”期间，专家们就多焦软镜的标准化验配流程和临床有效性、安全性展开了细致、深入、多方位的探讨，并组织编写委员会起草和制定《应用于近视控制的多焦软镜验配流程专家共识》，旨在通过对验配和复诊流程的规范化，保证多焦软镜的有效性以及安全性，为临床验配提供指导性建议。

【库博光学MiSight同心双焦软镜通过专家论证会认证】 2022年，库博光学MiSight同心双焦软镜以出色的近视管理效果被广大眼科医生认可，目前可验配库博光学MiSight的专业眼科治疗机构已近400家。经由依视路近视管理部门培训赋能认证，先后在北京、上海（2场）、温州（2场）、沈阳、安徽、西安等地举办，掌握库博光学MiSight全流程规范化验配技术的眼科专业人士超过600位。

MiSight软性接触镜采用同心双焦设计，形成近视化离焦，适用于初始佩戴年龄8~12岁的儿童，将进一步助力儿童青少年近视管理。

依视路近视管理部门会将库博光学 MiSight 引入更多的眼科医疗机构，赋能更多医生，让更多的用户在身边的医院就能体验到库博光学 MiSight 同心双焦软镜的便利验配体验和卓越的近视管理成效。

【爱尔眼科视光科研项目获科技部立项重点支持】 2022 年 12 月 2 日，在 2022 橘洲视光论坛开幕式上，爱尔眼科牵头承担的“超广角高速视网膜周边离焦检测设备的研发和应用”项目进行了中外两方牵头单位签约启动仪式。该项目是科技部中国科学技术交流中心下达的 2022 年度国家重点研发计划“政府间国际科技创新合作”重点专项获批项目。

该项目获得科技部的立项，表明爱尔眼科在近视防控领域的科研创新能力获得了科技部的认可和支持，这是爱尔眼科相继获批承担地方、省级和国家自然科学基金等各级别科研项目之后，在科研创新领域取得的又一重大进展。

爱尔此次获批项目由爱尔眼视光研究所杨智宽教授研究团队承担，副所长蓝卫忠研究员负责实施，将与来自西班牙的顶尖团队联合研发，采取学科交叉融合的合作方式，研发一款具有自主知识产权，能应用于临床一线的视网膜检测设备。目前，组建的跨学科创新团队已完成一系列基础性实验，并取得关键性突破。

项目将重点瞄准青少年近视防控领域，通过临床数据资源、融合交叉学科、聚焦研究开发新型颠覆性技术，为我国青少年近视防控工作助力。

【爱尔眼科开启“近视管理”新时代】 据国家卫健委 2021 年公布的数据显示，2020 年我国儿童青少年总体近视率为 52.7%，其中 6 岁儿童为 14.3%，小学生为 35.6%，初中生为 71.1%，高中生为 80.5%。目前，儿童青少年近视防控的有效手段包括低浓度阿托品、角膜塑形镜、多功能离焦镜片等，但它们都是在近视发生后用来延缓近视进展。怎样在近视发生前进行有效的预防，是行业面临的难题。2022 橘洲论坛上，由湖南爱尔眼视光研究所自主研发生产的一款用于近视预防的功能性镜片正式对外发布，该产品获得了“实用新型专利证书”。

近视预防镜片是一款采用“多区正向光学离焦”技术设计的多区正向平光离焦镜片，它包含了中央直径约 11 毫米的平光区域，以及周边 516 个独立岛形度数为 350 度（远视）的微透镜形成的正向离焦区域。当儿童青少年在佩戴后近距离用眼时，光线一方面能通过镜片中央区域进入眼内形成清晰视觉，另一方面可通过镜片周边区域进入眼内在周边视网膜前形成焦点，对眼轴的生长给予抑制信号，从而达到抑制眼轴增长过快，预防近视发生或延缓近视发生的目的。

该镜片处于临床验证阶段，爱尔眼科正面向社会招募受试志愿者——年龄 6~14 岁；散瞳验光后等效球镜度（SER）75 度近视至 75 度远视；散光度数小于等于 150 度，屈光参差小于等于 150 度；无其他眼病及全身疾病等。

近视防控不仅是单一防控手段的应用，更是一套综合、系统化的近视管理工程。爱尔眼科研发的可穿戴智能监测设备“云夹”，通过精准监测影响孩子近视发生和发展的五大后天影响因素：阅读时长、阅读距离、阅读角度、阅读环境光强与户外活动时间，又通过记录全天候的用眼行为数据，分析近视原因，预测近视风险，有助于专业眼科医生制定出个性化、科学化的近视防控方案，实时追踪、调整防控效果。

七

载体
平台
机构篇

（一）眼镜产业园

【江苏省总工会主席魏国强到丹阳眼镜产业园调研】 2022 年 6 月 21 日，江苏省人大常委会副主任、江苏省总工会主席魏国强一行到丹阳眼镜产业园调研。镇江市委常委、组织部部长张娟，镇江市总工会党组书记刘正泰，丹阳市委书记黄春年等陪同调研。魏国强听取丹阳眼镜企业及万新集团产业工人队伍建设改革方面的情况汇报，对丹阳产改工作进行综合性评价，充分肯定万新集团产改落实到月、举办技能大赛等相关工作，希望丹阳及万新集团巩固深化改革成果，形成长效机制，为行业培养更多优秀人才。

万新集团表示，将立足眼镜制造主战场，勇当改革先锋队，深入推进产业工人队伍建设改革，推动企业的高质量发展。

【江苏省总工会调研丹阳眼镜行业企业】 2022 年 1 月 13 日下午，江苏省总工会调研组董明伟一行来到江苏鸿晨集团有限公司，就丹阳市眼镜行业工会集体协商推进情况进行专项调研。调研座谈会上，丹阳市眼镜行业工会就目前眼镜行业工会集体协商情况作工作汇报。江苏鸿晨光学有限公司工会作为行业产改先进典范代表向调研组作集体协商工作汇报。

江苏省总工会认为，丹阳市眼镜行业工会从行业到企业，都做了大量的工作，行业的集体协商工作同时能与产改工作紧密结合。在当前经济下行的压力下，集体协商工作与产改工作在构建和谐劳动关系上起了很重要的作用。期望眼镜行业这种大题目、小切口，小改革、大推动能先行先试，行之有效，最终上升为制度，为全省、全国提供更多、更好的经验。

【上海市丹阳商会赴丹阳眼镜产业园座谈交流】 2022 年 2 月 3 日下午，上海市丹阳商会秘书长李康组织商会部分会员赴丹阳眼镜产业园（司徒镇）参加座谈会，共叙乡情、共谋发展。司徒镇党委书记蒋敏、镇长朱国祥、人大主席尹核威热情接待了商会一行。

座谈会上，司徒镇领导简要介绍司徒镇经济社会发展的主要情况，欢迎在沪企业家前来司徒进行项目对接、投资发展，期盼组织更多的商会企业回乡兴业，为司徒乃至丹阳的建设和经济社会发展献计献策。双方就加强眼镜产业合作进行交流，达成多项共识并形成机制。

【丹阳市眼镜行业首次跨省联动线上直播带岗】 2022 年 2 月 28 日，江苏省丹阳市和陕西省富平县联合举行 2022 年“春风送岗 暖心就业”苏陕劳务协作（眼镜行业专场）直播招聘会，通过直播招聘的方式，为企业招贤纳士，实现就业服务零距离。这是丹阳市首次进行跨省联合直播带岗活动。

直播中，丹阳市企业相关负责人一一介绍求职者关心的企业文化、招聘岗位、招聘要求、福利待遇、培训晋升等多方面内容，让求职者广泛了解求职信息，足不出户找到满意的工作。整场直播，线上求职者热情高涨，企业和求职者双方互动不断。

此次“直播带岗”活动共有万新光学、丹耀光学股份、江苏奥天光学有限公司等 24 家眼镜行业企业参与，提供 99 个就业岗位，招聘需求 470 人。活动时长 1 个多小时，累计在线超 3 万人次，初步达成求职意向 1000 余人。

【总投资 10 亿元智能穿戴、高端 AR 眼镜制造项目落户丹阳眼镜产业园】 2022 年 3 月 3 日上午，同方股份有限公司、洪旭德生科技有限公司与江苏丹阳司徒镇人民政府签订三方战略合作协议，总投资 10 亿元的智能穿戴、高端 AR 眼镜制造项目落户司徒。同方股份有限公司党委书记、总裁胡军，洪旭德生科技有限公司执行董事、总经理征华椰，丹阳市领导高飞、李培博，司徒镇党委书记蒋敏、镇长朱国祥等领导、嘉宾出席并共同见证签约仪式。

作为丹阳市眼镜行业的优秀代表之一，洪旭德生是国家级高新技术企业、省级专精特新产品企业，也是国内眼镜行业唯一具有完备军工三证的民营企业，参与主导制定军用标准并列装部队的护目镜达9项，在该类产品研发生产领域处于国内领先地位，相关技术及产品性能达到国际水平。

同方股份有限公司前身是清华大学出资成立的高科技企业，在上海证券交易所挂牌上市。作为中核集团新时代发展战略的先行推动者，同方股份始终站在改革前沿，通过产学研用一体化发展路径，构筑形成了数字信息、民用核技术、节能环保、科技金融四大主干产业集群，技术、产品和服务已遍及五大洲100余个国家和地区。

洪旭德生智能穿戴、高端AR眼镜制造扩建项目落户司徒，对丹阳市加快眼镜产业转型升级，推进眼镜行业全产业链建设，打造“光学产品智造引领区”具有十分重要的作用。

本次签约，洪旭德生与同方股份达成战略合作协议，借助同方股份强大的科技优势和资源整合能力，开展智能穿戴、高端AR眼镜制造扩建项目。项目计划总投资10亿元，占地100余亩（约6.7万平方米）。其中，一期5亿元项目投产后，预计可实现年销售15亿元、利税1亿元以上。司徒镇和同方股份还将进一步拓展科研项目产业化合作，并在智慧城市、智慧农业、智改数转等多个领域探索合作空间。

【丹阳市部署树脂镜片行业安全生产专项整治行动】 为着力提升企业安全管理水平和应急自救能力。2022年3月8日上午，江苏省丹阳市安全生产委员会组织召开树脂镜片行业安全生产专项整治行动动员部署会。

会上，司徒镇、开发区分别介绍区域内眼镜行业发展情况，安委会就《丹阳市树脂镜片行业安全生产专项整治标准》作详细解读，要求各企业一方面要强化安全管理水平，认真落实安全生产主体责任，对危化品的使用、存储环节加强安全管控；另一方面要积极落实消防安全主体责任，保持消防通道及安全疏散通道畅通，严禁违章搭建、堆放货物侵占消防通道等行为。强调各企业要严格遵守此次树脂镜片行业安全生产专项整治的要求，从根本解决安全生产意识缺失、消防意识淡薄等问题，同时对眼镜行业存在的“四大问题”，各企业要积极自查自纠，提高安全水平。

会议最后，中消云工作人员对“智慧消防”进行了详细的介绍，并结合现有案例讲解了安装“智慧消防”设施的重要性。

【镇江市政协主席郭建一行调研万新光学】 2022年4月12日，镇江市政协主席郭建带领镇江市发改委、科技局、人才办、人社局、地方金融监管局等部门和协会负责人走进江苏万新光学有限公司，开展“春风暖企”现场走访。丹阳市有关领导参加活动。

郭建一行走进万新，进车间看现场、问详情听需求。江苏万新光学有限公司是国内历史最为悠久、最早实现国际化的眼镜民族企业之一。光学基片年产量突破1亿片，定制片达2万片/天，占全球镜片出货数量的1/12，是全球最大的镜片生产基地之一。公司重视新产品开发和技术创新工作，不断调整产品结构，提升产品档次，研发投入多年保持占销售收入5%以上，已申请专利60余件，其中国内发明专利授权10件、实用新型专利授权36件。

在与企业负责人的座谈交流中，郭建详细了解了企业当前的生产经营状况，着重询问了企业推进高质量发展仍存在的短板不足、需要何种帮助支持。针对企业负责人围绕“人才招引”“政策扶持”“上市指导”“绿色发展”等方面提出的问题困难及相关建议，与会的镇江市相关部门负责人给予了现场回应。

郭建强调，复杂严峻的疫情防控形势为企业带来挑战，同时也带来机遇，企业要进一步明确发展才是硬道理，用发展的办法解决前进中的问题。他要求各有关部门负责人加强与企业的沟通交流，及时明晰企业所需所盼，精准开展业务指导、应时进行纾难解困，切实助推企业健康有序发展。

【丹阳农商银行与司徒镇共同举办眼镜产业融资方案发布会】 为进一步贯彻落实乡村振兴战略，充分发挥金融机构在经济发展中的重要作用，2022年4月26日，丹阳农商银行—司徒镇“一镇一品”眼镜产业融资方案发布会成功举办。会议邀请中国人民银行丹阳市支行、丹阳市金融监管局、丹阳市农商银行等相关单位负责人及尊信光学、大尧光学等15家企业代表参加，司徒镇党委书记蒋敏，党委副书记聂冰等领导参会。

丹阳农商银行解读了惠企融资政策，详细介绍了丹阳眼镜行业概况、“一镇一品”眼镜产业融资方案探索历程以及优势特点，并现场展示了线上用信操作流程。

企业代表尊信光学、大尧光学介绍了中小微企业发展情况，提出了企业融资需求等方面的困难。丹阳市眼镜商会司徒分会、丹阳农商银行、中国人民银行丹阳市支行、丹阳市金融监管局等相关单位负责人分别从各自角度做了交流发言。企业代表们纷纷对司徒党委政府主动帮助中小微企业纾难解困之举表示感谢，并表示中小微企业的发展离不开金融银行的支持和地方政府的支撑，小微企业定不负众望，为解决地方就业和盘活经济发展注入新鲜活力。

丹阳农商银行—司徒镇“一镇一品”眼镜产业融资方案再一次为司徒眼镜行业发展注入源头活水，是“商会牵头、政府搭台、金融助力”共推企业发展的又一创举，更是党委政府坚持疫情防控与经济发展“两手抓两手硬”的生动体现。

【丹阳市眼镜行业政银企对接会（江苏银行、苏银村镇银行专场）】 为进一步深化政银企交流合作，充分发挥金融机构在经济发展中的重要作用，2022 年 5 月 18 日，丹阳市眼镜行业政银企对接会（江苏银行丹阳支行、丹阳苏银村镇银行专场）成功举办。丹阳市金融监管局、中国人民银行丹阳市支行、江苏银行、丹阳苏银村镇银行、司徒镇等相关单位负责人以及福泰光学、铭鑫光电等 15 家眼镜企业代表参会。

会上，江苏银行丹阳支行对该行的金融特色、行业荣誉、贷款业务等进行了介绍并对惠企融资政策进行详细解读。随后与会企业就企业发展情况、融资需求、融资困难依次交流发言。江苏银行、丹阳苏银村镇银行在了解每位企业代表融资需求的基础上就相关问题进行了现场答疑。

丹阳苏银村镇银行表示，江苏银行服务当地的初心未变。丹阳眼镜产业基础扎实，民风良好，具备区域优势，是银行服务的重点领域，银企合作大有可为。通过此次交流，江苏银行将进一步走访与会的 15 家企业，尽力满足企业的需求。

通过数场政银企对接会，金融机构与企业交流变得更加密切，企业掌握了更多的金融知识，金融机构也更加了解企业实际发展需求。政银企三方均希望继续加强交流，营造企业学金融、用金融的良好氛围，促进银企双方交流合作。

【镇江市委副书记巩海滨调研丹阳眼镜行业】 2022 年 6 月 16 日下午，镇江市委副书记、统战部部长巩海滨调研丹阳市眼镜行业并主持召开企业家沙龙—丹阳眼镜行业专场，与企业代表面对面交流，共同探讨丹阳眼镜产业未来发展之路。丹阳市领导王成明等陪同调研。

丹阳市眼镜商会秘书长和商会会长单位代表们围绕解决企业发展空间问题、丹阳眼镜品牌化发展、加快眼镜行业自动化建设、拓展销售渠道等方面畅所欲言，建言献策。

巩海滨肯定了丹阳市在发展眼镜产业上取得的成效。他指出，眼镜产业作为丹阳的主导产业，具有较强的集群优势和发展前景，在助推丹阳民营经济高质量发展中具有重要作用。就眼镜产业高质量发展，巩海滨要求，政府部门要加强引导、规范、服务和保护，不断优化丹阳眼镜品牌发展环境；丹阳市眼镜商会要抱团发展，搭建眼镜行业信息交流、开拓市场、共谋发展的平台，成为政府与企业、企业与企业之间的桥梁纽带，充分发挥行业自律作用，督促企业诚信经营，为眼镜行业高质量发展提供新模式；企业要加强自身建设，加快全产业链发展，实施品牌战略，加快新型产品研发，不断提升产品附加值和竞争力，朝着科技化、时尚化、品牌化的方向发展，不断提升竞争力，叫响擦亮做大丹阳眼镜产业。

巩海滨一行还调研江苏新视客光电眼镜有限公司、明月镜片股份有限公司和丹阳眼镜电商产业园。

【税收优惠精准滴灌为丹阳眼镜产业发展助力】 2022 年 7 月 21 日，镇江市税务局发布消息。近年来，一大批覆盖广、力度大、精度高的减税降费政策落地见效，为丹阳眼镜企业扛住疫情考验、开拓市场、产品研发升级注入了更多力量。

在复工达产阶段，为帮助企业尽快恢复“元气”，丹阳市税务部门在精准施策上不断发力，属地分局定期推送政策解读，开展逐户对接，确保纳税人清晰掌握政策口径和申请流程。对部分复杂业务，该局派出“送诊专员”，上门帮助解决个性化疑难，确保政策红利第一时间落入纳税人口袋，尽快转化为助企稳健前行的资金活水。税务部门在业务流程、办理材料上持续做“减法”，大力推行“无纸化”和“非接触”办理，跑出了出口退税办理流程的“加速度”。2022年以来，国家税务总局持续加大出口退税支持力度，推出了促进外贸平稳发展的3方面15项措施，为退税资金快退快享提供了有力保障。

江苏奥天光学有限公司认为，近年来税务部门不断优化营商环境，出口退税体现出“快、减、便”，不仅退税速度越来越快，资料有了大幅减少，办理也实现了“足不出户”。奥天光学是一家专业从事树脂镜片生产和销售的企业，于2016年加入法国依视路集团。近年来，公司积极开拓海外市场，抗蓝光、超韧、膜变等多款产品受到海外客户的青睐。2022年上半年，公司出口3500多万元人民币，同比增长13%，享受出口退税110多万元。出口多，退的也多，有了出口退税政策的支持，资金能够快速有效地得到再投入，增强了公司不断拓宽海外市场的底气。

明月镜片表示，研发费用加计扣除政策精准把握住了企业研发资金这根关键链条，对驱动企业创新研发、转型升级大有裨益。2021年，明月镜片享受研发费用税前加计扣除1200多万元，目前公司正在加快离焦及双非球面眼镜片、高折射低色散高透树脂镜片制备关键技术等多项产品和软件的设计研发，投产后将进一步提升公司在高折树脂镜片方面的影响力。在品牌拉力和创新研发的双轮驱动下，明月光学正在朝着“具有全球竞争力的镜片品牌企业”这一目标迈进。

【组合式减税降费助力丹阳眼镜逆势增长】 新冠疫情发生后，丹阳市税务局根据眼镜行业特点，多措并举落实留抵退税、六税两费等组合式减税降费政策，通过阶段性措施和制度性安排结合、减税与退税并举，为眼镜产业的发展、技术创新注入了“源头活水”。

2022年上半年，丹阳眼镜销售量较上年同期上升9.47%，行业增加户数较上年同期上升8.73%。“走出去”的丹阳眼镜，在全球疫情之下，创下了总体平稳增长的佳绩。逆势增长背后，新产品、新技术是吸引“世界目光”的法宝，组合式税费支持政策则坚定了丹阳眼镜企业持续创新的信心。

【丹阳市眼镜行业推进产改试点工作】 近年来，丹阳市总工会找准眼镜产业工人队伍与企业发展的“共振点”和“关键点”，因企制宜推动发展、集聚人才、树立品牌，推动产改工作在眼镜行业取得阶段性成效，进一步推动眼镜产业转型升级。

凝聚改革合力，夯实产改工作“压舱石”。丹阳市眼镜行业从业职工超过6万人，占全市职工总数的近五分之一。在充分把握行业特点、广泛征求意见后，丹阳市出台了《丹阳眼镜行业产业工人队伍建设改革行动方案》，并选取了重点企业进行先行先试，充分调动各方参与改革的积极性和主动性，推动形成了行业总牵头、企业为主体、职工广参与的共建共改推进格局。为落实企业主体责任，市总工会举办眼镜商会会员企业负责人“产改”专题理论培训班，宣传产改工作必要性，激发企业参与的自觉性。同时，广泛开展“工会进万家”主题活动，通过上门入企慰问一线产业工人、推选“最美产业工人”活动等，积极引导职工参与“产改”工作。

聚焦素质提升，培育高质量发展“生力军”。围绕改革目标，紧扣行业需要、职工需要、企业需要，以“四大工作法”推动眼镜产业集群产改试点，其中开展大培训便是重要一环。依托万新集团“万新学苑”、鸿晨集团“光华管理学院”等职工培训平台，在思政教育、技术技能、安全生产、基层班组建设管理等方面开设培训课程，培训职工2万余人次。

【江苏省2022年“服务认证体验周”在丹阳眼镜城启动】 2022年9月2日上午，江苏省2022年“服务认证体验周”眼镜行业服务认证及小微企业质量提升行动启动仪式在丹阳国际眼镜城举行，拉开了“质量月”系列活动的序幕。江苏省市场监管局一级巡视员王俊胜，丹阳市副市长杨文军，以及国家市场监管总局认证监管司、江苏省教育厅等相关部门负责人出席启动仪式，部分认证机构、企业代表和学生家长参加启动仪式。

江苏省市场监管局指导认证机构在丹阳开展验光配镜服务认证试点工作，并开展眼镜行业小微企业质量管理体系认证提升行动，是推进眼镜行业健康发展的重要抓手，通过运用认证工具，着力提升近视防控相关产品质量和视觉健康服务水平，推动眼镜行业整体管理水平提升，打造“丹阳眼镜”高端品牌。

**【丹阳市眼镜行业召开“专精特新”眼镜企业

政策宣讲会】 2022年9月6日上午，丹阳市眼镜行业召开“专精特新”企业政策宣讲会，邀请江苏省企业发展战略研究会无锡分会主任刘洪枫对“科技创新再贷款”政策进行解读。丹阳市有关部门、眼镜商会、司徒镇负责人，江苏万新、海昌、视悦等眼镜企业参加宣讲会。

刘洪枫主任从政策的时效性和力度、货币政策总量和结构的双重功能、政策落地可操作性阐述了有关背景和政策设计的主要考虑；从工信部工作角度出发，解释了再贷款支持企业范围的选择条件要求，同时简单介绍了国家产融合作平台和“科技创新再贷款”支持专区。她希望金融机构积极推动再贷款政策能在司徒落地见效，让司徒的科技创新企业真正得到实惠，有获得感。此次宣讲，让司徒的科技企业充分认识到金融支持科技创新的重要性，将更多的金融资源投向科技创新领域，让企业了解“吃透”金融政策、用足用好金融政策，尽早享受政策红利。

【丹阳市眼镜行业召开政银企对接会（建设银行专场）】 为进一步深化政银企交流合作，充分发挥金融机构在经济发展中的重要作用，2022年8月1日下午，丹阳市眼镜行业政银企座谈会（建设银行专场）成功举办。会议邀请省建行普惠部副总经理，镇江建行普惠部副总经理，建行丹阳支行行长等相关单位负责人以及丹阳市眼镜商会、司徒镇等单位领导，乐诚光学等5家企业代表参会。

丹阳市眼镜商会、司徒镇感谢建行送温暖下乡，并从丹阳眼镜创业、园区规划、特色支柱产业等方面介绍了企业发展现状。建设银行介绍了该行的普惠金融产品、建行惠懂你APP，并对建行的惠企融资政策进行详细解读。与会企业就企业发展情况、融资需求、融资困难依次交流发言，建设银行丹阳支行与会代表在了解每位企业代表融资需求的基础上就相关问题进行了现场答疑。

江苏省建行普惠部表示，丹阳是此次走访基层之行的第一站，感谢丹阳市政府、眼镜商会和司徒镇政府搭建平台为企业和银行机构提供交流平台，建设银行作为强县支行，将根据丹阳地方特色，提供眼镜制造、服务、外贸、电商等全产业链服务，体现建行大行担当。

【丹阳市眼镜产业链项目获得银行授信】 2022年8月1日下午，丹阳市举办“金融赋能再启新程”第二届金融支持高质量发展对接会，切实提升金融机构服务重点产业和精准对接企业的质效，让金融活水更好地赋能丹阳高质量发展。江苏省地方金融监管局副局长钱东平，中国证监会江苏监管局副局长陈刚泰，镇江市领导徐曙海、巩海滨、周凯，丹阳市王成明等四套班子领导，江苏省、镇江市及丹阳市金融机构负责人等参加会议。

丹阳市委常委、常务副市长于斌介绍2022年上半年丹阳市金融服务实体经济情况：2022年以来，全市统筹推进疫情防控和经济社会发展，高度重视金融对实体经济的支撑作用，主动谋划、积极参与、担当作为，先后实施了系列惠企纾困措施，金融支持实体经济的“倍增效应”初现。1—6月，全市21家银行累计达成授信965.2亿元，其中，已批准授信额度达644.2亿元。

丹阳市人民政府市长王成明致辞，近年来，丹阳围绕实体经济平稳健康发展，全力以赴化解金融风险，诚信风气得到持续净化、金融生态实现根本好转。这些积极的变化，离不开省市相关领导的大力指导，离不开广大金融机构的全力支持，也离不开全市企业的倾力支撑。特别是2022年以来，面对疫情反复冲击的深远影响，金融监管部门和广大金融机构倾情驰援，用金融暖流帮助企业应对经济寒流，用金融“及时雨”帮助我们稳住发展“基本盘”。王成明表示，随着一批合作项目的签约落地，金融赋能必将结出更大成果，丹阳发展必能争得更大荣光，政银企合作也必会创造更大辉煌，丹阳将以此次对接会为契机，用最大决心续写“季子挂剑”的诚信故事，用最大力度营造“金融赋能”的诚信环境。

镇江市市长徐曙海致辞，金融与地方发展息息相关，感谢各大金融机构对镇江和丹阳给予支持、鼓劲赋能。丹阳作为镇江的重要板块，聚精会神强产业、调结构、促转型，发展后劲不断增强，质态显著提升，金融生态持续向好，期望各金融机构继续关心青睐丹阳，更好地赋能丹阳高质量发展，在携手奋进中创造“很有前途”的美好未来。徐曙海强调，金融与实体经济共生共荣，期望当地的企业家用好活水、激发活力，进一步树立金融思维、用好金融工具，不断提高运用金融资源发展企业的能力和水平，借助资本市场做大规模、做强实体、做优品牌，增强企业的核心竞争力，推动资本市场镇江板块不断壮大；金融赋能需要各方同向同行，做好金融赋能高质量发展这篇大文章。徐曙海表示，镇江市委、市政府将一如既往地为各大金融机构融入镇江搭建平台、创造条件，一以贯之地为广大企业家扎根镇江提供支持、排忧解难，推动以丹阳为代表的各个板块借力金融加快发展；丹阳市要坚决扛起属地责任，实打实、硬碰硬地推动各项协议落地落细，持续优化营商环境，着力打造金融生态，为金融机构和市场主体的发展保驾护航；地方金融、人行、银保监等各有关部门要增强工作合力，通力协作、互相支持，共同打好政策组合拳，促进产业链与金融链深度对接、无缝衔接，确保金融赋能取得实效、常态长效。

活动中，37 个项目集中授信签约，涵盖专精特新、智改数转、科技人才、重点产业、产业链建设、乡村振兴、银行支持国企转型发展等类别，授信总额达 1110.957 亿元。万新、明月、新天鸿等数十家眼镜企业参加活动，签订了一批授信协议。

【丹阳眼镜企业员工登上“江苏好人榜”】 2022 年 9 月初，江苏省文明办发布 2022 年 8 月“江苏好人榜”，江苏万新光学有限公司扎根车间钻研技术革新的“有心人”王玉宝荣登榜单。

王玉宝从 2014 年进入公司以来，凭借着不怕吃苦、埋头钻研的劲头，从一名普通的剥离工成长为车间的技术骨干。在工作中，他发现许多设备在运行中可以更省成本，于是开始钻研技术改造，提出多项技术革新措施并成功运用到生产中，每年为企业节约成本数十万元。他曾荣获“全国最美农民工”称号。

【丹阳市举行眼镜台商中秋联谊晚会】 2022 年 9 月 3 日晚，丹阳市台商台胞相聚一堂，共度传统佳节，共叙同胞深情，合力推动丹阳发展再上新台阶。

丹阳市副市长杨文军在致辞中指出，当前，丹阳发展吹响了攻坚克难、争先进位的号角。跑得新速度、争得新荣光，既需要全市上下共同努力，也需要广大台资企业的大力支持。丹阳将致力为台商台胞搭建成就事业的舞台，紧紧抓住长三角一体化发展等战略机遇，围绕新产业、新经济、新业态共谋发展；致力为台商台胞厚植创新创业的热土，全力提供最优营商环境；致力为台商台胞打造舒心生活的港湾，提升教育医疗、文体休闲等服务保障水平，全力建设两岸同胞增进感情、心灵契合、共同奋斗的“精神家园”。他希望广大台商台胞一如既往与丹阳同向同行、并肩奋斗，共创丹阳发展新辉煌。

台商代表企业介绍情况，2021 年，海昌隐形眼镜集团凭借丰富的产品线和科学的企业管理实现逆势增长，以年纳税 1.35 亿元，亩均税收 64.99 万元的优异成绩荣获丹阳市 2021 年优秀纳税企业“特等奖”荣誉称号。2022 年，海昌隐形眼镜集团总投资 3.5 亿元的隐形眼镜自动化生产线项目被列为镇江市级重点产业类项目，目前已全面开工。

【中共丹阳市委召开会议专题研究眼镜产业发展】 2022 年 9 月 14 日下午，中共丹阳市委书记王成明主持召开眼镜产业座谈会，深入了解眼镜行业发展现状、企业在生产经营及转型升级中遇到的问题，强调企业要发挥主体作用，政府、商会、社会各界携手赋能，共同把“丹阳眼镜”这张城市名片擦得更亮。

眼镜产业是丹阳的支柱产业，也是丹阳最靓丽的一张城市名片。全市从事眼镜生产及相关配套的工贸企业 1600 余家，年产镜架 1 亿多副，约占全国的 30%；年产镜片 4 亿多副，约占全国的 75%、世界的 40%；年产隐形眼镜 2.5 亿副。2022 年 1—8 月，全市眼镜制造业销售收入 79.8 亿元，同比增长 10.28%；完成税收 4.6 亿元，同比增长 24.55%。丹阳眼镜已形成较完备的产业链及社会化分工、规模化配套、上下衔接的产业体系，但仍存在品牌附加值低、企业规模总体偏小、平台载体建设滞后、产业链高端人才匮乏等问题。

丹阳市眼镜商会及万新光学、海昌隐形眼镜、明月镜片、新视客光电、全真光学等 10 家生产企业分别交流了当前企业发展状况、遇到的困难、转型升级对策，以及对市委市政府工作的意见建议；丹阳市经济发展局、科技局、市场监管局等部门就企业提出的人才培养、品牌建设、智能改造等问题进行针对性回应；与会市领导从建立专门的招商队伍、出台推动发展的精准政策、搭建科技服务平台、设立专项产业基金等方面对促进眼镜产业升级提升提出建议。

市委书记王成明在听取与会众人的发言后强调，在产业技术与制造工艺飞速发展、区域板块激烈竞争中，丹阳眼镜产业的升级提升，重点要做到9个方面的强化：强化认识，眼镜生产企业要牢固树立转型发展的意识，形成错位竞争、合力发展的良好态势；强化发展定位，围绕眼镜产业、视光学产业、大健康产业定位，既要抓好眼前，更要着眼长远发展，不断提升产业竞争力；强化平台建设，建好眼视光配镜相关数据平台、线上线下商贸平台、全产业链检验检测平台、以眼镜城为重点的文旅平台等；强化产业链打造，要在延链、拓链方面下功夫，围绕产业链上下游、文旅商贸、产业配套等延链、补链、拓链，增强产业盈利、抗风险能力；强化智能升级，推进“智改数转”；强化品牌培育，以各个企业为重点，打造自己的制造业品牌，同时要打响让消费者认可的产品品牌、维护好丹阳眼镜区域品牌；强化人才支撑，熟练的工人、高技能的产业工人、高端人才是丹阳眼镜产业发展的重要支撑，要落实好相关人才政策，引育并举，壮大眼镜产业所需的人才队伍；强化资本赋能，政府主导设立专项基金，加大对眼镜产业的扶持力度，按照“上市一批、推进一批、储备一批”的思路，梯次化推进眼镜企业进军资本市场，并通过市场化的力量整合带动产业发展；强化机制保障，及时研判产业发展走势，定期研究推进眼镜产业发展、协调解决相关问题，以丹阳眼镜城建设为依托，同步提升眼镜产业、城市形象和文旅发展。

王成明要求，相关部门各司其职、主动履职，以问题为导向清单化推进工作落实，发挥考核指挥棒的作用，调动方方面面的积极性，把各项工作落到实处，共同把丹阳眼镜这个产业打造得更亮，把眼镜之都这个品牌、丹阳眼镜这张城市名片擦得更亮。

【新华报业网报道丹阳眼镜产业发展】 2022年11月11日，新华报业网发表题为《集聚人才 拥抱资本 树立品牌——丹阳擦亮“眼镜之都”金字招牌》的文章，介绍丹阳眼镜产业最新发展动态。如何把“丹阳眼镜”这张城市名片擦得更亮？“党的二十大报告提出，推动制造业高端化、智能化、绿色化发展。我们将以强烈的转型意识加快眼镜产业提档升级，把‘眼镜之都’的金字招牌擦得更亮。”丹阳市委书记王成明说，将大力推动眼镜行业智能化改造、数字化转型，梯次化推进眼镜企业进军资本市场，构筑眼镜产业文化与品牌优势，实现从单一“制造+市场”模式到“制造+市场+健康+时尚”模式的转变。丹阳市代市长宋飞雄介绍，该市出台丹阳眼镜行业产业工人队伍建设改革行动方案，试点企业“能级工资”改革，让职工在技能提升的同时提高收入。目前，全市眼镜行业已有1.8万余名一线产业工人获得技能等级证书，1617名技术人才获得技术等级证书，其中高级职称128人，中级职称1421人，培树了一批“眼镜工匠”。

文章介绍，经有关部门协调，在丹各银行与眼镜产业规模以上重点企业逐个签订合作协议，建立“点对点交流、面对面诊断、单对单供贷”银企对接常态化机制，解决企业可能存在的资金短缺问题。此举对时常存在的“企业融资难、银行难放贷”状况找到了一条解决通道，银企双方都表示要操作好机制，共同努力，实现双向奔赴。该市积极推广“企业+商标+市场”行业化运作模式，引导生产经营主体申请商标注册、使用自主品牌。目前，丹阳眼镜行业拥有注册商标8900余件，包括中国驰名商标7个，省市著名商标36个。同时，丹阳还创成“中国眼镜生产基地”“国家级外贸转型升级基地”“眼镜产业集群品牌培育基地”“轻工业先进产业集群”等多个区域品牌。镇江海关定制专项方案帮扶丹阳眼镜行业出口，安排专人对接企业，提前掌握出口计划，保障出口眼镜高效通关。丹阳眼镜电商产业园作为省级跨境电商产业园，所有公共区域均对入驻企业开放使用。园区引进物流、知识产权等第三方服务企业，为跨境电商企业提供全方位服务。万新光学新研发的“易百分”延缓儿童近视加深镜片已在自动化生产线上批量产出。通过智能化改造，数字化转型，极速车房自动化率提升29%，48小时交付率提高到95%，每天可生产2.1万片镜片。“国产品牌镜片第一股”——明月镜片以品牌和研发的双轮驱动提升产品品质，打造消费者真正认知的中国品牌。

【丹阳市司徒镇党委书记蒋敏走访调研眼镜企

业】 为进一步优化营商环境，加强与辖区企业的沟通交流，2022 年 12 月 6 日下午，司徒镇党委书记蒋敏、党委副书记聂冰一行先后走访镇江视伟光学有限公司、江苏乐诚光学眼镜有限公司、丹阳市海之鑫光学有限公司，12 月 13 日下午，党政领导、相关科室负责人走访了江苏天目光学有限公司等企业。

走访中，蒋敏一行走进生产车间一线，认真听取企业负责人关于企业情况、产线运行、安全生产、用工情况等方面的介绍，并详细询问了企业生产、销售、产品研发等方面存在的问题和矛盾。蒋敏在走访中指出，企业是经济发展的主力军，希望企业能不断巩固提升竞争优势，提高核心竞争力，同时要抢抓机遇、乘势而上，不断培育新的增长点，实现自身又稳又快发展，为全镇经济高质量发展注入强劲动能。镇党委政府也将全力帮助企业解决发展中的困难和问题，为企业发展保驾护航，创造良好环境。

下一阶段，司徒镇将继续加大服务企业力度，深化惠企暖企工作，以更精细的服务、更精准的举措加强与企业的密切联系，加强对企业的服务和指导，积极帮助企业解决实际问题，为企业高质量发展排忧解难。

【丹阳市领导于利东带队到司徒镇调研美乐集团眼镜企业】 为深入学习宣传贯彻党的二十大精神，2022 年 12 月 9 日上午，丹阳市委副书记、副市长于利东带领市委办、市人社局等相关同志赴司徒镇江苏美乐控股集团开展暖企惠民行动，详细了解企业生产经营情况，认真听取企业发展诉求，助力企业更好地发展。司徒镇党委书记蒋敏，副书记聂冰等领导陪同。

成立于 2009 年 11 月 11 日的江苏美乐控股集团，是一家以金融投资为龙头，以光学产业为核心，以自行车零件制造等产业为依托的多元化集团公司。集团下设自行车、光学眼镜、房地产、医疗器械、教育咨询、金融投资六大产业板块，各产业遵循独立发展、相互融通的发展思路，走出了一条从制造走向创造的发展之路。在光学产业上，集团的变色镜片技术长期居于国内领先地位，各项专利超过 60 件项。2020 年，集团下属公司视悦光学无底色高性能光致变色染料关键技术及产业化项目获得上海市科学技术奖；集团下属黄金屋、宾得光学与法国依视路、以色列沙米尔合作，将更多的高端定制渐进产品带给的消费者。在自行车零件制造产业上，集团自行车零件制造融合了传统产业与现代技术，产品远销 40 多个国家和地区，其中自行车钢圈、辐条、链条等产品全国占有率超过 70%。与此同时，集团还积极投身教育事业，于 2019 年投资 8000 万元兴建了一座占地 21 亩（1.4 万平方米）的丹阳美乐森林幼儿园，融托育、幼教、兴趣专业指导于一体，在学前教育领域进行积极探索。

调研中，于利东一行深入企业产品展厅、研发实验室等区域，深入了解集团的研发实力、规模大小等情况，对企业发展所取得的成绩表示肯定。在随后召开的座谈会上，于利东与集团负责人面对面交流，认真听取了企业生产经营、产品研发、订单销售、创新发展等情况介绍，分析了当前的发展形势，听取了企业发展诉求。他强调，属地政府和相关部门要增强暖企惠民的主动性，压紧压实工作责任，认真协调解决企业发展中遇到的问题，以更加优质的服务为企业发展注入强大信心。

【丹阳市眼镜行业着力打造高质量员工队伍】 近年来，丹阳市眼镜行业着力打造高质量员工队伍。一是凝聚改革合力，夯实产改工作“压舱石”。丹阳市拥有各类眼镜生产、加工、商贸企业 2000 多家，从业人员 6 万余人。占全市五分之一，是产业工人的重要组成部分。为此，市里专门制定《丹阳眼镜行业产业工人队伍建设改革行动方案》，选取重点企业进行先行先试，调动各方参与改革的积极性和主动性，全市形成以行业总牵头、企业为主体、职工广参与的共建共改推进格局。促使产改工作持续由点到面、深入推进、纵深发展，打响“产改丹阳眼镜品牌”，并通过总结经验，示范引领，进一步巩固扩大改革成果。

二是聚焦素质提升，培育高质量发展“生力军”。产业工人是推动高质量发展的生力军。围绕改革目标，丹阳市一方面紧扣行业需要、职工需要、企业需要，以“四大工作法”（大培训、大比武、大评定、大协商）推动眼镜产业产改试点。依托万新光学集团“万新学苑”、鸿晨集团“光华管理学院”等职工培训平台，在思政教育、技术技能、安全生产、基层班组建设管理等方面开设培训课程，参训职工达2万余人次。另一方面，积极开展大比武活动。丹阳市通过举办江苏省“万新杯”眼镜行业技能大赛决赛、江苏省眼镜行业光学磨工技能大赛等重量级行业技能竞赛，进一步开阔企业和职工的视野。通过集中培训、技能竞赛、考核认定等方式，全行业1.8万余名一线产业工人获得技能等级证书，1617名技术人才获得技术等级证书，其中高级128名，中级1421名，一批“丹阳眼镜工匠”的诞生，有力推进了丹阳眼镜行业的高质量发展。

三是释放创新动能，彰显能级工资“新活力”。近年来，丹阳市努力推动职工成长成才由“被动”向“主动”转变。坚持从保护职工权益、守护企业效益、维护行业发展出发，精心打造工资集体协商的2.0版，创新性率先推出眼镜行业企业“能级工资”改革，突出“多劳者多得”和“技高者多得”。据统计，丹阳眼镜行业职工月平均工资4980元，增长10%。江苏鸿晨集团设置合理化建议奖励、“五小发明”激励、师徒结对补贴等，全年为职工增发工资100多万元，员工流动率由过去的3%下降到2.4%。为企业的稳步发展奠定了坚实的基础。据丹阳市眼镜商会秘书长袁红锦介绍，2022年1—5月，眼镜制造业销售收入49.5亿元，同比增长10.71%。丹阳眼镜行业的先行先试，为全市推进产改打下了良好的基础。随着职工技能的不断提高，职工收入也得到稳步增长，由此极大地激发了职工的工作热情，并促进了企业的健康发展。

【万新光学蝉联丹阳镜片行业纳税第一】 2023年1月29日下午，丹阳市委市政府召开发展大会，市领导班子与各优秀纳税企业负责人欢聚一堂，共话新春、畅叙友谊、共谋发展。大会上，万新光学集团荣获“2022年丹阳市优秀纳税企业二等奖”称号。

万新光学集团成立至今，始终遵循“诚信经营、依法纳税”的原则，认真履行纳税义务，连续多年获得丹阳市优秀纳税企业一、二等奖，在丹阳镜片行业中排名领先。

【温州国际眼镜展被列为境内外重点国际性线下展会】 2022年1月29日，温州市商务局公布了2022年度市级境内外重点国际性展会目录。其中，第二十届中国（温州）国际眼镜展览会被列为境内外重点国际性线下展会，2022年的参展企业可享受相关的补贴政策。

【2022年台州椒江区眼镜行业春季人才招聘会】 2022年2月8日，由前所街道办事处主办、椒江区眼镜行业协会承办的2022年椒江区眼镜行业春季人才招聘会在下西村党建广场开幕，旨在通过招才、选才、引才助推企业发展内生动力，促进传统民营特色产业高质量提升。本次招聘会是椒江区眼镜行业协会承办的首场招聘会，是前所街道贯彻落实台州市“民营经济高质量发展”和椒江区“两年三行动”总体部署的重要举措之一。

本次招聘会共吸引会员企业50余家，可提供就业岗位2000余个，岗位涉及电焊、包装、振机、上片等多个工种。

【温州瓯海区领导到瓯海眼镜企业开展新春慰问活动】 2022年2月9日，瓯海区纪委书记梅山标，区人大常委会副主任周霞光，区纪委常务副书记祝照宇在新桥街道相关负责人陪同下赴瓯海眼镜公司开展新春慰问。

温州市瓯海眼镜有限公司创立于1993年，是一家拥有专业生产多系列、多品种高中档眼镜的民营企业，公司自有厂房建筑面积88000多平方米，职工2000多人。公司现有一批高素质、高技能的专业人才，大专和中级以上职称的职工占比超过30%。自2005年始，公司从国外引进大量高精度智能化的生产和检测设备，形成了从产品设计、样品试制、产品检测到批量生产等健全的生产经营体系。温州市瓯海眼镜有限公司下辖温州亚视光学有限公司、温州雅格电镀有限公司、温州昆腾光学有限公司、上海明拓网络科技有限公司共4个分公司。

瓯海眼镜公司表示，瓯海眼镜面对全球疫情，在政府的坚强领导下，全体员工众志成城、齐心协力，将始终坚强迎接市场挑战，争取自身实现战略升级，同时带动行业共同合作发展。瓯海眼镜在瓯海创业发展三十多年，得到了政府的关心和支持，未来将持续扎根瓯海，把企业做大做强，为社会和地方经济发展作出更大的贡献。

【温州市眼镜商会鹿城区多家会员企业获得荣誉】 2022年2月10日，“温州鹿城发布”微信公众号公布了2021年度鹿城区获得省级以上荣誉企业、2021 年度鹿城区政府质量奖获奖企业、2021 年度鹿城区各行业 20 强企业等名单。

鹿城区眼镜商会会员企业温州市爱氏光学实业有限公司荣获省级“专精特新”中小企业、2021 年度鹿城区政府质量奖；浙江布鲁金眼镜有限公司、温州市东田眼镜制造有限公司、温州立尚眼镜制造有限公司荣获“品字标”品牌企业；浙江布鲁金眼镜有限公司获得“工业 20 强企业”称号。

【温州瓯海区多家眼镜企业受区委区政府表彰】 2022 年 2 月 11 日，瓯海区经济高质量发展暨人才和科技创新大会召开。区委书记曾瑞华在会上号召，要全面树立“企业至上、人才至上”理念，大力弘扬首创精神、崇尚真抓实干，全面强化“创新立区、产业强区”，奋力开创经济高质量发展新局面。会议对 2021 年度人才科技工作先进个人和单位、优秀企业进行表彰，眼镜行业多家企业在多个项目中受到表彰。

温州市瓯海眼镜有限公司、温州市远华企业有限公司、浙江亨达光学有限公司等荣获制造业税收前三十强企业；温州市瓯海眼镜有限公司（首超 3000 万元）荣获制造业税收上台阶企业；温州市瓯海眼镜有限公司、温州市远华企业有限公司荣获“亩均论英雄”优秀企业。

【杜桥眼镜城举行 2022 年度经营目标责任书签订仪式】 2022 年 2 月 28 日下午，杜桥眼镜城在营销中心举行 2022 年度经营目标责任书暨安全生产责任书签约仪式，杜桥眼镜城总经理严林德与各部门负责人签订了目标责任书和安全生产责任书。

为确保杜桥眼镜城 2022 年经营目标顺利实现，增强各部门负责人的积极性和经营管理责任，在客观分析、充分协商的基础上，制订了 2022 年度经营目标责任书。杜桥眼镜城根据当下项目工程进行的实际情况，把责、权、利结合起来，加大了考核力度。此次目标责任书具有创新意义，是根据各部门实际情况，并与各部门负责人进行多次商谈，从实际出发，最终确定了各项考核及指标。

【国家药监局重点实验室落户中国眼谷】 2022 年 3 月 3 日下午，国家药监局眼科疾病医疗器械和药物临床研究与评价重点实验室在中国眼谷正式揭牌，这也是国家药监局公布的第二批重点实验室中浙江省唯一入围的重点实验室。

国家药监局眼科疾病医疗器械和药物临床研究与评价重点实验室由温州医科大学附属眼视光医院牵头，联合浙江省医疗器械检验研究院、中国眼谷—温州眼视光国际创新中心建立，温州医科大学眼视光医学部主任瞿佳教授任重点实验室主任。该重点实验室根据国家医疗器械监管需求，依托温医大眼视光临床优势和三大国家级平台的研发优势，围绕临床需求主体重点开展眼科疾病医疗器械与药物的研发、临床研究、上市后不良反应监测和效能评价以及真实世界研究等内容，并逐步建立开放的全方位评价系统和质量监管体系。

由温州市食品药品检验科学研究院、温州医科大学附属眼视光医院、中国眼谷—温州眼视光国际创新中心三方共建的温州市药品和医疗器械研制创新服务共同体也正式落地。共同体将围绕药品和医疗器械研制、临床试验、注册检验、技术审评、产品注册、委托生产、不良反应监测等工作存在的技术难题开展研究，解决药械研制与创新成果落地难、效率不高的问题，促进温州医药产业高质量发展。

【瓯海眼镜驶向数字直播新蓝海】 面对新冠疫情带来的产业“寒冬”，瓯海眼镜企业迎难而上，在复杂多变的市场环境中谋求生机。瓯海许多从事眼镜外贸工作的业务员开始试水网络电商，年过六旬的温州市冠豪眼镜有限公司董事长郑志远也在公司车间打开手机，录起小视频，卖力推销公司的产品。一大批眼镜小镇的企业科学应变、主动求变，以网红直播带动、商业模式创新等方式积极适应国外疫情大背景，挖掘国内市场潜力。

为给眼镜电商加“一把火”，瓯海先后举办中国（瓯海）眼镜小镇网红直播节等活动，吸引消费者逛小镇；搭建 B2B 线上国际性垂直平台“眼镜在线”，覆盖 80 多个国家和地区，入驻活跃商户 3000 多家，上传商品数量近 2 万个；引导 120 余家企业进驻抖音等线上直播平台，实现小镇上线、眼镜上线、产品上线。

从 2018 年的 0. 88 亿元到 2019 年的 3. 8 亿元，再到 2020 年的 22 亿元，中国（瓯海）眼镜跨境电商园入驻企业的年销售额增长迅猛。温州市眼镜电商行业协会、中国（瓯海）眼镜跨境电商园区表示，在浙南闽北最具影响力电商园排行榜上，跨境电商园已经成为第一，瓯海眼镜行业在跨境电商园的孵化推动下也迎来前所未有的蓬勃发展，自主品牌加速孵化，数字化渠道持续拓展。2020年在疫情冲击下，跨境电商园企业顶住压力，线上年销售额爆发增长至2019年的6倍。

后疫情时代，为真正适应“双循环”新发展格局，瓯海在实现内循环冲顶的同时，积极寻找外循环突破口。据悉，瓯海正在打造首个全球数字化行业云小镇——瓯海眼镜云小镇，搭建瓯海眼镜产业数字化平台，助力瓯海品牌海内外宣传销售，打造全球眼镜配镜中心、眼镜供应链及品牌研发设计中心……

温州市眼镜电商行业协会认为，对于温州眼镜电商企业而言，品牌建设还有较长的路要走，路虽长，但在脚下。单个企业、单个企业主的力量往往是有限的，只有大家携手共进，才能充分激发产业发展活力，把产品“送出去”，把经济“引进来”，在共同富裕路上画出属于瓯海眼镜产业的同心圆。

【冠豪眼镜荣获“瓯海区体验消费教育基地”标牌】 2022年3月19日，瓯海区市场监督管理局有关领导来到瓯海眼镜协会副会长单位——冠豪眼镜质量教育体验中心，授予冠豪眼镜“瓯海区体验消费教育基地”称号。

冠豪眼镜有限公司以打造民族儿童品牌眼镜为己任，SECG品牌是冠豪眼镜主打的全球化儿童眼镜战略品牌，已申请通过43项专利技术，自品牌建立之初，便不断坚持创新与自主研发设计，并与国际化设计师团队合作，致力于将品牌打造成为“全球儿童眼镜专家”。

【浙江眼镜综合体大学生社会实践基地活动顺利举办】 2022年3月28日，温州肯恩大学的学生们来到浙江省眼镜产业创新服务综合体开办的大学生社会实践基地学习参观。学生们首先参观了综合体一楼展厅，了解瓯海眼镜产业的发展历程，听取了综合体运营模式、发展理念，以及现阶段综合体在瓯海眼镜的产业创新、产能升级、人才培育、品牌建设等方面所做的主要工作。

浙江省眼镜产业创新服务综合体自建设以来，备受各界关注，依托运营管理单位华中科技大学温州先进制造技术研究院，整合科研院所的科技力量，为瓯海眼镜产业提供技术创新、业态创新、营销模式创新等全链条服务，补齐产业公共服务短板，完善产业创新生态建设；培养行业领军型企业，推动块状经济转型升级，打造创新型眼镜产业集群，构建“产学研用金、才政介美云”十联动创新创业生态系统，为瓯海眼镜产业高质量发展注入新动能。

【总投资16亿元的杜桥眼镜创业园交付】 2022年3月30日，投资16亿元、占地280亩（约18.7万平方米）的眼镜创业园在杜桥交付使用，首批共有123家企业签约入驻。

该创业园位于浙江省临海市杜桥镇南工业城，紧邻沿海高速头门港南出口，北达宁波、南下温州，交通十分便利。2019年3月正式动工，历时2年，可容纳近200家企业。首批有120多家企业签约入驻，将进一步推动杜桥镇眼镜传统产业升级，为擦亮杜桥眼镜“金字招牌”打造产业集群奠定坚实的基础。

园区专门投资700多万元建设污水处理站、按污水零直排要求，所有的污水管网全部都走高架，进行雨污分流。每天可集中处理350吨废水，凡涉及眼镜行业的废水将全部实行集中处理。通过园区化管理，集中解决企业安全、环保等突出问题，擦亮杜桥眼镜这张“金字招牌”。

【浙江眼镜综合体组织企业家到深圳考察项目】 2022年4月下旬，眼镜综合体组织温州4家眼镜企业，到深圳考察项目并进行合作洽谈。

洽谈会后，考察组还考察了深圳著名眼镜企业、高科技公司，走访温籍企业家，在开阔视野的同时达成了广泛的合作。眼镜综合体将不定期组织考察活动，通强链补短链，引进创新资源，服务温州眼镜产业高质量发展。

【温州鹿城经济开发区管委会领导到眼镜综合体指导】 2022年5月7日，浙江温州鹿城经济开发区（筹）管委会副书记叶学理一行到眼镜综合体指导。瓯海经济开发区管委会党工委书记、主任朱志胜，华中科技大学温州先进制造技术研究院（综合体运营单位）党支部书记、副院长苏天德陪同。

综合体成立以来，市政府、区政府以及社会各界予以高度重视和关怀。综合体将继续因时因地制宜，充分发挥瓯海眼镜产业优势，补短板、增时效、促发展，挖掘行业优势，培育有特色、有品牌影响力、有自主创新能力的眼镜高新技术研发基地，实现科技成果转移转化和产业化，全力打造省级标杆，促进瓯海眼镜产业平稳发展。

【瓯海区政协调研高端电镀企业飞力迪电镀】 2022年5月17日，瓯海区政协副主席陈伟节到高端电镀企业飞力迪电镀公司调研，华中科技大学温州先进制造技术研究院（综合体运营单位）领导陪同调研。

温州市飞力迪电镀有限公司成立于2010年，是一家从事电镀加工、制造等业务的公司。飞力迪电镀有限公司聚焦薄弱技术改造，为眼镜镜架生产提供了关键技术支持，企业近几年获得了长足发展，也为眼镜产业发展作出了贡献。

陈伟节认真听取了眼镜电镀工艺生产、技术升级等方面的情况介绍，并就公司的发展给出了三条指导性的建议。一是加深产业创新链的匹配度；二是增强产业技术创新的紧密度；三是加大产业创新申报的专业度。眼镜综合体要做好技术支持，修改好“瓯海眼镜新十条”，将眼镜的配套产业（电镀、配件、镜片等）加入条例，配合企业申报高新技术企业。

【2022速卖通“MALL计划”温州站沙龙私享会顺利举办】 2022年5月18日下午，速卖通“MALL计划”私享会在中国瓯海眼镜跨境电商园举办，本次私享会由温州市眼镜电商行业协会、温州市眼镜商会青委会、中国瓯海眼镜跨境电商园、速卖通官方联合举办。

为抓住疫情下全球电商机遇，帮助优秀企业提升品牌附加值，让协会内更多优质企业走出国门，温州市眼镜电商行业协会联合市眼镜商会青年委员会和中国瓯海眼镜跨境电商园特邀阿里巴巴全球速卖通官方运营团队针对温州眼镜跨境电商企业举办了“ALIEXPRESS MALL计划”主题沙龙私享会，共同探讨中国品牌出海之路，深度扶持优质品牌出海，卖向全球。

【瓯海举办眼镜行业就业校企对接会】 2022年5月18日，瓯海眼镜协会党委书记林建平带领协会秘书处人员走进瓯海职业中专集团（以下简称瓯职），对接眼镜技术人才培养与校企合作有关事宜，受到了瓯职副校长郑秋珠等的热情接待。

在随后的座谈会上，双方就瓯职眼镜技术人才培养及瓯海眼镜产业发展情况等进行交流。协会林步春表示，瓯海有着深厚的眼镜产业发展底蕴，而瓯海职业中专集团通过一系列的产学研相结合的课内学习、校内实训与校外实训，能够让学生在真实的生产性实训教学中提高专业技能，产业与学校合作的前景广阔。双方达成了深化合作意向。

【台州市生态环境局调研临海市眼镜行业废气治理工作】 2022年5月18日，台州市生态环境局党组书记、局长陈昌笋带队到临海市调研眼镜行业废气治理与源头替代工作，临海市委常委、杜桥镇党委书记元宇峰，副市长严齐军，临海分局分管负责人陪同调研。

陈昌笋充分肯定了临海市近年来眼镜行业综合整治和产业集群发展取得的成效，要求地方政府高度重视，企业勇担环境保护主体责任，要做到思想统一，目标一致，要两手抓、两手硬、两手赢。源头替代可以助推眼镜产业转型升级，环保治理可以推动杜桥发展走出新路子。眼镜规上企业要发挥行业引领作用，把源头替代工作做实、做细、做顺。眼镜源头替代已取得实质性进展，目前眼镜行业30%的替代目标是可行的。但仍需要进一步努力，助推水性漆替代技术螺旋式提升，实现眼镜喷涂工艺从“油”到“水”的变革。政府、企业、研发团队都要下定决心，积极推进，让更多企业支持源头替代工作，创造更多的价值和效益。

【浙江眼镜综合体启动瓯海智能眼镜产业技术发展调研】 2022年5月18日，眼镜综合体华中科技大学温州先进制造研究院联合温州大学启动瓯海智能眼镜产业技术发展调研工作，以真实了解瓯海眼镜产业技术发展状况，形成智能眼镜新兴产业发展的意见建议，发挥浙江省眼镜产业创新服务综合体在推动新兴产业发展、孵化培育科技型企业方面的积极作用，

瓯海智能眼镜产业技术发展调研将围绕梳理智能眼镜国际国内发展态势、瓯海区智能眼镜产业发展现状，总结瓯海区智能眼镜产业发展的优势及存在的问题，提出指导瓯海智能眼镜产业发展的对策建议，阐明浙江省眼镜产业创新服务综合体在瓯海智能眼镜产业发展中的作用，形成瓯

海智能眼镜产业发展报告等方面开展具体工作。

【瓯海眼镜行业小微企业质量管理体系认证提升研讨会举行】 2022年5月19日，瓯海眼镜行业小微企业质量管理体系认证提升研讨会在省眼镜产品质量检验中心举行。

召开研讨会是为充分发挥质量管理体系认证对企业质量提升的作用，促进小微企业快速健康发展，会议邀请通达光学、蔚蓝眼镜、正大眼镜、冠豪眼镜等十多位眼镜企业产品质量负责人及杭州万泰认证有限公司指导人员参加。瓯海区市场监督管理局副局长凌晓东、区市监局标准计量科科长王坤、省眼镜产品质量检验中心主任吴郭华、瓯海眼镜协会林步春等参加会议。

【眼镜综合体走访温州朗盛光学有限公司推进企业创新服务工作】 2022年5月20日，浙江省眼镜产业创新服务综合体创服团队走访温州市朗盛光学有限公司，推进企业创新服务工作。

综合体运营单位华中科技大学温州先进制造技术研究院副院长苏天德与温州市朗盛光学有限公司董事长林绍豹、企业技术负责人进行了深入交流，内容涉及企业发展过程中遇到的技术难题、智能眼镜项目的发展情况、企业与综合体联系交流的渠道、《瓯海区促进眼镜产业发展扶持办法》修订建议等。

【浙江省眼镜产业创新服务综合体创新服务发展大会成功举办】 2022年6月2日，浙江省眼镜产业创新服务综合体创新服务发展大会成功举办。30多家机构集体签约入驻，一批产学研合作项目、投资合作项目、科技金融服务项目和易眼购平台项目签约，加速创新资源集聚裂变，加快创新链产业链融合，赋能眼镜产业精彩蝶变。

大会由温州市瓯海区科技局指导，华中科技大学温州先进制造技术研究院主办，浙江省眼镜产业创新服务综合体承办。邀请了政府部门、行业协会、高校院所、眼镜企业，以及为产业转型升级提供服务的科技型、创新型团队50余位代表参加。

此次大会的举办及综合体上线的“创新视界”数字化平台均受到与会人员、业界人士的高度认可，下一步综合体将完善系统，持续发力，凝聚瓯海眼镜核心创新能力和国际竞争力，将瓯海打造成全国乃至全球一流的眼镜科技创新基地。

【台州临海市科学治理眼镜行业VOCs污染】 眼镜是临海市的特色产业，生产企业已达千余家，2021年的总产值超60亿元，发展势头迅猛。但这些企业使用油性涂料喷涂镜架表面，由此产生的挥发性有机物（VOCs）污染，也让这个产业面临转型发展的挑战。

为“止痛祛痛”，临海市加强顶层设计，科学系统谋划，提高发展、整治和入园标准，攻坚克难，全面提升。坚持源头管控、工艺转变和末端治理“三管”齐下，努力实现VOCs真正的治理。

全力打击园区外非法企业。加强部门联动，对“低、散、乱、污”的眼镜企业开展地毯式排查，以“零容忍、动实招、出重拳”的态势，加大对拟集聚搬迁企业、“低、散、乱、污”企业的执法力度。发现一起，关停一起。推进眼镜行业污染工序集中生产和废气集中收集、集中治理。

着力推进集中喷涂中心建设。推进眼镜行业污染工序集中生产和废气集中收集、集中治理。加快建设自动化、智能化、密闭化的集中喷涂生产线，引导企业采用委托集中喷涂中心加工方式，退出污染工序，解决“低、散、乱、污”眼镜行业中的工艺落后和废气投诉、防护距离、邻里纠纷等一系列问题，实现经济、生态多赢。

加快推进VOCs源头替代，重点推进眼镜水性涂料试点工作。由台州市生态环境局临海分局牵头，成立眼镜喷涂行业VOCs源头替代技术调研和攻关小组。VOCs主要来源于镜架喷涂所用的油性涂料，只有30%着色在镜架上，其余的70%挥发到空气中，成为污染物。临海眼镜企业一年消耗的油性涂料近5000吨，VOCs产生量约3000吨，其中含有的二甲苯等成分将会直接损害群众健康。为减少VOCs污染，临海对眼镜生产企业进行了多轮次整治提升，在基本解决漆雾等“看得见的污染”的基础上，着眼“看不见的污染”——VOCs源头替代工程，由台州市生态环境局临海分局联合杜桥镇、临海市眼镜协会、浙江省绿色涂料技术专家组行动。水性涂料在机械行业已成熟应用，只是对眼镜制造行业还是一件新鲜事。究其原因，对眼镜除了注重性能，还要关注光泽度、饱满度等外观指标，而且这些指标直接决定了眼镜的附加值。但市面上并没有能满足眼镜制造需求的水性涂料，首先要改进涂料配方，其次是完成施工操作层面的磨合、试验。这个过程大约持续了一年时间，最终才有成果。用上乳白色的水性涂料后，生产车间几乎没有了异味，安全多了。比较两种涂料的监测数据，油性的 VOCs 含量为 1900 毫克/立方米，比水性高出 20 倍。改用新型水性涂料后，眼镜的外观光泽度、漆面涂层都很饱满，首批光学镜在 2021 年底成功出口欧洲，受到客户的一致好评。

打造环保数字化监管模式，提升监管水平。推进实施水性喷房 VOCs 车间超标报警装置试点，实现超标自动报警，并加大环境执法力度，重点查处废气治理设施不正常运行等违法行为，倒逼行业转型升级和绿色发展。

台州临海市着眼大局，指导整个行业走绿色发展道路，不局限于发号施令，只提治理要求，而是深入企业车间，了解现实需求，牵头组织相关单位、协会开展技术攻关，为企业发展找到了安全出口。

【温州瓯海区举行眼镜行业质量管理体系认证提升研讨会】 2022 年 6 月初，瓯海区市场监管局在第 15 个“世界认可日”来临之际，联合区眼镜协会在省眼镜检测中心举行眼镜行业小微企业质量管理体系认证提升研讨会，并邀请 20 家眼镜生产企业负责人、认证服务机构和检测机构负责人参加。

市场监管局介绍了眼镜行业小微企业质量管理体系认证提升行动进行情况，提升行动自 4 月启动以来，已在“亲清政商学堂”线上开展了 2 次环境管理体系和职业健康安全管理体系的培训，取得了一定的效果。结合前期走访调研眼镜行业和眼镜小微企业情况，市场监管局分析和介绍当前眼镜产业现状、小微企业存在的主要问题、主要工作目标。

【中国信通院一行到访浙江省眼镜产业创新服务综合体】 2022 年 6 月 10 日，中国信通院一行到访浙江省眼镜产业创新服务综合体，围绕瓯海眼镜企业数字化转型之道开展头脑风暴。座谈会上，中国信通院就“数字产业大脑”服务眼镜行业的模式进行了详细介绍。随后双方围绕工业互联网平台如何与瓯海传统眼镜生产工艺环节有效结合进行了深入探讨。

华中科技大学温州先进制造技术研究院表示，瓯海眼镜产业集聚度高，全球市场份额占比大，是瓯海传统支柱型产业。近年来，眼镜综合体在企业降本增效、数字转型方面做了技术研发、人才引进、项目落地等一系列重头工作。希望能以此次交流为契机，协同实现瓯海眼镜企业精益化生产，可持续发展。

会上，双方就后续行业标准制定、数字化转型大会举办等重点工作推进进行了探讨，并达成了初步的合作意向。

【瓯海眼协召开“防疫情、稳经济、保安全、促环保”座谈会】 2022 年 6 月 15 日下午，瓯海眼镜协会召开“防疫情、稳经济、保安全、促环保”座谈会，重点交流企业污染防治相关工作，温州市生态环境局瓯海分局副局长黄相飞、分局中心所所长戴海广，瓯海区眼镜行业协会会长周爱松、协会党委书记林建平，浙江竟成环保科技相关负责人以及正大眼镜、蔚蓝眼镜、亚宝眼镜、冠豪眼镜等 10 余家眼镜企业负责人参加了会议。

竟成环保有关负责人汇报了一年多来从事眼镜行业“环保管家”方面的工作情况及成效。自 2021 年 3 月，眼镜企业“环保管家”集体签约以来，根据环保规范相关要求，共为 12 家眼镜企业进行 8000 多次运维检测，帮助企业进行整改完善，助力绿色发展。

【温州市龙湾区人民政府、华为、中国眼谷启动深化合作】 2022 年 6 月 26 日下午，温州市龙湾区人民政府、华为公司、中国眼谷深化合作项目签约仪式在温州市人民大会堂举行。浙江省委常委、温州市委书记刘小涛，华为光产品线总裁靳玉志，中国眼谷理事会理事长瞿佳等出席仪式并见证签约。此次温州市龙湾区、华为、中国眼谷深化合作项目，将聚焦健康光显产品全新赛道，充分发挥华为在光通信和光应用领域的技术优势、中国眼谷的科创优势、温州高新区的平台优势，共同建设华为——中国眼谷健康光显创新中心项目。该项目的落地，将进一步提速中国眼谷的建设，完善温州眼健康产业体系，为温州市生命健康产业高质量发展助力赋能。

中国眼谷是温州市以眼视光为核心的生命健康产业集聚地和环大罗山科创走廊核心园区，立足温州国家高新区、自主创新示范区，依托温州医科大学附属眼视光医院眼视光学和视觉科学国家重点实验室、国家眼视光工程技术研究中心、国家眼部疾病临床医学研究中心三大国字号科技创新平台，及国家2011创新引智基地、教育部近视防控与诊治工程研究中心等10余个国家级平台建设。

华为是全球领先的信息与通信技术解决方案供应商，凭借优质产品和服务，位列全国民营企业500强第一名，被评为全球十大最具影响力、最具创新力的公司之一。华为扎根浙江已经有30多年历史，也是浙江省全光通信建设基础设施的主力军。6月11日，温州市人民政府与华为技术有限公司签订深化战略合作协议，温州与华为双方将就包含落地华为—中国眼谷健康光显创新中心等方面开展深入合作。

【瓯海眼镜协会助推温州儿童友好城市建设】 2022年6月，为助推温州儿童友好城市建设，瓯海眼镜协会党支部联合温州市冠豪眼镜有限公司，发挥眼镜产业优势，以关爱儿童眼健康为着力点，通过儿童眼健康知识科普、3D儿童眼镜打印、儿童视力筛查、儿童眼镜产品展示等内容环节，形成关心儿童、尊重儿童、服务儿童的良好发展氛围，促进儿童友好产业生态构建。

【眼镜创新设计工作坊暨瓯海眼镜创意设计专项赛实训活动举行】 2022年7月7日，第三届青年眼镜创新设计工作坊暨首届瓯海眼镜创意设计专项赛实训活动举行。此次活动的目的是建好人才蓄水池，为“两个先行”积蓄创新动能。瓯海区科技局、瓯海区人社局、瓯海区总工会为指导单位，华中科技大学温州先进制造技术研究院、浙江省眼镜产业创新服务综合体联合温州商学院进行学生暑期实训活动，为助力工业设计赋能瓯海眼镜产业高质量发展，助推产业转型升级，提升瓯海眼镜的影响力与自主创新能力，培育更多实用型年轻人才，实现科技成果转移转化和产业化助力。

【温州眼镜在线携手北美渠道商Spreetail助镜企跨境业务发展】 2022年7月14日上午，由WOF温州国际眼镜展组委会联合温州市瓯海区眼镜行业协会携手Spreetail（北美亚马逊五大卖家之一）举办的“布局多元渠道、拓展北美市场”Spreetail介绍暨采购说明会在温州德纳云会展举行，会议采用在线视频会议的方式进行。

“眼镜在线”是温州国际眼镜展（以下简称WOF）的线上赋能平台，是眼镜垂直领域的线上B2B商贸平台，拥有近20年WOF的供应商和专业买家资源导入，致力于帮助中小眼镜企业拓展全球商贸，为全球专业的采购商提供精确的产品和供应商信息搜索服务。

温州市瓯海区眼镜行业协会秘书长林步春、德纳展览董事长潘伟、WOF温州国际眼镜展总经理苏苗守、Spreetail中国区商务开发经理Roger、温州杰鸿进出口、温州长汇国际、厦门诚益光学、台州佰益贸易等20多家眼镜企业代表及媒体代表参加了此次会议。

WOF作为国内行业对外贸易重要平台，还将继续通过“眼镜在线”（noteoptics. com）及第三方机构，围绕客户需求，针对需求进行组织资源对接活动，为企业客户开拓新市场，新渠道，促进订单及发展贡献力量。

【浙江杜桥眼镜城举办招投标大会】 2022年8月1—2日，中国·杜桥眼镜城在市场内召开以“扬帆起航　共赢未来”为主题的招投标大会。300多位商户参加招标会，大多是浙江眼镜城的经营户。此次招投标的商铺共有200余个，投标结束后，大会进行核票、唱票等流程，整个流程由杜桥镇纪委、公证处进行全程监督，确保投标过程规范透明。

杜桥眼镜城作为眼镜特色产业发展的重要载体，既是临海市重点项目工程，也是招商引资项目、重要“乡贤回归”工程。新眼镜城的建成投用，将给杜桥眼镜发展提供新机遇、新平台，极大程度提升杜桥眼镜的发展层次，进一步提升杜桥作为“杜桥眼镜”的知名度和美誉度。

【瓯海区为12家眼镜诚信示范企业颁发荣誉证书】 2022年8月7日，温州市第21个“8·8”诚信日活动启动仪式在中国（瓯海）眼镜小镇举行，共话诚信、弘扬诚信、表彰典型，营造全社会“学信、知信、管信、用信”的良好氛围。区委常委、常务副区长林仕德，瓯海区发改局副局长郑翔，瓯海区眼镜行业协会会长周爱松等参加活动。

现场为温州市瓯海眼镜有限公司、温州市蔚蓝眼镜有限公司、温州市八达光学有限公司等12家单位颁发了“诚信示范企业”荣誉证书。相关企业还签署了企业诚信建设倡议书，承诺将继续友好合作、公平竞争、诚信经营，共同维护市场。

【浙江省眼镜产业创新服务综合体开展眼镜企业节能诊断服务】 2022年8月，浙江省眼镜产业创新服务综合体组织专业技术人员对温州市瓯海眼镜有限公司、浙江通达光学有限公司、温州市正大眼镜有限公司、浙江泰德光学有限公司、温州尚真光学有限公司等5家眼镜企业开展节能诊断服务。

通过此次服务，综合体对眼镜企业重点用能系统、关键技术装备、能源管理体系等方面有了更深入的了解。下一步，综合体将继续围绕企业需求，深挖企业节能潜力，为企业节能降碳增效提供可行方案，推动重点用能企业节能降耗，助力加速绿色转型，促进瓯海眼镜产业高质量发展。

【瓯海眼镜协会邀请亚马逊专家进企业讲解眼镜电商运营困惑】 2022年8月18日，瓯海眼镜协会联合瓯海麒麟阁，邀请亚马逊大客户运营经理Doris进行业务培训，帮助电商解决运营困惑。第一站，亚马逊专家走进亨达光学。

移动互联网时代，电商运营已经成为新时代营销的一种新模式，电商经济已被更多人重视，瓯海眼镜企业同样重视电商平台的运营，当流量有时变得比质量更重要的时候，部分电商感到有些迷茫，并且惊讶成本越来越高，赚不到钱了。讲解人通过大量实例，回应了大家提出的问题。

【瓯海区开展眼镜行业质量提升行动】 为充分发挥质量管理体系认证对小微企业质量提升的作用，增强小微企业提升发展的内生动力，2022年8月，温州市瓯海区市场监管局结合全区产业特点和发展需求，深入开展眼镜行业小微企业质量管理体系认证提升行动，组织小微眼镜企业参加免费公益培训课程，邀请杭州万泰认证有限公司认证专家以深圳观达眼镜公司为例，举办眼镜管理体系提升线上培训会，为60多家小微眼镜企业宣讲质量管理先进方法；通过“亲清政商学堂”，举办了2次环境管理体系和职业健康安全管理体系的线上培训。同时，浙江省眼镜检测中心结合温州和深圳产品质量比对结果，分析了眼镜产品在原材料、工艺、装配、检验环节存在的问题，帮助小微企业完善质量管理体系、提升产品质量水平，解决眼镜企业在技术、管理、检验检测等方面的突出问题，助力行业高质量发展。

瓯海区市场监管局联合眼镜产业创新综合体、区眼镜协会、省眼镜检测中心和认证服务机构，结合瓯海眼镜产业特点，通过组织企业座谈会、推进会、培训会等措施，全面推进眼镜企业管理体系提升。同时，每月邀请相关认证和检验检测等专家深入企业现场诊断，采取“一企一方案”方式，指导企业制定质量提升方案，全力提升认证企业内部管理和生产经营水平。截至2022年底，全区共培育小微眼镜企业130家，导入体系认证12家，并全部录入浙江省小微企业管理体系认证提升系统。

【瓯海眼镜产业入选全省中小企业数字化改造试点县创建培育名单】 2022年8月30日，浙江省经信厅公布全省首批中小企业数字化改造试点县（市、区）创建名单和全省第二批中小企业数字化改造试点县（市、区）创建培育名单。瓯海区眼镜产业（瓯海区唯一）入选全省第二批中小企业数字化改造试点县（市、区）创建培育名单。

瓯海是全国眼镜产业四大集聚地之一，眼镜产业链齐全，具有明显的产业集聚特点，素有“世界眼镜看中国　中国眼镜看瓯海”的美誉。

眼镜综合体将充分发挥产业平台优势，高度聚焦眼镜产业数字化改造提升服务，以数字化咨询诊断、数字化服务商引领、数字化技术应用实操培训为抓手，扶持眼镜产业数字化转型，加快瓯海眼镜产业数字化改造，推动行业转型升级。

【瓯海区政协主席金衍光专题研究眼镜产业链工作】 2022年9月15日，瓯海区政协主席金衍光以眼镜产业链“链长”身份，专题研究眼镜产业链培育发展工作。区委常委吴雪梅参加。

会上，华中科技大学温州研究院介绍眼镜综合体运行情况和下一步工作计划，竹节太奇公司介绍眼镜产业直播经济等方面情况，瓯海经济开发区管委会汇报眼镜产业链前期工作和下一步工作计划。与会人员围绕瓯海眼镜产业链培育发展进行深入探讨，并提出意见建议。

金衍光强调，要进一步增强紧迫意识，迅速梳理任务清单，确保重点工作目标部署到位，责任落实到人，找准打破瓶颈的突破口，高质量、高标准推动眼镜产业发展，构建新格局、实现新突破；要进一步攻坚重大任务，坚持问题导向，以更实举措加快三大眼镜产业平台建设，理顺平台管理体制机制，全面推动产业集群发展；要进一步聚焦强链补链，紧盯薄弱环节，加大招大引强力度，持续壮大龙头企业队伍，提升产业链核心竞争力；要进一步挖掘发展空间，大力拓展市场，激发眼镜产业链活力；要进一步强化品牌培育，打造瓯海区域品牌，加大推广宣传，把品牌树起来、商标做起来、美誉度知名度打出去。

【瓯海以强链补链夯实眼镜产业高质量发展根基】 2022年9月，浙江省温州市瓯海区委区政府专题研究眼镜产业链培育发展工作，持续促进眼镜产业高质量发展。

眼镜产业是瓯海区的特色支柱产业，历经40余年的发展已形成集研发、设计、生产、销售于一体的健全产业体系，具有突出的行业优势和竞争活力，先后获得“中国眼镜生产基地”“国家级眼镜质量提升示范区”等“国字号”金字招牌。“瓯海眼镜”集体商标于2019年正式通过审核获准注册，这也是浙江省眼镜行业首个冠县级以上行政区划地名的集体商标。

在全力推动经济转型升级的过程中，瓯海以“链长制”为抓手，谋划实施一批重大强链补链项目，力求做到产业在“链”上开花结果。

瓯海区将积极遴选链主、链群企业，全面加强园区运营、招商工作，强化多渠道促销引流，进一步提升眼镜制造业竞争优势，紧抓由危转机的关键时间点，加紧部署打造瓯海眼镜产业发展的升级版。

【温州市贸促会为外贸企业签发参加法国巴黎光学眼镜展的ATA单证册】 2022年9月，温州市贸促会为从事眼镜行业的温州外贸企业签发了46份ATA单证册，这批单证册均为参加2022年9月24—27日由法国高美爱博展览集团在法国巴黎北郊维勒班展览中心举办的法国巴黎光学眼镜展览（SILMO），涉及的产品有太阳眼镜、老花眼镜、运动眼镜、眼镜框架、光学零配件等，大部分出行路线也因受疫情影响从以往的温州机场、浦东机场改为从广州机场报关出发。

法国巴黎光学眼镜展览（SILMO）是欧洲最重要的眼镜展之一，吸引众多国际参展商和参观者，是一年一度专业性和国际性十分突出的展览盛会。

温州市贸促会根据疫情防控要求，建议企业在展会结束后，先在“ATA单证册货物通关护照申办系统”上传ATA单证册图片办理核销申请，ATA单证册原件在保留3个月后再退回。市贸促会将根据ATA单证册的使用情况，协助温州外贸企业顺利退回ATA单证册押金。

【多家镜企上榜温州市领军型工业企业、高成长型工业企业名单】 2022年10月24日，温州市人民政府下发文件，公布温州市领军型工业企业、高成长型工业企业名单。

经各地推荐、部门筛选、网上公开征求意见，市政府同意95家企业为温州市领军型工业企业，202家企业为温州市高成长型工业企业。眼镜行业中温州市瓯海眼镜有限公司入选2022年温州市领军型工业企业名单，温州市远华企业有限公司、温州市爱氏光学实业有限公司、温州立尚眼镜制造有限公司、浙江布鲁金眼镜有限公司入选2022年温州市高成长型工业企业名单。

【温州瓯海区委书记曾瑞华调研眼镜产业创新服务工作】 2022年10月29日下午，中共瓯海区委书记曾瑞华率队视察眼镜产业创新服务工作，区委常委、副区长林照光陪同。

曾瑞华听取相关情况汇报并提出工作要求。浙江省眼镜产业创新服务综合体将根据区领导的要求，通过咨询诊断，推进智能化改造，以点带面推进数字化改造，建好用好眼镜检验检测等创服平台，加大研发基础设施投入，加大人才引进和培养力度，培育优质项目，扎实推进协同创新体系建设，把综合体创新服务往实、往深发展，体现机构存在的价值和意义。

【第三届中国（瓯海）眼镜小镇采购节开幕】 2022年11月3日，第二十届中国（温州）国际眼镜展暨第三届中国（瓯海）眼镜小镇采购节正式开幕，同步开启“云上”看展和采购活动。展会为期3天，参展企业约300家，瓯海眼镜“十大新秀品牌”于开幕首日亮相。

来自全国各地的眼镜客商参观眼镜小镇客厅、品牌街、学生研学基地、瓯海眼镜区域品牌旗舰店等，展内展外联动，助推眼镜小镇打开更大消费市场。

“前店后厂　百店齐播”直播带货活动是本届展会和采购节的一大亮点，国内知名网红和直播带货达人进驻眼镜小镇，对眼镜小镇商家的产品进行立体化展示，通过“线上直播+线下展会”相结合的方式，进一步扩大活动的覆盖面，让眼镜企业获取双重红利。

近年来，瓯海眼镜产业聚焦数字化产业转型，探索产业融合，先后举办了中国（瓯海）眼镜小镇网红直播节等活动；搭建 B2B 线上国际性垂直平台“眼镜在线”，覆盖 80 多个国家和地区，入驻活跃商户 3000 多家，上传商品数量近 2 万个；引导 120 余家企业进驻抖音等线上直播平台；建立跨境直播基地，并拿下了首个抖音温州服务商资质。2021 年，小镇产值达到 150 亿元，生产的眼镜产品占中国市场的三分之一，并远销全球 100 多个国家。

【瓯海眼镜品牌亮相温州国际眼镜展】 2022 年 11 月 3 日，第二十届温州国际眼镜展在温州国际会展中心开幕，这是党的二十大胜利闭幕后的温州市首展，也是党的二十大以来全国举办的首场眼镜国际展会，对于提振温州眼镜行业信心，促进眼镜行业高质量发展有着重要意义。

此次展会，瓯海眼镜协会精心布局，借助“瓯海眼镜”集体商标和浙江区域名牌的优势，在 5 号馆设立瓯海眼镜品牌区，由“中国（瓯海）眼镜小镇”十大品牌与刚刚评选出的“瓯海眼镜新秀品牌”共同亮相，唱响瓯海眼镜自主品牌好声音，沉淀品牌价值，扩大品牌影响力与市场占有率。

【台州市杜桥眼镜城开始试营业】 2022 年 11 月 14 日，备受瞩目的杜桥眼镜城开始试营业。杜桥眼镜城是由新疆东宝集团、浙江盈昌集团等四位投资人倾力打造的“浙商回归项目”。以国内最先进的第六代专业市场为范本，依托杜桥领先全国的眼镜生产基地和庞大的眼镜经营群体，以打造全球太阳镜批发中心、全国眼镜贸易中心、全国眼镜电子商务中心、眼镜文化旅游展示中心为目标。

杜桥眼镜城涵盖了国内外知名品牌眼镜名店：大光明、毛源昌、精功眼镜；囊括国际名品高奢眼镜及国内一线眼镜品牌：古驰、巴宝莉、暴龙、亓那、海昌、海伦凯勒。通过精湛配镜手艺与产品相融合，打造国际高定、轻奢优品、都市雅集、潮享乐玩等配镜风格板块，满足不同需求的各类人群。

【TikTok Shop 成长论坛温州产业带专场大会落幕】 2022 年 11 月 18 日下午，TikTok Shop 在温州云天楼洲际瓯越大酒店举行“TikTok Shop 成长论坛—温州产业带专场”活动。活动由温州市眼镜电商行业协会，中国（瓯海）眼镜跨境电商园和恋上科技—TikTok 服务中心共同举办，现场座无虚席，热烈的氛围一直延续至活动结束。

成长论坛针对温州卖家特别开启绿色入驻通道，TikTok Shop 卖家推出赋能计划，分享实战运营，优秀卖家亮相现身说法，专家深入分析平台数据解读和热销品类趋势，详细解析最新出台政策内容。整场活动精彩纷呈，干货满满，成果丰硕。

【瓯海品牌眼镜参展温州国际时尚轻工博览会】 2022 年 11 月 25 日，2022 浙江（温州）国际时尚消费暨第十七届轻工产品博览会在温州国际会展中心举行。博览会开设五大主题展区，有 200 多家优质展商，万余种优质展品集结于此，共同打造聚焦商贸对接、趋势发布、渠道拓展的综合平台。

为带领瓯海品牌眼镜企业把握机遇、开拓市场，树立瓯海眼镜整体形象，继温州国际眼镜展之后，瓯海眼镜协会再次组织 SECG、姿森、砺奥、向阳红、萨莰、5520、左加米、伊久亮、欧洛菲、八克等品牌眼镜，聚力亮相 9 号时尚品牌馆。此次眼镜品牌展区面积达 300 多平方米。“瓯海眼镜”布满展区，展位采取统一布局、统一色调，令人眼前一亮、记忆深刻。

【瓯海眼镜两项技能大赛举行颁奖仪式】 2022 年 11 月 25 日，2022 瓯海眼镜验光员、定配工职业技能大赛颁奖仪式在瓯海眼镜协会举办。瓯海区人社局、瓯海区总工会、瓯海区眼镜行业协会等单位领导莅临现场并为获奖者颁奖。

2022 年眼镜两项职业技能大赛各设立一等奖 1 名，二等奖 2 名，三等奖 3 名，优胜奖 10 名。1000 多名镜企员工参与大赛。

【温州市龙湾区召开专题会议研究中国眼谷小镇规划建设工作】 2022 年 12 月 7 日上午，龙湾区委书记、温州高新区党工委书记周一富主持召开专题会议，研究中国眼谷小镇规划建设有关事宜。会议听取中国眼谷小镇景观方案和二期产业规划谋划情况汇报，对中国眼谷滨水景观及环境整治提升工程的任务清单逐一明确落实。与会人员围绕方案优化、施工组织、政策处理等内容提出了相应的意见建议。

中国眼谷小镇以打造世界眼视光领域中心，建设科研、产业、人才、诊疗四大高地的为发展战略，紧抓全省“互联网+”、生物医药、新材料三大科创高地建设机遇，以瓯江实验室等高能级创新平台为依托，致力打造产业创新、医疗服务、科技转化、品质生活多功能一体的高能级特色小镇。小镇已于2021年成功入选浙江省第七批健康类特色小镇创建对象名单。

会议提出，要高度重视中国眼谷小镇建设，切实增强责任感和紧迫感，充分认识小镇建设的重要性，进一步增强大局意识，在规划设计上做好深化拓展，在项目实施上坚持远近结合，在环境打造上对标世界一流，充分扩大眼谷的正效应，不断为招商引资聚才赋能，按照“一中心四高地”的目标要求，进一步拉高标杆、突出重点、聚焦聚力，清单化推进小镇建设各项工作，全力将小镇打造成国际化、现代化的产业园区。

【深圳市眼镜行业协会与园山街道赴温州瓯海调研眼镜产业】 为进一步贯彻落实深圳市龙岗区关于打造眼镜产业“一园一街”发展战略的要求，2022年1月25日，深圳市眼镜行业协会，园山街道经服办、党政综合办、大康社区相关负责人，前往温州调研，学习借鉴推动眼镜产业发展的先进经验和做法。

深圳市眼镜行业协会轮值会长、盈田产业董事长叶建宇，副会长、普莱斯眼镜总经理康自成代表协会参加调研。温州市眼镜商会秘书长许海洲陪同调研。

【深圳眼协携手深商会为眼镜产业搭建各个业态交流平台】 2022年4月25日，受常务副会长叶建宇邀请，深圳市商业联合会一行来到深圳市眼镜行业协会参观交流，希望通过紧密对接相关企业，促成两会的资源互通。深圳眼镜协会轮值会长陈炳谦、秘书长蔡斌等人出席座谈。常务副会长叶建宇作为两个协会的“联络员”，身兼深商会副会长一职，他也对此次深商会的到访表达了感谢。与会各位代表进行了自我介绍，涉及近视防控、眼科医院、银行金融、地产、贸易等多个板块。深圳眼镜协会将继续与深商联开展紧密合作，帮助深圳眼镜行业对接到各个平台的资源。

【深圳市政协主席林洁带队调研眼镜产业】 2022年10月21日，深圳市政协主席、党组书记、市现代时尚产业链链长林洁带队走访调研深圳眼镜产业，召开深圳现代时尚产业链眼镜产业调研座谈会，深入了解眼镜行业的发展现状以及面临的难题，提出了工作意见。

调研组一行首先参观协会与理事企业亿昇眼镜，了解协会近年来的工作内容和企业发展情况，感受一副眼镜中倾注的工匠精神与科技成果。

座谈会上，协会会长陈秋鹏回顾了眼镜行业在深圳的发展历史和现状，提出了眼镜产业园区和举办深圳眼镜展销博览会等诉求。博士、雅视、丹昵艾、柏棋、斯伟达等企业代表介绍了各自企业发展的情况，交流企业生产经营乃至整个眼镜行业面临的困境、问题和对策建议。

林洁充分肯定了各眼镜企业在近40年的发展历程中为产业打下的良好根基，让深圳眼镜产业在现代时尚产业链中起到了画龙点“睛”的作用。林洁对企业未来发展提出三个“心”：一是增强信心，振奋精神。市、区各级都很重视眼镜行业的发展，市委市政府对现代时尚产业、“20+8”产业集群出台扶持意见，龙岗区也将出台最新的眼镜配套政策。眼镜不仅是具有使用功能，还具有形象美学，企业可以通过眼镜引领时尚，培育品牌忠诚度，把眼镜与时尚结合起来。二是下定决心，转型升级。从OEM转型品牌，走数字化转型创新发展道路。协会要和市工信局和商务局携手推进，强链补链。三是保持恒心，锲而不舍。有政府部门打气、撑腰，企业更要秉承初心，应对暂时的困难，坚持到底。

针对行业面临的困境难题，林洁提出，园区问题是当务之急，要加大力度、加快速度在龙岗区解决眼镜行业的空间制约问题，打造眼镜为主题、“中国形象、世界一流”的新一代时尚小镇，让企业安居乐业；要下定决心扶持深圳办眼镜展会和交易博览会，把深圳的优势推广出去；要举办设计大赛，培养行业的“明珠”，提升品牌权威度；要造“节”、造活动；要引进院士和人才、眼视光机构，与周边院校合作，把眼镜品牌做精、做专。

林洁肯定了龙岗区早前一系列的调研工作，

初步拟定了眼镜行业《若干扶持措施》和《实施细则》。她强调，要抓紧修改，出台实施，在业界广为宣传，把政策落到实处。接下来，将通过市、区两级联动支持眼镜行业的发展，精心打造深圳眼镜行业，助力产业再次腾飞。

【深圳政企合力推动眼镜产业高质量发展】 2022 年 10 月 20 日，深圳市眼镜行业协会、龙岗区园山街道联合召开眼镜产业高质量发展交流会。会议围绕“高位推动眼镜行业转型升级”主题，14 家眼镜行业企业家对政府制定扶持政策、强化品牌培育、推进眼镜行业高质量发展建言献策。为推动龙岗区眼镜产业转型升级，实现高质量发展，龙岗区工业和信息化局制定了《龙岗区关于促进眼镜产业高质量发展若干措施（征求意见稿）》和《深圳市龙岗区工业和信息化产业发展专项资金关于支持眼镜产业发展实施细则（征求意见稿）》，面向社会公开征求意见。

【深圳园山街道组织眼镜设计师座谈设计赋能】 2022 年 10 月 31 日，龙岗区园山街道召开眼镜设计师代表座谈会，针对眼镜设计型企业在《龙岗区关于促进眼镜产业高质量发展若干措施（征求意见稿）》（以下简称《若干措施》）中的政策提出修改建议，大力推动深圳眼镜设计的发展。

园山街道经服办负责人对现场企业代表进行了政策解读，园山街道党工委副书记、人大工委主任秦小鹏表示，近期街道已经多次对眼镜行业展开调研，进一步摸清行业的现状与瓶颈，以便把《若干措施》修改得更完善，用心用情地推动眼镜行业发展。

【深圳市贸促委到集美新材调研眼镜行业】 2022 年 11 月 4 日，深圳市贸促委副主任汤进率队到协会会长企业深圳市集美新材料股份有限公司，与眼镜企业代表就培育更强品牌、开拓更大市场进行座谈。

调研团一行参观了集美新材的展览厅，了解醋酸纤维板材制作成眼镜架的过程，也看到了眼镜产品如何跨界转变为时尚单品的突破。随后，协会代表向调研团介绍了代表企业的眼镜产品以及深圳眼镜的发展历史和现状。

【党建引领深圳眼镜产业抱团发展】 2022 年 11 月 18 日，龙岗区举行“横岗眼镜”产业党委成立暨揭牌仪式。党建引领，为推动横岗眼镜高质量发展注入源源不断的“红色动力”。本次活动，在坚持“产业党委统筹、企业联动、整体提升”总步调，充分发挥党组织和党员作用的基础上，着力实施组织联建、理论联学、阵地联享、活动联办、人才联管、发展联谋等“六联”行动，构建基层互动共促工作新格局。

产业党委主抓党的建设，指导横岗眼镜产业发展，创新工作机制，推动“党建+产业”建设协同推进。主要凸显在建立双重管理标准制、双向发展共谋制、“头雁”联育服务制、重大项目共推制等四大运行机制上。

横岗通过建立眼镜产业党委，推进以党建引领眼镜产业抱团发展，激发横岗眼镜企业发展活力。通过资源整合、完善机制，逐步形成“党企融合、资源共享、服务在先、互助共赢”的互动共促新格局。

活动设置了“穿越百年眼镜时光隧道”展览区，通过图文并茂的方式，清晰解读横岗眼镜产业从工业制造走向现代化智造的历史蜕变，演绎了一段横岗与改革开放时代共振的传奇故事。整个展览区以“中国眼镜发展史、横岗眼镜发展史、横岗眼镜转型升级、横岗眼镜产业委员会、设计品牌、未来展望”六大板块组成，响应习近平总书记赋予广东的使命任务，映射出横岗特质与特区精神在时空下的交织演绎。

【深圳市委书记孟凡利视察龙岗眼镜企业】 2022 年 11 月 20 日，深圳市委书记孟凡利到龙岗区眼镜行业调研，全面系统深入学习宣传贯彻党的二十大精神，全力推动制造业高质量发展。

孟凡利来到深圳市集美新材料股份有限公司，与企业主要负责人交流，详细了解企业产品研发设计、经营发展等情况。他说，党的二十大报告指出要推动制造业高端化、智能化、绿色化发展，为我们推进制造业高质量发展指明了方向。希望大家在产业提档升级上下功夫，面向全国全球加强市场推广，不断提升企业核心竞争力和行业影响力号召力，进一步做强做优做大。

深圳市集美新材料股份有限公司位于园山街道，是一家专业从事醋酸纤维素板材设计开发、生产及销售的企业，其生产的醋酸纤维素板材广泛应用在眼镜框原材料上，是传统优势产业——

眼镜产业链的上游企业。

龙岗眼镜产量约占全球中高端眼镜市场的50%，根据《深圳建设时尚之城三年行动计划（2022—2025）》对全市各区时尚产业的发展定位，龙岗区未来将建设成为全市时尚产业制造基地。未来，龙岗区将继续推动时尚产业转型升级，逐步实现整体制造能力和制造工艺进一步提升、产业数字化融合能力显著提高、关键要素资源聚集能力增强、产品创意和设计水平持续提高、品牌影响力不断增强、产业生态体系持续完善。同时，擦亮“龙岗眼镜”“李朗珠宝”等区域制造品牌，提升眼镜、珠宝、家具等产品品牌的国际知名度。到2025年，建设成为粤港澳大湾区具有辐射力的时尚产业高端制造基地。

【厦门眼镜行业数字化转型论坛圆满落幕】 2022年2月19日，华为技术有限公司携手厦门市眼镜协会，在华为云厦门创新中心举办以“拥抱数字化转型，助力眼视光产业新升级”为主题的厦门眼镜行业数字化转型交流会，与雅瑞集团、华茂光学、艾普偏光、诚益光学等30多家眼镜制造行业工业企业负责人，共同探讨眼镜企业数字化转型之路。

此次活动由厦门市工业和信息化局指导，华为技术有限公司、厦门市眼镜协会主办，中软国际信息技术（厦门）有限公司、厦门碧谷科技有限公司协办。旨在研讨各企业在工业互联网时代下的走向变革、转型的同时，助力更多企业寻求切身的数字升级方案。

【2022厦门外贸自主品牌培育专题会议召开】 2022年3月3日，厦门市外贸自主品牌培育专题会议在厦门市商务局二楼大会议室召开。厦门眼镜协会办公室主任付华玉、行业首批认定通过的各行业企业代表参加本次会议，共同学习第二批外贸自主品牌培育企业认定（复核）流程，了解2022年度自主品牌企业支持政策。

厦门是中国太阳镜生产基地，随着眼镜产品出口的日益增长，外贸品牌的建立也逐渐受到重视。2021年，通过协会推荐申报，经商务局审核，厦门雅瑞光学有限公司、瑞之路（厦门）眼镜科技有限公司成为行业首批通过的培育企业。2022年，第二批认定工作于3月5日正式启动，截止受理时间3月25日。厦门眼镜协会将在商务局的指导下，继续加强引导企业开展外贸自主品牌认定和培育的工作。

【四川苍溪县政府到厦门市眼镜协会考察】 2022年3月4日下午，四川省苍溪县委常委、副县长王泽带队一行8人来厦门眼镜协会考察，协会秘书长戴雨棋、视未来理事何明川等接待苍溪县考察团。

近年来，苍溪县高度重视眼镜产业的发展，现已建成标准化眼镜产业园区10万平方米，未来将继续扩大规模，进一步壮大发展眼镜产业，承接福建等地眼镜企业转移。

座谈会上，苍溪县副县长介绍了当地眼镜产业的发展以及地方政策，期望接下来能有更多的合作、互动。

【厦门眼镜协会召开眼镜产业园建设沟通会议】 2022年4月27日下午，厦门眼镜协会“关于眼镜产业园相关事宜沟通会议”在协会办公室召开，20余家会员企业参加会议。

厦门眼镜作为厦门的特色行业，在20世纪80年代末在厦门生根发芽，已形成一定的产业规模及影响力，在全国乃至全球眼镜市场上占有重要份额。厦门作为中国太阳镜生产基地，是中国太阳镜的中央产区。厦门眼镜产业的不断发展壮大，在企业厂房用地及产业集中问题上，逐渐显现出急切的需求。在厦门工信局对行业的深度了解与关切下，行业处多次与眼镜协会一起调研，积极推动厦门眼镜产业园的落地。此次会上，就目前眼镜产业园用地对接情况、使用方式等，需求企业进行了面对面的直接沟通，再次推进厦门眼镜产业园的落地进程。

【厦门眼镜协会启动产业园需求走访】 2022年6月21日始，厦门市眼镜协会理事程河清带领秘书处人员调研厦门市眼镜产业园企业用地。厦门市眼镜产业园是应会员需求，经眼镜协会协调，得到厦门市政府及工信局等部门的重视与支持，将海沧一闲置工业用地规划而成。

为了进一步推进眼镜产业园尽快落地，厦门市眼镜协会决定开展本次调研。调研组共走访20家眼镜企业，进一步确认意向企业的具体使用需求及相关信息，以便后期配合企业需求，进行汇总规划设计。

【《中国视光万里行》厦门站圆满结束】 2022

年11月24—25日，由《中国眼镜科技杂志》主办，中镜传媒（重庆）有限责任公司承办的中国视光万里行·厦门站在厦门国际会展中心举行。

此次视光万里行，组委会联合主办单位，以“中国视光万里行”品牌专区的形象亮相，成为2022年厦门国际眼镜业展览会一道亮眼的风景线。16家协办单位，带着核心产品与技术，在本次厦门眼镜展中国视光品牌展区与观展者面对面沟通交流，为企业搭起精准对接、开拓商机的桥梁。活动现场观众络绎不绝，与会者对眼视光各领域产品有了更深的了解，在赋能门店、业绩提升等方面起到促进作用。

【2023年眼镜流行趋势发布会在厦门成功举办】 2022年11月25日，2022厦门眼镜业展览会流行趋势发布会在厦门国际会展中心举行。发布会由厦门国际眼镜业展览会组委会主办，《中国眼镜科技杂志》协办，中镜传媒（重庆）有限责任公司承办。

发布会以“科技绿色，时尚艺术”为基调，以“镜面森林”为主题，通过“多媒体机械臂”与“未来之眼”两大艺术装置，融合了森林、自然、镜面、工业等元素，对眼镜潮流趋势进行全新解读，呈现出一场融合想象与自然和城市的奇幻之旅。结合服装与饰品的国际流行趋势，作为时尚单品的眼镜也能从中形成自己独特的流行风格，与服装和其他饰品完美搭配。近20家海内外一线品牌为观众呈现了一场森系动感的品牌潮流风格秀。

2023年眼镜流行趋势主要呈现几个方面。从太阳镜流行趋势看，太阳镜作为协调整体造型的重要配饰，在各大时装周频频亮相、表现强劲，从复古风到未来感，从经典方框到科幻变体，无论色彩、设计还是风格都投入了天马行空的想象力，为不同场景下的着装增添了装饰魅力。经典全黑设计、复古猫眼设计、未来主义、方形大框、椭圆造型、面罩式设计、运动风潮、缩小型框架等风格将引领2023年太阳镜风潮。从光学眼镜流行趋势看，面对宏观环境的不确定性，设计师们倾向于探索未知世界，通过在材质、轮廓、风格上的创新，打造一个不拘一格的创意时空。2023年的光学眼镜呈现出了不同的审美趣味：造型前卫的大廓形、科幻炫酷的半结构、简约实用的运动风、复古时髦的彩色框架等，通过细节的叠加打造出时尚造型的高级质感。

【江西省省长视察鹰潭眼镜产业园】 2022年2月22日，江西省委副书记、省长叶建春在鹰潭市调研眼镜产业园情况。

调研期间，叶建春省长参观了江西晶威眼镜公司。晶威眼镜公司一款款注入时尚元素和数字科技的眼镜产品，重新定义了眼镜的价值和应用。叶建春饶有兴致地体验产品，询问研发和市场推广。他说，要以协同共进理念，推动眼镜产业与文化创意产业、工业旅游产业等深度融合，提升产品竞争力和附加值。鹰潭眼镜产业有着200多年的历史，要传承勇闯敢创的创业精神和精益求精的工匠精神，激发创新创造的时代强音，推动鹰潭眼镜勇争一流、誓创一流。

叶建春省长强调，要深入贯彻习近平总书记视察江西重要讲话精神，按照省第十五次党代会和省两会决策部署，坚持系统观念，强化链式思维，大力推动眼镜产业链协同共进、聚合发展，切实增强眼镜产业韧劲，提升区域经济核心竞争力，乘势而上推动全省发展强劲开局，以优异成绩迎接党的二十大胜利召开。

【鹰潭市余江区召开打造百亿眼镜产业圆桌会议】 2022年3月9日下午，余江区打造百亿眼镜产业圆桌会议召开。区委副书记、区长方淼滨出席并讲话，区委常委、常务副区长李海东主持，区人大常委会副主任、工商联主席万文俊，余江工业园区管委会党工委书记汪华明出席，各相关单位、余江区眼镜产业代表企业等共计30余人参加。

会上，眼镜园区相关负责人通报了余江眼镜产业发展情况；各参会眼镜企业畅所欲言，立足眼镜产业发展和企业实际，结合各自生产经营现状进行了深入的交流讨论，并对园区眼镜企业如何破解发展瓶颈提出了意见建议。方淼滨对企业关心的问题进行了回复，各相关部门对企业提出的相关问题进行了详细解答。

方淼滨区长指出，召开此次座谈会，旨在进一步做大做强余江区眼镜产业，形成一个主业突出、特色鲜明、产业关联度大、专业化协作配套能力较强的特色产业基地。余江将以打造百亿眼镜产业为抓手，进一步完善眼镜产业园的发展规划，明确园区主体功能和发展定位，建立综合性服务中心，提升园区管理服务和管理水平，推动余江眼镜品牌建设和效益提高。区委区政府将加强研究谋划，认真梳理、逐个化解园区发展中的历史遗留问题，打造更好的产业生态和营商环境，助力园区企业“轻装上阵”。希望各位企业家积极参与到打造眼镜产业的队伍中来，勠力同心，拼搏奋进，努力推动余江眼镜行业高质量快速发展。

【鹰潭市余江眼镜产业园打造旅游景区】 近年来，鹰潭市余江区为大力推广鹰潭眼镜文化、不断提高鹰潭的知名度和美誉度，认真学习借鉴浙江省义乌小商品批发市场、四川省成都海宁皮革城、江苏省常熟服装城等产业园发展旅游产业经验，努力将余江眼镜产业园打造成旅游景区，着力推进眼镜产业、旅游观光同发展、共提升。

余江区是闻名全国的“眼镜之乡”，早在清代嘉庆年间，中童镇就出现了眼镜作坊和销售协帮组织，迄今已有 200 多年的历史。2002 年，余江县委县政府规划 5 平方公里建立眼镜工业园。2006 年，被命名为“江西省眼镜产业基地”，2012 年获得“国家外贸转型升级专业型示范基地”称号，是全国五大眼镜生产基地之一。目前眼镜园区建成面积 2.6 平方公里，已有眼镜生产企业 70 余家、产业工人 1 万余人。

为了弘扬当地的眼镜文化，余江重点规划建设中童镇眼镜产业基地，主打眼镜生产、加工、批发。进而依托鹰潭龙虎山 5A 级景区的发展优势，结合眼镜产业园自身特点，打造别具特色的眼镜文化工业旅游线路。景区以鹰潭国际眼镜城为核心景观地，以世界眼镜博物馆、眼镜文化主题公园、鹰西雕塑公园、台湾美食一条街、眼镜制造体验地为主要景观，精心构建文化体验地、娱乐休闲区、景观观赏点、眼镜生产线展示区，形成了多功能生态、产业、旅游集中地。总投资 10 亿元，占地面积 400 亩（约 26.68 万平方米）的鹰潭国际眼镜城已有 200 多家商铺营业；总投资 4000 余万元，总建筑面积 3800 平方米世界最大的眼镜博物馆已对外开放；9.8 公里的眼镜文化主题公园不仅为游客提供了一片休闲场所，也为信江沿岸铺就了一条绿色长廊；鹰西雕塑公园不仅环境优美，更融合了鹰潭地域特色文化。眼镜园景区还建设有配套的台客餐厅、乌克兰餐厅、维也纳酒店、黄蜡石市场、眼镜技术培训学校等设施。

鹰潭眼镜园的眼镜博物馆别具特色，博物馆以鹰潭的眼镜文化为主，融入鹰潭的城市文化，展览了多种古董眼镜，让参观者对眼镜的历史可以进行深入了解。着力打造鹰潭眼镜产业园旅游，使人们充分认识到，鹰潭的城市文化不只有龙虎山和道教，还有鹰潭眼镜历史。

鹰潭眼镜园和义乌商贸城、常熟服装城等相同，成为国家 4A 级景区，让旅游业与商业交叉作用，互促共进，共同发展。鹰潭眼镜园是中国唯一以眼镜为主要资源的景区，是眼镜产业的“航母”。景区以鹰潭国际眼镜城为核心景观地，以台湾美食一条街、世界眼镜博物馆、眼镜文化主题公园、鹰西雕塑公园、眼镜制造体验地为主要景观，精心构建文化体验地、娱乐休闲区、景观观赏点、眼镜生产线展示区，形成了多功能生态休闲养生地。

景区还建立了覆盖全园区的工作网络，对景区的水体、植被、配套工程等进行了全方位的生态保护和修复，目前景区软硬件建设已基本到位，服务配套已基本完善，有 675 平方米的游客服务中心、105 平方米的旅游公厕、2 万多平方米的地下停车场、3600 多平方米的绿色立体式地面停车场、极具眼镜文化特色的各种导视系统等。各项管理制度也日趋健全，并拥有一支高素质的员工队伍和管理团队。

【鹰潭余江成立眼镜行业人民调解委员会】 2022 年 3 月 30 日下午，余江区司法局局长罗金珍、余江华星律所业务工作人员与眼镜协会成员在余江区中童眼镜协会召开协调会，研究探讨成立眼镜行业人民调解委员会相关问题，以更好地妥善解决眼镜行业矛盾纠纷问题，努力将矛盾化解在源头。

成立后的眼镜行业人民调解委员会将根据本次座谈提出的重点问题，开展法律大讲堂活动，并根据企业法律服务需求，对眼镜行业突出问题进行专题解答，邀请专业律师进行法律授课。

【余江区工商联组织调研眼镜产业平台建设】 2022 年 4 月 8 日，余江区工商联组织召开眼镜产业平台建设对接座谈会，共同研究探讨如何进一步做大做强余江区眼镜产业，加快建立眼镜产业产销对接平台。区人大常委会副主任、工商联主席万文俊，眼镜园区、工投公司、大数据中心、03专项办、农商行、商务局等单位相关领导参加。此次座谈调研特别邀请中国联通（江西）工业互联网研究院副院长聂智峰、鹰潭分院院长黄守勇为平台建设提供专业技术指导。

座谈会之后，调研组一行赴眼镜园区实地调研平台建设前期事项，实地参观眼镜博物馆，走访晶威眼镜公司和骏达光学公司，了解企业眼镜生产过程，调研眼镜企业在工业互联网发展方面的需求、痛点和难点，并给出了针对性的指导意见。

【鹰潭市余江区召开眼镜公共服务平台建设情况介绍会】 2022年5月6日、5月10日，余江区召开眼镜公共服务平台建设情况介绍会，分别听取深圳华为公司、中国联通（江西）工业互联网研究院的介绍。区委副书记、区长方淼滨，区人大常委会副主任、工商联主席万文俊等出席，眼镜园区、大数据中心、03专项办、工投公司、农商行、商务局、工商联等单位相关领导参加。

搭建眼镜公共服务平台，旨在整合余江眼镜生产企业多、销售资源足的优势，将眼镜生产企业与销售末端高效连接，满足当今眼镜市场多样化服务的需求，提高眼镜产业的综合竞争力，促进眼镜产业健康高效发展。会议对眼镜公共服务平台建设工作做出了部署。

【江西余江金融助力“眼镜之乡”走好产业振兴路】 2022年5月，鹰潭市余江区出台《关于进一步加快推进眼镜产业发展的工作意见》，对标数字经济，以“科技+电商”双轮驱动正式成为余江眼镜产业发展战略，眼镜产业发展引导基金扩充至12亿元。中国人民银行余江支行行长阮雅玲表示，“地方政府有发展战略，人民银行有货币政策工具支持，余江眼镜产业已迎来转型升级的‘东风’”。为用好科技创新再贷款，该支行已启动“专精特新”中小企业培育金融支持计划，联合政府部门优选一批实力强、技术新、成长性好、具有核心竞争力的眼镜龙头企业，支持眼镜产业强链补链延链，提升产融互动互促的耦合度、匹配度，进一步促进眼镜产业发展壮大。

2013年，余江区政府在中童镇规划建设17平方公里的眼镜产业园。建园之初，中国人民银行余江支行就适时出台了《关于促进金融服务园区建设若干政策措施的意见》，通过发挥信贷资金与产业政策、财政政策的协同作用，推动银行机构走进园区，深化银企对接，加大对园区基础设施建设、园区企业生产建设资金投放。在中国人民银行余江支行的大力推动下，眼镜产业园区金融机构网点从无到有，从普通营业网点到增设专门的园区企业营销服务团队、成立专业支行；金融产品日趋丰富，针对园区企业创业孵化阶段贷款抵押品不足的情况，银行机构创新抵押担保方式，相继推出商户和企业联保贷款、应收账款质押贷款、在建工程抵押贷款等融资模式。自2013年至2021年，眼镜产业园区共举办银企对接活动38场、对接实体企业项目82个，园区各项贷款累放52.24亿元，其中，基础设施贷款27.2亿元，金融信贷资金成为余江中童眼镜产业园建设和企业发展资金来源的主力军。

在金融支持下，园区建设全面展开，进园企业“生根发芽”，目前园区已有眼镜生产企业260余家，全年成镜产量1.8亿副，约占全国成镜产量的21%，带动周边乡镇1.6万余人就业，已形成了集原材料生产、产品研发、制造加工、贸易流通于一体，由眼镜配件、镜片、电镀、成品眼镜等行业相互协作配套的特色产业集群，为地方经济高质量发展注入强劲动能。

余江眼镜产业园作为全国五大眼镜生产基地之一，享有“国家外贸转型升级示范基地”“江西电子商务示范基地”“江西省小微企业创业园”等多项美誉。2021年，余江眼镜园区实现主营业务收入70多亿元，占全区生产总值比重达37.8%，眼镜产业利润指标实现同比增长近50%。眼镜产业已成为余江名副其实的“光明产业”“富民产业”。

这些成绩的取得，是余江不断做活“金融生态”，畅通“金融血脉”，将金融“活水”源源不断注入眼镜产业，打造一流金融营商环境的核心之举，为眼镜企业生长提供了优质的土壤，浇灌着眼镜产业园这片沃土。

截至2022年6月末，全区眼镜企业贷款余额15.3亿元，占全部普惠小微贷款的48.66%。2022年上半年，当地银行机构累计为78户眼镜企业办理无还本续贷93笔，金额8900万元；展期21户，金额3600万元，为眼镜园区企业节省过桥成本

192万元，累计减免抵押登记费、评估费42万元。

【鹰潭余江区眼镜企业进“一扇门”可办全部事】 近年来，余江区牢固树立“好的营商环境就是生产力”理念，全面推进营商环境优化升级“一号改革工程”，为推动高质量发展筑牢根基、激发活力。该区连续九年获江西省高质量发展考核先进县、连续三年获江西省开放型经济综合先进单位，余江工业园区还获得“全省十佳优化营商环境工业园区”称号。

鹰潭是我国五大眼镜生产基地之一。目前，鹰潭眼镜企业达260余家，形成了集研发、设计、生产、销售于一体的产业链。

化繁为简，政务服务有速度。眼镜产业是余江区的特色优势传统产业，该区聚焦眼镜企业急难愁盼问题，在鹰潭（余江）眼镜产业园成立了眼镜产业质量基础设施“一站式”服务中心，为眼镜企业提供从计量技术、检验检测到知识产权保护的全链式113项服务，实现企业进“一扇门”可办全部事。“一站式”服务中心成立前，眼镜产品的专利申请、检验检测等存在多头跑、来回跑的问题。“一站式”服务中心成立后，能够为眼镜企业提供从计量技术、检验检测到知识产权保护的全链式服务，并形成了“一个共享平台、一个受理窗口、一揽子服务”的服务体系，使以前的多头跑向“一站式”办理转变。成立一年来，“一站式”服务中心已服务眼镜企业100余家次，帮助眼镜企业新增江西名牌产品2个、体系证书3张、授权专利203件，企业产品出厂合格率由88.3%提升到95.8%。

精准服务，助企纾困有温度。面对企业生产经营的痛点、政策落实的难点，该区选派30名优秀党员干部，组建人才工作（企业）特派员队伍，精准对接118家重点企业、科研机构、行业协会，为企业推行“保姆式”服务。同时，深入开展“查堵点、破难题、抓落实、促提升”联企帮扶，将减税降费政策落实落细。2022年以来，该区为6392户企业兑现资金5225万元，办理“六税两费”退税1518户，退税金额达1046.7万元。帮助鹰潭（余江）眼镜产业园区12家企业取得“眼镜流水贷”无抵押授信贷款1000万元。

审慎监管，法治护航有力度。该区以“耗时少、成本低、程序简、服务优”为目的，在精密制造产业园、循环经济产业园区、眼镜产业园区、工业园区成立优化营商环境服务站，全面推行“营商环境服务站+企业”诉源治理，通过开通民营企业法律服务诉求“直通车”，精准掌握企业需求，畅通与企业的沟通渠道，做好诉讼服务引导，将问题解决在源头。2022年以来，优化营商环境服务站已成功调解48起案件。同时，为规范涉企执法，该区推行部门联合“双随机、一公开”监管，做到“进一次门、查多项事”，减轻市场主体负担，双随机抽查事项占比达90.05%。

【厦门鹰潭（余江）两地协会互动交流会在厦门举办】 2022年7月14日，鹰潭（余江）眼镜产业园区管委会组织代表团赴厦门眼镜协会学习交流。鹰潭（余江）眼镜产业园区管委会黄旭辉书记、鹰潭眼镜协会孙必锋秘书长一行10人到达厦门后，参观厦门市代表性企业雅瑞光学、艾普偏光等企业。7月15日，代表团与厦门市眼镜协会主要负责人，在厦门白鹭洲舒友一起进行了互动交流。双方达成了多项合作意向。

【鹰潭市余江区召开眼镜产业发展调度会】 2022年7月23日，鹰潭市余江区委书记罗卫国主持召开眼镜产业发展调度会，分析眼镜产业发展形势，破解当前存在的难点、痛点和堵点问题，推动眼镜产业高质量发展。

会议指出，眼镜已发展成为余江四大产业之一。余江眼镜产业园区建设已经进入第五期，目前入驻企业达到260多家，规上企业超过30家，2021年主营业务收入43.93亿元，同比增长10.82%，产业工人1.5万余人，全年成镜产量约为1.8亿副，约占全国成镜产量的21%，逐渐呈现产业规模较大、产业聚集度高、生产配套较完善的显著特征。

会议强调，眼镜产业是余江的特色产业、朝阳产业、富民产业。要高度重视，成立专班，认真研究，形成方案，逐一解决发展难题，铆足干劲狠抓落实。要密集调度，区委区政府每月一调度，专班区领导、分管区领导半个月一调度，牵头部门领导每周一调度，一级一级强调度，一层一层抓落实。要加强督查，按照会议部署要求进行督查，发现问题及时督促整改。要提振精神，眼镜园区干部要像雄狮一样去拼搏，拼出业绩和成效，主动出击，招大引强，做大做强眼镜产业。

会议要求，要聚力招大引强。用发散性的思维，以“泛眼镜”的理念，招引大中型企业，引导小型企业发展成长，形成完善的产业链。要发展数字经济。顺应时代发展规律，对标数字经济做优做强“一号发展工程”，推进传统眼镜产业进行数字化改造升级。要加快平台培育。重点打造眼镜产业科创平台，推动眼镜产业从外贸主导型向内外贸均衡型转变，促进转型升级。要做好产城融合文章。完善学校、医院、商业等配套设施建设，为园区企业家和员工提供良好的环境。

【2022年眼镜新品夏季订货会在鹰潭国际眼镜城举行】 2022年8月9日，2022年眼镜新品夏季订货会在鹰潭国际眼镜城举行。各品牌展出的新品柜台展示各自具有代表性的产品，到场嘉宾踊跃咨询、欣赏和订货。

鹰潭（余江）眼镜园区管委会表示，这次2022夏季订货会，是在鹰潭市委市政府、余江区委区政府明确要做大做强眼镜产业，继续扩展眼镜展会政策前提下举办的。园区管委会继续贯彻既定的订货会扶持政策，按照每年在国际眼镜城举办两次眼镜订货会制度，2022年定在暑期8月9日、10日开展订货会。这次订货会由于受疫情影响，来的人数略有下降，但是总体的交易额应该和2021年相差不大，能够达到5000万元左右。这说明国内市场正在复苏，通过这次订货会，各大眼镜销售商增强了发展信心。

【鹰潭市余江区多措并举助力眼镜产业发展】 近期，鹰潭市余江区出台了一系列硬核措施，打出了助企发展的“组合拳”，不断优化发展环境、鼓励企业转型、降低企业成本，促进眼镜产业平稳发展，取得了显著成效。

加大对眼镜产业持续金融支持力度。由眼镜产业园区与金融机构对接，对园区内企业进行整体授信，授信额度为2亿元，并对眼镜企业给予贷款贴息支持。同时，该区利用线上展会平台帮助企业开拓国际市场，组织企业参加国内展会以开拓国内市场；对疫情期间转型生产护目镜、防护面罩等防疫物资的眼镜生产企业给予奖励；加大产销对接力度，支持企业在线上平台、线下门店推广销售眼镜产品。为降低企业运营成本，该区还为眼镜企业减免房租和税费，并给予招工稳岗补贴等一系列补贴。持续优化发展环境是余江区助力眼镜产业发展的一个重要着力点。

以持续优化发展环境助力眼镜产业发展。一方面深化“放管服”改革，优化政务服务，将政府服务职能主动前移，积极协调相关部门和金融机构，帮助企业解决证照办理和银行开户等手续。另一方面，不断完善特派员扶企制度，抓好各项惠企政策落地生效，积极协助企业解决资金、用工、物流、原材料供应等方面的困难和问题，帮助企业打通供应链、生产链和销售链，切实帮助企业渡难关促发展。

【台媒看大陆：江西鹰潭中童镇享“眼镜之乡”美誉】 2022年9月，台湾《经济日报》报道江西省鹰潭市经济建设、社会发展、文化生活基本情况，介绍余江中童镇独特的眼镜文化。

报道指出，有“眼镜之乡”称号的鹰潭市余江区中童镇，不仅生产眼镜有名，更进一步以眼镜带动旅游产业，设立了余江眼镜园景区，眼镜与文创结合形成眼镜文化。

早在清代嘉庆年间，中童镇就出现了眼镜作坊和销售组织，迄今已有200多年的历史。近年来，为大力推广鹰潭眼镜文化，结合眼镜产业园自身特点，余江眼镜园景区打造出了一条别具特色的眼镜文化旅游线路。景区以鹰潭国际眼镜城为核心，以台湾美食一条街、世界眼镜博物馆、眼镜文化主题公园、鹰西雕塑公园、眼镜制造体验地为主要景点，形成了集文化体验、娱乐休闲、景点观赏于一体的多功能景区。

3万多人的中童镇，有1.2万多人常年在外销售眼镜，现已在全世界开设眼镜经销店2万多家。中童人用一根扁担挑出一个远近闻名的“眼镜之乡”，更孕育了“一副担子满天飞，走遍广东走辽西”的创业精神。其中点点滴滴，在鹰潭世界眼镜博物馆都能看到。

鹰潭世界眼镜博物馆是世界最大的眼镜博物馆。馆内序厅设计特色鲜明，采用当地的特色元素。顶部的天花板运用了意象化的太极图案，代表鹰潭“中国道都”的道教文化脉络；浩瀚的星河代表生生不息的人类文明；下方的流水型地台则代表了鹰潭美丽的信江之河；右侧是黄帝塑像。史料证明，早在公元前2283年，黄帝就通过透镜来观察星象，观测日月星辰的运作规律，从而用于指导农业生产。展区讲述眼镜的起源与发展。

公元前3世纪，人类便掌握了凸透镜的聚光理论，并学会制作透镜用于取火；进入汉代，发展成第二阶段——单片眼镜；清朝中期，眼镜已经十分常见，成为读书人身份的象征；近代以来，人们开始使用更方便的双片曲腿眼镜，后又添加舒适美观的鼻托，于是眼镜发展成现在的形制。

【鹰潭市市管局调研眼镜产业质量建设服务中心运行情况】 2022年11月11日，鹰潭市市场监管局调研组一行赴余江眼镜产业园，调研鹰潭眼镜产业质量基础设施“一站式”服务中心运行情况。

鹰潭市眼镜产业质量基础设施“一站式”服务平台为企业提供标准化建设、计量技术、检验检测、认证认可、特种设备安全、品牌建设、知识产权保护、质量管理等8个方面的服务内容。服务流程为收集服务需求、受理服务业务、开展服务工作、跟进服务情况、收集服务评价。企业可通过拨打服务电话或现场服务点咨询等方式提出服务需求。平台工作人员收集到企业需求后，能即时答复和解决的，即时给予答复和解决；不能即时解决的，给予登记并分类，并在规定时间内将企业需求交接给技术服务团队。服务结束后，邀请企业进行服务满意度测评并提出服务建议。

质量基础设施“一站式”服务平台是打通质量服务“最后一公里”的重要抓手。通过调研，及时发现问题，并解决问题。以眼镜产业质量基础设施“一站式”服务中心为载体，最大限度涵盖市场监管系统面向企业的所有服务内容，创新工作方式方法，从“坐等企业”到“主动上门”，围绕让企业不跑腿、提升企业获得感这一目标，实现“保姆式”“全链条”“全周期”服务。深入推进质量提升专项行动和标杆企业培育，找准比较优势、行业瓶颈和质量短板，提升质量服务效能。

【厦门来奇偏光科技赴余江眼镜产业园考察并签约项目】 2022年11月30日，厦门来奇偏光科技赴鹰潭余江考察洽谈会暨项目签约仪式举行。来奇偏光科技（中国）股份有限公司董事长、厦门台商协会荣誉会长吴进忠出席，余江区委书记罗卫国出席并致欢迎辞，区委副书记、区长方淼滨主持，鹰潭（余江）眼镜产业园区管委会党工委书记、主任黄旭辉出席仪式并见证签约。

罗卫国对吴进忠一行来余江考察投资签约表示欢迎，详细介绍了招商政策、产业布局、营商环境、基础设施等情况。近年来，余江区围绕打造全省产业集聚示范区目标，始终坚持工业强区战略，牢固树立“项目为王”理念，以大项目促进大投资、推动大发展、展示大作为，努力构建“4+3+N”现代化产业体系，主要经济指标迈入全省第一方阵。余江区委、区政府高度重视营商环境，大力实施优化营商环境“一号改革工程”，引进的每一个项目，都有县级领导挂点帮扶，都有企业特派员提供服务，坚持把客商朋友的事当作自己的事来做，给予最优惠的政策、最贴心的服务，全力协助企业做好在余江的发展规划，推动双方实现合作共赢。吴进忠表示，通过实地考察调研，进一步加深了对余江经济社会发展和投资环境的全面了解，坚定了来余江投资的信心决心。余江区位优势明显、营商环境优，为承接眼镜产业转移提供了良好条件，特别是区委区政府高度重视招商营商工作，积极支持企业发展和项目建设，对企业投资置业余江充满信心，希望能够共同制定长远发展规划，实现合作共赢。

来奇偏光科技（中国）股份有限公司成立于2002年，系由外商与境内合资组建而成的股份制企业。致力于研发生产各类高级偏光膜及偏光镜片、变色片、防雾镜片、光学膜、眼镜、液晶显示器偏光板等制品及相关零配件，是中国偏光技术领域的领军企业、国家高新技术企业，中国大陆首家偏光膜生产厂家。来奇偏光膜于2005年正式量产，打破偏光镜片一直被国外垄断的局面，产品一推出，市场便供不应求。来奇的偏光镜片以超高的性价比，深受国内外客户的一致好评。

【余江眼镜产业集群获评2022年度国家级中小企业特色产业集群】 2022年1月，工业和信息化部公布2022年度中小企业特色产业集群名单，共有100家产业集群上榜。其中，江西省鹰潭市余江区眼镜产业集群榜上有名，认定有效期为2023年至2025年。集群将进一步畅通产业协作网络，增强集群创新活力和产业链关键环节配套能力，着力培育优质中小企业，不断推进集群数字化升级和绿色低碳转型，持续深化开放合作，加快提升集群治理和服务水平。

【浙江眼镜行业协会到重庆奉节县考察交流】

2022年8月7日，浙江眼镜行业协会代表团到重庆奉节考察。奉节县委副书记、县长巩义胜会见浙江眼镜行业协会会长、温州市黎东眼镜有限公司董事长吴建敏一行，双方就招商引资项目落地、推动奉节眼镜产业高质量发展等进行交流沟通。

巩义胜表示，奉节工业用地成本、厂房租金、水电气等生产要素成本较低。当前，奉节正在实施“夔州英才集聚”工程、大力优化营商环境，为入驻奉节企业提供有力的人才支撑和良好的发展环境。希望同浙江眼镜行业协会进一步加强合作，充分发挥眼镜协会的平台作用，让更多的眼镜企业了解奉节深厚的文化底蕴、丰富的劳动力资源、优越的投资环境和浓厚的招商氛围，走进奉节、投资奉节。双方商谈了具体合作事项。

【重庆市奉节县将发展眼镜产业作为“一号工程”】 2022年8月8日，在2022“三品”全国行·中国（重庆）眼镜产业高质量发展峰会上，重庆市奉节县对外公布了产业发展规划。奉节目前已聚集了80多家眼镜企业，涵盖眼镜原材料、配件、模具、镜架表面处理等全要素完整产业链条，2022年眼镜产业的产值突破20亿元。

奉节县曾有“煤城”之称，煤炭产业一度贡献全县一半的GDP和五分之三的财政收入。非生态工业对环境造成了极大影响，山被挖空了，水被挖断了，当地决定“以低能耗、低污染的消费品工业为主导产业，走出一条特色产业带动工业经济发展的路子”。

2015年，奉节县审时度势，果断决策，把眼镜产业确定为发展生态工业的“一号工程”，内抓小微企业培育，外抓招商引资，并及时制定出台《加快发展眼镜产业的十二条意见》，政策涵盖眼镜镜架、镜片、配件以及隐形眼镜等板块，同时支持打造眼镜贸易销售业态，努力推动眼镜产业的培育和发展。

重庆目奢克光学科技有限公司看到奉节县劳动力、材料及土地等具备的优势，2022年2月，决定从温州搬迁到奉节。因为，制造一副眼镜需要经过焊接、切角、抛光等400多道工序，是劳动密集型产业。该公司一个月的眼镜产量可以达到10多万副，目奢克公司看到奉节县政府高度重视眼镜产业，大力扶持眼镜行业，落实政策到位，决定在奉节扩大生产。

2021年11月，为进一步提高眼镜产业招商引资及培育力度，奉节县出台《加快奉节眼镜产业高质量发展的十二条意见》，对搬迁补助、基金支持、仓储物流等进行大力扶持，并持续在企业最关注的用工、物流、园区配套设施建设等方面做好服务。全力打造“奉节公办·更快捷”政务服务品牌，坚持“一周一次走访服务、一月一次运行分析”，针对企业在开工、投产中遇到的难题，实现现场办、限时办，确保解决到位。

奉节眼镜产业园从立足打造西部最大眼镜生产基地出发，着力形成研发设计、生产销售、贸易结算、产品展示及现场体验于一体的眼镜产业生态。园区眼镜产业就业人数超过2500人，年销售眼镜3.2亿副，镜片2.9亿片，眼健康产品3200万套，眼镜原材料、配件、模具、镜架表面处理等配套均实现了本土化全覆盖，眼镜产业集聚集群效应日益凸显。据介绍，奉节深入实施“三品”战略，推动眼镜产业“增品种、提品质、创品牌”，注册了致广大、三峡眼镜、三峡视界、夔州眼镜4个区域商标，培育各类专利146件。

【衡阳市副市长调研衡阳（国际）眼镜小镇项目】 2022年5月19日上午，衡阳市政府副市长朱春光赴珠晖区调研衡阳（国际）眼镜小镇项目，区委书记魏中发，区政府副区长段平华参加调研。

衡阳（国际）眼镜小镇位于湖南省衡阳市珠晖区，是湖南省唯一一个以眼镜为主体的产业小镇，具有极强的“头雁”效益。衡阳是承接东部产业转移的“桥头堡”，可辐射内陆多个省份，适合初创品牌成长。园区主导产业为文化艺术、轻工业、现代服务业。整体占地12平方公里，眼镜产业是该园区的主导产业。

朱春光强调，衡阳（国际）眼镜小镇项目，是特色小镇项目。要列出项目时间表，签订任务书，加快推进。各部门要加强沟通协调，加大对项目的支持力度，同步建设完善污水管网等基础设施。落实定好《衡阳眼镜产业招商优惠政策》，引进一批行业中的龙头企业，打造一个高端眼镜产业双创示范点，培育东阳渡高端眼镜商贸生活带，最终带动周边形成一个集总部基地、研发生产、展览销售、体验消费、工业旅游等于一体的高端眼镜产业园，助推衡阳经济发展。

（二）行业协（商）会

【中国眼镜协会】 中国眼镜协会（以下简称协会）成立于1985年，由原国家轻工业部联合原商业部、卫生部、机械工业部、兵器工业部和农业部发起筹备、成立，是眼镜行业唯一的全国性行业组织。协会是由中国境内从事眼镜及眼镜相关产品的生产、验配、经营、服务企业，教学培训单位，技术机构以及相关社会团体和个人自愿组成的全国性行业组织；是非营利性的社会团体法人，党建领导机关是国务院国有资产监督管理委员会党委、社团登记管理机关是中华人民共和国民政部。现任理事长杜同和；驻会副理事长江波；职业副理事长兼秘书长戴维平。

协会下设眼镜架及成镜、眼镜片及毛坯、角膜接触镜、设备仪器、验光配镜、质量标准、眼镜零配件7个专业委员会和视光师分会，各分支机构根据协会的委托开展专业活动。协会还下设中国眼镜科技杂志社，负责编辑出版《中国眼镜科技杂志》。根据国家有关文件规定，中国眼镜协会是中国眼镜行业管理的主体，主要有三方面的职能：一、企业服务职能；二、自律、协调、监督和维护企业合法权益的职能；三、协助政府加强行业管理的职能。会员代表大会是协会的最高权力机构，会员代表大会每届5年，每5年召开1次。理事会是会员代表大会的执行机构，在会员代表大会闭会期间领导本会开展工作，对会员代表大会负责。在理事会闭会期间，常务理事会行使理事会相关职权，对理事会负责。常务理事会与理事会任期相同，与理事会同时换届。

协会每年的春、秋两季分别在上海、北京举办中国国际眼镜业展览会，并组团参加境外有影响的国际眼镜展。通过这些活动，促进、规范了眼镜行业的发展，加强了与国际眼镜行业的交流与合作。

截至2022年6月，协会有单位会员853个、其中副理事长单位17个，常务理事单位31个，名誉常务理事64个，理事单位116个。个人会员23个。在单位会员中，有生产企业387家、经营批发企业347家、验配眼镜企业64家、大专院校和科研技术机构18家、各级地方眼镜协会商会37家。会员单位中，包含全国各产区的主要眼镜生产企业，眼镜生产企业年产量占全国眼镜片、眼镜架、太阳镜等眼镜产品及相关零配件、眼镜生产设备、原材料生产总量的90%以上；协会会员单位包含了全部的省级地方眼镜协会（商会）和绝大多数的大、中型眼镜验配连锁企业，以及部分有代表性的小型眼镜验配企业。

协会的宗旨是：坚持为企业、为行业、为政府、为社会服务；维护国家利益、行业利益和会员的合法权益；参与和支持国家建设和改革；促进全国眼镜行业科学持续稳定发展和全民视力健康水平提升。

【中国眼镜协会一行赴陆逊梯卡和开云眼镜中国公司调研】 2022年2月16—17日，中国眼镜协会副理事长江波一行4人，到陆逊梯卡（上海）商贸有限公司（以下简称陆逊梯卡商贸）和开云瑷维（上海）眼镜贸易有限公司（以下简称开云眼镜）调研。

16日下午，在陆逊梯卡商贸上海陈列展厅，总经理黄旭介绍了公司旗下眼镜品牌的定位和近年来发展情况，双方就眼镜行业发展现状和前景进行了交流。17日上午，江波副理事长一行参观了开云眼镜2022年新产品发布会现场，与开云眼镜大陆及港澳区总经理刘宇庆等就国际品牌的定位、营销以及在中国市场的战略等方面进行了探讨。

在与两大国际眼镜公司的会谈中江波副理事长谈到，中国目前已成为世界主要眼镜生产和消费国家之一，如何加强品牌建设，增加优质供给，实现眼镜行业高质量发展，一直是行业和协会关注的重要课题。陆逊梯卡和开云集团旗下汇集和打造了诸多国际知名眼镜品牌，拥有大量成功案例，希望两家能积极参与行业相关活动，分享在品牌建设和品牌管理方面的经验，增强与国内眼镜企业的交流互鉴，一起将中国眼镜市场做大做强。两家公司均表示将积极参与行业活动，在中国眼镜协会搭建的平台上，与国内企业一道努力，不断优化市场竞争环境，为全球消费者提供更加优质、舒适、时尚的眼镜产品。

陆逊梯卡集团（Luxottica Group SpA）成立于1961年，是全球领先的著名意大利眼镜制造商，旗下拥有Ray-Ban、OAKLEY、VOGUE等国际知名品牌，2006年正式进入中国市场。2018年10月和法国光学镜片公司依视路（Essilor International）合并成立依视路陆逊梯卡集团。

开云集团（Kering）成立于1963年，是一家国际知名奢侈品、体育、生活时尚用品等品牌的法国公司，2014年创立开云眼镜，旗下拥有Gucci、Cartier、Montblanc等国际知名品牌眼镜，在全球高端眼镜市场有较强影响力。

【各行业协会商会重点要做好四方面工作】 2022年1月28日，民政部社会组织管理局召开的行业协会商会高质量发展交流座谈会要求，各行业协会商会围绕持续推动行业协会商会等社会组织高质量发展走深走实，要重点做好以下四方面工作。

一是加强党的领导，保持正确发展方向。要深入学习贯彻习近平新时代中国特色社会主义思想，用创新理论武装头脑、指导实践、推动工作；要坚持把政治建设放在首位，健全党组织有效参与决策管理的工作机制，积极推动党组织与负责人交叉任职，实现党建与业务深度融合发展；要在深化理论武装和思想锤炼、服务党和国家中心大局、解决人民群众急难愁盼问题上，在解决和及时防范政治、经济、社会与廉洁风险上，不断提升政治判断力、政治领悟力、政治执行力，不断增强党组织的创造力、凝聚力与战斗力，确保始终听党话、跟党走。

二是坚持规范运行，不断强化自律自治。要严格规范以章程为核心的法人治理结构，严格落实以会员（代表）大会、理事会为核心的内部治理机制和各项内部管理制度，坚持民主办会、科学办会、开放办会；要强化诚信自律建设，建立完善行业自律管理约束机制，规范会员单位行为，营造公平竞争的市场环境；要坚持社会组织非营利宗旨和公益属性，以政府需求、企业需求、行业需求、百姓需求为工作的出发点和落脚点，为服务我国经济高质量发展作出不懈努力。

三是创新服务形式，提升服务能力水平。要坚持服务为本，不断增强服务功能，努力打造党和政府满意、广大会员认可、社会影响突出的品牌形象；要增强服务政府的主动性，帮助政府部门在行业内宣传和贯彻法规政策，主动向政府部门展示社会组织自身优势，赢得政府部门的信任与支持；要认真倾听会员单位呼声，把服务会员单位作为立足之本，急会员之所急，想会员之所想，真正把协会打造成会员之家；要坚持服务社会，带领会员企业回馈社会需求，向全社会展示社会组织良好风采，营造社会组织正面形象。

四是把握发展形势，融入新发展格局。要把自身发展放到国家新发展格局中去思考、去谋划，主动适应新变化和新要求，准确把握新时代赋予社会组织的历史使命；要围绕服务国家经济发展和社会建设，在深化供给侧结构性改革、推动行业产业转型升级、助推科技创新、促进国内国际双循环、积极参与社会治理和国家重大战略等方面，主动作为，发挥社会组织的优势与作用；要统筹发展与安全，着眼当前与未来，既要立足战略与全局的“顶层设计”，也要着眼于广大企业的“基层诉求”，既要勇于创新探索行业发展新路径，又要切实防范化解行业领域重大风险，推动实现自身更高质量、更加安全、更可持续发展。

【全国眼视光服务分技术委员会公告成立】 2022年6月3日，国家标准管理委员会印发2022年第10号文件，为落实《国家标准化发展纲要》，完善专业标准化技术组织管理体系，经国家标准委批准，全国眼视光服务分技术委员会SAC/TC596/SC2正式公告成立。委员会由36名委员组成，复旦大学五官科医院孙兴怀教授任主任委员，刘红军、秦英瑞、王海英任副主任委员，丹阳市检验检测中心主任刘建华兼秘书长，秘书处设在国家眼镜产品质量检验检测中心（丹阳市检验检测中心），由中国轻工业联合会负责日常管理和业务指导。委员会将在国家标准委、中国轻工业联合会、江苏省市场监督管理局、中国眼镜协会的领导和指导下，在眼视光服务专业领域制订国家和行业标准，逐步规范和提高我国眼视光服务技术水平，为保障全民视觉健康贡献力量。

【中国眼镜协会党支部开展党建促发展主题活

动】 2022年4月15日，中国眼镜协会党支部开展“坚持和加强党的全面领导　推动眼镜行业高质量发展”主题党日活动，协会全体党员和部分群众参加。

戴维平同志传达了“中国轻工联传达贯彻国资委行业协会党建工作会议”精神，学习了党的十八大以来习近平总书记关于行业协会党建工作的重要论述，以及国资委行业协会党建工作会议精神。

江波同志以“坚持和加强党的全面领导　推动眼镜行业高质量发展”为主题，与大家共同分享了她在中央党校国资委分校学习期间的收获和思考，结合眼镜行业发展以及协会党建工作实际，从苏联共产党丧失执政地位所应吸取的历史教训、深刻理解坚持和加强党全面领导的重要意义、全面落实行业高质量发展等几个方面，深入浅出地进行了阐述。给与会同志上了一堂提高政治站位、淬炼党性修养、开拓工作思路的生动党课。要求党员同志一要勤读原著，加强理论武装，坚定理想信念；二要勤思勤悟，树牢宗旨观念，真心服务群众；三要严于律己，强化规矩意识，始终廉洁清白；四要勇于担当，牢记责任使命，争取善作善成。使协会党的建设保持方向正、行进稳、动力强、后劲足，为党的事业和行业发展作出更多贡献。

【中国眼镜协会视频交流近视防控专项行动】 2022年3月22日，中国眼镜协会召开全国地方同业商（协）会负责人视频会议。就“儿童青少年近视防控产品违法违规商业营销宣传整治”专项行动进行交流。

湖北、四川、内蒙古、丹阳等商会负责人分别在会上分享了当地企业对此次整治行动及行动内容的看法，反馈了一些实际情况与困难，提出了各自的应对措施及整改经验。中国眼镜协会对专项整治行动所涉政策进行了通报。

国家眼镜产品质量检验检测中心通报了2021年眼镜产品质量国抽情况，呼吁各地商（协）会引导企业重视、学习国家政策和行业相关标准，重视产品质量的每一个环节，吃透标准，掌握抽检的具体要求，确保产品合规。

江波副理事长希望各地商（协）会在引导行业自律、规范经营、加强与当地各部门的沟通联系等方面主动作为，及时收集会员企业的意见，迅速将行业声音传递出去。针对此次专项行动，各地企业都要积极展开自查，落实专项行动要求，遇到争议的问题，主动与当地执法部门沟通说明，积极维护市场秩序，促进行业健康发展。

【中国眼镜协会召开九届三次常务理事会】 2022年6月22日上午，中国眼镜协会九届三次常务理事会以线上会议方式召开。中国轻工业联合会副会长、中国眼镜协会理事长杜同和，中国眼镜协会职业副理事长兼秘书长戴维平，中国眼镜协会副理事长江波在主会场，其他副理事长及常务理事（名誉常务理事）单位代表共109人通过线上会议系统出席会议，单志华等3位监事列席会议。会议由江波副理事长主持。

会议传达学习了习近平总书记近期系列重要讲话和重要指示批示精神。会议要求，要不折不扣地把讲话精神贯彻到眼镜行业发展的各个方面，用讲话精神指导推动眼镜行业健康持续发展。

杜同和理事长对中国眼镜协会2022年1—6月工作进行了通报。上半年，行业经济运行先升后降，全年承压较大。国家统计局数据显示，2022年1—3月全国眼镜成镜产量2.01亿副；全国眼镜制造业规模以上企业446家，累计完成主营业务收入101.1亿元，累计完成利润总额7.1亿元，均较同期略有上升。另据海关总署数据，2022年1—3月我国眼镜产品累计进口额4.13亿美元，眼镜产品累计出口额17.24亿美元，均较同期增长约20%。自2022年4月以来，受国内疫情多点频发影响，加之外部环境更趋复杂严峻，我国眼镜行业面临的内外部挑战增多，中国眼镜协会和各地行业组织、企业等积极行动，落实党中央决策部署，多措统筹，力争将不利影响降到最低。

杜同和从7个方面总结了协会半年主要工作。一是加强与政府部门沟通，服务行业发展需要。积极配合政府部门，及时回应政府部门关注的行业问题。二是整合行业资源，提升专业化服务能力，梳理完善分支机构设置，组建“中国眼镜行业专家库”，加强学术交流和科普宣传。三是加强标准体系建设，助推行业高质量发展。全国眼视光标准化技术委员会及眼科光学分技术委员会和眼视光服务分技术委员会正式成立，为提升眼镜产品质量，召开专题会研究制订提升措施。四是搭建交流合作平台，服务“双循环”新格局。密切关注疫情，在第二十一届上海展延期后，积极推进2022苏州国际眼镜业展览会的筹备，整理发布国外展会的翔实资讯，帮助企业重返国际会展舞台。五是推进行业职业教育体系建设，满足行业人才需要。以全国视光行指委为平台，开展视光职业教育相关工作；以各基地为抓手，开展眼镜行业职业能力评价，满足行业人才需要。六是扎实推进会员工作，不断创新工作方式。加强会员信息管理，汇总、宣传政府相关政策措施，推进与国外知名眼镜企业的交流。七是强化党建引领，完善组织体系。按时完成中国眼镜协会党支部换届；注册成立中镜传媒（重庆）有限责任公司并成立党支部；会员企业党组织覆盖率进一步提升，地方协会党支部党建有声有色。

杜同和强调，由于目前国内外环境更趋复杂，经济发展面临较多困难和挑战，国家经济工作把“稳字当头、稳中求进、稳增长”放在更加突出的地位。眼镜行业要按照党中央的总体部署和要求，全面贯彻新发展理念，坚定信心，迎难而上，下半年协会将重点抓好以下工作：

持续加强协会党建工作，强化政治引领。进一步深入学习领会习近平总书记关于社会组织改革发展和党的建设的重要论述精神，着力完善体制机制、强化政治引领、激发成长活力，深入推进党支部标准化规范化建设，丰富党建载体，以饱满的精神状态和工作热情迎接党的二十大的召开，不断探索协会党组织引领行业发展的有效途径。

进一步畅通与政府部门沟通渠道，提高服务行业工作能力。做好行业经济运行分析，掌握行业发展动态，预测行业发展趋势，及时反映行业发展难题，提高预警能力，为政府部门制定促进行业发展相关政策提供参考，努力为行业做好相关政策咨询和解读。

不断推进行业人才队伍建设。一是发挥视光行指委的作用，做好行业职业教育和培训工作，开好视光行指委第一次工作会议；二是继续推进验光员、定配工的职业能力行业评价工作，建立有利于行业人才发展的评价体系；三是根据疫情防控形势，适时举办第五届全国验光与配镜职业技能竞赛；四是办好云课堂和第十届视光论坛。

适时启动国内眼镜展会，增加行业商贸交流。研究和充分利用好中央及地方政府部门为中小企业纾困解难的政策，积极创造条件恢复国内展会，协助中小微企业参加境外展会。

完善标准体系建设，提升产品和服务质量。在眼视光大标委的统筹安排下，计划启动2个验配服务类国家标准的起草、10个推荐性标准的制修订。协会团标方面，计划启动2个团体标准的立项，继续推进《定制太阳镜和太阳镜片》等2项团体标准的审定和《配镜师职业规范》的论证。

积极促进企业履行社会责任，继续开展公益活动。坚持做好行业品牌公益活动，引领企业践行社会责任，培育行业公益力量，助推社会共同富裕。

杜同和最后强调，虽然眼镜行业目前面临各种困难和压力，但我们要看到全球经济恢复的趋势，国内经济长期向好的基本面，看到我国眼镜行业的发展韧性和巨大潜力。我们要坚定信心、坚持以习近平新时代中国特色社会主义思想为指引，立足新发展阶段，贯彻新发展理念，构建新发展格局，在变局中布新局，推动中国眼镜行业高质量发展。中国眼镜协会将全力服务于会员企业，为行业发展不断增添活力和动能。

会议审议通过了新修订的《中国眼镜协会分支机构管理办法》和《中国眼镜协会部分专业委员会主任委员建议名单》。各分支机构将结合工作需要对组织机构进行完善，增补副主任委员和秘书长等相关人员，并按照工作要求和分工，独立开展各项工作。

会议审议通过了《中国眼镜协会专家库管理暂行办法》，正式组建专家库，为推动行业发展提供强大的智力支持。专家顾问和第一批39名专家名单进行公示。会议通报了会员变更及新增情况。会议通报了“2022年一季度眼镜行业生产经营状况调研分析”。

全球经济复苏趋势、国内经济长期向好的基本面不会改变，中国眼镜协会将与会员企业一道勠力同心、共克时艰，对既定的各项工作共同谋划、协同推进，更好地激发行业潜能，促进眼镜行业高质量发展！

【中国眼镜协会荣获2021年度轻工业职业能力评价先进总站】 2022年7月28日，2022年轻工业职业能力评价工作会在宁波召开，中国轻工业联合会会长张崇和出席会议并讲话。

会议表彰了2021年度轻工业职业能力评价工作先进单位，部署了2022年职业能力评价工作，为新一批轻工业职业能力评价总站、基地授牌，为轻工业职业能力评价工作培训第四批考评员。中国眼镜协会荣获“2021年度轻工行业职业能力评价工作先进单位”表彰。

张崇和会长表示，在人社部指导下，中国轻工业联合会构建了适应轻工行业发展需要的技能人才评价机制。轻工业联合会全力推进轻工职业技能等级评价和职业能力评价工作。一是全面贯彻国家改革精神，二是评价制度更加完善，三是评价体系更加健全，四是教材标准及时更新，五是新职业评价积极开展，六是职业大典修订牵头参与，七是自主培训稳步推进。加强轻工技能人才队伍建设，是中国轻工业联合会推动轻工业高质量发展的六大手段之一。20多年来，中国轻工联高度重视职业技能评价工作，累计鉴定工种144个、近50万人，高技能人才占总鉴定人数的23%。轻工行业职业技能等级评价，为推动轻工强国建设提供了坚强的人才支撑。

会议授予中国眼镜协会等8家单位“2021年度轻工业职业能力评价先进总站、直属基地”称号，并为17家最新批复的总站、基地授牌。

中国眼镜协会副秘书长康颖向与会代表介绍了眼镜行业职业能力评价工作开展情况。截至2022年6月，眼镜行业已考评近4500人次。为进一步提升评价规模和质量，中国眼镜协会将继续加强评价推广力度，深入开展评价工作总结和经验分享，不断加强基础建设，强化对基地的监督和指导，持续更新完善试题库，让行业证书含金量更高、接受度更广、认可度更强。中国眼镜协会将凝聚更多行业共识，汇聚更多行业力量，为轻工高质量发展不断作出贡献。

【中国眼镜协会杜同和理事长会见鹰潭市余江区区长方淼滨一行】 2022年7月11日下午，中国轻工业联合会副会长、中国眼镜协会理事长杜同和会见了江西省鹰潭市余江区区长方淼滨一行。双方就推动余江区眼镜产业发展进行了深入交谈。中国眼镜协会副理事长兼秘书长戴维平、副理事长江波参加会见。

方淼滨区长介绍了余江区眼镜产业发展的整体情况，对中国眼镜协会长期以来的支持表示感谢。方淼滨表示，从鹰潭市到余江区，对眼镜产业的发展都非常重视，不断增强扶持力度，眼镜已发展成为四大产业之一。余江眼镜产业园区建设已经进入第五期，目前入驻企业达到260多家，规上企业超过30家，2021年主营业务收入43.93亿元，同比增长10.82%，产业工人1.5万余人，全年成镜产量约为1.8亿副，约占全国成镜产量的21%，逐渐呈现产业规模较大、产业聚集度高、生产配套较完善的显著特征。希望中国眼镜协会继续支持余江区发展，加大指导力度，加快余江的眼镜产业集群建设。

杜同和理事长对方淼滨区长一行表示欢迎。杜同和指出，我国眼镜架、眼镜片和眼镜零配件的生产加工总量占世界比重70%以上，稳居世界第一位，为国家稳增长、稳外贸、稳就业作出了突出贡献，发展优势持续强化。“十四五”时期，围绕眼镜产业的高质量发展，中国眼镜协会的着力点将在持续保持行业发展稳中加固、结构调整取得明显成效、不断增强自主创新能力、进一步健全标准体系、完善和优化产业布局、推进品牌战略、加强国际合作等方面。

杜同和表示，余江眼镜业有悠久的历史积淀和传承，近年来发展速度快、成果显著。中国眼镜协会将在产业升级规划、产业集群建设、自主品牌培育、技术人才培养等方面给予支持，助力余江眼镜在国内国际双循环的新发展格局中，保持强劲的发展动能，形成独特的发展优势。

【中国眼镜协会党支部组织全体员工收看党的二十大开幕实况直播】 2022年10月16日上午10时，中国共产党第二十次全国代表大会在北京人民大会堂隆重开幕。中国眼镜协会党支部组织全体党员和群众，通过电视、网络直播等渠道收看大会盛况，认真聆听习近平总书记代表十九届中央委员会向大会所作的报告，学习领会会议精神。

这次大会，是在全党全国各族人民迈上全面建设社会主义现代化国家新征程、向第二个百年奋斗目标进军的关键时刻召开的一次十分重要的大会。习近平总书记在报告中深刻阐述了过去五年的工作和新时代十年的伟大变革，科学审视当今世界和当代中国发展大势，全面把握新时代新征程党和国家事业发展新要求、人民群众新期待，从战略全局上科学谋划了未来 5 年乃至更长时期党和国家事业发展的目标任务和大政方针。

大家一致表示，要认真学习党的二十大报告，通过深入学习、深刻领会报告中提出的新思想、新判断、新目标、新举措，把思想和行动统一到大会的部署和要求上来，以更加饱满的热情和昂扬的精神投入到工作中。

奋进新征程，建功新时代。中国眼镜协会党支部将继续深入开展学习贯彻党的二十大精神的活动，切实把党的二十大精神落实到推动我国视光行业发展的各项工作中，牢记使命，砥砺前行，以高度的政治自觉、思想自觉、行动自觉，为建设“眼镜强国”，保障公众视力健康谱写更加绚丽的篇章！

【江苏省丹阳市眼镜商会】 丹阳市眼镜商会成立于 1999 年，已历时五届，现任会长由万新光学集团董事长汤龙保先生连任，现有会员 300 余家，均为丹阳地区眼镜业较有规模的企业。其中，有镜片、镜架、镜盒生产企业，还有配套企业、专业媒体以及商贸企业；企业主要分布在司徒镇、开发区和云阳街道，会员企业经济总量占全市眼镜行业经济总量 90% 以上；会员中有中国驰名商标 6 家、江苏省著名商标 18 家。丹阳市眼镜商会已成为国家级第二批团体标准试点单位以及镇江唯一一家“全国四好商会”。

商会下设光学镜架、光学镜片、青年委员会 3 个专业分委员会和司徒分会、电商分会 2 个分会。商会日常工作事务由秘书处负责，秘书处下设秘书长 1 名，其他工作人员 3 名。

商会的工作要领是：做政府需要做，但因对行业不了解需要商会配合去做的；做行业需要做，但是必须有组织协调起来才能做的；做企业需要做，但单个企业想做做不了的。为企业与企业、企业与市场、企业与政府、本地行业与外地行业搭起金色的桥梁。面向企业多服务、少干预、多帮忙、少添乱，保持行业持续、有序、健康的发展方向，为中国、为世界提供更多、更好的眼镜产品。

【浙江省眼镜商会】 浙江省眼镜商会 2014 年 12 月 29 日成立于杭州。商会业务主管单位为浙江省工商业联合会，并接受浙江省民政厅的监督管理。商会是以眼镜企业为主体的行业性、非营利、具有社团法人资格的专业性社会组织。其工作职责是调查研究，合作交流，咨询、培训，参与制定眼镜行业规划、眼镜行业标准，规范眼镜行业行为，受政府委托举办相关展览，承担政府委托的其他事项等。

自成立以来，浙江省眼镜商会在浙江省工商联和民政厅等省、市有关部门的重视、支持、关心下，在浙江省工商联会员处、社会组织管理局的具体指导下，在理事会领导和广大会员单位的积极参与和配合下，创造性、建设性、努力地开展商会各项工作，各项事业逐年推进，连续 5 年经年检检查为合格单位，5 年经考核都获得较好的成绩，其中连续 3 年被评为优秀单位，社会组织经评估为 5A 级商会，取得了积极进展和可喜成效，首届理事会向上级有关部门和会员单位交了一份比较满意的答卷。

商会已有中国、省、市著名品牌眼镜企业及其相关会员单位近 150 家，会员单位规模仍在发展之中。商会秉承全心全意为眼镜行业服务的宗旨，以“合作共赢”为终极目标，始终致力于团结国内外眼镜界一切力量，通过提供各种资讯、培训、宣传、投融资、展会等直接服务和间接服务方式，积极推进和发展国内外信息、技术和经验交流，全力构建眼镜企业增值平台。进一步深化创新服务举措，拓宽会员服务内涵，集全省同业之力，把浙江省眼镜商会打造成具有较高社会知名度、公信度；具有较强组织能力、创新能力和资源配置能力；致力于推动同业成长、客户满意、社会放心的学习型、创新型商会。商会将在会员服务、社会影响力、与国内外商（协）会联合、政府沟通等方面进行积极探索、努力创新方式，不断开创商会工作的新局面。

【深圳市眼镜行业协会】 深圳市眼镜行业协会成立于 2014 年，位于广东省深圳市，拥有会员 200 多家，现任会长为深圳市集美新材料股份有限公司董事长陈秋鹏。

作为全国五大眼镜产业基地之一，深圳眼镜行业共有眼镜企业 600 多家，涵盖眼镜产业的材料加工生产、设计、销售、品牌运营等各个领域，呈现出产业规模较大、产业集聚度高、生产配套完善、产品质量过硬的显著特征。眼镜相关产业配套完善，光学眼镜、太阳镜等产品门类齐全，框架、镜片、配件、电镀、机械、模具等配套应有尽有。据有关方面测算，世界知名眼镜品牌中约有60%来自于深圳制造。凭借高端的定位、过硬的产品质量，深圳眼镜在全国乃至世界眼镜行业都具有较高的知名度。数据显示，仅深圳龙岗区眼镜产业年产量就达1.25亿副，年产值超100亿元，其中出口占比超过80%。

深圳市眼镜行业协会成立以来始终秉承作为政府与企业之间良性沟通桥梁的定位宗旨，在做好社会服务的同时，带动行业健康发展。协会致力于行业调研、会员交流、会员培训，推动会员企业守法、自律经营。协会组织广大会员企业参与北京、上海及国外眼镜展会；与市、区各级相关部门联合开展政策宣讲会、对接会、知识产权培训班，运用政府资源为企业谋福利；协助产服集团做好研发总部大厦调研报告，大力推动项目进展；整合行业协会，组建秘书处团队，积极走访企业，为协会及企业做好宣传工作，有力促进了深圳眼镜行业的规范和发展。下一步，深圳市眼镜行业协会将以做强行业协会、办好市级展会、建立总部大厦、创立行业标准为目标继续努力。

【浙江省温州市眼镜商会】 温州市眼镜商会成立于1994年1月31日，现拥有会员厂商500余家，是中国眼镜协会的常务理事单位。温州眼镜业由眼镜配件、眼镜制造、眼镜电镀、镜片生产及批发零售等企业组成，行业内部已形成社会化分工、规模化配套、一条龙协作的产业体系。

为积极引导、推动眼镜产业的发展和提高。在中国眼镜协会的支持下，商会30余次组团参加意大利、美国、法国等地的眼镜展览会，获得了巨大成功。温州眼镜行业产品90%以上出口，是欧盟、南美、中东、东南亚、美国、俄罗斯、中国台湾、中国香港等国家和地区最大的眼镜贸易伙伴，产品遍及全球，从而成长为温州市四大支柱产业之一。商会创办于2005年的《中国眼镜制造》，至今已发行271期。每期发行量达5千份。同时，商会还拥有“温州市眼镜商会”“眼镜基地”等2个微信公众号，及时发布政府惠企政策及优秀行业信息。

商会自成立以来荣获多项荣誉：获2019—2020年度全国“四好”商会、2021年度省外贸预警点评级合格、2021年和2022年度市属行业协会杰出商会、2022年浙江省品牌社会组织、2020年市示范党组织等。国家、省、市级“四好”商会荣获满贯。

【浙江省台州市眼镜商会】 2022年12月4日下午，台州市眼镜商会成立大会暨第一届会员大会在临海市杜桥镇召开。临海市委常委、杜桥镇党委书记元宇峰出席会议。经过审议、选举投票等多个环节，大会选举产生台州市眼镜商会第一届理事会、监事会。理事会选举产生常务理事、会长、副会长、秘书长，监事会选举产生监事长、副监事长等。随后，举行了授牌仪式。

台州市眼镜商会的成立，实现了眼镜行业在台州经商办企的企业家的夙愿，也标志着广大眼镜行业从业人士有了自己的商会组织，这必将进一步促进广大会员企业的发展壮大，促进区域产业优势互补和合作交流。未来，商会成员将积极履行社会责任，主动参与社会事业建设，重团结、讲互勉、勤协作、共关爱，将秉持“做大企业、做强产业、做优行业”的宗旨，共同把台州眼镜行业企业的声誉和形象维护好、发扬好，全力答好“共同富裕”这一时代命题。

眼镜产业是台州的特色产业之一，有着悠久的历史。多年来，台州从单一卖眼镜，再到卖眼镜和生产眼镜并驾齐驱，台州“眼镜人”做出了正确的选择。目前，台州市眼镜产业已经成为国内知名的特色块状经济。全市现有眼镜生产及相关企业1800多家，规上企业46家，集设计、生产、销售于一体，产品涵盖眼镜、光学架、镜片、配件、表面处理及眼镜制造装备等六大体系上万个品种。台州眼镜产业从一个名不见经传的小行业，蝶变成一个充满生气、充满潜力的朝阳行业，倾注了台州“眼镜人”的毕生心血。

成立台州市眼镜商会，是台州眼镜产业发展的需要。商会将最大限度整合台州各县市区的眼镜资源，维护企业和消费者的合法权益，做强做大“台州眼镜”，打响“台州眼镜”品牌，使台州眼镜在国内外市场占有一席之地。台州市眼镜商会的成立，开创了“眼镜人”携手同行、共助发展的新纪元。商会将秉持“做大企业、做强产业、做优行业”的宗旨，抢抓机遇、坚定信心、砥砺前行，携手共创台州眼镜新辉煌。

【上海市眼镜行业协会】 上海市眼镜行业协会成立于2004年11月18日，现有会员单位300多家。协会的登记管理机关是上海市社团管理局，业务主管单位是上海市商务委。

上海市眼镜行业协会遵照上海市政府提出的“服务企业、规范行业、发展产业”行业协会方针，围绕社会、行业、企业和消费者需求，立足于“服务、自律、代表、协调”四项基本职能，本着“团结、诚信、领先、发展”的协会宗旨，求真务实、与时俱进，努力探索创新，不断提高服务水平，积极发挥协会的桥梁和纽带作用，团结广大会员，积极开展各项活动，热忱为政府、为行业、为会员企业和广大消费者提供服务；提倡行业自律，以标准化建设规范市场行为；引导会员勇于承担社会责任，诚信经营，积极参与社会公益活动；加快对高技能人才的培养力度，服务企业、规范行业、发展产业，走“创新驱动、转型发展”的道路。

上海市眼镜行业协会在行业同仁的精诚合作和支持下，热诚为会员提供服务，维护会员合法权益，提倡行业公平竞争，沟通会员与政府、社会的联系，协助政府在行业管理中发挥积极作用，全面促进上海和周边地区眼镜业的发展和繁荣。

上海是一个国际性大城市，眼镜业发展迅猛，眼镜零售企业已达2000余户，年销售逾30亿元；国际著名生产企业和国际品牌代理商总部纷纷入驻上海，成为全国乃至东南亚地区的眼镜销售中心、品牌中心。

上海市眼镜行业协会将本着“团结、诚信、领先、发展”的宗旨，团结奋斗，为实现协会的目标“让上海成为一个眼镜消费中心、品牌中心和时尚发布中心”而共同努力！

【四川省眼镜商会】 四川省眼镜商会于2006年5月29日成立于成都。商会业务主管单位为四川省商务厅，并接受四川省民政厅的监督管理。

商会设置会长、常务副会长、副会长等管理职位，由企业法人担任，负责审阅批准商会的工作计划，制定商会发展战略；设置常务理事、理事等执行职位，负责配合商会开展工作；设置专职秘书长职位，负责商会工作计划的制定和日常事务的处理。

商会的宗旨和目标是做好政府的助手、企业之间沟通的桥梁，及时准确地将政府的决策和有关大政方针传达到各企业，组织学习和领会，并落实到工作上；认真听取和收集企业的意见和发展需求，整合行业发展的整体工作思路，和政府沟通，以获得政府的理解和支持，创造出良好的行业经营环境；加强与国内外、港澳台地区同行们的交流以激活市场创造商机，并学习个中的技术、管理、市场策划引导的先进经验，提高全省眼镜行业水平。和各眼镜企业一起，从企业应承担的社会责任、技术及潮流时尚的发展趋势、企业自身发展的管理和技术需求等多个角度来分析行业急需解决的问题，组织策划系列的行业活动，从软硬件上提高管理服务水平，使得会员单位切实享受到商会提供的服务，并从中受益。

【山东省眼镜商会】 2019年5月，山东省眼镜商会在济南成立。山东省眼镜商会是在原山东省眼镜行业协会联盟的基础上，由从事眼镜及眼镜相关产品生产、验配、经营、服务的企业及相关社会团体等自愿发起，经山东省民政厅批准成立的全省性、行业性、非营利性的社会组织。商会拥有国际、国内一线供应商、省内外知名本专科院校、相关行业内著名专家学者等高端资源。注重通过咨询、培训、展会等多元化服务形式促进业内交流与协同协作，同时大力支持旗下优秀视光师、配镜师等开展爱国爱眼服务与视力健康教育。

山东省眼镜商会现有会员单位近300家，含批发、零售企业，囊括了山东省16个地市眼镜行业的佼佼者。这些企业本身有实力，发展前景良好，对行业发展具有引领作用，且影响广泛深远。商会的3个努力方向：一是加强行业自律，树立眼镜行业整体新形象；二是努力发挥桥梁和纽带作用；三是履行职责，服务企业，助推企业升级。

【江西省鹰潭市眼镜行业协会】 2018年6月27日，鹰潭市眼镜行业协会成立大会暨第一届第一次会员代表大会在鹰潭召开。来自中国眼镜协会，中国眼镜科技杂志社，重庆、浙江、广东、温州、厦门、深圳、丹阳、临海、玉环、瑞安、瓯海等省、市、区地方眼镜行业（商）协会及鹰潭眼镜行业协会的会员单位的近300位代表和嘉宾齐聚鹰潭，共襄盛会。中国眼镜协会理事长杜同和、鹰潭市常务副市长张福庆、鹰潭市余江县委书记路文革、中国眼镜协会秘书长戴维平、鹰潭市民政局副局长徐振火、鹰潭市余江县委常委王清和、全国眼镜标准化中心主任孙环宝、鹰潭市亨得利金属材料股份有限公司董事长任显初、鹰潭万成光学科技有限公司董事长赵牧夫在主席台前与参会代表共同见证了这一盛会。会议按照法定议程审议通过了《鹰潭眼镜行业协会章程》《鹰潭眼镜行业协会选举办法》《鹰潭眼镜行业协会财务制度》《鹰潭眼镜行业协会会费标准》等文件。

大会选举产生了第一届理事会的会长、副会长、秘书长和理事单位，并聘请江西华清眼镜有限公司郭茂群为协会名誉会长。

鹰潭眼镜行业协会将带领全体会员，以“开放包容、诚实守信、厚德重义”的精神，创建鹰潭眼镜区域品牌，促进鹰潭眼镜行业健康持续发展，共筑“百年产业、百亿产值”的眼镜梦。为鹰潭的经济社会发展添砖加瓦，贡献力量。

【福建省厦门市眼镜协会】 厦门市眼镜协会成立于2004年10月11日，是厦门行政区域内眼镜生产、零售及其他相关零配件企业自发组建的行业自律性社会组织。目前有会员单位100多家，基本上吸纳了厦门从事与眼镜产品相关的主要企业。

厦门市眼镜制造业主要是在20世纪80年代末90年代初，由台湾一批优秀的眼镜生产企业及配套厂移师厦门，逐渐建立完善起来。之后，随着一批国内眼镜工厂的建立发展和外省眼镜企业在厦门投资设厂，厦门市建成以太阳镜为主体，兼有偏光镜片、光学镜片、眼镜架、生产设备等门类相对齐全的眼镜制造行业，形成了从材料、零件、电镀、成镜、包装到批发零售等完整的产业链，企业规模大、工艺完整、品种齐全、档次高、品牌优势明显，生产规模、技术水平在国内乃至世界上都已达到较高的水平，厦门于2009年、2022年获得中国轻工联和中国眼镜协会颁发的“中国太阳眼镜生产基地”荣誉称号。

厦门市眼镜协会的成立，是厦门眼镜行业自身不断发展壮大的必然要求。协会成立以来一直致力于公益事业的发展，一直以“做好政府和企业之间的桥梁，成为会员沟通的平台，促进会员企业全面发展”为宗旨，有力地促进厦门眼镜行业的规范和发展。

【浙江省台州市椒江区眼镜行业协会】 浙江省台州市椒江区眼镜行业协会成立于2019年11月。协会坚持“提供服务，反映诉求，规范行业”的办会方向，以“同行同心、共同发展，互帮互助、共同进步”为主要职责，积极搭建眼镜行业信息交流、开拓市场、共谋发展的平台，努力做好政府与企业、企业与企业之间的桥梁纽带，充分发挥行业自律作用，督促企业诚信经营，推动眼镜行业高质量发展，为推进共同富裕示范区建设作出新贡献。

眼镜行业是椒江创业富民、带动就业的支柱产业，也是椒江的传统民生赋能产业。椒江区眼镜企业生产的眼镜品类齐全，太阳镜、老花镜、光学架及各类配件实现全覆盖；销售渠道广阔，从本地的眼镜批发市场到义乌国际商贸城、从浙江眼镜城到北京眼镜城、从内销到外贸、从传统销售到线上销售，椒江眼镜人的身影几乎无处不在。

由于经营理念的限制等历史原因，椒江眼镜一直处在分散生产经营状态，低小散的现状没有得到根本的改善。椒江区眼镜企业在行业协会的引导下走上抱团高质量发展的道路后，时刻牢记党和政府的关心支持，牢记自己承担的社会责任，听党话、感党恩、跟党走，投身共同富裕示范区建设。在台州市工商联组织的“百家商会兴百村”行动中，会员企业主动为村里60岁以上贫困群体提供眼镜包装等劳务协作，使他们每人每天有100元以上的劳务收入。会员企业台州市亮洁超细纤维品有限公司每年为地方提供1000万元以上劳务业务，帮助500多户困难户年增加收入2万元以上，有力推进地方共同富裕建设。

在椒江区眼镜行业协会的努力和推动下，目前，椒江眼镜集群化发展趋势凸显，已经形成六联、陶家、横蒋、小微创业园及建设、杨司等六大眼镜产业区块，眼镜电商发展如火如荼，更多的规模上企业和上亿产值企业如雨后春笋般冒出，椒江眼镜进入新的发展机遇期，向着更科技、更时尚、更高端的品牌战略跨越。

【河北省新河县眼镜盒行业协会】 河北省新河县眼镜盒行业协会，是由新河县民政局于2003年4月15日批准登记的社会团体。协会负责组织协调有关部门对企业开展多种形式的指导服务活动，提供眼镜盒、眼镜布行业信息服务。

多年来，协会积极组织会员企业参加全国重要展览会如北京、上海、温州等地专业展览会，展示“新河眼镜盒基地”的名片和企业形象。协会现有鑫梦达光学、浩源盒业、蓝驰实业、通用包装、东风盒业知名代表性企业等60多家会员企业。

新河县眼镜行业发源于20世纪70年代初，经过近50年的持续发展，形成了以前保镜盒工业园区为龙头的企业制造厂家，扩展到全县各个角落，目前镜盒行业已有大小近400家企业，全县18万人口中每18人就有1人从事镜盒工作，为当地经济发展和民生作出突出贡献。世界眼镜盒看中国，其中新河眼镜盒年产约6亿只，产品款式多样化，200多个品种，销售占国内市场60%的份额，出口量占40%的份额。新河眼镜盒远销东南亚、俄罗斯、日韩及南美等国家和地区，为中国八大眼镜生产基地之一。

【四川省眼镜商会第四届三次大会第二次会长会召开】 2022年1月10日，四川省眼镜商会第四届三次大会第二次会长会在成都召开，来自全省32家副会长及以上单位出席会议。中共四川省社会组织第二综合委员会第一联合支部委员会书记林全中、副书记蒋文彬、办公室主任杨帆，四川科力职业学校校长李晓东等领导及嘉宾应邀出席了会议。

会议听取了商会秘书长彭良所作的第四届三次大会第一次会长会以来的工作汇报及下一步的工作计划，听取了执行会长苏立林作的第四季度财务报告，表决通过了新申请入会理事单位 。

验配职业技能大赛副总裁判长朱晋总结了历届大赛的情况，强调大赛能够带动企业员工学习和练兵的意识，全面提升验配人员的技能和服务质量，为企业高质量发展提供强有力的人才保障。他建议，大赛组委会能组织晋级第五届全国验光与配镜职业技能竞赛决赛的选手进行赛前集训，争取在决赛中赛出优异的成绩。商会副会长龚赟介绍线上和线下销售隐形眼镜的现状，并在通过线下门店模式、承载线下门店的线上平台、社群私域等方面进行了讲解。

商会会长杨亦米要求，商会要争取尽快建立中国轻工业联合会眼镜行业职业技能等级评价基地；通过与职业院校的合作方式，根据会员单位及员工工作需要进行培训，通过相关培训，培养一批技术精湛、素质全面及实践能力优秀的眼视光人才。

会议期间，参会人员还就线上营销、人工智能发展前景、技术人才管理和培养、青少年近视防控、关爱中老年人眼健康和提升消费者的科学消费意识等进行了深入交流和探讨。

【湖南省眼镜商会召开2021年度会员代表大会暨年度表彰大会】 2022年1月18日，湖南省眼镜商会2021年度会员代表大会暨年度表彰大会在长沙举行。

陈锋会长代表商会作2021年度工作报告。报告指出，2021年，湖南省眼镜商会在服务会员、服务行业，维护消费者正当权益，满足人民群众对美好视力的需求等方面取得较好成绩。商会再次被评为全国“四好”商会，省优化办授予“全省优化营商环境监督测评点”、省消保委授予“湖南省眼镜行业消费者投诉站”，成立“湖南省眼镜商会人民调解委员会”。商会党支部获得“先进基层党组织”表彰。尤其是注重建设行业培训基地，成立全国首家“眼视光标准化技术委员会”，持续组织的湖南省眼视光与配镜职业技能竞赛获得省工商联2021年度商协会品牌工作。

【丹阳市眼镜商会积极开展团体标准化工作】 为了统一防雾树脂镜片标准，保证眼镜行业市场的规范性，提高产品质量，加强行业商会与会员企业、消费者以及其他市场主体的联系，由丹阳市眼镜商会牵头、国家眼镜产品质量监督检验中心技术支持，于2021年11月12日召开了《防雾眼镜镜片》团体标准预备会议，对标准制定进行座谈。

2022年2月21—23日，丹阳市眼镜商会秘书长袁红锦和国家眼镜产品质量监督检验中心副主任刘红军、检验部部长林眉德针对防雾镜片的要求和测试方法进行调研，先后走访了8家生产企业。

标准的制定需要经过不断的调查分析、实验和论证。丹阳市眼镜商会希望更多具有商业价值和社会价值的科技成果，通过团体标准的作用，更好地促进科技成果向实际产品的转化，让消费者更快地享受到更先进且有质量保障的产品。同时希望更多的企业参与团体标准制定，将专利等科技成果融入团体标准，推动产业转型升级。

【温州国际眼镜展组委会走访玉环、临海、椒江眼镜行业协会】 2022 年 2 月 23 日，在温州市眼镜商会秘书长许海州的带领下，温州国际眼镜展总经理苏苗守、项目经理王晓克、市场经理章温泼赴台州考察、交流，就两地各区眼镜行业发展情况、第二十届温州国际眼镜展筹备情况以及行业重要事件、热点问题进行交流与深入讨论。

【中国眼谷与温州眼健康展考察视光领域世界头部企业】 2022 年 2 月，中国眼谷与温州眼健康展组成考察团相继考察业界世界 500 强、上市公司、隐形冠军企业，包括强生、艾伯维、爱尔康、欧几里得、moody、依视路、博士伦、明月、凯乐康、新视客、佳琦等，通过深入交流从品牌形象、影响力、权威性、学术性、公共关系等方面了解当下企业的发展需求，为未来展会头部企业开发制定策略提供参考，进一步推进温州眼健康展项目工作开展。

【深圳市眼镜协会与深圳揭阳商会青年联合会交流发展建设】 2022 年 3 月 3 日，深圳市眼镜行业协会秘书长蔡斌、设计师专委会主任陈锦辉接待了深圳市揭阳商会青年联合会（以下简称深圳揭青）秘书处一行，就共同关心的商协会运营建设和青年一代在深圳创业就业进行交流。

蔡斌秘书长表示，深圳是一个包容性强、活力十足的城市。青年的核心在于有充分的可塑性和可能性，深圳揭青由众多潮二代、创二代组成，深眼协也有新一代青年创业者、从业者，双方有着共同的特性和方向。在秘书处服务方面，双方可以加强交流，互利互惠，从会员企业需求着眼，分片区、细分类开展相关活动和服务。同时，双方也有意向联合发起相关行业活动，促进会务与企业间协同发展。

【厦门市社会组织总会到厦门眼镜协会走访座谈】 2022 年 3 月 4 日上午，厦门市社会组织总会会长傅新发、党支部书记刘光彩、办公室主任欧阳雪琴、农业银行代表四人一行，到厦门市眼镜协会走访座谈。协会监事长吴玉霞、副会长吴建斌、秘书长戴雨棋代表协会接待，对总会的到来表示热烈的欢迎。

协会监事长吴玉霞、副会长吴建斌、秘书长戴雨棋介绍了协会目前的会员规模、发展情况、工作方向，并对社会组织总会一直以来对协会的关心、支持表示感谢。傅新发会长对眼镜协会的办会情况表示肯定和赞许，也希望今后继续多与总会互动交流。总会鼓励眼镜协会在 4A 协会的基础上再接再厉，持续提高服务质量，拓宽工作效能，加强党建工作，争创 5A 协会。

【温州市眼镜商会一行参观考察中国眼谷】 2022 年 3 月 8 日，温州市眼镜商会一行组织参观考察中国眼谷。温州市眼镜商会领导，商会理事单位代表及部分重点眼镜企业代表共 65 人参加参观考察。代表们参观了位于温州龙湾的中国眼谷，并与中国眼谷方进行了交流座谈。

参观结束后，双方代表进行了交流座谈，中国眼谷理事会理事长瞿佳教授致辞，清大视光、优眼科技、浙江国眼、温州谱希及清大光德五家眼谷入驻企业负责人对各自企业的研发、生产以及发展概况做介绍，让与会代表对中国眼谷的科创平台属性有了更为深入的了解。

【广州市眼镜行业商会与广州计量院签约合作】 2022 年 3 月 10 日，广州计量院在广州市市场监管局指导下，与广州市眼镜行业商会签署战略合作协议，并在广州计量院科学城基地举办“计量助力‘六稳’‘六保’”签约仪式。

广州计量院与广州市眼镜行业商会将共同为中小眼镜企业提供帮扶，包括向企业提供眼镜产品检验服务、技术培训和技术指导等，对提升广州眼镜产业的产品质量和市场竞争力起到促进作用。

【湖北省眼镜行业协会做客“3·15 维权进行时”】 2022 年 3 月 14 日下午，湖北省眼镜行业协会一行四人，应《湖北楚天都市报》社邀请，做客“极目 3·15 维权进行时”栏目，接听“市民有约”热线，解答如何科学配镜，宣传科学用眼小知识。

湖北省眼镜行业协会建议，眼镜是一种具有特殊属性的商品，一副眼镜的好坏直接关系到顾客的视力健康；配眼镜也是一个非常专业的过程，从屈光检查，到眼镜架、眼镜片的选择，再到眼镜的配装、检验、调整，以及售后服务，全过程都需要专业人员的精细服务。不同的眼镜具备的功能不同，经常看远的人和看近的人佩戴的眼镜不一样，看电脑和看手机时使用的眼镜也不一样。消费者可根据实际需要，多准备几副眼镜。每天2小时阳光下的户外活动，能促进人体分泌多巴胺。多巴胺能延缓眼轴发展，对保护视力有重要作用。消费者在选择个性夸张的镜架时，一定要先听取配镜师的专业性建议再做决定；对于有意尝试网上配镜的消费者，建议首选在当地有实体店的线上店选购。

【温州市眼镜商会青年委员会一行参观瓯海眼镜】 2022年4月9日，温州市眼镜商会青年委员会执委代表及部分商会代表共21人，在温州市眼镜商会青年委员会的组织下，参观考察了温州市瓯海眼镜有限公司的新产业园，并在瓯海眼镜产业园会议室进行了交流座谈。青委会执委代表们就目前行业所面临的汇率下跌、工资价格上涨、原材料价格上涨、订单量减少等问题对制造企业造成的影响，进行了分析和讨论。

本次参观交流活动增进了温州市眼镜商会青年委员会与瓯海眼镜的感情，双方也将在未来建立更加深入的信息交流机制，积极分享行业资讯以及进行技术研讨。

【厦门眼镜行业与盈趣科技共话数字化转型升级】 2022年4月20日，在厦门市工信局副局长邓建华带领下，厦门眼镜协会副会长、雅瑞光学周斌，华茂光学陈聪文，悦尚光学王琴琴，艾普偏光科技许世珠等近50位厦门眼镜领军企业家调研厦门盈趣科技股份有限公司，针对企业数字化转型进行研讨交流。

盈趣科技介绍了公司基于UMS平台，为中小企业赋能，包括AEES敏捷执行系统和智能装备，为全球创新企业和国内多个行业领军企业服务，建设基于5G的工业互联网平台，开发部署工业应用场景，并为行业共性问题提供整体解决方案等基本情况。盈趣科技从早年的高端VR眼镜和视频眼镜，到现在的脑电波仪器和智能眼镜产品均有布局，在可穿戴产品领域是国家智能化示范工厂，从产品创新层面愿意与行业一同发展，拥抱元宇宙时代。从眼镜行业到眼视光产业，是行业的创新发展，也是数字化助力行业产品升级。盈趣顺应时代的发展，将自主开发的MES系统（UMS）与WMS（仓储管理系统）ERP系统打通，实现数据实时的互联互通，确保库存数据的及时性和准确性，集成了国内先进的电气控制系统WCS，实现自动高效出入库、配货、信息查询等各项仓储作业，有效解决仓储管理上的料账准确性、做账及时性等痛点。

各位代表参观了盈趣科技的智慧仓储、智能立体仓库和智慧车间。盈趣科技负责人逐一介绍企业在产品开发、供应链、过程控制、客户服务等方面高度数字化的管理流程。

【丹阳市眼镜商会举行《广告法》在线培训】 2022年5月7日上午，丹阳市眼镜商会举办眼镜行业《广告法》腾讯线上培训会议。这是眼镜商会为全面提升丹阳眼镜企业产品、规范管理企业品牌营销宣传等而举办的。培训会邀请市场监管、司法行政、广告代理等方面的专家讲解授课，全市近100家眼镜行业企业参加培训。

【厦门市眼镜协会组织会员参与第五届厦门质量品牌故事大赛】 为贯彻落实厦门市委市政府《关于开展质量提升行动推动质量强市建设的实施意见》精神，讲好厦门质量品牌故事，提升厦门品牌影响力，厦门市决定于2022年5月10日（中国品牌日）举办第五届厦门质量品牌故事大赛，由厦门市质量协会承办比赛组织工作。

厦门市眼镜协会组织15个品牌企业参加活动。大赛旨在宣传展示厦门企业全面贯彻新发展理念、坚持走高质量、可持续发展道路，努力践行“双碳”目标，共创、共享美好未来的品牌故事。参赛作品均须由参赛者原创，作品内容要求紧扣比赛主题，以演讲的形式分享展示企业的质量品牌故事。

【瓯海眼镜协会召开“防疫情、稳经济、保安全、促环保”座谈会】 2022年6月15日下午，瓯海眼镜协会召开“防疫情、稳经济、保安全、促环保”座谈会，重点交流企业污染防治相关工作。温州市生态环境局瓯海分局副局长黄相飞、分局中心所所长戴海广、瓯海区眼镜行业协会会长周爱松、协会党委书记林建平、浙江竟成环保科技相关负责人以及正大眼镜、蔚蓝眼镜、亚宝眼镜、冠豪眼镜等10余家眼镜企业负责人参加了会议。

竟成环保有关负责人汇报了一年多来从事眼镜行业“环保管家”方面的工作情况及成效。自

2021年3月，眼镜企业“环保管家”集体签约以来，根据环保规范相关要求，共为12家眼镜企业进行8000多次运维检测，帮助企业进行整改完善，助力绿色发展。

【长沙市眼镜商会加强校企合作促进人才培养】 2022年5月27日下午，长沙市眼镜商会热情接待了长沙卫生职业学院副院长彭骅带领的学校招生就业处、科研处有关领导，眼视光口腔学院副院长张红艳等一行，双方就“校企合作、人才培养、扩大就业”等方面进行了座谈。长沙市眼镜商会会长章亮明、执行会长陶洪波、秘书长邓曙光等，以及湖南省眼镜商会执行会长周术、秘书长周红霞及企业代表参加了座谈会。

围绕着加强校企合作，人才培养，稳岗就业等问题，眼镜行业14位企业负责人先后发言，大家一致认为，共同帮助学生树立正确的就业理念，提高学生对于眼视光就业方向的认识，是商会和企业家的共同责任。

会前，参会人员参观位于白沙路的湖南省章亮明技能大师工作室，并进行交流。

【江苏省眼镜协会受邀参加校企合作专题研讨会】 2022年6月1日，无锡工艺职业技术学院眼视光技术专业访企托岗促就业专题研讨会在江苏省宜兴市召开。无锡工艺职业技术学院院长邵汉强、副院长谢建平，及相关部门负责人在线下参加会议。江苏万新光学有限公司、毛源昌眼镜有限公司、无锡计量博视眼镜有限公司、南京欧普康视有限公司等企业代表以及江苏、浙江、上海、福建、江西等省市的有关企业代表在线上参加会议。

江苏省眼镜协会、江苏省工商联眼镜行业商会会长蔡来成应邀线上参加会议。会议就学校与企业面对面研究人才培养方向、托岗就业等问题进行了研讨。蔡来成对本次会议所具有的现实意义表示肯定，并祝愿会议取得圆满成功。他认为会上所研讨的内容对托岗就业，复工复产能够起到积极作用；希望本次会议后，学校与企业能够有更多交流联系合作，共同搞好专业人才培养，促进就业，促进行业企业生产经营和经济发展，在复工复产中不断取得新业绩。

【江苏省工商联领导到江苏省眼镜协会调研】 2022年6月17日下午，江苏省工商联党组成员、副主席熊杰，江苏省总商会党委副书记杨栋一行，到江苏省眼镜协会调研。海昌隐形眼镜有限公司、江苏东方眼镜有限公司、上海立德眼镜有限公司等生产企业的代表，南京金陵科技学院视光系、南京医科大学眼科医院配镜中心、易科眼镜职业技术培训学校的代表，南京欧陆眼镜有限公司、南吴眼镜有限公司、南京四明眼镜有限公司、南京精益眼镜有限公司等零售企业的代表以及江苏省眼镜协会会长、副会长等出席会议。

江苏省眼镜协会会长蔡来成汇报了党支部成立以来的党建工作和商会工作，学校和企业代表介绍了校企联合和复工复产情况，相互之间展开了简短的交流。熊杰在会议结束前讲话，他对省眼镜协会党支部成立以来的党建工作表示赞扬，对支部和协会的工作及抓党建引领会建和行业健康发展提出了要求。

【湖北省眼镜行业协会设立消费维权站】 2022年6月18日，湖北省眼镜行业协会积极倡导各会员单位入驻湖北省消费者委员会开设的“湖北315消费投诉和解平台”，并在部分副会长单位设立“湖北省消费者委员会湖北省眼镜行业消费维权站”，帮助消费者依法维权。

湖北省眼镜行业协会坚持“消费争议，和解为上”原则，首批在副会长单位选择责任感强、专业程度高的企业，根据湖北省眼镜行业协会团体标准《定配眼镜投诉服务规范》，设立“湖北省眼镜行业消费维权站”，接受消费者的质量咨询和投诉协调服务（不对消费者提供的商品质量做判定）。

设立消费维权站的企业，将在门店悬挂统一制作的铭牌，并开辟独立空间设立定配眼镜质量终检台，至少配备2名培训合格的“定配眼镜终检员”持证、挂牌上岗，相关企业信息也将在湖北省消费者委员会公众平台、湖北省眼镜行业协会公众号平台公示。

【丹阳眼镜商会发布行业2022年度薪酬激励“能级工资”指导标准】 2022年6月21日上午，丹阳市举行推行企业“能级工资”发布会。丹阳市眼镜商会负责人介绍了“能级工资”的改革和创新给眼镜行业健康发展带来的积极变化，发布了《丹阳市眼镜行业2022年度薪酬激励“能级工资”指导标准》。

由于新冠肺炎受疫情的影响，经济下行压力加大。根据这一情况，从 2021 年开始，丹阳市总工会和商会从保护职工权益、守护企业效益、维护行业发展出发，以眼镜行业为试点单位，对原有的“能级工资”相关规定进行了重新修订，经试行后 2022 年初正式推出了《丹阳市眼镜行业 2022 年度薪酬激励“能级工资”指导标准》，打造出工资集体协商的 2. 0 版。该标准更加细致和规范，在原有的规定上进一步细化和量化，具有可操作、可执行、可复制、可推广特征。该标准更能体现出“多劳者多得”“技高者多得”的奖励激励机制，实现职工收入“高起来”，企业规模“壮起来”，行业发展“强起来”的改革目的。

从试行后的效果来看，一是大大激发了工人学知识、学技术、搞发明、搞创造的积极性；二是有效破解了眼镜企业的“用工荒”，为企业的生产经营稳步发展奠定了坚实基础；三是极大地促进了整个眼镜行业的健康快速发展。据统计，2022 年一季度，丹阳市眼镜行业稳步发展。眼镜制造业销售收入 29. 65 亿元，同比增长 11. 77%；出口销售 1. 21 亿美元，同比增长 24. 93%。

一个良好和谐的劳动关系，一个薪酬合理的工资制度，对于职工、企业、行业等几个方面来说，都具有“压舱石”和“稳定器”的重要作用。在疫情防控常态化、经济不确定因素增大的情况下，市场主体尤其是中小企业的稳定发展才是当前经济工作的重中之重。

【丹阳市眼镜商会召开二季度会长会议】 2022 年 6 月 27 日，丹阳市眼镜商会召开 2022 年第二季度会长会议，学习习近平总书记相关讲话及文件精神、研究探讨丹阳眼镜产业链的未来发展之路，通报商会第一、二季度主要工作，部署下半年工作计划。丹阳市眼镜产业链链长、市人大常委会主任赵立群，丹阳市委常委、统战部部长杭春云，丹阳市委统战部副部长、市工商联党组书记赵锦昌以及会长和常务副会长、副会长共计 21 人参加会议。丹阳市眼镜商会秘书长袁红锦主持会议。

会议第一场围绕“积极推动丹阳市眼镜行业产业链优化发展”的主题召开。首先由丹阳眼镜城（原丹阳眼镜小镇）进行项目推介，有关负责人就丹阳眼镜城的建设如何结合产业链的发展推动眼镜产业向时尚、健康产业发展作了分享交流。

丹阳市眼镜产业链链长赵立群就当下眼镜行业发展，从政府、行业商会、企业、眼镜城等角度发表意见，规划了丹阳眼镜未来产业发展蓝图，为行业发展树立了信心。赵立群建议，丹阳眼镜要从全球市场宏观角度上来谋划眼镜产业发展，要健全产业链，补齐短板，凸显供应链成本、劳动力成本、营商环境等优势，完善产业链配套措施，进而达到全面优化产业链结构，提高产业附加值，在制造链条里生产出更高质量的产品，从而提升丹阳眼镜在全球制造业价值链上的质量水平。

部分企业作了交流发言。商会常务副会长单位康美达光学董事长裘先富提出对于企业的不合格品要做好行业规范处理，不能流入市场再（低价）销售；副会长单位天润光学总经理赵留琴提出企业该如何重视对“丹阳眼镜”制造区域品牌的打造；格林视通董事长征平干提出了行业如何有效地规范安全、环保的问题；深圳万新董事长冷丹平、施洛华董事长蔡其珍、超越董事长刘教新等就丹阳镜架工业设计、品牌发展等提出了意见建议。

会议第二场召开商会会长会议。在丹阳市工商联党组书记赵锦昌的带领下，参会人员认真学习了习近平总书记对新时代民营经济统战工作的重要指示精神。秘书长袁红锦对丹阳市眼镜商会第一、二季度工作进行了通报。过去 5 个月，尽管受新冠疫情、俄乌战争等影响，丹阳眼镜还是取得了较为平稳的成绩。据 1—5 月份最新统计数据，眼镜制造业销售收入 49.5 亿元，同比增长 10. 71%；海关统计，出口销售 2. 74 亿美元，同比增长 21. 4%。眼镜行业持续增长，大大鼓舞了行业发展的信心。商会从 4 个方面总结了上半年主要工作内容。一是开展专题培训，提高企业竞争力。举办行业质量标准培训、广告法在线培训等，配合政府部门规范行业发展，促进行业转型升级和高质量发展。二是深化调研和交流，助推发展内动力。持续制订行业团体标准，引领行业高质量发展。针对《防雾镜片》团体标准中的要求和测试方法进行持续走访和调研；大走访、深调研、强服务，为企业稳定运行保驾护航。撰写和形成了《疫情冲击下丹阳市眼镜行业产业调研》，协调各方力量，切实化解克服企业发展中的难点、痛点。历时三个月调研完成《丹阳树脂镜片生产企业环境保护规范化管理指南》初稿。配合政府部门启动“建立健全保障民营经济健康发展合作机制”；配合参与产业链发展等座谈、调研会，为驱动产业高质量发展建言献策。三是推动基地建设、助力高质量发展。2月中旬，丹阳市电子商务公共服务中心正式入驻丹阳眼镜电商产业园。上半年商会秘书处完成了商务部国家级眼镜外贸转型升级基地考核验收；完成《江苏省工商联团体标准领跑者》申报、2022年《中眼协2021年度轻工业产业集群运行情况》汇报、江苏省工商联先进集体、2021—2022全国“四好”商会申报以及在眼镜行业开展“十大眼镜工匠”“十佳工艺操作法”和“十对名师高徒”的评选工作。6月21日，丹阳市总工会举行推行企业“能级工资”发布会，眼镜商会发布了《丹阳市眼镜行业2022年度薪酬激励“能级工资”指导标准》，打造了工资集体协商的2.0版，让职工在技能提升中提高收入，让企业在技术创新上提高收益。四是关注民生事业、推进公益活动。围绕使命，积极贯彻落实国家近视防控战略目标，全国爱眼日期间分别在司徒中心小学和延陵蒲公英之家进行“走进校园公益筛查”并捐建“丹阳眼镜爱眼小屋”。针对上半年疫情，商会联系会员分别向在抗疫一线的丹阳、陕西等多地部门捐赠各类防疫物资，捐赠物资金额达10万余元。

由于目前国内外环境更趋复杂、经济发展面临较多困难和挑战，商会下半年工作主要围绕国家经济把“稳字当头、稳中求进”放在更加突出地位的发展理念展开。

会议就《丹阳树脂镜片环保标准作业指导书》、成立丹阳眼镜商学院、2022年理事会召开等事宜进行了协商讨论，一致通过了商会关于“普通会员会费减免一年”的工作提议。

常务副会长谢公晚在会上就“如何从渠道品牌到消费者品牌的打造”“规划好生产的（优势、附加值高的）产品”“优化生产线，提升企业利润率（如智能化改造等）”“安全环保等规范的升级”等做了分享。

丹阳市眼镜商会会长汤龙保表示，“思路决定出路”，丹阳眼镜要想跳出丹阳，就要不断地寻找行业发展方向、把握住新的转折点，依托产业链发展带动整个行业发展。企业要审时度势，适时调整战略决策，积极打造“品牌”的力量，用品牌效应带动品牌质量的提升，这是行业需要共同努力的方向。还指出行业环保必须规范化管理，由商会、企业、环保部门等多方协商调研，出台环保标准作业指导书，作为企业规范管理的参考，并强调了必须高度重视安全生产。

【南京眼镜行业协会（商会）召开代表会议】 2022年6月30日下午，南京眼镜行业协会（南京市工商联眼镜行业商会）六届一次（三届一次）理事会、会员代表会议在江苏金陵职业技术学校召开。南京市政协、南京市商务局、南京市社管局、南京市工商联等部门有关领导、南京眼镜行业协会第五届理事会会长、常务副会长以及协会各会员单位代表出席会议。南京眼镜行业协会第五届理事会会长蔡文朗作理事会工作报告；协会秘书长姚成作五届理事会财务工作报告，全体会员审议通过了两项报告。

会议通过了第六届理事会章程修正案和新一届理事会选举办法。选举产生了南京眼镜行业协会（南京市工商联眼镜行业商会）新一届理事会领导班子，刘海勇为会长；明亮眼镜董事长肖绍静、协会第五届理事会会长蔡文朗为名誉会长。通过了第六届理事会会费收取标准。刘海勇代表新一届理事会领导班子发言，他首先向与会领导以及各会员单位的支持和信任表示感谢，并对今后的协会工作做了部署。

南京市商务局副局长富宁宏代表南京市商务局发言，对南京眼镜行业协会、南京市工商联眼镜行业商会顺利换届以及协会新一届领导班子组成表示热烈祝贺，并指出眼镜行业涉及国计民生，关系广大人民群众视力健康，在眼镜产品生产流程和眼镜验配服务业，协会（商会）要做好行业自律，服务好会员企业，服务好消费者。

【深圳市眼镜行业协会参观考察瓯海眼镜小镇】 2022年7月13日上午，深圳市眼镜行业协会及深圳园山街道一行参观考察中国（瓯海）眼镜小镇和中国（瓯海）眼镜跨境电商园。

本次调研学习不仅仅是眼镜行业间跨区域的交流，更是眼镜协会之间紧密合作的起点。如何在新的情况之下，持续高效地开展协会与企业之间的活动以及推动电商产业带，是本次走访学习的重点。

【广州市眼镜行业商会召开执行会长（扩大）会议】 2022 年 7 月 15 日下午，广州市眼镜行业商会召开第十一届第五次执行会长（扩大）会议，商会会长何锦泉，执行会长、常务副会长等 10 余人出席会议。

会议决定，8 月 26 日召开商会年度理事会会议，会议将采用传统和创新相结合的形式，除了作理事会工作报告外，还将以论坛的形式，邀请各理事单位企业代表上台，以“在新形势下寻求企业和行业的生存发展之道”为主题分享经验和交流建议，启发新思维，碰撞新火花。

何锦泉会长感谢大家对商会工作的支持。他表示，将以身作则，带领会员守望相助，共同发展，更希望大家齐心协力，共同为商会建设贡献力量！

【丹阳市眼镜商会被表彰为“全省商会组织先进集体”】 2022 年 7 月 18 日，江苏省工商业联合会第十二次代表大会在南京召开。会上，丹阳市眼镜商会被表彰为“全省商会组织先进集体”。

丹阳市眼镜商会自 1999 年成立以来，已历经五届，现有会员企业 313 家，均为规模企业，组成了较完整的产业链。多年来，在商会的不断努力下，行业获得过多项殊荣，2017 年至 2020 年连续四年被全国工商联认定为全国“四好”商会；2021 年被中国轻工业联合会授予“轻工业先进产业集群”，丹阳眼镜跨境电商产业园被认定为“2021 年度江苏省跨境电子商务产业园”，丹阳被认定为中国眼镜生产基地、国家外贸转型升级基地。

在丹阳市工商联的引领下，丹阳市眼镜商会高度重视党建工作，切实发挥政治核心作用，领导班子团结一致，组织广大会员学习贯彻习近平新时代中国特色社会主义思想，扎实开展理想信念教育，积极搭建服务平台，运转高效、凝聚力强，着力打造商会自身良好的建设和发展，为产业持续健康发展作出了贡献。

【丹阳市眼镜商会解读《树脂镜片行业环境保护规范化管理指南》】 2022 年 8 月 11 日，丹阳市眼镜商会召开五届四次理事会议。讨论第四版《树脂镜片行业环境保护规范化管理指南》征求意见稿，解读税费征收相关优惠政策，对上半年丹阳市眼镜产品行业抽查进行数据分析，研究探讨丹阳眼镜产业链的未来发展之路，通报商会上半年的重点工作，部署下半年的工作计划。

丹阳市人大常委会主任、眼镜产业链链长赵立群，市委统战部副部长、市工商联党组书记赵锦昌，丹阳市工商联副主席杜雅琴等有关部门及商会 80 余家理事单位代表参加会议。会议由丹阳市眼镜商会秘书长袁红锦主持。

【广州市眼镜行业商会召开十一届一次理事会会议】 2022 年 8 月 26 日下午，广州市眼镜行业商会召开第十一届第一次理事会会议暨“疫境求变 视在必行”研讨会。商会会长何锦泉、执行会长李尧佳、林国樑等以及 50 多位理事会成员出席本次会议。

会议由商会执行会长高永彤主持。会长何锦泉致辞，表示商会将继往开来，秉承“用心、关心、暖心”的服务理念，努力为会员提供更好的服务，希望理事会成员增强使命感，共同为打造眼健康生态圈，营造团结奋进的行业氛围贡献力量！

执行会长施信诺向大会做了工作报告。随后在会议的分享环节中，各位代表从不同角度，就企业如何适应后疫情时代的生存环境，如何迎合新时代消费者的需求，眼镜行业未来的发展趋势等问题进行研讨。何锦泉会长、李尧佳、施信诺、陈晓辰执行会长先后回答了现场的提问，并与大家分享了本企业的运营经验。内容精彩纷呈，与会代表感觉获益良多。

商会常务副会长黄光荣向代表介绍于 10 月 17—19 日，在广州东方宾馆举行的“眼镜健康峰会”筹备情况，邀请商会全体会员届时共同参会。

【丹阳眼镜商会获全国工商联商会团体标准“领先者”称号】 2022 年 9 月 5 日，全国工商联和市场监管总局（国家标委会）共同举办的“2022 民营经济标准创新大会暨民营经济标准创新周活动”在南京召开。

大会同时也是中华全国工商业联合会和国家市场监督管理总局举办的 2022 民营经济标准创新周江苏专场活动，旨在贯彻《国家标准化发展纲要》，落实全国民营经济领域标准化工作推进会精神，聚焦民营经济领域标准化创新，引导和服务民营企业转型升级，迈向高质量发展，实现更大作为。

会上，丹阳市眼镜商会发布的团体标准T/DYGA 002—2019《非球面树脂镜片》，被授予2022年全国工商联商会团体标准“领先者”荣誉称号。

【浙江省眼镜行业协会四届四次会员代表大会召开】 2022年9月14日下午，浙江省眼镜行业协会四届四次会员代表大会在温州召开，协会近300位会员代表出席会议。

会议审议通过了浙江省眼镜行业协会工作报告、财务报告及新修正的章程，通报了2021年浙江省眼镜行业名牌产品和优秀配件配套企业的评选结果。协会工作报告中阐述了全省眼镜行业的基本情况、行业在此期间取得的成就，以及行业当下遇到的发展问题。

报告指出，自疫情以来，市场波动较大，加上2022年俄乌战争、欧美发达国家高通胀等因素，导致国际市场低迷，外贸订单出现下滑，国内市场也现低潮，行业形势不容乐观，但浙江企业久经市场涤荡，习惯迎难而上，依托浙江眼镜完善的产业链、齐全的产品链、强大的贸易链，相信企业只要坚守初心，必得始终。

【瓯海眼镜协会召开近期重要工作对接落实会】 2022年9月30日，瓯海眼镜协会组织“中国（瓯海）眼镜小镇”十大名牌及相关企业举行座谈会，就规避企业用工风险、筹备温州国际眼镜展及十大新秀品牌评选等重要事项进行商讨，并做好落实。

瓯海区人力资源和社会保障局劳动争议仲裁院院长陈光海、瓯海眼镜协会会长周爱松、瓯海眼镜协会党委书记林建平等参加会议并交流工作。

【江苏省扬州市江都区眼镜商会成立】 2022年9月22日，江都区眼镜商会正式成立，并召开第一届一次会员大会，选举产生商会会长、副会长、秘书长、监事成员。江苏省眼镜商会会长蔡来成，江都区工商联副主席赵娟、钱忠明等领导参加会议。

近年来，江都区眼镜行业发展迅速，已有眼镜门店200多家。为推进行业规范经营健康发展，由光明眼镜等六家眼镜店作为发起人，筹备成立江都区眼镜商会。目前，眼镜商会吸纳会员企业50家左右。经过第一届理事会第一次会议选举，光明眼镜田童林总经理当选为首届会长。

眼镜商会成立后，将通过制定行业自律公约、建立协商机制等方式，进一步规范会员企业的生产、经营行为；深入调查研究，发掘新常态下行业、企业的发展机遇，促进眼镜行业良性健康可持续发展。商会将深入会员企业，了解会员需求，创新服务方式，完善商会管理，帮助企业排忧解难，努力把商会建成为一个优质高效的服务平台和行业商协会的模范，争取创建为江都区的示范性社会组织。

【浙江省玉环市眼镜行业协会召开六届三次理事会】 2022年10月26日，浙江省玉环市眼镜行业协会六届三次理事会在玉环温德姆酒店召开。

会议由黄德长秘书长主持，杨益元会长代表六届理事会作三次会议工作报告。报告回顾了二次理事会以来工作及理事会今后的工作安排。

杨益元会长总结，纵观六届二次理事会以来的协会工作，虽然取得了一些成绩，但也存在着一些不足，特别是没有创新精神，工作抓得不紧，不够主动，服务会员的方式方法离会员的要求和上级的期望还有很大的差距，这些在往后的工作中有待进一步改进。随后，全体理事会成员进行党的二十大内容学习。理事会同期进行了税务知识的专题讲座。

【温州市眼镜商会荣获“2022年浙江省品牌社会组织”称号】 2022年11月中旬，浙江省民政厅公布《关于2022年全省品牌社会组织和社会组织领军人物评选结果的通报》。温州市眼镜商会荣获“2022年浙江省品牌社会组织”称号。

评选活动启动以来，经社会组织自荐，登记管理机关、业务主管单位、行业管理部门或党建工作机构推荐，材料初核、专家评审、征询意见、省民政厅党组审核、社会公示等环节，报经省评比达标表彰工作办公室同意，最终确定温州市眼镜商会等94家社会组织和188名社会组织负责人，入选2022年浙江省品牌社会组织和社会组织领军人物。

【台州市椒江区眼镜行业协会召开二届一次会员大会】 2022年11月18日下午，台州市椒江区眼镜行业协会二届一次会员大会召开。椒江区人民政府副区长陈建国，前所街道、章安街道等有关同志应邀出席活动。

中国眼镜协会副理事长、临海市眼镜行业协会会长李岳生宣读了中国眼镜协会贺信，浙江省眼镜行业协会会长吴建敏致辞。椒江区眼镜行业协会首届理事会会长周伯盖作协会理事会工作报告。大会审议通过章程、会员收费办法、财务管理制度、选举办法。选举产生会长、常务副会长、副会长、秘书长，以及监事长及监事会成员。

周伯盖再次当选理事会会长，他表示，协会和企业要凝心聚力，坚定信心向前看，充分发挥现有巨大国内市场的优势，团结引领广大会员企业，继续爬坡过坎、攻坚克难，推动椒江眼镜追赶国内先进水平，推进行业科学健康可持续发展。

椒江区人民政府副区长陈建国希望椒江眼镜行业，重建设、强管理，优化服务机制；多交流、建平台，畅通沟通渠道；提质量、促效益，擦亮行业品牌。政府将不断加大支持扶持力度，鼓励企业勇于创新谋发展，在品牌上创新、在技术上创新、在模式上创新，合力推动行业高质量发展。

【丹阳眼镜商会企业家和南京师范大学中北学院共商行业人才培养】 2022 年 12 月 8 日，丹阳市眼镜商会、丹阳市司徒镇人民政府组织丹阳眼镜行业企业家走进南京师范大学中北学院，共同举办“丹阳企业家进校园——视光行业人才培养研讨交流会”，以进一步推动丹阳眼镜行业发展，促进产教融合、校企协作，共同培养视光学行业人才。

南京师范大学中北学院党委书记李莉、常务副院长常青，工学院院长居荣、副院长秦红益，眼视光学专业教师包娜，丹阳市司徒镇镇长朱国祥，以及丹阳市眼镜商会会长、万新光学集团董事长汤龙保等 11 家眼镜企业负责人出席了研讨会。交流会由学院党委书记李莉主持。在交流共商阶段，针对校企合作模式、校企合作定位等双方关切的话题，大家展开了热烈的交流讨论。与会的眼镜企业负责人分别围绕企业发展战略、科技型人才需求、校企合作方向等内容交流发言，从行业发展视角、科技前沿视角、企业用人视角为学院创新人才培养出谋划策，共同探索校企合作育人新模式。会后与会人员一起参观了中北学院美丽的校园和眼视光学专业实验室。

【厦门市眼镜协会召开六届四次会员大会暨十八周年庆典】 2022 年 12 月 16 日下午，厦门市眼镜协会召开第六届第四次会员大会暨十八周年庆典。眼镜协会会长、副会长、理事、会员代表等 126 人参加活动。

本次会员大会，特别安排企业代表参观协会会长黄法调创办的厦门雅瑞实业有限公司。80 多家会员单位代表报名参加活动。协会会长黄法调和副会长周斌带领企业代表参观了雅瑞工厂自动化生产车间、研发基地及质检车间等。

黄法调会长向大会作第六届第三年度工作报告，财务主委马志辉向大会作第六届第三年度财务收支报告，监事长吴玉霞向大会作第六届第三年度监事会工作报告，党支部书记周斌向大会作第六届第三年度党支部工作报告。

大会通过推荐新增理事单位成员名单：和至光学（厦门）有限公司、厦门市博视康眼镜有限公司。会长黄法调为新增理事单位颁发理事牌匾。

大会对 2022 年“无偿献血公益先进单位”和“爱心公益先进单位”进行了表彰，厦门立扬光学有限公司、厦门冠宜光学科技有限公司获 2022 年无偿献血公益先进单位奖；厦门雅瑞光学有限公司、诚益光学（厦门）有限公司、厦门宝岛眼镜有限公司、派丽蒙光学（厦门）有限公司和厦门金大合光学有限公司等五家企业获爱心公益奖。

本次大会还举办了“后疫情时代的行业应对”主题论坛。协会会长黄法调，荣誉会长吴当益，副会长陈聪文、何水如、吴建斌，分别就“厦门眼镜制造业的机会与挑战”议题作了交流发言。

【重庆市眼视光协会换届选举】 2022 年 12 月 28 日下午，重庆市眼视光协会换届选举大会暨第二届第一次会员大会在重庆召开。中国眼镜协会副理事长江波，重庆市工商联党组副书记、副主席彭光远，渝中区委常委、副区长邓光怀，四川省眼镜商会会长杨亦米，内蒙古眼镜协会会长姚金和，江西省眼镜协会会长朱新财、执行会长潘右瑞，新天鸿光学董事长洪作南，蔡司光学全国大客户经理刘希凌等领导及嘉宾以及协会会员单位共约 130 人出席会议。

会议选举产生了重庆市眼视光协会第二届领导班子。叶定坎为会长，刘大伟为名誉会长，徐灵为秘书长，刘秀峰为监事长。

叶定坎代表新一届理事会发表任职宣言。他表示，眼健康是国民健康的重要组成部分，是关乎民生福祉的公共卫生问题和社会问题，受到党中央、国务院高度重视。重庆市眼视光协会作为眼健康高质量发展中的重要一环，一直以“前瞻、创新、引导、务实”为核心指导思想，历经多年发展，奠定了行业的进步和发展基石。“本次当选，对我来说是新的挑战，更是责任和使命，我一定以新的使命、新的责任，为眼视光事业的发展、国民视觉健康、人民美好生活竭尽全力。”

中国眼镜协会副理事长江波代表中国眼镜协会对本次大会的召开表示祝贺，并对重庆市眼视光协会过去5年的工作结果给予充分肯定，寄语重庆市眼视光协会站在新起点，争取形成眼视光行业融合塑造发展新动能的“重庆经验”。中国眼镜协会愿携手重庆市眼视光协会，凝心聚力，共创重庆眼视光行业新局面，以推动高质量发展为主题，进一步提升眼视光行业可持续发展能力，共同推动我国由眼镜大国向眼镜强国不断迈进。

刘大伟作重庆市眼视光协会第一届理事会工作报告。5年来，重庆市眼视光协会积极配合政府部门参与全市眼镜行业质量监督管理，开展行业市场调研，反映企业诉求，组织眼镜行业职业技能竞赛、高素质人才学历教育辅导和职业技能培训，积极开展各项对外交流活动。他希望新一届协会领导班子在新时代新征程中不断提升新能力，展现新形象，作出新贡献。

（三）执法与检验检测机构

【江苏劳动防护检测中心通过“眼镜片测量”盲样考核】 2022年1月，国家认监委发出通知，国家特种劳动防护用品检验检测中心（江苏）参加的全国“眼镜镜片顶焦度和透射比测量”顺利通过考核，且差值绝对值几乎为零，与指定值高度接近。

本次盲样考核项目选择具有代表性的光学参数作为考核参数，全国共有26家具备相关项目（参数）检测能力的国家级资质认定检验检测机构参加了本次考核，国家特防中心是其中之一。

江苏特防中心在光学方面，可以测试焊接滤光、自动变光、防眩目、防蓝光等平面、曲面以及电子液晶变光镜片、面罩及相应透光阻隔材料等。

【2021年眼镜产品质量国家监督抽查情况通报】 2022年2月8日，国家市场监督管理总局发布《2021年眼镜产品质量国家监督抽查情况通报》。2021年，市场监管总局组织开展了眼镜产品质量国家监督抽查。

一、基本情况

（一）抽查概况。本次抽查涉及老视成镜、太阳镜、眼镜镜片、眼镜架等4种眼镜产品。抽样检验过程中发现1批次太阳镜产品涉嫌假冒，已交由企业所在地市场监管部门处理。对702家企业生产的702批次产品进行了检验，发现45批次产品不合格，不合格发现率为6.4%。

（二）跟踪抽查情况。本次跟踪抽查到上次抽查不合格企业29家，未发现不合格。

二、抽查结果分析

（一）老视成镜不合格发现率为6.6%。老视成镜俗称“老花镜”，是一类用于解决眼睛近距离视物困难问题的光学产品，主要为眼睛因功能退化而老花的中老年人群使用。本次抽查了5个省（市）91家企业生产的91批次产品，发现6批次产品不合格，不合格发现率为6.6%。该产品近3次国家监督抽查不合格发现率分别为6.0%、13.2%、6.6%。

本次抽查重点对球镜顶焦度偏差、柱镜顶焦度偏差、可见光透射比、光学中心水平距离允差、光学中心单侧水平允差、光学中心垂直互差、两镜片顶焦度互差、装配质量等9个项目进行了检验。不合格项目涉及球镜顶焦度偏差、柱镜顶焦度偏差、光学中心水平距离允差、光学中心单侧水平允差。经技术机构分析，不合格的主要原因是产品加工工艺不成熟，装配人员技术水平偏低，企业质量控制松懈，缺少必要的出厂检验。

本次重点抽查了浙江省、江苏省等2个产业集聚区的生产企业，分别抽查了37批次、35批次产品，不合格发现率分别为13.5%、2.9%。

（二）太阳镜不合格发现率为9.1%。本次抽查为流通领域抽样，抽查了8个省（市）209家企业生产的209批次产品，其中1批次产品涉嫌假冒，已交由企业所在地市场监管部门处理。

检验的209家企业的209批次产品中，发现19批次产品不合格，不合格发现率为9.1%。该产品近3年国家监督抽查不合格发现率分别为10.0%、10.2%、9.1%。

本次抽查重点对镜片材料和表面质量、球镜顶焦度偏差、柱镜顶焦度偏差、光学中心和棱镜度偏差、可见光透射比、光透射比相对偏差、太阳紫外A波段透射比、太阳紫外B波段透射比、色极限、交通信号透射比、明示透射比等17个项目进行了检验。不合格项目涉及可见光透射比、光透射比相对偏差、镜架要求（抗汗腐蚀）、镜片材料和表面质量、太阳紫外A波段透射比。经技术机构分析，不合格的主要原因是生产企业选用的原材料质量不佳，对采购的镜片质量控制不严，制造工艺精度不够，产品达不到设计需要和标准要求。

本次抽查主要涉及产业集聚区浙江省、广东省、福建省的生产企业，抽查了78批次产地为浙江省的产品，检出9批次产品不合格，不合格发现率为11.5%；抽查了42批次产地为广东省的产品，检出2批次产品不合格，不合格发现率为4.8%；抽查了35批次产地为福建省的产品，检出3批次产品不合格，不合格发现率为8.6%。

（三）眼镜镜片不合格发现率为8.0%。本次抽查了8个省（市）174家企业生产的174批次产品，发现14批次产品不合格，不合格发现率为8.0%。该产品近3年国家监督抽查不合格发现率分别为12.1%、10.3%、8.0%。

本次抽查重点对球镜顶焦度偏差、柱镜顶焦度偏差、柱镜轴位方向偏差、光学中心和棱镜度偏差、材料和表面的质量、附加顶焦度偏差、镜片尺寸、基准点厚度、厚度偏差、耐磨性能、折射率、色散系数、可见光透射比、变色状态下可见光透射比、光致变色响应值、太阳紫外A波段透射比、太阳紫外B波段透射比、明示透射比、蓝光性能、耐光辐照、阻燃性、抗冲击性能等24个项目进行了检验。不合格项目涉及色散系数、基准点厚度、厚度偏差、镜片尺寸、可见光透射比、太阳紫外A波段透射比、太阳紫外B波段透射比、明示透射比。经技术机构分析，不合格的主要原因是企业对产品标准不了解或出厂检验不到位，错误标注产品参数，为节省镜片镀膜成本使用劣质材料或廉价工艺。

本次重点抽查了江苏省、浙江省等2个产业集聚区的生产企业，分别抽查了86批次、48批次产品，不合格发现率分别为12.8%、6.3%。

（四）眼镜架不合格发现率为2.6%。本次抽查了7个省（市）228家企业生产的228批次产品，发现6批次产品不合格，不合格发现率为2.6%。该产品近3年国家监督抽查不合格发现率分别为16.3%、2.8%、2.6%。

本次抽查重点对高温尺寸稳定性、抗拉性能、鼻梁变形、镜片夹持力、耐疲劳、镀层结合力、抗汗腐蚀、阻燃性等8个项目进行了检验。不合格项目涉及抗拉性能、抗汗腐蚀。经技术机构分析，不合格的主要原因是企业所用的焊接材料质量较差或者焊接工艺不过关，使用的原材料容易腐蚀或变色。

本次重点抽查了江苏省、浙江省等2个产业集聚区的生产企业，分别抽查了127批次、69批次产品，不合格发现率分别为3.1%、2.9%。

三、相关要求

针对本次产品质量国家监督抽查发现的问题，各省、自治区、直辖市和新疆生产建设兵团市场监管局（厅、委）要做好如下工作：

（一）强化抽查结果处理。按照《中华人民共和国产品质量法》《产品质量监督抽查管理暂行办法》等规定，做好监督抽查结果处理工作。依法查封、扣押不合格产品，责令不合格产品销售企业停止销售同一产品，全面清理、依法处置库存不合格产品；责令不合格产品生产企业停止生产销售同一产品，并明确整改要求，督促落实整改措施，及时组织复查。对涉嫌犯罪的，及时移送司法机关。依法将严重违法失信企业纳入严重违法失信企业名单管理。结果处理情况要及时录入e-CQS系统并报送总局。总局将强化跟踪督办，视情通报各地结果处理情况。

（二）开展质量专项治理。针对浙江省的老视成镜、太阳镜，江苏省的眼镜镜片产品，相应省份市场监管部门要开展产业集聚区质量专项整治，加大辖区内重点企业监督检查力度，综合运用多种手段，保持质量监管高压态势，严肃处理质量违法行为，着力提升质量水平。

（三）督促落实主体责任。将本次抽查不合格产品情况通报地方政府及相关部门，采取有力措施，督促企业依法落实产品质量安全主体责任，引导企业严格按照标准组织生产，保障产品质量安全。

（四）加强质量技术帮扶。组织有关行业组织和技术机构，帮助企业深入查找原因，提出改进措施和解决方案，促进行业质量水平提高。

【国家眼镜产品质量检验检测中心开展视觉健康特色产品认证】 为贯彻习近平总书记关于学生近视问题的重要指示精神，落实教育部、国家卫健委、市场监管总局等八部门联合印发的《综合防控儿童青少年近视实施方案》，切实加强新时代儿童青少年近视防控工作，国家眼镜产品质量检验检测中心积极推进“视觉健康特色产品认证”工作。

国家眼镜产品质量检验检测中心作为“视觉健康近视防控认证联盟”重要成员，由北京中轻联认证中心批准成立了“眼镜业务（华东）办事处”，致力于“以认证为载体，向社会传递可信任的高质量的产品和服务”，积极配合和推动联盟认证与认证互认工作。

国家眼镜产品质量检验检测中心主要参与起草的GK96《视觉健康产品（眼镜）认证实施规则》和GK97《视觉健康验光配镜服务认证实施规则》于2022年6月经北京中轻联认证中心批准发布，开启眼镜产品认证和验光配镜服务认证业务。

眼镜产品认证范围包括光学镜片、镜片毛坯、镜架、太阳镜及镜片、老视成镜、机动车驾驶员专用眼镜、游泳眼镜，认证指标包括高折射率、高清晰度、超硬耐磨性、紫外防护功能、蓝光防护功能、红外辐射防护功能、防雾功能、自洁净功能、高抗冲击性。

委托人可按照所申请产品功能特性选择认证指标进行认证。获证产品可使用视觉健康产品认证标志。

验光配镜服务认证的范围包括验光配镜实体门店的环境、技术、管理等服务质量认证，通过服务特性和管理要求等服务认证项目测评的门店，可使用视觉健康验光配镜服务认证标志。

2022年10月26日，经发证检验机构国家眼镜产品质量检验检测中心检测合格，北京中轻联认证中心批准，江苏汇鼎光学眼镜有限公司成为首家眼镜产品高端性能认证获证企业。该公司出品的清御系列防蓝光镜片（n=1.67）凭借“超硬耐磨性”、“紫外防护功能”和“蓝光防护功能”，U+数码防护多功能镜片（n=1.60）凭借“高清晰度”“超硬耐磨性”“紫外防护功能”“蓝光防护功能”，获得眼镜产品高端性能认证证书。

国家眼镜产品质量检验检测中心将继续依托北京中轻联认证中心“眼镜业务（华东）办事处”，深入开展视觉健康近视防控认证工作，有效推动视觉健康产品和验光配镜服务的高质量发展，共同守护儿童青少年视觉健康。

【眼镜制配场所计量监督三年（2019—2021年）跟踪检查情况通报】 2022年4月6日，国家市场监督管理总局发布检查通报。为深入贯彻习近平总书记关于综合防控儿童青少年近视工作有关重要指示批示精神，教育部、卫生健康委、市场监管总局等八部门联合印发了《综合防控儿童青少年近视实施方案》。市场监管总局深化眼镜制配行业计量监管，连续3年（2019—2021年）在全国范围内开展了眼镜制配场所计量专项监督检查。

一、基本情况

三年来，全国共累计检查眼镜制配场所127529家，眼镜制配计量器具398879台，查处不合格计量器具21422台。其中，2019年共检查眼镜制配场所41800家，检查计量器具总台数140570台，查处不合格计量器具11730台，不合格率为8.3%；2020年共检查眼镜制配场所40894家，检查计量器具总台数121638台，查处不合格计量器具6772台，不合格率为5.6%；2021年共检查眼镜制配场所44835家，眼镜制配计量器具136671台，查处不合格计量器具2920台，不合格率为2.1%。

从总体看，眼镜制配场所市场主体能够做到遵守计量法律法规，建立计量管理制度，在用计量器具定期接受强制检定，落实主体责任，保证眼镜制配计量准确。从检查结果看，焦度计、验光仪（综合验光仪）、验光镜片组等相关计量器具不合格率持续下降，从8.3%到2.1%连续下降6.2个百分点的整治效果值得肯定。2019年、2020年检查发现的问题都已完成整改。3年的跟踪检查为综合防控儿童青少年近视工作提供了有力的计量支持。

二、主要措施和成效

（一）完善了眼镜制配场所计量监管制度。完善的计量规章和计量技术规范是各级市场监管部门和计量技术机构依法开展工作的基石。综合防控儿童青少年近视工作启动以来，总局联合相关计量技术委员会针对青少年近视眼镜制配环节的计量工作进行了认真梳理和排查，以2019年、2020年两次修改强制管理的计量器具目录为契机，进一步明确焦度计、验光仪、综合验光仪、验光镜片箱、角膜曲率计等计量器具实施型式批准和强制检定制度。2019年完成相关计量技术规范的补充工作，如出台《验光仪型式评价大纲（JJF1291—2019）》《综合验光仪型式评价大纲（JJF1773—2019）》《验光镜片箱型式评价大纲（JJF1772—2019）》《角膜曲率计型式评价大纲（JJF1774—2019）》。截至目前，与眼镜制配相关的计量器具均具备完善的型式评价大纲和检定规程。2020年，总局对部门规章《眼镜制配计量监督管理办法》进行了修订。

（二）规范了眼镜制配行业计量秩序。3年来，各级市场监管部门对全国眼镜制配场所进行了地毯式摸排，特别是对辖区内学校周边的眼镜制配场所进行了登记建档，动态管理，紧盯“劣迹”不良市场主体，有效遏制了计量违法案件的发生，较好地维护了消费者利益。黑龙江建立健全“配、验、检、保、监”各环节长效计量监管机制。辽宁按照时间表、任务图倒排工期，随时进行调度，并对各市开展情况进行考核。山西以普法宣传和整改落实相结合，与经营户开展双向交流，既要管好，又要服务好，保障计量工作有序开展。湖南召开企业主要负责人约谈会，强化经营者知法守法的主体责任。广东发挥质量监督、知识产权、认证、信用、消费者维权等多方面力量，持续推动工作深入开展。广西对64家存在问题的眼镜制配场所进行回头看，行政处罚1家。浙江通过行政执法监管平台和“浙政钉·掌上执法”系统，无缝连接至政务服务网公开检查结果，便于公众查询。

（三）提高了全社会的计量法制意识。各级市场监管执法人员在检查的同时，对市场主体从业人员宣讲《计量法》《眼镜制配计量监督管理办法》等计量法律法规，提高他们的计量法律意识。在眼镜制配场所张贴计量宣传画、派发计量宣传册等，以多种方式向消费者普及视力保护基本常识。引导消费者科学认识“近视不能治愈”，选择正规的眼科医疗机构进行咨询和治疗，提升自我保护能力。吉林制作计量宣传片及视频12个，开展各种宣传活动26场次，发放宣传资料和宣传物品16100余份。山东持续开展“健康计量进万家”“爱护儿童”“关心学生”等公益活动。福建通过微信公众号发布《眼镜中的计量故事》《科学计量呵护双眸》等短视频宣传片，网络普及眼镜验配常识。内蒙古开展计量服务“进校园”“进社区”服务活动。

通过宣讲眼镜配制注意事项和预防近视小常识，为学生提供视力检查和定配眼镜检测，给中小学生带去关爱。陕西针对县区经营者计量法律意识淡薄的问题，采取重点帮扶、限期整改、跟踪问效等措施，推动县区商户计量管理水平有效提升。新疆向经营者和群众宣传普及相关法律法规。

（四）促进了诚信计量体系建设。制度建设是诚信计量取得实效的基本保障，通过3年来眼镜制配场所的计量专项监督检查，各地进一步完善了诚信计量的各项管理制度，通过制定行业标准、团体标准等方式制定了诚信计量自我承诺标准和规范，引导市场主体的诚信意识，为推进诚信计量体系建设打下坚实基础。中国计量测试学会会同有关单位制定了《眼镜验光配镜服务质量规范》团体标准。上海市计量协会会同上海市眼镜行业协会持续推动本市眼镜制配领域“诚信计量示范单位”创建，已有344家眼镜制配单位获得“诚信计量示范单位”荣誉称号。天津实行了诚信计量分类监管制度，各辖区建立了诚信计量信息档案，对检查单位进行了诚信计量分类，对诚信、基本诚信和失信的检查单位实行了差异化抽查比例，提升了监管效能。河南引导1794家市场主体签订《诚信计量自我承诺书》。

三、存在问题

三年来，在各级市场监管部门的共同努力下，眼镜制配场所计量专项检查取得了显著成效，但也要认识到，由于疫情反复，儿童青少年网上学习的频率不断提高，近视率有所上升，综合防控儿童青少年近视工作任重道远。守住计量底线，保障眼镜制配环节“验、配”精准，当前还存在以下问题：

一是市场主体的法制计量意识仍有待提高。一些眼镜制配场所经营者，尤其是农村乡镇新增的眼镜制配场所经营者，从业人员文化程度较低，专业技能、业务素质较差，法制计量意识较为淡薄，对《计量法》和《眼镜制配计量监督管理办法》等相关法律法规缺乏学习和了解，没有及时建立计量管理制度，对在用计量器具的强制检定要求知之甚少，管理不够到位，不能做到主动送检，依法使用。

二是计量失信问题依然需要下大力气解决。近年来，诚信计量工作取得了很大进步，但是市场主体的失信成本仍然较低，导致诚信计量不能完全发挥其导向作用，社会监督也不能完全到位，尚需完善诚信计量体系制度建设，同时需要各级市场监管部门多维度加强诚信计量监督管理。

三是专项整治成果需要持续巩固和发展。虽然眼镜制配场所计量器具不合格率连续下降6.2个百分点，但是2.1%的不合格率仍有进一步下降的空间，需要在日常的市场监管工作中持续发力。按照规定，计量器具的型式批准和强制检定工作费用应当纳入同级财政预算，但由于地区经济发展不平衡，经费保障力度差异较大，部分地区争取到的纳入财政预算费用少之又少，给落实法制计量工作带来一定程度的影响。

四、有关要求

各级市场监管部门要高度重视综合防控儿童青少年近视工作，在巩固监督检查工作成果的基础上，继续加大监管力度，落实企业主体责任，加强诚信计量体系建设，探索形成监管长效机制，切实提高眼镜制配行业计量管理水平，为防范儿童青少年近视“二次伤害”提供坚实计量保障。

（一）加强监管，完善长效监管机制。国务院印发的《计量发展规划（2021—2035年）》提出，“强化民生计量监督管理”。各级市场监管部门要提高认识，从解决人民群众最关心的计量问题入手，建立健全眼镜制配长效计量监管机制。坚持“双随机、一公开”专项监督检查和日常监督检查相结合，切实提高计量监管工作的有效性。

（二）加强引导，落实诚信计量工作。中共中央办公厅、国务院办公厅印发的《关于推进社会信用体系建设高质量发展促进形成新发展格局的意见》提出，“打造诚信消费投资环境”。各级市场监管部门要将推进计量诚信体系建设作为落实信用监管工作的方式之一，充分调动市场主体的诚信意识，公开向社会作出诚信计量自我承诺，做到自我约束、自我管理、自我示范，满足人民群众对放心消费的期盼。倡导诚信计量惠民，促进诚实守信、自觉自律良好风气的形成，夯实信用监管基石。

（三）加强宣传，提高法制计量意识。各级市场监管部门要积极利用“3·15”国际消费者权益日、“5·20”世界计量日、“爱眼日”等时机，继续加大对眼镜制配场所计量法律法规和计量管理知识的宣传。采取“进校园”“入社区”等多种方式，广泛开展儿童青少年近视防控校园宣传和社会宣传教育活动，推动民生计量工作深入开展，引起社会的广泛关注和大力支持，切实提升人民群众的计量法制意识、维权意识和监督参与意识。

【市场监管部门持续检查眼镜制配场所】 2021年，市场监管总局持续部署开展眼镜制配场所计量专项整治。据统计，全国各地市场监管部门共检查眼镜制配场所44835家，眼镜制配计量器具136671台，查处不合格计量器具2920台，确保了“验、配”计量精准，防止了对青少年视力的二次伤害。各地还采取多种方式向消费者普及视力保护基本常识，帮助消费者科学掌握“近视不能治愈”等科学知识，引导消费者选择正规眼科医疗机构咨询和治疗。

【国家药监局部署彩色隐形眼镜生产经营行为专项整治行动】 为进一步规范装饰性彩色隐形眼镜市场秩序，切实加强装饰性彩色隐形眼镜质量监管，保障消费者用械安全，2022年8月30日，国家药监局发布《关于开展规范装饰性彩色隐形眼镜生产经营行为专项整治行动的通知》（以下简称《通知》），决定自2022年9月1日起，在全国范围内组织开展为期3个月的规范装饰性彩色隐形眼镜生产经营行为专项整治行动。

一是明确工作目标。各医疗器械注册人、生产经营企业以及网络交易服务第三方平台要严格执行《医疗器械监督管理条例》及有关配套规章制度，严格落实企业和平台主体责任。各级药品监督管理部门要认真履行监管职责，按照“四个最严”要求，坚持深入开展专项整治与建立健全长效机制、严厉打击违法犯罪行为与强化日常监管相结合，针对群众反映装饰性彩色隐形眼镜市场中存在的突出问题，以严厉打击生产经营未经注册装饰性彩色隐形眼镜、网络违法违规销售、无医疗器械生产经营资质、超范围经营等行为为重点，严肃查处相关案件，惩处违法分子，曝光典型案例，消除质量安全风险隐患，建立健全长效监管机制，形成规范有序的市场秩序，保障消费者用械安全。

二是明确工作任务。生产企业应当按照《医疗器械监督管理条例》、《医疗器械生产监督管理办法》和《医疗器械生产质量管理规范》的要求，建立质量管理体系并持续保持有效运行，进一步规范装饰性彩色隐形眼镜生产行为；经营企业应当按照《医疗器械监督管理条例》《医疗器械经营监督管理办法》和《医疗器械经营质量管理规范》要求，建立质量管理体系并有效运行，保证经营条件和经营行为持续符合要求，从具有资质的生产企业或者经营企业购进装饰性彩色隐形眼镜，建立并执行进货查验记录制度和销售记录制度，进一步规范装饰性彩色隐形眼镜经营行为。医疗器械网络交易服务第三方平台提供者应当对平台上的装饰性彩色隐形眼镜销售行为及信息进行监测，发现入驻网络交易服务第三方平台的企业存在超范围经营、发布虚假信息、夸大宣传等违法违规行为、无法取得联系或者存在其他严重安全隐患的，应当立即对其停止网络交易服务，并保存有关记录，向所在地药品监管部门报告，进一步规范网络销售装饰性彩色隐形眼镜行为。各级药品监管部门要积极完善“线下+线上”监督平台，充分发挥投诉举报的作用，做到及时受理、及时处置、及时查办、及时反馈。要依法加大对违法违规生产经营装饰性彩色隐形眼镜行为的查处力度，对故意从事违法生产经营的医疗器械注册人、生产经营企业，依法从严从重处罚，落实违法行为处罚到人要求，对严重违法违规企业的法定代表人、主要负责人、直接负责的主管人员和其他责任人员，依法予以严厉处罚，实施行业禁入。依法公开案件处罚信息，加大曝光力度，形成强大震慑。省级药品监管部门要加强对辖区内注册人、受托生产企业生产的装饰性彩色隐形眼镜抽检工作，对于监督抽检不合格的产品，要立即采取相应处置措施，责令企业暂停生产、分析不合格原因并开展整改，未经复查合格不得恢复生产。要持续加强装饰性彩色隐形眼镜不良事件监测，积极采取风险控制措施，有效提高上市后产品安全性。

三是明确工作要求。要加强组织领导，确保工作落实。要完善工作机制，加强部门协作。依托现有药品安全专项整治的协调机制，加强同网信、公安、卫生健康、海关和市场监管等部门协同监管和联合惩戒，共同打击违法违规行为。要强化宣传引导，营造良好氛围。借助多种渠道、多种平台、多种方式向社会宣传，发挥新媒体快速广泛传播的优势，普及装饰性彩色隐形眼镜相关知识，引导消费者从正规渠道购买。国家药监局将适时组织检查组，对各地监督检查工作进行督导检查。

【国家药监局发布选购使用“美瞳”的提示】 2022 年 6 月 10 日，国家药监局网站发布选购使用装饰性彩色平光隐形眼镜（美瞳）的提示。

“美瞳”是带有装饰功能的隐形眼镜，专业名称为“角膜接触镜”。因其直接覆盖于角膜表面，与眼组织紧密接触，直接关乎人眼安全，具有较高风险，在我国作为第三类医疗器械管理，在上市前需要通过安全性、有效性的评价，获得医疗器械注册证后方可生产、销售和使用，其生产企业需要取得医疗器械生产许可证。经营此类产品的商家需要取得医疗器械经营许可证。国家药品监督管理局提醒消费者选购和使用“美瞳”及其护理产品时，要特别注意以下几点：

1. 选购“美瞳”时，应从具备相关经营许可资格的医疗器械经营企业购买，并查看所购产品是否取得医疗器械注册证，仔细查看产品包装是否有医疗器械注册证编号、生产企业名称、生产日期等信息，并妥善保存购买凭证。进口的“美瞳”及其护理产品还应当附有中文标签和说明书。

查询医疗器械注册证相关信息可以登录国家药品监督管理局网站“数据查询”栏目。切勿贪图价格便宜从非正规商家或者网络商铺上购买未经注册的产品。

2. 戴“美瞳”时，应认真按照产品说明书或者专业人士的指导，对镜片进行操作、戴、摘取、清洗、消毒和保存。未经注册的产品，其安全性、有效性没有保障，如若戴容易引起眼部炎症、角膜病变等并发症。

3. 消费者如发现销售假冒伪劣产品，或发现无证经营“美瞳”产品等行为，可及时向所在地药品监督管理部门举报。涉及违法违规的，负责药品监督管理的部门将依法查处，涉嫌犯罪的，将移交公安机关追究刑事责任。

【眼镜镜片产品质量国家监督抽查实施细则（2022年版）发布】 2022年6月29日，市场监管总局网站发布公告称，依照《产品质量监督抽查管理暂行办法》（市场监管总局令第18号），市场监管总局组织编制了童车、眼镜镜片等76种产品质量国家监督抽查实施细则，现予以发布。各地在开展监督抽查工作时可参照执行。旧版同种产品质量国家监督抽查实施细则同时废止。

【广西消委会测评24款儿童配装眼镜2款不达标】 2022年1月，为了解儿童配装眼镜的质量情况，广西消费者权益保护委员会开展了儿童配装眼镜商品比较试验。在24款样品中，有10款样品获得5星推荐。亨得利钟表眼镜店和大明眼镜店销售的两款儿童配装眼镜样品，因光学中心单侧水平偏差不符合国家标准，不予评星。有12款样品未明确镜片材质及透射比类别，消费者不能得到准确、全面的产品信息，知情权得不到保障，在一定程度上影响了消费者正确选购眼镜。

本次比较试验的样品，由工作人员从南宁、柳州、贵港、北海、钦州等市各大商场、眼镜专卖店随机购买，按照有关数据现场定制，共24款儿童配装眼镜样品，涉及新华、宝岛、精华、睛彩等品牌，单价从几百元到2000多元不等。

【黑龙江大庆开展“护瞳”行动】 2022年1月初，黑龙江省大庆市红岗区检察院公益诉讼检察部门基于美瞳市场存在的经营乱象，在辖区内开展“护瞳”专项行动。检察官走访摸排发现，部分售卖美瞳及隐形眼镜护理液的商户不仅没有医疗器械经营资质，也未建立进货查验和相关销售记录，严重危害了不特定消费者的身体健康。

通过分析研判，该院对违法销售医疗器械的行为予以立案调查，并向相关行政机关制发医疗器械安全类检察建议，督促其积极履职。行政机关收到检察建议后，对涉案企业进行了约谈，督促其立即整改、规范管理、守法经营。

【山东省市场监管局抽检定配眼镜145批次19批次不合格】 2022年1月13日，山东省市场监督管理局网站发布2021年定配眼镜（含老视成镜）产品质量省级监督抽查结果。本次为2021年第2批省级监督抽查，共抽查流通领域定配眼镜产品110批次，单光老视成镜产品35批次。

本次抽查依据GB 13511. 1—2011《配装眼镜 第1部分：单光和多焦点》标准的要求，对定配眼镜产品的球镜顶焦度偏差、柱镜顶焦度偏差、柱镜轴位偏差、可见光谱区透射比、紫外光谱区透射比、光学中心水平偏差、光学中心单侧水平偏差、光学中心垂直互差、装配质量、标志1和标志2等项目进行了检验。依据GB 13511. 1—2011《配装眼镜 第1部分：单光和多焦点》、GB/T 13511. 3—2019《配装眼镜 第3部分：单光老视成镜》等标准的要求，对单光老视成镜产品的球镜顶焦度偏差、柱镜顶焦度偏差、光学中心水平距离允差/光学中心水平偏差、光学中心单侧水平允差/光学中心单侧水平偏差、光学中心垂直互差、两镜片顶焦度互差、可见光透射比τV、装配质量/材料和表面的质量、标志1、标志2、标记和标识等项目进行了检验。

本次抽查发现18家销售者的19批次产品不符合相关标准的要求，其中，定配眼镜14批次不合格，不合格项目为标志2、光学中心单侧水平偏差、球镜顶焦度偏差、柱镜轴位偏差项目；单光老视成镜5批次不合格，不合格项目为标志2、标识、光学中心单侧水平允差、光学中心水平距离允差项目。

【四川省南充市开展眼镜制配场所计量器具专项检查】 2022年1月，为进一步强化眼镜制配场所计量监管，规范眼镜制配行业市场秩序，切实保护儿童青少年的视力健康和安全，根据“春蕾行动2022”未成年人保护执法专项行动部署安排，四川仪陇县市场监督管理局对全县23家眼镜制配经营场所展开计量专项整治，其中10余家眼镜制配经营单位因计量违法行为受到了严厉查处。

执法人员重点检查了制配眼镜场所计量器具台账建立情况；制配眼镜用验光机、瞳距仪、焦度计等计量器具配备、强制检定和在用情况。要求制配眼镜经营单位加强计量管理工作，配备相适应的计量器具，并如期主动申报在用计量器具强制检定工作，确保计量器具准确可靠。

检查发现，部分眼镜制配经营者计量意识淡薄，计量器具不齐备，超期使用未经检定合格的计量器具，计量器具准确度无法保障，导致验出的视力准确度难以保证，配出的眼镜质量难以保证，直接危害未成年人的视力健康。

根据《计量法》《眼镜制配计量监督管理办法》等法律法规，该局对部分眼镜制配经营单位的违法行为进行了立案查处。

【百事康有限责任公司对软性亲水接触镜主动召回】 2022年1月18日，北京市药品监督管理局网站发布消息，Bescon Co.，LTD百事康有限责任公司发现该公司生产日期为2017年4月至12月，以及2019年间的高光度（后顶焦度-6.50D～-9.00D）软性亲水接触镜镜片有可能存在后顶焦度轻微超出允差范围+/-0.25D的情况。

该公司决定对其上述产品采取主动召回措施，召回级别为三级。

【山西省大同市市场监管局隐形眼镜市场整治成效显著】 2022年1月，为进一步推进“我为群众办实事”实践活动，将为民服务落地生根，大同市市场监管局着力排查与人民群众生活息息相关的隐患问题，经过风险研判将隐形眼镜及护理液确定为医疗器械安全风险隐患排查整治重点，在全市范围内开展了为期1个月的装饰性彩色平光隐形眼镜专项整治工作。

此次专项检查整治以严厉打击无证经营、经营无注册证产品、从非法渠道购进和销售假劣隐形眼镜违法违规等行为作为整治重点，以进一步规范隐形眼镜及护理液市场秩序，保障消费者用械安全为整治目标，各县区市场监管局切实履行属地监管职责，结合本辖区实际，精心组织周密部署，对辖区内的眼镜店、购物商场、学校周边饰品店铺等重点区域，开展了为期1个月的拉网式排查。截至目前，全市共出动执法人员751人次，检查经营企业、个体工商户299家。

【四川省广安市市场监督管理局开展眼镜市场专项整治】 2022年1月，为进一步规范眼镜市场，维护广大消费者的合法权益，广安市邻水县市场监督管理局对辖区内眼镜市场开展了专项整治行动。

查资质证明。重点检查从事眼镜配置、成品眼镜销售、制镜验光的经营者是否具备经营资格。查产品质量。重点检查眼镜镜片和镜架、太阳镜等产品的产地、标签、合格证，查经营隐形眼镜及护理液是否取得经营许可。查配镜仪器。重点检查眼镜店有无全封闭或半封闭的验光室，是否配备合格的验光设备，查看检测数据是否有记录，并检查验光设备是否定期检定，是否有合格的鉴定标识，能否提供购进票据和《医疗器械注册证》。查虚假广告。重点检查眼镜店是否有“康复”“降低度数”“近视治愈”“近视克星”“度数修复”等误导性表述对儿童青少年近视防控产品进行营销宣传的行为，严厉打击宣传诊疗效果或者对诊疗的安全性、功效做保证性承诺等的虚假违法广告。

【上海市市场监管局查处视复牌“近视恢复眼镜”涉嫌虚假宣传行为】 2022年1月21日，微信公众号“上海市场监管”发文公布，某电商平台网点销售的“近视恢复眼镜”涉嫌虚假宣传。该商家在网上销售名为“近视恢复眼镜”的商品，该商品并非医疗器械，但是在商品销售页面的广告中，宣称经常佩戴这款眼镜，可以达到缩短眼轴、降低度数、治疗近视、恢复视力的功能。

上海市市场监督管理局表示，该商家销售的“近视恢复眼镜”属于普通商品，并非医疗器械。近视在医学上属于“屈光不正”的眼部疾病。该商家在广告中宣传商品可以“治疗近视”，使用了医疗用语，违反了《中华人民共和国广告法》第十七条的规定。

【黑龙江省大兴安岭地区开展眼镜架抽检】 2022年1月30日，中国质量新闻网发布消息，黑龙江省大兴安岭地区行政公署市场监管局发布2021年成品油、民用散煤、眼镜等产品质量监督抽查结果。

此次共对24家经销企业的40批次产品进行抽样，其中成品油、民用散煤、学生用品、一次性塑料餐盒抽检合格率为100%，眼镜制品合格率为88%、塑料购物袋合格率为80%。

【郑州市市场监管局发布2021年配装眼镜产品质量专项监督抽查结果】 2022年1月，河南省郑州市市场监管局发布2021年木制家具、配装眼镜产品质量专项监督抽查结果。本次专项监督抽查共抽取了郑州市100家企业的100批次配装眼镜产品。

本次监督抽查检验的依据是GB 13511.1—2011《配装眼镜　第1部分：单光和多焦点》，并依据《郑州市配装眼镜产品质量监督抽查实施细则》对配装眼镜的镜片表面质量、镜架外观质量、光学中心水平偏差、光学中心垂直互差、顶焦度偏差、柱镜轴位方向偏差、配装质量等项目进行了检验。经抽样检验，95批次产品合格，合格率为95%；5批次产品不合格，不合格率为5%。

【四川广安一眼镜店使用未经检定计量器具被立案查处】 2022年1月，在“春雷行动2022”执法行动中，四川广安市岳池县市场监督管理局顾县所执法人员依法对辖区内眼镜店进行了检查，发现某眼镜店中的焦度计、验光仪、验光镜片箱均未检定且当事人现场未能提供检定的相关证据。

该店涉嫌违反《中华人民共和国计量法》第九条第一款及《中华人民共和国计量法实施细则》第十一条第二款的相关规定，执法人员依法对其进行了立案调查。

【四川绵竹市市场监督管理局开展眼镜配制场所计量专项检查】 2022年2月，为进一步规范眼镜配制的计量行为，加强对眼镜配制的计量监督管理，绵竹市市场监督管理局对全市范围内眼镜配制场所开展计量专项检查。

此次专项检查共计检查了辖区8家眼镜店的30台强检计量器具和9台非强检计量器具，其中验光仪10台、焦度计10台、验光镜片组10组、瞳距仪9台，针对个别眼镜店存在验光仪等计量器具未检定的情况，执法人员要求其限期检定合格才能使用。同时针对部分眼镜店经营者为老年人，不懂电脑备案程序，执法人员上门服务，为其现场备案，实现“零距离”服务。

此次检查，进一步增强了全市所有眼镜配制店对强检计量规定及申报备案程序的熟知程度，有效提高了全市眼镜店的强检计量意识，全面提升了全市强检计量器具的检定合格率。

【浙江省兰溪市开展“护瞳”行动】 2022年2月以来，兰溪市市场监管局开展“护瞳”行动，对眼镜制配单位进行专项监督检查，规范儿童青少年近视防护产品，促进眼镜配制行业健康发展。

此次“护瞳”行动共检查眼镜制配单位50家，执法抽样16批次，发现强制检定计量器具超期未检1家，存在广告违法行为4家。监督检查人员现场要求相关店铺限期整改，让广大消费者戴上安全、放心的眼镜。

【天津市滨海新区通报2021年眼镜产品质量监督抽查情况】 2022年2月22日，天津市滨海新区市场监管局发布关于2021年眼镜产品质量监督抽查情况的通报。天津市滨海新区市场监督管理局组织对滨海新区范围内（原塘沽、汉沽、大港区域）18家生产企业和20家经销单位开展监督抽查，共抽查产品56批次，其中54批次产品合格、2批次产品不合格，合格率为96.4%。

对本次抽检发现的不合格眼镜产品，天津市滨海新区市场监督管理局按照《中华人民共和国产品质量法》《产品质量监督抽查管理暂行办法》《天津市产品质量监督抽查实施办法（试行）》等规定开展后处理工作，采取有力措施，督促企业依法落实产品质量安全主体责任，引导企业严格按照标准组织生产，维护产品质量安全。

【成都一眼镜公司因违法广告宣传被罚】 守护开学季，“春雷行动2022”开展了“未成年人保护执法行动”，2022年2月，成都市新都区市场监管局加大对辖区儿童青少年近视防控产品商业营销宣传行为的检查。检查中，执法人员发现新都区某视力健康咨询有限公司的广告宣传存在问题。

因广告内容涉及“利用患者名义或形象进行诊疗前后效果对比或者作证明”“有治疗功效的描述”“宣传专利但未标注专利号及名称”“发布广告引用的数据未标明出处、不能证明数据真实准确的行为”等违法行为，新都区市场监管局根据《中华人民共和国广告法》《四川省市场监督管理行政处罚裁量基准》处罚当事人28000元。

【无锡市检研院验光镜片顶焦度能力验证获得满意结果】 2022年2月，由中国计量科学研究院先进测量工程中心（计量检测与校准中心）组织的NNIM2021Y04“验光镜片顶焦度校准”能力验证计划结果公布，无锡市检验检测认证研究院取得满意结果。

验光镜片是医院眼科、眼镜商店等用来检查人眼的屈光度状态和斜视、弱视及人眼其他视觉功能的一种眼科计量器具，它属于使用频率高、量大面广的眼科基础计量器具，被列入国家强制检定计量器具目录之中。顶焦度示值误差是评判验光镜片合格与否的一项重要技术指标，是表述眼镜产品屈光能力的物理量。

【山东烟台开发区开展隐形眼镜专项执法检查】 2022 年 2 月，山东烟台开发区市场监管局开展隐形眼镜经营环节专项执法检查，严厉打击非法经营隐形眼镜及护理液等三类医疗器械行为，净化隐形眼镜市场环境，保障消费者用械安全。

烟台开发区市场监管局结合开学季实际，加大科普宣传和重点环节监管力度，切实保障群众用械安全。一是加强科普宣传。向广大经营户发放《隐形眼镜及护理产品经营告知书》《医疗器械经营“十二不准”》，提升企业质量管理意识和诚信依法经营意识；二是通过发布消费警示、质量公告等形式，加强预警和引导，防范使用风险，引导人民群众正确选购和使用隐形眼镜及其护理产品。

【安徽省蚌埠市组织开学季眼镜计量专项检查】 2022 年 2 月，蚌埠市市场监督管理局在学生开学伊始配眼镜的高峰时节，结合“我为群众办实事”实践活动，以学校及其周边眼镜经营门店为重点区域，组织开展眼镜制配场所计量专项监督检查，进一步规范眼镜制配计量行为，切实保护青少年视力健康和安全。

检查组发现个别眼镜店存在计量器具未按期检定的情况，执法人员现场指出了问题，并要求限期整改，蚌埠市计量测试研究所检定人员现场服务，对计量器具开展检定。

市场监督管理局加大宣传力度，向经营户宣讲《计量法》《眼镜配制计量监督管理办法》等法律法规，宣传了强检计量器具免费检定政策，眼镜经营者熟悉了法律，增强了强检计量意识，有力确保眼镜制配环节计量安全准确。

【天津市南开区一眼镜店验光仪“超期服役”被查】 2022 年 2 月，天津市市场监管委为进一步保护儿童青少年眼健康，依据《教育部办公厅　国家卫生健康委办公厅　市场监管总局办公厅进一步规范校园视力检测与近视防控相关服务工作的通知》要求，开展儿童青少年眼镜制配执法检查专项工作，依法严厉打击相关违法行为。

2 月 28 日，天津市市场监管委执法人员根据前期专项摸排线索，对距离南开区中心小学不足 50 米的某眼镜店进行现场检查，重点检查了其验配镜所使用的计量器具、镜框镜架等产品明码标价，针对儿童青少年视力产品宣传等情况。其间，发现该店所使用的电脑验光仪及焦度计属于《实施强制管理的计量器具目录》中所指的计量器具，店家提供的《检定证书》有效期至 2021 年 8 月 3 日，通过查验使用记录，证明其超出检定有效期仍在验光使用。执法人员就该店涉嫌违反《计量法》相关规定的行为进行立案查处，同时对检查中发现其售卖的“依视路”镜片，涉嫌存在虚假宣传行为的线索，进行深入核实处理。

天津市市场监管委表示，将继续加强对校园周边眼镜店及相关经营场所执法检查力度，以对违法行为零容忍的态度，形成有效的震慑力，切实保护好“祖国花朵”的眼睛。

【万新美津浓眼镜坚决捍卫知识产权】 2022 年 3 月，市场上出现了很多侵犯万新公司美津浓眼镜专利的产品，某些企业在未经万新公司同意和授权的情况下，私自采取仿冒手段，生产并销售侵害万新公司专利技术的产品。

对此，万新公司提出严正声明：1. 任何单位、个人以营利为目的生产、销售等经营活动中未经许可使用相关知识产权均为侵权行为。2. 正式告知相关侵权单位和个人，立即停止仿造、销售、许诺销售侵犯我司专利技术产品的侵权行为。万新公司已全权委托江苏恒闻律师事务所处理侵权行为。3. 郑重告知尊敬的客户，凡购买、使用侵犯专利权的产品，也属于《专利法》第十一条明确禁止的侵权行为，亦属法律明令禁止的行为。请有关客户慎重选择相关产品，停止使用侵权产品。

【福建省莆田市 25 家眼镜店计量器具“超期服役”被查】 2022 年 3 月 2 日，莆田市城厢区市场监管部门对辖区眼镜配制场所进行全面检查，此次城厢区眼镜制配场所计量专项检查，重点检查眼镜配制场所是否遵循计量法律、法规和规章，是否按要求配有相应的计量器具，是否存在使用未经检查或超过检定周期的计量器具等。

莆田市城厢区市场监管部门在全区推行眼镜制配场所“五统一”监管运行模式，即：统一管理制度、统一诚信承诺、统一计量检定、统一平台管理、统一质量提升。市场监管部门共检查眼镜配制场所69家，对其中25家存在使用超过检定期限计量器具的经营主体责令其限期改正。

执法人员也提醒广大市民，在配制眼镜时应仔细查看验配仪器是否贴有检定合格标志，是否在有效检定日期内。如发现眼镜制配机构使用的仪器不符合标准，可向当地市场监管部门投诉。

【验光配镜机构近视防控服务认证拉开序幕】 2022年3月11日，全国“采用质量认证手段提升儿童青少年视力健康水平经验交流会”在京召开。本次会议由国家市场监督管理总局认证认可技术研究中心主办，旨在以“3·15国际消费者权益日”为契机，推动质量认证行动及中国校园健康行动。

国家市场监管总局服务认证处处长安东，国家市场监管总局认证认可技术研究中心副书记钟玉祥、办公室主任万力，中国教育服务促进会筹备领导小组副组长褚衍进，参与相关服务认证规则起草的中国校园健康行动专家顾问，以及儿童青少年近视防控领域的“政产学研用”各界代表围绕儿童青少年近视防控服务认证的标准制定、认证技术规范和实施规则编制、认证实施、采信和推广等进行了经验交流。

本次会议的召开，对扎实推进“认证认可+视力健康”的高质量发展具有重要意义，有利于促进验光配镜机构可持续参与我国儿童青少年近视防控事业。

【内蒙古两家眼镜店被立案调查】 2022年3月，内蒙古自治区市场监管局组织开展眼镜制配场所专项监督检查工作。

此次重点检查了眼镜制配场所遵循计量法律、法规和规章情况；是否建立计量管理制度；是否按要求配有相应的计量器具；属强制检定的计量器具是否按规定登记造册并经计量检定合格；是否存在使用未经检定、超过检定周期或经检定不合格的计量器具；使用“康复”“恢复”“降低度数”“近视治愈”“近视克星”“度数修复”误导性表述对儿童青少年近视防控产品进行营销宣传的行为；冒用中医药名义或者假借中医药理论、技术进行营销宣传欺骗消费者行为；使用患者名义或者形象进行诊疗前后效果对比或者作证明，以及发布宣传诊疗效果或者对诊疗的安全性、功效做保证性承诺的虚假违法广告行为；受理和处理举报投诉等有关情况。

检查发现，呼和浩特市新城区亮眼保健用品经销部、内蒙古好视力商贸有限公司两家眼镜店存在误导欺骗消费者、浮夸产品服务功效的虚假广告宣传、故意过度矫正；超范围经营；售卖“三无”产品；未明码标价；使用未经检定的计量器具（验光仪一台，焦度计一台，验光镜片箱一个）等违法行为。呼市市场监督管理局已对上述两家眼镜店立案调查。

【河北省衡水市高新区开展眼镜制配计量检查】 2022年3月，河北省衡水市市场监督管理局高新区分局在辖区内开展眼镜制配计量专项监督检查，共检查眼镜制配场所16家，下达责令整改通知书2份。

此次监督检查，规范了眼镜制配场所计量秩序，有效促进全区眼镜制配场所规范化和制度化管理。高新区分局将进一步加强对眼镜制配的监督管理，规范眼镜制配行为，督促眼镜制配单位严格遵守计量法律、法规，合理配备计量检测设备，依法落实计量器具检定工作，保障消费者的合法权益。

【宁夏市场监管局抽查游泳眼镜】 2022年3月30日，中国质量新闻网发布消息，近日，宁夏回族自治区市场监管局办公室通报2021年度体育用品质量专项监督抽查结果。本次抽检游泳眼镜产品9批次，合格5批次，不合格4批次。不合格项目为标志。不合格的主要原因是生产企业对标志标识问题重视不足，未按要求在产品及包装上标出相关内容。

本次依据QB/T 4734—2014《游泳眼镜》等国家标准和行业标准的规定，主要对基本要求、镜片内在疵病和表面质量、镜片紫外性能、镜片顶焦度允差、镜片间顶焦度互差、棱镜度允差、视域、眼杯渗漏性、防雾性、吸盘构造、吸盘附着力、头带一般要求、外观、标志、包装等15项指标进行了检验。

【浙江省丽水市对校园视力检测与近视防控服务进行专项督查】 2022年3月31日，丽水市教育局联合丽水市市场监督管理局、丽水市卫生健康委对丽水市实验学校、丽水外国语实验学校、丽水市文元学校、丽水市秀山小学、丽水南城实验幼儿园、丽水经济技术开发区金丰花苑幼儿园等6所市区中小学校（幼儿园）就校园视力检测与近视防控服务工作开展情况进行联合执法，对校园内发布或者变相发布商业广告行为、近视防控产品的计量检定、校准等情况进行检查，重点对检测人员资质、工作流程和方法、质量控制以及近视防控产品和服务提供情况等开展专项检查和督导。

【四川省泸州市查处一起涉嫌虚构原价违法案件】 2022年3月，四川省泸州市龙马潭区市场监督管理局执法人员在对辖区各平台网店开展定向监测时发现，某眼镜行依托泸州某团购小程序发布优惠团购活动，打出了“39.8元抢原价1183元眼镜套餐”的广告标语。如此大的折扣，引起了执法人员的注意。随即，龙马潭区市场监督管理局网络（商品）交易监管股组织执法人员到该眼镜行检查。经检查，该眼镜行涉嫌虚构原价被立案查处。

虚构原价进行促销，是一些商家经常采取的一种违法促销行为，根据相关法律法规，情形严重的可以处5万元以上50万元以下罚款。

【市场监管总局公布眼镜制配场所计量专项监督检查结果】 2022年4月7日，市场监管总局公布眼镜制配场所计量专项监督检查结果。据统计，3年来，全国共累计检查眼镜制配场所127529家，眼镜制配计量器具398879台，查处不合格计量器具21422台。其中，2019年共检查眼镜制配场所41800家，检查计量器具总台数140570台，查处不合格计量器具11730台，不合格率为8.3%；2020年共检查眼镜制配场所40894家，检查计量器具总台数121638台，查处不合格计量器具6772台，不合格率为5.6%；2021年共检查眼镜制配场所44835家，眼镜制配计量器具136671台，查处不合格计量器具2920台，不合格率为2.1%。

教育部、国家卫生健康委、市场监管总局等八部门联合印发了《综合防控儿童青少年近视实施方案》。市场监管总局深化眼镜制配行业计量监管，连续3年（2019—2021年）在全国范围内开展了眼镜制配场所计量专项监督检查。

市场监管总局表示，在保障眼镜制配环节“验、配”精准，当前还存在以下问题：一是市场主体的法制计量意识仍有待提高；二是计量失信问题依然需要下大气力解决；三是专项整治成果需要持续巩固和发展。

市场监管总局要求各级市场监管部门要高度重视综合防控儿童青少年近视工作，在巩固监督检查工作成果的基础上，继续加大监管力度，落实企业主体责任，加强诚信计量体系建设，探索形成监管长效机制，切实提高眼镜制配行业计量管理水平，为防范儿童青少年近视“二次伤害”提供坚实计量保障。

【成都爱尔眼科利用医生形象发广告被罚】 2022年4月12日，成都康桥爱尔眼科医院有限公司，因未按照《医疗广告审查证明》核准的广告成品样件内容与媒体类别发布医疗广告，被武侯区市场监督管理局罚款1万元。

当事人在官网发布文章称：白内障科由享受“国务院政府特殊津贴”医生李珉元、“国际狮子会”白内障手术指定医生肖志全等组成强大的医生团队。当事人发布的上述医疗广告属于利用医生的形象作证明。

【海关提醒未取得我国进口医疗器械注册证书的隐形眼镜戴不得】 2022年4月，广州海关所属花都海关在货运渠道查获一批彩色软性亲水接触镜，为未取得我国进口医疗器械注册证书不得进口的货物。

花都海关关员在对一批进口货物实施目的地查验时，发现货物为635对医疗器械彩色软性亲水接触镜。彩色软性亲水接触镜属于“隐形眼镜”的一种，按规定需提供我国进口医疗器械注册证书。经联系，货主无法提供相关注册证明文件，不符合《中华人民共和国商品检验法》和《医疗器械监督管理条例》相关规定，海关关员依法监督货主对该批“无证”货物实施销毁。

【广州市市场监管局抽查眼镜相关产品】 2022年4月，广州市市场监督管理局通报2021年第四季度该局对眼镜相关产品质量的监督抽查结果，共抽查了12批次样品，经检验，有2批次产品不符合标准要求。

本次抽查依据 QB 2457—1999《太阳镜》、GB 10810.3—2006《眼镜镜片及相关眼镜产品　第 3 部分：透射比规范及测量方法》、QB/T 2506—2017《光学树脂眼镜片》、GB/T 14214—2019《眼镜架通用要求和试验方法》、GB13511.1—2011《配装眼镜　第 1 部分：单光和多焦点》、QB/T 4734—2014《游泳眼镜》等标准，对镜架外观质量、镜片材料和表面质量、球镜顶焦度、柱镜顶焦度、柱镜轴位、光学中心水平距离、光学中心单侧水平偏差、光学中心垂直互差、可见光谱区透射比、紫外光谱区透射比、装配质量、偏光镜片光透射比比值、偏光镜片偏振面标志的偏差、驾驶用镜类的透射比要求及交通信号的识别、抗冲击性能、抗汗腐蚀和标志等项目进行检验。

【广西南宁市提示消费者选购眼镜谨防镜片被“掉包”】 2022 年 4 月，南宁市市场监督管理局发布消费警示，2021 年以来，该局 12315 中心接到涉及眼镜工单投诉 268 件，主要反映眼镜质量差、配镜不准、售后服务跟不上以及涉嫌假冒名牌、价格贵等，故发布 2022 年第 4 号消费提示，提醒消费者，配镜牢记以下五点，避免掉入陷阱：一是配镜前最好先去正规医院进行眼科检查。初次配镜的人，需要准确验光，老年人配镜也应验光，不能贪图便宜从地摊购买。二是选择正规医院或信誉好的眼镜店，建议消费者到证照齐全、配备专业验光员和定配工的正规眼镜店选配眼镜。三是挑选适合自己的镜片及镜框。四是保存产品包装，警惕镜片“掉包”。五是索要购物消费凭证，维护合法权益。

【浙江台州椒江集中销毁 3 万副假冒眼镜】 2022 年 4 月 26 日，在第 22 个世界知识产权日到来之际，台州市椒江区市场监管局开展假冒眼镜集中销毁行动。现场共销毁 2021 年度查扣的侵权眼镜 3 万余副，涉及雷朋、保时捷、法拉利、鳄鱼等 15 个国际一线品牌。

市场监管部门已经对假冒案件涉及的商家作出总计 60 多万元的罚款。集中销毁行动一方面防止假冒眼镜重新流入市场危害人民群众生命财产安全，并对制假售假人员起到警示教育和震慑作用，另一方面彰显了市场监管部门坚决打击侵权假冒违法行为和筑牢知识产权保护防线的信心和决心。

【广西柳州柳江两眼镜店未经许可经营被查处】 2022 年 4 月，柳江区市场监管局执法人员对隐形眼镜及护理液产品进行专项整治，当对广西某教育投资有限公司柳州分公司、柳州市某眼镜有限责任公司基隆分公司检查时，上述两家公司均未取得《医疗器械经营许可证》即擅自从南宁某眼镜批发公司购进并销售隐形眼镜及护理液等第三类医疗器械，其间，两家公司销售上述产品分别获利 226 元和 46.5 元。

未经许可从事第三类医疗器械经营活动的行为，违反了《医疗器械监督管理条例》的相关规定。柳江区市场监管局依法对两家公司分别予以处罚 5000 元并没收违法所得。

【河南漯河市开展眼镜制配场所计量监督检查】 2022 年“5·20 世界计量日”到来之际，漯河市市场监管局开展眼镜制配场所“双随机一公开”计量监督检查专项行动，加强对强检计量器具的监督管理，确保计量性能准确可靠。

此次“双随机一公开”检查对全市 166 家眼镜制配场所，按照 30%的比例随机抽取 50 家作为检查对象，随机匹配 24 名执法人员开展监督检查工作。目前，焦度计、验光镜片箱、验光仪和角膜曲率仪等均已列入《实施强制管理的计量器具目录》，需要进行强制检定。此次专项检查严厉打击眼镜制配环节使用未经检定、超过检定周期或经计量检定不合格计量器具的行为。检查结果将录入信用信息系统，由漯河市市场监管局统一发布。

【江苏省无锡市抽查 10 批次配装眼镜产品合格率为 100%】 2022 年 5 月 16 日，江苏省无锡市市场监督管理局网站消息，2022 年以来，无锡市市场监督管理局对配装眼镜产品质量进行了监督抽查，共抽查产品 10 批次，合格率为 100%。消费提示：一选购。查看验配店有没有营业执照等证件，有没有验光配镜环境，验光师和定配工有无相应职业证书资质。二看外观及标识标志。查看镜片、镜架外包装是否有合格证、厂名厂址、联系电话、执行标准等信息。三佩戴。质量好的眼镜佩戴后应看得清楚、舒适、长久。

【浙江台州临海集中销毁 16 万余件问题眼镜】 2022 年 5 月，浙江省临海市市场监督管理局杜桥分局集中销毁 16 万余件问题眼镜。

临海市市场监管局杜桥分局的大院内，几名工作人员将箱子里的问题眼镜倒在地上，这些眼镜大部分是“香奈儿”“古驰”“雷朋”“克罗心”等国际知名品牌的假冒产品，也有一部分是抽检不合格的太阳镜片、镜架等，共计 16 万余件。工作人员驾驶压路机在成堆的眼镜上碾过，满地的“问题”产品被全部压碎销毁。

杜桥是全国闻名的眼镜生产基地之一，眼镜及配套企业近 1500 家，但部分商家法律意识淡薄，为了牟取更高的利润，铤而走险生产假冒伪劣产品。近年来，临海市市场监督管理局持续加大知识产权保护力度，2021 年共查处眼镜商标侵权案件 96 件。

【丹阳眼镜城开展“警企携手　齐心反诈”宣传活动】 2022 年 5 月 19 日上午，丹阳眼镜城联合开发区派出所开展“警企携手　齐心反诈”宣传培训，以进一步提高眼镜城从业人员对电信网络诈骗犯罪的防范意识和防范能力。眼镜城市场管理办公室、物业公司全体行政工作人员参加培训。

会后，为进一步推动眼镜城反诈宣传工作的落实，眼镜城市场办、物业行政工作人员分组行动，深入到市场每家店铺，积极向商户宣传推广安装“国家反诈中心”APP，进一步扩大眼镜城反诈宣传覆盖面，共筑反诈防火墙，有效提升市场商户的防骗意识。

【广东省恩平市召开眼镜配装行业质量提升分析会】 为迎接 2022 年“5·20 世界计量日”的到来，进一步强化眼镜配装行业自律，增强从业人员计量意识、提升技能水平，提高眼镜配装合格率，恩平市市场监管局召开全市眼镜配装行业质量提升分析会，邀请江门市质量计量监督检测所高级工程师进行眼镜配装质量分析，恩平市 19 家眼镜配装店铺负责人以及店长参加会议。

恩平市市场监管局将持续加大眼镜配装行业质量的提升和监管工作，增强行业的诚信和自律意识，促使广大眼镜配装从业人员清楚产品质量安全“做什么、怎么做”，从而保障广大人民群众的身体健康。

【辽宁省盘锦市强化眼镜计量器具监管】 2022 年 5 月，辽宁省盘锦市市场监管局随机抽取，对 8 家眼镜制配场所开展专项监督检查。监管人员重点检查眼镜制配单位是否配备与经营业务相适应的计量器具，列入国家强制检定计量器具是否合格，是否建立相应的计量管理制度等内容。

经检查，大部分眼镜配制场所计量管理比较规范，经营者具有计量意识。检查中也发现了一些问题：2 家眼镜配制场所使用的焦度计、验光仪未经检定，1 家眼镜配制场使用的验光仪、焦度计、验光镜片箱超期未检。监管人员责令经营者停止使用并限期检定，待检定合格后方可继续使用。监管人员在执法检查的同时，还对各家眼镜制配场所进行了计量法律法规的宣传，并引导经营者签订“诚信计量自我承诺书”。

【西藏芒康市场监督管理局开展眼镜市场专项检查】 为规范配装眼镜经营行为，切实消除安全隐患，维护消费者合法权益，根据昌都市市场监管局关于《2022 年儿童老年用品“护苗助老”关爱行动方案》的文件精神，2022 年 5 月，芒康县市场监督管理局对辖区眼镜市场开展专项检查。

执法人员主要针对以下 4 个问题进行检查，一是检查验光仪、验光镜片箱、焦度计等的检定情况；二是检查证照是否齐全，是否存在超范围经营行为；三是检查从事配制眼镜及验光的经营者是否具备经营资格；四是检查是否有虚假广告。下一步，市场监督管理局将严厉打击眼镜制配场所计量违法行为，净化眼镜配置市场，为消费者放心配镜提供有力的保障。

【河北省保定市开展眼镜配制专项检查行动】 为进一步规范眼镜制配行业市场秩序，促进眼镜配制和后续使用的科学性和规范化，保障青少年的眼睛健康，助力创建儿童友好城市，在国际六一儿童节来临之际，河北省保定市市场监督管理局医疗器械监管处和计量处联合开展眼镜配制专项检查。

本次行动重点检查医院和眼镜配制场所验光配镜用医疗器械是否从合法渠道购进，有无产品合格证明和医疗器械产品注册证，电脑验光角膜曲率仪等设备是否在校准（检定）期内使用等。现场查看了在用计量器具档案清单并核对了相应校准证书和检定报告，并调取了验光配制等相关记录，确保眼镜配制数据科学精准。

【南京栖霞区开展隐形眼镜线上销售专项检查】 为进一步规范隐形眼镜网上销售，打击无证销售违法违规行为，2022 年 5 月，南京栖霞区市场监督管理局仙林分局开展了隐形眼镜线上销售专项检查。

检查中，市场监管人员主要关注眼镜店是否持有合法有效营业执照和医疗器械经营许可证，在美团等平台上销售隐形眼镜和护理液的商家是否正确公示营业执照和医疗器械经营许可证，并对店内规范布置，各种标志标识、价格牌的张贴情况进行了仔细检查。本次共检查眼镜店 13 家次，出动 10 人次，责令整改 1 家次。

【重庆市潼南市场监管局加强眼镜制配计量监督检查】 2022 年 5 月，重庆市计量质检院联合潼南市场监管局开展眼镜制配场所计量专项监督检查，进一步加强眼镜制配场所计量监管。

执法人员重点检查了经营者是否遵循计量法律、法规和规章情况；是否建立计量管理制度；配备的焦度计（屈光度计）、验光仪（综合验光仪）、验光镜片箱、角膜曲率计等强检计量器具是否按规定登记造册并经检定合格；是否存在使用未经检定、超过检定周期或经计量检定不合格计量器具的行为；受理和处理投诉举报有关情况，严厉查处使用未经检定、超过检定周期或经计量检定不合格计量器具行为。暂未发现计量违法行为。

【厦门制定两项认证规则　推动眼镜行业高质量发展】 为推动眼镜行业高质量发展，向消费者推介优质的眼镜产品和服务，福建省厦门市质检院联合北京中轻联认证中心、国家眼镜质检中心，牵头制定了 GK96《视觉健康产品（眼镜）认证实施规则》、RZB84《视觉健康产品（眼镜）认证技术规范》。该认证规则已于 2022 年 6 月 1 日发布、实施，开启了在全国范围内开展眼镜高端品质认证、提高产品品质美誉度的大门。

眼镜制造是厦门的特色产业之一，中高端太阳镜的生产几乎占据了全球的半壁江山，厦门市被中国轻工业联合会、中国眼镜协会联合授予“中国太阳眼镜生产基地”称号。目前，学生近视逐渐呈现高发、低龄化趋势，如何选择好的眼镜产品成为社会共同关心的问题。

此次认证规则的制定依据现有国标、行标，从产品品质、健康安全、高端性能 3 方面着手开展先进性指标的研究确立，其中健康安全指标 3 项，包括镜架镍析出、总铅、邻苯二甲酸酯；高端性能指标 16 项，包括高折射率、高清晰度、超硬耐磨性、紫外线防护功能、蓝光防护功能等，其指标全部优于国家行业标准要求，着力体现又好又新的产品性能。

厦门市质检院将进一步为各眼镜企业提供更加优质的认证技术服务，着力打造眼镜领域的高端品质认证，提高眼镜行业品牌知名度，为产业转型升级赋能加力。

【山东省威海市开展眼镜制配场所计量专项监督检查】 为防止给儿童青少年近视造成二次伤害，强化眼镜制配行业计量监管，规范眼镜制配场所计量秩序，2022 年 6 月 6 日，山东省威海市市场监管局组织对市区部分眼镜制配场所开展计量专项监督检查。

执法人员还对《中华人民共和国计量法》《眼镜制配计量监督管理办法》等法律法规进行了现场宣传，并要求各眼镜制配经营户诚信经营，保证在用计量器具准确、有效，让消费者特别是学生们戴上安全、放心的眼镜。下一步，威海市市场监管局将在全市范围内采用“双随机、一公开”方式，对眼镜制配场所计量器具继续进行监督检查，对检查中发现的违法违规问题，及时依法查处。

【浙江绍兴越城区眼镜行业质量管理体系认证提升行动启动】 2022 年 6 月，为深入贯彻落实习近平总书记关于支持民营经济和中小企业发展的重要指示批示精神，充分发挥质量管理体系认证对小微企业质量提升的作用，根据《浙江省市场监督管理局关于开展 2022 年小微企业质量管理体系认证提升行动摸底调查的通知》要求，越城区市场监管局召开越城区眼镜行业小微企业质量管理体系认证提升行动启动会。局党工委委员沈冰、绍兴市眼镜商会会长苏忠合、杭州万泰认证有限公司代表以及 30 余家眼镜企业负责人参加本次会议。

【重庆市大渡口区市场监管局开展眼镜制配场所计量监督检查】 2022 年 4 月 15—6 月 15 日，重庆市市场监管部门组织开展儿童青少年近视矫正市场监管领域监督检查，大渡口区市场监管局始终把儿童青少年近视矫正市场监管工作作为重要任务，抓紧抓实抓好，推进综合监管，形成监管合力，确保监督检查工作取得实效。

重庆市大渡口区市场监管局组织开展眼镜制配场所计量专项监督检查。按照有关要求，验配眼镜必备的设备有验光仪、验光镜片箱、视力表、瞳距尺或瞳距仪、定中心仪、模板机等多个设备，但是有些检定根本达不到要求。

【市场监管总局曝光违法近视防控广告典型案例】 2022 年 5 月 31 日，市场监管总局曝光已经办结的 6 件典型案例。其中，清界光学科技（上海）有限公司因发布“真性近视逆转……摘掉眼镜”等虚假违法广告内容被罚 152 万元。

清界光学科技（上海）有限公司在多个小区、地铁站等区域发布含有“真性近视逆转……摘掉眼镜”等内容的广告；在其公司网站、微信公众号上发布含有“清界视康：结果（去根，一生无忧）不是矫正，是逐渐彻底恢复，一次逆转，彻底康复”等内容的广告。上海市徐汇区市场监管局认为，判断近视需要通过专业医疗验光，当事人未采用任何验光设备，仅通过视力表记录顾客的视力，并宣称通过眼周推拿按摩、视力提升眼操、逆转望远等服务可实现逆转近视、摘掉眼镜的效果。当事人的上述行为违反了《广告法》有关规定。2022 年 2 月 11 日，上海市徐汇区市场监管局依法对当事人做出罚款 152 万元的行政处罚。

【广州市市场监督管理局抽查 6 批次眼镜相关产品】 2022 年 6 月 16 日，广州市市场监督管理局网站公布 2022 年广州市眼镜相关产品质量监督抽查结果，共抽查了 6 批次样品，经检验，有 1 批次产品不符合标准要求。其中，广州市尉海贸易有限公司生产（标称）的 1 批次“茵妮迪”儿童眼镜被检出紫外性能项目不合格。

本次抽查依据 QB 2457—1999《太阳镜》、QB/T 4734—2014《游泳眼镜》等标准，对镜架外观质量、镜片材料和表面质量、球镜顶焦度、柱镜顶焦度、可见光谱区透射比、紫外性能、偏光镜片光透射比比值、偏光镜片偏振面标志的偏差、驾驶用镜类的透射比要求及交通信号的识别、抗冲击性能、抗压强度、抗汗腐蚀和标志等项目进行检验。

【山西省大同市加强眼镜配制单位监管】 2022 年 6 月 21 日，大同市市场监督管理局联合大同市综合检验检测中心举行配装眼镜质量分析暨帮扶中小微企业质量提升会。

会上，大同市综合检验检测中心对配装企业、眼镜店提出要求，要完善进货验收检查制度，规范所使用的眼镜架、眼镜片等相关档案资料，同时要提高配装技术水平，规范配装过程，提升配装眼镜质量，要及时向大同市综合检验检测中心申请强制检定，增强质量意识，积极主动应对消费者提出的质量问题，让广大消费者放心消费。

大同市市场监督管理局将联合大同市综合检验检测中心以及部分眼镜制售企业，研究制订《大同市配装眼镜产品质量管理规范》作为大同市验光配镜行业的行业标准，解决企业面临的技术、标准等方面的短板和不足，规范引导行业健康发展，为大同市服务市场主体倍增工程作出贡献。

【国家卫健委：加大对医美、近视矫正等机构抽查力度】 为进一步加强公共卫生、医疗卫生等监督执法工作，国家卫生健康委办公厅 2022 年 6 月 22 日印发 2022 年国家随机监督抽查计划的通知，要求加大对开展医疗美容、医学检验、健康体检、口腔、近视矫正等服务医疗机构以及养老机构内设医疗机构的抽查力度。

通知要求，各地应当在抽查任务完成后按照“谁检查、谁录入、谁公开”的原则，将抽查结果信息通过当地官方网站依法向社会公开。抽查结果信息包括：抽查未发现问题、发现问题已责令改正、行政处罚、无法联系（检查时单位已关闭等情形）等 4 类。

【江西省抚州市开展眼镜制配场所计量器具检定活动】 2022 年 6 月，为规范抚州市眼镜制配企业生产经营行为，保护人民群众特别是青少年视力健康，抚州市检验检测认证中心在全市范围内开展了眼镜制配场所计量器具强制检定。

中心以“你报我检”的方式开展检定服务进企业活动，对市内报检的眼镜制配场所及时、主动上门检定，对各县（区）报检的眼镜设备采取“提前联系、集中上门”的方法，减轻企业负担，提高服务效率。

共检定眼镜场所 95 家，检定电脑验光仪、焦度计、验光镜片箱等各类计量器具共 241 台（件）。下一步，中心将继续提高责任意识，加强诚信计量体系建设，切实提高眼镜制配行业计量检定业务水平，为防范青少年近视“二次伤害”

提供坚实计量保障，着力营造健康安全、科学准确、规范有序的眼镜验配市场环境。

【西藏日喀则市对定配眼镜计量器具集中检定】 2022年6月，为保障眼镜制配计量的准确可靠，切实维护消费者合法权益，日喀则市市场监管局组织各县（区）市场监管局对辖区定配眼镜市场主体配备的焦度计、验光仪和验光镜片箱进行计量监督检查。

为降低市场主体的时间和资金成本，日喀则市市场监督管理局特邀请自治区计量测试所相关工作人员赴日喀则，对全市定配眼镜市场主体在用计量器具开展集中检定。检定人员利用两天的时间共检定32家眼镜定配市场主体的焦度计、验光仪、验光镜片箱等设备97台（件），经检定，目前全市定配眼镜市场主体在用的焦度计、验光仪、验光镜片箱状态良好，计量性能均符合检定规程要求。

【福建省抽查300批次眼镜9批次不合格】 2022年6月，依据《中华人民共和国产品质量法》和相关产品标准及抽查细则明确项目，福建省市场监督管理局组织对生产企业定配眼镜产品质量开展省级监督抽查。本次共抽查300批次，其中9批次不合格，不合格发现率为3%。省市场监管局已责成各市市场监管局对本次抽查不合格产品及其生产企业依法予以处理，并根据《产品质量监督抽查管理暂行办法》（国家市场监督管理总局第18号令）规定，将抽查结果予以公告。

本次抽查发现，星创视界（泉州）眼镜有限公司晋江塘岸分公司定配眼镜不合格，规格型号右R：5.00 DS/-1.50DC×30；左L：-4.00 DS/-1.00DC×100；PD：60mm（左右单眼瞳距相等），全框金属架，树脂片UV-1远用，生产日期2022年3月2日，不合格项目为光学中心水平距离偏、光学中心单侧水平偏差，承检机构为福建省纤维检验中心。

【南京海关缉私局开展打击走私隐形眼镜片专项行动】 2022年7月，南京海关缉私局所属镇江分局开展打击走私隐形眼镜片专项行动，在江苏镇江、河北廊坊等地开展集中收网行动，抓获犯罪嫌疑人2名，现场查获大量涉案隐形眼镜片，案值约1000万元。

案件查获的隐形眼镜片俗称“美瞳”，常被爱美人士用来修饰美化眼睛，是市面上的畅销产品。为了牟取非法利益，韩国某公司与丹阳某公司、镇江某公司合谋，从韩国采购隐形眼镜片，采用非法手段，逃避海关监管，将隐形眼镜片走私进境后在国内销售牟利。

【安徽省亳州市开展隐形眼镜及护理液产品质量专项检查】 2022年7月，为进一步规范隐形眼镜及护理液产品市场经营秩序，亳州市谯城区市场监督管理局开展隐形眼镜及护理液产品质量专项检查。

目前，区市场监管局已检查隐形眼镜经营户12家，专项检查还在持续进行中。下一步，该局将继续保持高压态势，加强日常监管与专项整治力度，严厉查处违法违规经营行为，严守医疗器械安全防线，全力保障消费者合法权益。

【浙江瑞安一眼镜店眼镜销售偷穿“温医”马甲判赔15万元】 2022年6月，瑞安市人民法院审结一起不正当竞争纠纷案件。通过司法判决确认“温医”是温州医科大学具有一定影响的企业简称，判处浙江温医眼视光公司赔偿经济损失15万元。

2020年9月，温州医科大学发现浙江温医眼视光瑞安分公司在瑞安市玉海街道经营眼镜店，其店招、装潢等处均有“杭州温医眼视光中心”字样，其中“杭州”字样较小，“温医眼视光中心”字样较大。

2021年1月，温州医科大学以不正当竞争为由，将浙江温医眼视光公司及其分公司诉至瑞安法院，请求停止侵权、赔偿损失、变更企业名称，并刊登声明消除影响。

法院经审理认为，“温医”作为温州医科大学的简称，经长期持续使用，被相关公众广泛认可并具有较高的知名度和影响力，与温州医科大学形成稳定对应的联系，具有识别经营主体的商业标识意义。被告公司及其分公司所涉行业和经营范围与温州医科大学的业务范围、科研领域存在部分重合，其在企业名称中使用“温医”文字，并在店面门头、店内装潢中突出使用“温医”字样，主观上具有攀附原告商誉的故意，客观上亦使得相关公众误认为其与温州医科大学之间存在特定关系，构成不正当竞争。

瑞安法院综合考虑涉案企业名称的知名度、

侵权行为的性质、主观过错程度等因素，判决浙江温医眼视光公司及其分公司立即停止不正当竞争行为，赔偿经济损失15万元，变更企业名称并在媒体上刊登声明消除影响。一审宣判后，被告浙江温医眼视光公司及其分公司提起上诉。二审中，二审法院认为一审判决认定事实清楚，适用法律正确，但因浙江温医眼视光瑞安分公司已注销，因此改判全部责任由浙江温医眼视光公司承担。

【宁波市江北区开展眼镜店规范经营专项检查】 为保护广大儿童青少年的视力健康，进一步规范眼镜店的经营行为，2022年6月，江北区市场监管局组织执法人员开展了眼镜店计量器具专项检查。

检查中，执法人员在宁波来福士广场的一家眼镜店计量器具检查管理台账，重点对验光仪、焦度计、验光镜片箱等设备强制检定计量器具的检定情况进行查验，查看是否存在未经检定、检定不合格或超过检定周期使用等违法行为。同时，向店内负责验光配镜的从业人员了解计量器具的使用管理情况。从检查结果来看，店铺内计量器具管理使用情况总体良好。区市场监管局共对辖区13家眼镜店开展专项检查。

市场监管局将加大对眼镜店等验光配镜企业的计量监管力度，确保眼镜制配计量准确，有效规范眼镜经营市场，为青少年视力健康提供保障。

【江苏省南通市开展眼镜店计量器具专项检查】 暑假是学生检查视力、测配眼镜的高峰期。为强化眼镜市场计量监督管理，提高眼镜的制配质量安全，2022年7月，崇川区市场监督管理局秦灶分局开展眼镜店计量器具专项检查。

执法人员重点检查了辖区眼镜店主体责任是否落实到位；是否建立计量管理制度和计量器具管理台账；在用计量器具是否定期检定并取得有效的计量检定证书；是否存在使用不合格计量器具或者破坏计量器具准确度等违法行为。

此次专项行动共检查了眼镜店18家，总体情况良好。秦灶分局将持续加强对眼镜店的计量监管，积极推进强检计量器具建档工作，进一步规范眼镜店经营行为。

【江苏省苏州市公告2022年配装眼镜产品质量监督抽查情况】 根据《中华人民共和国产品质量法》《产品质量监督抽查管理暂行办法》《江苏省省级产品质量监督抽查工作规范》《中华人民共和国政府信息公开条例》等规定，2022年二季度，苏州市市场监督管理局委托苏州市产品质量监督检验院对配装眼镜产品质量实施了市级监督抽查。

本次共抽查10批次，经检验，合格9批次，合格率为90%，不合格项目为球镜顶焦度偏差和光学中心单侧水平偏差。

【河南省安阳市市场监管局开展眼镜店专项监督检查】 2022年7月，安阳市北关区市场监管局对辖区内的眼镜店开展了全面监督检查，进一步规范医疗器械经营秩序，保障公众使用角膜接触类医疗器械产品安全。

此次重点检查在用的验光设备是否按规定检定校准，是否存在未取得医疗器械经营许可证经营角膜接触镜及护理液等医疗器械产品，购进的医疗器械渠道是否合法、验收是否规范，提供眼视光学技术服务是否由专业人员进行等。对部分商家销售记录信息不全、医疗器械产品储存不规范、索证索票资料不完整等问题，该局责令其立即整改，并对相关的业务知识进行现场培训。

检查过程中，市场监管局对商家在角膜接触类医疗器械采购、验收、储存、销售各环节存在的问题现场予以指导，并给所有的商家发放了医疗器械法律法规资料。对经营医疗器械产品的眼镜店，统一要求其建立医疗器械验收台账。

截至7月5日，该局共出动执法人员36人次，检查眼镜店18家，下达责令整改通知书1份。

【广西桂林荔浦市市场监管局开展眼镜店专项监督检查】 2022年7月，荔浦市市场监督管理局对辖区内的眼镜店开展了计量器具监督检查，以进一步加强对配装眼镜的监督管理，规范配装眼镜经营行为。

此次专项行动主要检查计量器具，检查眼镜店的验光配镜设备是否齐全，焦度计、验光仪、镜片箱等计量器具是否在检定有效期内且按照规定依法进行检定，检定结果是否合格；是否配备了经计量业务知识培训合格的专兼职计量管理和专业技术人员，从事验光、配镜的人员是否取得职业技能证书。执法人员对眼镜店经营者、工作人员进行了计量法律法规和规范性文件的宣传，积极倡导依法经营、诚实守信，进一步强化经营者主体责任，促进经营者规范诚信。

【贵州省盘州市11家眼镜店被立案调查】 2022年7月起，贵州盘州市市场监管局持续开展验光配镜行业专项监督检查。

执法人员已检查眼镜制配场所18家，发现问题33个，立案调查11家。下一步，盘州市市场监管局将持续开展验光配镜行业专项监督检查，加强指导督促存在问题的眼镜制配场所进行整改，严厉查处计量违法行为，推动企业落实主体责任，有效推进行业自律和诚信建设，提升近视防控相关产品质量和视觉健康服务水平，为持续优化近视防控工作提供保障。

【内蒙古乌海市规范眼镜市场经营秩序】 为严厉打击眼镜销售领域市场经营活动中存在的各类违法违规乱象，树立良好秩序，遏制行业不良倾向，乌海市开展为期两个月的眼镜销售领域综合治理。2022年8月8—9日，由乌海市市场监管局张立华副局长带队政策法规科、执法稽查局的执法人员分别对三区眼镜销售市场进行回头看复查，查看前期治理工作成效。

本次回头看复查以小商品市场、眼镜店、饰品店，商场等为主要检查区域，对经营企业是否取得经营许可，是否超范围经营装饰性彩色平光隐形眼镜，是否存在宣传夸大和误导性表述，是否存在未明码标价等违法行为进行重点检查。

【上海可得眼镜违法广告被罚】 2022年8月8日，上海市市场监督管理局公布行政处罚决定书（沪市监松处〔2022〕272022000643号），上海可得光学科技有限公司存在含有“热销、抢购、试用”“家庭必备、免费治疗、赠送”等诱导性内容，“评比、排序、推荐、指定、选用、获奖”等综合性评价内容，“无效退款、保险公司保险”等保证性内容，怂恿消费者任意、过量使用药品、保健食品和特殊医学用途配方食品的内容的广告违法行为，被上海市松江区市场监督管理局罚款0.5万元，责令改正。处罚决定日期2022年7月27日。

上海市松江区市场监督管理局判定，当事人发布的上述广告涉及医疗器械，属于重点商品类别，涉嫌违法情节、危害社会程度和主观过错程度一般。

当事人作为广告主，自2021年10月28日起，在经营的“可得眼镜网”（域名：kede.com）之“GEMME彩色日抛10片装—托帕柔粉”及“ReVIA蕾美彩色日抛10片装—幽静森林”网页中发布“TA们和你一样喜欢PienAge、明星达人们都在用”及“日本乐天隐形眼镜类别销量持续皇冠、日本歌坛天后安室奈美惠同款！日本潮流指标ROLA日常爱用美瞳”等含有排序、推荐等综合性评价内容的广告。上述“GEMME彩色日抛10片装—托帕柔粉”及“ReVIA蕾美彩色日抛10片装—幽静森林”为隐形眼镜，属于医疗器械。

案发后，当事人已将上述“GEMME彩色日抛10片装—托帕柔粉”及“ReVIA蕾美彩色日抛10片装—幽静森林”网页修改，改正了上述违法行为。

【北京市丰台区开展暑期眼镜制配市场专项检查】 2022年8月，暑假期间正值学生配镜高峰，为切实保护未成年人的视力健康和安全，保障制配眼镜产品质量，维护广大消费者的合法权益，丰台区市场监督管理局开展了暑期眼镜制配市场专项检查。

此次专项检查共检查眼镜制配单位13家，强检计量器具42台，均未发现问题。下一步，执法人员将持续规范眼镜制配经营行为，为丰台区创建国家文明城区工作助力，进一步保护未成年人的合法权益，为青少年视力健康“保驾护航”。

【广东省中山市开展眼镜制配场所抽查】 2022年8月8—11日，中山市市场监管局配合省市场监管局在辖区内开展眼镜制配场所省级计量监督抽查，以进一步强化眼镜制配行业计量监管、规范眼镜制配场所计量秩序和保护消费者的合法权益。

重点检查眼镜制配场所在用的重要计量器具焦度计、验光仪和瞳距仪是否存在未经检定、检定不合格或者超过检定周期的情况；现场检测计量性能是否满足《焦度计》(JJG 580—2005)、《验光仪》(JJG 892—2011）和《瞳距仪》(JJG 952—2014）等检定规程的要求。

检查中，共发现2家单位所使用的验光仪计量检定不合格，执法人员现场已责令立即停止使用并限期整改。执法人员还对被检查单位进行普法宣传，一方面督促引导从业者按照相关法律法规对眼镜配制用计量器具进行管理和检定，确保诚信经营；另一方面要求建立健全和落实各项计量管理制度，自觉遵守《中华人民共和国计量法》和《眼镜制配计量监督管理办法》等有关规定，确保在用计量器具性能符合技术规范要求，防止计量不准给儿童青少年近视造成二次伤害。

【山西太原市区两级市监部门联合开展眼镜店计量监督检查】 为加强眼镜制配行业的计量监管，规范眼镜制配计量行为，切实保护消费者的视力健康和合法权益，2022 年 8 月 15 日，太原市市场监管局和杏花岭区市场监管局联合对杏花岭区的两家大型眼镜店进行了专项计量监督检查。

本次专项检查的重点主要是对眼镜制配场所是否建立计量管理制度，是否配备合格的焦度计、验光仪、验光镜片组等计量器具，列入国家强制检定目录的计量器具是否在检定有效期内且按照规定依法进行检定，检定结果是否合格等。

经查，检查的两家大型眼镜店其中一家存在计量器具未按期检定的问题，执法人员当场下达了责令改正通知书，责令企业限期改正。针对检查发现的问题，市区两级监管部门将采取进一步措施规范眼镜制配行业的计量行为，为防控儿童青少年近视工作提供可靠的计量技术保障。

【安徽省巢湖市完成眼镜制配场所强制检定计量器具“体检”】 2022 年 8 月，为确保眼镜制配场所强制检定计量器具的准确性和可靠性，安徽省巢湖市市场监督管理局践行“一改两为”，主动邀请合肥市计量测试研究院到巢湖市集中免费检定眼镜制配场所的强制检定计量器具，让眼镜制配场所“足不出市”能完成强制计量器具检定，极大方便于民。

强化宣传，主动申报。巢湖市市场监管局对全市眼镜制配场所宣传计量法律法规，指导经营者操作强制检定工作计量器具业务管理系统平台，申报计量器具周期检定，并告知集中检定时间、地点。

集中免费检定。2022 年 8 月 1 日和 2 日，合肥市计量测试研究院利用两天时间对全市 49 家眼镜制配场所的 138 台强制检定计量器具（验光仪、焦度计、镜片箱）进行集中免费检定，检定人员严格按照《验光仪》（JJG 892—2011）、《焦度计》（JJG 580—2005）、《验光镜片箱》（JJG 579—2010）等检定规程进行检定，对检定合格的现场张贴检定合格证，5 台检定不合格设备，现场要求制配场所停止使用。

集中培训。巢湖市市场监管局工作人员在检定现场发放《眼镜制配计量监督管理办法》40 份，讲解眼镜制配计量器具的检定周期，平时计量器具如何管理和维护，以及使用注意事项。

巢湖市市场监管局将继续强化眼镜制配场所计量器具监管，建立长效计量监管机制，提高眼镜制配所计量管理水平，严厉打击眼镜制配环节使用不合格计量器具行为，防止消费者眼睛受到二次伤害。

【武汉分类监管试点初见成效配镜企业诚信计量意识再增强】 自 2022 年 8 月 1 日起，武汉市市场监管局在全市眼镜制配单位开展诚信计量分类监管试点以来，武汉市眼镜制配场所计量器具的合格率明显提升。2022 年，武汉眼科光学计量器具合格率为 97.4%，较上年提高了 3.4 个百分点。

开展诚信计量分类监管试点，是武汉市市场监管局深入贯彻落实《计量发展规划（2021—2035 年）》，进一步创新优化营商环境，提高监管效能的有力举措。该局明确工作任务、方法步骤和时间要求等，并根据试点行业经营者的诚信计量信息，将行业经营者分为守信（A 类）、基本守信（B 类）和失信（C 类）3 个类别，并进行动态调整。

400 余家配镜企业签署承诺书，并上墙对外公示。承诺书表示，各配镜企业不使用未经检定、检定不合格或者超过检定周期的计量器具；不使用国家明令淘汰的计量器具；验配的眼镜必须有详细的检验记录，确保制配的眼镜计量准确，童叟无欺。

随着诚信计量分类监管试点工作深入推进，400 余家配镜企业诚信计量意识明显增强，能自觉接受社会监管。通过开展分类监管，精准施策，有效缓解了当前基层监管力量不足等问题，探索建立了“以经营者自我承诺为主、政府部门推动为辅、社会各界监督为补充”的诚信计量管理模式，提升了计量监管效能。

【吉林省长春市开展“开学季”隐形眼镜质量监管】 2022 年 8 月，为进一步规范隐形眼镜及护理液市场秩序，保障消费者特别是学生群体用械安全，长春市汽开市场监管分局组织开展“开学季”隐形眼镜及护理液经营单位专项检查，全面清查当前隐形眼镜市场的安全隐患。

汽开市场监管分局共检查辖区隐形眼镜经营企业12家，已责令1家不符合医疗器械经营质量管理要求的企业限期改正。

【新疆吉木乃县开展儿童青少年眼镜制配计量专项监督检查行动】 2022年8月，为加强眼镜市场计量监督管理，积极做好预防儿童青少年近视工作，吉木乃县市场监督管理局组织开展眼镜制配场所计量专项监督检查行动。

此次共检查眼镜制配店3家，制配眼镜需要的计量器具均在检定周期内，同时，执法人员向眼镜制配场所经营者宣传计量法律法规，积极倡导诚信经营。通过此次专项监督检查，规范了眼镜制配行业秩序，对3家眼镜制配场所进行了登记建档，提高了制配人员的法律意识。下一步，吉木乃县市场监督管理局将继续加大监管力度，帮助和引导眼镜制配场所建立和完善相应的计量管理制度，为儿童青少年健康安全保驾护航。

【河北省衡水市四措并举开展暑期眼镜店专项检查】 为进一步加强眼镜店计量监督管理，规范眼镜制配单位经营行为，提高眼镜配装质量，使学生们戴上“放心眼镜”，2022年8月，河北省衡水市市场监督管理局高新区分局对辖区眼镜店开展专项监督检查，为青少年视力健康“保驾护航”。截至目前，共检查眼镜制配单位11家，检查计量器具13台，现场责令整改问题2处。

检查资质是否有效。执法人员主要查看眼镜制配单位是否取得医疗器械经营许可证；所经营产品（接触镜及其护理产品）是否可追溯；是否留有进货查验、存储、销售、售后等相关记录；供货者是否取得医疗器械生产（经营）许可证、营业执照；进口产品是否有中文说明书、中文标签；是否配备验光专业或职业资格的人员；是否配备电脑验光仪、裂隙灯显微镜等仪器设备。

检查计量是否精准。执法人员主要查看眼镜制配单位是否配备与其经营项目相适应的计量检测设备，如验光仪、焦度计、验光镜片箱仪、视力表灯箱等；眼镜制配单位是否建立计量管理台账；在用计量是否登记造册；是否向法定计量检定机构申请周期检定；是否存在使用未经检定、超过周期或经检定不合格计量。

检查广告宣传是否合法。本次检查重点打击虚假近视防控产品营销宣传行为，主要查看眼镜店宣传广告中是否涉及近视治疗功能、是否使用医疗用语相混淆的用语、是否有表示功效、安全性的断言或者保证用语、是否存在未取得专利的情况下在广告中宣称“专利号”等行为。

加强法律法规宣传。执法人员现场向从业者宣讲《中华人民共和国计量法》《眼镜制配计量监督管理办法》《广告法》等法律法规相关内容，提升眼镜制配单位从业人员法律意识和主体责任意识，并要求各眼镜制配经营单位要诚信经营，保证在用计量准确、有效，让消费者，特别是学生们戴上安全、放心的眼镜。

高新区分局将进一步规范眼镜制配单位经营行为，严格落实眼镜制配单位主体责任，规范眼镜制配场所管理、计量、广告秩序，保障消费者合法权益，为青少年放心配镜、安全用镜提供良好的消费环境。

【山东省济南市公布2022年眼镜镜片产品质量专项监督抽查结果】 2022年8月10日，济南市市场监督管理局网站公布2022年眼镜镜片产品质量专项监督抽查结果。本次共抽查了济南市55家企业95个批次产品。抽查未发现有产品不符合相关标准的要求。

本次抽查依据2022年《济南市眼镜镜片质量监督抽查实施细则》的要求，对眼镜镜片产品的球镜顶焦度偏差、柱镜顶焦度偏差、柱镜轴位偏差、可见光透射比、太阳紫外A波段透射比、太阳紫外B波段透射比、镜片尺寸、镜片厚度、标志等项目进行了检验。

【山西省太原市开展暑期眼镜场所检查】 2022年8月，为进一步规范全市眼镜制配企业计量行为，确保广大学生配制眼镜的计量准确性，太原市市场监督管理局会同各区市场监管局组织开展了暑期眼镜制配场所计量监督检查。

检查组对太原市盛大眼镜视光中心、太原目天视力医疗有限公司、太原市龙城博士眼镜贸易有限公司、山西眼科视光学配镜中心下元分公司等眼镜制配企业进行了检查。重点检查验光仪、焦度计、镜片箱等强检计量器具是否经过强制检定，是否在检定有效期内等，严厉打击使用不合格计量器具行为。检查中还查阅了计量器具台账和计量管理制度，帮助企业完善了计量管理制度，促进了眼镜制配企业制度化和规范化管理。

检查组要求，眼镜制配企业要强化服务意识，按照诚信计量自我承诺内容，主动践诺，诚信经营。对检查中发现的问题，由属地市场监督管理局依法进行处理。

通过此次对眼镜制配企业的监督检查，进一步规范了眼镜制配场所计量秩序，增强了眼镜制配企业的计量意识和主体责任意识，确保眼镜制配计量数据的准确可靠，让学生戴上安全放心的眼镜。

【浙江省杭州市上城区开展眼镜店专项监督检查】 为进一步规范校园视力检测和近视防控相关工作，切实维护儿童青少年健康和权益，2022 年 8 月，在开学之前，杭州市上城区市场监督管理部门开展眼镜店专项监督检查。

此次专项行动主要检查计量器具，检查眼镜店的验光配镜设备是否齐全，焦度计、验光仪、镜片箱等计量器具是否在检定有效期内且按照规定依法进行检定，检定结果是否合格；是否配备了经计量业务知识培训合格的专兼职计量管理和专业技术人员，从事验光、配镜的人员是否取得职业技能证书。执法人员对眼镜店经营者、工作人员进行了计量法律法规和规范性文件的宣传，积极倡导依法经营、诚实守信，进一步强化经营者主体责任，促进经营者规范诚信。

【江苏省宜兴市开展开学眼镜制配检查服务活动】 2022 年 8 月末，宜兴市市场监督管理局万石分局根据市局文件精神，结合“我为群众办实事”实践活动，积极开展眼镜制配场所计量专项检查工作。

此次重点检查眼镜制配场所是否按要求配备相应的计量器具、使用的强制检定工作计量器具是否经计量检定；焦度计、验光仪、镜片箱计量器具等是否在检定周期内合法使用、是否建立计量器具数据台账等内容。

执法人员共检查各类计量器具 11 台，总体情况较好，计量器具均经过检定，在检定周期内使用。但是仍然发现个别单位存在计量器具管理台账不健全、检定证书与计量器具分离等问题，已现场要求该单位限期整改到位。

宜兴市市场监督管理局万石分局将继续加大监管力度，引导眼镜制配场所建立和完善相应的计量管理制度，严厉打击眼镜制配环节使用不合格计量行为，确保在眼镜制配过程中使用的计量器具安全、准确、可靠，保护消费者的切身利益，构建诚信计量的和谐社会环境。

【湖南省益阳市整治规范装饰性彩色隐形眼镜市场】 2022 年 9 月起，湖南省益阳市市场监管局组织全市医疗器械监管执法人员对辖区内隐形眼镜经营企业开展专项整治。

执法人员重点检查经营企业是否取得《医疗器械经营许可证》，是否建立健全并严格执行医疗器械质量管理制度，产品是否具有医疗器械注册证，进口产品使用说明书、标签、包装是否符合法规要求，产品购进渠道是否合法，是否建立真实完整的进货查验记录和销售记录，是否存在销售假劣、过期装饰性彩色隐形眼镜及其护理产品等违法违规行为。对在检查中发现的部分企业质量管理制度不健全、未制定培训计划、无购进验收记录或购进、验收、养护记录不全等问题，执法人员要求企业立即整改落实到位，并现场宣讲医疗器械相关法律法规，要求企业落实医疗器械质量安全主体责任，建立健全质量管理体系并有效运行，依法诚信经营，保障消费者用械安全。

经过 3 个月的专项整治行动，全市装饰性彩色隐形眼镜行业经营秩序和行为得到明显规范，经营者的质量意识、法律意识、责任意识不断加强，违法违规行为得到有效遏制，消费者用械安全得到有效保证。益阳市场监管部门将继续加强对眼镜商城、眼镜店、学校周边饰品店铺、美容美甲店、城乡接合部等重点场所的排查，严厉打击无证经营或经营无证装饰性彩色隐形眼镜等违法行为。

【山东省开展隐形眼镜专项整治工作】 2022 年 9 月，山东省药监局印发《关于开展规范装饰性彩色隐形眼镜生产经营行为专项整治行动检查方案的通知》（以下简称《通知》），要求各级药监部门主动结合工作实际，组织对辖区内隐形眼镜注册人、进口代理人、生产经营企业以及网络交易服务第三方平台开展专项整治。

专项整治检查主要包括规范装饰性彩色隐形眼镜的生产行为、经营行为、网络销售行为以及依法严查重处各类违法违规行为，旨在督促相关企业和平台严格落实主体责任，针对群众反映的突出问题和违法违规行为，消除质量安全风险隐患，建立健全长效监管机制，形成规范有序的市场秩序。

在对生产环节的检查上，《通知》要求各检查分局重点检查生产企业是否按照相关标准以及经注册的产品技术要求组织生产等；加强对进口代理人的日常监督管理，重点关注代理人应当依法协助注册人、备案人履行有关义务。

在对经营环节的检查上，要求各市市场监管局重点检查经营企业是否存在经营未取得注册证的装饰性彩色隐形眼镜、无证经营装饰性彩色隐形眼镜等违法违规行为；并要求对眼镜商城、车站码头、繁华街区、乡镇农村集贸市场等重点区域组织实行拉网式排查，对重点经营企业实施高密度的巡查和反复检查，全面排查风险点。

在对网络销售行为的检查上，要求各检查分局重点关注医疗器械网络交易服务第三方平台是否严格履行资质信息审核、商品信息监测等法定义务；各市市场监管局要重点关注网络销售企业是否按要求展示生产经营许可证及产品注册证等。

在对违法行为的查处上，要求各级药监部门积极完善“线下+线上”监督平台，充分发挥投诉举报的作用，及时处置；依法从严从重处罚，落实违法行为处罚到人要求；依法公开案件处罚信息，加大曝光力度，形成强大震慑。

省药监局要求各检查分局、各市市场监管局在检查方案印发后一周内，对相关单位进行集中约谈，告知其质量安全主体责任和法规规章义务要求，全面进行质量安全风险隐患排查。同时要求各单位加强组织领导及部门协作，完善工作机制，强化宣传引导，确保工作落实到位。

【山东省济南市扎实推进装饰性彩色隐形眼镜专项整治】 为进一步规范装饰性彩色隐形眼镜市场秩序，济南市市场监管局按照国家、省药监局部署要求，从2022年9月初开始，专门制定方案，多方联动执法，扎实开展装饰性彩色隐形眼镜专项整治工作，切实加强装饰性彩色隐形眼镜质量监管，保障消费者用械安全。

专门制定《关于开展规范装饰性彩色隐形眼镜经营行为专项整治行动检查方案》，重点检查经营企业是否经营未取得注册证的装饰性彩色隐形眼镜行为，是否无证经营装饰性彩色隐形眼镜，是否超范围经营，是否存在销售假劣、过期装饰性彩色隐形眼镜及其护理产品等违法违规行为。

与省药监局、省药监局区域检查一分局、部分区县局、监管所联动执法，对隐形眼镜进口代理人、大型批发企业和连锁店进行检查，指出企业存在的风险，督促企业立即整改。通过联动执法检查，以干代训，进一步提升基层监管人员执法能力。

针对专项整治检查中的重点、典型问题，对装饰性彩色隐形眼镜经营企业开展法规宣贯及座谈会，结合典型案例梳理装饰性彩色隐形眼镜经营过程中的重点和关键节点问题，面对面为企业答疑解惑；并与全市600余家装饰性彩色隐形眼镜经营企业签订《关于进一步规范隐形眼镜经营行为告知书》，督促企业主动落实主体责任。

根据专项整治工作进展，挑选实施医疗器械经营质量管理规范较好的装饰性彩色隐形眼镜经营企业作为示范单位，带动全市装饰性彩色隐形眼镜经营企业依法规范经营。

【山东省聊城市开展隐形眼镜及护理液专项检查】 2022年9月初，在各级各类学校陆续开学之际，聊城市市场监督管理局会同东昌府区市场监督管理局组织执法人员到城区部分学校周边眼镜店进行了隐形眼镜及护理液专项检查。

专项检查重点为全市范围内，尤其是学校周边销售隐形眼镜及其护理液的门店（眼镜店）。主要针对学校周边销售隐形眼镜及其护理液的门店（眼镜店），重点检查经营企业是否经营假冒、过期产品；进货渠道是否合法，是否索取供货方合法资质；是否进行入库验收登记等。

通过检查发现，多数销售隐形眼镜及护理液的眼镜店能执证经营、产品采购渠道合法、台账登记明确、岗位人员在职在岗，总体情况较好；部分企业存在医疗器械进货查验记录不完整、销售记录不全等问题，执法人员当即下达整改通知书，责令其立即整改。

【山西省药监局开展装饰性彩色隐形眼镜经营行为专项整治】 2022年9月，为进一步规范全省装饰性彩色隐形眼镜市场秩序，切实加强装饰性彩色隐形眼镜质量监管，保障消费者用械安全，按照国家药监局综合司《关于开展规范装饰性彩色隐形眼镜生产经营行为专项整治行动的通知》要求，山西省药监局发出通知，在全省范围内组织开展为期 3 个月的规范装饰性彩色隐形眼镜经营行为专项整治行动。

各市（区）市场监督管理局要认真履行监管职责，深入贯彻落实“四个最严”要求，按照国家药监局有关装饰性彩色隐形眼镜专项整治工作部署，结合本省实际，重点打击经营未经注册装饰性彩色隐形眼镜、网络违法违规销售、无医疗器械经营资质、超范围经营等违法违规行为，坚持深入开展专项整治与建立健全长效机制、严厉打击违法犯罪行为与强化日常监管相结合，通过集中开展规范装饰性彩色隐形眼镜经营行为专项整治行动，消除质量安全风险，查处违法违规案件，规范经营秩序，净化市场环境，进一步增强人民群众获得感、幸福感、安全感。

【广西柳州市开展装饰性彩色隐形眼镜专项整治】 2022 年 9 月初，为进一步落实国家药监局统一部署，加强眼视光医疗器械监督检查，广西柳州市市场监管局开展装饰性彩色隐形眼镜生产经营行为专项整治行动，对全市范围内隐形眼镜经营企业开展实地检查。

执法人员按照专项整治要求，检查企业是否存在经营未取得注册证的装饰性彩色隐形眼镜行为，是否超许可范围经营，是否存在销售假劣、过期装饰性彩色隐形眼镜及其护理产品等违法违规行为，并对其使用的验光配镜相关眼视光医疗器械进行了检查。

执法人员还对企业进行医疗器械相关法律法规宣贯，要求企业要认真落实医疗器械质量安全主体责任，进一步完善质量管理体系并有效运行，保证经营条件和经营行为持续符合要求，履行好进货查验记录制度和销售记录制度，做好台账管理，有关记录应当真实、准确、完整和可追溯，有效保障消费者的用械安全。

【河南省开展装饰性彩色隐形眼镜专项整治】 为进一步规范装饰性彩色隐形眼镜市场秩序，切实加强装饰性彩色隐形眼镜质量监管，保障消费者用械安全，按照国家药监局工作安排，河南省药监局决定自 2022 年 9 月起，在全省范围内组织开展为期 3 个月的规范装饰性彩色隐形眼镜生产经营行为专项整治行动。

各级药品监管部门要积极完善“线下+线上”监督平台，充分发挥投诉举报的作用，做到及时受理、及时处置、及时查办、及时反馈。省级药品监管部门要加强对全省装饰性彩色隐形眼镜注册人、受托生产企业的产品抽检，对监督抽检不合格的产品，要立即采取相应处置措施，责令企业暂停生产、分析不合格原因并开展整改，未经复查合格不得恢复生产。要持续加强装饰性彩色隐形眼镜不良事件监测，积极采取风险控制措施，有效提高上市后产品安全性。

【安徽省安庆市开展装饰性彩色隐形眼镜专项整治】 2022 年 9 月，安庆市为规范装饰性彩色隐形眼镜市场秩序，加强装饰性彩色隐形眼镜质量监管，保障消费者用械安全，市场监管局紧密结合实际，推动装饰性彩色隐形眼镜经营行为专项整治行动做实做细，初步取得一定成效。

一是专项行动“早开展”。7 月中旬正值学生暑期，也是隐形眼镜销售高峰期，为此，市局及时启动了隐形眼镜经营活动的专项检查行动，主要对中小学周边的隐形眼镜经营店进行巡查。

二是监督检查“重实效”。专项行动中，市局医疗器械科监管人员把握关键检查点，重点核查是否存在无证经营隐形眼镜、进货查验和销售记录是否如实记录，以此提高监督检查质效。同时，还深化“行检衔接”，与检察部门联合开展摸底排查。截至 2022 年 9 月初，市局医疗器械监管科检查 11 家，联合检察部门排查 5 家，移送案件线索 2 件，市局综合执法支队均立案查处。

三是科普宣传“广覆盖”。结合“医疗器械安全宣传周”活动，开展医疗器械安全知识进社区活动，向群众印制发放《选购使用装饰性彩色隐形眼镜的提示》5000 多份。与此同时，通过市局“双微”平台，广泛宣传隐形眼镜监管动态和相关科普常识。

市场监管局将按照国家、省药监局工作部署，突出重点企业、重点区域和重点环节，组织开展拉网式排查，严厉打击非法经营隐形眼镜行为，净化市场消费环境。

【吉林省双辽市开展装饰性彩色隐形眼镜专项整治】 2022 年 9 月，双辽市市场监管局扎实开展装饰性彩色隐形眼镜经营行为专项整治行动，进一步规范装饰性彩色平光隐形眼镜市场秩序，切实加强装饰性彩色平光隐形眼镜的监督管理。

双辽市市场监管局将持续加强装饰性彩色平光隐形眼镜的风险防控和质量管理，切实维护消费者的合法权益，全力保障装饰性彩色平光隐形眼镜质量安全。

【福建省漳州市开展眼镜行业质量安全专项整治】 2022年9月，为切实维护青少年群体视力健康安全，进一步规范眼镜制配行业市场秩序，提高验配眼镜产品质量，漳州开发区市场监管分局积极开展眼镜行业质量安全专项整治行动。

此次专项行动中，现场发现部分眼镜店存在检验记录、进销台账不够完善等问题，执法人员已责令商家限期改正。同时，执法人员还向各经营单位宣传普及相关法律法规，要求各经营单位严格落实主体责任，诚实、合法经营，让广大消费者戴上“放心眼镜”。

【云南省召开全省装饰性彩色隐形眼镜专项整治行动推进会】 2022年9月15日，云南省药品监督管理局召开了全省规范装饰性彩色隐形眼镜经营行为专项整治行动推进工作会。省药监局分管领导、省药监局医疗器械处、省局稽查局、省器械检验院、省评价中心、省审评中心负责人、各州（市）、各县（区、市）市场监督管理局分管领导及相关人员参加会议。

会上，对《云南省规范装饰性彩色隐形眼镜经营行为专项整治行动工作方案》进行解读，介绍了装饰性彩色隐形眼镜产品情况、不良事件监测情况、经营，网络销售监管情况，为做好规范装饰性彩色隐形眼镜经营行为专项整治行动，保障全省消费者用械安全提出要求。

【山东省济南市公布2022年定配眼镜产品质量监督抽查结果】 2022年9月30日，济南市市场监督管理局网站公布2022年定配眼镜产品质量市级监督抽查结果。

本次共抽查了全市61家企业61批次产品。依据2022年《济南市定配眼镜产品质量监督抽查实施细则》的要求，对定配眼镜产品的球镜顶焦度偏差、柱镜顶焦度偏差、镜片厚度、镜片色泽、镜片内在疵病和表面质量、光透射比、镜架使用的材料、眼镜架抗汗腐蚀、光学中心水平偏差、光学中心单侧水平偏差、光学中心垂直互差、柱镜轴位偏差、处方棱镜度偏差、老视成镜两镜片顶焦度互差、装配质量及标志、包装、运输、贮存等项目进行了检验。

抽查发现有2家企业的2批次产品不符合相关标准的要求。

【黑龙江省伊春市开展装饰性彩色隐形眼镜专项整治】 2022年9月，为进一步规范装饰性彩色隐形眼镜市场经营秩序，持续加强装饰性彩色隐形眼镜安全监管，保障消费者用械安全，按照国家药监局、黑龙江省药监局相关工作安排，伊春市市场监督管理局开展为期3个月的装饰性彩色隐形眼镜经营行为的专项整治工作。

装饰性隐形眼镜及其护理产品属于第三类医疗器械，因其直接覆盖于角膜表面，与眼组织紧密接触，具有较高的使用风险。此次专项整治工作重点围绕经营企业是否存在无证经营装饰性彩色隐形眼镜或超范围经营；是否经营未取得注册证的装饰性彩色隐形眼镜；是否销售假劣、过期装饰性彩色隐形眼镜及其护理产品等违法违规行为。同时，要求全市各级市场监管部门以本行政区域内眼镜商城、眼镜店、繁华街区、购物商场、学校周边饰品店铺、美容美甲店、乡镇农村集贸市场等地为重点检查区域，组织实行拉网式排查，对重点经营企业和网络交易服务第三方平台实施高密度的巡查和反复检查，全面排查风险点，严厉打击非法经营行为，务求工作取得实效。

全市共出动检查151人次，检查相关企业71家次，完成自查整改企业11家，责令整改企业3家，查处违法违规案件3起（简易程序）。下一步，伊春市市场监督管理局将针对违法违规经营装饰性彩色隐形眼镜的特点，研究创新监管的方式方法，形成长效监管机制。

【四川省南充市仪陇开展隐形眼镜、护理液产品质量安全专项整治】 2022年10月，南充市仪陇县市场监管局以开展2022年秋季学期学校及周边“护苗”行动为契机，结合2022年药品安全专项整治行动方案，在全县范围内组织开展为期1个月的隐形眼镜及护理液产品质量安全专项整治。

本次专项整治以眼镜店、隐形眼镜经营店、学校周边饰品店为重点检查区域，重点查看证照办理、验收销售记录、验配人员资质、验配设备计量检定、质量管理制度执行、说明书标签和包装标识、进货渠道及产品合法性等相关情况。

仪陇县市场监管局对全县重点区域实行拉网式排查，完善监管对象清单，打击无证经营“黑户”，清理有证不营“不动户”。同时，对重点经营企业进行“全面体检”，深入排查风险，处置隐患。出动执法人员120余人次，检查相关企业34家，制发责令整改通知书5份，暂未发现未经许可经营第三类医疗器械、从非法渠道购进隐形眼镜、经营未经注册隐形眼镜以及违法近视矫正广告等违法行为。

【陕西省延安市开展装饰性彩色隐形眼镜专项整治】 为进一步规范装饰性彩色隐形眼镜市场秩序，切实加强装饰性彩色隐形眼镜质量监管，保障消费者用械安全，2022年10月，延安市子长市市场监督管理局开展规范装饰性彩色隐形眼镜经营行为专项整治行动。

本次专项整治行动针对群众反映的装饰性彩色隐形眼镜市场中存在的突出问题，以严厉打击生产经营未经注册装饰性彩色隐形眼镜、网络违法违规销售、无医疗器械经营资质、超范围经营等行为为重点，检查经营企业是否经营未取得注册证的装饰性彩色隐形眼镜，是否存在无证或超范围经营装饰性彩色隐形眼镜和销售假劣、过期装饰性彩色隐形眼镜及其护理产品等违法违规行为。截至2022年9月，共出动执法人员32人次，检查眼镜店4家，小商品批发市场1家，美容美甲店3家，学校周边饰品店铺2家。

子长市局将继续以眼镜商城、眼镜店、居民区、车站、繁华街区、过街天桥、地下通道、夜市、购物商场、学校周边饰品店铺、美容美甲店、小商品批发市场、乡镇农村集贸市场等为重点区域，实行拉网式排查，严厉打击装饰性彩色隐形眼镜非法经营行为，切实保障消费者用械安全。

【陕西省安康市开展装饰性彩色隐形眼镜专项整治】 为进一步规范全市装饰性彩色隐形眼镜市场秩序，加强装饰性彩色隐形眼镜质量监管，2022年9月，安康市市场监管局组织在全市范围内开展为期3个月的规范装饰性彩色隐形眼镜经营行为专项整治行动。

本次整治行动以辖区内眼镜商城、居民区、车站码头、繁华街区、学校周边饰品店铺、乡镇农村集贸市场等为重点区域，实行拉网式排查，对重点经营企业实施高密度巡查和反复检查，全面排查风险点，严厉打击经营未经注册装饰性彩色隐形眼镜、网络违法违规销售、无医疗器械生产经营资质、超范围经营等违法违规行为。

全市共检查经营装饰性彩色隐形眼镜经营企业49家，责令整改10家，完成整改8家，立案查处3家，罚款1万元。

安康市市场监管局将持续加大对装饰性彩色隐形眼镜经营企业的检查力度，针对群众反映的突出问题，严肃查处相关案件，曝光典型案例，消除质量安全风险隐患，建立健全长效机制，形成规范有序的市场秩序，保障消费者用械安全。

【国家药监局加大对违法违规生产经营彩色隐形眼镜行为的查处力度】 2022年10月28日，国家药监局医疗器械监管司召开彩色隐形眼镜专项整治工作视频汇报会，进一步统一要求，掌握专项整治进展，交流专项整治经验，确保专项整治纵深推进。

会议指出，案件查办是当前专项整治工作的重点任务。各级药品监管部门要持续加大对违法违规生产经营彩色隐形眼镜行为的查处力度，加快推进网络监测线索核查和投诉举报调查处置，从严从重从快开展案件查办工作，严格落实监管责任。

会议强调，医疗器械质量安全风险隐患排查治理是2022年医疗器械监管的重点工作。在开展彩色隐形眼镜专项整治中，各级药品监管部门要督促企业认真自查，落实主体责任，严格规范生产经营和网络销售行为。要及时梳理排查风险隐患，组织开展风险会商，研究风险防控措施，建立风险清单并实施销号管理，切实消除风险隐患。同时树立典型，发挥示范引领作用，促进彩色隐形眼镜生产经营企业规范化发展。

会议要求，各级药品监管部门要同心协力，深入开展彩色隐形眼镜专项整治；强化监管协同联动，确保形成监管合力；畅通投诉举报渠道，加强社会共治；普及彩色隐形眼镜相关知识，加强宣传引导。

【陕西省旬阳市开展装饰性彩色隐形眼镜专项检查】 为进一步加强装饰性彩色隐形眼镜监管，规范装饰性彩色隐形眼镜市场经营秩序，严厉打击非法经营装饰性彩色隐形眼镜违法违规行为，保障消费者合法权益。2022年10月，旬阳市市场监督管理局在全市范围内开展装饰性彩色隐形眼镜专项检查。

本次专项检查主要针对经营装饰性彩色隐形眼镜及其隐形眼镜护理液等产品的门店。一是重点检查经营企业是否从具有资质的生产企业或者经营企业购进装饰性彩色隐形眼镜，建立并执行进货查验记录制度和销售记录制度；二是重点检查经营企业是否经营未取得注册证的装饰性彩色隐形眼镜行为，是否无证经营装饰性彩色隐形眼镜，是否超范围经营，是否存在销售假劣、过期装饰性彩色隐形眼镜及其护理产品等违法违规行为。同时向各经营单位进行相关法律法规知识宣传，要求经营者严格落实经营主体责任，守法诚信经营。

本次专项检查共出动执法人员 14 人次，检查眼镜店 5 家次。旬阳市市场监督管理局将借助各种渠道发挥新媒体优势，拓宽社会宣传面，广泛普及装饰性彩色隐形眼镜相关知识，确保群众用械安全。

【青海省玉树州开展眼镜店专项监督检查】 2022 年 10 月 9 日，玉树州市场监管局以明察暗访的形式，开展了眼镜店专项监督检查，对照要求对全州辖区内眼镜店进行全面监督检查，进一步加强对配装眼镜的监督管理，规范配装眼镜经营行为。

全州辖区内 7 家眼镜店接受了专项检查，共检查计量器具 21 台（件），合格率达到 90%，不合格率达到 10%，其中因疫情原因未检定计量器具 2 家，执法人员已要求限期整改。下一步，将以此次检查为契机，进一步加强辖区内眼镜店强检计量器具建档及张贴验光配镜流程图工作，实行有效的动态监管。

【江苏省无锡市检察部门助力隐形眼镜护理液专项整治】 2022 年 10 月 13 日“世界爱眼日”到来之际，无锡检察“益心为公”检察云平台志愿者向锡山区检察院提供线索——辖区内数家眼镜店疑似无证销售隐形眼镜液。

启动磋商，形成治理合力。该院针对隐形眼镜护理液属性、行政监管职责及监管方式等，一方面向具有医疗器械等医药专业背景的“益心为公”志愿者进行咨询，另一方面与相关部门开展沟通磋商。从保护广大消费者的身体健康和生命安全角度出发，检察机关就加强全区医疗器械有效管理、保证医疗器械的合法规范生产销售、防范全区医疗器械经营风险隐患等方面和相关部门达成一致。

制发建议，推动专项整治。为推动全面整改，该院向相关部门制发公益诉讼诉前检察建议，并当面进行详尽释法说理。相关部门高度重视，采取“严肃查处+提前预防”结合方式推动整治，即在全区组织开展专项检查，全面督促商户依法依规从事隐形眼镜等医疗器械经营。同时，该院结合世界爱眼日等重要节点，以典型案例分析、法治宣讲等方式，向社会公众普及用眼爱眼、医疗器械相关法律及科普知识。

跨省联查，推动诉源治理。检察官在磋商过程中还了解到，涉案隐形护理液生产企业涉嫌无证生产及跨省销售问题，为强化溯源治理，斩断非法销售链条，该院推动行政机关跨省函查。经生产企业所在地相关部门复函确认，所涉产品生产厂家均未取得第三类医疗器械生产许可证，属于无证生产产品，严重影响消费者的健康安全。相关部门责令其他售卖该产品的药店立即下架整改，经该院“回头看”，均已整改到位。该院将履职情况及时向“益心为公”志愿者进行反馈，得到高度认可。

本次推动全区开展无证生产销售隐形眼镜护理液专项整治，共促使行政部门检查商户 77 家，查处违法商家 14 家、行政处罚 9 家，跨省联动查处源头无证生产隐形眼镜护理液厂家 2 个，全区涉案无证产品全部下架。检察机关将继续探索民主监督参与检察公益诉讼的新方式新路径，依托“益心为公”检察云平台，主动听取社情民意，及时回应群众关切，努力提升检察公益诉讼案件办理质效，更好地服务经济社会高质量发展。

【广西桂林市开展装饰性彩色平光隐形眼镜专项整治】 2022 年 10 月 17 日，桂林市市场监管局召开装饰性彩色隐形眼镜专项整治部署会，在全市范围内组织开展装饰性彩色平光隐形眼镜专项整治行动，严厉打击生产、经营未经注册装饰性彩色隐形眼镜，以及网络违法违规销售和无医疗器械经营资质、超范围经营等行为。

作为桂林市 2022 年药品专项整治工作的重点之一，此次专项行动于年初进行了周密部署，并持续扎实有效推进，对该市眼镜店、化妆品及小饰品经营企业和校园周边及市场摊位进行摸查。截至年底，桂林市重点检查了 62 家眼镜店，出动检查人员 144 人次，责令整改 11 家次，查处 6 家次，立案 3 起，罚款 4.1 万余元，进一步规范了美瞳市场的经营行为。

【海南省东方市开展装饰性彩色隐形眼镜专项整治】 为进一步规范东方市装饰性彩色隐形眼镜、医疗美容市场秩序，切实加强装饰性彩色隐形眼镜、医疗美容行业器械质量监管，保障消费者用械安全，2022 年 10 月，东方市市场监督管理局在全市范围内开展规范装饰性彩色隐形眼镜、医疗美容质量安全专项整治行动。

专项整治工作中，重点检查企业是否经营使用未取得注册证的装饰性彩色隐形眼镜、光治疗美容类设备、整形用注射填充物等产品，是否无证经营装饰性彩色隐形眼镜等违法违规行为。专项行动以眼镜商城、眼镜店、繁华街区、夜市、购物商场、学校周边饰品店铺、美容美甲店、小商品批发市场、乡镇农村集贸市场等为重点区域，组织实行拉网式排查、对重点经营企业实施高密度的巡查，全面排查风险点，严厉打击非法经营行为。同时，加强网络舆情监测、器械不良事件、12315 投诉举报平台信息监管，对以上发现问题的企业重点监管。

东方市市场监督管理局共出动执法人员 36 人次，联合东方市综合执法局开展检查 2 次，检查眼镜店 10 家次，检查美容机构 27 家次，暗访饰品店铺 24 家次，下达责令整改通知 1 份，对违规经营的医疗器械经营企业立案 1 宗。

【湖北省荆门市检查眼镜制配行业】 2022 年 11 月，湖北荆门市市场监管局对荆门城区眼镜制配行业开展计量监督检查，以进一步做好眼镜制配企业计量监管，确保配镜相关计量器具示值准确无误，规范眼镜制配计量行为，守护消费者“眼健康”。

荆门市市场监管局共监督检查眼镜制配单位 43 家，检查焦度计（屈光度计）、验光仪、验光镜片组、瞳距仪共 179 台（件），责令整改 6 家，同时对部分眼镜店存在计量仪器设备配备不齐、计量器具管理制度缺失、计量器具台账未建立等问题提出整改要求。针对检查中发现的违法违规问题，执法人员将依法严肃查处，并予以曝光。

【湖南省长沙市海关查获“问题”隐形眼镜 20 万片】 2022 年 11 月 10 日，长沙海关所属星沙海关在进口货运渠道查获一批软性亲水接触镜，共 200640 片。

海关关员在查验中发现，该批软性亲水接触镜存在实际品牌与注册证书中品牌不符，产品信息与注册证书信息不一致，中文说明书中未载明原产地等多种问题。这些问题可能使货物存在较高的质量安全隐患，对使用者眼部造成伤害。

软性亲水接触镜为隐形眼镜的一种，根据我国《医疗器械监督管理条例》规定，对医疗器械按照风险程度实行分类管理，“隐形眼镜”产品属于第三类医疗器械，实行产品注册管理。

【古驰太阳眼镜抽检不合格，被罚没超 37 万元】 2022 年 11 月 2 日，古驰（中国）贸易有限公司（以下简称古驰中国）因太阳眼镜产品“生产不符合保障人体健康和人身、财产安全的国家标准、行业标准、地方标准”，被上海市静安区市场监督管理局罚款 28.87 万元、没收违法所得 8.2 万元、没收非法财物、责令停止销售。

经查，古驰中国从 GUCCI LOGISTIC DIVISION 购入涉案产品，并委托开云投资管理集团有限公司处理产品的进口报关业务。古驰中国购入涉案产品 7 批次共 101 副，销售给消费者 79 副，2 副无偿提供给检测机构作为检样，2 副样品报损，剩余 18 副退回公司进行整改。此外，古驰中国通过直营、联营等模式销售涉案产品所得共计 22.37 万元。综上，古驰中国经营涉案产品货值金额共计 28.87 万元，违法经营涉案产品的违法所得为 8.2 万元，共计 37.07 万元。

【海南省海口市开展装饰性彩色隐形眼镜整治行动】 2022 年 11 月 3 日，海口市市场监督管理局开展装饰性彩色隐形眼镜经营企业排查、行政约谈工作，拉网式排查经营企业是否存在非法经营，督促企业履行市场主体责任、合法经营，筑牢装饰性彩色隐形眼镜质量安全防线。

专项整治行动重点对辖区内医疗器械批发企业开展拉网式大排查。执法人员认真核实企业是否经营软性亲水接触镜、企业是否经营隐形眼镜护理液、企业地址是否真实存在、经营场所有无变更等情况，并当场反馈检查过程中发现的问题，现场指出问题所在，指导企业立整立改，规范经营行为。

海口市市场监督管理局将强化属地监管责任和企业主体责任，加大对装饰性彩色隐形眼镜的监管力度，严厉打击各类两品一械违法案件，加强质量安全监管，切实维护人民群众身体健康和生命安全。

【江西省公布 2022 年配装眼镜产品质量监督抽查结果】 2022 年 11 月，江西省市场监督管理局对全省配装眼镜产品质量进行了监督抽查。本次抽查了配装眼镜产品 10 批次，经检验，全部合格。

本次抽查依据 GB 13511.1—2011《配装眼镜 第 1 部分：单光和多焦点》、QB/T 2506—2017《眼镜镜片 光学树脂镜片》等标准要求，对球镜顶焦度偏差（主子午面一）、球镜顶焦度偏差（主子午面二）、柱镜顶焦度偏差、镜片基准点的最小厚度、镜片材料和表面质量、可见光透射比、紫外平均透射比、镜架外观质量、光学中心水平偏差、光学中心单侧水平偏差、光学中心垂直互差、柱镜轴位方向偏差、装配质量、标志等 14 个项目进行了检验。

【浙江省绍兴市抽查配装眼镜有 4 批次不合格】 2022 年 11 月 22 日，浙江省绍兴市市场监管局公开 2022 年上半年全市生产领域产品质量监督抽查结果。本次抽查配装眼镜 50 批次，合格 46 批次、不合格 4 批次。

2022 年上半年，根据《中华人民共和国产品质量法》等法律法规及浙江省产品质量监督工作的有关规定，绍兴市市场监督管理局组织开展了全市生产领域产品质量监督年度抽查。

【2022 年广州市配装眼镜产品质量监督抽查结果】 2022 年 11 月，广州市市场监督管理局公布 2022 年第二季度对配装眼镜产品质量监督抽查结果，共抽查了 55 批次样品，经检验，有 1 批次产品不符合标准要求。

本次监督抽查依据强制性国家标准 GB 13511.1—2011《配装眼镜 第 1 部分：单光和多焦点》，对顶焦度、定配眼镜柱镜轴位方向偏差、定配眼镜的处方棱镜度偏差、定配眼镜光学中心水平距离、定配眼镜水平光学中心与眼瞳的单侧偏差等项目进行检验。

【江西省新余市开展装饰性彩色隐形眼镜专项整治】 为进一步规范装饰性彩色隐形眼镜市场秩序，切实加强装饰性彩色隐形眼镜质量安全监管保障消费者用械安全，根据省药监局《关于印发 2022 年江西省规范装饰性彩色隐形眼镜经营行为专项整治工作方案的通知》（赣药监械监函〔2022〕58 号）及市局印发的《关于深入开展药品安全专项整治行动的方案的通知》（余市监字〔2022〕9 号）有关要求，结合本市实际，制定本工作方案。

一、工作目标

通过开展“线上”和“线下”同步专项整治，严厉打击未经许可经营装饰性彩色隐形眼镜、经营未经注册装饰性彩色隐形眼镜、超范围经营等违法违规行为，严肃查处相关案件，惩处违法分子，曝光典型案例，消除质量安全风险隐患。建立健全长效监管机制，督促经营企业严格执行《医疗器械监督管理条例》及有关配套规章制度，严格落实企业主体责任，全面加强风险防控和质量管理，形成规范有序的市场秩序，切实保障装饰性彩色隐形眼镜质量安全。

二、工作任务

（一）规范装饰性彩色隐形眼镜经营行为。1. 各县区局和稽查局以本行政区域内眼镜店、居民区、车站码头、繁华街区、过街天桥、地下通道、夜市、购物商场、学校周边饰品店铺、美容美甲店、小商品批发市场、乡镇农村集贸市场、城乡接合部、本地游商小贩等为检查重点，实行拉网式排查。重点检查以下内容：（1）是否无证经营装饰性彩色隐形眼镜；（2）是否经营未取得注册证的装饰性彩色隐形眼镜。2. 各单位要对辖区内取得装饰性彩色隐形眼镜经营资质的医疗器械经营企业进行全覆盖检查。重点检查以下内容：（1）经营企业是否经营未取得注册证的装饰性彩色隐形眼镜；（2）是否审核供方资质和产品资质，相关资料存档备查；（3）进货查验记录和销售记录是否真实完整；（4）贮存条件是否符合产品标签和说明书要求；（5）是否存在销售假劣、过期装饰性彩色隐形眼镜及其护理产品等违法违规行为。督促医疗器械经营企业应按照《医疗器械监督管理条例》《医疗器械经营监督管理办法》《医疗器械经营质量管理规范》要求，建立质量管理体系并有效运行，保证经营条件和经营行为符合法规要求。

（二）规范网络销售装饰性彩色隐形眼镜行为。按照“线下”和“线上”一致原则，各单位要对所在辖区的网络销售装饰性彩色隐形眼镜企业实施线上全覆盖检查。重点检查以下内容：（1）是否按要求在主页面显著位置展示其医疗器械生产经营许可证件、产品页面展示装饰性彩色隐形眼镜产品的医疗器械注册证及产品正确使用方法、注意事项、产品参数指标、佩戴装饰性彩色隐形眼镜可能出现的不良反应等内容；（2）发布的装饰性彩色隐形眼镜相关信息是否与经注册的内容保持一致；（3）是否从有资质的生产企业或经营企业购进装饰性彩色隐形眼镜等。及时处置国家局、省局移送的装饰性彩色隐形眼镜网络销售线索，并在国家局医疗器械网络销售监测平台或省局药品网络交易监管系统反馈处置结果。

（三）加强装饰性彩色隐形眼镜不良事件监测。市综检中心要加强装饰性彩色隐形眼镜不良事件监测，各县区局要协助市综检中心开展不良事件监测相关技术工作。对监测发现的装饰性彩色隐形眼镜异常风险信号、聚集性信号，要做到及时处置、组织调查评估、及时报告，提出风险控制措施建议。落实省、市局对涉嫌发生群体医疗器械不良事件采取的暂停销售、使用等控制措施，及时向社会发布省、市局的警示和处置信息。

（四）依法严查重处各类违法违规行为。市消协秘书处和各县区局、稽查局要充分发挥投诉举报的作用，做到及时受理、及时处置、及时查办、及时反馈。要依法加大对违法违规生产经营装饰性彩色隐形眼镜行为的查处力度。对一般违规行为，要责令企业限期整改到位，拒不改正的，依法从严处理；对无证经营或经营无证装饰性彩色隐形眼镜等违法行为，要深挖彻查来源渠道，涉及省外企业的，要及时发函协查，问题不查清楚不放过，处理不到位不放过；对故意从事违法生产经营的医疗器械注册人、生产经营企业，依法从严从重处罚，落实违法行为处罚到人要求，对严重违法违规企业的法定代表人、主要负责人、直接负责的主管人员和其他责任人员，依法予以严厉处罚，实施行业禁入。依法公开案件处罚信息，加大曝光力度，形成强大震慑。

三、工作实施

（一）工作部署阶段（2022 年 9 月）。市局制定《新余市规范装饰性彩色隐形眼镜经营行为专项整治工作方案》，部署开展专项整治工作，各县区局和稽查局结合辖区实际情况，制定切实可行的具体实施工作计划，并于 9 月 28 日前报送至市局医疗器械科。

（二）集中整治阶段（2022 年 9—11 月）。各监管部门要突出重点、压实责任，梳理辖区内装饰性彩色隐形眼镜经营企业、网络交易服务第三方平台提供者、装饰性彩色隐形眼镜网络经营者清单，确定本辖区的重点检查区域（眼镜店、居民区、车站码头、繁华街区、过街天桥、地下通道、夜市、购物商场、学校周边饰品店铺、美容美甲店、小商品批发市场、乡镇农村集贸市场、城乡接合部、本地游商小贩等），细化责任，明确到人，集中力量抓好整治工作落实。

（三）总结提升阶段（2022 年 11 月底）。各单位、各部门要将专项整治工作总结（包括监管创新举措和成效，监督检查发现的主要问题、处置措施、相关意见和建议等）和报表于 11 月 25 日前报送市局医疗器械监管科。

四、工作要求

（一）加强组织领导，确保工作落实。各单位、各部门要进一步提高政治站位，深刻认识装饰性彩色隐形眼镜质量安全的重要性，坚持以人民健康为中心，全面加强领导，统筹药品安全专项整治、医疗器械质量安全风险隐患排查治理及日常监管等工作，按时序进度抓好推进落实。

（二）完善工作机制，加强部门协作。各单位、各部门要针对违法违规生产经营装饰性彩色隐形眼镜的特点，研究创新监管的方式方法，形成长效监管机制。要依托现有药品安全专项整治的协调机制，加强同网信、公安、卫生健康、海关和市场监管等部门协同监管和联合惩戒，共同打击违法违规行为。在案件查办过程中，涉及其他地区和部门的，要及时通报，加强沟通合作，形成合力；涉嫌犯罪的，要及时移送公安机关依法追究刑事责任。

（三）强化宣传引导，营造良好氛围。各单位、各部门要借助多种渠道、多种平台、多种方式向社会宣传，发挥新媒体快速广泛传播的优势，普及装饰性彩色隐形眼镜相关知识，引导消费者从正规渠道购买，在专业人员指导下正确使用产品，并重视使用注意事项和可能出现的不良反应。市局将适时组织检查组，对此项工作开展情况进行督导检查，并按照省局统一要求，将此专项整治工作情况纳入对地方政府药品安全年度考核。

【青海省通报 2022 年眼镜产品质量专项监督抽查情况】 2022 年 11 月 22 日，青海省市场监督管理局网站发布消息，为进一步加强眼镜产品质量安全监管，维护眼镜产品市场秩序和消费者合法权益，针对 2021 年产品质量省级监督抽查眼镜产品质量问题突出，青海省市场监管局组织开展了 2022 年眼镜产品质量专项监督抽查。

专项监督抽查主要在西宁市和海东市进行，共抽查眼镜产品经销企业 25 家（西宁市 13 家，海东市 12 家），抽查定配眼镜和老视成镜共 50 批次，发现 6 批次产品不合格，不合格发现率 12%。

【山东省市场监管局抽查定配眼镜 88 批次 5 批次不合格】 2022 年 11 月 23 日，山东省市场监督管理局发布 2022 年定配眼镜产品质量省级监督抽查结果。2022 年第 1 批省级监督抽查共抽查流通领域定配眼镜产品 88 批次。

本次抽查依据 GB 13511. 1—2011《配装眼镜 第 1 部分：单光和多焦点》标准的要求，对定配眼镜产品的球镜顶焦度偏差（主子午面一）、球镜顶焦度偏差（主子午面二）、柱镜顶焦度偏差、柱镜轴位偏差、可见光谱区透射比、紫外光谱区透射比、光学中心水平偏差、光学中心单侧水平偏差、光学中心垂直互差、装配质量等项目进行了检验。

本次抽查发现德州兰易岑眼镜有限公司、青岛创铭竞业光学有限公司、菏泽市牡丹区明雅光学眼镜店、山东齐鲁同人眼镜有限公司奎文分公司、德州茹懿眼镜有限公司等 5 家销售者的 5 批次产品不符合相关标准的要求，不合格项目为球镜顶焦度偏差（主子午面一）、球镜顶焦度偏差（主子午面二）、光学中心单侧水平偏差、光学中心水平偏差、光学中心垂直互差。

对本次抽查发现的不合格产品销售者及标称生产者，山东省市场监督管理局已责成相关市场监督管理部门依据《中华人民共和国产品质量法》《产品质量监督抽查管理暂行办法》以及国家市场监督管理总局、山东省市场监督管理局关于监督抽查的有关规定，做好不合格结果处理工作。

【广东省珠海市严厉打击彩色隐形眼镜生产经营违法行为】 2022 年 12 月 19 日，珠海市市场监督管理局新闻通气会上，珠海正深入开展彩色隐形眼镜（美瞳）生产经营行为专项整治行动，目前共检查装饰性彩色隐形眼镜相关企业或单位 109 家次，责令整改 36 家次，查处无证经营隐形眼镜护理液案件 4 宗，罚没款共计约 2. 1 万元。

珠海共检查装饰性彩色隐形眼镜相关企业或单位 109 家次（其中非网络销售医疗器械经营企业 88 家次，网络销售企业 18 家次），责令整改 36 家次，查处无证经营隐形眼镜护理液案件 4 宗，罚没款共计约 2. 1 万元，暂未发现经营无注册证医疗器械、无证经营医疗器械、销售假劣、过期装饰性彩色隐形眼镜及其护理产品等违法违规等行为。

【英翔眼镜荣登 2022 年度山东省德州市“诚信单位榜”】 2022 年 12 月 16 日，德州市委宣传部、德州市文明办、德州市发改委、德州市工信局、德州市市场监管局、德州市地方金融监管局、人行德州分行、德州银保监分局等 8 部门联合发出通知，正式公布 2022 年度德州市“诚信单位”“诚信提名单位”“诚信示范街区”“诚信经营示范店”名单。

其中，德州市英翔视光眼镜有限公司等 50 家单位获 2022 年度德州市“诚信单位”荣誉称号；50 家单位获 2022 年度德州市“诚信提名单位”荣誉称号；17 个街区获 2022 年度德州市“诚信示范街区”荣誉称号；100 家门店获 2022 年度德州市“诚信经营示范店”荣誉称号。

为全面推进德州市社会信用体系建设，打造“信用德州”城市品牌，营造优良营商环境，推动全国文明城市创建，持续巩固社会信用体系建设示范区创建成果，发挥诚信典型的模范引领和示范带头作用，德州市 8 部门联合开展了 2022 年度德州市“诚信单位”“诚信示范街区”“诚信经营示范店”评选活动。英翔眼镜此次被评选为 2022 年度德州市“诚信单位”是对英翔眼镜谨记祖训、谦虚谨慎、光大传统，行社会善事，铸民生基业的充分认可和肯定，是英翔团队长期在镜品质量、视力防控、市场经营、社会公益、企业文化、员工团队建设等方面诠释诚信经营的最好褒奖。

【国家眼镜玻璃搪瓷制品质量检验检测中心】 国家眼镜玻璃搪瓷制品质量检验检测中心批准成立于1987年，是中国首批获准的国家质检中心，也是中国在眼镜、玻璃和搪瓷行业最具权威的质检机构。国家眼镜玻璃搪瓷制品质量检验检测中心，同时还承担上海市眼镜玻璃搪瓷产品质量监督检验站。

国家眼镜玻璃搪瓷制品质量检验检测中心的前身是轻工业部玻璃搪瓷研究所标准检测室，始建于1956年，主要承担玻璃、眼镜、搪瓷和保温瓶等产品的检测工作。1979年5月，轻工业部委托轻工业部玻璃搪瓷研究所成立全国玻璃搪瓷标准化质量检验站，并承担全国玻璃瓶罐、玻璃器皿、日用搪瓷制品和保温容器的评比检测工作。1981年5月，轻工业部批准玻璃搪瓷研究所成立“中国玻璃工业标准化质量检测中心站”。1985年5月，国家技术监督局下文，布置玻璃搪瓷研究所筹建国家玻璃搪瓷产品质量监督检验中心。1987年5月，国家技术监督局组织专家组对检测中心进行全面考核，并通过了机构认证。同年7月，国家经委批准正式授权为“国家玻璃搪瓷产品质量监督检验测试中心”。1992年，国家技术监督局组织专家组对检测中心进行复评审，由于眼镜产品的检测工作量的增加和在整个中心的检测比重加大，在通过本次复评审后，正式更名为“国家眼镜玻璃搪瓷制品质量监督检验中心”。1998年5月，中心通过了中国实验室国家认可、计量认证复查和机构审查三合一评审。1999年6月，中心原挂靠在轻工业玻璃搪瓷研究所内，按照国务院对242个中央直属的科研所属地化的要求，该所已于1999年并入东华大学。中心现位于上海市区西部的东华大学校园内，校园内的绿化覆盖率高，环境优雅。中心位于东华大学新建的材料大楼四楼，建筑面积为1000多平方米，实际使用面积为近800平方米。中心拥有对所有眼镜、玻璃、搪瓷和保温瓶产品质量进行全项检测的全部检测仪器和设备，并拥有一支由数十人组成的具有中、高级技术职称、训练有素的专业技术队伍。可以这么说，中心在人员专业素质、技术装备、检验手段和实验室管理等方面，在国内处于领先地位。1998年5月，中心通过了中国实验室国家认可（ISO/IEC导则25）、计量认证和机构审查。中心分别于2000年、2001年通过了中国实验室国家认可委员会组织的监督评审。2003年10月，中心顺利通过了中国实验室国家认可、计量认证复查和机构审查三合一复评审。中心目前开展的检验产品范围有眼镜产品（包括眼镜片毛坯、各种材料的眼镜镜片、眼镜架、配装眼镜、软性及硬性接触镜等）、日用玻璃制品（包括啤酒瓶、农药瓶、罐头瓶、玻璃器皿等）、医用玻璃制品（包括输液瓶、玻璃药瓶、安瓿、抗生素瓶、药用玻璃管等）、搪瓷制品（包括接触食物搪瓷、非接触食物搪瓷和搪瓷浴盆等）、保温容器、不锈钢保温容器以及搪瓷热水器等。本机构承诺：“遵守国家相关法律法规的规定，遵循客观独立、公平公正、诚实信用原则，恪守职业道德，承担社会责任。”

国家眼镜玻璃搪瓷制品质量检验检测中心的承检范围是：眼镜、玻璃、搪瓷和保温容器。

国家眼镜玻璃搪瓷制品质量检验检测中心拥有对眼镜、玻璃、搪瓷和保温瓶等产品质量进行全性能检测的能力，依托30多年在这些专业领域的研究和检测所积累的丰富经验，同时，中心拥有产品许可证发证检验、国家和地方监督抽查检验的资质，对企业委托客户除了提供依据国家和行业标准（GB、QB）、国际标准（ISO）和国外发达国家和地区的标准（ANSI，ASTM，BS，DIN，AS，EN）进行检测，还能为其提供检测结果分析、质量仲裁、企业标准制修订、产品验货等多项延伸服务。

【国家眼镜产品质量监督检验中心】 国家眼镜产品质量监督检验中心于2006年6月经国家质量监督检验检疫总局批准成立，开展的项目均通过了国家计量认证、授权和实验室认可，同时通过了与中国合格评定国家认可委员会（CNAS）签署的国际多边协议，实现了在本中心一次检测，全球承认的目标。中心拥有一支技术力量雄厚、素质优良，集检验分析、标准研究、科研开发于一体的人才队伍，现有专业技术人员26名，其中教授3名、高级工程师4名、工程师16名、助理工程师3名。实验室面积4700平方米，恒温恒湿实验室60平方米，拥有国产仪器设备40台（套），进口设备35台（套），设备资产总值2400万元，设备配置在国内、国际处于领先水平，是国内、国际最具权威的国家级眼镜质检中心。目前，中心已被全国工业产品生产许可证办公室授权为全国眼镜工业产品生产许可证发证检验机构，同时也是 CE、E-mark 等产品认证指定实验室。

国家眼镜产品质量监督检验中心下设总工室、标准信息研究室、业务部、技术部、检验部、市场发展部、研发中心。

中心检测范围：眼镜检测项目覆盖了所有眼镜产品相关的国家标准、行业标准，以及 ISO、EN、ANSI、BS、DIN 等相关标准，完全具备对眼镜架、光学玻璃眼镜片毛坯、眼镜镜片、光学树脂镜片、老视镜、配装眼镜、光致变色眼镜片毛坯、太阳镜、软性亲水接触镜、硬性角膜接触镜、机动车驾驶员专用眼镜、个人眼镜和面部防护装置等眼镜产品的检验能力。

中心主要开展的业务：质量检验、仲裁检验、标准研究、技术交流、科研开发、培训与咨询等工作。

经过几年的建设与发展，本中心拥有一整套完善和持续改进的质量管理体系，能对影响检验工作质量的各个环节实施有效控制和严格管理，完全可为委托方出具科学、准确、公正具有法律效力的检测数据。中心将坚持以顾客满意为宗旨、以科学公正的工作质量为核心，真诚、周全、及时为社会和客户提供科学、公正、准确的检测服务。

【2021 年度国家眼镜产品质量检验检测中心社会责任报告】 国家眼镜产品质量监督检验中心于 2005 年 2 月 28 日经国家质量监督检验检疫总局国质检科函〔2005〕94 号文件批准筹建，在国家总局、江苏省质检局、丹阳市政府及有关部门的大力支持下，经过中心全体员工的共同努力，2006 年 6 月 9 日国家认证认可监督管理委员会国认实函〔2006〕95 号文件批准了“三合一”授权，并于 2006 年 7 月 26 日经国家质量监督检验检疫总局国质检科〔2006〕343 号文件正式批准成立，2021 年 9 月按照国家认监委要求统一更名为“国家眼镜产品质量检验检测中心”。中心紧紧以习近平新时代中国特色社会主义思想为引领，秉承“科学、公正、廉洁、高效”的理念，大力实施“科技兴检”战略，着力提升自身业务能力、服务水平和创新动力，全力发挥好技术机构在社会经济发展中的“技术推进器”作用。

中心按照 ISO 17025 标准建立了完善的质量保证体系，检测项目基本覆盖所有眼镜产品相关的国家标准、行业标准、地区标准以及 ISO、EN、ANSI、BS、DIN 等眼镜标准和检测参数，完全具备对眼镜镜片、眼镜架、光学玻璃眼镜片毛坯、护目镜、老视镜、配装眼镜、光致变色眼镜片毛坯、太阳镜、游泳眼镜、偏振式三维立体眼镜、软性亲水接触镜、硬性角膜接触镜、直接观察太阳镜、眼面部防护镜等眼镜产品的检验检测能力。经过多年的发展，中心在技术能力、科研水平、人才状况等各方面都取得了可喜的进步，检验能力已达到了国际先进水平，这也为切实履行社会责任提供坚强技术支撑。履行社会责任不仅是为了质检中心长远的发展，还是为了保护消费者的合法权益，更是为了整个社会和国家的安定有序。

本中心保证报告内容准确真实，本报告依据《市场监管总局关于进一步加强国家质检中心管理的意见》《国家产品质检中心授权管理办法》《国家产品质量监督检验中心社会责任报告制度实施指导意见》《国家产品质量监督检验中心社会责任报告编写提纲指南（试行）》等相关规定编制，全面总结 2021 年度中心履行社会责任主要实践和成果，通过注重信誉，恪尽职守，服务社会，履行好自己的社会责任，共同打造安全的眼镜产品消费环境，促进社会的良性发展与进步。

一、社会责任管理体系和制度的建立情况

1. 履行社会责任的措施及制度规定。中心以“公正检测、科学检测、诚信检测”为己任，建立中心社会责任管理体系，有效践行质检社会责任，为营造良好的检验检测环境做出努力和表率。中心于 2013 年建立履行社会责任的内部管理制度，分别对员工、顾客和社会的责任做了详细的规定，并开展全员社会责任教育、培训和自我审核评价。经过几年的不断完善和宣贯，社会责任理念和要求已全面融入中心发展战略的文化。从中心主任做起，身体力行带头讲规矩、尽责任，自上而下引领全体员工的社会责任意识，科学规范地引导全中心的社会责任管理工作。

2. 体系运行和自我改进情况。2021 年，中心履行社会责任相关措施得到有效实施，取得了良好的效果。中心将结合社会责任履行情况，进一步建立完善相关措施和制度，使中心履行社会责任相关措施制度化、常态化，持续改进中心社会责任履行的绩效。

3. 利益相关方的识别和参与。中心履行社会责任利益相关方包括眼镜产品生产企业、眼镜产品经销企业、眼镜验配店、消费者、眼镜行业社会团体、政府行政监管部门。

二、履行社会责任情况

（一）诚实守信

1. 依法运营。本中心自成立以来，严格遵守国家各项法律法规及各项政策的要求，依照《国家产品质量监督检验中心授权管理办法》以及相关的技术规范性文件的规定，开展相应的检验业务活动。自觉遵守法律、行政法规、各项要求和规范运营的其他要求，保证独立、公正的法律地位，不从事或参与任何能影响其检测独立性和诚信性的活动，反对不正当竞争和商业贿赂及欺诈行为，自觉接受政府、消费者和社会的监督，维护检验检测市场秩序。

2. 规范运营。本中心成立以来，始终坚持规范运作、稳步发展的理念；始终本着“科学、公正、廉洁、高效”的工作作风，建立了比较完善的管理体系，制定了管理手册、程序文件和工作文件，各项工作严格按照规定执行，记录齐全，严格遵守国家法律法规、CNAS-CL01：2018《检测和校准实验室能力认可准则》、《检验检测机构资质认定能力评价　检验检测机构通用要求》、《国家产品质量监督检验中心授权管理办法》、《市场监管总局关于进一步加强国家质检中心管理的意见》等国家认证认可监管机构的相关文件规定以及相关技术规范、技术标准严肃认真对待每一项检测和管理工作，及时出具检验检测数据和结果，保证数据和结果的准确、客观、真实。

3. 科学诚信。“科学、公正、准确、发展”是检测的核心思想。检测中心只有坚持诚实守信的原则，才能在各项工作中，自觉严格地遵守各项规定，切切实实做到诚信，赢得可持续的健康发展。

本中心制定了规范的公正性程序，每个员工均做了诚信从业和公正性声明，通过专业能力，提供优质的服务，取得客户的信任，不断开拓市场，获得了很多客户的信任。

本中心严格遵守专业领域认可范围，合同评审严格把关，决不超范围检验。本中心组织大家认真学习贯彻各项行业自律规范，坚持诚实信用，公平、公正、科学、客观开展检测检验活动，通过可行的手段、严谨的作风、规范的程序、专业的能力、优质的服务公平竞争，维护检测市场秩序，取得社会的信任。

（二）经济与服务责任

1. 创新发展。本中心起着行业主导和技术引领的作用，自觉遵守法律法规、标准和技术规范的要求，严格管理，规范运作，在追求经济利益的同时，对利益相关方负责，同时高度重视创新发展，成立总工程师办公室，组建强有力的创新团队，围绕国家经济发展导向和社会热点需求，积极发挥国家质检中心经济与服务的技术推动作用。

中心自成立以来，承担和完成了散射光性能测试仪、眼镜镜片膜层耐久性能、光致变色性能测试仪、镜片应力检测仪、表面瑕疵检测仪、太阳镜检测系统升级改造等科研课题，其中已经完成的眼镜镜片膜层耐久性能项目获得丹阳市科技进步奖一等奖，江苏省技术成果三等奖并申请了实用新型专利权（专利号：ZL 200920283975. 4）。散射光检测仪通过江苏省质量技术监督局和科技局的鉴定，该项目获得了国家实用新型专利 1 项（专利号：ZL 201320175903. 4），国家发明专利 1 项“一种具有双光路的镜片散射光检测仪”（专利号：ZL 201310122076. 7）。

在研发的基础上，中心共发表了《同一配方生产的镜片紫外透过率不同的原因探讨》《抗辐射镜片原理浅析》《焦度计的最新研究进展》等 26 篇文章，参与编写《眼镜材料与质量检测》专著 1 本。科研工作在提升检验能力、解决关键技术问题中发挥了重要的作用。与浙江大学合作开发的用于检测偏光太阳镜偏振效率的偏振器达到了 5000：1，远远高于国际上的 90：1 的要求。开发的散射光性能测试仪填补了国内的空白，打破了国际散射光设备商的垄断。自行研制的消偏器和样品夹具，不但提高了检测的准确度，也大大提高了检测的效率。力争把中心建设成集检验检测、科研开发于一体的科学技术平台。紧密结合本地区经济社会发展的客观需求，把科研工作作为技术机构发展的战略重点和主攻方向，坚持以点带面，重点突破的原则，在一批重要课题和重要实用技术上实现了突破。

2021 年 4 月，国家眼镜产品质量监督检验中心牵头的江苏省地方标准《镜片防雾性能测试规范》项目获江苏省市场监督管理局 2021 年第一批立项公示。2021 年 8 月，国家眼镜产品质量监督检验中心申请专利《一种用于智能眼镜的消色散光学系统》1 项。2021 年 12 月，国家眼镜产品质量监督检验中心参与起草了国家标准《太阳镜和太阳镜片　第 2 部分：试验方法》GB/T 39552. 2—2020 已经国家标准委批准发布，于 2021 年 12 月 1 日起实施。丹阳市检验检测中心（国家眼镜产品质量监督检验中心）参与起草的丹阳市眼镜商会《防雾眼镜镜片》团体标准，于 2021 年 12 月 23 日批准发布。2021 年 12 月，工信部公布第五批工业产品质量控制和技术评价实验室名单，丹阳市检验检测中心（国家眼镜产品质量监督检验中心）在眼镜产品质量领域的研发实力、应用能力及检测能力通过层层审核，成为工业（眼镜）产品质量控制和技术评价实验室。

2. 提升服务水平。中心积极响应总局“科技兴检”号召，通过不断提升自身检测能力和服务水平，发挥国家中心的重要作用，为经济和社会发展贡献力量。

2021 年，国家眼镜产品质量检验检测中心接受国家市场监督管理总局、江苏省市场监督管理局、镇江市市场监督管理局、丹阳市市场监督管理局等政府主管部门委托的国家监督抽查、省级监督抽查、市级专项监督抽查、消费品质量比对调查等眼镜产品抽查 478 批次的检测检验任务，为全国各地眼镜产品质量进行检验判定，给出质量分析结果和消费者警示，较好地发挥政府质量监管的技术支撑作用。

中心继续与国际权威检测机构 Intertek 天祥集团、法国依视路集团深入开展技术交流与合作，探讨眼镜标准化工作。同时，继续与江西鹰潭（余江）眼镜产业园管委会合作，发挥“国家眼镜产品质量检验检测中心鹰潭（余江）眼镜产业园办事处”作用，为余江眼镜产业园生产经销企业提供快捷检测业务咨询和服务，继续扩大国家眼镜中心在全国眼镜行业的影响力与知名度。中心将继续以建设一个“国际级眼镜产品技术服务平台”为目标，继续加强市场开拓和合作，充分发挥国家眼镜产品质量检验检测中心检测领域的技术能力和国际集团国际市场知名度等优势，做到优势互补，积极开展国内出口企业外销产品检测服务，为其提供优质、高效、快速的检测服务。

中心全面推进信息化建设，努力提升服务水平。中心研发一个完善的业务流程软件，从任务分发、报告编制、报告批准全部都在软件中实现，任何人员都不能无故修改数据，确保数据准确和公正，并与上海标准化研究院、无锡情报信息服务中心签订合作协议，对中心涉及的技术标准进行动态监控，对标准变更情况进行及时提醒，从而有效提高中心信息化服务水平。

（三）社会责任

1. 保障安全。中心结合实际，制定了实验室安全与环境保护管理规定，实行所、实验室安全与环境保护工作领导小组、检验部三级管理体制，每一级均有明确的任务和责任，各级之间层层签订《实验室安全与环境保护工作责任书》，贯彻落实了安全工作责任制度，明确了安全工作职责，加大了安全教育、培训，并落实了安全考核和奖罚制度，制定了安全应急预案。近年来，国家眼镜产品质量检验检测中心每年梳理实验室重要安全风险点，排除消防、人身安全防护等方面的隐患，通过添置消防器材、人身健康安全知识培训等方式，切实保障实验室安全。

2. 员工权益。员工是企业的宝贵财富。中心严格遵守《中华人民共和国劳动法》《中华人民共和国劳动合同法》等劳动和社会保障方面的法律、法规和规章，依法保护职工的合法权益，建立和完善包括薪酬体系、激励机制等在内的用人制度，保障职工依法享有劳动权利和履行劳动义务。中心坚持“以人为本”的社会主义核心价值观，珍惜员工生命、关爱员工健康，并努力为员工创造良好的工作氛围和人文环境；中心与员工签订了劳动合同，按时缴纳员工保险和各项金种，按规定发放应有福利；中心以提升员工整体素质为目标，依据中心需要和员工发展，为员工提供标准技术要求、抽样单填写、体系程序文件等多种类型的培训。2021 年中心继续完善运行职业健康安全管理的相关程序、实验室安全须知和操作规程，加强对劳动安全和职业健康的管理。每个月对中心全体人员进行安全管理知识的培训。

3. 参与社会公益。中心在力所能及的范围内，积极参加所在地区的环境保护、教育、文化、科学、卫生、社区建设、扶贫济困等社会公益活动，促进单位所在地区的发展。同时主动接受政府部门和监管机关的监督和检查，关注社会公众及新闻媒体对单位的评论。中心积极参与社会公益事业，鼓励开展志愿者活动和志愿者服务。对媒体的采访都会先进行身份确认，并设有专门的新闻发言人接受媒体的采访。

2021 年 5 月 20 日，国家眼镜产品质量监督检验中心副主任刘红军同志受江苏省市场监督管理局邀请在“世界计量日”开展“精准测量制配眼镜守护视觉健康安全”公益在线讲座，针对计量监管人员、眼镜制配人员、消费者特别是儿童青少年三个层次对象，分别研讨眼镜精准制配的重要性；如何做好精准制配；科学使用，保护视觉健康等内容，取得很好的效果。2021 年 8 月，按照国家标准委要求，积极申报“国家标准样品试点（标准眼镜镜片研制）”项目。

4. 报告责任。中心按照国家市场监管总局《关于进一步加强国家质检中心管理的意见》（国市监检测发〔2021〕16 号）、市场监管总局办公厅《关于国家产品质量检验检测中心及其所在法人单位资质认定等有关事项的通知》（国市监检测发〔2021〕55 号）要求，自 2022 年 1 月 1 日起，由国家质检中心所在法人单位丹阳市检验检测中心对外出具检验检测报告，使用所在法人单位的资质认定标志，并加盖所在法人单位的公章或者检验检测专用章，在检验检测报告上体现与检验检测项目对应的国家质检中心名称。

中心为更好地承担社会责任，预防风险、妥善处理检验中重大事件，制定检验重大信息上报制度、国家质检中心定期上报制度。中心承担眼镜产品技术检验业务，向委托方出具眼镜检验报告，其真实性直接关系到人民生命财产安全和相应的法律责任，为此应向国家市场监管总局如实汇报实验室体系运行情况、眼镜产品质量状况、发现和存在的问题等情况，并形成长期有效上报机制，分为每季度、每半年、每年度等质量安全分析报告，并定期总结上报。检验工作中发现行业内的潜规则、重大质量问题、重大安全事件等情况，应立即按照检验重大信息上报，故意隐瞒不报、谎报、少报、漏报或不及时汇报的追究有关部门负责人和相关当事人责任。

（四）环保责任

中心以建设节约型社会，增强可持续发展能力为指导，采用有利于节能环保的新设备，以尽可能少的资源消耗和环境占用获得最大的经济效益和社会效益。同时指派具体人员负责单位环境保护体系的建立、实施、保持和改进，并为环保工作提供必要的人力、物力以及技术和财力支持，通过为职工提供有关保护环境的培训，减少包括原料在内的各种资源的消耗；尽量避免产生污染环境的废料；尽量减少和避免由于单位的发展对环境造成的负面影响。排放污染物应依照政府环保部门的规定申报登记，排放污染物超过国家或者地方规定的，依照国家规定缴纳超标准排污费，并负责治理。

2021 年国家眼镜产品质量检验检测中心继续与实验室所在地环保监测站签订服务协议，委托有资质的环保部门处理实验室废弃物、废水等，尽可能减少和避免由于单位的发展对环境造成的负面影响。眼镜检验部以眼镜产品检验检测技术优势，加强与生产企业、消费者、社会团体的合作与交流，积极倡导节能减排，如开展“绿色视觉健康”研讨会，促进行业加强环境保护意识，承担环保责任。

国家眼镜产品质量检验检测中心按照“传递信任，服务发展”的要求，树立社会责任意识，建立和完善履行社会责任的管理制度和社会责任报告制度，并搭建履行社会责任报告的发布平台和交流平台，定期公布中心年度社会责任报告，加强开展履行社会责任的经验交流，适时建立中心社会责任报告自我评价制度，更好接受社会监督，根据反馈信息不断完善和改进，强化社会责任建设工作，切实履行国家质检中心的社会责任。

【厦门虹泰光学检测中心助力眼镜行业新发展】 厦门虹泰光学检测中心成立于 2012 年，隶属于厦门虹泰光学有限公司，于 2016 年 7 月 25 日，正式通过中国合格评定国家认可委员会（CNAS）实验室认可并授予证书，注册号为 CNAS L9206。这意味着本中心已跻身于国家实验室认可的检测实验室行列，今后所出具的检测报告可以加盖中国合格评定国家认可委员会（CNAS）和ILAC的印章，所出具的数据可在ILAC互认成员（全球74个经济体89个认可机构）得到互认。这也是企业及品牌迈向国际化之路的重要一步。

近年来，随着消费者消费意识的不断提升，其对眼镜产品的需求也更加多元化，更加注重其功能性，将更多的目光投向了镜片产品的性能及稳定方面。因而，在镜片市场日益激烈的竞争状态下，眼镜厂商通过独立的第三方机构来判断、鉴别镜片产品的相关性能及数据，有助于其在同质化市场中抢占先机，进行营销策略布局，进而更好地获得消费者及市场的认可。

经过多年的打磨，虹泰光学检测中心现已发展成为拥有500平方米办公空间，技术日趋成熟，检测规范逐步完善的业内专业性机构，获得了市场高度认可。在专家技术团队上，检测中心拥有一支由眼镜行业的资深专家、全国光学和光子学标准化技术委员会、眼镜光学技术委员会（SAC/TC103/SC3）委员带队，技术力量雄厚、素质优秀，集检测、分析、标准研究于一体的专业团队，检测经验丰富，试验操作严谨安排及时，深受客户好评。在专业设备方面，检测中心现拥有上百台国内、国际先进专业检测设备，并同步开发了适用于国内市场的专业检测设备，检测技术能力紧跟国际先进水平，可以为客户提供委托检测、技术咨询、检验检测等相关服务，范围涉及镜片光学性能、机械性能、材料性能以及透射性能等。

2020年，亚擎贸易（厦门）有限公司携手虹泰光学检测中心面向眼镜行业开放镜片等材料的检测服务，致力于为眼镜行业提供更加全面、专业的检测服务。

检测中心具备对光学树脂镜片、老视镜、配装眼镜、光致变色眼镜片、太阳眼镜、抗蓝光眼镜、运动防护眼镜、滑雪镜和面部防护装备等眼镜及相关产品和材料的检验能力，可提供的眼镜检测项目涵盖了大部分眼镜产品相关的国家标准、行业标准，具体包括：ISO国际太阳眼镜标准、EN欧洲安全防护眼镜标准、EN雪镜标准、ANSI美国太阳眼镜及安全眼镜标准、美国军规MILITARY相关标准、AS/NZS澳洲太阳眼镜标准、GB国标眼镜镜片标准、QB太阳镜行业标准以及眼镜相关材料检测标准（ASTM）等。

检测中心可对眼镜产品的光学性能、透射性能、机械性能、材料性能以及环境气候等方面进行检测。

（四）视光学研究　科研院所

【温州医科大学附属眼视光医院、眼视光学和视觉科学国家重点实验室】 在浙江温州，温州医科大学附属眼视光医院是一块享誉海内外的金字招牌，每年都会有数以百万计的患者前来求诊。在中国医学科学院发布的中国医院科技量值排行榜中，医院已连续四年综合排名全国眼科专科医院第一。其中，眼视光学和视觉科学国家重点实验室起到了重要的支撑作用。

省部共建眼视光学和视觉科学国家重点实验室是目前国内规模最大、层次最高、最早开展眼视光学和视觉科学研究的机构，是我国眼视光学和视觉科学基础研究、应用基础研究旗舰单位之一，拥有浙江省眼视光学研究重点实验室、卫生部视觉科学重点研究实验室等基础研究平台；卫生部国家临床重点专科、国家药理临床基地（GCP）、全国眼科学/视光学领域最大的临床试验研究平台之一等应用基础研究平台；温州医科大学附属眼视光医院（即浙江省眼科医院）三个院区（温州1个，杭州2个）、省内多家协作医院等成果应用平台；国际近视眼研究大会、国际眼科学和视光学学术会议、*Eye and Vision*、《中华眼视光学和视觉科学杂志》等研究成果推广平台。眼视光学和视觉科学国家重点实验室是温州市高能级研究平台之一，也是目前国内规模最大、层次最高、最早开展视觉科学研究的机构之一，实验室主任由浙江省特级专家、温州医科大学眼视光医学部主任瞿佳教授担任。实验室围绕视觉障碍与疾病中的重大科学问题，聚焦并形成了优势和特色明显的研究方向，取得了令人瞩目的成绩。

2017 年升格为温州市首个国家重点实验室。眼视光学和视觉科学国家重点实验室发展史可追溯到 20 世纪 70 年代。1976 年，在我国著名眼科专家缪天荣教授的带领下，温州医学院（2013 年更名为“温州医科大学”）建立了眼科光学研究室，在国内率先开展眼视光学研究。其中，缪天荣教授发明的对数视力表获得 1978 年全国科学大会奖，并被确定为国家标准，且至今仍是近视领域唯一的国家标准。

经过 40 余年的成长，温州医学院眼科光学研究室的发展开始迈入加速期：在实验室主任瞿佳教授的带领下，1995 年获批建立浙江省眼视光学重点研究实验室，2003 年批准建立国家卫生健康委员会视觉科学研究重点实验室，2007 年获批建立省部共建眼视光学和视觉科学国家重点实验室培育基地。2017 年 3 月，经科技部、浙江省人民政府联合发文批准，实验室正式升格为眼视光学和视觉科学国家重点实验室，成为浙江省省属高校和温州市第一个国家级重点实验室。眼视光学和视觉科学国家重点实验室的建设和发展，是高度契合国家需求和社会发展的。世界卫生组织指出，视觉障碍已经和心血管疾病、肿瘤成为全球三大严重影响人类生存质量的疾患。随着经济社会的快速发展，我国已成为世界上盲和视觉损伤患者数量最多的国家。目前，我国近视人数超过 6 亿，“老花”人数超过 3.9 亿，白内障、眼底病、青光眼患者等也呈明显增高趋势，严重影响着人们的身心健康和生活质量，已经成为我国重大的公共卫生和社会问题。与此同时，欧美等西方发达国家在视觉健康领域仍处于领先水平，在药物、医疗器械等方面仍有许多技术垄断。

实验室围绕视觉障碍与眼病防治研究重大科学问题，以提高视觉障碍与眼病防治水平为宗旨，经过多年发展，凝练并形成视觉遗传和发育、视觉功能和视光学、主要眼病发病机制和诊疗三个方向，研究内容以学科交叉为特色，注重基础研究的临床转化应用，部分研究如近视研究已实现从国际“跟跑”到“并跑”和“领跑”的转变，具有一定的国际影响力，为国家视觉健康需求提供了重要的科技力量。

人才梯队、科研实力以及国内外影响力持续增强。眼视光学和视觉科学国家重点实验室先后建立基础研究中心、临床基础研究中心、眼—脑研究中心三大中心，科研用房面积达 13600 平方米。现有固定人员 127 人，其中正高职称 21 人、副高职称 28 人、中级职称 60 人、初级职称 14 人，形成了国家杰出青年科学基金、浙江省特级专家为代表的高层次人才队伍体系，成员担任世界视光学会主席团成员、国际腺苷大会主席、亚太视光学会五人执委之一、国际近视研究大会组委会委员、中华眼科学会副主委、中华眼科学会青年委员会副主委等。

实验室成立由多位院士领衔的学术委员会，其中，杨雄里院士担任主任委员，陈润生院士、杨焕明院士、魏于全院士、陈国强院士担任副主任委员，负责实验室发展规划制定、研究方向布局和调整、人才和团队建设等。

实验室积极开展高水平国内外交流与合作，近年主办视觉健康创新发展国际论坛、香山科学会议第 660 次学术讨论会、博鳌国际视觉论坛等国内外学术会议，与美国杰克逊联合实验室、Bascom Palmer 眼科研究所、美国艾伦脑科研究所等开展研究合作；此外，实验室还设置开放课题研究基金、集成项目研究基金等，凝聚研究力量，提升实验室的创新能力和国际竞争力。

2017 年以来，实验室在科研条件、研究能力、人才团队等方面继续取得新的突破，包括获批国家重点研发计划项目 3 项（首席科学家），实验室成员入选国家杰出青年科学基金、浙江省特级专家等，在世界自然科学领域顶级期刊 *Science*、*Nature Methods*、*PNAS* 等发表研究成果，其中在眼科基础研究最具影响力的期刊 *Investigative Ophthalmology & Visual Science* 发表论文数篇，连续多年位居国际前列，获得中华医学科技一等奖、浙江省自然科学一等奖等，科卫协同、全链条研究和转化的体系建设进一步提升，在区域科技创新体系中发挥着重要的力量。

在近视研究领域，实验室研究能力和水平领跑全球。瞿佳，国家眼耳鼻喉疾病临床医学研究中心主任、眼视光学和视觉科学国家重点实验室主任、国家眼视光工程技术研究中心主任，擅长视光、眼病的诊治、疑难病验光配镜。由瞿佳教授、周翔天教授领衔的研究团队，主要开展近视基础研究，研究能力和水平处于国内外领先地位。该团队在国际上首创具有机制研究优势的小鼠/豚鼠近视动物模型，创建了该动物模型专用的屈光和眼轴等检测设备，并开发了脉络膜血流检测的光学相干断层扫描血管成像技术，提出近视形成的新机制模式。其中，“近视形成巩膜缺氧学说”被国际学术界誉为“近视发病机制研究重要的里程碑”。团队先后主持近视基础研究973项目（首席科学家）、2项国家自然科学基金重点项目等20余项国家级项目，相关研究工作分别于2017年和2021年在*PNAS*上发表，并受邀在眼科学最具影响力的杂志*Progress in Retinal and Eye Research*上撰写近视发病机制研究概述，并且作为学术委员会主席单位主办第15届国际近视研究大会等。同时，受教育部和国家卫生健康委等委托，瞿佳教授团队还起草了《综合防控儿童青少年近视实施方案》，成为全国近视防控工作的引领者和智囊团核心成员。

但与此同时，研究团队仍任重道远。实验室主任瞿佳教授表示：“近年来，特别是2018年近视防控上升为我国国家战略后，欧美等西方发达国家也加大了近视研究力度，加快了近视防控及诊疗药物、医疗器械的研发和审批，如美国FDA近期已批准数个近视防控药物和医疗器械，为避免在近视领域被‘卡脖子’，我们还要继续加大科研投入力度，包括机理研究及产品研发，在近视机制研究和防控技术及产品等方面走在世界前列。”

开辟眼—脑研究新方向，力争取得标志性创新成果。在“中国脑科学计划”中，眼睛与大脑的内在联系是重要研究内容之一，且在视觉系统发育过程中不同的视网膜神经节细胞在视觉皮层构成高效有序的视网膜投射图谱。因此，绘制全脑内的单细胞水平上的视网膜投射图谱将为人类脑科学研究奠定基础，也将开辟基于光或视觉刺激调控大脑神经活动研究的新方向。

实验室成立眼—脑研究中心，并立项集成研究项目，以“通过激活视网膜—大脑连接谱的特定通路，实现以非侵入式视觉刺激模式选择性地调控大脑功能”为核心科学问题，建立眼睛投射至全脑单个神经元水平的技术平台，首次绘制完成介观尺度的全脑单细胞水平的眼脑连接图谱。同时，开展基于光刺激或视觉刺激调控大脑神经的神经活动和生理功能的研究，如利用光刺激促进神经再生及修复，闪光镇痛，闪光治疗阿尔茨海默病、帕金森病、抑郁、自闭症等神经精神类疾病。研究方向和内容将为深入解析视觉信息处理机制、视觉认知以及类脑神经网络的研究奠定基础，也将形成通过视觉系统调控神经活动来治疗神经系统疾病的新策略和新技术，提升人群的眼、脑健康水平。

党建引领，促进实验室高质量发展。人才是创新事业发展的根本，为培养实验室人员的报国情怀、奋斗精神，激发更多创新能力，实验室目前已成立3个党支部，各党支部书记由实验室综合管理办公室负责人或科研团队带头人担任，各支部委员会职责及分工明确，党支部的创造力、凝聚力和战斗力持续提升。

近年来，国家重点实验室党支部在院党委的正确领导下，坚持“党建、业务融合促进”的建设思路，以4个面向为引领，即面向世界科技前沿、面向经济主战场、面向国家重大需求、面向人民生命健康，不断加强党员模范带头作用，奋进新征程，建功新时代，为实验室高质量发展和人口视觉健康提供坚强支撑。

【眼科学国家重点实验室（中山大学）】 眼科学国家重点实验室（中山大学）是我国第一个获批准建设的眼科学国家重点实验室。实验室首任主任为葛坚教授，现任主任为刘奕志教授。眼科学国家重点实验室由原卫生部和教育部眼科学重点实验室发展而来，2006年获科技部批准，成为我国眼科领域唯一的国家重点实验室。实验室依托中国医院眼科声誉和科技影响力排行第一的中山大学中山眼科中心，围绕重大致盲眼病（近视眼、角膜病、白内障、眼底病和青光眼等），开展应用基础、转化和临床研究，致力于提高人类视觉健康水平。眼科学国家重点实验室依托中山大学，实验室设立在中山大学中山眼科中心。

1991年4月，眼科学实验室获得卫生部眼科学重点实验室立项；在2004年7月以全优成绩通过了科技部省部共建国家重点实验室培育基地验收；2005年在教育部48个重点实验室评估中获得第六名的优秀成绩。2006年3月被科技部推荐参加生命科学领域国家重点实验室评估，获得了良好的成绩。2010 年 3 月眼科学国家重点实验室通过验收；2011 年 7 月以良好的成绩通过科技部国家重点实验室评估。

实验室主任为刘奕志教授，学术委员会主任为陈霖院士。现有“973 计划”首席科学家 2 人，国家重点研发计划项目负责人 7 人，国家杰出青年科学基金获得者 3 人，国家优秀青年基金获得者 2 人。

实验室提出了建设世界一流眼科实验室的目标，按照“开放、流动、联合、竞争”的要求，进一步凝练研究方向，引育人才，打造国际化团队，改善工作条件，协同基础与临床，严格规范管理，营造勇于创新、包容协作的研究氛围。

近年来，实验室做出的具有世界影响的工作：原创性人类晶状体再生的研究成果，2016 年被国际评为全球医学八大突破性进展；近视眼防控成果得到党和国家领导人关注和批示，并被世界卫生组织纳入全球《近视防控蓝皮书》；构建全球首个人工智能白内障诊疗云平台，2017 年被 IEEE Spectrum 评选为“影响全球医学界的 11 大 AI 事件”；临床研究改变青光眼高危人群治疗方案，获 2020 年首届中国医学重大进展；以第一署名单位通讯作者在 *Nature*、*Lancet*、*Nature Biomedical Engineering*、*Nature Communication*、*Science Advances* 等杂志发表原创论文。践行大国担当和“人类卫生健康共同体”理念，与世界卫生组织合作，开展“解决国家层面的眼保健服务需求”项目，为欠发达国家提供眼健康服务；国际医疗援助工作被外交部写入《中国外交志》。

亚太眼科学会（APAO）总部永久落户。实验室国际地位大幅度提升，已成为全球有影响力的眼科科学研究、人才培养、学术交流和成果转化基地之一。

功能实验室包括视觉科学实验室、角膜病实验室、免疫病实验室、眼表疾病实验室、玻璃体视网膜病实验室、视觉生理实验室、生化实验室、病理实验室、遗传实验室、白内障实验室、眼眶病眼肿瘤学实验室、眼药理室。功能实验室是为实验室确定的各研究方向的课题组提供细化和具体化的服务，各室配备与研究相关的仪器设备，为科研人员从不同角度和不同层面进行科学研究提供技术平台和支持。

实验动物中心建筑面积 500 平方米，安装有室内自动恒温、恒湿系统及自动监控动物系统，能开展普通级及无特定病原菌级（SPF 级）的动物实验，可饲养多品种的实验动物（鼠、兔、鸡、猪、猴等），配备先进的动物实验设备（玻璃体切割机、超声乳化机、多功能视觉电生理检测系统等），是一个完全符合眼科学研究需求并可开展国际水准的前沿性动物实验的现代化动物实验室。

【上海市眼视光学研究中心】 上海市眼视光学研究中心是目前国内唯一的省市级眼视光学研究中心，旨在凝结上海眼视光学领域强大的临床与科研能力，由复旦大学附属眼耳鼻喉科医院视光学团队牵头，整合眼视光学医疗资源，引导科研拓展方向，协同上海视光学界共同进步。

周行涛，复旦大学附属眼耳鼻喉科医院院长、上海市眼视光学研究中心主任；擅长近视眼手术与基础研究，在国际上率先开拓 SMILE-CCL 技术及透镜移植研究，首创圆锥角膜表面镜联合交联、层间镜联合交联研究，全国最早全飞秒激光临床与基础研究，超高度近视屈光晶体植入术等。孙兴怀，中华医学会眼科学分会候任主任委员、复旦大学附属眼耳鼻喉科医院眼科青光眼与视神经疾病学科主任、复旦大学上海医学院眼科学与视觉科学系主任；擅长青光眼和视神经疾病以及低眼压的诊断和治疗，尤其是难治性青光眼的药物、手术等综合治疗。范先群，中国工程院院士、上海交通大学医学院眼科视觉科学研究所所长、上海市第九人民医院眼科主任医师，擅长上睑下垂矫正、活动义眼座植入、眼窝狭窄成形、内眦畸形复位、泪道阻塞再通和眼表修复重建等整形手术，尤其专注于眼眶骨折修复、眼球内陷复位、眼眶畸形矫正和眼眶肿瘤摘除等眼眶手术，先天性小眼球与无眼球整复以及双重睑和眼袋等美容手术。

【江西省光学镜头镜片产品质量监督检验中心、未来光学科研院成立】 2022 年 6 月 24 日，上饶人才发展行动年活动全面开启，江西省光学镜头镜片产品质量监督检验中心、未来光学科研院正式成立。

江西省光学镜头镜片产品质量监督检验中心下设镜头、镜片、计量、理化、信赖和加工检测六大类实验室，按照“1234”的发展战略稳步前进，助力上饶光学产业结构升级，实现飞跃。“1”即1个目标，建成国际一流、国内领先的检验机构；“2”即2类平台，全力打造设计、研发和检测的安商服务平台，以及人才、项目招引的“双招双引”平台；“3”即3项一流，一流的技术团队，一流的检测设备，一流的专业服务；“4”即“多、快、好、省”4大优势，中心拥有世界顶尖的光学检测设备和专业的研发团队，将提供专业的检测、设计、快速打样等多种服务，实现全面快速的参数检测，有效降低企业检测设备投入、检测费用、送检时间、研发投入等成本，为企业的可持续性发展保驾护航。

未来光学科研院致力于为光学企业提供专业的光学设计、研发服务，结合光学检验中心专业的检测能力，制定光学行业标准，落地高端光学成品项目，助力上饶市光学产业结构转型升级。目前，科研院通过招引行业人才，创新光学技术实现光学产业技术发展，已引进一批行业内知名专家教授和具有博士学位的高端人才，并积极对接经开区头部企业，在AR/VR产品、内窥镜、近视防控产品等方向深入合作。

【江西省光学镜头镜片产品质量监督检验中心】 由上饶经开区投资打造，总投资2亿元，用地10亩（约6667平方米），建筑面积约8000平方米。该项目于2022年6月正式挂牌运营，并于6月28日取得CMA资质认证，力争2022年底完成省级资质验收。

该中心按照“一个目标、两个平台、三个一流、四个优势”的发展定位稳步推进，致力建设成光学领域顶尖的检测机构。一个目标：建成国际一流、国内领先的检验机构；二个平台：全力打造设计、研发和检测的安商服务平台，以及人才、项目招引的“双招双引”平台；三项一流：一流的技术团队，一流的检测设备，一流的专业服务；四大优势：多种服务、快速检测、更好指引、节省成本。

光学检验中心下设镜头、镜片、计量、理化、信赖和加工检测六大类九个专业实验室，将弘扬“一座城、一条心、一起拼、一定赢”的精神，进一步助推上饶光学产业高质量发展，叫响“中国光学城”品牌，实现产业结构升级。光学检验中心按照国家级标准，目标为建成国际顶尖、国内领先的光学镜头镜片检测机构。中心致力打造光学设计、研发和检测的安商服务平台，以及人才和项目的“双招双引”平台。

（五）人力资源教育培训

【中国眼镜协会在中国轻工联轻工业职业能力评价工作会上交流经验】 2022年2月22日，中国轻工业联合会轻工业职业能力评价中心召开在京评价总站、直属基地工作座谈会。中国轻工业联合会会长张崇和出席并讲话，副会长刘江毅通报上年度轻工业职业能力评价开展情况。开展职业能力评价的在京总站、直属基地40余名负责人参加会议。

中国眼镜协会副秘书长康颖代表眼镜行业职业能力评价总站参加座谈会，分享职业能力评价工作开展情况。眼镜行业职业能力评价自2021年5月正式开展评价工作到2021年底，共计考评56批次，考评近3000人。2022年协会继续开展职业能力评价、技能培训和竞赛等工作，积极探索建立有利于专业人才成长的教育体系和培养模式，为行业发展奠定坚实的人才资源基础。

【全国视光职业教育教学指导委员会成立】 2022年7月15日上午，全国视光职业教育教学指导委员会成立大会暨2022年CODE暑期师资培训开幕式以线上方式召开。中国轻工业联合会副会长、中国眼镜协会理事长杜同和、天津职业大学校长郑清春出席并致辞，教育部职成司职业院校发展处处长任占营出席并作指导讲话。视光行指委主任委员、中国眼镜协会职业副理事长兼秘书长戴维平，中国眼镜协会驻会副理事长江波等出席会议。视光行指委委员以及参加CODE暑期师资培训的视光专业教师约150人参加了会议。大会由视光行指委副主任委员、天津职业大学副校长杨荣敏主持。

杜同和理事长代表中国眼镜协会向视光行指委的成立表示热烈的祝贺。他指出，成立视光行指委适应了职业教育对于产教融合的迫切需求，在职业教育的改革发展中应充分激发行业的内驱动力、充分凝聚职教发展的合力、充分提升职业教育支撑行业及服务区域的效力。行、校、企要融合各自优势，互通有无、协同创新，共同把行业指导职业教育、区域职业教育协调发展这样有意义的事情做好。

郑清春校长代表天津职业大学对视光行指委的成立表示祝贺，并对眼镜协会、行业企业、各大院校的支持和信任表示感谢。他强调，天津职业大学将会全力支持视光行指委秘书处的工作，做好服务，提供保障，共同为眼视光行业培育一大批高素质技术技能人才。

任占营处长高度概括了职业教育近十年的突破性发展，产业创新的重点由要素驱动转向创新驱动，并深入分析了产业、社会、教育的变化带来的机遇与挑战。他指出，面向未来，视光行指委要转型升级，一是定位要更加清晰，当好政府、行业、企业、学校以及其他社会机构的"连心桥"；二是形式要更加新颖，探索更有号召力、凝聚力、战斗力的组织形式；三是内容要更加聚焦，紧扣高质量发展，服务毕业生就业。随后，视光行指委副主任委员杨荣敏宣读了视光行指委的成立文件及委员名单。

视光行指委主任委员戴维平作了《验光与配镜行指委2015—2020年工作报告》，从加快推进现代视光职教体系建设、开展课题研究、产教对话交流活动、加强国际交流等方面汇报了上届验配行指委的工作，并指出视光行指委工作需要继续加强的三个方面。

视光行指委秘书长康颖宣读了《全国视光职业教育教学指导委员会章程》，并通报了5年工作规划。视光行指委将进一步加强眼视光中高职人才培养体系建设，加强校企合作，深化产教融合，积极落实近视防控领域相关工作，进一步推进院校视光类专业国际化进程。视光行指委副秘书长王海英就2022年度视光行指委的工作计划及进展作了汇报交流。

在2022 CODE暑期师资培训班开幕式上，江波副理事长介绍了"中国视光学发展教育计划（CODE）"的背景和开展内容并宣布暑期师资培训开班。

CODE由中国眼镜协会和教育部全国视光行指委（原验光配镜行指委）发起，每年暑期举办视光师资培训是该计划的重要组成部分，目前已累计举办了5期、培训331人次，惠及94所学校，大部分参训人员获得了结业证书。本期CODE暑期师资培训授课讲师以第二批CODE种子教师为主，计划培训时长8天，共有来自54所院校的89名专业教师参加培训。

【中国眼镜协会与卡尔蔡司光学公司携手开播第二期"云课堂"】 2022年2月17日上午，由中国眼镜协会主办，卡尔蔡司光学（中国）有限公司协办的中国眼镜协会"云课堂"第二期"精益管理"课程正式开播。

后疫情时代，如何提高眼镜企业的管理水平、抗风险能力，以及不断增强综合竞争力，是行业企业面临的重要课题。协会邀请卡尔蔡司光学公司的3位讲师，以"修精益管理　筑行业未来"为主题，以"精益思想""价值与浪费""精益问题解决"三大内容为切入点，讲述了精益管理的起源、精益管理如何帮助企业实现降本增效以及如何通过不断发现问题和解决问题，实现组织优化。

卡尔蔡司光学创新教育部总监杨佳玮在《精益思想以及实践》中讲，精益思想诞生于1800年，通过历史的沉淀，随着时代的发展而逐渐形成，可用于各个行业。他通过5个关键词讲述了精益思想的基本原则：1. 减少生产过程中的浪费；2. 通过端对端的服务提升客户价值；3. 从根源找到问题并持续改善；4. 用标准化的流程和服务提升客户体验；5. 全员参与是成功实施的关键。总的来说，精益是全员参与，不断减少浪费，是实现客户价值最大化的运营方法和管理哲学。

卡尔蔡司光学创新教育部精益管理负责人王康在"增值与浪费"的主题分享中，通过案例阐述了增值活动与非增值活动的定义。增值活动仅是所有工作流程中的一小部分，还有必须要有但不增加价值的活动以及明显的不必要活动等非增值活动。借助八大浪费案例，他阐述了精益的基本原则就是尽可能地减少浪费，提高价值。

卡尔蔡司光学创新教育部精益经理黄杰在“精益问题解决”的主题分享中总结了精益思想的定义和基本原则，并强调完善的理论体系需要运用到实际工作中。同时，他还通过案例分析了实施精益原则需要做到 PDCA 与持续改善，即 Plan（计划）、Do（行动）、Check（检查）、Act（行动），从发现问题、分析问题、制定行动计划、执行改善行动、监控执行、检查实施结果到固化成果，进行持续改善。这是一个持续循环的动态过程，持续从错误中学习和反省，帮助人成长进而实现效益最大化。

【中国眼镜协会发布眼镜行业职业能力评价基地名单】 2022 年 3 月 7 日，中国眼镜协会发布《关于发布第一批、第二批轻工（眼镜）行业职业能力评价基地名单的通告》。

轻工（眼镜）行业职业能力评价，是在中国轻工业联合会的领导下，由中国轻工业联合会职业能力评价中心与轻工（眼镜）行业职业能力评价总站—中国眼镜协会（以下简称总站），以及轻工（眼镜）行业职业能力评价基地（以下简称基地）共同开展的行业自评。

根据中国轻工业联合会《轻工行业职业技能等级评价工作实施方案（试行）》和《轻工行业职业技能等级评价基地管理办法（试行）》的有关要求，2021 年度共批准 21 家单位为轻工（眼镜）行业职业能力评价基地，总站每三年对各基地进行综合评估，评估不合格的，撤销基地资质。

轻工（眼镜）行业职业能力评价基地名单

一、第一批批准备案基地（2021 上半年）

1. 北京市钟表眼镜培训中心
2. 天津职业大学
3. 天津市万里路视光职业培训学校
4. 辽宁省眼镜行业协会
5. 吉林省眼镜协会
6. 吉林省视光培训中心有限公司
7. 黑龙江省眼镜行业协会
8. 黑龙江新梅眼科医疗有限公司
9. 江苏省眼镜行业国家职业技能鉴定所
10. 江苏金陵职业技术学校
11. 安徽省眼镜行业协会
12. 厦门市眼镜协会
13. 河南省眼镜协会
14. 湖南省眼镜商会
15. 长沙市眼镜商会
16. 卡尔蔡司光学（广州）有限公司
17. 海南精功视光学眼镜培训学校
18. 重庆市眼镜协会
19. 天津市医大眼视光职业培训学校
20. 福建省眼镜协会

二、第二批批准备案基地（2021 下半年）

21. 内蒙古眼镜行业协会（中国眼镜协会）

【2022 年轻工业职业能力评价工作会在宁波召开】 2022 年 7 月 28 日，2022 年轻工业职业能力评价工作会在浙江宁波召开。中国轻工业联合会会长张崇和出席会议并讲话。中国轻工业联合会党委副书记徐祥楠，副会长何烨，秘书长郭永新出席会议。会议由副会长刘江毅主持。

会议表彰了 2021 年度轻工业职业能力评价工作先进单位，部署了 2022 年职业能力评价工作，为新一批轻工业职业能力评价总站、基地授牌，为轻工业职业能力评价工作培训第四批考评员。中国眼镜协会荣获“2021 年度轻工行业职业能力评价工作先进单位”表彰。

中国轻工业联合会相关部室负责人，轻工业职业能力评价中心负责人，各评价总站、直属基地负责人，考评员培训学员等 1000 余人参加大会。

中国轻工业联合会会长张崇和在讲话中指出，党和国家高度重视技能人才培养和职业等级评价。2022 年 4 月，习近平总书记在致首届大国工匠创新交流大会的贺信中强调，技术工人队伍是支撑中国制造、中国创造的重要力量。2022 年 3 月，人社部出台了《关于健全完善新时代技能人才职业技能等级制度的意见》，要求遵循技能人才成长规律，完善职业标准，创新评价方式，规范评价流程，坚持考评结合、逐级认定，客观公正评价。习近平总书记的批示，国家的这些文件，为我们加强人才评价工作，提出了要求，明确了措施，我们要认真学习，深入贯彻，抓好落实。

张崇和会长表示，加强轻工技能人才队伍建设，是中国轻工业联合会推动轻工业高质量发展的六大手段之一。20 多年来，中国轻工联高度重视职业技能评价工作，累计鉴定工种 144 个、近 50 万人，高技能人才占总鉴定人数的 23%。轻工行业职业技能等级评价，为推动轻工强国建设提供了坚强的人才支撑。

张崇和会长表示，在人社部指导下，中国轻工业联合会构建了适应轻工行业发展需要的技能人才评价机制，正在全力推进轻工职业技能等级评价和职业能力评价工作。一是全面贯彻国家改革精神，二是评价制度更加完善，三是评价体系更加健全，四是教材标准及时更新，五是新职业评价积极开展，六是职业大典修订牵头参与，七是自主培训稳步推进。

会议授予中国眼镜协会等 8 家单位“2021 年度轻工业职业能力评价先进总站、直属基地”称号，并为 17 家最新批复的总站、基地授牌。

【蔡司光学获 ACCA 认可雇主荣誉】 2022 年 1 月 14 日，蔡司光学 ACCA（国际注册会计师）认可雇主荣誉颁证仪式在广州举行。蔡司光学中国区营销总经理杨晓光出席颁奖仪式并表示，“蔡司光学的财务团队不断壮大，对提升品牌影响力作出卓越贡献，感谢 ACCA 给蔡司光学颁发认证雇主证书，期待我们和 ACCA 互相学习，进一步创新财务管理业务”。ACCA 是国际财会领域的权威机构，经过层层评审，蔡司光学凭借其积极向上的学习氛围、卓越的内部培训政策及专业的财务人才梯队获得 ACCA 认可。此次荣获 ACCA 认可雇主有利于提升财务团队能力，推动财务创新发展。

【万新光学入选全国职业教育教师企业实践基地名单】 2022 年 1 月，教育部、工信部、国务院国资委公布第二批全国职业教育教师企业实践基地名单（以下简称国家级基地），本次评选共 100 个企业入选国家级基地。全国视光职业教育教学指导委员会推荐的企业中，万新光学集团有限公司成功入选国家级基地，成为视光领域唯一入选企业。万新光学集团作为视光行业领军企业，积极响应国家号召，注重行业人才培养，深入贯彻党的二十大精神，深化产教融合、校企合作，推动人才引领行业发展。自 2007 年开始探索实施培训教育，到 2011 年成立万新学苑，16 年来，万新本着“从知到行”的办学理念，肩负着“让教育与科技推动产业发展”的使命，成功培养 18910 名视光行业专业人才。

万新在专业建设过程中大胆探索，目前已形成“顶岗实习”“工学交替”“订单培训”“企校人才库共用”等多种形式的校企合作；长期与南京医科大学、南京中医药大学、中山大学、西南大学、哈尔滨工业大学等近 20 家高等院校建立合作关系，开展企业互动、实施人才互培计划。

近年来，为加强师资队伍建设，提高教师的德育工作能力、专业教学能力和实训指导能力，万新光学集团聘用行业专家和社会能工巧匠担任兼职教师，加强专业带头人、骨干教师培养。同时，采取高校与企业人才库共用模式，安排教师到企业实践锻炼，让教学更贴近于企业需求。

【万新助力卓越零售计划——石家庄站圆满结业】 2022 年 2 月，万新助力卓越零售计划——石家庄财贸眼镜培训班圆满结业，数十位精英，以崭新的面貌，迎来新的行业征途。

本次结业仪式由万新眼镜卓越零售增长部高级增长官李瑞主持。李老师在仪式开始前，对本期的培训作了相关总结，也对学员们表示了祝贺，希望大家能不断吸收、沉淀、转化、输出所学到的知识和技能，在今后的岗位上扬帆起航，百尺竿头更进一步。

【阿波罗镜片、亮睛眼镜举办渐进精英培训班】 随着国内眼健康关注程度不断提升，消费者对眼镜的要求也越来越高，视光行业人才培育势在必行。2022 年 2 月 23 日，阿波罗镜片联合亮睛眼镜举办的第一届渐进精英班顺利毕业，双方领导及渐进精英汇聚一堂，分享毕业的喜悦，展望未来的发展。

阿波罗镜片梁志江老师作为这次培训的导师，现场分享了培训感受。他感谢学员们的信任和对课程认真学习的态度，希望学员们都能将所学所思所悟运用到实际的工作中。

【深圳眼协与立可明联合办学　为眼镜行业人才培育赋能】 针对深圳的眼镜行业人才流动大，需求也大，但是没有特别稳定的职业技能人才输送渠道的情况，2022 年 2 月，深圳市眼镜行业协会与理事企业立可明培训学校建立了“双向人才交流合作”的校会办学模式，并在立可明设立了“人力资源培训基地”，为眼镜行业注入源源不断的新鲜生命力。

【万新光学 2022 视光服务新零售研修班杭州站圆满结束】 2022 年 3 月 4—6 日，万新眼镜 2022 视光服务新零售研修班第二期课程在浙江杭州举办。此次活动由万新眼镜联合苏商学院打造，主题为“零售增长　利润倍增”，来自全国各地50余位眼镜零售企业的老板和操盘手齐聚一堂，开启为期3天的学习。在3天的学习过程中，课程还安排了走进顾家家居、阿里巴巴、银泰百货等，让学员们感受到杭州这个电商之城的魅力。

【河南省眼镜业协会行业职业技能等级评价】 河南省眼镜协会轻工（眼镜）行业职业能力评价基地面向河南省内眼镜行业从业人员开展培训评价工作。2022年，河南省眼镜协会开展了眼镜行业职业技能等级评价工作，评价人员30余人次，分别为眼镜验光员、眼镜定配工两个工种。

【江西师专以特色学科服务鹰潭眼镜产业】 近年来，江西师范高等专科学校物联网专业的毕业生纷纷入职江西欧菲炬能物联科技有限公司等鹰潭物联网企业，为企业发展注入了新鲜血液。这是该校打造特色学科，培育专业人才，服务鹰潭特色产业发展的一个缩影。

物联网产业是鹰潭全力打造的支柱产业之一，眼镜、雕刻是鹰潭传统特色产业。为策应鹰潭物联网产业的发展，解决物联网产业面临的人才紧缺问题，江西师专专门成立了物联网学院，并设有物联网应用技术、大数据技术与应用、云计算技术、工业机器人等7个专业。

该学院毕业生有一半以上进入当地物联网企业。为促进鹰潭眼镜产业发展，江西师专成立了护理与视光学院，并在全省高校中率先开设了眼视光专业，专门培养医学验光、眼镜定配的专业技术人才。此外，该校还在艺术学院中开设了雕刻艺术设计、珠宝玉石加工与营销等专业，并建立了一批校外实训基地，培养了一大批木雕、玉雕专业人才，有力推动了鹰潭雕刻产业人才队伍建设。

【湖北省眼镜行业协会开展“定配眼镜质量终检员”培训】 为持续提升定配眼镜产品质量，切实保护消费者合法利益，着力解决加工眼镜终检能力短板，全面落实武汉市市场监管局定配眼镜质量提升要求，湖北省眼镜行业协会2022年3月29日至4月15日举办一期“定配眼镜质量终检员岗位技能培训班”。

本次培训采取线上理论授课、线下实际操作的方式组织培训。考试合格后，由湖北省眼镜行业协会统一颁发《定配眼镜质量终检员岗位合格证书》。

【江苏省丹阳市眼镜行业举办“产品质量提升”培训】 2022年3月25日，为深化丹阳市眼镜行业产品和服务供给侧结构性改革，不断促进行业转型升级和高质量发展，针对中小微企业产品质量抽查合格率及眼镜市场验配服务美誉度等方面，丹阳市检验检测中心（国家眼镜产品质量检验检测中心）和丹阳市眼镜商会共同举办眼镜行业质量培训班，全面提高全市眼镜行业生产和服务质量水平。

鉴于新一轮的新冠疫情形势，按照政府疫情防控要求，丹阳市眼镜商会通过线上方式，举办全市眼镜行业“产品质量提升”培训班，会议特别邀请来自国家眼镜产品质量检验检测中心的权威技术专家、丹阳（眼镜）知识产权快速维权中心负责人、镜谷知识产权联盟负责人等在线授课。会议受众包括丹阳市眼镜行业生产、销售、验配店、视光中心等相关企事业产品质量负责人和管理人员，会议有150多家企业参加。

本次培训内容主要围绕三大方向课题来解读：一是现行国家标准、行业标准技术解读；二是国家（省市各级）眼镜产品质量监督抽查注意事项；三是国际ISO、欧盟EN、美国ASTM等标准与国内技术标准差异。

国家眼镜产品质量检验检测中心张翠芳主任讲解镜片类相关标准及监督抽查标注标识注意事项。国家眼镜产品质量检验检测中心张佳伟工程师讲解眼镜架类相关标准及监督抽查标注标识注意事项。

随着眼镜产业竞争日趋激烈，伴随而来的知识产权问题日益凸显。眼镜领域的外观抄袭、模仿现象突出，专利侵权等知识产权纠纷频发，为促进丹阳整个眼镜行业知识产权保护，为眼镜企业创业、创新提供更有力的支持，课程特别邀请了丹阳（眼镜）知识产权快速维权中心李梦霞主任和镜谷知识产权联盟总经理王亚波就眼镜外观设计快速维权、知识产权等分别作推广交流和讲解。

国家眼镜产品质量检验检测中心李晨工程师讲解成镜类产品标准及监督抽查标注标识注意事项。眼镜产品质量检验检测中心林眉德高级工程师讲解国际标准与国内技术差异及监督抽查中重点注意事项。

【汇鼎眼视光集团销售技能训练营开班】 2022 年 3 月 30 日，汇鼎眼视光集团鼎级训练营之销售技能训练营正式开班。本次以销售技能为主题的训练营为期 15 天，全封闭式训练，只为打造更有创新力的销售团队，注入新活力，激活新业务，真正打造创新型的销售团队和组织。

汇鼎眼视光集团董事长兼总经理焦飞宏对参与此次销售技能训练营的所有学员表示认可与肯定，指出了“热爱”对于一份工作的重要性。焦飞宏还从公司战略、组织机制、人才建设三者的关系出发，阐述了“销售技能训练营”在汇才问鼎中的重要作用。

汇鼎集团在飞速发展，需求在不断加大，培养公司优秀的销售队伍势在必行。课上，每位学员都能全身心投入，现场氛围十分热烈。

【浙江瓯海对接眼镜行业就业 促校企深度融合】 2022 年 5 月 18 日，瓯海眼镜协会党委书记林建平带领协会秘书处人员走进瓯海职业中专集团学校，对接眼镜技术人才培养与校企合作有关事宜，并受到了瓯职副校长郑秋珠等的热情接待。

在随后的座谈会上，双方就瓯职眼镜技术人才培养情况及瓯海眼镜产业发展情况等进行了介绍交流。协会林步春表示，瓯海有着深厚的眼镜产业发展底蕴，而瓯职通过一系列的产学研相结合的课内学习、校内实训与校外实训，能够让学生在真实的生产性实训教学中提高专业技能。

【湖北省襄阳市举行眼镜行业职业技能等级认定考试】 2022 年 5 月 24 日，襄阳眼镜行业职业技能等级认定考试在爱尔眼科医院举行，本次职业技能等级认定的工种为眼镜验光员（初级工、高级工）和眼镜定配工（初级工、中级工），该院 67 名员工参加考核。

为完善技能人才评价体系，加快推进技能人才队伍建设，襄阳市职业技能鉴定指导中心组织专家多次对爱尔眼科医院进行综合评估，通过材料核验、论证、现场考察，批准该院成立职业技能等级认定企业评价机构，可组织员工开展眼镜验光员、眼镜定配工认定工作。

【浙江省眼镜产业创新服务综合体参加线上培训】 2022 年 5 月 31 日，浙江省眼镜产业创新服务综合体工作人员参加由省科技厅举办的省级产业创新服务综合体建设线上培训，学习优秀综合体典型案例，落实 2022 年度绩效评价工作。

本次培训会议的召开，拓宽了综合体的运营建设思路。下一步，眼镜综合体将围绕产业创新服务资源集聚、大院名校深度合作、关键共性技术攻关等方面开展工作，努力将综合体打造成提升区域创新能力的重要平台、支撑产业高质量发展和服务企业的“重要窗口”。

【轻工（眼镜）职业能力评价总站内蒙古评价基地揭牌】 为加强轻工技能人才队伍建设，推动内蒙古轻工行业职业技能等级评价工作规范、科学、有序开展，提高行业品牌价值，2022 年 5 月 31 日，轻工（眼镜）职业能力评价总站内蒙古评价基地在呼和浩特揭牌，并举行第一期培训班。

轻工（眼镜）职业能力评价总站内蒙古评价基地是经中国轻工业联合会、中国眼镜协会、中国轻工职业能力评价总站授权成立，旨在致力于内蒙古验光配镜、视力矫正、眼科视光专业人才的培养与职业技能等级评价认定工作。

内蒙古眼镜行业协会会长姚金和表示，举办此次职业技能培训，目的是全面提升内蒙古眼镜行业整体服务水平，增强其竞争力和创新力，全面推动自治区眼镜行业高质量发展。

【山东省眼镜市场开展专业技能培训】 为提高眼镜行业专业水平，进一步全面推进从业人员视光学技能的专业化、规范化，2022 年 6 月 7 日，山东眼镜市场、济南市眼镜批发行业协会眼视光学专委会组织从业人员进行专业技能培训课程。

本次培训内容丰富，包括眼的屈光、近视、远视、散光、老视等多方面的内容，让从业人员充分学习吸收验光相关专业知识，旨在加快眼镜行业高技能人才队伍建设，提高眼镜从业人员的技能水平，完善眼镜行业人才培育体系，为山东眼镜市场的高质量发展保驾护航，为消费者提供更专业、规范的服务。

【北京大明眼镜首期“眼科及验光技术研修班”结业】 2022 年 7 月 6 日，北京大明眼镜与北京协和医院眼科第一期“眼科及验光技术研修班”结业仪式在协和医院眼科举行。北京协和医院、北京大明眼镜股份有限公司、北京市眼镜行业协会等有关领导，北京协和医院眼科医生代表、北京大明眼镜学员代表以及第二期“眼科及验光技术研修班”新学员代表参加了结业仪式。

结业式上，北京协和医院学系主任、眼科党支部书记钟勇，北京大明眼镜股份有限公司总经理王瑞强，北京市眼镜行业协会秘书长洪秋芳，北京协和医院眼科主任陈有信先后致辞，勉励学员们要刻苦学习，不断钻研，练就一身过硬的专业技能，更好地为广大群众提供规范的眼健康服务。随后，医生代表、学员代表分别发言交流教学和学习体会；王瑞强、洪秋芳、陈有信为第一期学员颁发结业证书。

此次结业仪式既是第一期“眼科及验光技术研修班”的收官之作，更是第二期“眼科及验光技术研修班”的开启之际。未来，这项医企联合的创新培训项目能够得到推广，在提升眼镜行业从业人员专业技术水平的同时，也为造福人民群众的眼健康贡献力量。

【山东省济南商贸学校新增眼视光专业】
2022 年下半年，为适应市场需求，山东省济南商贸学校新增眼视光专业。该校以普通中专学历教育为主，学校 2022 年新设“医学技术”大类中的眼视光与配镜专业。该专业为校企合作培养模式，师资一部分来自于招聘的专职教师，还有一部分来自于企业派驻的医师和技师。

山东省济南商贸学校是一所面向全省招生的国有公办全日制普通中专，以普通中专学历教育为主，附设职教高考升学班及三二连读贯通培养大专班。学校共开设财经商贸、旅游服务、信息技术、医学技术四大门类 11 个专业，所办专业均契合济南市历下区培育八大百亿级产业发展战略的需要，已就业学生服务当地经济发展成效显著。

学校曾获诸多荣誉：全国重点中等职业学校、国家中职教育改革发展示范学校、山东省创新教育实验基地、山东省中职学校“创业明星学校”、山东省绿色学校、山东省卫生先进单位、济南市文明单位、济南市职业教育先进单位等。2021 年底，入选首批省高水平中等职业学校建设项目。历下区委区政府和教体局大力支持职业教育的发展，增加学校办学空间、持续改善办学条件，学校除了工业南路 32 号校区外，增加了位于奥体片区云驰路 1001 号的名士校区。名士校区定位为“生产性公共实训基地”，主要用于学生实习实训、对外职业技能培训，以及作为中小学生职业体验基地。学校引入了区域内优质企业，为学习者提供真实场景的技能学习。目前，学校共建有实训室 22 个、校内实训场所 5 个、校外实训基地 5 个。学校两个校区互为补充，高标准进行技能型人才培养，使职业学校办学前景更加广阔。

作为老牌财经商贸类中职院校，为适应市场需求，学校已连续两年调整专业设置。2021 年增设计算机平面设计和金融事务专业，2022 年新设“医学技术”大类中的眼视光与配镜、口腔修复工艺两个专业。2022 年的两个新专业为校企合作培养模式，所需师资一部分来自于招聘的专职教师，还有一部分来自于企业派驻的医师和技师。其中，口腔修复工艺专业增加了中德合作，德国牙科技术协会按照德国技能标准对学生进行技能检测，成绩合格者可到德国实习，将来还可以选择在德国升学或者就业。

【广东省举行 2022 第一期眼镜国家标准培训】
近两年，国家新发布实施了多项眼镜产品国家标准。为加强企业对新制修订国标的深入了解，进一步提升广州市眼镜企业的技术水平，提高眼镜行业的产品整体质量，广东省眼镜质检站中心于 6 月 20 日举办了 2022 年第一期“眼镜行业国家标准宣贯培训会议”。

通过本次培训，企业对行业质量情况有了更全面的认识，对新国标的内容有了更深刻的理解。同时增强了企业的法律意识和质量意识，为更好地帮助眼镜企业持续保持高质量管理水平、促进眼镜行业技术水平的提升，起到了重要的作用。

【广信眼镜携手广东江门中医药职业学院】
2022 年 7 月 6 日下午，由广信眼镜有限公司与广东江门中医药职业学院合作建设的眼镜定配实训室捐赠揭牌仪式在广东江门中医药职业学院校区举行。

广东江门中医药职业学院眼视光技术专业，培养德、智、体、美全面发展，具有良好职业道德和人文素养，掌握光学和视光学基础理论知识，具备运用现代技术和手段进行验光配镜、各种眼镜加工与维修整形等能力，从事眼屈光检查、验光、配镜、接触镜验配、视功能训练、眼镜维修检测、双眼视功能检查和处理、眼镜店管理等工作的高素质实用型技术技能人才。

广信眼镜品牌创立于 1997 年，是一家从事眼镜零售的连锁经营企业，历经 20 多年的成长与稳步扩张，公司已拥有近 100 家终端直营门店，与德国蔡司镜片、全国最大品牌供应商陆逊梯卡合作。公司业务范围涵盖广州、中山、珠海、江门、东莞等珠三角高速发展的核心区域，并逐步向全国辐射。

捐赠揭牌仪式上，广信眼镜有限公司江门区总经理司徒红先生代表广信眼镜，向广东江门中医药职业学院捐赠一批眼视光学教学设备约 65 台，总价值 60 多万元。为提升学生的专业知识、实践操作等方面的教学课程贡献一份力量，广东江门中医药职业学院对此表示衷心感谢。

【首届瓯海眼镜创意设计专项赛实训活动顺利举行】 为助力工业设计、赋能瓯海眼镜产业高质量发展，培育更多实用型青年人才，2022 年 7 月 7 日上午，温州市瓯海区开展第三届青年眼镜创新设计工作坊暨首届瓯海眼镜创意设计专项赛实训活动。活动主题为“建好人才蓄水池，为‘两个先行’积蓄创新动能”。本次活动由瓯海区科技局、区人社局、区总工会为指导单位，华中科技大学温州先进制造技术研究院、浙江省眼镜产业创新服务综合体联合温州商学院共同举办。

【爱尔眼科发布“眼科人才北斗计划”】 2022 年 7 月 30 日，EyeChina 2022 眼健康发展国际论坛暨爱尔眼科 20 周年庆典活动期间，爱尔眼科重磅发布“眼科人才北斗计划”：未来 10 年，爱尔眼科将引进与托举世界级战略科学家 10 人，行业领航、领军人才 100 人，培养眼科业务骨干 1000 人、眼科专业人才 1 万人，创造全球就业岗位超 10 万个。同时，为解决眼科需求急剧增长，以及眼科人才缺口仍然很大的问题，爱尔眼科还实施了岳麓计划、湘江计划、优才计划、鲲鹏计划等人才培养计划，倾力为自身及行业培养医疗和经营管理人才。

“眼科人才北斗计划”全新定义了七大类型人才星链，同时提供五大平台融合资源和两大支撑保障体系。未来，爱尔眼科将通过对这七类人才的引进与培养，全力构筑全球眼科人才生态系统，助力全球眼健康事业发展。

七大类型人才星链，跨学科、多层次绘就人才发展蓝图。随着数字化发展，智能化迭代，AI、大数据、干细胞、基因编辑等前沿技术，推动着全球眼科行业迈入创新发展的时代。20 年来，爱尔眼科以医、教、研、产、投全面协同的全球化布局，共享全球眼科智慧，建立了“共创、共享、共赢”的人才发展平台。

百年爱尔，人才为先，人才是企业发展的中流砥柱。爱尔眼科将全方位、多层次引进与培养这七类行业人才。灯塔式战略人才：需具备超前的战略眼光和学科融通能力，在眼科、视光学及视觉科学及相关交叉学科领域有原创性的贡献和世界公认的成就，能攻克符合国家战略需求、人类福祉的眼健康发展难题，如战略科学家等。舵手型领航人才：需掌握眼科、视光学及视觉科学领域发展趋势和前沿技术，能建立、领导医教研团队，攻关某一专业方向的关键技术难题或实现产业转化，如领域科学家、临床医学科学家等。综合型管理人才：须具备多年丰富的医院管理经验。复合型领军人才：须在眼科、视光学及视觉科学相关领域具有重要成就和贡献，能根据临床重要需求开展研究并将相关成果应用于指导、提升临床实践，如各学科带头人等。中青年拔尖人才：须具备丰富的临床经验和创新能力，能承担眼科、视光学领域疑难疾病的诊治工作，如医院核心业务骨干等。创新型高潜人才：能潜心研究、勇于探索，持续开展创新性研究及交叉性学科研究，推动临床实践进步，如优秀博士后等。未来型希望人才：需具备眼科学、眼视光医学、临床医学、医学影像、麻醉、康复医学等专业背景，愿意从事眼科、视光学相关临床工作的优秀应届生、青年医生和创新型人才。

中国科学院杨正林院士，清华大学黄天荫教授，爱尔眼科集团董事长陈邦先生、全球总裁李力先生、副总裁唐仕波教授、副总裁杨智宽教授、医疗管理中心总监唐罗生教授共同启动“眼科人才北斗计划”。

近年来，爱尔眼科接连推出光子计划、博才计划、优才计划、博士后培养等一系列眼科精英人才培养项目，希望逐渐改善眼科人才短缺的现状，真正助力眼科行业发展。

随着国家防疫政策大幅调整，疫情防控进入全面优化阶段，口罩、药品、抗原试剂等物资出现紧缺。爱尔眼科主动承担社会责任，积极践行企业担当，在持续为患者提供优质眼科诊疗服务的同时，也为广大员工奉献上了爱尔之爱——推出疫情新形势员工关爱十条，从机制保障、干部表率、物资供应、后勤保障、防疫指导、康复指导、心理关爱、治疗费用、工资发放、特殊群体关怀十大方面，帮助员工平安顺利度过非常时期。陈邦董事长、李力总裁亲自主持“关爱十条”的发布，并举行视频会议要求各省区各医院快速反应、落实到位。此举让爱尔眼科的员工充分感受到了集体的温暖，感受到作为爱尔人的自豪。

【青海省眼镜质量计量检验中心参加解放军某部几何量计量培训】 为进一步深化军民共建，提升计量检定能力，2022 年 8 月 18 日，青海省计量院安排长度和眼镜质量计量检验中心 4 位检定人员积极参加了中国人民解放军火箭军某部队组织开展的几何量计量培训工作。

培训为期两天，培训内容主要涉及产品几何技术规范中关于几何公差的基本概念，如形状公差、方向公差、位置公差以及跳动公差等多方面计量检定理论知识。培训中授课老师对几何公差中涉及的计量检定校准相关技术要求的来源以及测量方法等进行了重点讲解，如直线度误差测量所采用的光隙法，以及最小区域法等。

通过此次培训，有效加强了省计量院与部队的合作交流，为高质量开展几何量计量工作奠定了基础。下一步，省计量院将进一步加强与各单位的交流与合作，通过培训、联合开展计量工作等多种形式，持续做好民生计量检定工作，强化计量技术保障能力。

【“点进视光班”在丹阳中专揭牌】 2022 年 8 月 28 日上午，江苏点进光学眼镜有限公司与江苏省丹阳中等专业学校合作共建的“点进视光班”签约揭牌仪式在江苏省丹阳中等专业学校图文中心会议室隆重举行。

江苏省丹阳中等专业学校校长贾伟首先代表学校发言。他说，学校紧紧抓住职业教育的发展契机，坚持校企合作为基础、教师队伍为核心的办学理念，发展规模逐年扩大，发展质量不断提升，可持续发展的动力稳步增强。贾伟强调，此次“点进视光班”的开设，进一步完善了以企业需求为导向的校企合作育人机制，增加了眼视光技术高技能人才储备。

江苏点进光学眼镜有限公司董事长李锋指出，校企双方要紧密联系，积极行动，推进校企合作落到实处，最终实现企业、学校、学生三赢。李锋希望学生们能够通过在“点进视光班”的学习，不断提高自己的专业技能水平，积累实践经验，增长真实本领。未来，公司将继续在专业建设、师资打造、课程体系及资源共享等多个方面，与学校进行紧密合作。

江苏省丹阳中等专业学校眼视光专业负责人郦占军和江苏点进光学眼镜有限公司人力资源部经理张成辉分别向大家详细介绍了学校眼视光与配镜专业群建设情况与点进光学的发展及规划方向。

江苏省丹阳中等专业学校校长贾伟与江苏点进光学眼镜有限公司董事长李锋签订校企合作协议，共同为“点进视光班”揭牌，并为“点进视光班”互聘了校企导师。

江苏点进光学眼镜有限公司与江苏省丹阳中等专业学校一直以来都有着良好的合作关系，双方在合作培养、社会服务等方面做了大量工作，此次“点进视光班”的成立，将为学生实习、实训、就业提供更广阔的平台，为社会、行业、企业拓展职业技术培训空间，培养更多高素质高技能应用型人才。

【爱尔眼科“优才计划”第一期结业暨第四期启航仪式在长沙举行】 2022 年 9 月 7 日上午，爱尔眼科“优才计划”第一期结业典礼暨第四期启航仪式在长沙举行。爱尔眼科医院集团董事长陈邦，爱尔眼科医院集团全球总裁李力，爱尔眼科医院集团副总裁、视光及小儿眼科事业部总监杨智宽出席并致辞。

对于学有所成的“优才计划”第一期学员，李力总裁要求，在今后的工作岗位上要始终坚持“以患者为中心”，努力做到“四聚焦”；要不断提高专业的临床诊疗水平和科室管理能力，加快实现“一专多能”，成为引领视光行业发展的优秀人才。陈邦董事长表示，“优才计划”不仅要培养学员的专业知识与技能，更要培养学员的责任感，以及学习、辨别、沟通和创新能力，让每一位学员成为具有国际视野，懂视光领域专业知识，且具备领导力的眼视光学领域的全方位人才。希望通过师生间的学习与交流，碰撞出绚烂的思维火花，从而更好地解决实际工作中的问题，不断提升自我！

爱尔眼科“优才计划”人才培养项目创立于2018年。首批“优才计划”招募发布后，共有来自全国各地近百名视光师、验光师及小儿眼科医生报名，最终20名优秀学员在2018年的橘洲论坛上入选。在这些学员中，不乏经验资深的视光人员，也有从业不久的年轻视光新血液。“优才计划”推出后，爱尔眼科每年都会优选出多名视光与小儿眼科领域的优秀青年人才进行培养，目前已经持续选拔了四期学员进入该计划。

作为爱尔眼科持续发展战略中的人才培养计划，“优才计划”旨在通过设立新技术、新进展、多元文化、国际视野等系列课程，创建“集中培训+在岗研修+小组互动+导师指导+基地访学+公益实践+成果展示”的多阶递进混合式学习研修模式，培养一批专业技能突出并具备综合管理能力的视光领域复合型人才，从而有效缓解国内视光与小儿眼科高水平人才不足的现状，助力国家青少年近视防控和视觉健康事业的发展。

【浙江省温州市瓯海区举办眼镜验光员、定配工培训班】 2022年9月13日，浙江省眼镜产业创新服务综合体与华商职业培训学校联合举办的瓯海区眼镜验光员、定配工培训开班仪式顺利举行。来自万润眼镜、爱肯眼镜、博瓯眼镜等眼镜企业的几十位在职员工参加了开班仪式和首次理论课程的学习。

此次眼镜验光员、定配工培训班历时2个月时间，涉及学习基础检查、屈光检查、验配角膜接触镜等内容，并对理论和技能操作考试合格者发放国家职业资格证书。

【重庆市“巴渝工匠”杯验光与配镜行业技能竞赛决赛举行】 为了促进重庆市眼镜行业从业者眼镜验配的理论知识及实操技能的提升，2022年9月28日上午，由重庆市商务委员会、重庆市总工会、重庆市妇女联合会、重庆市人力资源和社会保障局、共青团重庆市委主办，重庆市眼镜协会、重庆医药高等专科学校、重庆市金融财贸轻工纺织工会承办，重庆市职业技能鉴定指导中心作为督导单位，卡尔蔡氏光学（广州）有限公司独家冠名的“巴渝工匠”杯职业技能竞赛暨重庆市第六届“蔡司光学”验光与配镜行业技能竞赛职工组决赛，在重庆市眼镜协会职业技能实训基地拉开序幕。

本次大赛历时4个多月，得到了重庆市政府相关部门的高度重视和大力支持，也得到了全市眼镜企业、医疗单位及院校的积极响应。作为重庆市眼镜行业大赛，本项赛事覆盖范围广、比赛层次高、参赛选手多，并设立了严格的赛制制度，共分验光、定配两个工种进行技术考核，经过层层选拔、优中选优，共有160人（职工组90人，学生组70人）进入决赛。

【浙江省眼镜产业创新服务综合体开展数字化系统培训会】 2022年10月19日，浙江省眼镜产业创新服务综合体开展为期两天的数字化系统培训会，助力企业完善生产工作标准化，建立高效的工作协同体系。

培训会主要通过SaaS应用介绍、数字化系统的优缺点、企业案例等多方面展开，针对现阶段眼镜企业面临的生产进度不透明、生产操作不规范、账料不符库存乱等问题，SaaS应用可使工单进度更加透明化、实时化，可全局化掌控生产进度，使中小型制造企业无须配备IT方面的专业技术人员就能使用最新的工单管理系统，满足企业对信息管理的需求。

【湖南省长沙市举办“星城杯”首届眼视光职业技能竞赛】 2022年10月28日上午，长沙市“星城杯”首届眼视光职业技能竞赛在长沙卫生职业学院拉开帷幕。

本次竞赛由长沙市商务局、长沙市总工会、长沙市人力资源和社会保障局、长沙市工商业联合会、长沙市市场监督管理局、长沙市卫生健康委员会6个政府部门共同举办，长沙市眼镜商会、长沙卫生职业学院联合承办。

本次竞赛职业工种为眼镜验光员和眼镜定配工，参赛选手119人，其中：验光选手88人，定配选手31人；竞赛分为理论竞赛和实操竞赛两个部分，分初赛和决赛两个阶段进行。经过第一天的激烈角逐，有35名选手进入决赛。大赛竞技现场，选手们神情专注、沉着冷静、操作娴熟，以认真的态度、高超的技能，深刻诠释了长沙市眼视光行业专业匠心的工匠精神深刻内涵。

经过两天激烈的比拼，获得各职业工种竞赛个人总成绩第一名且符合相关条件的选手，由竞赛组委会向市总工会、市人社局申报分别授予

“长沙市五一劳动奖章”“长沙市技术能手”荣誉称号及各工种竞赛前三名的“长沙工匠”荣誉称号，并由长沙市眼镜商会推荐参加“第六届全省验光与配镜职业技能竞赛”的决赛。

【江苏金陵职业技术学校新校区启用】 2022年10月28日上午，江苏金陵职业技术学校新校区启动仪式在南京市秦淮区紫丹路1号白下高新设计产业园举行。南京眼镜协会会长刘海勇，荣誉会长蔡文朗，常务副会长肖绍静、蔡晓海、姜晓君、叶培冲、姚成等参加启动仪式。

江苏金陵职业技术学校校长、眼镜协会秘书长王云介绍了学校情况。江苏金陵职业技术学校迁入南京白下高新科技园新校区，将全面启动线上、线下融合式教学培训模式，积极探索“七天验光师培训计划”“五天配镜师培训计划”“眼视光技师系统培养方案”“视光服务专项技能定向培训方案”“视听一体化验配师培养规划”，以及“视光师学历提升方案”，为眼镜行业、视光服务业及助听器行业培养和训练更专、更精的高技能人才。

江苏金陵职业技术学校原名“江苏金陵眼镜职业技术学校”，是由著名验光师邓可立先生于1998年创办。2000年8月，正式经江苏省民政厅注册，江苏省劳动厅批准成立“江苏金陵眼镜职业技术学校”，是国内首家专业培训眼镜验配和助听器验配技能人才的职业学校。于2012年10月经江苏省人社厅、江苏省民政厅批准，正式更名为“江苏金陵职业技术学校”。

在24年职业技能培训办学过程中，学校始终坚持“以实践为重，培养技能型人才”的办学方针，突出“学以实为获，学以用为得”的教学宗旨。创办至今学校先后为国内外眼镜行业培养专业技术人员3万余人次，为眼镜行业培养输送了大批高技能技术经营骨干。办学经验和办学成果得到行业和省市各级政府的肯定，先后被授予“南京市高技能人才培训基地”、南京市“眼镜验光大师”工作室、南京市“眼镜定配工匠”工作室。

在新形势、新市场、新模式时代背景下，学校充分发挥自身技术和教学优势，积极开发综合职业能力培训模式和就业创业定向人才培养计划，为眼镜行业和视光产业的转型升级发展提供人才保障。同时，开发的眼视光远程技术支持服务系统，为一线技术人员和企业提供专家会诊及技术咨询服务赋能。

【《玻璃搪瓷与眼镜》期刊与天津职大联合打造眼视光职业教育改革试验阵地】 为进一步支持眼视光高职教育，推动眼视光职业教育的高质量发展，助力行业进步，2022年7月，《玻璃搪瓷与眼镜》期刊与天津职业大学眼视光工程学院联合打造眼视光职业教育改革试验阵地，设立“天津职业大学眼视光技术特色高水平专业群建设成果专栏”，由天津职业大学眼视光专业老师执笔，随《玻璃搪瓷与眼镜》（眼镜版）逢单月发行，每期计划发布2~3篇。天津职业大学眼视光工程学院作为我国眼视光高职教育的领头羊，将以专栏文章的形式，在《玻璃搪瓷与眼镜》期刊介绍高水平眼视光技术专业建设经验，与眼视光教育者同行、视光大健康行业产业交流共勉。

天津职业大学对接视光产业链，建设专业链。眼视光技术专业为视光领域的屈光检查、接触镜验配、近视防控等岗位提供技术与人才支撑；眼视光仪器技术专业为视光领域的仪器维护维修、使用指导、工艺提升等岗位提供技术与人才支撑；眼镜设计专业为视光领域的个性化眼镜设计、眼镜选型与搭配等岗位提供技术与人才支撑；镜片生产工艺方向为视光领域的镜片表面加工、表面处理、镜片生产、工艺改进等岗位提供技术与人才支撑；视觉训练与康复方向为视光领域的助视器验配、视觉康复、视功能训练等岗位提供技术与人才支撑。

【四川省广元市苍溪县“梨乡眼镜人”劳务品牌培训班开班】 2022年11月16日，区域特色劳务品牌“梨乡眼镜人”培训班在苍溪紫云工业园区帝奥眼镜厂举行开班仪式，这是苍溪县继“梨乡刀儿客”“梨乡嫂”培训班开班以后又一个顺利开班的区域特色劳务品牌培训班。来自县人社局、帝奥眼镜厂、广元长江职业培训学校及培训学员近60人参加开班仪式。

开班仪式上，县人社局党组成员、副局长李健向学员们详细介绍了“梨乡眼镜人”劳务品牌的建设由来，希望大家珍惜学习机会，认真钻研培训课程，做到学有所获，为全力打造“世界眼镜·苍溪制造”贡献青年农民工力量，助力县域经济发展再上新台阶。

【辽宁省举办眼镜验光员职业技能大赛】 2022年11月17—18日，辽宁省第一届职业技能大赛眼镜验光员赛项决赛在辽宁省沈阳市辽宁何氏医学院隆重开赛并取得圆满成功。

本届大赛由辽宁省人民政府主办，省人力资源和社会保障厅、省总工会和沈阳市人民政府承办。赛事以实操形式为主，从多角度、多层次对选手进行考核。为期两天的比赛紧张而有秩序，由13名裁判组成的裁判团队，秉承“公平、公正、公开”的原则为选手执裁。选手成绩当场核算，于显著位置面向全体选手和裁判进行成绩公示，无异议反馈后，再经过仲裁组、执委会、组委会的认定，成绩有效。在本次大赛眼镜验光员赛项决赛中，沈阳何氏眼科医院有限公司的冯莹莹获得冠军。

举办此次大赛是深入贯彻落实党的二十大报告“在全社会大力弘扬劳模精神、劳动精神、工匠精神”以及习近平总书记关于技能人才工作重要论述和考察辽宁时的重要讲话精神，通过此次竞赛，参赛选手们的各项技术水平将会有所提升，达到以赛促学、以赛促训、以赛促评、以赛促建的目的，培养出更多新时代技能报国的追梦人！

【江苏省丹阳市眼镜企业家进校园共商人才培养】 为推动丹阳眼镜行业发展，促进产教融合，全面推行校企协作、共同育才，2022年12月8日，由丹阳市司徒镇政府、丹阳市眼镜商会联合南京师范大学中北学院在中北学院正德楼会议室召开“丹阳企业家进校园——视光行业人才培养研讨交流会”。

南京师范大学中北学院院长常务副院长常青及部分学院领导、丹阳市司徒镇镇长朱国祥，丹阳市眼镜商会会长万新光学集团董事长汤龙保、丹阳市眼镜商会常务副会长明月镜片董事长谢公晚、江苏康美达光学眼镜有限公司董事长裘先富等11家眼镜企业负责人出席了研讨会。会议由南京师范大学中北学院党委书记李莉主持。

南京师范大学中北学院常务副院长常青首先对参加研讨会的商会、企业领导表示热烈欢迎，对长期以来支持学院人才培养的企业表达了衷心的感谢。常院长介绍了学校的办学规模、专业建设、学生的职业发展、校企合作现状等情况。他表示，学校将继续携手企业，完善校企合作的交流平台，带动产学研一体化建设、校企共管机制改革，共同为社会培养更多的高素质、高技能人才，实现学校、企业和学生的三方共赢。

丹阳市司徒镇镇长朱国祥对如何促进眼镜行业产教研深度融合提出了建议，希望丹阳眼镜行业与中北学院的校企融合，能在着力打造丹阳“智造名城　运河明珠”的高质量发展道路上携手奋进。

随后，围绕校企合作模式、校企合作定位等三方展开热烈交流讨论。各家企业负责人分别围绕企业发展战略、科技型人才需求、校企合作方向等内容进行交流发言，从行业发展视角、科技前沿视角、企业用人视角为学校创新人才培养出谋划策，共同探索校企合作育人新模式。

丹阳市眼镜商会会长汤龙保表示，眼镜产业是民生产业，也是光明的产业，眼视光未来的发展前景广阔，当前中国约14亿人口，只有近17万人从事眼视光行业，呈现出人才培养需求的迫切性。而我们眼视光行业需要的不仅是终端市场的视光专业人才，更需要产业生产和流通领域等专业的技术、管理、服务型高端人才。希望丹阳眼镜产业能和中北学院共同合作、共享资源，为眼镜产业的高质量发展作出贡献！

【江苏省镇江市举行传统特色眼镜产业眼镜制作大师评定活动】 2022年12月8日，镇江市传统特色产业眼镜制作大师评定活动在丹阳举行，活动旨在以赛促训，推动“丹阳眼镜”传统特色产业的传承和发展。16名精通眼镜配装加工、具备熟练的眼镜整形、校配以及目测对光能力且善于带徒授技的眼镜业工匠同台竞技，评出大师5名。大赛总评委、江苏金陵职业技术学校校长王云介绍，在“笔试+实操”的评审环节，需要选手用自己的工作经验和专业知识去分析、解答配镜过程中可能遇到的种种问题。

2023
CHINA
GLASSES
YEARBOOK

八

眼镜文化交流篇

（一）行业展会

【2022年意大利米兰国际光学眼镜展闭幕】 第50届意大利米兰国际光学眼镜展览会于2022年4月30日—5月2日在热情和乐观的气氛中顺利闭幕。来自45个国家和地区的660多家参展商参加了此次展会。展会开辟了5个展馆和8个展区，吸引了来自法国、美国、巴西、印度、伊朗、南非、阿联酋等50多个国家和地区的22000名观众参观。

50余家中国眼镜企业参加了此次展会，他们克服重重困难，在新冠疫情不断反复的情况下重返国际展会舞台。由于疫情的影响，中国的外贸企业实现了线下向线上的转变，无论是出于行业发展的需要，还是出于全球产品供给的需要，外贸企业都不得不做出一些新的尝试。很多参展商虽然无法到米兰实地参展，但是依然申请了“线上展会”以及“代参展”等模式，通过多渠道多手段促进国际贸易的开展。

【2022年德国慕尼黑国际光学眼镜展闭幕】 备受瞩目的德国慕尼黑国际光学眼镜展（OPTI 2022）于5月13—15日在慕尼黑展览中心圆满落幕。

德国慕尼黑光学眼镜展览会（OPTI）是光学眼镜及设计行业国际领先展，是欧洲三大眼镜博览会之一。展会吸引了来自25个国家和地区的368家展商580个品牌参展，71个国家和地区的13000多名观众亲临展会现场参观。19家中国参展商在展会现场闪亮登场，展示特色产品与实用案例。

与往届一样，OPTI 2022启用了德国慕尼黑展览中心C1至C4在内的4个展馆，呈现覆盖镜架、镜片、隐形眼镜、古董眼镜、视力矫正、验光、配饰配件、加工设备、零售店铺等全产业链的产品展示。其中，C1馆和C2馆展出授权品牌和制造商品牌的眼镜架产品，同时设立“YES独立设计区”和专为初创企业开辟的“opti BOXES”区域；C3展馆的镜架区域，由更多授权品牌和制造商品牌组成，还展示实体眼镜店的各类产品；C4展馆的重点是眼镜镜片、隐形眼镜和配件、屈光和诊断、IT和机器设备等。

12家初创企业角逐首届OPTI BOXAWARD，包括意大利眼镜博主Giulia De Martin在内的国际专家评审团评出大奖，最终来自柏林的独立眼镜品牌Leinz Eyewear摘得桂冠。

【温州德纳云会展与博观国际展览举行战略合作签约仪式】 2022年5月20日，温州德纳云会展有限公司与博观国际展览有限公司，在温州德纳云会展会议室举行战略合作签约仪式。双方将建立全面战略合作伙伴关系，充分发挥各自优势，资源共享，合作共赢。

博观国际展览有限公司服务国内眼镜企业参加国内外知名展会，有丰富的展商服务经验，多年来积累了大量外方资源，致力于帮助更多国内企业走向国际大舞台。温州国际眼镜展作为中国眼镜行业对外交流、商贸的重要平台，集聚国内大量外贸型眼镜相关企业，此次深度合作将开放资源到温州国际眼镜展（以下简称WOF），同时加强WOF在国际上的宣传，为实现高质量发展注入新的动力。

【2022温州国际眼镜展线上展（俄罗斯专场）成功举办】 2022年5月30日下午，2022 WOF温州国际眼镜展线上展（俄罗斯专场）开幕式在浙江温州德纳云会展有限公司会议室隆重举行。

“2022 WOF温州国际眼镜展线上展”是在温州国际眼镜展线下展的基础上，通过“眼镜在线”（noteoptics. com）平台举办的云展活动，继2021年成功举办线上展后，2022年以“跨越相连、云端淘镜”为主题打造系列专场活动，采取“眼镜现货商品、人民币报价、线上洽谈”等多样化的形式，及专题页展示和视频配对方式等渠道，深度开发区域资源，助力眼镜企业开辟俄罗斯市场。展会由温州德纳云会展有限公司承办，共2天时间，邀请20位俄罗斯采购商和30家国内供应商参与，深度开发区域资源，为我国眼镜及相关外贸供应商与外商搭建合作交流平台。

此次线上俄罗斯专场活动，通过数字化平台，视频配对，突破地域限制，向俄罗斯采购商全面展示瓯海眼镜行业综合实力和活力，为企业提供了非常好的机会和平台，对企业拓宽销售渠道大有裨益。

【温州国际眼镜展组委会与德国慕尼黑光学眼镜展览会达成合作】 2022年6月，温州国际眼镜展（WOF）组委会与德国慕尼黑光学眼镜展览会（OPTI）达成友好线上合作伙伴。

自2003年第一届展会举办以来，WOF已陪伴眼镜业内人士走过漫漫十九载，现已跻身国际四大眼镜专业贸易展之一，是具有专业化、品牌化、国际化的行业交流平台；展会将继续依托温州“中国眼镜生产基地”“国家外贸转型升级专业型示范基地”的优势，联结全国各地眼镜产业集群地和专业市场，吸引海内外专业眼镜人士参与展会，让行业从业者共享行业商机。

【2022温州国际眼镜展定制线上展（美洲专场）举行】 2022年7月1日，2022 WOF温州国际眼镜展定制线上展（美洲专场）在温州德纳云会展会议室开幕。温州市相关单位及协商会代表、眼镜行业企业家、美洲采购商以“线上+线下”形式汇聚一堂，共同探讨温州市眼镜行业如何促进与美洲各区域之间商贸交流。

2022 WOF温州国际眼镜展定制线上展（美洲专场）在温州市贸促会、温州市商务发展促进中心、瓯海区商务局指导下，由浙江省眼镜行业协会、上海德纳会展有限公司主办，温州市眼镜商会、温州德纳云会展有限公司承办。

本次专场活动以“跨越相连、云端淘镜”为主题，分为开幕式、线上展示和视频洽谈会3个部分，为期5天。

【粤港眼镜业洽谈交易会圆满举办】 2022年8月12日，粤港眼镜业界洽谈交易会于横岗君逸酒店圆满举行，此次洽谈会由香港中华眼镜制造厂商会主办，汇集了来自粤港两地的300多名眼镜业厂商代表。深圳市眼镜行业协会会长陈秋鹏、荣誉会长吴海英、名誉会长林泽燊等出席会议。

活动随着开幕剪彩仪式拉开了序幕，香港中华眼镜制造厂商会会长谢小雁致辞欢迎大家的到来。深圳市眼镜行业协会会长陈秋鹏发表讲话表示，粤港眼镜业是一家，双方的紧密联系促进了眼镜业经贸合作深化和优势资源互补，今后应该更紧密对接，共同寻找新的突破点。

随后，深圳市集美新材料股份有限公司、浙江宏达眼镜有限公司、东莞粤恒光学有限公司、铭机实业有限公司、启迈检验（深圳）有限公司等5位代表，通过问答交流的形式，针对当前眼镜人关心的热点形势问题进行探讨，共同寻找新思路。大家认为，面对当前疫情以及动荡的国际经济形势，眼镜企业对内要苦练“内功”，对外也要积极探索新的营销手段，抱团取暖，走数字化发展的道路。

会场有超过40家眼镜行业企业提供产品展示，并向来访厂商介绍企业产品的服务，涵盖零配件、板材、电镀、机械设备、检测机构、镜片、原料及涂料等板块。其中，深圳市集美新材料股份有限公司、金余塑胶制品有限公司、深圳市星鸿发眼镜框线科技有限公司、深圳市日东精功眼镜有限公司、深圳市三传光学科技有限公司、深圳市金艾科金属材料科技有限公司、深圳市众创立科技有限公司、佛山市埃科机器人科技有限公司、深圳市方元千色科技开发有限公司、深圳市晶联星科技有限公司等多家深圳市眼镜行业协会会员企业参加会议。

此次洽谈会的成功召开预示着眼镜行业未来的发展趋势，也是粤港两地眼镜业对于当前经济和市场态势的探索。接下来，“小而精”“专而齐”“快而灵”的新展会业态将会成为常态。由此，眼镜同仁更应抱团取暖，互通优势，以求取得更大的市场先机。

【第二十届温州国际眼镜展成功举办】 2022年11月3日，由浙江省眼镜行业协会、上海德纳会展有限公司主办，温州市眼镜商会、温州德纳云会展有限公司承办的第二十届温州国际眼镜展暨2022温州国际眼健康展（以下简称温州国际眼镜展）在温州国际会展中心拉开序幕。

为期3天的展会共设4个馆，约400家企业参展，涉及涵盖成镜、眼镜设备及仪器、电商产品、智能制造、视光健康、新材料和配件等全产业链展品，为眼镜企业提供了一个展示成果、技术升级、探讨行业热点、寻找商机的平台。

展会同期，第二届中国眼镜互联网大会、第三届中国（瓯海）眼镜小镇采购节同步开启。11月3日下午，来自各地的眼镜买家参观了眼镜小镇、品牌街、眼镜学生研学基地等，走访眼镜小镇客厅，助推眼镜小镇打开更大的消费市场。“百店齐播”直播带货活动，邀请了国内知名网红和直播带货达人入驻眼镜小镇，对眼镜小镇全体商家的各类产品进行了立体化展示，让更多的采购商和消费者在家就能参与采购节。

温州国际眼镜展线上定制展联合“眼镜在线”，继续推出跨境在线视频配对会，通过现场搭建跨空间地域、足不出户的出口业务交流平台，创造外贸新机遇。面对国内“直播+”新商机，开启“直播带货”模式，主播们通过多个渠道带货，线上火爆程度不亚于现场。“实体展会+直播带货”的活动形式，实现了线上线下的融合。

现场举办的中国十大互联网眼镜品牌“时尚新品发布秀”，通过走秀的形式为观展商呈现了一台美轮美奂、精彩绝伦的视觉盛宴，吸引了众多观展者驻足。

展会特设的眼镜设计展区，邀请国内外优秀独立设计师展出最新设计作品，通过新颖的主题作品搭配不同款式、材质、功能的设计，或张扬个性，或演绎一段故事，让人“镜”开眼界。

【2022厦门国际眼镜业展览会“镜”彩纷呈】 2022年11月24日，以“探索未知·镜无止境”为主题的2022厦门国际眼镜业展览会在福建省厦门国际会展中心顺利举办，展会为期3天，总展览面积5.5万平方米，逾800个知名眼镜品牌“镜”彩亮相。本届展会精心布局多元主题板块与活动，汇聚了行业知名品牌，是一次呈现品牌眼镜、镜架、镜片、仪器设备、配件、设计与美陈、生产、零售店加盟等眼镜全产业链的行业盛宴。

本届展会呈现了三大亮点：一是领军企业悉数亮相，多种功能镜片云集；二是视光生态链完整展示，原创设计有专区展示；三是配件及生产设备革新，多元活动赋能行业发展。

作为业内品牌传播、新品发布、市场开拓的重要渠道，厦门国际眼镜展与国内外领军眼镜企业长期维系着良好互动，是海内外品牌交流的重要平台。本届展会不仅汇聚暴龙、海伦凯勒、JEEP、派丽蒙、美格金顿、魅影、玉山等国内一线品牌，更将国际展区面积扩至近万平方米，邀约Luxottica、Safilo、DERIGO、Marchon、Marcolin、Icberlin等国际领军企业参展。眼镜产业链上，不论新晋力量还是头部品牌，都在此展示了年度新品与创新理念，共同解码眼镜品牌的新年潮流风向。此外，随着生活水平提高，消费者对眼镜的功能性提出了越来越高的要求，作为眼镜光学功能核心载体的镜片也在适应市场不断迭代升级。本届眼镜展，云集依视路、万新、豪雅、全真、格林视通、澳捷、艾普、来奇、虹泰等国内外镜片翘楚，为观众及业界展示不同材质、不同功能的太阳镜片与光学镜片，分享不同年龄人群及不同应用场景的个性化解决方案，携先进科技成果共筑视觉健康新未来。

本届眼镜展紧跟趋势，携手爱博诺德、拓普康、尼德克、佳能、鹰瞳、新视野、索维等知名视光品牌，从验光/眼科检测设备、视觉训练仪/系统、AI智能检测、角膜塑形镜、眼部护理产品、视光连锁机构、视光培训等领域不断扩展视光展区，为有转型需求的零售店、视光中心、民营眼科机构展示一条完整的视光生态链，并大力邀约眼科、验光业内行家，共同开启一场关于眼视光领域的探索之旅。此次眼镜展不仅是场品牌盛宴，也是场设计的狂欢。为加速设计力的有效转化，2022年不仅邀约“设计番”等业内知名原创设计师组织入驻，还特别开辟出设计展区，通过提供整体形象搭建，齐聚凌太、木酷、旭途、柏源、酷斯拉、得利、烨茂、红狼等眼镜新锐设计与独立品牌，打造高端开放的设计展示空间，聚拢更多有效商机，让更多的原创好设计在这里被看见。

从生产端到零售端，在成品完美呈现的背后，离不开原料、生产设备、配件、包装、美陈等的同步革新。本届展会吸引了青田弘基、三特、凯思特、光明、合胜鑫、瑞弗尔等来自丹阳、深圳、厦门、温州、鹰潭等几大眼镜产业基地的原料、配件与生产设备企业组团或独立参展，共同诠释细节领域上的创新，为行业展示整个产业链的全新风貌。本届眼镜展还聚焦时尚、设计、零售等行业热点，从美学设计、营销推广等角度，策划流行趋势发布、零售商高峰论坛、新镜势力秀、年度新品发布会等配套活动，广邀行业先行者，解读年度趋势，以前瞻之姿共创新“视”界。

展会上，中国时尚大奖中国最佳女装设计师、中国时尚大奖中国十佳时装设计师陈宇还结合潮流生活方式与最新的眼镜设计动向，从时装、饰品流行趋势发布与眼镜流行设计细节入手，对2023年太阳镜、光学镜的流行趋势进行了解读：从款式来看，经典全黑设计、复古猫眼设计、未来主义、方形大框、椭圆造型、面罩式设计、运动风潮、缩小型框架等风格将是2023年太阳镜的主要潮流；半结构、经典方形、经典猫眼、彩色金属、大廓形、运动型、未来感等框架款式将会成为2023年光学眼镜的潮流趋势。

【万新酷龄再登进博会展台，全方位提升老视视光体验】 2022年11月5—10日，在第五届中国国际进口博览会上，作为全球领先的视力保健和眼镜制造企业，依视路陆逊梯卡集团连续第五年参展进博会。其中，成人视机能管理区展出的酷龄成人渐进三合一解决方案，由集团法国实验室研发，并通过集团旗下万新眼镜在中国首发，这也是万新光学第二次登上进博会的舞台，再度吸引了来自全球的目光。

酷龄成人渐进三合一解决方案针对渐进验配过程中存在的“讲不清、测不准、难适应”的痛点，创新性配备渐进体验道具、SWIFIT数智化手机验配APP和酷龄系列渐进镜片，提供了更真实的顾客体验、更简化的验配流程和更优化的渐进镜片性能。

（二）公益活动

【杜同和理事长出席“6·6”全国爱眼日公益直播活动并致辞】 2022年6月6日，是第27个全国爱眼日，为了提升全民爱眼护眼意识，体现眼镜行业的责任与担当，积极发挥行业影响力，由中国眼镜协会、中国眼镜科技杂志社联合主办，中镜传媒（重庆）有限责任公司承办，以“关注眼健康 生活更精彩”为主题的全国爱眼日公益讲座圆满收官。

6月6日下午，“6·6”全国爱眼日公益讲座在中国眼镜协会视频号、《中国眼镜科技杂志》视频号、《中国眼镜科技杂志》官方微博及B站等平台进行同步直播，截至直播结束，累计获得了超过5万人次的观看量，点赞量10万以上，大量观众在线留言互动，收获了广泛的关注，产生了较为深远的影响力。

中国轻工业联合会副会长、中国眼镜协会理事长杜同和在开播致辞中指出，为了让国民主动关注眼健康，让爱眼护眼知识更具趣味性、实用性，此次爱眼日公益讲座旨在通过大众喜闻乐见的“直播”方式进行科普宣讲，让更多消费者了解科学护眼和验配知识，走出近视防控眼保健盲区，积极发挥行业影响力，为提升全民眼健康贡献绵薄之力。

来自眼科和视光领域的11位专家围绕眼病筛查及防治、青少年近视防控、视光产品与眼健康3个板块进行了精彩分享。

本次“6·6”全国爱眼日公益讲座，赢得数万人次的观看、点赞和互动评论。不少消费者留言表示，嘉宾们深入浅出的分享既具有极高的专业度又形象易懂，打开了爱眼护眼的知识之窗，强化认识了关于眼健康理念，为今后的验光、配镜、选购产品提供了指导。

此次讲座，还吸引了业内企业、从业者学习、观摩。讲座内容充实、专业，演讲嘉宾均是眼视光行业重量级的专家，实属一次难得的提升专业水平的好机会。

【依视路陆逊梯卡获第十一届公益节“2021年度责任品牌奖”】 2022年1月13日，第十一届中国公益节在上海隆重举行。依视路陆逊梯卡集团凭借其对企业社会责任的长期承诺和不懈追求，荣获“2021年度责任品牌奖”。依视路视力基金会聚焦偏远地区青少年近视防控而发起的“睛彩童年”青少年近视防控公益计划便是其中之一。

从2015年初开始，依视路视力基金会和“点亮眼睛”公益组织合作，共同在云南省开展视力健康公益计划，从云南省最偏远的地区开始，为1200多名义务教育阶段的中小学生开展视力健康促进项目，逐一解决乡村学生配镜难的问题。2020年9月，依视路视力基金会联合普瑞公益基金会以及西藏日喀则地区政府有关部门、上海对口支援江孜工作小组共同在江孜县开展眼健康公益活动，为江孜全县19个乡镇的2822名中小学生提供包括医学验光、电脑验光、插片验光、眼轴测量、眼压眼底等检查，预警视力不良问题等服务。2018年起，依视路视力基金会开始关注高原地区儿童青少年的视力健康，在青海省的三江源地区开展“睛彩童年”公益项目。四年来，“睛彩童年”已在青海省玉树地区为6000多名藏区儿童青少年进行爱眼、护眼知识科普，并开展视力筛查活动，累计公益配镜近2000副。同时捐赠了5000副儿童太阳镜，为当地儿童提供高原视力防护。2017年3月，依视路视力基金会联合山西省兴县人民政府、中国对外友好协会共同发起兴县青少年视觉健康公益项目，历时一年零两个月，覆盖兴县全部41所中小学。截至2021年12月，“睛彩童年”青少年近视防控公益计划已在全国27个省市自治区落地实施，为学生、家长和老师举办爱眼护眼公益讲座超过1500场，为近260万名儿童青少年提供视力筛查，并为其中超过20万名家庭困难学生捐赠公益眼镜。

秉持着帮助人们“见深行远”的企业使命，依视路陆逊梯卡集团将可持续发展纳入公司业务核心，并推出了全新的Eyes on the Plant可持续发展战略，着眼于碳、循环、全球视力健康、包容性和道德等五大重点领域，以更具体的行动支持《联合国2030年可持续发展议程》。其中，在改善全球视力方面，集团提出了在2050年实现“在一代人的时间内消除不良视力”的宏伟愿景，以应对未矫正的不良视力这一世界上最广泛存在却未被重视的健康问题。

【厦门眼镜行业开展“牵手·共献”2022公益献血活动】 2022年1月13日上午，“牵手·共献2022厦门眼镜行业公益献血活动—立扬、冠宜专场”在厦门立扬光学科技有限公司开展，职工们踊跃参与此次公益献血，他们中有第一次献血的“小年轻”，也有坚持献血多年的“老战士”。大家纷纷表示，无偿献血是公民应尽的义务，希望能通过自己的血液，点燃更多人生命的希望，用自己的行动为社会奉献一份爱心。

【丹阳市眼镜商会向陕西渭南富平捐赠防疫物资】 2022年1月19日，“富丹一家，共抗疫情”陕西富平抗疫物资捐赠仪式在市场监督管理局举行。本次共募集了一次性医用口罩111000只，防护服200套、N95口罩4000只，防护面罩及护目镜1620副。其中，来自丹阳市眼镜商会的江苏优立光学眼镜有限公司、丹阳市双成超细纤维制品有限公司、丹阳年轻态眼镜有限公司、上海驰豪光学有限公司共计捐赠了一次性医用口罩1万只、KN95口罩2000只以及护目镜820副。

【浙江瓯海眼镜企业开展帮扶慰问活动】 2022年1月19日，浙江温州瓯海区眼镜行业协会会长周爱松、协会党委书记林建平带领8家企业老总，到温州市泽雅镇周岙村开展以“镜享全球行善事，回报社会促共富”为主题的帮扶慰问活动，受到了周岙村党支部书记、村委会主任周伯申等班子成员的热情接待。

本次活动自协会发出帮扶、慰问号召后，得到了通达光学、蔚蓝眼镜、柏康眼镜、东田眼镜、益泰眼镜等17家会员企业的积极响应，并相继打进了瓯海慈善总会（眼镜专户）账户10000元与1000元不等金额，为周岙村饮用水管道建设资助30000元，为该村一级肢体残疾、年迈多病、孤寡老人、老党员、退役军人等40名生活困难群众发放32000元慰问金。

【四川爱眼公益行动进校园，助力青少年近视防控】 2022年1月，四川大学华西医院营山医院医疗志愿服务队携手医+镜眼科来到南充市营山县希望初级中学，开展了“青少年近视防护”公益行动。活动现场，医护人员用专业检测设备为全校学生免费检测视力，为他们建立了完善的“青少年眼睛及视力健康档案”，并将实施长期的跟踪服务。志愿者们为同学们发放保护视力的知识手册，指导他们呵护好自己的眼睛，拥有一个光明而健康的未来。

“青少年近视防护”公益行动由南充市营山县教科体局和四川大学华西医院营山医院联合开展，已为营山县多所中小学校提供了青少年视力普查服务，旨在全面摸清全县中小学生近视情况，建立学生视力健康档案，切实做好营山县青少年近视防控工作。

【“春蕾计划——梦想未来”废旧眼镜回收大型公益行动在山西启动】 2022年1月11日，山西大同市妇联、平城区妇联与亨得利眼镜、极目眼科、阳光公益共同发起了为期20天的“春蕾计划——梦想未来”废旧眼镜回收大型环保公益行动。

本次活动旨在广泛动员并协调社会各界爱心力量，帮助孤困女童解决生活及学习中的实际困难，为春蕾女童送去爱心与关怀，为眼疾家庭送去福音。

看似简单的活动，却蕴含着无限深意。第一，倡导广大家庭节约资源，最大化地利用闲置资源进行废物回收再利用；第二，呼吁家长做好监督，合理安排孩子使用电子产品的时间，劳逸结合，科学用眼，降低近视的发生；第三，每回收1副旧眼镜，便向山西省妇女儿童发展基金会捐款2元，向阳光公益捐款1元；第四，所捐款项将通过大同市妇联、平城区妇联和“阳光帮助”送到真正有需求的人手里；第五，为了更好地保护环境和让更多的市民参与到此次爱心行动中来，亨得利眼镜店根据市民废旧眼镜的完整度和质量进行20元以上的有价回收，也就是说市民献出的不仅仅是一份关怀孤困学生和眼疾儿童的爱心，同时还有物质的回报。

【苏陕协作乡村振兴，路上护你“瞳”行】 2020年4月，习近平总书记在陕西安康平利县老县镇中心小学考察调研时指出，“现在孩子普遍眼镜化，这是我的隐忧”。江苏省丹阳市委、市政府牢记习近平总书记的嘱托，加强与陕西富平县的合作，通过积极动员社会各界力量，发挥公益活动聚合效应，并肩同行，持续推进“护你瞳行”计划，努力打造东西部协作社会帮扶新典范。丹阳市眼镜商会及眼镜行业爱心企业已连续三年结合自身产业特点投身于“护你瞳行”计划，开展各类专项捐赠活动，助力富平教育事业及眼视光健康发展。

一是构筑护眼平台，促进近视防控。丹阳眼镜商会多措并举推进综合防控儿童青少年近视，即贯彻预防为主的健康策略，持续为富平县曹村中学1500余名学生进行全体视力大筛查，免费为学生验配青少年儿童架680副。联合中华少年儿童慈善救助基金开展青少年“护瞳行动”，在宫里镇宫里学校、庄里镇觅子小学捐赠了2个“爱眼小屋”以及太阳镜、老花镜、变色镜片、护目贴、洗眼液、青少年儿童镜架、加工物流等物资，开展预防近视视觉训练，有效呵护青少年视力健康。同时，筹集商会资金为曹村中学添置羽毛球拍100副、羽毛球96只、篮球30只、足球10只、跳绳100根，鼓励青少年参加户外体育运动。

二是聚力慈善平台，促进公益事业。丹阳眼镜商会筹集63200元在学校设立“丹阳眼镜商会图书角”，并提供了200本护眼书籍，为学生们提供了更多优质课外图书，以阅读点亮乡村孩子们的梦想。积极关注富平户外工作者的视力健康，赴交警中队等部门开展“护瞳行动”，捐赠价值17万元的太阳镜，为户外工作者免费验配眼镜200余副。时刻关心弱势群体的视力健康，赴富平敬老院、宫里镇、庄里镇开展老年人“护瞳行动”，累计捐赠老花镜1000余副，并赠送护目贴和洗眼液，为当地的老人送去人文关怀和温暖。为持续关爱弱势群体的视力健康，在富平雪亮眼镜设立“丹阳眼镜商会”爱心专柜，免费为弱势群体开展视力筛查和验配服务。疫情期间，丹阳市眼镜商会群策群力，利用各方资源组织采购护目镜，向陕西省渭南市富平县民政局邮寄了护目镜500余副。2022年1月19日，举行“富丹一家，共抗疫情”陕西富平抗疫物资捐赠仪式，为防疫人员捐赠护目镜1320副，口罩12000只，携手富平打赢防疫阻击战。

三是提供就业平台，促进劳务协作。为帮助更多富平人员就业，商会联合丹阳市和富平县人社部门，举办了首次跨省“春风送岗　暖心就业”苏陕劳务协作（眼镜行业专场）直播招聘会，直播带岗不仅打破了线下招聘活动的地域和时间限制，给求职者提供了更多选择的方向和空间，还为求职群体和企业搭建了线上沟通的“云端桥梁”，活动共有万新光学、丹耀光学股份、江苏奥天光学有限公司等24家市眼镜行业企业参与，提供99个职业面向1000余人。同时，商会积极组织万新光学、海昌隐形眼镜等重点企业参加苏陕劳务协作“云端送岗、职通丹阳”等系列活动。

四是搭建招引平台，促进产业融合。丹阳眼镜商会拥有会员企业313家，涉及镜片、镜架和电子商务企业，商会拥有“丹阳眼镜”区域名牌，是“国标委团体标准试点单位”，全国“四好”商会，建有江苏省跨境电商产业园。为加强苏陕产业融合，商会积极组织眼镜企业赴富平调研考察，赴中冶陕压“PMC”项目寻求镜架镀膜的合作空间，搭建两地企业合作“桥梁”。丹阳积极帮助陕西挂职干部开展项目招引，主动介绍项目源，推介富平县情和营商环境，尤其重点推介富丹产业园。同时，商会借助信息资源优势，积极帮助陕西眼镜企业拓宽渠道，打通采购的最优环节，全力推进苏陕产业融合共赢。

近年来，丹阳眼镜商会和富平县友好交流的传统一直在持续，眼镜商会热心社会慈善公益事业的社会责任与担当，彰显了民营企业回报社会作贡献的良好风采。每一次的捐赠活动，既传递了温暖、帮出了深情、结出了硕果，又为苏陕协作增添了新动能，进一步增进了丹阳与富平两地友好交往的情谊。

【南京开展“亮眼护瞳”公益活动】 2022年1月，由南京市委组织部牵头、南京市卫健委领导，南京市儿童医院和高淳区教育局共同承办的城乡结对医疗公益性帮扶的“亮眼护瞳”行动在高淳区第一中学正式启动。南京医科大学附属儿童医院眼科主任、主任医师陈志钧介绍，该项活动为25000多名学生进行了视力筛查和建档。

“亮眼护瞳”行动是由南京市委组织部和南京市卫生健康委发起，做好南京市委关于助力高淳区高质量发展的有关部署的一项服务基层的公益筛查活动，具体是由南京市儿童医院的眼科及其医联体相关成员单位共同组织进行。

该项目中不仅高淳区的学生参加了公益筛查活动，市区的南京外国语学校、凤凰花园城小学等学校的学生也进行了一次视力筛查和建档。此外，“亮眼护瞳”行动还覆盖到了南京的周边地区，如安徽省的和县、泗县等地，并派人进行了专门的义诊和筛查。

【山东齐鲁眼镜开展青少年眼健康普查公益活动】 2021年以来，山东夏津齐鲁眼镜联合9所学校开展了青少年眼健康普查公益活动。齐鲁眼镜自1998年成立以来，一直倡导“好眼镜　便宜卖”，深受夏津人民的喜爱，齐鲁眼镜作为夏津人民心中的“老一辈企业”，每年都会组织爱眼公益活动。青少年眼健康普查公益活动分为眼镜保养维护和眼健康普查两个部分，旨在引导青少年正确用眼，少看电脑、手机，增加爱眼护眼知识；眼健康普查包括视力表、电脑验光、眼镜保养以及镜盒免费换新等4个项目。

【“红十字爱眼护眼工程”云南站启动，10万学生受益】 2022年1月23日，“红十字爱眼护眼工程”云南站在昆明正式启动，计划为云南省11个州市、47个区县、170所学校学生提供包含眼健康检查、公益配镜、眼病救助等内容的科普宣讲，覆盖学生10万余人。

中国红十字基金会赈灾发展部副部长廖玲通过视频表示，中国红十字基金会受中国红十字会总会委托负责项目落地实施。在云南，得到云南省红十字会和爱尔眼科医疗服务队的支持。希望通过项目的实施，让云南中小学学生切实受益，降低近视发病率，保护青少年眼健康。

【贵州普瑞眼科走进易地扶贫搬迁点开展慰问】 2022年1月26日，为及时传递妇联和社会的关爱，贵州省遵义市余庆县妇联联合贵州普瑞眼科医院走进余庆县易地扶贫搬迁点积善社区，开展“我为群众办实事、走基层、送温暖”活动，为部分低收入的民众带来了粮油等生活物资。

本次慰问是贵州省“梦想光明行”活动的一部分。在贵州省妇联和贵州省妇女儿童发展基金会的指导下，贵州普瑞眼科医院“梦想光明行”医疗专家组在2021年，赴贵州全省9个市州的20个县开展“梦想光明行”眼健康公益活动，先后开展了9场讲座，举办了48场义诊，受益民众3198人次。“梦想光明行”眼健康公益活动对贵州家庭困难的8名群众，进行了免费救治手术。

【兰州科达眼镜举办大型公益护眼科普活动】 在青少年近视高发的严峻形势下，兰州科达眼镜对青少年视力给予了重点关注。三十余年专业连锁配镜“金城老字号”，联合卡尔蔡司镜片、豪雅光学及罗敦司得镜片等国际知名镜片品牌，于2022年寒假隆重回归，举办大型护眼科普互动及体验活动，为儿童青少年视力健康发声，守护心灵的窗口。

本次大型公益活动于2022年1月21日起正式展开。活动范围涉及全市10家科达眼镜门店，以科普视力保护知识、专家坐诊公益复查视力情况、专业眼睛视力检查等主要活动形式，为青少年营造良好的爱眼护眼氛围，帮助实现视力矫正，阻止不良眼疾病恶化，提高群众对近视、弱视等常见眼疾病的认知与重视程度。

【点进光学向北京2022冬奥会和冬残奥会捐

赠保障物资】 北京冬奥会前夕，由江苏点进光学眼镜有限公司向北京建筑大学、北京化工大学2022冬奥会和冬残奥会志愿者捐赠的600副护目镜、1000套防雾镜布在内的服务保障物资已稳妥送达并移交使用。

本次捐赠的护目镜全部是由点进光学特约定制的新型多功能护目镜，具备良好的抗冲击、防飞溅、防风沙、防雾等性能，可以为志愿者们提供有效的安全防护、减免后顾之忧，帮助他们更安心地进行工作。

自2010年成立以来，点进光学始终坚持“以科技和创新带给人类更光明的未来”为使命，专注于功能性镜片的研发、生产与销售，致力于走服务化、品牌化发展道路，从当初的10个人、3个产品、3个市场、30个客户，发展到如今的完整产业体系、10大系列60余款产品、5000余家涵盖全国市场的客户，一路走来收获颇丰。

【湘潭爱尔眼科医院为福利院儿童提供公益服务】 2022年2月10日，湘潭爱尔眼科医院积极履行社会责任，关爱社会弱势群体，为湘潭市社会（儿童）福利院的5名学龄儿童进行全套眼科检查。检查内容包括青少年近视预测、儿童斜弱视检查、双眼视功能检查等，帮助福利院的工作人员和孩子自身对眼健康有一个全面的认识。

在本次公益检查中发现，有一些孩子有先天眼病，还有一些患有近视、远视，湘潭爱尔眼科医院为这些孩子提供了专业且温馨的医疗服务，对于有配镜需求的孩子进行捐赠，保护他们的小小“视”界。

湘潭爱尔眼科医院始终秉承“责任、协作、创新、奉献”的精神，积极参与各项社会慈善公益事业，凝心聚力，践行“使所有人，无论贫穷富裕，都享有眼健康的权利”的爱尔使命。湘潭爱尔眼科医院致力于投身社会公益和帮助弱势群体参与共建和谐社会，传递责任与爱，让更多孩子拥有光明的未来和幸福的生活。

【“睛”彩世界——瓯海区元宵主题公益活动顺利举办】 2022年2月15日，温州市冠豪眼镜党支部参与瓯海区开展的“文明迎亚运·暖心促共富”百场服务惠万民启动仪式暨元宵主题活动，以实际行动为社会服务，欢庆元宵节。

活动在喜庆热闹的群舞表演《新年乐淘淘》中拉开帷幕。现场，瓯海区文明实践中心与17支爱心团队、4家单位结成服务联盟（共建基地），共同探索建立志愿服务精准触达机制，构建瓯海中心区域“15分钟文明实践服务圈”。党的十九大代表、区关工委主任宋玲华还为在场的学生带来别开生面的开学第一课——《请党放心，强国有我》。

【2022瑞之路（厦门）眼镜科技有限公司公益捐赠】 2022年2月16日，为积极响应厦门市委宣传部组织的2022年文化科技卫生“三下乡”服务，瑞之路眼镜联合市科技局为同安区五显镇村民提供验光服务和科学用眼咨询服务，向村民科普爱眼护眼知识并送来了惠民大礼包，捐赠了具有瑞之路自主知识产权专利的防蓝光老花镜100副，旨在帮村民创造一个更高清、更舒适、更安全的视觉环境，真正用爱心行动助力“乡村振兴”，用热情服务实现“惠民零距离”。

参加此次活动的有市科技局（市产业技术研究院、市科技信息研究院、省亚热带植物研究所、厦门华侨亚热带植物引种园、市老科学技术工作者协会）、瑞之路公司、曙光救援队等社会各界爱心人士。

【上海眼镜协会举行援疆物资捐赠仪式】 2022年2月28日，上海市眼镜行业协会、上海市慈善基金会、上海京鸿光学眼镜有限公司、上海静安区心灵导航心理咨询服务中心向新疆公安英烈基金会捐赠一批眼镜，用于慰问帮助新疆公安机关基层一线公安民警，共计425副川久保玲太阳镜，价值20万余元。

长期以来，面对严峻复杂的反恐维稳形势，新疆公安机关广大民辅警忠实履职，忠诚奉献，守卫祖国的西北边陲，捍卫着国家安全和社会大局稳定。上海市眼镜行业协会将一如既往地关心和支持新疆公安工作和慈善事业，合力推动反恐维稳中心工作再上新台阶，为维护国家政治安全和社会大局稳定再立新功。

【兰州华厦眼科医院为会宁困难学生免费配送眼镜】 2022年3月5日下午，甘肃省慈善总会大慈助学基金·会宁县慈善会·兰州华厦眼科医院——“助飞梦想　视力健康公益计划”会宁一中爱心眼镜发放仪式在会宁一中举行。会宁县慈善会、会宁县教育局有关领导参加活动。

兰州华厦眼科医院自建院以来，一直致力于捐资助学爱心公益事业，连续三年为师生捐赠眼镜，不仅送来了物质上的无私援助，还鼓励他们爱护视力、快乐学习、健康成长，在学子们心中种下了一颗慈善的种子，馈赠了精神财富。

此次联合兰州华厦眼科医院开展免费眼部体检及眼镜赠送活动，旨在通过一系列的爱心之举进一步帮助学子茁壮成长、完成学业。此次赠送的每一副公益眼镜的发放都要经过初步检查、综合验光等一系列眼部检查，根据每个人的眼部条件由兰州华厦眼科医院专业医师验配制作。

【湖南衡南启动“同心向未来　爱眼护眼健康行”公益活动】 为了增强学生爱眼护眼意识，普及科学用眼知识，2022 年 3 月 10 日，致公党衡南工委、政协致公界别委员工作室和衡南仁同慧光眼科医院共同主办的“同心向未来　爱眼护眼健康行”公益讲座活动在衡南一中启动。

为给青少年普及科学用眼知识，让孩子们了解自己的眼部健康状况，本次活动中，湖南仁同慧光集团董事长、博士研究生、国家一级高级验光技师张家鼎为学生们上了一堂生动的青少年爱眼健康知识讲座课，并给学生们免费开展眼科体检，眼病初筛，建立眼健康档案。通过专家咨询、视力检测、集体眼保健操等互动体验活动，学生们进一步加深了对正确用眼和预防近视的认识。

该活动持续到 7 月上旬，在县内 10 余所中小学进行公益讲座，除开展常规的眼部检查、建立视力健康档案等项目外，还将为需要援助的学生免费验配近视眼镜。

【广州爱尔眼科医院举行关爱退役军人眼健康公益活动】 2022 年 3 月 15 日，广东省广州市荔湾区退役军人事务局联合暨南大学附属广州市爱尔眼科医院分别在荔湾区冲口街道和花都炭步镇开展“红棉力量·同守护光明”关爱退役军人眼健康志愿公益活动。

广州市户籍 50 岁（含 50 岁）以上的退役军人凭相关退役证明，可到广州市镇街（村、社区）退役军人服务站点申请白内障、翳肉检查及手术等救助申请。参与公益活动的眼科医院将为符合条件的退役军人提供免费眼健康基础检查、设置专属绿色通道、专人跟诊服务。检查后，经患者同意，需要白内障、翳肉手术的，进行眼手术治疗。手术费用除医保报销外，自付部分由捐赠公益基金的专项费用资助。

广州市退役军人事务局权益维护中心，区退役军人事务局，街道办事处，区退役军人服务中心，暨南大学附属广州爱尔眼科医院领导及工作人员均到荔湾区参加了活动。启动仪式后，广州爱尔眼科医院筛查队伍为退役军人及其亲属举办了眼健康科普讲座和义诊。

【厦门眼科中心全病种公益救助项目正式启动】 眼睛是心灵之窗，眼健康是国民健康的重要组成部分，也是反映人民群众健康和幸福指标的一面镜子。为落实深化“爱心厦门”行动及内涵，提升人民群众的获得感、幸福感、安全感，满足普遍、多样的眼健康需求，2022 年 3 月 21 日至 12 月 31 日，厦门眼科中心暖心启动 2022 年“看见幸福”眼健康爱心公益项目。

聚焦弱势群体及重点眼病的困难救治，凡符合条件的患者均可申请专项爱心公益补助，凡福建省内（厦门户籍优先）患有眼科疾病且经济困难的居民，均可申请“看见幸福”专项爱心公益补助。

【丹阳市眼镜商会捐赠物资支援防疫工作】 2022 年 3 月 22 日，丹阳市工商联联合丹阳市眼镜商会、丹阳市电子商务商会积极为抗疫一线的公安人士筹措防疫物资（防护服 2 箱 80 件、口罩 7 箱 1 万只），为做好一线防控工作注入了一点绵薄的能量。3 月 22 日，丹阳市眼镜商会为坚守在丹阳与常州交界处的访仙镇池塘村民委员会防疫工作人员送去物资（捐赠口罩 5000 只），尽一点点心意。同时，丹阳市眼镜商会副会长单位——江苏优立光学眼镜有限公司对商会及市政防疫工作给予了大力支持。

随着新一轮新冠疫情的暴发，政府关于防控防疫的要求更加严格，丹阳市防疫工作的不断下沉，奋战在抗疫一线的工作人员面临着巨大的压力。了解情况后，丹阳市眼镜商会秘书处第一时间在丹阳市眼镜行业内发起号召，用捐赠物资的方式向抗疫一线的工作人员送上一份温暖。

2022 年 3 月 24 日，丹阳市眼镜商会青委会召开 2022 年第一季管理层会议，商会秘书长袁红锦提到了最近丹阳市防疫工作紧迫，引起了参会青委会成员的共鸣，随即展开捐赠行动。青委会一行向丹阳开发区抗疫指挥部捐赠矿泉水、方便面、八宝粥等慰问物资。3 月 24 日下午，在丹阳市眼镜商会秘书长袁红锦、丹阳市眼镜商会青委会主任张茳的带领下，青委会管理层一行人又赶到司徒镇西部（屯甸）防疫执勤点，送上了矿泉水、方便面、八宝粥等慰问物资，给抗疫一线的工作人员鼓了一把劲。

【四川省眼镜商会荣获成都市关心下一代 2021 年度先进单位】 2022 年 3 月 24 日，四川省眼镜商会作为成都市关心下一代基金会常务理事单位，参加了成都市关心下一代基金会第二届理事会第四次会议。

会上，基金会相关领导对眼镜商会利用行业整体优势，长期致力于爱眼护眼公益活动，给予充分肯定，并高度评价商会积极履行社会责任，组织会员单位在 2021 年赴凉山州昭觉中学、民族中学、喜德中学、向荣中学开展视觉关爱公益活动。商会还专门编印了《四川省眼镜商会 2021 年捐赠公益慈善项目》专辑。

成都市关心下一代基金会常务理事、眼镜商会秘书长彭良在发言中表示，我们要继续发挥行业整体优势，积极引导广大会员单位履行社会责任。

商会将争取在 2022 年 5 月上旬组织会员单位，在凉山州木里县、盐源县开展 2022 年“留守、特殊困难儿童视觉关爱”公益活动。眼镜商会将一如既往，把公益慈善事业坚持做下去。

【云南文山艾维眼科启动“寻找美丽眼睛”系列公益活动】 2022 年 3 月 26 日，为了更好地守护文山父老光明清晰的“视界”，2022 年文山艾维眼科医院“寻找美丽眼睛”主题公益活动正式启动。本次“寻找美丽眼睛”公益活动分为 5 个主题板块：持续贯彻“热血铸军魂 · 爱眼助从戎”及退伍退役军人关爱计划，成立爱眼护眼志愿队，打造青少年近视防控科普基地，启动“擦亮双眼守边疆”活动，打造“你是我的一束光”光明行。

该活动旨在通过“寻找”，推动文山地区防盲治盲、青少年近视防控、全民眼健康等公益事业发展，帮助那些因为眼部问题而影响追逐梦想的人，为他们在圆梦的道路上助力，为广大眼病患者普及健康知识、提供眼健康诊疗服务，努力解决患者的眼疾困扰和实际经济困难，为他们送去光明和清晰。

【“关爱乡村少年眼健康计划”公益项目帮扶云南省保山市 18 所乡村学校】 2022 年 3 月，由中国红十字会总会发起，在省、区红十字会的监督指导下，保山艾维眼科医院承担推进“关爱乡村少年眼健康计划”公益项目进校园活动。整个项目在保山地区将覆盖保山一县级市一区三县、遍及 18 所乡村学校、帮扶 1 万多名学生。

保山艾维眼科医院已走进隆阳区老营中心小学开展青少年近视、致盲性眼病筛查，该校学生人数 702 人，实际检查 692 人，筛查出屈光不正 183 人（轻度视力不良 110 人、中度视力不良 123 人、重度视力不良 150 人）、斜视 5 人、角膜病 1 人、眼外伤 1 人，医院现已根据筛查结果制定指导意见及救助方案。据了解，2021 年 5 月，教育部等 15 部门联合印发《儿童青少年近视防控光明行动工作方案（2021—2025 年）》，要求开展减轻学生学业负担、强化户外活动和体育锻炼、科学规范使用电子产品等 8 个专项行动，确保到 2025 年每年持续降低儿童青少年近视率，到 2030 年实现中国儿童青少年视力健康整体水平显著提升。此次“光明行动”将开展 8 个专项行动，包括引导学生自觉爱眼护眼、科学规范使用电子产品、落实视力健康监测、改善学生视觉环境、提升专业指导和矫正质量等。

中国红十字会总会发起“红十字爱眼护眼工程”项目，并在其下设立“关爱乡村少年眼健康计划”公益项目，该爱眼工程首年计划为全国 11 个省市自治区 457 所平安智慧小学的约 29 万名学生提供眼健康相关服务。项目主要开展眼健康检查建档、眼健康科普宣教、验配公益眼镜、贫困眼病救助等活动，从“预防”“检查”“矫正”等多维度助力儿童青少年近视防控工作。

【山东姜玉坤眼镜与逆行者同行支援抗疫】 2022 年 4 月 1 日，“为奉献者奉献”关爱疫情防控一线工作者爱心物资发放活动在山东省淄博市中心医院西院区举办。团市委、市卫生健康委、市中心医院有关领导参加了本次发放活动，并看望慰问市中心医院急诊科医护人员。

物资有价，爱心无价，在一线人员艰苦奋战之时，姜玉坤眼镜充分发挥自身专业优势做疫情防控一线工作者最坚实的后盾，先后协调上海、南京、济南的相关物资，克服了重重困难，最终将医护人员需要的防雾剂、隐形眼镜运抵淄博，尽己之力守望相助，同舟共济，为奉献者奉献，与逆行者同行。

【云南大理爱尔眼科医院开展“关爱全民眼健康”志愿服务活动】 为普及爱眼护眼知识，提高大理市民的眼健康保护意识，关爱全民眼健康，2022 年 4 月 9 日，大理爱尔眼科医院志愿服务队到绿玉公园开展大理市 2022 年“关爱全民眼健康”医疗志愿服务活动。

大理爱尔眼科医院自建院以来，一直积极践行“奉献、友爱、互助、进步”的志愿者精神，大力开展帮扶弱势群体、积极参加公益活动、组织为民便民服务等志愿者活动，以优良的医疗质量、人性化的服务，为广大患者提供卓越的眼科医疗服务。今后，大理爱尔眼科医院将进一步践行“我为群众办实事”实践活动，持续为群众提供更加优质、高效、贴心的眼健康服务。

【浙江温州瓯海区眼镜行业协会开展公益“视力筛查”校园行活动】 “打好疫情防控阻击战，助力‘视力筛查’眼健康。”2022 年 4 月 18 日开始，历时两周，瓯海区眼镜行业协会组织中国（瓯海）眼镜小镇商家联盟成员单位技术骨干及协会志愿者服务队，连续奔赴娄桥二小、瞿溪一小、南白象中学、河庄小学、瓯海区外国语学校南校等多家学校，开展“视力筛查”校园行活动。

这次眼镜协会组织了中国（瓯海）眼镜小镇商家联盟成员通达视光、冠豪眼镜、瓯海眼科、欧锐眼镜、康明眼镜、瓯海眼镜品牌馆、镜来看看、瑞百丽及瓯海华商培训学校、瓯海职专集团等单位专业人员和志愿者为相关学校 8000 多名学生提供服务，在视力检测中，专业人员还及时为学生提示如何注意视力保护，并为其发放近 10000 份的眼健康宣传资料，传播眼健康知识。

【陕西西安三优眼镜公益眼健康科普馆开馆】 2022 年 4 月 23 日上午，西安三优眼镜投资 300 余万元，历经 5 个多月精心设计，高标准建成的西安市首家公益眼健康科普馆开馆仪式在三优眼镜凤城八路店隆重举行。

眼健康科普馆的建立，开启了儿童青少年近视防控教育新模式，并为每一位儿童青少年建立视觉健康发育档案，提出青少年近视防控医学化体系，监控视觉发育，预防视力变化，目前已有多位顾客参与该计划。科普馆常年开展近视防控公益讲座，联合社会公益力量积极开展青少年近视防控的科普与宣传。

【宁夏银川明慈眼科医院“关爱眼健康公益救助项目”启动】 2022 年 4 月 23 日，为积极响应“十四五”全国眼健康工作规划的国家发展战略，帮助更多经济困难，就医困难的眼病患者摆脱白内障、糖尿病视网膜病变、黄斑变性、青光眼等常见致盲眼病的困扰，由宁夏国良慈善基金会联合银川明慈眼科医院共同发起“关爱眼健康公益救助项目”，为银川市范围内的残疾人、建档立卡户、烈属困难家庭、困难老党员、困难乡村干部中的眼疾患者提供眼病救治援助。

【丹阳市眼镜商会开展视力筛查公益活动】 2022 年 4 月 29 日，丹阳眼镜商会联合“丹阳新镜汇”走进司徒中心小学，为近 900 名小学生提供视力筛查。丹阳市新的社会阶层人士眼镜智汇社（以下简称新镜汇，包括吴良材、君临、钱富林、茂昌、亮晶晶等眼镜店）全体社员围绕中心、服务大局，积极为丹阳的经济社会发展作贡献，为丹阳眼镜零售商户提供了产业智慧发展的好平台。

此次公益活动旨在感召社会力量，以专业的技术和设备，提供专业的专项视力健康筛查、建档、眼保护知识宣教和公益服务。用科学翔实的数据，通过爱眼护眼知识宣教，引起全社会对视力健康的重视，共同构筑学生预防近视、保护视力健康的防线。

【内蒙古正蓝旗开展“乡村学生眼视光工程”眼镜捐赠仪式】 2022 年 4 月 28 日，内蒙古正蓝旗开展“侨爱心·乡村学生眼视光工程”公益活动眼镜捐赠仪式。自治区党委统战部一级巡视员、自治区侨联主席史晴，锡林郭勒盟委委员、统战部部长张晓君出席仪式并致辞，正蓝旗委、旗政府及相关部门和盟旗两级党委统战部有关负责同志参加捐赠仪式。

“侨爱心·乡村学生眼视光工程”是由中国侨联发起组织的一项具有慈善性质的公益活动，旨在深入贯彻落实习近平总书记“共同呵护好孩子的眼睛，让他们拥有一个光明未来”的重要指示，按照中国侨联的要求，此项工程的针对群体为部分偏远农村牧区有视力健康问题的青少年，主要通过为他们免费提供视力检测、配送眼镜、科学用眼知识讲座等服务，大力引导学生们科学用眼理念、提高学生们的眼部健康意识，培养爱眼护眼的良好习惯。

活动开展以来，盟旗两级侨联在自治区侨联的指导和帮助下，精准对接学生需求，认真抓好组织实施，委托专业机构先后对正蓝旗、多伦县2200余名在校学生进行近视筛查，最终为1131名需要配镜的学生捐赠了眼镜。

【江苏丹阳司徒眼镜企业慰问疫情防控查验点一线工作人员】 2022年4月末，“眼镜之乡”江苏丹阳司徒镇万新光学、博大光学等多家眼镜企业慰问沪宁高速河阳出入口疫情防控查验点一线工作人员，并向工作人员致以节日的问候，送上慰问品。

爱心企业们表示，希望通过开展慰问活动，加入到这场疫情防控阻击战中来，积极展现企业的社会责任和担当，不断为司徒镇疫情防控工作贡献企业力量。

【贵州册亨天明眼镜店开展“益行环卫”公益活动】 2022年5月8日，贵州省册亨县爱心志愿者协会和册亨天明眼镜店联合开展了主题为“益行环卫”的为环卫工人送爱心老花镜公益活动，免费验光、配送眼镜公益活动在天明眼镜店进行。该县121名环卫工人享受了免费验光、配送眼镜。活动现场，工人井然有序地等待验光、检查视力、选择镜框，他们看到各具特色的镜框时很兴奋，认真挑选自己心仪的镜框。

册亨天明眼镜店是一家专业从事验光配镜的单位。天明眼镜店为感谢党和政府的好政策让企业发展壮大，积极回馈社会，主动担当力所能及的社会责任，积极、主动投身到防疫抗疫、关爱孤寡老人、关爱环卫的各项工作中来。希望此次捐赠的老花镜，能让环卫工人感受到来自社会的温暖和关怀。

【浙江省温州市龙湾区启动全民眼健康实事项目】 2022年5月11日，龙湾区全民眼健康民生实事项目在中国眼谷超级医院正式启动。

全民眼健康是龙湾区2022年十大民生实事项目之一，活动持续到9月份。该项目开展全民眼健康义诊活动，以基层劳动者、“一老一小”、困境妇女等人群为重点，做好万名群众眼健康检查。计划5月底完成体检1500人次，6月底完成体检4500人次，9月底完成体检1万人次。

启动仪式上，中国眼谷超级眼视光医院还获授“温州市龙湾区儿童青少年近视防控指导中心”，此次项目中，医院将为2000名就读龙湾的学龄儿童青少年（学生人群）提供免费检查，给予光学验配新眼镜或更换新镜片费用的10%、最高1000元的近视矫治补贴。计划5月底完成500人次，6月底完成1500人次，9月底完成年度任务。

项目还将开展学生小小眼科医生、大众眼健康科普知识讲座、光明温度眼健康公益救助等各类活动，并加强组织监管，重视科学指导，强化宣传力度，让龙湾人民切实享受这一有光明、有温度、有微笑的民生实事示范项目。

【“新视代青少年近视防控公益行动”走进甘肃省甘南州夏河藏中】 2022年5月11日，由兰州普瑞眼科医院联合依视路集团共同发起的“明眸·新视代青少年近视防控公益行动”走进甘南州夏河藏中，为同学们进行眼健康检查。

本次公益义诊的医疗小分队共为2069名学生开展眼健康检查，并为贫困学生免费验配312副近视眼镜。此次活动为学生们普及了科学用眼知识，让他们清晰地了解到自己的眼健康现状，掌握科学的爱眼、护眼知识。

【丹阳市眼镜商会公益筛查视力活动走进延陵小学】 在第27个全国爱眼日即将来临之际，丹阳市眼镜商会联合丹阳市妇女联合会、丹阳市蒲公英关爱留守儿童志愿者协会（蒲公英之家），为积极响应国家重点关注对青少年爱眼科普宣教、切实加强青少年科学防控能力的工作要求，于2022年5月12日走进延陵小学共同举办了第27个爱眼日——“把梦想点亮、为光明导航”暨“护你瞳行”公益活动。

此次公益活动，为丹阳市延陵小学近300名小学生送去眼视光知识科普、视力筛查、验光配镜服务，并捐建“NO. 002丹阳眼镜爱眼小屋”。

【云南保山举行“爱眼工程·乡村少年亮眼计划”公益眼镜捐赠仪式】 2022年5月17日，保山市红十字会、隆阳区红十字会联合保山艾维眼科医院到隆阳区瓦窑镇老营小学开展了“红十字爱眼工程·乡村少年亮眼计划”捐赠仪式，为保山第一家实施该项目的学校老营小学30多位完成近视筛查并确认签字的学生捐赠公益眼镜，保山市红十字会二级调研员金常德、保山艾维眼科医院健康教育服务部主任张昆黔等一行出席了本次活动。

保山艾维眼科医院承担开展了由中国红十字会总会发起的“关爱乡村少年眼健康计划”公益项目进校园活动，该项目是中国红十字会总会“红十字爱眼护眼工程”下设的公益项目，首年投入1431万元，计划为全国11个省市自治区457所平安智慧小学的约29万名学生提供眼健康相关服务。整个项目在保山地区将覆盖保山一县级市一区三县，遍及18所学校、帮扶1万多名学生。

【江西省南昌市教育局联合普瑞眼科开展2022中小学生视力筛查】 为及时掌握学生视力情况，科学采取近视防控措施，在南昌市教育局的统筹指导下，南昌普瑞眼科医院于5月24日再次启动2022年南昌市中小学生“守护‘睛’彩”眼健康公益项目，开展本学期的入校视力筛查工作。

本次视力筛查覆盖全南昌市，初步预计将为百余所学校、13万余名中小学生提供视力筛查服务，且需要抢在全市中小学生放暑假前完成所有学生的视力筛查。时间紧、任务重，需要投入高于以往数倍的筛查人员、检查设备，为确保该项工作顺利开展并保质保量完成，南昌普瑞眼科医院紧急采购、调配专业检查设备，抽调医护人员，组建了专门的入校视力筛查工作小组，开足马力，全面投入视力筛查工作。

【千叶眼镜举办2022公益讲堂】 2022年5月25日，千叶眼镜公益团队与红樱桃义工协会团队，前往重庆市渝中区解放小学开展校园公益讲座，与师生们共同书写了一段守护英苗成长的爱心篇章。

一直以来，千叶眼镜致力于儿童青少年视力健康保护，此次，千叶眼镜公益行再度启程。公益巡讲启动仪式于渝中区解放小学举行，此次公益活动主题为“光明未来 为爱（eye）行动”，是由渝中区妇女儿童活动中心主办、渝中区红樱桃义工协会承办，千叶眼镜连锁股份公司参与并支持的一次爱眼护眼行动。

【厦门眼科中心“看见幸福”公益项目启动】 2022年5月26日上午，“看见幸福”眼健康爱心公益项目在厦门大学附属厦门眼科中心正式启动。该项目由厦门市“爱心厦门”建设工作领导小组办公室、厦门市卫生健康委员会机关党委共同指导，厦门市红十字基金会、厦门大学附属厦门眼科中心联合发起，是“爱心厦门”建设2022年度“十大爱心行动”之一，也是深化拓展“爱心厦门”建设的一大“为民办实事”举措。

项目主要通过“爱心困难帮扶”“爱心用眼科普”“爱心巡回义诊”“爱心免费筛查”等系列活动，强化全民眼健康科学知识及眼病防治科普宣传，聚焦帮扶眼疾困难群体，助力提升全市人民群众的眼健康水平，努力推动全市眼健康事业高质量发展。

【爱尔眼科携手航天专家开启“5P助梦中国行”】 2022年5月30日下午，“守护心灵之窗，追逐梦想之光”爱尔眼科航天梦想公益大讲堂暨5P近视防控全民运动会在广西贵港市港北区木兰河小学举行。“为什么守护孩子的视力就是守护孩子的梦想?”“怎样才能保护孩子的视力?”很多家长带着这些问题来到活动现场。

本次“航天梦想公益大讲堂”为线上转播形式，国内著名航天专家、青少年近视防控专家线上为家长和孩子进行科普讲座，现场各位家长带领孩子认真观看，了解青少年视力健康的重要性。

【湖南爱眼公益基金会再获2022中国慈善榜“年度榜样基金会”殊荣】 2022年5月30日，第十九届（2022）中国慈善榜正式发布。湖南爱眼公益基金会荣获“年度榜样基金会”称号，湖南爱眼公益基金会开展的“爱眼护眼工程——青少年近视防控”项目荣获“年度慈善项目”。

此次获评“年度榜样基金会”是湖南爱眼公益基金会连续第二年获此殊荣。七年多来，湖南爱眼公益基金会的足迹遍及全国31个省份和缅甸、老挝、柬埔寨等国家和地区，累计公益支出7.84亿元，帮助眼疾患者接受手术救助近100万人次，眼健康科普义诊惠及近2亿人次，为增进民众健康福祉、促进社会和谐积极贡献力量。

2021年度，湖南爱眼公益基金会公益支出2.44亿元，联合中国乡村服务志愿服务促进会、中国红十字会总会等机构持续推进“光明工程·白内障复明”、“红十字爱眼护眼工程”、“你是我的眼”角膜盲症救助计划、“爱眼社区守护计划”

等项目，尤其关注欠发达地区低收入人群的眼疾救助帮扶，努力以实际行动将每一分善款、每一份爱心落到实处，为更多有需要的眼疾患者带来光明，提升他们的生活质量，并带动越来越多的社会力量关注和支持眼健康公益事业，努力让人人都享有眼健康的权利。

【山东老字号英翔眼镜开展关爱视力健康公益活动】 2022年5月31日，以“创建文明城市 迎六六爱眼日”为主题，同时庆祝第27个全国爱眼日即将到来，为有效降低青少年近视率，山东省德州市政协关爱视力健康公益活动，在姜玉坤眼镜（五星店）启动。本次活动由德州市政协主办，德州市眼镜行业商会、德州市红十字英翔橙志愿服务队、成河委员工作室、德州市义工志愿者联合会英翔分会承办，德州市市场监管局、德城区个体私营企业党委协办。

活动现场，与会领导授予德州市英翔视光眼镜有限公司“个体私营企业党建工作示范点”牌匾，共同为德州市明亮工程近视弱视研究所揭牌，并宣布助力中高考24小时视力救援项目启动。德州市英翔视光眼镜有限公司为德州市政协捐赠价值57.8万元的屈光发育档案。

本次活动启动后，英翔公司的专业技术人员将组成志愿者队伍陆续走进学校、社区、乡村、企业，开展社会化服务，利用专业特长、技能优势，更好地为大众眼健康提供帮助。

【江苏丹阳蒲公英之家“爱眼小屋”揭牌】 2022年5月31日上午，由中共丹阳市委宣传部、丹阳市公安局、丹阳市教育局、丹阳市妇联、丹阳市慈善总会、丹阳市关工委、丹阳市延陵镇人民政府携手丹阳市新时代文明实践志愿服务总队、丹阳市蒲公英志愿者协会、丹阳市眼镜商会、丹阳市延陵镇新时代文明实践所，共同举办延陵镇蒲公英之家“爱眼小屋”揭牌仪式暨“真情守护、护航成长”庆六一系列活动。

由丹阳市公安局延陵派出所所长、蒲公英志愿者协会副会长张叶宏和丹阳市眼镜商会秘书长袁红锦共同为“爱眼小屋”（NO.002）进行了揭牌。“爱眼小屋”是由中华少年儿童慈善救助基金会及丹阳市眼镜商会进行的专项公益捐赠项目，此次在延陵蒲公英之家揭牌是“爱眼小屋”专项公益活动挂出的第二块牌子，第一块牌子“爱眼小屋NO.001”公益项目已于2022年4月在丹阳市司徒中心小学启动。

【欧舒天隐形眼镜为青海捐赠价值70万元儿童墨镜】 2022年5月底，欧舒天面向全体消费用户发起公益行动，“6·18”购物大促期间品牌销售额每满3000元，将捐赠一副价值599元的儿童墨镜。最终，在全体消费者的信任与支持下，欧舒天大促期间全线产品销售额累计210余万元。为了覆盖全县6所小学的全体学生，欧舒天品牌方进行了额外补贴，累计捐赠1183副墨镜。

欧舒天是一家专注短周期隐形眼镜的品牌，持续关注边远地区人群眼部健康问题。欧舒天携手上海“看见爱”志愿者服务中心，前往平均海拔3600米的青海省黄南州河南蒙古族自治县，开展本次守护眼健康公益行动。欧舒天联系行业内知名工厂，专为本次公益行动定制符合儿童人体工学设计的墨镜，为青海儿童带来更好的佩戴体验。

【福建视爵开展“爱心眼镜捐赠”公益活动】 2022年6月6日，在第27个全国“爱眼日”来临之际，福建视爵多店总动员，齐力开展“爱心眼镜捐赠活动”，为家庭经济暂时困难的中小学学生验配并赠送眼镜，为他们实现梦想插上翅膀，用爱点亮“光明”未来。

此次爱心捐赠活动，福建视爵一共向贫困生捐赠出268副眼镜，价值共计约219200元。

【丹阳眼镜商会向丹阳市交警大队捐赠太阳镜】 正值第27个全国爱眼日到来之际，为响应“爱眼日”活动号召，让更多人关爱眼健康，2022年6月2日，丹阳市工商联副主席杜雅琴、丹阳市眼镜商会秘书长袁红锦等一行向丹阳市交警大队赠送200副太阳镜，市交警大队教导员王玉良参与捐赠活动。

【江苏丹阳司徒镇举行全国爱眼日主题活动暨“爱眼小屋”揭牌仪式】 2022年6月6日是我国第27个全国爱眼日。当天上午，司徒镇党委、政府，司徒镇新时代文明实践所联合市眼镜商会，在司徒中心小学共同举办“守护‘睛’彩视界 点亮‘光’明未来”——司徒镇2022年第27个全国爱眼日主题活动暨“爱眼小屋”揭牌仪式。

“爱眼小屋”是由中华少年儿童慈善救助基金会及市眼镜商会对丹阳市中小学进行的专项公益

捐赠，司徒中心小学“爱眼小屋”是全市第一家“爱眼小屋”。活动现场，司徒镇党委书记蒋敏与市眼镜商会相关负责人共同为“爱眼小屋”揭牌，随后眼镜商会向“爱眼小屋”捐赠50本护眼书籍，爱心企业东方光学向司徒派出所、城管、环卫等一线部门捐赠了太阳眼镜。

眼镜产业是司徒的名片产业，在呵护孩子的眼健康上，司徒有着天然的优势。早在2022年4月，司徒镇联合市眼镜商会和部分爱心企业，为司徒中心小学近900名学生提供了视力筛查；丹阳市眼镜商会又组织会员企业进校园开展视力普查活动，联合点进光学为司徒中心小学安装了预防近视相关训练软件，改造了校园部分光源，进一步提升少年儿童学习效率、保障身心健康发展。镇党委书记蒋敏表示，司徒镇将以本次的活动为契机，持续加大对青少年视力健康的关注和投入，同眼镜商会、爱心企业一道，以专业的技术和设备，为更多的人群提供专业的视力健康筛查、建档、眼保知识宣教和公益服务。用科学翔实的数据，宣传爱眼护眼知识，呵护大众的“心灵之窗”。让司徒“眼镜之乡”的声名更响，也成为远近驰名的“爱眼之乡”。

【温州市眼镜商会“6·6爱眼日”公益活动】 2022年6月6日，是第27个全国爱眼日，温州市眼镜商会及温州市眼镜商会党支部联合瓯海眼镜行业协会党支部、“瓯江红”瓯海CBD党群服务中心、“瓯江红”中央商务区城市驿站等单位，在瓯海区娄桥街道银龄之家共同举行了“‘共享社·幸福里’关爱老年眼健康　共享清晰视界——2022年全国6·6爱眼日”公益活动。

活动现场，共赠送了300多副老花镜，全部由冠豪眼镜、爱玛光学、米图光学、炯神花镜联合捐赠，冠豪眼镜现场还为150多位老人提供了免费的验光服务。

【浙江省玉环市眼镜行业协会向大麦屿街道关老协赠送老视镜】 第27个全国爱眼日来临之际，2022年6月6日上午，玉环市眼镜行业协会联合大麦屿街道关老协，为辖区老年朋友赠送老视镜，得到了大家一致好评。活动现场，工作人员为到场的每一位老年人仔细检查，为他们选取适合的眼镜，同时也向他们宣传日常健康用眼、护眼知识，增强他们自觉保护视力的意识。

玉环市眼镜行业协会会长、市人大代表杨益元表示，接下来，每年都会在各村（社区）开展系列捐赠活动，引导和影响社会各界、广大人民群众积极参与关爱老年人用眼健康，为关爱辖区老年人用眼健康作出一份贡献。

【湖南省眼镜商会举行“爱眼护眼公益光明行”活动】 2022年6月7日上午，湖南省眼镜商会“乡村振兴进新化　爱眼护眼公益光明行”活动启动仪式在娄底市新化县科头乡中心学校隆重举行。此次活动已于4月22日开始实施，分批次对科头乡辖区内9所中小学校、2个教学点、4所幼儿园开展了眼健康检查，对家庭贫困成绩优秀的近视学生赠送公益眼镜。后续还将在各中小学进行爱眼护眼专题讲座，在科头乡各村分时间段进行公益视力检查和防盲眼病科普宣传活动，为检查中需要配镜的贫困留守老人赠送老花眼镜和爱眼护眼产品，同时开展“防盲白内障　救助光明行”公益活动。

此项活动旨在贯彻落实乡村振兴战略，响应全国工商联、国家乡村振兴局发起的“万企兴万村”行动，以多样化的形式助力乡村振兴，以点带面，帮扶新化县乡村振兴重点帮扶村。

【湖南省新田县公益配镜让贫困学生免费拥有“放心眼镜”】 在6月6日全国爱眼日到来之际，新田县法狮龙眼镜店走进苦志育才学校，为全校学生免费进行视力检查和适配眼镜，让孩子们免费拥有了一副“放心眼镜”。

活动现场，工作人员有序为学生们服务，登记好免费配镜学生名单，为学生们验光、测试度数、选镜框、选镜片，每个环节都有人员陪同、讲解。现场，工作人员还为学生进行免费视力检测，普及相关知识等，引导学生树立“呵护眼睛从小做起”的护眼意识，后期，所有眼镜加工制作完成后，将会统一发放到学生手中。

【励明眼镜“6·6爱眼日”免费验光服务活动进校园】 2022年6月6日是第27个全国爱眼日，为了进一步普及科学用眼知识，提高眼健康水平，营造全社会爱眼护眼的良好氛围，增强对用眼习惯的重视，保护好每个人的眼睛，2022年6月6日上午，安徽省阜阳市妇联、阜阳市妇女儿童发展基金会联合励明眼镜来到了程集镇三坡福彩小学开展关爱青少年视力健康活动。

活动现场，励明眼镜的工作人员为三坡福彩小学共计300余名学生进行了近视筛查。他们利用专业仪器设备，认真为每位参检学生检查视力、眼部健康等情况，帮助裸眼视力不达标孩子测试视力度数，并为每一个孩子建立档案，以便于后续完善检查。

【毛源昌眼镜“66爱眼公益日”完美收官】 2022年6月6日，毛源昌眼镜在全国范围内开展了“第七届毛源昌66爱眼义卖日”活动，与全社会一起为爱发声，助力贫困学子，守护美好视界。

“66公益义卖日”当天，所有的销售额都将捐赠给基金会用于帮助家庭困难学生完成学业梦。当天，到店顾客不仅可以享受6.6折超级折扣，还能和毛源昌一起为家庭困难的学生献上一份爱心。

本次6月6日全国爱眼日公益活动中，毛源昌眼镜向公益事业捐赠现金100余万元，这也是毛源昌眼镜连续第7年在6月6日全国爱眼日当日进行公益捐赠。自2015年以来，毛源昌眼镜捐赠的财物总额超5000万元，累计帮扶超6.5万人次。

【溥仪眼镜、蔡司光学再度携手公益活动】 2022年，溥仪眼镜、蔡司光学再度携手并肩，进行“免费午餐基金”的捐赠活动。在6月6日全国爱眼日当天，前往广东省韶关市乐昌市梅花镇的三和希望小学，为乡村学童检测视力并开展视力保健教育课堂，旨在提升学童们对眼健康的重视，让他们有一个更美好的“睛”彩社会，将爱心传递到位。

活动安排6位来自不同城市的专业验光师，分别从南京、深圳、广州、西安、成都和沈阳前往当地，除了开展视力保健教育课堂外，还共同为118位5~12岁的乡村学童检测视力，并为存在视力健康问题的孩童支持优质的蔡司光学镜片。

【陕西省榆林市“慈善护眼公益行动”项目启动暨微视验光仪捐赠仪式举行】 2022年6月16日，由榆林市教育局、榆林市慈善协会、高新区管委会、高新区教育文体局、榆林旭永眼科医院主办的“慈善护眼公益行动”项目启动暨微视验光仪捐赠仪式在榆林市高新三小举行。

本次活动，榆林旭永眼科医院慷慨捐赠总价值323.1万元的微视验光仪9台，为高新区学校及时了解学生眼健康情况提供方便。另外，榆林市慈善协会捐资20万元，榆林旭永眼科医院捐资21万元，共同为高新区学校学生提供免费眼健康筛查和为家庭困难眼疾患者学生减免治疗服务。从2018年起，榆林市慈善协会联合榆林旭永眼科医院等单位开展的“慈善护眼公益行动”项目，累计投入项目资金651.39万元，受益人数达18.8万人次。

【云南省墨江县富鑫眼镜开展“爱心圆梦大学”活动】 2022年6月，为不断深入开展“喜迎二十大、永远跟党走、奋进新征程”主题教育实践活动，持续开展“我为青年办实事”实践活动，在2022年高考来临之际，为帮助低收入家庭及品学兼优的学生，云南省墨江团县委全面启动2022年墨江“爱心圆梦大学”公益活动，并联合墨江富鑫眼镜行一起邀请全县各公职人员参加富鑫眼镜“爱心圆梦大学”活动。活动中，墨江富鑫眼镜行不仅为参与人员送上“爱心大礼包”，还为每位爱心人士配捐25元的捐款活动。本次活动所收到的爱心捐款，团县委将根据相关规定全部用于墨江籍的低收入家庭及品学兼优的“准”大学生。

【千叶眼镜爱心送考】 十年寒窗又到高考日，为期三天的2022年高考于6月7日正式开始，千叶眼镜针对重庆9个区域的高考学子们特别组织了一次“高考考生助力”公益活动，为考生们提供爱心接送车、免费蒸汽眼罩、送水服务，用实际行动助力高考，为梦护航！

本次公益活动，延续了千叶眼镜往年的爱心送考传统。从6月1日起，9个活动区域的千叶门店均已启动爱心接送车预约服务，考生或家长可通过门店电话、员工微信或线上H5预约高考期间用车的需求，千叶眼镜的爱心送考队将根据考生们的需求针对性地送往考生指定区域。

【海南精功眼镜关爱儿童青少年眼健康】 2022年6月23日，精功眼镜来到海南省屯昌县实验小学、屯昌小学，为了让学生们更好地了解爱眼护眼知识，特邀专业视力健康培训导师，开展爱眼护眼专业知识讲座。现场，同学们纷纷表示，此次的讲座让他们受益匪浅。通过讲座，爱眼护眼的观念更加深入人心。在此次活动中，精功眼镜为该两所学校捐赠价值总共59640元的眼镜产品。

【共青团云南省委携普瑞眼科开展公益配镜活动】 2022年6月24日，云南省2022年文化科技卫生“三下乡”集中示范活动在楚雄彝族自治州武定县举行。普瑞眼科作为共青团云南省委的志愿服务队，在武定开展“中小学生眼健康公益援助行动”，共为197名学生免费验配近视眼镜。

7月中旬，普瑞眼科再派儿童眼病医生前往武定县，为全县中小学生进行眼病筛查，并提供30个斜视手术公益援助名额。

【内蒙古鄂尔多斯市“温度眼镜进校园”公益活动】 2022年7月6日，为普及青少年近视防控知识，保护青少年用眼健康，提高低视力学生生活质量和康复水平，内蒙古鄂尔多斯市准格尔旗阳光志愿者协会和服务单位“温度眼镜”共同发起“爱心眼镜进校园”的公益活动。

本次活动为期2天，邀请准格尔旗知名眼镜店“温度眼镜”工作人员一行10余人走进校园，为老师和学生们讲授爱眼护眼知识、免费普查视力及赠送各种护眼辅助用品。

【中国中医科学院眼科医院圆满完成五寨县乡镇义诊暨光明行活动】 2022年7月20—23日，为深入贯彻党中央关于对口帮扶、乡村振兴的决策部署，严格落实国家中医药管理局和中国中医科学院定点帮扶的要求，推进山西省五寨县卫生健康和中医药事业发展，由中国中医科学院眼科医院党委书记高云带队，组织院属四家医院和中医古籍出版社赴山西省五寨县，开展乡镇义诊、讲座、赠书和“眼健康光明行”活动。

此次山西五寨一行，中国中医科学院眼科医院共赴两个乡镇、迎宾广场和五寨县中医院进行义诊133人次，开展中医适宜技术30人次，首次在五寨县中医院举行“眼健康光明行”活动，开展白内障手术13例，医疗队顺利圆满完成各项任务，助力提升五寨县中医院诊疗水平，为人民群众提供更加优质的医疗服务。

【福州爱尔眼科医院签署《拥军优属战略合作协议》】 2022年7月26日，福州市退役军人服务中心与福州爱尔眼科医院有限公司签署《拥军优属战略合作协议》，共同迎接即将到来的“八一”建军节。福州市退役军人事务局三级调研员杨国玲、福州市退役军人服务中心主任吴昀、爱尔眼科福建省区投资总监/福州爱尔眼科医院CEO戴磊、福州爱尔眼科医院院长高朋芬博士出席仪式。

根据协议，两家单位将结合工作实际，围绕党建共建、困难帮扶、拥军公益三方面，开展眼健康义诊、眼部体检/诊疗优免、科普宣教等活动，为全市服务对象提供优先、优质、优惠的眼健康服务，切实增强军人军属、退役军人和其他优抚对象的获得感、幸福感。

【蔡司在沪举办近视防控科普互动展】 2022年7月26日，上海市科学技术协会联合黄浦区民政局、瑞金二路街道办事处和国际企业等共同打造的社区公益科普空间“瑞金科学生活馆”正式开启首展——在眼视光领域有着逾百年经验的蔡司将领跑入驻举办近视防控科普展。

蔡司近视防控科普展以“蔡司之光，与我相遇”为主题，包含“光与光的相遇：邂逅生命中的浪漫”“光与我的相遇：蔡司之光，让世界更清晰”“光与我相遇的视界：蔡司陪你看清晰世界”三大区域，通过多媒体融合创新空间设计，为公众带来一场眼健康与光学的科普盛宴。本展览在7月26日—9月10日期间向公众开放，力求以创新设计、多元活动给公众带来丰富的科普知识和贴心的服务。

【大眼睛眼健康科普馆江苏省科普教育基地授牌】 2022年7月27日上午9点，“科普大篷车眼健康公益行启动仪式暨大眼睛眼健康科普馆江苏省科普教育基地授牌”在南京市青少年宫青春剧场隆重举办。

启动会上，南京爱尔眼科医院解读了爱尔眼科视光研究所与中南大学爱尔眼科学院联合发布了《中国儿童青少年近视防控大数据白皮书》。并与江苏省科学技术协会共同启动科普大篷车眼健康公益行，大眼睛眼健康科普馆正式挂牌江苏省科普教育基地，助力儿童青少年近视防控工作，服务青少年健康成长。

江苏省科学技术协会联合南京爱尔眼科医院共同启动科普大篷车眼健康公益行活动。活动旨在积极整合优质科普资源，发挥自身专业领域优势，尤其在青少年眼健康科普工作中不断创新活动形式，通过线上线下的科普宣传、生动形象的亲子科普活动，向公众特别是儿童青少年宣传眼健康科普知识，助推“双减”工作，服务青少年健康成长。

【山东省德州市英翔眼镜开展关爱老党员、退

役军人视力健康活动】 为推动双拥工作、进一步巩固和发展军民团结的大好局面，加大对老党员、退役军人的关心关爱力度，2022 年 7 月 28 日上午，山东老字号英翔眼镜在禹城市伦镇举办“永远跟党走 爱国拥军 情系百姓”关爱老党员、退役军人视力健康活动。德州市人民政府办公室、德州市工商联相关负责人出席此次活动。

活动现场，德州市红十字英翔橙志愿服务队向当地村委会捐赠价值 4 万元的眼镜产品，给有需要的老党员、退役军人送上一份实实在在的“礼物”。山东老字号英翔眼镜的工作人员为牌子村、袁营新村、万庄村、王子付村的 100 余位老党员、退役军人免费验配眼镜，并为村民进行眼部保养、视力检测、眼镜维修、视力咨询等服务。

【爱尔未来十年捐资 200 亿元打造可持续眼健康公益生态】 2022 年 7 月 30 日，爱尔眼科医院集团有限公司（以下简称爱尔眼科）发布最新公益战略：未来十年捐资 200 亿元，助力打造可持续眼健康公益生态，构建一个覆盖更广泛人群的眼健康公益生态圈，推动系统性解决眼健康问题，让人人享有优质可及的眼健康服务。

【何氏眼科启动“社区老年常见眼病防治能力建设”公益项目】 2022 年 8 月 5 日，沈阳何氏眼科医院启动“社区老年常见眼病防治能力建设”公益项目，将以专家、团队、技术、理念等各方面顶尖医疗资源，不断输送到基层社区卫生服务中心，从而切实增强沈城市民百姓的眼健康医疗获得感、幸福感。

项目初期，将针对白内障、糖尿病眼病等患者数量庞大、致盲率高的常见眼病，通过对基层医疗卫生机构工作者开展眼科专科临床基础诊疗能力培训的方式，将更加专业、科学、便捷的眼健康诊疗服务，广泛深入输送至街道、社区，送到每位沈城市民百姓的身边。

【卡尔蔡司开展“全飞耀中华，助力眼健康”公益摘镜活动】 2022 年 8 月 8 日，为积极响应国家卫健委 2022 年 1 月发布的《“十四五”全国眼健康规划（2021—2025 年）》的指示精神，进一步提高近视人群对眼健康的重视，卡尔蔡司联合中国民族卫生协会携手全国各地全飞秒屈光中心代表医院展开大型公益科普“全飞耀中华，助力眼健康”全飞秒摘镜活动，作为本次大型活动之一的合肥慧视眼科“邀您同行 公益微笑摘镜”活动正式开启。在合肥市庐阳区海棠街道办的支持下，本次活动于合肥市庐阳区的合肥慧视眼科医院开展。

本次活动已经走过了全国 20 多个省市的 100 多家眼科医院，其中不乏在中国眼科领域技术一流的眼科医院，例如，上海交通大学医学院附属瑞金医院、广州中山大学中山眼科中心、天津医科大学眼科医院等。而这次活动是在安徽的第一站。

【江西省鹰潭市余江区眼镜企业捐赠助力抗疫】 2022 年 8 月中旬，鹰潭（余江）眼镜产业园区一批爱心企业向园区管委会捐赠了方便面、矿泉水、水果、牛奶等爱心物资，用实际行动诠释企业的社会责任担当，凝聚起众志成城、全力以赴的社会正能量。

江西省威东光学有限公司、鹰潭市世宏光学有限公司、鹰潭市钱源眼镜有限公司等也积极捐赠了矿泉水、方便面、牛奶、水果等近 2 万元的爱心物资。鹰潭眼镜行业协会也在第一时间，组织全体会员企业开展爱心捐款慰问活动，短时间内筹集到近 6 万元爱心捐款，购置并捐赠了园区急需的防疫、生活物资等。鹰潭眼镜行业协会支部书记、鹰潭市盛基光学有限公司的王磊说：“一直以来，园区重商、亲商，为企业发展提供了一流的营商环境，协会会员企业日益发展壮大。我们也是园区的一分子，我们应该主动承担社会责任，为园区抗击疫情尽一份绵薄之力。”

【山东利群眼镜 8 万元近视眼镜送给莘莘学子】 2022 年 8 月 17 日，山东淄博桓台县新阶层联谊会、利群眼镜开展向全县优秀学子代表献爱心活动，共向 50 名优秀学子捐赠价值 8 万元近视眼镜。

桓台新阶层联谊会紧紧围绕县委、县政府中心工作，发挥“新阶层 党旗红”引领作用，引导新阶层人士牢记社会责任，聚焦爱心服务活动，着力打造优势品牌，精心策划实施“润心”系列公益活动。以利群眼镜为代表的新阶层爱心企业和爱心人士富而有志，富而思源，为营造尊文重教、扶贫济困、助人为乐、奉献爱心的社会氛围起到积极的推动作用。

【蔡司开展“守护光明视界，关注全生命周期

眼健康"系列活动】"瑞金科学生活馆"是上海市科协联合黄浦区民政局、瑞金二路街道办事处和多个国际企业等创新打造的专业、开放、共享、发展的社区公益科普空间，首展由全球光学和光电子领域的先锋科技企业——蔡司倾力打造，以群众关心的近视防控科普为主题，展览从2022年7月26日持续到9月10日，更连续举办了"全生命周期眼健康"系列主题科普活动。

蔡司致力于通过多元的产品和解决方案，为不同年龄层患者提供"全生命周期眼健康管理"，此后还将持续携手各方、通力合作，践行公益事业，共创光明未来。

【毛源昌公益基金会助力浙江乡村儿童发展】 2022年8月，为帮扶浙江乡村事业发展，"毛源昌公益基金会"深入浙江省建德市小溪源村为乡村儿童和老年人免费验光，现场赠送老花镜。

毛源昌眼镜服务团队，现场为村民们清洗眼镜，向村民们科普用眼和配镜的知识，耐心询问老人的需求与感受。验光师为老人和儿童免费提供验光服务，现场出具个人验光单和个性化的用眼建议。

【海南精功眼镜店千余副应急眼镜助力抗疫】 2022年8月18日，为感谢抗疫医护人员在一线的辛苦付出，海南精功眼镜连锁有限公司决定开展公益赠镜活动，向全国驰援海南的医护人员、海南省内抗疫医护人员赠送眼镜。

精功眼镜海南省各市县连锁门店均成立了防疫应急服务队，并开通抗疫人员线上配镜通道、应急配镜热线，提供免费验光及专享配镜服务，以确保在琼抗疫医护人员、工作人员和广大志愿者在工作时拥有清晰的视野。活动时间持续至2022年9月30日。

【广东江门广信眼镜助力贫困学子完成求学梦】 2022年8月24日上午，由广东省开平市马冈镇人民政府组织，联合江门市委老干部局、江门市关工委、江门市邑商私董会、广信眼镜公司举办的结对帮扶马冈镇学生助学金发放仪式，在马冈镇政府办公大楼隆重举行。

参与本次活动的有江门市委老干部局副局长温建明、江门市关工委副主任何柳英、开平市马冈镇党委副书记余坚萍、开平市马冈镇党委副书记王玉仲等领导，江门邑商私董会会长李桂生、江门广信眼镜总经理司徒红等相关爱心企业人士，以及18名受资助学生及其家长。

【广东省东莞市开展"情暖新业态·公益配眼镜"活动】 2022年8月29日上午，"情暖新业态·公益配眼镜"活动举行。陆逊梯卡华宏工会携手市总工会，为东莞新就业形态劳动者送出550副光学眼镜。东莞市总工会常务副主席王标、副主席谢苑华出席活动。

本次活动由东莞市总工会主办，陆逊梯卡华宏（东莞）眼镜有限公司（以下简称华宏公司）承办，为报名成功的新业态劳动者本人或直系亲属赠送光学眼镜一副，包括近视、远视和老花镜。活动现场，华宏公司为新业态劳动者代表赠送了价值25万元的公益眼镜支票券。

【瓯海眼镜小镇建立公益研学基地】 2022年8月30日，30余位瓯海区机关职工子女来到中国（瓯海）眼镜小镇参加研学活动，这也是眼镜小镇2022年以来迎接的第20批参加儿童产业友好研学公益活动的小客人。此次活动由瓯海眼镜行业协会党支部联合冠豪眼镜共同举办，旨在发挥眼镜产业优势，针对儿童教育、健康、文化等方面的需求，积极营造宜游、宜学的良好环境，形成儿童友好的产业生态，助力温州儿童友好城市建设。冠豪眼镜作为儿童友好城市建设试点企业，积极响应温州建设儿童友好城市政策，做到儿童六大"友好"中的产业友好。

本次走出校园开阔视野活动，让同学们收获更丰富、更多元的知识，得到同学们的喜爱和家长们的一致好评。下一步，瓯海眼镜协会将继续与冠豪眼镜通力合作，以保护儿童视力健康为己任，在建设儿童产业友好的道路上，努力前行。

【四川省西昌市开展眼视光检查公益活动】 西昌市总工会以2022年9月开学之际和教师节为契机联合西昌市华西眼镜、西昌市攀西眼科开展"送镜框镜片免费眼视光检查和验光检查"的公益活动圆满完成，此次活动共赠价值480元的框架眼镜（镜框和镜片一套）1058副，总价值507840元。

【"睛彩童年看见爱"近视防控走进云南省文山】 2022年9月，"睛彩童年看见爱"青少年近视防控教育促进项目先后走进云南省文山壮族苗族自治州富宁、丘北、西畴三县，为5300名儿童及其家庭捐赠视力健康促进包，并培训了100位小学老师，帮助他们在当地持续传递专业视力健康知识，为“光明”接力。同时，依视路陆逊梯卡与上海“看见爱”志愿者服务中心还在三县为5300名儿童及其家庭免费发放了家庭视力健康教育促进包，每份促进包内含儿童和成人太阳镜、眼镜盒、眼镜布、家庭护眼手册等，累计捐赠价值250万元。

该项目由依视路陆逊梯卡集团联合上海看见爱志愿者服务中心共同开展，并获得上海市虹口区人民政府合作交流办公室的支持。

【江苏省丹阳市眼镜行业持续开展“东西部协作——情系富平”公益行活动】 为深入贯彻落实习近平总书记对东西部协作工作的重要指示精神，扎实推进与对口地区陕西省富平县的东西部协作，持续推进乡村振兴，根据《2022年丹阳市对口支援协作合作工作要点》内容，2022年9月21日，丹阳市委统战部、丹阳市工商联联合丹阳市眼镜商会及眼镜行业爱心企业赴陕西富平，共同参与、协作了“东西部协作——情系富平”公益行活动，陕西省富平县委副书记、政法委书记亢鹏，富平县委常委、副县长刘刚接待并参加了相关活动。

丹阳市眼镜商会及眼镜行业爱心企业已连续三年结合自身产业特点投身于“情系富平公益行”活动，此次活动更是为贯彻落实国家近视防控战略目标，特增设开展“护你‘瞳’行”公益项目。内容包括捐赠2座“爱眼小屋”及相关配套设施、捐赠太阳镜、老花镜、近视镜、护眼贴及免费验光、配镜服务等。

9月21日，在富平县雪亮眼科的支持下，丹阳市眼镜商会走进富平县人民政府开展公益验光筛查配镜活动，并捐赠了200副老花镜，向富平县交警大队捐赠了350副太阳镜，并就护眼爱眼常识做了基础宣传，为大家的眼健康保驾护航。

9月22日，丹阳市工商联联合丹阳市眼镜商会为富平宫里镇大樊村、庄里试验区觅子村分别捐赠了200副老花镜、30盒眼罩。物资由丹阳市眼镜行业爱心企业无偿捐助。由丹阳市眼镜商会秘书长袁红锦代表公益一行向富平县宫里镇宫里学校、富平县庄里镇觅子小学两所学校分别捐建“爱眼小屋”。

“爱眼小屋”建设是丹阳市眼镜商会联合中华少年儿童慈善救助基金会，开展针对中小学校学生近视防控进行的专项公益项目。主要通过筛查视力、对临界近视群体开展“预防近视视觉训练”、周期评估训练结果等有选择性的防控工作。

【联合国经济及社会理事会正式授予爱眼基金会“特别咨商”地位】 2022年9月28日，联合国经济及社会理事会（Economic and Social Council，ECOSOC）发出通知信函，正式授予爱眼公益基金会“特别咨商地位”。

全球共有6319家非政府组织获得联合国经社理事会咨商地位。截至2022年7月底，我国（不包括台湾地区）拥有联合国经社理事会咨商地位的机构数量为60余家，包括中国残联、中国妇联、中国科学技术协会、中国宋庆龄基金会、中国环保基金会、中国人权发展基金会、中国慈善联合会等知名机构。爱眼公益基金会作为湖南省首家获得该认证的社会组织，填补了湖南社会组织国际认可的空白。

【浙江省温州市眼镜商会开展公益活动】 2022年9月29日上午，温州市眼镜商会党支部、瓯海眼镜行业协会党支部、温州市冠豪眼镜党支部联合举办以“特殊人群平等共享，儿童产业友好我参与”为主题的劳动实践公益活动。本次活动在浙江省中小学质量教育社会实践基地举行，19位瓯海区利宝特殊学校的特殊学生在老师的陪同下来到冠豪眼镜进行劳动实践活动。

同学们在劳动实践基地了解了瓯海十大眼镜名牌产品，参观了古董眼镜、3D打印眼镜等展览区，观看了由专业眼科专家团队讲解的眼健康科普短片。在专业人员教学指导下，学习眼镜制作流程，在工作人员和老师的协助下制作出一副获得国际专利的SECG贴耳系列“奶嘴材质”儿童太阳眼镜。本次劳动实践活动，不仅让同学们学习到更多更全面的爱眼护眼小知识，也促进了人们对特殊人群问题的理解，鼓励人们维护其尊严，保障其权利和幸福。手工实践活动更是带给同学们自主创造的成就感，获得信心。

【海南精功助力抗疫开展公益赠镜活动】 2022年8月，海南精功眼镜连锁有限公司为感谢抗疫医护人员在一线的辛苦付出，决定开展公益赠镜活动，该活动时间延续至2022年9月30日。海南精功眼镜连锁有限公司相关负责人说，目前，他们针对因眼镜损坏、丢失而造成工作不便的防疫医护人员，赠送价值426元指定应急工作眼镜一副，捐赠总价值约50万元。现在还有不少名额，符合条件的医护人员可以到精功眼镜海南各门店领取。

为确保在琼抗疫医护人员、工作人员和广大志愿者在工作时获得清晰的视野，精功眼镜海南省各市县连锁门店均成立了防疫应急服务队，并开通抗疫人员线上配镜通道、应急配镜热线，提供免费验光及专享配镜服务。

【好视立公益援助校园视力监测】 2022年10月13日是世界视力日。为了积极响应“世界视力日公益护眼倡议”，协助全国中小学校按时快速准确地完成2022秋冬季视力筛查任务和报送工作，作为国家市场监管总局认研中心首批“支持开展儿童青少年近视防控服务认证试点示范工作”的单位，好视立视光中心超过1000家连锁门店志愿开展“校园健康行”公益活动，做到早监测、早发现、早预警、早干预。为孩子视力健康尽一份心力，为我国儿童青少年近视防控作出好视立的贡献。

【浙江省宁波市眼镜行业协会为老年人送光明】 2022年10月13日，为弘扬尊老爱老优良传统，帮助眼睛老花的老年人解决用眼障碍，重拾光明。宁波市眼镜行业协会在会长梅森的带领下，举办重阳送光明活动，这也是宁波市眼镜行业协会党支部成立以来的第一次活动。活动免费为宁波市海曙区洞桥敬老院、洞桥周公宅村、陈严村老年居民开展视力检查，眼病诊疗服务，并向符合条件的老年居民赠送老花镜。

此次活动，宁波博视眼科医院派出了7人的专家团队为老人检查视力眼病。永兴眼镜派出技术高超的师傅，做现场老花眼镜调节工作。

关爱今天的老人，就是关心明天的自己，重阳节带给我们的不是登高、赏菊、吃重阳糕，而是一种信息，老年人更需要爱、需要快乐和健康。关心帮助老年人是全社会共同的责任，也是我们社会组织的必要担当，坚持“党政主导社会参与全民关怀”的老龄工作方针，宁波市眼镜行业协会将带领各会员单位，不忘初心，牢记使命，继续传承中华民族的传统美德。

【四川省眼镜商会开展“视觉关爱”公益活动】 2022年10月27日—11月1日，四川省眼镜商会携手四川省关心下一代基金会、成都市关工委等奔赴凉山州开展流动留守儿童“视觉关爱”公益活动，开展四川省社会组织结对帮扶乡村振兴重点帮扶县专项行动。

活动中，专业验光配镜团队为四川省凉山彝族自治州盐源县中学校、盐源县民族中学校843名特殊困难儿童、留守儿童以及15名教师进行了现场验光、眼镜定制，为盐源县盐源中学、木里县红科中学等7所学校的1500余名师生开展视力筛查，并免费配送价值近73万元的爱心眼镜1485副。

活动期间，四川省眼镜商会一行人员分别在盐源县和木里县进行了交流座谈和实地调研。“视觉关爱”公益行动得到了政府相关部门的充分肯定。项目实施以来，已在凉山州及成都市周边区（市）县捐赠了价值500余万元的1万副近视眼镜，为8万余名中小学学生进行了视力筛查，开展视力保护知识讲座40余场。四川省眼镜商会会长杨亦米呼吁更多社会组织积极行动起来，扛起使命担当，结合自身优势特点，开展结对帮扶，助力乡村振兴。

【蔡司光学在桂林市开展“睛”彩视界公益助学活动】 2022年11月9日，为提高学生的爱眼、护眼意识，帮助其形成良好的用眼习惯，蔡司光学携手桂林邦铌眼科来到桂林市穿山小学开展2022年度蔡司光学“公益助学，点亮未来”公益助学活动，并为全校师生提供专业的验光项目和优质的蔡司镜片配镜服务，用“EYE”守护每一位孩子的“睛”彩视界。

桂林市穿山小学公益活动现场，蔡司光学和桂林邦铌眼科的专业验光师借助先进的光学仪器为学生们逐个展开视力筛查和验光服务，并为存在视力健康问题的孩子提供了检验报告单，以此提供给他们的家长和老师知悉。

【蔡司光学携手博士眼镜呵护孩子成长】 守护心灵之窗，呵护孩子成长。蔡司光学作为眼视光领域专家，一直以来都积极投身社会公益事业，致力于推动科学和社会的进步，同时也吸引了一批又一批的优秀企业加入其中。2022年11月下旬，蔡司光学携手博士眼镜，共同到广东省梅州市五华县双华镇竹山小学和福全小学，开展“同心同行向未来”公益助童活动，为偏远乡村孩童进行免费的视力筛查并捐赠眼镜。用专业设备和前沿科技，守护孩子明亮的眼睛，让每一个孩子享受清晰的“视界”。

此次活动主要分为视力筛查和免费午餐及礼品赠送两个环节。蔡司和博士眼镜都希望，营养均衡的午餐能够改善孩子们的生活条件，清晰舒适的视觉能够让孩子们更专心、努力地学习，用知识改变命运。

在学校，蔡司和博士眼镜的专业团队首先为乡村学童进行免费的眼部视力健康筛查；当视力初筛查出可能存在近视风险时，则将孩子领到博士眼镜“流动验光车”中，用更精密的仪器进行二次验光检查；检查确定有近视问题后，再帮助有需要的孩子进行专业的配镜。

考虑到每个孩子的喜好和风格不同，博士眼镜将“眼镜店”搬到了校园中，为孩子们提供颜色丰富、风格多样的眼镜框；当孩子挑选镜框完毕后，再由蔡司团队为他们免费定制眼镜。种种举措，都是为了确保有近视问题的孩子能够挑到适合自己的、心仪的眼镜。

蔡司光学将继续肩负起企业应当承担的社会责任和使命，坚持组织参与公益下乡活动，与社会各界开展合作，持续关注青少年的视力健康发展，积极传播近视防控知识，守护孩子们的成长之路。

【湖北省启动“荆楚送光明”降低青少年近视率公益项目】 2022 年 11 月 21 日，湖北省妇女儿童发展基金会联合武汉大学人民医院启动“我看见 · 荆楚送光明”降低青少年近视率公益项目。

湖北省人民医院作为“323”攻坚行动中全省儿童青少年近视防治中心牵头单位，出台了一系列“护苗”举措，通过一系列综合防控措施的联合推进，推动全省儿童青少年近视防控工作取得实效。此次省人民医院进一步展现医院公益性，大力支持“我看见 · 荆楚送光明”公益项目的开展，用心传递爱与光明，为全省儿童青少年眼健康事业贡献力量。

“我看见 · 荆楚送光明”公益项目启动后，湖北省儿童青少年近视防治中心将联合各地妇女联合会多维度开展公益行动，在全省开展儿童青少年视力筛查，并为南漳县、麻城市、广水市、利川市等 5 个县（市、区）1600 多名农村留守及困境儿童青少年发放配镜补贴，点亮孩子们的“睛”彩人生。

【万新光学、海昌、江苏淘镜等眼镜企业捐赠物资支援抗疫】 凝心聚力抗疫情，爱心捐赠暖人心。2022 年 11 月 24 日下午，江苏淘镜向江苏省丹阳市司徒镇人民政府捐献了医用口罩、防护服等抗疫物资，以及牛奶、方便面等生活物资，用实际行动彰显企业责任和社会担当。镇党委政府向爱心捐赠企业表示了衷心的感谢。

江苏淘镜作为司徒镇本土企业，始终怀有对社会、对人民群众的强烈责任感，坚持以实际行动回报社会，多次通过爱心捐赠帮助家乡人民渡过难关，为全镇疫情防控贡献力量。

疫情暴发以来，司徒镇江苏淘镜、美乐集团、博大光学、万新光学、海昌等一批企业以捐赠防疫物资、慰问防疫人员等方式，参与抗击疫情，彰显了企业强烈的担当意识，传递了正能量，以实际行动展现企业的社会责任和使命担当，以实际行动助力防疫工作的开展。同时，希望通过他们的爱心行为号召社会各界人士凝聚共识、汇聚力量，与疫情防控人员齐心协力，共同抗击疫情。

【西安光明眼镜走进校园开展视力筛查大型公益活动】 眼睛是心灵的窗户，爱护眼睛对学生来说非常重要，为了增强学生保护视力的意识，让每位学生都拥有一双健康明亮的眼睛，2022 年 11 月，西安光明眼镜有限公司连续 8 天走进西安市碑林区铁五小学，开展大型公益视力筛查活动，免费为 4892 名学生进行视力检测。

筛查期间，验光师们积极向学生宣传爱眼护眼的重要性，建议学校每天坚持组织学生做眼保健操，加强对学生保护视力的指导和教育，强化学生保护视力的意识，培养他们养成良好的用眼习惯。在引导学生掌握正确用眼方法的同时，宣传活动有效提高了同学们爱眼护眼的意识。

本次活动提高了学生的护眼意识，让孩子们懂得保护视力的重要性。通过检查尽早发现了学生视力发展异常情况并进行及时矫正治疗，将危害儿童视力发展的不良因素扼杀在摇篮里，为学生今后的健康成长打下坚实的基础。

【四川省眼镜商会向“9 · 5”地震灾区石棉县捐赠价值 60 万元眼镜】 2022 年 12 月 14 日，为深入学习贯彻党的二十大精神，助力“9·5”泸定地震石棉县灾区群众早日重建家园，四川省关工委、省委老干部局、省总工会、团省委、省妇联、省关心下一代基金会共同举办的“老少牵手·温暖童心”关爱万名青少年暖冬行动启动仪式，在四川省雅安市石棉县八一希望小学举行。

仪式现场，四川省眼镜商会结合眼镜行业自身特征，继“5·12”“4·20”、舟曲泥石流、脱贫攻坚、“留守、流动儿童视觉关爱”、乡村振兴等公益活动后，再一次组织广大会员、爱心企业和单位，充分发挥行业的整体优势，组织募集了1200副眼镜（折合人民币60万元），并组成专业技术人员志愿者团队。在四川省关心下一代工作委员会、省关心下一代基金会、当地党委、政府及相关部门、成都市产品质量监督检验研究院和学校的组织参与下，以实际行动参与灾后重建工作，为受捐的同学们进行免费验光和配送眼镜，为同学们送上一份爱心。

仪式结束后，眼镜商会会员单位为灾区受捐青少年儿童进行现场验光、选架。同时，为了进一步加强青少年爱眼护眼意识，培养同学们的科学用眼习惯，主办单位组织专业人员分别在石棉中学、民族中学开展了“保护视力　远离近视”的专题讲座，科普了近视形成的原因、近视带来的危害、近视的预防方法、保护视力的方法等用眼护眼的知识，科学地引导同学们培养良好的用眼习惯，科学预防近视。

【广东省连州市眼之悦眼镜中心公益捐赠爱心眼镜】 2022年12月18日，连州市眼之悦眼镜中心积极履行企业社会责任，向连州市红十字会捐赠眼镜600副，价值30万元，展现了商家的社会责任和担当。

此批眼镜定向捐赠给卫生系统和教育系统，其中捐给卫生防疫一线的工作人员300副、中小学生200副、中小学教师100副。本次公益活动捐赠的眼镜及验光配镜技术支持全程由连州市眼之悦眼镜中心负责，配镜时间为2022年12月20日至2023年3月20日。

（三）行业交流

【厦门眼镜行业数字化转型论坛圆满落幕】 2022年2月19日，华为技术有限公司携手厦门市眼镜协会，邀请协会各会员企业于华为云厦门创新中心举办以“拥抱数字化转型，助力眼视光产业新升级”为主题的厦门眼镜行业数字化转型交流会，共同探讨眼镜企业数字化转型之道。此次活动由厦门市工业和信息化局指导，华为技术有限公司、厦门市眼镜协会主办，中软国际信息技术（厦门）有限公司、厦门碧谷科技有限公司协办。旨在研讨各企业在工业互联网时代下的走向、变革、转型的同时，助力更多企业寻求切身的数字升级方案。

在互联网及新兴技术的催动下，“数字经济”已然成为当下经济发展最强劲的动力之一，成为企业升级发展、降本增效的重要途径。随着市场的不断升级，传统产业运营模式也不断裂变，以眼镜行业为例的板块企业更是面临这两大转型升级机遇：从功能性产业向时尚产业转型，从贴牌生产向自主品牌生产。然而受制各类短板问题，许多眼镜企业无法通过管理信息化和制造智能化建设实现企业的精益化生产，实现企业可持续发展。

华为福建产业云介绍，华为云产业云作为一种基地型业务，通过政策优势、平台优势、产业优势吸引伙伴参与到厦门产业数字化发展大潮中，主要服务中小微企业，助力特色产业集群打造。数字化本质还是通过数字化技术手段提高企业生产效率，改进产品质量，提升运营效率。在具体落地上，创新中心牵手生态伙伴共同深入工厂、车间，分析不同业务场景下具体数字化需求，提供匹配的解决方案，打造更多标杆案例。除了提供企业数字化转型解决方案外，创新中心还将例行举办各行业数字化转型沙龙，分享全国数字化转型经验。华为云解决方案高级架构师张仁粱分享了“从华为实践看企业数字化转型”的主题演讲，以华为切身案例分享科技普惠生活、数字赋能产业发展的普适性与便捷度，比如常态化的远程办公、数字化的客户互动模式以及基于数字化的商业模式等等。鼎捷软件 E 方案交付中心资深顾问陈津津在“着眼行业新视角，释放数字化价值”主题演讲中，向现场演示并推出行业智能整合解决方案，从全流程为企业打造智能工厂，实现数字化转型。针对工业互联网平台是如何和生产过程进行结合，为工业企业解决哪些实际问题与可量化经济效益回报的问题，前海信息营销副总潘庆敏也在会上进行充分解说，发布“知识自动化驱动的模次成型工业互联网平台与应用”演讲。“蝉妈妈”是垂直于抖音短视频电商的数据分析服务平台，“蝉妈妈”数据内容运营经理马惠珍就企业品牌运维板块发表了题为“2022 年抖音直播电商趋势下，眼镜行业品类如何破局?”的演说，告知企业数字化转型不仅可以通过数字技术在竞争中获取优势，还能够抓住抖音电商利好机遇，让企业在数字升级、品牌运维破圈中不掉队。

随着消费者健康意识的不断提升与国家层面对眼健康关注力度的提升，眼视光产业市场潜力巨大。为了进一步加快眼视光产业的数智化升级、赋能健康中国时代号角、加大数字新基建的建设力度，华为云充分发挥知名云端服务的头雁效应、携手中软国际、碧谷科技，以软件产业和制造产业为重心，提供软件开发云、智能制造云和云上软件云三朵云的公有云服务，指导本地企业上云、用云。

面对市场竞争加剧和宏观经济不确定性带来的挑战，数字技术和商业的高度融合将成为未来企业发展的第一原动力，企业通过数字化转型实现降本增效的同时，将留有更多的运维精力提升产品制造、研发空间，在客户体验数字化、运营数字化，以及创造数字化商业模式等三个维度上领先同行。

华为将聚焦大数据，促进各大板块的数智化转型升级的运维痛点，不断丰富方案技术服务内容与华为云端平台建设；继续紧跟时代政策风向标，及时有效地指引、满足本地企业用云上云的服务，深度融合不同行业需求与资源配置；各大企业也将继续发展行业，以专精特新精神了解板块痛点，发挥自身企业优势契合板块需求，全方位助力中国制造的发展之路。

【2022 中国眼镜业（第十届）代理商高峰论坛召开】 2022 年 7 月 26 日，2022 年中国眼镜业（第十届）代理商高峰论坛于江苏溧阳召开。本次论坛由“第 1 眼镜”主办，主题为“新阶段、新发展、新使命”。中国眼镜协会副理事长江波，中国眼镜协会副理事长、丹阳市眼镜商会会长汤龙保，四川省眼镜商会会长杨亦米，湖北眼镜协会会长易向阳，杭州眼镜商会会长陈玉丰，主赞助商全真光学科技股份有限公司董事长李军，《第 1 眼镜》社长傅忠伟，特邀嘉宾法国依视路集团大中华区事务总裁吕建中和雅瑞光学全国渠道中心营销副总裁崔健，与各位特邀嘉宾、品牌商和代理商及行业精英齐聚一堂，站在新发展起点，汇聚产业智慧力量，共谋产业发展新格局。

江波副理事长代表中国眼镜协会对本次论坛的举办表示热烈祝贺。她表示，中国眼镜业高峰论坛已经成功举办 9 届，搭建了制造商、品牌商和代理商的交流平台，发挥了重要作用，已经成为眼镜行业富有广泛影响力的盛会之一。中国眼镜协会愿与行业同仁一道，服务产业升级，巩固产业链融通，在新发展阶段，助力企业做大市场、做优品牌、做强实力，在新发展格局中协同合作、实现共赢。

会议期间，多位大咖以“代理的本质”“从批发商到零售商的转型与升级”“贸易商业模型”“东大 27 年历程 | 与行业同崛起，稳健前行向未来”“增量到存量，市场在变，我们如何变”“公益之心 行业之美”“丹阳眼镜城——视界之窗 丹阳之光”“企业家的可持续发展新思维”“品牌、上市和行业十倍增长”“运动科技的视界”等开启主题分享。

中国眼镜协会副理事长、丹阳市眼镜商会会长汤龙保致辞，他代表丹阳市眼镜商会对各位嘉宾的到来表示热烈欢迎！他表示业界同仁在这充满生机和活力的日子里，相聚一堂，共同探讨商业创新发展话题，将为眼镜行业的繁荣发展提供有益借鉴。

四川省眼镜商会会长杨亦米与《第 1 眼镜》总编袁红锦，进行了“中国眼镜业代理商高峰论坛”交旗仪式，共同相约 2023 年在成都相见。

【2022 视觉健康创新发展国际论坛在厦门举行】 2022 年 7 月 22—24 日，2022 视觉健康创新

发展国际论坛（Vision China 2022）于“金砖”国家领导人第九次会晤主会场——厦门国家会议中心举行。2022 全国视光学大会、第 8 届中国近视大会、第 5 届全国眼视光联盟大会、中国老年医学学会眼科分会 2022 学术年会、2022 全国视觉健康新技术新产品展览会也同期举办。本届论坛还新增了中国眼谷眼视光科技创新与产业发展高峰论坛、中国眼科监管科学与标准化大会、全国视觉健康新技术新产品展览等。开幕式由国家眼部疾病临床医学研究中心主任吕帆主持。

本届大会共举办了 64 场分论坛、15 场工作会议、12 场继续教育、3 场新闻发布会，持续聚焦继续教育与人才、临床与医学、资本与产业、运营与管理、真实世界研究等多个方面。为期 4 天的大会，共有来自 12 个国家和地区的 473 位专家学者，带来了 525 次主题报告，研讨近视防控的新理论、新方法、新观点、新进步、新对策、新成果。与此同时，中国眼谷入驻企业等来自全国 20 个城市的 89 家企业参会，涉及医药、器械、投资管理等 11 个领域。2022 视觉健康创新发展国际论坛，线下参会人数超 5500 人。

Vison China 坚持开发、跨界、创新、合作的宗旨，紧跟时代脉搏，瞄准视觉健康前沿科技，开展头脑风暴，共同探讨与视觉健康密切相关的临床新技术、研究新动态、产业发展新趋势以及人才培养新理念，努力将其打造成为中国乃至全世界范围内有影响力的视觉健康交流平台，目前已成为国内参会人数最多、影响力最大的眼科和视光学学术会议之一。

【2022 中国（重庆）眼镜产业高质量发展峰会在奉节举行】 2022 年 8 月 8 日，2022 中国（重庆）眼镜产业高质量发展峰会在奉节举行，助力奉节加快打造西部最大眼镜产业基地，推动眼镜产业高质量发展。中国眼镜协会副理事长江波到会致辞，重庆市眼镜协会会长刘大伟、浙江省眼镜协会会长吴建敏等出席会议。

重庆市经济信息委为奉节县“重庆市眼镜产业示范基地”授牌，市招商投资局为奉节县“市县协同招商示范基地”授牌并与奉节县签订推动市县协同联动招商合作协议。

峰会举行了眼镜企业集中签约仪式，共签约投资项目 26 个，总投资 23.5 亿元。其中，与浙江省临海市万大眼镜有限公司签订成品眼镜生产项目投资协议，引进数字化、自动化设备，建成金属眼镜、塑胶混合眼镜、钛架眼镜、板材眼镜生产线各一条。

近年来，奉节县积极应对挑战，全力抢抓机遇，致力打造 50 亿级眼镜产业集群，出台了《加快奉节眼镜产业高质量发展的十二条意见》等优惠政策，从搬迁补助、投资奖励、厂房租售、土地保障等 12 个方面对入驻眼镜企业培育支持，不断加大招商引资和企业培育的力度，形成了集眼镜研发设计、生产制造、产品展示、贸易销售于一体的眼镜全产业链条，已成功创建为重庆市眼镜产业示范基地，眼镜产业的集聚集群效应日益凸显。

【浙江省眼镜产业创新服务综合体创新服务发展大会举行】 2022 年 6 月 2 日，浙江省眼镜产业创新服务综合体创新服务发展大会举行。大会由瓯海区科技局指导，华中科技大学温州先进制造技术研究院主办，浙江省眼镜产业创新服务综合体承办。邀请了政府部门、行业协会、高校院所、眼镜企业以及科技中介服务机构代表参加。

浙江省眼镜产业创新服务综合体位于温州市瓯海区集光路 301 号（瓯海眼镜小镇），由瓯海区政府委托华中科技大学温州先进制造技术研究院负责运营，是一个集创意设计、品牌运营、技术服务、协同创新、检验检测、标准信息、知识产权、成果转化、创业孵化、人才引培、科技金融、生态体系等服务功能于一体的产业创新公共服务平台，着力构建“产学研用金、才政介美云”十联动的创新创业生态系统，全面支撑眼镜产业高质量发展。

华中科技大学温州先进制造技术研究院副院长苏天德表示，眼镜综合体将以本次发展大会为契机，以综合体重点开发的“创新视界”数字化平台为抓手，有效打通创新服务“肠梗阻”，促进供需精准对接，建立多方共赢的创新服务体系。会上有关代表专题分享“近视防控智能眼镜项目”“眼镜水溶性 UV 油漆技术项目”“眼镜自动打牌装备技术项目”“静电喷涂装备技术项目”。

大会现场，30 多家机构集体签约入驻，一批产学研合作项目、投资合作项目、科技金融服务项目和易眼购平台项目签约，加速创新资源集聚裂变，加快创新链产业链融合，赋能眼镜产业精彩蝶变。

【第四届中国眼镜工贸峰会在温州举行】 2022 年 9 月 14 日下午，第四届中国（温州）眼镜工贸峰会在温州举行。来自温州、台州、丹阳、厦门、重庆、河北新河等国内主要产区的 80 家眼镜企业在活动新品展示现场，展出了包括成镜、镜片、眼镜配件、眼镜包装、自动化设备、原材料辅料、验光配镜仪器等系列产品，还有眼镜检验检测、直播孵化平台、验厂咨询等服务机构在场展示。

浙江省眼镜产业创新服务综合体联合佛山埃科共同研发的镜框水口智能化打磨设备可谓吸睛十足，设备前不断有参观者驻足详谈。该款设备能实现自动输送料盘、机器人自动抓取镜框、智能定位、自动锯切水口、打磨水口等功能。此外，首次亮相的自动钉米机也引人注目。

温州奥司光学展出的 PC 高对比镜片和防蓝光变色片，向镜片个性化定制切入；冠豪眼镜展出的儿童贴耳太阳镜、阿宁原创展出的专利折叠老花镜等产品精准瞄准用户需求，专注功能性优势；深圳星鸿发带来的特色眼镜框线、宁波锦睿展出的环保塑料粒子则凭借其丰富、独特的特性，为眼镜产品提供了许多可能性。

特色新颖的产品、丰富多元的内容，吸引了超千位业界人士到场参观，主要是来自温州、台州的眼镜制造、贸易企业老板、技术人员、采购人员。黎东、盈昌、蓝道、瓯海、通达、朗盛、东田等温台头部眼镜的老板都现身现场。

一年一届的中国眼镜工贸峰会已成为国内眼镜产业交流、学习、合作的重要商贸平台。在疫情导致行业交流受限的情况下，此次工贸峰会对推进产业链交流、促进行业发展起到积极的作用，得到了绝大部分参与人士的认可。部分企业已提前预订了下一届的展示和赞助名额。

【深圳横岗和江苏丹阳两大眼镜之都开展产业交流】 2022 年 9 月 27 日，2022 年深圳横岗眼镜产业交流会在深圳横岗举行。江苏丹阳市及江苏力合智能制造产业园在会上发布产业政策，吸引深圳眼镜产业布局长三角市场，共同打造眼镜产业的国内国际双循环产业链。本次交流活动由江苏省丹阳市商务局和丹阳市招商中心指导，江苏力合智能制造产业园主办，深圳商道智慧文化发展有限公司承办。

深圳横岗和江苏丹阳两大眼镜之都围绕眼镜产业高质量发展深度合作，重点聚焦江苏丹阳力合智能制造产业园产业链布局，引入一批园区载体，签约一批眼镜产业项目。深圳横岗是珠三角的眼镜之都，产业链创新链发达。丹阳素有长三角眼镜之都的美誉，“戴丹阳眼镜、看美丽世界”的口号广为流传。丹阳眼镜产业正全面实施品牌化发展新战略，推动行业由规模效益型向品牌效益型转变。此次与深圳横岗眼镜产业牵手，整合构建具有全球竞争性价值的产业链，推动眼镜产业从区域化向国际化迈进，实现制造业与服务业双轮驱动比翼双飞，全面形成中国眼镜产业的新优势。

丹阳市商务局驻深圳办事处主任赵慧，力合科创（丹阳）智能制造产业园副总经理练敏、园区产业招商负责人马帅、招商经理李鹤以及横岗眼镜行业企业家代表 30 余人出席本次活动。江苏丹阳和深圳横岗两大眼镜之都围绕眼镜产业高质量发展开展合作，共同构建具有全球竞争性价值的产业链，推动眼镜产业从区域化向国际化迈进，全面形成中国眼镜产业发展新优势。

力合科创（丹阳）智能制造产业园副总经理练敏对各位嘉宾的到来表示热烈欢迎，对丹阳市商务局、丹阳市招商中心和横岗眼镜产业协会提供的帮助表示诚挚的感谢，希望通过本次活动能在长三角和珠三角之间架起一座眼镜产业沟通的桥梁，邀请一批深圳横岗眼镜产业项目参与到丹阳眼镜新一轮的发展机遇中来，共同打造眼镜产业的国内国际双循环产业链。

丹阳市商务们局驻深圳办事处主任赵慧介绍了丹阳市支持眼镜产业发展的相关政策与整体布局。目前丹阳眼镜产业正全面实施品牌化发展新战略，推动行业由规模效益型向品牌效益型的转变。丹阳市委、市政府高度重视眼镜产业的振兴和发展，从战略高度把眼镜产业作为全市的“第一产业”来抓，制定了多种扶持政策，丹阳政府将全力支持优质的眼镜产业企业来丹阳落户发展。

【丹阳眼镜青年企业家开展标杆游学活动】 为搭建会员间沟通平台，促进企业持续健康发展，通过与上市公司高管的零距离交流互动，学习上市企业的实战经验，为会员企业实现转型升级和创新发展之路规划好路径和方向，2022年9月9日，由丹阳市眼镜商会青年企业家沙龙主办，明月镜片承办的“不负青春　踔厉前行　喜迎党的二十大——走进明月镜片”沙龙活动成功举行。

特劳特中国管理合伙人李湘群、丹阳市眼镜商会秘书长袁红锦、丹阳市眼镜商会青年企业家沙龙、青委会主任张莛及丹阳市眼镜商会青年才俊代表、明月镜片董事长谢公晚、明月镜片总裁（青年企业家顾问）谢公兴参加了本次活动。

丹阳市眼镜商会秘书长袁红锦为本次活动致辞。她指出，明月镜片的成功上市对国产镜片行业的发展与民族镜片品牌的崛起，具有重要的引领和推动作用，再加上明月镜片与特劳特合作后，通过实施定位战略，逐步优化产品组合，逐步占领消费者心智，具有示范效应。

明月镜片董事长谢公晚先生代表明月镜片对丹阳市眼镜商会的青年才俊一行的到来表示热烈欢迎。他指出，眼镜行业要向更纵深、更广阔的市场发展，必须要构建一个既竞争、又合作、更互促的市场环境，不仅要跳出低层次“同质化产品”的竞争，还要和其他行业一样回归到产业本质，实现价值回归，为消费者创造价值。明月镜片作为行业头部阵营，应该率先回归，以消费者为本创造价值，希望和在座的同行共同做大市场，实现多赢。

特劳特中国管理合伙人李湘群为大家带来“共同做大镜片行业　提升国家竞争力”的主题分享。他以“中国的国家竞争力在哪里?”提出疑问，列举美国和日本在寻找战略定位和提高运营消费的差异化和同质化，深入浅出地分析当前中国的制造能力全球领先，但战略优势仍需打造。随后，他从商业环境历经更迭的三个时代——工厂时代、市场时代、当今时代入手，分享列举计算机、汉堡、奶酪等行业的真实案例，表示现在已进入定位的时代，中国潜力亟待释放，只有找到一个清晰的定位，我们才能知道战略如何制定、资源如何配置，让世界共同感受到中国眼镜行业企业共同前进的独特脚步!

明月镜片总裁谢公兴带来“明月的前世今生”的分享，他与在座的各位分享了明月镜片的“困惑的前世”以及“不惑的今生”，围绕企业管理与品牌成长，通过自身发展遇到的多个维度，创新性地剖析明月镜片企业发展管理过程中的痛点和难点。

明月镜片常务副总裁曾哲带来“建立外部视界　成为心智首选——明月镜片的战略转型历程”的主题分享。他从行业形势分析镜片竞争格局，继而指出明月镜片面临的竞争格局，主动放弃和调整部分业务，即砍掉“肿瘤型”增长、转化“肥肉型”增长、做大“肌肉型”增长。并确立了拳头产品和重新定义好镜片的“四大标准”，包括制定终端万店四专计划，最终围绕“矫·治·防·控·美”，以用户为中心，从看得见，到看得清，到看得美丽，再到看得健康，呵护14亿人的视觉健康。

明月镜片品牌与市场中心总监廖鹏以“明月镜片品牌传播方法论”为主题，从为什么要做品牌传播、什么是品牌、什么是传播3个问题出发，正视镜片品牌通过媒介组合渠道的重要性，探讨如何做好媒介传播、广告语标准、费用投入等内容，从不同行业的媒体推广案例进行了观点的碰撞。

本次游学活动在党的二十大即将召开之际，来自丹阳眼镜行业的青年才俊齐聚一堂，与明月镜片和特劳特团队深入交流，贡献智慧，凝心聚力。

【2022中国眼镜业鹭岛高峰论坛启迪行业未来图景】　2022年11月24日，2022中国眼镜业鹭岛高峰论坛在厦门展览中心C3馆4楼国际报告厅举办。本次眼镜业鹭岛高峰论坛，由厦门市眼镜协会、厦门会展集团有限公司主办，《中国眼镜科技杂志》协办。论坛上，来自全国的300余名眼镜行业品牌商、批发商、零售商及行业专家代表齐聚一堂，共同聆听行业时代之音，探讨行业发展之路。

第二届中国眼镜业鹭岛高峰论坛以“凭云鼓浪　聚视突围”为主题，本着为行业探寻突围之道的理念，聚焦行业发展痛点，围绕眼视光行业智能化发展、眼健康服务领域的拓展、核心技术的集体突围、大数据的场景化应用、消费者交互能力的构建等热点话题，为听众呈现行业的顶层设计与前沿科技。

主办方代表、厦门市眼镜协会会长黄法调在

致辞中表示，在“健康中国”的国家战略大背景下，眼镜行业正处在发展的特殊和关键时期，在新一轮的市场大潮中，除旧布新必然会导致眼镜产业的变革，行业同仁应顺应历史潮流，积极应变，主动求变，才能与时代同行。他寄语现场从业者们共商良策，冲破疫情的阴霾，推动行业发展。

中国眼镜协会副理事长江波在致辞中分享了3个关键词：坚持、跨界、融合。她表示，疫情以来，行业企业一直在供应链布局和服务升级端持续发力，为消费者带去了更好的眼视光服务，但我们也应具备更开阔的胸怀和格局，主动走出去，与时尚、医疗、科技等更多行业交流，学习他们的优秀经验和理念，让眼镜行业更加开放和现代，还要主动与眼视光服务、医疗器械等领域融合，集多股合力打造更好的眼健康、眼视光行业，造福广大消费者。最后，她代表中国眼镜协会表达了搭建行业平台，团结行业企业的决心，并倡议在座同仁一起将中国眼镜行业做大做强。

从眼镜零售业的十年之变，到品牌、门店百花齐放的全域增长之法，我们看到了眼镜行业先行者与思考者们内部迭代后的前瞻视野与途径，又从AI技术和眼科医疗的他山之石中，一窥了眼健康行业巨大市场前景。重要的是，天堑通途，未来已不再遥不可及，战略转型、营销革新的经验积累，前沿科技、跨界联动的技术加持，让站在变革节点的眼镜行业具备了聚“视”突围，蝶变新生的条件。

【2022中国眼镜业鹭岛高峰论坛分享：王智民《眼镜行业的逆势复燃!》】 星创视界（宝岛眼镜）董事长王智民以十年为尺，带领现场同仁回望了从2012年至今眼镜零售的巨大变化。这十年间，全球眼镜市场版图的品牌逐渐形成两强对决，国内市场涌现了暴龙、陌森、海伦凯勒、派丽蒙、海俪恩等直面消费者的知名品牌，大众的功能性需求稳步增长，抗疲劳和防蓝光镜片出货量连年走高，隐形眼镜则完成了线上与线下渠道的结构变迁。

种种变化之间，星创视界既有因势而动，也有引领潮流，王智民将宝岛眼镜在这十年间启动数字化转型和坚持专业化战略的前因后果一一分享，并提出了“数、智、化、运、察、力”的六字真言。他总结，中国老百姓不缺产品，缺的是眼视光解决方案，而未来，眼健康一定是广大消费者的硬刚需，也是眼镜零售店应该尽早转型布局的方向。期待将来，能让消费者不再以“卖货”来看待眼镜零售，而是从眼健康的角度去真正认可眼镜行业的价值。

【2022中国眼镜业鹭岛高峰论坛分享：狮明亮《实体门店增长新战略》】 全域增长创始人，多家500强企业增长顾问、创业连锁零售美妆喜燃打造全域新零售获得过亿融资，前小红书、宝洁、伊利等企业中高管狮明亮首先深度分析当前国内消费形势，指出当前消费发生三大巨变，即媒体巨变、用户行为巨变和需求巨变。消费者对于社交需求、尊重需求、自我实现等成长性需求的追求愈发强烈，因而零售门店应该循此轨迹，基于用户需求去改变经营重点。

狮明亮还分析了用户经营模式升级、门店业务角色升级、门店运营效率升级这三大实体零售升级手段，并给出了结论公式：品牌全域增长战略=品类定增长道+人群定增长心+品牌定增长力+渠道定增长网+组织定增长术+数字定增长率。

【2022中国眼镜业鹭岛高峰论坛分享：张大磊《AI助力眼镜零售业增长》】 鹰瞳科技公司（Airdoc）创始人兼CEO、中国人工智能学会智慧医疗专委会秘书长张大磊分享了实地调研374家眼镜店后所总结的当前眼镜零售业四大痛点：获客难、本科学历以上的从业人员占比低、商品复购率低、同质化严重。在此背景下，张大磊提出零售逻辑需要从经营“货”的逻辑转变为经营“人”，借助AI技术的四大优势：更高的用户信任度、更高的高值产品转化率、更高的客流量、更高的投资回报率，助力品牌力的提升和门店的进一步拓展。

张大磊还分享了多个成功案例，展现了如何借助AI加持下的眼健康技术，为门店营收、近视防控、大健康筛查带去实质性的帮助。

【2022中国眼镜业鹭岛高峰论坛分享：贾宝山《从眼科医疗看视光行业的发展》】 爱博诺德（北京）医疗科技股份有限公司集团副总经理贾宝山首先用数据说明全人类的眼健康问题已十分严峻，我国国民眼健康更是面临挑战：全球至少22亿人视力受损或失明，其中至少10亿人的视力损

伤问题本可以预防或尚待解决；近视已成“国病”，在高患病率的同时，有低龄化、高度化的趋势。他指出危机的背后是机遇，现代生活方式导致了屈光、视光问题频出，市场空间巨大，眼科医疗因此青睐视光行业。

贾宝山还从眼科医疗的专业视角出发，深刻分析当前我国眼科企业的市场全景，逐一解读角膜塑形镜、离焦镜片、人工晶体等品类所蕴藏的潜力和商机。

【鹰潭（厦门）眼镜产业合作交流会成功举办】 2022年11月25日上午，鹰潭（厦门）眼镜产业合作交流会在厦门市举行，厦门、深圳、温州、丹阳等各大产区眼镜企业精英共110余人欢聚一堂，共叙友谊、共话合作、共谋发展。

活动由江西省鹰潭市余江区委常委、区政府党组成员刘峰主持，鹰潭市政府副秘书长周峰致辞，余江工业园区管委会主任，鹰潭（余江）眼镜产业园区管委会党工委书记、主任黄旭辉就余江区情及眼镜产业进行推介。厦门雅瑞光学董事长、厦门眼镜协会会长黄法调，来奇偏光科技董事长吴进忠，雅视集团董事长助理肖铭等客商代表分别发言。此次推介会现场签约项目8个，总金额60亿元，充分展示了余江区优质营商环境和眼镜资源优势，为助推余江区经济高速发展奠定坚实基础。

【温州市眼镜商会青年委员会赴鹰潭学习交流】 2022年12月14—15日，温州市眼镜商会青年委员会一行38人，在青委会主任吴浩的带领下到访江西鹰潭（余江）眼镜产业园，先后参观了鹰潭（世界）眼镜博物馆，香港雅视骏汇工业园、鹰潭晶威眼镜有限公司、江西领誉光学有限公司、江西华清眼镜有限公司等14家眼镜企业。温州的青年企业家们借此机会，对鹰潭眼镜的产业发展情况有了更为深刻、全面的了解。

12月15日上午，温州青年企业家一行在鹰潭（余江）眼镜产业园区管委会及鹰潭市眼镜行业协会秘书处的陪同下，前往鹰潭（世界）眼镜博物馆参观学习。眼镜博物馆于2015年开馆，全面展示了鹰潭200余年的眼镜发展历程，以及最新的创新成果。

香港雅视骏汇工业园是港股上市企业香港雅视集团在鹰潭成立的分公司，占地240亩（约1.6万平方米），目前已投产近一年。公司相关负责人向一行人介绍了公司在鹰潭目前的生产情况。

鹰潭晶威眼镜有限公司为韩国Gentle Monster的制造工厂，占地80亩（约5.3万平方米），于2022年5月正式入驻产业园。作为当前在国际上备受关注的潮流品牌，Gentle Monster将自己的首个制造工厂设在了余江，据负责人裴江峰介绍，目前工厂运行基本已上轨道。在品牌运营及门店设计方面相当有建树的Gentle Monster，十分重视品牌形象，众人在参观过程中，均为无处不在的设计感及独特的陈列美学所触动。

江西华清眼镜有限公司为上市公司香港恒发光学的分公司，成立于2016年。作为园区内入驻较早的镜企，华清已具有生产高端眼镜的制造水准，目前年产能约250万副。

鹰潭万成光学科技有限公司为厦门上杰光学科技有限公司的分公司，主要负责制造公司自有老花眼镜品牌“夕阳红”产品。负责人叶建军向代表团们细致地介绍了“夕阳红”品牌在鹰潭工厂，是如何巧妙借助数字化系统进行高效生产并顺利完成交货任务的。

亨得利作为园区内第一批入驻的企业，早在2010年就已完成落户。多年来，在温州和鹰潭两家公司的共同努力下，现已成为国内现代化程度最高、规模较大的眼镜框线专业制造商。

代表团还参观了鹰潭眼镜行业协会会长单位江西正翔眼镜有限公司，生产各式运动眼镜的鹰潭市盛基光学有限公司，成镜制造的江西领誉光学有限公司和鹰潭市华视光学有限公司，提供偏光镜片的鹰潭嘉琦光学科技有限公司，生产铰链、插针等配件的江西中爱科技有限公司和江西佳亿光学有限公司，提供眼镜现货的鹰潭腾辉光学有限公司，以及品牌水晶脚生产商江西艺宝眼镜有限公司等。

在一系列紧凑、丰富的参观活动中，温州企业家们与鹰潭眼镜同行就眼镜生产工序、制造细节及当地眼镜发展等进行了交流、探讨。经过两天的交流、参观，青年企业家们领略了鹰潭眼镜产业的风貌，身临现场，感受到了当下余江眼镜的蓬勃发展。

新青年，在路上。温州市眼镜商会青年委员会每年都会组织各类专题活动，意在促进青年一代的学习与交流，发挥创新能力、凝聚行业新生力量，不断提升温州眼镜业的整体实力和核心竞争力。

（四）行业刊物

【《中国眼镜科技杂志》】《中国眼镜科技杂志》（月刊）创刊于1989年，由中国轻工业联合会主管，中国轻工业眼镜信息中心、中国眼镜协会主办。《中国眼镜科技杂志》秉承“专业、权威、良知、公信”的办刊宗旨，内容涵盖视光科技、资讯信息、经营管理、时尚流行、法规建设等诸多方面，其权威性、专业性、可读性已为业界所广泛认同，是中国眼镜行业专业权威刊物、全球眼镜行业最具影响力的期刊之一。

在“贴近行业、服务行业、引导行业”的办刊思想的指导下，期刊及时报道眼镜行业中科技、营销、管理、时尚等方面的发展动态，成为眼镜行业从事生产制造、经营销售、科研教学、验光配镜的从业人员和眼科医生、眼镜佩戴者的良师益友。

《中国眼镜科技杂志》的主要栏目包括：验光与配镜、眼镜百科、质量与标准、仪器天地、经营与管理、市场与营销、中国制造等。

《中国眼镜科技杂志》曾获中国轻工业总会1992—1996年度优秀科技期刊三等奖；重庆市1996—1997年度优秀期刊一等奖；重庆市1999年度优质期刊奖。

【《玻璃搪瓷与眼镜》眼镜版】《玻璃搪瓷与眼镜》（双月刊），创刊于1971年，是经原国家新闻出版总署正式批准，面向国内外公开发行的国家期刊，也是中国眼镜行业核心期刊之一。经国家新闻出版署国新出审〔2019〕2627号文件批复同意，从2020年起正式更名为《玻璃搪瓷与眼镜》，办刊宗旨变更为“促进我国玻璃搪瓷与眼镜工业及相关行业的新进展、新成果、新技术，促进学术与技术交流，推动我国玻璃搪瓷与眼镜工业科研生产水平提升”。主要栏目有：行业概述、研究与实验报告、生产和验配技术、质量分析与标准解读、行业信息等。《中国核心期刊（遴选）数据库》《中国期刊全文数据库》《中文科技期刊数据库》《中国期刊网》等数据库全文收录期刊，杂志集权威性、理论性与专业性于一体，具有很高的学术价值。《玻璃搪瓷与眼镜》杂志曾荣获全国优秀科技期刊奖，轻工业部优秀科技期刊奖，上海市优秀科技期刊奖。

该刊分为眼镜版和玻璃搪瓷版，是由中华人民共和国教育部主管，东华大学、中国日用玻璃协会及中国搪瓷工业协会三家联合主办的工业技术性刊物。该刊通过多年持续不断地挖掘、归纳、总结、提升，侧重报道了玻璃、搪瓷工业科研、生产、设计、开发等方面的新成果和新经验，全面推动了我国日用玻璃与搪瓷科学的持续发展。眼镜版逢单月出版，主要栏目有：行业概述、研究与实验报告、生产和验配技术、质量分析与标准解读、行业信息等。《玻璃搪瓷与眼镜》办刊多年来，以国家对玻搪行业的政策导向为方向，积极贯彻普及与提高相结合，理论与实用相结合，注重实用，兼顾普及的理念，注重充分发挥社会各界共同参与的积极性，重点打造了研究与实验报告、生产技术经验、专论、概述、讲座、简讯等栏目，为相关专业的科技人员和大专院校师生，提供了日用玻璃、搪瓷以及相关的熔窑、成型机械、模具、耐火材料、自动控制技术与设备、计算机应用等方面的研究成果。

【《眼镜制造导刊》】《眼镜制造导刊》（原《眼镜制造》和《眼镜导刊》合并升级）是由浙江省眼镜行业协会、温州市眼镜商会主办的专业性杂志，现月刊发行，已发行271期。每期发行量达5000份。既是广大眼镜行业企业和人士了解中国眼镜产业制造趋势、焦点热点事件、企业管理文化、名牌产品和新技术、新材料、新产品的平台，又是广大眼镜企业发布广告信息的窗口。

办刊宗旨：以“透视眼镜产业，关注行业趋势，专注于眼镜制造环节”为办刊思想，在刊物内容及形式方面与时俱进，追求高品位、高质量，力求精品，并以其形式和产品内容的丰富性及多样性，赢得了眼镜行业众多人士的喜爱与拥护。

杂志由中华全国供销合作总社主管，由中华全国供销合作总社信息中心、浙江省眼镜行业协会、温州市眼镜商会、临海市眼镜行业协会、玉环市眼镜行业协会主办。《中国供销商情》杂志社出版。《中国民营杂志》编辑部《眼镜制造导刊》运营中心负责编辑。

通信地址：温州市瓯海经济开发区娄桥园区集光路2号浙江省眼镜产品检验中心。杂志栏目包括：综合资讯、行业聚焦、经营管理、配件配套、眼镜设计等。

【《中国眼视光师》】《中国眼视光师》，原名《中国视光师》。2017年，《中国视光师》杂志正式创刊。《中国视光师》杂志汇聚视光行业高级人才临床中提炼总结出的知识、技能、诊疗思路，是视光行业优质文章的聚集地。杂志秉承内容为王、学以致用的理念，在同行中传播经验与知识，为业内人士交流讨论提供了一个优质平台，对现行眼视光教育进行良好补充，致力于推动眼视光学专业发展，专注于专业技术发展与实操经验分享，为业界搭建了一个专业学习、分享、交流的平台。《中国视光师》主要由国内诸多眼视光界专家学者及众多一线视光专业人员共同打造。

2019年，在《中国眼视光师》编辑委员会的一致协商后，决定与《中国眼镜科技》杂志强强联合，将《中国视光师》更名为《中国眼视光师》。

杂志内容主要由视光前瞻、视光教育、视光研究、视光模式、案例分享、双眼视、角塑探究、经验分享、加工技术重要板块构成。在行业人士的共同打造下，《中国眼视光师》杂志逐步成为行业专业人士和视光中心、眼镜零售企业学习、提升专业技能的“专业宝典”。

2020年1月，《中国眼视光师》正式上线发售。截至2022年10月，《中国眼视光师》杂志已出刊3期。

【《中华眼视光学与视觉科学杂志》】《中华眼视光学与视觉科学杂志》为中国科学技术协会主管，中华医学会主办，温州医科大学承办的眼视光学与视觉科学专业的学术期刊。2009年11月6日，国家新闻出版总署新出审字〔2009〕517号文件批复“同意眼视光学杂志更名为《中华眼视光学与视觉科学杂志》，并变更中华人民共和国科学技术协会为主管单位，中华医学会为主办单位，刊号CN11-5909/R”。根据新闻出版总署文件精神和中华医学会的要求，杂志承办单位温州医科大学（原校名为温州医学院）于2010年1月正式将眼视光学杂志更名为《中华眼视光学与视觉科学杂志》，并向国内外出版发行。

该杂志的前身是温州医科大学主办的《眼科通讯》杂志，创办于1980年，为情报性刊物，主要报道国内外眼科学术动态及防盲治盲的新消息、新进展。1989年起《眼科通讯》更名为《中西医结合眼科杂志》。该刊为国内外唯一以中西医结合眼科为特色的学术性期刊，主要报道我国眼科中西医结合临床诊治的新动态、新成果、新进展。杂志出版以来，在报道我国中西医结合眼科学术成果方面作出一定的贡献，读者遍及国内30多个省市自治区和港、澳、台地区，以及日本、马来西亚、新加坡等国家。

进入20世纪90年代后，由于国内有同类期刊出版，原本数量有限的专业稿源日见分散，使《中西医结合眼科杂志》面临生存危机。经过调查发现，杂志主办单位——温州医科大学是国内第一个开展眼视光学研究、第一个培养眼视光学专业本科生和硕士研究生的高校，在眼视光学的教学科研方面处于国内领先地位，有着良好的办刊条件。调查还发现，国外特别是发达国家创办有数十种眼视光学杂志，而占世界人口五分之一的中国却没有一种眼视光学专业期刊。为了填补我国眼视光学学术期刊的空白，及时反映我国眼视光学的最新进展，1998年7月16日科技部国科发信字〔1998〕049号文件批准，《中西医结合眼科杂志》更名为《眼视光学杂志》，并变更为温州医科大学和卫生部视光学研究中心为杂志主办单位，我国眼视光学创始人瞿佳教授担任杂志主编。1999年，《眼视光学杂志》正式出版。更名后的杂志无论是学术内容，还是出版形式方面都具有鲜明的特色，在国内外引起广泛的关注，多次评为浙江省优秀期刊一等奖、华东地区优秀期刊，2002年被新闻出版总署和科技部评为中国期刊方阵“双效期刊”。2002年以来一直被中国科技信息研究所列为中国科技论文统计源期刊和中国科技核心期刊。2007 年被美国《化学文摘》、英国《科学文摘》和波兰《哥白尼索引》收录。2010 年起被中华医学会收编，并再次更名为《中华眼视光学与视觉科学杂志》，成为中华医学会系列杂志。《中华眼视光学与视觉科学杂志》创办初期为双月刊，2012 年改为月刊。改刊后的杂志仍然坚持以眼视光学为特色，全面反映我国眼科学、视光学、视觉科学的最新进展，促进我国眼视光学与视觉科学的学术交流和发展，坚持理论与实践相结合，提高与普及并重的办刊宗旨。

从《眼科通讯》《中西医结合眼科杂志》到《中华眼视光学与视觉科学杂志》，34 年来，多次易名，使杂志得到不断发展和完善。《中华眼视光学与视觉科学杂志》坚持贯彻办刊宗旨，及时、客观地报道眼科学、眼视光学和视觉科学方面的新成果、新经验，继续发扬服务奉献精神，再接再厉，开业创新，努力争创一流期刊，彰显“特色、创新、精品、引领”的八字箴言，为我国科技期刊的发展贡献力量。

（五）综　合

【瓯海用“眼镜+文化”构建文创桃花源的“新视界”】 2022 年 1 月，温州市瓯海区新增了一个市重点文化产业园区——中国（瓯海）眼镜文化产业园，该园区成功获评 2021—2022 年度温州市重点文化产业园区，而瓯海另一个网红小村——山根音乐艺术小村被评为 2021—2022 年度温州市文化创意街区。近年来，瓯海迅速崛起，在文化产业方面也取得了不俗的成绩，探索资源整合有效路径，推动文化产业融合创新发展。

2021 年 12 月，第十九届中国（温州）国际眼镜展上，近 1000 平方米的“瓯海眼镜品牌区”所展示的瓯海眼镜企业各种“黑科技”让观展者大饱眼福：宝石镶嵌的奢华眼镜架、多场景适配的磁力贴眼镜、创新型石墨烯老视镜……100 多款首发首秀新品闪耀登场，诸多前沿眼镜产品重磅亮相。历时 2 天 4 场的大型“2021 中国（瓯海）眼镜全球首发时尚秀”更是聚焦了全世界的目光。

2018 年，瓯海推进眼镜产业转型。选定眼镜企业较为集聚的娄桥工业园，精心谋划、用心打造中国（瓯海）眼镜小镇。近年来，眼镜小镇逐步形成集研发、设计、生产、销售为一体的产业链集群，并持续放大产业集聚效应，而为小镇配套的文化产业园也应运而生。中国（瓯海）眼镜文化产业园，围绕“眼镜”做文章，融“眼镜”与“文化”为一体，开发具有“眼镜”元素的文创产品，推动形成文化产业园。

在镜框上挂上了耳环、项链等饰品，在镜框上添加一些时尚元素，和普通的眼镜相比会让人眼前一亮，同样的，除了眼镜产品本身加入了文创元素，园区还开发了一些具有“眼镜”元素的文创产品，有书签、领带夹、发饰、放大镜，甚至还有化妆镜，随身携带，打开像眼镜盒一样，这款产品还远销海外，受到外国客人的欢迎。接下来，园区还会设计和推出更多眼镜与文创碰撞的产品。

在文化交流方面，园区每年组织安排，或接待上百场的眼镜文化交流和参观，累计接待 200 余场文化交流活动，其中不乏来自全国各地，乃至全球的客商、领导和同行。如 2021 年 3 月 25 日下午，邀请阿里巴巴国际站就后疫情时代下大时尚产品跨境新机遇的主题与园区企业开展交流座谈活动。

中国（瓯海）眼镜文化产业园也是温州旅游的重要打卡点之一，在参观园区数字展厅和实物展区的同时，学习到了眼镜的历史和科普知识，瓯海区还制定了较大力度的优惠购买政策让前来观光的游客能够购买到物美价廉的眼镜产品，这是园区文旅融合的表现。

园区现已入驻 25 家优秀企业，代表的有美国的 Sunglasses、台湾的文德眼镜、以色列的在线验光公司、韩国的克雷迪托眼镜有限公司、日本的 owndays、温州市思路眼镜有限公司等眼镜为主的眼镜企业，还有浙江一牧文化发展有限公司，浙江融媒文化产业有限公司、温州意为影摄文化传媒有限公司、温州欧泽科技有限公司等文化企业。

【国内眼镜行业发展趋势】 一是行业集中度的提升。目前我国眼镜生产、零售行业集中度较低，通过行业内部整合可以使眼镜生产、零售企业实现快速扩张，迅速提高其市场占有率。跨国眼镜生产、零售商已通过兼并收购国内眼镜生产、零售品牌进入中国市场，在短时间内实现跨区域的布点。随着本土优质眼镜生产、零售企业的发展壮大，他们将凭借着本土化的优势，成为行业整合的重要参与者，通过跨区域收购壮大企业规模，进一步提升行业集中度。

二是视光服务的专业化。随着消费需求的不断升级，人们越来越注重眼视光服务的专业性。镜片质量的稳定性、验配人员的专业水平和配镜设备的精确性是消费者心目中衡量眼镜店好坏的标尺。消费者将越来越注重眼视光服务的专业化程度。眼镜连锁企业凭借其品牌知名度、良好的产品质量和服务质量控制、专业的验光配镜服务、现代化的验光配镜设备以及强大的售后响应能力，能够更好地满足终端消费者的需求。

三是线上销售及线下运营。眼镜消费的市场已逐步渗透到线上销售。不少眼镜生产、经销、零售企业通过线上运营压缩中间销售环节，去除线下门店高昂的运营成本，为消费者提供更便宜、优质的产品。与传统线下门店销售渠道相比，线上渠道具有一定优势，通过线上渠道可以有效减少中间经销环节，使消费者享受更加物美价廉的眼镜产品；线上渠道销售模式不受地域限制，增强了品牌与产品信息的覆盖面，口碑或爆款效应更加明显；线上销售模式可以使企业迅速根据市场变化及客户需求做出响应，保持经营的灵活性和高效性。同时，眼镜所具备的体验型的商品属性，使得眼镜的线上销售目前仍脱离不了线下镜架试戴、验光等配镜体验需求。

【国内眼镜产品发展趋势】 一是眼镜产品更新换代步伐加快。随着经济的稳步发展，镜片材料研发和工艺技术的不断改进，镜片产品不断推陈出新。眼镜制造行业新工艺、新技术不断涌现，越来越多的新功能将会得到应用，眼镜产品的升级换代步伐随之加快，推动眼镜消费市场的升级换代。

二是眼镜产品多元化、细分化发展。眼镜产品除了具备专业视力矫正、保护眼睛的功能外，还具有修饰美观的作用。消费者早期需求比较单一，配镜主要是为了矫正视力问题，对眼镜的款式、材质等没有个性化的要求。随着居民消费水平的增长，其消费需求也越来越多元化、个性化。为适应和满足消费者多元化、个性化的需求，眼镜零售业态越来越呈现多元化、细分化的发展趋势：有眼科医院等专业化医疗眼镜机构，也有快消时尚眼镜店；有中高端眼镜连锁品牌，甚至轻奢品牌，也有平价眼镜店。未来，眼镜行业将根据场合、年龄、个性等进行更细致的细分，如个性眼镜、商务眼镜、休闲眼镜、时尚眼镜等。

三是眼镜产品的智能化。智能眼镜是近年来最被看好的可穿戴智能设备之一。智能眼镜如同智能手机一样拥有独立的操作系统，可以通过软件安装来实现各种功能。其具有使用简便，体积较小等特点，是未来智能科技产品的重要增长点。目前，市场上主流的智能眼镜包括 VR 眼镜、AR 眼镜等，其在各个领域中的应用与研究尚处于测试推广阶段。未来，随着科学技术的进一步发展，智能眼镜搭配矫正视力的镜片、防蓝光护目镜片等将是镜片行业的快速增长点之一。

四是眼镜产品消费频次提升。早期考虑到价格因素，多数国内消费者更换眼镜的意愿不强。随着人们生活水平逐步提高，消费者的视觉健康和时尚意识也不断提高，消费观念日益成熟，越来越多的消费者逐步转变了自身的诉求，即从一味追求简单的视力矫正和产品低价格转变为越来越重视眼镜的品质、质量、功能和佩戴的舒适性。此外，眼镜的装饰性功能亦得到进一步的凸显，尤其是年轻消费群体进行季节性、场景化搭配，逐渐呈现一人多镜、根据衣物场景搭配眼镜的风潮。眼镜产品的消费频次将逐步提升。

【森一眼镜精彩亮相展示新变化、新动态、新篇章】 2022 年 11 月 3—5 日，为更好展示温州市技能提升行动和眼镜设计成果，充分发挥技能工作室领衔人等技能人才引领作用，森一眼镜设计作为温州市张森技能大师工作室、瓯海区张森工匠（眼镜设计）工作室、瓯海区张森技能工作室、浙江工贸职业技术学院眼视光技术专业校外实践基地，积极参与温州国际眼镜展会，全权负责眼镜设计专区活动。

设计专区不仅有专利产品展示、眼镜设计样品、特色镜片、三维渲染动画视频演示等，还有在温州市瓯海区总工会、瓯海区人社局、瓯海区科技局等部门支持下开展的“匠心向党、致敬百年——百匠讲堂”、“喜迎二十大、匠心奋进路——校园分享会暨瓯青工匠”等系列活动，让更多人尊重劳动、崇尚技能、技能成才。设计专区得到业内众多领导、前辈、朋友们的大力支持。

展会同期，张森作为眼镜产业技术发展论坛嘉宾，进行了“眼镜设计的创新思维及案例分享”主题分享。森一眼镜设计公司，专注眼镜设计10余年，服务于全国多家大型公司，拥有产品形象、产品规划、产品设计等丰富经验，负责项目组织实施、设计规划、工作分配，制定培训计划等。该公司还创办了温州市张森技能大师工作室、温州市瓯海区张森（眼镜设计）工匠大师工作室，荣获温州市瓯海区政府“工匠大师”荣誉称号、温州“眼镜名匠”称号。

【《眼镜巨擘——汤龙保的故事》出版发行】《眼镜巨擘——汤龙保的故事》由中国轻工业出版社于2021年5月出版发行。

汤龙保出生于丹阳市的一个普通农民家庭，自小家庭贫困，被迫放弃高中学业。村里安排其进了队办企业，汤龙保第一次感受到了组织的温暖，在心中埋下了向党爱党的种子。带着改变自身命运的迫切渴望，汤龙保特别勤奋、善于学习。没过多久，他就成为厂里出类拔萃的技术工人。一年多后，他被提拔为车间主任，接着成长为供销科长、经营副厂长。今天，他已经成为万新光学集团的掌舵人。

1988年，随着对外开放的扩大，境外眼镜产品如洪水般涌进了中国市场，国内眼镜行业受到严重冲击。不少曾经的国营大厂，几乎一夜之间停产甚至完全倒闭。汤龙保所在的企业虽已升格为镇江眼镜总厂，也未能在这轮冲击中幸免于难。“负债高达400多万，企业危在旦夕。”1992年，镇党委、镇政府将镇江眼镜总厂一分为四，万新公司是其中之一。汤龙保临危受命，成了万新公司的当家人。面对危机，汤龙保把工作重心放在产品提档升级上。1992年底，汤龙保带队赴香港首次参加国际眼镜展，产品被德国客户看中并下了订单。第二年，他又带队赴北京眼镜博览会，与英国、美国等国外客商签下了订单。从此，国际市场对“万新”敞开了大门。

生于忧患的汤龙保，对市场商机有着敏锐的嗅觉。1993年，他发现树脂镜片开始在国际市场热起来，而国内行业中尚有许多技术壁垒没有突破。汤龙保带着技术人员住进厂房，没日没夜地搞研发，填补国内市场空白，为中国眼镜产业杀出一条“血路”。现在，万新光学集团的员工已经发展到2600多名，企业年销售从不足100万元发展到如今的超12亿元。

该传记具体讲述了出身贫苦农民家庭的汤龙保，五十年如一日浸淫于眼镜行业，奇迹般将一个濒临倒闭的镜片厂，打造成为目前全球最具实力的树脂镜片生产出口基地、国内知名的眼镜架生产厂家。于他个人而言，亦在整个眼镜行业成就了“零差评”的“传奇”，成就了“唯一”。历经时代变迁，在企业二代交接棒中，汤龙保与儿子汤峰如何成功“传”与“承”，将企业做大做强。本书旨在用全方位的视角、自传体的形式，多角度、多层面，用一个个真实的故事，再现汤龙保从苦难走向灿烂的人生历程。

【以横岗眼镜产业为背景的小说《你的目光》出版】 2022年3月，知名青年作家王威廉的最新中篇小说《你的目光》由花城出版社出版。这部小说以深圳横岗这个生产了全世界七成高端眼镜的“眼镜之都”为现实背景，书写年轻一代设计师的生活、情感与创新。小说既反映了年轻一代创业创新的心气，同时也折射出广州、深圳等粤港澳大湾区城市的深厚文化底蕴与不断创新的勃勃生机。

小说《你的目光》题材新颖，都市感十足，备受文学界好评，曾入选中国小说学会2021年度好小说榜单、《扬子江文学评论》2021年度文学排行榜、2021年度“城市文学”排行榜等。

2020年，王威廉应邀到深圳横岗参加“深读城市”文化论坛系列活动，横岗高端眼镜在全球的影响力让他获得灵感。他看到，眼镜设计不仅仅是一种工业化的产物，更是一种艺术和生活方式上的转变提升，眼镜设计改变了人们看待世界的目光。于是，王威廉聚焦这样一个很少有人关注的职业——眼镜设计师，创作了这部小说《你的目光》。小说讲述的是在横岗国际眼镜城经营家传眼镜店的青年验光师何志良和广州眼镜设计师冼姿淇的爱情故事，是国内为数不多聚焦眼镜设计行业的中篇小说。小说将对眼镜的关注从“生产”转向“设计”，由“技术性”转移到“文化性”，并使其成为“从事文化生产和提供文化服务的经营性行业”，自身也随之实现由“销售者”向“眼镜设计师”身份的转变。同时，这里所产出的眼镜不再是传统的批量化、规格化、标准化、工业化的，而是充满着个人的经验色彩，甚至具有“孤品”意味的文化产品。小说里祖辈们艰辛的生存史给年轻的眼镜设计师带来了创新灵感，随着新眼镜的成型与诞生，他们看待彼此、看待过往、看待生活以及看待未来的目光，都发生了根本性的改变。王威廉认为，我们跟世界之间的中介物不是别的，正是目光，只有更新我们的目光，我们才能看到一个更加开阔、更加细腻的世界。

从《你的目光》中，我们可以窥见龙岗眼镜产业的未来——搭上深圳现代时尚产业高质量发展的“快车”，在不远的将来有望迎来“破茧成蝶”。

【蔡司荣获“2022 十大高品质消费创新案例”奖】 2022 年 12 月 1 日，由南方财经全媒体集团指导，21 世纪经济报道、21 世纪商业评论主办的首届中国（澳门）国际高品质消费博览会暨横琴世界湾区论坛“品质消费生态分论坛”在珠海横琴成功举办。论坛现场发布了“2022 十大高品质消费创新案例”，蔡司光学的“全生命周期眼健康管理解决方案”凭借着在战略、创新、服务、融合四大指标维度的全方位出色表现，得到了会议上各方专家学者、权威媒体以及投资机构的认可，成功获奖。

蔡司光学以“全生命周期的眼健康管理方案”，致力于为不同年龄层的用户提供优质的产品服务。2022 年创新推出的蔡司泽锐镜片，以其“宽、平、薄、美”的特点，备受大众认可。得益于新式玻璃模具，该产品创新采用了自由环面设计，让现成镜片也能拥有清晰的“广角视野”，保障轻薄美观的同时，也能让美好尽收眼底。

蔡司长期重视青少年近视管理。2022 年，针对中国青少年的用眼特点推出小乐圆镜片。该产品采用划时代的 C. A. R. E. 专利技术，以呈同心圆状分布的环带微柱镜结构，为全视野提供持续光信号刺激，实现对青少年近视进程的有效管理。此外，镜片还加载蔡司钻立方镀膜和蔡司 UV 双重防护，持久耐磨的同时为孩子提供紫外线防护功能，让孩子看得更清晰、更安全。

蔡司光学的自由环面镜片获评 2022 年企业标准“领跑者”，以过硬的产品品质和实力获得国家级的认可，成为视光行业的领先标兵。

而在产品之外，不断迭代的数字化验配体验，也让蔡司光学能更好地守护消费者的清晰视野。蔡司数字化验配设备于 2022 年引入了“哥伦布光学生物测量仪”，让验配专家们能够更精准高效地完成眼部数据采集，监控青少年的近视发展进程。

在消费场景，数字化体验服务的进步也让消费者们更省心。用户们可通过“卡尔蔡司光学”微信公众号进入“蔡司睛选”微信小程序查找蔡司官方合作门店、查验镜片真伪、注册电子质保卡和享受售后服务，也可通过“蔡司小蓝标”微信小程序了解更多资讯和参与互动活动。

生活中每一个清晰的“睛彩”瞬间，都离不开“蔡司小蓝标”的陪伴。蔡司光学 2022 年举办的年度系列活动“寻找蔡司小蓝标”，已开展 200 多场路演，为近 24000 人次提供眼健康体验服务，让消费者们在生活中时刻感受蔡司无处不在。

【蔡司光学获中国企业公民“2022 年度优秀伙伴关系企业”荣誉】 2022 年 12 月 26 日，在由 21 世纪经济报道主办的“2022 年中国企业公民论坛暨第十九届 21 世纪企业公民研究成果发布会”上，卡尔蔡司光学（广州）有限公司（以下简称蔡司光学），因多年来在与合作伙伴等利益相关方友好合作、互利共赢方面所付出的努力和取得的成效，获得“2022 年度优秀伙伴关系企业”荣誉。

由知名商业财经媒体 21 世纪经济报道发起的“中国企业公民论坛”，已经连续举办 19 年，是国内 CSR（企业社会责任）领域有影响力的热点对话论坛活动。“中国企业公民论坛”通过专业全面的指标体系，从善待股东、善待客户、善待环境、善待合作伙伴等角度对企业的 CSR 行为进行评估，评选出年度优秀企业公民，表彰和传播优秀企业公民的最佳实践和良好形象。

【蔡司荣获 2022 全球“助力客户成功”大奖】 一个人能走得很快，而一个团队能走得更远，作为视光行业的先行者，蔡司光学不仅致力于以优质的产品服务消费者，更与视光同行携手前行，成为客户坚实可靠的伙伴。

蔡司光学始终秉持着“助力客户成功”的理念，为客户持续赋能，共同推动视光行业的健康发展，为消费者提供更优质的视觉服务。蔡司光学的创新项目——蔡司精英学苑，通过近千场线上线下培训，为15万人次提供全方位的专业培训；已连续六年举办的蔡司光学“我要去德国”验配精英挑战赛，2022年为13000名视光同行提供了相互交流与学习的平台；蔡司光学开展多场“关爱论坛”，与行业专家持续探索近视管理新技术、新趋势。

2022年9月，蔡司光学也连续第五年举办戈壁领导力训练营。来自视光行业的精英齐聚一堂，打造坚实的团队凝聚力，并肩作战，领悟领导力的真谛和团队的重要意义。

创新，是蔡司光学不断发展的动力源泉。从用户的需求出发，不断拓展业务的边界，为追光之旅增添无限的可能性。

2022年，蔡司打造的首个光学镜架产品系列正式发布。镜架采用精选钛材金属打造，重量轻盈，纤巧精致，配色和尺码选择多样，专为亚洲消费者面部参数及佩戴习惯进行了优化，传递睿智干练的商务风格，让消费者看得更舒适、更时尚。

面向蓬勃发展的电竞产业和全新的用眼需求，蔡司以融汇百年光学科技的创新视觉解决方案，为职业选手和爱好者们提供健康电竞的新方向。蔡司光学携手iG电子竞技俱乐部开启的跨界合作备受用户喜爱和业界认可，获得第十三届虎啸奖营销案例类银奖和2022金投赏商业创意奖铜奖。

作为视光行业的先行者，蔡司光学坚持履行企业社会责任，带领行业为社会点亮公益之光。

荣获2022第十九届21世纪企业公民研究年度优秀伙伴关系企业，从携手新浪广东和橘子公益开启的孩子视力守护计划，到携手网易文创推出的公益短片《上场》，再到2022年夏天如火如荼的“2022蔡司光学同心同行向未来”公益助童活动，蔡司光学始终关注青少年的眼健康。

2022年还是蔡司光学发起公益助童行动的第九年，在“爱心捐步”公益活动的短短数月中，吸引全国11万人次参与，累计捐赠步数16.8亿步，为乡村学童捐出32万份免费午餐，助孩子以更强健的体魄探索世界。同时，蔡司光学携手全国眼视光同行，连月来遍访华南、华西、东北等区域的多所乡村学校，为更多乡村学童带去视力筛查、眼镜免费验配和赠送，以及爱眼护眼科普小课堂，守护孩子们的“心灵之窗”。

旅途中闪烁的每点光芒，离不开蔡司光学每一位成员的努力。

过去一年里，蔡司光学在内部展开组织变革，推动敏捷型组织的构建，并在全国开展了8场文化之旅，让每一位蔡司伙伴都深入了解和持续践行“服务、赋能、执行、共赢”的四大企业价值观。凭借2022年在雇主领域的投入和深耕，蔡司中国亦从众多优秀企业中脱颖而出，荣膺中国杰出雇主认证。

九

风云榜

（一）人物介绍

【汤龙保：万新光学集团董事长】 汤龙保，1955年9月生，江苏丹阳人。现任万新光学集团董事长、党委书记，中国眼镜协会副理事长，江苏省眼镜商会副会长，丹阳市眼镜商会会长；江苏省第十四届人大代表；曾获全国五一劳动奖章、全国轻工行业劳动模范、江苏省劳动模范、镇江市十佳优秀共产党员。

“毛遂自荐”跑供销。汤龙保1971年进生产大队队办厂磨眼镜片，很快成为技术骨干，1973年被调到司徒公社镜片厂做师傅，不到一年就升为车间主任，并且一干就是6年。后来，企业经营困难，他又毛遂自荐跑供销，其间他边推销产品，边收集市场信息，引导企业开发适销对路产品。由于工作突出，1979年，汤龙保升任供销科科长。1984年，担任经营副厂长，企业当年销售达356万元。

1988年，随着对外开放的扩大，境外眼镜产品如洪水般涌入中国市场，国内眼镜行业被冲得支离破碎。汤龙保所在的镇江眼镜总厂也因这场“暴风雨”产值锐减至100多万元，800多名员工只剩下100多人。

不负重托创佳绩。1992年，汤龙保任镇江万新光学有限公司董事长，那时公司的负债高达400万元。面对这样一个濒临倒闭的企业，他实施产品向中高档、销售向国际市场转移战略，培养和引进人才开展技术攻关。1992年底，他带队赴香港，首次参加国际眼镜展并旗开得胜；第二年，他又带队赴北京，与英国、美国等国外客商签下了订单。从此，万新与40多个国家和地区建立了长期供货合作关系。万新眼镜产、销、利连年翻番，跃居丹阳眼镜业之首。

1993年在国际眼镜展览会中，他获悉新型、高科技产品CR-39树脂镜片在国际市场已经开始走俏，敏锐地预见到其广阔的市场前景。为此，他大胆地选择CR-39树脂镜片作为主攻方向，并亲临一线作战。经数月攻关，终于取得突破，抢在他人之前成功开发出了这一新产品，并通过美国FDA质量标准认证。新品镜片以及300多种国际流行款式中高档眼镜受到国内外客商青睐。

2005年12月，“万新”商标被国家工商行政管理总局认定为中国眼镜制造业首家“中国驰名商标”。在他的带动下，丹阳眼镜企业转型升级，使丹阳成为全球树脂镜片的主要生产基地。

强强联合谱新篇。2010年11月，公司和国际眼镜巨头依视路集团签约组建江苏万新光学有限公司，研发生产加硬加膜单光、近散、老散、圆顶双光、变色树脂片和偏光树脂片、中老年渐进片、绿适抗疲劳片等高档时尚镜片，年产纯钛、蒙乃尔合金和合金眼镜架350余万副，CR-39树脂片5000多万片。公司拥有各类发明、实用新型外观专利近500项。光致变色镜获国优银质奖，CR-39超强树脂光学镜片被列为江苏省火炬计划产品。汤龙保参与起草的多个眼镜行业标准被批准成为国家标准颁布实施。

联合办学育人才。1998年，汤龙保与高校联合，组建江苏首家培养专业配镜和验光师的金陵职业大学视光技术学院。2003年，学院更名为金陵科技学院视光学技术学院，汤龙保任董事长。2008年，金陵科技学院由专升本。2020年，眼视光学本科专业获教育部批准。近十多年来，汤龙保还与多家院校合作，源源不断地向中国眼视光行业输送人才。

热衷公益送温暖。汤龙保热衷于社会事业，无论是文教、卫生，还是农村水利、扶贫等，他都慷慨解囊。仅司徒镇大坟村大会堂改建，就一次性捐资80万元。至今，他个人已累计捐款达千万元以上。

汤龙保念念不忘曾帮助过他的人，视公司职工为亲人和朋友。他提议中国眼镜协会、镇江万新光学眼镜有限公司、中国眼镜科技杂志社联合举办红色之旅视光万里行，给革命老区送温暖、送光明。2008年5月，四川汶川突发强震，汤龙保发动员工捐款20余万元，带队赴灾区捐献300万元的眼镜。他资助困难群体超过百人，被尊称为丹阳眼镜行业的“汤司令”。

【谢公晚：明月镜片董事长】 谢公晚，1967年11月生，浙江瑞安人。明月镜片股份有限公司董事长，现任中国眼镜协会常务理事、镇江市政协委员、丹阳市人大代表、镇江市温州商会执行会长、丹阳市眼镜商会常务副会长。先后获评镇江市劳动模范、丹阳市优秀政协委员、优秀非公经济代表人士。

肯吃苦的市场“童子”。1986年，年仅18岁的谢公晚带着一麻袋半成品眼镜片和眼镜架，独自离乡远赴东北摆摊。他白天站在街头寒风中做生意，晚上回到住处还要手工水磨第二天要卖的镜片。到东北的第一年，尽管起早贪黑，但还是把本钱都亏掉了；第二年，他慢慢有了经验，靠走街串巷叫卖，赚回1000多元，这成了他开创光学镜片事业的第一桶金。

敢弄潮的业内“牛犊”。1989年，谢公晚靠着第一桶金，并且冒着极大风险高息筹资3万多元，到广州尝试批发眼镜。4月15日，遭突击检查，因无证经营，全部货品被当场查扣。那晚，他倾家荡产，债台高筑。在亲朋的帮助下，他又到南京开了一家眼镜零售店，逐步熟悉行情后，积累了一定人脉和资本。

1997年，他投入全部“家当”创办上海明月光学眼镜有限公司。2000年，公司开始生产国内鲜见的树脂镜片，受到不少零售商的追捧。2002年，他在眼镜之乡江苏丹阳创办明月镜片，2006年创办原料工厂，打破国外垄断，用自己的行动带动了国内眼镜行业的发展。

讲信誉的企业法人。谢公晚将“诚信、责任、尊重、变革、团队、市场导向”确定为企业价值观，并把“诚信”放在第一位。他认为诚信就是实事求是、信守承诺、勇于承担和坚守原则。公司内一旦发现不诚信行为，轻则惩罚，重则辞退。2005年，一位新加坡客商向明月订购3万多副镜片，约定交货日期。可在交货时，员工发现其中A品镜片少了10来副，嫌麻烦便悄悄地用难以察觉瑕疵的B品充数。谢公晚发现后，责令立即重新开工生产，并向新加坡客商告知真实情况，表示愿为违约交货时间而赔偿。客商为之感动，主动谅解，并一直合作至今。

重研发和品牌的业界精英。“明月”通过自主研发，掌握了镜片原材料生产核心专利技术，生产出从1.49到1.74各类折射率的镜片、车房定制片、渐进多焦点镜片、变色片、大基弯染色片等系列产品，进入世界镜片生产先进方阵。2017年，谢公晚提出“品牌+科技”发展战略，在中国第一高楼——上海中心大厦召开战略发布会，宣布永久退出“价格战”，公布了全新的LOGO与全套VI品牌形象，邀请著名实力派演员陈道明为品牌代言。明月镜片还与中国工程院院士庄松林合作，建立行业首个院士专家工作站、眼镜光学工程技术研究中心。2021年12月16日，谢公晚创立的明月镜片在深交所挂牌上市，成为注册制背景下“中国镜片第一股”。据权威部门统计，明月镜片销量已连续多年位居全国前列。

【张加文：江苏鸿晨光学创始人】 张加文，1962年生，江苏常州人。江苏鸿晨光学创始人、丹阳市眼镜商会副会长。

技术创新提品质。1985年，张加文在家乡投资加工变色镜片，企业的经营方式带有小作坊特征，毛坯拿回来磨成镜片后批发销售到各地。当年，到眼镜之都——江苏丹阳眼镜市场设立销售部。1997年，创办鸿燕光学有限公司，集生产、销售、服务于一体。1999年，创立江苏鸿晨光学有限公司，从事树脂镜片的研发、生产与销售。2001年，投资引进10台真空镀膜机、3条全自动清洗加硬生产线等国外先进设备。2007年开始，鸿晨公司加大投入，进口7条1.60非球面UV400镜片全自动生产线，逐步具备日产各类优质树脂镜片超30万片的能力，产品通过欧盟CE、美国FDA等国际主流品质认证。公司生产CR-39树脂片、圆顶双光、平顶双光、光学1.523、白超1.70、非球面无底变色、1.56、1.60、1.67、1.74等系列高品质树脂镜片，以及各种规格渐进多焦点镜片和高难度车房片，产品品种规格齐全，客户遍及全国30多个省市以及欧美、东南亚等50多个国家和地区。至2022年底，鸿晨光学已申请专利35件，其中国内发明专利授权5件、实用新型专利授权30件。

管理创新塑品牌。张加文认为，企业要发展，仅靠创业时的管理经验是不够的。2002年一年间，他坚持每月到上海交通大学举办的总裁研修班学习，不断提升自身素质和管理能力。同时，聘请职业经理人管理公司，对生产、销售、品牌、公司形象等进行科学规划和综合治理，确保产品品质和企业管理在稳定的平台上运行，为客户提供高质量产品和服务。公司和产品通过 ISO 9000 国际质量管理体系、欧洲 CE、美国 FDA 等多项权威认证。鸿晨集团先后获得“国家高新技术企业”“江苏省质量信用产品”“全国质量信誉产品”“国家检测达标产品”等品质证书。张加文立志要将鸿晨打造成为国内最优秀的大众镜片品牌。2021 年，鸿晨集团紧跟国家健康中国战略方向，制定“鸿晨集团·健康中国”五年企业战略规划，在眼健康和医疗板块，不断创新发展，通过产业协同效应持续创造社会价值，形成极具特色的竞争优势与行业影响，对产品、服务、渠道、品牌等进行全新规划，提升鸿晨健康镜片产品的美誉度、知名度。

【洪作南：新天鸿光学有限公司董事长】 洪作南，1971 年生，浙江瑞安人，2006 年 6 月加入中国共产党。现任丹阳市政协委员、镇江工商联执委、丹阳工商联执委、镇江市温州商会会长、丹阳市温州商会会长，新天鸿光学有限公司董事长。

1988 年，洪作南来到江苏丹阳，跟随父亲学习眼镜贸易。1995 年，注册成立江苏东海光学镜片有限公司，从此开始自主创业之路。1998 年开始，又相继创办上海天鸿光学有限公司、上海戴迩蒙德光学有限公司和苏州奥智美光学有限公司等企业。2012 年，洪作南与法国依视路集团合资成立新天鸿光学有限公司，担任公司董事长。

洪作南对产品品质和客户服务有着非常高的要求，坚持以“品质成就价值”和“把客户服务到满意”为经营理念和企业宗旨。在他的率领下，新天鸿光学旗下“皇玉至尊”“华斯度”“保视莱”“佐木太子”“采迪”“墨幻”“贝悦”“贝悦星焦点”等 20 多个知名自主品牌，因为品质和服务出众，在行业内外的评优活动中获得“全国眼镜行业质量领先品牌”“最佳产品质量奖”“中国眼镜行业‘星光奖’”“江苏省著名商标”等奖项。新天鸿光学也因此不断发展壮大，已连续多年进入中国眼镜镜片行业十强之列。

洪作南在带领企业发展的过程中，一直坚持诚信经营，因此新天鸿光学早在 2013 年就获得了“江苏重合同单位”荣誉，并多次荣获“丹阳市优秀纳税企业”称号。

洪作南在努力做好企业的同时，积极倡导并履行社会责任，主动以个人或旗下企业的名义，组织并参与“慈善捐赠”“健康义诊”等社会公益活动，累计捐赠财物达数百万元，充分体现了新时代企业家的社会担当，曾获得丹阳慈善总会及相关行业基金会的表彰。

深耕眼视光行业三十余年，洪作南坚守“品质领先、诚信经营、服务至上”的初心，在实现自身发展的同时，不忘推动行业共同进步。因此，洪作南和新天鸿光学在行业与社会中的口碑和号召力与日俱增，不但较早当选为中国眼镜协会“理事单位”，还先后成为上海、江苏、浙江、山东、重庆等多地眼镜协会、眼镜商会的副理事长单位。洪作南也因为长期致力于促进行业实现共同健康发展，以及为此所做出的努力和贡献，获得了“全国优秀温州商会会长”“镇江市商业联合会先进个人”“丹阳工商联先进执委”等诸多个人荣誉和表彰。

【吴建敏：国际化自主眼镜品牌的拓荒者】 吴建敏，浙江温州鹿城人。温州市黎东眼镜有限公司、温州市三本光学材料有限公司法定代表人。现任浙江省眼镜行业协会会长。

外贸起家。1989 年，高中刚毕业的吴建敏接管了父亲的一家小型眼镜加工厂。1993 年，欧洲某光学公司来到温州采购，吴建敏经过努力，承接了 200 多万副太阳镜的超大订单。交货后，客户非常满意，从此建立合作关系。1995 年，吴建敏创办温州黎东眼镜有限公司。他凭着自身的胆识和智慧，率领黎东向高端化、时尚化和品牌化转型，黎东眼镜一步步成长为行业的中坚力量。

自主创牌。2008 年，金融风暴肆虐全球，中国外贸出口降至“冰点”，OEM（代工）生产型眼镜企业更是举步维艰。吴建敏认为，如果企业继续代理国外品牌，那么企业将永远受制于人，很可能落得一个“给别人养孩子”的结果，这样得不偿失，费力不讨好。他审时度势，逆势而动，先后注册了“PolarOne”“POLAR SOLAR”等眼镜品牌。通过两年的不懈努力，黎东眼镜产品畅销美国、法国、意大利、挪威、越南、英国等 57 个国家和地区，在国际市场上打响了属于自己的品牌，使企业彻底摆脱了“为他人作嫁衣”的尴尬境地，为中国外贸型眼镜企业自主创牌树立了信心，竖起了标杆。在致力于开拓国际市场的同时，吴建敏也全力拓展国内眼镜市场，逐渐占据了一定的市场份额。

科学管理。吴建敏认为，企业要发展，管理必须上台阶。因此十分重视配套设施的完善和建设，全力打造具有高新技术的模具车间，推出规范化管理体系，请专业软件公司开发 ERP 办公系统，形成公司经营管理的指挥中心和信息中心。目前，黎东公司产品包括塑胶架、金属架、板材架、CR-39 偏光片、TAC 镜片等五大类数十个品种，各车间均拥有先进的生产技术和设备，产品已通过 ISO 9001：2000 认证，获得美国 FDA、欧盟 CE 标准认证。现公司拥有数千名员工以及高标准现代化厂房，多次被市、区政府评为“出口创汇示范单位”“纳税模范单位”“诚信示范单位”“重点骨干企业”等。

2018 年，吴建敏当选浙江省眼镜行业协会会长，成为行业领军和带头人物。他介绍说，大量的研发投入以及完整的产业链使得温州以及浙江的眼镜产业近年来高速发展，成为全国乃至全世界重要的生产基地。

【林加乾：温州蓝道集团有限公司董事长】 林加乾，1970 年生，浙江温州人，长江商学院高级管理人员工商管理硕士。温州市蓝道工业发展有限公司董事长，中国再生资源开发有限公司董事。现任中国眼镜协会副理事长，温州市眼镜商会会长，浙江省眼镜行业协会副会长，中国包装联合会常务理事。2021 年度浙江省社会组织领军人物。

1994 年，林加乾创办温州蓝道集团有限公司。创业之初，林加乾从眼镜行业的“偏门”——眼镜包装做起，做标贴、套袋等眼镜配套产品，第一笔订单只有几十万元。经过 20 余年发展，已成为以温州总部为研发、制造和销售中心，以浙江、广东、江苏、河北为制造基地，以意大利、香港等国家和地区为境外营销中心的跨区域、相关产业链完整的大型民营企业集团，眼镜包装类产品占全球同行业市场份额第一位。现有 10 余万平方米的生产经营场所和 3000 余名员工。拥有一批高素质、高技能人才，并从国外引进了一批高精度的制程检测和生产设备，形成了从产品设计、产品实验、技术开发、批量生产到客户服务完善的生产经营体系。主要产品有眼镜包装的铁盒、软包盒、EVA 盒、塑料盒、展示道具、眼镜布、包装盒、购物袋、礼品盒、印刷品等。

1999 年，林加乾成立温州工业设计有限公司，建立拥有 100 余名专业开发设计人员的研发团队。20 多年来，通过与国际知名高端品牌运营商的紧密合作，在产品的创意、设计、制作上，已形成了具有中国特色、国内领先、与国际同步的实力，能够满足客户对不同产品、工艺和质量的需求。公司与陆逊梯卡等国际品牌建立了长期合作关系。

作为中生代企业家，林加乾十分注重企业管理和企业文化打造。公司通过了一系列管理和质量认证，形成了高效管控模式。公司以标准化、自动化、信息化、智能化的建设理念，全面打造智慧工厂的快速反应体系，形成了有竞争力的运营管理优势，逐步实现了集团化管控；实行从产品设计、技术开发、规模生产到销售服务的产、销、服一站式服务模式，为客户提供全方位的眼镜包装产品解决方案。

集团坚持以为全球眼镜创造一流价值为使命，本着感恩、诚信、创新、和谐的企业精神，恪守诚信经营宗旨，以客户需求为导向，依法诚信经营，取得了良好的经济效益、社会效益，赢得了国际国内知名客户和社会各界的认可。先后被授予国家高新技术企业、浙江省企业技术研究院、温州市四星级绿色工厂、高成长性企业、领军型企业、市级资信 AAA 级企业、市重合同守信用企业、市纳税 AAA 级企业等荣誉和称号。

【李岳生：走自主品牌化道路，开创中国眼镜新格局】 李岳生，1955 年生，浙江临海人，盈昌集团有限公司董事长、总经理，现任中国眼镜协会副理事长、浙江省眼镜行业协会常务副会长、台州市眼镜商会会长、临海市眼镜商会名誉会长。1992 年创办浙江盈昌眼镜实业有限公司，经过 20 多年的发展，现已拥有注册商标 300 余件，发明专利 4 项，实用新型专利 18 项，浙江盈昌进出口“帕莎”品牌在国内中高端太阳镜市场占有率排名第二。

售卖眼镜。1977 年，李岳生凑了 315 元去路桥批发了七八百副眼镜，到安徽安庆售卖。他拿着眼镜挨家挨户叫卖，第一天，只售出两副。李岳生发现，许多人一试眼镜就喊“头晕”，琢磨之后才明白是眼镜度数不对。有了经验，他就先询问对方的度数，再给他们拿眼镜。这样一来，“头晕”的问题就解决了。在安庆的第38天，带来的眼镜全部售出。李岳生算了算，成本315元，赚了315元。从此开始在眼镜行业打拼。

创办企业。1982年，李岳生带着15岁的弟弟到天津批发、销售眼镜，第二年就赚了七八千元。1983年下半年，李岳生和朋友合股，出资3万多元，办起了眼镜厂。因经营不善，工厂倒闭。李岳生又开始眼镜小批发生意。1987年，杜桥镇成立眼镜批发市场，李岳生入驻其中一个摊位。他们到广州、深圳、厦门、温州等地进货，然后销往全国各地，生意渐渐有了起色。1992年，李岳生重新开始办厂，扩建工厂并注册成立浙江盈昌眼镜实业有限公司。

打响品牌。1997年，李岳生创立“浪特梦”品牌，研发新品、提升质量，以品牌和质量拓市场、谋出路。当年，李岳生带着产品先后到香港、美国做推介，“浪特梦”品牌一炮打响，公司1997年开始盈利。

开拓市场。1998年，李岳生把弟弟派去俄罗斯开辟海外市场。曾经一度，在莫斯科最大的柳布利偌大市场，近半数的批发商都在售卖盈昌的眼镜。2002年，盈昌注册“帕莎”品牌。2009年，公司聘请知名影星做品牌的形象代言人，产品迅速打开市场，年销量达到120万副。在家族的共同努力下，浙江盈昌眼镜实业有限公司实现了平稳快速发展。

随着互联网的发展，杜桥眼镜行业迈进“电商时代”。2015年，浙江盈昌眼镜实业有限公司在位于上海虹桥广场的写字楼内建立自有电商平台，年交易额超过5000万元。同年，公司更名为盈昌集团有限公司。2022年，李岳生与新疆东宝实业集团有限公司、西安众邦投资发展有限公司、海南民合建筑劳务有限公司等四家公司一起投资建设的国内四大眼镜城之一——杜桥眼镜城正式开业。

【高克胡：眼镜配件产业领头人】 高克胡，1959年2月生，浙江台州玉环人，浙江康华有限公司董事长，现任中国眼镜协会副理事长。高克胡创立的康华眼镜成为中国眼镜配件制造行业龙头企业，位居业内世界前5强。2019年，被评为浙江省玉环市首届“最美乡贤”。

拉开玉环眼镜配件产业发展序幕。1980年，偶然得知江苏有一套生产眼镜配件的设备，高克胡遂与人一起筹钱买下，开始眼镜配件制造。企业成立第一年亏损，第二年虽实现了盈利，但由于发展理念的分歧和眼镜零配件市场行情好坏反复，从1981到1985年，合伙人陆续退出，高克胡一人毫不动摇地继续前行。康华有限公司生产的眼镜配件年销售额从几万元到超亿元。在他的带动和引领下，玉环市大麦屿眼镜配件企业发展到300多家，从业人员达到2万多人，玉环大麦屿的眼镜配件制造产业也成为中国眼镜配件制造行业的主要基地。

步履不停做慈善。高克胡持之以恒投身公益慈善事业，以捐资助学等多种方式助推共同富裕。公司成立不久，康华就成立了爱心互助基金，每位员工每月拿出2元，公司在此基础上加倍出资，汇总成立爱心互助基金，帮助那些遇到灾害事故或家庭困难的员工。最初5年，资助员工170多人次，金额近100万元。2006年，康华设立慈善基金，连续十多年，每年拿出10万元投入慈善事业，帮助那些需要资助的人。2019年7月，在大麦屿街道“慈善关爱基金”捐赠仪式大会上，高克胡再次慷慨捐赠200万元。公司成立40周年之际，他捐资200万元设立“玉环市康华教育基金会”助学贫困学生，并为贫困大学生家庭提供就业岗位。

带富一方百姓。高克胡致富不忘乡亲，积极参与家乡美丽乡村建设，在福山村等地，捐资为当地村民修建道路、凉亭、步行道、长廊、山体公园等，为家乡百姓提供健身、休闲娱乐活动场所。

2017年，大麦屿街道成立乡贤联谊会，高克胡当选为常务副会长。2021年，大麦屿街道福山乡贤参事会暨乡贤关爱基金成立大会召开，高克胡当选福山乡贤参事会会长。会上，福山村新乡贤捐资成立乡贤共富基金，累计筹款总额500万元，其中高克胡认捐75万元。

【郑志远：打造儿童眼镜民族品牌】 郑志远，1954年11月生，浙江温州鹿城人。温州冠豪眼镜有限公司董事长，现任温州市眼镜商会党支部书记。

做国内最好。1981 年，郑志远在温州市区清明桥开了一家小作坊，做眼镜镜框点漆加工，并逐渐拓展制作眼镜脚套，给眼镜包花等业务。他秉承“要做就做最好”的经营理念，狠抓产品质量，其产品一度成为中国高品质眼镜脚套的代表。

1991 年，郑志远在鹿城工业园区租了 2000 余平方米厂房，雇工 500 多人，全身心投入眼镜配件加工经营。2002 年，注册成立温州市冠豪眼镜有限公司。

走差异化道路。2006 年，做儿童眼镜的人几乎没有，郑志远决定转型升级，专业制造 12 周岁以内儿童所佩戴的眼镜。郑志远认为，如果做成人眼镜，很难做到第一，自己必须走差异化道路。冠豪将“安全、环保、舒适”作为儿童眼镜的标准，用两年时间成功研发儿童镜架，达到欧盟标准。2007 年，冠豪眼镜率先推出“双层硅胶注塑工艺”，制作出舒适、安全、“外柔内刚”的儿童眼镜，成为儿童眼镜行业的领先者。初尝创新甜头，郑志远意识到创新是引领发展的重要动力，在冠豪的发展历程中，大大小小的创新举措数不胜数。2008 年起，冠豪眼镜的 SECG 品牌儿童眼镜在国内中高档儿童眼镜市场占有率约 15%，营销网络覆盖全国各地 1309 家医院等配镜机构。

SECG 品牌先后荣获“年度儿童镜架品牌”“最具影响力民族品牌”“年度风云儿童青少年眼镜大奖”等。公司拥有实用新型专利 28 项、外观专利 43 项、发明专利 3 项，还在日、俄、美、印度等国家注册商标权。2019 年，冠豪主导了 T/ZZB1101—2019《儿童塑料眼镜架》行业制造标准，由浙江省品牌建设联合会批准发布。2021 年，冠豪眼镜被评为浙江省“专精特新”企业，冠豪 SECG 品牌成为中国眼镜协会推荐的 24 个品牌之一，也是唯一入选的儿童眼镜品牌。

努力回报社会。郑志远坚持承担社会责任，积极投身公益事业。2018 年冠豪获得省质量技术监督局、省教育厅颁发的浙江省中小学质量教育社会实践基地，通过这一集眼健康科普文化、眼镜小医生、眼镜制造、儿童眼镜秀等为一体的多功能文化创意平台，冠豪已开展上百场青少年眼健康科普教育活动，吸引上万名儿童参与。

郑志远曾两次出资邀请名牌大学教授到温州作企业管理、市场营销方面的讲座，他在各种场合呼吁大家重视青少年视力健康，每年出资 10 万元与瓯海区慈善总会合作，设立公益基金帮助贫困眼疾患者。

【费铮翔：上海康耐特光学董事长】 费铮翔，1960 年生，浙江舟山人，研究生学历，康耐特品牌创始人。上海康耐特光学科技集团股份有限公司董事长兼总经理、旗天科技集团股份有限公司监事，现任上海浦东新区政协常委、上海市眼镜协会副会长。

费铮翔是中国改革开放后培养的第一代高级知识分子，新生代知识型企业家。1982 年毕业于杭州大学（现浙江大学）化学系，后在中国科学院有机化学研究所获得博士学位。1987 年至 1989 年，在浙江大学任教。1989 年，赴美国埃默里大学做博士后。曾获“全国十大青年化学家”称号。1996 年，回国在上海市浦东新区川沙镇投资成立上海康耐特光学有限公司，担任董事长兼总经理。

创业之初，费铮翔便确立了企业“科技创新”的发展战略方针，坚持以高新技术为抓手打造品牌价值。一是大力引进科技人才，康耐特公司大专以上学历的科技人员占员工总数的 12%，一线生产人员中，大多有中专以上学历。同时，企业对科技人员进行定期和不定期的培训，不断挖掘科技人员的潜能。二是建立科技研发中心。费铮翔与公司科研人员一起攻关，源源不断地开发出高科技转化成果的新颖产品。三是推进技术改造。2001 年底，公司新置了两条国产树脂镜片生产流水线，又从日本引进两条树脂镜片生产流水线和自动包装打印机，迅速提高公司生产自动化程度，增强了产品市场竞争力。四是提升公司管理水平。他主持推行 ISO 9001 国际质量管理体系后，产品技术含量和内外品质均达到国内领先水平，进入国际先进行列。后又主持推行 ISO 2000 版更高要求的国际质量管理体系。公司获得了欧盟 CE 认证和美国 FDA 认证，客户覆盖全球 80 多个国家和地区。截至 2022 年，康耐特拥有近百项专利，填补了多项国内树脂镜片生产技术空白，成为国家认证的高新科技企业。

费铮翔注重打造公司文化，企业具有强大的凝聚力和向心力。公司设有专项帮困基金和慈善基金。公司经常开展文化娱乐活动，定期组织职工外出旅游疗养，对公司做出贡献的人员，则奖励去海外度假。

【吴进忠：来明眼镜董事长】 吴进忠，1969年生，中国台湾人，来明眼镜（厦门）有限公司董事长，现任厦门市台商协会荣誉会长。

1989年9月，吴进忠在厦门市杏林区创立来明工业（厦门）有限公司，注册资金300万美元，投资3600万美元。如今，他的企业从1989年在厦门开办的1家公司发展到4家，注册资金总计达3830万美元，总投资额超1亿美元。2003年担任厦门台商协会会长。吴进忠始终致力于推动两岸交流，对推动厦门与金门直接往来作出突出贡献。1997年和2006年分别被授予“厦门市荣誉市民”“金门县荣誉县民”称号。

投资眼镜。1989年，吴进忠辗转考察大半个中国后，选择在厦门投资。企业运作不到一年时，发现厦门眼镜产业链不完整。吴进忠游说他在台湾的眼镜产品供应商和合作伙伴到厦门投资。目前，厦门已形成了兼有镜架、镜片、老视镜、生产设备，从材料、零件、电镀、成镜、包装到批发零售，品类相对齐全、完整的产业链。2009年，厦门获“中国太阳眼镜生产基地”称号。

持续创新。2002年，吴进忠创立来奇偏光科技（中国）股份有限公司，专注研发生产偏光眼镜片。2005年，来奇研发成功具有自主知识产权的偏光眼镜片，打破了欧美和日本的长期垄断。这一技术带动下游深加工产业的发展，每年为厦门眼镜业带来近5亿元的收入，为厦门偏光太阳镜的发展奠定了基础。2009年，来奇公司自主研发偏光3D眼镜生产和检测设备，再次突破国外技术的垄断。来奇偏光镜片产品均采用行业领先的检测标准和设备进行检测。公司参与制定国家3D眼镜行业标准。在研发3D镜片的过程中，吴进忠发现高能蓝光对视力的伤害，决定开展针对性攻关，最终研发成功拥有关键核心技术的防蓝光膜，获得国家发明专利。2015年，抗蓝光膜技术荣获中国轻工业联合会科学技术奖。

推动直航。吴进忠在担任台协会长期间，积极争取更多台商在厦门增资、投资、发展，为推动厦门成为两岸春节包机航点在海峡两岸奔波。2006年，厦门实现两岸春节包机直航。

【黄法调：暴龙太阳镜掌舵人】 黄法调，1985年生，厦门雅瑞光学有限公司总裁，现任厦门眼镜协会会长。2008年从厦门大学工商管理学院毕业后，进入父亲创立的公司，并逐渐接过企业的“掌舵权”。

锐意创新，打造高新技术企业。2008年，刚刚大学毕业的黄法调放弃保研，进入了父亲创立的眼镜企业。三年后，他接手企业的“掌舵权”。黄法调迅速转变角色，为自己的眼镜王国梦想而努力。他发现国外太阳镜普及率很高，80%的人都佩戴太阳镜，但在中国只有极少数人佩戴，敏锐地捕捉到其中的商机。黄法调认为，必须以产品创新来推动企业发展，坚持不懈地用高新技术改造传统产业，为消费者提供更好的视觉感受，让消费者享受与全球同步的视感体验，这样才有可能获得消费者的心，赢得市场。经过持续不断的研发投入、积累与发展，雅瑞光学甩开了原来的竞争对手，登上行业老大的地位，企业规模及销售额迅速提升。雅瑞光学已成为国内技术研发实力雄厚的眼镜企业，2013年被认定为“高新技术企业”。至2022年，公司共拥有发明、实用新型国家专利20项。

信息革命，每副眼镜都有身份证。作为在信息时代成长起来的“80后”，黄法调将信息化管理导入传统眼镜行业。大数据概念的运用给传统眼镜行业带来革命性的意义。公司生产的每一副暴龙太阳镜都有一个专属的12位防伪号及识别号，可以追溯到生产、销售全过程，相当于配上一个“身份证”。雅瑞光学也是较早在眼镜行业中推出电商服务的企业，只要打开天猫，就能看到BOLON暴龙的标志，而在淘宝，BOLON暴龙的搜索量在眼镜行业遥遥领先。

引领时尚，打造业内高端设计团队。对眼镜的时尚，黄法调有着自己的独到见解：和一些追求经典的品牌不一样，雅瑞光学追求品质的同时又紧跟时尚，且设计多样款式、多样的风格，就是希望能通过太阳镜展示更多人不同的优雅和魅力。重金投入设计，打造令业内艳羡的设计团队；同时与意大利、法国的知名设计师合作，单品牌每年推出四五十个新款……在时尚之路上，雅瑞光学甩开了原来的竞争对手，市场占有率遥遥领先，全力推动“中国眼镜　国际演绎”的全球发展战略。

【吴海英：雅视光学董事会主席】 吴海英，1955年生。雅视光学集团有限公司执行董事及雅视光学创办人兼主席。1995年，吴海英获得由中国香港工业总会颁授的中国香港青年工业家大奖，2004年当选中国香港工业专业评审局荣誉院士。

1973年，吴海英独资创立雅视光学集团有限公司，主要经营制造镜架和太阳镜运营业务，产品出口到美国。1987年，他在广东省深圳市龙岗区建立第二家工厂。1996年，雅视集团正式于香港联合交易所主板上市，第二年推出具有全球知名度的高质量眼镜品牌——STEPPER品牌。2004年，他在广东省河源市兴建第三家工厂。后又在中山、鹰潭、意大利等地建设工厂，专业生产时尚优质的光学镜架和太阳眼镜。2019年，公司的ODM（原始设计制造）销售额分别占53%和45%。现企业拥有多条成品组装、配件加工和完善的高效率生产线。目前，雅视集团全资子公司雅视光学科技（深圳）有限公司，年产眼镜1200万副，产品远销全球60多个国家和地区。为推动企业从“三来一补”提档升级，吴海英大力实施多元化发展战略。一方面，自主创建品牌，推进标准化生产。集团于1999年正式通过ISO 9001国际质量体系认证，2006年获得ISO 14001证书。2011年，他创立“BOXX”自有品牌。2018年联合湖南盖诺贸易有限公司推出“喵小咪 & BOXX”联合品牌防蓝光系列功能眼镜。另一方面，推广特许品牌的多元化光学产品。2000年，他与英国著名光学连锁店及人造晶体镜片供应商PAYNER & KEELER合作，成立一家合资公司，制造及分销其高质素品牌眼镜架“STEPPER”。该品牌以行业领先研究水准、人文艺术传统、匠人技艺与顶级的眼镜设计闻名于世，深受海内外客户喜爱。

吴海英认为，每个人都有属于自己的风格，消费者对眼镜个性化有很高的需求。因此，他着力推动公司发展眼镜定制业务，构建了柔性化供应链，涵盖从制造商、零售商到消费者的各个环节。通过智能组合、试戴和订单系统，无须铸造样品，从选配产品到生产的全流程都可由定制系统完成。消费者可以自定义眼镜的形状、颜色、尺寸，满足消费者个性化体验。为此，他与时俱进，再造公司生产经营流程，公司获得了新生和发展，保持了在行业的领先地位。

【陈炳谦：让眼镜“潮”起来】 陈炳谦，深圳市柏琪眼镜制造有限公司董事长。

1993年，陈炳谦来到广州，从品牌代理开始进入眼镜行业。1999年，创立深圳市柏琪眼镜制造有限公司。经过20多年发展，柏琪公司已有“柏琪”“金玉良品”“GEO”等多个自有品牌。陈炳谦认为，优质产品要触达大众，用一套完整的业务营销体系去服务各级经销商尤其重要。公司建立起直达经销商的销售体系，配合全套的产品形象、培训、信息传递流程，成为“用户型企业”。他还通过自媒体矩阵和经销商体系，向用户输出专业知识、时尚趋势和选择方法等，帮助用户更有效、更正确地选择有价值和良好体验的产品。目前，公司与全国超过2000家的眼科医院、诊所和超过300家的商业连锁企业建立了合作关系，销售“柏琪”“琪贝贝”“威戈”“雅曼妮”“金玉良品”“GEO精艺”“柏琪Q5”“柏乐高”等系列自有品牌产品。

2021年，陈炳谦成立研发设计院，以用户为本，解决用户痛点，满足用户体验。他提出“戴得稳，才不累”的产品理念，指导研发和生产。公司已经独立开发了从儿童、青少年直至成年佩戴的9条系列产品线，完成了眼镜消费者多级年龄层段的产品布局。陈炳谦的愿景是让消费者体验最好的眼镜框架，围绕这个目标，他不断完善和建设眼镜制造的支撑，产品的质量标准，服务体系、信息化等体系化建设。柏琪眼镜主打大众化性价比，眼镜产品参数更适合东方脸型，贴合中国人脸型设计，佩戴舒适且不松动。作为国民品牌的柏琪眼镜，从材质、工艺、舒适性、耐用性、设计感等多个方面着手，120道精工制作，经久稳定，产品品质达到高于国家标准的“深圳标准”，获得深圳标准大满贯认证。为适应眼镜发展新趋势，陈炳谦积极推进智能穿戴与眼镜的资源整合，有效进行跨界合作，实现优势互补，使公司能更快、更准地找到消费群体。近几年，柏琪公司基于业务面监测、儿童青少年用眼数据收集，联合相关医疗机构研发推出智能穿戴与眼镜的高科技产品，可以提示纠正不良用眼习惯，广受用户欢迎，产品销量保持稳定增长。

【李照教：深圳市慧明眼镜有限公司董事长】

李照教，1966年生，1991年毕业于中山大学医学院，深圳市慧明眼镜有限公司总经理。现任深圳市眼镜协会荣誉会长，广东省眼镜协会常务副会长。

1998年，李照教在龙岗创立深圳慧明眼镜有限公司。2003年，他赴意大利米兰参加眼镜展览会时，就萌生了创造一个民族国际品牌的想法，经过多番思量，最后确定“李白（LiPo）”为品牌名称。在他看来，李白不仅是中国的，也是世界的，李白的自由洒脱浪漫也为西方人所向往，是连接东西方文化的桥梁。他对“李白”品牌感情深厚，立志把它当作毕生事业去做。

2016年，李照教创建李白眼镜实验室，从人工汗液测试到硬力测试，从阻燃测试到疲劳测试，他怀着对完美品质的向往和寄托，专注一事，求索其间，持续投入研发创新，努力打造着未来的世界品牌。李照教认为，“李白”产品的关键词，就是国家对未来企业和产品的定位——专精特新。只有真正做出世界级的品质，才能成就一个国际化的品牌。

2018年开始，怀着对孩子的爱，李照教全身心投入到儿童眼镜的研发设计中。他认为，儿童眼镜与成人眼镜的设计思路大不相同，一款专业的儿童眼镜，必须具备光学、医学、人体工程学、美学诸多方面的标准依据。孩子正处于成长期，首先要考虑安全性，“李白”儿童镜都是选择无害无毒、韧性好的环保材料。其次，儿童好动，眼镜的稳定性特别重要，“李白”儿童镜的鼻托是防滑可更换的，眼镜腿可以根据孩子不同年龄阶段脸型的变化来调整长短，保证活泼好动的孩子无论怎么运动，眼镜片的中心位置都可以对准孩子的瞳孔，保证最科学的镜眼距，从而有效防控近视度数加深。李照教从中国传统的“榫卯结构”获得灵感，眼镜采用无螺丝结构，能够防范一些隐患。李照教结合自己20多年的眼镜设计经验，对结构、选材、造型等诸多方面反复考量，在50多道工序的加持下，最终研发设计出广受欢迎的儿童眼镜。如今，“李白”品牌已经完成几十个主要国家的质量认证和商标注册，产品销往新加坡、印尼、马来西亚、澳大利亚及阿联酋等国家和地区。

经过20多年的发展，慧明眼镜已成为一家集研发、生产、销售于一体的眼镜架综合性企业。近五年，公司销售额每年实现20%左右的增长。李照教认为，如今的中国眼镜设计和制造能力，已经具备发展国际品牌的基因，特别是深圳龙岗，作为全球知名品牌眼镜的生产基地，拥有深厚的产业基础和条件，正处在打造国际品牌的最好时机。

【陈秋鹏：深圳市集美新材料股份有限公司董事长】 陈秋鹏，1971年生，广东揭阳人。深圳市集美新材料股份有限公司董事长，现任深圳市眼镜行业协会会长。

2006年，陈秋鹏创办深圳市集美新材料股份有限公司，专业从事醋酸纤维素板材设计开发、生产及销售。醋酸纤维素板材是良好的眼镜框材料，还广泛应用于时尚饰品、高端工艺品等其他领域。陈秋鹏“用心做产品，筑梦集美品牌影响力”，秉承“全球板材供应商标杆”的企业愿景，致力于挤板绞花料、层色料、压板手工料、压板丝印料、高清料、渐近色、碎花料、变色龙等各种工艺板料的专业化生产。在追求品牌创新和卓越品质的道路上，坚持以专业的工艺和精湛的技术，融入最新时尚元素，大胆创新，研发品质过硬的产品。

近年来，公司扩大设计团队，研究开发最新时尚的胶板料，满足客户的高品质需求。集美新材在发展过程中，注重生产制造的自动化改造，目前有压板拼板、挤料、高清、丝印等26条生产线，其中压板拼板线已实现自动化。自动化改造减少了生产损耗，降低了生产成本，提高了产品质量的稳定性，确保公司的可持续发展。经过十多年的奋斗，集美新材逐渐成长为醋酸纤维胶板行业的龙头企业，获得“国家高新技术企业”称号，成为陆逊梯卡集团、霞飞诺集团、开云集团等全球高端眼镜制造企业旗下知名品牌的指定胶板料供应商，引领板材行业时尚潮流趋势。

陈秋鹏坚持用广阔的发展前景凝聚人，用美好的事业目标激励人。通过建立科学有效的人才工作机制，营造良好的人才成长环境，致力于为每一位员工提供一个充分施展才华的舞台。随着公司不断发展壮大以及生产自动化、精细化不断提升，陈秋鹏加大投入，对公司的管理系统进行升级改造，实现生产系统和销售系统无缝对接，降低成本，提高效率，促使企业管理更加智能化。

【赵牧夫：老花镜品牌“夕阳红”创始人】 赵牧夫，1964年生。1992年毕业于兰州大学地球物理专业，硕士学位。鹰潭万成光学科技有限公司董事长。现任国家光学标准委员会眼镜分技术委员会委员，江西省鹰潭市人大代表，中国眼镜协会常务理事。2018年获江西省“双千计划创业领军人才”。2020年获得中国眼镜协会颁发的“标准化工作突出贡献奖”。

1996年，赵牧夫带领团队创建厦门万成光学工业有限公司，主要承接暴龙、JEEP、雷朋等一线品牌的OEM订单。1998年，注册“夕阳红”老视镜品牌。在团队长期努力和零售商的支持下，“夕阳红”快速占领国内中高端老视镜市场，在销量上长期位居行业前列，企业和品牌快速发展，成为国内老视镜行业的龙头。2014年，公司由厦门转移至鹰潭，成立鹰潭万成光学科技有限公司。2017年，公司启动眼镜自动化生产工艺技术改造，创新研究成果“基于粉末注射零件的激光焊接金属眼镜自动化生产工艺”，获得国家发明专利，2019年通过江西省重点科技新产品项目验收，2021年获得中国轻工联合会科学技术发明奖。2021年，公司获得江西省“管理创新示范企业”。

赵牧夫立足自身企业技术创新，深入研究眼镜新工艺、新产品，推动行业技术进步与发展。带领企业进行供应链信息化改造，建立供应链报表管理系统，实现全流程系统数据化管理，使流程、库存、物流等实现最优化。2017年被评为“鹰潭市学科带头人”，组建鹰潭市老视镜工程技术研究中心，推出渐变焦老视成镜、双光老视镜、智能变色老视镜等产品，引领老视镜产品迭代革新。2019年领导企业承担国家标准GB/T 13511.3—2019《配装眼镜　第3部分：单光老视成镜》的制定工作，成为该标准的第一起草单位。

赵牧夫热心公益事业，仅2022年就向社会各界捐赠眼镜价值达350万元。

【刘教新：丹阳玖熙创画眼镜设计创意有限公司董事长】 刘教新，1966年生，浙江龙港人，现任丹阳温州商会副会长、浙江苍南龙港联合商会副会长、上海超越眼镜有限公司、丹阳玖熙创画眼镜设计创意有限公司董事长。生为家中长子的他，从小就协助父母担负起养家的重任。1984年，离开故乡远赴山西太原开了自己的第一家眼镜零售店。1988年，跟随叔父到江苏丹阳创业。那时候的丹阳眼镜市场刚刚初具规模，创业初期的困难是常人难以想象的。经过十几年的拼搏和努力，2002年，刘教新创立了自己的第一家有限公司——上海超越眼镜有限公司。自小就对视觉艺术有着浓厚兴趣的刘教新不仅仅是一位企业家，更是一位充满创意与激情的眼镜设计师。他始终坚信，眼镜不仅仅是一种实用的光学器件，更是一种时尚的象征。他致力于将眼镜设计成为一种艺术品，让每一个佩戴者都能有视觉上的享受。在他的领导下，公司的设计团队不断研究市场需求，结合时尚元素，设计出一款又一款独具特色的眼镜。他认为，眼镜设计的核心是满足消费者的需求，而创意则是让眼镜独具特色的关键。2013年，刘教新在接受《中国眼镜科技杂志》采访时曾说：“创意就是生产力，创意设计是一个风险相当大的事情，但无论多难也依旧会在这条路上一直走下去！”经过两年筹备，丹阳玖熙创画眼镜设计创意有限公司于2015年成立。该公司集眼镜设计服务、OEM、ODM于一体，为国内外知名品牌提供眼镜研究设计服务，并取得了多项国家设计专利，弥补了丹阳眼镜设计服务的短板，也提升了整个行业的水平。

除了关注公司的发展，刘教新还非常关注社会责任。他认为，作为一个企业家，不仅要追求经济效益，还要关注社会效益。公司积极参与公益活动及各类社会捐赠活动，希望通过自己的一点微薄之力，为社会做出贡献。

未来，刘教新将带领丹阳玖熙创画眼镜设计创意有限公司继续探索、创新，致力于将眼镜设计推向艺术的高度，进一步提高产品质量和服务水平，为消费者带来更多独具特色的产品，为眼镜行业的发展贡献更多力量。同时也将积极履行社会责任，为社会做出更大的贡献。

（二）排行榜

【2022 年十大镜片品牌排行榜】

1. 依视路 Essilor
2. 蔡司 Zeiss
3. 万新眼镜
4. 明月眼镜 MingYue
5. 凯米 Chemilens
6. 豪雅 HOYA
7. 康耐特光学 Conant
8. 鸿晨光学
9. 尼康镜片 Nikon
10. 新天鸿光学

【2022 年十大镜片品牌企业简介】

【依视路】 依视路公司 1849 年创立于法国，专注于眼用光学领域的视光研究，是全球知名的树脂镜片和渐进镜片供应商。每年投入约 2 亿欧元用于研发。

依视路集团立足创新，使尽可能多的人获得视觉健康，不断推出提升消费者戴镜体验的新产品。旗舰品牌包括万里路、钻晶、全视线、爱赞、X-动力和暴龙等。集团还开发并销售镜片制造设备、视光相关仪器等，并提供相应服务。依视路集团（含合资伙伴）在全球 70 个国家和地区拥有 7 万多名员工，向全球 100 多个国家和地区提供产品与服务，为约 35 万个客户提供镜片和镜片制造设备等。

依视路在全球范围内设有五大研发中心、超过 500 名科研人员，迄今为止已拥有 9500 多项专利（含申请中专利）。1959 年，依视路创造了树脂镜片，并在同年发明了全球第一片渐进镜片。依视路陆逊梯卡名列 2020 福布斯全球企业 2000 强榜第 304 位。

1995 年，依视路集团进入中国并投资设立了在中国的第一家镜片生产企业。如今，依视路在中国的员工数量总计 1 万余人（含合资企业）。依视路主要通过与中国企业设立合营企业的方式，为合营企业带去资金、技术，以及管理与合规方面的丰富经验。

在与中国企业合作的过程中，依视路一方面为中国眼镜企业带来了先进设计理念和管理模式，推动了中国眼镜企业的科研力度，提高产品品质；另一方面，依视路也学习中国眼镜企业务实拼搏的精神和在成本控制方面的成功经验，两者实现了互惠互利、合作共赢。依视路还通过依视路视力基金会和其上海恩维季光学有限公司积极承担企业社会责任，旨在践行企业责任，为中国低收入和农村地区人群提供视力帮助。2015 年至 2018 年，依视路连续四年荣获中国公益节“年度责任品牌”奖。

为了践行依视路“改善视力，改善生活”的企业使命，帮助因认知不足或资源匮乏而导致视力尚未被矫正的中国群体，依视路已将其包容性商业项目“2.5 新视代”、慈善组织“依视路视力基金会”以及眼健康认知、倡导和研究项目等悉数落地中国。

【蔡司】 卡尔蔡司集团（Carl Zeiss AG）是全球视光学和光电子领域知名的跨国公司，1846 年在德国耶拿成立，总部位于德国奥伯科亨市。蔡司这个名字也是领先的光刻光学元件代名词，芯片行业使用这些元件制造半导体组件。全球对引导潮流的蔡司品牌产品的需求十分旺盛，如镜片、相机镜头和双筒望远镜等。

蔡司拥有与数字化、医疗保健和智能生产等未来增长领域趋齐的产品组合以及强大的品牌，蔡司正在塑造技术领域的未来，并凭借其解决方案不断推动光学和相关领域的全球发展。公司在研发方面的重大且可持续的投资，为蔡司技术和市场领先地位的成功和持续扩展奠定了基础。集团将其 12%的收入投向研发——蔡司长期以来一直在研发方面投入大量资金，这种付出也是对未来的投资。

集团拥有 34000 多名员工，业务遍及全球近 50 个国家和地区，拥有约 30 个生产工厂、60 家销售和服务公司以及 27 个研发基地。卡尔蔡司基金会是德国较大的基金会，基金会致力于促进科学的发展，同时也是控股公司卡尔蔡司股份公司的所有者。

蔡司于1957年进入中国，目前蔡司集团在大中华区覆盖半导体制造技术、工业质量解决方案、研究显微镜解决方案、医疗技术、视力保健和消费者光学业务领域。大中华区是蔡司集团迅速增长的市场之一，蔡司在大中华区共有近4000位员工，分布于各地的6个生产基地和4个销售与服务中心，为本地客户提供强有力的支持，也为全球各相关业务提供生产保障。

蔡司大中华区总部位于上海自由贸易试验区，设有销售服务总部、应用服务与培训中心、蔡司工业测量生产工厂及蔡司集团在德国以外的企业级创新研发中心，同时具备面向整个国内市场的中央物流与仓储功能，支持中国本土研发与生产，积极拓展合作领域，深耕中国市场。

【万新光学】 万新眼镜成立于1973年，是国内现有眼镜生产型企业中历史最为悠久的厂家之一。从成为国内首批树脂镜片生产销售企业、获得第一号《全国眼镜产品生产许可证》，到不断创造销售新高，半个世纪以来，万新眼镜持续在领域内发挥自身优势，在技术与产品上始终站在行业前沿。2023年，是万新光学集团成立的第50个年头，万新启动全新战略规划，致力于打造有价值的眼镜品牌，助力行业品牌化发展，推出中高端镜架品牌极适眼镜，专注舒适功能，让更多的人拥有舒适的戴镜体验。未来，万新将继续探索，勇攀高峰，在产品、品牌等方面不断发力，为推动眼镜行业的高质量发展贡献更大力量，推动我国由眼镜大国向眼镜强国不断迈进。

2011年3月，万新光学集团成立，下设江苏万新光学有限公司（镜片）、镇江万新光学眼镜有限公司（镜架）、江苏妆瞳视觉科技有限公司（隐形）等8家控股公司。

万新眼镜片，全国销量领先。万新眼镜坚持以客户为导向，以让消费者看得舒适、看得健康、看得清晰为目标，不断研发创新，与美国PPG、施耐德、日本三井等世界顶级设备原料供应商强强联手，生产MR高折镜片，成为国内首批树脂镜片生产销售企业。同时重视新产品开发和技术创新工作，不断调整产品结构，提升产品档次，以“打造全民视觉健康”为愿景，推出六大品类的镜片覆盖全年龄段，为消费者提供优质的视觉解决方案。根据第三方权威咨询机构艾瑞咨询发布的《2023年中国眼镜行业白皮书》，万新眼镜片以占全国销售市场15.4%的份额领先。

万新产能，彰显实力。作为国内较大的树脂镜片生产企业，万新眼镜已于2018年全面实现“智造”转型，被评为国家级绿色工厂，2019年实现了万新眼镜智慧工厂，通过引进国际先进的生产设备、绿色环保的生产管理理念和智能化检测环节，开启全自动化流水线，实现了产能井喷式增长。目前，生产基地年产量达1亿片，占全球镜片出货数量的1/12；2022年数字化车房定制中心产能突破21000片/天，48小时内交付率达到95%，用行业领先的交付速度，领跑镜片行业发展。

万新赋能，助力成长。万新眼镜是首批为零售商赋能的企业，多年来坚持“永远做零售商身后的支持者”，从“卖产品”向“卖服务”转变，通过销售服务体系、万新学苑、万新助力卓越零售计划，精心传授产品和专业知识，各销售区域配备产品、专业教育及营销管理老师手把手带教，深入到客户门店和对象，年平均培训场次2000场，覆盖人数12000人。为企业领导者、企业管理者及一线工作者开设不同培训研修班次，帮助合作伙伴实现持续性业绩增长，实现转型升级。

在人才发展方面，始终坚持人才驱动发展战略，与浙江大学光电子技术研究所、天津职业大学、南京师范大学中北学院、金陵科技学院继续教育学院、镇江市高等专科学校等院校建立了长期产学研关系，为行业输送专业人才。2020年10月9日，万新眼镜通过了职业技能等级第三方评价机构的认定，成为行业首家第三方评价机构。现已具备开展眼镜验光员、眼镜定配工、光学磨工等3个工种的职业技能等级认定资格，为进一步提高中国眼镜行业从业人员的整体素质作出了贡献。

一路走来，万新眼镜开拓进取，砥砺前行，在品类、品质、品牌三方面持续升级，带领企业进步，引领行业发展。新的时代，新的眼健康需求，万新眼镜将勇立潮头之上，积极探索企业的第二增长曲线，寻找成长加速度，以呵护全民视觉健康为重任，将更优质的产品和服务带给消费者。

【明月镜片】 明月镜片股份有限公司，是国内领先的综合类眼镜镜片生产企业。公司前身为成立于 2002 年的江苏明月光电科技有限公司。2006 年，公司与韩国石油公司（KOC）合作，在国内建立镜片原料研发和生产企业——江苏可奥熙；2008 年，公司研发出韧性好、耐冲击的 KR 超韧镜片；2014 年，公司成功研发推出 1. 71 镜片，突破高折射率伴随高色散的行业技术难题，广受市场认可；2021 年，公司联合中国工程院庄松林院士团队共同推出近视防控镜片“轻松控”。历经 20 年发展，公司已成为国内眼镜镜片生产龙头企业，2021 年在创业板成功上市。

明月镜片目前已具备完善的产业链及一站式服务体系，业务涵盖镜片、镜片原料、成镜、镜架等产品的研发、设计、生产和销售，镜片产品以自主品牌为主。据第三方权威调研机构欧睿国际调查数据显示，在 2016 年至 2022 年中国眼镜片行业零售格局中，按零售量计，明月镜片的市场份额排名第一。

明月镜片既是高新技术企业，又是专精特新企业。为持续积极布局新型材料的研发与技术储备，公司与全球知名光学专家、国家探月计划专家组成员庄松林院士及其团队合作，建立了行业示范性的院士工作站和眼镜工程技术研究中心，对眼视光行业的前瞻性课题进行专项攻坚。同时，公司高度重视研发，企业研发费用逐年递增，2019 年至 2022 年累计投入 5175 万元。2022 年度，明月镜片研发费用为 2237 万元，比 2021 年增长 25. 21%。强研发之下，公司共取得 205 项国内专利，其中发明专利、发明授权合计 48 项，还获得国际专利 1 项。2022 年度，公司营业收入为 6. 23 亿元，较上年增长 8. 25%。

作为全国眼镜行业的龙头企业，明月镜片拥有多个领先全球的、独到的、适用于特定场景的产品系列。“1. 71 系列”镜片，实现高折射率镜片低色散，镜片更薄、更轻；“PMC 超亮系列”镜片，纯净透亮，视物清晰真实；“双重防蓝光系列”镜片，打破传统防蓝光镜片的单一防护模式，既有基材吸收，又有膜层反射，实现了“1+ 1>2”的效果。

【凯米光学】 凯米光学集团创立于 1985 年，主要从事光学镜片等系列产品的研发、生产、销售，公司年产镜片 8000 万片左右，是韩国较早从事树脂镜片生产的高科技企业。

凯米光学坚信产品的品质本身就是市场立于不败之地的一张王牌，从单体原料，到加工设备，再到人员管理等各项标准都是重中之重，确保每一片镜片在满足功能要求的前提下拥有信得过的质量。1992 年，凯米成立光学研究所，自主生产品种齐全，覆盖 1. 50 至 1. 74 折射率。在日本、欧美等全球多个国家设立分部及办事处，并大量出口。

2002 年，凯米开始进入中国市场并开设了上海分公司，在当时低折射率及中低端产品饱和的中国市场首次引进了进口 MR-8 单体的 1. 60 折射率材料，优异的单体性能与良好的口碑在当时迅速得到了市场追捧，同时也改变了整个中低折射率产品一面独大的市场格局。

将凯米品牌带入中国的同时，凯米光学也将高端品牌“飞视”与“尼德克”品牌引入中国市场，在提出了用眼健康的领先理念的同时，更深度专注于提供不同消费人群的解决方案，将高端品牌理念深入消费者中。2013 年，凯米首次推出的 BRC 蓝光阻隔镜片更是将功能型产品概念推向了高潮，在同质化严重的眼镜市场挖掘出更大的产品价值，带领随后出现的各类功能型镜片在市场中角逐。

2003 年 2 月，凯米光学（嘉兴）有限公司竣工投产。2010 年 12 月，凯米光学全球销量突破 5000 万片，成为全球四大树脂镜片供应商之一。30 多年来，凯米光学苦练内功，厚积薄发，以研发产品为驱动力，品质先行，提供优质的产品和服务，在激烈的市场竞争中脱颖而出，赢得了客户的尊重与信赖。

【豪雅光学】 豪雅集团 1941 年在日本东京都西东京市创立。豪雅是高级树脂镜片领域的知名品牌，因性能优异的防反射膜而闻名于世。集团在全球建立了日本、亚太、欧洲、北美等 4 个总部机构、7 个生产基地及 80 余个分支机构，总资产 180 亿美元。主要产品有光学玻璃、光学镜片、存储光盘、激光医疗器械、眼镜架、人造晶体、隐形眼镜等。其中，在全世界树脂镜片领域，其品质和性能均属前列。豪雅光学在全球 52 个国家销售光学产品，并在全球各地拥有超过 18000 名员工和45个实验室。

豪雅光学旗下拥有豪雅（HOYA）、精工（SEIKO）、潘太克斯（PENTAX）等多个知名光学镜片品牌和2338项专利。在全球设立了3大研发中心、6大车房工厂和6大量产工厂。其中，位于匈牙利和泰国的超级工厂，配备了先进的镜片生产技术和生产设备，为旗下高端产品提供品质保障。

豪雅在中国建立了完善的培训体系。随着渐进片时代的到来，豪雅作为一直处在中国眼镜行业尤其渐进镜片的高端企业，面对国内渐进镜片市场需求的不断扩大，豪雅护眼英才经营学苑应运而生。学苑功能配备齐全，拥有主演讲厅、独立验光室、加工室、模拟店铺、视觉体验室，保证了课程的全方位需求，培养了渐进镜片方面的专业人才。

随着豪雅在中国销售市场的日渐成功，2003年9月豪雅于上海建立了第二个独立分支机构——豪雅（上海）光学有限公司。作为豪雅集团中国地区直属分支机构，豪雅（上海）光学有限公司不断将豪雅集团成熟及优质的产品推广到中国，使豪雅在中国眼镜行业家喻户晓，同时得到了顾客的普遍认同。

【康耐特光学】 上海康耐特光学科技集团股份有限公司成立于1996年，系留美学者费铮翔博士创办的中美合资企业。公司2018年完成分拆及业务实体重组，即如今的港股上市公司康耐特光学（股票代码02276）。康耐特一直是世界眼镜市场上最大的中国供应商之一。销售市场遍布全球80个国家和地区，是上海市高新技术企业。

康耐特公司主要经营从低折、中折到高折、超高折的单焦、多焦、渐进多焦光学树脂成品与半成品镜片，包括渐进片、非球面镜片、偏光镜片、光致色变镜片等。

康耐特始终坚持“科技创新”的发展战略方针，以高新技术产品引领市场。公司现拥有自主知识产权并申请专利10多项，填补了多项国内树脂镜片生产技术空白，多次获得国家级火炬计划项目、创新项目验收合格证书，使公司产品在硬树脂光学镜片领域中独具优势。

过硬的技术、强大的科研开发力量、一流的生产与检测设备及严格的科学管理方法，使公司生产的树脂镜片具有优良的内外品质。所有产品全都符合国家GB 10810标准、欧盟CE标准、美国FDA标准。企业通过了ISO 2001国际质量管理体系认证，拥有规范化的质量管理体系，使产品的技术水平和内外品质都达到了国内领先水平且进入国际先进行列，各种规格树脂镜片以优良的光学物理性能成为众商家的比对样板。产品远销欧美和东南亚等60多个国家和地区，外销率达75%以上，被上海市浦东新区经贸委认定为出口型企业。

康耐特拥有上海、江苏及日本鲭江三个生产基地，能够按客户要求生产不同规格的树脂镜片。

2018年至2021年，康耐特光学获得快速发展，营业收入从8.54亿元增长至13.56亿元，同期归母净利润从0.78亿元增长至1.84亿元。2022年度，康耐特光学继续实现业绩大涨，营业收入15.61亿元、归母净利润2.49亿元，比2021年分别增长15.1%和35.4%。

【鸿晨光学】 江苏鸿晨集团有限公司1985年创立于中国“眼镜之都”丹阳，是集研发、生产、销售于一体的大型镜片生产企业，以树脂镜片、渐近多焦点镜片和高难度车房片在业内著称。集团业务遍及全球50多个国家和地区，获得了广大客户的信赖和消费者的认可。

2002年，鸿晨光学征地40亩（约2.7万平方米），引进进口镀膜设备和自动流水生产线，厂房面积超1万平方米。公司具备日产4万副树脂镜片的生产能力，是当时国内规模较大的树脂片制造企业之一。2003年，公司通过ISO 9000国际质量管理体系和欧盟CE、美国FDA产品认证。2005年，鸿晨光学与央视、湖南卫视等各主流媒体合作，聘请明星做企业形象代言人。同年，鸿晨光学提出“服务传递价值”的营销理念，由产品销售向品牌营销转型。2007年，鸿晨光学全资收购CONVEXOPTICS Co.,Ltd.，公司获得ISO 14000环境体系认证，赢得了众多欧美客户的认可，并取得江苏省视光学产品质量信用证书。2008年，鸿晨投资兴建2万平方米的生产中心，从国外引进3条全自动生产流水线，进行技改升级；与国外视光科研机构合作研发的“TCM膜系列产品”开始批量生产。2009年，鸿晨光学引进德国LOH公司全自动车房设备，成立车房事业部，建立全套快速车房服务体系；与日本三井化学合作，引进高折射率树脂镜片材料 MR-7 和 MR-8。2012 年，鸿晨光学荣获“中国驰名商标”荣誉称号，全资收购 HOMWELL Optics Co. ,Ltd. 。

2017 年，正式成立鸿晨集团。集团占地 200 亩（约 13.3 万平方米），建设 9 万平方米全新生产中心，公司具备年产 5000 万副镜片的能力，设有 1 个车房中心、4 个生产中心、7 条进口全自动生产流水线，成为一家多元化的镜片全球供应商。2021 年，鸿晨集团以“鸿晨集团　健康中国”为主题，开展全国线下路演。2022 年 2 月，鸿晨集团正式宣布由知名演员李冰冰担任鸿晨集团全球代言人。

在科技创新方面，鸿晨集团既是高新技术企业，又是专精特新企业，公司拥有 80 项专利，其中发明专利 39 项。

【尼康】 尼康创建于 1917 年，是知名光学产品设计和制造商，其镜片在高折射率材料、非球面技术、个性化光学设计、光学镀膜等方面享有盛誉。1918 年开始制造光学玻璃。此后，尼康在“信赖和创造”的企业理念引导下，积极开展以光学产品的开发和销售为主的各项事业，并以此奠定了发展基础。

尼康凭借用户的严格要求和尼康“不妥协”的精益求精的制造态度，保障其提供的产品优质。这种精神，得以在尼康代代流传。尼康的每一个产品都有一个光学镜头，从相机到集成电路、液晶显示器的光刻机和扫描仪，从眼镜镜片到显微镜、望远镜。多年来，尼康不断努力以满足时代需求，积累用户们给予的信赖。在美洲、欧洲、亚洲等地设立了 50 多家集团公司。尼康拥有 71 个合并子公司和 15 个以权益法核算的关联公司，企业员工 18437 人。公司高度重视科技创新和产品研发，每年的研发支出占营业收入高达 11%。

尼康将中国作为全球重要的市场之一，着力拓展市场，努力完善从市场运作到销售、服务的整套经营体制。在“信赖和创造”的企业方针下，尼康一如既往地为积极推动中国的影像事业不断努力，努力为中国市场带来更多有魅力的产品、提供更周到的服务。

【新天鸿光学】 新天鸿光学，创建于 1988 年，是国内较早涉足光学镜片产业贸易的企业之一。2012 年，公司前身“上海天鸿光学”与法国依视路集团合资后更名为新天鸿光学有限公司。

新天鸿光学在创始人洪作南先生的带领下，秉承“把客户从陌生，服务到满意”的宗旨，弘扬“品质成就价值”的理念，致力于为消费者和合作客户提供更高品质的产品和服务。为此，公司积极参与国内外战略合作和资源整合，全力导入国际先进的产品、技术和服务，先后与美国全视线光学公司、美国 PPG 工业公司、以色列 SHAMIR 光学有限公司、日本 HOYA（豪雅）株式会社、法国依视路集团等建立了战略合作关系。

新天鸿光学的产品品质和服务口碑享誉业界，多次在中国眼镜行业颇具影响力的评优活动中获得“全国眼镜行业质量领先品牌”“最佳产品质量奖”“中国眼镜行业‘星光奖’”“江苏省著名商标”等奖项和表彰。作为中国眼镜协会理事会 理事单位和行业标杆企业，新天鸿光学曾多次参与国家和行业协会相关眼镜标准的制定工作。

新天鸿光学“品质成就价值”的理念，与中国航天所倡导的不断探索创新、打造航天高品质的精神高度一致。2022 年初，新天鸿光学与中国航天达成战略合作，成为“中国航天·太空创想镜片行业官方合作伙伴”。与中国航天的强强联合，进一步提升了新天鸿光学的品牌形象。

历经多年发展，新天鸿光学成为能提供全方位视觉健康解决方案的品牌服务商，连续多年进入中国眼镜镜片行业十强之列。

【2022 年十大眼镜架品牌排行榜】

1. 精工眼镜 SEIKO
2. 暴龙 BOLON
3. 雷朋 Ray-Ban
4. 派丽蒙 PARIM
5. 夏蒙 CHARMANT
6. 睛姿 JINS
7. 陌森 MOLSION
8. 帕莎 Prsr
9. 木九十
10. 海伦凯勒 HelenKeller

【2022 年十大眼镜架品牌企业简介】

【精工眼镜】 精工始创于 1881 年，是一家以精工控股为核心的集团公司，精工光学是精工控股集团的其中一项业务。

2006 年，精工眼镜商贸（上海）有限公司成立。主要经营光学相关产品，销售业务主要覆盖日本及全球其他主要国际市场。精工眼镜事业秉承“通过先进的技术和可靠的品质为全球使用者提供舒适满意的视觉享受”的经营理念，以及“给顾客提供高满足感，为世界环保而努力”的企业信条，在中国全面推广销售精工先进技术的眼镜镜片和镜架。

精工镜架追求优雅时尚和高科技的完美结合，提供给人们具有卓越品质、时尚款式和高度舒适感的产品，确保在该领域中的领先地位。精工镜架中更有采用先进的无镍电镀以及 IP 电镀工艺生产的精品系列，提供更胜一筹的庄重感以及更出色的产品品质。新款精工 HB 系列延续了无镍电镀的表面工艺和众多经典设计，采用搭配柔和的双色电镀和珐琅漆涂层，佩件均从日本进口。男款采用高精度弹簧铰链，佩戴者无须考虑脸颊的宽窄，在任何情况下都能配戴自如。女款采用世界流行的雕花设计，使眼镜既实用又漂亮，无论你从事何种职业，都能凸显你的高贵气质。产品无论是款式还是质地都充分体现出“精工”品牌所具有的高贵品质。

【暴龙】 厦门雅瑞光学有限公司成立于 2009 年，总部位于福建厦门，旗下拥有国内时尚太阳眼镜品牌“BOLON”暴龙眼镜、潮流品牌“MOLSION”陌森、专业性品牌“PROSUN”保圣，是一家集眼镜及零配件开发设计、生产加工、推广销售于一体的大型中法合资光学企业。公司拥有总部机构及 6 家分、子公司，在职员工 1000 多人。品牌入驻中国近 4 万家销售网点，覆盖全国 31 个省、自治区、直辖市及香港特别行政区，目前在全球有 7000 多个销售网点。

2013 年，雅瑞光学与具有 160 多年历史，销售网络遍布全球 115 个国家的法国依视路集团强强联合，双方绘就了 2014—2018 年战略发展蓝图。暴龙眼镜以“创造美好视界”为使命，以“成为国际知名眼镜品牌”为愿景，倾力推动“中国眼镜，国际演绎”的全球发展战略，推动中国眼镜在国际市场格局中的地位与影响力，为世界眼镜行业健康发展贡献力量。

雅瑞光学坚持“打造眼镜行业新标准”的原则，注重营销渠道的建设，公司销售额以年均 60% 的速度增长。公司秉承“真诚而简单、责任有担当、用实效说话、我们是伙伴、还可以更好”五大价值观，致力于打造“更真诚　更出色”的企业文化，以科学的企业管理理念成就公司长青基业。

【雷朋】 1930 年创始于美国，为博士伦公司的全球知名太阳眼镜品牌，定位高层次眼镜领域，镜片以玻璃片为主。“雷朋”是遮挡强光太阳眼镜的代名词，享有“美国文化的象征”的美誉。

雷朋英文叫 Ray-Ban，Ray 为眩光，Ban 即阻挡，阻挡眩目之光芒便是太阳镜的本质。1930 年，博士伦公司特为美国空军研制能吸收较多的日光、发散少的热能、保持良好清晰视力的雷朋太阳镜。雷朋镜片经过科学的设计，能够控制眩光，100% 防止有害紫外线入侵，有效过滤蓝光，并保持良好的对比度及敏锐的视野。其光学性能非常精确，甚至超出了优质处方眼镜的行业标准。雷朋太阳镜除了有良好的防护功能外，其外形款式的设计更凸显粗犷英武的军人气质。

从品牌创立至今，雷朋一直是世界上最畅销的太阳镜品牌。支持这一成绩的，是雷朋一贯的高品质和优雅设计。博士伦公司不断革新的光学技术，使得高品质镜片成为雷朋太阳镜的最大卖点之一。

雷朋镜片以玻璃片为主，遮光效果好，所有镜片都能够百分之百地阻隔有害紫外线，同时隔滤红外线等有害光线。雷朋镜架的设计与制造也同样出色，不论在什么情况下，都能使人们佩戴舒适。多年来，雷朋太阳镜的种类不断增加，并形成传统、现代和未来三种风格系列。此外，根据消费对象的不同，雷朋太阳镜又分为绅士、淑女、运动三种类型：绅士型稳重高贵，淑女型潇洒飘逸，运动型充满阳光动感。

永恒的设计、简洁的款式和质优的风格，无疑成为雷朋这一品牌走过近 70 年后仍然经久不衰的重要元素。

【派丽蒙】 派丽蒙品牌始创于 1992 年，是国内轻时尚眼镜品牌，隶属于派丽蒙光学（厦门）有限公司。公司专注研发适合东方人的时尚眼镜，选材优质，做工精美，融合时尚潮流的设计风格，不断改进佩戴的舒适度、耐用性和时尚感，引领国内太阳镜时尚风潮，树立时尚典雅的品牌形象，始终占据市场较高份额，成为国内太阳镜知名品牌。派丽蒙产品覆盖成人太阳镜、成人光学镜、吸式光学镜、儿童镜、防蓝光眼镜等类别。

1992年，派丽蒙的品牌太阳镜开始在全国各大城市销售；1993年5月，派丽蒙首创碳纤维材料镜架，材质重量只有一般镜架的2/3，而且永不变形；1994年5月，派丽蒙将UV 380防紫外线镜片应用于所有太阳镜上；1995年6月，派丽蒙在“中国质量万里行”活动中被评为“消费者信得过产品”，也开启此后20多年在眼镜领域不断探索前进的历程；1998年4月，派丽蒙全面完善售后服务系统，开通全国消费者服务热线；2004年，派丽蒙更改品牌标志，品牌更趋时尚化、国际化。在材质方面，派丽蒙也有了重大突破，在全国首先应用抗反射镜片，从而大大提高眼镜的清晰度；2005年，派丽蒙在全国首创彩色偏光镜片，将时尚与科技完美结合，这一创新既丰富了太阳眼镜样式，也为派丽蒙取得了优异销售成绩；2006年，派丽蒙开通了官方网站；2017年，派丽蒙全面启动品牌升华战略，确立“轻时尚”品牌定位，邀请佟丽娅为形象代言人，发布“从轻定义”品牌新主张；2018年，品牌LOGO焕新升级，年轻化、时尚化；2019年，签约90后四小花旦之一杨紫为代言人，开启品牌年轻化旅程新纪元。

20多年来，派丽蒙一直专注于雕琢眼镜的时尚美学。亲近的时尚感和精致的美感是派丽蒙的DNA，它们透过派丽蒙眼镜精致的选材和时尚舒适的设计得以呈现。派丽蒙相信，美就在我们的身边，相信每一个平凡的人都有不平凡的美，正因为有这些不平凡的美，我们生活的世界才会更美好。

【夏蒙】 日本夏蒙集团为全球著名眼镜制造企业之一，成立于眼镜之乡日本福井县鲭江市，以制造眼镜零部件起步。夏蒙依托日本工业制造能力以及不拘泥于现有构思的理念，以提高佩戴舒适性为目标，顺利地从眼镜零部件制造工厂转变为综合眼镜生产制造厂。公司自1956年开创以来，始终是眼镜制造领域高端科技的领导者。夏蒙集团拥有完善的生产、销售和服务系统，在全球6个地方建立了设计开发小组，产品销往100多个国家与地区，全球眼镜年销量超过880万副。夏蒙公司已成为专门生产制作眼镜零部件及表面加工工艺处理的大型综合性眼镜制造商，主要经营光学镜架和太阳镜的产品设计、制造及销售。

夏蒙集团作为眼镜零件生产商，致力于提供高质量富有艺术性的眼镜，不断提升消费者的佩戴感。夏蒙是全球钛材专家，EX钛是由夏蒙集团全力打造、专为夏蒙集团产品所研发的新型钛材。夏蒙经过数年研发，对于精密激光焊接技术的运用，也是其他所有眼镜公司无法匹敌的。EX钛、柔韧性结构设计、精密激光焊接技术，是打造类似产品的关键所在。而这三项皆为夏蒙集团所拥有的专利，现已在中国市场推出了线钛、Z钛、行政、商务、真、华、无框7个系列的产品，用于满足各年龄层次中国消费者对高品质眼镜、更舒适眼镜的追求。

1992年，夏蒙进入中国，香港夏蒙成立，在中国东莞开设工厂，并将日本工厂所研发出的生产技术引进至中国工厂，日本高品质的产品开始在中国生产制造。

【睛姿】 睛姿（JINS）是日本著名的快时尚眼镜品牌，由上市公司（株）JIN独资创办。JIN在中国有超过100家门店和天猫、京东旗舰店，全球店铺超过300家。中国分部成立于2010年12月。睛姿以其高质量产品、超优质的服务、丰富多样的产品系列、时尚的款式、平民化的价格赢得了众多消费者的信赖。

睛姿的眼镜是由日本设计师为亚洲人量身定制的独家款式，实现了前所未有的舒适感。鼻托和镜脚的微妙弧度十分讲究，镜框选用了安心、安全并且轻量的材质。其产品讲究的不只是材质，还有款式，从基本款到流行款，再到有个性的镜框款式，有上千种式样。从颜色，款式到佩戴时的舒适感都恰到好处。

睛姿眼镜以通过眼镜丰富人们生活的理念，不断创新，以优质的服务、卓越的品质满足眼镜人群的各种需求。睛姿产品包含近视眼镜、太阳镜、防蓝光眼镜、运动眼镜、儿童眼镜等高质量眼镜。主打轻薄、不易扭曲视野的镜片和拥有品质与美观度的镜框产品，其中AIR FRAME、JINS PC、JINS花粉等系列眼镜颇受欢迎。

【陌森】 陌森（MOLSION）眼镜，成立于2010年。为厦门雅瑞光学旗下品牌。

陌森虽与暴龙系出同门，但风格与定位上却

截然不同，它更受80后、90后年轻消费者的青睐。2015年4月，陌森邀请全球著名策略设计顾问公司朗涛（Landor Associates）打造全新品牌标识，年轻的设计团队以灵敏的时尚触觉即时捕捉最细微的潮流变化，使每一副眼镜以精准的工艺让一切美好定型。陌森眼镜在产品设计中不断创新，将艺术性、时尚感与个性生活完美结合，致力于为人们提供集舒适性与时尚感于一体的眼镜选择。

陌森眼镜积极推动品牌向多元化和全球化发展。公司坚持以人为服务核心，以时尚产品和完善服务提升消费者的生活品质，帮助消费者将品质生活科技与时尚产品结合，同时，专注于为消费者创造更高的消费附加价值。陌森在中国市场迅速获得成功，销售网络覆盖全国31个省、自治区及直辖市，拥有16000多家终端门店。

【帕莎】 帕莎（Prsr）品牌隶属于浙江盈昌眼镜实业有限公司，为2002年创立的时尚眼镜品牌，凭借敏锐的时尚触角，成为风格的诠释者。

帕莎秉承“承袭东方美学精髓，糅合世界流行灵感”的设计理念，用紧跟世界潮流的时尚洞察力，将精细工艺和时尚元素融于眼镜设计。精心雕琢的每款眼镜，都极富质感，呈现出与众不同的时尚韵味和时尚气息，在品牌精髓与个人风格之间找到巧妙平衡，演绎现代男女的风格魅力。

盈昌集团作为专业的眼镜公司，十分注重产品的研发设计和产品功能的创新，每年投入巨资用于新品研发，同时专注于高品位、高品质眼镜产品的生产制造，拥有大批先进的高新生产、质量检测设备和强大的新品自主研发能力以及高素质的研发设计团队，每年均会推出数百款新品投放市场。

盈昌集团2005年通过ISO 9001国际质量体系认证，现已拥有“帕莎”“浪特梦”“哆哪”“盈昌”“凯帝”“奥利丝”等眼镜品牌。盈昌集团除持续加强中国大陆的市场份额外，同时不断加大对全球市场的拓展速度，为更多的国家提供高品质的产品。如今，“帕莎”品牌已遍布中国的大江南北，在湖南、重庆等几十个省级地区设立了经销网络，“凯帝”“哆哪”“奥利丝”等品牌产品还出口俄罗斯、法国、巴西、印度、伊朗、土耳其等多个国家和地区。

【木九十】 木九十品牌，隶属于深圳木九十眼镜有限公司。2010年，木九十眼镜公司成立。木九十聚焦16~30岁用户群体，定位为年轻人而生的新锐造型眼镜品牌，以简单的线条、百搭的配色迎合年轻人审美，适合日常简约穿搭。木九十市场覆盖15个国家300多个城市，全球门店逾800家，备受全球年轻人的喜爱。

木九十认为，眼镜不只是一个视力辅助的工具。木（源于木），九（持久品质），十（工造）——这就是木九十。作为国内第一个把眼镜作为配饰的潮流品牌，木九十冲撞塑料眼镜泛滥的时代，孵化出第一副手造木框眼镜，以“新锐造型，匠心制造”的强大产品力，迅速抢占市场份额。木九十始终坚持“赋予眼镜新主张，用佩戴彰显自我”的使命，除了经典木系列，从光学镜到太阳镜，从廓形、选材、工艺、装饰等细节出发，木九十快速更迭产品。独具匠心的设计、突破传统的材质和追求完美的细节都无一不体现着木九十对“持久品质和完美的制造工艺”的坚持。

木九十眼镜线条穿插、异变及线面组合，板材结构的创新，以及靓丽的色彩搭配，使其成为更能体现品牌风格的一个系列。木九十眼镜适合讲究穿搭、有自己独特品位、乐于接受新鲜事物的时尚弄潮儿。

木九十自2010年成立以来，始终坚守“新锐匠心”，以全新视角去审视探索，不断打破常规，从小众走向大众；以包容的姿态与人沟通、互动，塑造了时刻蜕变、保持年轻的木九十。木九十门店已覆盖中国大陆一、二线城市核心商圈。2015年下半年，品牌海外门店于马来西亚吉隆坡盛大开业。紧随其后，在香港、台湾、新加坡、泰国、马来西亚、越南、菲律宾、澳大利亚、加拿大、美国、日本等国家及地区的购物中心和百货商场，木九十门店相继顺利开业。

【海伦凯勒】 2009年，海伦凯勒眼镜品牌由厦门金至实业发展有限公司引进营运，大陆营销总部地址在厦门市。海伦凯勒是中国太阳镜领军品牌之一。

品牌的特点是时尚、知性、优雅、休闲。设计师团队由意大利、香港、深圳三地专业设计师组成，品牌款式丰富，符合东方人的脸型与搭配。

在每款海伦凯勒眼镜架或者太阳镜上都明显地点缀着海伦凯勒的标志，时刻向世人显示佩戴者的品位与身份。海伦凯勒眼镜是唯美设计与精良制造技术相结合的艺术品。

自品牌建立以来，海伦凯勒眼镜一直不断进取。2011 年度，获得国家轻工业眼镜信息中心颁发的“最具市场潜力的品牌”以及中国眼镜“年度风云榜”等殊荣。海伦凯勒眼镜参加上海国际眼镜展和北京国际眼镜展都获得了相当大的关注。展会上，海伦凯勒眼镜以别具一格的分展馆设计和精雕细琢的眼镜热情接待了来自海内外的客户，为品牌的进一步发展奠定了扎实的基础。2012 年，海伦凯勒眼镜以优质的产品和贴合欧美流行趋势的设计面向市场。海伦凯勒眼镜产品使用的拥有丰富质感的高档进口板材（醋酸纤维板［ET. TL. CATY（CA）］），由木材或棉花提炼出纤维素，经乙酰化水解而成。板材具有阻热性佳，耐腐蚀，抗汗渍的特性。

在眼镜的设计中，海伦凯勒将欧美前卫理念和东方经典美学观点巧妙融合，打造更贴合东方人的时尚款型。产品不仅专注于上乘选材和精细做工，更推崇品牌特质和文化内涵的传达。海伦凯勒眼镜从框架造型的设计到链接拼合技术的研发，以及眼镜上每一个手工安装的配件和螺丝，都体现了设计师对细节的追求，努力呈现阳光、真实的姿态，发挥出勇敢地接受生命的挑战就能够赢得光明的精神。

【2022 年十大隐形眼镜品牌排行榜】

1. 博士伦 BauschLomb
2. 安视优 ACUVUE
3. 海昌 HYDRON 海点 HTDHON
4. 视康 CIBA
5. 库博光学 CooperVision
6. 海俪恩 HORIEN
7. moody
8. 可啦啦 Kilala
9. 晶硕 Pegavision
10. 爱尔康 Alcon

【2022 年十大隐形眼镜品牌企业简介】

【博士伦】 博士伦始于 1853 年美国，全球知名隐形眼镜品牌，较早研发出软性隐形眼镜，是集隐形眼镜、护理液、光学眼镜等产品生产销售于一体的眼睛护理产品供应商。

博士伦在全球 50 多个国家拥有大约 10000 名员工，年度营业额近 20 亿美元，产品行销全球 100 多个国家，

1987 年博士伦公司进入中国市场，1988 年与北京六零八厂合资建立北京博士伦眼睛护理产品有限公司，总部设在北京，在上海、广州、沈阳、成都、武汉设立了 5 家分公司。

博士伦致力于保护并改善全世界数以百万计人的视力，不断研发新材料，创造新技术。在过去的 165 年里，博士伦已经成为全球范围内创新和品质的代名词，是备受尊重的医药保健品牌之一，提供包括隐形眼镜、镜片护理产品、眼科药品、眼内镜片以及其他眼睛外科手术产品在内的最广泛、最优良的眼睛保健产品系列，拥有从透明镜片、彩色镜片，到护理液的最全产品线。

博士伦采用先进的产品技术和制造工艺，管理严格，产品按照 GMP 和美国 FDA 的标准进行生产，通过方圆及德国 TUF 公司 ISO 9002 国际质量认证。2000 年 5 月，成为中国通过 ISO 医疗器械质量体系认证的隐形眼镜制造和销售商。

【安视优（强生）】 安视优是美国强生集团旗下品牌，创立于 1987 年。主打更换型隐形眼镜、日抛隐形眼镜和两周抛隐形眼镜。

1988 年，安视优品牌开创性推出世界第一款更换型软性隐形眼镜用于视力矫正。安视优追求创新科技，始终坚守全球统一的高标准的质量和安全要求，作为视力保健行业的领跑者，致力于为更多消费者提供杰出的隐形眼镜产品。

安视优不断探索新材料、新配方和新思路。其研发的先进舒适技术，例如 LACREON、HYDRACLEAR、HYDRACLEARPLUS、HYDRACLEAR1 让千百万人享受到了新层次的良好视力。针对曾经无法舒适佩戴隐形眼镜的散光患者，安视优拥有 ASD 迅速稳定的创新专利设计。

20 多年来，安视优一直专注于把健康视力带到世界的每一个角落，将健康视力带给每一位消费者，不断努力创新让全球消费者都能拥有更好的视野。

【海昌】 海昌源自美国，1985 年进入中国，隐形眼镜知名品牌，致力于不断研发专业舒适、兼具时尚的隐形眼镜及护理液产品。海昌是进入

中国软性隐形眼镜市场的专业外资企业，也是在中国全面大规模生产隐形眼镜、框架眼镜及眼镜加工设备的大型集团公司。

1985年，美国海昌率先进入中国市场，于上海、武汉、西安建立厂房。1995年，台湾金可集团从美国海昌（位于美国得克萨斯州韦科市）获得软性隐形眼镜离心浇铸工艺和设备。1996年，金可集团并购了美国海昌，成立了海昌隐形眼镜有限公司。凭借着“树行业典范，创完美视野”的信念，海昌保持了严谨的专业风格，成为隐形眼镜行业屈指可数的品牌。1996年9月，海昌位于江苏省丹阳市的生产基地正式启用。

经过多年的发展，海昌已具有国际化规模的先进生产线，厂区面积达10000多平米，从厂房到设备，从管理到员工，都完成了新旧更替。崭新硕大的现代化厂房，高科技的生产工艺，严谨的品检程序，高素质的员工，高品质的管理流程，都更加呈现出一个现代企业的风貌！自2009年起，产量、产值及市场占有率稳居行业前列，集团母公司金可国际于2012年在台湾整体上市。

海昌始终坚持专业的产品、专业的服务路线，市场前沿的销售代表大部分都是来自视光学专业院校的佼佼者。作为严谨的医疗行业模范企业，海昌不断地进行着自我完善，力求将最完美的产品和技术奉献给广大消费者。相继通过的ISO 9000系列和CE体系的认证，使海昌产品更具国际竞争力。

【视康】 视康是研究、发展、服务及制造光学及眼科产品的厂商。企业总部设于美国亚特兰大市，主要销售隐形眼镜及隐形眼镜护理产品，产品遍布世界70多个国家。

视康是彩色隐形眼镜的领导品牌。彩色隐形眼镜具有改变眼睛颜色及美化眼睛的功能。公司研制出高质量的双氧系列护理液等一批高端护理液产品，努力为消费者提供最好的隐形眼镜护理液产品。方便、舒适、优良品质、合理价位、良好性能，是视康对每一类隐形眼镜产品的设计理念。

【库博光学】 库博光学，1980年创始于美国，是国际知名隐形眼镜制造商，全球专业软性隐形眼镜制造商，以镜片设计及新材料研发享誉全球。在超过130个国家和地区为眼科视光师及镜片佩戴者提供服务。

库博光学作为库博集团的一个业务分支，是全球知名的软性隐形眼镜制造商，致力于为隐形眼镜佩戴者制作优质镜片，带来视力保健的清新感受。库博光学采用先进的镜片材质及技术，专业生产适用于散光、近视、远视及眼部干涩的软性隐形眼镜，旗下产品涵盖月抛、日抛型全系列选择。

库博光学恪守隐形眼镜设计创新的承诺，凭借丰富的生产资源，专注开发并提供行业先进的隐形眼镜材质及光学技术，其中包括蕴含Aquaform Comfort Science技术的天然湿润的硅水凝胶镜片，以及采用独特的PC Technology制造的宝晴润Proclear系列隐形眼镜。库博光学秉承诚实、坦率、信任和尊重的态度，以先进的制造及分销系统为使用者和验配师带来始终如一的优秀服务和产品品质。库博光学原名酷柏，2012年7月，公司正式更名为库博光学。

【海俪恩（海昌隐形眼镜旗下）】 海俪恩隐形眼镜创立于2009年，秉承姊妹品牌海昌的生产技术，结合当下快时尚的流行元素、原创的花色和图案设计，大胆结合时尚、潮流文化，用专属于年轻族群的语言，打造个性眼色满足年轻族群不同场景的扮靓需求。

万事美为先，青春正当时。新生代女孩们活在当下，不会等待，有自己独特的对美的定义，自我个性较强，追逐新鲜事物，喜爱快时尚，时刻享受做一个百变的爱美女孩。海俪恩将融入“美”“潮”“FUN”“多变”这4个品牌特性，结合时下年轻族群喜爱的潮流元素，打造彩片品牌中引导时尚潮流的图标。

海俪恩彩色隐形眼镜围绕年轻女孩对眼色和时尚的喜爱，整合两岸彩片设计团队，大胆结合时尚、潮流文化、原创花色和图案设计。花色可盐可甜，设计适合东方人虹膜的色彩，在花色原创的基础上打造时尚自然眸色，既是自然系的必备款，也是美目潮流范的时尚款。

公司成立之初，即严把品质关，建立了公司品质管制体系。先后取得CE产品认证证书、ISO 9000及ISO 13485品质管制体系的认证、GB/T 28001，并获得“高新技术企业”称号。2010年，海俪恩的生产商通过了医疗器械生产质量管理规范（GMP）检查验收，成为江苏省第一家通过医疗器械 GMP 的生产企业。公司被江苏省食品药品监督管理局指定为示范检查企业，成为江苏第一家通过规范检查 GMP 的企业。2012 年，荣获“江苏省著名商标”，这是海俪恩品牌战略的重要成果之一。2013 年，被评为“年度米娜美妆神器”。

2015 年，海俪恩荣获网络主流媒体 ONLY-LADY 的年度美容天后时尚大奖，年轻族群 APP 美啦的年度美妆利器时尚大奖 。2021 年，海俪恩又获得非凡时尚品牌大奖，继续用年轻时尚潮流的产品俘获 Z 世代 。

【moody】 moody 成立于 2019 年，为上海目荻电子商务有限公司旗下品牌，致力于为用户打造时尚彩色隐形眼镜产品。通过持续推出高品质、精设计、短抛期的产品来推动中国年轻人升级眼部时尚理念。

moody 专注于打造属于新一代消费者的美瞳新品牌，重新定义中国年轻人的眼部时尚。moody 希望将好看、舒适、有趣的日抛美瞳带给每一位自信自赏的用户，让佩戴美瞳成为一种表达自我、探索真美的生活态度。

moody 团队成员来自红杉、摩根大通、强生、库博光学等企业，毕业于清华、康奈尔、上海交通大学等海内外院校。团队对品牌、营销、内容、产品力有着深刻的理解和追求。moody 目前已与全球专业软性眼镜实验室和制造商合作研发优质产品。

moody 主张探索并拥抱每种情绪独特的作用与意义，用新锐、质感的设计理念，安全舒适的品质，与新一代年轻人产生共鸣。moody 将舒适度与安全度放在至高的位置，先解决“佩戴有异物感”“长时间佩戴眼红”“镜片滑片”“镜片染色”等问题，再不断发掘产品更多的可能性。在佩戴效果上，从着色直径、花纹、颜色过渡等多角度考量，兼顾年轻一代的审美及场景化使用需求。

moody 品牌致力于为用户打造时尚彩色隐形眼镜，通过持续推出高品质、精设计、短抛期的产品来推动中国年轻人升级眼部时尚理念。moody 彩色隐形眼镜由位于台湾的隐形眼镜制造商生产。该制造商是强生、Revia、T Garden 等全球知名品牌的重要“代工”伙伴。

【可啦啦】 可啦啦创立于 2011 年，是深圳市瞳学科技有限公司旗下品牌，面向 18~24 岁人群，提供彩瞳、隐形眼镜护理液、润眼液、蒸汽眼罩等眼部时尚与健康相关护理及周边产品。

可啦啦自品牌创办以来，凭借着对创新的坚守、对品质的追求、对设计的热爱，打造出的每一款产品都为消费者带来舒适的佩戴体验，因此赢得众多消费者的喜爱与信赖。可啦啦拥有超过百种花色设计，仅单款销量便突破千万大关，年营业额达亿元级，成为全国彩色瞳片市场的追求品牌。可啦啦多次获得彩瞳行业类目第一，如彩瞳市场占有率行业第一，单链接销售行业第一，2016—2021 年销售额连续六年保持翻倍增长，2021 年商品交易总额超过 8 亿元。

可啦啦致力于引领彩瞳时尚潮流，让人们的眼睛健康溢彩。可啦啦主张变革化妆理念，立志让广大用户树立“可啦啦彩瞳，化妆第 1 步”的化妆理念，让化妆前戴可啦啦彩瞳成为用户日常化的动作。

【晶硕光学】 晶硕光学是源自台湾的隐形眼镜知名品牌，创立于 2009 年，由和硕联合科技及景硕科技共同投资建立，专业从事软式隐形眼镜以及医疗用光学产品研发制造与销售的现代化企业。

晶硕光学拥有优秀的设备开发设计团队，自行开发新型自动化生产线及生产流程，从开始原料投入到镜片成品，实现自动化生产，核心制程摆脱传统气压元件控制，采用伺服控制系统，生产稳定性高，并获得 ISO 13485、GMP、欧盟 CE、中国大陆 CFDA、美国 FDA 等认证。晶硕用品质推动了品牌的发展，品牌的影响力不断鞭策着品质的进步与创新，用心守护大众的“点睛之美”。

晶硕始终以消费者需求为导向，在款式及规格上提供多样化的选择，并以稳固的品牌基础及行销经验应用至顾客。2015 年于国内电商渠道开卖。每年上架的新品大约是 2~4 款，让消费者可以更迅速地与流行时尚接轨。面对日益变化的全球市场需求，晶硕秉持着不断创新的精神，期许成为解决顾客佩戴需求的知名品牌。

【爱尔康】 爱尔康公司（Alcon Laboratories, Inc.）成立于 1947 年，是全球规模较大的医疗器械和眼科药品提供商，主要研发、生产、营销眼部医药品、眼科手术设备装置、隐形眼镜相关护理产品和眼部护理消费品，在眼科手术产品和视力保健领域具有较大优势。

爱尔康公司在全球 75 个国家和地区设有分公司，拥有 15000 多名员工，5 个研发中心，14 个生产工厂，产品销售遍及 180 多个国家和地区。爱尔康公司全面研发、生产、营销眼部医药品、眼科手术设备装置、隐形眼镜相关护理产品和其他治疗疾病、调节不适的眼部护理消费品。爱尔康是全球眼科保健领域的引导者，专注于帮助人们看见更明亮的世界。爱尔康拥有超过 70 年的历史，是全球大型眼科护理设备公司之一，在手术产品和视力保健领域的业务优势具有互补性。1945 年，两名药剂师 Robert Alexander 和 William Conner 在德州沃斯堡开了一家小药店，并将他们姓氏的音节组合成药店名称“Alcon”（爱尔康）。

爱尔康高品质的隐形眼镜及护理液产品可以满足各类消费者的需求。隐形眼镜产品包含透明日抛、彩色日抛和月抛型隐形眼镜，隐形眼镜护理液及润眼液产品可以为消费者带来持久舒适的佩戴体验。此外，爱尔康人工泪液产品家族可以帮助缓解日益加剧的干眼症状。

【2022 年十大眼镜连锁品牌排行榜】

1. 博士眼镜
2. 亮视点 LensCrafters
3. 大明眼镜
4. 宝岛眼镜
5. 吴良材眼镜
6. 精功眼镜 JINGGONG
7. 茂昌眼镜
8. 睛姿眼镜 JINS
9. 大光明眼镜 GBV
10. 千叶眼镜 QIANYE

【2022 年十大眼镜连锁品牌企业简介】

【博士眼镜】 博士眼镜连锁股份有限公司成立于 1993 年，是国内眼镜零售行业较早上市的公司，于 2017 年 3 月 15 日在深交所创业板上市，证券代码为 300622。博士眼镜是中国知名的眼镜零售商，也是目前深圳较大的专业眼镜连锁店品牌。

博士眼镜自成立以来，秉承“服务一对一，专业百分百”的经营宗旨，建立起专业的验光及配镜队伍，对消费者实行一对一优质视力服务。博士眼镜连锁股份有限公司严把质量关。对每一副眼镜，从验光、车边到磨片、制镜等每一个环节，都实行专人负责把关，确保“质量管理零缺陷”。公司坚持“以顾客需求为导向”的营销模式，在全国首创性地推出私人护理服务、配镜形象顾问服务和眼镜深度护理服务，解决顾客的消费需求。公司不断提升自己的专业素养，提高服务品质。在业界率先通过 ISO 9002 质量体系认证，引进了世界上最先进的电脑综合验光仪、测光仪、裂隙灯、电脑全自动镜片加工机、磨边机等仪器设备，先后获得广东省眼镜行业验光技术能手、亚洲名优品牌奖、深圳老字号等荣誉。

博士眼镜经营网点已遍布全国 21 个省、自治区、直辖市，拥有 380 家门店。代理销售全球 100 多个知名品牌，与许多知名眼镜企业建立了战略合作关系，与国内外大型连锁商业机构合作，建立了广泛的销售和服务网络。

【亮视点】 亮视点始于 1983 年意大利，陆逊梯卡集团旗下的国际知名眼镜零售连锁品牌，致力于用先进技术生产呵护双眼的眼镜产品。亮视点中国区总部设立在上海。

亮视点在北京、上海、杭州、苏州、南京、郑州、广州、深圳、香港等地共同经营着 100 多家眼镜连锁店，覆盖内地、香港以及澳门市场，并陆续进入沈阳、长沙、大连、重庆等城市。

亮视点悉数汇集陆逊梯卡集团旗下众多世界眼镜品牌，如雷朋（Ray-Ban），及欧克利（Oakley）、沃格（Vogue）、宝格丽（Bvlgari）、巴宝丽（Burberry）、香奈尔（Chanel）、唐娜卡兰（Donna Karan）、拉夫劳伦（Ralph Lauren）等。

【大明眼镜】 北京大明眼镜股份有限公司创建于 1937 年，是著名中华老字号眼镜专业公司，素以“验配准确、技术精良、专业能力强和承接高难光度眼镜定配制作”而闻名。

大明眼镜的专长技术、经营思路居行业领先地位。“大明”是眼镜零售业中最早细分市场，开设精品厅，开发高端眼镜消费市场的企业；是最早把国际著名眼镜品牌引进和介绍给中国消费者的商家之一，是目前汇集著名国际眼镜品牌多的商家之一；是国内老字号眼镜店最早开展连锁经营的企业之一；是第一家推广软性隐形眼镜的商家；是国内第一批配制渐进多焦点眼镜的商家等。这许多的第一，是“大明”实力和创新精神的充分体现。北京大明眼镜在从业规范性方面，也远远走在行业前列。从环境、商品、服务、经营、管理等各个方面，从验光、选架、配片、开方、装配、检验、取镜到维修等各个环节，“大明”都制定了一系列规范化、标准化、量化、可操作化的规章制度和流程，形成了一整套具有大明特色的经营管理规范。北京大明眼镜在引领眼镜零售行业潮流的同时，也秉承和增强了老字号承接高难绝活的传统和本领。很多眼镜店验不了的光度，“大明”能验；别的眼镜店配不了眼镜，“大明”能配。为此，许多顾客千里迢迢专程来北京找大明眼镜验光配镜。“大明眼镜，眼镜专家”是北京大明眼镜经过数十年不懈努力在消费者心目中树立的专长形象，也是广大消费者对大明眼镜专长实力的充分肯定。

北京大明眼镜凭借字号和品牌的价值，于1997年初在国内老字号企业中发展连锁经营，实现了从单店经营到连锁经营的飞越。1998年又先后实现了与有上百年历史的晨光眼镜、近百年历史的精益眼镜和70多年历史的明明眼镜等京城老字号眼镜零售和批发企业的强强联合，进一步巩固了在眼镜零售企业中的龙头地位。大明眼镜已建立起覆盖北京各城区和远近郊区的60多家连锁店、布局合理的连锁经营网络。2002年在河北省三河市和涿州市开设了直营连锁店，2009年在山西省太原市开设了上规模有形象的直营连锁店，初步实现了跨区域发展，连锁店总数达70家。

【宝岛眼镜】 宝岛眼镜是星创视界集团旗下的零售渠道。1972年创始于台湾，知名眼镜店连锁品牌，主营光学镜片、眼镜片等产品，提供专业验光和维修服务。宝岛眼镜是眼镜行业最早的上市公司之一。

宝岛眼镜以“专业化”和“数字化”为经营理念和发展战略。“专业化”指的是专业化深耕，培养专业人才、引进专业设备、筛选专业商品、提供专业服务。宝岛眼镜已培养并拥有近1600名专职验光师，同时专业视光团队正不断持续壮大。除了验光师，宝岛眼镜背后还有检测师、加工师、配镜师和品管师。“数字化”指的是门店数字化、线上线下渠道打通、大数据应用等。自2015年宣布数字化战略后，开始推进线上线下的数字化融合，实现门店与各线上平台的支付、会员、商品等打通。一直秉承“以用户为中心”的数据化+智能化深度运营，从引导顾客关注公众号，到企业微信启用，再到顾客视健康数据的智能推送，不断优化迭代中，更好地运营私域会员，了解每个会员群体的特征及需求，从而提供精准的个性化服务。目前，宝岛眼镜在国内已拥有近1200家门店。

宝岛眼镜秉持着“用专业的心，做专业的事”理念，不断引进国外视光高科技产品，以及和国内重点高校合作，进行专业人才培训，积极参与国家质量部门检测，落实高质量的商品分析，真正打造企业、高校和视光产业三方面纵横一体的零售企业。

【吴良材眼镜】 上海三联集团吴良材眼镜公司始创于清代康熙五十八年（公元1719年），是闻名遐迩的百年品牌。其前身是澄明斋玉器铺，开设在上海市南市区方浜中路光启路口。1935年，吴良材眼镜公司在南京东路开设总店，配置了新式验光仪器和研磨机械设备，自设磨片车间和制架工场，除了门市定配眼镜，还兼营批发业务，客户遍及东南亚及南美巴西等地。

随着验光、配镜技术的发展，吴良材眼镜在验光方面，采取主客体相结合，即传统的技术与现代的电脑设备相结合，使验光技术更加准确；在配镜方面，吴良材眼镜淘汰了手工制作方式，引入了全自动电脑设备，使佩戴更加舒适。在专业人才方面，吴良材拥有多名高级验光师和磨配技师，并为眼镜行业培养了大批人才。众多的人才，精湛的技艺，可靠的质量和周到的服务使吴良材眼镜始终在国内眼镜业中保持龙头老大的地位。吴良材曾为我国空军成功地试制了第一副航空防风镜，也为我国成功地研磨出第一架国产照相机镜头。在半个多世纪的经营中，吴良材凭着优质服务和诚信经营，成为广大消费者配镜的首选眼镜店。

吴良材强调以技术作为竞争力，不断提高眼镜产品的附加值，为消费者带来更好的配镜体验。吴良材眼镜作为零售企业，拥有自己的镜片加工和技术研发中心——三联眼镜光学中心。完善的质量保证体系，保证了每一副眼镜的优良品质，也保证了各种特殊度数镜片的专业加工能力。吴良材眼镜连续11年被评为国家眼镜质量抽查合格企业，获得原国内贸易部颁发的“中华老字号”称号。2001 年吴良材品牌被评为上海市著名商标，2003 被评为上海市驰名商标，2006 年被誉为全国最具有影响力的中华老字号商标。为了持续发展，吴良材大力拓展全国连锁网点，目前数百家连锁店跨越全国七省百余城市。

【精功眼镜】 精工眼镜成立于 1989 年，总部设立于海南省海口市，是一家集验光、配镜、销售及代理国内外知名品牌的镜架、镜片、太阳镜、隐形眼镜产品于一体的全国性服务公司，并开拓眼镜连锁加盟事业，进行镜架、镜片的批发业务。

精工眼镜现已发展成为一家集全国眼镜连锁、精工眼科、国际品牌代理、电子商务平台运营、眼视光教育、装修工程、文化产业等布局眼镜行业全产业链的综合性企业。精功眼镜始终走在开拓进取、改革创新的行业前列：率先通过 ISO 国际质量体系认证；2008 年被国家市场监督管理总局认定为“中国驰名商标”“全国百城万店无假货示范店”；荣获中国最优秀眼镜零售企业、最佳连锁管理奖、非凡杰出企业大奖、社会责任贡献奖等，精功品牌商标已通过马德里商标国际注册及各国注册申请。旗下拥有自主品牌 TR-90、塑钢、高清、靓影、β 钛、板材系列太阳镜，及贝润隐形眼镜、贝润护理液等。

精功眼镜以“诚信为本、服务至上、专业连锁、期待共赢”的企业连锁宗旨为导向，多年来坚持不懈地开拓全国市场，以连锁提升企业实力和品牌影响力。精功全国连锁店已遍布全国 31 个省市，香港、北京、上海等九大分公司构建起精功完善而庞大的全国销售与服务网络，为全国各连锁店和广大消费者提供方便、快捷和完善的服务。

精功已逐步形成了自己独特的品牌优势，精品荟萃、质优价廉、人员专业、管理规范、设备先进、环境舒适。“精品荟萃，功夫独到”，精功人不断开拓创新，以独到的功夫打造眼镜精品，全心全意为顾客的眼睛健康服务。

【茂昌眼镜】 1923 年，茂昌眼镜公司创立于上海。1935 年，迁店于上海市南京路、云南路口闹市区后，即以灵活多样的经营和服务方法，吸引了众多顾客，生意日益兴旺。1936 年设立支店于上海市霞飞路（今淮海中路）。抗日战争胜利后，在南京市太平路杨公井开设分公司，1956 年因区域关系各自独立。

茂昌眼镜公司经营方式独特，服务方式多样，有上门验光、邮购配镜、配镜咨询等。在科技领先方面，茂昌眼镜在全国首家引进国际先进的成人渐进多焦镜；全国首创青少年渐进多焦镜，并荣获国家专利；最早被政府部门指定为国家领导人配制眼镜的企业；全国最早引进德国蔡司眼镜的代理商；茂昌南京东路总店在全国眼镜专业店中是单店零售额最高、眼镜配制量最多的企业之一；独家引进美国先进技术 MTI 无创伤性 2~6 岁幼儿验眼机；全国首家引进国际先进的美国 AO 及德国 LOH 光学研磨设备；全国唯一拥有特级技师的眼镜连锁企业。特别是青少年渐进多焦镜的试制成功，使茂昌一跃成为眼镜行业中科技领先、专业更专的标志性品牌。茂昌渐进多焦镜具有减缓近视加深、调节眼睛疲劳、端正写字姿态三大功效，有效地解决了青少年的视力难题。这一独特的发明荣获黄浦区 1998—1999 年度科技进步奖一等奖、第五届上海科技博览会金奖，2000 年 10 月获国家专利。

茂昌眼镜公司不但将传统技艺不断发扬光大，还及时吸收国外有关配镜方面的新技术、新工艺、其专业技术水平始终处于同业前列。2001 年，茂昌被正式认定为上海市著名商标。

【睛姿眼镜】 睛姿（JINS）是日本著名的快时尚眼镜品牌，由上市公司（株）JIN 独资创办。中国国内店铺已经超过 70 家，全球店铺超过 300 家。日本睛姿总部成立于 2001 年 4 月，中国分部成立于 2010 年 12 月，均持续快速成长。睛姿以其高质量的产品、超优质的服务、丰富多样的产品系列和时尚的款式、平民化的价格赢得了众多消费者的信赖。

睛姿是快时尚眼镜品牌。睛姿的产品更新速度非常快，以较短的周期进行产品款式的更新换代，是走在时尚最前沿的不二之选。其产品种类也非常丰富，每一款产品又有若干数量的颜色，使购买者可以充分进行个性化搭配。

睛姿自主开发新产品，让顾客无论何时前来光顾，都能看到品种齐全、设计新颖的产品。在中国，睛姿着力在上海、北京、天津、成都、长沙、沈阳等地不断拓展业务。

【大光明眼镜】 浙江大光明眼镜有限公司1986年成立于杭州市，是国内知名的集团化管理、连锁经营、多元化发展的大型眼镜零售企业，定位为大众信赖的专业眼视光验配中心，为消费者提供一站式配镜服务，拥有的眼镜连锁店遍布全国各地。

大光明眼镜公司是一家以奉献时尚流行、健康配镜、专业精神、服务人群为己任的现代化营销模式管理下的眼镜公司，是集验光加工、定制、销售、维修、保养、眼部健康检查等于一体的大型专业连锁企业。公司始终坚持以人为本、顾客康健、强化管理、永续经营为目标，促进企业成为现代化营销模式管理下的眼镜公司。

大光明眼镜已在全国开设500多家连锁店，销售网络遍布全国。各地的连锁店销售业绩稳健增长，在市场上享有非常高的知名度和美誉度。

大光明眼镜将企业更准确地定位为大众信赖的专业眼视光验配中心，以注重眼健康为导向，把大光明眼镜打造为集眼视光医疗、眼镜文化、眼镜设计、眼镜连锁于一体的眼视光综合品牌。

【千叶眼镜】 千叶眼镜连锁股份公司1992年成立于重庆市，是以专业验光配镜为主的大型眼镜零售连锁企业，国内颇具影响力的眼镜零售连锁品牌，致力于以专业的技术为消费者的视觉健康保驾护航。

千叶眼镜始终秉承“拼搏奉献，追求卓越”的企业理念，严格打造科学的管理流程，以精湛的专业技能、卓越的品质保证、完善的服务体系，赢得了消费者的信赖和行业的认可，连续十多年被授予“守合同重信用单位”“消费者信得过单位”“纳税信用A级纳税人”“重庆市著名商标”等称号。为从根本上规范产品质量，提升品牌形象，公司严格遵循国际标准，生产流程严格执行ISO 9001：2000标准体系，并在行业内率先取得医疗器械经营许可证及全国工业产品生产许可证。

千叶眼镜在业内首推“一对一配镜、体验式销售、零距离追踪服务”等特色营销措施，给消费者带来耳目一新的感受。公司及时传递最新的综合价值信息，与广大消费者建立起了牢固的消费联盟。

千叶眼镜发展至今已拥有300多家连锁店，近1000名员工，年销售数亿元，销售网络遍及重庆、北京、四川、天津、贵州、湖南、湖北、山东、甘肃、黑龙江、吉林、内蒙古等地。

“打造中国民族品牌，跻身世界名牌之列”是千叶眼镜的至上目标。千叶眼镜致力吸收先进的管理理念，高标准建设科学、严谨、高效、富有活力的管理体系，融合各种先进的经营理念，精心打造底蕴深厚、独具特色的企业文化，为企业在新世纪可持续发展奠定坚实的基础。

【2022年十大太阳镜品牌排行榜】

1. 雷朋 Ray-Ban
2. 暴龙 BOLON
3. 陌森 MOLSION
4. 海伦凯勒 HelenKeller
5. 派丽蒙 PARIM
6. 宝丽来 Polaroid
7. 保圣 PROSUN
8. 欧克利 Oakley
9. 帕莎 Prsr
10. 花雨伞 Arnold Palmer

【2022年十大太阳镜品牌企业简介】

【雷朋】 1930年，雷朋始于美国，是全球知名的太阳眼镜品牌。雷朋产品定位高层次眼镜领域，是遮挡强光太阳眼镜的代名词，享有“美国文化的象征”的美誉。雷朋一贯的高品质和优雅设计，使其成为世界上最畅销的太阳镜品牌。

【暴龙】 暴龙眼镜，创立于2002年，法国依视路·厦门雅瑞光学有限公司旗下眼镜品牌。近年来，暴龙不断推出符合时尚潮流的高质量太阳镜，在太阳镜品牌中占有重要地位。而在中国市场上，暴龙太阳镜已经隐隐有超越传统太阳镜品牌雷朋的趋势。

【陌森】 陌森眼镜，创立于2010年，法国依视路·厦门雅瑞光学有限公司旗下的年轻化眼镜品牌。意大利设计师的加入给陌森眼镜带来与众不同的国际化视野，年轻的设计团队以灵敏的时尚触觉即时捕捉细微的潮流变化，使每一副眼镜以精湛的工艺让一切美好定型。

【海伦凯勒】 2009年海伦凯勒眼镜品牌由厦门金至实业发展有限公司引进运营，大陆营销总部地址在厦门市，是中国领军太阳镜品牌之一。针对东方人脸型研究，传承美式经典的设计风格，以知性、优雅、休闲的时尚风格为特色。

【派丽蒙】 派丽蒙创立于1992年，隶属于派丽蒙光学（厦门）有限公司。专注研发适合东方人的时尚眼镜，选材优质，做工精美，融合时尚潮流的设计风格，不断改进佩戴的舒适度。派丽蒙产品覆盖成人太阳镜、成人光学镜、吸式光学镜、儿童镜、防蓝光眼镜等类别。

【宝丽来】 宝丽来公司，1937年创建于美国，是全球偏光镜市场的知名品牌。宝丽来太阳镜将功能和时尚完美地融合在一起，加之特有的偏光技术作为支撑点，使得宝丽来太阳镜畅销国内外市场。

1950年，宝丽来眼镜推出了当时最先进的太阳镜Cool Ray系列，保护双眼免受反射眩光的伤害。自1972年起，宝丽来采用独有的压力抛光技术制造具有优质光学水准的偏光镜片。1985年，宝丽来发布可更换镜片的飞行员款太阳镜。1993年，宝丽来太阳镜进入中国市场开始销售。

宝丽来品牌全球化营销，在英国、瑞士、意大利、瑞典、荷兰、俄罗斯及中国大陆设有分公司，并拥有完善紧密的全球经销网络。

宝丽来的Thermofusion偏光技术为独特的UltraSight镜片提供了技术支撑，使其能够彻底阻隔眩光，拥有较佳的紫外线防护效果及出众的质量。宝丽来眼镜隶属霞飞诺集团，产品畅销全世界。

【保圣】 保圣隶属于厦门雅瑞光学集团，始创于1993年。保圣是国内知名的专业太阳镜制造商，以为佩戴者提供“自适应”的眼镜系统而蜚声眼镜界，拥有自主研发的双曲率镜片、双弧弯镜片、渐进偏光片、GTR偏光片等专利镜片。

在颇具权威的《中国眼镜科技杂志》品牌排行榜中，在综合时尚指数、功能性、市场推广、消费者认知度、性价比等多方面，从1994年至今保圣持续荣获第一品牌的殊荣，领先众多世界品牌。

保圣自主研发生产具有国家专利的TAC双曲率偏光片和双弧弯PC偏光片，镜片具有特殊偏光效果，可消减直射、折射或反射光，可抵抗超强紫外线，对于前方景物以及地面高低起伏，感觉明显、清晰而柔和，视像解析力大幅提升。且专为国人脸型设计，符合人体工程学，佩戴倍感舒适，外形也更加美观。镜片表面经过特殊处理，具有不易刮伤、擦拭时不易产生静电、防油污、不易粘灰尘等特点。

保圣用最细心的呵护，最安心的保障做框架。其金属框架部分，采用无镍镀层技术，以贵金属钯，也就是白金，作为电镀的底层，且金属无镍电镀后，可在表面形成一层透明薄膜，对人体不会造成过敏或伤害，且不易褪色，亮度历久弥新。在镜腿的工艺设计上，保圣也是独具匠心，针对动感系列及儿童镜系列部分产品采用了二次射出技术，该技术是指使在同一个镜腿上的两种材料射出后合在一起，分两次注射塑料，同时呈现两种质感，还可以增加产品功能性与附加价值。保圣还采用了独特的嵌入式铰链设计，改进传统的制造工艺，使得镜腿更加细腻光滑。此外，保圣还增加了可调式脚尾这一功能，可根据头型来调节镜腿，使其更加贴合头部，佩戴更舒适。

【欧克利】 欧克利成立于1975年，陆逊梯卡集团旗下知名太阳镜品牌，以出色的高清晰度著称，多年来深受各国职业运动选手和名流的青睐。

欧克利拥有一系列完整的眼科特定镜框和矫正型太阳镜片生产线，还在美国、欧洲和亚洲等地建立了完整的服务实验室，旨在将世界一流的光学技术引入当地市场。欧克利公司的光学镜片具有完整的色谱选项、偏光选项和功能性涂层选项。其技术包括金属框架和形状记忆，永不褪色的镜片颜色属性，可以自动调整明暗度的OAKLEY ACTIVATED BY TRANSITIONS SOLFX镜片，是全球第一款可以互换的光学镜片，可映射3D网格中的光线以精确协调眼睛和整个镜片表面的Oakley RX系统。

欧克利拥有600多项专利技术，能不断地发现问题并以艺术的方式寻求解决方案。这一独特的哲学让欧克利成为市场上具代表性和独特性的品牌，欧克利的革新技术让世界级的运动员在竞技当中发挥出更好水平。欧克利因其卓越的高清晰度光学High Definition Optics（HDO）技术著称，这一技术应用于包括太阳镜、光学眼镜和滑雪镜等领域。

【帕莎】 帕莎是浙江盈昌眼镜实业有限公司于2002年创立的时尚太阳镜眼镜品牌。“承袭东方美学精髓，糅合世界流行灵感”是帕莎一贯秉承的设计理念。帕莎用紧跟世界潮流的时尚洞察力，将精细工艺和时尚元素融于眼镜设计，精心雕琢的每款眼镜，都极富质感，呈现出与众不同的时尚韵味和时尚气息，在品牌精髓与个人风格之间找到巧妙平衡，演绎现代男女的风格魅力。

【花雨伞】 花雨伞于1955年创建于美国，知名的太阳镜品牌，致力于用丰富的色彩和紧贴潮流的设计满足女性的时尚需求，其产品凭借精湛的工艺、出色的设计、极高的品质和不错的性价比，深受用户推崇。

花雨伞太阳镜用专业的制镜理念，先进的制镜技术，解决佩戴者许多视觉问题，比如视野模糊、视物困难、避免强光照射等，而且造型时尚个性，适合当代年轻人的风格。

花雨伞太阳镜镜片凹面增镀减反射膜层，能有效滤除杂乱反射光，提高视野清晰度和舒适度。花雨伞镜片同时加入了纳米防油污膜层，令镜片表面更加光滑，抗刮伤性能更强，也不易沾染灰尘，持久保持镜片清洗干净。太阳镜选材质地很轻，佩戴时没有压迫感，不压鼻梁，即使佩戴时间长，感觉也很舒适，使用的寿命非常长。

花雨伞太阳镜在多年的研发中一直致力于用最前沿最丰富的色彩，为女性独家打造最具美感的独特色彩。花雨伞太阳镜品牌用丰富、流行的色彩，让女性展现独特的魅力。花雨伞太阳镜系列是专属女性的太阳镜，设计甜美时尚，极具品位，符合20~35岁的年轻女性时尚清新的气质特点。自2008年进入中国市场以来，旗下的太阳镜产品迅速成为当代年轻人的专属品，在中国时尚界有着举足轻重的地位。

（三）代表企业选介

【江苏奥天光学有限公司】 江苏奥天光学有限公司成立于2005年，经历10年的努力，于2015年与法国依视路陆逊梯卡集团达成战略合作。公司年产值超过2.5亿元，是一家集光学镜片产品研发、生产、销售于一体的综合性企业，兼顾内销、外销、品牌业务、OEM加工业务等多元化经营模式。公司传递健康、清晰视觉的视光观念，坚信“没有质量，我们永远没有市场”的质量理念，相继推出了“暖蓝”“视乐多”“凯迪拉克”“奥天”“菲仕乐”“美视优镜”等多个优秀的视光学品牌。目前，公司已不再停留在制造产品的阶段，而是不断创造性能更优的产品，严格执行26道工序，同时进行层层把控以及严密的性能测试，将膜层与光度精准作为公司探索与创新的关键。公司始终以“1+1>2”的协同合作理念，为客户及行业持续输出品质稳定的视光学产品，致力于成为中国视光行业的领军者。

【江苏视博光学眼镜有限公司】 江苏视博光学眼镜有限公司成立于2010年。自成立以来，定位于差异化镜片品牌营运商，一直保持高速的发展态势。公司自主研发的防蓝光镜片和无色差近视太阳镜片等系列产品，在全国眼镜业功能护眼和时尚专业方面都实现了突破和引领，并远销国外，赢得了客户的信赖与好评。

随着公司规模的扩大以及品牌形象的提升，江苏视博光学于2015年5月搬入集生产、研发、销售、办公于一体的，占地面积158亩（约10.5万平方米），总投资2.6亿元的新工厂。公司现有员工600余名，其中技术人员50名；从国外引进先进的检测设备，按照国际标准进行生产，通过了ISO 9001：2000认证。新工厂现已成为国内最先进的树脂镜片生产基地之一，以一个全新的面貌展现在丹阳市高新区。江苏视博将向客户和终端消费者提供更多品质高、产品线丰富的镜片产品，以及响应更快的同步服务。江苏视博近期推出的近视太阳镜片和数码防蓝光镜片科技含量高、产品质量优，得到市场和消费者的一致好评。

【格林视通光学】 格林视通光学成立于2005年，是一家集光学镜片的研发、生产、销售于一体的专业性镜片生产企业。拥有完整的现片生产线，涉及1.56、1.60、1.67折射率，现片日产能达4.5万片。引进德国OPTOTECH（奥普特）、SATISLOH（萨铁士劳尔）、美国柯本等国际顶尖全套生产设备，用心打造独具竞争力的车房产品，如内渐进、外渐进、抗疲劳、高度片、棱镜、美薄优化、椭圆片、大基弯近视太阳镜、变色、染色、抗蓝光、双非、炫彩偏光、高折、全焦、离焦、防雾镜片等。企业先后荣获“江苏名牌”“最具成长性车房片品牌”等诸多殊荣。

格林视通光学在产品上以车房定制镜片为主体，以渐进片和青少年近视防控产品为两翼，旗下拥有“格林视通”“国民定制”“医晶诚”“泰利”“新启点”“我轻松”“新知控”“宜乐”等品牌，其中“国民定制”为百店验光师推荐品牌。

公司实行渠道代理为主、直销为辅的销售模式。渠道客户数量较多，且客户自身的业务特征存在较大差异，对于不同规模和不同类型的渠道代理商，公司通过丰富的合作激励政策及活动，不断提升客户与公司的合作意愿和紧密度，通过业务的持续成长，实现与渠道价值共享、共同成长。

【江苏悠米光学眼镜有限公司】 江苏悠米光学眼镜有限公司成立于2015年，是一家集光学镜片模具开发、产品智造、个性化服务于一体的综合性功能性镜片智造企业。悠米光学秉承为广大消费者提供优质、专业的眼视光产品的宗旨，经过多年潜心发展，现有员工300余人，拥有大型全自动功能性镜片生产设备2套，日均功能性镜片产量达2万副，拥有德国施耐德自由曲面车房设备5条线，个性化车房定制片日产量达2500副。

公司重视对产品的升级、改造和创新。2017年，在国内率先推出双面复合远视系列产品，实现技术突破，引起巨大反响。2021年，推出更具划时代意义的双面复合近视系列产品，打破了国外镜片公司在高品质镜片产品与材料上对我国镜片行业的垄断和技术封锁。2022年，公司推出具有独家发明专利的全视域周边离焦镜片，该产品兼顾离焦量和成像质量，临床试验效果和客户体验感良好。

【江苏优立光学眼镜有限公司】 江苏优立光学眼镜有限公司成立于1987年，公司位于江苏省丹阳市经济开发区，是一家集研发、生产、销售于一体的综合性专业光学产品供应商。

江苏优立光学眼镜有限公司有着35年品牌发展史，隶属于法国依视路集团，现有员工1260名，5处生产基地，5家销售公司。拥有中国驰名商标，多项专利技术，50多个品牌。

公司拥有韩国镀膜机40台、德国Satisloh 2台、全自动加硬生产线7套、全自动基片生产线7套、法国先进的专业车房清洗加硬设备1套，并引进了美国柯本车房设备和德国Satisoh车房设备各1套。公司主要生产高品质非球面、阻蓝紫光、超薄抗痕、数码全焦、赞晶护眼、眩蓝MAX、光致快变、MR系列以及高难度个性化车房片。产品先后通过QS认证、ISO 9001国际质量体系认证、欧盟CE安全认证。

2011年，公司与法国依视路集团强强联合，在产品研发、品质管理、市场营销等领域得到依视路集团的大力支持。公司全面执行依视路集团生产工艺标准，坚持38步关键点质控，并与依视路全球检测实验中心合作，进一步提升产品质检标准。

2012年，引进拥有逾70年历史的美国镜片品牌SA，标志着优立集团开始拓展高端视光产品领域。2014年，为进一步提升优立光学的品牌知名度，公司签约影视明星为品牌形象代言人。

2018年，优立启动全新品牌营销战略，确立了“优立镜片，用品质说话”的品牌定位。

【江苏汇鼎光学眼镜有限公司】 江苏汇鼎光学眼镜有限公司是一家从事眼镜及配件生产加工销售等业务的公司，成立于2017年1月22日。公司坐落在江苏省丹阳市眼镜产业创业园，法人代表焦飞宏，注册资本为3750万元人民币。

公司成立5年来，通过精准定位符合自身发展的赛道，紧扣行业细分领域进行产品创新，在市场竞争多变的浪潮下，实现全新蜕变式起航。从最初的镜片整合供应商到建立自己的生产线，从传统的镜片制造企业转变为眼健康服务机构整体方案服务商，从传统产品阵容到品牌形象升级、生产车间的建立、完善终端服务体系，汇鼎光学犹如一匹“黑马”，在激烈的视光学市场竞争中逆流而上，取得了老花镜品牌全国排名第二、防蓝光镜片领域第一的骄人成绩，同时以8.3%的市场份额跻身国内镜片销量前四。

汇鼎公司注重新产品研发。2021年，自主开发星幕系列双面自由环曲面镜片，根据人眼的视物特征，采用光线追踪技术和最小失真技术的光学设计原理，可以大幅提升人眼可视清晰视野范围。除了能最大程度地减少人眼最为敏感的斜向像差外，还能有效消除镜片周边畸变现象，确保镜片的光学性能从中心到周边都能达到影院级的最优视觉体验。产品一经推出，获得了众多客商的好评与喝彩。

公司起步不久，便做出了从传统镜片制造企业向眼健康服务机构整体方案服务商的角色转变决定，通过一站式培训体系，结合尖端验测设备，搭建起眼健康管理中心，提供从镜片、老花镜到干眼解决方案，再到青少年近视管理镜片、眼健康验配设备的一条龙服务，受到消费者欢迎。

这得益于“镜片+仪器设备”双引擎驱动与“品牌营销+研发”两翼齐飞的战略，汇鼎光学在众多眼镜企业中突出重围，成功跻身国内镜片供应商第一梯队。2021 年 12 月 15 日，上市公司欧普康视以自有资金 6555 万元增资扩股方式投资汇鼎光学，欧普投资持有汇鼎光学 20% 的股权。2022 年，汇鼎公司实现销售 3 亿元，纳税总额超过 1000 万元。

【视悦光学有限公司】 视悦光学有限公司成立于 2004 年，位于江苏省丹阳市司徒镇眼镜工业园，是一家研发、生产和销售各类高品质光学树脂镜片的公司。公司主要生产中折系列以及变色系列镜片，并拥有多条数字车房片制造生产线和成镜装配供应链，为全球中高端镜片品牌客户提供优质的产品和服务。公司 2012 年起与法国依视路集团合资。强强联合后，公司得到了赋能和更高速的发展，技术、研发和管理体系有了更大的提升，并拥有多项技术专利，以及 ISO 9001、CE、FDA 等资质和证书。

视悦光学的变色片产品为行业内的佼佼者，产品的变色、褪色速度、变色深度以及色系的一致性和膜层的牢固度等均在同类产品中表现突出；视悦光学的数字车房产品，采用以色列和西班牙等全球高端先进的设计，搭配德国数字车房设备，在镜片内表面通过设计数据传输进行 300 多个点的研磨，使一副镜片能满足多场景用眼需求，解决了近用、远用需要使用多副眼镜的困扰，更优化了上、下光区的宽度和切换的舒适性，用科技改变了视界，用创新为用户带来了更为舒适的视光学体验。

2022 年，视悦光学全年销售镜片 2300 万副，销售额 6.5 亿元（含税）；2023 年视悦光学设定了更高的目标和规划，更多更新的基片和膜层技术和创意，将推动视悦光学更快速发展和腾飞。

【江苏全真光学科技股份有限公司】 江苏全真光学科技股份有限公司是目前国内专注于生产光致变色树脂镜片的制造商之一，也是一家真正掌握了光致变色树脂镜片核心技术的专业制造商。公司位于江苏省丹阳市经济开发区黄金塘东路，生产基地占地 72 亩（4.8 万平方米），建筑面积近 6 万平方米，产品通过 ISO 9001、ISO 14001、OHSAS 18001 质量、环境、职业健康和安全三大体系认证，以及欧盟 CE、美国 FDA 等国际认证，产品畅销欧美、东南亚等多个国家。

公司于 2002 年在丹阳投资逾 6000 万元，兴建丹阳全真光学，高起点、高投入地引进世界上先进的生产设备和一流的检测仪器。现已形成国际先进的树脂片生产线和生产工艺，专业生产和销售 1.499、1.56 中折射、1.60 高折射、变色、渐进多焦点、双光等全系列光学眼镜制品。尤其在变色镜片领域，2006 年就进入国际市场，并受到一致好评。2008 年，年生产能力突破了 800 万片，占据国内变色镜片市场份额的 34.6%。

全真光学研发团队由国际行业领军人物、高端技术人才及业内资深高级工程师组成，与国内外多家高校及研发机构共建科研中心，拥有 2000 平方米研发实验中心，具备高水准科研能力的专业化镜片材料、工艺、检测研发实验中心。同时，公司是高新技术企业，拥有 162 项专利（1 项国际专利），发明公布、发明授权合计 52 项。

全真光学的愿景和使命是成为行业主导，成为用户首选的第一竞争力的美好眼睛健康解决方案提供商。依靠锲而不舍地对创新的追求，通过建立人单合一双赢的自主经营体模式，成为全球变色镜片的规则制定者和引领者、由制造业向服务业转型的典范、全球虚实网融合用户零距离的领先者，创造世界级制造商。

【浙江方氏眼镜制造有限公司】 浙江方氏眼镜制造有限公司位于浙江省温州瑞安市马屿镇工业园。公司创建于 1992 年，是一家集设计、研发、制造、分销和零售于一体的现代化企业。方氏眼镜在业内连年来多次被授予“先进生产企业”“平安示范企业”“成长型企业”“重合同守信用 A 级单位”“浙江省眼镜协会常务副会长单位”“瑞安市眼镜商会会长单位”“浙江眼镜十强企业”等荣誉称号。

经过多年发展，公司建立了占地16000余平方米，建筑面积达20000余平方米的瑞安马屿生产基地，设立多个自主研发中心，1000多个营销网络。公司专业生产适合各消费群体的中高档金属眼镜、时尚板材眼镜、钛金眼镜、TR-90、军用太阳镜、军用护目镜等上千种规格的产品，年产量达500余万副。目前拥有方氏、健派、终极时尚、梦想秀4个自主品牌，形成纵向一体化的经营模式。

公司注重品质和内部管理。在品质方面，方氏企业内部一直流传着一句话："只有在显微镜下看细节，才能在放大镜下看质量。"公司不断提升内部管理体系，已通过质量管理体系 ISO 9001：2008、环境管理体系 ISO 14001：2004、职业健康管理体系 GB/T 28001—2011 三大体系认证。

自2013年以来投入近千万元引进数控自动化眼镜生产设备，推动技术红利替代人口红利，生产效能逐年增长。以现代化、自动化的装备提升传统产业，已成为方氏企业优化升级和经济持续增长的动力之源。

2012年，公司重磅出击，与浙江卫视当红主持人签订了代言合同，公司从制造强企向品牌专卖化转型，正式开启了品牌提升之路；2015年投资赞助《温州两家人》，借助影视媒体的热播提高方氏品牌知名度，开拓全国市场。

【浙江伟星光学股份有限公司】 浙江伟星光学股份有限公司位于浙江省台州临海市邵家渡街道。2002年开始，公司投资开发潜力较大的视光学领域，经过十多年的发展，现已跻身中国镜片行业前列。伟星光学专业生产和销售树脂变色镜片、渐进多焦点镜片、青少年近视控制镜片、抗疲劳镜片、防蓝光镜片、碳晶耐磨镜片等高端镜片，现已拥有临海、上海两个生产基地，建立起遍布全国大中城市及亚、欧、美、非各大洲的营销网络，成为国内功能性镜片的制造专家。

伟星光学一直紧紧围绕"中高端定位"，从最初的精选进口原料，到引进德国、韩国等一流生产和检测设备，生产层层紧扣、环环把关，超国标企业标准和严格检验流程，确保产品优势。目前已成为国内领先的变色镜片核心供应商和领导者、超高折射率镜片原材料的发明者和生产商，眼镜生产企业中唯一一家获得国家"十三五"重点研发项目的单位。

【上海米顿光学眼镜有限公司】 上海米顿光学眼镜有限公司成立于2002年，是中国高品质钛架眼镜产品与服务的提供商。公司位于上海市奉贤区头桥镇。2018年，米顿眼镜又在眼镜之都江苏省丹阳市成立江苏米顿光学眼镜有限公司。米顿"品质唯美、关爱健康"的品牌格言深入人心，产品多元化，分别有儿童、青少年、青年、经典、休闲、纯钛、功能和钛金八大系列，致力于为社会各界人士打造成长、成就、成功的专属配置。

2013年，品质卓越的米顿眼镜被中国眼镜协会授予了企业奖章，荣获"中国航空航天科技人员指定镜架"殊荣。同时，作为国内众多一线眼科医院、视光中心的深度合作伙伴，米顿公司心系社会未来、关爱大众视力健康，加大投入研发创立了格金、乔品、路易诗兰、好儿童、时尚博主等品牌，全面满足了人们对产品安全、舒适、美观等各种需求，真正做到人无我有、人有我优。

【深圳市普莱斯眼镜有限公司】 深圳市普莱斯眼镜有限公司坐落在广东省深圳市龙岗区横岗街道，成立于2010年8月31日，是一家从事眼镜及配件购销，以及验光配镜等业务的公司。公司总经理康自成从事眼镜经营业务已有22年，具有多年眼镜设计、研发的工作经验。

2010年，公司创立普莱斯（Pulais）眼镜品牌，该公司也成为龙岗第一家深耕互联网品牌的本土眼镜企业。借助互联网零售的东风，经过十余年的发展，如今普莱斯稳居电商平台眼镜品类前列。

普莱斯科技自成立以来，一直坚持发展自主品牌，已成为集自主设计、研发、生产、销售、服务于一体的眼镜高新技术企业。品牌和渠道是龙岗眼镜产业从低附加值迈向高附加值的关键要素。而品牌建设是一个持续的过程，企业既要用品质赢得市场认可，还要源源不断地投入广告，普莱斯每年投入广告费高达3000万元，占营收的25%。近年来，普莱斯还逐渐把全球商标注册下来，迈出很重要的一步。

目前，普莱斯主要以跨境电商的方式"出海"。做国内电商十余年的经验，让普莱斯在两三年的时间里，基本在跨境电商平台站住了脚跟。普莱斯自主品牌的出海探索，也成为深圳眼镜近年来追求高质量发展的一个缩影。

【深圳市嘉骏眼镜有限公司】 深圳市嘉骏眼镜有限公司位于深圳市龙岗区横岗街道保安社区，初创于2002年。和大多数横岗眼镜公司一样，嘉骏眼镜也是从做代加工开始的。彼时，凭借着毗邻港澳的区位优势和集聚度高的产业链优势，公司发展势头良好。不过，公司创始人曹军敏锐地意识到，代工模式难以长久，要想在行业内拥有立足之地，必须要有自己的核心竞争力。2004年，曹军有幸与香港的一家明星企业达成合作。这家明星企业生产的产品全部是自主品牌。受此启发，曹军开始将目光投向ODM（原始设计制造商）领域，不断提高公司的自主设计和研发能力。

2017年，嘉骏眼镜与国内的一档知名综艺节目合作，联名推出了一个面向年轻消费群体的眼镜品牌“VPLUS”。曹军将目光投向产品设计结构专利的开发。有了专利，既可以保护企业的合法权益，也有利于提高研发能力。正是在这样的发展思路下，拥有自主知识产权的“wave”折叠墨镜应运而生。近年来，深圳市嘉骏眼镜有限公司生产的“wave”墨镜成为潮流新宠，在年轻消费群体中走红。为了做好“棉”这一品牌，曹军可谓将他的匠人精神体现在了产品生产的方方面面。首先，“棉”的生产皆为纯手工打造，100多道工序每一道都力求做到极致；其次，“棉”的每一个生产流程都是在高端生产线上完成，曹军赋予了它们更多的时间和更精益求精的态度，在细节处理上可谓一丝不苟。

作为一家扎根龙岗20年的本土眼镜企业，嘉骏眼镜由从事代工制造果断转型，凭借产品设计结构专利，推出自己的自营高端品牌，并结合互联网平台销售，走出了一条个性鲜明、成效显著的自主品牌道路。

【诚益光学集团】 诚益光学集团是一家规模较大、历史悠久的眼镜制造商，1978年创办于台湾，1990于厦门成立工厂，是最早投资中国大陆的眼镜外资企业之一。公司位于福建省厦门市东部的龙山工业区，总投资800万美元，是一家研发、生产、销售太阳眼镜、光学眼镜、老花眼镜、儿童眼镜及各类功能性眼镜的专业眼镜厂家。公司现有员工近4000人。产品90%销往美国、法国、意大利、澳大利亚、日本等国家和地区。

诚益集团的企业经营包含生产制造与品牌经营两大区块，生产制造事业与全球知名品牌合作，提供OEM及ODM服务；品牌经营采自营品牌与代理品牌并行的模式，拥有派丽蒙（Parim）、高特（Outdo）、宝丽来（Polaroid Eyewear）、皮尔金顿（Pilkington）、圣大保罗（Santa Barbara Polo & Racquet Club）、花雨伞（Arnold Palmer）、天鹅博士（Dr. Swan）、卡仕曼（Caxman）及璐迪（Rudy Project）等知名品牌，由集团子公司负责经营。诚益集团包括诚益光学、诚购商贸、美格金顿科技、加倍吉科技、派丽蒙光学、舒达迈光学、百事达光学和艾普偏光科技。诚益光学包括诚明光学（生产光学镜）和诚展光学（生产太阳镜）。加倍吉有NBA、高特两个偏运动的品牌；舒达迈包括EQ：IQ、宝丽来、宝马、MINI四个品牌；艾普偏光主要是经营光学镜片；派丽蒙是诚益集团的自营品牌。

诚益集团具有较强的研发实力，集团开发团队拥有各类专职技术人员200余人，具有专业化、国际化、精细化、市场化等特点。每年开发1000余款产品，产品类别丰富，包括塑胶、金属、板材、钛等。

【来奇偏光科技（中国）股份有限公司】 来奇偏光科技（中国）股份有限公司是FUTIS集团下属外商独资企业，公司于2002年12月在厦门成立。公司拥有员工300余人。来奇拥有世界领先的膜技术，主要研发生产各类偏光镜片、偏光膜、变色镜片、防雾镜片、光学膜、眼镜、液晶显示器偏光板等制品及相关零配件。

来奇的前身——光明精密实业有限公司于1969年2月创立于中国台湾台南市，从事光学镜片制造，45年专业经营技术、科学文化创意。1983年3月产业转型，设立太阳眼镜制造事业部；1989年9月于中国厦门扩产，成立来明工业（厦门）有限公司；1996年8月成立光明眼镜（厦门）有限公司，增设光学眼镜配光架制造事业部；2002年12月成立来奇偏光科技（厦门）有限公司，从事偏光镜片及偏光薄膜生产；2007年8月来明工业（厦门）有限公司与光明眼镜（厦门）有限公司合并；2010年11月来奇偏光科技改制为来奇偏光科技（中国）股份有限公司；2014年成立来奇来明（北京）科技有限公司。

公司2008—2009年度获纳税信用等级A级企业；2007年度纳税突破100万元，2009年度纳税突破300万元，2010年度纳税突破500万元，2011年度纳税突破1000万元。企业及产品先后获得厦门市优质品牌、国家火炬计划重点高新技术企业、资信等级AA级、厦门市著名商标、福建省著名商标、福建省名牌产品、高新技术企业、厦门市重点高新技术企业、偏振三维立体眼镜行业标准起草单位、中国产学研究合作创新成果奖等荣誉或资质。

【华茂光学工业（厦门）有限公司】 华茂光学工业（厦门）有限公司是眼镜产品的专业生产厂商，1996年10月于厦门创建，其前身可追溯至台湾华美集团。1978年，创始人陈祯华先生于台湾台南创立华美眼镜公司。经过十几年的不懈努力，已发展为集研发、设计、制造、营销与服务于一体的大型台资眼镜公司，产品远销欧、亚、美等五大洲。1998年通过了ISO 9001质量管理体系认证，拥有先进的现代化计算机操作系统，是中国眼镜制造行业重点企业之一。公司现有在职员工1200余名，拥有自建厂房两处，分别位于厦门湖里区及同安区（分公司），占地面积累计45000平方米，建筑面积达52000平方米，厂内拥有多条生产线，可生产塑胶、金属、板料、铝镁等不同类型的眼镜产品。华茂光学专注于眼镜产品的研发与制造，产品远销世界各地，是国际各大知名品牌的制造供应商，如迪卡侬、优衣库、CK、GUESS、迪士尼等。

公司经营分为生产制造（OEM、ODM）与品牌经营（OBM）两大块，生产制造事业主要与全球知名品牌合作，提供设计、技术与市场的专业建议与服务；品牌经营主要是自营品牌，由厦门毅欣光学有限公司和厦门欣视美光学科技有限公司两家合作公司负责经营。现有艾尼雅、捷尼斯、女生洛卡、凡希、MI！M系米、Teddy等自营品牌。自营品牌除了在鹭达、明视、宝岛、精益等1000多家实体店有出售外，还陆续在唯品会、淘宝、京东等B2C渠道开展电子商务。公司曾获厦门双优企业奖、亚洲资源最佳出口企业奖等奖项。

【江西华清眼镜有限公司】 江西华清眼镜有限公司是进入江西省鹰潭市眼镜产业园较早的一家港资企业，占地约2万平方米，拥有员工400余人，主要产品有太阳镜、光学眼镜，约占60%，其余还有儿童眼镜等。华清眼镜主要以为国际一二线品牌代工为主，产品主要出口欧美及东南亚等地，2019年产值达到1亿元以上。

华清眼镜母公司恒发光学控股有限公司是一家集团化公司，创建于20世纪80年代，2019年7月16日在香港主板成功上市。目前有员工1100余人，其中深圳700余人、鹰潭华清眼镜400余人，深圳拥有设计团队30多人。江西华清眼镜主要承接生产方面的任务。华清眼镜在板材、金属眼镜方面更显实力，能根据市场灵活地调配生产任务是其主要特点之一。凭着款式新颖、价格合理和质量过硬，华清眼镜赢得了广大客商的好评，拥有了一批忠实的客户，De Rigo、Marcolin、Specsavers等都成为他们的长期客户。

【江西华德光学集团】 江西华德光学集团是一家台资企业，工厂占地104亩（约6.9万平方米），2004年登记，2009年投产，现有员工以及外协搭配人力合计1200多人。公司产品为光学镜、太阳镜、老花镜全品类，年产能约1200万副。

华德以OEM为主，ODM为辅，主供20～70元的眼镜产品，以出口欧美为主，Safilo、Marcolin、WalMart、COSTCO等世界大厂都指定华德为其长期配套的客户。华德如今在江西省鹰潭市拥有十余家配套的外协加工企业。

华德集团在台湾拥有自己的贸易公司，在香港拥有专业设计团队，在美国和意大利都设有办事处。华德在设计方面的理念是新款潮款不断、与世界接轨。

【丹阳天禄眼镜电商有限公司】 丹阳天禄眼镜电商有限公司创立于2013年12月。公司从当时的5人小组，发展到今天50余人的精英团队；注册资本也从当初的1000万元增至2000万元；从当初简单的英文电商平台开始，营销近50个国家，发展到今天已形成由中文、日文、韩文（朝鲜语）、俄文、法文等6个语言版组成的多语种跨境电商互联平台；公司产品也已遍及全球50多个国家和地区。

公司自成立以来，利用流动验光车进校园、进社区、进企业，吸引全国各地加盟意向伙伴发展线下加盟店。近10年时间，公司的足迹已遍布近百所高校，数十个社区和企业，并已成功营业

10余家线下加盟体验店。

公司于2016年第四季度重组控股了丹阳宏鑫光学有限公司，通过输入资金、输入管理、输入理念、成本控制等方式，使其在2017年恢复了常态运营，并取得了676万的利润。2018年，宏鑫光学增添自动包装机、新生产流水线，提高环保要求。目前已达1200万副的年产量，年利润超1000万元，安置近300人就业。

公司于2017年第四季度组建了江苏相伯文化传媒有限公司，旨在利用其与央视合作拍摄地方影像方志等大型项目的丰富经验，全面推动集团企业的品牌宣传策划能力。在弘扬丹阳近代杰出乡贤、复旦大学创办人马相伯的同时，将他的历史地位和丰功伟绩，将他的文化精神、爱国情怀和家乡情结更好地传播出去。同时，将本市著名非遗产品乱针绣等地方文化，更好地融入集团企业的品牌宣传。

公司于2018年第一季度重组新建了丹阳天禧光学眼镜有限公司，主旨在于向功能性眼镜、科技眼镜领域进军，开发全球市场，不断地推陈出新，不断地强化天禄眼镜产品的市场竞争力。多年以来，公司以“投资+公益+慈善”的企业发展格局，形成了以“互联网+眼镜”为基础，以“科技自主研发+全产业链一体化”为动力，以“文化+公益+慈善”为助力的“多个+”发展模式。

【深圳慧明眼镜有限公司】 深圳慧明眼镜有限公司坐落于广东省深圳市龙岗区横岗街道西坑社区西湖工业区，是一家专业生产各种眼镜架的企业，主要从事钛架、金架、胶架及注塑架的制作。1999年成立，占地16000平方米，在职员工500人，是一家集研发、生产、销售眼镜架的综合性企业。2004年研发了不锈钢及TR-90轻型眼镜，成功向ODM转型。随着公司的一步步扩大，领导层引入国际先进研发流程，成立研发部，凭借着完善的组织机构服务于广大的客户朋友。慧明眼镜厂已经建成了具有规模的生产线、研发团队及销售网络，承接了中国人民空军飞行员防护镜的研发及生产。相继加入中国科学技术协会和深圳工业总会，在公司成立企业科学技术协会，与卫生部近视防控中心联合研发治疗近视的医学项目，近5年的销售额以20%左右的速度增长。2015年，慧明眼镜将表面部改为无尘车间，建立了具有国际标准的检测实验室，眼镜架和太阳镜产品质量已达到国际先进标准ISO 8980-3：2003、ISO 12870：1997的指标要求。

2004年，公司率先通过ISO 9001：2000管理体系认证。2006年成为全球顶级眼镜品牌运营商陆逊梯卡的优秀眼镜架供应商。2007年承接欧洲某国特警眼镜的研发及生产。2012年联合卫生部近视防控中心、复旦大学研发了中国第一副医学眼镜。与眼视光学界联合成功研发中国第一副医学儿童架。2015年荣获“深圳企业创新纪录”称号。2015年导入卓越绩效模式，实行“同创共富”绩效管理，成功代理国际品牌CROCS，自主品牌“I+U”荣获2015年“广东省名牌产品”“深圳知名品牌”等一系列称号。

【深圳市大仕城光学科技有限公司】 深圳市大仕城光学科技有限公司是中韩合资的美瞳供应链企业，其主要业务分两个部分，其一是整合全球产能，通过数字化的供应链布局，实现全流程合规的柔性生产；其二是通过渠道布局，向品牌方赋能，实现制造与品牌的双向驱动。截至2022年10月，大仕城及其体系工厂月产能突破1000万片，长期合作客户有博士伦、O-lens、Candy Magic等全球一流品牌。

目前，深圳大仕城光学已获批美国食品药品监督管理局颁布的FDA认证。FDA作为全球最具权威和高标准的医疗器械认证体系，对产品出货标准、产品质量、材料性能等要求更高。FDA认证产品出口至美国等其他FDA认可国，大仕城可以更全面地从生产资质、销售出口、产品清关、产品上市、销售售后等环节做到全链条合规，让整个交易链条都可被追溯，使品牌方无忧销售、消费者放心购买。

团队方面，创始人李珈仪有丰富的彩瞳生产制造、资质认证经验，拥有全球化的产业整合能力；此外，她还对品牌打造和用户需要有着深刻的认知和洞察，曾深度参与孵化线上彩瞳品牌，年销售额超过2500万元。联合创始人金双浩作为韩国彩瞳行业的领军人物，拥有23年彩瞳生产制造经验，先后创立G&G隐形眼镜公司、DUEBA、Maxlook等彩瞳工厂，为大仕城的全球化发展打下坚实的基础。

【江苏淘镜有限公司】 江苏淘镜有限公司成

立于2006年1月17日，公司坐落在江苏省丹阳市，曾用名：丹阳圣西诺眼镜有限公司。江苏淘镜有限公司服务于美国Zenni光学，创建于2006年，是一家集研发、生产、销售于一体的外商独资（跨国）高新技术企业，占地面积150余亩（1.5万余平方米），员工规模近1000人。目前，公司拥有世界上最先进的自动加工技术和订单控制系统，拥有完整的全自动车房生产线、成品眼镜加工生产线和板材镜架生产线，并可为有个性化需求的客户提供眼镜深加工服务。公司注册资本为4300万美元，主要经营范围为：生产各式眼镜、眼镜零部件、光学镜片、镜盒，从事镜片的加硬加膜及验光配镜业务。

【易佰得（丹阳）光学有限公司】 易佰得（丹阳）光学有限公司成立于2007年4月23日，位于江苏省丹阳市司徒镇眼镜工业园，法定代表人为江灵。经营范围包括镜片（光学镜片、树脂镜片）的生产销售，镜片、镜架、光学眼镜片的批发、零售、进出口业务以及相关的验光配镜业务。易佰得（丹阳）光学有限公司对外投资2家公司，具有7处分支机构。

【江苏俊视光学有限公司】 江苏俊视光学有限公司是一家从事光学镜片生产、自营、代理各类商品等业务的公司，职工人数155人，成立于2002年9月6日，公司坐落在江苏省丹阳市开发区八纬路。江苏俊视光学有限公司法人代表是张军建，注册资本为3000万元人民币，企业的经营范围为：光学镜片的生产，自营和代理各类商品及技术的进出口业务。

【LOHO眼镜】 LOHO（乐活）眼镜是一家专注于时尚的眼镜O2O企业，创立于2011年7月，隶属于卡基贸易（深圳）有限公司，法定代表人为黄心仲。LOHO眼镜是深圳市乐活电子商务有限公司旗下，专注时尚与品质的眼镜品牌。LOHO眼镜生活是香港LOHO眼镜生活有限公司旗下品牌，是一家集设计、生产、销售、服务于一体的中国高端眼镜品牌商。公司产品坚持三大核心理念，即佩戴舒适、款式潮流、定价公道。

LOHO一直以时尚的设计、丰富的款式、严格的品质、亲和的价格，为消费者提供高性价比产品。企业采用意大利进口、业内顶配的全自动加工生产线与自动化设备，能够实现极致精湛的加工工艺与技术纯熟的手工操作完美组合。LOHO与东京、米兰、巴黎等时尚产业发达地区的海外顶尖设计师建立了开放且深度的合作。自有的本地设计团队也会定期赴海外参加各类时装周及发布会，了解最新的流行趋势，捕捉时尚元素，设计出具备LOHO特色的全产品，努力为年轻人带来高性价比、款式丰富、快速上新的时尚新体验。

LOHO眼镜在北京、上海、深圳、重庆、成都、武汉、南京、杭州等近百个一线、二线、三线城市的核心商圈成功运营，有超过五百家的品牌店，拥有超过300万的品牌会员，为品牌积累了超多人气。

【河南宝视达眼镜连锁有限公司】 河南宝视达眼镜（连锁）有限公司于1987年10月1日成立，创建于河南省平顶山市。1998年10月1日“宝视达眼镜”专业连锁经营企业在国家商标局正式注册成立。BEST英文音译是宝视达，意为最好的。

宝视达拥有全国多个省份的400余家连锁店，已经占据河南眼镜零售业的半壁江山，冲进中国眼镜零售业前列。宝视达已成为中国眼镜零售业具影响力的品牌之一。河南宝视达眼镜（连锁）有限公司率先在全省实行了配送联网、汇总联网、客户联网、财务联网，并拥有自有知识产权的宝视达眼镜零售管理软件。宝视达眼镜已发展成为集视光教育、研发生产、远程加工、电脑自动顾客回访、流动服务、在线销售和网上选镜等一体化的大型专业连锁公司，与法国依视路、日本尼康、德国蔡司、美国苏拿、香港苏明达等国际一流的品牌生产厂商强强联手，与迪奥、古奇、阿玛尼、都彭、BOSS、万宝龙、阿迪达斯、斯瓦罗斯奇等国际一线品牌建立战略合作关系，为宝视达快速健康发展奠定坚实基础。

宝视达的1200多名员工中，已有500多人取得验光配镜师资格，其中200多人为高级验光师，160多人为中级验光师，200多人为初级验光师，数十名眼科主任医师确保验光准确无误，12道品管检验程序保证配镜质量上乘。总经理张鸿林经过30多年的商海拼搏，发明了拥有自主知识产权的“组合近视防治眼镜”“控制近视套镜”“多功能老花回归镜”“视力复健全套训练技术”“视力复健问答及训练光盘”等，成为公司具有竞争力的核心技术。其近视的预防、控制干预，斜视、弱视、远视、散光、眼球震颤的康复训练成为眼镜行业的重大技术突破，为提高全民眼视觉健康，眼视力保健，视力亚健康的恢复翻开了崭新的一页，更使宝视达的专业技术力量在中国眼镜业位居前列。

【广州东方眼镜连锁企业有限公司】 广州东方眼镜连锁企业有限公司成立于1988年，拥有员工400多人，共有50多间专业眼镜店，分布在广州市内各繁华路段及商业旺区。拥有十几名眼科教授和主任医师，连同高级技师、技师、中高级验光员等150人组成的专业队伍为广大市民提供专业验光、配镜服务。公司成立后，发展迅速，1992年就已经拥有11家分店，是国内第一家创立专业眼镜连锁的企业。

东方眼镜先后获得多项荣誉，拥有大批忠诚顾客，已深深植根于广大消费者的心中。广州的消费者只要提到验光、配镜都会首选东方眼镜。在各商业路段都能看到“东方眼镜”的商标，时尚的标志令广大消费者过目不忘。

“产品无可挑剔”是公司永恒追求的质量目标。公司是全国眼镜行业首家通过ISO 9001国际质量体系认证的企业。东方眼镜与时俱进，先进的设备、优秀的专业技术队伍、良好的技术素质、专业的操作，保证了产品的高品质。为满足不同消费者的需求，东方眼镜更把旗下分店分为时尚店、品牌店、家庭店和学生店。为求尽善尽美，东方眼镜耗巨资，在广州打造出两家能够媲美欧洲顶级眼镜店的旗舰店，为国内眼镜行业画下优美、灿烂、辉煌的一笔。

【珠海市亮睛眼镜有限责任公司】 自2001年成立后，亮睛眼镜就一直扎根珠海地区，服务珠海当地消费者。经过20多年的发展，已经拥有27家门店。目前已成为珠海地区门店数量最多、规模最大的眼镜连锁企业，服务越来越多的珠海消费者。

在全国上下都强调做好近视防控的大环境下，亮睛眼镜作为珠海门店最多的连锁眼镜店，肩负起行业责任，把帮助消费者拥有良好的视觉，提供最适合的视力解决方案作为自己的使命。2021年6月18日，亮睛眼镜前山旗舰店试营业，以崭新的店铺形象、全新的商品结构、精细的顾客服务，带给消费者更舒适的配镜体验。

2022年7月22日，亮睛眼镜连锁品牌战略升级发布会在广东珠海举行。作为珠海眼镜行业的领导者，亮睛眼镜宣布品牌战略升级，并发布全新一代眼镜店SI形象，引领珠海眼镜市场进入全新体验式时代。来自珠三角极具影响力的眼镜连锁企业家代表、亮睛眼镜多年合作伙伴、中国镜片领导品牌——明月镜片，以及腾讯网、凤凰网、网易、搜狐网、新浪网、南方网、新快报、新周刊、广东电视台等20余家媒体，珠海当地消费者代表等近百人出席发布会。

作为珠海眼镜品牌的领导者，亮睛眼镜理所应当引领行业向上，引领消费升级。品牌升级的第一步，是提升亮睛眼镜的空间形象和视觉形象，在明月镜片的推荐之下，亮睛眼镜联合华为、三星、OPPO、VIVO的御用设计公司、著名空间设计公司——场景美学，对门店形象进行了创新升级；同时也和业内知名设计公司合作，对品牌的视觉形象进行年轻化升级。

2023

CHINA
GLASSES
YEARBOOK

十

统计
分析篇

2022 年 1—10 月中国眼镜行业经济运行简报

2022 年以来，受国内外严峻复杂的宏观形势以及多重超预期因素影响，中国眼镜行业发展下行压力增大，自 4 月份起行业经济整体放缓，随着国家稳经济一揽子政策等相关接续政策措施的落地，市场活跃度逐步改善，眼镜销售市场持续恢复向好，但由于国内疫情多发散发，行业保持稳定运行仍面临较大压力。

生产增速持续放缓。

2022 年 1—10 月，受国内疫情多发散发、市场需求不振、出口增速回落等不利因素影响，眼镜行业生产增速持续放缓，眼镜成镜产量降幅加深。根据国家统计局数据，1—10 月规模以上工业企业的成镜产量比 2021 年同期下降 7.37%。

外需回暖发展前景向好。

据海关总署网站数据测算，2022 年 1—10 月眼镜产品出口约 60.89 亿美元，比 2021 年同期增长 14.93 %，进口 13.13 亿美元，比 2021 年同期下降 6.35%。

其中，成镜出口金额 32.08 亿美元，比 2021 年同期增长 21.10%，出口量 193961.49 万副，比 2021 年同期增长 17.87%；镜架出口金额 15.02 亿美元，比 2021 年同期增长 14.99%，出口量 32982.50 万副，与 2021 年同期基本持平；眼镜片出口金额 11.39 亿美元，与 2021 年同期基本持平，出口量 134060.79 万片，比 2021 年同期增加 20.61%；角膜接触镜出口金额 0.77 亿美元，比 2021 年同期增长 39.85%，出口量 3838.16 万片，比 2021 年同期下降 4.66%；眼镜零配件出口金额 22.94 亿美元，比 2021 年同期增加 19.13%。

从主要出口市场来看，1—10 月，中国对美国出口增速放缓，对欧盟、“一带一路”、RCEP 区域出口保持较快增长。

1—10 月，中国对美国出口金额 12.66 亿美元，比 2021 年同期增长 1.81%，增速比上半年放缓 9.5 个百分点；中国对欧盟出口金额 14.60 亿美元，比 2021 年同期增长 19.61%，“一带一路”出口金额 21.54 亿美元，比 2021 年同期增长 25.42%；RCEP 区域出口金额 10.97 亿美元，比 2021 年同期增长 39.56%。

盈利水平继续改善。

1—10 月眼镜行业规模以上生产企业的营业收入比 2021 年同期增长 2.85%，利润总额比 2021 年同期增加 25.71%，营业收入利润率为 8.45%，高于制造业 2.2 个百分点，亏损额比 2021 年同期增长 9.64%。

2023 年，疫情影响有望逐渐减弱，预计上半年特别是二季度社会生产生活秩序会加快恢复，经济活力加速释放。行业将继续深入推进企业转型升级和创新发展，不断提高产业核心竞争力，努力推动行业高质量发展取得新成效。

中国眼镜行业白皮书
（2022）

核心摘要

行业概述：眼镜是用于矫正视力、眼睛保护或作装饰用途的光学器件。2021 年，全国眼镜产品零售市场规模 850 亿元，以镜片与光学镜架为市场主力，2021 年零售市场规模分别达到 345 亿元与 309 亿元。受益于消费升级及功能性镜片的供需成熟因素，未来镜片市场有望保持高速增长态势，预计2025年国内镜片零售市场规模将突破470亿元。镜架作为眼镜产品的核心元件，在流行佩饰化趋势下将保持平稳增长，预计2025年国内镜架零售市场规模将达到376亿元。

厂商格局：国内镜片市场销售额方面的行业集中度较高，头部企业的销售额占行业总额近85%，卡尔蔡司、依视路、万新、豪雅分列前四，国际品牌仍占据优势；相较于销售额，国内镜片市场在销售量上的分布更为分散，万新销量领先，明月次之。国内镜架市场集中度相对分散，从产品价位来看，可分为中高端镜架厂商与中低端镜架厂商。早年间中高端镜架厂商集中在陆逊梯卡、霞飞诺、开云集团等国际品牌手中，而在国产品牌转型步伐下，暴龙、海伦凯勒等国货品牌已成功进军中高端产品线，获得更多消费者青睐。

发展动态：2022年上半年以来，国际环境更趋复杂严峻，国内疫情多发散发，眼镜制造业出现了从产业链下游逐渐向上游传递的销售冲击，量化来看，2022年3—5月上海及周边区域零售营业额减少80%~90%，中小零售商年订货量的60%以上受影响，国内眼镜产业生存压力加大。中国儿童青少年近视呈现高发、低龄化趋势，家长为子女购买眼镜时，最关注护眼抗疲劳与延缓近视发展，青控产品愈加受到市场青睐，各家头部镜片厂商集中发力，纷纷布局不同技术原理下的青控产品线，以蔡司、依视路、豪雅、万新为主要品牌，青控品牌认知逐渐形成。

趋势洞察：在零售端加强“四个专业”投入培养的持续努力下，消费者对眼镜店专业认可度有所提升。国货认可度上涨明显给予从业者们更多机会引导消费者认可国产眼镜品牌和质量，以期实现国货崛起。未来，青控、老视市场空间仍有待开拓，镜片及零售端厂商将着力提升消费者对功能性镜片的认知度，守护消费者“睛”彩未来。

一、中国眼镜产品概述

（一）眼镜是眼睛保护与视觉矫正的主要手段

眼镜是用来矫正视力、眼睛保护或作装饰用途的光学器件，主要由镜片和镜架构成。镜片是眼镜功能属性的核心载体，用以实现视力矫正与眼睛保护功能。镜架通常由镜框/镜圈、桩头、中梁、镜腿与鼻托等部分组成，其核心功能与镜片配套构成眼镜，佩戴在面部起支架作用。另外在流行时尚趋势下，镜架带来的美观性、时尚度与脸型修饰功能也更加被人们所重视。本篇报告的研究对象即为眼镜，从眼镜、镜片、镜架三大维度展开，探究中国后疫情时代下眼镜行业的发展环境、产业格局、消费者需求变化等，为产业从业者及终端消费者提供信息参考。

（二）眼镜市场的规模分布

镜片与光学镜架为市场主力，隐形、老花零售规模小幅上升。

从产品维度来看，眼镜产品可分为框架眼镜与接触镜两大类，框架眼镜往下细分包括近视眼镜、远视眼镜、老花眼镜、散光眼镜、太阳镜等，接触镜核心指代隐形眼镜产品。从产品构成来看，镜片与光学镜架仍是眼镜市场的核心产品，占总体规模的比重分别为40.5%与36.4%；受益于线上渠道铺展，隐形眼镜触达客群更加广泛，零售规模占比提升至12.1%，太阳镜占比有所下滑，约占9.5%；老花镜占比仍较小，但得益于60后、70后对老花眼镜需求逐渐增加、该年龄层消费者对专业配镜认可度较高的利好因素，老花镜零售规模占比相比2021年有小幅提升。

2021年中国眼镜市场产品构成

中国眼镜市场产品分布	占比	备注
镜片	40.5%	包括单光镜片与功能性镜片
光学镜架	36.4%	是固定光学元件的机械框架元件
隐形眼镜	12.1%	接触镜品类，与框架眼镜构成眼镜产品赛道
太阳镜	9.5%	属于框架眼镜品类，与镜片、光学镜架品类并列
老花镜	1.5%	

（三）眼镜产品—镜片功能

除单光镜片外，衍生功能性镜片承接更多消费者需求。

单光镜片可满足消费者基础的视光矫正及眼睛保护的需求，而受消费者终端需求驱动与镜片厂商追求收入增长的双重推力作用，功能性镜片产品开始被挖掘，以期迎合新的功能性消费需求，功能性镜片逐渐成为当下眼镜市场的主力军。功能性镜片在日常普通镜片的基础上，通过调整镜片的基础材料、调节配方、光学设计或镜片膜层，使得镜片拥有一种或同时拥有多种功能特性，以适用于更多人群，其技术含量和产品价值相对更高。目前市场普及度较高、且未来仍有极大需求空间的功能性镜片类型主要包括光敏感、有害光防护、舒缓视疲劳、成人渐进镜片与近视管理镜片。

镜片功能分类：分为普通镜片和功能性镜片。普通镜片指的是未加功能特性的镜片。在未出现功能性镜片以前，早期以镜片统一指代。在功能性镜片逐渐兴起后，未加功能性的镜片一般会被称为普通镜片或单光镜片。其特点是：单片仅单个光学中心点，无特殊膜层工艺。特殊膜层工艺包括添加抗 UV、防蓝光、抗静电、防磨损、防雾等功能的膜层。

功能性镜片是指在日常普通镜片的基础上，通过调整镜片的基础材料、调节配方、光学设计或镜片膜层，使得镜片拥有一种或同时拥有多种功能特性，适用于更多人群，成为技术含量和产品价值更高的镜片。功能性镜片的作用是满足青少年对延缓近视加深的需求、中老年对不同距离的清晰视物的需求、上班族对防蓝光舒缓视疲劳的需求、不同工种对有害光防护的需求等。功能性镜片主要功能类型包括：

光敏感：光敏感是眼睛出现对光不耐受的一种现象，眼镜产品可通过光敏感品类镜片缓解强光反光等刺眼光线带来的影响。

有害光防护：面对生活中常遇到的紫外线、蓝紫光等有害光线，有害光防护品类镜片可通过膜层保护眼睛免受有害光的伤害。

舒缓视疲劳：长时间阅读、近距离观看、电子设备使用时间过长会引起视疲劳，舒缓视疲劳镜片可缓解消费者的眼疲劳症状。

成人渐进：基于渐进多焦点技术，让老视人群能够在不同距离视物时拥有清新连续的视觉效果。主要适用于有老花的中老年人。

近视管理：对未发生近视的人群进行眼健康管理；对已发生近视的人群，用规范化的矫正、干预等综合措施延缓近视加深。

（四）眼镜产品—镜架材质

镜架以美观舒适为附加功能，材质选择受流行趋势影响。

镜架作为佩饰具备美观、舒适等附加功能。从材质来看，镜架材质可分为天然材料、塑料、金属和混合镜架四种，其中，塑料镜架与金属镜架为主流材质应用。另外，镜架作为佩饰元素，消费者对镜架材质的选择亦会受到流行趋势影响，比例分布的波动配合一定流行周期。在近几年，消费者的选择倾向会更加偏向于金属镜架，以钛金属为首，但伴随板材材质的流行浪潮回归，塑料镜架的销量占比正在慢慢上升。镜架材质分类：

1. 天然材料镜架

常见材料：玳瑁，特殊木材和动物头角等。

材料特点：天然材料作镜架应用已不常见。因玳瑁是海洋中禁止捕捉的动物，产量不多而价格昂贵，常见玳瑁款式实际多为塑料材质；木质材质更多应用于设计师品牌，通过木头材质凸显镜架产品的时尚质感。

2. 塑料镜架

常见材料：板材架、注塑成型架（TR 材质）。

树料特点：塑料镜架主要分为板材架与注塑成型架两类。板材架比较有质感，可做不同造型和色彩，但时间长后易变形；注塑成型架包括 PC、塑钢、TR 材质等，其中 TR 材质（TR-90）因超轻坚固特质被广泛使用。

3. 金属镜架

常见材料：钛金属、合金、不锈钢。

材料特点：金属镜架坚固耐用，但相对于塑料材质的多样模具来说，金属镜架在颜色、造型上选择较少。金属镜架常见材料为钛金属、合金、不锈钢等，其中合金因坚固、轻便、耐腐蚀、性价比高的特性被广泛使用。

4. 混合镜架

常见材料：采用金属及塑料材质混合制成。

材料特点：通过塑料与金属的材质混合，或

塑料与金属在镜架部分（镜框、镜脚）选择不同材质制成混合镜架，既融合塑料材质在质感与造型上的优点，又实现金属材质在坚固耐用上的特质。

二、中国眼镜行业发展情况

（一）眼镜行业全国分布

产品及原材料进出口减少，眼镜生产基地有向内陆迁移趋势。

从流通链环节上看，中国眼镜行业的大部分产品原材料及眼镜产品已能够实现自主供给，受疫情影响，2021 年中国眼镜出口有所回落，但出口额仍超过 40 亿美元。中国眼镜企业多处于价值链的中间生产环节，当前，中国存在多个眼镜生产基地与集散中心，其中江苏丹阳、广东深圳、福建厦门、浙江温州是中国四大眼镜生产基地，均位于东南沿海地区，产品定位略有差异，近年来随着产业转移浪潮推进，以广东为代表的一批东南沿海眼镜生产企业开始向内陆迁移。

（二）眼镜行业市场趋势

更替频次低但刚需属性强，“一人多镜”消费趋势愈加显著。

大部分成年人的眼镜度数相对稳定，长期以来人们更换眼镜的频次较低。但随着个性化消费理念的逐渐渗透，多元需求场景下的一人多镜趋势兴起，随之衍生出视力矫正、延缓近视加深、抵御光损伤、运动防护、时尚美观等多类功能眼镜产品，眼镜也已成为人们个性化配饰的重要品类之一。与 2021 年相比，新形成“一人多镜”习惯的消费者大幅增加。

2022 年和 2021 年消费者拥有眼镜数量情况

两年比较	拥有 1 副（%）	拥有 2 副（%）	拥有 3 副（%）	拥有 4 副（%）	拥有 5 副及以上（%）
2022 年	24.0	50.1	19.1	4.8	2.0
2021 年	47.9	36.0	12.1	2.6	1.2
趋势 1：与 2021 年相比，占上年体量近一半的消费者新近开始形成“一人多镜”生活习惯； 趋势 2：单人拥有 3 副及更多副眼镜的消费者占比显著增加，增幅近 10%。					

（三）中国眼镜市场规模

2021 年眼镜市场规模提振反弹，市场规模总量达 850 亿元。

2021 年眼镜行业虽仍持续受疫情影响，但延缓儿童近视加深及渐进多焦点镜片两类明星产品逐渐受到消费者认可与追捧，其销售增量一定程度上弥补了疫情对行业整体的影响。从零售端看，2021 年的眼镜行业基本摆脱了 2020 年的低迷行情，总体呈提振增长态势，其中镜片涨幅较大，相应带动镜架增长，零售市场总规模为 850 亿元。未来几年，眼镜市场预期仍将保持稳定增长。

2018—2025 年中国眼镜产品零售市场规模

年份	零售市场规模（亿元）	增速（%）
2018 年	756	6.3
2019 年	804	6.0
2020 年	802	-0.2
2021 年	850	6.0
2022 年	898	5.6
2023 年	951	5.9
2024 年	1005	5.7
2025 年	1059	5.4

（四）中国眼镜镜片市场规模

镜片行业上升态势明显，2021 年市场规模达 345 亿元。

2021 年多家头部镜片厂商推出功能性镜片明星产品，此类产品与普通镜片相比单价更高，加之疫情期间儿童青少年网课时间增加，视力问题集发频发，市场需求旺盛，镜片市场整体呈企稳回升态势，2021 年市场规模达 345 亿元。未来 3~5 年内，在多功能镜片优化迭代、购买需求回暖及“一人多镜”趋势延续的多元因素影响下，镜片市场规模有望保持中高速增长态势，预计 2025 年国内镜片零售市场规模将突破 470 亿元。

2018—2025 年中国镜片产品零售市场规模

年份	零售市场规模（亿元）	增速（%）
2018 年	287	6.6
2019 年	305	6.3
2020 年	308	1.0
2021 年	345	12.0
2022 年	374	8.5
2023 年	404	8.2
2024 年	436	7.8
2025 年	471	8.0

（五）中国眼镜镜片市场竞争格局（销售额）

蔡司与依视路优势显著，万新与豪雅分列三、四位。

从销售额角度来看，国内眼镜镜片的行业集中度仍然较高，头部企业的销售额占行业总销售额的比重保持在 85%左右。其中，卡尔蔡司与依视路的份额均超过 20%；作为国产镜片厂商代表的万新眼镜片位列第三，市场份额为 8.7%，豪雅次之，市场份额约 6.3%。在当前国内镜片市场上，国际知名厂商仍然占据优势，本土厂商近年来正处于高速成长阶段，但在销售额上与国际头部企业相比依然存在一定差距。

2021 年中国眼镜镜片市场份额情况（按销售额划分）

镜片生产商	份额比重（按销售额）	镜片生产商	份额比重（按销售额）
卡尔蔡司光学（中国）	23.2%	鸿晨光学	3.3%
依视路（中国）	21.8%	汇鼎光学	3.2%
万新眼镜片	8.7%	新天鸿光学	3.1%
豪雅（上海）	6.3%	凯米光学（嘉兴）	2.9%
明月镜片	6.1%	优立光学	2.1%
尼康眼镜（北京）	4.2%	其他	15.1%

注释：此处的眼镜镜片销售额是指镜片生产商（不含其关联企业）在国内市场生产并销售镜片的销售额，不包括镜片生产商出口至国外及港澳台地区的镜片所产生的销售收入。

万新销量稳居第一，明月次之，国际品牌销量份额小幅上涨。

从国内眼镜镜片市场的销售量分布来看，销售额领先的头部企业在销量上的总占比逾 65%，其他中小型厂商贡献了剩余的 34.7%。在销量份额方面，万新光学镜片销量以 15.2%的份额继续领跑；明月镜片以 10.1%的份额排在第二；受头部厂商功能性镜片明星产品出货量提升影响，鸿晨光学、汇鼎光学、优立光学、新天鸿的销量份额比重小幅回落，分别为 8.9%、8.3%、7.4%及 5.4%，分列三至六位。

2021 年中国眼镜镜片市场份额情况

镜片生产商	份额比重（按销售量）	镜片生产商	份额比重（按销售量）
万新眼镜片	15.2%	卡尔蔡司光学（中国）	3.3%
明月镜片	10.1%	依视路（中国）	3.2%
鸿晨光学	8.9%	凯米光学（嘉兴）	1.8%
汇鼎光学	8.3%	豪雅（上海）	1.2%
优立光学	7.4%	尼康眼镜（北京）	0.4%
新天鸿光学	5.4%	其他	34.7%

注释：此处的眼镜镜片销售量是指镜片生产商（不含其关联企业）在国内市场获得的销售量，不包括出口至国外及港澳台地区的镜片销售量。

（六）中国眼镜镜架市场规模

镜架行业保持平稳上升态势，2021 年市场规模达 309 亿元。

中国的近视人数迅速增加，人们配镜需求持续上扬。作为眼镜产品的必需元件，镜架行业将在大消费环境下保持平稳增长态势，2021 年镜架产品零售市场规模为 309 亿元。由于疫情反复带来的线下零售影响，2022 年上半年镜架市场同样受到冲击，而下半年随着物流恢复与消费需求复苏，镜架产品的市场销量正在慢慢回升，预计 2022 年市场规模仍会实现小幅增长，2025 年国内镜架产品零售市场规模将达到 376 亿元。

2020—2025 年中国镜架产品零售市场规模

年份	零售市场规模（亿元）	增速（%）
2020 年	294	/
2021 年	309	5.3
2022 年	319	3.2
2023 年	338	5.9
2024 年	358	5.7
2025 年	376	5.3

（七）中国眼镜镜架行业格局

镜架品牌市场集中度低，国货品牌逐渐在中高端产品线崛起。

镜架品牌以产品价位 500 元档位做上下划分，可分为中高端产品线与中低端产品线。早年间，镜架中高端产品线集中在陆逊梯卡（后与依视路合并，旗下为 Ray-Ban、Armani、Prada、COACH 等奢侈品牌线）、霞飞诺（旗下包括 Jimmy Choo、Kate Spade、Moschino 等奢侈品牌线）、开云集团（旗下包括 GUCCI、Saint Laurent、Balenciaga 等奢侈品牌线）等国际品牌手中。在近几年，随着更多国产太阳镜品牌的领域转型与业务拓展，暴龙、陌森、海伦凯勒等国内镜架品牌纷纷进军中高端产品线，引领镜架产品的时尚潮流与款式迭代，日益增加国货品牌在产品价位、市场流行度、款式适配方面的市场性优势。

镜架行业厂商的分布特征是，镜架品牌市场集中度较低，中高端镜架厂商收入普遍在亿元量级，规模占比仅在 10%左右。

1. 中高端镜架厂商的优势是品牌知名度。

国际品牌：陆逊梯卡、霞飞诺、开云集团等国际镜架品牌，掌握奢侈品牌的镜架产品线，普遍价位在 1000 元以上。

国内品牌：暴龙、陌森、海伦凯勒、帕莎等国内镜架品牌，最早做太阳镜起家，之后转向镜架产业，定位品牌中高端路线，普遍价位在 500 元左右。

2. 中低端镜架厂商的优势是规模化生产。

国内品牌：派丽蒙、浪特梦、亓那等镜架品牌系列，产品用料和设计开发更加年轻化，普遍价位在300元左右。

镜架制造厂：镜架代工厂出厂的镜架产品，在市场端无过多投放曝光，普遍价位在几十元到300元不等。

三、中国眼镜产业动态演变

（一）政策发展动态

政策支持不断深化，卫健委部署多项工作关注青少年眼健康。

近年来，中国儿童青少年近视呈现高发、低龄化趋势。2021年，中国儿童青少年近视的患病率已超60%，预计未来在全人口中至少有9.6亿近视人口。延缓儿童青少年近视加深也将成为国家卫健事业发展的一项重要任务，当前，中国基本形成了“政府主导，部门协作，医技支撑，学校主体，学生中心，家庭协同，社会聚力”的延缓儿童青少年近视加深中国模式，并在“十四五”时期出台了系列儿童青少年眼健康规范引导政策指南，系统化、具象化部署延缓儿童青少年近视加深工作。

1. 监测干预。建立儿童青少年视力健康监测数据库，每年开展动态监测。2021年，国家卫健委在1683个县（市、区）的2307所幼儿园和6286所中小学校，开展儿童青少年近视监测，共监测373.9万人。

2. 人才培养。2021年，国家卫健委将疫情防控和儿童近视防治纳入基层卫生人才能力提升增强项目课程，新增线上课程140节，将儿童眼保健中医适宜技术专家纳入项目专家组。

3. 规范管理。2021年10月，国家卫健委推出《儿童青少年近视防控适宜技术指南（更新版）》；2021年2月，国家卫健委发布强制性国家标准《儿童青少年学习用品近视防控卫生要求》。

4. 试点推广。2021年11月，国家卫健委遴选确定14家专业机构分区分片开展对口技术指导和专业支撑，以及时总结地方先进经验，评估试点工作效果，指导推广延缓近视加深适宜技术。

（二）市场需求动态

触网低龄化加重孩子用眼压力，青控产品愈加受到市场青睐。

随着数智技术的发展和消费电子的不断渗透，中国未成年人首次触网年龄前置化明显，3~10岁及以下开始接触互联网的人数比例已达到75.8%，首次触网的主要年龄段集中在6~10岁；加之疫情，学生线上课增加也进一步加重儿童青少年用眼压力，过度使用电子产品、课业压力大、户外运动少是影响儿童青少年眼健康的主要原因。在此背景下，家长群体对青控产品的认知度和购买意愿呈现双提升态势。艾瑞调研结果显示，为子女购买过眼镜的家长中对青控产品有了解的占86.93%，其中超过半数家长已经为子女购买了青控产品。

（三）产业发展动态

年初的疫情影响经由零售端向生产端传导，库存压力预期增加。

2022年上半年以来，国际环境更趋复杂严峻，国内疫情多发散发，眼镜制造业出现了从产业链下游逐渐向上游传递的销售冲击。因为疫情防控，大部分消费者无法出门，零售端眼镜购买需求减少，门店库存积压；零售端随之减少新产品采购量或直接暂停采购，进而导致批发商、渠道商分销业务面临困境，采购萎缩影响逐渐传导至生产厂商与零配件厂，给行业整体发展带来强烈冲击。预计全球未来仍将面对与疫情长期共存的局面，眼镜行业不可控风险与资金成本压力预期增加。

眼镜原材料与人力成本普涨，触发零售端眼镜价格上扬。

按照国家人社部、国家质检总局、国家统计局联合颁布的《职业分类大典》，中国眼视光技术人才主要有专业技术人员与社会生产服务和生活服务人员两类，从2018年与2021年中国眼镜行业各职级年薪对比情况看，近四年眼镜行业员工薪酬普遍增长，其中普通员工与基础操作员工薪酬涨幅超过20%。同时结合2021年3、4、5月与2022年3、4、5月中国眼镜行业主要原材料大宗商品均价对比情况，树脂镜片、镜架合金原材料价格显著上涨，给眼镜生产厂商造成一定生产经营成本压力，在零售端集中表现为眼镜价格上涨。

中国眼镜业主要原材料大宗商品均价对比

主要原材料		2021 年 3—5 月均价（万元/吨）	2022 年 3—5 月均价（万元/吨）
镜片	PMMA	1.7	1.7
	丙烯酸	1.1	1.5
	聚苯乙烯	1.0	1.2
镜架	镍	12.6	21.8
	铜	7.0	7.3
	锌	2.2	2.7

线上零售渠道压制线下顾客流，传统零售商寻求转型。

疫情对传统零售行业的消费形式预期还将持续带来新冲击。近期，一批传统眼镜行业厂商及零售品牌正面向线上化寻求转型。在转型过程中，较容易实现线上推广营收的眼镜品类主要为隐形眼镜、彩瞳、平光太阳镜等不需要消费者现场验光试戴的产品。对于验配技术要求相对较高的视力矫正类框架眼镜，业界普遍认为线上渠道难以对其造成实质性冲击。但当前市场也有一定线上化探索，如一些零售品牌将传统眼镜定价模式中的验光服务按次收费，或通过线上销售优惠券、体验券的模式鼓励消费者到店了解选购眼镜产品，以及通过直播带货、专业科普增加品牌曝光率等。

眼镜零售线上化给行业带来了改变。线上销售渠道对装饰类眼镜销售的营销更直观。装饰类眼镜产品不需要消费者到现场完成验光、试戴步骤，在线选购对体验感的削弱更低。主要增长品类包括隐形眼镜、墨镜、眼镜配件等。眼镜市场线上化撼动传统零售门店营收逻辑。验光配镜不再作为选购眼镜的增值服务，改为按次收费，向线上释放一定优惠券、体验券以鼓励消费者到店了解。直播带货、知识科普成为眼镜营销新亮点。直播带货更注重亲民化、时尚化 KOL 打造。在公域网络专注眼健康、眼镜行业专业信息科普，凸显专业性标签。

（四）产品演进，延缓近视加深产品

延缓近视加深需求热度走高，离焦镜产品迎来爆发性增长。

在政府、家长、学校对儿童青少年视力保护日益关注与重视的大环境下，延缓儿童青少年近视加深相关系列产品备受关注，产品主要包括离焦镜、角膜塑形镜与滴眼液。对比来看，角膜塑形镜可较快延缓近视度数增长程度且无须佩戴框架眼镜，但配镜渠道受限于医院与眼科诊所，对佩戴者的耐受度、眼部卫生保持情况、坚持佩戴效果等均有所要求。滴眼液产品仍处于临床试验阶段，仅以院内制剂形式做少量销售且应用效果反馈较少。而离焦镜由于其产品性价比、配镜渠道便捷性、近视延缓效果反馈的优势特点，快速获得市场关注，迎来了延缓儿童青少年近视加深需求推动下的爆发性增长。市面上常见的延缓儿童青少年近视加深产品列举：

1. 离焦镜

多点离焦镜：通过抑制眼轴增长达到延缓近视加深的效果。离焦镜片，在专业眼镜店、视光中心、眼科诊所等都可销售，验配相对简单，且护理简单、不会引起并发症，相对于其他防控方式，对于戴镜者而言，多点离焦镜片戴镜更方便、价格也较为实惠，镜片价格在 2000~4000 元。

2. 角膜塑形镜

角膜塑形镜（又称 OK 镜）：是一种夜间睡觉时佩戴的隐形眼镜，通过镜片表面压力和泪液吸附力，使中央部曲率变小，旁中心曲率变大，从而改变视网膜周边离焦状态，达到抑制眼轴增加的作用。对眼球尚未发育成形的未成年人而言，能有效预防近视度数快速加深，并在白天摆脱框架眼镜的束缚。但产品需通过医院销售和眼科诊所特定渠道配镜使用，对卫生要求高，并注意长期佩戴的眼部并发症问题。一副单价在 6000~15000 元，价格较为昂贵。

3. 滴眼液

低浓度阿托品滴眼液：国家药监局目前尚未批准生产用于儿童近视控制的任何一款低浓度阿

托品滴眼液。在中国，低浓度阿托品滴眼液还处在临床试验阶段，最快也仅到Ⅲ期，预计到新药上市流通仍需数年时间。国内现存的可售卖的阿托品滴眼液为国家药监局的院内制剂许可，即只可在院内销售，不可对外销售。产品价格在（3000~4000）元/年。

离焦镜可有效延缓近视加深，持续技术迭代以优化产品效果。

用户在佩戴对应度数的单光近视镜片（框架镜）以后，外来光线会通过镜片成像在视网膜黄斑区（中心视力），而中心以外光线会成像在视网膜后，即周边远视离焦现象。由于人眼有“看清物体”的自制机制，会倾向于不断拉长眼轴实现清晰实物，引起近视度数的进一步加深。采用离焦技术可减少旁中心离焦，不但能矫正敏锐的中心视力，也能将周边视觉影像清晰地展现在周边视网膜前方，即实现周边近视离焦，在不影响正常视觉效果的同时起到延缓眼轴增长的作用，缓解近视的加深。各家厂商持续进行技术迭代以优化产品效果，以期获得更好的防控效果。

头部镜片厂商集中发力，青控市场产品供给梯队逐渐丰富。

面对消费者对于延缓儿童青少年近视加深产品的需求潮，各家头部镜片厂商集中发力，纷纷布局相应产品线，青控市场产品多样性逐渐提升。但也应明晰，离焦镜延缓近视加深效果需要达到一定佩戴时长才能明显显现，消费者需综合市面反馈与产品价格综合决定镜片品牌的选择。

中国青控品牌产品分析

品牌		产品	上市时间	离焦原理	价格区间（元/副）
国际	蔡司	成长乐	2010. 8	周边离焦	1130~5880
	蔡司	小乐圆	2022. 6	同心环带微柱镜离焦	3980
	依视路	星趣控	2020. 11	多点离焦	3680~4280
	豪雅	新乐学	2018. 7	多点离焦	3980
	尼康	控优点	2022. 6	点扩散	/
国内	万新	易百分	2020. 3	周边离焦	880~1980
	万新	易百分孔雀版	2022. 2	多点离焦	2680
	明月	轻松控	2021. 6	周边离焦	1498
	明月	轻松控 Pro	2021. 12	多点离焦	2698~2998

四、中国眼镜用户研究分析

（一）眼镜核心需求

除改善视力外，防蓝光的功能性作用为消费者第二核心需求。

艾瑞调研结果显示，改善视力、视物清晰为消费者购买眼镜的首要产品需求。在电子化信息时代，人们用眼时间大大加长，长时间的观看手机、平板、电脑等设备，让消费者愈发倾向于眼镜具备防蓝光功能。而从细分群体来看，青少年对改善视力的核心需求更加集中，而青年女性对眼镜可以实现服装脸型搭配、衬托气质等美观需求的集中度明显高于其他客群。

消费者对眼镜的核心需求

需求因素	整体情况	青少年	青年女性	青年男性	中老年
改善视力，让自己看得更清楚	91. 4%	96. 2%	90. 6%	91. 5%	92. 6%
防止电脑、手机、PAD 等电子产品刺激眼睛	56. 7%	53. 8%	60. 8%	51. 1%	67. 4%
避免阳光、紫外线刺激眼睛	48. 1%	36. 5%	51. 6%	44. 8%	54. 1%
为实现搭配服装或脸型、衬托气质等美观需求	26. 0%	13. 5%	33. 6%	20. 7%	16. 3%

续表

需求因素	整体情况	青少年	青年女性	青年男性	中老年
治疗屈光异常引起的斜视、头痛等疾病	8.2%	7.7%	9.0%	7.6%	7.4%
其他	0.4%	1.9%	0.2%	0.5%	0.7%

（二）镜片功能需求

青年群体对抵御光线、青少年对视物及眼保护诉求更加突出。

艾瑞调研结果显示，透光率高、可清晰视物与抵御光损伤成为消费者对镜片功能的首要关注点，而减缓视疲劳、耐磨耐用等需求紧随其后。从细分群体来看，青年群体在工作办公、休闲娱乐期间会长时间面对电子设备，对防蓝光与缓解视觉疲劳的功能性需求更加突出。青少年近视呈高发和低龄化趋势，镜片需求会更集中于近视管理功能。而老年人随着年龄的增加，生理上出现的眼部器官功能衰老退化会逐渐引起远近视力下降，在关注镜片耐用性的同时也会更关注相关延缓性功能。

消费者对镜片的功能需求

需求因素	整体情况	青少年	青年女性	青年男性	中老年
透光率高，视物清晰度高	64.0%	72.1%	62.9%	64.5%	61.5%
抵御或降低电子设备产生的蓝光、紫外线等有害光的伤害	41.2%	35.6%	43.7%	40.2%	34.8%
在长期办公、学习时，缓解视觉疲劳	39.0%	26.9%	41.1%	39.7%	29.6%
耐磨度高，不容易留下划痕，防油污效果好	24.3%	22.1%	24.5%	23.5%	29.6%

（三）镜架功能需求

用户对镜架佩戴舒适度的关注普遍优先于设计美观度。

艾瑞调研结果显示，镜架作为影响佩戴体验的核心元件，消费者对产品的核心需求在于佩戴的舒适感与轻盈感。同样随着镜架产品的流行性趋势与佩饰化倾向，消费者也会更加关注镜架款式的美观度与适配度。相对而言，消费者对镜片耐用度的需求关注度较为靠后。从细分群体来看，青年女性与中老年群体会更加注重镜架佩戴的舒适度与轻便度，而青少年在镜架款式美观、适合自己的需求上有更多考量。

消费者对镜架的核心需求

需求因素	整体情况	青少年	青年女性	青年男性	中老年
佩戴舒适（如不会夹脸、留下压痕，不易过敏等）	79.8%	71.2%	84.0%	75.5%	86.7%
佩戴轻盈，不压鼻梁	63.5%	57.7%	70.3%	56.3%	67.4%
镜架款式美观，适合自己	55.3%	62.5%	56.4%	52.5%	58.5%
耐用度（如材质不易断裂，耐久度高等）	41.8%	36.5%	43.3%	40.2%	46.7%
其他	0.3%	1.9%	0.3%	0.1%	/

（四）对青控眼镜的功能需求

家长为子女购买眼镜时，最关注护眼抗疲劳与近视延缓功能。

艾瑞调研结果显示，在2063份样本中，有612位家长在近一年内为子女购买过眼镜。家长为子女购买镜片时，首要考虑因素为镜片的防蓝光、舒缓疲劳、可延缓近视加深的功能性，甚至超过了视物清晰度高的需求。这表明，镜片产品尤其是青控产品，核心竞争力开始向增益性功能做衍生，为眼镜产品的差异化发展注入了新的活力。

家长为子女购买镜片的考虑因素

考虑因素	样本占比（%）
注重防蓝光或舒缓疲劳等功能，保护孩子眼睛	71.6
注重挑选有延缓近视加深功能的青少年	68.5
视物清晰度高	53.4
产品性价比高	37.1
不易破碎和磨损的高安全性镜片	28.4
其他	0.2

家长为子女购买青控眼镜的考虑因素

考虑因素	样本占比（%）
缓解眼部疲劳	78.5
延缓度数加深	70.2
可在运动时佩戴，稳定不易掉	51.3
产品性价比高	37.5
材质安全牢固，不易磨损和破碎	30.2
其他	0.4

（五）消费者购买镜片的主要渠道及品牌认知

品牌认知格局稳定，消费者关注购镜渠道的专业度与便捷性。

艾瑞调研结果显示，从镜片品牌认知情况来看，蔡司、依视路、明月、万新仍然保持前四。在购买渠道方面，大部分消费者购买眼镜仍倾向于选择连锁眼镜零售店，选择专业的综合医院眼科、眼科诊所及视光中心的人多于普通眼镜零售店。专业的验光配镜服务是消费者最看重的考量因素。此外，由于时间灵活、性价比高、可自主挑选的因素，亦有一部分消费者选择或有意向在电商平台购买眼镜产品。

五、中国眼镜行业发展情况洞察

（一）镜片视角洞察

提升功能性镜片认知度，守护消费者“睛”彩未来。

近年来，消费者的购买偏好普遍体现出视力健康需求提升的态势，镜片市场亦逐渐向布局细分化发展。从零售侧看，功能性镜片预期对门店店效的贡献不断增加；从厂商侧看，国内外镜片厂商在功能性镜片产品开发迭代的基础上也在积极推进产品认知与眼健康宣传科普。基于镜片产品的迭代更新趋势，在今后一段时间，强化功能性镜片产品认知与科学眼健康市场教育将是行业的重点。一方面，部分消费者对儿童青少年近视及防护的认知依然不足；另一方面，中国人口老龄化趋势不断加剧，老花镜渐进镜片市场拓展空间仍将持续扩大。

青控产品发展环境

标志性数据	详细情况
22.6%	有22.6%的家长没有听过高度近视并发症的概念。
3.51小时	目前，10~15岁青少年每周平均网课时间为3.51小时，国家《儿童青少年新冠肺炎疫情期间近视预防指引》要求“线上学习时间，小学生每天不超过2.5小时，中学生每天不超过4小时”。
10%	在调研的300家学校中，有10%的幼儿园和2%的小学未开展校内视力筛查工作；开展筛查的198所小学和初中里，仍有57所学校每年只有一次筛查，低于国家一年至少两次的要求。

老视市场拓展空间

背景因素	具体描述
政策层面	国家先后发布《中共中央　国务院关于加强新时代老龄工作的意见》《“十四五”国家老龄事业发展和养老服务体系规划》两份文件，体现出国家对“银发经济”发展的关注。老花镜市场将从小散乱过渡到龙头企业加速形成的阶段，未来赛道将更注重验配服务、细分差异化需求等方向。老视产品的消费者更看重产品的功能，不仅需要“看得清楚”，还要“看得舒服”。
18.7%	2021 年中国第七次人口普查数据公布，60 岁及以上人口数量 2.64 亿人，占比 18.7%，较 2010 年相比，老龄化率提升 5.44 个百分点。
43.2%	2021 年底，中国 60 岁及以上老年网民规模达 1.19 亿，互联网普及率达 43.2%。

（二）镜架视角洞察

流行属性加强，消费者对镜架材质偏好存在一定周期性循环。

随着消费结构升级，眼镜已不再单纯是矫正视力的工具，镜架更是凭借其修饰脸型、样式多样等特性成为时尚佩饰品，消费者对镜架的轻重、舒适性、美观化等要求也在不断提升。从材质应用演变上，消费者对镜架偏好周期与流行单品周期具备一定相似的循环属性。2000 年左右，镜架的主流应用材质为塑料；2010 年左右，金属材质逐渐占据主流；而在 2020 年以后，塑料材质又出现了一定复苏态势，应用占比正在慢慢回升。此外，塑料与金属的混合材质镜架走进大众视野，混合材质镜架既融合塑料材质在质感与造型上的优点，又实现了金属材质在坚固耐用上的特质，应用占比正在不断上升。未来，消费者将愈发看重镜架在佩戴时舒适美观的产品特性，混合材质镜架或在未来成为新的主流材质。

（三）零售视角洞察

持续加强“四个专业”投入培养，零售端专业认可度有所提升。

在中国《眼镜行业“十四五”高质量发展指导意见》中，重点提到了眼镜行业质量与标准体系建设的推进，零售端作为消费者配镜的主流渠道，需持续加强“四个专业”的投入培养，从设备、人员、产品、流程四个维度加强自主研发、人才培养、产品应用、验配视光融合的全套流程体系，以此获得在眼科医院、眼视光诊所的双重压迫和消费者购镜主观意愿发生变化环境下更多的生存空间。艾瑞调研结果显示，零售端的投入培养正逐步得到正向回馈。相比于 2021 年，有 60.8%的消费者认为“医院眼科或眼科诊所验光准确度高于眼镜店”，2022 年仅有 45.9%即不到半数的消费者同意此说法，这说明消费者对于零售端眼镜店的专业认可度正在不断提升。

零售端持续加强“四个专业”的投入与培养

政策措施	具体描述
政策层面	中国《眼镜行业“十四五”高质量发展指导意见》提出，眼镜行业必须全面贯彻党的基本理论、基本路线、基本方针，以推动高质量发展为主题，推进质量和标准体系建设，标准体系建设进一步健全，逐步完善眼镜标准品牌培育管理体系。
专业设备	加强新技术、新设备自主研发。
专业人员	完善验光人才教育、职业技能和技术水平评价体系。
专业产品	加快推进优质视力矫正产品研发使用。
专业流程	积极融合传统验配与现代视光技术。

（四）品牌视角洞察

消费者对国产镜片观感呈积极转变，国产镜片信心度提升。

近年来，国内眼镜产品水平与丰富程度不断提升，眼镜厂商密集推出新产品，为消费者提供更多更优的选择。从消费侧来看，国产眼镜厂商对自主品牌及产品的宣传收到一定效果，与 2021 年相比，消费者对于进口镜片质量优于国产镜片的认可度有所下降，认为进口镜片质量并不一定优于国产镜片的消费者占比上涨 2.7%，体现出消费者对于国产镜片的信心度进一步提升。在未来，预期随着技术带来的产品迭代代差拉开，国内外知名镜片厂商市场集中度有望实现双提升，国产眼镜品牌还需通过进一步扩大产品竞争优势与品牌知名度，切实实现国货崛起。

（引自艾瑞咨询，有删改）

中国·丹阳眼镜指数（2022 年）运行报告

“中国·丹阳眼镜指数”以丹阳眼镜产业为核心，包含反映眼镜价格行情变化的眼镜价格指数、监测眼镜行业景气程度的行业景气指数、衡量眼镜行业时尚新潮和创新水平的眼镜时尚创新指数，以及描绘眼镜品牌构建发展轨迹的眼镜品牌发展指数。本期年报立足丹阳眼镜产业，对 2022 年指数运行情况进行详细解读。

价格方面：2022 年，出厂价格指数各月价格均高于 2021 年同期水平；批发价格指数上半年走势平稳，下半年整体微涨；线上零售价格指数全年波动上涨，受各类电商促销活动影响，指数年内起伏明显。时尚创新和品牌发展方面：2022 年，时尚创新指数波动下行，品牌发展指数先跌后涨。景气指数方面：2022 年，丹阳眼镜企业景气指数走势明显较好，多数月份位于荣枯线上方运行，企业端仍保持较大乐观态度。

一、各环节眼镜价格走向各异

2022 年，丹阳眼镜零售价格指数全年走势震荡，出厂价格指数与批发价格指数走势相对平稳，三大价格指数表现为“两涨一跌”。

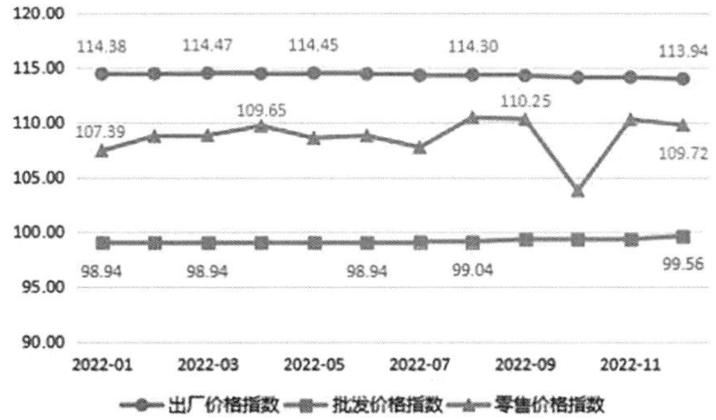

2022 年丹阳眼镜各环节价格指数走势对比

1. 生产端：2022 年，丹阳眼镜出厂价格延续 2021 年下半年的上升趋势，全年位于较高区间，各月出厂价格指数均高于 2021 年同期水平。

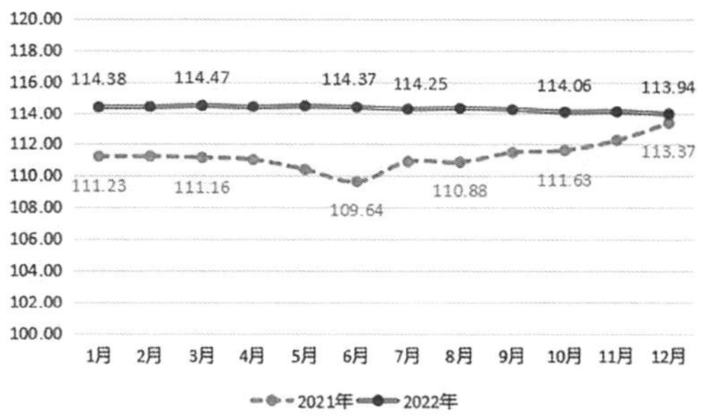

2022 年眼镜出厂价格指数与 2021 年同期指数走势对比

细分产品来看，2022 年，六类眼镜产品出厂价格指数表现为“一涨两跌三平”。其中，镜架出厂价格指数小幅上涨，全年累计涨幅为 0.37%；眼镜包装与镜片价格指数全年分别下跌 3.19% 和 0.37%；隐形眼镜、老视镜和配装眼镜出厂价格指数全年保持平稳。

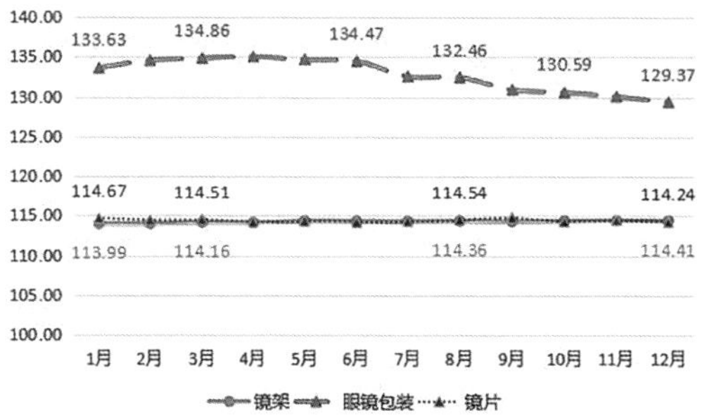

2022 年镜架、眼镜包装与镜片出厂价格指数走势对比

2. 批发端：2022 年，丹阳眼镜批发价格指数上半年平稳，下半年微涨，除二季度外，各月均高于 2021 年同期水平，指数全年稳中上行。

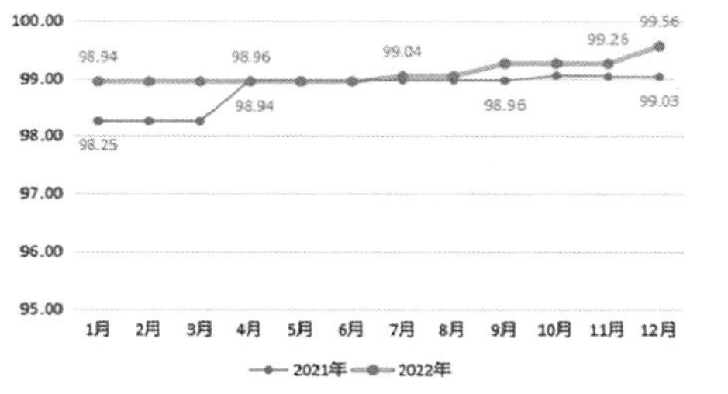

2022 年眼镜批发价格指数与 2021 年同期指数走势对比

从细分品类来看，2022 年，六类眼镜产品批发价格中，老视镜批发价格涨幅最大，12 月指数收于 109.28 点，相较于 1 月的 106.42 点上涨 2.69%，是带动批发价格指数呈上涨态势的主要原因，其余眼镜品类批发价格运行则较为平稳。

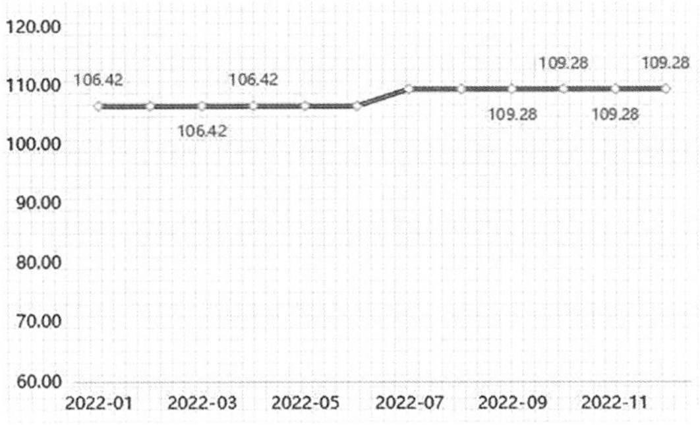

2022 年老视镜批发价格指数走势

3. 零售端：在传统节日及各大电商节的加持下，眼镜零售价格指数波动明显，疫情以来线上零售行业占比逐渐增加，2022 年多数月份零售价格指数高于 2021 年同期水平。

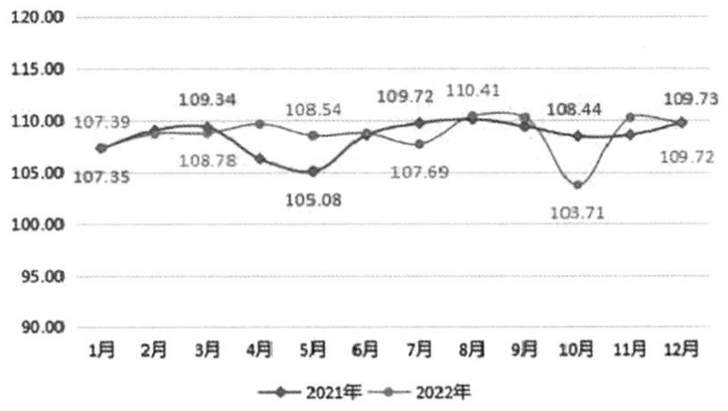

2022 年眼镜零售价格指数与 2021 年同期指数走势对比

从细分品类来看，2022 年年内各细分产品表现为“三涨三跌”。其中镜片、太阳镜和隐形眼镜全年累计上涨 6.35%、4.04% 和 0.15%；老视镜、镜架和眼镜包装全年累计下跌 0.39%、2.06% 和 2.45%。

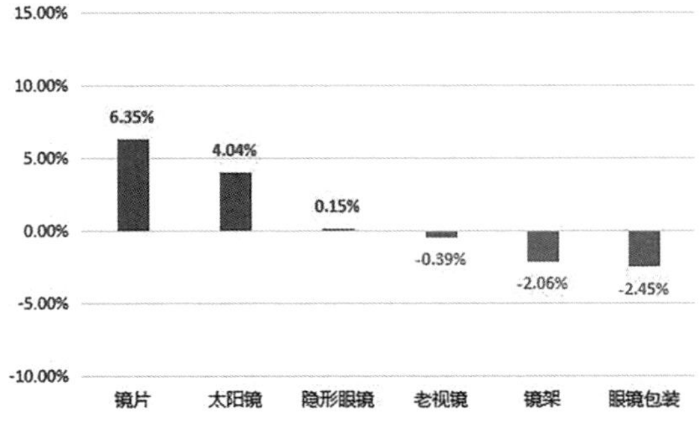

2022 年眼镜细分产品零售价格年内累计涨幅对比

二、时尚创新指数波动下行

2022 年，丹阳眼镜时尚创新指数以“跌—涨—跌”的走势运行，全年总体表现为向下的运行态势。二季度，时尚创新指数收于全年最高 98.86 点，较一季度上涨 1.63%，随后三、四季度连续下行，最终收于 92.99 点，全年累计下跌 4.40%。

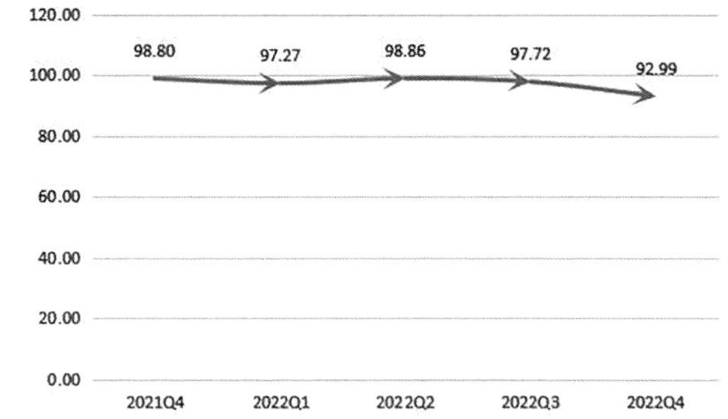

2022 年丹阳眼镜时尚创新指数走势

1. 时尚指数整体平稳，时尚影响力稳步提升

2022 年，丹阳眼镜时尚指数走势趋于平稳，全年小幅下落。一季度，指数延续上一年走势继续下行，收于 85.46 点；二季度，指数达全年最高 87.31 点，较一季度环比上涨 2.16%；随后连续下落，在四季度收于 83.47 点，全年累计下跌 2.33%。

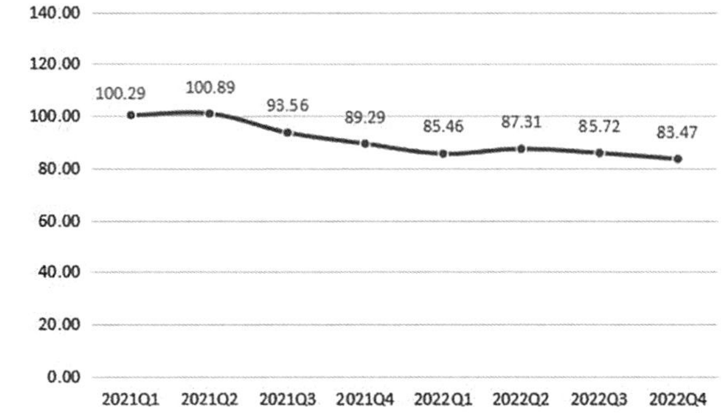

近两年丹阳眼镜时尚指数走势

2. 创新指数冲高回落，研发能力小幅下滑

2022 年，丹阳眼镜时尚指数先涨后跌。前两季度指数连续上行，在二季度达全年最高 110.40 点，较一季度环比上涨 1.21%；随后连续下落，在四季度收于 102.51 点，全年累计下跌 6.02%。纵观全年，丹阳眼镜企业创新能力有所下滑，从创新指数细分指标看，产品研发创新指数跌幅明显，是导致创新指数下滑的主要原因。

三、品牌发展指数先抑后扬

2022 年，丹阳眼镜品牌发展指数先抑后扬，整体上行。具体来看，前两季度指数连续下跌，在二季度收于全年最低 105. 75 点；随后触底反弹，连续上行，在四季度到达全年最高 114. 12 点，年末较年初累计上涨 7. 56%。

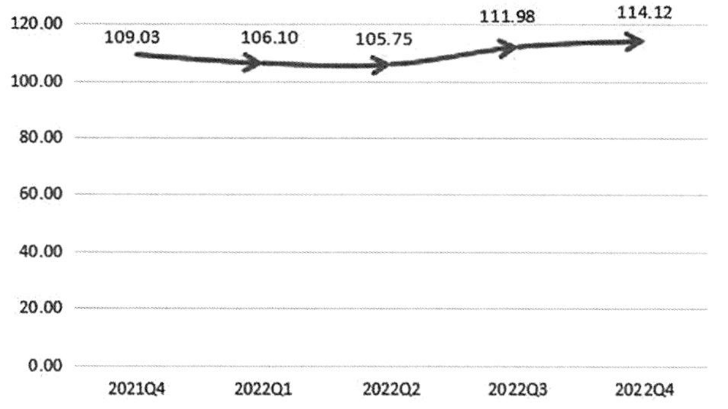

2022 年丹阳眼镜品牌发展指数走势

四、眼镜行业景气指数起伏明显

2022 年，丹阳眼镜企业景气和商户景气指数走势震荡、起伏明显。企业景气指数全年运行情况整体较好，多数月份位于荣枯线上方；商户景气指数全年位于荣枯线上下方的月份各占一半，其中，3—4 月由于上海疫情大范围影响，丹阳眼镜城市场活跃度降低，景气指数持续位于较低景气区间，商户端压力较大。

生产端：2022 年，面对风高浪急的国际环境和艰巨繁重的国内改革发展稳定任务，应对超预期因素冲击，中国发展质量稳步提升，保持了经济社会大局稳定，经济呈现诸多亮点。企业成本压力有所缓解，丹阳眼镜企业景气指数多数月份均位于荣枯线上方运行。

批发端：商户景气指数全年走势起伏明显，其中 3—4 月景气指数位于较低景气区间，顾客人流量与新订单数锐减是导致商户景气指数低位运行的主要原因。

（引自数亮指数，有删改）

瓯海眼镜价格指数 2022 年度运行报告

据“瓯海 · 中国眼镜指数”信息系统监测，2022 年，瓯海眼镜产品价格指数整体上涨，八大细分产品价格“五涨一平两跌”。其中金属架系列产品价格指数显著上涨，板材、塑胶、老花及太阳镜系列产品价格指数整体窄幅上扬，记忆系列产品价格指数保持稳定，塑钢、钛架系列产品价格指数波动下滑。

一、走势解读

（一）瓯海眼镜产品价格指数整体上涨

2022 年，瓯海眼镜产品价格指数整体有所上涨。

2022 年 1—7 月，瓯海眼镜产品价格指数基本保持连续上扬的运行态势，1 月指数起步于 102. 91 点，到 7 月上涨至 108. 98 点，较 1 月上涨 5. 90%。8—12 月，瓯海眼镜产品价格指数涨跌交替，其中 9 月指数位于全年最高点 111. 26 点，较 1 月上扬 8. 11%，截至 12 月，指数小幅回落至 109. 47 点。

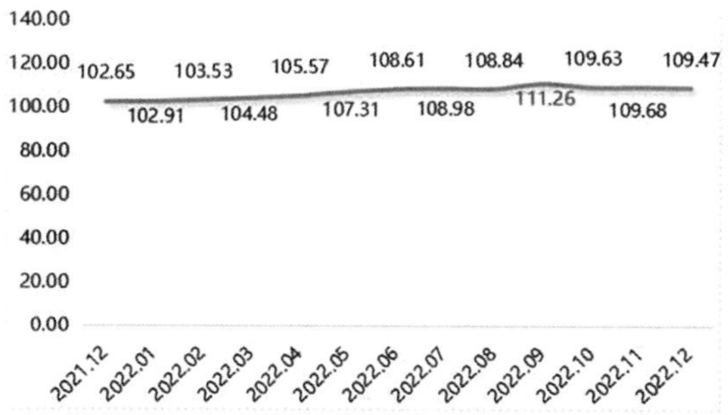

2022 年瓯海眼镜产品价格指数运行走势

（二）八大细分产品价格指数“五涨一平两跌”

1. 金属架系列产品价格指数显著上扬

2022 年，金属架系列产品价格指数显著上扬。1 月指数起步于 109. 73 点，9 月指数上涨至年度峰值 136. 66 点，较 1 月上涨 24. 54%，截至 12 月，金属架系列产品价格指数回落至 131. 22 点，但比 2021 年同期仍上涨 20. 50%。

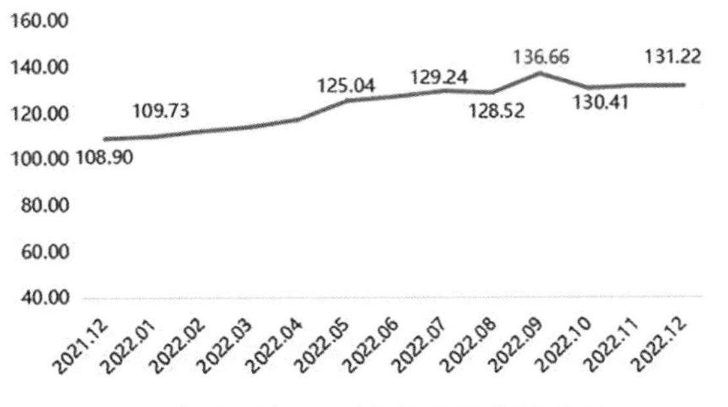

2022 年金属架系列产品价格指数走势

2. 板材、塑胶系列产品价格指数整体窄幅上扬

2022 年，板材和塑胶系列产品价格指数窄幅上扬，其中板材系列产品价格先涨后跌，塑胶系列产品价格先跌后涨。

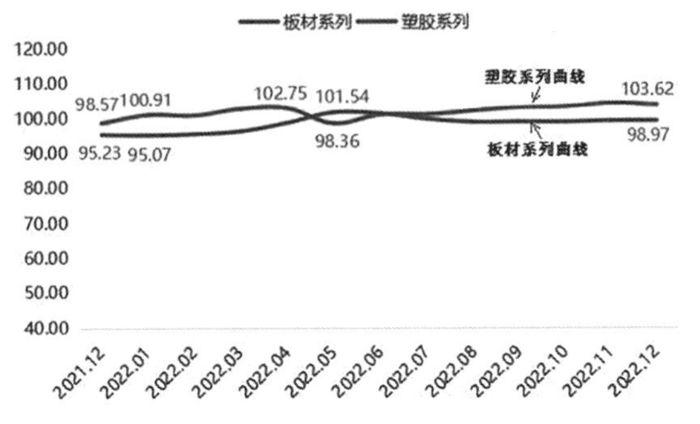

2022 年板材、塑胶系列产品价格指数走势对比

板材系列产品 1 月价格指数起步于 95.07 点，并于 5 月上扬至年度最高点 101.54 点，之后价格开始缓慢下滑，截至 12 月指数达到 98.97 点，较 1 月上涨 4.10%，比 2021 年同期上涨 3.93%。

塑胶系列产品价格整体小幅上涨，12 月指数为 103.62 点，较 1 月上涨 2.69%，比 2021 年同期上涨 5.12%。从全年运行趋势看，5 月指数达到全年最低 98.36 点，环比下跌 4.27%，分析看来，4—5 月 PVC 原料价格有较为显著的下滑，影响塑胶系列产品价格下跌。

3. 记忆、老花、太阳镜系列产品价格指数较为稳定

2022 年，记忆、老花、太阳镜三个系列产品价格指数较为稳定，其中老花及太阳镜系列产品价格指数均有微幅上涨。从老花镜市场看，12 月指数为 96.88 点，较 1 月上涨 2.42%，比 2021 年同期上涨 2.42%；从太阳镜市场看，12 月指数为 111.51 点，较 1 月上涨 1.38%，比 2021 年同期上涨 1.46%。老花及太阳镜产品价格变化幅度较小，主要是由于其消费群体具有局限性，而记忆系列产品价格指数则始终保持平稳运行状态，指数稳定在 69.62 点。

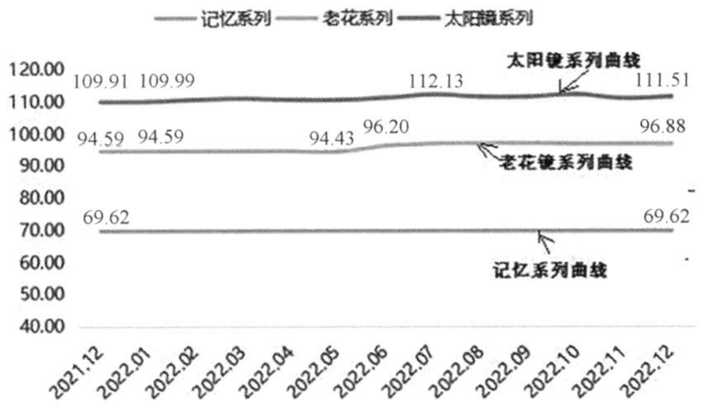

2022 年记忆、老花、太阳镜系列产品价格指数走势对比

4. 塑钢、钛架系列产品价格指数波动下滑

2022 年，塑钢及钛架系列产品价格指数震荡波动，整体均呈现波动下滑的运行趋势。

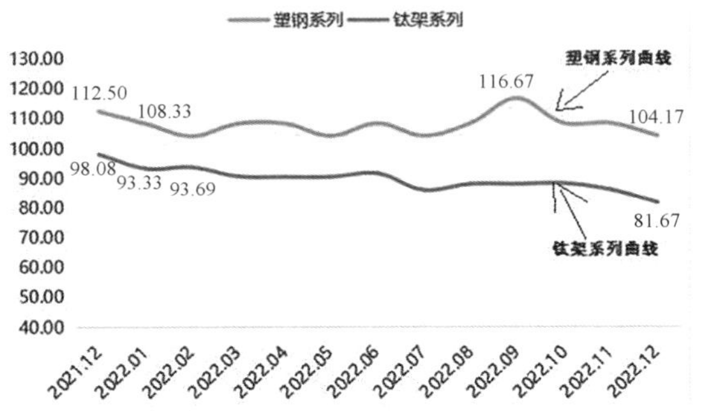

2022 年塑钢、钛架系列产品价格指数走势对比

塑钢系列产品价格指数窄幅震荡。其中 9 月价格指数上涨幅度较为明显，运行于全年峰值 116.67 点，主要是在开学季的影响下，下游需求上涨，带动价格有所上扬。整体看来，塑钢系列眼镜产品全年价格指数仍呈现下跌态势，12 月指数回落至 104.17 点，较 1 月下滑 3.84%，比 2021 年同期下跌 7.40%。

钛架系列产品价格下跌较为明显，1 月指数起步于 93.33 点，后受原材料钛金属价格下跌影响，指数开始波动下滑，12 月指数回落至 81.67 点，较 1 月下跌 12.49%，比 2021 年同期下跌 16.73%。

二、眼镜产业发展现状及未来展望

2022 年，眼镜行业发展整体面临较大挑战。2022 年尤其上半年，受到疫情持续及俄乌冲突的共同影响，国际消费市场订单缩水，多数客户存货高企，销售以库存为主，同时，国内市场出现

疲软现象，线下消费表现低迷，导致内销订单下滑明显。面临欧美市场收缩、内销困难加大等问题，瓯海区眼镜企业将目光转至线上市场，推动行业发展转型升级。伴随着企业综合实力的提高及疫情政策放开，未来发展趋势较为乐观。

另外，八大系列镜架产品价格多数呈现涨势，且市场仍有较大上升空间。近年来，中国居民购买力有了显著提升，眼镜的装饰作用日益凸显，时尚类眼镜产品备受关注，实用型眼镜产品功能增加。在消费者需求趋向多样化的今天，眼镜企业需要紧抓时机，推动产品种类增加。

展望2023年，眼镜产品进出口市场有望恢复稳定发展，同时在人才队伍建设精准推进下，企业智造将迈上新的台阶，线上市场热度高涨的同时，产品设计风格也将日新月异。

（引自数亮科技，有删改）

2022年1—6月中国眼镜产品进出口情况

海关总署数据显示，2022年1—6月，中国眼镜产品进出口总额46.13亿美元，比2021年同期增长19%。其中出口额为37.82亿美元，比2021年同期增长23.79%；进口额为8.31亿美元，比2021年同期增长1.09%。

一、上半年出口情况

1. 第二季度快速反弹

上半年，眼镜产品总出口额约37.82亿美元。从月度出口数据来看，1月份眼镜产品出口额约7.80亿美元，是自2021年以来出口历史新高，随后由于春节假期以及疫情等因素影响，月出口额有所下滑，但自3月开始增速有所提高，至6月眼镜产品出口额冲至7.59亿美元。

2. 成镜出口依旧占据半壁江山

从出口产品来看，成镜出口额约19.65亿美元，占出口总额的51.97%，比2021年同期增长27.02%。其中太阳镜出口额10.69亿美元，比2021年同期增长28.97%；镜架出口额8.69亿美元，比2021年同期增长21.89%；眼镜片出口额8.0亿美元，比2021年同期增长18.42%；零配件出口额1.41亿美元，比2021年同期增长28.03%。

我国眼镜产品季度出口金额及增速

季度	出口金额（亿美元）	同比增速（%）
2021年1季度	14.35	28
2021年2季度	16.21	27
2021年3季度	17.48	15
2021年4季度	19.31	33
2022年1季度	17.39	21
2022年2季度	20.43	26

2022年1—6月眼镜产品进出口情况

品种	出口额（万美元）	出口额同比增速（%）	进口额（万美元）	进口额同比增速（%）
1. 成镜	196541.10	27.02	19235.15	-12.95
其中：太阳镜	106923.43	28.97	17471.14	-12.29
2. 眼镜架	86906.10	21.89	8881.24	-10.79
3. 眼镜片	80049.27	18.42	28841.94	35.39

续表

品种	出口额（万美元）	出口额同比增速（%）	进口额（万美元）	进口额同比增速（%）
4. 角膜接触镜	417. 34	15. 53	23472. 20	-9. 67
5. 零配件	14066. 18	28. 03	2695. 36	0. 54
6. 其他	196. 44	-62. 69	1. 48	-97. 05

3. 广东、浙江是主要出口省市

2022 年上半年，广东省出口额 12. 71 亿美元，浙江省出口额 11. 52 亿美元，分别占总出口额的 33. 62%和 30. 46%。山东省出口额增速较快，比 2021 年同期增长 63. 82%。

2022 年 1—6 月部分省市出口情况

省市	出口额（美元）	同比增速（%）	占比（%）
广东省	1271452652	12. 82	33. 62
浙江省	1151817685	24. 44	30. 46
江苏省	467874805	18. 39	12. 37
山东省	187296251	63. 82	4. 95
福建省	177788436	3. 61	4. 70
上海市	173633423	-19. 87	4. 59
其他	242898621	—	9. 30

二、上半年进口情况

1. 总体与 2021 年基本持平

上半年，眼镜产品总进口额约 8. 31 亿美元，总体情况与 2021 年基本持平。

2. 镜片进口额增量减

镜片进口金额 2. 88 亿美元，比 2021 年同期增长 35. 39%，进口数量 4478. 89 万片，比 2021 年同期减少 1. 44%。受到国内需求的影响，加上疫情封控对生产和物流的干扰，其他眼镜产品进口量和进口金额均有回落，出现负增长。

3. 上海、广东是主要进口省市

上半年，上海市进口金额为 2. 89 亿美元，广东省进口金额为 2. 40 亿美元，分别占总进口额的 34. 76%和 28. 83%。山东、福建、海南进口增速较快，比 2021 年同期增长 88. 94%，53. 27%和 40. 57%。

中国眼镜产品季度进口金额与同比

季度	进口金额（亿美元）	同比增速（%）
2021 年 1 季度	3. 33	11
2021 年 2 季度	4. 48	64
2021 年 3 季度	4. 73	47
2021 年 4 季度	4. 96	25
2022 年 1 季度	3. 52	6
2022 年 2 季度	4. 79	7

三、重点国家和地区进出口情况

1. 出口情况

2022 年上半年中国眼镜产品出口 208 个国家和地区，对超六成市场出口比 2021 年同期呈现正增长。对美国、中国香港、意大利出口金额占总出口金额的 42%，成为主要出口国家和地区。其中，美国仍为中国第一大出口市场，出口额占比 21.33%，近三年出口金额逐年增长。

2022 年上半年眼镜产品出口主要国家和地区情况

主要国家和地区	占比	主要国家和地区	占比	主要国家和地区	占比
美国	21.33%	德国	2.97%	巴西	1.68%
中国香港	10.55%	英国	2.84%	墨西哥	1.67%
意大利	10.17%	法国	2.76%	泰国	1.51%
印度	5.31%	新加坡	2.11%	加拿大	1.17%
韩国	4.11%	西班牙	1.88%	印度尼西亚	1.03%
日本	3.56%	荷兰	1.87%	吉尔吉斯斯坦	1.01%
澳大利亚	3.05%	马来西亚	1.84%	其他	17.60%

2. 进口情况

2022 年上半年，中国主要进口国家和地区为意大利和马来西亚，分别占总进口额的 16%左右。马来西亚同期进口增幅较大。

上半年，虽然国内疫情反弹对供应链平稳运行造成了一定影响，但凭借中国眼镜产业链的韧性，眼镜产品出口仍保持平稳较快增长。下半年，新冠疫情仍在全球蔓延，大国地缘政治冲突和全国性通胀越演越烈，全球经济持续放缓已成共识。部分研究机构认为，中国出口年内有望延续较高景气度，但年内高点或已出现，下半年中国出口或呈现震荡走势，整体或出现小幅下行。上半年进口走势趋弱，二季度疫情得到较好控制后，国内稳增长政策持续发力，预计下半年国内经济复苏将是大概率事件，有助于提振进口需求。

（引自中国眼镜协会，有删改）

2022 年中国眼镜行业进出口情况简报

据海关总署网站数据测算，2022 年眼镜产品出口约 74.19 亿美元，比 2021 年增长 11.48 %，进口 15.33 亿美元，比 2021 年下降 12.43%。其中，成镜出口金额 39.56 亿美元，比 2021 年增长 18.64%，出口量 242793.02 万副，比 2021 年增长 18.11%；镜架出口金额 18.11 亿美元，比 2021 年增长 11.37%，出口量 39706.99 万副，比 2021 年小幅度减少 0.88%；眼镜片出口金额 13.65 亿美元，比 2021 年减少 5.15%，出口量 161493.34 万片，比 2021 年增加 15.28%；角膜接触镜出口金额 0.08 亿美元，比 2021 年增长 21.44%，出口量 4448.54 万片，比 2021 年下降 10.83%；眼镜零配件出口金额 2.75 亿美元，比 2021 年增加 13.72%。

从主要出口市场来看，2022 年全年，中国对美国出口金额基本持平，略有下降，对欧盟、“一带一路”、RCEP 区域、东盟出口保持较快增长，其中东盟的增长最为突出，相较前一年增长超五成。

1—12 月，中国对美国出口金额 15.23 亿美元，比 2021 年下降 0.28%；中国对欧盟出口金额 17.37 亿美元，比 2021 年增长 15.62%，“一带一路”出口金额 26.86 亿美元，比 2021 年增长 19.98%；RECP 区域出口金额 13.67 亿美元，比 2021 年增长 31.06%；东盟出口金额 6.39 亿美元，比 2021 年增长 51.57%。

（引自中国眼镜协会，有删改）

2022年中国眼镜片行业现状分析

一、眼镜片概述

镜片是眼镜功能属性的核心载体。按照镜片功能的不同，镜片产品可分为普通镜片和功能性镜片。随着消费者消费能力提升和视力保护意识增强，镜片消费需求逐步多样化，对功能性镜片需求逐步提升。目前，功能性镜片主要功能包括儿童及青少年近视防控、有害光防护、舒缓视疲劳等。

镜片分类及功能特性介绍

镜片分类	产品细分	功能特效
普通镜片	单焦点镜片	一个光学中心，仅能用于看近或看远。
功能性镜片	双焦点镜片	由两片焦距不同的透镜合起来，上半片看远处，下半片看近处。
	渐进多焦点镜片	3个视觉区域，分远用视力区、中间视力区、近用视力区，可用于近视防控、舒缓视疲劳、老花镜。
	周边离焦镜片	周边镜片度数比中心区域低，使得中心部位投射到视网膜上，周边部位投射到视网膜前，抑制眼轴变长，延缓近视发展。
	多点近视离焦镜片	镜片分为中心区域和多点离焦区域，多点离焦区域分布多个微透镜形成近视离焦，使得周边区域成像在视网膜前，抑制眼轴变长，延缓近视发展。
	近视太阳眼镜	兼具近视镜与太阳镜功能。
	智能变色眼镜	在阳光下经紫外线和短波可见光照射，颜色变深，光透过率降低；在室内或暗处镜片光透过率提高，退色复明。
	防蓝光眼镜	通过特殊材料的镜片阻隔、反射高能短波蓝光。
	防雾镜片	在镜片上附一层具有防雾功能的顶膜，防止雾气的产生。

二、眼镜片行业发展背景

1. 政策端

政策支持力度不断增强，将推动镜片行业健康有序、快速发展。《眼镜行业“十四五”高质量发展指导意见》指出，“十三五”期间中国眼镜行业经济运行稳中向好，行业结构不断优化，创新能力持续增强，集群优势综合体现，质量标准成效显著，国际竞争能力提升，人才建设不断加强，中国眼镜大国地位稳步提升。

2. 社会端

中国近视人口持续增长，青少年近视率整体偏高且有低龄化发展趋势。据卫健委数据，2012—2020年中国近视人数从4.5亿人增加至7.1亿人，CAGR为5.9%。其中中国青少年近视率偏高且呈现低龄化发展趋势。2020年中国儿童及青少年近视率为52.7%，其中6岁以下儿童近视率为14.3%，高中生近视率高达80.5%，大学生近视率超过90%。

中国近视人群数量变化情况

年份	近视人群数量（亿人）
2012年	4.5
2014年	5.2

续表

年份	近视人群数量（亿人）
2016 年	6.0
2017 年	6.5
2020 年	7.1

中国各年龄阶段人群近视率变化情况

各年龄阶段	6 岁以下儿童	小学生	初中生	高中生
2018 年	14.5%	36.0%	71.6%	81.0%
2020 年	14.3%	35.6%	71.0%	80.5%

三、眼镜片产业链

镜片行业产业链主要由上游的原材料和辅料、设备供应商，中游的镜片生产厂商，以及下游的代理商、经销商和零售商组成。各环节毛利率存在差异，中游镜片商不同参数镜片毛利率约为55%～75%，下游经销商毛利率为25%～30%，零售商毛利率则为70%～90%。

眼镜产业链

上游	中游	下游
1. 原材料供应：树脂、玻璃、塑料、模具和光学添加剂等 2. 设备供应商：供验配设备等	镜片生产企业	1. 眼镜零售商 2. 民营眼科医院 3. 综合医院附属配镜中心

四、眼镜片行业现状分析

1. 眼镜市场

从国内眼镜市场规模来看，据统计，2020 年中国眼镜市场零售规模为 802 亿元，受疫情影响，市场规模小幅下降。预计 2021 年市场规模达到866 亿元，市场规模整体呈现稳定增长态势。

从眼镜产品市场结构来看，镜片市场占比最大。据统计，2020 年镜片占国内眼镜市场销售额的比重为 38.4%。其次为镜架，占比 35.7%。

2017—2024 年中国眼镜产品零售市场规模及增速情况

年份	市场规模（亿元）	增速（%）	年份	市场规模（亿元）	增速（%）
2017	709	/	2021	866	7.98
2018	756	6.63	2022	927	7.04
2019	804	6.35	2023	996	7.44
2020	802	−0.25	2024	1076	8.03

2020 年中国眼镜市场产品构成情况

眼镜产品构成	占比
镜片	38.4%
光学镜架	35.7%
太阳镜	12.5%
隐形眼镜	11.9%
老花镜	1.5%
合计	100%

2. 镜片市场

从眼镜片市场零售情况来看，据统计，2020年中国眼镜片市场零售量为24814万片，零售单价为114.5元。

从眼镜片零售市场规模来看，据统计，2020年中国眼镜片零售市场规模为284.0亿元，比上年下降8.48%。预计2021年中国眼镜片零售市场规模为313.4亿元。

2016—2025年中国眼镜片市场零售数量及单价情况

年份	零售数量（万片）	单价（元）	年份	零售数量（万片）	单价（元）
2016	24232	108.7	2021	26568	118.0
2017	25298	110.1	2022	28301	121.6
2018	26360	111.6	2023	29775	126.8
2019	27415	113.2	2024	31022	133.1
2020	24814	114.5	2025	31963	140.4

2016—2025年中国眼镜片零售市场规模与增速情况

年份	零售规模（亿元）	增速（%）	年份	零售规模（亿元）	增速（%）
2016	263.5	/	2021	313.4	10.35
2017	278.5	5.69	2022	344.2	9.83
2018	294.1	5.60	2023	377.6	9.70
2019	310.3	5.51	2024	412.9	9.35
2020	284.0	-8.48	2025	448.7	8.67

五、眼镜片行业竞争格局

从销售额角度来看，国内眼镜镜片的行业集中度继续提升，头部企业的销售额占行业总销售额的比重达85%。其中，依视路与卡尔蔡司的份额均超过20%，占据前两位且优势明显；作为国产镜片厂商代表的万新眼镜片与明月镜片在销售额方面分列第三、第四位，市场份额分别为8.5%与6.1%。目前国内镜片市场上，国际知名厂商仍然占据优势，本土厂商近年来正处于高速成长阶段，但在销售额上与国际头部企业相比依然存在一定差距。

从国内眼镜镜片市场的销售量分布来看，销售额领先的头部企业在销量上的总占比为68.0%，其他中小型厂商贡献了剩余的32.0%。在销量份额方面，万新眼镜片以15.1%的份额继续领跑，领先优势进一步扩大；明月镜片以10.4%的份额仍排在第二位；鸿晨光学、汇鼎光学与优立光学的份额分别为9.8%、8.3%及8.1%，分列三至五位；国际品牌厂商的销量份额被进一步压缩。

六、眼镜片行业未来发展趋势

1. 线下渠道占主导，线上渠道加速兴起。由于线下门店可以为消费者提供验光、调校、加工与试戴服务，因此线下渠道仍是眼镜行业尤其是视力矫正眼镜的首选渠道。但随着线上销售渠道发展，租金、人工等成本节约带来的线上产品售价明显低于线下，对眼镜行业尤其是隐形眼镜、太阳眼镜等普适性产品也形成了一定冲击，2007—2021年中国线上销售渠道占比从1.3%升高至17.0%。

2. 随着中国多样化眼镜市场需求的提升，定期更换镜片观念的不断深入。相关数据显示，2014年以来，中国镜片人均购买量稳步增长，从2014年的7.75副/百人增加至2018年的9.23副/百人。据统计，目前国内消费者平均更换眼镜的频率为1.7年/次，随着中国居民收入增长和消费观念转变，对镜片功能性追求增强、定期更换镜片观念深化，预计未来镜片更换频率将继续加快，不同场景的镜片需求也将促进人均眼镜保有量与消费额的提升，镜片需求将持续扩容。

3. 中国镜片行业市场集中度低。中国是全球最大的镜片制造国，镜片生产企业众多，目前已形成以江苏丹阳、浙江温州、福建厦门等为主要生产基地的产业格局，其中丹阳是中国乃至全球最大的镜片生产基地。众多中小型生产企业及配套厂家聚集形成产业集群，但企业规模普遍较小。近年来，瞄准中国眼镜市场发展机遇和制造成本优势，国际品牌持续加码中国市场，不断收购兼并本土镜片制造企业或渠道企业，凭借强劲品牌力和深厚历史积淀打开市场，消费者对国际镜片品牌认知更强。（引自华经情报网，有删改）

中国眼镜片行业近五年进出口情况分析

一、整体进出口情况

眼镜片是采用玻璃或树脂等光学材料制作而成的具有一个或多个曲面的透明材料，打磨后常与眼镜框装配成眼镜，用于纠正使用者的视力，获得清晰视野。眼镜片根据材料的不同，主要可以分为玻璃镜片、树脂镜片、PC 镜片等。眼镜片根据其使用功能可以划分为日常通用镜片、防护类镜片、多焦点镜片。

中国是制造业大国，近年来出口的眼镜片数量和金额超过进口的眼镜片数量和金额。中国进口的眼镜片数量从 2018 年的 7. 39 亿片增长到 2021 年的 14. 96 亿片；进口金额也从 2018 年的 49583 万美元上升到 2021 年的 94882 万美元。2018 年出口数量和金额分别达到 11. 63 亿片和 77570 万美元，并保持稳定上升趋势，在 2021 年出口数量和金额达到 12. 51 亿片和 118206 万美元。2022 年 1—9 月中国眼镜片进口数量为 9. 99 亿片，进口金额为 64885 万美元；出口数量为 10. 40 亿片，出口金额为 92863 万美元。

2018—2022 年中国眼镜片进出口情况

	2018 年	2019 年	2020 年	2021 年	2022 年 1—9 月
眼镜片进口数量（亿片）	7. 39	8. 20	9. 72	14. 96	9. 99
眼镜片出口数量（亿片）	11. 63	11. 70	9. 70	12. 51	10. 40
眼镜片进口金额（万美元）	49583. 4	53793. 7	57252. 8	94882. 0	64884. 8
眼镜片出口金额（万美元）	77569. 5	83577. 6	74451. 3	118206. 2	92863. 3

二、细分进出口情况

随着中国制造业水平的不断提升，中国已经逐渐成为眼镜片的出口大国。中国出口的眼镜片主要分为隐形眼镜片、其他玻璃制眼镜片和其他材料制未列明眼镜片。当下，中国的近视率约为 50%，远远高于全球平均水平。作为目前世界上近视发生率最高的国家之一，可以预见未来中国眼镜市场潜力巨大。特别是国内消费电子产品的使用频率越来越高，近视者年龄不断下降。从 2018 年到 2021 年，中国进口的隐形眼镜片数量和金额为三类眼镜片最高，且连年保持上升的趋势。相比于传统的框架眼镜，隐形眼镜更加美观并且适合运动，佩戴隐形眼镜的好处是进行剧烈运动时受伤的风险较低，也较方便舒适，因此越来越多的人选择戴隐形眼镜。2022 年 1—9 月，中国进口的隐形眼镜片数量为 95177. 4 万片，进口金额为 36496 万美元。

隐形眼镜的使用时间一般远小于传统的框架眼镜，主要有日抛型、月抛型等。2018—2022 年中国进口的隐形眼镜片均价维持稳定，均价远低于其他的眼镜片进口均价。其他材料制的未列明眼镜片进口均价保持稳定上升的趋势，2022 年 1—9 月达到 6. 03 美元/片。其他玻璃制眼镜片的进口均价则处于波动上升，从 2018 年的 0. 64 美元/片上升到 2022 年 1—9 月的 9. 5 美元/片。

从近年来我国出口的眼镜片细分格局来看，其他材料制未列眼镜片的数量和金额为三类眼镜片之最，且远超隐形眼镜片和其他玻璃制眼镜片。2022年1—9月我国出口的其他材料制未列明眼镜片的数量为89158.3万片，金额为88865.6万美元。

2018—2022年中国眼镜细分产品出口情况

	2018年	2019年	2020年	2021年	2022年1—9月
隐形眼镜片出口数量（万片）	5154.7	3979.1	2683.3	4989.1	3716.4
其他玻璃制眼镜片出口数量（万片）	17274.4	15126.1	11514.3	16326.3	11158.0
其他材料制未列明镜片出口数量（万片）	93869.0	97939.9	82834.1	103774.9	89158.3
隐形眼镜片出口金额（万美元）	867.6	1433.0	684.0	730.6	738.2
其他玻璃制眼镜片出口金额（万美元）	2915.4	3909.0	2761.8	3359.0	3259.5
其他材料制未列明镜片出口金额（万美元）	73786.5	78235.6	71005.5	114116.5	88865.6

中国其他材料制未列明眼镜片的出口均价高于隐形眼镜片和其他玻璃制眼镜片的出口均价，且近年来保持上升趋势。而隐性眼镜片和其他玻璃制眼镜片的出口均价接近，均保持稳定状态。

三、进出口格局分析

从中国的眼镜片出口金额来看，2022年1—9月中国眼镜片出口金额TOP5地区分别为韩国、印度、美国、巴西和新加坡；出口金额依次为11696.7万美元、8848.5万美元、7385.4万美元、4682.7万美元和4492.7万美元，占比分别为12.60%，9.53%，7.95%，5.04%和4.84%。

从2022年1—9月的中国眼镜片进口格局来看，中国台湾、马来西亚、爱尔兰成为中国进口眼镜片最主要的三个地区。中国台湾为中国眼镜片最大的进口地区，2022年1—9月从台湾地区进口眼镜片金额达到15563.8万美元，占总进口金额的23.99%；从马来西亚进口眼镜片13984.2万美元，占总进口金额的21.55%；从爱尔兰进口眼镜片8258.8万美元，占总进口金额的12.73%。

2022年1—9月中国眼镜片行业出口格局

出口国家	出口金额（万美元）	占比（%）	出口国家	出口金额（万美元）	占比（%）
韩国	11696.7	12.60	巴西	4682.7	5.04
印度	8848.5	9.53	新加坡	4492.7	4.84
美国	7385.4	7.95	其他	55757.3	60.04

2022年1—9月中国眼镜片行业进口格局

进口国家与地区	进口金额（万美元）	占比（%）	进口国家与地区	进口金额（万美元）	占比（%）
中国台湾	15563.8	23.99	泰国	6084.0	9.38
马来西亚	13984.2	21.55	韩国	4004.3	6.17
爱尔兰	8258.8	12.73	其他	16989.7	26.18

从眼镜片细分产品格局来看，中国主要出口的是其他材料未列名眼镜片，进口的主要是隐形眼镜片。中国对隐形眼镜片的进口地区中，中国台湾、马来西亚、爱尔兰名列前茅，成为进口隐形眼镜片最主要的三个国家和地区。中国台湾为大陆隐形眼镜片最大的进口地区，2022年1—9月从中国台湾进口隐形眼镜片金额达到15563.8万美元，占总进口金额的25.82%；从马来西亚进口隐形眼镜片13984.2万美元，占总进口金额的23.20%；从爱尔兰进口眼镜片8258.8万美元，占总进口金额的13.70%。

2022 年 1—9 月中国隐形眼镜片进口格局

进口国家与地区	进口金额（万美元）	占比（%）	进口国家与地区	进口金额（万美元）	占比（%）
中国台湾	15563. 8	25. 82	泰国	6084. 0	10. 09
马来西亚	13984. 2	23. 20	韩国	4004. 3	6. 64
爱尔兰	8258. 8	13. 70	其他	12377. 3	20. 54

2022 年中国主要出口的眼镜片类型为其他材料未列明眼镜片。2022 年 1—9 月中国出口其他材料未列明眼镜片最多的国家是韩国，总金额达到 11652 万美元，占比 13. 11%；印度紧随其后，达到 8679. 9 万美元，占比达到 9. 77%；美国第三，出口金额为 7259. 5 万美元，占比 8. 17%。

2022 年 1—9 月中国其他材料未列名眼镜片出口格局

出口国家	出口金额（万美元）	占比（%）	出口国家	出口金额（万美元）	占比（%）
韩国	11652. 0	13. 11%	巴西	4663. 3	5. 25
印度	8679. 9	9. 77%	新加坡	4412. 1	4. 96
美国	7259. 5	8. 17%	其他	52198. 8	58. 74

上海市为中国的经济中心，也是消费最高的地区之一。眼镜作为消费品，在上海市的需求远超其他省市。上海成为 2022 年 1—9 月进口眼镜片金额最高的地区，达到 24016. 3 万美元。广东省和江苏省紧随其后，进口金额分别为 9640. 3 万美元和 6202. 4 万美元。

2022 年 1—9 月中国眼镜片进口金额 TOP10 省市

名次	省市	进口金额（万美元）	名次	省市	进口金额（万美元）
1	上海市	24016. 3	6	北京市	4050. 3
2	广东省	9640. 3	7	海南省	3146. 7
3	江苏省	6202. 4	8	福建省	2503. 3
4	浙江省	5886. 3	9	辽宁省	2464. 6
5	山东省	4986. 1	10	安徽省	886. 4

江苏丹阳被誉为中国眼镜之都，是世界最大的眼镜片生产基地，亚洲最大的眼镜产品集散地和中国眼镜生产基地。江苏省位列 2022 年 1—9 月中国眼镜片出口金额榜首，达到 33322. 4 万美元。广东省和浙江省位列第二和第三，分别为 15703. 4 万美元和 14225. 6 万美元。

2022 年 1—9 月中国眼镜片出口金额 TOP10 省市

名次	省市	出口金额（万美元）	名次	省市	出口金额（万美元）
1	江苏省	33322. 4	6	山东省	5269. 4
2	广东省	15703. 4	7	福建省	1053. 7
3	浙江省	14225. 6	8	新疆维吾尔自治区	693. 8
4	上海市	12662. 7	9	安徽省	646. 2
5	湖南省	7425. 0	10	四川省	250. 8

（引自中国海关、智研咨询，有删改）

明月镜片研究报告：四重优势打造镜片龙头，近视防控望加速崛起

一、国内镜片龙头企业，盈利能力优于同行

（一）历时20年发展，品牌矩阵丰富

公司成立于2002年，历经20年发展成长为国内镜片龙头企业，2021年正式登陆深交所，代码301101.SZ。公司为国内领先的综合类眼镜镜片生产商，具有良好的品牌形象及市场知名度，据招股书及欧睿咨询，整体框架眼镜镜片（不包含隐形眼镜镜片）以零售量计，公司于2016年至2020年连续五年中国大陆销售领先，2020年市占率数据为10.7%、为国内第一；据艾瑞咨询，2020年按销量计，公司市场份额居国内第二（仅次于万新）、按销售额计市场份额居国内第四。

公司竞争优势总结：其一领先行业的研发实力，其二遍布全国的销售网络，其三丰富的品牌矩阵，其四全产业链布局。

研发实力体现在：（1）与著名光学专家庄松林院士及其团队合作，建立了行业示范性的院士工作站和眼镜工程技术中心，亦与南京工业大学等知名高校及团队达成产学研用合作；（2）自主研发生产的1.71、KR树脂、KR超韧、PMC超亮等优质原料除自用外，还开放供应给同行，惠及全行业；（3）不断研发新产品、新工艺，向市场提供各种光度的高折射率、超韧、超亮、超薄、蓝光防护、智能变色、偏光、渐进多焦点等多种性能镜片，并基于消费者的需求提供定制化的复合性能的多功能产品。

遍布全国的销售网络：公司销售模式分直销、经销和代销，截至2020年末经销商客户达82家、直销客户数3169家、授权合作的电商企业数量近百家。

丰富的品牌矩阵：公司产品分日常通用、数码场景、户外防护、高端定制等系列，以高端定制为例又可分为近视管理、学生读写、抗疲劳、维适系列，可满足不同消费群体的需求。

全产业链布局：业务涵盖树脂原料的研发、生产及销售，镜片光学结构、光学膜层及功能化镜片的研发及设计，树脂镜片大规模工业化生产及个性化定制生产，镜架设计及成镜的生产、销售；尤其是打通产业链上游、实现部分原料产品的自给（目前折射率1.56和1.60的树脂单体主要自产）。

（二）公司股权结构较为集中，董监高具丰富的行业经验

公司股权结构集中。公司实际控制人为谢公晚、谢公兴和曾少华，其中谢公晚、谢公兴系兄弟关系，曾少华系谢公晚妹妹之配偶。截至2021年10月12日公司招股说明书签署日，谢公晚先生、谢公兴先生和曾少华先生合计直接或间接持有公司83.93%表决权。

公司主要董事高管行业经验丰富，在技术层面上具领头雁的重要性。谢公晚先生现任公司董事长，具丰富且资深的行业从业经验。谢公兴先生现任公司总经理，负责公司研发体系建设、技术标准制定等工作，是多项专利的发明人，参与制定QB/T 2506—2017《眼镜镜片　光学树脂镜片》行业标准的制定，是全国光学和光子学标准化技术委员会眼镜光学分技术委员会委员。朱海峰先生是研发工作的带头人，全面负责研发方向选定、研发项目推进工作，主导多项核心技术的形成，是多项专利的发明人，其参与研发的PMC镜片获镇江市科技进步三等奖。

（三）采取直销为主、经销为辅的销售模式，积极优化产品结构

1. 直销为主，经销为辅，直销收入占比达七成

公司镜片业务销售模式以直销为主，经销为辅。公司镜片业务销售模式分为B2B与B2C，B2B分为经销、直销、代销，是当前主要的销售模式；B2C分为线上电商自营及线下门店自营（目前仅丹阳明月体验店）。2021年上半年直销、经销收入占比分别为70.3%和29.2%（备注：此

口径下将电商归入直销）。

直销：直销模式收入占比约70%，以终端眼镜门店和眼镜连锁企业为主。

该模式下，公司销售镜片镜架等产品给终端眼镜门店、眼镜连锁品牌企业等，再由他们销售给消费者。2018—2020年直销客户数量分别为3202个、3359个和3187个，直销收入占比分别为73.36%、70.91%和68.65%，2021年上半年为70.25%。

直销客户数量组成主要以终端眼镜门店和眼镜连锁企业为主，2018—2020年二者合计数量占比分别为87.13%、85.95%和88.33%，基本保持稳定；收入占比基本在六成以上。

从新增情况看，过去三年仍以终端眼镜门店、眼镜连锁企业为主，2020年电商企业明显增加。2018—2020年，直销渠道新增客户新增当期收入占比分别为4.03%、4.22%和7.92%。从各细分渠道看，仍以终端眼镜门店、眼镜连锁企业为主，2020年因疫情等原因导致电商企业明显增加。

经销：经销模式收入占比约30%，其数量稳中有降，主要原因是公司优化结构。

该模式下，公司与经销商签订经销框架合同，经销商根据其实际需求向公司下达订单，经销商将镜片产品销售给其终端眼镜门店客户或电商企业客户，后者根据终端消费者的具体情况加工装配成眼镜后销售给消费者。

2018—2020年及2021年上半年经销商数量分别为95个、91个、82个和79个，经销收入占比分别为23.73%、26.98%、30.58%和29.24%。经销商数量稳中有降主要因公司进一步优化结构，部分原经销商因未满足公司考核要求、违反公司合同条款等而终止合作。

据招股书披露，2018—2020年主要经销商的平均周转时间分别为6.94个月、6.36个月和6.63个月，平均周转次数分别为1.73次、1.89次和1.71次，单笔500片以上订单占比分别为77.56%、75.60%和73.05%，符合眼镜行业“多频次、小批量”的发货商业逻辑。

代销：公司仅对个别客户采取代销模式。公司将镜片产品交给代理商进行代理销售，由客户向订单部门下订单，公司根据订单发货。

2. 优化产品结构，高折射率占比稳步提升

通过对比加总直销与经销模式下各折射率镜片收入发现，低折射率镜片占比正在下降，高折射率镜片占比正在提升。

1.56和1.60系列收入占比最高，2018—2020年及2021年上半年分别为77.4%、73.4%、73%和70%，占比正稳步下降；高折射率（1.67/1.71/1.74）占比分别为21.9%、26.1%、26.9%和29.7%，占比正稳步上升；1.71系列收入占比为7%、12.2%、14.8%和17.1%，是高折射率中表现最好的产品。

镜片收入结构：高折射率占比稳步提升

折射率类型	2021年上半年		2020年度		2019年度		2018年度	
	收入（万元）	占比（%）	收入（万元）	占比（%）	收入（万元）	占比（%）	收入（万元）	占比（%）
1.50	54	0.3	34	0.1	195	0.5	289	0.7
1.56	7491	35.4	15500	36.3	17631	40.8	17123	41.4
1.60	7331	34.6	15702	36.7	14136	32.7	14891	36.0
1.67	2174	10.3	4326	10.1	4980	11.5	5090	12.3
1.71	3623	17.1	6317	14.8	5271	12.2	2914	7.0
1.74	487	2.3	876	2.0	1045	2.4	1049	2.5
合计	21160	100	42755	100	43258	100	41356	100

分析认为，公司通过优化产品结构，主动减少利润率较低的低折射率镜片，积极拓展利润率更高的高折射率镜片，虽然收入有一定波动，但结构优化利于树立品牌形象、提升盈利能力，且利于进一步发力中高端市场，实现国产品牌的弯道超车。

（四）镜片收入/毛利占比超80%，提价推动盈利能力显著提升，镜片收入/毛利占比最高，成

镜收入快速增长

2017—2020 年镜片收入分别为 3.62 亿元、4.3 亿元、4.48 亿元和 4.36 亿元，CAGR 为 6.4%（因主动调整产品结构），占总收入比重从 84.9% 下降到 80.8%；2021 年上半年为 2.16 亿元，占比 79.5%，进一步小幅下降，但仍为权重最高的业务。

除镜片外，原料销售与成镜业务分别为第二、三大主业：2017—2020 年原料销售收入占比基本稳定在 9%～12%，2021 年上半年为 2661 亿元，占比 9.8%；成镜收入占比从 1.4% 快速提升至 9.6%，2017—2020 年 CAGR 为 103%，2021 年上半年为 2604 亿元，占比 9.6% 。

2017—2020 年镜片毛利分别为 1.58 亿元、2.01 亿元、2.41 亿元和 2.47 亿元，CAGR 为 16%，明显高于收入 CAGR，占总收入比重从 95.2%下降到 83.3%，2021 年上半年进一步下降至 82.1%。成镜毛利占比从 0.8% 快速提升至 11.5%，原料销售毛利占比基本稳定在 5%～8%，但有一定的波动。

按地区看，中国大陆收入占比分别为 88.1%、87%、90.9% 和 92.5%，国外分别为 10%、11.7%、8.8%和 7.3%；大陆地区细分中，华东地区是主要收入来源，2020 年占比高达 50.9%。

收入净利规模保持较快增长，主动调结构有一定影响：

营收：营收规模从 2017 年的 4.3 亿元增长至 2019 年的 5.5 亿元，2020 年受到疫情影响及主动调整产品结构影响小幅降至 5.4 亿元。2021 年前三季度为 4.1 亿元，比上年同期增长 9.8%。

归母净利：归母净利规模从 2017 年的 0.17 亿元增长至 2020 年的 0.70 亿元，2018—2020 年增速分别为 94.87%、112.64%和 0.23%。2021 年前三季度为 0.55 亿元，比上年同期增长 46.4%。

二、政策支持下眼镜行业有望超千亿市场规模，国产品牌龙头有望在中高端产品领域形成弯道超车

（一）国内近视人口比例远超全球平均水平，但人均镜片消费支出远低欧美发达国家

1. 国内近视人口基数庞大

国内人口基数庞大，不同年龄阶段有不同的潜在视力问题，对眼镜、镜片产品的功能性需求日益增加。据世界卫生组织与中国健康发展中心的最新数据，世界视力问题人口占总人口的比例约为 28%，而中国该比例高达 49%。随着国内经济不断发展，电子产品不断普及，低龄及老龄人口的用眼场景不断增多，视力问题人口基数亦不断加大。

儿童及青少年近视率居高不下且呈现发病年龄早、进程快、程度深的趋势。

2020 年，中国近视患者人数已高达 7 亿，占全球比例近半。

由于电子产品的普及与课业负担的加重，中国儿童及青少年近视率整体高于世界平均水平，且呈现发病年龄早、进展快、程度深的趋势。当前，国内小学生近视发病率约 30%、初中生约 60%、高中生约 80%，而大学生已高达 90%。

据国家卫健委发布的《中国眼健康白皮书》数据，2018—2020 年全国儿童青少年总体近视率分别为 53.6%、50.2%和 52.7%，近视防控与矫正任务异常艰巨。高近视率提高了镜片市场的需求，青少年近视防控问题则催化了功能性镜片的发展。

2. 国内镜片人均支出金额、人均购买量仍明显低于发达国家

国内镜片人均支出金额仍明显低于发达国家。据全球调研机构 Statista 及 Euromonitor International 数据显示，2019 年中国人均镜片支出金额仅 3.14 美元，低于法国 60.56 美元、德国 52.28 美元、美国 39.83 美元、日本 16.14 美元，全球平均为 7.07 美元。

国内镜片人均购买量仍明显低于发达国家。据全球调研机构 Statista 及 Euromonitor International 数据显示，2019 年中国镜片人均购买量为 9.56 副/百人，低于法国 48.01 副/百人、德国 46.58 副/百人、美国 24.83 副/百人、日本 11.98 副/百人，略高于全球平均 9.12 副/百人。

全球眼镜产品市场规模保持良好发展

年份	市场规模（亿美元）	年份	市场规模（亿美元）
2012	1194	2019	1302
2013	1227	2020	1043
2014	1253	2021	1236
2015	1171	2022	1358
2016	1191	2023	1453
2017	1246	2024	1525
2018	1293	2025	1585

（二）国内镜片行业市场规模稳健扩张，到2025年将超千亿

政策支持力度不断增强，将推动镜片行业健康有序、快速发展。《眼镜行业“十四五”高质量发展指导意见》指出，“十三五”期间中国眼镜行业经济运行稳中向好，行业结构不断优化，创新能力持续增强，集群优势综合体现，质量标准成效显著，国际竞争能力提升，人才建设不断加强，中国眼镜大国地位稳步提升。《指导意见》也为“十四五”眼镜行业高质量发展定下了目标：保持行业发展稳中加固；结构调整取得明显成效；自主创新能力明显增强；标准体系建设进一步健全；产业布局进一步完善和优化；绿色企业建设达到新水平；推进品牌战略取得新进展；国际合作竞争新优势明显提升。

全球及中国眼镜产品市场规模不断扩大，到2025年前者将达到1585亿美元、后者将达到1142亿元人民币。

据Statista，2012年至今全球眼镜产品市场规模保持良好增长态势，从2012年的1194亿美元增长至2019年的1302亿美元，CAGR为1.24%。2020年受疫情影响下滑至1043亿美元。随着全球眼镜产品人均支出额的进一步提高，全球眼镜产品市场规模将保持稳步增长，预计到2025年有望增长至1585亿美元，CAGR为8.73%。

据Euromonitor International，2012年至今中国眼镜产品市场规模保持快速增长态势，从2012年的528亿元增长至2019年的895亿元，CAGR为7.83%，远高于同期全球增速水平。预计到2025年有望增长至1142亿元，CAGR为6.82%。

中国镜片市场规模保持良好增长

年份	市场规模（亿元）	年份	市场规模（亿元）
2012	186	2019	310
2013	215	2020	284
2014	233	2021	314
2015	250	2022	336
2016	263	2023	359
2017	279	2024	383
2018	294	2025	408

中国眼镜镜片市场规模到2025年望突破400亿元。随中国近视人口不断增长、消费者对功能性镜片以及视光矫正的需求力度持续增加、眼镜更换频次增加等，镜片消费需求亦不断增长，据Euromonitor International，国内镜片市场规模已从2012年的186亿元增长至2019年的310亿元。CAGR达7.6%。预计到2025年有望增长至408亿元，CAGR为7.5%。其中，据弗若斯特沙利文数据，国内树脂镜片产值到2025年有望增至136.24亿元，按零售端预计市场规模约545~681亿元。

分析认为，未来随着居民可支配收入的进一步提升、人们消费理念的转变等，中国眼镜片人

均支出额、人均购买量仍有较大提升空间，中国镜片、眼镜市场规模仍有较大增长空间。

（三）上游竞争格局较海外仍较分散，国产品牌龙头正加速崛起

镜片行业产业链主要分上、中、下游：

上游由原材料和辅料供应商、设备供应商构成。上游厂商主要向中游生产商提供树脂、玻璃、塑料及模具、光学添加剂等镜片生产原料和生产设备，此外还向下游零售商提供验配设备。

中游主要由镜片生产厂商构成。中游的镜片生产厂商除了加工生产镜片成品和定制的车房片外，还要承担材料、膜层、工艺技术、光学性能等方面的研发设计工作，并为下游销售渠道提供销售折扣、专业设备、加工、售后、销售员及视光师专业培训等支持。

下游主要由代理商、经销商和镜片零售商组成。下游的经销商、零售商等主要包括连锁眼镜零售商、眼镜零售门店、电商平台、民营眼科医院以及综合医院附属的配镜中心等。下游零售商直接面对终端消费者，需要在门店配置专业设备和专业验光人员，为消费者提供验光、配镜、镜片镜架装配、试戴体验等专业服务。

2020 年中国眼镜镜片市场份额情况（按销售额划分）

镜片生产商	份额比重（按销售额）	镜片生产商	份额比重（按销售额）
依视路（中国）	22.5%	新天鸿光学	4.0%
卡尔蔡司光学（中国）	21.5%	鸿晨光学	3.7%
万新眼镜片	8.5%	尼康眼镜（北京）	3.7%
明月镜片	6.1%	汇鼎光学	3.4%
豪雅（上海）	6.0%	凯米光学（嘉兴）	2.8%

产业链上鲜见净利率超过 20% 的企业，尤其是生产商与零售商，其利润多被营销费用等侵蚀。

零售商以博士眼镜为例，2020 年营收为 6.56 亿元，毛利率为 67.59%，净利润为 6917.4 万元，净利率为 10.34%。2018—2020 年销售费用率分别为 51%、49% 和 47%，且管理费用率均约 10%。销售费用高主要因高昂的房租成本（眼镜门店选址往往在人流量比较大的繁华地段）与人工成本（单个成熟的眼镜店需 5~6 名员工，验光师 1~2 名）。

以公司（明月镜片）为例，2020 年营收为 5.4 亿元，毛利率为 54.95%，归母净利为 7000 万元，净利率为 15.11%。2018—2020 年销售费用率分别为 15.1%、18.8% 和 20.9%，管理费用率分别为 15.3%、12.9% 和 15.6%，销售费用高因广告投入等增加，侵蚀较多利润。

从镜片制造企业品牌知名度、产销规模和营销渠道来看，国内镜片制造行业大致分为三个层级。

第一层级为全国性镜片生产企业，企业的品牌知名度较高，营销渠道遍布全国大部分地区，镜片品类较为齐全、工艺技术相对领先、质量管控严格精细，获得广大消费者的认可，以明月、依视路、蔡司等企业为代表。

第二层级为区域性镜片生产企业，以所属区域市场为依托，在该区域及其周边具有一定的市场影响力。

第三层级的企业规模较小、数量较多，缺乏自主品牌，或销售范围受限，或从事代工业务，市场份额较小。这类企业质量管控能力一般较弱，难以满足消费者对于产品表现及质量方面日益苛刻的需求。

未来，随着国内镜片制造标准进一步趋严，有相当一部分规模小、技术水平低、质量控制差的企业将被市场淘汰，而品种齐全、质量稳定的品牌企业将凭借扎实的光学设计能力、严格的产品质量控制以及快速的消费需求响应及产品迭代能力引领行业发展。

三、技术研发、全产业链、渠道广、品牌强四大优势构筑纵深护城河，将受益国内镜片行业广阔市场空间

（一）技术研发：核心技术、专利、在研项目众多，产学研一体化更增厚壁垒

1. 印证一：核心技术、专利、在研项目众多

公司深耕镜片行业多年，已积累了丰富的技术经验、获得了多项核心专利，且当前在研项目众多。

镜片的设计与生产融合了数学、光学、有机化学、表面及结构物理、机械加工、医学等多学科领域技术。目前，公司所拥有的核心技术主要集中在镜片生产环节，包括一种高折射率、高阿贝数树脂镜片的制造工艺等在内的多项核心技术。

截至2021年上半年末，公司共有87项专利，其中有12项发明专利、54项实用新型专利、21项外观专利，被认定为“国家高新技术企业”。

目前在研项目包括1.71超亮镜片树脂的研究、1.71超薄超低反射双面非球面镜片的开发、高端（高折射低色散高透）树脂镜片制备关键技术研发等，研究发现招股书中披露的21项在研项目中，13项与镜片有关、6项与树脂单体有关，皆围绕核心工艺，且多数仍处于小试或中试阶段，看好后期成果转化。

公司作为主要起草单位，参与制定了多项行业标准，包括《眼镜镜片　光学树脂镜片》（QB/T 2506—2017）和《非球面树脂镜片》（T/DYGA 0002—2019）等。

2. 印证二：1.71 折射率镜片实现消费替代与重要突破

1.71 镜片更薄更轻更清晰，实现重要突破。

公司推出的1.71超薄高折射率镜片产品，通过聚合过程中改良聚合物分子结构，弥补了高折射率材料先天色散度过高的缺陷，实现了镜片产品高折射率、低色散的双重优点，该产品被中国轻工业联合会评为“创新消费品”。

实现了对传统中低折射率产品的消费升级，对1.74折射率产品在光学参数更优秀的情况下，性价比大幅提升、实现消费替代，已逐渐成为长镜片业务的旗舰产品系列。

1.71 实现了：（1）边缘厚度比1.60薄11%，告别厚瓶底，佩戴更美观；（2）减轻鼻梁负担，重量比1.60轻7%，日常戴镜不易留痕迹，佩戴更舒服；（3）实现高折射率镜片低色散，阿贝数高达37（部分1.74折射率镜片仅33~34），视物更清晰。

此外，根据 PCONLINE 此前测评：以600度为例，1.60折射率镜片的边缘厚度为8.07mm，1.71折射率镜片是6.98 mm，1.60比1.71厚15.6%；1.71折射率镜片重量为19.6g，1.60折射率镜片重为20.9g，1.60比1.71重6.6%；1.71折射率镜片（超亮）的透光率为99.6%，1.60树脂镜片的透光率为97.8%。此外，1.71折射率镜片在天视A6膜等技术工艺的加持下，耐磨损、防水、防油污、防指纹、防静电等各项性能均较优。

价格层面，1.71较依视路、蔡司等外资品牌的1.74性价比更高。以淘宝为例，公司旗舰店中1.71智能变色为1398元、1.71PMC 高清透亮为1028元、1.71日常非球面为848元、1.71防蓝光为968元；而依视路1.74钻晶A4系列防蓝光为3584元（折后，下同）、钻晶A3系列为2800元、荧动系列为2352元、钻晶A+系列为1893元。相近系列的依视路1.74价格均高出40%~50%。

3. 印证三：推进产学研合作，进一步增强研发壁垒

公司与庄松林院士团队，以及上海理工大学、南京工业大学等知名高校及团队达成产学研用合作。

公司与著名光学专家庄松林院士及其团队合作，建立了行业示范性的院士工作站和眼镜工程技术中心，对眼视光行业的前瞻性课题进行专项攻坚。其中“院士工作站”主要通过对眼视光学中光学部分的研究，研制出符合国人佩戴的光学矫正镜片，并对验光、定制、镜片参数检验等多环节进行深度优化。

上海理工大学在“上海理工—公司眼镜光学工程技术研究”中提供技术、成果和人才支撑，促进在工艺优化、自动化生产线、新品种开发、镜片设计的研发，加工检测设备的设计研发等方面实现技术革新或技术突破等。

南京工业大学—明月光电新材料新技术产业研究所主要专注于眼视光科学及其新材料技术、光电新材料和激光防护材料与装备等方面的科学研究和应用。

公司联合庄松林院士团队推出“轻松控”。青少年的近视度数通常较浅，对高折射率镜片的需求较小。公司于2021年发布了青少年近视防控镜片“轻松控”，由明月镜片联合中国工程院共同推出，镜片折射率主要为1.56。“轻松控”产品目前已展现了良好的经济效益，也实现对传统折射率

产品新增业务机会的扩展。

4. 印证四：针对核心技术人员采取多项激励措施

为保持核心技术人员的稳定性，公司采取多种激励措施：

对表现突出的技术人员进行职级升迁，根据个人表现给予技术人员绩效奖金等物质奖励，引入核心员工持股等。

一方面，建立一系列较灵活的技术创新机制和较为完善的管理制度。建立了较为完善的绩效管理制度、薪酬和福利增长计划，并制定了项目负责制及相关的奖励制度，强化创新激励，提高了团队成员的创新积极性。

另一方面，为实现对核心员工的长期激励，保持核心员工稳定性，公司实施了股权激励。通过核心员工持股的激励方式，公司核心员工可以享有公司成长带来的资本收益。

（二）全产业链：汇聚全球优势资源且部分原料实现自给，具备完善的一站式服务体系

公司具备完善的产业链及一站式服务体系，拥有完备的研发、设计、生产、销售能力。公司业务涵盖树脂原料的研发、生产及销售，镜片光学结构、光学膜层及功能化镜片的研发及设计，树脂镜片大规模工业化生产及个性化定制生产，镜架设计及成镜的生产、销售，为市场提供品质稳定、品类齐全的眼视光产品。

1. 原料研发及生产

公司不断精研生产工艺，对不同材料、添加剂、环境、时间条件下的聚合过程及效果进行研究，积累了丰富的技术。

公司通过优化配方和改良聚合物分子层结构等技术手段，不断优化原材料产品品质。结合在高分子原料生产及大规模镜片制造方面的双重优势，公司具备将前沿新型原材料快速转化并实现规模化生产的经验与能力，并持续积极布局新型材料的研发与储备。如公司独创性地在原料中加入特定的添加剂成分，从而大幅提升了材料的韧性、透光性，从而生产出超韧、超亮两个系列产品。超韧运动抗冲击树脂镜片和 PMC 光学树脂镜片获得江苏省科学技术厅颁发的高新技术产品认定证书。

自产和转售原料产品一览

业务模式	产品系列	2021 年 1—6 月		2020 年度		2019 年度		2018 年度	
		收入（万元）	占比	收入（万元）	占比	收入（万元）	占比	收入（万元）	占比
自产	1.56	1660	62.38%	3008	61.96%	4269	68.99%	4348	75.83%
	1.60	454	17.06%	1230	25.33%	1313	21.22%	788	13.74%
	其他	109	4.10%	180	3.71%	146	2.36%	168	2.93%
转售	1.71	438	16.46%	437	9.00%	460	7.43%	430	7.50%
合计		2661	100%	4855	100%	6188	100%	5734	100%

公司汇聚全球优势资源，与日本三井、韩国 KOC 合作建立全球领先的镜片原料研发生产中心，是全球为数不多实现原料自给的镜片企业，在满足自用的同时也能对外销售。

公司镜片原料业务以自产镜片原料对外销售为主，2018 年至 2020 年及 2021 年上半年，自产镜片原料收入占比分别为 92.50%、92.57%、90.99%和 83.54%。

公司自产镜片原料主要为 1.56 和 1.60 折射率的预聚物，2021 年上半年两者在原料业务中的收入占比分别为 62.38% 和 17.06%，其中前者占比稳步下降；转售 1.71 系列收入占比达 16.46%，2018 年至今稳步提升。

进一步以预聚物、聚合固化生产为例，这是整个树脂镜片生产过程中最关键的环节。

预聚物生产：基础化学原料的配方、生产工艺以及预聚物的分子结构等，直接决定了预聚物的性能及对后继生产的影响，是该环节的核心难点。多年来，公司持续投入研发力量，调整配方及工艺，并结合后段大规模生产的实证数据支持，不断改进，寻找各种原料的最佳配比，以实现各种原料特性的充分互补与平衡。

聚合固化配方及工艺：第二次聚合反应后即形成镜片基片，是大规模工业化生产镜片产品的核心环节。预聚物原料在模具中交联固化的聚合过程是一个精细的化学过程，对主料、添加剂、催化剂的选取和配比要求极为精确，同时需要对反应的时间、温度进行精确的控制。配方、材料的升温曲线等生产工艺会最终影响镜片产品的性能。

2. 镜片研发及生产

公司实现了对材料特性的较好掌控且可以对进口原材料进行一定的优化，以及实现新技术产业化落地。

前沿的新型镜片原材料研发与生产主要掌握在日本、韩国等少数国家手中，但境外原材料供应商往往只提供实验室条件下取得的交联固化的聚合样本及其反应环境指标，并不具备或提供如何实现大规模工业化生产的工艺、技术。而后者是新材料产业化、实现效益的关键环节，且直接进口的新材料也存在一定缺陷，需改良与优化。

真正掌握材料的特性以及大规模生产才是关键所在。公司调整配方，完善聚合物分子中部分元素的结构，改善和弥补高折射率原料的性能与缺陷。如 1.71 系列产品就结合了高折射率、低色散的双重优点。

生产优势一：独特的区位优势利于实现规模化效应。公司的生产基地位于具有“中国眼镜之都”美誉的江苏省丹阳市。丹阳市地处长江三角洲和上海经济圈走廊，地理位置优越，聚集了镜片原料生产商、镜片制造商、眼镜批发零售商等，形成了覆盖产业链上下游的产业集群。产业集聚降低了运输成本、制造成本，利于实现规模化效应。

生产优势二：公司建立起科学的质量管理体系并严格执行。从镜片原料到镜片生产，公司对每一道关键的生产工序都实行严格的质量控制及检验程序。公司始终致力于对树脂镜片产品的研发与生产工艺水平的改良，实行现代化企业管理，严把产品质量关，并建立了完善、有效的质量管理体系，其质控贯穿产品研发、供应商管理、原材料检验、生产管理、销售等整个生产经营过程，为产品质量提供了强有力的保证。

生产优势三：公司本次 IPO 募集资金将继续投向产能扩张与研发。根据公司招股书提及的募集资金投向，主要包括高端树脂镜片扩产项目、常规树脂镜片扩产及技术升级项目、研发中心建设项目与营销网络及产品展示中心建设项目，“产能扩张+技术升级”占比接近九成。

（三）渠道广阔：直销、经销相结合，建立起广泛的营销渠道

1. 覆盖全国的终端网络

公司直销加经销覆盖约 3 万家客户，建立起完善的全国销售网络，收入结构中以直销为主，直销以终端眼镜门店为主。从收入拆分角度看，直销占比高达七成、经销占比约三成。直销客户主要以终端眼镜门店和眼镜连锁企业为主（占比接近九成，前者占大头）。2018—2020 年直销客户数量分别 3203、3359 和 3187 个（2020 年数量下降与主动调结构有关）。

公司经销客户结构中，5 年期以上客户收入占比稳步提升。公司不断优化经销商结构，2018—2020 年经销商数量分别为 95、91 和 82 家，其中 5 年期及以上客户数量分别为 63、78 和 70 个（2020 年有一定下降与调整结构有关），收入占比分别为 62%、77%和 78%，稳步提升彰显老客户黏性进一步增强。

2. 线上自营零售渠道拓展，线上线下共同发展促进营收增长

公司积极拓展线上自营零售渠道。

线上渠道优势在于，第一可有效减少中间经销环节，使消费者享受更加物美价廉的眼镜产品；第二不受地域限制，增强品牌与产品信息的覆盖面，口碑或爆款效应更明显；第三可使企业迅速根据市场变化及客户需求做出响应，保持经营灵活性和高效性。但由于眼镜具备的体验型的商品属性，使得眼镜的线上销售仍脱离不了线下镜架试戴、验光等配镜体验需求。

公司拓展线上渠道亦是为增强品牌知名度，打造收入另一增长来源，其线上销售系与天猫、京东和小米有品等电商平台进行合作，合作模式均为店铺入驻，经销商未通过线上渠道进行销售。

（四）品牌知名度与品牌矩阵：国产品牌龙头知名度显著提升，矩阵丰富可满足多元化需求

1. 品牌知名度

公司具备较高的品牌知名度，在国产品牌中位居翘楚。公司加大市场引导及品牌建设投入，

通过多种手段、多种渠道加强品牌和产品的宣传和推广，使得消费者在镜片产品选购中更倾向于选择优质的品牌镜片。全新终端系统将进一步提升品牌知名度。公司在2018年召开的“主角回归，终端制胜”——新一代眼镜店全球启幕仪式上介绍了包括SI系统、“四专”在内的整套全新的终端系统，并以此为模板在全国其他城市打造统一的、标准化的终端阵列。该终端展示系统的作用，第一是实现实时体验，通过比对认知不同镜片之间的差异，比如防蓝光与不防蓝光、不同折射率、超亮与非超亮等，从而提升消费者对镜片的认知、刺激消费需求；第二是展示自身的技术实力，增强品牌知名度。

2. 品牌矩阵

公司的产品主要可分日常通用、数码场景、户外防护、高端定制等系列。以高端定制为例，又可细分为近视管理、学生读写、抗疲劳、维适系列，可满足不同消费群体的需求。

公司不断研发新产品、新工艺，向市场提供各种光度的高折射率、超韧、超亮、超薄、蓝光防护、智能变色、偏光、渐进多焦点等多种性能的镜片。

对于复杂的光学结构需求，公司创办定制车房。对独特的客户需求提供一对一的专属光学设计及镜片生产。

公司通过调整镜片基础材料、调节配方、光学设计或镜片膜层，使镜片拥有一种或同时拥有多种功能特性，如蓝光防护、智能变色等。

公司掌握多种膜层的设计及应用工艺，如强化膜、防水防油膜、防静电膜等；且仍不断研究不同涂层材料及涂层结构，改进与创新镀膜工艺，进一步提升产品的品质与竞争力。

公司的研发、全产业链、渠道广、品牌强四大优势将构筑起纵深护城河。

虽然眼镜行业是一个古老的行业，但是不同于西方发达国家将有度数框架眼镜纳入医疗器械管理使得目前国内镜片生产的进入门槛相对偏低，因此造成参与者众多、竞争格局较分散的局面。随着国内经济的快速发展，人民生活水平与消费理念的提升，人们对眼镜的选择也将更关注镜片的质量与功能属性，且更换频次与客单价的提升亦将助力市场规模稳步增长。国产品牌龙头有望从竞争激烈的中低端市场脱颖而出、向中高端市场突破，公司作为佼佼者，通过四大优势将构筑起纵深护城河，市场份额将稳步提升。

四、近视防控是镜片行业中新兴高爆发性热门赛道，公司“轻松控”兼具技术与性价比优势可充分受益

（一）政策力度增强、技术迭代升级推动近视防控行业发展提速，其中防控镜片或是最优选择

1. 近视防控主要针对儿童、青少年

近视防控主要针对儿童、青少年，可控制及预防近视。一般来说，18岁之后随着眼轴的固定，近视的度数往往不会明显增加；但是18岁之前，眼轴会随着生长发育而增加，此时近视会较成人更易加深近视度数。此外，学龄前儿童均有远视储备（5周岁以下的儿童，视力正常的标准和成人有所区别），若过早消耗远视储备会加重近视或有近视加深的可能。因此，近视防控主要针对儿童青少年，在这一时期通过科学方法控制及预防近视至关重要。国内儿童青少年近视率不断攀升。2018年，世卫组织的一项研究报告显示，中国近视患者达6亿，青少年的近视率已高居世界第一，且仍不断呈上升趋势。据教育部数据披露，2020年全国儿童青少年总体近视率为52.7%，较2019年上升了2.5个百分点。

2018—2020年全国儿童青少年近视发生率

	小学生	初中生	高中生	综合近视率
2020年	35.6%	71.1%	80.5%	52.7%
2019年	/	/	/	50.2%
2018年	36.0%	71.6%	81.0%	53.6%

近视防控亦可控制并发症的危害。近视，尤其是高度近视，还可以引起一些眼底并发症，危

害视觉健康甚至导致失明。如果 18 岁前把近视度数控制在 600 度以内，就能有效减少 74%的白内障、67%的青光眼、99%的黄斑病变以及 98%的视网膜脱落等风险。

近视防控可助力加强专业型人才储备。国家卫健委的数据显示，2020 年中国儿童青少年总体近视率为 52.7%，其中高中生近视率达 80.5%。目前在航空航天、精密制造、国防等行业领域，符合视力要求的人群越来越少，未来符合学习相关专业、从事相关职业的人也会越来越少，因此近视已成为关系到国家和民族未来的大问题。

根据粗略测算，国内基于儿童青少年的近视防控产品整体市场规模约 838 亿元（基于在学假设、全部口径计算下为 1361 亿元）。

近视防控已升级为国家重要战略之一。为应对日益加剧的儿童青少年近视问题，2018 年起一系列重磅政策相继出台。且近视防控技术不断更新迭代，将驱动市场进入高增长期。

当前，近视防控产品的技术路径、价格千差万别，因此各地市场需求亦有区别。从区域分布看，华东、华南、华北等经济发达地区对于高端近视防控产品的需求更高些。

粗略计算角膜镜、近视防控镜片、低浓度阿托品三者贡献的近视防控市场规模，预计到 2025 年将达到 838 亿元。其中近视防控镜片预计 198 亿~341 亿元（基于渗透率 10%、主要面向儿童青少年、1 年只使用 1 副等假设前提），考虑到近视防控镜片在学龄前也可应用，实际市场规模更大。按照 20 岁以下近视人口做粗略估计，则近视防控镜片市场规模预计 322 亿~554 亿元；全部市场规模约 1361 亿元。

2. 政策力度增强推动近视防控行业加速发展

近视防控政策方向主要在三大层面依次推进呈现，第一是宏观方向把控，第二是技术试点地区具体落实，第三是细节配套政策跟进。

3. 近视防控三大主流技术为镜片防控、角膜镜与低浓度阿托品，镜片防控已历经三代产品

目前主流的近视防控技术主要分为近视防控镜片、角膜镜（OK 镜）和低浓度阿托品。角膜镜被纳入医疗器械管理，目前国内获批生产角膜塑形镜的企业仅 9 家，渗透率较低。而从性价比、佩戴方便程度等角度看，近视防控镜片未来或将成为最优选择。我们认为，三者之间其实亦并非纯粹的替代关系，未来或可实现优势互补。

近视防控三大技术优劣解析

路径	原理	优劣解析
近视防控镜片	周边离焦技术理论，微透镜理论，双光+棱镜理论等。	优点：不影响调节，每日佩戴即可，舒适度高，护理简单，安全。且年龄 4 岁以上即可佩戴。缺点：需要像普通框架镜一样戴眼镜，而且戴镜时间越长效果越好，不同技术路径下，防控数据相差较高。
角膜镜（OK 镜）	类似流体力学理论，可细分为周边光度渐变设计、正性附加光度与远矫光度交替的同心圆设计等。	优点：夜间佩戴，白天不需佩戴框架眼镜或角膜接触镜。经过长期实践检验，防控数据较好。缺点：价格较贵（普遍在 1 万元左右），护理操作要求高，佩戴不当存在并发症风险。年龄 8 岁以上可佩戴。
低浓度阿托品（泛指浓度低于 1%）	直接作用于视网膜和巩膜 M 受体，以阻止巩膜成纤维细胞增殖和眼轴增长。	优点：每晚睡前使用 1 次，使用简单，价格低廉。缺点：单独使用低浓度阿托品滴眼液对 6~12 岁儿童青少年眼轴增长的控制作用原理尚不确定，高浓度使用的情况下停药后近视回退明显。

近视防控镜片技术路径从调节理论向离焦理论变迁。随着对近视机理的研究深入，基于单焦点的普通框架眼镜已不能满足近视防控的需要，且青少年的眼轴会随着身高增长而增长，将进一步加速近视加深程度。因此，近视防控镜片尤其是针对儿童青少年的近视防控镜片的重要程度不断增强。其理论从最开始的调节理论到如今的离焦理论，且离焦理论亦发展出不同形式、不同做法，基于这些理论的近视防控镜片也有了越来越好的保护效果。基于离焦理论设计的近视防控镜片有较显著的效果。按屈光学概念（即光的折射理论），焦点落在视网膜前者称为前离焦（即近视化离焦），落在视网膜后

者称为后离焦（即远视化离焦）。该理论的重点在于认识到视网膜能识别离焦信号，并发现可通过改变离焦信息给巩膜发出“生长”或“停止生长”的信号，从而控制眼轴增长。

基于新一代技术研发的多点离焦镜片、多区正向光学离焦设计或是未来的重要技术应用方向。

如豪雅新乐学，采用多区正向光学离焦设计，将396个微型透镜分布在镜片光心周围直径约32毫米的区域，每一个微型透镜均能形成近视离焦。即使在眼球旋转后，多区正向光学离焦设计也能持续性提供近视离焦。

以某防控进展性近视远近两用多点离焦棱透组合镜片为例，其包括多点聚焦镜片、棱透组合、基顶、基底以及多点离焦区。通过一种防控进展性近视远近两用多点离焦棱透组合镜片将多点离焦镜片与棱透组合镜片融合成一体，下半部分为多点离焦、透镜以及棱镜三部分的复合结构，其中多点离焦与上半部分的多点离焦为生产该镜片的A模，下半部分中的棱透组合体为生产该镜片的B模，通过合并模具的生产工艺，将A、B模具合并，生产出产品的基片，形成该近视防控产品。

（二）公司“轻松控”Pro采用C. A. M. D技术，微透镜数量、视物、性价比等方面均优于可比产品

“轻松控”镜片采用多点近视离焦眼轴控制技术。一代产品即“轻松控”采用周边离焦技术，二代产品即Pro采用更先进的微透镜离焦技术，该产品由公司联合中国工程院庄松林院士团队共同推出，采用多点近视离焦眼轴控制技术（C. A. M. D）。镜片离焦量专为中国儿童青少年定制，将周边区域成像控制在视网膜前，从而起到抑制眼轴增长，延缓近视加深的作用。

“轻松控”镜片采用“满天星”多点微透镜。基于视网膜成像和离焦理论的多次验证，增加离焦面积是一种被证明可有效控制眼轴增长的方式。公司研究团队经过严密计算和离焦效果验证，设计“满天星”微透镜排列方案，镜片内部雕刻高达1295个正度数的微透镜，增加离焦面积，其数量超过依视路星趣控与豪雅新乐学。

“轻松控”镜片透光性能良好，视野效果提升。

镜片采用KR树脂高度提纯加工的新型PMC超亮镜片材料，有效提升镜片透光性能，提高通过镜片后的视网膜成像质量，有助于控制儿童近视发展。

镜片采用Inner Carving内雕技术（内表面数码雕刻）大视野工艺，区别于传统外表面模具成型方式，将1295个微透镜雕刻在基片内部，区别于传统的透镜在外表面的挤压成型工艺，透镜度数恒定且避免模塑，使效果如初、延长使用时间。

此外，公司亦推出渐进多焦点系列，渐进多焦点系列适用于多种场景，适用性强。

学生读写系列：学生有频繁从远处看黑板切换到近处看书的用眼需求，单光镜片度数单一，看近时容易度数过矫，导致成像焦点处于视网膜外，造成短暂的失焦现象。学生读写系列在镜片下方近用区域加入一定的正度数，使远近切换时成像焦点始终在视网膜上，为眼睛减负，从而降低眼睛出现疲劳、近视度数增长过快的概率。

抗疲劳系列：从事室内工作，容易造成眼干、眼疲劳，佩戴抗疲劳镜片可轻松应对工作中的远、中、近视觉转换。

维适系列：自由曲面设计，根据老视度数以及镜框选择等因素，合理设计下加光、渐变焦速率、通道长度等参数，既满足老视人群远中近距离清晰视物的需求，也能使眼睛在不同距离视物切换时过渡更自然、更舒适。

五、盈利预测

结论：预测公司2021—2023年营收分别为5.84亿元、7.39亿元和9.09亿元，增速分别为8.2%、26.6%和23.1%，归母净利润分别为0.84亿元、1.11亿元和1.43亿元（EPS分别为0.63元、0.83元和1.06元），增速分别为20.5%、31.5%和28.7%。

具体测算过程如下：我们分步预测镜片、原料销售、成镜等业务收入，同时假设毛利率、费用率等条件，进一步预测整体归母净利数据。

镜片收入预测：镜片收入是公司占比最高的主营收入，按照直销自有品牌、直销非自有品牌、经销自有品牌进行拆分（代销占比过低暂不考虑），各部分收入按镜片单价与镜片销量相乘。2021年预计的单价取招股书中提及的2021年上半年的单价，2021年预计的销量按招股书中提及的

2021 年上半年的销量乘 2。考虑到公司调整优化产品结构，且根据 2018—2020 年单价稳步提升，假设 2022—2023 年单价亦稳步提升、销量稳步增长。

原料销售、成镜及其他业务收入预测：原料销售：按照原料单价与销量相乘计算其收入；2021 年预计的单价取招股书中提及的 2021 年上半年的单价，2021 年预计的销量按招股书中提及的 2021 年上半年的销量乘 2。假设 2022—2023 年单价稳步提升、销量稳步增长。成镜：按照成镜单价与销量相乘计算其收入；2021 年预计的单价取招股书中提及的 2021 年上半年的单价，2021 年预计的销量按招股书中提及的 2021 年上半年的销量乘 2。假设 2022—2023 年单价稳步提升、销量稳步增长。镜架：假设 2021—2023 年收入稳步增长。其他主营与业务：假设 2021—2023 年收入保持稳定。

（引自明月官网，有删改）

2022 年中国眼镜架行业
市场规模、产量及进出口情况分析

一、眼镜架概述

眼镜架是眼镜的重要组成部分，主要起到支撑眼镜片的作用，外观漂亮的眼镜架还可起到美观的作用。材质主要有金属、塑料或树脂、天然材料等。按样式，它可以分为全框、半框、无框等类型。

眼镜架的种类

种类	简介	种类	简介
全框架	最常用的一种镜架类型，特点是牢固、易于定型，可遮掩一部分的镜片厚度。	折叠架	镜架可以折成四折或六折，多为阅读镜。
半框架	半框架是用一条很细的尼龙丝作部分框缘，特点是重量轻，给人以轻巧别致之感，也较为牢固。	组合架	前框处有两组镜片，其中一组可上翻，通常为户内、户外两用。
无框架	这类镜架没有镜圈，只有金属鼻梁和金属镜脚，镜片与鼻梁和镜脚是直接由螺丝紧固连接，一般要在镜片上打孔。无框架比普通镜架更加轻巧、别致，但强度稍差。	眉毛架	眉毛架与半框镜架类似，上半框只有一条类似眉毛的圈丝，用一条很细的尼龙丝作下部分框缘，款式比较时尚。
尼龙丝架	用一条很细的尼龙丝作部分框缘，镜片经特殊磨制将其下缘磨平，下缘中游一条窄沟，使尼龙丝嵌入沟中，形成无底框的式样，因而重量很轻，给人以轻巧别致之感，也较为牢固。		

二、发展背景

1. 政策

政策支持力度不断增强，将推动镜片行业健康有序、快速发展。《眼镜行业“十四五”高质量发展指导意见》指出，“十三五”期间中国眼镜行业经济运行稳中向好，行业结构不断优化，创新能力持续增强，集群优势综合体现，质量标准成效显著，国际竞争能力提升，人才建设不断加强，中国眼镜大国地位稳步提升。

中国眼镜架行业相关政策

政策名称	发布部门	发布时间	相关产业政策
《“十四五”全国眼健康规划（2021—2025 年）》	国家卫健委	2022 年	“十四五”期间，着力加强眼科医疗服务体系建设、能力建设、人才队伍建设，持续完善眼科医疗质量控制体系，推动眼科优质医疗资源扩容并下延。有效推进儿童青少年近视防控和科学矫治工作，进一步提升白内障复明能力，逐步提高基层医疗卫生机构对糖尿病视网膜等眼底疾病的筛查能力。

续表

政策名称	发布部门	发布时间	相关产业政策
《学前、小学、中学等不同学段近视防控指引》	教育部	2021 年	《指引》分为学前、小学、中学三部分，涵盖防控近视关键要点，措施精准，操作性强，便于传播和普及。进一步明确不同学段儿童青少年近视防控要点，着力提高儿童青少年用眼行为改进率和近视防控知识知晓率。
《眼镜行业“十四五”高质量发展指导意见》	中国眼镜协会	2021 年	按照国家“十四五”经济发展战略总体要求，坚持创新驱动，坚持调整优化，坚持统筹协调，坚持国际化发展，以科技创新、“三品战略”、产业集群建设等为抓手，进一步提升眼镜行业可持续发展能力，努力提高全民视力健康水平，推动我国由眼镜大国向眼镜强国不断迈进。
《儿童青少年近视防控适宜技术指南》	国家卫健委	2019 年	一方面进一步推动落实《综合防控儿童青少年近视实施方案》，呼吁全社会共同关注儿童青少年的视力健康：另一方面也为各级儿童青少年近视防控技术人员提供了标准性的指导文件，利于科学规范开展防控工作，提高防控技术能力。

2. 社会因素

随着教育水平的提高和科技的发展，中国国民用眼程度逐年提高，导致近视率和近视人数逐年上涨。根据数据显示，中国近视人数从 2016 年的 6 亿人上涨至 2021 年的 7. 5 亿人，近视率也从 43. 1%上涨至 53. 07%。中国国民对眼镜的需求也随之上涨。

三、产业链

1. 产业链整体

眼镜架，主要起到支撑眼镜片以及美观等作用，是眼镜的重要组成部分。其产业链上游主要为铜合金、镍合金和贵金属等金属材料、塑料或树脂等非金属材料以及天然材料与混合材料。中游主要应用于眼镜的制造工作。下游为眼镜销售行业。

2. 上游情况

眼镜架上游主要原材料为钛合金、塑料和硅胶，上游原材料的产量变动对眼镜架行业的发展产生直接的影响。根据数据显示，中国塑料产量变动较大，钛材和硅胶产量处于平稳上升的态势，2020 年中国硅胶产量为 130 万吨，2021 年中国钛材产量为 13. 6 万吨、塑料产量为 8004 万吨。

中国眼镜架行业产业链

上游原材料	中游制造商	下游销售渠道
塑料（注塑架）	眼镜架生产与制造	眼镜销售行业
TR（TR-90、TR-100）		
钛合金（TITAN）		
硅胶		
铂金、纯金、K 金、纯银等		

2016—2021 年中国眼镜架上游重要原材料产量

原材料	2016 年	2017 年	2018 年	2019 年	2020 年	2021 年
钛材（万吨）	4. 95	5. 54	6. 34	7. 53	9. 7	13. 6
塑料（万吨）	7717. 2	7515. 5	6042. 1	8184. 2	7603. 2	8004
硅胶（万吨）	90. 00	102. 00	113. 00	118. 00	130. 00	/

四、中国眼镜架行业发展现状

1. 市场规模

根据数据显示，中国眼镜架行业市场规模逐年上涨，从 2014 年的 200.7 亿元上涨至 2020 年的 294.8 亿元，比 2019 年上涨 4.69%。随着中国近视人数的上涨，未来中国眼镜架行业市场规模会进一步扩大。

2014—2020 年中国眼镜架行业市场规模变化情况

年份	市场规模（亿元）	增速（%）	年份	市场规模（亿元）	增速（%）
2014	200.7	/	2018	272.2	4.65
2015	220.5	9.87	2019	281.6	3.45
2016	245.4	11.29	2020	294.8	4.69
2017	260.1	5.99			

2. 产量

随着中国近视人数的逐年上涨，国民对眼镜需求也随之提高，这就导致中国眼镜架产量增长。根据数据显示，中国眼镜架产量逐年上涨，2020 年中国眼镜架产量为 9.05 亿副。比 2019 年上涨 7.35%。

2013—2020 年中国眼镜架产量变化情况

年份	产量（亿副）	增速（%）	年份	产量（亿副）	增速（%）
2013	5.63	/	2017	6.68	2.61
2014	6.21	10.30	2018	6.80	1.80
2015	6.45	3.86	2019	8.43	23.97
2016	6.51	0.93	2020	9.05	7.35

3. 进出口

随着近视人群的不断增长，眼镜逐渐在人们的日常生活中占据重要地位，因此人们对于眼镜架的需求也日益增长。根据数据显示，中国眼镜架出口量大于进口量，中国是世界上眼镜制造大国，2022 年上半年，中国眼镜架出口量为 1.9 亿副，进口量仅仅为 0.05 亿副。

2018—2022 年上半年中国眼镜架进出口量变化情况

	2018 年	2019 年	2020 年	2021 年	2022 年上半年
进口量（亿副）	0.14	0.13	0.11	0.13	0.05
出口量（亿副）	3.1	3.2	4.2	4.0	1.9

4. 出口地

根据数据显示，中国眼镜架出口地前五的地区为意大利、美国、中国香港、印度和日本，其中意大利占比第一，占比总出口量的 22.9%，美国占比第二，占比 20.7%，中国香港占比第三，占比 19.5%，印度占比第四，占比 6.8%，日本占比第五，占比 5.7%，其他地区占比 24.38%。

2022 年上半年中国眼镜架重要出口地区占比情况

出口地区	占比（%）	出口地区	占比（%）
意大利	22.9	印度	6.8
美国	20.7	日本	5.7
中国香港	19.5	其他	24，38

五、未来中国眼镜架行业发展趋势

目前，中国近视人数日益增多、老龄化程度日益严重，需要佩戴近视眼镜和老花镜的人数逐年增多。中国初高中生和大学生近视率已超过70%，而美国青少年的近视率为25%，澳大利亚仅为1.3%，德国近视率也一直控制在15%以下，下游需求旺盛，导致中国眼镜架行业规模逐年增长。随着社会经济发展，人们对眼镜的美感、佩戴方式和体验等方面有了更进一步的追求。不仅仅是近视眼镜和老花镜，太阳镜同样销售火爆，受到年轻人的青睐。眼镜在款式方面不断推出新品，产品样式更加多样化。随着未来近视人数增长、人口老龄化程度加深和墨镜需求的上涨，未来中国眼镜架行业发展前景广阔。

未来中国眼镜架行业发展趋势

镜架发展趋势	解释
下游需求旺盛	随着中国近视人数的增加、老龄化的严重和墨镜的需求增加，眼镜架需求旺盛。
产品多样化	国民对美感的追求使得眼镜架产品样式多样，符合现代人的审美。
政府政策扶持	中国眼镜架行业在政府的扶持和规范下，未来发展前景广阔。

（引自华经情报网，有删改）

眼镜架行业近五年进出口情况分析

一、整体进出口情况

眼镜架是眼镜的重要组成部分，主要起到支撑眼镜片的作用，外观漂亮的眼镜架还可起到时尚美观的作用。眼镜架的材质主要有金属、塑料、硅胶等。

随着近视人数的不断增长，眼镜逐渐在人们的日常生活中占据重要地位，因此人们对于眼镜架的需求也日益增长。近年来，中国眼镜架出口数量逐渐上升，由2018年的30824.8万副增长至2021年的40071.5万副，出口金额由2018年的132087.1万美元增长至2021年的162599.9万美元。出口数量及金额整体上呈现上升趋势，2022年上半年中国眼镜架出口数量为19030.1万副，出口金额为86782.3万美元，进口数量为491.5万副，进口金额为8881.2万美元。

二、细分进出口情况

从出口数量来看，中国眼镜架出口主要以塑料制眼镜架为主，2022年上半年中国塑料制眼镜架出口数量为11004.7万副，出口金额为45875.1万美元；金属材料制眼镜架出口数量为7932.9万副，出口金额为40626.4万美元；天然材料制眼镜架出口数量为0.02万副，出口金额2.6万美元；未列名材料制眼镜架出口数量为92.5万副，出口金额为278.3万美元。

2022年上半年中国塑料制眼镜架进口数量为329万副，进口金额为3637.4万美元；金属材料制眼镜架进口数量为160.7万副，进口金额为5083万美元；天然材料制眼镜架进口数量为0.2万副，进口金额为83.8万美元；未列名材料制眼镜架进口数量为92.5万副，进口金额为77.2万美元。

从进出口均价来看，中国眼镜架进口均价远大于出口均价，2022年上半年中国眼镜架出口均价为4.6美元/副，而进口均价为18.1美元/副。但中国眼镜架的出口金额远高于进口金额，由此可推测中国眼镜架制造行业较为发达，但又相对基础，比较注重产品的普遍性，而非高精尖。

2022年上半年中国眼镜架出口金额TOP5省市

省市	镜架出口金额（亿美元）	省市	镜架出口金额（亿美元）
广东省	4.91	上海市	0.33
浙江省	3.31	福建省	0.30
江苏省	0.43	其他	0.77

2022年上半年中国眼镜架进口地区格局

进口地区	进口额（万美元）	占比（%）	进口地区	进口额（万美元）	占比（%）
中国香港和台湾地区	3421.7	29	丹麦	903.8	8.8
意大利	3017.5	26	韩国	193.7	2
日本	2251.4	19	其他	670.9	6
德国	1117.6	10			

细分中国眼镜架的进口均价可以看出，天然材料制眼镜架的进口均价远高于其他眼镜架，并呈现出上升趋势，由2018年的302.5美元/副增长至2021年的512美元/副，增长率为69.3%。2022年上半年天然材料制眼镜架进口均价为419美元/副，是其他眼镜架的8倍，表明中国目前在天然材料制眼镜架领域在国际处于弱势地位。

2018—2022年上半年中国眼镜架细分进口均价情况

单位：美元/副

镜架材料	2018年	2019年	2020年	2021年	2022年上半年
塑料制镜架	8.1	8.7	9.2	9.8	11.1
金属材料架	18.2	21.7	20.6	26.7	31.6
天然材料架	302.5	326	392.5	512	419
未列明材料架	11.7	65.3	62.0	49.7	51.5

而从出口均价来看，中国眼镜架出口均价总体上偏低，塑料制眼镜架、金属材料制眼镜架、未列明材料制眼镜架的出口均价整体上趋于平稳，而天然材料制眼镜架出口均价在2022年上半年相较于2021年增长了442%。从侧面反映出，在这个时期，中国天然材料制眼镜架行业有了质的飞跃。

2018—2022年上半年中国眼镜架细分出口均价情况

单位：美元/副

镜架材料	2018年	2019年	2020年	2021年	2022年上半年
塑料制镜架	3.9	3.6	2.0	3.4	4.2
金属材料架	4.8	4.8	5.1	5.1	5.1
天然材料架	48.1	61.3	9.7	24.2	130.0
未列明材料架	2.0	2.4	1.8	2.9	3.0

三、进出口格局分析

2022年上半年中国眼镜架出口金额TOP5地区分别为意大利、美国、中国香港、印度和日本，出口金额分别为2亿美元、1.8亿美元、1.7亿美元、0.6亿美元和0.5亿美元。

2022 年上半年中国眼镜架出口金额 TOP5 地区

出口地区	镜架出口金额（亿美元）	出口地区	镜架出口金额（亿美元）
意大利	2	印度	0.6
美国	1.8	日本	0.5
中国香港	1.7	其他	0.6

广东省、浙江省、江苏省是中国制造业较为发达的地区，也是中国的贸易大省；2022 年上半年广东省眼镜架出口金额居全国首位，出口金额为 4.91 亿美元；浙江省以 3.31 亿美元位列第二；广东省和浙江省为中国眼镜架主要的出口省市。

从进口金额来看，意大利为中国眼镜架最大的进口地，2022 年上半年中国从意大利进口眼镜架 3017.5 万美元，占总进口金额的 26%；第二大进口地是日本，2022 年上半年中国从日本进口眼镜架 2251.4 万美元，占总进口金额的 19%，二者为中国眼镜架最主要的进口地。

（引自中国海关、智研咨询整理，有删改）

中国眼镜产品市场规模分析

一、眼镜产品市场规模

世界卫生组织最新数据显示，中国近视患者人数多达 6 亿。根据国家卫健委发布的《中国眼健康白皮书》数据，2018 年，全国儿童青少年总体近视率为 53.6%，其中，6 岁儿童为 14.5%，小学生为 36.0%，初中生为 71.6%，高中生为 81.0%，近视防控与矫正任务异常艰巨。规模庞大的近视人口数量为眼镜行业提供了广阔的市场，国内居民收入水平的提升、消费模式和消费理念的改变也推动了中国眼镜行业的快速发展。

近年来，随着中国眼镜产品人均支出额的不断提高及人口规模的不断扩大，中国眼镜产品市场规模快速增长。据全球调研机构 Euromonitor International 数据显示，2014 年以来，中国眼镜产品市场规模保持快速增长态势，从 2014 年的 644.89 亿元增长至 2018 年的 833.28 亿元，年均复合增长率为 6.62%，增速远高于同期全球增速水平。未来，随着中国眼镜产品人均支出额的进一步提高，中国眼镜产品市场规模将继续保持快速增长，预计到 2023 年，中国眼镜产品市场规模将突破 1000 亿元，达到 1004.67 亿元，2018—2023 年年均复合增长率达 3.81%。

2014—2023 年中国眼镜产品市场规模增长趋势

年份	市场规模（亿元）	年份	市场规模（亿元）
2014	644.89	2019	884.25
2015	692.19	2020	914.56
2016	735.95	2021	944.80
2017	783.66	2022	974.86
2018	833.28	2023	1004.67

二、眼镜片人均购买量及销售规模

随着中国视光矫正市场需求的提升，人们对“眼镜片也有保质期”的认知不断深入，镜片消费需求不断增长。据全球调研机构 Euromonitor International 数据显示，2014 年以来，中国眼镜片人均购买量稳步增长，从 2014 年的 7. 75 副/百人增加至 2018 年的 9. 23 副/百人，增速远高于同期全球平均水平。预计到 2023 年，中国眼镜片人均购买量将达到 10. 83 副/百人。

2014—2023 年中国眼镜片人均购买量变化趋势图

年份	镜片人均购买量（副/百人）	年份	镜片人均购买量（副/百人）
2014	7. 75	2019	9. 56
2015	8. 26	2020	9. 89
2016	8. 57	2021	10. 21
2017	8. 90	2022	10. 52
2018	9. 23	2023	10. 83

受中国人口规模不断增长和人均购买量提高的利好影响，中国眼镜片销售规模快速增长。据全球调研机构 Euromonitor International 数据显示，2014 年以来，中国眼镜片销售规模快速增长，增速远高于同期全球增速水平，销售量由 2014 年的 1. 08 亿副增加至 2018 年的 1. 32 亿副，年均复合增长率为 5. 00%，销售量占全球比重由 16. 58%提升至 18. 99%。未来，中国眼镜片销售规模仍将继续保持高于全球平均增速增长，预计到 2023 年，中国眼镜片销售规模有望增长至 1. 57 亿副，占全球比重进一步提升至 21. 23%，2018—2023 年年均复合增长率达到 3. 60%。

2014—2023 年中国眼镜片销售规模变化趋势

年份	镜片销售量（百万副）	年份	镜片销售量（百万副）
2014	108. 5	2019	137. 1
2015	116. 2	2020	142. 3
2016	121. 2	2021	147. 4
2017	126. 5	2022	152. 4
2018	131. 8	2023	157. 3

（引自亚当斯密企鹅号，有删改）

2022—2023 年中国眼镜市场纵览

一、眼镜行业市场概述

中国眼镜企业多处于价值链的中间生产环节。当前，中国存在多个眼镜生产基地与集散中心，其中江苏丹阳、广东深圳、福建厦门、浙江温州是中国四大眼镜生产基地，均位于东南沿海省份，产品定位略有差异。江苏丹阳主要产品：产业链齐全，年产 1 亿副眼镜架，镜片产量占全国的 75%，市场定位是中低价位平价量产。浙江温州主要产品：镜架为主，部分镜片，市场定位是中低价位，外销。福建厦门主要产品：镜架、中高端太阳镜架，市场定位是中高端价位。广东深圳主要产品：精品眼镜，海外市场代工，市场定位是高端价位，与港澳市场联系紧密。

二、 2022 年市场趋势

更替频次低但刚需属性强，“一人多镜”消费趋势愈加显著。成年人的眼镜度数相对稳定，一直更换眼镜的频次较低。但随着个性化消费理念的逐渐渗透，多元需求场景下的一人多镜趋势兴起，衍生出视力矫正、延缓近视加深、抵御光损伤、运动防护、时尚美观等多类功能眼镜产品。

三、中国市场规模

2022 年总体呈提振增长态势，其中镜片涨幅较大，相应带动镜架增长，零售市场总规模为 898 亿元。未来几年，眼镜市场预期仍将保持稳定增长态势。

2018—2025 年中国眼镜产品零售市场规模

年份	零售规模（亿元）	增速（%）	年份	零售规模（亿元）	增速（%）
2018	756	6. 3	2022	898	5. 6
2019	804	6. 0	2023	951	5. 9
2020	802	−0. 2	2024	1005	5. 7
2021	850	6. 0	2025	1059	5. 4

四、镜片市场格局

国内镜片市场上，国际知名厂商仍然占据优势，本土厂商近年来正处于高速成长阶段，但在销售额上与国际头部企业相比依然存在一定差距。

2021 年中国眼镜镜片市场份额情况（按销售额划分）

镜片生产商	份额比重（按销售额,%）	镜片生产商	份额比重（按销售额,%）
卡尔蔡司光学（中国）	23. 2	鸿晨光学	3. 3
依视路（中国）	21. 8	汇鼎光学	3. 2
万新眼镜片	8. 7	新天鸿光学	3. 1
豪雅（上海）	6. 3	凯米光学（嘉兴）	2. 9
明月镜片	6. 1	优立光学	2. 1
尼康眼镜（北京）	4. 2	其他	15. 1

五、镜架市场规模

由于疫情反复带来的线下零售影响，2022 年上半年镜架市场同样受到冲击，而下半年随着物流恢复与消费需求复苏，镜架产品的市场销量正在慢慢回升，预计 2022 年市场规模仍会实现小幅增长。

2020—2025 年中国镜架产品零售市场规模

年度	零售市场规模（亿元）	增速（%）
2020	294	/
2021	309	5. 3
2022	319	3. 2
2023	338	5. 9
2024	358	5. 7
2025	376	5. 3

六、儿童青少年近视控制镜片增长加速

中国未成年人首次触网年龄前置化明显，3～10 岁及以下开始接触互联网的人数比例已达到 75. 8%，首次触网的主要年龄段集中在 6～10 岁；加之疫情时代下，学生线上课增加也进一步加重

儿童青少年用眼压力，为子女购买过眼镜的家长中对青控产品有了解的占86.93%，其中超过半数家长已经为子女购买了青控产品。眼镜消费者中家长群体对青控产品的认知度：了解青控产品的家长中，已经购买的占51.69%，有意愿购买的占45.49%，对青控产品没有了解的占13.1%，不打算购买的占2.8%，打算购买的占45.5%。

中国青控品牌产品分析

品牌		产品	上市时间	离焦原理	价格区间（元/副）
国际	蔡司	成长乐	2010.8	周边离焦	1130~5880
	蔡司	小乐圆	2022.6	同心环带微柱镜离焦	3980
	依视路	星趣控	2020.11	多点离焦	3680~4280
	豪雅	新乐学	2018.7	多点离焦	3980
	尼康	控优点	2022.6	点扩散	/
国内	万新	易百分	2020.3	周边离焦	880~1980
	万新	易百分孔雀版	2022.2	多点离焦	2680
	明月	轻松控	2021.6	周边离焦	1498
	明月	轻松控 Pro	2021.12	多点离焦	2698~2998

七、渐进多焦点镜片进入大众视野

渐进多焦点镜片在一个镜片上实现了从上至下近附加镜的逐渐变化，通过建造视远区、视近区、渐变区、周边区等分区，为配镜者提供由远至近的、连续的、清晰的视觉效果。基于渐进多焦点原理，渐进多焦点镜片可面向不同人群提供由远至近的清晰实物效果，细分产品以中老年渐进片与舒缓眼疲劳镜片为主。其中，中老年渐进片分区最为完整，需通过佩戴者近视老花程度调整不同分区度数，解决佩戴者视近、视远的双重困扰。而舒缓眼疲劳镜片主要利用视远区与视近区的不同度数差，缓解视觉疲劳与用眼过度情况，分区较为简单且并非适用于所有用户群体。随着中老年群体对于渐进多焦点的产品认知与消费意愿转变，渐进多焦点镜片将集中在中老年群体中迎来进一步需求释放。

渐进多焦点镜片结构

分区	位置与功能
视远区	渐进镜的上半部分矫正远距屈光不正。
渐变区	连接视远区和视近区的通道，长度在10~18 mm，长宽根据配镜者具体情况进行调节。
周边区	位于镜片两侧，镜片表面由于曲率变化导致的周边像差区，主要是像散和棱镜效应，一定程度上干扰视觉，产生视物模糊或变形，影响配镜者对镜片的适应性。
视近区	视远区中心下方10~18 mm，向鼻翼偏移约2~3 mm，配镜十字下方起，镜片的正度数连续增加，直至视近区达到所需近附加度数。

渐进多焦点品牌产品与应用人群

<table>
<tr><th>渐进多焦点产品</th><th>应用人群</th><th>镜片品牌</th></tr>
<tr><td>中老年渐进片</td><td>实现在中近距离快速聚焦，远、中、近视野无缝衔接的视觉需求，通过一副渐进多焦点镜片解决中老年原本需佩戴近视、老花的多镜场景。</td><td rowspan="2">WANXIN 万新眼镜片：
万新酷龄
Essilor 依视路：
依视路万里路
ZEISS：
蔡司眯光等</td></tr>
<tr><td>舒缓视疲劳镜片</td><td>通过渐进多焦点镜片缓解用眼过度人群的视觉疲劳。中老年渐进片度数需根据佩戴者老花情况做定制化调整，抗疲劳镜片佩戴相对简单，一般无渐变区，在近处视物降低固定度数即可。</td></tr>
</table>

渐进多焦点产品原理：渐进多焦点镜片存在不同功能分区（视近、视远等），长期使用，会引起佩戴者视力调节力下降，调节幅度下降。

青少年佩戴，会人为替代青少年视力调节能力，影响原本具有的视物调节能力，仅适用于特定青少年群体；中老年佩戴，通过渐进多焦点原理，能有效替代中老年群体本身下降的调节能力，完成清晰视物。

八、线上线下一体化

消费者的配镜流程包括验光、挑选、配镜、取镜等环节。其中，配镜需获取消费者的验光处方，对专业的线下服务有强依赖，这也是眼镜产品难以实现规模化线上销售的核心原因。

眼镜产业新型营销模式：解决线上配镜无法提供的视光服务是眼镜零售线上化的关键。具体包括：

引流—活动促销型：通过直播、优惠活动、穿搭教程等引流客户线下消费。

线上引流，线下消费：通过活动促销与知识推送引流客户到线下消费。

引流—知识推送型：通过健康教学、训练调节等课程引流客户线下消费。

线下配光，线上消费：通过直接优惠活动、穿搭教程等引流客户。

消费—线上引流，线上消费：通过直播优惠活动、穿搭教程等实现客户下单消费。

消费—线下配光，线上消费：在线下眼镜店、视光中心、眼科诊所完成配镜服务拿到处方，通过处方实现线上消费。

一般直接通过线上引流实现规模化消费的眼镜产品不会强依赖于线下的视光配镜服务，如隐形眼镜、太阳镜在线上实现较好的规模化销售。

九、中国眼镜用户研究

从五类群体角度，基于眼镜产品的功能需求、价格偏好和购买渠道展开，分析结果：

1. 除改善视力外，防蓝光的功能性作用为消费者的第二核心需求；

2. 青年群体对抵御光线、青少年对视物及眼保护诉求更加突出；

3. 用户对镜架佩戴舒适度的关注普遍优先于设计美观度；

4. 家长为子女购买眼镜时，最关注护眼抗疲劳与近视延缓功能；

5. 产品佩戴体验是消费者做出消费决策的首要因变量；

6. 品牌认知格局稳定，消费者关注购镜渠道的专业度与便捷性。

十、眼镜行业预测

1. 根据当前青控产品发展环境，功能性镜片认知度会进一步提升。

在一个针对 300 所学校的调查中发现，有 22.6%的家长没有听过高度近视并发症的概念。有 10%的幼儿园和 2%的小学仍未开展校内视力筛查工作。开展筛查的 198 所小学和初中里仍有 57 所学校每年只有一次筛查，低于国家一年至少两次的要求。

目前，10～15 岁青少年每周平均网课时间为 3.51 小时，国家《儿童青少年新冠肺炎疫情期间近视预防指引》要求“线上学习时间，小学生每天不超过 2.5 小时，中学生每天不超过 4 小时”。

2. 老视市场拓展空间。

（1）国家先后发布《中共中央　国务院关于加强新时代老龄工作的意见》《“十四五”国家老龄事业发展和养老服务体系规划》两份文件，体现出国家对“银发经济”发展的关注。

（2）老花镜市场将从小散乱过渡到龙头企业加速形成的阶段，未来赛道将更注重验配服务、细分差异化需求等方向。

（3）老视产品的消费者更看重产品的功能，不仅需要“看得清楚”还要“看得舒服”。

（4）2021年中国第七次人口普查数据公布，60岁及以上人口数量2.64亿人，占比18.7%，较2010年相比，老龄化率提升5.44个百分点。

（5）2021年底，中国60岁及以上老年网民规模达1.19亿，互联网普及率达43.2%。

3. 混合材质镜架或成为新的主流材质。

2000年左右，塑料材质（板材、TR-90）流行。2010年以后，金属材质逐渐占据主流。2020年以后，塑料材质占比上升回暖。2022年，塑料与金属材质的混合进军市场，被更多消费者青睐，预计应用占比将继续上升。

（引自不二眼镜，有删改）

2020—2024年中国眼镜行业发展预测分析

一、中国眼镜零售市场规模状况

根据中投产业研究院发布的《2020—2024年中国眼镜行业投资分析及前景预测报告》，眼镜消费需求呈现多样性，随着装饰性佩戴需求提升、近视群体增加以及人口老龄化程度加深，眼镜零售市场规模预计将继续保持稳步提升。中国眼镜零售市场规模从2006年的208.2亿元增长至2017年的730.24亿元，2018年眼镜零售市场规模约750亿元，过去10年的年均复合增长率达到13.94%。2019年中国眼镜市场零售额达884.3亿元。

2012—2019年中国眼镜零售市场规模

年度	零售市场规模（亿元）	年度	零售市场规模（亿元）
2012	487.63	2016	706.56
2013	551.55	2017	730.24
2014	605.35	2018	750.00
2015	673.94	2019	884.30

二、隐形眼镜市场竞争格局

根据CNPP数据研究联合十大品牌网发布的2019消费者喜爱隐形眼镜品牌排行榜，博士伦、强生安视优、海昌几家头部品牌在消费者受喜爱程度中占据前三的位置。

根据中投产业研究院发布的《2020—2024年中国眼镜行业投资分析及前景预测报告》，消费者对于隐形眼镜的选择很注重体验感。从材质上来说，隐形眼镜主要有硅水凝胶材质和水凝胶材质。前者透氧率比较高，比水凝胶高出7倍，佩戴后更加透气、水润。而水凝胶材质的更加柔软，也更好佩戴。但就算同样材质的产品，不同品牌，其产品特性也会不同，消费者佩戴的感受也就不同。

对于品牌与相对低端产品的区别，很多消费者愿意选择大品牌，除了佩戴的舒适度以及款式以外，更重要的是质量问题。大品牌的隐形眼镜制作工艺可能更加成熟，例如使用的材料、镜片的含水量、透氧性、磨制镜片的工艺等。而一些相对便宜、低档次的产品因为工艺的欠缺，消费者最直接的反映就是其舒适度欠缺。

事实上，隐形眼镜不是今日才成为大众讨论的焦点，其热度早在十年之前就开始显现。2010年至2017年中国隐形眼镜消费额的平均增长率为17.6%，远高于世界2.5%的平均增长率。

隐形眼镜分为透明片和彩色片两种。2018年中国彩色隐形眼镜（美容类）市场规模增长至14.04亿元，彩色隐形眼镜占隐形眼镜规模比重从

2012 年的 6.50%增长至 2018 年的 18.30%。

近年来，海昌、博士伦、海俪恩、强生安视优等多个品牌不断上架多款美瞳新品。实际上，这个市场不仅仅是近视群体的市场，还包括美妆人群的消费，特别是年轻人对于时尚的追求，使之产生了一个庞大的美瞳市场。

随着需求旺盛、市场规模的扩大，产品的竞争也更加激烈。除了传统品牌，国内的医疗器械企业也在试图进入。2019 年 10 月，鱼跃医疗以 4200 万元购进江苏视准两成股份入局隐形眼镜市场。目前，国内经营范围含隐形眼镜的企业已经超过 10 万家。其中，2.5 万家为 2019 年新增企业。

虽然入行的企业不少，但是真正能够生产出产品的商家屈指可数，大多经营销售国外品牌。中国美瞳消费者规模庞大，本土品牌稀少，这令不少企业看到了商机。但是其技术门槛很高，许多企业没有技术就只有走经营销售的路。

三、中国眼镜行业发展前景分析

（一）国家政策大力支持

眼镜产业与国民经济发展息息相关，其发展得到国家产业政策的大力支持。近年来，中国政府陆续出台一系列产业发展相关政策，在税收、投资等方面给予产业支持，国务院发布的《轻工业调整和振兴规划》指出，扶持中小企业，培育产业集群，提高出口退税率，为眼镜产业发展营造了良好的政策环境。

（二）居民购买力提高及消费观念升级驱动眼镜市场发展

根据中投产业研究院发布的《2020—2024 年中国眼镜行业投资分析及前景预测报告》，近年来，随着中国宏观经济持续稳定增长，中国居民收入水平有了大幅提高，生活水平明显改善，居民购买力得到显著提升，人们对非生活必需品和高端消费品的需求增加，推动了眼镜市场的发展。2019 年，全国居民人均可支配收入 30733 元，比上年名义增长 8.9%，扣除价格因素，实际增长 5.8%。

（三）下游应用领域的扩大为本行业开辟了新的发展空间

随着醋酸纤维素板材制造工艺的进步，凭借其优异的材料性能和时尚美观的图纹，已逐步拓展至时尚饰品、高端工艺品等领域，为眼镜行业开辟了新的发展空间。

（四）国际产业转移推动眼镜材料市场的发展

中国已成为全球主要的眼镜生产基地和出口基地，同时也是主要的眼镜消费国。国际产业转移为中国眼镜产业的发展提供了新的发展机遇，有利于中国形成完善的眼镜产业配套体系，促进眼镜制造集聚区的形成，刺激了中国眼镜材料等配套产品市场需求的增加，对眼镜材料市场的发展起到积极推动作用。

（五）产品设计风格日新月异推动眼镜板材市场的发展

随着新工艺、新技术的不断应用，仿木、牛仔布、混搭等多种设计风格的镜架产品不断涌现，同一风格的产品亦有多种表现形式，备受市场青睐。如近年来混搭风格持续升温，表现为板材架和金属架的搭配、板材间的拼接，以及板材与装饰品的搭配，采用雕刻、镶嵌等工艺实现板材与图案的结合，多种风格使板材成为镜架市场的主要材质，推动包含醋酸纤维素板材在内的眼镜板材市场的进一步发展。

（引自中投顾问产业研究中心企鹅号，有删改）

2022 年中国隐形眼镜行业产业链及趋势分析

一、概述

隐形眼镜也叫角膜接触镜，是一种戴在眼球角膜上，用以矫正视力或保护眼睛的镜片。它不仅从外观上和方便性方面给近视、远视、散光等屈光不正患者带来了很大的改善，在控制青少年近视、散光发展，治疗特殊的眼病等方面也发挥了特殊的功效。根据其材质可分为软性隐形眼镜和硬性隐形眼镜两种；根据其使用周期可分为日抛型、周抛型、月抛型、季抛型、半年抛型和年抛型六种。

隐形眼镜的主要分类

<table>
<tr><td rowspan="8">隐形眼镜分类</td><td rowspan="2">按材质分类</td><td>软性隐形眼镜</td></tr>
<tr><td>硬性隐形眼镜</td></tr>
<tr><td rowspan="6">按使用周期分类</td><td>日抛型</td></tr>
<tr><td>周抛型</td></tr>
<tr><td>月抛型</td></tr>
<tr><td>季抛型</td></tr>
<tr><td>半年抛型</td></tr>
<tr><td>年抛型</td></tr>
</table>

二、发展背景

1. 近视人口持续增长

近视作为世界三大疾病之一，其预防及治疗一直以来都备受中国乃至全球所重视。随着近年来“低头族”规模的不断增长以及生活节奏加快带来的过度用眼等问题，中国近视人群规模持续扩大，而中国庞大的近视群体，也将催生出旺盛的隐形眼镜需求市场。资料显示，2020 年中国近视人口达 7.1 亿人左右，到 2021 年增长至 7.5 亿人左右。

2015—2021 年中国近视人口数量变化情况

年份	近视人口（亿人）
2015 年	5.6
2016 年	6.0
2017 年	6.5
2020 年	7.1
2021 年	7.5

2. 近视率居高不下

儿童青少年近视防控一直以来都是国家高度重视的一件大事，为此有关部门出台了《综合防控儿童青少年近视实施方案》、《儿童青少年近视防控光明行动工作方案（2021—2025 年）》等一系列政策意见，近视率有所下降，但整体形势依旧严峻。资料显示，2018 年中国儿童青少年近视率为 53.6%。到 2020 年，中国儿童青少年近视率降至 52.7%，但整体仍处于较高水平。其中小学生近视率达到 35.6%，初中生达到 71.1%，高中生达到 80.5%。

2018—2021 年中国儿童青少年近视率变化情况

年份	近视率（%）
2018 年	53.6
2019 年	50.2
2020 年	52.7
2021 年	52.7

三、产业链分析

隐形眼镜行业产业链上游为原材料环节，主要为硅水凝胶和水合聚合物；中游为生产供应环节，具有足够化学研发能力的隐形眼镜制造商可以购买化学原料，再依照配方自行调配，进行制造，而不具备化学研发能力的需购买已经调配完成的原料进行制造；下游为销售环节，主要包括各类线上及线下销售渠道，最终到达终端消费者。

全球来看，透氧性更高的硅水凝胶已成为主

流材料，但内地未有获批国产注册证。软性角膜接触镜按材料主要分为水凝胶和硅水凝胶，另外有 PMMA 材质等已逐渐被抛弃的材质。经过三代技术改进，硅水凝胶已经成为国际市场上软性隐形眼镜的主要制作材料，约占市场的 65%。内地来看，硅水凝胶材质的进口注册证仅有强生、库博等个别国际厂商持有，尚未有国产厂商具备相关资质。

国际市场隐形眼镜主要材料占比情况

材料名称	占比（%）
硅水凝胶	65
水凝胶	22
RGP	11
其他材质	3

四、全球现状

1. 市场规模

随着近年来全球隐形眼镜需求的持续增长，行业市场规模也随之不断扩张。2020 年受疫情影响，行业规模有所下滑。资料显示，2021 年全球隐形眼镜行业市场规模达 90 亿美元，比 2020 年增长 12. 5%。

2017—2021 年全球隐形眼镜行业市场规模情况

年份	市场规模（亿美元）	增速（%）
2017 年	75	/
2018 年	85	13. 3
2019 年	90	5. 9
2020 年	80	-11. 1
2021 年	90	12. 5

2. 市场结构

从材料结构方面来看，2021 年全球隐形眼镜市场中，硅胶水凝胶材质的隐形眼镜占比最高，达 69%，混合镜占比为 20%，硬性透氧镜占比为 7%。

从设计类型方面来看，2021 年全球隐形眼镜市场中，球面接触镜占比达 50%，复面接触镜占比达 29%，多焦点接触镜占比达 18%，而彩色接触镜由于全球隐形眼镜市场最大的美国市场对于彩色眼镜的验光选配必须在医院眼科医生的监督下进行，使得其市场销售受到较大限制，2021 年占比仅为 3%。

2021 年全球隐形眼镜细分材料结构分布情况

隐形眼镜材料结构	占比（%）
硅胶水凝胶镜	69
混合镜	20
硬性透氧镜	7
其他	4

2021 年全球隐形眼镜细分类型结构分布情况

隐形眼镜类型结构	占比（%）
球面接触镜	50
复面接触镜	29
多焦点接触镜	18
彩色接触镜	3

五、中国市场现状

1. 市场规模

随着近年来中国科技的快速发展及人们用眼时长的不断增加，中国近视人群规模不断增长，为中国护眼产品带来了庞大的需求市场。此外，人们在满足于眼镜基本的视力矫正功能的同时，也逐渐重视舒适、便捷和美观等需求，使得中国隐形眼镜市场规模迅速增长。资料显示，2021 年中国隐形眼镜行业市场规模达 115.6 亿元，比 2020 年增长 17.36%。到 2022 年市场规模增长至 135.9 亿元。

2019—2022 年中国隐形眼镜行业市场规模情况

年份	市场规模（亿元）	增速（%）
2019 年	83.9	/
2020 年	98.5	17.40
2021 年	115.6	17.36
2022 年	135.9	17.56

2. 市场结构

从行业市场结构来看，2021 年中国隐形眼镜市场中，水凝胶材质隐形眼镜是最主要的细分产品，占比达 70% 以上，其中水凝胶月抛型产品占比为 41%，水凝胶日抛型产品占比为 32%。

2021 年中国隐形眼镜行业市场结构分布情况

隐形眼镜行业市场结构	占比（%）
水凝胶月抛型	41
水凝胶日抛型	32
硅水凝胶月抛型	7
OK 镜	6
软性长期佩戴型	6
硬性隐形眼镜	5
硅水凝胶日抛型	3

3. 进口情况

目前，国内硅水凝胶隐形眼镜生产厂家极少，因此中国隐形眼镜主要以进口为主。随着中国隐形眼镜需求的不断增加，隐形眼镜进口量也随之不断增长。资料显示，2021 年中国隐形眼镜进口量达 14.31 亿片，比 2020 年增长 55.2%；进口金额为 5.81 亿美元，比 2020 年增长 48.6%。

2015—2021 年中国隐形眼镜进口量及进口金额情况

年份	进口量（亿片）	进口额（亿美元）
2015 年	3.49	1.48
2016 年	4.37	2.15
2017 年	5.73	2.58
2018 年	6.90	3.22
2019 年	7.70	3.60
2020 年	9.22	3.91
2021 年	14.31	5.81

从进口分布来看，2021 年中国隐形眼镜进口金额中，占比前三的地区分别为中国台湾、爱尔兰和韩国，占比分别为 43.72%、19.24% 和 12.55%。

2021 年中国隐形眼镜进口金额地区分布情况

进口国家（地区）	占比（%）	进口国家（地区）	占比（%）
中国台湾	43.72	日本	5.31
爱尔兰	19.24	马来西亚	4.54
韩国	12.55	其他	14.63

4. 出口情况

相较于进口规模，中国隐形眼镜出口规模较小，近年来整体处于一个波动增长的态势。据资料显示，2021 年中国隐形眼镜出口量为 0.5 亿片，比 2020 年增长 85.2%；出口金额为 731 万美元，比 2020 年增长 6.9%。

2015—2021 年中国隐形眼镜出口量及出口金额情况

年份	出口量（亿片）	出口额（万美元）
2015 年	0.29	619
2016 年	0.22	628
2017 年	0.43	973
2018 年	0.52	868
2019 年	0.40	1433
2020 年	0.27	684
2021 年	0.50	731

从出口分布来看，2021 年中国隐形眼镜出口金额中，占比前三的地区分别为伊拉克、马来西亚和中国香港，占比分别为 32.47%、10.59% 和 7.6%。

2021 年中国隐形眼镜出口金额地区分布情况

出口国家（地区）	占比（%）	出口国家（地区）	占比（%）
伊拉克	32.47	新加坡	3.88
马来西亚	10.59	科威特	3.75
中国香港	7.6	尼日利亚	2.72
阿联酋	5.22	其他	33.78

六、竞争格局

目前，中国隐形眼镜市场较为分散，行业 CR5 为 36%，CR10 仅为 53%。具体来看，中国隐形眼镜市场份额占比前三的品牌分别为博士伦、海昌和 Moody，占比分别为 11%、10%和 5%。

中国隐形眼镜行业品牌竞争格局分布情况

品牌	市场份额占比（%）	品牌	市场份额占比（%）
博士伦	11	爱尔康	4
海昌	10	强生	4
Moody	5	库博	3
海俪恩	5	其他	53
可啦啦	5		

七、发展趋势

隐形眼镜作为风险类别较高的第三类医疗器械，在需求端、供给端、渠道端均呈现出从医疗用品到消费品化，从消费品化到快消品化的趋势。在佩戴隐形眼镜时，人眼泪液中的成分、分泌物、外部环境中的杂质或者异物都会无可避免地附着在镜片上形成沉淀物，不仅影响佩戴舒适性，而且影响眼睛健康。而日抛型产品是一次性消费品，具有更安全卫生、更方便携带、减少并发眼病等优势，越来越受到年轻消费者的青睐。此外，随着近年来“颜值经济”的兴起，使得彩色隐形眼镜这一兼具美化和矫正视力效果的产品需求快增长。随着未来中国隐形眼镜国产品牌进口替代进程的不断加快，以及彩色隐形眼镜和短周期抛产品的普及率不断提升，中国隐形眼镜市场整体市场规模将随之快速增长。

（引自华经情报网，有删改）

2022 年美瞳行业竞争格局、重点企业经营情况及发展趋势

一、美瞳行业概述

1. 美瞳定义

美瞳又称彩色隐形眼镜，是一种可改变瞳孔颜色、放大瞳孔尺寸的镜片，有助于提升佩戴者的外观颜值，深受年轻消费群体喜爱。与软性角膜接触镜（隐形眼镜）一样，美瞳隶属于眼科器械类眼科矫治和防护器具一级产品大类，于 2012 年被国家食品药品监督管理局纳入了第三类医疗器械监管范畴。隐形眼镜涉及的 5 个重要参数，分别是含水量、着色直径、中心厚度、基弧和透氧性（DK 值）。其中，基弧可在眼镜店或者医院在专业医生的指导下进行测量，含水量和中心厚度可根据自身实际情况进行选配。

美瞳重要参数及解释

序号	美瞳参数	参数含义
1	含水量	指镜片中水的量与镜片总质量之比，含水量的多少决定了镜片的特性。含水量越高，透氧性能越好，镜片也越柔软、越舒适，但镜片较厚且易变形；含水量越低，可佩戴时间越长，相较不易导致眼干涩。
2	着色直径	镜片边缘对应两点之间的最大直线距离称为镜片直径。一般隐形眼镜的边缘要超过角膜缘的 1~1.5 mm，这样才能与角膜稳定附着。
3	中心厚度	指隐形眼镜镜片中心的厚度。超薄型<0.04 mm，标准型 0.04~0.09 mm，厚型>0.09 mm。一般镜片越薄佩戴起来越舒适，但是过薄在清洗的时候更容易被划破。因此 0.04~0.06mm 是比较理想的数值。
4	基弧	指镜片中心 3 mm 区域的弧度，是镜片的内曲面中心弧。基弧较长，镜片的弧面较平；基弧较短，镜片的弧面较弯。基弧过长会有滑片不贴合的问题；基弧过短会有磨眼睛的不适感。
5	透氧性（DK 值）	镜片通透氧气的能力，不同镜片的透氧性差异较大，与材料和镜片厚度有关。D 是指氧气在材料中的弥散系数，K 是指溶解系数。含水量越高，DK 值也越高。另外，DK/L（氧传导性），是指氧通过一定厚度特定镜片的实际速度。L 表示厚度。日戴镜 DK/L>24，长戴镜 DK/L>87。

2. 生产工艺

隐形眼镜的生产工艺经历了 3 个阶段，即车削法、旋模成型、模压法，目前模压工艺为主流工艺。前期使用车削法，因为隐形眼镜属于定制的产品，与人工关系较大，无法大量规模化生产，缺点是耗时耗人工。第二阶段为旋模成型，即高分子液体滴入高速旋转的模具里旋成半圆形的塑料制品。第三个阶段为模压法，模压生产的逻辑是塑料注入模具里做光固化，模具脱模泡盐水使其膨胀，做封装灭菌然后包装。模压生产工具可

以快速并且使生产标准化。

隐形眼镜生产工艺比较

	车床切削法	旋模成型	模压成型法
制作程序	以一圆块毛料用精密车床做局部切削，以研磨剂研磨	设定转速后将特殊配方的定量液态单体注入模内，利用模子高速旋转的离心力形成光亮薄膜	先将做好的模子设定亮度、弧度，再用强压将液态单体注入
破片率	不易破损	稍高	高
投资成本	较低	稍高	高
制造成本	过高	较低	适合大量生产以降低成本
市场区隔	定制具有优势	长戴式使用，具有性价比优势	适合日抛或双周抛
特性	必须水化，结构比较严谨，与人工关系较大	利用转速控制离心力，进而间接控制镜片亮度	做短期抛弃式镜片或医疗使用，镜片抗韧度不高

二、美瞳行业发展背景

从政策方面来看，2011 年以前，国内美瞳市场还尚未规范。2012 年发布美瞳行业新规，所有线下销售渠道必须有三类医疗器械经营许可证才可以销售美瞳产品，行业进入正规化运营阶段；2012 年较多美瞳通过微商进行销售，美瞳逐渐从医疗器械向时尚美妆产品转换；2015 年，天猫超市对隐形眼镜行业开放，美瞳产品打开了线上销售的模式，进一步推动了美瞳需求释放。

美瞳行业相关政策梳理

颁布日期	颁布主体	政策名称	政策要点
2022 年 8 月	国家药品监督管理局	《关于深入开展药品安全专项整治行动的方案》	为了严格落实企业和平台主体责任，各级药品监督管理部门要持续加强风险防控和质量管理，切实保障装饰性彩色隐形眼镜质量安全，要积极开展措施规范装饰性彩色隐形眼镜生产行为、规范装饰性彩色隐形眼镜经营行为、规范网络销售装饰性彩色隐形眼镜行为，并依法严查重处各类违法违规行为。
2020 年 12 月	国务院	《医疗器械管理条例》	彩色平光隐形眼镜将纳入角膜接触镜监管范畴，按照第三类医疗器械进行监管。
2020 年 9 月	国家药品监督管理局	《国家药监局关于进口医疗器械产品在中国境内企业生产有关事项公告》	针对进口医疗器械注册人通过其在境内设立的外商投资企业在境内生产第二类、第三类已获进口医疗器械注册证产品，可在相关产品设计不发生改变、质量体系与境外具有等同性和溯源性，境内外注册主体间具有紧密联系的前提下，优化相应审查资料要求，避免资料的重复提交。
2019 年 8 月	国家药品监督管理局	《医疗器械唯一标识系统规则》	为每个医疗器械赋予身份证，实现生产、经营、使用各环节的透明化、可视化，提升产品的可追溯性。
2017 年 11 月	国家食品药品监督管理总局	《网络药品经营监督管理办法（征求意见稿）》	B2B 第三方交易平台、药品生产和药品批发企业开展网络药品购销活动无须审批或备案。B2C 第三方交易平台由省级食品药品监管部门按照审批条件进行审批。开展互联网药品信息服务的网站，今后只要将相关的材料报交监管部门备案。
2014 年 7 月	国家食品药品监督管理总局	《医疗器械说明书和标签管理规定》	要求在中国售卖的医疗器械产品说明必须配备中文。

三、美瞳行业产业链

美瞳产业链主要包括上游美瞳原材料供应商、中游美瞳制造商和下游美瞳品牌商。其中，产业链上游包括材料单体供应商、包材供应商及模具供应商，由于技术原因，材料单体供应商由境外厂商垄断；产业链中游为美瞳制造商，在产品注册证、生产工艺、产能方面具有较强壁垒；产业链下游的美瞳品牌商覆盖线上销售渠道或线下销售渠道。目前，国内美瞳市场品牌商与生产商分离，部分品牌商依赖美瞳代工厂的支持。

美瞳行业产业链梳理

上游：原材料供应商	中游：美瞳制造商	下游：美瞳品牌商	消费者
1. 普通材料 2. 非离子材料 3. 硅水凝胶材料	1. 自有工厂 2. 代工厂	1. 线上渠道 2. 线下渠道	

四、美瞳行业现状

1. 市场规模

从整体市场规模来看，中国美瞳市场规模持续上升，美瞳行业已步入快速发展阶段。自从2015年阿里健康拿到互联网药品发布许可，美瞳产品打开了线上销售渠道，美瞳行业正式进入了快速成长时期。据统计，2016—2021年，美瞳行业市场规模从42亿元增长至282亿元，年化复合增长率达到46%。预计到2025年，美瞳市场规模整体可以达到470亿元。

2016—2025年中国美瞳行业市场规模

年份	2016年	2021年	2025年
市场规模（亿元）	42	282	470

2. 渗透率

从渗透率情况来看，国内美瞳市场渗透率较低，提升空间大。国内近视率居高不下，但近视人群中选择佩戴隐形眼镜的人数较少，仅占近视人群的8.00%，美瞳渗透率更是只占近视人口比例仅为4.52%。而日本、韩国、中国台湾地区的美瞳渗透率占近视人口比例分别为20.17%、22.93%和19.70%。

2020年东亚美瞳市场渗透率

国家与地区	市场渗透率（%）
中国	4.52
日本	20.17
韩国	22.93
中国台湾	19.70

3. 产品结构

从产品结构来看，美瞳抛型可分为日抛、中短抛弃周期和长抛弃周期。相关数据显示，2021年有50%的消费者选择购买日抛型美瞳，其次是长抛弃周期美瞳，占比30%。

从产品材质方面来看，超过五成的消费者选择购买硅水凝胶美瞳，水凝胶材质购买量较少，仅占比14.5%。

2021年美瞳选购抛型占比情况

美瞳选购抛型	占比（%）
日抛	50
长抛弃周期	30
中短抛弃周期	20

2021 年线上不同材质的美瞳销售额占比

不同材质美瞳	销售额占比（%）
硅水凝胶	50.4
水凝胶	14.5
其他	35.1

五、美瞳行业竞争格局

1. 竞争格局

从全球美瞳品牌来看，行业集中度较高，排前十位的品牌市场份额达到 90.09%。其中市场份额前三位的品牌分别是 envie、olens 和 lilmoon，分别占比 30.32%、22.32% 和 16.73%，CR3 为 69.37%。

2020 年全球美瞳品类品牌销量占比

品牌	市场占比（%）	品牌	市场占比（%）
Envie	30.32	Acuvue	2.04
Olens	22.32	Sho-bi	1.67
Lilmoon	16.73	N´s collection	1.47
Hapakristin	6.43	Quore	1.45
Fomomy	4.58	其他	9.91
Evercolor	3.08		

具体来看国内市场竞争格局，据统计，销量前十品牌仅占总销售额的 45.63%，绝大部分品牌销售规模较小，在市场销售额占比不足 5%，市场极度分散，且市占率变化较大。美瞳品类品牌中海昌以市占率 8.55% 占据第一。

2020 年中国美瞳市场竞争格局

品牌	市场占比（%）	品牌	市场占比（%）
海昌（金可国际）	8.55	Candy Magic	2.92
安视优（强生）	5.82	MOODY	2.90
可啦啦	5.80	凯达	2.87
海俪恩	5.74	米塔塔	2.69
博士伦	5.33	其他	54.37
大美目	3.01		

2. 全球美瞳工厂

从全球美瞳生产企业来看，由于早期行业规制的历史原因，美瞳产业在国内起步较晚，在工艺创新、批量生产等多方面受限。美国、韩国产业发展迅速，目前国内彩瞳品牌商的大多数产品采用的仍是代工生产模式，并且彩瞳的制造供应商主要以中国台湾的精华光学和晶硕光学为主。考虑到中国台湾代工厂对中国大陆市场元素敏感度低，国产代工厂有望逐步替代中国台湾代工厂。

全球日抛美瞳工厂对比表

产地	自有/合作工厂	代表品牌	日抛代表产品	含水量（%）
美国	JohnsonVis io	强生	安视优妍妍	59
中国台湾	精华光学	博士伦	蕾丝明眸	42

续表

产地	自有/合作工厂	代表品牌	日抛代表产品	含水量（%）
韩国	Interojo INC	CLALEN	秀智灰	55
韩国	Polytouch 珀丽拓奇	ICHOCO	抹茶巧克力	58
韩国	Iedios 美蒂斯	MEDIOS	牛乳灰	43
韩国	GEO Medical	OLENS	SPANISH	48
中国台湾	晶硕光学	MOODY	伽罗棕	58
中国台湾	Pegavision	FOMONT	MIX GRAY	58
中国台湾	精华光学	可啦啦	玻尿酸	42
中国台湾	昕琦科技	COFANCY、可糖	反转冰山	38
中国台湾	优你康光学	DARRENS	甜茶棕	38
中国台湾	晶硕光学	拉拜诗	松月灰	58
中国吉林	Rea1con 瑞尔康	CHoNoS	琥珀圣光	50

3. 投融资情况

从投融资情况来看，2020 年以来国产美瞳品牌在资本加持下快速涌入市场，2021 年美瞳行业完成 3 轮上亿融资，Moody 连续完成总计 3.8 亿元 B 轮和 B+轮融资，4iLOOK 完成 1 亿 B 轮融资；KILALA 可啦啦连续完成总计超过 4 亿 B 轮及 B+轮融资。

六、美瞳行业发展趋势

在行业的大背景下，为抓住 Z 世代的需求，资本纷纷加码。随着国产品牌逐渐取代进口品牌，美瞳的普及率会越来越高。中国的品牌商对消费者需求的变化、渠道的变革、新流量的变化、新技术的更迭更为敏感，更懂得迎合中国新生代年轻消费群体，进而享受品类增长、供应链转移、媒介渠道变化等多重红利，成长为新兴领导品牌。

（引自华经产业研究，有删改）

2022 年中国眼视光专业人才就业趋势分析

2022 年，应届高校毕业生规模预计 1076 万人，比上年增加 167 万，规模和增量均创历史新高。在内外多重压力下，国家、地方、企业、高校均在积极探索稳定高校毕业生就业的同时，寻求促进经济发展的应对之策。从眼视光行业看，近年来，为了满足日益扩大的眼视光人才需求，越来越多的高校开始开设眼视光专业，规模不断扩大，且课程设置更加多元，眼视光专业毕业生较往年有了明显的量的增加与质的提升。此外，伴随成人教育及自考等自我专业成长模式的多样化，从业人员的专业素养也有了明显改观。从整体就业形势来看，相比其他专业，眼视光专业人才市场需求仍未饱和，依旧属于高就业率专业。

岗位需求大，高质量人才依旧供不应求。国家对于儿童青少年近视问题的关注力度持续增强。2021 年 6 月，国家卫生健康委办公厅印发《关于 0~6 岁儿童眼保健及视力检查服务规范（试行）》的重要通知，明确提出将 0~6 岁儿童的眼保健和视力检查作为国家基本公共卫生服务中的工作重点。2022 年年初，《“十四五”全国眼健康规划（2021—2025 年）》提出“建立完善国家—区域—省—市—县五级眼科医疗服务体系，优化医疗资源布局”。在“十四五”期间，中国将提升眼科医疗服务能力，重点关注儿童、老年患者，重点提升近视科学矫治、白内障复明手术、常见眼病筛查等能力。加强基层服务能力建设，推动有效视力筛查、眼底筛查技术等在基层应用。由此可见，全生命周期人群对于眼健康服务的庞大需求，国家层面频频推出的眼健康相关政策的具体实施……这些都需要大量的眼视光专业人才供给。

政策利好加速了高校开设眼视光专业的速度。据不完全数据统计，中国已有21所高校开设五年制眼视光医学专业，29所开设四年制眼视光学专业，87所专科院校开设三年制医学视光技术专业，20所中专院校开设眼视光与配镜专业。相较2015年的1所五年制与20所四年制专业院校，当前高校在数量和学生规模上都有了大幅度提升。据调查，2021年天津医科大学五年制专业毕业生共56人，其中25人已保送读研，1人选择到美国伊利诺伊大学读OD，16人签署就业协议，剩余14人均计划参加研究生考试；广州新华学院（原中山大学新华学院）共有14位四年制本科毕业生，近50%的学生有考研意愿，近1/3的学生想出国深造；天津职业大学、厦门医学院、重庆医药高等专科学校、安徽医学高等专科学校三年制毕业生总人数分别为358、105、192和132，专升本占比均在15%以内。即便是温州医科大学眼视光专业三年、四年、五年制每年的毕业总人数也仅160余人。

因此，从每年院校的培养人数规模来看，仍无法满足当前市场巨大的眼视光人才需求。同时，由于中国眼视光专业建设起步晚，发展期主要集中在近二十年，虽近年来设立眼视光专业的新增院校较多，但师资力量严重不足，课程设置、理论与实操结合等方面还处于较为空白的状态，这也进一步加剧了中国眼视光专业高质量人才的培养难度。

新经济理念下，毕业生就业力不断提升。2022年，国家卫生专业技术资格考试首次在初级（师）和中级考试中增加眼视光技术，医学视光技术专业职称系列正式启动。这一举措促使更多三年制、四年制学生倾向于选择稳定性强、更具专业发展空间的公立或私立医院工作，希望通过积累工作经验获得更好的成长空间。据调查了解，在眼视光专业毕业生中，五年制眼视光医学专业毕业生更倾向于在公立或私立的医疗机构下属的视光或眼科部门，从事眼视光医生、视光师、专业培训或相关技术研发工作；四年制的眼视光学专业学生则流向眼科医院、综合医院眼科、眼科诊所、视光中心、镜片企业、角膜塑形镜及隐形眼镜公司、社区医院眼健康服务中心等。相对四年制的学生，眼视光医学学生（五年制）的读研深造意愿更加强烈。

近年来，新经济形势催生了诸多新业态，眼科诊所、视光中心等多种新业态模式不断崛起，专业的环境及完善的职业发展空间为更多毕业生提供了新选择。公立及私立的眼科医院、眼科诊所、视光中心、角膜塑形镜企业或者镜片生产企业成为大多数视光专业毕业生的首选。由此，高校在学生培养方面也更多地往专业方向侧重。多所高校眼视光专业负责人明确表示，医学院校的眼视光专业目前的培养方向主要以专业为主。随着专科学制升为本科学制的进程不断加快，人才培养方面将更趋医疗化和专业化，这也使得毕业生选择传统眼镜零售企业就业的几率更低，加之新一代毕业生更具个性化、自主化，零售企业招人难、用人难的问题仍将存在。

深化产业与就业协同发展，提高就业质量。毕业生的就业岗位与所学专业有一定相关性，其不仅可以保证高校人才培养符合社会经济发展要求，避免造成专业人才培养浪费，从长远看也有利于个人职业发展规划。然而，近年来高校在人才培养上与社会企业所需之间存在一些矛盾，学校和企业如何才能寻求更符合市场及企业需求的人才培养方向、鼓励更多的毕业生就业显得尤为重要。

值得肯定的是，近年来校企双方合作的不断深化、产业与就业协同发展，对完善眼视光人才培养方案和就业规划方案具有积极意义。如温州医科大学在就业推进会中提出，在全省建立了27家非直管附属医院和150多家教学实习基地，推进人才培养与就业工作方面的有效对接。天津职业大学通过与优质企业达成校企合作、成立产业学院等方式，为毕业生提供更多更优质的就业实习机会；通过校内老师和校外实习基地指导老师共同管理、共同考核的方式，不断加强学生实习管理。此外，如厦门医学院、重庆医药高等专科学校、安徽医学高等专科学校则走出去，通过深度了解企业信息、用人标准、聘用条件及主要业务和发展前景等信息，为学生筛选更为合适的实习及就业单位，与企业共同探讨最优的合作培养方式。而辽宁何氏医学院眼视光专业则依托何氏眼科集团下的95家眼科服务机构建立了“在校综合实践—假期社会实践—生产实习”三位一体的实践教学模式，拥有省级校外实践基地、校内实验实训中心及多家附属眼科医院，通过“校企合作”人才培养模式，与眼镜行业内多家知名企业共建实训与交流平台，让眼视光专业的毕业生实现了带薪实习。

对于眼镜零售企业而言，如何更好地吸引眼视光专业毕业生进入企业、留在企业值得深度思考。一方面，需要从当前行业发展趋势出发，加强专业领域的布局，为新时代毕业生搭建更为合适的发展平台；另一方面，企业需不断完善内部人才梯队建设，进一步建立健全薪酬体制，在员工工作发展空间、职业晋升途径等方面做出更合理明确的规划。目前，中国当前正处于近视防控的关键时期，加之全生命周期眼健康市场的巨大需求，眼视光专业人才培养将迎来更光明的发展，专业的建设也将更趋专业化和完善化。此外，不断健全的技能考核机制也将为专业人才发展提供更多保障。期待未来行业涌现更多高质量人才。

毕业生：关注薪资待遇、发展空间、工作稳定性。2021 年 12 月，豪雅光学集团在面向 10 余所高校的眼视光专业毕业生进行就业意向调查时，累计收到 1081 份有效问卷。调查结果显示，90.01%的受访者选择毕业之后从事眼视光行业（包括医院、企业、零售），仅 9.99%的受访者明确表示毕业后不愿在眼视光行业工作，其中，薪资待遇低、有其他职业规划是受访者不愿意进入眼视光行业的主要原因，占比分别为 40%和 30%。在就职机构选择上（多选），75.23%的受访者倾向于医院眼视光体系，35.97%的受访者选择去眼镜门店，83.55%的受访者则倾向于去上游厂商就职（其中，大型镜片公司占 36.28%、镜架公司占 17.88%，隐形眼镜公司占 29.39%）。

毕业生择业时选择机构分布（多选项）

选择机构	医院	眼镜门店	大型镜片公司	镜架公司	隐形眼镜公司
占比（%）	75.23	35.97	36.28	17.88	29.39

在进入眼镜行业之后的岗位选择上，验光师占比最高，为 60.95%；眼科特检次之，为 17.68%；培训讲师占比 9.87%；销售和其他岗位分别占比 7.40%和 4.10%。

毕业后期望从事的岗位

期望从事岗位	验光师	培训讲师	销售	眼科特检	其他
占比（%）	60.95	9.87	7.40	17.68	4.10

在就业城市方面，省会城市、家乡或学校所在地城市是毕业生求职的首选，分别占比 38.75%和 38.13%；一线城市位列第三，占比 31.55%；有 23.12%的受访者表示暂时没想好。在影响择业的因素中，薪资待遇、发展空间、工作稳定性占比最高，分别为 82.32%、74.61%和 71.94%。薪资方面，眼视光专业毕业生的需求与用人单位开出的薪资基本吻合，其中，3000~5000 元的薪资需求占比最高，为 42.75%；5000~8000 元占比次之，为 34.53%。

受访者对于第一份工作的期望薪资

期望薪资（元）	3000 以下	3000~5000	5000~8000	8000~1000	10000 以上
占比（%）	2.47	42.75	34.53	11.00	9.25

通过对三年制、四年制、五年制的眼视光专业毕业生的调查，部分应届、往届毕业生围绕其班级就业情况、对企业的关注点、对未来的规划等话题，给出了他们的经验或者建议。

影响毕业生择业的因素（多选项）

择业因素	占比（%）	择业因素	占比（%）
工作环境	68.45	工作稳定性	71.94
工作地点	61.25	发展空间	74.61
薪资待遇	82.32	受训机会	45.22
专业对口	59.30	社会地位	30.32

企业方：招人难、难用人，建议加强毕业生实践应用能力。自2020年1月新冠疫情全面暴发，房地产、金融、服务等大多数行业企业招聘需求都出现了比较明显的萎缩，持续走高的活跃求职者数量与温和变化的招聘企业数量之间存在越来越明显的鸿沟。进入2022年，疫情对全球经济的影响仍在持续，而经营成本的不断增加，使得许多企业艰难维持乃至倒闭。为节省开支，越来越多的企业开始减少用工成本，减少新晋员工的招聘数量，但应届大学毕业生数量却在连年增长，找工作的压力增大，竞争激烈。在眼镜行业，随着近视防控上升为国家战略并引发高度关注，眼视光市场迎来空前发展，企业对于眼视光人才的需求更是有增无减。不论是上游厂商企业，还是直面消费者的零售企业，其对眼视光专业毕业生一直“求贤若渴”。尽管如此，“招人难”仍是眼视光企业面临的难题之一。一方面，求职者对于职业、岗位的认同感缺失，人才流失严重；另一方面，企业发展与员工发展之间矛盾不少。视光专业毕业的学生，理论知识一般不会太差，但实践操作的基本功及操作能力相对较弱。对学校教学，建议实践多一点，基本功扎实一点，让每个学生有更多操作与动手的机会。

企业主要通过文化融合、轮岗、定岗及专题培训等方式开展入职人才培养计划。以轮岗为例，经过轮岗后，新员工对工作有了进一步认识，结合其爱好，并不一定都会选择视光师工作，有的会选择市场策划、营销推广、客服等岗位。之后，企业根据员工的定岗情况做进一步深入的专题培训，让新人尽快成长起来。

企业建议高校在视光专业学生的培养方面，强化“教师请进来，学生走出去”的思路。具体来说，可以通过加强师资队伍建设、加强设备投入、加大校企合作等形式，探索行之有效的视光人才培养道路。

高校方：就业形势光明，但供需矛盾仍在。近年来，随着高校建设速度的加快，中国眼视光学科人才培养取得了不错的成绩，但仍有一些新的矛盾不断出现。高校不仅是连接毕业生与用人单位的重要桥梁，更是眼视光专业人才建设不可或缺的一环。从高校的角度分析当前眼视光专业的就业形势。高校在人才培养方式上，主要采取院系合一的培养模式（眼科医院与眼视光学院相结合）培养专业的视光学人才。其中，眼视光医学（五年制）专业贴近社会需求，注重学生医学基础知识与视光专业知识相结合，发挥医学类院校的优势和底蕴，着力于培养具有综合素质的眼视光医学人才；眼视光学（四年制）着重于在眼视光技术人才培养的同时，强调视光专业知识与医学技术原理的有机结合，拓展专业领域的应用面，为视光行业新技术研发打下坚实基础；研究生教育覆盖眼科学，临床医学、眼视光学方向，医学技术、眼视光学方向三个分支。在对视光专业具有一定程度的了解之后，学生可以选择感兴趣的领域进行深层次的探索，最终成为行业发展的中流砥柱。

在鼓励学生就业方面，各高校每年均举办多次视光专业的专场招聘会，邀请用人单位与学生面对面，搭建供需双方沟通交流的平台。疫情防控常态化下，线上招聘成为主流，但并未对就业产生较大影响。

在专业人才培养方面，各校坚持以校企合作、订单式培养为主。大多数院校与就业单位用人需求一直紧密贴合，通过与优质企业达成校企合作、成立产业学院等方式，为毕业生提供更多更优质的就业实习机会。实习管理，采用校内老师和校外实习基地指导老师共同管理、共同考核的方式，确保为行业企业输送高素质人才；专业人才培养，注重加强职业素质和职业道德培养，目的是为祖国培养德智体美劳全面发展的高素质、高技能人才。同时，为鼓励、帮助学生就业，各大专院校因校制宜，相继推出了就业咨询服务、求职创业补贴政策、就业援助帮扶、就业信息推送、就业能力培训等。疫情期间，采取了线上招聘、线上求职的方式，让学生与用人单位深入了解，实现双向选择。不同性质的用人单位对视光专业毕业生的要求各不相同。如相比于专业能力，不少企业对毕业生在服从性方面的要求会更高；善于沟通则是大多数企业的一致需求。对此，有关院校专门设计了沟通方面的课程，并通过邀请学长学姐返校宣讲，消除新生在专业学习和未来职业方向上的迷茫感；设置企业订单班，在学校期间邀请企业提前为学生做专业职场的教育等。

对于眼视光企业来说，用工难、招人难的问题还会继续长期存在，出现这一问题最主要的原因是企业所需和学生所具有能力的不匹配，加之近年来学生个性方面与以往大不相同，对就业因素的考虑更随机、主观，在零售企业中的留存率非常低。零售企业想要更好地留住人才，一方面需从根源上解决问题，与学校在人才培养方面多进行探索合作，从学生入校开始便参与其中，增强学生对于企业未来所能够提供平台的满意度。同时，校企双方可以通过多方举办比赛等增强学生个人素质。各高校在眼视光人才培养方面，一是要在增加教师数量、提高教师质量的基础上，扩大招生规模；二是要进一步丰富各类教学资源，与多家行（企）业联合，组建由行业专家参与的专兼教学团队；三是要继续坚持校企院合作、集团化办学方向，引入企业，让企业参与教育育人全过程，让教育教学与行业服务有机融合，力争在深度产教融合基础上开展更多的订单班、师带徒等各种培养方式，来提高学生的专业素质，切实满足行业人才的需求，最终满足消费者对于基础眼保健的需求。

（引自《中国眼镜科技杂志》，有删改）

企业数据及分析

【Safilo 发布 2022 年财报　全年净收入破 10 亿欧元】 2023 年 3 月 9 日，全球第二大眼镜制造商 Safilo（霞飞诺）公布 2022 年集团财报。财报显示，Safilo 2022 年全年净销售额收入约 10.76 亿欧元，比 2021 年增长 11.1%。

Safilo 同时公布了集团 2027 年的目标：至 2027 年，净销售额实现 13 亿欧元，在整个计划期间，EBITDA（息税前利润）利润率为 12%~13%。

2022 年 Safilo 集团各市场主要数据

地区	2022 财年（亿欧元）	占比（%）	2021 财年（亿欧元）	2022 同比增长（%）
北美洲	4.977	46.2	4.662	+6.8
欧洲	4.249	39.5	3.785	+12.3
亚太	0.577	5.4	0.526	+9.7
其他	0.964	8.9	0.724	+33.1
合计	10.767	100	9.697	+11.0

欧洲仍然是 2022 年的主要增长驱动力，该地区的主要市场和激增的业务在土耳其和波兰，收入分别增长了 12.3%和 12.0%；北美市场 2022 年受益于美元兑欧元的走强，按当前汇率计算，收盘上涨了 6.8%。在不变汇率的情况下，业绩总体下降了 4.7%；世界其他地区的积极销售趋势，包括 IMEA（印度、中东和非洲）和拉丁美洲国家以及亚太地区，按当前汇率计算，这两个地区分别

上涨了33.1%和9.8%。

【意大利2022年眼镜行业产值达51.7亿欧元，同比增长24%】 2023年2月21日，意大利米兰国际眼镜展（MIDO）总裁维塔罗尼表示，意大利眼镜产业主要集中在贝卢诺和瓦雷泽两大城市，共1.8万名员工。根据意大利光学制品制造商协会（Anfao）数据，2022年意大利眼镜行业产值达51.7亿欧元，同比增长24%。其中，出口的眼镜占该行业产值超90%，达48亿欧元，同比增长22.5%。值得注意的是，受新冠疫情影响严重的太阳镜销售已完全复苏，2022年产值增长28.9%，近34亿欧元。

【依视路陆逊梯卡、开云集团、Marcolin发布2022年上半年财务报告】 依视路陆逊梯卡集团（EssilorLuxottica）发布2022年第二季度及上半年（截至6月30日）财务报告：上半年集团收入比上年同期增长37%至120亿欧元；第二季度可比收入增长7%至63.9亿欧元。在宏观经济环境逐渐恶化的背景下，尤其是在北美和欧洲、中东和非洲等关键地区，再加上中国的防疫政策限制，集团2022年第二季度仍实现了良好的收入表现，在全球所有地区的业绩表现积极，上半年营业利润率大幅增长，其中，Bay-Ban和Oakley品牌均实现双位数的增长。

全球知名奢侈品公司开云集团公布2022年上半财年（截至6月30日）财务数据：综合销售收入按实际汇率同比增长23%至99.3亿欧元，与2019年同期相比，在可比基础上增长了28%；受第二季度中国疫情限制措施的影响，亚太地区上半年销售额下滑8%，尤其在4月和5月，受中国大陆疫情影响关闭了30%的门店。值得一提的是，开云眼镜表现较为强劲，得益于品牌收购的丹麦眼镜品牌Lindberg与北美眼镜商Maui Jim，上半年销售额高达5.9亿欧元。

全球知名眼镜公司Marcolin集团公布第一财年（截至6月30日）财务业绩：2022年上半年，Marcolin的净销售额为2.837亿欧元，比2021年同期增长了19.6%。经调整后的EBITDA升至4050万欧元，较2021年6月30日同期增长21.3%。调整后的EBITDA利润率也为正，升至净销售额的14.3%，高于2019年上半年的12.3%。

【依视路陆逊梯卡发布2022年财报】 2023年4月4日，依视路陆逊梯卡发布2022年第四季度和全年财报。第四季度营收61.06亿欧元，上年同期为55.79亿欧元，其中，专业领域营收29.05亿欧元，消费者领域营收32.01亿欧元（约34.7亿美元）。全年营收244.94亿欧元，2021年为198.2亿欧元，其中，专业领域营收117.7亿欧元，消费者领域营收127.24亿欧元（约138亿美元）。全年营业利润31.57亿欧元，上年为23.07亿欧元。全年归属于母公司所有者的净利润为21.52亿欧元，上年为14.48亿欧元。

【康耐特光学发布2022财年业绩】 2023年3月17日，康耐特光学（股票代码02276）公布2022年业绩，收入约为人民币15.61亿元，较2021年增加约15.1%。毛利约为5.38亿元，较2021年增加约16.9%。归属于母公司所有者的本年利润约为2.49亿元，较2021年增加约35.4%。每股收益0.58元，末期股利每股0.15元。

公告称，净利增长主要由于销量由2021年的1.349亿件增加至2022年的1.514亿件。2022年，集团三个生产基地的年度生产总量达1.658亿件，同比增长14.9%。

上海康耐特光学科技集团股份有限公司成立于2018年6月20日。公司为中国领先的树脂眼镜镜片制造商，在超过80个国家进行销售，包括但不限于中国、美国、日本、印度、澳洲地区、泰国、德国及巴西。

【明月镜片2022年年报：2022年归母净利润增长65.89%】 明月镜片2023年4月19日公告，2022年度公司营业收入为6.23亿元，较上年同期上升8.25%，其中镜片业务收入为4.78亿元，较上年同期上升5.63%，原料业务收入为8915.07万元，较上年同期上升44.93%。归母净利润1.36亿元，同比增长65.89%；基本每股收益1.0137元；拟向全体股东每10股派发现金红利3元（含税），以资本公积金向全体股东每10股转增5股。

报告期内，公司近视防控产品快速增长，2022年度“轻松控”系列产品销售额为7857.04万元，同比增长170.56%。

2022年度，公司归属于上市公司股东的净利润和扣除非经常性损益后的净利润预计比上年同期有所增长，其主要原因如下：

2022年，疫情防控对线下消费产生了很大冲击，但公司依然顶住多方压力，近视管理镜片“轻松控”系列产品实现持续热销，1.71、双重防蓝光、PMC 超亮系列等明星产品销售稳步提升。另外，疫情影响下海外原料供给紧张，国内同行采购原料业务增加，促使原料业务收入大幅提升。

2022 年公司在江苏根据地的建设取得了突出成果，江苏大区营收实现快速增长，公司在江苏地区已经占据了显著优势。未来公司将把根据地从 1 个扩容到 4 个，快速复制江苏根据地的成功经验，继续发挥公司在品牌、产品、渠道、科技、服务、生态圈赋能等方面的优势。

公司在 2022 年疫情多发、频发的情况下有序地调控销售费用的支出节奏，并且持续推行精益化管理。

公司于 2021 年 12 月首次向社会公众发行人民币普通股 3358.54 万股，实际募集资金净额为人民币 79292.39 万元。公司现金规模增加，使用暂时闲置募集资金及自有资金进行现金管理的收益也较上年同期实现一定增长。

企业官网显示，明月镜片业务涵盖镜片、镜片原料、成镜、镜架等产品的研发、设计、生产和销售，目前已具备完善的产业链及一站式服务体系，其中，核心产品为中高档光学树脂镜片，镜片产品以自有品牌为主。

明月镜片近三年主要会计数据和财务指标

	2022 年末	2021 年末	本年比上年增减	2020 年末
总资产（元）	1659522369.65	1595387682.94	4.02%	691775768.68
归属于上市公司股东的净资产（元）	1469331795.05	1404351739.73	4.63%	527142893.40
	2022 年	2021 年	本年比上年增减	2020 年
营业收入（元）	623065041.29	575569283.16	8.25%	539681448.04
归属于上市公司股东的净利润（元）	136185210.67	82094094.80	65.89%	70004861.36
归属于上市公司股东的扣除非经常性损益的净利润（元）	92627837.64	74432213.07	24.45%	63452703.76
经常活动产生的现金流净额（元）	146853950.24	142937317.77	2.74%	91130927.15
基本每股收益（元/股）	1.0137	0.8148	24.41%	0.6948
稀释每股收益（元/股）	1.0137	0.8148	24.41%	0.6948
加权平均净资产收益率	9.25%	14.45%	-5.20%	14.32%

明月镜片 2022 年各季度主要会计数据

	第一季度	第二季度	第三季度	第四季度
营业收入（元）	136199535.62	150191104.87	168339458.13	168334942.67
归属于上市公司股东的净利润（元）	22113773.37	30122787.84	34993260.93	48955388.53
归属于上市公司股东的扣除非经常性损益的净利润（元）	17203269.65	21615974.93	27069077.41	26739515.65
经常活动产生的现金流净额（元）	9387448.32	51568592.51	29277361.57	56620547.84

【何氏眼科公布 2022 年业绩预告：受疫情影响净利润预计降六成以上】 2023 年 1 月 30 日，何氏眼科发布业绩预告，预计 2022 年全年盈利 2300 万元至 3450 万元，同比上年减 60.05% 至 73.37%。

报告期内，公司预计归属于上市公司股东的净利润较 2021 年同期下降 60.05%～73.37%，其主要原因包括如下：一是始终坚持全生命周期眼健康管理战略布局和长期可持续发展，公司加大了相关技术投入，同时引进了大批业务骨干和高层次复合型人才，相关成本有较大增长。二是全年受新冠疫情反复多次影响，特别是进入四季度，何氏布局的主要地区辽宁、北京、重庆、成都等影响较大，来院患者明显减少。三是新建医院仍处在市场培育期，收入规模较小。

【欧普康视 2022 年年报公布：净利润增长 12.44%】 2023 年 4 月 1 日，欧普康视公布 2022 年年度报告：2022 年度公司实现营业收入 15.25 亿元，较上年增长 17.78%；净利润 6.23 亿元，较上年增长 12.44%；扣非净利润 5.59 亿元，较上年增长 14.69%。净资产收益率 25.74%，净利润率 40.85%。

欧普视康近三年度主要会计数据和财务指标

	2022 年	2021 年	本年比上年增减	2020 年
营业收入（元）	1525319073.48	1295045844.66	17.78%	870663602.06
归属于上市公司股东的净利润（元）	623736142.43	554737175.25	12.44%	433320972.58
归属于上市公司股东的扣除非经常性损益的净利润（元）	559536222.36	487880651.30	14.69%	397060877.13
经常活动产生的现金流净额（元）	651716838.98	630094069.84	3.43%	380935352.57

欧普视康 2022 年各季度主要会计数据

	第一季度	第二季度	第三季度	第四季度
营业收入（元）	371150930.09	313309960.98	526669326.65	314188855.76
归属于上市公司股东的净利润（元）	148100239.31	110171116.59	246969740.89	118495045.64
归属于上市公司股东的扣除非经常性损益的净利润（元）	137680611.82	101073512.30	225404612.58	95380485.66
经常活动产生的现金流净额（元）	158750502.59	107595785.85	240490990.75	94879559.79

出现这种季节性经营差异的原因是：公司产品主要针对青少年，主要使用者为 8~18 岁的青少年。其业务呈现明显的时间差异，寒暑假的业务优于学校上学期间，周末优于非周末。由于暑假时间长，下半年业务明显优于上半年。

2022 年 3 月、4 月、5 月上旬、10 月、11 月等时段，公司的一些主要销售区域实施了较严格的管控措施，眼科和视光服务受到限制，镜片订单出现负增长。12 月，全国管控政策调整后，各区域先后出现较多感染人群，眼科和视光服务终端业务几乎停顿。

2022 年有一半的时间，公司业务受到了“防控”事件的负面影响，导致镜片订单的显著减少。同时，“防控”事件还影响了公司新建视光服务终端和投资并购计划的推进，同样减少了公司业绩的增量。由于角膜塑形镜为个性化定制产品，要经过眼部检查、试戴等过程才能确定每个用户的镜片参数，需要到眼视光终端才能配镜，而“防控”事件发生时各地通常会限制非急诊类的医疗服务，因此，角膜塑形镜的销售受“防控”事件的影响较大。受集采消息及业绩增速下滑影响，公司股价自 2021 年 7 月高位至 2023 年 3 月底已下跌 70%。